成都考古研究

（一）

成都文物考古研究所　编著

科学出版社

北京

内 容 简 介

本书是成都文物考古研究所编著的考古研究论文集，收录论文57篇，是成都文物考古研究所成立以来有代表性论文的一部分。时代从史前到历史时期，涉及地域主要是四川盆地，少数文章也涉及峡江、川西高原及云贵地区，其中大部分文章已在其他刊物上发表过，少数文章没有发表过。该文集在一定程度上反映了成都文物考古研究所历年所作过的考古工作与研究状况。

本书可供从事中国考古学、历史学研究的学者，以及大学考古专业的学生参考。

图书在版编目（CIP）数据

成都考古研究 .1/成都文物考古研究所编著. —北京：科学出版社，2009

ISBN 978-7-03-023831-3

Ⅰ. 成… Ⅱ. 成… Ⅲ. 文物–考古–四川省–文集 Ⅳ. K872.711-53

中国版本图书馆 CIP 数据核字（2008）第 210876 号

责任编辑：宋小军／责任校对：李奕萱
责任印制：赵德静／封面设计：黄华斌

科 学 出 版 社 出版
北京东黄城根北街16号
邮政编码：100717
http://www.sciencep.com
中国科学院印刷厂 印刷

科学出版社发行　各地新华书店经销

*

2009 年 1 月第　一　版　　开本：889×1194　1/16
2009 年 1 月第一次印刷　　印张：46
印数：1—1 600　　字数：1 310 000

定价：360.00 元（上、下册）
（如有印装质量问题，我社负责调换〈科印〉）

目 录

上 册

下　册

成都平原先秦文化初论

江章华　王　毅　张　擎

　　成都平原是四川盆地西部的冲积、洪积平原，其东南有连绵起伏的龙泉山脉，西北为高耸入云的龙门山、邛崃山脉，其东北和西南均为山地丘陵，整个平原呈东北—西南向的狭长形，地势由西北向东南倾斜，海拔 400～750 米，形成一个相对独立的地理区域。这里气候温暖湿润，适于人类的生存繁衍，因此很早就有人类在此活动，留下了许多动人而古老的历史传说。从考古学的角度建立该区域文化的发展序列，并进而结合文献建构古蜀历史是必要的。值得庆幸的是，近年来在成都平原一系列考古新发现使得这一研究成为可能。本文试图对这一区域先秦时期的古文化遗址进行梳理，旨在引起学界的广泛重视，并希望对推动这一区域考古工作的开展有所裨益。

一、典型遗址的分析与文化阶段的划分

　　在成都平原发现的先秦古遗址中，广汉三星堆遗址[1]最为重要，它不仅发现最早，面积大，资料丰富，更重要的是该遗址发现了早、中、晚连续发展的三种考古学文化遗存的地层关系。最下层文化的突出特征是以泥质灰白陶为主，占 65% 以上；纹饰发达，占 42%～45%，有绳纹、弦纹、划纹（平行线纹和水波纹）、戳印纹，还有附加堆纹、镂孔、几何形纹等；器形有镂孔圈足豆、宽沿平底尊、喇叭口高领罐、绳纹花边罐等，属该遗址分期中的第一期。紧接其上的中层文化是三星堆遗址的主体文化，也是该遗址文化最繁荣的时期，与下层文化区别较大。泥质陶骤然减少，以大量的夹砂褐陶为主，器形以盉、高柄豆、小平底罐、圈足盘、鬲形器、壶、觚、鸟头把勺、瓶、器盖等构成这一时期最重要的器物群。上层文化又发生了大的变化，出现大量的尖底器，有尖底杯和尖底盏等。上述三种不同的考古学文化的年代关系在三星堆遗址中有明确的层位证据，并且应分别命名。中层的主体文化命名为"三星堆文化"。下层文化曾因其与绵阳边堆山文化面貌接近而命名为"边堆山文化"[2]，对该区域考古学文化的研究起了巨大的推动作用，但边堆山遗址不够典型，发表的仅是调查资料[3]，以它命名不够科学。1995、1996年，在成都平原相继发现了新津宝墩[4]、都江堰芒城[5]、郫县古城[6]和温江鱼凫村遗址[7]，这些遗址的文化面貌均与三星堆遗址下层文化接近，属同一考古学文化遗存，因此我们以典型遗址——宝墩遗址把这一文化命名为"宝墩文化"。以尖底器为代表的上层

文化的典型遗址首推成都十二桥遗址[8]。该遗址文化内涵丰富，陶质以夹砂陶为主，器形为尖底杯、尖底盏、尖底罐和承袭三星堆文化的一些因素，如高柄豆、小平底罐、盉、鸟头把勺等，与三星堆文化紧密衔接，其后的发展也比较清楚，我们可以将这一文化命名为"十二桥文化"。紧接十二桥文化之后的则是该区域战国时期遗存，这一阶段发掘的遗址不多，目前只有上汪家拐遗址下层[9]和青羊宫遗址[10]，此外多为墓葬材料，我们暂时将这一阶段的文化称为"上汪家拐遗存"。参考14C测年数据，宝墩文化上限可早到距今4500年，相当于中原龙山文化时期，是成都平原目前能追溯的最早古文化。这样我们可以将成都平原从相当于中原龙山时期到战国末期的先秦文化划分成为接继发展的四大文化阶段，即宝墩文化—三星堆文化—十二桥文化—上汪家拐遗存。

二、各阶段文化分期与特征

（一）宝墩文化

宝墩文化遗存早在20世纪60年代发掘广汉月亮湾时已有发现，但资料至1992年才发表[11]。1980、1981年四川省文管会等单位发掘三星堆遗址时也注意到了当时发掘的第8、6层文化内涵与上层区别较大，将其划归该遗址分期中的第一期。由于当时遗物太少，对其面貌认识不够清楚，在文化定性时也未能将其明确划分出来，统归入三星堆文化。绵阳边堆山遗址也发现了类似的古文化遗存，但能见到的材料仅是1988年中国社会科学院考古研究所四川队的一个调查简报。囿于材料，学界对这一阶段的文化始终没有一个较为清晰的概念。1995、1996年，成都平原相继发现宝墩、芒城、古城和鱼凫村遗址，面积较大，并都进行了一定程度的发掘，文化整体面貌与三星堆下层和边堆山比较一致，从而使我们对成都平原这一阶段的文化特征和发展脉络有了一个初步的认识。这一文化的分布应以成都平原为中心，其影响也波及平原周邻的一些地区。这一时期的人们过着农业定居生活，兼有采集渔猎，发现的小型建筑为木骨泥墙的地面方形房屋，墙体经火烘烤。并已修建夯筑城垣，城垣平面多呈不规则的长方形，仅鱼凫村古城为不规则多边形。城垣的构筑方法基本为堆筑，平地起建，呈斜坡堆积形式，夯筑的方法为拍打。发现的生产工具主要是石器，以斧、锛、凿为主，少量刀、铲、镞和矛，均通体磨制，形体偏于小型化。斧为上窄下宽的长条形，弧顶，弧刃；锛比斧小，磨制精细，形体单一，弧顶，直刃，刃部明显宽于顶部；凿磨制精细而规整，石质较佳，有似玉者，形体有扁平长条形、圭形、刃口内凹的窄长条形以及一端为圭形一端为直刃的双端刃形；铲和刀均穿孔，但发现很少且多残；刀为横长方形，上下均有刃；石镞为扁平菱形。总的来说，石工具多于手工工具。陶制生产工具有纺轮和网坠。陶器制作以手制加慢轮修整为主，圈足和器底均为二次黏接，夹砂陶器的器底多为外接，形成器壁近底处外折似假圈足。陶质分夹砂和泥质两种，夹砂陶多羼白色石英砂，有粗细之分，以细者居多，陶色分灰、褐和外褐内灰；泥质陶分灰白、灰黄、褐、灰等，还有一定数量的黑衣陶。夹砂陶的装饰以绳纹为主，泥质陶以戳印纹、附加堆纹、划纹和弦纹为主。划纹中多水波纹和平行线纹，也有平行线组合成的几何形纹，水波纹多见于领部，平行线纹多见于腹部；戳印纹多为坑点或长条痕，多见于肩、腹部；附加泥条戳印纹多见于腹部。器型多宽沿、大翻口风格，主要是小平底器和圈足器，不见三足器和圜底器。绳纹花边罐、敞口圈足尊、盘口圈足尊、喇叭口高领罐、壶、宽沿平底尊、宽沿盆等是贯穿这一文化始终的代表性器物群。少量深腹罐、曲沿罐、矮领圆肩罐、窄沿盆、敛口瓮、窄沿罐、钵、浅盘豆、筒形器等分别出现在该文化的不同阶段。

对该文化的分期只能以宝墩、芒城、郫县古城和鱼凫村遗址 1996 年的发掘材料为依据，就目前掌握的材料看，几个遗址文化面貌由于时代早晚不同而造成不同程度的差异。宝墩遗址属一个时期，鱼凫村和郫县古城的文化面貌接近，芒城的文化面貌正好介于二者之间。关于这几个遗址年代的早晚关系没有明确的层位依据，只有依靠文化的发展趋势加以推定。关于这个问题已有专文讨论[12]，由此可确立宝墩→芒城→郫县古城、鱼凫村遗址的早晚关系。其中宝墩可作为该文化的第一期，依据其上下层的变化，可分早、晚两段。芒城的文化面貌单纯，无法再分段，可作为该文化的第二期。鱼凫村遗址可分早、中、晚三段。郫县古城可分早、晚两段，其中鱼凫村早段与郫县古城早段一致，郫县古城晚段出现的曲沿罐、窄沿盆与鱼凫村晚段接近，但尚未出现鱼凫村晚段的矮领圆肩罐、敛口瓮、器盖等三星堆文化因素，故其时代应早于鱼凫村晚段而晚于鱼凫村中段。总之，鱼凫村早、中段与郫县古城整体文化面貌较为一致，可以作为该文化的第三期。鱼凫村晚段与前两段区别较大，可作为该文化的第四期。这样就将宝墩文化分成了四期七段。

一期早段：以宝墩遗址早段为代表。泥质陶的数量多于夹砂陶，泥质陶以灰白陶为主，次为灰黄陶；夹砂陶以灰陶为主。纹饰以绳纹为主，次为戳印纹、划纹和附加泥条戳印纹等，少量凹弦纹、凸弦纹、瓦棱纹和细线纹。划纹中多水波纹和平行线纹。器物种类较多，制作较好，以绳纹花边罐、敞口圈足尊、盘口圈足尊、喇叭口高领罐、宽沿平底尊、宽沿盆、壶等为基本组合。其中绳纹花边罐数量最多，型式多样；喇叭口高领罐多唇部戳压成锯齿状者。这一时期的圈足低矮、多绳纹和戳印纹装饰；镂孔中方形镂孔多见（图一）。

一期晚段：以宝墩遗址晚段为代表。泥质陶多于夹砂陶。泥质陶中的灰黄陶明显增多，与灰白陶的数量相当。夹砂陶仍以灰陶为主。与前一阶段相比，陶器制作没有那么精细，纹饰的比例降低，种类减少，仍以绳纹为主，次为戳印纹、压划纹和附加泥条戳印纹，少量凹凸弦纹、瓦棱纹、细线纹等。圈足上的方形镂孔减少，多圆形镂孔。该段的器物类别基本沿袭前一阶段，但绳纹花边罐的口沿变窄，喇叭口高领罐的口沿多卷，锯齿喇叭口高领罐的数量减少，外叠唇的喇叭口高领罐、浅盘豆在这一时期开始出现，还见个别的筒形器（图二）。

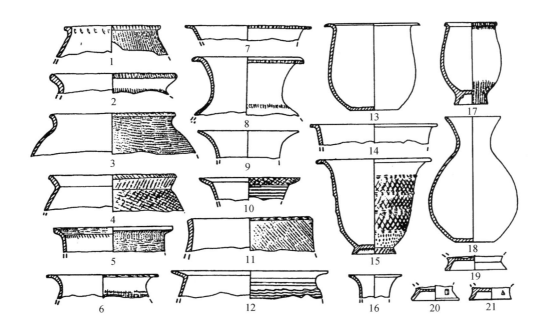

图一　宝墩文化一期早段典型陶器

1~6. 绳纹花边罐（H15：2、ⅢT1929⑦：43、ⅢT2030⑦：137、ⅢT2030⑦：47、ⅢT2029⑦：129、ⅢT1929⑦：82）
7~9. 喇叭口高领罐（ⅢT2030⑦：94、ⅢT1929⑦：44、ⅢT2029⑦：80）　10. 盘口圈足尊（ⅢT1929⑦：53）　11. 缸
（ⅢT2229⑦：19）　12. 盆（ⅢT2030⑦：65）　13. 宽沿平底尊（H16：57）　14、15. 敞口圈足尊（ⅢT2030⑦：118、
ⅢT1929⑦：128）　16、18. 壶（ⅢT1929⑦：46、ⅢT1929⑦：2）　17. 圈足罐（H16：1）　19~21. 圈足（H16：55、
ⅢT1930⑦：151、ⅢT2029⑦：152）（均为宝墩遗址出土）

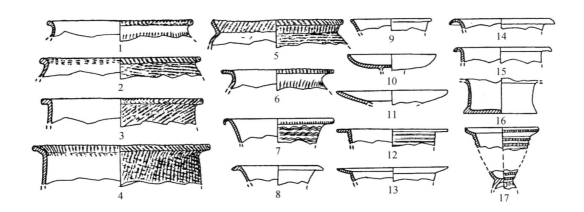

图二　宝墩文化一期晚段典型陶器

1~6. 绳纹花边罐（ⅢT1929⑥：29、ⅢT2130⑥：38、ⅢT2129⑥：31、ⅢT2030⑥：27、ⅢT1929⑥：35、ⅢT1830
⑥：59）　7~9. 喇叭口高领罐（ⅢT2129⑤：1、ⅢT1830⑥：1、ⅢT2129⑥：16）　10、11. 浅盘豆（ⅢT1830⑥：40、
ⅢT2130⑥：25）　12、13. 盆（ⅢT1930⑥：6、ⅢT2129⑥：15）　14. 敞口圈足尊（ⅢT1930⑥：62）　15. 宽沿平
底尊（ⅢT2129⑥：14）　16. 筒形器（ⅢT1830⑥：42）　17. 盘口圈足尊（ⅢT1830⑥：115）（均为宝墩遗址出土）

　　二期：以芒城遗址为代表。泥质陶的数量下降，但仍多于夹砂陶。陶器的火候降低，陶质变软。灰黄陶成为泥质陶的主要陶系，灰白陶的数量大大减少，退居次要地位；夹砂陶分灰、褐和外褐内灰三种，所占比例接近。纹饰已远不如一期发达，仍以绳纹为主，次为划纹和戳印纹，少量的附加堆纹、凹凸弦纹等。划纹中多平行线纹或平行线组合成的几何形纹，极少见水波纹。器物种类明显减少，比较明显的变化是绳纹花边罐型式单一，主要是斜侈沿型；喇叭口高领罐主要是外叠唇型，锯齿口型极少见；盘口圈足尊器身变矮，圈足加高；出现细高领壶；浅盘带柄豆和盆增多。其他还见少量的卷沿罐、筒形器和器盖等（图三）。

　　三期早段：以鱼凫村早段和郫县古城早段为代表。泥质陶进一步减少，夹砂陶明显增多，两者比例相当。夹砂陶以外褐内灰陶和褐陶为主，夹砂灰陶的数量大大减少；泥质陶中灰白陶的数量剧减，以泥质褐陶和黑衣陶为主。纹饰不发达，泥质陶多素面，夹砂陶多绳纹；此外还见有少量的附加泥条戳印纹、划纹、凹凸弦纹、戳印纹，圈足上多

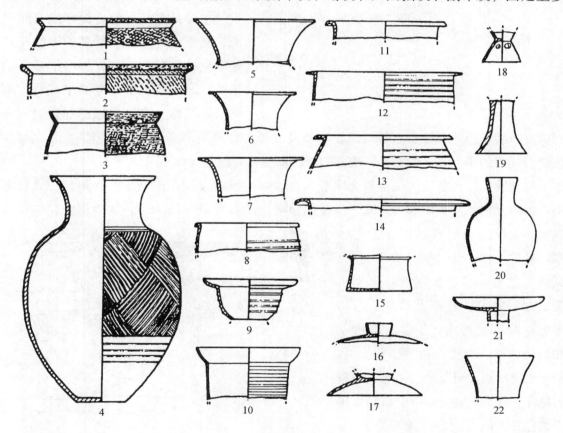

图三　宝墩文化二期典型陶器

1～3. 绳纹花边罐（H1:41、T6④:22、H7:4）　4～7. 喇叭口高领罐（G4:265、H8:5、G4:179、G4:65）　8. 卷沿罐（T5④:25）　9、10. 盘口圈足尊（H4:9、G4:156）　11. 宽沿平底尊（T1⑤:13）　12～14. 盆（G4:50、G4:165、G4:117）　15. 筒形器（G4:176）　16、17. 器盖（G4:201、T3③:75）　18. 圈足（H5:5）　19、21. 浅盘豆（G4:213、H4:1）　20、22. 壶（T7④:41、T8⑤:46）（均为芒城遗址出土）

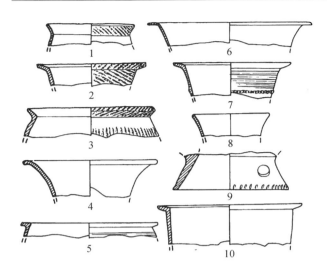

图四　宝墩文化三期早段典型陶器

1～3. 绳纹花边罐（H18①：15、T3⑪：78、H9：6）　4. 喇叭口罐
（H71：73）　5. 折沿罐（T3⑪：85）　6、7. 敞口圈足尊（H28
①：29、H9：45）　8. 壶（H9：69）　9. 圈足（H18②：44）
10. 宽沿平底尊（H9：33）　（1、4、6、9. 鱼凫村遗址出土，
余为郫县古城遗址出土）

镂孔装饰。这一时期的绳纹花边罐主要是沿袭二期的斜侈沿型，喇叭口高领罐主要是外叠唇型，敞口圈足尊、宽沿平底尊仍然存在，壶、盘口圈足尊和浅盘豆少见。新出现口沿根部较厚的折沿罐（图四）。

三期中段：以鱼凫村中段为代表。陶系仍以夹砂外褐内灰和褐陶为主，其次是泥质灰陶和黑衣陶，少量泥质褐陶。泥质陶仍然多素面，夹砂陶多绳纹；此外见有附加泥条压印纹、戳印纹、划纹、瓦棱纹、凹凸弦纹等。划纹主要是平行线纹；戳印纹有新月形、圆圈纹等。这一时期的绳纹花边罐多见外折厚方唇型，斜侈沿型开始消失；敞口圈足尊、宽沿平底尊、喇叭口高领罐、壶等仍然存在，但壶和喇叭口高领罐的数量极少。敞口圈足尊器身变矮胖，圈足变高直，镂孔增大。新出现深腹罐，其中的小平底似假圈足，底部饰旋转绳纹很有特色（图五）。

三期晚段：以郫县古城晚段为代表。夹砂陶的数量大增，占据了主导地位。夹砂陶中的褐陶剧增，外褐内灰陶剧减，少量的黑陶。泥质陶以灰陶为主，次为褐陶，少量黑衣陶。泥质陶仍以素面为主，夹砂陶以绳纹为主；此外还见有平行线、弧线、交叉、网状等划纹，偶见水波划纹；戳印纹有新月形纹、三角形坑点纹等；其他有少量附加堆纹和凹凸弦纹。绳纹花边罐已很少见。新出现曲沿罐、窄沿罐、钵等；敞口圈足尊、宽沿平底尊和喇叭口高领罐仍然存在。敞口圈足尊的器身变矮，腹壁斜直，圈足增高（图六）。

四期：以鱼凫村晚段为代表。这一时期与前几期相比有较大的变化，陶质以夹砂褐陶为主，泥质陶中有灰陶、褐陶和黑衣陶。泥质

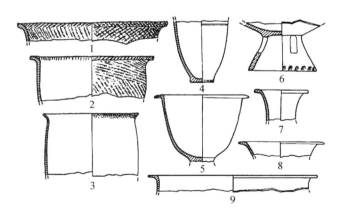

图五　宝墩文化三期中段典型陶器

1、2. 绳纹花边罐（T5⑤：174、H15②：111）　3、4. 深腹罐
（H15②：86、H15②：85）　5. 敞口圈足尊（H15②：34）　6. 圈足
（H15②：47）　7. 壶（H15②：129）　8、9. 宽沿平底尊（T9
⑥：27、H15①：160）　（均为鱼凫村遗址出土）

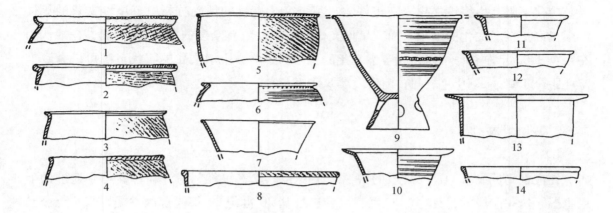

图六　宝墩文化三期晚段典型陶器

1、2. 曲沿罐（H10∶10、T5⑬∶94）　3～5. 窄沿罐（T5⑫∶41、T2⑧a∶19、T4⑪∶87）　6. 敛口罐（T5⑬∶129）　7. 喇
叭口高领罐（T4⑫∶97）　8、14. 窄沿盆（T5⑫∶15、T2⑨∶49）　9、10. 敞口圈足尊（H10∶1、T5⑬∶102）　11、12. 钵
（T3⑨∶29、T4⑬∶164）　13. 宽沿平底尊（T4⑬∶143）（均为郫县古城遗址出土）

仍多素面，夹砂陶以绳纹为主；少量的戳印纹、划纹、凹凸弦纹等。绳纹花边罐、壶和
喇叭口高领罐极少见，沿袭了三期晚段的曲沿罐、窄沿盆。新出现敛口瓮、矮领圆肩罐、
折腹钵、器盖等，圈足更高直（图七）。

关于该文化的年代上限有以下几个 ^{14}C 测定数据可以参考：①宝墩遗址北城垣真武观
段城墙内的炭标本测定年代为距今 4405 年 ±95 年[13]，与炭标本共存的遗物为一期早段；
②1980 年发掘的三星堆Ⅲ区第 6、8 层的炭标本，这两层的文化内涵前面已述及与宝墩文
化一期的一致，测定年代为距今 4500 年 ±150 年[14]；③1986 年发掘的三星堆Ⅲ区 T1416
的炭标本测定年代为距今 4665～4615 年 ±135 年[15]。

依据以上 ^{14}C 测定数据，我们可以将该文化的年代上限推定在距今 4500 年左右。关

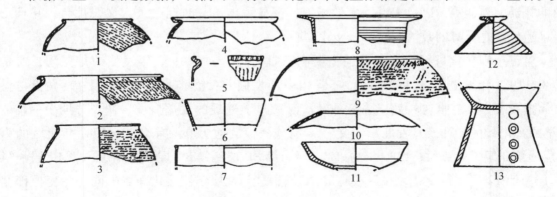

图七　宝墩文化四期典型陶器

1～3. 矮领圆肩罐（H73②∶150、H73②∶151、H73④∶172）　4、5. 曲沿罐（T9⑤∶83、H73①∶29）　6. 壶（H73
④∶198）　7. 窄沿盆（H73③∶125）　8. 宽沿盆（T5④∶88）　9、10. 敛口瓮（H73④∶150、H73④∶193）　11. 钵
（T9⑤∶78）　12. 器盖（H73④∶190）　13. 圈足（T5④∶22）（均为鱼凫村遗址出土）

于其年代下限，根据该文化末期正好与三星堆文化衔接的情况分析，三星堆文化的年代上限正好是宝墩文化的下限，而三星堆文化的年代上限有众多的[14]C 年代数据，一般认为在距今 3700 年左右，可以作为宝墩文化的下限。这样，宝墩文化的年代范围可以大致推定在距今 4500～3700 年之间，前后发展 800 年左右。

（二）三星堆文化

在成都平原发掘的这一阶段的古遗址主要是广汉三星堆，另外新都桂林乡遗址的上层也属于这一阶段的遗存[16]。广汉三星堆遗址从 20 世纪 30 年代首次发掘以来，至今已有 60 余年，前后经过多次较大规模的发掘，对这一文化已经有了比较清楚的认识。这一时期的房屋建筑有圆形、方形、长方形等，以长方形居多，墙基多挖基槽。槽宽 17～30、深 20～50 厘米，在沟底掘小沟或柱洞，洞径一般为 14～30、间距 60～110、沟底小槽宽 5～10 厘米。推测于柱间立小木（竹）棍，再于坑内填土埋实，小棍上编缀竹、木条等物，然后两面涂抹草拌泥而成"木骨泥墙"，并经火烘烤。发现的生产工具多为通体磨制的小型石器，有平面呈梯形的石斧、锛、长条形的石凿、半月形的弧背石刀等，以及少量的杵、锥、矛，还见石纺轮。石质多系片岩、页岩和板岩。石纺轮通常利用石璧钻下的石心再穿孔加工而成，穿孔有琢钻和管钻两种方法。陶质生产工具有纺轮和网坠。陶器以夹砂陶为主，比例达 80% 以上。夹砂褐陶是最主要的陶系，次为夹砂橙黄陶和夹砂灰陶；泥质陶较少，有灰陶、褐陶和橙黄陶。纹饰不发达，常见的有绳纹、弦纹、压印纹、附加堆纹、划纹、几何形纹、方格纹、戳印纹、圆圈纹、"F"形纹、人字纹等，器物圈足上见镂孔装饰。主要器物类别有小平底罐、高柄豆、盉、鸟头把勺、壶、瓶、觚、圈足盘、鬶形器、器盖等。三星堆文化已进入青铜时代。20 世纪 30 年代以来，在三星堆遗址不断发现玉石礼器，尤其是两个埋藏坑的发现[17]，出土大量的铜、金、玉、石等质料的礼器、神器等，以及规模巨大的城垣，都显示出这一时期已进入文明社会，并且三星堆遗址就是当时的政治、经济、文化中心。

对三星堆文化进行分期，目前主要有三批材料，一是 1963 年发掘的月亮湾，二是 1980、1981 年发掘的三星堆Ⅲ区，三是 1986 年发掘的三星堆Ⅰ～Ⅲ区材料。前两批材料有简报发表，第三批材料见于陈显丹《广汉三星堆遗址的发掘概况、初步分期——兼论"早蜀文化"的特征及其发展》一文[18]。有代表性的地层单位有 1980、1981 年Ⅲ区的第 2 层→第 3 层→第 4 层；1996 年的第 8A 层→第 8B 层→第 8C 层→第 9 层→第 10 层→第 11 层→第 12 层（箭头代表叠压或打破）。依据这些地层单位文化面貌的同一与变异程度可将该文化分成三期。

一期：以 1986 年发掘的第 12、11 层和 1980 年Ⅲ区的第 4、3 层为代表。这一时期以夹砂陶为主，约占 70%，泥质陶仅占 30% 左右。夹砂陶中以褐陶为主，次为橙黄陶；泥质陶中主要是灰陶和橙黄陶。纹饰不发达，仅占 17% 左右，以绳纹为主，次为划纹、弦纹、网纹、篦纹等。主要器形有小平底罐、敞口深腹平底器、绳纹花边深腹罐、高柄豆、细颈壶、瓶、盉、鬲形器、鸟头把勺、圈足盘、器盖等。这一时期的小平底罐多为圆肩深腹，肩径明显大于口径，与宝墩文化四期的矮领圆肩罐一脉相承；高柄豆的豆柄多为柱形；瓶有圈足瓶和平底瓶，圈足瓶为直口，口径小于颈径，平底瓶的腹为直腹；陶壶较少，仅有细长颈壶；盉的器身瘦高；鸟头把勺的鸟喙部长而简单；器盖中有平顶无钮和有圈钮两种，以平顶无钮的最有特色（图八）。

二期：以1986年发掘的第9层、1980年Ⅲ区的第2层和月亮湾第2层为代表。该期泥质陶的比例下降，夹砂陶增多，达80%以上。仍以夹砂褐陶为主，次为橙黄陶；泥质陶中的橙黄陶很少见。素面陶增多，纹饰仅占8%左右。这一时期的器形除沿袭一期的小

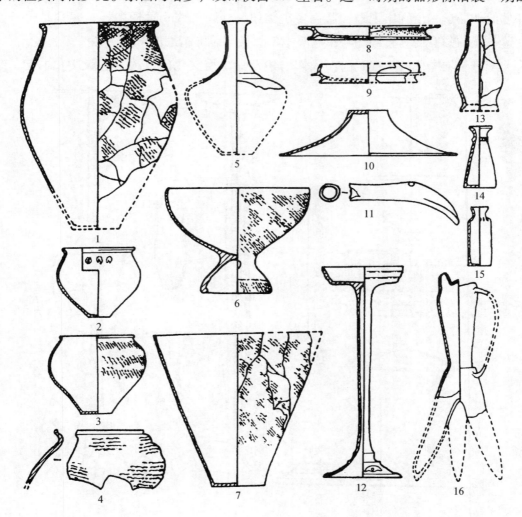

图八　三星堆文化一期典型陶器

1. 深腹罐（80ⅢCaT1③：55）　2~4. 小平底罐（80ⅢAaT4④：63、80ⅢDaT2④：15、80ⅢDaT2④：4）　5. 细颈壶（80ⅢDaT2④：56）　6. 豆（80ⅢDaT2③：34）　7. 敞口深腹器（80ⅢDaT2④：44）　8、9. 圈足盘（80ⅢDcT1③：2、80ⅢDaT2③：3）　10. 器盖（80ⅢDaT1③：8）　11. 鸟头把勺（86ⅢT1617⑫：6）　12. 高柄豆（80ⅢBaT1③：36）　13~15. 瓶（80ⅢDaT2④：50、86ⅢT1517⑫：46、86ⅢT1617⑫：92）　16. 盉（80ⅢDaT1③：42）（均为三星堆遗址出土）

平底罐、高柄豆、瓶、盉、鬲形器、鸟头把勺、圈足盘外，新出现有喇叭口高领、凸肩小平底壶、长颈壶、圈足带耳长颈壶、瓿等，不见一期的敞口平底器、绳纹花边罐、平顶无钮器盖等。一些器物的形态也发生了变化，如小平底罐的腹部开始变浅，圈足瓶的口变侈、颈微束、口径大于肩径，平底瓶已从一期的直腹变为弧腹，鸟头把勺的喙部变短而制作更细致，出现竹节状豆柄（图九）。

三期：以1986年发掘的第8A、8B、8C层为代表。夹砂陶继续增多，泥质陶进一步减少。夹砂褐陶仍然是最主要的陶系，并有增多的趋势。纹饰很少，以绳纹为主。该期基本延续二期的器物群，没有什么大的变化。从器物形态看，这一时期的小平底罐的腹部更浅，肩变为圆折，肩径与口径接近；盉器身变矮胖；瓿的口变大，并出现器身近底处外鼓的新器形，个别出现鋬；器盖多小圈钮，盖腹变浅；豆柄多样，尤其是竹节状豆柄发达；壶的颈有变高直的趋势；鸟头把勺的柄部装饰精细而繁缛（图一〇）。

关于三星堆文化的年代，前面我们已述及三星堆文化的上限与宝墩文化衔接，结合

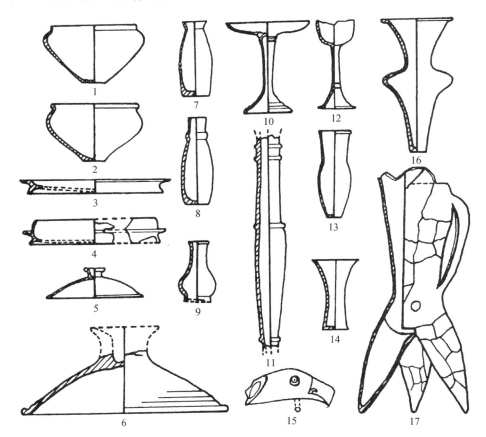

图九　三星堆文化二期典型陶器

1、2. 小平底罐（86ⅢT1516⑨：61、86ⅢT1415⑨：104）　　3、4. 圈足盘（80ⅢDaT1②：11、80ⅢDcT1②：4）　　5、6. 器盖（86ⅢT1517⑨：77、80ⅢDaT1②：40）　　7～9. 瓶（86ⅢT1416⑨：81、86ⅢT1516⑨：111、86ⅢT1313⑨：16）　　10～12. 高柄豆（86ⅢT1517⑨：22、80BaT1②：36、86ⅢT1414⑨：22）　　13、16. 壶（86ⅢT1515⑨：43、86ⅢTl414⑨：4）　　14. 瓿（86ⅢTl415⑨：138）　　15. 鸟头把勺（86ⅢT1515⑨：159）　　17. 盉（80ⅢCbT6②：41）（均为三星堆遗址出土）

¹⁴C测年数据推定在距今 3700 年左右，即上限跨到二里头文化的四期。一些器物的类比也可证明其大致不误，如三星堆文化中的盉、觚明显是受二里头文化的影响，这种影响是从长江中游辗转传入成都平原的。二里头文化的南侵，在长江中游的鄂西地区表现非常突出，如湖北荆南寺遗址的夏至早商遗存[19]、宜昌中堡岛遗址的夏商文化遗存[20]、秭归朝天嘴遗址的夏商文化遗存[21]等出土大量的二里头文化遗物，有深腹盆、三角形扁足鼎、圆腹罐、大口尊、鬶、刻槽盆、盉等。与之共存的还有小平底罐、高柄豆、鸟头把勺、器盖等三星堆文化常见器物。三星堆文化一期的高柄豆圈足上所见的"臣"字纹在荆南寺的一件罍上就有，而这种"臣"字纹最早见于二里头文化二期的一件小口尊的肩部，这不可能是巧合，应是文化间的传播所致，它反映出这一时期三地间的文化交流是非常频繁的，这为我们推定三星堆文化的年代提供了依据。荆南寺遗址中出有与三星堆文化类似的高柄豆、器盖，年代在二里冈上层偏早阶段，其高

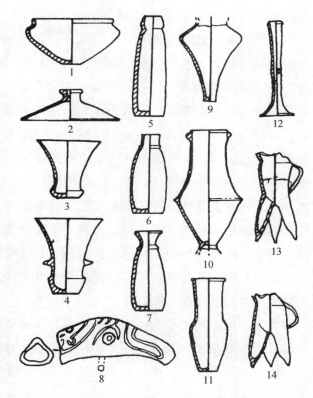

图一〇　三星堆文化三期典型陶器

1. 小平底罐（86Ⅲ T1416⑧b：19）　　2. 器盖（86Ⅲ T1313⑧c：9）　3、4. 觚（86Ⅲ T1414⑧b：69、86Ⅲ T1415⑧a：34）　5～7. 瓶（86Ⅲ T1415⑧a：33、86Ⅲ T1515⑧b：44、86Ⅲ T1516⑧a：138）　8. 鸟头把勺（86Ⅲ T1517⑧a：139）　9～11. 壶（86Ⅲ T1517⑧b：100、86Ⅲ T1516⑧b：126、86Ⅲ T1415⑧a：157）12. 高柄豆（86Ⅲ T1415⑧a：105）　13、14. 盉（86Ⅲ T1414⑧b：55、86Ⅲ T1516⑧b：102）（均为三星堆遗址出土）

柄豆为竹节状柄，是三星堆文化二期的特征，因此，三星堆文化一期应早于二里冈上层。中堡岛遗址的上层与高柄豆、鸟头把勺共存的二里头文化遗物有敞口圆腹罐、长袋形盉足、"S"形纹等可早至二里头文化第四期。根据¹⁴C测年结合器物类比，将三星堆文化的年代上限推定在二里头文化第四期比较合适。至于三星堆文化的下限，由于其陶器地方性特征很强，无法与其他地区已知年代的器物进行类比，不过十二桥文化是紧接三星堆文化发展而来的，而十二桥文化的上限能确定在殷墟三期左右（下面在十二桥文化中将有详论），那么三星堆文化的年代可大致推定在二里头文化第四期至殷墟二期。

（三）十二桥文化

属这一阶段的遗址经发掘的有成都市十二桥、指挥街[22]、方池街[23]、岷山饭店[24]、

抚琴小区[25]、羊子山土台下堆积[26]、新繁水观音[27]等，资料正式发表的有十二桥、指挥街、新繁水观音和羊子山土台下堆积等，其中以十二桥遗址最典型，延续时间最长，公布的材料最多。这一时期的房屋建筑仅有十二桥的木构建筑，小型房屋为打密集木桩，桩上绑扎圆木呈网状，其上铺木板作为居住面，使居住面相对抬高，避免了潮湿。这种房屋的墙体仍为柱间编竹形成竹编墙，内外抹泥，屋顶盖草。墙体和屋顶都发现有完整者，故其做法非常清楚。除小型房屋外还发现有大型的地梁基础，地梁上有立柱的圆形和方形卯孔，可能是大型带廊庑的宫殿式建筑。石质生产工具仍然以通体磨制的小型斧、锛、凿为主。斧和锛平面均呈梯形，凿有圭形和扁平长条形，还有少量的璜等装饰品。另外存在大量的不知用途的石盘状器。骨器很多，有笄、针、锥、镞等，均磨制，以笄、针、镞磨制最为精细，骨器中还发现有大量的有使用痕迹的鹿角器。铜器发现有细长条形的凿和有方锥状的铤，带脊、两翼倒刺的镞以及最原始的柳叶形剑。卜甲的多见是这一时期比较突出的特征，明显是受中原商周文化的影响，一般多龟腹甲，有圆钻无凿和圆钻方凿并存的两种。陶制生产工具中纺轮数量较多，网坠较少。这一时期的陶器以夹砂陶为主，泥质陶极少。夹砂陶中分褐、灰和褐皮灰心陶；泥质陶中以灰陶为主，少量褐陶。素面陶占绝大多数，纹饰少见，主要以绳纹为主，少量的重菱纹、鸟纹、弦纹、附加堆纹和圆圈纹等，镂孔见于圈足上。器物类别有高柄豆、小平底罐、盉、鸟头把勺、尖底杯、尖底罐、尖底盏、壶、瓶、盆、高领罐、波浪花边口罐、盆形豆、罐形豆、瓮、敛口罐、喇叭口罐、釜、绳纹罐、钮呈"8"字形和三花瓣形的器盖等。

对十二桥文化进行分期的主要依据是十二桥遗址和新繁水观音遗址。十二桥遗址1985、1986年经过两次发掘（Ⅰ、Ⅱ区），加之1995年发掘的新一村，前后共发掘了三次。新一村出土的遗物明显晚于一、二区。且其间的文化面貌区别较大，笔者曾就此而将之划分为上、下层文化加以区分[28]，在此作为十二桥文化的两期处理，但其间的巨大变化是不容忽视的。Ⅰ、Ⅱ区典型的地层单位是第10层→第11层→第12层→第13层，新一村是第6层→第7层→第8层；新繁水观音地层单位为晚期墓（M2、M8）→第3层→早期墓（M4、M5）；指挥街的地层明显为再生堆积，最早的地层出有战国遗物，已有人注意到了该问题[29]，不能作为分期依据。根据十二桥各地层单位文化面貌的同一与变异程度，结合新繁水观音遗址，可将该文化分成两期四段。

一期早段：以十二桥Ⅰ、Ⅱ区的第13、12层，新繁水观音的早期墓和第3层及羊子山土台下的堆积为代表，三星堆遗址1982年发掘的第3层也属这一时期。陶质以夹砂褐陶为主，其次是夹砂灰陶，少量的泥质灰陶和褐陶。器表大多呈灰黑色，部分陶色不一，褐黑相杂。器物多素面，只有少量的绳纹、重菱纹、鸟纹、弦纹和附加堆纹。这一时期的陶器种类丰富，有小平底罐、高柄豆、瓶、壶、鸟头把勺、盉、尖底杯、尖底盏、高领罐、波浪口花边罐、肩部饰绳纹的敛口瓮、肩部饰重菱纹的广肩罐、盆、钮呈"8"字形和三花瓣状的器盖等，尖底罐和喇叭口罐数量较少，绳纹罐和釜偶见。高柄豆分杯形、盘形和假腹三种；尖底杯多折腹，也有弧腹者；陶壶均带耳；尖底盏的形制多样，其中外折沿或卷沿弧腹者为这一阶段独有，这一时期的尖底盏腹较深；盆的形式也较多，其中沿外拍印绳纹的盆较独特；陶盉多器身矮胖、袋足瘦高外撇、有实足根（图一一）。

一期晚段：以十二桥Ⅰ、Ⅱ区的第11、10层和新繁水观音的晚期墓为代表。这一时期的陶质以夹砂灰陶为主，夹砂褐陶减少，少量泥质灰陶。纹饰更少，仅见绳纹、弦纹

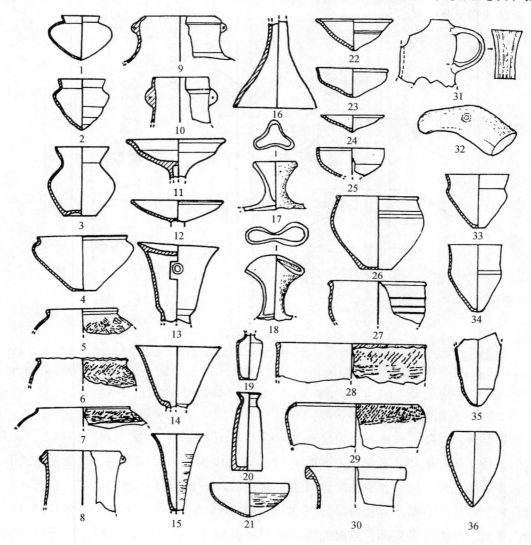

图一一　十二桥文化一期早段典型陶器

1、2. 尖底罐（ⅡT50⑬：14、ⅡT30②：5）　3. 喇叭口罐（ⅠT5⑫：64）　4. 小平底罐（ⅠT16⑫：35）　5. 敛口广肩罐（ⅠT22⑬：34）　6. 波浪花边口罐（ⅡT35⑬：32）　7. 罐（ⅠT8⑫：66）　8~10. 壶（ⅡT29⑬：92、ⅠT23⑬：29、ⅠT16⑫：85）　11~16. 高柄豆（ⅠT15⑫：43、ⅠT11⑬：15、ⅡT50⑬：29、ⅠT22⑬：18、ⅠT16⑫：49、ⅠT17⑬：6）　17、18. 盖钮（ⅠT16⑫：4、ⅠT15⑫：34）　19、20. 瓶（ⅠT22⑬：22、ⅠT19⑬：14）　21~25. 尖底盏（ⅠT16⑫：34、ⅠT23⑬：4、ⅠT11⑫：21、ⅠT23⑫：22、ⅠT11⑬：52）　26~28. 盆（ⅠT2⑬：5、ⅠT23⑬：35、ⅠT7⑬：127）　29. 敛口瓮（ⅡT50⑬：62）　30. 瓮（ⅠT3⑬：19）　31. 盉（ⅠT2⑬：7）　32. 鸟头把勺（ⅠT3⑬：7）　33~36. 尖底杯（ⅡT49⑬：14、ⅡT50⑫：5、ⅠT2⑬：1、ⅡT30⑫：3）（均为十二桥遗址出土）

和重菱纹。器物种类大大减少，早段常见的高柄豆、瓶、壶、波浪花边口罐、折腹的尖底杯、折沿或卷沿的尖底盏、沿外拍印绳纹的盆、盉、鸟头把勺、钮呈"8"字形或三花瓣状的器盖在此时已基本消失。这一时期的器形有小平底罐、肩部饰绳纹的敛口瓮、肩部饰重菱纹的敛口广肩罐、盆等，绳纹罐和釜仍然少见。其中的小平底罐明显减少，且器形变小，腹变浅，口径增大与肩同；尖底盏多敛口、弧腹圆润者，折腹的也有；尖底杯多弧腹圆润呈弹头状（图一二）。

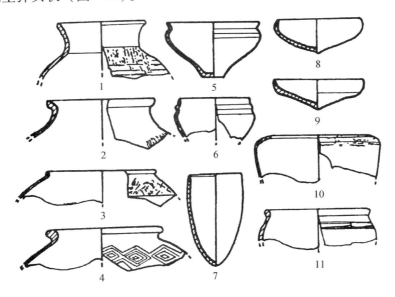

图一二　十二桥文化一期晚段典型陶器

1、2. 绳纹罐（ⅠT24⑪：11、ⅡT51⑩：17）　3. 罐（ⅠT23⑩：54）　4. 敛口广肩罐（ⅠT23⑩：48）　5. 小平底罐（ⅡT54⑪：28）　6. 尖底罐（ⅡT43⑩：111）　7. 尖底杯（ⅡT50⑪：2）　8、9. 尖底盏（ⅡT43⑩：8、ⅡT40⑪：17）　10. 敛口瓮（ⅠT24⑪：20）　11. 盆（ⅡT43⑩：103）（均为十二桥遗址出土）

二期早段：以新一村第 8 层为代表。陶质以夹砂灰陶为主，次为褐陶和褐皮灰心陶，少量的泥质灰陶和褐陶。素面陶占 80% 以上，纹饰极少，以绳纹为主，其次是弦纹和重菱纹，少量的乳钉、网格和附加堆纹。这一阶段的代表性陶器有喇叭口罐、尖底盏、尖底罐、瓮、敛口广肩罐、有乳钉装饰的盆等，绳纹罐和釜少见。这一时期的喇叭口罐，颈短，身高，最大径靠肩部；原腹部圆润的尖底盏变为肩圆折，腹变浅；原折腹形的尖底盏变为折肩浅腹，整个尖底盏的器形较大；尖底罐腹下垂、低矮；绳纹罐仅见短颈溜肩的一种（图一三）。

二期晚段：以新一村的第 7、6 层为代表。夹砂褐陶又增多，成为最主要的陶系，其次是夹砂灰陶和褐皮灰心陶，少量泥质灰陶，不见泥质褐陶。素面陶仍占 90% 以上，纹饰以绳纹为主，并较上一阶段有所增加，次为重菱纹，少量弦纹、乳钉、篮纹和划纹。这一阶段的陶器种类较前一阶段有所增加，尤其是釜、绳纹罐、瓮和敛口广肩罐的数量较多，另外，喇叭口罐、尖底罐、尖底盏、盆等仍然存在。陶釜分为高领扁球腹、矮领

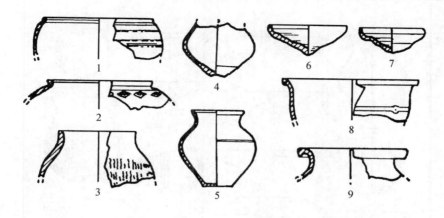

图一三 十二桥文化二期早段典型陶器

1. 罐（Ta2⑧:33） 2. 敛口广肩罐（Ta2⑧:40） 3. 绳纹罐（Tc1⑧:23） 4. 尖底罐（Tc1⑧:9） 5. 喇叭口罐（Tc1⑧:17） 6、7. 尖底盏（Ta2⑧:15、Ta1⑧:17） 8. 盆（Ta2⑧:32） 9. 瓮（Tc1⑧:34）（均为新一村遗址出土）

扁球腹两种，后一种在前一阶段中不见。绳纹罐分侈口圆唇短颈、敛口叠唇短颈和侈口束颈高领三种形式。瓮均为外叠唇，高领，分三种型式，一种唇下垂，器形较小；二种唇下垂较甚，器形较大；三种唇不下垂，器形很大。以前两种为主。喇叭口罐的领变高，腹变为低矮下垂。尖底盏的腹部明显变浅。尖底罐变为细颈、扁垂腹，呈陀螺状（图一四）。

关于十二桥文化的年代，我们可以通过与中原文化相同或相似的文化因素对比加以推定。一期早段的折沿或卷沿弧腹尖底盏、筒形器座与三星堆一号坑出土的相同，这种尖底盏以后再也不见，笔者在参观三星堆器物坑时，特别留意坑中所出的陶器，除尖底盏和器座外，还有与十二桥文化一期早段相同的高领罐，因此我们有理由认为，十二桥文化一期早段的年代与三星堆器物坑相去不远。三星堆一号坑的年代，《发掘简报》将其定在殷墟一期，主要依据坑中所出土的铜容器与殷墟一期的相同或相似。孙华也认为一号坑的铜器器型和花纹，特别是纹饰中的羽状雷纹、云雷纹组成的饕餮纹、连珠纹，与殷墟一期的非常相似[30]。2号坑的时代笔者曾认为在殷墟二期前后，首先二号坑出土的部分玉器与殷墟二期的基本相同，其铜器造型也与殷墟二期的相近，如三羊三鸟尊在造型上与安阳小屯北属殷墟二期的18号墓[31]出土的尊接近，这种尊到殷墟三期就极少见了。根据陈公柔、张长寿先生对商周铜器兽面纹的断代研究[32]，三星堆二号坑铜尊和罍上的兽面纹属连体兽面纹；八鸟四羊尊腹部的兽面纹双角作云纹状，巨眼凸睛，张口，两侧二躯干三折，尾向下卷，雷纹衬地，是殷墟二期常见的风格，该尊圈足上的兽面纹也属这种风格，唯角部稍显特殊。三鸟三羊尊（K2②:127）腹部的兽面纹较特殊，兽面的双角作"匕"字形，两侧的躯干三折，尾部上卷，这在殷商文化中几乎不见，但其总体风格仍与殷墟二期的接近。二号坑所见铜罍腹部的兽面纹接近于陈、张文中划分的

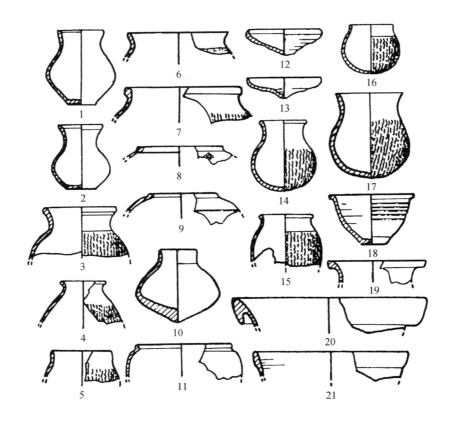

图一四 十二桥文化二期晚段典型陶器

1、2. 喇叭口罐（Tc3⑦：9、Td4⑥：41） 3～7. 绳纹罐（Td4⑥：55、Ta4⑦：24、Tc3⑦：58、Td4⑥：56、Tc3⑦：53）
8、9. 敛口广肩罐（Td4⑥：66、Tc3⑦：55） 10. 尖底罐（Td4⑥：39） 11. 罐（Tc3⑦：50） 12、13. 尖底盏
（Ta4⑦：17、Td4⑥：40） 14～17. 釜（Td4⑥：37、46、25、29） 18. 盆（Td4⑥：45） 19～21. 瓮（Tc3⑥：59、
Ta4⑥：36、37）（均为新一村遗址出土）

Ⅲ10 式，但其口是横贯的，较为少见。根据以上分析，我们发现二号坑铜器纹样虽然带
有一些地方性特征，但其风格基本来源于殷商文化，时代与殷墟二期大体相当。坑的下
埋年代不会早于上述铜器的年代，而应与坑中陶器相去不远，这是容易理解的，也就
是说出有与坑中相同陶器的十二桥文化一期早段的年代不会早于殷墟一、二期。我们
再看，十二桥文化一期早段开始出现的云雷纹、重菱纹与陕西武功郑家坡[33]中、晚期
出现的云雷纹、重菱纹和变形重菱纹比较一致，学者认为，郑家坡中期和殷墟三、四
期相当，郑家坡晚期可能相当于殷墟四期至西周初年[34]。郑家坡早期与殷墟一、二期
相当，不见重菱纹。壹家堡出现重菱纹的第四期年代在殷墟第四期[35]，这种重菱纹一
直延续到西周，如张家坡遗址[36]。十二桥文化一期早段所见的敛口较甚，圆弧腹的尖
底盏与茹家庄遗址[37]的尖底盏相同，茹家庄遗址的尖底盏，学者根据其与先周陶鬲共
存，推测其年代当在殷墟四期左右[38]。据以上分析，我们可以将十二桥文化一期早段
的年代推定在殷墟三期——殷末周初。一期晚段是从早段紧密发展而来，仍见有重菱

纹，与张家坡西周时期的一致，这一阶段可定在西周前期。二期文化之上有一间歇层（第5层），并有一战国中期土坑墓打破该层，这样，其下限当不会晚于战国中期，且其间有较大的空缺。二期陶器与成都地区战国墓陶器区别较大，也充分说明了这一点，因此，二期的年代范围便可定在西周后期至春秋前期，即早段约当西周后期，晚段约当春秋前期。

（四）上汪家拐遗存

上汪家拐遗存是这一区域的战国文化遗存，发现的主要是一些零星的墓葬，关于这一时期的墓葬论述较多，本文从略。目前发掘的遗址只有成都市区上汪家拐遗址下层和青羊宫遗址。上汪家拐遗址属先秦文化堆积的地层单位有第4B层，开口于第4B层下的H6、H7、H8和被灰坑打破的第5层，其中H6打破H8。依据上述的地层单位可将其分为三期：一期包括第5层、H8；二期以H6为代表；三期以第4B层为代表。青羊宫遗址与三期相当。

一期：以夹砂陶为主，陶色分灰褐、红褐、黑褐等。纹饰主要是绳纹。器形有圜底釜、圜底钵、鼎、中柄豆、尖底盏、盆、高领罐等。其中尖底盏和绳纹圜底釜与成都中医学院战国早期土坑墓[39]所见的相同，时代应相当。这一时期发现的墓葬基本为狭长方形竖穴土坑墓，出土的陶器有釜、尖底盏等；铜容器有尖底盒、鼎、壶、敦、匜、鍪、甑等；兵器有戈、矛、剑、钺；手工工具有斧、斤、凿、刀、锯、锄等（图一五）。

二期：以泥质灰褐陶和泥质黑褐陶为主，纹饰极少见。典型陶器有矮圈足短柄浅盘豆、矮圈足深腹碗形豆、平顶无钮盖、罐等。其碗形豆和短柄浅盘豆与新一村战国中期

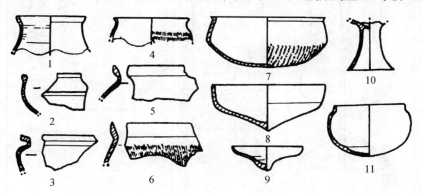

图一五　上汪家拐遗存一期典型陶器

1. 高领罐（T2⑤：121）　2、3、11. 圜底钵（T11⑤：55、T11⑤：51、H8：1）　4～7. 釜（T2⑤：110、T2⑤：100、T2⑤：102、M1：1）　8、9. 尖底盏（M1：3、H8：6）　10. 中柄豆（H8：11）（7、8. 中医学院战国土坑墓出土，余为上汪家拐遗址出土）

土坑墓[40]、新都马家公社战国中期木椁墓[41]的同类器物相同，因此该期的年代相当于战国中期。这一时期的墓葬发现不多，有狭长方形竖穴土坑墓和木椁墓。出土的陶器有绳纹圜底釜、浅盘短柄豆、浅盘中柄豆、碗形豆、钵、罐等；铜容器以新都马家公社大型木椁墓出土较多，有鼎、豆、壶、盘、匜、甑、鉴、罍、缶、瓿等；铜兵器有戈、矛、剑、钺等；手工工具有斧、斤、凿、锯、锄等；另外还有编钟、巴蜀印章、带钩等。这一时期楚文化的遗物增多（图一六）。

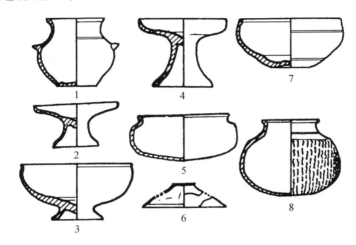

图一六　上汪家拐遗存二期典型陶器

1. 罐（M1：86）　　2～4. 豆（M1：28、M1：30、H6：1）　　5. 圜底钵（M1：32）　　6. 器盖（H6：50）　　7. 钵（M1：83）

8. 釜（M1：79）　　（4、6. 上汪家遗址出土，余为新一村战国土坑墓出土）

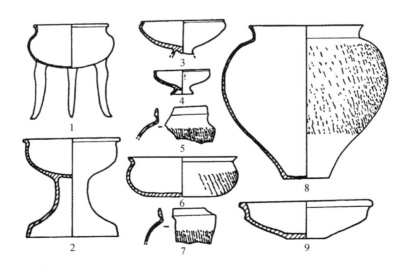

图一七　上汪家拐遗存三期典型陶器

1. 釜形鼎（2层）　　2～4. 豆（3层、T11④B：50、T11④B：3）　　5～7. 釜（T11④B：67、2层、T11④B：63）　　8. 瓮（M3：14）

9. 折腹钵（2层）　（1、2、6、9. 青羊宫遗址出土，8. 大邑五龙战国墓出土，余为上汪家拐遗址出土）

三期：以泥质灰褐的绳纹陶居多，另有较多的泥质灰陶和较多的夹砂黑褐陶片。代表性的陶器有釜、圜底钵、瓮、罐、盆、矮圈足浅盘豆、中柄碗形豆、折腹钵、釜形鼎等，其中的中柄碗形豆与犍为战国墓[42]所见一致，圜底钵、矮圈足浅盘豆、釜形鼎、瓮等均与大邑五龙战国晚期墓[43]出土的相近。上述的矮圈足浅盘豆、瓮、釜形鼎、折腹钵等在成都地区下限可到西汉初年，因此这一时期的年代当在战国晚期至西汉初年。该期所发现的墓葬中狭长方形竖穴土坑墓减少，船棺墓增多，还发现一定数量的土坑木板墓。出土的陶器有釜、钵、圜底钵、釜形鼎、瓮、矮圈足浅盘豆；铜容器有鍪、釜甑、钫等，铜兵器有戈、矛、剑、钺、弩机等；手工工具有斧、斤、凿、锄、锯等（图一七）。

三、早晚文化的演进特征

成都平原先秦文化目前能追溯最早的就是宝墩文化，属新石器时代晚期。自三星堆文化开始进入青铜时代，延续到战国晚期，秦灭巴蜀以后至汉初逐渐被中原文化所融合，前后发展两千年以上，其间各个时期虽然不同程度地受到外来文化的影响，但其浓厚的地方特征始终是该区域文化发展的主流。早晚文化间的承袭特点比较明显：首先表现在某些文化传统延续不断，如房屋建筑、生产工具以及陶器的一些造型风格等。在宝墩文化时期，房屋建筑就采取挖墙基槽，埋密集小圆木，内外抹泥，作木骨泥墙的形式，并经火烘烤。到三星堆文化时期，这一基本做法仍然没变，只是可能柱间有编缀竹木棍条的做法，内外抹泥，仍经火烘烤。十二桥文化时期的木构建筑，保存有完整的墙体和屋顶，其墙体为竹编墙，屋顶盖草。总之，木骨泥墙、竹编、屋顶盖草等是这一区域房屋建筑的基本形式，其中可能也因小环境的差异而有所变化。生产工具多偏重于手工工具，趋于小型化，以斧、锛、凿为主。梯形的斧、锛、条形和圭形凿一直是该区域最基本的石工具组合，从早到晚都没什么大的变化。到战国时期的墓葬中出土的青铜工具仍然属手工工具，并且较之前更发达，不仅有斧、斤、凿，还有锯、锄等。手工工具的多见反映出这一生产活动是非常重要的，估计可能与该区域的自然环境和经济类型有关。如建房多用竹木，加工竹木构件则需要使用上述工具。其二是该区域的农业生产工具可能多用骨、木质，这些工具不易保存，因此很难发现。十二桥遗址发现大量的鹿角器，当为翻土工具，南方稻作农业，骨、木质生产工具比笨重的石器更为适用，加工木质工具也需要手工工具。上述两点或许是手工工具多见的根本原因。在陶器的造型上，多平底器和圈足器，其中的平底器多为小平底，这种风格从宝墩文化一直到战国时期都是如此；圈足器中喇叭状圈足的风格从宝墩文化到战国时期也没有多大的变化。此外，三足器（盉）、尖底器、圜底器在不同时期出现。从三星堆文化开始出现的三足器一直延续至十二桥文化一期早段；尖底器是从十二桥文化一期开始出现的，其中尖底盏一直沿用到战国时期；圜底器（釜）是从十二桥文化一期开始出现，二期晚段开始增多，到战国时期成为最主要的陶器之一。

　　成都平原四个阶段的文化承袭发展的特点，还表现在上一阶段文化中即孕育着下一阶段的文化因素，下一阶段文化都不同程度地承袭了上一阶段文化的一些特点，同时出现新的文化因素。当然对传统因素的承袭，各个阶段的情况不尽相同。三星堆文化就明显地烙上了宝墩文化的印痕，除上述房屋的建筑形式和筑城方法、石制工具外，其他如在宝墩文化四期出现的矮领圆肩罐，实际上就是三星堆文化很有代表性的小平底罐的前身；三星堆文化中的深腹罐和小圈钮器盖在宝墩文化四期（鱼凫村遗址）中就已经出现；三星堆文化中的镂孔圈足豆与宝墩文化中的镂孔圈足器也应有一定的关系。不过三星堆文化的最终形成，与中原二里头文化和长江中游同时期文化的强烈影响有关。

　　十二桥文化则完全是从三星堆文化中脱胎发展而来。十二桥文化一期承袭了大量的三星堆文化因素，如盉、鸟头把勺、壶、瓶、小平底罐、高柄豆等。只因这一阶段大量出现尖底杯、尖底罐、尖底盏，才使得其与三星堆文化相区别，同时出现大量的喇叭口罐、盆、敛口瓮、波浪花边口罐、瓮等也是三星堆文化中不见的新器形。尖底杯则成了十二桥文化一期所特有的器物。到了十二桥文化二期，原从三星堆文化继承来的一套器物都消失了，代之以新的面貌，这一时期与三星堆文化相比，文化面貌区别较大，基本不见三星堆文化因素的遗物，同时又继承了一期新出现的喇叭口罐、尖底盏、尖底罐、瓮、釜、盆等，而且大量出现绳纹罐，釜和瓮的数量增多。不过，这一阶段的陶器种类远不如三星堆文化和十二桥文化一期丰富。

　　上汪家拐遗存与十二桥文化之间尚有一段空白，但与十二桥文化的继承关系却是很明显的。如这一阶段的陶釜分高领扁球腹型和大口浅腹型，这两型釜在十二桥文化的二期就已基本定型，尖底盏和罐也是从十二桥文化的尖底盏和喇叭口罐发展来的，这一阶段的陶器类别又进一步减少。

　　本文对成都平原龙山时期至汉初的古文化，根据各个时期文化内涵的同一与变异程度，用"文化、期、段"进行了不同层次的划分，并对各个阶段的文化特征和早晚关系以及演进特点进行了初步的分析，目的是建立这一区域先秦古文化的年代序列。至于该区域文化与周邻文化的关系等其他问题，限于篇幅，留待以后对各个阶段文化作更细致的研究时探讨。由于材料和水平的局限，文中存在的缺陷或不当之处，敬请学界同仁指正。

注　　释

［1］　四川省文物管理委员会、四川省博物馆、广汉县文化馆：《广汉三星堆遗址》，《考古学报》1987年
　　　　2期。

［2］　孙华：《试论广汉三星堆遗址的分期》，《南方民族考古》第五辑，四川科学技术出版社，1992年。

［3］　中国社会科学院考古研究所四川工作队：《四川绵阳边堆山新石器时代遗址调查简报》，《考古》
　　　　1990年4期。

［4］　成都市文物考古工作队、四川联合大学考古教研室、新津县文管所：《四川新津宝墩遗址的调查与

试掘》，《考古》1997 年 1 期；中日联合考古调查队：《四川新津宝墩遗址 1996 年发掘简报》，《考古》1998 年 1 期。

[5] 成都市文物考古工作队、都江堰市文物局：《四川省都江堰市芒城遗址调查与试掘》，《考古》1999 年 7 期。

[6] 成都市文物考古工作队、郫县博物馆：《四川省郫县古城遗址的调查与试掘》，《文物》1999 年 1 期。

[7] 成都市文物考古工作队、四川联合大学考古教研室：《四川省温江县鱼凫村遗址调查发掘报告》，《文物》1998 年 12 期。

[8] 四川省文物管理委员会、四川省文物考古研究所、成都市博物馆：《成都十二桥商代建筑遗址第一期发掘简报》，《文物》1987 年 12 期；成都市文物考古工作队：《成都十二桥遗址新一村发掘简报》，《南方民族考古》第六辑，四川科学技术出版社（待出）。

[9] 成都市文物考古工作队、四川大学历史系：《成都市上汪家拐遗址发掘报告》，《南方民族考古》第五辑，四川科学技术出版社，1992 年。

[10] 四川省博物馆：《成都青羊宫遗址试掘简报》，《考古》1995 年 8 期。

[11] 马继贤：《广汉月亮湾遗址发掘追记》，《南方民族考古》第五辑，四川科学技术出版社，1992 年。

[12] 江章华、颜劲松、李明斌：《宝墩文化初论》，《中华文化论坛》1997 年 4 期。

[13] 国际日本文化研究中心利用加速器质谱仪测定。

[14] 同 [1]。

[15] 北京大学考古系碳十四实验室：《碳十四年代测定报告（八）》，《文物》1989 年 11 期；中国社会科学院考古研究所实验室：《放射性碳素测定年代报告（十四）》，《考古》1987 年 7 期。

[16] 成都市文物考古工作队、新都县文物管理所：《四川新都县桂林乡商代遗址发掘简报》，《文物》1997 年 3 期。

[17] 四川省文物管理委员会：《广汉三星堆一号祭祀坑发掘简报》，《文物》1987 年 10 期；四川省文物管理委员会：《广汉三星堆二号祭祀坑发掘简报》，《文物》1989 年 1 期。

[18] 见《南方民族考古》第二辑，四川科学技术出版社，1990 年。

[19] 荆州地区博物馆、北京大学考古系：《湖北荆南寺遗址第一、二次发掘》，《考古》1989 年 8 期。

[20] 湖北省宜昌地区博物馆、四川大学历史系：《宜昌中堡岛新石器时代遗址》，《考古学报》1987 年 1 期。

[21] 国家文物局三峡考古队：《湖北秭归朝天嘴遗址发掘简报》，《文物》1989 年 2 期。

[22] 四川大学博物馆、成都市博物馆：《成都指挥街周代遗址发掘报告》，《南方民族考古》第一辑，四川大学出版社，1987 年。

[23] 资料未发表，现存成都市文物考古工作队。

[24] 同 [23]。

[25] 同 [23]。

[26] 四川省文物管理委员会：《成都羊子山土台遗址清理报告》，《考古学报》1957 年 4 期。

[27] 四川省文物管理委员会：《四川新繁水观音遗址试掘简报》，《考古》1959 年 8 期。

[28] 江章华：《成都十二桥遗址的文化性质与分期研究》，《四川大学考古专业成立三十五周年纪念文集》，四川大学出版社，1998 年。

[29] 同 [2]。

[30] 同 [2]。

［31］　中国社会科学院考古研究所安阳工作队：《安阳小屯村北的两座殷代墓》，《考古学报》1981 年 4 期。

［32］　陈公柔、张长寿：《殷周青铜容器上兽面纹的断代研究》，《考古学报》1990 年 2 期。

［33］　宝鸡市考古队：《陕西武功郑家坡先周遗址发掘简报》，《文物》1984 年 7 期。

［34］　饭岛武次：《先周文化陶器研究——试论周原出土陶器的性质》，《考古学研究（一）》，文物出版
社，1992 年。

［35］　北京大学考古系商周组：《陕西壹家堡遗址 1986 年度发掘报告》，《考古学研究（二）》，北京大学出
版社，1994 年。

［36］　中国科学院考古研究所：《沣西发掘报告》，文物出版社，1962 年。

［37］　卢连成、胡智生：《宝鸡弜国墓地》，文物出版社，1988 年。

［38］　同［2］。

［39］　成都市博物馆考古队：《成都中医学院战国土坑墓》，《文物》1992 年 1 期。

［40］　成都市文物考古工作队：《成都十二桥遗址新一村发掘简报》，《南方民族考古》第六辑，四川科学
技术出版社（待出）。

［41］　四川省博物馆、新都县文管所：《四川新都战国木椁墓》，《文物》1981 年 6 期。

［42］　四川省文物管理委员会：《四川犍为县巴蜀墓发掘简报》，《考古与文物》1984 年 3 期。

［43］　四川省文物管理委员会、大邑县文化馆：《四川大邑五龙战国巴蜀墓葬》，《文物》1985 年 5 期。

（原载《考古学报》2002 年 1 期）

安宁河流域考古学文化试析

江章华

过去有关安宁河流域考古发掘与研究比较多的主要是大石墓遗存。除此之外还有1974年至1976年前后三次发掘的西昌礼州遗址[1]，1978年调查的西昌杨家山遗址[2]，1987年调查的西昌大兴横栏山遗址[3]，1994年发掘的西昌经久乡大洋堆遗址[4]等。上述各遗址的文化面貌区别较大，与大石墓遗存的文化内涵也明显不同。由于各类文化遗存之间缺乏直接的层位关系，相互间的年代关系也就无法确认，因此安宁河流域考古学文化的发掘脉络一直都不清楚。为了弄清安宁河流域考古学文化发展谱系，成都文物考古研究所与凉山州博物馆联合对该区域进行了有计划的考古调查与发掘，2004年至2005年已对西昌大兴横栏山[5]、咪咪啷[6]、棲木沟[7]、马鞍山[8]、营盘山[9]等遗址进行了发掘。另外四川省考古研究院为配合西攀高速路建设发掘了德昌县王家田遗址[10]。上述遗址的发掘大大丰富了安河流域考古资料，本文即是在上述工作的基础上对安河流域考古学文化发展脉络做初步的分析。

一、典型遗址的分析与文化类型的划分

（1）以西昌大兴横栏山遗址为代表的一类遗存目前除大兴横栏山遗址外，还有马鞍山遗址、棲木沟下层遗存和营盘山下层遗存。可以看出，这类遗存在安宁河流域有着较为普遍的分布，代表安宁河流域一个阶段的考古学文化。该类遗存的主要特征是陶器以夹砂灰褐陶为主，其次是夹砂灰陶和夹砂红陶，泥质陶非常少见。素面陶占大宗，纹饰最常见的是戳印纹、附加堆纹、划纹等，绳纹少见，以戳印的米点纹、篦点纹以及口沿下附加堆纹最有特征。陶器制法为手制，以泥条盘筑为主，大多经过轮修，个别器物外表经过刮磨处理。由于烧制陶器时火候掌握不均，器表氧化不匀，致使器物表里、上下颜色斑驳。仅见平底器，不见三足器、圈足器和圜底器。器形以附加堆纹口沿罐、肩部戳印米点纹的斜肩罐、肩部戳印篦点纹的溜肩罐、喇叭口罐等数量最多也最具特征，另外还有器盖、钵、碗、瓶、壶等，还见有少量带流壶。生产工具主要是磨制石器，有斧、锛、凿、镞、穿孔石刀和网坠等。该类文化遗存不仅具有独特的文化面貌，而且在安宁河流域有着广泛的分布，代表了安宁河流域某个阶段的考古学文化，因此可以将其命名为"横栏山文化"（图一）。

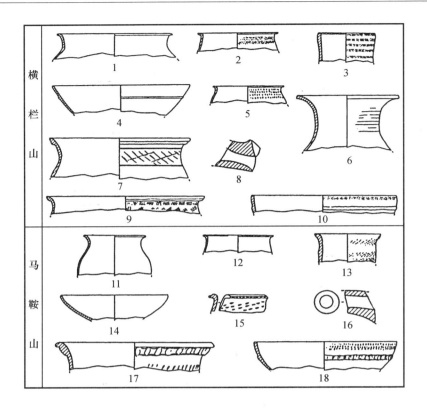

图一　横栏山文化陶器

1、11. 侈口罐（H3∶15、H1∶8）　2、12. 溜肩罐（T202③∶17、H1∶12）　3、13. 瓶（T102①∶74、T1⑦∶7）　4、
10、14、18. 钵（H3∶8、T102④∶59、H1∶7、T1⑧∶50）　5、15. 斜肩罐（H3∶2、T1⑦∶18）　6. 喇叭口罐（H3∶13）
7、9、17. 附加堆纹口沿罐（T102④∶52、T102④∶53、H2∶3）　8、16. 带流壶（T201④∶48、T3⑤∶6）

（2）礼州遗址是一处十分典型的遗址，该遗址报告除发表有第3、4层出土的少量遗物外，其余均是墓葬出土遗物，而陶器主要是墓葬中出土的，地层中只有1件残带流壶（BT1∶3），其余全是石器。由于报告发表的地层出土遗物没注明地层号，因此无法确认这些遗物地层归属，不过从报告叙述说"第3层遗物较多"，"第4层仅出土零星碎陶片和残石器"分析，发表的遗物可能多为第3层出土。墓葬当晚于第3层，因报告在描述第3层地层时说"墓葬均出于此层"，从发表的B区T2、T3西壁剖面图看，BM3是打破第3层的，因此可以推知报告所谓的"出于"当是"打破"无疑。墓葬中出土的陶器可能大部分未能修复的原因，发表的陶器以AM10和BM3的数量较多，其余墓葬以1件者居多，2~4件者都很少，部分墓葬1件也没有，因此AM10和BM3对分析礼州遗址最有价值。而AM10和BM3两座墓葬的陶器组合区别非常大，AM10陶器纹饰主要是戳印纹，而BM3陶器纹饰主要是划纹和素面陶，纹饰风格特征完全不同，从器类来看，AM10出土陶器主要有喇叭口高领的壶、带流壶、钵和单耳罐等（图二），而BM3出土陶器主要是带耳陶器，有双耳杯、双耳罐、带把罐、双联罐和钵等（图三）。从AM10和BM3的差异程度来看，明显属不同时期的两种文化遗存。从报告的墓葬登记表看，出土有带流

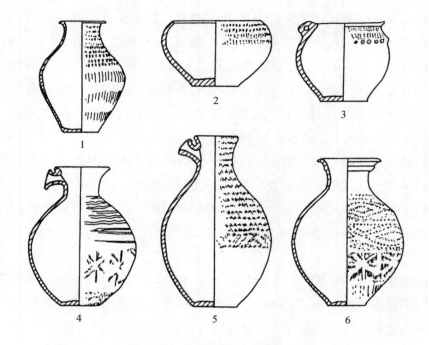

图二　礼州中段遗存陶器

1、6. 高领壶（AM10：101、AM10：104）　2. 钵（AM10：97）　3. 单耳罐

（AM10：108）　4、5. 带流壶（AM10：107、103）

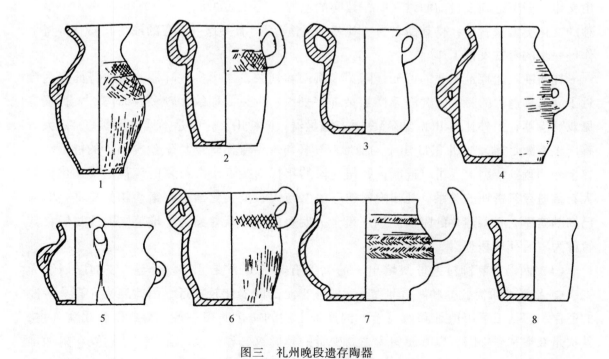

图三　礼州晚段遗存陶器

1、2、4、6. 双耳罐（BM3：23、25、26、6）　3. 双耳杯（BM3：27）　5. 双联罐（BM3：13）

7. 带把罐（BM3：1）　8. 杯（BM3：2）

壶的墓葬还有 BM4 和 AM2，可能与 AM10 年代与文化性质相近，可以归为一组，从 BM3 打破 BM4 情况推断，AM10 当早于 BM3。另 AM6 出土的饰戳印纹的钵与 AM10 的相近，可能与 AM10 的文化性质相近。其余墓葬既不见 AM10 的喇叭口高领壶和带流壶，也不见 BM3 的双耳杯和双耳罐，难以归属，不过从这些墓葬出土的陶器均为素面陶分析，可能更接近 BM3 的年代。根据上述分析，可以将礼州遗址暂分为早、中、晚 3 段，即第 3、4 层为早段，以 AM10 为代表的中段，以 BM3 为代表的晚段。

早段出土的石斧、锛、凿、穿孔刀的特征与横栏山文化的石器尤其是马鞍山遗址出土的石器相当一致，特别是早段发表的唯一那件残带流壶，其流的位置与器口齐平，与横栏山遗址出土的带流壶比较一致，而与礼州中段 AM10 出土的带流壶的流在颈部略有不同。可以推断，礼州早段遗存的文化属性应属横栏山文化遗存，可归入"横栏山文化"。

礼州中段遗存带有许多横栏山文化的特征，如纹饰中戳印纹发达，带流壶应是从横栏山文化中的带流壶发展而来，其喇叭口高领壶可能与横栏山文化中的喇叭口高领器也有关系，其中的肩部有戳印纹的钵与马鞍山遗址采集的一件肩部有戳印纹的钵有些相近，可以看出，礼州中段遗存与横栏山文化有较紧密的继承关系。但横栏山文化中的许多典型陶器不见于礼州中段，如附加堆纹口沿罐、肩部戳印米点纹的斜肩罐、肩部戳印篦点纹的溜肩罐等。总体来说，礼州中段的文化特征与晚段的区别较大，相反更接近于横栏山文化，但考虑到仅目前的材料看，其间的差异还是较为明显，故暂时将其作为一个单独的文化类型来看待，将其命名为"礼州中段遗存"，有关这一遗存的最终归属有待将来作进一步的考古发掘工作。

礼州晚段遗存最重要的特征是陶器多素面和划纹，器形多双耳器，这些特征有些接近于大石墓遗存的特征，大石墓陶器装饰多划纹，少见戳印纹，较多素面陶，大石墓多见双耳陶器，另外礼州 BM8 和 AM9 见有圈足器，横栏山文化中是不见圈足器的，而大石墓出土有圈足器，礼州 BM3 出土的桶形双耳杯与米易弯丘 2 号大石墓[11]出土的桶形双耳杯十分相近。依据上述可以推断，礼州晚段的年代当接近于大石墓的年代，其文化也与大石墓遗存有密切的关系。礼州晚段遗存虽然与大石墓文化遗存有某些相似特征，但与已知的典型大石墓遗存的陶器区别还是十分明显的，其墓葬又为土坑墓，因此我们将其暂称为"礼州晚段遗存"。

（3）西昌市麻柳村遗址灰坑出土的陶器有带流壶、圈足杯、觚等，纹饰以划纹为主[12]，与喜德拉克公社和西昌河堡子大石墓出土的陶器比较接近，因此当为大石墓阶段的遗存。德昌王家田遗址和西昌棲木沟遗址上层的文化面貌一致。陶器以灰褐陶为主，其次是红褐和黑褐陶，以素面陶为主，少量的叶脉纹、卷云纹、乳钉纹、划纹和附加堆纹，器形主要有双耳罐、敞口罐、侈口罐、纺轮等，以平底器为主，少量矮圈足器。其双耳罐、敞口罐等与米易弯丘，尤其是德昌阿荣大石墓[13]出土的同类陶器相一致，因此可以肯定属大石墓阶段的文化遗存。

（4）西昌樟木咪咪啷遗址出土的陶器与大石墓出土的陶器有较多相似之处，如陶器纹饰中的叶脉纹、")"形划纹、"∧"形划纹、网格划纹和水波划纹等与大石墓出土陶器的同类纹饰相近。该遗址出土的双耳罐与米易弯丘大石墓出土的同类型双耳罐十分相近，其中的敞口罐似乎也与大石墓出土的敞口陶器相近。可以看出咪咪啷遗址与大石墓有较为密切的关系。但从整体的文化面貌来看，咪咪啷遗址与大石墓遗存仍有较大差异，与大石墓阶段的遗址麻柳村、王家田和楼木沟上层相比，也区别明显。首先从陶器纹饰来看，咪咪啷遗址除叶脉纹、划纹、乳钉纹和大石墓遗存一致外，还存在一定数量的戳印纹。而陶器器类与大石墓遗存区别较大，咪咪啷遗址出土的许多器类不见于大石墓遗存，而带耳陶器却不如大石墓遗存发达。从横栏山文化到礼州遗存的特征分析，戳印纹是安宁河流域偏早阶段的文化特征，再结合该遗址所在的大石墓之下叠压有遗址文化层的情况，推测咪咪啷遗址当早于目前已知的大石墓遗存。鉴于咪咪啷遗址无法归入大石墓遗存之中，因此将其暂称为"咪咪啷遗存"（图四）。

（5）大洋堆遗址分上、中、下三类文化遗存，也就是报告分的早、中、晚三期文化。其下层文化遗存均为竖穴土坑墓，陶器主要为素面陶，器形主要是双耳陶器、单耳陶器、圈足陶器，还出有青铜器。其文化特征与横栏山文化区别较大，与大石墓遗存区别也十分明显，因此将其暂称为"大洋堆下层遗存"（图五）。从大洋堆上层属大石墓遗存可知，该类遗存早于大石墓。尽管大洋堆下层遗存与大石墓遗存区别明显，但仍能看出其间有一定的关系，如陶器带耳，有圈足器，盛行素面陶，器底装饰叶脉纹等均是大石墓的特征。

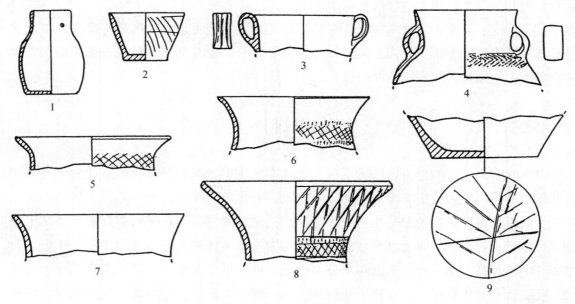

图四　咪咪啷遗存陶器

1. 瓶（T301④:6）　2. 杯（T101④:30）　3、4. 双耳罐（T101③:30、T101④:35）　5～7. 敞口罐
（T101③:14、T201③:50、T101⑤:60）　8. 盘口罐（T101③:16）　9. 器底（T101⑤:74）

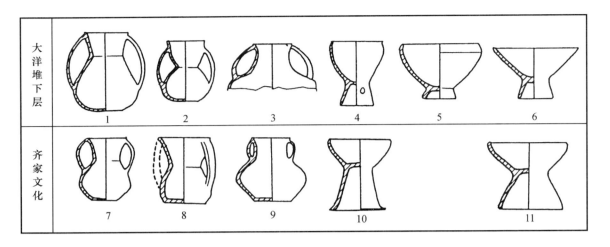

图五　大洋堆下层遗存陶器与齐家文化比较

1～3. 双耳罐（M9:2、M9:1、M2:1）　　4～6. 豆（M8:1、M4:1、M8:2）　　7～9. 双耳罐（秦魏家 M9:5、

T13:6、柳湾 M1108:11）　　10、11. 豆（秦魏家 M65:1、M48:2）

　　大洋堆中层文化遗存主要是瓮棺葬，因此其反映的文化信息面较窄，不能反映同时期文化的基本特征。从出土的双耳罐看，似与下层文化的双耳罐有关系，瓮棺葬的陶器主要是一种大口深腹的尊形瓮，类似的瓮棺葬也发现在营盘山遗址的上层，其瓮棺也是大口深腹的尊形瓮，虽然器物形态略有所差异，但大口、深腹，部分肩部装饰乳钉的风格是一致的，年代上可能有距离，之间有联系却是可以肯定的。值得注意的是，大洋堆中层的尊形瓮与上层出土的尊形瓮有些相近，尤其是中层的 A Ⅳ 型（Ka3:2，报告称罐）与上层 2 号大石墓出土的瓮（DM2:1）形态很相近。由此可以判断中层文化与上层文化年代相距不会太远，报告认为上层文化可能处在大石墓遗存的初始阶段，那么中层文化遗存很可能也属大石墓初始阶段的遗存。

二、文化的排序与分期

　　从上述典型遗址的分析可以得出一个最基本的认识，那就是横栏山文化和大石墓遗存代表了安宁河流域两个非常重要的文化阶段，文化面貌比较清楚，年代上横栏山文化早于大石墓遗存。现在关键是礼州中段遗存、礼州晚段遗存、咪咪啷遗存和大洋堆下层遗存区别较大，相互之间又没有层位关系，与横栏山文化和大石墓遗存也明显不同，目前发现的遗址尚无第二处，认识起来较为困难。依据层位关系，礼州中段遗存晚于横栏山文化，而且与横栏山文化有较为密切的关系。而礼州晚段遗存与大石墓遗存有某些相似的特征，要么早于大石墓、要么晚于大石墓，安宁河流域晚于大石墓遗存的是特征比较明显的汉文化遗存，综合礼州晚段遗存的陶器特征来看，应是早于大石墓。因此礼州中段遗存和礼州晚段遗存均是介于横栏山文化与大石墓遗存之间的文化遗存。咪咪啷遗存由于遗址之上有大石墓叠压在遗址地层之上，因此应早于大石墓，从该遗存与大石墓遗存存在比较多的相似特征，同时也存在少量横栏山文化的相似特征分析，也是介于横栏山文化与大石墓遗存之间的一类遗存。从层位关系看，大洋堆下层遗存早于大石墓遗存，该遗存出土有青铜器，而双耳陶器和器底装饰叶脉纹的做法也是大石墓遗存才盛行的特征，因此可以推断，该遗存当晚于横栏山文化，也是介于横栏山文化与大石墓遗存之间的一类遗存。根据上面的分析综合考虑，为了比较清晰地反映安宁河流域古代文化的发展历程，我们暂时将安宁河流域的考古学文化分为三个大的时期：一期为横栏文化；二期为过渡期，包括有礼州中段遗存、礼州晚段遗存、咪咪啷遗存和大洋堆下层遗存，这几类遗存可能之间有早晚，也有并存关系；三期为大石墓遗存。如下表：

一期	二期（过渡期）		三期
横栏山文化	礼州中段遗存 大洋堆下层遗存	礼州晚段遗存 咪咪啷遗存	大石墓遗存

第一时期的横栏山文化是目前在安宁河流域证实的一支年代最早，特征突出，在安宁河流域有着广泛分布，明显区别于同一时期周邻地区的考古学文化。该文化阶段的生业形态主要为定居的农耕经济，但从聚落占有时间不长分析，其农业可能尚处在比较粗放式的种植阶段。从出土一定数量的石箭镞和石网坠分析，渔猎经济占有相当的比重，其文化发展阶段为新石器时代。目前能找到与横栏山文化有相似之处的考古遗存，可能就只有大渡河流域的汉源麦坪村遗址[14]的下层遗存，以 H4 最典型，麦坪村遗址 H4 出土的口沿下装饰附加堆纹的罐、肩部有戳印米点纹的侈口罐以及腹部有附加堆纹的钵等均与横栏山文化的同类型陶器相近似，由此推测二者之间可能有联系。但麦坪村遗址下层遗存有较多绳纹，而横栏山文化陶器很少绳纹，这是明显的不同之处。

横栏山文化诸遗址之间还存在一定程度的差异，其中马鞍山、营盘山下层和棣木沟下层的特征较为一致，而与横栏山遗址略有不同。主要表现在横栏山的陶器的陶色偏灰，而其他 3 处遗址的陶色偏黑；横栏山遗址的陶器种类明显较其他 3 处遗址丰富，横栏山遗址出土数量较多的肩部戳印米点纹的斜肩罐和肩部戳印篦点纹的溜肩罐在另 3 处遗址很少见，钵、碗、瓶的形态特征也有所变化，石器当中，横栏山遗址基本不见穿孔石刀，而马鞍山遗址和营盘山遗址下层均出有一定数量的穿孔石刀。上述差异应是年代早晚的差异，穿孔石刀在后来的咪咪啷遗址出土较多，推测横栏山遗址当早于其他 3 处遗址，根据这种差异，可以将横栏山文化暂分为早晚 2 段，即横栏山遗址代表该文化的早段，马鞍山遗址、营盘山遗址下层和棣木沟遗址下层代表该文化的晚段（图一）。

第二时期的考古学文化比较复杂，大致可以分为三类情况：

1 类：从横栏山文化直接承袭发展而来的土著文化。这一类的遗存主要是礼州中段遗存，其陶器装饰中戳印纹发达，是横栏山文化的特征，最有代表性的器形带流壶、喇叭口高领壶和肩部有戳印纹的钵均是从横栏山文化的同类器发展而来。

2 类：外来文化。这一类遗存主要是大洋堆下层遗存，该遗存与土著文化区别太大，其双耳和圈足陶器的风格均非本土文化的传统，而与甘青地区的齐家文化十分相近，其双耳罐和圈足豆均是齐家文化的典型陶器，如果我们将其与甘肃永靖秦魏家[15]、广河齐家坪[16]、青海乐都柳湾[17]等遗址的齐家文化同类陶器相比，其相似特征十分明显（图五）。

3 类：既带有土著文化因素，也包含外来文化因素的遗存。礼州晚段遗存和咪咪啷遗存属这一类。礼州晚段遗存的陶器中的划纹装饰风格可能是继承土著文化传统，而双耳风格应是外来因素，其中的腹部带耳的喇叭口高领罐与齐家文化的同类型罐相近，双耳杯很可能是土著文化中的杯加上耳的一种衍生器，这种现象在其他陶器中也有，像大石墓中就有在土著传统的带流壶上加耳加圈足的情况，双联罐也可能是外来因素。咪咪啷遗存陶器中的戳印纹和划纹风格当是继承土著文化的传统，其中部分喇叭口风格的陶器可能也是土著的传统因素，而外来因素比较明显的当是带耳陶器，穿孔石刀是甘青地区新石器文化中比较典型的石工具，因此，石器中的穿孔刀也可能是外来的因素。由于咪咪啷出土的陶器太碎，许多陶器尚无法进行准确的比较，其文化渊源还不是十分清晰，从总体来说，其中包含有土著因素和外来因素是可以肯定的。

第 1、2 类遗存可能早于第 3 类遗存，其中礼州中段遗存早于礼州晚段遗存有层位依据，其余都没有层位依据，只是根据文化变迁趋势加以推测。

第三期大石墓遗存前后延续时间较长，其间文化面貌也有所变化，尽管许多墓葬出土遗物很少，墓葬又属二次丛葬，分期十分困难，但是根据部分出土陶器较多的墓葬也能看出这种变化。根据陶器组合特征看，目前可以将大石墓分为区别较明显的两类：

1 类：代表性的墓葬有喜德拉克公社的 M6[18]，西昌坝河堡子第二次发掘的 M4 和 M6[19] 等。典型陶器有带流壶、圈足无耳杯、圈足带耳杯、平底瓢、圈足瓢、双耳罐等。陶器装饰中划纹发达，有斜线、波折、网状、交叉等形式（图六）。陶器的耳均为单泥条桥形耳，这种耳的做法与大洋堆下层遗存和礼州晚段遗存中的带耳陶器的耳相近。2003 年清理的西昌市麻柳村灰坑，出土陶器有带流壶、圈足杯、圈足瓢等，与第 1 类大石墓相同，当属同时期的遗址。

2 类：代表性墓葬有米易弯丘大石墓和德昌阿荣 M3 等。典型陶器有单耳罐、双耳罐、双耳杯、圈足豆、壶等。陶器以素面为主，少量划纹和附加堆纹，器底多叶脉装饰，划纹已不如第 1 类墓发达，风格也不同。大部分带耳陶器的耳与 1 类墓的耳区别明显，多为 2~4 道泥条拼合而成，并多在其上又附加有横向、交叉以及倒"S"的泥条装饰。双耳罐与 1 类墓的双耳罐明显不同，许多双耳罐的肩部还饰有倒"S"形附加堆纹（图七）。王家田遗址和棲木沟遗址上层出土的陶器与第 2 类墓的陶器相近，双耳罐属第 2 类墓双耳罐的风格，因此当属第 2 类墓同期的遗址。第 2 类墓葬的双耳罐明显不是从过渡期和第 1 类墓的双耳罐继承而来。

综合 1、2 类墓葬出土遗物分析，1 类墓的年代可能早于 2 类墓。

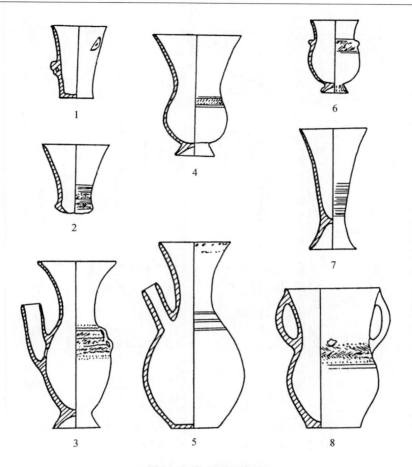

图六　1类大石墓陶器

1、2. 平底杯（M6:28、M6:33）　　3、5. 带流壶（M6:1、M6:27）　　4、6. 圈足杯（M4:2、M4:1）　　7. 觚
（M6:34）　8. 双耳罐（M6:4）（1、2、4～7. 西昌坝河堡子，3、8. 喜德拉克公社）

　　关于各期文化的年代，横栏山遗址第3、4层各有1个[14]C数据，第4层为距今4020年±40年，树轮校正年代为公元前2575～前2480年，第3层为距今3710年±40年，树轮校正年代为公元前2150～前2030年[20]，未经树轮校正的年代在夏代早期，校正后的年代可早到中原龙山时期。综合分析，以横栏山遗址为代表的横栏山文化早段的年代大致可推定在距今4500～3800年之间，那么横栏山文化晚段的年代可推定在夏代的中晚期。大石墓的年代下限一般争论不大，在东汉早期；上限有学者将其推定在商代[21]，也有学者将其推定在春秋早期[22]，或推定在战国早期[23]，由于缺乏比较的材料，又无[14]C测年数据，对年代的判定比较困难。现在考虑到横栏山文化的年代下限可能在夏代中晚期，那么大石墓遗存的年代上限在商代可能偏早，如果说在春秋倒是有可能。如果大石墓遗存的年代上限在春秋，那么第二期过渡期的年代大致在商代至西周时期。咪咪啷遗址第4、5层各有1个[14]C数据，第5层的为距今1910年±40年，树轮校正年代为公元50～140年，在东汉早期，该数据明显有问题。第4层的为距今2840年±40年，树轮校正年代为公元前1050～前920年，正好在西周时期，与我们推定的年代基本相符。

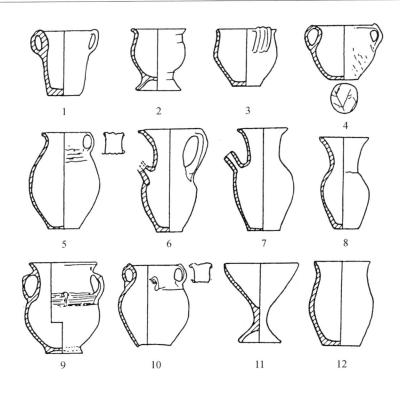

图七　2 类大石墓陶器

1. 双耳杯（M2∶43）　　2、11. 豆（M2∶102、M2∶118）　　3、5. 单耳罐（M1∶105、M3∶4）　　4、9、10. 双耳罐
（M2∶92、M2∶9、M3∶7）　　6、7. 带流壶（M1∶58、M3∶3）　　8. 瓶（M2∶103）　　12. 敞口罐（M2∶1）　　（5、7、10. 德
昌阿荣，其余均为米易弯丘）

三、结　语

　　通过上面的分析，我们对安宁河流域考古学文化的变迁过程可以形成一个最初步的
认识：那就是安宁河流域从大约距今4500年至东汉早期的考古学文化经历了大致三个大
的发展阶段。首先是土著的横栏山文化，横栏山文化后来演变为礼州中段遗存，估计这
个阶段比较短暂。与此同时，外来文化进入安宁河流域，这当中目前比较清楚的是与齐
家文化较为密切的大洋堆下层遗存，伴随而来的可能是外来族群的迁入，外来文化与土
著文化经过一段时期的并存而后逐渐融合，礼州晚段遗存和咪咪啷遗存正是这种融合过
程当中出现的较为复杂的文化现象。最后融合发展的结果形成了1类大石墓文化遗存，
在大石墓遗存的发展过程中，又受到了新的外来文化的影响，形成了第2类大石墓文化
遗存，这种新的外来文化的影响主要表现在第2类大石墓遗存的带耳陶器上，其双耳陶
罐和单耳陶罐与盐源青铜文化和滇西北青铜文化的双耳陶罐和单耳陶罐相近，尤其是其
双耳的做法十分相近，说明它们之间应有某种联系或有着共同的源头。安宁河流域的考
古学文化尽管不断接受外来文化的影响，甚至有外来族群的迁入，但土著文化的某些因

素长期传承，最明显的是横栏山文化出现的带流壶在大石墓的偏晚阶段都还存在。可以感觉得到，安宁河流域的古代文化在没有外来文化的强烈刺激下，其文化发展进程比较缓慢。

在安宁河流域发现与齐家文化相近的文化遗存，是一个很值得注意的现象，齐家文化进入安宁河流域的路线很可能是雅砻江流域，如果这种推论不误的话，将来一定会在雅砻江流域发现齐家文化的遗存。

关于大石墓葬俗的起源问题，目前还无法从其他文化中找到源头，这种独特的葬俗很可能是安宁河流域民族的独创。在大石墓的同时，还存在另一类丧葬方式，即婴儿瓮棺葬，大洋堆中层和营盘山上层均发现有这种瓮棺葬。

本文只是就现有的考古材料所作的初步分析，要真正弄清安宁河流域考古学文化的发展谱系，目前的材料在时间上和空间上都还存在不少缺环和薄弱的环节，需要进一步作考古调查与发掘工作。

注　释

[1]　礼州遗址联合考古发掘队：《四川西昌礼州新石器时代遗址》，《考古学报》1980年4期。

[2]　刘世旭：《西昌杨家山新石器时代晚期遗存》，《文物资料丛刊》1981年5期。

[3]　西昌市文物管理所：《四川西昌市横栏山新石器时代遗址调查》，《考古》1998年2期。

[4]　西昌市文物管理所、四川省文物考古研究所、凉山彝族自治州博物馆：《四川西昌市经久乡大洋堆遗址的发掘》，《考古》2004年10期。

[5]　成都文物考古研究所、凉山彝族自治州博物馆、西昌市文物管理所：《四川西昌市大兴横栏山遗址调查试掘简报》，成都文物考古研究所编；《成都考古发现2004》，科学出版社，2006年。

[6]　凉山彝族自治州博物馆、成都文物考古研究所、西昌市文物管理所：《四川西昌市咪咪啷遗址调查试掘简报》，成都文物考古研究所编：《成都考古发现2004》，科学出版社，2006年。

[7]　四川省文物考古研究院、凉山彝族自治州博物馆、西昌市文物管理所：《凉山州西昌市棲木沟遗址试掘简报》，《四川文物》2006年1期。

[8]　资料正在整理中。

[9]　同[8]。

[10]　四川省文物考古研究院、凉山彝族自治州博物馆：《凉山州德昌县王家田遗址发掘简报》，《四川文物》2006年1期。

[11]　凉山彝族自治州博物馆：《米易弯丘的两座大石墓》，《考古学集刊》第1集，中国社会科学出版社，1981年。

[12]　四川省文物考古研究院、凉山彝族自治州博物馆、西昌市文物管理所：《凉山州西昌市麻柳村灰坑清理简报》，《四川文物》2006年1期。

[13]　四川省文物考古研究院、凉山州博物馆、西昌市文物管理所：《四川西昌洼垴、德昌阿荣大石墓》，《文物》2006年2期。

[14]　大渡河中游考古队：《四川汉源县2001年度的调查与试掘》，成都文物考古研究所编：《成都考古发现2001》，科学出版社，2003年。

［15］　中国科学院考古研究所甘肃队：《甘肃永靖秦魏家齐家文化墓地》，《考古学报》1972 年 2 期。

［16］　可参见水涛：《甘青地区青铜时代的文化结构和经济形态研究》，《中国西北地区青铜时代考古论集》，科学出版社，2001 年。

［17］　青海省文物管理处考古队等：《青海柳湾》，文物出版社 1984 年。

［18］　凉山彝族地区考古队：《四川凉山喜德拉克公社大石墓》，《考古》1978 年 2 期。

［19］　西昌地区博物馆、四川省博物馆、四川大学历史系、西昌县文化馆：《西昌坝河堡子大石墓第二次发掘简报》，《考古》1978 年 2 期。

［20］　北京大学考古文博院加速器质谱实验室、第四纪年代测定实验室。

［21］　罗开玉：《川西南与滇西大石墓试析》，《考古》1989 年 12 期。

［22］　刘世旭：《试论川西南大石墓的起源与分期》，《考古》1985 年 6 期。

［23］　刘弘：《川西南大石墓与邛都七部》，《文物》1993 年 3 期。

（原载《四川文物》2007 年 5 期）

大渡河中游先秦考古学文化的分期及相关问题

陈 剑

大渡河中游地区主要包括今雅安市汉源县、石棉县的大部和凉山州甘洛县的局部在内，从地势、地貌和环境来看，这是一个相对独立的地理单元；同时从先秦时期考古学文化面貌上观察，又是一个亚文化区。大渡河为长江的重要支流岷江的最大支流，发源于四川与青海交界的果洛山，全长 1070 公里，流域面积 9.2 万平方公里，大、小金川在丹巴县汇合后始称大渡河，流至乐山注入岷江。大渡河上游南北向流经高原山区，至石棉县城附近时突然折向东流；中游主要流经汉源、石棉和甘洛三县，两岸谷地相对较为平缓。按地势地貌分类，大渡河中游地区处于四川盆地外围山地区的南部边缘与川西南山地区的北部边缘之间的交界地带，因此是一个相对独立的地理单元。其北部为大渡河与青衣江的分水岭——大相岭，南部为大渡河与安宁河的分水岭——小相岭，西部隔大雪山与雅砻江流域分界。大渡河中游地区是以成都平原为中心的四川盆地与川西南地区及其以远的云贵地区之间交往的必经之地，也是历史上黄河上游甘青地区经川西高原南下进入云贵地区的文化走廊、民族走廊的重要组成部分，因而在历史学、考古学、民族学等诸学科领域的相关研究中占据十分重要的地位。

笔者曾对大渡河中游地区先秦考古学文化的内涵及演变序列等问题进行过初步探析[1]，鉴于 2004 年以来该地区先秦考古又有较多新发现，有助于深入探讨大渡河中游先秦考古学文化，笔者拟就分期及相关问题进一步略呈管见，旨在抛砖引玉。

一、大渡河中游先秦考古发现概述

汉源县县城富林镇和大树镇驻地附近地区，是大渡河与其支流——流沙河的交汇处所在地，也是大渡河流域范围内面积最大的一块冲积扇形平原，属河谷堆积地貌区，地势较流域其他地带更为开阔、平坦。这里气候温暖，日照充裕，降雨充沛，土肥地美，取水便利，非常适宜于人类聚居。自旧石器时代晚期以来，人类在此地的活动频繁，留下了密集的生活、生产遗迹。这里也是大渡河中游古代文化遗址发现数量最多、密度最大的地区，因而，此地历来是大渡河中游考古工作的重点所在。

大渡河地区既往考古工作有一定基础，20 世纪 60 年代以来，四川省雅安地区第一工业局地质队、中国科学院古脊椎动物与古人类研究所、四川省博物馆等单位，先后对富林镇旧石器时代晚期的文化遗址进行了调查、发掘和研究工作，提出了"富林文化"的命名[2]。

70、80 年代期间，为配合大渡河水库的筹集工作，四川省博物馆等单位在此进行过多次考古调查，发现了狮子山新石器时代遗址，采集到石器、陶器等遗物，并在本地区发现有土坑墓[3]。

1979 年，汉源县文化馆在今大树镇大瑶村清理过石棺葬一座，出土有陶双联罐等随葬品[4]。

1988 年，中国社会科学院考古研究所四川工作队又对大树乡狮子山、麻家山两处遗址进行了考古调查，采集有石器、陶器等遗物[5]。

1990 年 5~6 月，四川大学历史系考古专业对狮子山遗址进行了发掘[6]。

1993 年四川省文管会、石棉县文管所在石棉县城以东 6 公里的永和乡裕隆村二组配合基建清理土坑墓 4 座，出土陶器、青铜器、骨器等文物 150 件[7]。

2001 年 11~12 月，中国社会科学院考古研究所、四川省文物考古研究所、成都市文物考古研究所、雅安市文管所及汉源县文管所分别派出业务人员，联合组成大渡河中游考古队，在汉源县境内开展了详细的考古调查，并对麦坪村遗址、麻家山遗址和姜家屋基遗址进行了试掘[8]。

2004 年 4~7 月，为配合瀑布沟水电站建设，由四川省文物考古研究所、雅安市文管所、汉源县文管所及石棉县文管所组成的联合考古队在大渡河中游的汉源县和石棉县进行了瀑电淹没区首期地下文物考古发掘，选定了汉源县大地头遗址、桃坪遗址及墓地以及石棉县永和墓地等 3 个地点，发掘面积逾 3000 平方米，发现并清理新石器时代晚期至唐宋时期的各类遗迹 51 处，战国至明清时期的各类墓葬 34 座，出土各时期各类遗物逾千件[9]。

二、大渡河中游先秦考古学文化遗存的分类、分组与特征

根据考古调查、发掘的情况，可将大渡河中游地区先秦时期考古学文化遗存划分为三类。

（1）第一类包括姜家屋基遗址、狮子山遗址、大地头遗址的主体遗存和麦坪村遗址下层遗存。根据出土陶器特征，又可将第一类遗存划分为 A、B、C 三组。

A 组以姜家屋基遗址主体堆积为代表。发现遗迹有灰坑、残房址等。出土遗物包括石器、陶器、骨器等，其中石器有打制石器、磨制石器、细石器等；陶器则以夹粗砂红褐陶为主，还有少量泥质黑陶，纹饰有绳纹及交错绳纹组成的网格纹、线纹、附加堆纹、戳印纹、绳纹花边口沿装饰等，器形以平底器为主，包括花边口沿侈口罐、溜肩鼓腹罐、缸、钵、盆、双唇口瓶等；骨器有锥、簪等。

B 组以狮子山遗址主体堆积为代表。狮子山遗址 1990 年发掘 321 平方米，发现遗迹

包括灰坑 16 个、残房址 9 个及石片砌成的瓢形建筑 1 处，出土遗物有磨制石器、打制石器、细石器、陶器、骨器等。遗址正式发掘的资料目前尚未公开发表，从调查简报等有关资料介绍的情况来看，出土陶片以夹砂陶为主，纹饰有绳纹、划纹、方格纹、附加堆纹等，器形包括高领罐、大口花边罐、盆、钵、碗、甑、陶球、纺轮等。还出土了少量彩陶片，均为红褐底色上绘黑彩，图案题材有线条纹、圆点纹等，包括彩陶罐肩部残片等，具有浓郁的马家窑类型风格。

C 组以麦坪村遗址的新石器时代堆积（下层遗存）为代表。麦坪村遗址的地层共分九层，上部有较厚的晚期次生堆积，第①层至第⑦层均为明清时期以来的堆积。第⑦层以下的堆积又可分为上下 2 层，上层包括第⑧层、土坑墓 M3、M4、灰坑 H3、H5、第⑨层，为商周时期堆积。下层主要包括灰坑 H1、H4，虽然 H1、H4 开口于第⑦层下，但附近缺失第⑧层、⑨层，直接打破生土层；又根据 H1、H4 出土的陶片与第⑧层、M3、M4、H3、H5、第⑨层等商周遗迹单位出土的陶片特征判然有别，均为新石器时代遗物，而不见更晚时期遗物。因此，判定 H1、H4 的年代应为新石器时代晚期。出土遗物可分为石器、陶器、玉器等，其中石器有打制石器、磨制石器、细石器等；陶器则以夹细砂黑褐陶、红褐陶为主，还有泥质磨光黑皮陶，纹饰有绳纹及交错绳纹组成的网格纹、线纹、附加堆纹、刻划纹、戳印纹、弦纹、绳纹及压印纹花边口沿装饰等（表一），器形以平底器为主，包括花边口沿侈口罐、长颈罐、小口罐、敛口钵、盆、瓶等；玉器为仿工具类的斧、锛形器。

表一　麦坪村遗址 H1 陶质、陶色、纹饰统计表

陶质 陶色 数量 纹饰	夹砂陶					泥质陶				合计	百分比 （％）
	褐	灰黑	灰	灰褐	红褐	黑皮	灰黑	灰	灰黄		
素面	1	2	16					2	10	31	23.48
绳纹	18	31	17	6	5		1	1	5	84	63.64
弦纹		1						1		2	1.52
复合纹饰	3	3					1			7	5.3
纹唇花边	1									1	0.76
素面磨光						7				7	5.3
合计	23	37	33	6	5	7	2	4	15	132	100
	104					28					
百分比（％）	17.4	28	25	4.59	3.8	5.3	1.5	3	11.4		
	78.8					21.2					

大地头遗址发现的新石器时代晚期遗迹包括房屋基址 13 处，灰坑 3 个。房屋基址均为平地起建，平面呈长方形，分木骨泥墙式和石构式 2 种建构方式，以石构房屋基址尤其是成排的石构房屋基址最具特色。石器分磨制石器和细石器 2 类。磨制石器均通体磨

光，有石斧、穿孔石刀、石镞、网坠等。细石器以燧石为主，另有石英和水晶。器形有刮削器、尖状器以及石核和石叶等。陶器以夹砂陶为主，有很少量的泥质陶。夹砂陶又可细分为夹细砂和夹粗砂 2 类，以夹细砂为主。陶色以红褐陶、红陶为主，另有少量褐陶和灰陶，火候较低。纹饰以细绳纹为主，另有附加堆纹、刻划纹、弦纹、箆点纹等。器形多为侈口圆唇圆腹平底器，可识器类有罐和钵。陶器特征与麦坪村遗址下层遗存相似，因此大地头遗址新石器时代晚期遗存也属于 C 组。

（2）第二类包括麻家山遗址主体遗存、麦坪村遗址上层遗存和背后山青铜器等其他零星发现的遗存。第二类遗存也可以划分为 A、B、C 三组。

麻家山遗址的地层关系及出土陶器等遗物均较为丰富（表二），而且器物组合及演变特征有一定的规律，可以将麻家山遗址的商周时期遗存划分为前后两段。探方 01T1 有如下一组地层关系：①→H1→②→③→④→⑤，除第①层为现代农耕土层外，其余均为原生的商周时期堆积，可以分为上下 2 层，分别为 A、B 组遗存的代表。

A 组包括麻家山遗址第⑤层、④层（即下层遗存），出土陶器的组合以敛口罐、小平底罐、侈口罐、高柄豆尖唇盘口罐、竹节柄豆为主，基本不见尖底器。

麦坪村遗址附近的金钟山半山腰 2001 年还发现了一座土坑竖穴墓（编号 M4），出土的随葬品有陶高柄豆、侈口罐、矮圈足豆、器盖、器体较长的白色大理石凿形玉器、磨制石斧等，也未见尖底器，M4 的年代可能与 A 组麻家山遗址的第⑤层、④层相近。高于麦坪村遗址的半山腰地带也出土有白色凿形玉器，推测亦为 A 组遗存的墓葬的随葬品。

表二　麻家山遗址 T1④层陶质、陶色、纹饰统计表

陶质 陶色 数量 纹饰	夹砂陶				泥质陶		合计	百分比 （％）
	褐	灰黑	灰	灰褐	黑皮	红		
素面	40	148	35	27		2	252	59.57
绳纹	20	31	9	31			91	21.51
弦纹		2					2	0.47
复合纹饰	1	1		1	1		4	0.95
纹唇花边		1					1	0.24
素面磨光			1		68	4	73	17.26
合计	61	183	45	59	69	6	423	100
	348				75			
百分比（％）	14.4	43.3	10.6	13.9	16.3	1.4		
	82.3				17.7			

桃坪遗址2004年发现的2个商代祭祀坑也属于A组遗存，均为圆形积石堆积坑，为多层积石堆积坑，口小底大呈袋状，坑壁经加工，坑内共有3层积石堆积，其间以较纯净的填土相隔。各积石层均以完整或半完整的卵石铺就，卵石间放置各类的陶石器残件，其中个别陶器个体的不同部位放置于不同的积石层上，说明各积石层是在很短时间内形成的，或者就是一次分3个步骤的某种祭祀、礼仪活动所致。各积石层共出土陶高柄豆、小平底罐、器盖、圈足器等各类商代陶器残片数百片（以夹砂陶为主）以及（玉）石凿、斧、砍砸器、盘状器等各类（玉）石器数十件。另一个圆形祭祀坑仅残存积石堆积一层，出土与三星堆文化中期同类器相同或相似的商代夹砂陶器残片若干。此外，还在发掘区外围层位相同的台地断面上调查发现了另一个积（卵）石堆积坑，估计性质相同。

B组包括麻家山遗址第③层、②层及灰坑H1（即上层遗存）（表三），出土陶器的组合则以尖底罐、尖底杯、敛口罐、小平底罐、侈口罐、高柄豆、尖唇盘口罐、竹节柄豆为主，特别是新出现了绞索状花边口沿陶罐和大量的陶尖底器；夹砂陶的比例下降，泥质陶的比例上升。

表三　麻家山遗址 H1 陶质、陶色、纹饰统计表

陶质陶色　数量纹饰	夹砂陶				泥质陶			合计	百分比（%）
	褐	灰黑	灰	灰褐	黑皮	红	灰		
素面	7	20	2	11				40	48.19
绳纹	1							1	1.2
弦纹		1					1	2	2.41
复合纹饰	1							1	1.2
纹唇花边	1							1	1.2
素面磨光					26	2	10	38	45.78
合计	11	10	21	2	11	26	2	83	100
	44				39				
百分比（%）	12	25.3	2.4	13.3	31.3	2.4	13.3		
	53				47				

1979年在桃坪村三组出土过陶尖底杯、高柄豆等遗物[10]。其中尖底杯为泥质黑灰陶，素面，敞口，斜直壁，下腹折收，底近小平，其特征与麻家山遗址出土的尖底杯相似，年代也可能相近，属于B组遗存。

2004年桃坪遗址发现2座灰坑，分别出土陶尖底杯（罐）、高柄豆、石斧等各类器物数十件（片），也属于B组遗存。

C组以麦坪村遗址的上层遗存（包括M3、H3、H5、第⑧层、⑨层）为代表，遗迹有竖穴土坑墓、灰坑、房屋柱洞等。出土遗物包括石器、陶器、青铜器、玉器等，其中石器仍可分为打制石器、磨制石器、细石器等类；陶器以夹砂黑褐陶、灰陶为主，纹饰

有绳纹、附加堆纹、弦纹等，器形以平底器、尖底器、圈足器为主，包括尖底罐、侈口罐、敛口鼓肩罐、高柄豆、喇叭口器座、器盖、矮圈足器、钵等；青铜器有箭镞、削等类；玉器仅见器体较长的白色大理石凿形器。

　　富林镇鸣鹿村的背后山遗址曾于1976年冬及1977年春两次出土青铜器，共8件，可能为墓葬遗物[11]。计有钺3件、戈2件、凿1件、斧2件，其中钺包括半月形弧刃深銎钺、圆形穿孔直内钺两种形式；戈均为长方形无胡直内戈，内部有方形或桃形穿，有学者通过类型学研究判定此类无胡蜀式的年代为西周中晚期[12]。其中的半月形弧刃深銎钺与麦坪村遗址出土青铜钺相似，因此，这批青铜器与C组麦坪村遗址商周遗存的年代大体相近。石棉县宰羊溪遗址出土石钺、铜钺各一件，形制、大小相差不大，均为半圆形弧刃，铜钺有一穿[13]，与背后山遗址铜钺相似，年代也应为西周中晚期。麻家山遗址1979年还清理过两座土坑墓，出土敛口陶罐等文物，根据其中两件陶罐的形制，判定其年代早于战国，也与麦坪村遗址商周遗存的年代相近。以上材料均归属于C组遗存。

　　（3）第三类包括石棉县永和乡土坑墓群等，因出土资料有限，暂未能进行分组。

　　该墓群1993年发掘4座战国时期小型竖穴土坑墓，出土陶器、青铜器、骨器等文物150件。2004年又清理了14座战国时期小型竖穴土坑墓，出土包括银、铜、铁、陶、玉、石、骨器在内的各类随葬品共计270余件。墓室长约2.5、宽约0.8米，墓葬排列整齐，分布有序，葬式大部为仰身直肢葬。墓葬中随葬陶器均放置于人骨架头部上方，器物组合主要有圜底罐、碗（底部多见叶脉纹）两种。随葬铜器可分为兵器、工具、装饰品等三类，其中兵器包括扁茎无格柳叶形剑（剑身饰手形纹及虎纹）、短骹双耳圆銎矛、弧刃扁銎钺、箭镞等；工具有凹刃环首刀、锥等；装饰品包括镯、环、泡饰、珠等。依据墓向、随葬器物组合的不同，永和墓地的墓葬可分为3种类型。第一类墓葬的方向大致为西北向，随葬品组合较为完整，主要包括1件陶罐和2件陶碗；第二类墓葬的方向大致为西南向，其中随葬有陶器的墓葬陶器均系打碎后埋入；第三类墓葬的方向大致为西南向，随葬品组合较为完整，主要为2件陶罐。

三、大渡河中游先秦考古学文化的分期、年代与性质

　　以上三类遗存基本代表了大渡河中游先秦考古学文化演变的三个时期，而第一类、第二类所分别包含的三组遗存则是前两个时期中的不同时段的代表。

　　综上所述，根据已有的考古资料，可以将大渡河中游地区的先秦考古学文化遗存初步分为三期7段：

　　（1）第一期（史前遗存）又可分3段。

　　早段（第1段）以姜家屋基遗址主体遗存为代表（图一），出土陶片以夹粗砂红褐陶为主，制法均为手制，火候较低，易于破碎，具有较为原始的特征。

　　中段（第2段）以狮子山遗址主体遗存为代表（图二），出土有部分马家窑类型彩陶。

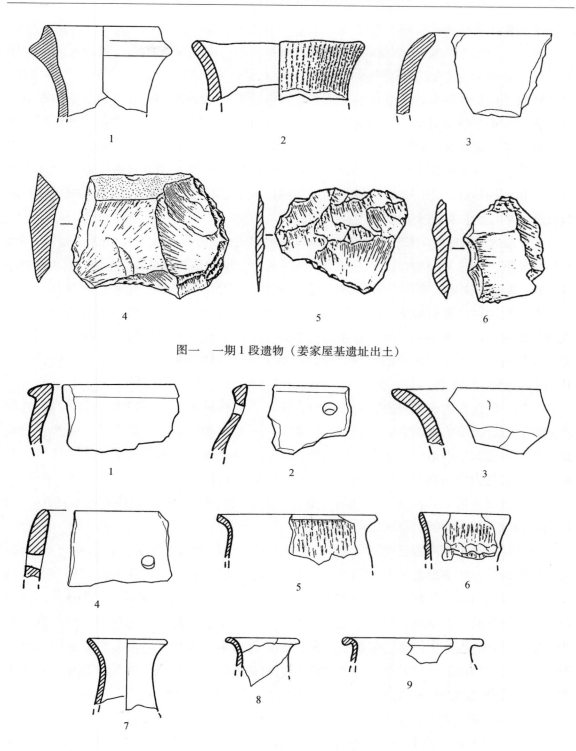

图一　一期 1 段遗物（姜家屋基遗址出土）

图二　一期 2 段陶器（狮子山遗址出土）

　　鉴于目前缺乏[14]C 测年数据，第 1、2 段遗存的年代主要通过与周边地区新石器时代中晚期遗存的比较进行确定。从目前的考古资料来看，甘青地区尤其是渭河上游及白龙江中游的新石器时代文化发展序列较为完整、年代明确且与大渡河中游新石器时代文化的联系密切，进行对比有助于判定第1、2段遗存的年代。

秦安大地湾遗址基本建立起渭河上游的新石器时代文化发展序列，第一期为前仰韶时期的大地湾文化；第二期属于仰韶文化半坡类型；第三期属于仰韶文化庙底沟类型；第四期属于仰韶晚期文化类型（也有学者称为马家窑文化石岭下类型）；第五期为常山下层遗存[14]。武都大李家坪遗址也基本建立了白龙江中游的新石器时代文化发展序列，可分四期：第一期以大李家坪一期遗存为代表，属于仰韶文化半坡类型；第二期以烟墩沟遗存为代表，属于仰韶文化庙底沟类型；第三期以大李家坪二期遗存为代表，与大地湾四期文化面貌相近，时代也大致相当；第四期以大李家坪三期遗存为代表，属于受马家窑文化影响较大的仰韶文化晚期遗存[15]。

第1段遗存未发现马家窑类型风格的彩陶，而出土的泥质灰黑陶双唇口瓶、泥质灰陶敛口钵（见图一，1、3）与大地湾四期文化、大李家坪二期遗存的同类陶器相似，属于仰韶晚期文化（马家窑文化石岭下类型）风格，年代略早于马家窑类型，其年代距今5000年左右。

第2段遗存的狮子山遗址是迄今出土马家窑类型彩陶的最南端的遗址，彩陶当为西北甘青地区马家窑类型文化南下传播的产物，未见早于马家窑类型的仰韶晚期文化（马家窑文化石岭下类型）风格的双唇口瓶、泥质灰陶敛口钵等文化因素，第2段遗存的年代为距今4500年左右。

与第1段遗存的陶器相比，第2段遗存陶器的总体风格上显得较为进步。二者之间在陶质、纹饰、器形方面也有一些共同因素，但区别也很明显。如果说第1段遗存更多地体现了大渡河中游地区土著文化的因素，那么，第2段遗存则是接受了南下传播的马家窑类型文化因素的新的文化类型，前者的年代似应早于后者。

晚段（第3段）以麦坪村遗址新石器时代遗存为代表（图三），陶器风格与第1、2段遗存相比有较多差异，也未见彩陶。

第3段遗存出土陶器已脱离了第1、2段遗存所表现出的原始特征，火候明显提高，制法除手制外，较多地采用慢轮制作及修整技术。二者之间存在一些共性，如均有夹砂褐陶箍带纹侈口罐、灰陶敛口钵等陶器，表明它们有一定的渊源关系。但第3段与第2段遗存间存在较大的缺环。同时，第3段遗存与麻家山遗址商周时期遗存之间的联系较为紧密，存在一些共同因素，如均有一定比例的泥质磨光黑皮陶，部分陶器表面或唇面有戳印纹，侈口罐沿下常见起加固作用的泥条附加堆纹等。因此，第3段遗存实际为史前至商周时期之间的一种过渡性遗存，其年代为距今4000年左右。

（2）第二期为商至西周时期遗存，又可分为三段。

早段（第4段）即第二类A组遗存，陶器以小平底器、高柄豆等为主（图四），未见尖底器，与三星堆文化中晚期同类器相同或相似，年代约为商代晚期。

中段（第5段）即第二类B组遗存（图五），年代与十二桥文化早期相近，年代约为西周前期。

晚段（第6段）即第二类C组遗存（图六），年代与十二桥文化晚期相近，年代约

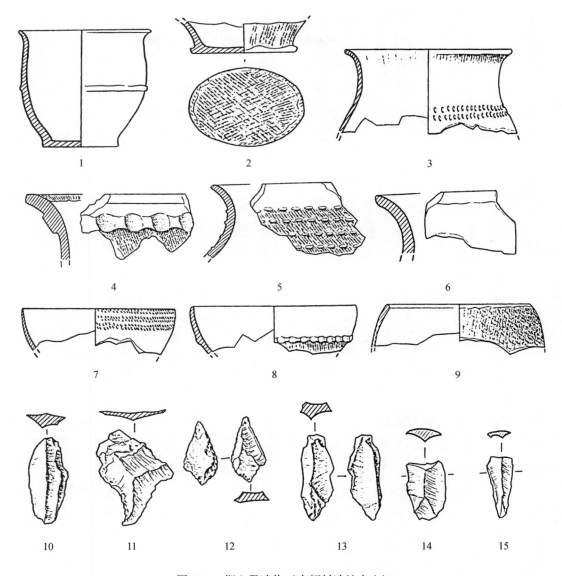

图三　一期3段遗物（麦坪村遗址出土）

为西周后期。第6段与第5段遗存之间还有一定程度的缺环。

　　第二期遗存可以总称为"麻家山类型"。根据麻家山遗址和麦坪村遗址的试掘成果，并结合以前的考古调查材料，我们认为大渡河中游地区的商至西周时期遗存目前以汉源县麻家山遗址最有代表性、发现最早、所开展的考古工作最多、材料也最为丰富，故建议采用"麻家山类型"来对大渡河中游地区的商周遗存进行命名。以前曾有学者依据未公开发表的调查采集资料提出"背后山类型"的名称[16]，同时将其与狮子山遗址为代表的"狮子山类型"并列为大渡河流域的两种原始文化类型，二者的时代相差甚远，且背后山遗址未进行正式考古发掘，以此命名大渡河中游的商周遗存不太适宜。还有学者提出"麻家山——三星村类型"的名称[17]，鉴于三星村遗址亦未进行过正式考古发掘，而

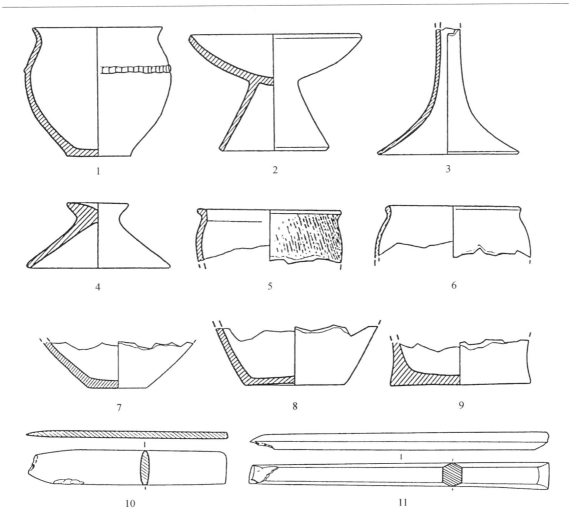

图四　二期4段器物

1～4、10、11. 麦坪村土坑墓　5～9. 麻家山遗址下层

且麻家山遗址的发现在先，因此，笔者认为就目前情况来看，大渡河中游地区的商周文化遗存还是采用"麻家山类型"来命名更为恰当。

又根据麻家山类型与四川盆地尤其是成都平原的已知年代、且含有较多共同文化因素的考古学文化遗存初步对比研究的结果判断，"麻家山类型"的年代上限约为商代晚期，下限则为西周中晚期。麻家山类型的分布范围主要在大渡河中游地区，目前在四川汉源县、石棉县境内均有发现，遗址包括汉源县麻家山遗址、麦坪村遗址、背后山遗址、桃坪遗址、石棉县三星村遗址、宰羊溪遗址等。麻家山类型与青衣江流域的沙溪类型[18]，成都平原的三星堆文化、十二桥文化[19]等同时期的文化遗存之间存在较多的共性，如以小平底罐、尖底杯、尖底罐、高柄豆等为代表的主体陶器组合基本一致，应属同一种文化系统，均为蜀文化系统的组成部分。

麻家山遗址的试掘是大渡河中游地区首次对商周文化遗址进行的考古发掘，发现与

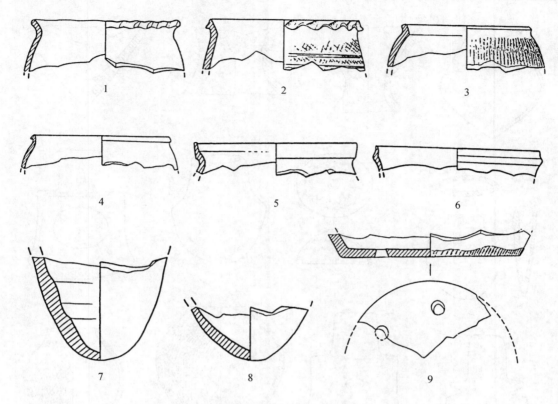

图五　二期 5 段陶器（麻家山遗址上层）

确认了与成都平原三星堆、十二桥文化之间有较多共同文化因素的"麻家山类型"商周文化遗存，应是蜀文化系统中具有鲜明地域特色的一种地方类型，主要分布于大渡河中游地区，迄今为止仅在汉源县、石棉县境内均有发现。这里与成都相距逾 300 公里，"麻家山类型"当是目前发现的商周时期蜀文化系统遗存在空间分布上的最西南边界。以雅安沙溪遗址为代表的"沙溪类型"商周文化遗存，是蜀文化分布在青衣江流域的一种地方文化类型，处在蜀文化中心区与"麻家山类型"分布区之间。从分布的地域范围来看，"沙溪类型"同"麻家山类型"基本以大渡河与青衣江的分水岭——大相岭为分界线。"沙溪类型"和"麻家山类型"的文化性质基本类似，时代也相差不远，同为商周时期蜀文化系统的组成部分。但"麻家山类型"同"沙溪类型"相比，还具有一些自身的地方特色文化因素，如本地长期延续的小石器工艺传统（见图一、图三、图六），墓葬中多随葬器体较长的大理石凿形玉器（见图四），部分夹砂陶罐上有绞索状花边口沿装饰（见图五，1、2）等；而"麻家山类型"的石器则不见青衣江流域"沙溪类型"所常见的有肩石器，陶器中也少见尖底盏、镂孔器座等器形。从地域空间上观察，"沙溪类型"与蜀文化中心区之间的距离较"麻家山类型"为近，在商周时期蜀文化南向传播的线路之上，如果"麻家山类型"处于末端，"沙溪类型"则基本居中，后者与文化中心区的联系相对于前者更为密切。

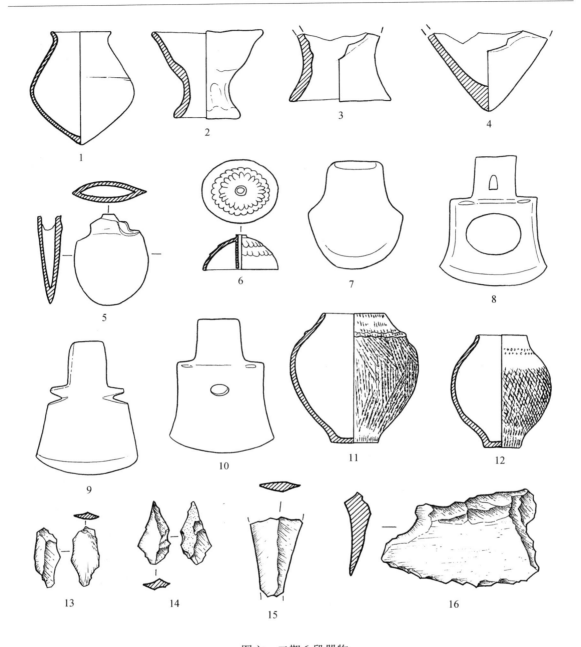

图六　二期6段器物

1～6. 麦坪村遗址　　7、8. 背后山遗址　　9、10. 石棉宰羊溪遗址　　11、12. 麻家山遗址土坑墓

13～16. 麻家山遗址

（3）第三期（战国遗存）（第7段）即以石棉县永和乡战国土坑墓群为代表，出土的陶圜底罐、装饰有巴蜀符号的铜柳叶形剑、矛等器物与成都平原及青衣江流域的战国土坑墓出土的同类文物基本相似。发掘者将这几座墓葬的年代判定为战国中晚期，应是比较准确的。麻家山遗址随葬陶单耳圜底罐、短颈圜底罐的土坑墓，与永和土坑墓出土的圜底罐形态相似，也应属于这一时期（图七）。

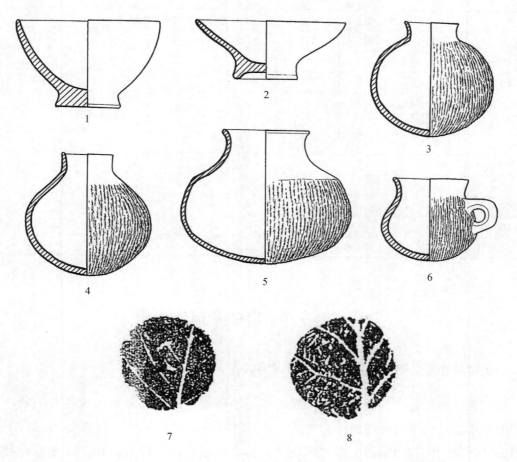

图七　三期7段陶器

1~4、7、8. 永和乡战国土坑墓群　5、6. 麻家山遗址战国墓

　　以上分期仅仅是对大渡河中游地区先秦考古学文化遗存的演变历程从总体上进行初步分析，粗略划分出几个大致的发展阶段，各期、段之间的缺环非常明显，这一初步的编年序列尚待深入的发掘、研究工作进行充实和辨正（表四）。

　　第一期遗存以本土文化因素为主，但明显受到了来自西北地区仰韶晚期文化和马家窑类型文化的影响，这一现象与岷江上游、大渡河上游地区的史前考古学文化遗存的特征相似。就目前的发现来看，仰韶晚期文化和马家窑类型文化南下传播主要沿川西高原地区进行，并未进入成都平原。而第二期遗存则为成都平原古蜀文化（三星堆、十二桥文化）南渐的产物。第一期与第二期遗存之间不仅存在较大的缺环，而且文化传统发生了性质上的变化，第二期遗存（麻家山类型）为蜀文化的地方一个类型。出现这一情况的原因值得深入研究。第三期遗存中，晚期蜀文化因素为主体，同时还包括石棺葬文化、大石墓文化等因素。

表四　大渡河中游先秦遗址分期表

期段　遗址	第一期（史前遗存）			第二期（商周遗存）			第三期（战国遗存）
	1 段	2 段	3 段	4 段	5 段	6 段	7 段
姜家屋基	√						
狮子山		√					
麦坪村			√	√		√	
大地头			√				
麻家山				√	√	√	√
背后山						√	
桃坪				√	√		
宰羊溪						√	
三星村					√		
永和土坑墓							√

四、相关问题的初步分析

1. 大渡河中游先秦文化遗址的分布规律及其原因

综观先秦时期各个发展阶段，大渡河中游地区聚落遗址的分布位置各有不同，其演变情况基本遵循一定的发展规律。如果以大渡河河床水面为参照，不难发现，时代越早，聚落遗址所处的位置则越高，面积却越小。狮子山遗址曾发现有旧石器，并可能与富林文化的人类居住遗址有关[20]，该地点所处位置高于同遗址的新石器时代原生文化堆积的位置。姜家屋基遗址和狮子山遗址均为单纯的新石器时代文化遗址，其原生堆积多位于大渡河南岸高于二级阶地的坡地之上，海拔高度为 900 米左右，高出现在河面约 100 米以上。麦坪村遗址的新石器时代原生文化堆积位于南部高于二级阶地的缓坡地带，北部的二级阶地则主要为商周时期的堆积。而麻家山商周遗址则地处大渡河南岸的二级阶地之上的缓坡地带。如今大树镇海螺村、中坝村所处位置即大渡河原河床所在，从地层断面可观察到明显的卵石夹泥沙堆积层，表明该地曾为河床漫滩。

由于大渡河中游河道的逐年缓慢下切，各时期居民为了便利生产生活的取水，总是选择临近河边的位置作定居地点，因而出现距今年代愈近的遗址所处位置的高度不断降低这一规律性布局的情况。与岷江上游相比较，大渡河中游河道下切的速度略现缓慢。同为新石器时代文化遗址，岷江上游多发现于干流两岸的三级、四级阶地，而大渡河中游则仅出现在二级阶地之上的坡地。表明大渡河中游河床所在地的地质结构较岷江上游相对坚硬、稳定，且河水流速等与岷江上游亦有不同。

2. 大渡河中游先秦时期的生业形态

大渡河中游地区先秦时期的社会经济形态，当是以农业为主要生业形式，辅以捕捞业、狩猎业和采集业为补充。这可以从调查试掘出土的实物资料取得例证，如大型打制、磨制石器主要是作为砍伐、挖掘及切割使用的工具，也是先秦农业生产的重要用具，当时的农具可能还有木质、竹质等类别，但因其难以保存，故考古发掘很少有实物发现。各遗址亦出土有一定数量的石网坠、石球（弹丸）、铜质及石质箭镞等遗物，是渔业和狩猎活动经常使用的工具，也印证了当时经济形态的多样化特征。狮子山等遗址发现有以燧石、石英为原料制成的细石器（细石叶、石核）、小石片石器，其用途可能与切割加工兽皮有关，各遗址还出土有锥、簪等骨质工具及装饰品，这些现象也从侧面说明捕捞业、狩猎业和采集业在当时以农业为主业的经济生活中是必不可少的补充形式。

3. 大渡河中游先秦本土文化传统特征举隅

自旧石器时代晚期以来，本地在石器制作方面一直流行采用燧石为主要原料的小型石器打制技术和传统，这种小型石器以小石核、小石片和小石器为主，存在一定数量的似石叶，尚不能称为严格的细石器，但也有少量成熟的细石器产品。以富林镇旧石器时代晚期的文化遗址为代表的富林文化，石器制作采用以单面反向为主的加工技术，打片以锤击法为主导，偶用砸击法，石器组合以刮削器和尖状器为主体[21]。狮子山遗址也发现有旧石器，特征与富林文化相同。姜家屋基遗址也出土有小石器（见图一）。直至商周时期，麻家山遗址及麦坪村遗址的商周时期地层仍然出土有一定数量的此类小型石器。

陶器制作方面，麦坪村遗址陶器口沿唇面的锥刺纹装饰，麻家山遗址出土陶罐上有绞绳状花边口沿装饰。

在玉器加工业方面，大渡河中游地区商周墓葬中多随葬器体狭长的白色大理石质玉凿形器，体现出较为成熟的选材、切割、磨制及抛光等制玉工艺。本地玉石原料资源丰富，时至今日，雅安市属的石棉、汉源、宝兴等县仍以出产质地上乘的大理石、花岗岩制品而名扬海内外。本地的制玉传统和技术可谓源远流长，有可能会对周围地区甚至蜀文化的中心区——成都平原产生一定程度的影响。

4. 麻家山类型与蜀文化的南渐

导致麻家山类型和沙溪类型之类遗存出现的原因何在，三星堆、十二桥文化向西南发展的内在动机是什么？在此略作一些初步推测。新石器时代晚期以来，蜀文化及古蜀王国的中心在成都平原，在蜀文化发展的不同阶段，向外传播发展的重点地区和方向各有侧重。从已有的考古发现来看，三星堆文化阶段主要是向四川盆地以东今三峡地区发展；而在十二桥文化阶段除了继续向东延伸外还更向西南和北面渐进，其文化分布及影响的地域空间更为广阔，诚如《华阳国志·蜀志》所载"七国称王，杜宇称帝，号曰望帝，更名蒲卑。自以功德高诸王，乃以褒斜为前门，熊耳、灵关为后户，玉垒、峨眉为城郭，江、潜、绵、洛为池泽，以汶山为畜牧，南中为园苑……"，同书还有"保子帝攻青衣"之类的记载内容[22]，表明蜀文化的势力范围一度向青衣江、大渡河地区扩张和延伸。

蜀文化南渐的动力机制比较复杂，古蜀王国对资源的需求与争夺，以及对交通要道的占领与控制是其中的重要原因之一。青衣江、大渡河中游地区既是玉石矿源、铜铁矿藏、铅锌矿藏的盛产之地；从其地理位置来看，也是交通运输的必经之地。新近发现的成都金沙遗址是蜀文化考古的又一重大成果，与三星堆遗址出土玉器相比[23]，金沙遗址出土的玉器，在器物数量、器形种类、表面色泽甚至原料质地等方面更为丰富[24]。目前情况看来，金沙遗址主体遗存的年代略晚于三星堆遗址主体遗存的年代，大概处于十二桥文化阶段。或许是为了满足频繁的祭祀活动等方面的要求，这一时期古蜀王国对玉料的需求数量更大，除了岷江上游地区等原有的玉石原材料产地之外，古蜀王国还将努力开辟新的玉石矿源基地，玉石矿藏非常丰富的青衣江、大渡河中游地区便是其中之一。

徐中舒先生曾指出[25]，古代四川丽水地区（今属云南）盛产黄金，成为楚国西向移民的巨大动力，春秋中期，楚国开始在云南楚雄设官置吏管理丽水黄金的开采，其间有航道可通，虽属便利，但黄金由此东运至楚，则山川间阻，途程太远，为此在青衣江地区的荥经设立代理总管——岷山庄王，负责铜和黄金东向运输的管理。其实早在岷山庄王之前，青衣江、大渡河中游地区已经成为云南地区与四川盆地之间的交通必经之地。段渝先生也认为[26]，汉源和雅安扼守着古蜀文化中心与南中交通的要道，这是南中金锡之道和"南方丝绸之路"的要道之一，也是古蜀文明与南亚、东南亚交流的必经之路，大渡河和青衣江流域的古蜀文化据点和军事据点肩负着开道与保驾护航的双重责任。

而至迟到明清时期，从成都出发、经雅安、至本地区沿清溪、九襄、富林、大树、河南进入冕宁、西昌境内，仍是一条重要的交通要道，在清溪关、大树、晒经关等地至今还保留着石砌古道的遗迹，这即是所谓西南丝绸之路的南线的组成部分。

有学者指出，"一个重大的文化变迁现象如文化的取代、消亡等，其原因往往是相当复杂的，在很多情况下，是不能仅用本地区环境的变化或社会内部机制的转变所能解释得了的，这种时候应该注意是否有新的人群的侵入，而这种侵入现象在考古学材料中是应该能有所反映的，可从五个方面来判断考古学材料中的人群侵入现象：一个移民遗址或文化，其文化特征应该与该地区同时代的遗址或文化有较大的差异；一个移民遗址或文化与该地区前一个时期的文化应该没有任何渊源关系；该移民文化的母文化应该能够在其他地区找到，但由于创始效应的影响，母文化与其分支文化不可能百分之百相同，但在总体上其渊源关系应该是明显的；一个移民文化在年代上应该总是比其发源的母文化要晚；如果一个移民文化在一个较大的范围内取代了原来的文化，那么其必有相当强的优势，这些优势可能是生产方式、军事技术、社会结构或意识形态，并应该在考古学材料中有不同程度地反映"[27]。由此来解释麻家山类型和沙溪类型之类遗存出现的原因，以及与三星堆、十二桥文化之间的差异等，比较符合历史的实况。

注　释

[1]　陈剑：《大渡河中游先秦文化探析》，《中华文化论坛》2003 年 1 期。

[2]　杨玲：《四川汉源县富林镇旧石器时代文化遗址》，《古脊椎动物与古人类》1961 年 12 月 3 卷 4 期；
张森水：《富林文化》，《古脊椎动物与古人类》1977 年 1 月 15 卷 1 期。

[3]　刘磐石、魏达议：《四川省汉源县大树公社狮子山发现新石器时代遗址》，《文物》1974 年 5 期；王
瑞琼：《汉源县瀑布沟水库淹没区文物古迹调查简况》，《四川文物》1990 年 3 期。

[4]　汉源县文化馆：《四川汉源大窑石棺葬清理简报》，《考古与文物》1983 年 4 期。

[5]　中国社会科学院考古研究所四川工作队：《四川汉源县大树乡两处古遗址调查》，《考古》1991 年
5 期。

[6]　马继贤：《汉源县狮子山新石器时代遗址》，《中国考古学年鉴》（1991），文物出版社，1992 年。

[7]　四川省文物管理委员会等：《四川石棉县永和乡战国土坑墓》，《考古》1996 年 11 期。

[8]　大渡河中游考古队：《四川汉源县 2001 年调查与试掘报告》，《成都考古发现 2001》，科学出版社，
2003 年。

[9]　《四川瀑布沟水电站淹没区考古取得重大收获》，《中国文物报》2004 年 9 月 21 日。

[10]　《雅安地区文物志》编委会编著：《雅安地区文物志》，巴蜀书社，1992 年。

[11]　岳润烈：《四川汉源出土商周青铜器》，《文物》1983 年 11 期。

[12]　霍巍、黄伟：《试论无胡蜀式戈的几个问题》，《考古》1989 年 3 期。

[13]　石棉县文化馆：《四川石棉县考古调查》，《考古》1982 年 2 期。

[14]　甘肃省博物馆文物工作队：《甘肃秦安大地湾遗址 1978 至 1982 年发掘的主要收获》，《文物》1983
年 11 期；郎树德、许永杰、水涛：《试论大地湾仰韶晚期遗存》，《文物》1983 年 11 期；谢端琚：
《甘青地区的史前文化》，文物出版社，2002 年。

[15]　北京大学考古学系、甘肃省文物考古研究所：《甘肃武都县大李家坪新石器时代遗址发掘报告》，
《考古学集刊》第 13 集，大百科全书出版社，2000 年；张强禄：《白龙江流域新石器时代文化谱系
的初步研究》，《考古》2005 年 2 期。

[16]　赵殿增：《四川原始文化类型初探》，《中国考古学会第三次年会论文集（1981）》，文物出版社，
1984 年。

[17]　及康生：《商周时期的蜀文化与南方丝路西线的关系》，南方丝绸之路文化论编写组《南方丝绸之路
文化论》，云南民族出版社，1992 年，转引自雅安地区文物管理所编《牦牛道考古研究》，1995 年。

[18]　四川省文物管理委员会等：《成都十二桥商代建筑遗址第一期发掘简报》，《文物》1987 年 12 期；江
章华：《成都十二桥遗址的文化性质及分期研究》，《四川大学考古专业创建三十五周年纪念文集》，
四川大学出版社，1998 年；孙华：《成都十二桥遗址群分期初论》，《四川考古论文集》，文物出版
社，1996 年。

[19]　四川省文物管理委员会等：《雅安沙溪遗址发掘及调查报告》，《南方民族考古》第 3 辑，四川科学
技术出版社，1990 年；李明斌：《四川雅安沙溪遗址陶器及相关问题的初步研究》，《考古》1999 年
2 期。

[20]　陈全家：《四川汉源狮子山旧石器》，《人类学学报》1991 年 1 期；高星：《旧石器时代考古》，《中
国考古学年鉴》（1992），文物出版社，1994 年；叶茂林：《四川旧石器时代遗存浅论》，《四川大学

考古专业创建三十五周年纪念文集》，四川大学出版社，1998 年。

［21］　张森水：《富林文化》，《古脊椎动物与古人类》1977 年 1 月 15 卷 1 期；李永宪：《略论四川地区的细石器》，《四川考古论文集》，文物出版社，1996 年。

［22］　任乃强：《华阳国志校补图注》，上海古籍出版社，1987 年。

［23］　四川省文物考古研究所：《三星堆祭祀坑》，文物出版社，1998 年。

［24］　成都市文物考古研究所、北京大学考古文博学院：《金沙淘珍——成都市金沙村遗址出土文物》，文物出版社，2002 年；成都市文物考古研究所：《成都金沙遗址 I 区"梅苑"地点发掘一期简报》，《文物》2004 年 4 期。

［25］　徐中舒：《试论岷山庄王和滇王庄跻的关系》，《思想战线》1977 年 4 期。

［26］　段渝：《玉垒浮云变古今——古代的蜀国》，四川人民出版社，2001 年。

［27］　焦天龙：《人群移动与考古学文化的变迁》，《中国文物报》2005 年 2 月 25 日。

（原载《中华文化论坛》2005 年第 4 期）

四川盆地晚更新世石器工业的初步观察

何锟宇

四川盆地地处长江上游,东起巫山,南临大娄山和大凉山,西到邛崃山和岷山,北至大巴山和米仓山,海拔 1000~3000 米,盆地中部为 200~750 米的丘陵平原和山地。盆地内河流众多,北有岷江、沱江和嘉陵江三大水系及各支流,由于新构造运动的影响,盆地呈西北—东南倾斜,四周河流汇集盆地中,使盆地长期受到切割侵蚀,形成相对封闭的丘陵盆地,更新世的堆积不多。四川盆地有记载的旧石器考古调查始于 1913 年,华西大学博物馆的埃德加等人沿长江流域进行调查[1],纳尔逊等人在 20 年代亦做过调查[2]。另外,戴谦和[3]、葛维汉[4]和郑德坤[5]等几位先生都做了一些研究工作。

新中国成立以来四川盆地发现了一些旧石器遗址和地点,但均为晚更新世晚期。近年,为配合三峡水电站进行的抢救性考古发掘取得重大突破,发现旧石器遗址或地点、古人类化石地点、古脊椎动物化石地点共计有 68 处,其中重要的地点计有 40 处[6]。三峡库区取得的旧石器考古重大突破为研究四川盆地与华南的旧石器工业的关系提供了契机,目前已有张森水[7]、王幼平[8]、叶茂林[9]、冯小波[10]和卫奇[11]等几位先生对四川盆地的旧石器工业进行了研究。本文拟在前人研究的基础上对四川盆地晚更新世的石器工业做初步考察,结合地貌环境和石器工业特点将四川盆地分为三个小区域,即重庆库区、盆地中心区和盆地西缘区。

一、典型遗址分析

重庆库区代表性的遗址有晚更新世早期的高家镇[12]、井水湾遗址[13]和晚更新世晚期的巫山迷宫洞遗址[14]。由于三峡两岸阶地发育复杂,且有些阶地后期侵蚀严重,使阶地对比分析和断代产生了一定难度,依据阶地对比分析和部分遗址的释光测年,目前对重庆库区的遗址年代有较准确的判断。高家镇遗址位于重庆市丰都县高家镇桂花村的长江右岸三级阶地,文化层位于三级阶地底部的砾石层中。依据地质、地貌和石制品的总特性推断其时代属于中更新世中晚期,距今约 10 万年。后夏正楷先生等依第三级阶地顶部黄土进行热释光年代测定,提供数据为 44490 年 ±5190 年和 42360 年 ± 年,认为该遗址时代应该属晚更新世早期,距今有可能大于 5 万年[15]。井水湾遗址位于丰都长江右岸第二级阶地内后缘,井水湾的光释光测年为距今 7.7~8 万年左右,[16]按照阶地对比和埋藏环境分析，高家镇的时代应略早于井水湾，均可能属晚更新世早期，或稍早。卫奇先生认为高家镇、冉家路口、范家河、枣子坪、池坝岭与井水湾时代相当，高家镇和范家河可能略早[17]。以上几组阶地相对年代判断和释光测年基本吻合，我们认为将高家镇和井水湾等几个遗址的时代定为晚更新世早期是可信的，他们之间可能略有早晚。

　　高家镇遗址　　位于重庆市丰都县高家镇桂花村的长江右岸三级阶地，海拔174～178米。遗址分A、B、C三区，出土石制品2500件，其中已经发表的B区714件，包括石核308件、石片184件、断块141件、石器81件（以砾石为毛坯的57件，石片为毛坯的24件）。原料为就地取材的砾石，岩性以石英砂岩为主。石核不预制，多为单台面；打片方法主要为锤击法、碰砧法，另有少量摔击法。石器主要以砾石为毛坯，加工以锤击单向加工为主，也有两面加工，偶尔使用单向碰砧法加工；石制品较粗大，石器组合以砍砸器为主，另有尖状器、大三棱尖状器（原报告称手镐）、刮削器、铲状器及似手斧。

　　井水湾遗址　　位于丰都长江右岸第二级阶地内后缘，出土石制品910件，动物化石58件，烧石（？）6件，出土遗物大致呈北东—南西向条带状与长江平行分布。石制品包括石核304件、石片382件、石锤4件、石器118件和断块102件。石制品原料为就地取材的砾石，岩性以石英砂岩为主，另有火山熔岩、火山岩等。打片以锤击法为主，不对石核修整，保留一定比例的石皮；石片和石核比例大，约各占三分之一，石片稍多。第二步加工用锤击法，单向为主，另有复向、错向和交互加工。石器以石片石器为多，占67.0%，有别于高家镇；在118件石器中，砍砸器70件、刮削器43件，尖状器仅2件，凹缺器3件。尖状器少，以完整石片为毛坯，不见大尖状器、原手斧和石球。砍砸器多以石片为毛坯，占60%，以反向加工为主；块状毛坯的砍砸器以正向加工为主。

　　迷宫洞遗址　　位于巫山县河梁镇新建村，地处长江南岸。出土石制品23件、另有哺乳动物化石和晚期智人左右侧顶骨各1件，可以拼合，系同一个体。哺乳动物化石15属46种，遗址14C测年为13150年±190年，系旧石器时代晚期。23件石制品中，断块15件，石器8件，包括砍砸器4件，刮削器、尖状器、凹缺器和石钻各1件。石制品的原料来自附近高阶地，岩性以石英岩为主，另有燧石。打片以锤击法为主，第二步加工以锤击正向加工为主，另有反向加工。由于石制品较少，未必能反映该地旧石器技术的全貌，但可以看到砍砸器占重要地位。属于晚更新世晚期偏早的的有乌杨、大地坪、藕塘等地点[18]。

　　通过三个遗址的介绍，我们基本可以看到重庆库区晚更新世石器工业的面貌。从晚更新世早期到晚期，最大的变化是高家镇以砾石石器为主，而其他遗址均以石片石器为主，这反映了华南砾石工业发展的一个特点，即晚更新世后石片石器比例增大。但石器加工技术无明显变化，未出现新的打片和第二步加工技术，晚期也未见骨角器。总体上来看，重庆库区的石器工业体现了华南砾石工业的特点[19]，如原料多为就地取材的砾石，岩性以各种砂岩和石英砂岩为主；多数石制品是大中型，石核不预制，单台面石核多于多台面石核，打片主要用硬锤打击，也有时用碰砧法，石核和石片缺乏相对稳定的形态；石器粗大，砍砸器占有重要的地位；第二步加工以锤击正向加工为主。但是也与华南砾石工业有一定的区别，形成本地的特色，如石片石器比例增大的趋势出现较华南早；尖状器少，更不见或极少见华南的大尖状器、百色盆地的原手斧和汉水流域常见的石球等。

盆地中心区以资阳人 B 地点[20]和铜梁遗址[21]为代表，均属晚更新世晚期遗址。

资阳人 B 地点　　位于资阳人化石地点西处约 100 米处，1981 年在修公路桥墩挖出的地层中发现的一批石制品与哺乳动物化石。哺乳动物化石发现不多，可鉴定的包括鹿、马、中国犀、象、竹鼠等属种。与石制品同层乌木经^{14}C 年代测定，其上部为 37400 年 ±3000 年 B. P，其下部为 39300 年 ±2500 年 B. P，其地质时代应为晚更新世晚期的较早阶段。研究者将资阳人 B 地点的地层和资阳人的地层进行对比，并通过动物化石对比分析，指出"似有可能相信，资阳人化石的年代和资阳人 B 地点的出土石器是同年代的"[22]。B 地点石制品共 172 件，包括石核、石片、石器，其中石器占总数的 52.6%，大多数标本的表面有薄层石锈，有不同程度的水磨痕迹。原料为就地取材的砾石，石核、石片普遍粗大，均为自然台面，石核利用率低。打片方法以锤击法为主，偶用锐棱砸击法和砸击法。第二步加工为锤击法，以复向加工为主，正向次之，另有少量反向、错向和交互加工等。工具组合简单，多以石片为毛坯，仅有刮削器、尖状器和砍砸器三种。

铜梁遗址　　位于重庆西北铜梁县城西郊的张二塘，遗址位于距地表 8 米深的沼泽相地层中，含动物化石和石制品。动物化石有东方剑齿象、印度象、中国犀、水牛、鹿羊和亚洲象等，属典型的华南大熊猫—剑齿象动物群常见属种，同层乌木化石^{14}C 测年为 21550 ±310B. P 和 25450 ±850B. P，即距今 2.5 万年左右。共发现石制品 306 件，其中石核 49 件、石片 32 件、石锤 5 件和石器 220 件。原料应该来源于涪江的高阶地砾石，岩性以石英岩为主，另有燧石、闪长岩和硅质岩等。打片方法主要使用锤击法，辅用碰砧法，石核台面以单台面为主。石片和石核占的比例小，石器占石制品的 71.9%，成品率之高为其他地点所不见。第二步加工用锤击法，以复向加工为主，正向加工次之，另有反向加工和错向加工；复刃明显多于单刃，占 71.8%。石器以大型为主，工具组合以刮削器和砍砸器为主，分别为 114 和 73 件，尖状器也较多，33 件。砍砸器粗大厚重，比例占三分之一，以复向加工为主，正向次之，多采用陡向加工，刃角普遍很钝，多数超过 80°。尖状器主要以石片为毛坯，修理粗糙，以复向加工为主，少数错向和单向；修理方式亦和砍砸器一样采用陡向加工，刃角 80°以上者过半；分正尖、角尖尖状器，另有双尖尖状器 2 件，可见华南早期的大三棱尖状器，如标本 CP. 0037 和 CP. 0052[23]。

盆地中心区的遗址和地点均属晚更新世晚期，李炎贤先生以素材、技术和类型的区分为主要依据，将中国旧石器时代晚期文化归纳为四个大致平行发展的系列，即石叶、细石器、石片和零台面石片文化序列[24]。铜梁和资阳人 B 地整体上保持华南砾石工业特点，但以石片石器为主，属于此类型的还包括黄鳝溪[25]、重庆桃花溪[26]、马王场遗址[27]以及郏口[28]、合川[29]等采集地点；另外，我们将鲤鱼桥及其附近几个地点也划入其中[30]。盆地中心区石器的第二步加工以复向为主，石器以大中型为主，石器组合相对简单，缺少华南常见的原手斧和汉水流域较常见的石球，但还能见大尖状器。而同时期的华南地区大尖状器减少或不见，砍砸器锐减，向石片石器方向发展，刮削比例增大居于主导地位，石器趋于小型化。总之，晚更新世晚期，盆地中心区的石制品体形粗大，加工粗糙，比华南地区更多地保留了砾石工业的特征。

盆地西缘接近川西高原，遗址较少，以富林遗址为代表。

富林旧石器遗存最早是 1960 年四川省雅安地区工业局地质队的杨玲在汉源进行矿产地质调查时发现的[31]。1972 年正式发掘，经张森水研究并命名为"富林文化"[32]。遗址位于大渡河沿岸二级阶地上，属典型河漫滩相。出土的动物化石包括小熊、柯氏熊、野猪、鹿等，没有典型断代意义的种属，给断代带来一定困难；植物标本有板栗和香叶树。研究者根据各方面的材料综合考虑，判断它为约距今 2 万年左右，接近最后冰期的最冷期。富林出土的石制品共 4586 件，其中石核 135 件、石片 1843 件、石锤 7 件，石器 119 件和断块碎片2482 件。原料主要为板状燧石结核，应采自附近山上，另有少量石英、水晶、石英砂岩等。打片方法以锤击法为主，偶用砸击法。第二步加工也主要使用锤击法，以反向加工为主，多为单刃。石片占多数，体积小，另有少量"似石叶"，石器很少超过 3 厘米的，石器多为块状毛坯，占 56%；石器组合以刮削器为主，另有端刮器、尖状器、雕刻器和砍砸器。

富林的石器工业属典型的小石器传统，与之类似的包括富林狮子山[33]、炉霍地点[34]和地川西南边缘山地的迴龙湾洞穴遗址[35]，其中狮子山发现有双楔形石核，迴龙湾发现有漏斗状石核、船底形石核、锥状石核和骨角器，说明有细石器技术存在，为中国南方晚更新世其他地区所不见。

二、三个区域石器工业特点之比较

通过上面的分析，我们认为盆地中心区和重庆库区的旧石器工业从整体上表现出与华南砾石工业的一致性，证实了有学者认为的就目前在三峡地区新发现的砾石石器来看，盆地内的砾石工业经峡江通道与华南的砾石工业已连为一体[36]；而盆地西缘的富林则有较大的区别。虽然重庆库区和盆地中心区的旧石器工业有很大的相同之处，但也应该看到两者之间的差异，且不同于富林为代表的小石器工业。下面我们从石制品的打片技术、石器的第二步加工方式、石器的成品率和石器组合四个方面来考察三者间的差异。

第一，从打片技术来看，均以锤击法为主，偶用碰砧法、摔击法、砸击法和锐棱砸击法，各遗址侧重不同（如表一，Y 表示存在该技术，N 表示不存在）。

表一

遗址	高家镇	井水湾	迷宫洞	铜梁	鲤鱼桥	富林	资阳 B 地
锤击	Y	Y	Y	Y	Y	Y	Y
碰砧	Y	N	N	Y	N	N	N
砸击	N	N	N	N	N	Y	Y
锐棱砸击	N	N	N	N	N	N	Y
摔击	Y	N	N	N	N	N	N

注：关于零台面石片的产生技术本文均称为锐棱砸击法。

从上表可以看到，锤击法不论早期或晚期均是最基本最主要的打片技术，其他技术偶尔使用，最大的差别在于锐棱砸击法的使用和细石器的出现。在晚更新世晚期四川盆地仅资阳人 B 地点使用锐棱砸击法，此前锐棱砸击法最早出现在水城硝灰洞遗址[37]，故认为四川盆地中心区的锐棱砸击法是受云贵高原石器工业的影响。但随着库区考古的进行，对锐棱砸击法打片出零台面石片不断有新的认识，卫奇先生认为是摔击产生的，称其为"扬子技术"[38]；而在对重庆库区旧石器时代早期遗址烟墩堡的研究中，高星将其命名为"摔碰技术"，冯兴无等认为贵州和三峡地区的零台面石片在原料方面有一定的差别，是否存在两种不同的零台面石片生产技术尚需进行进一步的模拟实验和对比研究[39]。目前，若断代无误，则烟墩堡的零台面石片出现最早，则此前认为受云贵高原影响的盆地中心区的零台面技术可能与重庆库区的零台面技术有一定渊源关系。但是为什么中更新世早期出现锐棱打击法，而此后重庆库区在晚更新世未有该技术的使用，到了全新世早期的奉节渔复甫等遗址再度出现该技术是一个应该考虑的问题。

富林遗址也是以锤击法为主，石器小的特点使很多学者认为是受北方小石器石片传统的影响，但富林靠近川西高原，海拔较高，植被为疏林草原环境，我们不能排除这种与北方小石器石片传统相似的石器工业是"趋同"的结果，而且富林以块状为毛坯也有别于北方小石片石器传统。关于四川的细石器，李永宪先生认为与西南地区小石器为主的旧石器晚期文化之间存在这一定的渊源关系[40]。

第二，石器的第二步加工基本使用锤击法，碰砧法、砸击法少用，但加工方向有较大的区别。盆地中心区除鲤鱼桥遗址外都以复向加工为主，石器多复刃，与云贵高原中更新时期的观音洞遗址相似[41]；而重庆库区则以单向加工为主，主要是正向加工和反向加工，不同工具有所差别；富林类型以反向加工为主。这一差异最明显体现在对砍砸器的加工上，井水湾砍砸器以石片为毛坯的占 60%，以反向加工为主，而快状毛坯的则以正向加工为主。盆地中心区的铜梁和资阳人 B 地点则表现出另一种情形，铜梁的砍砸器粗大厚重，多以砾石为毛坯，多宽大于长，以复向加工为主，正向反向次之，另有错向和交互加工，复刃多于单刃；刃部多做陡向加工，刃缘曲折，刃角大。资阳人 B 地点以复向加工为主，正向反向少用，另有极少交互加工的，第二步加工也粗糙，刃缘不平齐，多做陡向加工，刃口钝锐不一，以钝刃居多，常见刃角 75°~85°。富林砍砸器仅一件，说明砍砸器在工具组合中的地位较轻，有别于盆地中心区和重庆库区。通过比较，可以看到除了加工方向不一样，刃角的角度大小也有较大差别，特别体现在砍砸器上。关于刃角钝的特点，已故童恩正先生推测认为西南地区砍砸器，制作粗糙，基本利用砾石打出刃口即行使用，而且陡向加工的多，刃角接近 90°，既不是良好的狩猎工具，也不能用以切割肉类；但是以砍伐竹木却能胜任，大的刃角能承受较大的冲击力，减少石器的损耗[42]。总的来看，两个地区在第二步加工上有些差别，在砍砸器上表现得尤为明显，其原因可能与地理环境和生业方式有关。

第三，从石器加工的成品率看，如表二。

表二

遗址	高家镇	井水湾	迷宫洞	铜梁	鲤鱼桥	富林	资阳 B 地
石器数	81	118	11	220	12	119	91
石制品数	714	910	23	306	20	4586	172
百分比	11.3	13.0	47.8	71.9	60.0	2.6	52.6

从成品率来看，重庆库区晚更新世早期基本在 10% 左右，这可能与遗址的性质有关，因为这些遗址都是典型的石器加工场地，所以加工石器的副产品较多；晚期的迷宫洞石器成品率较高，但石制品少可能不反映石器工业的全貌，洞穴里发现有人骨化石，应该为一人类栖居地点。晚期盆地西缘的富林遗址的石器成品率很低，也体现了遗址石器加工场的性质。而盆地中心区的成品率都基本在 50% 以上，铜梁甚至超过 70%，这明显高于重庆库区。但铜梁张二塘和而资阳人 B 地点石制品均有不同程度的水磨痕迹，可能不是原地埋藏，而经过短距离的搬运，故又不能将两者视为栖息之地。重庆库区和盆地中心区的石器原料多以石英岩和石英砂岩为主，排除了原料质量差别造成差异的可能性；两地的石器工艺都体现了华南砾石工业传统，作为石器原料的砾石随处可得，精细加工的工具少也没有必要，基本属于权宜工具，应该不存在精细加工和权宜加工之别，不宜用 Binford 的聚落组织论（Settlement organization）和 Kuhn 的技术装备论（Technological provisioning）来解释[43]。因而这种差异有可能是晚更新世早期向晚期过渡的一个特点，但晚更新世两个地区的打片和第二步加工并未出现新的技术和技法，时代差异也应该不是差异的主要原因。这一问题还有待于以后进一步研究。

第四，从工具组合来看，三地区也有差别，主要体现在尖状器的比例上，如表三。

表三

遗址	高家镇	井水湾	迷宫洞	铜梁	鲤鱼桥	富林	资阳 B 地
尖状器数	7	2	1	33	8	17	5
石器数	81	118	11	220	12	119	91
百分比	8.6	1.7	9.1	15	66.7	14.3	5.5

与华南地区相比，整个四川盆地尖状器所占的比例都不高，相比较而言，盆地中心区的尖状器所占的比例稍大，鲤鱼桥高达 60% 多，为其他地区所不见，由于石制品较少，可能不能代表该地区晚期石器组合的全部面貌，但可以看到尖状器的重要地位。在铜梁和资阳人 B 地点能看到华南早中期流行的大三棱尖状器，而重庆库区尖状器少，仅在高家镇可见极少量大尖状器。富林的尖状器制作比较好，形态较稳定，主要以石核为毛坯，多做反向加工，其次为错向加工，尖刃锐利，但体形小，应是适应川西高原环境采集狩猎的结果。三者的差异或许与生业方式有关，即在食物结构方面有所差异。缺少大尖状器等带尖工具，意味着重庆库区缺少大型挖掘工具，是否意味着人类的食物来源可能更多地以狩猎和采集植物果实为主，而对地下块茎则较少食用还有待于进一步研究。当然，或许使用竹木等有机质工具加以替代，但由于该地土质的酸性强，难以保存至今。

三、石器工业特点的形成原因

一个地区的石器工业特点与很多方面的因素有关，特别是地貌环境、气候、植被和动物等生活资源的丰富程度以及时代的差异。下面我们从哺乳动物化石、孢粉分析、地貌环境并结合时代差异来考察石器工业技术特点的形成原因。

重庆库区出土的哺乳动物化石较少，井水湾可鉴定属种有东方剑齿象、鹿科和牛科；迷宫洞哺乳动物化石有 15 属 46 种，绝灭重占 10%，主要有巴氏大熊猫、最后鬣狗、东方剑齿象、巨貘和双角犀等，大多数为现生种，属典型的大熊猫—剑齿象动物群。在四川盆中心区发现的哺乳动物亦多属典型的华南大熊猫—剑齿象动物群，说明两地区在气候和生态环境更变上有较大的一致性，与华南地区基本一致，而富林的动物群可能更接近草原动物群。

孢粉方面，井水湾出土石制品层位的孢粉组合带为鹅耳枥—榛—榆—胡桃—枫杨—栎—木樨—松—藜—菊—蒿—石松，代表植被为阔叶混交林—草原植被，反映气候较湿润[44]。资阳人 B 地点的时代与资阳人的时代大致一致，资阳人的花粉样品标本中所鉴定出孢子和花粉 106 种，其中有 42% 的成分为乔木，灌木和草本约各占 13%，蕨类植物成分占 30%，以及 2% 的水生植物。表明乔木花粉和蕨类植物孢子占优势，蕨类植物孢子占的比例较大，但经鉴定多属南北方均有的广布属种。整体来看，亚热带森林种类成分占有绝对优势，说明当时的植被是以亚热带类型为主的，其中又有一些热带的乔木和大量的热带蕨类，所以资阳人生活时期的植被与环境应该是相当湿润和温暖的，这也与两个地点的哺乳动物化石属种表现一致，这个时期处于更新世的温暖时期[45]。鲤鱼桥发现的树叶果壳和种子标本有榆科、胡桃科、樟科和壳斗科，都是阔叶林种，研究者将其与四川现生的野生植物生态环境的对比研究，发现这些植物的生长条件是生长在海拔 1000 米以上的中山丘陵山坡河谷地带，需要气温较高的潮湿环境。这就有个问题，即出土植物标本与现生同属植物存在在垂直分布上的差异，说明气温应该比现在要温凉湿润些，由于今天的鲤鱼桥海拔为 420 ~ 450 米，四川盆地周边丘陵也仅在 200 ~ 750 米，与更新世晚期应该变化不大，故造成植物垂直分布上的差异可能是气候变化的原因[46]。而鲤鱼桥遗址距今 2.5 万年左右，处于末次冰期前，这种可能性是完全可能的，植被的垂直分布差异当与此有关。总之，鲤鱼桥的植物组合为落叶常绿阔叶混交林，出土动植物化石也都属于江南大熊猫—剑齿象动物群，说明当时是典型的亚热带气候，但气温可能比现在要低些。铜梁旧石器文化层的孢粉组合以乔木花粉为主，占 81%，其中又以落叶树种占优势，蕨类植物的孢子占 11%，灌木与草本的花粉只占 8%。孢粉所反映的是与当地现代亚热带常绿阔叶林相当的环境[47]。

从以上几组孢粉的分析来看，在晚更新世早期的重庆库区，植被为阔叶混交林—草原植被，气候湿润。资阳人生活在距今 4 万年左右，气候为典型的亚热带森林气候，还分布有一些热带的乔木和大量的热带蕨类，说明当时的气候相当温暖湿润；而到鲤鱼桥时期，虽然植被以落叶常绿阔叶林为主也为典型的亚热带气候，但植被与现生的垂直分布差异说明当时气候比现在要温凉湿润些；铜梁地区虽然与鲤鱼桥时代差不多，植被为常绿阔叶林，与同时期的鲤鱼桥有一定差别，但均属于典型的亚热带气候，说明从 4 ~ 2.5 万年，虽然气温有降低的趋势，但幅度并不大。从地理和气候变迁来看，更新世中期以后，由于秦岭和青藏高原已隆起与今差不多，维持了季风环流，使四川盆地与广大东南地区一样处于比较稳定的温暖潮湿条件下，末次冰期的影响远不及北方强烈。所以，井水湾为代表的晚更新世早期的重庆库区，气候与晚更新世晚期的盆地中心区相差不远。富林未做孢粉分析，但其地处川西高原，植被应与今青藏高原的山地灌丛草原植被相差不大；加之时代为距今 2 万年左右，接近末次冰期的最盛期，温度当比现在低，应为干冷的山地灌丛草原环境。

由于动物分布和植被相差并不大，故造成重庆库区和盆地中心区石器工业的差异原因可能主要是相对独立的小地理单元所致。长江自西而东横穿切割侵蚀，支流纵横，两岸阶地发育，但山势不同，巫山一带达 1600 米，至奉节降至 1000 米左右，到丰都又降至 300 米左右，盆地中心区则为 200 ~ 750 米，由于这种山势，使得该地区形成多个相对独立的地理空间，地貌环境和生态植被也有所差别，这在同时期的铜梁与鲤鱼桥遗址孢粉差异方面表现得尤为突出。正是因为重庆库区各丘陵海拔差异较大和河流的切割，使该地区形成复杂的地形及相对独立的地理空间，盆地中心区因为新构造运动的影响和众多河流的侵蚀，与重庆库区地理空间上有较大的差异，如第二步加工方式、石器组合方面。另外，加上时代的因素，造成了两个区域石器工业的差异，如锐棱砸击法的使用、石片石器的增多、成品率的差异等，也正反映了华南砾石工业从晚更新世早期向晚期过渡的特点。但盆地中心区更多地保留了华南砾石工业的特征，而不是石制品长宽等比向小型化发展，或者说无华南地区的转变明显；而以富林为代表的盆地西缘的小石器兼有细石器工业的特点则可能是对川西高原山地灌丛草原环境的一种适应。

四、小　　结

通过上面的分析，我们认为四川盆地中心区和重庆库区的旧石器工业体现了华南砾石工业的传统，但也有自己的特点；盆地西缘的石器工业则体现了对高原边缘环境的适应。另外，从打片技术、石器的第二步加工方式、石器的成品率和石器组合四个方面对重庆库区、盆地中心区和盆地西缘的石器工业进行了简单的对比，我们认为，造成三个小区域石器工业面貌差异的主要原因是相对独立地理空间的分割，生态环境、生业方式及时代差异也是其重要原因。

注　　释

[1]　　Edgar. J. H 1917：Stone Implements on the Upper Yangtze and Min rivers, Journal of the North China

Branch of the Royal Asiatic Society, Vol. 48. Edgar. J. H 1933-1934：Prehistoric Remains in Hsikang，Journal of the West China Border Research Society, V0l. 6.

[2] Graham, D. C 1940：Note on stone implements in China, Journal of the West China Border Research Society, V0l. 12.

[3] D. S. Dye 1924-1925：Data on West China Artifacts, Journal of the West China Border Research Society, V0l. 1.

[4] Graham, D. C 1935：Implements of Prehistoric Men in the West China Museum of Archaeology, Journal of the West China Border Research Society, Vol. 7.

[5] Cheng'Te-k'um 1942：The Lithic Industries Prehistoric Szechwan, Journal of the West China Border Research Society, Vol. 14.

[6] 李毅、陈琯《三峡工程淹没区旧石器时代文化遗址调查报告》，徐钦琦，谢飞、王建主编《史前考古学新进展》，科学出版社，1999 年。

[7] 张森水：《四川省旧石器文化和古人类研究》，《巴渝文化》3 期，西南师范大学出版社，1994 年。

[8] 王幼平：《更新世环境与中国南方旧石器文化发展》，北京大学出版社，1997 年；王幼平：《旧石器时代考古》，文物出版社，2000 年。

[9] 叶茂林：《四川旧石器时代遗存浅论》，《四川大学考古专业创建三十五周年纪念文集》，四川大学出版社，1998 年。

[10] 冯小波：《四川盆地及长江三峡地区旧石器时代文化初论》，《2003 年三峡文物保护与考古学研究学术研讨会论文集》，科学出版社，2003 年。

[11] 卫奇：《三峡地区的旧石器》，吕遵谔主编：《中国考古学研究的世纪回顾》（旧石器时代考古卷），科学出版社，2004 年。

[12] 中国科学院古脊椎动物与古人类研究所等：《丰都高家镇遗址发掘报告》，重庆市文物局、重庆市移民局编：《重庆库区考古报告集》（1997 卷），科学出版社，2001 年。

[13] 裴树文、高星、冯兴无等：《井水湾旧石器遗址初步研究》，《人类学学报》第 22 卷 4 期。

[14] 黄万波等：《巫山迷宫洞旧石器时代洞穴遗址 1999 试掘报告》，《龙骨坡史前文化志》第 2 卷，中华书局，2000 年。

[15] 同［12］。

[16] 同［13］。

[17] 同［11］。

[18] 同［11］。

[19] 张森水：《管窥新中国旧石器考古学的重大发展》，《人类学学报》第 18 卷 3 期。

[20] 张森水、李宣民：《资阳人 B 地点发现的旧石器》，《人类学学报》第 3 卷 3 期。

[21] 李宣民、张森水：《铜梁旧石器文化之研究》，《古脊椎动物与古人类》第 19 卷 4 期。

[22] 同［20］。

[23] 同［20］。

[24] 李炎贤：《中国旧石器时代晚期的文化划分》，《人类学学报》第 12 卷 3 期。

[25] 四川省文物管理委员会：《四川资阳等县石器时代文化》，《考古》1983 年 6 期。

[26] 李宣民：《桃花溪旧石器》，《人类学学报》第 11 卷 2 期。

[27] 重庆市博物馆：《略谈重庆市文物考古的新收获》，《四川文物》1984 年 4 期。董彦明：《重庆九龙

　　　　　坡区发现新、旧石器时代遗物》，《四川文物》1989 年 6 期。

[28]　张森水：《中国南方旧石器时代晚期文化的若干问题》，《人类学学报》第 2 卷 3 期。

[29]　同〔9〕。

[30]　北京大学历史系考古研究所、四川省博物馆：《四川资阳鲤鱼桥旧石器地点发掘报告》，《考古学报》
　　　　1983 年 3 期。

[31]　杨玲《四川汉源县富林镇旧石器时代文化遗址》，《古脊椎动物与古人类》第 4 卷 4 期。

[32]　张森水《富林文化》，《古脊椎动物与古人类》第 15 卷 1 期。

[33]　陈全家：《四川汉源狮子山旧石器》，《人类学学报》第 10 卷 1 期。

[34]　宗冠福、陈万勇、黄学诗：《四川省甘孜藏族自治州炉霍县发现的古人类和旧石器材料》，《史前研
　　　　究》1987 年 3 期。

[35]　李森《攀枝花发现旧石器时代晚期的洞穴文化遗址》，《人类学学报》第 7 卷 4 期。

[36]　同〔8〕。

[37]　曹泽田：《贵州水城硝灰洞旧石器文化遗址》，《古脊椎动物与古人类》第 16 卷 1 期。

[38]　中国科学院古脊椎动物与古人类研究所等：《奉节鱼复浦遗址旧石器时代考古发掘报告》，重庆市文
　　　　物局、重庆市移民局编：《重庆库区考古报告集》（1997 卷），科学出版社，2001 年。

[39]　冯兴无、裴树文、陈福友：《烟墩堡遗址研究》，《人类学学报》第 22 卷 3 期。

[40]　李永宪：《略论四川地区的细石器》，《四川考古论文集》，文物出版社，1996 年。

[41]　李炎贤、文本亨：《观音洞——贵州黔西旧石器时代初期文化遗址》，文物出版社，1986 年。

[42]　童恩正：《中国西南的旧石器时代文化》，《中国西南民族考古论文集》，文物出版社，1990 年。

[43]　高星：《周口店第 15 地点石器原料开发方略与经济形态研究》，《人类学学报》第 20 卷 3 期。

[44]　同〔13〕。

[45]　李文漪：《中国第四纪植被与环境》，科学出版社，1998 年。

[46]　同〔30〕。

[47]　张森水等：《铜梁遗址自然环境的探讨》，《古脊椎动物与古人类》第 20 卷 2 期。

成都平原早期城址及其考古学文化初论

江章华　王　毅　张　擎

　　成都平原位于四川盆地西部，西面是龙门山、邛崃山，东面是龙泉山，面积约9500平方公里；地势西北高，东南低，海拔400～750米，坡降为千分之三至四；为岷江、湔江、石亭江、绵远河等河流出山口冲积的扇形地连接而成。平原地区河网结构成辐射状，从扇顶向周围辐散成许多分支，至金堂、新津又合汇入沱江、岷江。平原周围分布有小片丘陵。气候属亚热带温润气候区，热量丰富，雨量充沛，四季分明，自然条件十分优

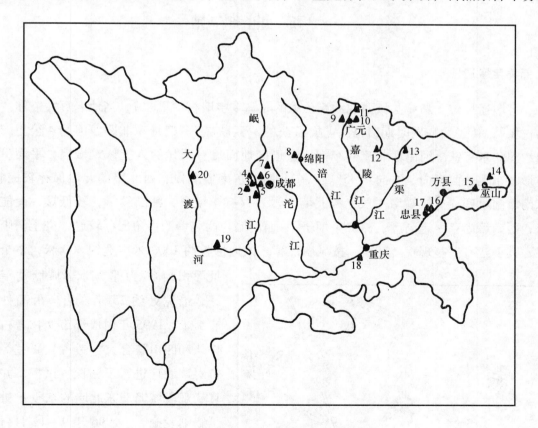

图一　四川盆地新石器时代遗址分布示意图

1. 新津宝墩　2. 崇州紫竹村　3. 崇州双河村　4. 都江堰芒城村　5. 温江鱼凫村　6. 郫县古城村　7. 广汉三星堆　8. 绵阳边堆山　9. 广元张家坡　10. 广元邓家坪　11. 广元中子铺　12. 巴中月亮岩　13. 通江擂鼓寨　14. 巫山魏家梁子　15. 奉节老关庙　16. 忠县哨棚嘴　17. 忠县中坝　18. 江津王爷庙　19. 汉源狮子山　20. 丹巴罕额依

越，适宜于人类的生存繁衍。成都平原相对独立的地理环境，造就了这一区域的先秦古文化有其自身的特点及发展演进序列。三星堆、十二桥等遗址的发现，基本可以建立起这一区域商周时期的文化序列与编年，但商周以前的原始文化虽然有三星堆遗址一期遗存的发现，终究因为遗物太少，认识得不够清楚与深刻。1995 年以来，成都平原相继发现了新津宝墩、都江堰芒城村、崇州双河村和紫竹村、郫县古城村和温江鱼凫村 6 座早期城址（图一），并进行了不同程度的勘探与发掘，基本证实了这些城址是早于三星堆文化（不含三星堆遗址一期）的早期城址，对这批早期城址群的文化内涵也有了较为清楚的认识，它们的时代早晚虽略有差异，但其文化的总体面貌基本一致，它们有一组贯穿始终而又区别于其他考古学文化的器物群，当属同一考古学文化遗存。这些早期城址中以新津宝墩遗址的面积最大，文化内涵最丰富，最具有代表性，因此，我们认为将这一考古学文化命名为"宝墩文化"较为合适。本文拟对上述早期城址群及其考古学文化作初步探讨，以求正于学术界。

一、城 址 概 况

1. 新津宝墩遗址

宝墩遗址位于新津县城西北约 5 公里的龙马乡宝墩村（图二），当地老百姓俗称"龙马古城"，传说为三国时期诸葛亮七擒孟获的"孟获城"。遗址东北距西河约 4 公里，西南约 500 米有铁溪河由西北流向东南。遗址区地面见有明显的人工修筑城墙，平面呈长方形，东北—西南向，方向约 45°。以东北墙、东南墙北段、西北墙的北段保存较完整；东南墙南段残存有蚂蟥墩一段；西北墙南段残存有李埂子，断断续续，较低矮，尚能看出；西南墙尚存一定高度，称"余埂子"；西南墙与西北墙的拐角保存较好，夯土清晰可见，其上建有一座现代砖瓦窑。按城墙计算，该遗址长约 1000 米，宽约 600 米，整个城址面积约 60 万平方米，城墙宽窄不一，最宽处约 25 米左右，最高处约有 5 米。1995 年由成都市文物考古工作队和四川联合大学考古教研室等单位对该遗址进行了钻探、试掘，并对真武观段城墙（东北墙的东段）进行了解剖发掘[1]。1996 年 9~12 月，中日联合考古调查队又对该遗址进行了两次发掘，并对蚂蟥墩段城墙（东南墙的南段）进行了解剖发掘[2]。发现有房基、灰坑、墓葬，出土了大量的

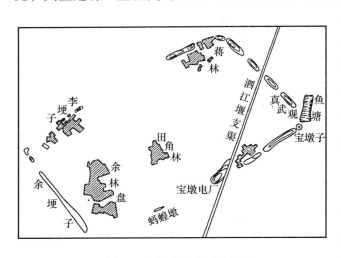

图二　宝墩遗址平面示意图

陶片、石器。该遗址可分为两期三段（以1996年11~12月发掘的资料为代表）：第Ⅰ段包括Ⅲ区第⑦层和第⑥层下的灰坑（以H5和H16为代表）以及Ⅳ区的第⑦、⑥层；第Ⅱ段包括Ⅲ区的第⑥层和Ⅳ区的第⑤层；第Ⅲ段包括Ⅲ区的第⑤层和Ⅳ区的第④层。第Ⅱ段无论从陶质、陶色，还是器形来看，都与第Ⅰ段比较接近，而与第Ⅲ段有较大的差别，因此，我们将第Ⅰ、Ⅱ段归并为早期；第Ⅲ段为晚期。Ⅲ区的第⑧、⑨层从陶质、陶色、纹饰看与早期有所差异，但其所出的器物与第Ⅰ段的基本一致；加之考虑到其出土遗物较少，面貌不甚清楚，故暂归入第Ⅰ段。

　　两次城墙的解剖发掘表明，城墙的构筑方法为斜坡堆筑。其中真武观段城墙保存较好，揭露出的墙体现存顶宽7.3~8.8米、底宽29~31米、高4米。墙体建在高出当时周围地面约3米的台地边缘，系用黏土筑成，堆筑得较紧密。墙体无垮塌和二次增补的迹象，可能为一次性筑成。两次解剖城墙都在墙体之下和墙体之上发现有宝墩时期的文化层，这为我们推断城墙的年代提供了依据。两个地点的墙体之下的文化层皆属遗址的第Ⅰ段，而墙体之上的文化层都属遗址的第Ⅱ段，因此城墙的修筑年代应是在第Ⅰ段末或第Ⅱ段初，使用年代应是在第Ⅱ、Ⅲ段。

2. 都江堰芒城村遗址

　　芒城村遗址位于都江堰市南约12公里的青城乡芒城村（图三），当地老百姓俗称"芒城子"，传说为明末张献忠于匆忙中修建的"忙城"。该遗址地处成都平原西部边缘，西距青城山支脉药王山山体2.5公里，东距泊江河1.4公里，城址平面呈长方形，方向10°，平行于泊江河。城址分内外城垣，内圈保存较好，内圈南北长300米，东西宽约240米，城垣现存宽5~20米，高1~3米；外圈城垣保存较差，北垣残长180米，南垣残长130米，城垣现存宽5~15米，高1~2米。内外城垣相距约15~20米，其间地势低洼，似为城壕。整个遗址面积约10万平方米。1996年11月和1997年3月前后，成都市文物考古工作队对该遗址进行了两次试掘，发现有房屋基槽，出土了大量的陶片和石器[3]。该遗址堆积较为单纯，出土的陶器中泥质陶约占60%，夹砂陶约占40%。泥质陶中灰黄陶又占了绝大部分，约占整个陶片总数的35%。器类与宝墩遗址的相一致，器形上有所变化；石器不论是在器类上，还是在器形上都与宝墩遗址的相近，应属同一考古学文化的范畴。

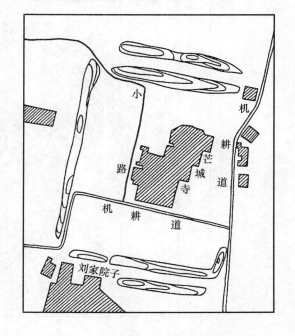

图三　芒城遗址平面示意图

3. 郫县古城村遗址

　　古城村遗址位于郫县县城北约 9 公里的三道堰镇古城村，处于成都平原的腹心地带（图四）。当地老百姓有传说为三国时期诸葛亮养马的"养马城"。遗址北约 3.2 公里处为青白江（蒲阳河），南距柏条河 2.5 公里。城垣呈长方形，长约 637 米，宽约 487 米，总面积约 31 万平方米。城垣走向与河流方向一致，呈西北—东南向。该城址是诸城址中城垣保存最为完整的一处，除东南垣北端有一宽约 10 米的缺口外，四垣相连几无间断，城垣地表现存宽度为 10~30 米、高 1~4 米。该城五六十年代即已发现，但推测其年代为汉代或汉代以前。1996 年，成都市文物考古工作队对该遗址进行了试掘[4]，1997 年秋再次对该遗址进行较大规模的发掘[5]。两次发掘面积共约 1600 平方米，发现有灰坑、房址、墓葬，其中房址 8 座、墓葬 1 座。该遗址可分为早、中、晚三段。早段以 1996 年发掘的 T1~T3 第⑩~⑫层和 T4、T5 的第⑭层为代表；中段以 1996T1~T3 ⑨层和 T4、T5 第⑪~⑬层为代表；晚段以 1996 年 T1~T3 第⑧A 层和 T4、T5 第⑩层为代表。

　　经对西南城垣中段进行解剖，证实城墙的构筑方式仍为斜坡堆筑。揭露出墙体现存顶宽 7.1 米、底宽 20 米、高 3 米。整个墙体分两次筑成，第一次修筑的墙体现存顶宽 1.9 米、底宽 10 米、高 2.4 米，墙体下叠压有较早的文化层，说明在建城前该遗址就已有聚落存在；在墙内侧发现有文化层和灰坑（H14、H15）叠压和打破第一次修筑的墙体，其中 H14 出土了大量的陶片，有绳纹花边口罐、敞口圈足尊、盘口圈足尊和喇叭口高领罐等，这些遗物属该遗址的早段。第二次筑墙是在第一次的基础上增筑，在城内侧

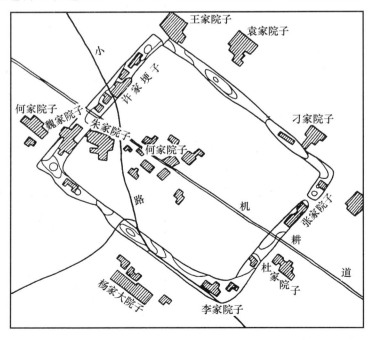

图四　郫县古城遗址平面示意图

发现两层属该遗址中段的文化层叠压在墙脚之上，推测第二次筑墙的时间是在遗址的中段偏早阶段。墙体的最中心部分为河卵石和河沙堆筑，为了使之堆筑到一定高度，在城内侧一面向下挖了深约40厘米，从而形成一道坎，以防止河卵石和河沙的向下滑动。再在其上堆土，土质沙性较大，较疏松；然后是内外侧斜坡堆筑。

4. 温江鱼凫村遗址

鱼凫村遗址位于温江县城北约5公里的万春镇鱼凫村，地处成都平原的腹心地带（图五）。当地老百姓的传说是古蜀王——鱼凫王的都邑所在地，习称"鱼凫城"。60年代以后，考古人员曾多次对该遗址进行调查，基本上认为属汉代或汉代以后的城址。1996年春，成都市文物考古工作队重新对该遗址进行调查，在南城垣中部水沟墙体残壁采集到泥质灰陶片及夹砂陶片，初步推测当为早期遗存；同年10~12月，成都市文物考古工作队等单位又对该遗址进行了详细的调查、钻探和试掘[6]。结果表明，该城址的城垣呈不规则的多边形，是6座城址中保存最差的1座，但残存的最完整最长的南城垣走向与遗址南面约1.6公里的江安河的流向相一致，呈西北—东南向。南垣现存长480、宽10~20、高0.5~1米；西垣南段残长约350、宽10~15、高0.5~1.5米，北段已被破坏；西北垣西段残长370、高1~2米，东段地表已不存；东南垣残长150、宽10~30、高0.5~3米；东北垣地表已无痕迹，但经钻探予以确认。经复原，土垣周长约2100米，城址面积约32万平方米。从地表看，尚未发现有护城壕的迹象，在城的北部有由西向东流向的宽约20米的洼地，应为一古河道，河道的形成年代与城的关系尚不十分清楚。该遗址可分为两期三段：第Ⅰ段以1996年发掘的H18、H28为代表；第Ⅱ段以H15、H10

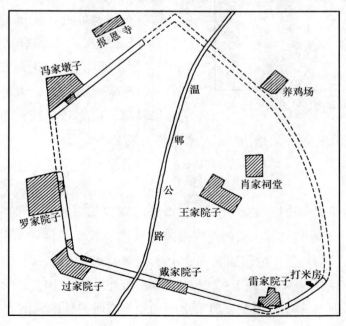

图五　鱼凫城遗址平面示意图

为代表；第Ⅲ段以 H73、T9 第⑤和④层代表。第Ⅱ段与第Ⅰ段联系较紧密，一脉相承，而与第Ⅲ段差别较大，其间可能有缺环。我们将第Ⅰ段和第Ⅱ段归并为早期；第Ⅲ段为晚期。

在东南垣进行的墙体解剖表明，墙体顶宽 18 ~ 19、底宽 28 ~ 29、残高 3.7 米。筑墙的方式仍为斜坡堆筑，在墙体中部为平地堆土夯筑；内侧墙体使用土质紧密的黏土；外侧墙体的土质较疏松，但夹有较多的河卵石，有加固的作用。对照遗址的地层，遗址第Ⅰ段早于城墙的修建，第Ⅱ段大致是城墙的使用年代，第Ⅲ段除陶器器类发生了较大的变化外，其地层又叠压在城墙之上，此时城墙有可能已经废弃。

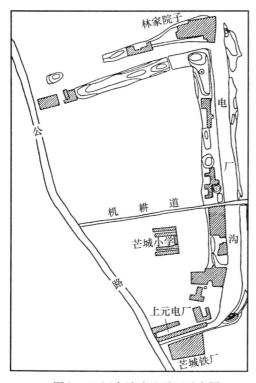

图六　双河古城遗址平面示意图

5. 崇州双河村遗址

双河村遗址位于崇州市区北约 16 公里上元乡芒城村双河场（图六），当地俗称"下芒城"。遗址西距味江约 500 米。地表城垣现存北、东、南三面，分内外两圈，西垣已被河流冲毁。东垣内圈保存较好，长约 450、宽 20 ~ 30、高 3 ~ 5 米，北垣和南垣内圈残长均约 200、宽 15 ~ 30、高 2 ~ 3 米；外圈保存较差，断断续续保存残宽 3 ~ 10、高 0.5 ~ 2 米，内外圈之间的壕沟宽 12 ~ 15 米，现存城垣范围的遗址面积约 10 余万平方米。1997 年 3 月，成都市文物考古工作队对该遗址进行了试掘[7]。发现有人工柱洞 14 个，柱洞内有的有础石，平面大致呈"十"字形，面积超过 60 平方米，与挖沟槽埋柱的木骨泥墙式房屋有较大的差别。该遗址地层堆积较薄，遗物较单纯，陶器变化较小；较有特色的是一件三孔石钺和呈透明状的燧石质石片石器。

6. 崇州紫竹村遗址

紫竹村遗址位于崇州市区西南约 2.5 公里处的隆兴镇紫竹村（图一）。该遗址是在 1997 年秋由成都市文物考古工作队调查时发现的。遗址东距西河约 2 公里，地表保存的城垣平面呈方形，分内外垣，内垣边长 400 余米，城垣宽 5 ~ 25、高 1 ~ 2 米；外垣多被破坏，部分地段尚存宽 3 ~ 10、高 1 ~ 2 米的墙体；内外垣相距 10 ~ 15 米，城址面积超过 20 万平方米。该遗址尚未正式发掘，但采集的陶片与宝墩遗址的相似[8]。

二、城址特点

成都平原迄今已发现有六座早期城址，除紫竹村遗址外，其余各遗址均作过不同程度的试掘，宝墩和古城村遗址还进行过较大规模的发掘，并且宝墩、古城村和鱼凫村遗址的城墙还进行过解剖发掘，使我们对上述城址的特点有了一些初步的认识：

1. 城墙布局比较规整

这6座城址中除鱼凫村遗址的城墙不太规则外，其他5座城址均呈方形或长方形。四面的城垣较直，拐角处为圆弧形。从城的布局来看，这6座城址可分为三种类型：第一种是方形或接近方形，且有双重城垣，内外垣间相距10～20米，有芒城村、双河村、紫竹村3座城址；第二种是长方形，有宝墩和古城村两座城址；第三种是不规则形，有鱼凫村古城1座。第一种城址均分布在平原边缘近山地带；后两种城址均分布在平原的腹心地带或河流的下游地区。

2. 城址的布局受地理环境的制约

这6座城址均建在平原冲积扇河流间的相对高地上，其中鱼凫村、古城村两座城址位于成都平原的腹心地带，面积较大，都在30万平方米以上；宝墩古城位于河流的下游地区，面积约60万平方米；而芒城村、双河村、紫竹村3座城址均在河流上游近山地带，城址的面积都较小，为10万～20万平方米。

前面我们已经提到，成都平原是由岷江、湔江、石亭江、绵远河出山口后形成的冲积扇连接而成，地势是西北高、东南低。平原上河流众多，呈辐射状分布，由于平原地势低平，自古以来，河流不断改道，但是在平原内部形成的一些平行于河流的垄岗状台地没有多大变化。这些分支河流有两种流向：一是河流上游近山地带多为南北向，形成的台地也多为南北向；二是下游或腹心地带的河流多为西北—东南向，形成的台地也多为西北—东南向。而目前成都平原所发现的早期城址都与各自的河流和台地方向相一致，如宝墩、鱼凫村、古城村3座城址都位于平原的腹心地带或河流的下游地区，方向均为西北—东南向；而芒城村、双河村、紫竹村3座城址都位于平原近山地带或河流的上游地区，方向均为近南北走向。城址与河流、台地的方向一致的最大特点就是利于防洪，增强了城址的抗洪能力。这种因应水势和台地利于防洪的特点一直是数千年来成都平原城市规划的基本思想，如广汉三星堆古城走向与鸭子河的流向相同，两千多年后唐代末期修筑的成都罗城的城墙走势也顺应河流和台地的走向。

3. 城墙的构筑方式为斜坡堆筑

宝墩、鱼凫村、古城村3座城址的城墙经过解剖发掘揭露出的墙体底部宽度都为

20～31、顶宽7～19、高3～4米。由此可以看出城墙的底部大大宽于城墙的顶部，整个城墙的断面犹如一个梯形，这与现在所看到的城墙的地面保存状况相一致。

这3座城址的城墙的解剖发掘表明，城墙的修筑方法均为平地起建斜坡堆筑，即边堆土，边拍打或夯打，每次堆筑一大层。拍打又分水平和斜面拍打两种。水平拍打用于各小夯层；斜面拍打施于各小夯层堆筑至一定高度后形成的坡状堆积斜面，此斜面即各大层层面。各大层层面倾斜度（坡度）由中心向两边逐渐增大。修筑城墙首先是在墙的中部平地堆土夯筑，中心部位一般都只堆筑有四五个大层。当墙体堆筑到一定高度，再往上堆筑便不容易了，于是就从城墙的内外两侧进行斜坡堆筑。从发掘的情况看，城内侧斜坡堆筑的层次较多，且堆筑的坡度较缓；城外侧堆筑的层次较少，坡度较陡。城墙堆筑的紧密程度与该遗址区的黏土发育有关，如宝墩和鱼凫村两座城址由于该区域的黏土发育较好，城墙堆筑得较紧密，河卵石用得较少；尤其是1995年发掘的宝墩古城真武观段城墙夯筑得相当紧密，夯面发现有用板状夯具拍打的痕迹，一般长多在50厘米、宽10厘米左右；夯面还发现有沙和草木灰，以防止泥土黏连夯具。而古城村遗址由于当地的黏土发育不好，于是就大量采用河卵石来加固城墙，夯筑痕迹亦不甚清楚。在堆筑墙体中心部分时，用料是河卵石和河沙，为了不让其跨蹋并使之堆筑到一定高度，还特意在城内侧面挖有一深约40厘米的高坎来阻挡河卵石的下滑；城墙的表层大量采用河卵石，尤其是城内侧全部采用河卵石夹杂少量沙性土来堆筑，且堆筑得相当紧密，以防止城墙因日晒雨淋而垮塌。

4. 城址的中心部位发现有大规模的建筑遗存

在经过较大面积发掘的宝墩和古城村遗址中，在城址的中部都发现有大规模的建筑遗存。1997年在古城村遗址的中部发现有一座面积达550平方米的大型礼仪性建筑，其方向与城墙的方向基本一致；且其周围也发现有较多的建筑遗存。1996年在宝墩遗址的中部（鼓墩子）也发现有房屋基槽和大量的柱洞，这些建筑遗存是建在一高出当时周围地面约1米、面积约3000平方米的台地上；有迹象表明，鼓墩子台地上的建筑遗存可能是一组规模较大的建筑群。

此外，所有这些城址的文化堆积较薄，城址的年代跨度不长，其中的兴废原因值得探讨。

三、宝墩文化的特征及初步分期

这6个遗址除紫竹村遗址未发掘外，其余各遗址都经过试掘或发掘，这为我们更深入研究这些遗址间的相互关系和进行文化分期提供了有利的条件。

1. 宝墩文化总体特征

（1）生活用具

生活用具主要是陶器。陶器的制作方法是泥条盘筑加慢轮修整，很多陶器内壁可见泥条盘筑的痕迹。圈足和器底均为二次黏接，许多圈足黏接处的内外壁有加固的戳痕。夹砂陶器底多为外接，形成器壁线近底处外折似假圈足。此外，有些夹砂陶器物的口沿也有明显的黏接痕迹；泥质陶壶的颈部也见有两次黏接的情况。陶系分夹砂陶和泥质陶两种，夹砂陶多屬白色石英砂，有粗细之分，以细者居多，有灰陶、外褐内灰陶和褐陶；泥质陶以灰白陶、灰黄陶和黑皮陶为主。其中泥质灰白陶的火候一般较高，也有火候较低、表面呈粉末状者；灰黄陶的火候较低，但大多施有黑色陶衣，出土时多脱落。宝墩遗址的陶器制作得最为精细，敞口圈足尊和盘口圈足尊的内壁上半部多磨光，出土时黝黑发亮；其上的划纹、戳压纹、附加泥条戳印纹等和喇叭口高领罐上水波划纹制作得尤为精美。其后的陶器及其上的纹饰制作得越来越粗率。

从纹饰来看，宝墩文化是愈早愈发达，纹饰种类也多，制作得也很精美；愈晚愈不发达，纹饰种类较少，制作也显粗糙。夹砂陶以绳纹为主；泥质陶以划纹、戳压纹、附加泥条戳印纹和施黑衣为主。绳纹装饰部位有唇部、沿面、颈腹部和器底，其唇部、沿面和器底装饰的绳纹颇具特色；纹样有竖向、斜向、交错和网状等。划纹多水波纹和平行线纹以及由平行线纹组成的几何形纹，多施于泥质陶器的颈腹部。戳压纹的纹样主要有坑点纹、长条纹、新月形纹、圆圈纹和指甲纹等，多施于颈腹部。唇部压印成锯齿状的喇叭口高领罐和壶很有特色。附加泥条戳印纹多见于腹部。黑衣主要施于灰黄陶和陶质较软的灰白陶。

宝墩文化的器类盛行平底器和圈足器，不见圜底器和三足器。器形多宽沿、大翻口的风格；流行器物口沿或唇部压印绳纹或作锯齿花边口作风。典型器物有绳纹花边口罐、敞口圈足尊、盘口圈足尊、喇叭口高领罐、宽沿平底尊、壶、宽沿盆和浅盘豆等，它们是贯穿这一文化始终的器物群。另有少量的卷沿罐、筒形罐、深腹罐、窄沿罐、窄沿盆、曲沿罐、折腹钵、矮领圆肩罐、敛口罐、敛口瓮等。

（2）生产工具

生产工具主要是石器。石器多为通体磨制，偏于小型化，以斧、锛、凿为主，另有少量的刀、铲、钺、镞和矛等。斧的数量最多，有长方形和梯形两种，长度多在6~10厘米，其中梯形石斧很有特色。锛比斧小，磨制比斧精细，形制较单一，直刃、弧顶，整个平面形状呈梯形。凿磨制得最为精细且规整，石质也较好，个别似玉质，有扁平长条形、圭形和刃口内凹的窄长形等，还有一端为圭形，一端为直刃的双端刃形。铲和刀均有穿孔，系双面钻孔，但发现极少且残。石刀为横长方形，上下均有刃。石镞为扁平棱形，磨制也较精细。另外还发现有数量较少的纺轮和网坠等陶质生产工具。

（3）建筑遗存

目前除紫竹村遗址外，其他经过试掘和发掘的遗址中都发现有建筑遗存。大体可分为两类：第一类为挖沟槽埋木柱的木骨泥墙式建筑；第二类是没有基槽，只有柱洞。

第一类木骨泥墙式建筑可分为大小两种类型。小型房基的面积大多为10~50平方米。其建筑方法为先挖基槽，基槽宽10~30、深20~30厘米，基槽内有密集的小柱洞。

在宝墩遗址Ⅲ H5 中发现有大量的红烧土块，土块的一面常有棍状痕迹。据此我们推测房屋的构造方式可能为"木骨泥墙"式，并经火烘烤。古城村 F6 保存较好，长 8.3、宽5.6 米，面积约 46 平方米。有门道和灶坑，门道开在北墙的西侧。大型建筑基址仅有古城村 F5 一座。F5 位于古城村遗址的中部，平面呈长方形，方向为西北—东南向，与城墙的方向基本一致，长约 50、宽约 11 米，面积约 550 平方米。该房址西部在汉代遭到较大程度的破坏，尽管如此，建筑的规模和总体轮廓还是比较清楚的。建筑方法是先挖一大型基坑，在基坑周围埋设木柱，铺设卵石，形成以卵石加固的柱基础。卵石直径以 4 ~ 6厘米者居多；卵石面宽 0.9 ~ 1 米，现存厚度 10 ~ 28 厘米；卵石基础中的柱洞排列整齐，直径 20 ~ 30、间距 70 ~ 120 厘米。基坑内的垫土中有意掺入红烧土，起防潮的作用。从墙体倒塌位置发现有较多竹炭痕迹推测，该房屋的墙体仍为木柱夹竹编笆，内外抹草拌泥而形成的木骨泥墙。房内柱洞，仅在房屋的东南端中部发现有一直径约 65 厘米近圆形的卵石堆积，推测可能为柱坑底部的础石，但未发现其他类似的础石。该房址未发现有隔墙遗迹，但在屋内发现有五处长方形呈台状有规律的卵石堆积，这五个台子横列于房址的中部，由东南往西北依次排列，分别编为 1 ~ 5 号台，台子间的距离在 3 米左右。1 ~ 3 号台保存较好，还尚存有 1 ~ 2 层卵石堆积，卵石较大，直径一般为 10 ~ 30 厘米。1 号台形状接近方形，东西长约 3.4 米，南北宽约 3 米；2、3 号台大小基本一致，东西长约 5米，南北宽约 2.7 米；4、5 号台基在汉代已被破坏，卵石不存，但基槽痕迹尚存。两者的形状都接近方形，大小差不多，其中 4 号台东西长约 3 米，南北宽约 2.5 米；5 号台东西长约 2.75 米，南北宽约 2.35 米。每个台子的周围都挖有小基槽，槽内埋设密集圆竹，圆竹已炭化，但清晰可辨，基槽宽 10 ~ 13 厘米，深 15 ~ 19 厘米，可能起护壁的作用，推测是先埋设圆竹作护壁再填卵石，护壁外抹泥，从而形成台子。根据该建筑基址附近地层堆积比较纯净，出土的生活遗物极少，也未发现一般的生活附属设施的特点，初步推测当不是一般的居址，而可能是大型的礼仪性建筑，是举行重要仪式活动的场所。不过关于其性质和具体的用途还有待于将来对其周围进行发掘，发现更多的相关遗存才能最后确认。关于该建筑基址的时代，根据其开口于第⑥层下，打破第⑦层的层位关系来看，当建于该遗址的早段末期，废弃于遗址的中段[9]。

第二类房屋建筑形式在双河村遗址中有发现，共发现有 14 个柱洞，柱洞内有的有础石，平面大致呈"十"字形，面积超过 60 平方米，没有发现有基槽的痕迹。此外在宝墩遗址的鼓墩子地点也发现有这种房屋的建筑形式。这种房屋的建筑方式与木骨泥墙式建筑有着较为明显的差别。

从整个宝墩文化所发现的房址来看，第一种木骨泥墙式建筑是房屋建筑形式的主流；第二种建筑形式目前还不多见。

（4）墓葬

在宝墩和古城村遗址中都有发现。这些墓葬均为长方形竖穴土坑墓，墓坑较浅；均无随葬品。头向不一，宝墩遗址有人骨架的两座墓葬，一座向西，一座向南[10]；而古城村遗址发现的一座墓葬,头向东北[11]。墓葬分成人墓和小孩墓,两者的差别表现为墓坑的大小,前者墓坑较大,后者墓坑较小。宝墩发现的成人墓葬的填土有夯实的现象。

总之,宝墩文化时期的居民过着定居的农业生活,兼有采集渔猎。宝墩文化居民不仅能建筑中小型的房屋,而且还能修建像古城村 F5 这样的大型礼仪性建筑;更为重要的是当时的人们已开始修筑高大城垣,像宝墩遗址这样周长达 3200 米,宽 8～31 米以上,高度超过 4 米,土方量初步推算达 25 万立方米以上的大型城垣建筑当需要相当的人力和物力才能建成。这就是说当时的定居农业生活已达到相当高的水平。宝墩文化的陶器以泥条盘筑加慢轮修整为主,其中的敞口圈足尊、盘口圈足尊和喇叭口高领罐等器物及其上纹饰制作得相当精细,喇叭口高领罐的火候较高,叩之有清脆之声。说明其陶器制作技术达到一定的水平。石器多通体磨光,其中的石锛、凿和钺制作得相当精致,石钺上有双面钻孔,说明其石器制作技术也达到相当高的水平。

2. 宝墩文化的初步分期及各期特征

（1）宝墩文化的初步分期

宝墩文化的分期以新发现的宝墩、芒城村、古城村和鱼凫村遗址 1996 年发掘的材料为依据。就目前发掘所获得的资料来看,这四个遗址间都有不同程度的差异,而这种差异很明显不属地域原因,而是由于时间上的早晚造成的。因为这几个遗址均处于成都平原不太大的范围内,最远的距离也不过 30 多公里,近的仅 10 多公里。而相比之下,与宝墩遗址相距更远的三星堆遗址的一期,其较多的泥质灰白陶和发达的纹饰等特点却与宝墩遗址的很相近。这种情况足以说明宝墩遗址和其他几个遗址间的相互差异是基于时间上的原因。而且像成都平原这样一个相对独立的地理环境,同一时期的文化应该具有相当的统一性。

前面我们将宝墩遗址分成了两期三段,其晚期的文化面貌与芒城村遗址比较接近,应为同一阶段的文化遗存;古城村遗址分为早、中、晚三段,鱼凫村遗址的早期和晚期分别与古城村的早段和晚段比较接近。至于芒城村与古城村早段间的关系,目前还没有明确的层位依据,只有依靠这一文化发展的总趋势加以推定,好在该文化的发展演进脉络还是比较清楚的。从宝墩到芒城村遗址,泥质陶器的陶质有变软的趋势,首先表现在陶质较软的泥质灰黄陶的数量逐渐增多,在芒城村遗址中成为最主要的陶系;灰白陶烧制的火候也有降低的趋势,宝墩第Ⅰ段泥质灰白陶的火候相当高,叩之有清脆声,而其第Ⅲ段和芒城村遗址中则出现了较多的表面呈粉末状的灰白陶,且泥质灰白陶的数量逐渐减少。在夹砂陶中,夹砂灰陶的数量减少,而褐陶和外褐内灰陶的数量增多。从纹饰的角度看,泥质陶中的纹饰不仅数量减少,而且制作得也越来越简单粗率。在古城遗址的早段,泥质灰白陶的数量进一步减少,其陶质都较软,灰黄陶仍占主要地位;夹砂外褐内灰陶成为夹砂陶中最主要的陶系,夹砂褐陶占有一定比例。到了古城遗址的中、晚段,夹砂褐陶成为夹砂陶中的主要陶系,而外褐内灰陶的数量有所下降,但仍占一定比例。在器类和器形上也可看出早晚变化的趋势。并且在郫县古城村遗址 1997 年发掘的 F5 的垫土中发现有喇叭口高领罐的残片，其卷沿较甚，颈部饰水波划纹的特点与宝墩遗址的晚期和芒城村遗址的同类器一致，依据晚期遗址出早期遗物，而早期遗址不出晚期遗物的原则，亦可推断古城村遗址所代表的时期应晚于芒城村遗址和宝墩遗址的晚期。而古城村遗址中晚段和鱼凫村遗址晚段已出现有三星堆文化的因素，依此也只能将其放在该文化的偏晚阶段。由此，我们将宝墩文化分成了四期六段（表一）。

表一　宝墩文化分期表

		宝　墩		芒城村	双河村	古城村	鱼凫村		三星堆一期
一期	早段	早期	Ⅰ段						√
	晚段		Ⅱ段						
二期		晚期	Ⅲ段	√					√
三期	早段				√	早段	早期	Ⅰ、Ⅱ段	月亮湾
	晚段					中段			
四期						晚段	晚期	Ⅲ段	

第一期：以宝墩遗址的早期为代表。可分早、晚两段，分别以宝墩遗址的第 Ⅰ 段和第 Ⅱ 段为代表。

第二期：以芒城村遗址和宝墩遗址的晚期为代表。

第三期：以古城村遗址的早、中段和鱼凫村遗址的早期为代表。可分为早晚两段，早段以古城村遗址的早段和鱼凫村遗址的早期为代表；晚段以古城村遗址的中段为代表。

第四期：以鱼凫村遗址的晚期和古城村遗址的晚段为代表。

（2）宝墩文化各期的特征

第一期：泥质陶的数量多于夹砂陶，约占陶片总数的 65%，夹砂陶仅占 35%。泥质陶中以灰白陶和灰黄陶为主，分别约占陶片总数的 37% 和 25%。夹砂陶中夹砂灰陶占了绝大多数，约占陶片总数的 30%。夹砂陶中基本上都有绳纹装饰；泥质陶的纹饰比例达 19%，以戳压纹、划纹、附加泥条戳印纹和施黑衣的较多，其他纹饰数量极少。主要器类有各式绳纹花边口罐、敞口圈足尊、盘口圈足尊、喇叭口高领罐和宽沿平底尊等，还有一定数量的宽沿盆、壶和卷沿罐等，另有数量极少的缸、宽沿高领器、浅盘豆和筒形罐等。早段和晚段的差别主要表现在以下几方面：从陶质陶色看，早段泥质陶略多于夹砂陶，约占总数的 60%；到了晚段泥质陶数量明显增加，所占比例达 70%。早段泥质灰黄陶所占比例不高，约占陶片总数的 20%；而晚段则增加到 32%，灰白陶所占的比例相当。从纹饰看，早段的纹饰较发达，泥质陶中的纹饰比例达 23%；而晚段的比例下降，仅占 14%。晚段的圈足上少见绳纹和戳压纹装饰，方形镂孔减少，圆形镂孔增多。在陶器制作上，早段陶器普遍制作较精细，晚段明显变粗糙；纹饰制作早段也较晚段精美。在器类上，早、晚段变化不大，晚段不见早段中的宽沿高领器，而新出现了浅盘豆和筒形罐。在器形上，早、晚段变化较为明显，总的趋势是沿由宽变窄、由不卷或微卷到卷甚，圈足由矮变高。如晚段的绳纹花边口罐口沿变窄，喇叭口高领罐和宽沿平底尊的口沿外卷较甚，锯齿花边喇叭口高领罐的数量减少，新出现有外叠唇的喇叭口高领罐（图七）。

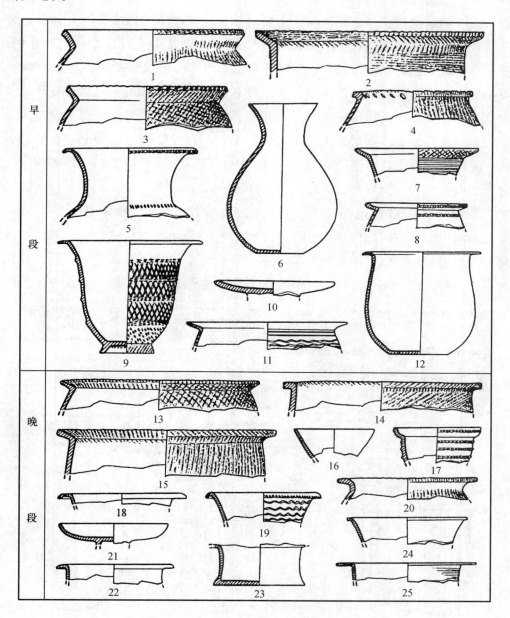

图七　宝墩文化一期典型陶器

1~4、13~15、20. 绳纹花边口罐（T2229⑦:17，T2029⑦:129，T2030⑦:147，H15:2，T2129⑥:40、21，T2030⑥:27，T1830⑥:59）　5、19、24. 喇叭口高领罐（T1929⑦:44，T2129⑥:15、39）　6、16. 壶（T1929⑦:2，T1930⑥:25）　7、8、17. 盘口圈足尊（T2129⑦:76，T1929⑦:85，T1830⑥:87）　9、18. 敞口圈足尊（T1929⑦:128，T1930⑥:62）　10、21. 豆（H5:59，T1830⑥:40）　11、25. 宽沿盆（T2030⑦:69，T1930⑥:6）　12、22. 宽沿平底尊（H16:57，T2129⑥:14）　23. 筒形罐（T1830⑥:42）（均出自宝墩遗址Ⅲ区）

　　第二期：这一时期泥质陶所占的比例有所下降，但仍多于夹砂陶，泥质陶占60%，夹砂陶占40%。泥质陶中灰白陶的比例下降，约占陶片总数的19%；而灰黄陶成为最主要的陶系，约占陶片总数的35%。夹砂陶中夹砂灰陶的比例下降，外褐内灰陶和褐陶的比例增加，三者的比例相当。泥质陶中素面陶增多，有纹饰的陶片仅占10%，主要是划纹，次为戳压纹，其他纹饰极少，划纹中多平行线纹以及由平行线组合成的几何形纹，极少见一期中较发达的水波划纹。夹砂陶中素面陶增多，有纹饰的陶片仅占30%，其中主要是绳纹。主要器类与一期差不多，新出现有深腹平底罐，比较明显的变化是各种器物的型式减少，如绳纹花边口罐主要是斜侈沿型，喇叭口高领罐主要是外叠唇型，锯齿口型极少见。此外，盘口圈足尊出现了两种情况，一种是器身变得矮胖，一种是器身变得瘦高；宽沿平底尊出现有直腹的型式；宽沿盆出现有宽沿平折敛口型；壶的最大径由腹部移至肩部，浅盘带柄豆和盆的数量增多（图八）。

　　第三期：夹砂陶数量增加，约占总数的45%，泥质陶的比例进一步下降，约占55%。泥质陶中灰白陶的比例继续减少，以橙衣灰陶和黑衣陶为主。夹砂陶中灰陶的比例下降，外褐内灰陶和褐陶的数量增加，成为夹砂陶中的主要陶系。纹饰所占比例与二期相比有所回升，泥质陶中的纹饰比例约达20%，主要是平行线划纹，次为平行线交叉

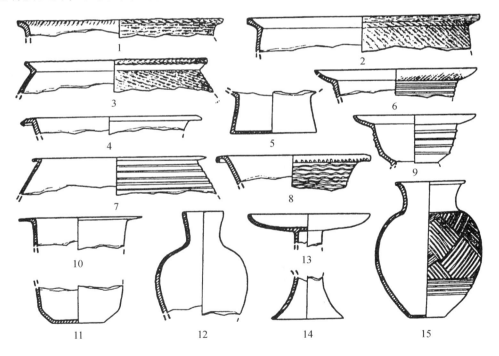

图八　宝墩文化二期典型陶器

1～3. 绳纹花边口罐（芒H4：13，芒T6④：22，芒H1：41）　4. 敞口圈足尊（芒H11：15）　5. 筒形罐（芒G4：176）　6、9. 盘口圈足尊（宝ⅢT2629⑤：11，芒H4：9）　7. 宽沿盆（芒G4：165）　8、15. 喇叭口高领罐（宝ⅢT2129⑤：1，芒G4：265）　10、11. 宽沿平底尊（芒G4：215，芒H5：1）　12. 壶（芒T7④：41）　13. 豆（芒H4：1）　14. 豆圈足（芒H1：6）（6、8. 出自宝墩遗址，余皆出自芒城村遗址）

划纹，其他纹饰极少，一、二期中发达的戳压纹和附加泥条戳印纹很少见到；夹砂陶中的纹饰比例约达55%，主要是绳纹和平行线划纹。主要器类与二期基本相同，新出现有窄沿罐、曲沿罐、折腹钵、窄沿盆等。这一时期除斜侈沿型绳纹花边口罐、外叠唇型喇叭口高领罐、敞口圈足尊等与二期相比没有太大的变化外，其他器形都或多或少有所变化：二期中出现的极少量的瘦高型盘口圈足尊、直腹型宽沿平底尊在三期中很典型；前两期中的锯齿花边喇叭口高领罐、矮胖型的盘口圈足尊在三期中消失了；宽沿盆和壶的数量减少。早、晚段的差异主要表现在以下几方面：从陶质陶色看，早段的夹砂陶以外褐内灰陶为主，褐陶次之；晚段则恰好相反，并且夹砂陶的数量较早段明显增多。早段泥质陶中的灰白陶占有一定比例，褐陶较少；晚段泥质褐陶的比例增加，灰白陶的比例明显下降。从纹饰来看，早段和晚段的纹饰种类基本相同，但早段的纹饰较晚段要发达一些。在器形上，三期中新出现的器物都是到晚段才出现的（图九）。

第四期：这一时期与三期相比，有了较大的变化。夹砂陶的数量有了较大的增加，超过了泥质陶的数量而成为陶器的主要部分。夹砂褐陶成为最主要的陶系，其他夹砂陶的数量很少；泥质陶中以灰陶、灰黄陶和黑皮陶为主。纹饰所占的比例进一步下降，纹饰种类也减少。泥质陶绝大部分为素面，三期中发达的平行线划纹也很少见到；夹砂陶以绳纹为主。绳纹花边口罐、敞口圈足尊、盘口圈足尊、喇叭口高领罐、宽沿平底尊、壶等前几期中极为典型的器物在该期中极少见到，沿袭了三期晚段的窄沿罐、曲沿罐、窄沿盆、曲腹钵等，新出现有矮领圆肩罐、敛口瓮、敛口罐、折腹钵等，圈足变得更高更直（图一○）。

3. 三星堆遗址一期的分析

三星堆遗址位于广汉市区西约10公里处，面积达12平方公里。该遗址先后经过多次发掘，出土了大量的陶、石器，其中遗址的一期与二期以后的文化面貌区别较大，我们所说的三星堆文化是指该遗址二期以后的遗存[12]。属于三星堆遗址一期的遗存有1980～1981年三星堆第⑧和⑥层[13]（以下简称1980年⑧和⑥层）、1984年西泉坎第④层、1986年发掘的Ⅲ H19和第⑬～⑯层[14]以及1963年月亮湾第③层[15]。

1980年⑧和⑥层的泥质陶器占了绝大部分，约占陶片总数的86%，其中泥质灰陶又占了大多数，约占陶片总数的65%以上；此外，还有少部分的夹砂褐陶。"纹饰主要为平行线划纹，有的在平行线划纹上再竖戳成齿状。镂孔、锥刺纹和水波纹较少见。""陶器种类极为单调，仅见表褐里黑的镂孔圈足豆、翻口高领广肩细泥灰陶罐（应为喇叭口高领罐——笔者注）、灰陶盆、侈口深腹缸。"[16]这与泥质灰白陶发达、划纹和戳压纹流行、喇叭口高领罐极为盛行的宝墩文化一期的特点比较接近，两者的时代应大体相当。

1984年西泉坎第④层盛行宽沿器，还有个别的喇叭口形器和器盖（陈文的高圈足盘）等。其中的器盖与芒城村遗址的同类器很相近。其时代可能与宝墩文化一、二期相当。

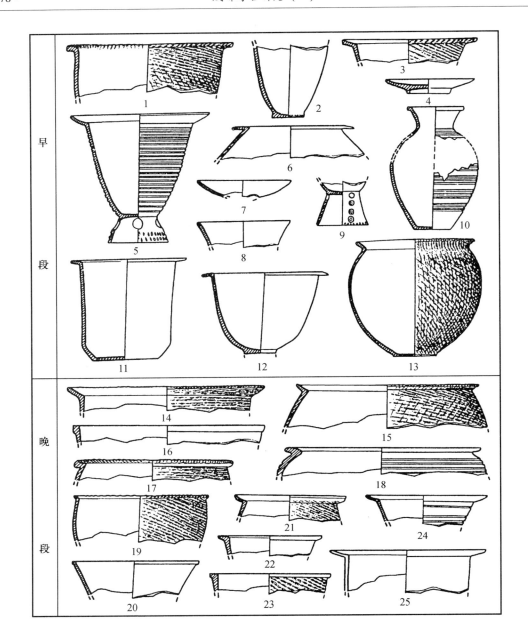

图九　宝墩文化三期典型陶器

1、3、13～15. 绳纹花边口罐（鱼 H5②：111、古 T3⑪：78、古 H14：1、古 T5⑬：92、古 H3：1）　　2. 深腹罐（鱼 H15②：85）　　4. 圈足盘（鱼 H36：5）　　5、21、24. 盘口圈足尊（古 H22：36、古 H10：11、古 T5⑬：102）　　6. 宽沿盆（鱼 H71②：74）　　7. 豆盘（鱼 H48⑤：106）　　8. 壶（古 H9：69）　　9. 圈足（鱼 T5④：22）　　10、20. 喇叭口高领罐（古 T14：3、古 H4⑫：97）　　11、25. 宽沿平底尊（古 H22：35、古 T4⑬：142）　　12. 敞口圈足尊（鱼 H15②：34）　　16、23. 窄沿盆（古 T2⑨：49、古 T5⑫：31）　　17. 曲沿罐（古 T5⑬：94）　　18. 敛口罐（古 T5⑬：129）　　19. 窄沿罐（古 T4⑪：87）　　22. 钵（古 T3⑨：29）（1、2、4、6、7、9、12. 出自鱼凫村遗址，余皆出自古城村遗址）

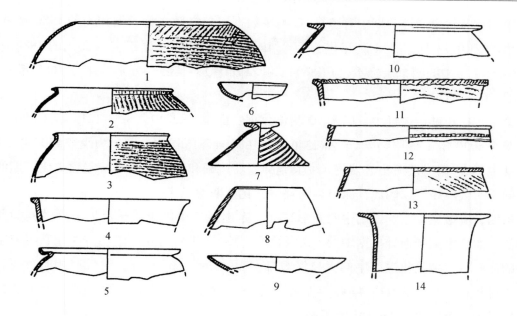

图一〇　宝墩文化四期典型陶器

1. 敛口瓮（鱼 H73④: 80）　　2、3. 矮领圆肩罐（鱼 H73③: 154、鱼 H73④: 172）　　4. 窄沿盆（古 T3⑧a: 4）　　5. 曲沿

罐（鱼 T9⑤: 83）　　6. 折腹钵（鱼 T9⑤: 78）　　7. 器盖（鱼 H73④: 190）　　8. 敛口罐（鱼 H73③: 122）　　9. 豆盘（鱼

H73④: 88）　　10. 宽沿盆（古 T4⑩: 19）　　11. 绳纹花边口罐（古 T2⑧a: 27）　　12、13. 窄沿罐（古 T2⑧a: 26、19）

14. 宽沿平底尊（古 T1⑧a: 1）（1～3、5～9 出自鱼凫村遗址，余皆出自古城村遗址）

　　1986 年发掘的Ⅲ H19 出土的绳纹花边罐和镂孔圈足豆与鱼凫村遗址第Ⅱ段的同类器
接近，时代应相当，大致相当于宝墩文化三期早段。第 13～16 层与 1984 年西泉坎第④层
一样，亦盛行宽沿器。

　　1963 年月亮湾第③层"以泥质灰陶为主，约占该层陶片总数的 46.9%，泥质红陶占
20.9%，夹砂红陶和灰陶分别为 18.4% 和 13.8%"[17]。有纹饰的陶片约占 44%，以绳纹
为主，次为弦纹、划纹、篦纹、镂孔等，还有新月形纹和戳印连点纹等。代表性的器物
有折沿小平底鼓腹罐、宽沿平底尊、斜壁觚形器、镂孔深腹圈足豆、浅腹圈足盘、敛口钵
等，其中的宽沿平底尊、圈足盘和敛口钵等与宝墩文化三期早段的同类器相一致。但是从
该层的陶质陶色来看，又与宝墩文化一期的特点接近。或许月亮湾第③层还可以再分。

　　从以上的分析可以看出，三星堆遗址一期应属宝墩文化的范畴，涵盖了宝墩文化一
至三期，年代跨度较长。

4. 宝墩文化的年代推断

　　关于该文化的年代，我们主要依据文化因素的对比和 ^{14}C 测年数据来加以确定。

　　第一，宝墩遗址中有两个 ^{14}C 测年数据，其测年均在距今 4500 年（经树轮校正，下
同）左右，该遗址的年代上限当在距今 4500 年左右。

　　第二，三星堆遗址一期中有三个¹⁴C测年数据。与宝墩文化一期相当的1980年AaT1灰坑中的ZK0973标本，¹⁴C测年代为距今4500年±150年。属于宝墩文化的1986年Ⅲ T1416第14层中的两个炭标本（BK86046和ZK2104），其测年分别为距今4665年±135和4615年±135年[18]。

　　第三，在边堆山遗址中有两个¹⁴C测年数据：标本ZK2349，采自T214第④层中，测年为距今4020年±260年；标本ZK2346，采自T204第⑤层中，测年为距今4505年±270年。其中T214第④层所出的器物，尤其是绳纹花边罐和宽沿平底尊与宝墩文化三期的基本相同，时代应相当，因此其测年当为宝墩文化三期的年代。

　　第四，宝墩文化一、二期中的筒形罐和川东地区巫山魏家梁子遗址早期的同类器极为相似；而魏家梁子遗址早期中的Ⅰ式深腹罐（T3⑤:38）与陕西武功浒西庄和赵家来遗址中的庙底沟二期文化遗存中的大口深腹罐[19]很相近（图一一），时代应相当，而后两者的绝对年代为距今4700～4400年左右[20]。这与《简报》作者推测的魏家梁子遗址早期的年代为距今4700～4300年差不多[21]。

　　第五，宝墩文化的四期正好与三星堆文化相衔接，而三星堆文化的年代上限与二里头文化四期相当，其绝对年代大体在距今3700年左右[22]，也就是说宝墩文化年代的下限

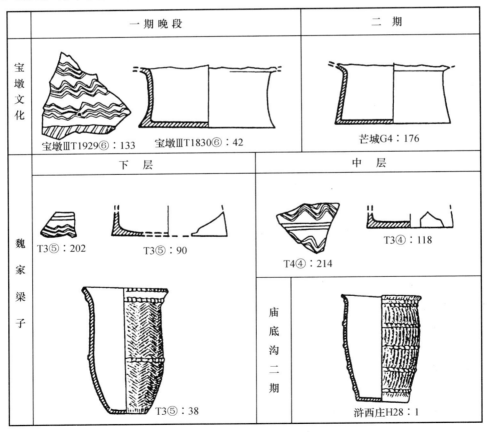

图一一　宝墩文化与魏家梁子遗址陶器比较

在距今 3700 年左右。

依据以上的分析，可以将宝墩文化大的绝对年代初步推定在距今 4500～3700 年间。

四、与周邻文化和遗址的关系

1. 与边堆山遗址的关系

边堆山遗址位于绵阳市区西约 7 公里处。1988 年对该遗址作了调查，1989 年又对该遗址进行了大规模的钻探和发掘。发掘者认为该遗址"石器小型化……磨制为主，也较多使用打制石器……大量的长方形或梯形的斧……锛和凿的数量也较多，而且形式多样……陶器可分为夹粗砂灰褐陶系和泥质灰陶系两大类，前者最多。还有少量黑皮陶、泥质红陶等。纹饰以绳纹、堆纹为常见，另有划纹、弦纹，其中许多锥点几何形纹很有特点。唇沿施绳纹或齿状花边装饰，特点突出。器形多罐、缸、壶、盘、碗等平底器，圈足器有豆。"[23] 从这些特点看，边堆山遗址的文化面貌与宝墩文化有较多的相似之处。但是该遗址的内涵较复杂，一方面是该遗址泥质陶中多灰黄陶和灰白陶表面多呈粉末状，喇叭口高领罐比较流行，还有部分绳纹花边口罐和宽沿平底尊等与宝墩文化相近；另一方面是该遗址中有一种敞口折沿颈部饰附加泥条堆纹的夹砂陶罐，这种陶罐是哨棚嘴文化一期二段中的典型器物[24]。同时，我们也注意到该遗址没有发现宝墩文化的盘口圈足尊等典型器物；同时，在采集的陶片中有一种有花边或无花边的敛口罐在宝墩文化中还未发现过，倒是在川北地区的新石器时代文化遗存[25]和通江擂鼓寨遗址[26]中有存在，而且在器形上很相近。

2. 与川北地区新石器时代遗存的关系

川北地区是指四川盆地北部以嘉陵江上游流域为主的地区，主要包括广元地区。王仁湘和叶茂林先生在《四川盆地北缘新石器时代考古新收获》[27]一文中对该地区的新石器时代文化做了概括和总结，并将各遗存年代序列排定如下：中子铺细石器遗存（距今 6000～7000 年）/张家坡遗址和中子铺晚期遗存（距今 6000～5500 年）/邓家坪遗址（距今 5500～4700 年）[28]。其中"邓家坪遗址的文化遗存可能分为两期。遗址下层以泥质灰陶等细泥陶居多，夹砂陶较少，上层则是泥质灰陶比例减少，夹砂陶系占了绝大多数。在器形、纹饰等方面也有小异，但差别不显著，总的说共性较强。该遗存总体特征是，以夹砂的灰褐陶为主，泥质灰陶总量较少，还有少量的黑皮陶和个别泥质红陶，纹饰以绳纹和堆纹最普遍，另有划纹、锥刺纹等，流行口沿和唇部施绳纹或花边波纹作风，陶器可辨器形的有深腹罐、鼓腹罐、钵、碗、器盖等。石器多趋小型化"[29]。从上面的叙述可以看出，邓家坪遗址中绳纹和堆纹发达，还有划纹和锥刺纹，流行口沿和唇部施绳纹或花边作风，尤其是下层中泥质灰陶在整个陶系中居于主导地位；石器小型化，以斧、锛、凿为主，这些特点都与宝墩文化相近。但是邓家坪遗址在器类和器形上与宝墩文化完全不同，两者似乎属不同的文化。比邓家坪遗址早一个阶段的张家坡遗址以灰褐陶为主；纹饰简单，以绳纹和堆纹及划纹为基本形式，口沿外施附加堆纹较有特点；开始有个别口唇成波状的作法；以平底器为主，有个别圈足器（豆）；罐、盆较多；石器有圭形石凿等。从这些特点来看，张家坡遗址与宝墩文化也有着一定的联系，但两者的器类和器形完全不同，区别是明显的。邓家坪和张家坡遗址一方面与宝墩文化有一些相似的特征，另一方面在器类和器形上又有着巨大的差别，这既有地域上原因，但更主要的可能是时间上的差异造成的。邓家坪遗址的[14]C测年数据表明，邓家坪遗址年代为距今5500～4700年，比宝墩文化早一阶段；张家坡遗址又较邓家坪遗址早一阶段，这似乎说明以张家坡和邓家坪遗址为代表的两种文化遗存或许就是宝墩文化的来源，但目前这种关系还不十分清楚。

3. 与哨棚嘴文化的关系

目前在川东长江沿岸地区发现的属哨棚嘴文化的遗址较多，有忠县哨棚嘴和中坝遗址[30]、奉节老关庙[31]、巫山魏家梁子[32]、江津王爷庙[33]等。我们暂将哨棚嘴文化分为两期五段，其相对年代大致在仰韶文化后期至龙山这一阶段，绝对年代约在距今5000～4000年间。[34]陶器以夹砂褐陶、泥质灰陶和黑皮陶为主；纹饰有绳纹、方格纹、附加堆纹、划纹、戳压纹等；以折沿罐、侈沿深腹罐、花边口罐、盘口器、喇叭口高领罐、盆、钵和筒形罐等为代表。这与川西的宝墩文化有着显著的差别，属不同的文化。但是二者之间也有许多相似之处，如两者都盛行平底器和圈足器，圜底器极少见，不见三足器；陶器的制法都为泥条盘筑加慢轮修整，夹砂陶多属石英砂；器物的唇部喜作花边；纹饰都流行绳纹、堆纹、划纹、戳压纹等。在器形上，宝墩文化一、二期中的筒形罐在哨棚嘴文化晚期的魏家梁子遗址中多见；宝墩文化中极为发达的喇叭口高领罐和水波纹在魏家梁子遗址中有少量存在（图一一）。宝墩文化与长江中游地区、关中地区的同时期文化相比，文化内涵迥异，而与哨棚嘴文化相比，两者虽然存在着较大的差别，但同时又有着较多的联系和相似之处，应属一个大文化区系中的两个小的区域文化。

4. 与通江擂鼓寨和巴中月亮岩遗址的关系

通江擂鼓寨[35]和巴中月亮岩遗址[36]位于川东北渠江流域上游地区。两遗址都经过调查，文化面貌相近，其中擂鼓寨遗址经过试掘，发掘面积为75平方米，这里仅以该遗址为例加以说明。《报告》将该遗址分为两期三段，其中早期有一[14]C测年数据，年代为距今4995年±159年。从笔者的分析来看，擂鼓寨遗址与巫山魏家梁子的面貌接近，时代相当，其[14]C测年数据偏早。该遗址中泥质陶以灰陶和橙黄陶为主；纹饰以划纹最为发达；流行将器物口沿部做成水波纹样或锯齿状；部分器物器底与器身分制，接着多为地包天，这些特点都与宝墩文化相似。部分器物与宝墩文化的同类器相近（图一二）。不过，擂鼓寨遗址在总体上还是应属于哨棚嘴文化的范畴。

5. 与汉源狮子山遗址的关系

狮子山遗址位于大渡河下游的汉源县大树乡西南 200 米处的海拔约 900 米的山坡上。该遗址曾经过两次调查和一次发掘[37]，发掘的材料尚未发表，文化面貌不甚明晰。就目前材料看，该遗址的陶系"以夹砂陶为主，约占 70%，泥质红陶和灰陶不足 30%；纹饰有绳纹、划纹、方格纹等，附加堆纹也很发达，有波浪形、圆

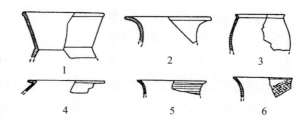

图一二　擂鼓寨遗址部分器物图

1、2. 喇叭口高领罐（T0302⑥：1，T0302⑨：23）　3. 折沿鼓腹罐（T0101⑨：22）　4. 宽沿盆（T0402⑨：15）

5、6. 敞口圈足尊（T0101⑨：11，T0101⑧：8）

饼形、燕尾形等多种样式。另外，还发现十多片红底黑彩的彩陶片……器形有高领罐、大口花边罐、盆、钵、碗、甄、陶球、纺轮等。""磨制石器有斧、锛、凿、箭镞……另发现有几百件细石器"[38]。从这些叙述看，该遗址与宝墩文化有着较为密切的联系，如两者的纹饰都盛行绳纹、划纹、附加堆纹等；器形上两者都以高领罐、大口花边罐、盆等为典型器；石器都以斧、锛、凿为主。该遗址中还发现有木骨泥墙建筑，但是只发现柱洞和柱础，未发现有墙基槽；另有窝棚式建筑的存在，这又与宝墩文化不同。尤其是该遗址中发现有大量的细石器，在器形和制作技术上都与川北地区的细石器极为相似；十多片彩陶的发现足以说明该遗址与川西高原的同时期遗存有着较密切的关系。传播途径"是沿着与四川盆地交界的川西声原东部地区进行，未进入四川盆地腹部"[39]。其 14C 测年数据为距今 4500～4000 年[40]。因此，我们认为狮子山遗址在总体上可能属于宝墩文化的范畴，只不过，由于地理位置和环境的原因，受到川西高原和川北丘陵地区同时期文化的强烈影响，地域性特点较为浓厚。我们的分析是否正确还有待于发掘材料的全面公布。

五、宝墩文化与三星堆文化的关系

前面我们已经指出宝墩文化的后续文化是三星堆文化，两者紧密相连。具体地说：在宝墩文化三期晚段之时，夹砂陶的数量增多，超过了泥质陶而占据了主要地位；在夹砂陶中，外褐内灰陶剧减，褐陶增多，成为主要的陶系。纹饰中划纹发达，但极少见水波纹；在器形上，绳纹花边罐已很少见，新出现有窄沿罐、曲沿罐、窄沿盆、钵等。由此可以看出，宝墩文化的典型因素，如大量的泥质陶（以灰白陶和灰黄陶为代表），发达的纹饰（以划纹、戳压纹、附加堆纹等），以绳纹花边口罐、敞口圈足尊、盘口圈足尊、喇叭口高领罐、宽沿平底尊、壶、宽沿盆等为代表的典型器物群，正在日趋减少；而一种新的文化因素，以窄沿罐、曲沿罐、窄沿盆、钵为代表，正在孕育和发展之中，宝墩文化正在经历着一种变化。到了宝墩文化四期之时，宝墩文化的典型因素更是日落西山。

夹砂陶的数量继续增加，褐陶成为最主要的陶系，约占陶片总数的近一半；素面陶增加，有纹饰的陶片所占比例不超过 30%；在器形上，绳纹花边口罐、盘口圈足尊、喇叭口高领罐、宽沿平底尊、壶等极为少见，沿袭了三期晚段的窄沿罐、曲沿罐、窄沿盆、钵，新出现敛口瓮、敛口罐、矮领圆肩罐、折腹钵等。到了三星堆文化之时，夹砂陶更是占据了绝对的主导地位，约占陶片总数的 72%，夹砂褐陶是最主要陶系，约占总数的45%；素面陶猛增，纹饰所占比例急剧下降，仅占 18%；其代表性的器形中的小平底罐、深腹罐、矮圈足豆、杯形纽器盖等都与宝墩文化中的矮领圆肩罐、折沿深腹罐、镂孔圈足器有着继承和发展关系。三星堆文化盛行的小平底风格与宝墩文化流行小平底器有着直接的联系。由此我们看见了一个宝墩文化的典型因素日趋消失，三星堆文化典型因素逐渐孕育、形成和发展的过程。也就是说，宝墩文化的发展去向是三星堆文化，这在地层学上也能得到证明，在三星堆遗址中多次发现有三星堆文化的早期遗存叠压在宝墩文化层之上。

六、结　语

目前，成都平原城址群的发掘工作才刚刚开始，对于各城址内的情况还不十分清楚；并且还没有发现同时期的其他相关遗址。因此，要分析各城址的性质及其相互关系，还为时过早；但是在郫县古城村遗址 1997 年的发掘中，在城址内的中心部位发现了一座面积达 550 平方米的长方形建筑基址，该基址内横向排列有较为规整的用卵石砌成的五个长方形台子，并且该基址与城垣的方向一致，我们推测可能是大型的礼仪性建筑，是举行重要仪式活动的场所。在宝墩遗址 1996 年鼓墩子的解剖发掘中，发现鼓墩子在宝墩文化时期就是一个明显高于四周的台子，其上有密集的建筑遗存，且鼓墩子恰好位于宝墩遗址的中心。这似乎说明成都平原城址群各城址内有着相当的内涵，等待着我们去揭示和了解。三星堆遗址所揭示出的巨大城垣和高度发达的青铜文化显示其早已进入文明社会，苏秉琦先生认为其已处于文明社会发展进程中的方国时期[41]，并且早在成都平原早期城址群发现以前，就高瞻远瞩地看到“四川有自己的治水时代——古国时代”[42]，那么我们今天发现的比三星堆文化早一阶段的成都平原早期城址群则无疑验证了苏先生的远见卓识。

成都平原早期城址的筑城方法为斜坡堆筑法，这与长江中游地区的筑城方法相同，而同时期的黄河中下游地区的早期城址已经普遍采用版筑法和堆筑法相接合的方法来夯筑城垣[43]。这说明成都平原早期城址的筑城方法带有一定的原始性和自身特点。

苏秉琦先生早在 1987 年考察三星堆遗址时，就已经指出“成都与广汉有时间跨度相同的阶段，约从五千年到三千年，上下可以串起来，成系统，有特征”。“巴蜀文化自成体系，特征不只是表面的，而是内在的特征”[44]。后来又提出“四川古文化是中国古文化的中心之一”[45]。宝墩文化的发现则对苏先生的这一看法提供了有力的佐证。近年来由于修建三峡大坝，三峡地区的考古工作取得了辉煌的成果，特别是新近已公布了部分材料的哨棚嘴遗址[46]尤为重要，哨棚嘴文化与成都平原的宝墩文化大体同时或略早，而哨棚嘴遗址第二、三期文化遗存则分别属于成都平原地区的三星堆文化和十二桥文化的范畴。川东地区的战国时期文化遗存与川西地区则基本上完全相同。由此，我们看到了一个四川盆地的西部和东部的先秦文化序列和发展脉络，在距今5000～3700年间两地还分属两支文化；到了三星堆文化之时，两地的文化面貌基本趋同。史书中记载的"蜀"和"巴"便有了考古学上的较为明显的证据，现在我们不妨这么说，从三星堆文化到战国时期的遗存，在川西地区是"蜀"人的考古学遗存；而川东地区的则可能是"巴"人的考古学遗存。蜀和巴的考古学遗存属同一考古学文化，这与两地居民的密切交往是分不开的，所以，史书上的记载往往是"巴蜀"连称。以前学者常把四川盆地商周阶段的考古学文化遗存笼统地称为"巴蜀文化"也是有一定道理的。那么，早于三星堆文化的宝墩文化和哨棚嘴文化则可能是蜀文化和巴文化的直接渊源。

<h2 style="text-align:center">注　释</h2>

[1]　成都市文物考古工作队、四川联合大学考古教研室、新津县文管所：《四川新津宝墩遗址调查与试掘》，《考古》1997年1期。

[2]　成都市文物考古工作队、四川联合大学考古教研室：《四川新津宝墩遗址1996年鼓墩子地点试掘简报》，待刊；中日联合考古调查队：《四川新津宝墩遗址1996年发掘简报》，《考古》1998年1期。

[3]　成都市文物考古工作队、都江堰市文物局：《四川都江堰市芒城遗址发掘简报》，《考古》1999年7期。

[4]　成都市文物考古工作队、郫县文管所：《四川郫县古城村遗址1996年发掘简报》，《文物》1999年1期。

[5]　笔者是郫县古城村遗址1997年发掘的参加者。

[6]　成都市文物考古工作队、四川联合大学考古教研室、温江县文管所：《四川温江鱼凫村遗址1996年发掘简报》，《文物》1998年12期。

[7]　成都市文物考古工作队、崇州市文管所：《四川崇州市双河村遗址1997年发掘简报》，待刊。

[8]　调查资料现存成都市文物考古工作队。

[9]　笔者是郫县古城村遗址1997年发掘的参加者。

[10]　中日联合考古调查队：《四川新津宝墩遗址1996年发掘简报》，《考古》1998年1期。

[11]　笔者是郫县古城村遗址1997年发掘的参加者。

[12]　孙华：《试论广汉三星堆遗址的分期》，《南方民族考古》第五辑；王毅、张擎：《三星堆文化研究》，待刊。

[13]　四川省文物管理委员会、四川省博物馆：《广汉三星堆遗址》，《考古学报》1987年2期。

[14]　陈显丹：《广汉三星堆遗址发掘概况、初步分期——兼论"早蜀文化"的特征及分期》，《南方民族考古》第2辑。

[15]　马继贤：《广汉月亮湾遗址发掘追记》，《南方民族考古》第5辑。

[16]　四川省文物管理委员会、四川省博物馆：《广汉三星堆遗址》，《考古学报》1987年2期。

［17］　马继贤：《广汉月亮湾遗址发掘追记》，《南方民族考古》5 辑。

［18］　中国社会科学院考古研究所编：《中国考古学中碳十四年代数据集（1965～1991 年）》，文物出版社，1992 年。下面的 ^{14}C 年代未加以说明的，都引自该书。

［19］　中国社会科学院考古研究所编著：《武功发掘报告》，文物出版社，1988 年。

［20］　中国社会科学院考古研究所编著：《武功发掘报告》，文物出版社，1988 年。

［21］　中国社会科学院考古研究所长江三峡考古工作队：《四川巫山魏家梁子遗址的发掘》，《考古》1996 年 8 期；吴耀利、丛德新：《论魏家梁子文化》，《考古》1996 年 8 期。

［22］　王毅、张擎：《三星堆文化研究》，《四川文物》1999 年 3 期。

［23］　中国社会科学院考古研究所四川工作队：《四川绵阳边堆山新石器时代遗址调查简报》，《考古》1990 年 4 期。发掘报告待刊。

［24］　王鑫：《忠县㽏井沟遗址群哨棚嘴遗址分析——兼论川东地区的新石器文化及早期青铜文化》，《四川考古论文集》，文物出版社，1996 年；江章华、王毅：《川东长江沿岸史前文化初论》，《四川文物》1998 年 2 期。

［25］　王仁湘、叶茂林：《四川盆地北缘新石器时代考古新收获》，《三星堆与巴蜀文化》，巴蜀书社，1993 年；中国社会科学院考古研究所四川工作队：《四川广元市张家坡新石器时代遗址的调查与试报》，《考古》1991 年 9 期；中国社会科学院考古研究所四川工作队：《四川广元邓家坪新石器时代遗址的发掘简报》，待刊。

［26］　四川省文物考古研究所、通江县文物管理所：《通江县擂鼓寨遗址试掘报告》，《四川考古报告集》，文物出版社，1998 年；雷雨、陈德安：《巴中月亮岩和通江擂鼓寨遗址调查简报》，《四川文物》1991 年 6 期。

［27］　王仁湘、叶茂林：《四川盆地北缘新石器时代考古新收获》，《三星堆与巴蜀文化》，巴蜀书社，1993 年。

［28］　邓家坪遗址有四个 ^{14}C 数据：T8⑥层为距今 5225 年 ±180 年；T2⑤层为距今 4760 年 ±160 年；T1③层为距今 4640 年 ±150 年；T8③层为距今 4175 年 ±180 年。除第四个标本偏晚外，其余的碳测年代距今 5500～4700 年间。

［29］　王仁湘、叶茂林：《四川盆地北缘新石器时代考古新收获》，《三星堆与巴蜀文化》，巴蜀书社，1993 年。

［30］　王鑫：《忠县㽏井沟遗址群哨棚嘴遗址分析——兼论川东地区的新石器文化及早期青铜文化》，《四川考古论文集》，文物出版社，1996 年。

［31］　吉林大学考古系、四川省文物考古研究所：《奉节县老关庙遗址第三次发掘》，《四川考古报告集》1998 年；赵宾福、王鲁茂：《老关庙下层文化初论》，《四川考古沦文集》，文物出版社，1996 年。

［32］　四川省文物考古研究所、通江县文物管理所：《通江县擂鼓寨遗址试掘报告》，《四川考古报告集》，文物出版社，1998 年；雷雨、陈德安：《巴中月亮岩和通江擂鼓寨遗址调查简报》，《四川文物》1991 年 6 期。

［33］　重庆市博物馆：《重庆市长江河段新石器时代遗址调查与试掘》，《考古》1992 年 12 期。

［34］　江章华、王毅：《川东长江沿岸史前文化初论》，《四川文物》1998 年 2 期。

［35］　四川省文物考古研究所、通江县文物管理所：《通江县擂鼓寨遗址试掘报告》，《四川考古报告集》，文物出版社，1998 年。

［36］　雷雨、陈德安：《巴中月亮岩和通江擂鼓寨遗址调查简报》，《四川文物》1991 年 6 期。

[37]　重庆博物馆：《汉源县狮子山大树乡发现新石器时代遗址》，《文物》1974年5期；中国社会科学院
　　　　考古所四川工作队：《四川汉源县大树乡两处古遗址调查》，《考古》1991年5期；马继贤：《汉源
　　　　县狮子山新石器时代遗址》，《中国考古学年鉴·1991》，文物出版社，1992年。

[38]　马继贤：《汉源县狮子山新石器时代遗址》，《中国考古学年鉴·1991》文物出版社，1992年。

[39]　张强禄：《试论白龙江流域新石器文化与川西地区新石器文化的关系》，《四川大学考古专业创建三
　　　　十五周年纪念文集》，四川大学出版社，1998年。

[40]　中国社会科学院考古研究所实验室：《放射性碳素测定年代报告（一九）》，《考古》1992年7期。

[41]　四川省文物考古研究所编：《四川考古论文集》《序》（苏秉琦），文物出版社，1996年。

[42]　四川省文物考古研究所编：《四川考古论文集》《序》（苏秉琦），文物出版社，1996年。

[43]　张学海：《浅说中国早期城的发现》，《长江中游史前文化暨第二届亚洲文明学术讨论会论文集》，岳
　　　　麓书社，1996年。

[44]　苏秉琦：《西南地区考古——在四川广汉三星堆遗址考古座谈会上的讲话》，《华人·龙的传人·中
　　　　国人——考古寻根记》，辽宁大学出版社，1994年。

[45]　四川省文物考古研究所编：《四川考古论文集》《序》（苏秉琦），文物出版社，1996年。

[46]　王鑫：《忠县㽏井沟遗址群哨棚嘴遗址分析——兼论川东地区的新石器文化及早期青铜文化》，《四
　　　　川考古论文集》，文物出版社，1996年。

（原载《苏秉琦与当代中国考古学》，科学出版社，2001年）

宝墩村文化的初步认识

王　毅　孙　华

四川盆地龙山时代遗存早在 50 年代初就已有发现。1953 年修建宝成铁路时，考古工作者就在四川绵阳县发现了边堆山遗址，当时就推断它属于新石器时代[1]。1957～1959年，四川省博物馆和四川大学历史系先后对重庆至巫山的长江沿岸进行了调查，发现并试掘了忠县瞽井沟和巫山县大昌西坝两处所谓的新石器时代遗址[2]。1963 年，四川大学历史系考古专业与四川省文物管理委员会共同对广汉县三星堆遗址的月亮湾地点进行了发掘，获取了包括龙山时代到夏商时代的遗迹和遗物，只是由于种种原因，这次发掘的报告直到 1993 年才刊布出来[3]。1979 年，四川南充地区文化局会同重庆市博物馆对嘉陵江流域南充地区河段进行了文物普查，发现了阆中县兰家坝、南部县涌泉坝和报本寺、南充市淄佛寺和明家坝 5 处所谓的“新石器时代遗址”[4]。1980 年，重庆市博物馆发掘了江津县王爷庙遗址[5]。1980～1981 年，四川省文物管理委员会等单位对广汉市三星堆遗址进行了较大规模的发掘，首次在成都平原古代遗存中区分出了早于夏代的三星堆遗址第一期遗存[6]。为了在三星堆遗址以外寻找比较单纯的这种遗存的遗址，1986 年以来，中国社会科学院考古研究所四川工作队在四川盆地进行了大范围的考古调查，并于1989～1991 年先后对绵阳市边堆山遗址、广元市张家坡、邓家坪和中子铺遗址进行了发掘，对四川盆地北部边缘地区的龙山时代及更早时期的考古学文化面貌有了较多的了解[7]。与此同时，四川省文物考古研究所在四川东北部的巴中县月亮岩、通江县擂鼓寨和四川东部的忠县中坝子等地也发现了比四川青铜时代遗存更早的遗存[8]。这一时期发现的新石器时代或铜石并用时代的遗址中，以边堆山遗址较为重要，研究者对该遗址的论述也较多。在 1989 年边堆山遗址调查简报中，调查者对边堆山遗址的大致年代和文化性质作了比较合理的分析，认为“该遗址文化很可能是目前已知材料中的四川成都盆地以北浅丘地区的一种个性突出、面目颇新的土著文化类型”。“其绝对年代或相当于中原地区的龙山文化早期阶段，或者还要更早”[9]。1992 年，何志国提出了以边堆山为代表的遗存命名为“边堆山文化”的动议[10]。1993 年，孙华也建议将包括三星堆遗址第一期遗存在内的同类遗存从三星堆文化中划分出来，以较为单纯的边堆山遗址为代表，将其另行命名为“边堆山文化”[11]。从 1994 年开始，随着三峡淹没区考古工作的全面展开，在四川忠县瞽井沟遗址群的哨棚嘴、瓦渣地、罗家桥，奉节县的老关庙，巫山县魏家梁子等遗址都发现了与边堆山遗存和三星堆第一期遗存既有一定联系、又有不少差别的新遗存。

根据这些新发现，王鑫将忠县哨棚嘴第一期遗存与边堆山等遗址进行了比较分析，认为该期遗存与边堆山遗址差别较大，于是提出"哨棚嘴一期类型"的命名[12]。吴耀利和丛德新在论述"魏家梁子文化"时，也将该遗存与边堆山遗址进行了比较，认为"边堆山的遗存与魏家梁子文化早期相似之处较多，而与魏家梁子晚期相似之处较少"。他们将边堆山遗址排列在四川东部地区新石器时代遗址分期的最早阶段[13]。赵宾福和王鲁茂在论述奉节县老关庙遗址下层遗存的时候，尽管没有将四川盆地东部的"老关庙下层文化"与盆地西部的同时期遗存进行比较，但他们提出的"老关庙下层文化"年代相当于仰韶时代中、晚期至龙山时代早期分布于四川盆地东部长江沿岸独立的考古学文化的观点，对认识成都平原同时期遗存也有重要参考价值[14]。不过，考古学界对以边堆山为代表的这种文化遗存面貌比较全面的认识，却是在成都市附近一系列同时期古城址的发现和发掘以后。1995年底，成都市文物考古工作队在成都市所辖的4个县、市发现了年代可以早到龙山时代前后的4个古城，它们是新津县的宝墩村古城（龙马古城）、郫县的古城村古城、温江县的鱼凫村古城和都江堰市的上芒城，其中新津的龙马城已经发掘并发表了发掘简报。从发掘和调查所获陶器看，这些古城遗址的文化性质与三星堆遗址第一期遗存和边堆山遗址基本相同。由于宝墩村遗址在同类遗址中位置居中、规模最大，研究者提出了以"宝墩村文化"的命名取代边堆山文化的命名的建议[15]。这样，人们对四川盆地龙山时代前后的文化面貌就有了较清晰和较全面的了解，开始认识到：该文化的分布不仅限于四川盆地东北部山地，而是以成都平原为中心；该文化遗存除了人口不多的小型聚落外，还有规模较大的、周围有厚堆土城墙围绕的大型邑聚。从而为探讨该文化的文化特质、年代分期、与诸邻文化的关系、社会发展状况等提供了条件（图一）。

　　四川盆地龙山时代的遗存自发现至今已经40多年了，对于这类文化遗存的认识也在不断深入。但是，龙山时代的四川盆地究竟存在着一种考古学文化还是几种考古学文化？现在已经提出的"边堆山文化"、"老关庙下层文化"、"魏家梁子文化"、"宝墩村文化"之间的关系如何？这些文化的基本特征是什么？它有一群什么样的典型陶器？这些基本问题我们现在还并不是很清楚。本文拟在前人研究的基础上，对四川盆地龙山时代的文化作一最为基本的考察，以期大致揭示这一时期盆地内考古学文化的基本内涵和外延。由于目前除三星堆遗址1980年的发掘材料和宝墩村遗址1995年的发掘材料外，其他这一时期遗址的发掘简报或报告都还未公布，仅有一些论文和消息报导可以利用，所以本文对四川盆地龙山时代文化的探讨可能是很初步的，许多方面还有待于今后进一步的研究。

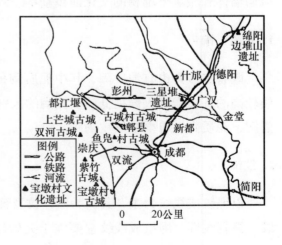

图一　宝墩村文化典型遗址的分布

一、宝墩村文化的基本文化特征

四川盆地现已发掘过的龙山时代前后的遗址有绵阳市边堆山、广汉市三星堆、江津县王爷庙、广元市张家坡和邓家坪、新津县宝墩村、郫县古城村、都江堰市上芒城、温江县鱼凫城、巴中县月亮岩、通江县擂鼓寨、忠县中坝子、哨棚嘴、瓦渣地、南部县报本寺、南充县淄佛寺等处。在这些遗址中，成都平原及其附近地区发现的遗址较多，公布的材料也相对较多，文化面貌相对比较清楚，我们首先对这些遗址进行分析，归纳出它们的文化特征并对它们的年代作出初步的判断。在此基础上，我们再对盆地其他地区的同类或相近的遗址进行分析。成都平原及其附近地区目前公布和透露有较多信息的遗址主要有三个，它们是新津县的宝墩村遗址、广汉市的三星堆第一期遗存、绵阳市的边堆山遗址。下面我们分别对它们的基本情况进行概述和分析。

（一）宝墩村遗址

该遗址位于四川新津县西北约 5 公里的西河与铁溪河交汇处，地属龙马乡宝墩村。遗址四周至今仍保留着明显的夯土城墙遗迹，当地人称"孟获城"，又称龙马古城。1995年，成都市文物考古工作队等单位对该遗址进行了比较详细的勘查和小规模的试掘，初步确定了该遗址的文化性质[16]。1996 年成都市文物考古工作队等单位再次对宝墩村遗址进行发掘，不仅查明了该古城城垣范围为南北长 1000、东西宽 600 米，在成都平原新发现的 5 座龙山时代古城中范围最大，而且获得了更多的文化遗物，为了解该遗址的文化面貌提供了更多的信息[17]。

宝墩村遗址的文化堆积相当单纯。从试掘的情况看，城内堆积、城墙护坡上的堆积、城墙墙体和城墙下堆积的文化面貌基本一致。其陶器的基本特征有如下几点：

1. 陶质、陶色

既有夹砂陶也有泥质陶，其中泥质陶稍多。陶器的色泽以灰色为主（泥质灰陶有火候较高的灰白陶和火候稍低的灰黄陶的区别），褐色陶次之；其中夹砂陶还有少量外褐内黑陶，泥质陶还有少量黑皮褐陶。

2. 纹饰

以绳纹或线纹为主，其次为戳印纹及箍带纹（附加箍带纹），此外还有水波纹、斜格纹、篦划纹等。绳纹或线纹主要施于夹砂深腹盆和深腹簋上，一般从口沿直施器底，有的绳纹还翻至口沿内缘；戳印纹、附加箍带纹和水波纹一般施于泥质长颈壶上，前者多施于口沿及颈、肩相交处，后者多施于鼓起的腹部。此外夹砂深腹的盆、簋口沿上也往往有压印的纹饰。

3. 器类

有平底器和圈足器两种，不见三足器和圜底器。平底器器类主要有盆、罐、壶，圈足器器类有簋和少许豆。另有器盖、钵、杯、盘和少许带鋬的陶器。其中夹砂红褐陶的盆和簋、泥质灰白陶的壶为主要器类。

4. 形态

盆通常为敞口、卷沿、圆肩、深腹，其形态也就是通常所说的桶形罐；另有一类沿面宽平、深腹较直或略外垂、腹近底处突然内收的陶盆。壶似乎都是侈口、长颈、圆肩、鼓腹，口沿有外卷沿和平折沿两型。卷沿壶多为花边口，折沿壶却不是。簋的形态如同深腹盆加上一个带镂孔的矮圈足，盆沿以外卷沿为主，有一种稍高稍细带镂孔的矮圈足，其身部均残，其完整形态估计应当如三星堆一期的镂孔圈足簋一样，为深腹杯形簋。豆的数量很少，系盘浅而平、柄较细较高的浅盘高柄豆（图二）。

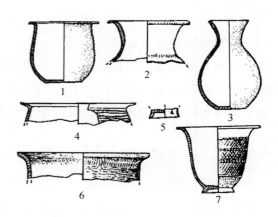

图二　宝墩遗址典型陶器举例
1. 平卷沿筒形盆　2、3. 喇叭口长颈壶　4、6. 敞口深腹盆　5. 矮圈足　7. 圈足簋（均出自1996年宝墩村第7层，采自注［16］附图）

（二）边堆山遗址

边堆山遗址是位于四川省绵阳市新皂乡姜家湾安昌河南岸边堆山上的一个不大的遗址。该遗址于1953年修筑宝成铁路南段时发现，当时推测该遗址是新石器时期的遗存[18]。1988年秋，中国社会科学院考古研究所四川队对该遗址进行了复查[19]。1989年，中国社会科学院考古研究所四川队和绵阳市博物馆又对该遗址进行了比较大规模的发掘，但发掘简报尚未刊布。

边堆山遗址，目前已经知道的材料见于1988年调查简报以及何志国和王仁湘、叶茂林的两篇论文中[20]。根据这些文章的叙述，该遗址新石器时代的文化堆积共分3层即第3～5层，包含遗物从上至下逐层减少。由于这3层所包含遗物基本相同，再加上"遗址的某些原生地层有一定破坏"的可能性，我们暂且将这3层视为同一时期的堆积。它们在陶器方面的基本情况如下。

1. 陶质、陶色

夹砂陶略少于泥质陶，前者约占全部陶器的 46.4%，后者约占全部陶器的 53.6%。夹砂陶有夹粗石英砂和夹细砂两种，颜色以褐色为基本色调，其中灰褐色占 23.86%，红褐色占 22.54%。泥质陶以灰色为主（35.4%），其次为褐色或红色（14.5%），另有少量黑皮陶（3.61%）。

2. 纹饰

带纹饰的陶器占全部陶器的 23.2%。纹饰以绳纹（包括线纹）为主，占全部纹饰的 80% 以上，其次为旋纹和戳点纹，并有一定数量的附加箍带纹。绳纹（包括线纹）基本施用于夹砂陶器上，一般纵斜向施布，多交错绳纹，通常从口沿上一直施至器底。附加箍带纹多作较细小的绳索状，且多施于素面泥质陶上。

3. 器类

"只见平底器和圈足器两种，以平底器为大宗（89%）"。未见三足器和圜底器。平底器类有盆、壶、罐、盘四类，其中盆多夹砂陶，数量最多；壶多为泥质陶，数量次之；罐和盘的数量很少。圈足器应是一种簋类的器物，泥质和夹砂皆有，也比较多见。

4. 器形

盆都为大敞口，口部唇边盛行绳切或捏压的浅花边口，有的唇下还有附加箍带纹，肩部圆转或无明显的肩部，腹壁接底处多收束，底较小。壶多为喇叭口、粗长颈、圆肩、平底，有的壶身上有数道箍带纹；另有一种"细颈斜肩平底壶"。簋为较深的喇叭状口器身，较矮的上小下大的圈足，个别圈足上有镂孔。

边堆山遗址陶器的上述特征与宝墩村遗址颇为相似。二者的陶质都有泥质和夹砂两类，且以泥质稍多；陶色均以灰色和褐色为主；纹饰都以绳纹或线纹为主，并都有相当数量的戳印纹和附加堆纹。特别值得注意的是，二者都有相同的一组典型器类即夹砂绳（线）纹深腹盆、泥质喇叭口高颈壶和镂孔矮柄深腹簋，所不同的只是宝墩村遗址的圈足器（尤其是簋）较多而边堆山遗址的圈足器较少而已。

（三）三星堆遗址

该遗址位于广汉市南兴镇三星村旁的鸭子河南岸。自 1933 年第一次发掘以来[21]，通过多年的调查和发掘，该遗址已经被分为三期或四期[22]，其中第一期属于与三星堆文化不同的新石器时代遗存，现已成为考古界的共识。三星堆一期遗存主要分布于该遗址月亮湾（真武宫、西泉坎）、三星堆等地点，其中以月亮湾分布面积较大，似为这一时期三星堆遗址的中心所在。已公布的该期遗存的典型单位有 63 月亮湾第 3 层、80 三星堆 Ⅲ 第 5、6 层、84 西泉坎第 4 层、86 三星堆 Ⅲ H19 等[23]。这些单位陶器共同的特征如下。

1. 陶质、陶色

夹砂陶略少于泥质陶，在 63 月亮湾第 3 层中，夹砂陶占 32.2%，泥质陶占 67.8%；在 80 三星堆第 6 层中，夹砂陶占 42.4%，泥质陶占 57.6%。陶色以灰色为主，63 月亮湾第 3 层和 80 三星堆第 6 层的灰陶所占比例分别为 60.7% 和 48.9%；红色或褐色次之，63 月亮湾第 3 层和 80 三星堆第 6 层的红、褐陶比例分别为 39.3% 和 42.4%；另有少量为橙黄色（占 8.7%）。夹砂陶色泽基本上为红褐色，泥质陶基本上为灰色。

2. 纹饰

纹饰以线状的绳纹（或线纹）和旋纹占绝大多数，另有戳印纹、几何纹。盆等器类流行绳切花边的器口。

3. 器类

有平底器、圈足器两种，平底器器类主要为盆、罐、壶，圈足器均为簋。

4. 器形

盆均为深腹，有带线纹或绳纹的卷沿曲腹盆，也有带旋纹的折沿折腹盆；罐仅见一种小口短领的形式；壶均为长颈，口沿有宽平沿和斜卷沿的分别；簋主要为折沿、侈口（有的类似盘口）、深腹杯形器身、带镂孔的覆杯形圈足（图三）。

从三星堆一期遗存的上述特征来看，它与宝墩村和边堆山遗址非常相似。二者泥质陶都略多于夹砂陶，陶色都以灰色和褐色为主，有纹饰的陶器数量普遍较多，且都以绳纹或线纹为主，并都有一组相同的基本陶器即夹砂绳（线）纹深腹盆、夹砂深腹矮圈足簋、泥质平折沿素面深腹盆、泥质喇叭口高颈壶、泥质镂孔矮柄深腹簋等。所不同的仅在于，三星堆一期遗存陶器常见的是泥质镂孔矮柄深腹簋，少见宝墩村遗址流行的矮圈足深腹簋，长颈壶口部主要为平折沿，少见宝墩村的外卷沿，纹饰罕见宝墩村遗址流行的水波纹。

通过成都平原及其邻近地区的两个典型遗址的分析，我们不难看出，在这些地方历史上曾经存在着一个陶器质、色以夹砂褐陶和泥质浅灰陶为主，陶器器种仅见平底器和圈足器而不见三足器和圜底器，陶器器类主要为夹砂褐色绳纹陶的侈口圆肩深腹盆、矮圈足深腹簋，泥质浅灰色素面（或带旋纹、波浪纹）高颈圆肩鼓腹壶、灰褐色的宽平沿直腹尊、矮圈足深腹杯（圈足上或镂孔），此外还有一定数量的圈足罐、敛口瓮、浅盘簋等考古学文化遗存。在成都平原及其邻近地区，出土这类陶器的遗址还有郫县古城村遗址、都江堰上芒城遗址、温江县鱼凫城遗址、广元张家坡遗址等。这些遗址不仅都已经有一群具有共同特征的陶器群可以将其从四川盆地其他文化中分辨出来，而且在建筑遗

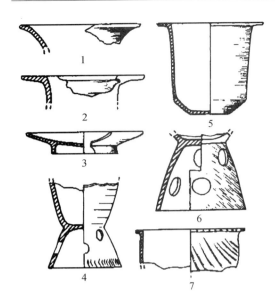

图三　广汉三星堆遗址一期遗存典型陶器举例

1、2. 喇叭口长颈壶　3. 豆　4、6. 镂孔圈足簋

5. 平折沿直腹盆　7. 敞口深腹盆（2、4、

7. 采自注［22］附图，余采自注［3］附图）

迹和生产工具上也有基本相同的特征。

　　从建筑遗迹来看，在成都平原的宝墩村、古城村、上芒城和鱼凫城都有相当规模的夯土城圈，城的平面除鱼凫城不是很规整外，其余平面都为方形或长方形。夯土城墙不是像中原地区古代夯土城墙那样采用缩板约束、分层平夯而成，它们的墙基都比较宽大，采用双向堆土、斜向拍打而成。在三星堆、宝墩村、鱼凫城和上芒城等遗址发现的房屋遗迹，都采用平地挖房屋墙基的基槽，在基槽中竖立较小木柱为木骨，其外用草竹编织或以草泥涂抹为墙面，室内地面似乎不作特别处理，不像有的文化（如相邻的陕西客省庄文化）那样有铺垫得很好的居住面。在这些遗址中，灰坑一般都很浅，形状也不很规则，不像中原地区考古学文化那样有很规整且较深的用作储藏粮食等食品的窖藏坑。

　　从生产工具来看，这些遗址出土的工具主要有磨制石器和陶纺轮。磨制石器都较小，罕见大型石器。器类以锛、楔、斧为主，另有凿、矛、刮刀等，却不见石刀、石镰等横向刃缘的工具。石锛均为纵长方形，锛体较薄，下端单面磨出刃缘；石楔和石斧形态相似，也都为纵长方形，但器体比锛厚，下端双面磨刃，但石楔上端往往有打击痕迹，不少石楔都为从中央断裂的残件。陶纺轮形态多样，有圆柱形、圆板形、圆台形、重台形、圆球形、橄榄形等。这些纺轮表面一般都为素面，纺轮缺乏自身特色。

　　从以上诸方面的情况来考察，我们更加可以确认，在四川盆地曾经存在着一个以成都平原为中心的考古学文化，这个考古学文化在笔者之一孙华的论文中曾建议以绵阳边堆山遗址命名为"边堆山文化"。不过，边堆山遗址的正式发掘材料尚未公布，仅从文字描述难以展示该文化的基本面貌，并且从新的考古材料来看，该文化的中心分布区应在成都平原而不在四川北部地区。因此，在新津宝墩村遗址1995、1996年发掘材料已经公布、文化面貌已经基本清楚的情况下，我们认为成都市文物考古工作队提出的"宝墩村文化"的命名比边堆山文化的命名更为合理，建议另以宝墩村遗址作为该文化的典型遗址命名，称之为"宝墩村文化"。

二、宝墩村文化的年代与自身的发展序列

　　宝墩村文化是以成都平原为中心的四川盆地的独立的考古学文化。在成都平原，考

古学文化的发展演变序列虽然还存在着少许缺环，但主要环节已经基本清楚。新确定的宝墩村文化在成都平原考古学文化发展序列中的位置、自身的年代范围和演变进程就可以大致推知。

（一）宝墩村文化的年代范围

关于该文化的相对年代，广汉市三星堆遗址有这样几组地层叠压关系，可以基本确定该文化的相对年代的下限。

1. 1963 年三星堆月亮湾（下简称 63 月亮湾）

    63 月亮湾②→③

2. 1980～1981 年三星堆Ⅲ区（下简称 80Ⅲ）

    80Ⅲ②→③→④→⑥

（箭头表示叠压）

在以上两组地层关系中，63 月亮湾第 2 层和 80Ⅲ第 2 层至第 4 层包含陶器，其陶质以夹砂陶占大多数，泥质陶较少。陶色以灰褐色为主，灰色次之。陶器种类繁多，器类既有平底器和圈足器，也有三足器。器类有袋足封口盉、带檐鬲形器、细高柄豆和豆形器、大圈足盘、小平底盆、鸟头把勺和圈状握手器盖等。63 月亮湾第 3 层和 80Ⅲ第 6 层包含的陶器，其陶质以泥质陶为主，泥质陶基本上为浅灰色，夹砂陶色泽基本上为红褐色，器种仅有平底器和圈足器，器类以折沿圆肩深腹盆、侈口高颈壶、镂孔圈足簋、折沿筒形尊最为常见。63 月亮湾第 2 层和 80Ⅲ第 2 层至第 4 层所包含的陶器群，是现在已经被命名为三星堆文化的典型陶器群，而 63 月亮湾第 3 层和 80Ⅲ第 6 层所包含的陶器却是我们称之为宝墩村文化或边堆山文化的典型陶器。根据 63 月亮湾第 3 层和 80Ⅲ第 6 层分别早于 63 月亮湾第 2 层和 80Ⅲ第 2 层至第 4 层的层位关系，宝墩村文化早于三星堆文化应当是确切无疑的。三星堆文化据研究是相当于中国历史上的夏代及商代早期前后的青铜文化，早于三星堆文化的宝墩村文化，其年代就应当在夏代以前，这是不言而喻的[24]。

三星堆遗址中宝墩村文化遗存和三星堆文化遗存，其文化面貌存在很大的差异。根据我们的研究，三星堆文化及其以后的诸青铜文化，它们彼此间的联系都十分紧密，在较早的青铜文化中往往蕴涵了较晚的青铜文化的新因素，而在较晚的青铜文化中也都长时间地包含了较早青铜文化的因素，它们之间的界线有时候很难截然断开。三星堆遗址中的宝墩村文化与三星堆文化间联系较少的现象，究竟是由于二者间有一定的时间距离所致，还是由于在三星堆文化形成时有强烈的外来因素切入所致，现在还难以遽下结论。不过，三星堆文化虽有一些外来文化因素，但其文化结构却不同于这些外来文化因素所属的文化，三星堆文化从总体上来说应该不是搬迁而来的外来文化，而是在本地文化基础上接收了较多外来文化因素形成的一种新的青铜文化。从这个角度观察，三星堆遗址宝墩村文化遗存与三星堆文化遗存间差异较大的原因除了有外来文化因素进入的影响外，二者间也还有可能存在小的缺环。宝墩村文化现有材料的年代下限与三星堆文化上限有可能还没有紧密衔接。

关于宝墩村文化相对年代的上限，由于在成都平原尚未发现早于宝墩村文化的考古学文化遗存，要解决这一问题有一定的困难。但我们通过分析宝墩村文化中包含的外来文化因素，通过宝墩村文化与四川盆地东部早于三星堆文化的考古学文化遗存的对比分析，我们对该文化的年代上限还是可以有一个大致的认识。

四川东部长江沿岸地区，近年来发现和发掘的早于三星堆文化的遗存甚多，研究者根据这些新的材料已经提出了"哨棚嘴一期类型"、"老关庙下层文化"、"魏家梁子文化"等几种文化的命名。在这些新的考古材料中，忠县㽏井沟的哨棚嘴遗址和中坝子遗址最为重要。哨棚嘴遗址是㽏井沟遗址群的组成部分，1994 年北京大学考古学系对该遗址进行了发掘。王鑫根据这次发掘的材料，将哨棚嘴遗址划分为 3 期，其中第二期遗存属于三星堆文化，第一期遗存王鑫将其命名为"哨棚嘴一期类型"。该期遗存王鑫将其分为两段，这两段的文化面貌由于尚未完全展示，它们是否可以归属为同一种考古学文化，尚可进一步进行讨论。中坝子遗址位于距哨棚嘴遗址仅 4 公里的㽏井沟的一个小岛上，文化堆积深厚，延续时间很长。四川省文物考古研究所于 1991 年发掘了该遗址。中坝子遗址早于三星堆文化的早期遗存，可划分为两段。中坝子早期早段的陶器与哨棚嘴遗址第一期晚段相似，主要器类有盘口器、敞口罐、大口缸、钵等，以较多的盘口器最具特色[25]。中坝子早期晚段的陶器情况根据王鑫的文字描述，已经几乎不见早段流行的盘口器，而出现了较多的高颈圆肩壶等器类，而高颈壶正是宝墩村文化的典型器类之一。"哨棚嘴一期类型"据分析，年代相当于中原地区的庙底沟二期文化，晚于它的中坝子早期晚段遗存以及与之类似的宝墩村文化，其年代上限自然应当在庙底沟二期文化时期以后。

在宝墩村等遗址的陶器中，有一种浅盘而柄较高的豆（有的柄还比较粗）。类似的陶豆在四川东部长江边上的奉节县老关庙遗址也有发现。老关庙遗址中编号为 M1 的墓葬形制为长方形竖穴土坑墓，死者为仰身，下肢略曲，在死者头部和足下分别放置石铲和陶豆各 1 件。陶豆也为盘较浅、柄较高的粗柄豆，其特点与三峡以东的石家河文化早期遗存类似，年代相当于中原龙山时代早期。值得注意的是，老关庙这座墓葬在地层关系上打破了被有学者命名为"老关庙下层文化"的文化层[26]。"老关庙下层文化"是与"哨棚嘴一期类型"有密切联系的考古学文化遗存，按照陶器排序，其相对年代应当晚于"哨棚嘴一期类型"，文化属性应当基本相同。据此，宝墩村文化也就应当与老关庙 M1一样，可能要晚于"老关庙下层文化"或"哨棚嘴一期类型"，其年代上限应当相当或不早于龙山时代早期。

关于宝墩村文化的绝对年代，已经公布的¹⁴C 测年数据不多，统计分析规律还有待于更多的数据。就现已公布的可以确定为宝墩村文化的 7 个¹⁴C 年代测定数据来看，其年代范围在公元前 2883～前 1630 年间，除去年代最早标本的年代上限和年代最晚标本的年代下限，其年代上限就在公元前 2873 年，下限在前 2050 年，取其大约数，年代范围可以考虑在公元前 2800～前 2000 年间（表一）。

表一　宝墩村文化¹⁴C 测定年代表

实验室编号	遗址	标本单位	标本材料	测定年代（5730）	校正年代（高精度表）	资料来源
	新津宝墩村	真武观城墙夯土	木炭	BP4505 +95		日本实验室
	新津宝墩村	鼓墩子北墓葬填土	木炭	BP4485 +70		日本实验室
ZK－2346	绵阳边堆山	T204⑤	木炭	BP4080 +250	BC2883～2050	《数据集》228 页
ZK－2349	绵阳边堆山	T214④	木炭	BP3690 +255	BC2330～1630	《数据集》228 页
ZK－0973	广汉三星堆	80Ⅲ AaT1③H	木炭	BP4075 +100	BC2590～2340	《数据集》224 页
BK－86046	广汉三星堆	86ⅢT1416⑭	木炭	BP4210 +80	BC2873～2502	《数据集》224 页
ZK－2104	广汉三星堆	86ⅢT1416⑭	木炭	BP4170 +85	BC2864～2475	《数据集》225 页

说明：《数据集》系中国社会科学院考古研究所编《中国考古学中碳十四年代数据集（1965～1991 年）》（文物出版社，1991 年）的简称。

通过以上简短的分析，我们可以知道，宝墩村文化是早于三星堆文化、晚于"老关庙下层文化"或"哨棚嘴一期类型"早段的一种新石器时代末期或铜石并用时代的文化，其年代基本与中原地区的龙山时代相当，上限可能不逾龙山时代早期，下限可能已经与三星堆文化相去不远，绝对年代大致在公元前 2800～前 2000 年之间。

（二）对宝墩村文化发展序列的初步认识

宝墩村文化目前已经公布的正式发掘材料很少，都江堰上芒城、温江县鱼凫城、郫县古城村等重要遗址刚刚发掘不久，正式发掘报告的发表还需要一段时间，在这些材料尚未公布以前，要对该文化进行分期和试图把握其文化的发展演变进程，这显然是不合时宜的。不过从目前材料来看，宝墩村文化显然经历了相当长一个发展时期。这首先表现在各典型遗址之间的文化面貌不尽相同这一点上。绵阳边堆山遗址与新津宝墩村遗址相距不过 150 公里，其间又没有高山大川的阻隔，但边堆山遗址与宝墩村遗址的陶器在总的文化面貌相同的情况下，却存在着明显差异，边堆山遗址陶器中圈足器不多且圈足镂孔者很少，盆多折沿且相当一部分盆的领部和肩部不饰绳纹，壶几乎不见平折沿；而宝墩村遗址陶器多圈足镂孔的簋和杯，盆主要为卷沿且通体饰绳纹（甚至盆口内也有绳纹），壶口既有卷沿也有平折沿。这种差异在两个遗址空间距离不远的情况下，应当主要不是地域差异而是年代的差异。其次是表现在有的典型遗址自身不同层位的遗存具有一定的差异上。这一点在边堆山遗址不太明显，但在宝墩村遗址却有明显的反映。如 1995 年发掘的宝墩村城内 T2 第 6 层出的陶器圈足较矮，而其上相对较晚的第 5 层的陶器圈足却较高。相似的情况也见于该遗址北城墙探沟 T1 上、下层的堆积中，可见这种陶器圈足高矮的不同确实是具有时间早晚意义的[27]。因此，现阶段有必要也有可能对宝墩村文化的发展演变做一些最初步的分析。

（1）宝墩村遗址的初步分期。宝墩村遗址，第一次调查发掘简报根据地层叠压关系和器物形态的差别，将1995年度发掘材料初步分为3段：第1段包括T1第5层（城墙下堆积），第2段包括T1Q层（城墙墙体）和T2第6层，第3段包括T1第4层（城墙上堆积）和T2第4、5层[28]。这个分期是以地层叠压关系为基础进行的，因而应当是基本不错的。不过，当我们进一步思考这次发掘的城墙处的地层关系后感到，原简报对城墙处探沟T1的地层的理解恐怕还得重新考虑。在第一次发掘简报的分期中，城墙下堆积内的包含物被视为早于城墙夯土的包含物，因而将城墙夯土包含物单独作为宝墩村遗址的一个发展阶段。从城墙有多层夯土系利用该遗址建城以前的文化堆积作建筑材料来分析，该城墙夯土所包含的陶片，不一定就晚于城墙夯土所叠压的城墙下堆积中包含陶片。因此，1995年宝墩村遗址第一次发掘的材料与其划分为3段还不如划分为2段更加合理。也就是把T1第5层（城墙下堆积）、T1Q层（城墙墙体）和T2第6层合并在一起作为第1段，而把T1第4层（城墙上堆积）和T2第5、4层归入第2段。

正如1995年宝墩村遗址发掘简报所指出的那样，该遗址早、晚段的陶器存在着明显的演变趋势。例如陶器的陶质尽管都以泥质陶为主，但从早到晚泥质陶却有所增加。泥质灰陶的颜色也由灰白变为灰黄；绳纹深腹盆由领较高变得领较低，喇叭口高颈壶的沿部从斜侈变得外卷，平折沿器的沿由窄变宽而壁由外倾变内倾，圈足器（簋）的圈足由低矮变得瘦高等。根据这些演变趋势，我们可以将现在已经公布的1996年从宝墩村遗址发掘出的3件完整的陶器（绳纹深腹簋、宽沿深直腹盆、喇叭口高颈壶）归属于宝墩村遗址第1段，并且可以对其他宝墩村文化遗址与宝墩村遗址的年代早晚作一初步的判断。

（2）宝墩村遗址与三星堆遗址第一期遗存和边堆山遗址的早晚关系。三星堆遗址第一期遗存，正如有学者已经指出的那样，它们本身有一定的时间跨度，可以对它们进行分期[29]。但三星堆遗址第一期遗存已经公布的材料太少，现在尚无法对其作进一步的分析，这里暂且将其当作一个整体来看待。三星堆第一期遗存陶系以泥质灰陶为主，夹砂红褐陶次之；陶器中的绳纹深腹盆领部低矮，平折沿器沿较宽且壁内倾，喇叭口高颈壶口沿仅微卷，镂孔圈足簋（杯）圈足甚高等。这些与宝墩村遗址第2段陶器的特征略有不同，如喇叭口长颈壶口沿更外展但下卷不明显，圈足镂孔除圆形外还有三角形。这些也都是不见于宝墩村遗址第1段的陶器形态。因此，三星堆遗址第一期遗存中已经公布的相当一部分材料很可能应当比宝墩村遗址第2段略晚而不是略早，将三星堆遗址第一期主体遗存接在宝墩村遗址第2段之后，可能比较合适（不过，如1963年发掘出土陶器中的平沿深直腹横瓦纹盆等，它在宝墩文化中几乎不见，而在"哨棚嘴第一期类型"及"老关庙下层文化"中却有发现，其年代应当较早）。

边堆山遗址，目前只发表了1988年的调查简报。所发表的材料除石器能基本反映该遗址石器的面貌外，陶器因比较破碎，文化面貌还未完全被展示。该遗址的宝墩村文化遗存本身能否分期，我们还不清楚。这里暂且将其当作一个整体来看待。该遗址陶器泥质陶以灰白色为主，纹饰比较发达。器类以平底器占绝大多数，圈足器较少。绳纹深腹盆的口沿多按捺花边，有的花边如波浪状，有的口沿下施箍带纹。喇叭口高颈壶口沿不下卷。圈足一般为矮圈足，未见有镂孔圈足。从这些方面看来，边堆山遗址似接近于宝墩村遗址第 1 段，但也有一些不同。这些不同的因素有的在宝墩村遗址中和三星堆遗址中均不见，但在四川东部的忠县哨棚嘴遗址和中坝子遗址却有发现，或许边堆山遗址要略早于宝墩村遗址第 1 段。

通过以上简略的分析，我们可以对宝墩村文化的发展演变得到这样一个印象。

宝墩村文化现有的材料存在着明显的早、晚演变关系，可以将它们串联成为一个具有先后联系且彼此紧密连接的发展演变序列。在这个序列中，绵阳市边堆山遗址可能排在前列，紧接的是新津县宝墩村遗址的第 1 段和第 2 段，最后是三星堆遗址第一期的已经公布材料的多数遗存。当然这个序列的排定只是依照现在已经公布材料的初步判断，正确与否，还有待于今后更多的材料和进一步的研究来证实。

三、宝墩村文化的分布及其与相关文化的关系

宝墩村文化现已发现的 5 个规模较大的遗址（广汉三星堆、新津宝墩村、都江堰上芒城、温江鱼凫村、郫县古城村）都位于成都平原一带，这些遗址排列在成都市区的西南到东北的半环形地带，彼此间的距离除西南端的宝墩村遗址与西北端的三星堆遗址相距在 100 公里左右外，其余遗址间的彼此相距都很近，分布相当密集。宝墩村文化的中心区是在成都平原这是毫无疑义的。但宝墩村文化的基本分布区和交互作用区的情况，目前我们了解尚不够。我们仅能就现在已经发现的材料做一些推测。在探讨宝墩村文化分布区的过程中，我们必然要对四川盆地一些文化属性尚不确定的遗址进行分析和判断，从而也就必然要涉及宝墩村文化与其他文化之间的关系问题，所以我们把这两个问题在这里一并进行探讨。

首先，我们讨论宝墩村文化的分布范围。

在宝墩村文化分布范围的"四至"中，其东南界由于四川盆地东部长江沿岸的多处新石器时代文化重要遗址的发现和发掘，这个问题相对比较容易解决。在重庆沿江地区，目前情况了解比较多的是属于忠县瓦井沟遗址群的哨棚嘴遗址，该遗址夏商时期以前的是被王鑫称为"哨棚嘴一期类型"的遗存，将该类遗存陶器与宝墩村文化陶器相比，哨棚嘴一期类型虽然有侈口深腹盆、平卷沿直腹盆、矮圈足器等宝墩村文化常见器类，但夹砂红陶的比例远大于宝墩村文化，泥质灰陶器较少，绳纹和箍带纹也比宝墩村文化发达。器类中的深腹小底缸、盘口器等也不见于宝墩村文化，宝墩村文化的矮圈足深腹簋、喇叭口长颈壶、圈足深腹杯等也基本不见或罕见于"哨棚嘴一期类型"中（图四）。"哨棚嘴一期类型"在陶器的总体风格上显得比宝墩村文化更古朴。关于这一点，与宝墩村

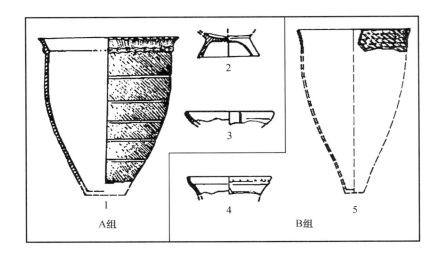

图四　忠县哨棚嘴第一期遗存典型陶器分组

A 组：与宝墩村文化相似的陶器：1. 敞口深腹盆　2. 镂孔圈足簋　3. 钵

B 组：与宝墩村文化相异的陶器：4. 盘口器　5. 直口深腹缸（均采自注［12］论文附图、虚线部分为笔者的想象复原）

文化最接近的忠县中坝子遗址早期晚段遗存晚于哨棚嘴遗址一期晚段遗存相对关系，已经有所反映。中坝子遗址的材料尚未整理发表，其早期遗存据王鑫论文的叙述，"其陶器除了夹细砂的红褐陶外，泥质陶占很大比例。主要器类有盘口器、敞口罐、长颈罐、大口缸、钵等。从陶器形制来看，似还可划分为前后两段。前段盘口器较多，后段盘口器几乎不见，而长颈罐较多"［30］。王鑫所说的"长颈罐"大概与我们所说的喇叭口长颈壶属于同一类器物，它是宝墩村文化的典型器类；中坝子遗址早期遗存，尤其是早期晚段泥质陶占很大比例这一点，也与宝墩村文化陶器陶质的情况基本相同。大概正是由于这个原因，王鑫将中坝子早期晚段与边堆山遗址放在一起，作为四川盆地新石器文化序列的第三个阶段。不过，根据笔者之一对该类遗存陶器的观察，这些陶器都以褐陶占绝大多数，灰陶的比例比宝墩村文化少得多。纹饰虽也以绳（线）纹为主，但箍带纹比宝墩村文化更发达。器类中的侈沿深腹盆（桶形罐）、宽平沿直腹盆、喇叭口长颈壶等虽然也是宝墩村文化的典型器类，但却不见或罕见宝墩村文化的深腹簋、圈足深腹杯，并且相同器类的形态也不相同。中坝子早期晚段遗存的喇叭口长颈壶为红褐陶，直颈斜侈、肩部圆耸，器身有数道绳切箍带纹，这与宝墩村文化喇叭口长颈壶的色泽和形态都有较大差异。中坝子早期晚段遗存有一些与宝墩文化相似的因素，其年代范围当与宝墩村文化有一段大致同时。同一时期川西平原的宝墩村文化与重庆沿江地区的中坝子遗存的陶器群又存在着这样显著的差异，那么二者是否可以归属于同一种考古学文化，就值得仔细斟酌。将"哨棚嘴一期类型"尤其是中坝子早期晚段遗存与宝墩村文化当作四川盆地有密切关系的同一大文化下的两种亚文化恐怕更加合适。如果我们的分析不错，重庆沿长江地区忠县一带应当不属于宝墩村文化的基本分布区。

　　从忠县沿长江东下，直抵三峡西端的夔门，那里有奉节县老关庙遗址。该遗址的下层夹砂红褐陶占95%以上，绳纹陶器也几乎达到95%，陶器器类以侈沿深腹盆、波浪口直壁器、鬲足形尖底器（？）、折壁或斜壁的盆、侈口或敛口的钵为主，并有少量喇叭口壶、小口圆折肩罐、圈足器的"老关庙下层文化"遗存[31]。该遗存陶器与忠县所谓"哨棚嘴一期类型"遗存的陶器总体面貌有相近之处，但又存在明显的差别，而与宝墩村文化的陶器差别更大。老关庙遗址下层陶器以夹砂红褐陶占绝大多数，器表多施绳纹，器类中的侈沿深腹盆、波浪口直壁器在哨棚嘴遗址第一期遗存中也存在，但老关庙遗址下层大量的鬲足形尖底器和斜腹盆等为后者所不见；后者的宽平沿直腹盆、盘口器等也不见于前者。老关庙遗址下层有宝墩村文化不见的波浪口直壁器、鬲足形尖底器（？）、斜壁盆等，宝墩村文化陶器中占相当数量的灰陶素面器，以及陶器中的矮足深腹簋、喇叭口长颈壶、镂孔圈足深腹簋等器类在老关庙遗址下层陶器中也没有发现（图五）。老关庙遗址的下层被具有石家河文化早期文化因素的墓葬打破，我们知道，石家河文化早期与屈家岭文化晚期一样，是江汉地区古文化的一个发展高峰期，宝墩村文化中出现的石家河文化因素很可能就是石家河文化强盛之时西向辐射四川盆地所致。至于奉节县老关庙遗址更东面的巫山县魏家梁子遗址，其文化面貌与三峡以西诸新石器时代遗址差异更大，仅有部分文化因素与三峡以西的"哨棚嘴第一期类型"或"老关庙下层文化"相同，它不属于宝墩村文化分布区是显而易见的[32]。

　　关于宝墩村文化分布区的北界，我们已经知道，绵阳市边堆山遗址是该文化的典型遗址之一，该文化分布的北界肯定应在绵阳以北。从绵阳北行，穿过崎岖的剑门山区，

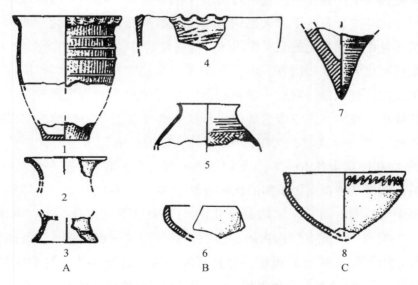

图五　奉节县老关庙下层遗存典型陶器分组

A 组：与宝墩村文化相似的陶器：1. 敞口深腹罐　2. 喇叭口长颈壶　3. 圈足

B 组：与哨棚嘴第一期共同的陶器：4. 直口深腹缸　5. 小口圆腹罐　6. 钵

C 组：老关庙下层独具的陶器：7. 尖底器　8. 尖（？）底器

（均采自注［31］论文附图）

是四川盆地的北部边缘广元。广元市郊嘉陵江西岸的张家坡遗址，中国社会科学院考古研究所四川队等单位1989年曾进行过调查和试掘[33]。该遗址的文化堆积层薄且后世扰动严重，陶质分为夹砂和泥质两大类，在公布的21件标明了陶质的陶片标本中，夹砂陶有19件，占总数的85%。陶色多不纯正，内外颜色不一，而以灰褐色多见。纹饰以绳纹为主，从公布的陶片标本来看，素面陶器应当大大多于绳纹陶器。陶器以平底器为主，另有少量圈足器。器类因陶片太碎，比较难以辨认，可能的器类有盆（其中似有高颈壶）、罐、钵、篮等。就陶器总体风格来看，该遗址与宝墩村文化存在着不小的差异，更与宝墩村文化以后的三星堆文化有很大的差别。这里就存在着两种可能，一种张家坡遗址可能稍早于宝墩村文化，另一种张家坡遗址是四川盆地北部的与川西平原宝墩村文化并存的另一种文化。这两种可能究竟哪种正确，还有待于四川盆地北部新石器时代至铜石并用时代考古学文化序列建立以后方能得出结论。

与张家坡遗址同处于四川盆地东北边缘的还有巴中县月亮岩和通江县擂鼓寨遗址，1989年四川省考古研究所曾对这两个遗址进行过调查[34]。这两个遗址的陶器，陶质都以夹砂陶居多，且均为夹细砂，泥质陶胎火候极高如硬陶。陶色有褐（或红褐）、黑、红、灰多种，以褐陶（或红褐陶）和黑陶为主。纹饰种类主要有划纹，还有篮纹、绳纹（月亮岩无）、网格纹、戳印纹、附加堆纹（擂鼓寨无）等。擂鼓寨的器物中陶片太碎，不辨器形，月亮岩的陶器只见平底器，口沿外撇且较宽，有的口沿下附加泥条，不少口沿有锯齿状和波状花边。从文化特征上看，月亮岩与擂鼓寨的文化面貌非常相似，与广元张家坡遗址的文化面貌也比较接近，它们可能属于同一种文化遗存，而与宝墩村文化有所不同。宝墩村文化基本分布区不逾大巴山，四川盆地东北部有可能为宝墩村文化与大巴山以北陕南地区龙山时代文化的交互作用区，这是目前可以得到的一个推论。

关于宝墩村文化分布区的南界，由于在宝墩村文化中心区以南，目前仅有重庆江津县王爷庙遗址曾进行过试掘，对这一带新石器时代文化遗存的情况所知甚少，该文化分布区的南界比较难以确定。王爷庙遗址位于长江与綦江交汇处的台地上。1980年重庆市博物馆对其进行了调查和试掘，从探沟T2可知，该遗址的新石器时代文化堆积共分三层：4A层夹砂陶和泥质陶各占一半，4B层以夹砂陶为主，第5层基本为夹砂陶；从早到晚，夹砂陶的比例逐渐减少而泥质陶的比例逐渐增多[35]。我们知道，宝墩村文化的陶器是泥质陶略多于夹砂陶，而早于宝墩村文化的"老关庙下层文化"和"哨棚嘴一期类型"则基本上都为夹砂陶或夹砂陶占绝大多数。就陶质这一点而言，王爷庙遗址的新石器时代遗存应经历了较长的发展历程，并且好像其最晚的遗存才应与宝墩村文化相近。由于王爷庙遗址1980年调查发掘简报将4A、4B、第5层所包含的遗物以及调查采集的遗物混在一起进行介绍，没有注明器物的出土层位，使人难以把握该遗址陶器种类及形态的变化。从这三层总的情况看，该遗址夹砂陶器主要为红陶（红褐色?），泥质陶器主要为灰色，陶色不纯；纹饰以线纹、细绳纹、戳点纹为主，几乎不见附加堆纹器。器种有平底器、圜底器（?）、圈足器，而以平底为主，不见三足器；器类有釜、盆、罐、钵几大类，不见壶和簋；有一种敛口或口沿鼓出的器形作风，也有花边口沿的作风，线纹和绳纹均施在肩腹以下部位而不上颈部和口沿。将该遗址与宝墩村文化比较，相似点是陶器的纹饰都以绳（线）纹为主，不同点是该遗址夹砂陶的数量明显较多，纹饰不见宝墩村文化的堆坟和将器身纹饰施上口沿的作风，器类不见喇叭口高颈壶、矮圈足深腹簋和镂孔圈足深腹簋。王爷庙遗址所在已经不属宝墩村文化的分布范围，宝墩村文化的基本分布区的南界应当在江津县以北。

　　通过上面的分析，我们认为，宝墩村文化是局限于四川盆地的考古学文化。该文化以成都市区为中心分布区，川西平原为基本分布区。它在向东发展的过程中，在川中丘陵一带与分布于川东平行谷地的以忠县哨棚嘴第一期、老关庙下层遗存为代表的考古学文化发生接触，并受到了后者的制约而未到达重庆沿江一带（图六）。

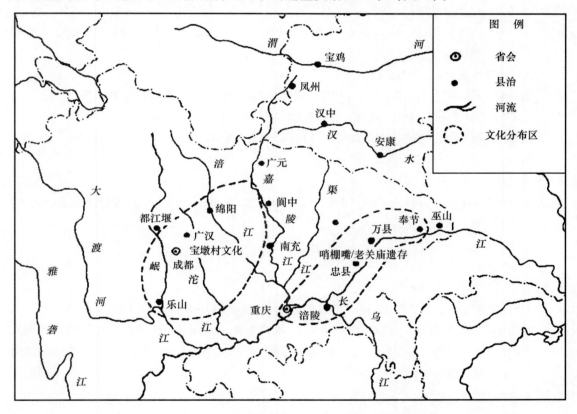

图六　宝墩村文化及哨棚嘴、老关庙遗存的分布示意图

注　释

[1]　西南博物院筹备处：《宝成铁路修筑工程中发现的文物简介》，《文物参考资料》1954 年 3 期。

[2]　四川省博物馆：《川东长江沿岸新石器时代遗址调查简报》，《四川省长江三峡水库考古调查简报》，《考古》1959 年 8 期。

[3]　马继贤：《广汉月亮湾遗址发掘追记》，《南方民族考古》第 5 辑，1993 年。

［ 4 ］ 重庆市博物馆：《四川嘉陵江中下游新石器时代遗址调查》，《考古》1983 年 6 期。

［ 5 ］ 重庆市博物馆：《重庆市长江河段新石器时代遗址调查与试掘》，《考古》1992 年 12 期。

［ 6 ］ 四川省文物管理委员会等：《广汉三星堆遗址》，《考古学报》1987 年 2 期。

［ 7 ］ 王仁湘、叶茂林：《四川盆地北缘新石器时代考古新收获》，《三星堆与巴蜀文化》，巴蜀书社，1993 年。

［ 8 ］ 雷雨、陈德安：《巴中月亮岩和通江擂鼓寨遗址调查简报》，《四川文物》1991 年 6 期。

［ 9 ］ 中国社会科学院考古研究所四川工作队：《四川绵阳市边堆山新石器时代遗存调查简报》，《考古》1990 年 4 期。

［10］ 何志国：《绵阳边堆山文化初探》，《四川文物》1993 年 6 期。

［11］ 孙华：《试论广汉三星堆遗址的分期》，《南方民族考古》第 5 辑，1993 年。

［12］ 王鑫：《忠县哨棚嘴遗址分期初步研究——兼论川东地区的新石器文化及早期青铜文化》，《四川考古论文集》，文物出版社，1996 年。

［13］ a. 中国社会科学院考古研究所长江三峡考古工作队：《四川巫山县魏家梁子遗址的发掘》，《考古》1996 年 8 期。

b. 吴耀利、丛德新：《试论魏家梁子文化》，《考古》1996 年 8 期。

［14］ 赵宾福、王鲁茂：《老关庙下层文化初论》，《四川考古论文集》，文物出版社，1996 年。

［15］ 《成都史前城址发掘又获重大收获》，《中国文物报》1997 年 1 月 19 日第 1 版。

［16］ 成都市文物考古工作队等：《四川新津县宝墩村遗址调查与试掘》，《考古》1997 年 1 期。

［17］ 同［15］。

［18］ 同［1］。

［19］ 中国社会科学院考古研究所四川工作队：《四川绵阳市边堆山新石器时代遗存调查简报》，《考古》1990 年 4 期。

［20］ a. 同［19］。

b. 同［10］。

c. 同［7］。

［21］ （美）葛维汉：《汉州发掘的最初报告》（英文），《华西边疆研究学会会志》6 期，1936 年。

［22］ 四期说见陈显丹：《广汉三星堆遗址发掘概况，初步分期——兼论"早蜀文化"的特征及其发展》，《南方民族考古》第 2 辑，1990 年；三期说见孙华：《试论广汉三星堆遗址的分期》，《南方民族考古》第 5 辑，1993 年。

［23］ a. 同［3］。

b. 同［6］。

c. 陈显丹：《广汉三星堆遗址发展概况，初步分期——兼论"早蜀文化"的特征及其发展》，《南方民族考古》第 2 辑，1990 年。

［24］ 同［11］。

［25］ 王鑫：《忠县㽏井沟遗址群哨棚嘴遗址分析——兼论川东地区的新石器文化及早期青铜文化》，《四川考古论文集》，文物出版社，1996 年。

［26］ 同［14］。

［27］ 同［16］。

［28］ 同［16］。

［29］ 同［23］b。

［30］ 同［25］。

［31］ 同［14］。

［32］ 同［13］。

［33］ 中国社会科学院考古研究所四川工作队：《四川广元市张家坡遗址的调查与试掘》，《考古》1991 年 9 期。

［34］ 雷雨、陈德安：《巴中月亮岩和通江擂鼓寨遗址调查简报》，《四川文物》1991 年 6 期。

［35］ 同［5］。

（原载《考古》1999 年 8 期）

四川温江县鱼凫村遗址分析

蒋 成 李明斌

一、序 言

成都平原，地处四川盆地西部，介于龙泉山和邛崃山之间，北起德阳市黄许镇，南至岷江中游青神峡。海拔一般 600 米上下。平原分属岷江、沱江两水系，由二江冲积而成，面积约 6000 平方公里。主体是岷江冲积扇，地势自西北向东南倾斜，河渠密布，平原广袤，中亚热带温润季风气候使本地区以温润、四季分明为特色，物产丰富，素有"天府之国"之称。这些得天独厚的自然地理条件，十分适合古代人类生活居住。

成都地区的早期蜀文化遗存（约当商周时期）发现较早[1]，但对它的认识却是建国以后的事。特别是近年来的新发现[2]，引起了学者的广泛关注，为该区域考古学文化研究的进一步发展、深入，提供了新的材料，对于成都、四川地区考古学文化的发展序列和区系类型的研究，以及探索古代历史上巴和蜀的问题，都有着重要的意义。

在这一地区，考古工作者曾做了大量工作，取得了较大的成绩。20 世纪 90 年代前，早于商周时期做过工作并发表材料的遗存有：

新中国成立前，在广汉太平场月亮湾一带发现早期蜀文化遗存，并进行小规模发掘[3]；20 世纪五六十年代在这里进行考古调查[4]，并于 1963 年秋季进行发掘[5]。月亮湾在今三星堆遗址[6]范围之内。

20 世纪 80 年代发掘三星堆遗址第一期遗存。

然而，商以前，该地区的考古学文化面貌却仍然相当模糊，这和学科的发展、关注的对象以及认识的局限都有一定的联系。这一时期成都地区的考古学文化序列还存在着相当大的空白。

为了探索成都地区早期考古学文化面貌，找寻三星堆文化的渊源，成都市文物考古工作队近年进行了一系列考古调查，并于 1995 年、1996 年进行了发掘，获得一批重要考古材料[7]，为本地区考古学文化的研究提供了新材料。

本文从分析鱼凫村遗址着手，建立起该遗址的分期年代序列，概括各期文化内涵，初步确定各期的文化属性及年代，并兼论相关的几个问题。

二、鱼凫村遗址分期的初步研究

鱼凫村遗址是成都地区较大的史前遗址。过去该遗址被命名为"鱼凫城遗址"。在成都现已确定的 5 座以古城为特征的史前遗址中（图一），鱼凫村遗址位置居中，文化堆积较厚，遗迹现象及出土遗物丰富，延续时间较长，是一处具有代表性的遗址。

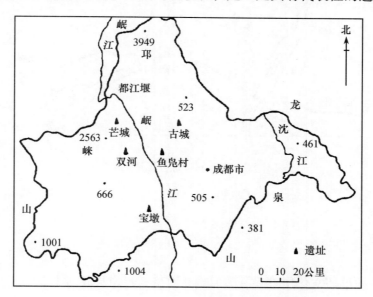

图一　成都地区新石器时代遗址分布示意图

（资料截至 1996 年底）

（一）遗址概况

鱼凫村遗址位于温江县城关北约 5.5 公里处，东南距成都市区 20 公里，西南离岷江 7 公里（图二）。地势自西北向东南缓慢倾斜，海拔高度 556～560 米，遗址位于岷江冲积扇上。面积约 32 万平方米。1964 年，四川大学历史系曾对该遗址进行过调查[8]。1996 年秋、冬季，成都市文物考古工作队、四川联合大学历史系考古教研室和温江县文管所联合对该遗址进行了较大规模的发掘，共开 5 米×5 米探方 12 个（编号 96CWYT1～T5、T7～T13），3 米×40 米探沟 1 条（96CWYT6），发掘面积 428 平方米。根据探方、探沟布点、分布情况，我们将它们分成四组发掘单位：第一组，T1～T3；第二组，T4、T5、T7、T8；第三组，T6；第四组，T9～T13。其中 T1、T5、T6、T9、T10 的文化堆积较厚，出土遗物较为丰富。

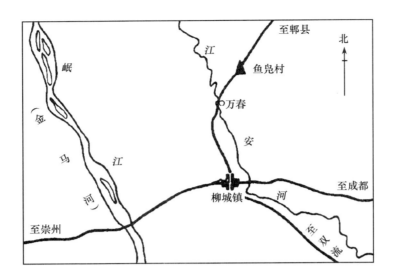

图二　鱼凫村遗址位置示意图

（二）层位关系

鱼凫村遗址的早期文化层堆积一般厚约0.5米，最厚处超过1.5米。文化层大都呈水平状相叠，而各文化层下又大都叠压着遗迹单位。由于各组发掘单位间相距较远，在发掘中，我们采取了每组中统一划分地层（T9与T10～T13地层编号未统一），而遗迹单位编号则按发现先后由工地统一发放。

下面介绍上述5个发掘单位（每组中选1个发掘单位为典型代表，因T9与T10～T13为不连续布方，地层编号不统一，故T9、T10的层位关系均予以介绍）的层位关系，作为后面分期的依据。根据各组地层堆积状况及各单位包含的陶器，5个发掘单位间有如下对应关系（表一）：（→表示叠压或打破关系）

|3组|2组|1组|

T1⑤→H36→H33→H29→T1⑥→H38→T1⑦→H43

　　　　　　　　　　　　　　　　T5④→T5⑤→H28→

　　　　　　　　　　　　　　　　H27→H18

　　　　　　T6⑳A→　　Q（城墙）　→T6㉑

T9④→H113→

T9⑤→H73→T9⑥→H71→H118→　　　　T9→⑦

　　　　F4→T10⑤→H104→T10⑥→H110→H112→H84

地层期别＼试掘点	T1～T3	T4、T5、T7、T8	T6	T9	T10～T13
三				④⑤	
二	⑤⑥⑦	④	⑳A⑳B⑳C	⑥	⑤⑥
一		⑤	㉑	⑦	⑦

上面地层单位组之间，根据包含物可分成 3 组，除了都有喇叭口形器、花边大口罐和圈足器等器类外，各组又都有自己较独特的器物组合。从层位早晚来说，第 1 组有斜沿侈口罐、器座等组合，第 2 组以折沿尊形器、圈足盘、圈足罐、敞口尊形器、假圈足平底器等为组合，第 3 组的组合则是有领罐、曲沿罐、器盖、柄、杯、缸、敛口瓮、敛口罐等。

以上层位关系，为鱼凫村遗址的排序、分期提供了层位学上的依据。

（三）陶器形制分析

鱼凫村遗址出土遗物较丰富，数量较多，遗物中绝大多数是陶器，仅有少量石器。在数量众多的陶器中，喇叭口形器、折沿尊形器、盘口器、敛口罐、圈足盘、器盖、花边大口罐、侈口罐、敞口尊形器、圈足器、小口高领罐、有领罐、曲沿罐、敛口瓮、缸等器类占可辨陶器标准的绝大多数，并且无论在该遗址的典型层位中，还是在非典型层位中，一般都有喇叭口形器、花边大口罐和圈足器的存在。因此，我们将该 3 类器物视为典型陶器，对其进行类型学分析。并在此基础上，对其他数量较多、较常出现及个性特征明显的陶器进行分析，进而把握全部陶器的演变规律和整个遗址的文化内涵。

喇叭口形器 是鱼凫村遗址泥质陶系中最主要的器物。陶色以灰、褐为主，形制为敞口呈喇叭形，器表素面。根据其唇部特点分二型：

A 型 尖唇。依口部外敞程度可分四式（图三）。

Ⅰ式 口外敞。如标本 H21③: 57。

Ⅱ式 敞口，唇外翻。如标本 T9⑦: 3。

Ⅲ式 口外敞，唇外迻。如标本 H29: 1。

Ⅳ式 尖唇下垂。如标本 H10①: 40。

B 型 圆唇。据口部外敞程度分五式（图四）。

Ⅰ式 敞口。如标本 H27: 5。

Ⅱ式 外敞口较Ⅰ式甚。如标本 H71②: 73。

Ⅲ式 口变得更外敞。如标本 H10②: 55。

Ⅳ式 外敞口与口线夹角变得更小。如标本 T9⑤: 2。

V式　口外敞甚。如标本 T9④: 3。

花边大口罐　是夹砂陶系中最主要的器物。陶色以灰褐、红褐为主。形制为大口，口径一般在 28 厘米以上，且唇部常施压印，呈花边状，内壁、沿面、器表常饰绳纹。根据唇部特征分二型。

A 型　方唇。以胎的厚薄分二亚型。

Aa 型　胎厚。依沿面与口线夹角变化分二式（图三）。

Ⅰ式　夹角较大。如标本 H46①: 38。

Ⅱ式　夹角变小。如标本 T75⑤: 174。

Ab 型　胎较薄。根据沿面与口线夹角的变化分二式（图四）。

Ⅰ式　夹角较大。如标本 H21③: 4。

Ⅱ式　夹角变小。如标本 H15②: 111。

B 型　尖唇。依沿面与口线夹角的变化分二式（图四）。

Ⅰ式　夹角较大。如标本 H43⑤: 105。

Ⅱ式　夹角变小。如标本 H10①: 13。

圈足器　主要是夹砂器，且为夹砂陶系中主要的器物，陶色以红褐为主。形制多为镂孔，多有纹饰。夹砂器根据足壁特征分二型（图三）。

A 型　弧壁。依壁与底线夹角变化分三式。

Ⅰ式　夹角较小。如标本 H43③: 55。

Ⅱ式　夹角增大。如标本 T5⑤: 73。

Ⅲ式　大夹角，壁更内弧。如标本 H28①: 19。

B 型　斜直壁。根据壁与底线夹角、高度的变化分三式。

Ⅰ式　夹角小，圈足矮。如标本 H18②: 44。

Ⅱ式　夹角变大，圈足增高。如标本 H15②: 40。

Ⅲ式　大夹角，高圈足。如标本 T5④: 22、H10①: 15。

折沿尊形器　均泥质陶。多为素面。根据折沿的宽、窄分二型。

A 型　折沿窄。依沿部变化分三式（图三）。

Ⅰ式　沿面内斜。如标本 H18②: 65。

Ⅱ式　平折沿。如标本 H46①: 33。

Ⅲ式　折沿外斜。如标本 H15①: 160。

B 型　宽折沿。依据宽沿特征可分二亚型。

Ba 型　直沿面。根据沿面变化分四式（图三）。

Ⅰ式　沿面内斜。如标本 H39: 2。

Ⅱ式　沿面变平折。如标本 T9⑥: 27。

Ⅲ式　沿面变成外斜。如标本 H10①: 42。

Ⅳ式　沿面外斜甚。如标本 H33: 4。

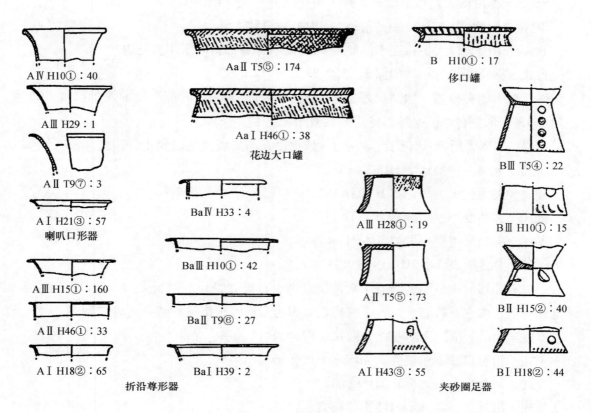

图三 陶器

图四 鱼凫村遗址陶器分期图

Bb 型　宽沿微弧。依沿面与口线夹角变化分三式（图四）。

Ⅰ式　沿面内斜，与口线夹角较大。如标本 T5⑤: 51。

Ⅱ式　沿面与口线夹角变小。如标本 T9⑥: 9，唇部斜向压印呈花边。

Ⅲ式　夹角变得更小。如标本 T5④: 88。

侈口罐　均夹砂器，胎薄。形制为折沿、侈口。器表、唇部和沿面常饰绳纹，口径一般在 18 厘米左右。根据唇部特征分二型。

A 型　方唇，唇面压印绳纹呈花边。依据沿面与口线夹角的变化分四式（图五）。

Ⅰ式　大夹角。如标本 H18①: 15。

Ⅱ式　夹角较大。如标本 H15①: 151。

Ⅲ式　夹角变小。如标本 H10①: 14。

Ⅳ式　夹角变得更小。如标本 H36: 77。

B 型　尖唇。如标本 H10①: 17（图三）。

敞口尊形器　夹砂陶，陶质中常杂较多细小石英砂颗粒。形制尖唇、敞口。胎较薄。外壁较粗糙，内壁常打磨光滑，呈黑褐色。多为素面。根据沿的特征可分二型。

A 型　翻沿。依沿面的变化分四式（图六）。

Ⅰ式　沿与口线夹角较大。如标本 H15②: 60。

Ⅱ式　夹角变小。如标本 H15②: 62。

Ⅲ式　沿外翻。如标本 H15②: 54。

Ⅳ式　沿外翻甚。如标本 H15②: 20。

B 型　折沿。据沿面变化分五式（图五）。

Ⅰ式　沿面与口线夹角较大。如标本 H46①: 12。

Ⅱ式　夹角变小。如标本 H46①: 10。

Ⅲ式　折沿平。如标本 H28①: 29。

Ⅳ式　折沿外斜。如标本 H15②: 34。

Ⅴ式　折沿外斜甚。如标本 H15③: 6。

有领罐　夹砂陶。有领、有肩。器表饰单向绳纹。以领部特征分二型。

A 型　矮领。依肩部变化分二式（图七）。

Ⅰ式　溜肩。如标本 H73④: 172。

Ⅱ式　鼓肩。如标本 H73③: 150。

B 型　领较高。依肩部变化分三式（图六）。

Ⅰ式　溜肩。如标本 H73④: 173。

Ⅱ式　鼓肩。如标本 H73③: 151。

Ⅲ式　耸肩。如标本 H73③: 153。

盘口器　泥质、夹砂均有。夹砂盘口器，内壁打磨光滑，呈黑色。据口部特征分三式（图六）。

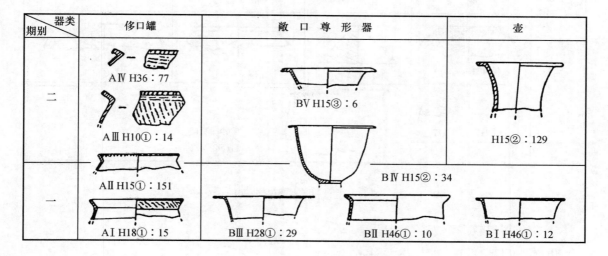

图五　鱼凫村遗址陶器分期图

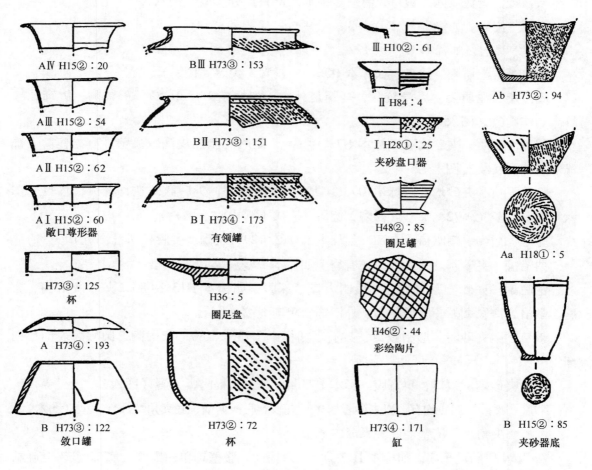

图六　陶器

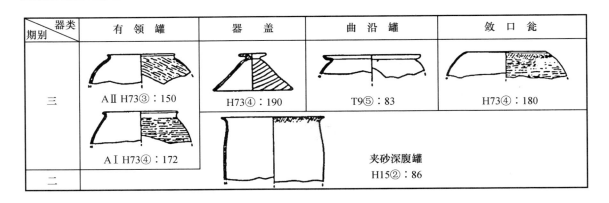

期别＼器类	有领罐	器盖	曲沿罐	敛口瓮
三	AⅡ H73③：150 AⅠ H73④：172	H73④：190	T9⑤：83	H73④：180
二		夹砂深腹罐 H15②：86		

图七　鱼凫村遗址陶器分期图

　　Ⅰ式　斜口较深。如标本 H28①：25。

　　Ⅱ式　口部变浅。如标本 H84：4。

　　Ⅲ式　浅口。如标本 H10②：61。

　　敛口罐　均泥质陶。敛口、有肩。根据肩部特征分二型（图六）。

　　A 型　广肩。如标本 H73④：193。

　　B 型　溜肩。如标本 H73③：122。

　　圈足盘　泥质陶。浅盘。如标本 H36：5，褐陶，尖唇（图六）。

　　圈足罐　泥质陶。罐身较深，矮圈足外撇。如标本 H48②：85，灰黄陶，腹饰瓦棱纹。制作精致（图六）。

　　器盖　泥质、夹砂均有。标本 H73④：190，泥质红胎黑皮陶，弧壁，有立钮。表饰浅螺旋状瓦棱纹（图七）。

　　杯　泥质、夹砂均有。标本 H73③：125，泥质褐陶，尖唇微外迻，直口，直腹（图六）。标本 H73②：72，夹砂红褐陶，圆唇，直腹下弧内收（图六）。

　　壶　泥质陶。喇叭口，束颈。如标本 H15②：129，灰陶，尖唇外迻（图五）。

　　曲沿罐　夹砂陶。沿面内曲，有肩。如标本 T9⑤：83（图七）。

　　深腹罐　夹砂、泥质均有。形制大口，深腹。如标本 H15②：86，夹砂灰褐陶，方唇，翻沿，深腹微弧，唇部压印、外沿饰斜单向绳纹（图七）。

　　敛口瓮　夹砂陶。形制敛口，鼓肩。如标本 H73④：180，灰褐陶，圆唇。表饰单向绳纹（图六）。

　　缸　夹砂陶。敞口，斜直腹。标本 H73④：171，灰褐陶，方唇（图六）。

　　器底　夹砂、泥质均有，以夹砂者居多。夹砂器底根据壁、底夹角特征分二型（图六）。

　　A 型　夹角大。依壁、底关系分二亚型。

　　Aa 型　假圈足平底。如标本 H18①：5，灰褐陶，腹壁饰单向绳纹，底饰旋转样绳纹，内壁有工具刮削修整痕。

　　Ab 型　平底。如标本 H73②：94，红褐陶，壁饰单向绳纹。

B 型　夹角较 A 型小，器身瘦长，假圈足平底。如标本 H15②:85，红褐陶，腹饰凹弦纹，底饰旋转样绳纹。

（四）分期及各期特征

以上陶器类型的划分及其各类型式别序列的建立，都是以层位关系为基础的。

1. 分期

前面的层位关系涉及 31 个单位，其中典型单位 15 个，根据它们各自出土陶器的型式，再结合单位内特有的陶器类型，我们得出附表二。依照层位关系的相对早晚顺序，可以得到 3 组表示时代变化的单位，我们将这 3 组单位所代表的年代，分别称之为 Ⅰ — Ⅲ段。这 3 段的代表单位是：

　　Ⅰ 段：H18、H27、H28、H43、T9⑦、T6㉑。

　　Ⅱ 段：H15、T1⑥、H71、H84、H10、H36、T10⑤、Q、T6⑳A。

　　Ⅲ 段：H73、T9⑤、T9④。

根据附表二所列各段单位的陶器组合，可得出每段的代表性陶器型式：

表二　鱼凫村遗址陶器分段表

段别	单位	喇叭口形器 A	B	花边大口罐 A-a	A-b	B	夹砂圈足器 A	B	折沿尊形器 A	B-a	B-b	侈口罐	敞口尊形器 A	B	有领罐 A	B	夹砂盘口器 A	B	敛口罐 A	B	圈足盘	器盖	杯	壶	曲沿罐	夹砂深腹罐	敛口瓮	缸
Ⅲ	T9④		V												Ⅰ									√		√		
	T9⑤		Ⅳ Ⅲ	Ⅱ																						√		
	H73	Ⅲ	Ⅲ						Ⅲ						Ⅱ Ⅰ	Ⅲ Ⅱ			√	√	√	√	√			√		√	√
Ⅱ	T10⑤	Ⅲ		Ⅰ					Ⅱ			Ⅳ																
	H36	Ⅲ		Ⅰ			√ Ⅲ		Ⅳ			Ⅳ										√						
	H10	Ⅳ Ⅲ	Ⅲ			Ⅱ	Ⅱ	Ⅱ	Ⅲ			Ⅳ Ⅲ Ⅱ	Ⅲ Ⅱ	Ⅱ	√	Ⅱ			Ⅲ									
	H84	Ⅲ	Ⅲ	Ⅰ					Ⅱ	Ⅲ			Ⅱ	Ⅲ				Ⅱ										
	H71	Ⅲ	Ⅲ						Ⅱ			Ⅱ																
	T1⑥		Ⅱ	Ⅰ					Ⅱ				Ⅱ															
	H15	Ⅲ		Ⅱ Ⅰ	Ⅰ		Ⅰ	Ⅰ	Ⅱ	Ⅲ	Ⅰ	Ⅱ	Ⅲ Ⅳ Ⅰ Ⅱ	Ⅴ Ⅰ Ⅴ											√	√		

续表

段别	单位	喇叭口形器		花边大口罐			夹砂圈足器		折沿尊形器			侈口罐		敞口尊形器		有领罐		夹砂盘口器	敛口罐		圈足盘	器盖	杯	壶	曲沿罐	夹砂深腹罐	敛口瓮	缸
		A	B	A(a)	A(b)	B	A	B	A	B(a)	B(b)	A	B	A	B	A	B		A	B								
	T9⑦	Ⅱ			Ⅰ	Ⅰ								Ⅱ														
	H43	Ⅱ			Ⅰ	Ⅰ	Ⅲ Ⅰ					Ⅱ		Ⅱ Ⅲ Ⅱ				Ⅰ										
Ⅰ	H28			Ⅰ	Ⅱ	√	Ⅲ Ⅲ Ⅱ		Ⅱ		Ⅰ	Ⅰ		√	Ⅳ Ⅲ Ⅲ			Ⅰ										
	H27	Ⅰ	Ⅰ	Ⅱ Ⅰ			Ⅰ		Ⅰ			Ⅱ																
	H18	Ⅰ			Ⅰ	Ⅰ	Ⅰ		Ⅱ			Ⅰ		Ⅱ Ⅰ				Ⅱ Ⅰ										

注：表中"√"表示有该类或型器物，但无型或式之分。

Ⅰ段：A型Ⅰ、Ⅱ式、B型Ⅰ式喇叭口形器，Aa型Ⅰ、Ⅱ式、Ab型Ⅰ式、B型Ⅰ式花边大口罐，A型Ⅰ、Ⅱ、Ⅲ式、B型Ⅰ、Ⅱ式夹砂圈足器，A型Ⅰ、Ⅱ式、Bb型Ⅰ式折沿尊形器，A型Ⅰ、Ⅱ式、B型侈口罐，A型Ⅰ、Ⅱ式、B型Ⅰ—Ⅳ式敞口尊形器，Ⅰ式夹砂盘口器。

Ⅱ段：A型Ⅲ、Ⅳ式、B型Ⅱ、Ⅲ式喇叭口形器，Aa型Ⅰ、Ⅱ式，Ab型Ⅰ、Ⅱ式，B型Ⅰ、Ⅱ式花边大口罐，A型Ⅱ式、B型Ⅰ、Ⅱ、Ⅲ式夹砂圈足器，A型Ⅲ式、Ba型Ⅰ—Ⅳ式、Bb型Ⅱ、Ⅲ式折沿尊形器，A型Ⅱ、Ⅲ、Ⅳ式、B型侈口罐，A型Ⅰ—Ⅳ式、B型Ⅳ、Ⅴ式敞口尊形器，Ⅱ、Ⅲ式夹砂盘口器，圈足盘，壶和夹砂深腹罐。

Ⅲ段：A型Ⅲ式、B型Ⅲ、Ⅳ、Ⅴ式喇叭口形器，Aa型Ⅱ式花边大口罐，B型Ⅲ式夹砂圈足器，A型Ⅰ、Ⅱ式、B型Ⅰ、Ⅱ、Ⅲ式有领罐，A型、B型敛口罐，圈足盘，器盖，杯，曲沿罐，敛口瓮和缸。

从附表二中反映的情况，综合各型器物新出式别、消失式别、式别的发展变化以及新增加的器类，并考虑到单位间的层位关系，可将鱼凫村遗址分成3期3段。

2. 各期特征

上文将鱼凫村分成3期3段，现结合陶器的其他要素将3期的特征概括如下：

第一期：包括Ⅰ段单位。本期陶器以夹砂陶占绝大多数，陶系以夹砂灰褐和红褐为主，其次为泥质灰陶，泥质黑皮陶数量很少。泥质器表多为素面，夹砂器表则常饰绳纹，纹饰种类有线纹、附加泥条纹、泥条压印纹、戳印纹、镂孔、凹凸弦纹等，但数量都很少，而且复合纹饰仅有镂孔同戳印纹和压印纹的两种组合。陶器制法绝大多数为慢轮制陶，仅器腹与器底的黏接和极少的器物为手制。器类有喇叭口形器、折沿尊形器、圈足器、花边大口罐、侈口罐、宽沿束颈罐、盘口器、盘、盆形器、小口高领罐、器座。第一期独有的器形有：宽沿束颈罐、A 型小口高领罐、器座，还出有彩绘陶片（图六）。

第二期：包括 II 段单位。本期陶器仍以夹砂陶为主，但泥质陶的比例较第一期明显增大，陶系仍以夹砂灰褐、红褐为主，泥质灰陶次之，黑皮陶、灰黄陶增多，占一定的比例。泥质器的素面和夹砂器的绳纹仍占主要，纹饰种类在第一期基础上新增加篦划纹、新月纹、瓦棱纹、圆圈纹和组合种类繁多的复合纹饰。慢轮制陶，部件拼接处敷接。器类主要有：喇叭口形器、折沿尊形器、敞口尊形器、圈足盘、圈足罐、盘口器、盘、深腹罐、镂孔器、花边大口罐、侈口罐、假圈足平底器等。本期独有的器形有：圈足盘、圈足罐、深腹罐、镂孔器、壶、Ba 型折沿尊形器等，出土有红胎黑褐色衣陶片。

第三期：包括 III 段单位。夹砂陶占陶器的主要部分，陶系以夹砂灰褐、红褐为主，泥质黑皮陶、灰黄陶与泥质灰陶比例接近。纹饰仍以素面和绳纹为主，纹样除无圆圈纹外，在第二期上又新增呈"➤➤➤"、"＞＞＞"样的划纹，复合纹饰种类锐减。慢轮制陶。器类主要有：喇叭口形器、圈足器、花边大口罐、盘以及敛口罐、杯、钵、器盖、小平底器、有领罐、曲沿罐、缸、敛口瓮、器柄等，除前四类外，其余各类陶器均为鱼凫村遗址第三期所特有。

（五）各期年代的判定

由于本次是对鱼凫村遗址的第一次正式发掘，对遗址本身没有可资比较的材料，目前还没有 ^{14}C 测年数据可利用。因此，我们将利用遗址间的对比分析法，来确定鱼凫村遗址各期的年代。首先，我们对遗址三期进行年代关系疏、近的分析。

以陶质而言，三期均以夹砂陶为主，陶系中夹砂灰褐和红褐陶占多数。器表以素面和绳纹常见，纹饰种类也多数相同，陶器制法一致。都有喇叭口形器、花边大口罐、圈足器等器类。三期间也存在不同程度的差别，尤以第三期与第二期间。第三期的泥质黑皮陶、灰黄陶所占比例增大，与泥质灰陶接近，纹饰少了圆圈纹，而新增"➤➤➤"、"＞＞＞"划纹，复合纹饰种类锐减。两期间最为明显的区别表现在陶器组合上，第三期不见第二期的折沿尊形器、敞口尊形器、假圈足平底器及圈足盘、圈足罐等组合，而是以有领罐、曲沿罐、器盖、柄、杯、缸、敛口瓮、敛口罐为陶器的组合特征。因此，我们不难看出，鱼凫村遗址第三期和第二期间存在较大差别。同样，根据考古学文化因素特征的对比分析，第一、二期间的共同性较多，两期间联系紧密，第一期陶器组合有喇叭口形器、折沿尊形器、圈足器、花边大口罐、侈口罐、宽沿束颈罐、小口高领罐等，第二期则由第一期承袭、发展而来，二者的文化共同性较多。因此，从考古年代学的角度来看，第一、二期间年代前后相接，而第三期则与第二期年代相对较疏远。

下面，我们探讨三期的绝对年代。

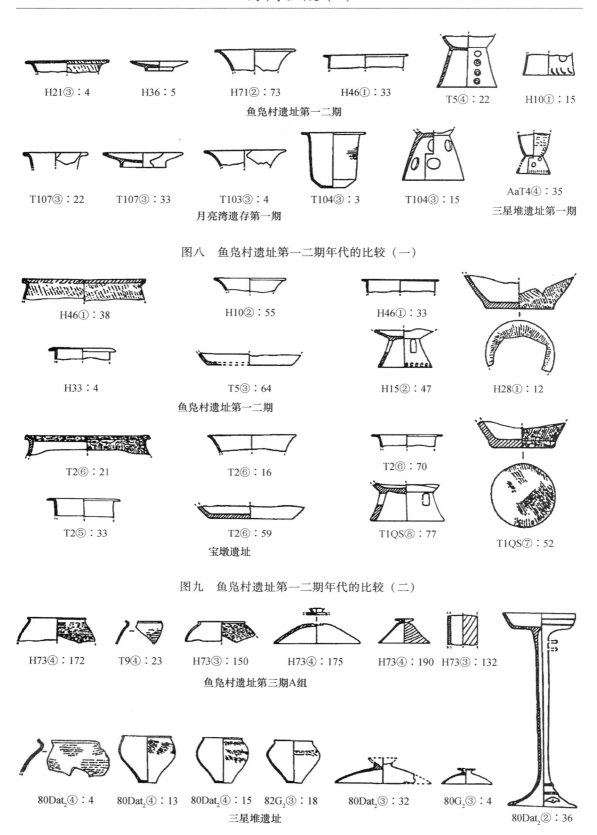

H21③：4　　　H36：5　　　H71②：73　　　H46①：33　　　T5④：22　　　H10①：15

鱼凫村遗址第一二期

T107③：22　　　T107③：33　　　T103③：4　　　T104③：3　　　T104③：15　　　AaT4④：35

月亮湾遗存第一期　　　　　　　　　　　　　　　　　三星堆遗址第一期

图八　鱼凫村遗址第一二期年代的比较（一）

H46①：38　　　H10②：55　　　H46①：33

H33：4　　　T5③：64　　　H15②：47　　　H28①：12

鱼凫村遗址第一二期

T2⑥：21　　　T2⑥：16　　　T2⑥：70

T2⑤：33　　　T2⑥：59　　　T1QS⑧：77　　　T1QS⑦：52

宝墩遗址

图九　鱼凫村遗址第一二期年代的比较（二）

H73④：172　　　T9④：23　　　H73③：150　　　H73④：175　　　H73④：190　　H73③：132

鱼凫村遗址第三期A组

80Dat₂④：4　　　80Dat₂④：13　　　80Dat₂④：15　　82G₂③：18　　　80Dat₂③：32　　　80G₂③：4

80Dat₂②：36

三星堆遗址

图一〇　鱼凫村遗址第三期年代的比较

鱼凫村第一二期常见的花边大口罐、喇叭口形器、圈足盘、折沿尊形器和镂孔圈足器在月亮湾[9]第3层中均能找到形制相近的同类器（图八）。而鱼凫村第二期的镂孔圈足器（H10①:15）与三星堆第一期[10]的同类器（AaT4④:35）形制、花纹均相近（图八）。鱼凫村第一二期中的典型器类在1995年发掘的宝墩遗址[11]中均有形制相似者（图九）。这种多遗址（存）间文化因素的相似性，相应的说明了它们年代也较接近。三星堆第一期1980年发掘的木炭标本测年为距今（半衰期:5730年，下同）4075年±100年，树轮校正（达曼表，下同）为距今4500年±150年；1986年发掘有两个数据：4210年±80年，校正年代4665年±135年；4170年±85，校正年代4615年±135年[12]。月亮湾遗存第一期（第3层）的年代，经分析、对比研究后，与三星堆第一期相当[13]。宝墩遗址年代接近三星堆第一期。那么，鱼凫村遗址第一二期年代大约也在上述年代范围之内，就是大致不晚于龙山时代晚期，即不晚于距今4200~4000年。

鱼凫村遗址第三期以其鲜明的器物组合而异于第一、二期，又以明确的层位关系表明其又相对晚于第二期。鱼凫村第三期的陶器可分成两组：A组：有领罐、器盖、柄；B组：曲沿罐、敛口罐、敛口瓮、杯、缸。其中A组的有领罐见于三星堆第一、二期（或称为小平底罐）中，而器盖、柄则只发现在三星堆第二期[14]中（图一○），B组陶器为鱼凫村第三期所独有（图一一），不见于三星堆遗址第二期。鱼凫村遗址第三期的这种延续性与阶段性共存特征，与成都平原先秦考古学文化的发展特征是相吻合的，而鱼凫村遗址第三期与第二期间有直接的地层层位关系，陶器的器物类型、序列发展清楚（第三期仍出土少量的喇叭口形器、花边大口罐和圈足器等），因此，鱼凫村第三期晚于鱼凫村第二期，而又介于三星堆第一、二期之间，即龙山时代末期至夏初前后，距今3900~3700年。以鱼凫村第三期为代表的遗存的发现，对于探讨成都平原、四川地区早期考古学文化的序列有重要的价值。

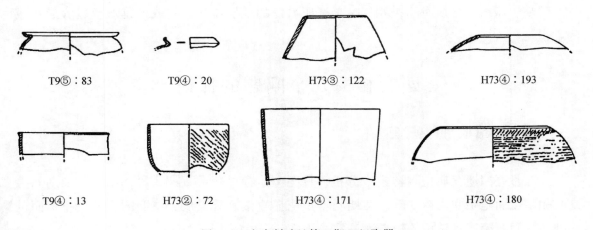

T9⑤:83 　　 T9④:20 　　 H73③:122 　　 H73④:193

T9④:13 　　 H73②:72 　　 H73④:171 　　 H73④:180

图一一　鱼凫村遗址第三期B组陶器

三、一点认识

鱼凫村遗址的发掘，获取了较为丰富的资料，尤其是出土了大量类型众多的陶器，为研究成都平原本时期的考古学文化提供了较丰富的资料。

根据前文的分析，鱼凫村遗址分为三期，三期陶器演变规律清楚、特征明显。如喇叭口形器口沿由内斜逐渐外翻；折沿尊形器沿面由内斜而平折而外折；花边大口罐绳纹沿面内斜至外翻；敞口尊形器亦由内斜而至外翻、外折。这几类主要器物的早晚演变特征相近，表明各期内陶器的总体风格一致，变化规律近似。圈足器则由低矮变得高直，装饰由简而繁。从陶器的特征来看，三期中以第一、二期遗存文化性质最为接近，而第三期遗存的文化性质则发生了较大的变化，但这种变化还是属于同一文化性质下"期"的变化，而非"质"的变化，第三期遗存与第一、二期遗存间的差别仍属于同一大的文化范畴下的差别。从考古学文化性质的角度来看，三期属同一种考古学文化；从考古学文化发展的角度来看，第二期由第一期承袭、发展而来，第二期文化因素较多地与第一期相近，而发展至本遗址的较高阶段；第三期遗存在继承了第二期的主要文化因素（喇叭口形器、花边大口罐、圈足器）外，文化内涵发生了较大的变化。陶器的造型、风格及组合不同于前期，而且喇叭口形器等器类所占的分量，让位于有领罐、曲沿罐、敛口瓮的组合而退居次位。

结合遗址城垣和其他遗迹现象分析，第二期文化遗存在第一期遗存基础上发展、并达到相当高的程度，灰坑数量众多，出现了木骨泥墙式地面建筑、高耸的城墙，陶器种类繁多，制作精致，磨光技术应用普遍，纹饰繁缛、精美，石器加工精细，常通体磨光，还出现穿孔器及器柄等较特殊的器物，H10 包含大量的打制石核，应是一石料坑。第三期则为遗址最晚一个时期。城垣不见第三期的包含物。根据器物形态的类型学排比，第三期要晚于城垣的建成时间，并且晚于叠压城垣的地层年代，它或许是城垣废弃后形成的堆积。

四、相关几个问题的探讨

（一）鱼凫村遗址与月亮湾遗存

经对月亮湾遗存典型陶器进行分析，月亮湾遗存可分成 2 期 3 段，第一、二期间不是互相衔接而是中间尚有缺环，两期间不是明显直接承袭发展、演变的亲近关系，而是一种两期间有第三者转承的较疏远关系[15]。

根据前文的分析，月亮湾第一期与鱼凫村第一、二期有相近似的考古学文化内涵，但后者大量出现的敞口尊形器、假圈足平底器以及陶系中少量的灰白陶和占主要地位的夹砂陶、饰于夹砂器底的旋转样绳纹[16]等特征显示着与前者的不同之处，结合上面的对比研究，这种差异较多地呈现出同一时间下地域之间的差异。

月亮湾遗存第二期陶器可分为两组：A组：有领罐（小平底罐）、敛口瓮、器盖、柄；B组：豆形器、觚形器、器流、器耳、平底盘、圈足盘、尊形器，"∞"形捉手、器座、高柄豆形器座。A组陶器与鱼凫村第三期相近（图一二），而B组陶器为月亮湾遗存第二期独有，且明显具有成都地区商周之际的文化特征（图一三）。以B组为代表的月亮湾第二期遗存晚于鱼凫村第三期遗存，其年代范围在殷墟一期前后至西周早期[17]。换言之，鱼凫村第三期晚于月亮湾第一期、早于月亮湾第二期，而月亮湾第二期又晚于三星堆第二期[18]。这样，我们初步得出下面的发展序列：

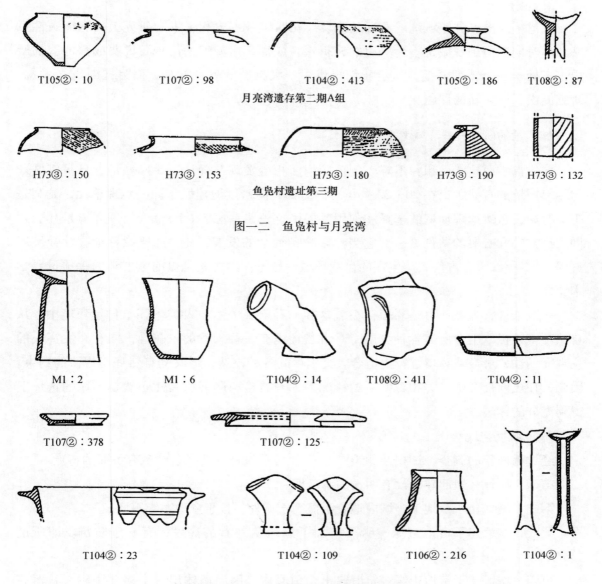

T105②：10　　T107②：98　　　　T104②：413　　T105②：186　　T108②：87

月亮湾遗存第二期A组

H73③：150　　H73③：153　　　　H73③：180　　H73③：190　　H73③：132

鱼凫村遗址第三期

图一二　鱼凫村与月亮湾

M1：2　　　　M1：6　　　　T104②：14　　T108②：411　　T104②：11

T107②：378　　　　　T107②：125

T104②：23　　　　　T104②：109　　T106②：216　　T104②：1

图一三　月亮湾遗存第二期B组陶器

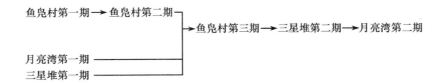

它们相应的年代序列是：

龙山时代晚期→龙山时代末期至夏初前后→商代前期→殷墟一期前后至西周早期

（二）关于成都平原史前城址发掘与研究中面临课题的思考

成都平原史前五座城址的发现及确认，在四川考古史和考古学研究上具有突破性意义。本时期中国出现城是一个历史的转折点，成都5座城址的出现，说明成都地区的历史也正处于一个转型时期，这给我们提供了一大批新的考古材料，而且同时也对发掘、研究提出了许多新的课题。

1. 古城选址的研究——环境考古学角度

在成都平原这个面积并不算大的范围内，相继发现并确认了5座城址，且每座城址与相邻城址的直线距离在20~33公里之内。如此高密度地建城于同一地理单元，尤其是史前时期，自然地理环境的选择和利用是先民首先要考虑的。因为"地理环境是社会发展的经常的和必要的条件之一，它当然影响到社会的发展，——加速或者延缓社会发展进程。"[19]所以研究古代人类生存的自然环境，是考古学尤其是史前考古学的一项重要学术课题。

一般来说，人类与自然环境存在着这样一种辩证关系：人类生存于自然环境中，从自然环境中摄取生存所需各种物质，对自然环境有一种天然的依赖性，同时又发挥人的主观能动性，对自然环境进行更适合人类生存的各种改造，但又受自然环境规律的约束。因此，在史前社会生产力相对低下的情况下，人类趋利避害的天性必然在古城的选址上得到充分的体现。

（1）城址与地势

经过近两年的调查、试掘及测绘[20]，平原史前城址的选择、建筑有下面的特点：

第一，城址平地起建，没有明显的墙基槽。

第二，城址建于台地上，城内地表明显高于城外，且于台地边缘筑墙。

第三，城垣建于台地边缘，明显增加了城垣从外看的高度，有利于防御。即所谓"台城"。

第四，城垣建于台地边缘，筑垣取土于垣圈内，因而墙体层次中多出土陶、石器等文化遗物。

第五，城垣圈内，相对高度一般是西北高、东南低，且呈现出由西、北向东、南缓慢倾斜的地形走势，一般高差2米左右。

广义地讲，这些城址都属于台城类型，但进一步的分析，我们可初步将它们依地势、环境分为山地浅丘型和平原台地型两类。

1）山地浅丘型

位于平原边缘向高原过渡的山地、浅丘陵地带，面积较小，海拔高度较大。崇州双河古城面积约15万平方米，而都江堰芒城面积仅约12万平方米，是目前已知五个古城中面积最小者，而它距离西边的高原却最近。芒城海拔高度约658米，为诸城址中最高者，双河古城约580米。

2）平原台地型

位于海拔相对较低的河边台地或江河冲积平原上，城址面积较大，周围为平坦开阔的沃野，土壤发育较好，自古至今均适合于农业耕作。各城海拔高度为：郫县古城约565米，温江鱼凫村古城556～560米，新津宝墩古城472～474米，为5座城中海拔最低者。就面积而言，宝墩为60万平方米，鱼凫村和古城均为32万平方米。

从上面，我们可以看出这样一个特征：海拔高，城址面积小，海拔低，城址面积大。因为海拔高，山地、浅丘陵的地形从一定程度上局限了古代人类的建城规模，而海拔低者位于平原地带，地势开阔，地形平坦，具备了建大城址的客观条件。当然，建城的规模还必然受到社会发展阶段及当时生产力发展水平的制约。冲洪积扇状平原河间地块上，地质成因属晚更新世形成的冲洪积扇状平原被河流侵蚀切割而成，地势由西北向东南缓缓倾斜，坡降约2‰～3‰，由广汉层粘类土和碎石类土（砂卵石层）构成，地下水丰富。诸城所选地貌均位于缓慢倾斜的冲积扇平原的"扇面"和"扇缘"上，坡降低，利于洪水通过，而且台城也易于防洪。

（2）城址与水系

城址均位于岷江及其支流的冲积扇上，冲积扇自西北向东南倾斜。

各城址与主要水系距离为：宝墩东北距西河3.6公里，东距岷江约7.5公里；鱼凫村西南距江安河约2公里，距岷江7公里；古城东北距青白江3.9公里，西南距岷江22公里；芒城东距泊江河1.4公里，东北距岷江8公里；双河西南距西河5公里，东北距岷江10公里。它们均表现出近支流、远岷江的特点，这应与平原河床较高，岸、边不显，且易改道有较直接的联系。

史前遗存的选址必须考虑到水源的问题，由于打井技术存在相当难度，史前人们常就居于河流附近，便于汲水、捕捞。但同时还要防止水患，这也是成都平原史前城址建于冲积扇台地上的一个重要原因，如海拔最低的宝墩城其城内外高差达3米，除了防御用途外，这或许是当时的一种防洪措施。

这种依水而居、就势筑城的特征加上当时社会生产力发展水平，就形成了诸城址的平面形状基本上与河流平行的现象。

　　诸城址在筑城之时，多能利用天然卵石，以固城垣，鱼凫村古城在城垣大层次之间及大层次内各小层次之间斜面密铺卵石，以增加墙体的稳固性而不致坍塌，平原河流密布，卵石取材方便，这是因地制宜和就地取材。而宝墩和古城的部分城垣上发现卵石层叠压或许与水患有关。

　　至于诸城址间的格局——是逐渐建成、迁徙、废弃而成，还是几乎同时出现，如果是同时出现，它们间是平列的关系，还是有某种隶属关系，及其与水系的关系，尚待解决了各城的布局、序列，包括它们之间年代学关系后，才宜进行有益的解释。我们的初步推测是：第一，适合的地理条件加上发展到一定程度的社会生产力；第二，也是更为重要的因素，就是文化中心的不断变迁，如同成都平原的商周时期的文化堆积主要分布在广汉、什邡一带，而在诸城中均无分布一样。同样，文化中心变迁的内在原因也值得进一步深入探讨。

2. 城址布局的研究——聚落考古的角度

　　在我国众多种类的史前遗迹中，城址是规模最大且最引人注目的，它通常被作为一个特殊的、重要的考古单元对待，因为它不但包含着丰富的各类遗迹现象——可能有的宫殿、祭祀、居址、制造、墓葬等区域和众多的出土遗物，而且与文明的诞生、国家的起源等重大学术课题有着直接的、密不可分的联系。

　　所谓聚落考古，是研究史前社会的一种重要方法，是"人类将他们自己在他们所居住的地面上处理起来的方式……这些聚落要反映自然环境，建造者所实用的技术水平，以及这个文化所保持的各种社会交接控制的制度。"（威利）[21]史前城址的出现，是聚落形态上的重大变化。

　　本阶段，成都平原出现的城址表现为城址群的形态，呈现出较明显的差异。在各城址内部或许已产生财富和社会地位的分化，城址间或许有中心与一般之分。它们之间的关系尤其值得重点探讨，因为在不大范围内，出现了5座时代相去不远的城址，这本身就是一个迫切需要解释的问题，再进一步分析，它们之间在政治、经济、文化、宗教等方面的特征和关系，也是不容忽视的，进而综合分析，可以讨论社会形态和发展阶段等。

3. 城址性质的研究

　　关于中国史前史，苏秉琦提出了"重建中国史前史"的构想[22]，指出史前史的史源主要来自史前考古学，又提出了"古文化、古城、古国"，"古国、方国、帝国"的观点[23]，这对史前城址的研究具有直接的指导意义。龙山时代[24]是我国历史上的"英雄时代"，万国林立。成都地区也大体在这个时期，进入了古国时代[25]，表现为分布密集的古城址。它们的发现，已初步印证了苏秉琦提出的"成都……有着五千年的文化根基"[26]的推断。中国早期的城首先是政治中心和军事中心，这就需要在田野中找出反映它们性质的载体，并结合其他相关学科，从考古学的角度，以编写史前史的高度和要求来指导工作，如政治、经济、自然环境等情况，并注意寻找与城（政治中心）同时的一般遗址并解决相互间的关系。另外，古城的发现，又提醒我们，成都地区应还有早于"古城"的"古文化"阶段，不然不会一下子出现古城，犹如三星堆文化不是贸然出现的一样，"古城"是"古文化"发展到一定阶段的必然产物。就5座古城而言，除鱼凫村古城外，其余4座平面均呈较为规则的长方形或方形，转角处接近于直角，反映出筑城技术的成熟性，当不属于原初的古城，那么成都平原上还会不会存在时代更早一些的史前古城呢？

（三）鱼凫村出土的彩绘陶片

鱼凫村遗址1996年度发掘中出土了一片彩绘陶片（H46②：44），为腹片，泥质红胎灰白衣黑彩，纹样呈网格状（图六），绘彩工具是软工具。这是平原诸城址中第一次出现彩绘陶片。成都平原西部、西北部的高原地区常出土彩陶[27]。这次在平原腹心地区出土彩绘陶，是制陶工艺、审美要求的进步，还是与川西高原有某种联系，或两者兼而有之，这些都值得进一步的探讨。

（四）关于成都地区的古史传说

成都地区城址的不断发现、确认，改变了长期以来人们仅靠文献、传说来描述、解释该地区的历史。其中占主导地位的说法是成都平原史前时期洪水肆虐、极其潮湿，不适合人类居住，当然也就没有同时期的考古遗址和考古学文化，成都平原的考古学文化都是从周边、甚至更远的地方传来的，典型的就是《华阳国志》中古蜀王分别来自西、南、东三个方向，那么以各古蜀王为代表的考古学文化亦由外地带入，虽然，这几位蜀王有的时代要晚于古城时期，但它们的递承关系，给人们的印象是似乎成都地区的考古学文化从一开始就来自别处，没有本地的土著文化。近年古城的发现，说明至少龙山时代晚期前后的成都平原已不是洪水泛滥、沼泽相连，而是能适应当时人类的生活，并且已达到了相当进步和发展的社会阶段，人口应比较多。在考古中表现为高耸的城墙，数量众多的遗迹（房址、灰坑、灰沟、石器加工场所等）和制作讲究、装饰精美的石、陶器。

因此，我们应认真对待并用新的思路来解释和理解有关四川、成都古史的传说，并找到和考古材料相结合的切入点，四川、成都的早期历史应以考古资料为依据，而不是去套古史的传说[28]。

（五）关于"早期蜀文化"的提法

"早期蜀文化"一词在考古学界中使用频繁[29]。关于它的时代，大约相当于我国古代的商周时期[30]；关于它的代表地域，当然应是历史上蜀人（族）的主要活动区域，主要指四川盆地西部以成都平原为中心的地区。这样，我们就知道了"早期蜀文化"所指的特定含义：它是大约在商周时期由活动在四川盆地西部（以成都平原为中心）的古蜀人（族）创造的考古学文化。它着重从族称国别角度代指考古学文化，类似称谓在我国其他地区也较常见，如先商文化、早商文化、先周文化、弶文化等。它与诸如"三星堆文化"、"十二桥文化"等称谓并行不悖，唯称谓的侧重点有别而已。早期蜀文化是由川西地区（以成都平原为中心）的新石器时代文化发展而来的。换言之，蜀文化既是以族称命名的，早期蜀文化不应包括新石器时代遗存[31]。

注　释

[1]　文中成都地区一般是指成都平原，而非单指现行的成都行政区划。林名钧：《广汉古代遗物的发现与发掘》，《说文月刊》第三卷第七期，1942 年。

[2]　A. 《成都平原发现一批史前城址》，《中国文物报》1996 年 8 月 18 日。

　　B. 《成都史前城址发掘又获重大成果》，《中国文物报》1997 年 1 月 19 日。

[3]　同［1］。

[4]　A. 王家祐、江甸潮：《四川新繁、广汉古遗址调查记》，《考古通讯》1958 年 8 期。

　　B. 四川大学历史系考古学教研组：《广汉中兴公社古遗址调查简报》，《文物》1961 年 11 期。

[5]　A. 宋治民：《关于蜀文化的几个问题》，《考古与文物》1983 年 2 期。

　　B. 宋治民：《从三星堆的新发现看早期蜀文化》，《巴蜀历史、民族、考古、文化》，巴蜀书社，1991 年。

　　C. 马继贤：《广汉月亮湾遗址发掘追记》，《南方民族考古》第五辑，四川科学技术出版社，1993 年。

[6]　四川省文物管理委员会、四川省博物馆、广汉县文化馆：《广汉三星堆遗址》，《考古学报》1987 年 2 期。

[7]　A. 王毅、江章华、蒋成、卢丁：《中国长江文明起源研究的新成果——成都平原史前城址群发现记》，《成都文物》1997 年 2 期。

　　B. 成都市文物考古工作队、四川联合大学考古教研室、新津县文管所：《四川新津县宝墩遗址调查与试掘》，《考古》1997 年 1 期。

　　C. 中日联合考古调查队：《四川新津县宝墩遗址 1996 年发掘简报》，《考古》1998 年 1 期。

　　D. 成都市文物考古工作队、四川联合大学历史系考古教研室、温江县文管所：《四川省温江县鱼凫村遗址调查、试掘》，《文物》待刊。

　　E. 成都市文物考古工作队、都江堰市文物局：《四川省都江堰市芒城遗址调查与试掘》，《考古》待刊。

　　F. 成都市文物考古工作队、郫县博物馆：《四川省郫县古城遗址调查与试掘》，《文物》待刊。

[8]　四川联合大学历史系考古教研室编：《四川大学考古专业三十五年·大事记》，1995 年 6 月。

[9]　同［5］C。

[10]　同［6］。

[11]　同［7］B。

[12]　A. 中国社会科学院考古研究所实验室：《放射性碳素测定年代报告（一○）》，《考古》1983 年 7 期。

B. 北京大学考古系[14]C 实验室：《碳十四年代测定报告（八）》，《文物》1989 年 11 期。

C. 中国社会科学院考古研究所实验室：《放射性碳素测定年代报告（一四）》，《考古》1987 年 7 期。

[13] 李明斌：《广汉月亮湾遗存试析》，《华夏考古》待刊。

[14] A. 陈显丹：《广汉三星堆遗址发掘概况、初步分期——兼论"早蜀文化"的特征及其发展》，《南方民族考古》第二辑，四川科学技术出版社，1990 年。

B. 本文关于三星堆遗址的期别从孙华"三期说"。孙华：《试论广汉三星堆遗址的分期》，《南方民族考古》第五辑，四川科学技术出版社，1993 年。

[15] A. 同［5］A。文中分别称月亮湾第一、二期为月亮湾下、上层。

B. 同［13］。

[16] 郑州龙山时代的陶器器底上也饰有旋转样绳纹。邹衡：《试论郑州新发现的殷商文化遗址》，《夏商周考古学论文集》第 16 页，图五左下，文物出版社，1980 年。

[17] 同［13］。

[18] 宋治民：《早期蜀文化分期的再探讨》，《考古》1990 年 5 期。文中称月亮湾第二期为月亮湾上层。

[19] 斯大林：《论辩证唯物主义和历史唯物主义》，《斯大林选集》下卷，第 440 页，人民出版社，1979 年。

[20] 1996 年冬，成都市文物考古工作队、四川省第一测绘大队联合对宝墩、鱼凫村、古城和芒城诸城址进行了测绘，取得大量数据。

[21] 严文明：《聚落考古与史前社会研究》，《文物》1997 年 6 期。

[22] 苏秉琦：《关于重建中国史前史的思考》，《考古》1991 年 12 期。

[23] 邵望平、汪遵国：《迎接中国考古学的新世纪——中国考古学会理事长苏秉琦教授访谈录》，《东南文化》1993 年 1 期。

[24] 严文明：《龙山文化和龙山时代》，《文物》1981 年 6 期。

[25] 同［23］。

[26] 同［23］。

[27] A. 马继贤：《汉源县狮子山新石器时代遗址》，《中国考古学年鉴》1991 年，第 270～271 页，文物出版社，1992 年。

B. 徐学书：《岷江上游新石器时代文化的初步研究》，《考古》1995 年 5 期。

C. 张强禄：《白龙江流域新石器文化的初步研究》，北京大学硕士研究生学位论文，1996 年。

[28] A. 宋治民：《关于蜀文化渊源的学习札记》，《四川文物》1995 年 3 期；

B. 宋治民：《四川先秦时期考古研究的问题》，《四川考古论文集》，文物出版社，1996 年。

[29] 宋治民：《论三星堆遗址及相关问题》，《三星堆与巴蜀文化》，巴蜀书社，1993 年。

[30] 宋治民：《早期蜀文化与商周文明》，《四川文物》1997 年 1 期。

[31] 同［29］。

（原载《东南文化》1998 年 4 期）

峡江地区龙山时代遗存初步研究

李明斌

　　峡江地区，指原四川东部、今重庆境内长江沿岸的宽谷、支流平坝地域。该地区在20世纪50年代曾进行过大规模的考古调查工作，发现了一大批各个时期的文化遗址，为该地区进一步开展工作打下了良好的基础。90年代，随着三峡工程建设的开工，峡江地区的考古工作迎来了黄金时机，大规模、长期的工作已全面铺开，阶段性成果层出不穷，对研究本地区各个时期的考古学文化起到了极大的推动作用。本文拟在这些工作的基础上，就峡江地区的龙山时代（公元前2600～前2000年）遗存及相关问题进行初步研究。

一、典型遗址分析与研究

　　峡江地区经发掘的龙山时代遗址不多，其中比较典型的有：江津王爷庙[1]、忠县哨棚嘴[2]、奉节老关庙[3]、巫山魏家梁子[4]和锁龙[5]遗址等（图一）。

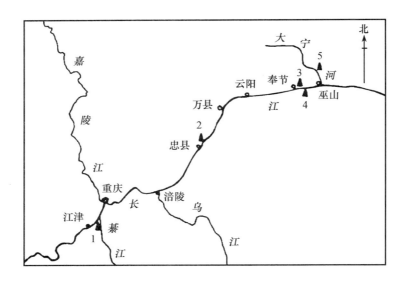

图一　峡江地区龙山时代典型遗址

1. 王爷庙　2. 哨棚嘴　3. 老关庙　4. 锁龙　5. 魏家梁子

1. 典型遗址分析

（1）江津王爷庙遗址

该遗址位于长江和綦江交汇处的三角形河嘴台地，1980 年由重庆市博物馆发现并试掘。新石器时代文化层分为第 4、5 两层，其中第 4 层分为 A、B 两小层。④A 层陶片夹砂、泥质略各占一半；④B 层以夹砂陶为主。

王爷庙出土打制石器较多，以斧和砍砸器为最多，另外还有锛、凿等。出土陶器分夹砂和泥质两大类，以夹砂陶为主，占 63.6%，陶色有红、灰、橙黄、黑皮、黑褐等种，但陶色不纯，常见内红外灰、外红内灰、外红内黑等情况。大件器物羼合粗石英砂颗粒。纹饰有戳印纹、压印纹、附加堆纹、刻划纹、篮纹、弦纹、粗细绳纹、锯齿纹、水波纹等。陶器轮制。器类有高领罐、盆、钵、盘口罐、翻沿罐等。

（2）忠县哨棚嘴遗址

该遗址位于瓷井沟口右侧山坡，面临长江，地处瓷井沟与长江交汇处的右岸，坐落在一块不规则的台面上。50 年代至 60 年代初，四川省博物馆曾对该遗址进行过调查和试掘。1993 年和 1994 年，四川省文物考古研究所和北京大学考古学系分别进行两次发掘。遗址分为三期，其中第一期在本文讨论的范畴之内。

第一期以夹砂陶为主，少量泥质陶。夹砂陶羼含粗大石英粗砂和细砂两种。陶色有红、灰、红胎黑皮、黄褐、黑褐、灰褐、红褐等。纹饰有绳压菱格纹、附加堆纹、绳纹、弦纹、刻划纹、水波纹、篦纹、镂孔、戳点纹、指甲纹等。陶器以手制为主。主要器类有深腹罐、侈口罐、盘口罐、钵、圈足等。第一期又可分为早、晚两段。

（3）奉节老关庙遗址

该遗址地处长江北岸，瞿塘峡西口，草堂河与长江交汇处的三角台地上。1993 年由吉林大学调查发现并进行试掘。1994 年吉林大学又进行试掘，两次均不是原生堆积。1995 年，为配合"瞿塘古象展览馆"建设，吉林大学考古系和四川省文物考古研究所联合对老关庙遗址进行了第三次发掘，发掘者认为下层堆积（指 T1 ~ T5 第 4 层为代表）"基本上保持了原来的面貌"，意为原生堆积[6]。

老关庙遗址下层陶器主要以夹砂陶为主，泥质陶数量很少。夹砂陶又分夹粗、细砂两种。陶色以红褐色居多，灰褐或黑褐色少。纹饰有绳纹、网格纹、人字纹、阴弦纹、斜线三角纹、篮纹、戳印坑点纹、附加堆纹等。陶器制作以手制为主。器类有深腹罐、盘口罐、高领罐、缸、钵等。

（4）巫山魏家梁子遗址

该遗址位于巫山县大宁河下游左岸二级阶地上，是一处小型的山地聚落遗址。1992 年由四川省文物考古部门普查首次发现，1994 年中国社会科学院考古研究所长江三峡队进行发掘，遗址分早、晚两期。

魏家梁子遗址出土石器中，较多的椭圆形或圆形石球最具特色，另有石斧、锛、磨盘、磨棒以及箭镞等，还有部分打制石器。陶器分泥质和夹砂两大类，夹砂陶中有少量为夹粗砂陶。陶器早期以夹细砂褐陶、夹细砂灰陶为主，晚期以泥质红陶和夹细砂红陶为主。纹饰早期流行绳纹，有少量方格纹，到晚期以方格纹为主，绳纹为少数。其他还有堆纹、水波划纹、压印纹、凸弦纹、篮纹、镂孔等。泥条盘筑加慢轮修整。器类，早期以深腹罐、侈口罐为主，晚期以高领罐、高圈足器较为典型。另外还有钵、盆、敛口罐等。

（5）巫山锁龙遗址

该遗址位于巫山县三峡瞿塘峡东口南岸二级阶地，长江与错开峡交汇东侧台地上，该遗址 1992 年由四川省文物考古研究所、巫山县文管所调查发现。1993 年中国社会科学院考古研究所、巫山县文管所对其进行了复查，并采集有陶、石器等物。1997 年成都市文物考古工作队支援库区地下文物抢救工作，对锁龙遗址进行了大面积发掘。

锁龙遗址分为早、晚两期。遗址出土较多石器，有斧、锛、凿、砍砸器、盘状器、石球等。陶质分泥质、夹砂两类，其中夹砂陶中有极少量夹粗砂。陶器早期以夹砂红褐和夹砂灰褐为主，晚期则以泥质红褐、泥质红陶为主。早期纹饰以绳纹为大宗，次为方格纹，晚期以方格纹为大宗，绳纹次之。其他还有附加堆纹、凸棱纹、瓦棱纹、压印纹、戳印纹、凹弦纹、划纹、水波纹、篮纹等。泥条盘筑加慢轮修整。两期器类都以深腹罐、侈口罐、盘口罐、钵、盆等为常见。

2. 遗址间关系探讨

根据前文对各遗址的分析，我们不难发现它们之间存在着许多共同之处。

陶器分为泥质和夹砂两大类，夹砂陶又分夹细砂和少量的（羼合）粗石英砂颗粒。陶色以红、红褐和褐色较为常见。纹饰有绳纹、附加堆纹、压印纹、水波纹、弦纹、镂孔等。制法为泥条盘筑手制，或施以慢轮修整。器物造型风格以平底器和圈足器为主，唇部压印呈花边（波浪、锯齿）者较常见。器类主要有盘口罐、高领罐、钵、盆、圈足等。这些文化要素主要方面的较强一致性，说明诸遗址间的文化内涵有紧密的关系，它们应属同一考古学文化范畴。

但诸遗址间也存在一定程度的差异，这种差异表现为两个方面，一是时间早晚上的，二是地域分布上的。这些差异还应是同一文化性质的变异。正是根据这种差别、变化，我们对这种考古学文化遗存进行了分期的尝试。

二、分期与各期文化特征

遗址的地层层位关系、陶器的组合特征和器物形制的演变，是我们进行分期研究的基础。

有地层两层以上叠压关系的遗址有：哨棚嘴、魏家梁子和锁龙三处，王爷庙虽有两层之分，但发表的器物未标层位，不便使用。

哨棚嘴遗址本阶段公布器物的层位关系有：

94T1：第 6 ~ 22 层，发表器物有第 10 层的 3 件。

94T2：第 6 ~ 20 层，发表的器物有第 8、9、10、14、15、16 层的 16 件。

根据发表的器物，可以看到它们有两组不同的器物组合：哨 1 组：深腹罐、侈口罐、花边缸组，代表单位有 94T1 第 10 层、94T2 第 14 ~ 16 层；哨 2 组：盘口罐、有领罐组，代表单位有 94T2 第 8 ~ 10 层。

魏家梁子遗址主要层位关系是：③→④→⑤。其出土陶器可分成两组：魏 1 组：侈口罐、深腹罐、瓶口罐组，代表地层单位是第 4、5 层；魏 2 组：盘口罐、高圈足组，代表单位第 3 层。

锁龙遗址因 T301 的地层关系，而将 T303 ~ T305、T309 诸发掘单位与 T307、T308 联系起来。出土陶器分别两组：锁 1 组，深腹罐、侈口罐、盘口罐组，代表单位有 T301、T303 ~ 305、T309 早期堆积；锁 2 组，盘口罐、高领罐、折沿直腹罐、高圈足组，代表单位 T307、T308。

就目前的材料而言，我们可将峡江地区本阶段遗存分成两期 4 段，如下表：

期 ＼ 组 ＼ 段	I	II	III	IV
二			魏 2 锁 2	哨 2
一	哨 1	王爷庙 老关庙 魏 1 锁 1		

第一期，包括哨 1 组、魏 1 组、锁 1 组和王爷庙、老关庙出土遗物，陶器以夹砂陶为主，泥质陶占少数，夹砂陶中夹粗砂者占一定比例。陶色以红褐、红、灰褐为主，因火候不匀而致器内外壁陶色不一。纹饰为绳纹常见，还有少量的方格纹、附加堆纹、压印纹、戳印纹、水波划纹等。I 段代表性陶器有深腹罐、侈口罐、花边缸（图二）；II 段典型器物为深腹罐、侈口罐、瓶口罐、钵、盆等（图三）。

第二期：包括魏 2 组、锁 2 组和哨 2 组陶器，以泥质陶为常见，陶色以红褐、红为主。纹饰以方格纹常见，绳纹较少，还有堆纹、压印、凸棱、瓦棱、篮纹、镂孔等。本期可分两段：III 段代表器物有盘口罐、器盖、高领罐、折沿直腹罐（图四）；IV 段典型陶器为盘口罐、有领罐等（图五）。

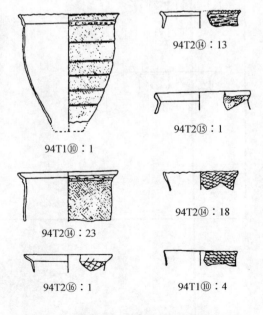

94T1⑩：1　94T2⑭：13　94T2⑮：1　94T2⑭：23　94T2⑭：18　94T2⑯：1　94T1⑩：4

图二　一期 I 段陶器举例（均哨棚嘴遗址）

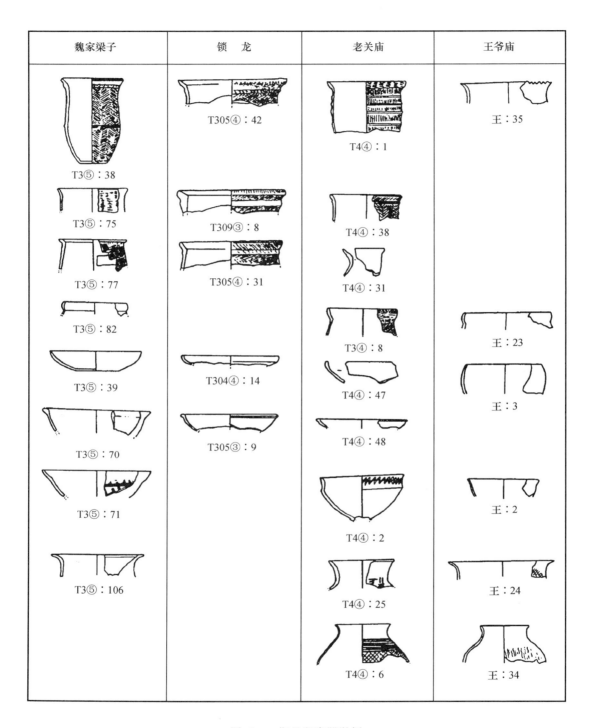

图三　一期 II 段陶器举例

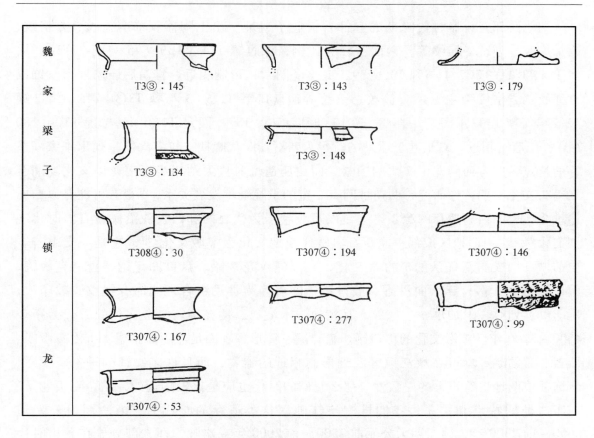

图四　二期Ⅲ段陶器举例

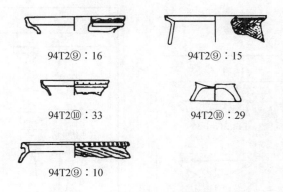

图五　二期Ⅳ段陶器举例（均哨棚嘴遗址）

三、年代学判断

由于上述诸遗址均没有确切的¹⁴C 测年数据，故对其年代的判断，目前只能依靠其他地区相关遗址、器物的相似性来进行，本文主要从鄂西、川西成都地区着手来比较。

　　湖北西部新石器时代晚期的宜都石板巷子遗址[7]出土陶器纹饰有篮纹、方格纹、附加堆纹、划纹、绳纹等，素面占较大比例，深腹罐 T14（3B）：25 与哨 94T2⑯：1，钵 T14H3：1、T2G2：1 与魏 T3⑤：39、王：3（图六）形制相近。宜昌后庙遗址[8]纹饰以细绳纹、方格纹为主，还有篮纹、弦纹等，盘口罐 T1⑤：3 与魏 T3③：145、侈口罐 T2⑤：4与锁 T307④：277、杯 T2⑤：10 与魏 T3③：187、圈足 T2⑤：16 与魏 T3③：180（图七）形制相近。石板巷子遗址的时代为新石器时代晚期，较多陶器呈现出季家湖遗存的特点，并有河南龙山文化的因素，而白庙遗址时代大约相当河南龙山文化晚期至二里头文化早期，经研究，两遗址间有一定的早晚继承发展关系，"很有可能是以白庙遗址为代表的白庙遗存的源头之一是以石板巷子为代表的鄂西长江沿岸新石器时代晚期文化"[9]。川西地区成都平原新石器时代晚期文化为宝墩文化[10]，它是一支由若干史前城址构成的新确认的考古学文化，它以绳纹花边罐、盘口圈足罐、折沿直腹罐、敞口圈足罐、侈口罐、曲沿罐、敛口罐、器盖等为常见组合，纹饰有绳纹、戳印纹、压印纹、划纹、附加堆纹、弦纹、瓦棱纹、水波纹、镂孔等。宝墩文化的时代为距今4500～3700 年。宝墩文化的侈口罐、盘口罐、筒形罐、圈足器、深腹罐、折沿直腹罐、器盖、有领罐等均可在峡江地区找到形制相近的器物，而且许多纹饰的种类、纹样、装饰部位两地也有很大的一致性，那么它们的时代也应是比较接近的，结合石板巷子、白庙遗址的特点和关系，我们推测峡江地区这类遗存的时代为，第一期为公元前2600～前2300 年，第二期为公元前 2300～前 2000 年或略晚，即大部分处在龙山时代这个阶段之中。

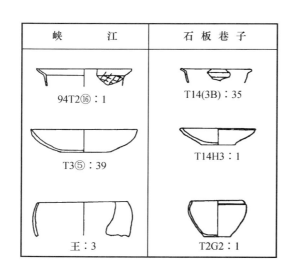

图六　第一期年代的比较

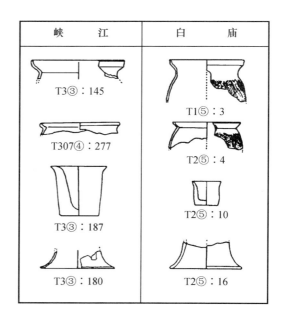

图七　第二期年代的比较

四、渊源与流向

峡江地区龙山时代遗存辨析与确认，是峡江地区继大溪文化之后新石器时代考古发现与研究的又一重大收获，它对于完善该地区考古学文化发展谱系、重建其史前史具有重要的学术意义。

关于其渊源，就目前我们所掌握的材料，尚无法作出明确的判断，但该地区自旧石器时代以来的文化传统不会贸然中断，其龙山时代遗存已表现出相对发达的文化面貌，相信随着以后工作的不断开展，它的渊源一定会被发现，而且渊源应在当地的远古文化中产生。

峡江地区龙山遗存的发展流向应是以陶鬲、罐、釜、高柄豆、尖底杯等为组合特征的商周文化，在忠县哨棚嘴、巫山双堰塘、万县中坝子等遗址[11]中有层位或器物方面的体现。

五、与鄂西、川西成都地区同时代遗存的关系

从整个陶器群来考察，三者之间的区别是主要的。

首先看与邻近的鄂西地区文化遗存的区别。石板巷子遗址陶器分泥质陶、夹砂陶和夹炭陶三种，以泥质陶最多。陶色有黑、灰、红褐、浅灰，以黑陶最多。纹饰中篮纹占主要地位。主要器形有鼎、釜、高领罐、小高领罐、大口罐、小罐、豆、圈足盘、研磨盆、盃等。这些文化特征主要表现为与峡江龙山遗存的差异。

宝墩文化陶器以夹砂灰陶、泥质灰白陶、饰黑色陶衣的泥质灰黄陶为主要。纹饰有绳纹、戳印纹、弦纹、篦划纹，不见方格纹。高领罐、圈足器、花边绳纹罐、侈口罐两地形制多有差异，宝墩文化的宽沿直腹罐、敞口圈足罐、花边喇叭口形器等为其独有。宝墩文化没有发现石球、磨盘和磨棒，而石球在峡江龙山遗存中占有很重要的地位。从总的文化面貌看，魏家梁子与王爷庙等长江沿岸的遗存更为相似一些，代表了四川东部地区长江沿岸地带的一种新石器时代晚期文化[12]，与川西宝墩文化的差异是主要的。

在上文年代学判断中，我们指出了三地间有一定程度的文化因素的相似性，这在龙山时代这个大的历史背景下是容易理解的。龙山时代，各地的考古学文化，尤其是地域相邻考古学文化的交流，通过各种途径或战争、或贸易、或馈赠等达到空前的程度，可以这样说，龙山时代是中国各地远古文化大规模、大范围、各领域融汇的第一次高峰，使各地均出现相对较高的考古学文化发展程度，而且这种融汇趋势越往后发展越是明显。但是这种文化上因广泛交流而表现出的相似性并不能抹杀它们由于不同文化渊源而体现出的差异性。三地龙山时期的遗存都是各自在本地更早远的文化基础上承袭、发展、演变而来的，它们基本同时出现，既有各自独有的文化特征，相互间又进行着广泛的交流与融汇。三地的龙山遗存也各自有发展流向，峡江地区往后发展为以哨棚嘴、中坝子、双堰塘为代表的商周遗存，鄂西地区则是香炉石第7层为代表的遗存[13]，而川西宝墩文化以后是三星堆青铜文化，当然它们之间的交往更加频繁和广泛，此不赘述。

六、关于文化命名的问题

峡江地区龙山时代遗存正式发表的材料不多，而且与周邻同时期其他考古遗存比，文化内涵并不十分丰富，这可能和峡江的地貌、地势等自然环境有关。诸遗址都位于长江或其支流面积不大的台地上，没有太大的发展空间和余地。老关庙、王爷庙因堆积层次和遗物介绍的局限，不宜作为一支考古学文化的命名；而锁龙遗址的文化内涵与魏家梁子遗址有很大的共性但不如后者丰富；魏家梁子、哨棚嘴遗址堆积较丰富，遗物比较单纯，时间延续较长，两期堆积都有，具有代表性，虽然哨棚嘴遗址1997年度的发掘工作，表明它的遗物、遗迹更为丰富，地理位置适宜，而魏家梁子处于本类文化遗存分布的东缘，但考古学文化是客观存在的，对一个考古学文化的发现、认识是逐渐完成的，如不断更换考古学文化名称，势必引起混乱，因此名字可不改，考古学文化的特征，可在以后的发现中加以重新概括和说明[14]。如大溪文化的命名便遵循了上述原则。因此，我们认为以魏家梁子文化来命名峡江地区（重庆至巫山段）该类遗存是比较合适的。

注　释

［ 1 ］　重庆市博物馆：《重庆市长江河段新石器时代遗址调查与试掘》，《考古》1992 年 12 期。

［ 2 ］　王鑫：《忠县瓷井沟遗址群哨棚嘴遗址分析——兼论川东地区的新石器文化及早期青铜文化》，《四川考古论文集》，文物出版社，1996 年。

［ 3 ］　吉林大学考古学系、四川省文物考古研究所：《奉节县老关庙遗址第三次发掘》，《四川考古报告集》，文物出版社，1998 年。

［ 4 ］　中国社会科学院考古研究所长江三峡考古工作队：《四川巫山县魏家梁子遗址的发掘》，《考古》1996 年 8 期。

［ 5 ］　成都市文物考古工作队：《重庆巫山县锁龙遗址一九九七年发掘简报》，待刊。

［ 6 ］　赵宾福、王鲁茂：《老关庙下层文化初论》，《四川考古论文集》，文物出版社，1996 年。

［ 7 ］　宜都考古发掘队：《湖北宜都石板巷子新石器时代遗址》，《考古》1985 年 11 期。

［ 8 ］　湖北宜昌地区博物馆、四川大学历史系考古专业：《湖北宜昌白庙遗址试掘简报》，《考古》1983 年 5 期。

［ 9 ］　宋治民：《蜀文化与巴文化》，四川大学出版社，1998 年。

［10］　江章华、颜劲松、李明斌：《宝墩文化初论》，《考古》待刊。

［11］　1997 年发掘资料，待刊。

［12］　吴耀利、丛德新：《试论魏家梁子文化》，《考古》1996 年 8 期。

［13］　同［ 9 ］。

［14］　严文明：《新石器时代考古研究的两个问题》，《文物》1985 年 8 期。

（原载《东南文化》2000 年 1 期）

再论川东长江沿岸的史前文化

江章华

笔者曾对川东长江沿岸的史前文化进行过初步的分析[1]，近年随着考古工作的不断深入，新资料的发表，过去的认识有必要进行修正，因此笔者想就川东长江沿岸的史前文化再谈一点阶段性的看法。目前这一区域发现的最早的史前遗存是丰都玉溪遗址的类似于"城背溪文化"的一种遗存。接下来还发现有"大溪文化"和"屈家岭文化"遗存。除巫山的大溪遗址以外，其他遗址仅发现少量这类遗存，之后在这一区域发展起来一种地方性特征较强的考古学文化——哨棚嘴文化，分布遍及整个峡江和峡西地区，已有大量这类遗存出土。本文所分析的史前文化对象为哨棚嘴文化。

一、文化分期

首先由分析典型遗址入手，现今能看到的材料以忠县眢井沟遗址群最为丰富，尤以哨棚嘴和中坝（羊子岩）遗址最典型，因此首先分析这两处遗址。

哨棚嘴文化最典型的陶器有：敞口深腹缸、折沿深腹罐、盘口罐，这三种器物具有分期意义。其中折沿深腹罐有 4 种基本形制：①沿宽下弧略呈盘状，称盘口形；②沿端上折，称微折口形；③沿窄而上折，称折口形；④直口，沿外作裙边装饰的裙边口形。敞口深腹缸也有 4 种基本的形制：①沿外侈，下内收，称侈口形；②沿略直，下内收，称微直口形；③直口形；④粗花边，尖底的粗花边口形。在以下的分析中这三种陶器的形制是分组、判断诸地层单位的共时关系最重要的依据。

1. 哨棚嘴遗址

该遗址属忠县眢井沟遗址群中最重要的遗址之一，位于长江西北岸眢井沟口的右（南）侧的三角形台地上。已经过多次发掘，材料比较丰富，笔者分析所依据的有 1994 年和 1997 年发掘的两批材料[2]，以 1997 年的为主。哨棚嘴遗址 1997 年发掘的史前遗存以下述探方最为丰富：

T411：6、7、9 层，可分为两组，6 和 7 层接近，以 6 层最丰富，简称 T411⑥组，9 层与 6、7 层区别大，为一组，简称 T411⑨组。

T403：10、11 层，可分为两组，其中 11 层所见的敞口深腹缸一种为侈口形接近于

T411⑥组的缸；另一种为微直口形，在中坝遗址 H283 中有与哨棚嘴 T411⑥组相同形态的微折口形的折沿深腹罐共存的情况，因此可归入 T411⑥组。10 层所见的折沿深腹罐为折口形、敞口深腹缸为直口形，与 T411⑨、⑥组有别，并大量出现盘口罐，可作为一组，简称 T403⑩组。

依据上述可建立起三组最主要的早晚关系：T411⑨组→T411⑥组→T403⑩组（箭头代表早于关系）其他探方出土陶器均不超出这三组的范围。

T331：出土陶器主要是 10、8 层，其中 8 层见有微折口形深腹罐，可归入 T411⑥组，10 层从层位看当早于 T411⑥组，有喇叭口高领罐、宽沿深腹罐，三组均不见，报告归入了早期也许有根据，因此归入 T411⑨组。

T311：出土陶器主要是 10、9 层，10 层见有宽沿深腹罐，9 层见有喇叭口高领罐等，与 T331 的 10 层所见同类器相近，因此可归入 T411⑨组。

T121：出土陶器的有 7 层，所见的折沿深腹罐为微折口形，因此归入 T411⑥组。

T431：出土陶器的第 8 层见有直口形敞口深腹缸，归入 T403⑩组。

T321：第 8 层所见的敞口深腹缸为微直口形，归入 T411⑥组。

H57：所见的敞口深腹缸为直口形，归入 T403⑩组。

T421：第 8 层出有盘口罐，归入 T403⑩组。

上述关系可列为下表：

	T411	T403	T331	T311	T121	T431	T321	H57	T421
T411⑨组	9		10	9、10					
T411⑥组	6、7	11	8		7		8		
T403⑩组		10				8	8	√	8

2. 中坝遗址

该遗址也经过多次发掘，笔者目前所见到的有 1998 年发掘的 ⅠB 区的部分材料[3]，比较典型出土遗物丰富的有 H283、H297、H292、H318 等，其他的还有 H309、H308、H314、H281、H291。这些单位有几组层位关系较为重要。

① 12→H283→生土

② 11→H297→12

③ H308→H309→11

④ H318→H308

⑤ H292→H297（箭头代表叠压或打破）

依据上述可以得出几个典型单位直接或间接的层位关系如下：

H318→H308→H292→H297→H283

在这一关系中 H283 的年代最早，往前依次相对较晚。从这些单位出土的陶器群看，H283 与 H297 区别较大，H297 与 H292 区别亦较大，H318 和 H308 与 H292 比较接近，归入 H292 组，这样又可略为以下的早晚关系：

H283→H297→H292 组 （箭头代表早于）

3. 分期

在根据哨棚嘴和中坝两个典型遗址的层位和共时关系进行分组的基础上，再来对比两个遗址各组间的对应关系。中坝遗址 H283 出土的折沿深腹罐为微折口形，敞口深腹缸有侈口形和微直口形，接近于哨棚嘴 T411⑥组。中坝 H297 出土有盘口罐，敞口深腹缸为直口形，接近于哨棚嘴 T403⑩组。中坝 H292 组出土的折沿深腹罐沿外有附加的裙边装饰，敞口深腹缸唇部的波浪花边较深、较粗，出现了尖底，与哨棚嘴和中坝前述的各组有较大的差异，是目前所见最晚的一组陶器。这样根据哨棚嘴和中坝两个遗址的材料可将这一文化分为四期，分期情况列为下表：

	一期	二期	三期	四期
哨棚嘴	T411⑨组	T411⑥组	T403⑩组	
中坝		H283	H297	H292 组

二、各期特征及其他相关遗址的分析

一期：陶系为夹砂陶略多于泥质陶，夹砂陶中以夹砂褐陶为主，其中又以红褐陶和黄褐陶为主，灰褐陶较少，夹砂灰陶中以黑灰陶为主。少量青灰陶，泥质中以红褐陶为主，次为青灰，再次为黑灰，少量黑皮陶。绳饰较发达，其中绳压菱格纹数量最多，基本为小菱格，次为细绳纹，再次为箍带纹和旋纹，还有少量的线纹、水波纹、折线、瓦纹等。代表性陶器有折沿深腹罐、敞口深腹缸、长颈罐、宽沿深腹罐、钵等，以缸的数量最多，约占 44%，其次是折沿深腹罐，约占 35%。此时的折沿深腹罐沿宽而下弧，呈盘口形，敞口深腹缸为侈口形，平底较大（图一）。

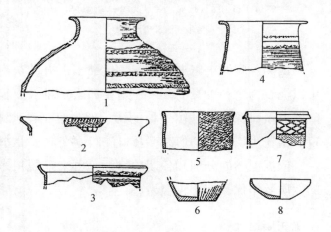

图一 哨棚嘴文化一期陶器
1. 长颈罐（97T311⑨：6） 2、3. 折沿深腹罐（97T411⑨：15、97T411⑨：20） 4、7. 罐（97T311⑩：7、97T411⑨：24） 5、6. 敞口深腹缸（97T411⑨：25、97T411⑨：26） 8. 钵（97T411⑨：19）（均为哨棚遗址出土）

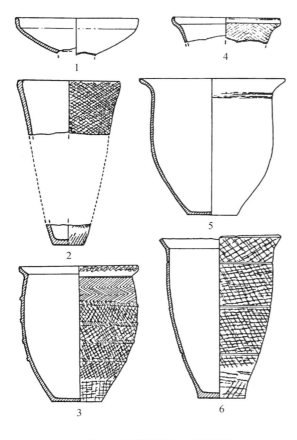

图二　哨棚嘴文化二期陶器

1. 钵（97T411⑥：9）　　2、6. 敞口深腹缸（97T321⑧、
H283：1）　3. 折沿深腹罐（H283：2）　4、5. 罐（97T121
⑦：5、97T411⑥：10）（1、2、4、5 为哨棚嘴遗址出土、3、
6 为中坝遗址出土）

二期：夹砂陶剧增，仍以夹砂褐陶为主，其中以红褐和黄褐的数量最多，其次是灰褐，夹砂灰陶仅占 10% 左右。泥质陶较少，其中以红褐为主，其次是青灰、黄褐、黑灰、黑皮数量很少。纹饰仍然很发达，以绳压菱格纹数量最多，主要是大菱格纹，小菱格纹极少，其次是粗绳纹，再次是箍带纹，另有少量的细绳纹、折线纹、戳印纹等。代表性陶器有折沿深腹的罐、敞口深腹的缸、钵、盆等。此时缸的数量增多，并多为上直下内收的微直口形，底部较一期变小，折沿深腹罐多变为微折口形，少见长颈罐（图二）。

三期：夹砂陶与二期相若，其中依次为黄褐、红褐、灰褐，夹砂灰陶较少。泥质陶分红褐和黑皮。此期有纹饰的陶片减少，素面陶增加，其中数量最多的是粗绳纹，次为大菱格纹，细绳纹、小菱格纹、箍带纹、水波纹、瓦纹等数量极少。代表性陶器有折沿深腹罐、敞口深腹缸、圈足盘、盘口罐、豆、钵等。其中折沿深腹罐变成了折口形，敞口深腹罐变成了直口形，底部进一步变小（图三）。

四期：陶器仍以夹砂褐陶数量最多，夹砂灰陶和泥质陶较少。纹饰仍然很发达，其中以绳纹为主，少量的弦纹、划纹和附加堆纹，箍带纹、菱格纹等已基本消失。代表性陶器有敞口深腹缸、裙边口的罐、圈足盘、盆、钵、器盖等。最有特征的是缸变成了直口、粗花边、尖底的形制，敞口深腹罐变成了沿外作裙边装饰的裙边口形（图四）。

依据上述的分期和各期的特征，再来审视川东地区其他遗址这一阶段的古文化遗存的性质及年代，就比较容易。

1. 老关庙遗址

该遗址位于奉节县境内，地处三峡西口的长江北岸，总面积约 4000 平方米，前后经过了 1993 年、1994 年和 1995 年三次发掘，其中以第三次发掘收获最丰富。目前能见到的资料也主要是第三次发掘的第 4 层，该层陶器的特点是夹砂陶占 99.3%，陶色以红褐居多，黑褐和灰色次之，除少量的素面陶外，绝大多数有纹饰，其中绳纹最多，约占

94.5%，其他纹饰如网格纹、斜线三角纹、人字纹、弦纹、戳印纹、附加堆纹等，数量很少，约占2%，绳纹一般较深，分横向、斜向、和交错等[4]。其特征接近于前面分的第四期，从器形看，有裙边口的罐，敞口缸为粗花边、直口、尖底，也是第四期的特征。因此老官庙遗址第4层应属哨棚嘴文化第四期。

2. 魏家梁子遗址

该遗址位于巫山县大宁河下游左岸的二级台地上，南距巫山县城约7.5公里，是一处小型的山地聚落遗址，面积1500平方米左右。1994年中国社会科学院考古研究所长江三峡考古工作队对

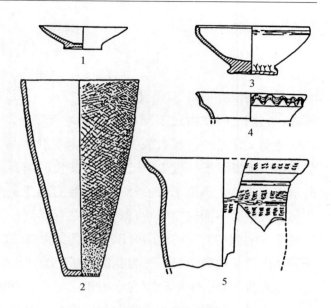

图三　哨棚嘴文化三期陶器

1、3. 钵（97T421 ⑧：30、H297：4）　2. 敞口深腹缸（97H57：5）　4、5. 盘口罐（97T403⑩：13、H297：25）（1、2、4为哨棚嘴遗址出土，3、5为中坝遗址出土）

该遗址进了正式发掘，共揭露面积150平方米，发现的史前文化堆积层有3、4、5层，这三层文化一脉相承，时间上紧密衔接[5]。由于该遗址处在紧靠长江中游的石家河文化分布区，因此其文化因素十分复杂，其中的石家河文化因素是十分明显的，如陶器中的方格纹、篮纹均不是哨棚嘴文化的特征，而是石家河文化的特征，器物中的高领广肩罐、圈足盘、杯等也是石家河文化的典型器。而哨棚嘴文化的典型器在此很少发现，其中仅深腹罐、侈口罐、钵以及纹饰中的水波纹等与哨棚嘴文化的特征有些相似。究其原因，经仔细比较发现，魏家梁子的第5层所见的深腹罐、瓶口罐、钵等与老官庙遗址的同类器相近，但未见老官庙遗址的裙边口罐和敞口深腹的缸等典型器，推测时代当略晚于老官庙，即略晚于前面分的哨棚嘴文化第四期。第3、4层就更晚，这样看来魏家梁子的文化面貌与哨棚嘴文化区别较大有地域上的原因，也有时间上的原因。魏家梁子所见的广肩罐和圈足盘均是石家河文化晚期的特征，因此其年代上限不会超过石家河文化的晚期。

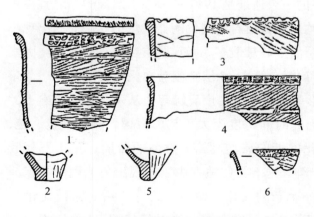

图四　哨棚嘴文化四期陶器

1、4、6. 折沿深腹罐（H292：26、H292：23、H292：35）　2、3、5. 敞口深腹缸（H292：68、H292：41、H292：69）（均为中坝遗址出土）

三、年代推断

目前还没有一组[14]C 测年数据作为参考，不过该文化在地域上东与长江中游文化区相邻近，它们之间发生过不同形式的接触与交流，而且就目前考古资料所反映的情况看，在哨棚嘴文化之前，城背溪文化、大溪文化和屈家岭文化曾到达或影响到了这一区域，如丰都玉溪发现了一组类似于城背溪文化的陶器，哨棚嘴遗址的下层发现有屈家岭文化的彩陶壶等。正是由于这种分布和接触的交互关系，因此在许多遗址都发现了哨棚嘴文化与长江中游不同时期的新石器文化共存于同一遗址，在层位上有早晚关系（如大溪遗址发现有哨棚嘴文化的地层叠压在大溪文化地层之上），以及与长江中游同时期文化共存于同一地层单位的情况，这为我们推断哨棚文化的年代提供了依据。

首先我们来分析哨棚嘴文化的年代上限，在哨棚嘴遗址曾于哨棚嘴文化早期的地层之下出土过 1 件屈家岭文化晚期的彩陶壶，其形态与京山屈家岭遗址的 Ⅱ 式壶接近，那么由此可以推断哨棚嘴文化的年代上限当晚于屈家岭文化的年代。另据 1995 年发掘的湖北秭归庙坪遗址 H2 出土 1 件长颈罐（H2∶8）[6]，其形态与哨棚嘴文化早期的长颈罐接近。庙坪遗址的报告作者将该遗址的新石器遗存分为早晚两期，H2 与 H1 分在一起，为晚期，作者将其分在同期，相信它们在陶器特征上一定有很多相近的地方。而在 H1 中出土有石家河文化中比较常见的缸（H1∶31），该陶缸腹最大径在下腹部，在《肖家屋脊》[7]报告中属石家河文化早期前段的特征，按张绪球先生对石家河文化的分期，此种形制的缸亦在石家河文化的早期[8]，那么与之同时的长颈罐年代亦当在石家河文化的早期。依据上述则可将哨棚嘴文化的早期年代推定在石家河文化的早期应该说不会有大的问题，绝对年代的上限据肖家屋脊的[14]C 测定约在距今 4600 年。

能推断哨棚嘴文化的年代下限最理想的一个遗址是 1985～1986 年发掘的湖北宜昌白庙遗址[9]，此次发掘的白庙遗址 3～7 层均出土有新石器文化陶器，从第 6 层开始出现哨棚嘴文化因素的陶器盘口罐，以第 4、5 层出土数量最多。第 6 层主要以石家河文化因素的陶器为主，有圈足盘、碗、豆、甑和广肩罐。第 4、5 层哨棚嘴文化因素的盘口罐数量明显增多，石家河文化因素的陶器有罐形鼎、圈足盘、广肩罐等。从 4、5、6 层出土的石家河文化陶器看，没有太大的变化，因此时间跨度不大，其广肩罐、圈足的盘、碗，高圈足的豆，罐形的鼎等均是石家河文化晚期的典型陶器。类似的器形还见于石板巷子[10]，季家湖第三期[11]，均县乱石滩[12]等。这一类的遗存由于表现出与典型的石家河文化的差异较大，因此也有学者主张用一个新的文化来命名，故有"后石家河文化"、"白庙文化"、"乱石滩文化"、"石板巷子文化"等命名，绝对年代据[14]C 测定为距今 4000～3800 年[13]。而与上述遗存共存的盘口罐应是哨棚嘴文化的典型陶器，主要出在哨棚嘴文化的三期，中坝遗址属哨棚嘴文化三期的 H297 出过 1 件比较完整的盘口罐，其形制与白庙遗址第 4 层出土的 1 件就非常相近。由此可以推断哨棚嘴文化三期的年代大约与石家河文化的晚期相当，或者说与石板巷子文化的年代相当。那么哨棚嘴文化第四期就晚于石家河文化的晚期，即哨棚嘴文化的年代下限当晚于 3800 年。

四、相关问题

目前川东长江沿岸发现最早的史前遗存是丰都玉溪遗址发现的类似于城背溪文化的遗存，接下来有少量大溪文化和屈家岭文化遗存的遗物，但目前发现的资料并不丰富，这一区域在哨棚嘴文化以前是否属于上述三种考古学文化的分布范围，抑或是文化交流所致，还不能骤下断言。到了距今 4600 年左右，才兴起了哨棚嘴文化，而哨棚嘴文化与上述三种考古学文化相比，有很强的个性，之间没有任何继承的迹象，也就是说不可能直接从大溪、屈家岭发展而来。那么这样就提出了一个新的问题，哨棚嘴文化的源头何在？值得注意的是，几乎在同一时间，成都平原也出现一支以宝墩遗址为代表的宝墩文化[14]。宝墩文化与哨棚嘴文化有一些相似之处，如两者都盛行小平底器，不见三足器和圜底器，器口喜作花边装饰。而目前宝墩文化的源头也不清楚，无论是宝墩文化，还是哨棚嘴文化，其直接源头不可能在四川盆地以外的区域去寻找。川西高原的新石器文化与甘青地区较为密切，目前也看不出作为直接源头的可能性。那么川东北地区的嘉陵江等流域的情况又如何，中国社会科学院考古研究所曾在嘉陵江和涪江流域作过一些工作，发掘的遗址有广元中子铺、张家坡、邓家坪，绵阳边堆山[15]，四川省文物考古研究所也发掘了通江擂鼓寨和巴中月亮岩遗址[16]。张家坡遗址年代距今 6000~5500 年，陶器以褐陶为主，纹饰简单，以绳纹、堆纹和划纹为基本形式，口沿外施加堆纹较有特点，有个别口唇作波状。以平底器为主，个别圈足器，不见圜底器和三足器；邓家坪遗址年代距今 5500~5000 年，以夹砂灰褐陶为主，泥质灰陶较少，还有少量的黑皮陶和个别泥质红陶。纹饰以绳纹和堆纹最普遍，另有划纹、锥刺纹等，流行口沿和唇部施绳纹或花边波浪作风。陶器可辨器形的有深腹罐、鼓腹罐、钵、碗、器盖等。石器趋于小型化，以斧、锛、凿为主。从上述两个遗址可以看出，张家坡口沿外施加堆纹的做法正是哨棚嘴文化的特征，口沿的花边装饰从较早的张家坡个别口唇作波状到稍晚的邓家坪流行口沿和唇部施绳纹或花边波浪作风，也就是年代越晚与宝墩文化和哨棚嘴文化越接近。再来看更晚的边堆山遗址，边堆山遗址年代距今 5000~4500 年，该遗址正式发表的有 1988 年的调查材料[17]，1989 年的发掘材料尚未发表，仅见于个别学者的论文[18]。笔者曾参观过该遗址的发掘和出土遗物，其文化特征是陶器中泥质陶和夹砂陶几乎各半，泥质陶中分灰白、灰黄和褐色，夹砂陶中分褐陶、红褐和灰陶。纹饰多绳纹，另有附加堆纹、锥刺纹、弦纹、划纹等，唇沿施绳纹和齿状花边装饰特征突出。器形分平底器和圈足器。该遗址部分特征与宝墩文化相近，如陶器中灰白陶和灰黄陶特征，器形中的喇叭口高领罐、绳纹花边口罐、敞口圈足尊等，其唇沿施绳纹和齿状装饰是宝墩文化和哨棚嘴文化所共有的特征。该遗址还有一种典型的陶器，作敞口或折沿，沿下附裙边装饰，这种风格和器物在宝墩文化中绝不见，而是哨棚嘴文化的作风，其间应该有某种联系。我们再看位于川东北渠江流域上游的通江擂鼓寨和巴中月亮岩遗址，两个遗址曾经过调查，其中擂鼓寨遗址进行过试掘。该遗址也有一个突出的特征，就是流行将器口沿作成水波纹样或齿状。到此我们可以比较清楚地看出无论是成都平原的宝墩文化还是川东峡江地区的哨棚嘴文化在很大程度上与川东北的原始文化有联系，在年代上川东北的原始文化相对较早，因此可以推测，哨棚嘴文化和宝墩文化可能与川东北地区更早的原始文化有渊源关系。尽管目前材料还太少，证据并不十分充分，至少应该引起我们的注意。如此看来哨棚嘴文化和宝墩文化的某些因素可能有着共源关系，在它们后来的发展中，由于不同的生存环境和发展空间，以及与不同的文化作用产生了很大程度的差异，这是完全可能的。以上仅是笔者就现有的资料所作的推测，这需要将来考古工作的证实，笔者觉得川东北地区的考古工作很重要，应引起足够的重视。

哨棚嘴文化最初兴起在峡西地区，即万县与丰都之间，中心很可能在忠县一带，后来势力逐渐向东发展，大约在哨棚嘴文化的三期到达鄂西地区与石家河文化接触，如白庙遗址就有很突出的表现，同时石家河文化也影响了峡江地区，在瞿塘峡以东至鄂西地区，形成了一个石家河文化与哨棚嘴文化的过渡地带，因此在这一地带的遗址既包含有石家河文化的因素，也有哨棚嘴文化的因素，在巫山魏家梁子和巫山锁龙遗址均发现有石家河文化因素和哨棚嘴文化因素共存的情况。

在石家河文化衰落不久，哨棚嘴文化也很快随之衰落，有意思的是与此基本同时，成都平原的宝墩文化也相继衰落，于是川东峡江地区和成都平原的古文化都发生了突变，伴随而来的是中原二里头文化的渗透。这种突变，很难用文化传播和影响来解释，在二里头文化的渗透过程中，伴随而来的可能是民族的迁徙与征服过程。这一路线由鄂西地区沿长江西进，成都平原正是在这一外力的作用下诞生了三星堆文明。川东峡江地区亦成为三星堆文化的分布范围，初期阶段东边甚至到达了鄂西地区。自此以后川东峡江地区与成都平原的文化基本同步发展，并不断整合，形成了一个地域辽阔的三星堆文化——十二桥文化——战国巴蜀青铜文化承继发展的文化区。

注　释

［1］　江章华、王毅：《川东长江沿岸史前文化初论》，《四川文物》1998 年 2 期。

［2］　王鑫：《忠县㽏井沟遗址群哨棚嘴遗址分析——兼论川东地区的新石器文化及早期青铜文化》，《四川考古论文集》，文物出版社，1996 年；北京大学考古文博院三峡考古队、北京大学考古文博院三峡考古队、重庆市三峡库区田野考古培训班、忠县文物管理所：《重庆忠县㽏井沟遗址群哨棚嘴遗址发掘简报》，重庆市文物局、重庆市移民局编：《重庆库区考古报告集》（1997 卷），科学出版社，2001 年。

［3］　孙智彬：《中坝遗址新石器时代遗存初论》，中国考古学会第十次年会论文打印稿。

［4］　吉林大学考古系、四川省文物考古研究所：《奉节老官庙第三次发掘》，《四川考古报告集》，文物出版社，1998 年。

［5］ 中国社会科学院考古研究所长江三峡考古工作队：《四川巫山魏家梁子遗址的发掘》，《考古》1996年8期。

［6］ 湖北省文物考古研究所三峡考古队：《湖北秭归县庙坪遗址1995年试掘简报》，《三峡考古之发现（二）》，湖北科学技术出版社，2000年。

［7］ 湖北省荆州博物馆、湖北省文物考古研究所、北京大学考古学系：《肖家屋脊》，文物出版社，1996年。

［8］ 张绪球：《石家河文化的分期分布和类型》，《考古学报》1991年4期。

［9］ 湖北省文物考古研究所：《1985～1986年宜昌白庙遗址发掘简报》，《江汉考古》1996年3期。

［10］ 宜都考古发掘队：《湖北宜都石板巷子新石器时代遗址》，《考古》1985年11期。

［11］ 湖北省博物馆：《当阳季家湖楚城遗址》，《文物》1980年10期。

［12］ 中国社会科学院考古研究所长江工作队：《湖北均县乱石滩遗址发掘报告》，《考古》1986年7期。

［13］ 杨权喜：《关于鄂西六处新石器时代晚期遗存的探讨》，《考古》2001年5期。

［14］ 江章华等：《成都平原早期城址群——宝墩文化初论》，《中华文化论坛》1997年4期；江章华、王毅、张擎：《成都平原早期城址及其考古学文化初论》，宿白主编：《苏秉琦与当代中国考古学》，科学出版社，2001年。

［15］ 王仁湘、叶茂林：《四川盆地北缘新石器时代考古的新收获》，《三星堆与巴蜀文化》，巴蜀书社，1993年。

［16］ 雷雨、陈德安：《巴中月亮岩和通江擂鼓寨遗址调查简报》，《四川文物》1991年6期；四川省文物考古研究所等：《通江擂鼓寨遗址试掘简报》，《四川考古报告集》，文物出版社，1998年。

［17］ 中国社会科学院考古研究所四川工作队：《四川绵阳边堆山新石器时代遗址调查简报》，《考古》1990年4期。

［18］ 何志国：《绵阳边堆山文化初论》，《四川文物》1993年6期。

（原载《四川文物》2002年5期）

波西、营盘山及沙乌都

——浅析岷江上游新石器文化演变的阶段性

陈　剑

　　岷江上游新石器时代考古起步较早，自 20 世纪 20 年代伊始，中外学者即在此进行了多次考古调查，发现有彩陶片、磨制石器等实物，但数十年来的进展不大。近年来，岷江上游新石器时代考古有了突破性进展。2000 年 6 月至 11 月，成都市文物考古研究所等单位在岷江上游地区开展了全面、详细的考古调查，并对茂县营盘山遗址进行了初步勘探和试掘。2000 年 6 月，四川省文物考古研究所对汶川县姜维城遗址进行了小规模试掘。2002 年 9～11 月，成都市文物考古研究所等单位又进一步对茂县营盘山遗址进行了全面勘探和试掘，同时还对茂县波西遗址进行了试掘。2003 年 10 月至 12 月，经国家文物局批准，成都市文物考古研究所等单位对茂县营盘山遗址进行了面积为 1000 平方米的发掘。这些考古工作获取的第一手实物资料初步揭示了岷江上游新石器时代的文化概貌，也对探讨该地区新石器时代文化发展序列及本土文化因素的演进提供了基本材料。

一、近年岷江上游新石器考古调查与发掘的收获

　　2000 年 6 月以来，为配合《四川省文物地图集》编写工作的顺利进行，在四川省文物局的统一部署下，成都市文物考古研究所会同阿坝藏族羌族自治州文管所、茂县博物馆等当地文博单位，在岷江上游地区开展了全面、详细的考古调查，并以调查工作为基础，对茂县营盘山遗址进行了全面勘探和试掘。本次调查和试掘是岷江上游地区首次开展的具有全面性、目的性和针对性特征的系统化考古工作，前后历时近三个月，取得了丰硕的成果，考古调查共发现新石器时代文化遗址和遗物采集点达 83 处，试掘又发现了丰富的新石器时代文化遗迹和遗物，还清理了大批石棺葬，为研究岷江上游地区新石器时代文化的内涵及演变序列等课题提供了宝贵的实物材料。

　　四川茂县县城所在的河谷冲积平原不仅是岷江上游地区的地理中心，而且是该地区面积最大的平原，这里地势平坦、开阔，土壤肥沃，取水便利，扼上下交通之咽喉，历来是人类定居生活的理想之地。2000 年以来，成都市文物考古研究所、阿坝州藏族羌族自治州文管所、茂县羌族博物馆联合在此进行了全面和系统的考古调查[1]，发现了营盘

山、波西槽南、波西槽北、金龟包、波西台地、上南庄、勒石村、沙乌都、马良坪等十余处新石器时代遗址及遗物采集点（图一）。这些遗址的新石器时代遗存多数被晚期的石棺葬叠压或打破。

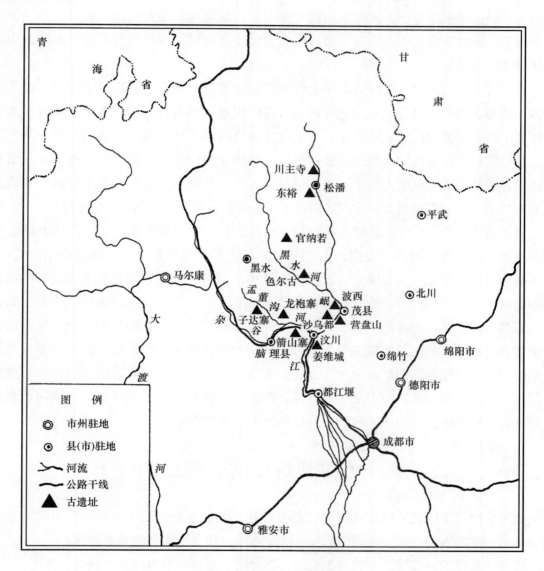

图一　岷江上游新石器时代遗址分布图

经过 2000 年 10～12 月及 2002 年 9～11 月的两次试掘[2]和 2003 年的正式发掘[3]，成都市文物考古研究所等单位对四川茂县营盘山遗址进行了详细的调查、勘探，并选点进行了发掘。共发现的新石器时代遗迹包括各型房屋基址 20 座、人祭坑 8 座、灰坑 120 余个、窑址 3 座及灶坑 12 座等，还在遗址中西部发现一处大型类似于广场的遗迹。遗址出土的陶器、玉器、石器、细石器、骨器、蚌器等类遗物总数近万件。

2002 年又对茂县波西遗址进行了小规模试掘，发现有灰沟等遗迹，出土陶器、石器等遗物近百件[4]，从陶器尤其是彩陶器和细泥红陶器的特征来看，该遗址下层堆积的时代应属于仰韶文化庙底沟类型阶段。

同年对营盘山遗址进行环境调查时，在隔江相望的北面新发现一处新石器时代晚期的遗址——沙乌都遗址[5]，从采集的陶片来看，不见彩陶及细泥红陶，花边口沿装饰的夹砂陶器、瓦棱纹泥质灰白陶等与成都平原宝墩文化的同类陶器非常相似，与营盘山遗址主体遗存的差异明显。

本次考古调查和试掘工作是岷江上游地区新石器时代考古的一次重大突破，极大地丰富了该地区新石器时代文化的研究内容，是四川地区新石器时代考古的新成果。为探讨岷江上游新石器时代文化的内涵和发展演变序列提供了可靠的实物资料，也为研究长江上游与黄河上游地区的文化交流和传播情况提供了新的佐证材料。目前基本确认营盘山遗址是岷江上游地区的大型中心聚落遗址之一[6]，其周围还分布着数十处时代相近或略有差异的中小型聚落遗址，它们共同构成了一处新石器时代晚期的大型遗址群。

营盘山遗址堪称岷江上游地区新石器时代最重要的中心聚落遗址之一。其面积近10万平方米，是该地区目前已发现的面积最大的新石器时代文化遗址。在境内山峰耸峙、重峦叠嶂、河谷深邃、悬崖壁立，素有"峭峰插汉多阴谷"之称的岷江上游这样的高山峡谷地区，如此大型的新石器时代文化聚落遗址是十分罕见的。从地理位置来看，营盘山遗址基本处于岷江上游的中心地带，其东北紧邻茂县县城所在的河谷台地，又是岷江上游地区面积最大的河谷冲积扇平原，目前发现的时代最早、规模最大的石棺葬墓地即位于此地，汉代汶山郡的郡治也一度在此。时至今日，茂县县城附近地区仍是阿坝藏族羌族自治州的重要的经济中心之一。可见，营盘山遗址及其附近地区从新石器时代到历史时期，一直是岷江上游地区的政治、经济、文化中心所在。

二、岷江上游新石器文化遗址的分类

数年来岷江上游尤其是茂县营盘山新石器时代大型遗址群的考古调查与发掘积累了较为丰富的实物资料，初步展现了岷江上游新石器时代文化演变的基本过程。

依照出土遗物的面貌，可将营盘山新石器时代大型遗址群内的遗址分成三类。

第一类：以波西遗址灰沟02G1为代表，调查发现的此阶段的遗址有数处，以茂县波西遗址为代表。波西遗址位于茂县凤仪镇平头村波西组，地处岷江西岸二级台地之上，高出岷江河床约100米，西距沙乌都遗址约500米，西南与营盘山遗址相距约1500米，东与县城隔江相望（图二）。遗址于2000年7月由成都市文物考古研究所调查发现，2002年进行了小规模试掘，在遗址中部开1.5米×10米探沟1条（编号为02SMBT1）。遗址的地层堆积较为简单，第1层为耕土，第2层、第3层均为唐宋时期的地层，第4层为新石器时代堆积，第四层下发现灰沟02G1。

02G1出土遗物包括陶器、石器两类，其中石器有器体宽扁的磨制石斧、打制石网

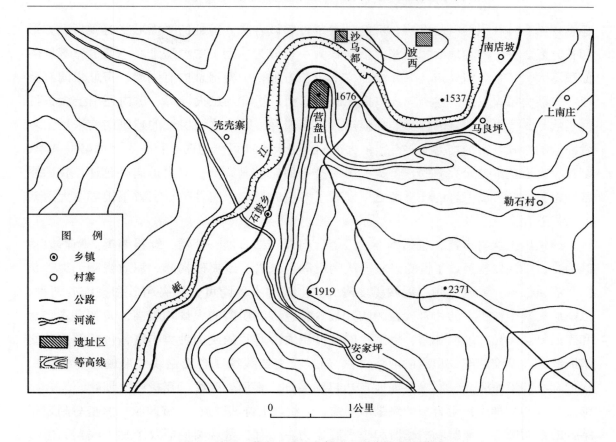

图二　波西、营盘山及沙乌都遗址群位置和地形图

坠、磨制石环等。陶片的陶质陶色包括细泥红陶、泥质褐陶、泥质灰陶、夹砂褐陶、夹砂灰陶等类；纹饰有弧边三角纹彩陶、斜向及交错线纹、绳纹、附加堆纹、弦纹、压印花边口沿装饰、戳印纹等；器形包括弧边三角纹彩陶敛口钵、细泥红陶尖唇钵、双唇式小口瓶、侈口罐、溜肩罐、高领罐、碗等。

第二类：数量较多，以营盘山遗址为代表。通过发掘对遗址平面布局分区的情况有一定的了解：其中部地带发现较多的柱洞、基槽等房屋基址和窖穴类遗迹，应为居住区；遗址中部偏西地带发现有大面积的硬土活动面遗迹，地势较为平坦，硬土面下还清理出人祭坑多座，应是举行包括宗教祭祀在内的公共活动的广场区；广场区以北地带发现有多座窑址和数量丰富的灶坑遗迹，应是集中烧制陶器的手工业作坊区；另在遗址中部偏北地带发现有多处灰坑遗迹（如 02H44 等），坑内出土了大量的细石叶、细石核、燧石器、燧石原料及半成品，推测此处可能为集中制作细石器的地点。

遗址内发现的新石器时代遗迹包括房屋基址、人祭坑、灰坑、灰沟、窑址、灶坑及广场等。灰坑的大小规格各异，平面形状包括不规则形、圆形、椭圆形、长方形、扇形等种类，底部多较平整，坑内填土大多为灰黑色土。一些灰坑底部及四周采用卵石（有的内含大形砾石）垒砌而成，推测应是进行石器加工的场所或有其他用途。个别灰坑内还发现涂有鲜红色颜料的石块，可能具有某种宗教含义。房址的平面形状有圆形、方形和长方形之分，均为地面式建筑，依面积大小可分为小型、中型房址。小型房屋基址的面积不大，多系单间建筑，平面多为方形或长方形，中型房址内有隔墙。房址之间有叠压、打破关系，发现的遗迹现象包括柱洞、基槽、灶坑及贮火罐等，房内还出土大量红烧土块，其上可见明显的棍棒插抹痕迹及拌草遗存，推测这些房址的建筑结构采用了木骨泥墙的形式。窑址均为横穴窑，依火道的位置及走向可分为两类：一类平面略呈圆形，窑箅、火道基本位于火塘的正上方；另一类平面略呈马蹄形，双火道向外延伸。在房屋基址密集区和广场遗迹的硬土面之下发现了多座人祭坑，应是举行宗教祭祀等重大活动的人牲遗存。

遗址出土遗物丰富，包括陶器、玉器、石器、细石器、骨器、蚌器等类。陶器以手制为主，一些器物经过了慢轮修整。从陶质陶色来看，以夹砂褐陶、泥质褐陶、夹砂灰陶、泥质红陶、泥质灰陶、泥质黑皮陶为主。其中夹砂陶可分为夹粗砂和夹细砂两种，以陶胎夹有颗粒粗大的片岩砂粒的陶片最具特色。泥质陶的火候均较高，尤其是彩陶片和表面打磨光亮的细泥红陶、褐陶片的硬度更大。陶片的纹饰种类丰富，包括斜向及交错绳纹（包括交错绳纹形成的网格纹）、斜向及交错线纹（含交错线纹形成的菱格纹）、附加堆纹、素面磨光、彩陶、绳纹花边口沿装饰、素面、弦纹、瓦棱纹、划纹、复合纹饰（绳纹与附加堆纹组合成的箍带形装饰、绳纹之上饰凹弦纹）、戳印纹、捏塑与刻划相结合的人面像等。陶器以平底器和小平底器为主，有少量矮圈足器及个别尖底器，器形包括侈口罐、深腹罐、碗、钵、高领罐、盆、瓮、带嘴锅、缸、宽折沿器、瓶、纺轮、陶球、穿孔器等。其中彩陶器的器形有盆、钵、罐、瓶等，彩陶均为黑彩绘制，图案题材有草卉纹、线条纹、变体鸟纹、弧线三角形纹、网格纹、蛙纹等。石器可分为打制和磨制两种，打制石器包括由大型剥离石片稍作加工而成的切割器、砍砸器、杵、石球（弹丸）、网坠等，还有少量个体甚小的燧石片；磨制石器包括斧、锛、长方形穿孔石刀、凿、砺石、穿孔石片等，其中既有器体厚重、宽大的斧、锛，也有器体小巧、磨制精细的斧、锛、凿。玉器包括环镯形器等装饰品、璧形器、仿工具及武器类的斧、锛、凿、穿孔刀、箭镞等。细石器包括大量的石叶、石核，质地以黑色及灰色半透明的燧石、白色透明的水晶及白色石英为主。骨器包括簪、锥、针、削、箭镞等。

第三类：以新发现的沙乌都遗址为代表，2002 年发掘期间，在营盘山遗址附近地区进行环境调查时，新发现了文化面貌与营盘山遗址有明显差异的沙乌都遗址。沙乌都遗址位于茂县凤仪镇水西村，地处岷江北岸三级台地以上的山脊地带，高出岷江河床约 300 米，与营盘山遗址隔岸相望，二者间的直线距离不足 800 米。在沙乌都遗址发现灰坑断面一处（编号 02SMSH1），出土及采集陶片的陶质陶色包括夹砂灰陶、夹砂褐陶、泥质灰陶和泥质磨光黑皮陶等，不见彩陶和细泥红褐陶；纹饰有绳纹、瓦棱纹、较细的附加堆纹（表面又饰压印纹）、绳纹及锯齿状花边口沿装饰、戳印纹等；器形包括侈口罐、溜肩罐、喇叭口长颈壶形器、钵、带流器等。

三、岷江上游新石器文化演变的阶段性

上述三类遗存的文化面貌有一定的共性，但差异更为明显。波西、营盘山、沙乌都三处遗址均位于茂县城关河谷冲积扇平原之内，相互之间的地理位置相距并不远，三者之间是何种关系，是时代差异抑或是同时期不同类型的文化遗存。

首先分析第一类和第二类遗存的关系，波西遗址02T1提供了这样一组地层关系：①→②→③→④→G1→生土。

其中第4层出土陶器的特征（表一）与开口于第4层下的02G1（表二）有所不同：陶质陶色方面，夹砂褐陶、泥质灰陶的比例升高；纹饰方面，线纹所占的比例略有降低；器形包括夹砂褐陶绳纹花边侈口罐、泥质灰陶卷沿罐、碗、钵、瓶等。却与营盘山遗址主体遗存的陶器（表三）特征相似。这表明岷江上游新石器文化第二阶段营盘山遗存与第一阶段波西下层遗存之间有地层上的叠压关系，也证明了波西下层遗存的年代应早于营盘山遗存。但二者是否有文化发展上的直接源流关系尚待更多的实物资料来明晰。

再看第二类遗存和第三类遗的关系，尽管目前还未发现有地层上的叠压或打破关系，但据营盘山与沙乌都遗址仅是隔江相望，而文化面貌却判然有别的情况，初步判定二者之间的关系主要是时代上的差异。

据此可将岷江上游新石器时代文化的演变划分为三大阶段。

表一　波西遗址02T1第④层出土陶片陶质、陶色及纹饰统计表陶质

陶质 陶色 数量 纹饰	泥质陶				夹砂陶		合计	百分比（%）
	褐	红	灰	黑皮	褐	灰		
斜向线纹	1	1	4				6	11
交错线纹		2	1				3	6
斜向绳纹	2	1	4		2		9	17
交错绳纹		1			1		2	4
附加堆纹		1			1	1	3	6
素面	6	3	6	5	5	2	27	51
花边口沿					2		2	4
弦纹			1				1	1
合计	9	9	16	5	11	3	53	100
	39				14			
百分比（%）	17	17	30	9	21	6	100	
	73				27			

表二　波西遗址灰沟 02G1 出土陶片陶质、陶色及纹饰统计表

纹饰 / 数量	泥质陶				夹砂陶		合计	百分比（%）
	褐	红	灰	黑皮	褐	灰		
斜向线纹		3	8				11	14
交错线纹	3		7				10	13
斜向绳纹	4		3		10		17	22
彩陶	1	1					2	3
附加堆纹		1	1				2	3
素面		4	6	1	2	2	15	19
戳印纹	17	1					18	23
弦纹	3						3	3
花边口沿					1		1	1
合计	28	9	26	1	13	2	79	100
	64				15			
百分比（%）	36	12	33	1	15	3	100	
	82				18			

表三　营盘山遗址灰坑 02H44 出土陶片陶质、陶色及纹饰统计表

纹饰 / 数量	泥质陶					夹砂陶			合计	百分比（%）
	红	褐	灰	黑	黑皮	褐	灰	黑		
斜向绳纹	4	263	134			794	671	19	1885	45
交错绳纹		133	120			167	113	17	550	13
斜向线纹			13			，	2		15	0.5
交错线纹		30	23						53	1
弦纹		5	14	1		1			21	0.5
附加堆纹	3	14	3	3		105	116	3	247	6
彩陶	86								86	2
花边口沿						4		1	5	0.4
素面	104	685	271	43	16	77	80	1	1277	31
戳印纹			2			6	2	1	11	0.5
人面纹			1						1	0.1
合计	197	1131	580	47	16	1154	984	42	151	100
	1971					2180				
百分比（%）	4.5	27	14	1	0.5	28	24	1	100	
	53					47				

1. 第一阶段

以波西遗址 2002 年发掘的灰沟 02G1 为代表的遗存属于第一阶段。出土遗物包括陶

器、石器两类，其中石器有器体宽扁的磨制石斧、打制石网坠、磨制石环等。陶片的陶质陶色包括细泥红陶、泥质褐陶、泥质灰陶、夹砂褐陶、夹砂灰陶等；纹饰有弧边三角纹彩陶、细绳纹、附加堆纹、弦纹、压印花边口沿装饰、戳印纹等；器形包括彩陶钵、细泥红陶直口尖唇钵、双唇小口瓶、侈口罐、溜肩罐、高领罐、碗等。

　　与营盘山遗址相比较，波西遗址 02G1 出土陶器的风格较独特，陶质陶色以泥质红陶、泥质灰陶为主，器表多打磨光亮，有少量夹砂褐陶；纹饰以斜向及交错线纹、绳纹、弧边三角纹彩陶、附加堆纹等为主；器形有敛口钵、直口钵、小口瓶、侈口罐等。出土的细泥红陶弧边三角纹彩陶钵、口沿内侧有一道凸棱的直口尖唇钵、双唇式小口瓶等陶器与河南陕县庙底沟遗址仰韶文化遗存出土的同类器物特征相近[7]，各类陶质陶色及纹饰所占比例以及器形上的特征也与之相似，且未见马家窑类型文化的彩陶。表明波西遗址 02G1 的内涵具有典型的庙底沟类型文化特征，其文化面貌与营盘山遗址有一定差异，年代应更早，在距今 6000 年前后。这也是岷江上游地区首次发掘的具有准确地层关系的庙底沟类型文化遗存，可以命名为"波西下层遗存"（图三）。

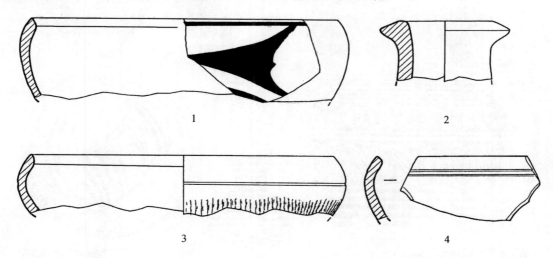

图三　波西下层遗存陶器

1. 彩陶钵（2002G1:4）　　2. 双唇式小口瓶（2002G1:5）　　3. 尖唇敛口钵（2002G1:6）　　4. 方唇敛口钵（2002G1:7）

　　以波西遗址 02G1 为代表的遗存为第一阶段，受到了仰韶文化庙底沟类型的强烈影响，外来文化因素占据较为明显的主体优势。从已有的考古资料来看，此类遗址的规模均不大，一般处于岷江干流及主要支流两岸的二级阶地之上，并呈狭长形状分布。

　　这阶段的遗址除波西遗址有明确的地层单位外，营盘山遗址也出土有这阶段的泥质陶双唇口瓶、弧边三角纹彩陶片等遗物；黑水县的官纳若遗址也采集有细泥红陶双唇口瓶、夹砂褐陶侈口罐等器物的残片，该遗址时代的上限也可至这一阶段；另在汶川县姜维城遗址也采集有泥质灰陶双唇口瓶、细泥红陶直口钵等庙底沟文化类型的遗物[8]，表明该遗址内也存在第一阶段的文化遗存。

2. 第二阶段

第二阶段即以营盘山遗址的主体遗存（图四）为代表，可以命名为"营盘山遗存"。此阶段岷江上游的新石器文化发展到高度繁荣阶段，遗址数量众多，尤其是出现了营盘山遗址这样的大型中心聚落。外来文化因素（主要是西北地区马家窑文化石岭下类型和马家窑类型、以大地湾遗址第四期文化为代表的仰韶文化晚期遗存的影响）仍然占据着相当重要的地位，但以夹砂褐陶侈口花边罐、喇叭口长颈陶罐形器、矮圈足陶器及燧石细石器等内容为代表的本土特色文化因素也开始逐步突显。

目前发现的这一阶段遗存的数量较为丰富，分布的地域也较广，基本遍及整个岷江上游地区。大渡河上游、中游的新石器文化与这一阶段遗存之间也存在较多的相似文化因素。

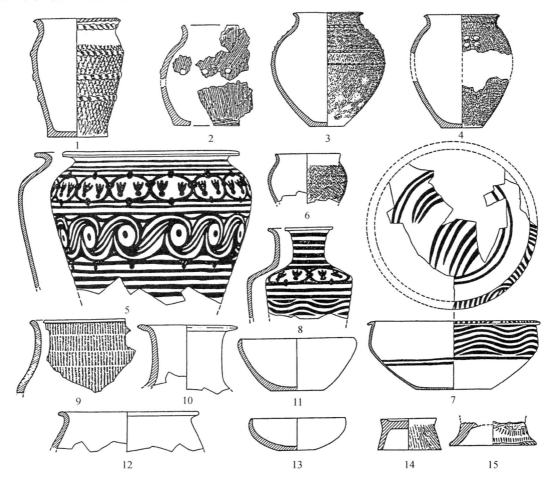

图四　营盘山遗存陶器

1~4、6、9. 夹砂陶罐（2000T10④：37、2000H28：26、2000T12⑤：36、2000H3：36、2000T11①：1、2000H8：57）
5. 彩陶罐（2000H8：1）　7. 彩陶盆（2000H8：2）　8. 彩陶瓶（2000H12：5）　10. 泥质陶高领罐（2000H4：19）　11、13. 泥质陶钵、碗（2000H3：35、2000H7：1）　12. 泥质陶罐（2000H11：2）　14、15. 矮圈足器（2000H21：9、2000T1④：30）

营盘山遗存同甘肃天水师赵村遗址第四期和第五期文化[9]、武山傅家门史前文化遗址[10]、东乡林家遗址主体遗存[11]等马家窑文化石岭下类型和马家窑类型遗存，甘肃秦安大地湾遗址第四期文化[12]、武都大李家坪遗址第二期和第三期文化[13]等仰韶文化晚期遗存相比较，之间存在较多的共性。营盘山遗存出土的以泥质褐底黑彩的彩陶器、细泥红陶碗钵类陶器为代表的因素，应是前者影响的产物。东乡林家遗址也出土有水晶质细石核等细石器，与营盘山遗存的少量水晶质细石叶等细石器之间或许有渊源关系。

但营盘山遗存与马家窑文化石岭下类型和马家窑类型、仰韶文化晚期遗存的差异也是非常明显的，如：营盘山遗存未见半地穴式房屋建筑，却流行木（竹）骨泥墙的地面式房屋建筑；陶尖底器极其罕见；有少量的矮圈足陶器；陶质陶色方面，营盘山遗存的彩陶所占比例仅为 2%~3%（而马家窑类型的彩陶高达 20% 以上），细泥红陶的比例也不高，夹砂褐陶、夹砂灰陶、泥质褐陶和泥质灰陶占绝大多数；在陶器纹饰方面，营盘山遗存的典型特征是：陶器表面盛行在绳纹或线纹之上装饰泥条附加堆纹或凹弦纹，从而形成箍带状的装饰风格；营盘山遗存晚期流行器体小巧的斧、锛、凿类器；在打制石器方面，营盘山遗存以燧石细石器和小型石片石器为特征的小石器风格也是其自身特征之一。

营盘山遗址目前有两个由北京大学考古文博学院加速器质谱实验室测试的 ^{14}C 年代测试数据，BA03280（2000SMYT10H8）：4390±60BP；BA03281（2000T12⑥）：4170±60BP。树轮校正后的年代为距今 5300~4600 年，同马家窑文化石岭下类型和马家窑类型、以大地湾遗址第四期文化为代表的仰韶文化晚期遗存的年代相近。

姜维城遗址是本阶段的一处中型聚落遗址，规模略小于营盘山遗址，地处汶川县威州镇，岷江与杂谷脑河在此交汇，遗址的文化内涵及时代基本同于营盘山遗址。

3. 第三阶段

此阶段的遗址目前发现的数量还非常有限，仅在茂县城关凤仪镇发现一处，即沙乌都遗址。

沙乌都遗址虽然与营盘山遗址基本隔河相望，但其文化面貌却与营盘山遗址存在较大差异。沙乌都遗址出土陶器中不见前两个阶段常见的烧制火候较高的彩陶器及细泥红褐陶器，而出土的夹砂灰陶绳纹及锯齿状花边口沿侈口罐、泥质磨光陶喇叭口长颈壶形、沿面施绳纹的夹砂褐陶罐等遗物（图五，表四）却与成都平原各史前古城遗址为代表的宝墩文化的同类器物特征相同[14]，表明沙乌都遗址的内涵与成都平原宝墩文化存在较为密切的联系，其时代应晚于波西遗址和营盘山遗址，距今年代应为 4500 年左右。以沙乌都遗址主体为代表的第三阶段遗存，可以将之命名为"沙乌都遗存"。在夹砂褐陶及泥质灰陶系方面、装饰绳纹及纹唇风格等方面延续发展了第二阶段的文化因素，更多地表现出浓郁的本地文化特色，表明在此阶段，岷江上游地区的本土文化因素已胜过外来文化因素，从而占据了优势地位。

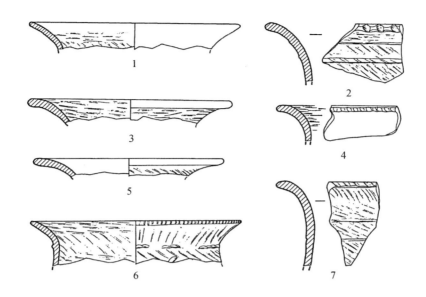

图五　沙乌都遗存陶器

1、3、5. 喇叭口长颈壶形器（2002H1：4、3、5）　　2、4、6、7. 花边口沿侈口罐（2002H1：11、12、2、1）

表四　沙乌都遗址灰坑 H1 出土陶片陶质陶色及纹饰统计表

数量 纹饰	陶质 陶色 夹砂陶		泥质陶			合计	百分比（%）
	灰	褐	灰	褐	黑皮		
纵向绳纹		4			1	5	7
纵向线纹		2	1			3	4
附加堆纹		5	6			11	16
瓦棱纹			1		3	4	6
花边口沿		7				7	10
戳印纹		2	6			8	11
素面	3	8	13	5	4	33	46
合计	3	28	27	5	8	71	100
	31		40				
百分比（%）	4	40	38	7	11	100	
	44		56				

四、岷江上游新石器文化的本土化

以波西遗址 02G1 为代表的波西下层遗存为第一阶段（年代可上溯至距今 6000 年前后），受到仰韶文化庙底沟类型的强烈影响，外来文化因素占据主体成分，此类遗址的规模不大。庙底沟类型时期是仰韶文化实力最为强盛的阶段，向外拓展的扩张势力远大于其他阶段，庙底沟类型遗存在较为广大的范围内均有发现，波西下层遗存的出现应是仰韶文化对外传播的产物。

发展到以营盘山遗存为代表的第二阶段（距今年代为 5300～5000 年间），岷江上游新石器时代文化进入一个较为繁盛的时期，出现了营盘山遗址这类大型的中心聚落和姜维城遗址这样的中型聚落，并出现了具有奠基性质的人祭坑、公共活动的中心广场、各型陶窑址及中、小型房屋基址等较为丰富的遗迹现象，并出土有陶塑人像、做工精细的玉器等为数甚众的高规格遗物。

第二阶段岷江上游的地方文化特色也开始突显，包括木骨泥墙的地面房屋建筑、胎中有粗大颗粒的夹砂陶器、陶器表面在绳纹或线纹之上装饰泥条附加堆纹或凹弦纹的箍带状纹饰风格、矮圈足陶器、器体甚小的斧锛凿类磨光石器、燧石细石器等内容的本土文化因素，在比例上渐渐超过外来文化因素。

营盘山遗存以彩陶器、细泥红陶碗钵类器型为代表的一组文化因素虽然是外来文化影响的产物，但包括陶泥和烧制方法等种种特征表明这些陶器多是岷江上游本地生产的产品，因此，这一组文化因素实际上成为营盘山遗存文化内涵的组成部分。

以沙乌都遗址主体遗存为代表的第三阶段（距今年代在 4500 年左右），则表现出浓郁的本土文化特色，不见烧制火候较高的彩陶器及细泥红褐陶器，却与成都平原宝墩文化存在较为密切的联系。

这三个阶段之间虽然还有较大的缺环，但本土化文化因素不断增多的历程得以基本体现。这三个发展阶段之间虽然还存在较大的缺环，但以夹砂褐陶绳纹花边侈口罐、泥质灰陶瓦棱纹器等内容为代表的本土文化因素呈现出不断壮大的发展趋势，而以彩陶器和细泥红陶器为代表的外来文化因素所占比例却不断缩小直至消失。这一趋势展现了岷江上游新石器时代文化演进中的本土化历程。

在以"波西下层遗存"为代表的第一阶段，岷江上游的新石器时代文化可纳入中原仰韶文化庙底沟类型的文化系统之中。以营盘山遗存为代表的第二阶段，还与甘青地区的马家窑文化石岭下类型和马家窑类型、以大地湾遗址第四期文化为代表的仰韶文化晚期遗存有着一定程度的亲缘关系。而"沙乌都遗存"为代表的第三阶段，岷江上游的新石器时代文化的本土化特征则已十分明显。

注　释

［1］　成都市文物考古研究所、阿坝州文管所：《岷江上游考古调查报告》，待刊。

［2］　成都市文物考古研究所、阿坝州文管所、茂县博物馆：《四川茂县营盘山遗址试掘报告》，《成都考古发现 2000》，科学出版社，2002 年；成都市文物考古研究所、阿坝州文管所、茂县博物馆：《四川茂县营盘山遗址 2002 年的发掘》，待刊；蒋成、陈剑：《2002 年岷江上游考古的收获与探索》，《中华文化论坛》2003 年 4 期。

[3] 成都市文物考古研究所、阿坝州文管所、茂县博物馆：《四川茂县营盘山遗址 2003 年的发掘》，待刊。

[4] 成都市文物考古研究所、阿坝州文管所、茂县博物馆：《四川茂县波西遗址试掘简报》，《成都考古发现 2004》，科学出版社，2006 年。

[5] 成都市文物考古研究所、阿坝州文管所、茂县博物馆：《四川茂县沙乌都遗址调查简报》，《成都考古发现 2004》，科学出版社，2006 年。

[6] 蒋成、陈剑：《岷江上游考古新发现述析》，《中华文化论坛》2001 年 3 期。

[7] 中国科学院考古研究所编著：《庙底沟与三里桥》（黄河水库考古报告之二）（中国田野考古报告集考古学专刊丁种第九号），科学出版社，1959 年。

[8] 王鲁茂、黄家祥：《汶川姜维城发现五千年前文化遗存》，《中国文物报》2000 年 11 月 26 日第一版；黄家祥：《汶川县姜维城新石器时代遗址及汉明城墙》，《中国考古学年鉴》（2001 年），文物出版社，2002 年；笔者于 2002 年 10 月曾陪同中国考古学会副理事长张忠培教授现场调查姜维城遗址，采集有细泥红陶陶双唇式小口瓶、细泥褐陶敛口盆等类陶器口沿残片，张先生确认为西阴村文化（即庙底沟类型文化）的遗物。

[9] 中国社会科学院考古研究所：《师赵村与西山坪》，中国大百科全书出版社，1999 年。

[10] 中国社会科学院考古研究所甘青工作队：《甘肃武山傅家门史前文化遗址发掘简报》，《考古》1995 年 4 期。

[11] 甘肃省文物工作队、临夏回族自治州文化局、东乡族自治县文化馆：《甘肃东乡林家遗址发掘报告》，《考古学集刊》第 4 集，中国社会科学出版社，1984 年。

[12] 甘肃省博物馆文物工作队：《甘肃秦安大地湾遗址 1978 至 1982 年发掘的主要收获》，《文物》1983 年 11 期；郎树德、许永杰、水涛：《试论大地湾仰韶晚期遗存》，《文物》1983 年 11 期。

[13] 北京大学考古学系、甘肃省文物考古研究所：《甘肃武都县大李家坪新石器时代遗址发掘报告》，《考古学集刊》第 13 集，大百科全书出版社，2000 年；张强禄：《试论白龙江流域新石器文化与川北川西地区新石器文化的关系》，《四川大学考古专业创建三十五周年纪念文集》，四川大学出版社，1998 年；张强禄：《马家窑文化与仰韶文化的关系》，《考古》2002 年 1 期。

[14] 王毅、孙华：《宝墩村文化的初步认识》，《考古》1999 年 8 期；成都市文物考古研究所、四川大学历史系考古教研室、早稻田大学长江流域文化研究所：《宝墩遗址——新津宝墩遗址发掘和研究》，有限会社阿普（ARP），2000 年；王毅、蒋成：《成都平原早期城址的发现及初步研究》，《夏禹文化研究》，巴蜀书社，2000 年；江章华、颜劲松、李明斌：《成都平原的早期古城址群——宝墩文化初论》，《中华文化论坛》1997 年 3 期。

（原载《考古与文物》2007 年 5 期）

岷江上游新石器时代遗存新发现的几点思考

江章华

岷江上游新石器时代遗存，过去只有一些调查材料，发现了不少石器和陶片的采集点，这些采集点大约有 30 余处，遍及整个岷江流域，包括其支流杂谷脑河，北起松潘中部，南达汶川县中部，西至茂县西部和理县中部。著名的如汶川姜维城遗址、阿尔遗址，理县箭山寨遗址等。曾有学者根据这些调查材料对岷江上游的新石器文化做了初步研究，将岷江上游新石器文化分成阿尔、姜维城、箭山寨三个类型，并认为阿尔类型为土著的早期文化，中期的姜维城类型是西北马家窑文化的一支南下与土著的阿尔类型融合形成，箭山寨类型则是继承姜维城类型发展起来的晚期文化[1]。但是这种仅仅根据调查采集到的少量陶片和石器所作的文化属性与年代判断在考古研究上往往有很大的偏差，甚至与实际情况完全不相符。因此在没有对遗址作正式发掘以前，对岷江上游新石器文化面貌始终都没有一个比较清楚的认识，只隐约感到这一区域的新石器文化与甘青地区的马家窑文化有联系。

2000 年，成都市文物考古研究所为配合《四川省文物地图集》的编写工作，在岷江上游地区开展了全面、详细的考古调查，调查范围遍及岷江上游干流和其主要支流黑水河、杂谷脑河两岸的河谷地带，发现了茂县营盘山、松潘东裕村、汶川高坎、理县猛古村、黑水官纳若等 53 处有文化堆积层的新石器时代遗址和茂县壳壳寨、汶川布兰、理县四南村、黑水泽盖村等 29 处新石器时代遗物采集点[2]。更重要的是对茂县营盘山遗址进行了试掘，揭露面积 200 平方米，出土大量陶片和石器[3]，这样岷江上游新石器文化遗存第一次有了科学发掘的资料。该遗址面积较大，有近 10 万平方米，遗存十分丰富，因此十分典型。紧接着 2002 年成都市文物考古研究所对该遗址又进行了更大规模的发掘，获得了更为丰富的文化遗物，这为正确认识岷江上游新石器文化提供了科学的资料。笔者通过对这些资料的观察，有几点想法谈出来供学界同仁参考。

一、营盘山新石器文化遗存的性质

从营盘山遗址出土的陶器和石器看，其总体特征与甘青地区的马家窑文化（指马家窑文化马家窑类型，以下同）基本相同，也就是带有强烈马家窑文化的共性特征，主要表现在以下几个方面。

（1）营盘山遗址陶器制法与马家窑文化陶器的制法相一致。均主要采用泥条盘筑和捏塑法，小口细长颈的壶、瓶等，多是口颈、肩腹分段盘筑成后，再进行黏接，陶坯多进行过抹、压、磨、刮削等修整，留下了清晰的修整痕迹[4]。

（2）营盘山遗址出土的彩陶风格为典型的马家窑文化风格。彩陶陶色为红褐色，橙黄色，少量灰褐色，黑彩，图案有草卉纹、粗细线条纹、水波纹、变体鸟纹、弧边三角纹、圆点纹、草叶纹、网格纹、弧线圆圈纹、卷叶纹、涡旋纹、杏圆纹、蛙纹等，盆、钵类还发现有内彩[5]。马家窑文化的彩陶陶色有砖红和橙黄，彩绘主要是黑彩，也有黑白或黑红两彩兼施的，花纹结构以多条弧线、弧边三角、圆点等为母题组成宽面几何形图案，常见的有垂幛纹、菱格网纹、连续涡纹、花瓣纹等，有的花纹很像植物的叶子与花朵，彩绘既饰在器物的外表，又饰在器物的内壁。口沿上也有彩绘，多由斜线、三角、方格、圆点等组成一周窄带纹。同时还有蛙纹、鱼纹、鸟纹等动物形饰，鸟纹多为变体鸟纹[6]。从上述可以看出，如果排除因各自叙述方式不同外，其基本特征是一致的。

（3）营盘山遗址出土的夹砂陶器多夹粗大的片岩颗粒和白色石英砂颗粒，陶胎较厚。纹饰以绳纹和附加堆纹最多，绳纹多斜行和交错的菱格纹。口沿多绳压花边装饰和锯齿波浪口，附加堆纹比较有特征的是口沿下一圈作裙边装饰以及腹部几周作箍带状。除绳纹外，泥饼装饰也富有特色。上述特征与马家窑文化相一致，如甘肃东乡林家遗址报告说"夹砂陶内羼石英岩颗粒和云母片等，胎粗质坚"。"粗陶纹饰比较简单，以斜行交错方格绳纹为主，斜行或横行的较少。深腹罐等，肩以下施平行泥条堆纹，口沿外用手指压成窝齿状，肩部也有压印的各种窝状绳纹，并贴圆泥饼"[7]。天水师赵村和西山坪[8]等遗址的马家窑文化遗存也是这种特征。

（4）从器物群来看，马家窑文化比较典型的器物群彩陶有罐、瓶、壶、盆、钵等，泥质陶常见盆、钵、瓶等，夹砂陶多见敛口深腹罐、侈口束颈深腹罐等。这些共同因素无论是营盘山还是陇西的东乡林家，陇东的天水师赵村、白龙江流域的大李家坪[9]遗址等都是基本相同的，都带有马家窑文化的共性特征。我们可以比较几件稍微完整的陶器，如营盘山出土的1件彩陶缸（H8：1）的器形与天水师赵村属马家窑文化的第5期所见的1件彩陶缸（T213③：103）相同，其腹部所饰的连续涡纹和肩部的花卉纹为马家窑文化所常见，相同形制的缸也见于大李家坪、兰州西坡[10]、东乡林家等遗址。营盘山出土的彩陶盆H8：2与甘肃东乡林家H23：24的形制相同，均有水波纹装饰，一个是内彩，一个是外彩，这种彩陶盆为马家窑文化典型的器物，凡马家窑文化遗址都有。营盘山出土的彩陶瓶也是典型的马家窑文化陶器，如营盘山所见的H12：5就与甘肃东乡林家出土的彩陶瓶F21：5形制一致，其领部所饰线带纹和腹部的垂幛纹也是马家窑文化的常见纹饰（图一）。营盘山遗址出土的泥质陶器中高领类器物没有完整器，但从其口领特征可以推知与马家窑文化的平底瓶或壶罐类器物是一种器物（图二）。根据甘青地区从庙底沟类型到马家窑文化之间的文化发展关系的研究表明，庙底沟类型多见重唇口尖底瓶，到石岭下类型演变成平口尖底瓶，到马家窑类型尖底瓶基本不见了，被平底瓶代替了[11]。营盘山基本不见尖底瓶，与马家窑文化的情况相一致。如果将营盘山遗址出土的夹砂陶器口沿与东乡林家的做一比较（图二），可以看出其器类和形制也相近。

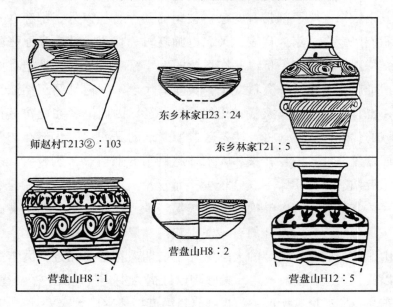

图一

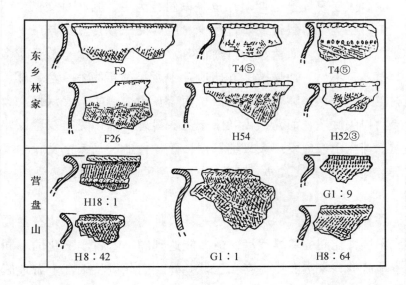

图二

通过上面的比较我们可以看出，营盘山新石器文化遗存与甘青地区马家窑文化的特征基本一致，因此其文化属性当为"马家窑文化"。营盘山与甘青地区马家窑文化相比，除了它们带有马家窑文化共有的特征外，也有细小的差异。张强禄先生根据马家窑文化不同区域呈现出的地方特征将马家窑文化分成了五个小文化区：①以兰州盆地为中心的陇西平原；②天水—武山渭河源头地区；③宁夏南部山区清水河流域；④青海东部和武威地区；⑤甘南高原[12]。五个区中宁夏南部山区清水河流域与青海东部武威地区两个区的文化面貌与其他三个区区别较大，与营盘山遗址的文化特征也相去甚远。营盘山遗址的文化面貌与其余三个区除了都带有马家窑文化的共性特征以外，都存在不同程度的差异。陇西平原我们以东乡林家为代表，天水以师赵村为代表，甘南高原张强禄先生是以白龙江上游的掌坪遗址为代表，将白龙江下游的大李家坪遗址第三期遗存归入仰韶晚期遗存。但掌坪遗址属调查材料，资料太少，实际上大李家坪遗址第三期遗存除了带有一些地方特征外，也具有强烈的马家窑文化的共性特征，因此笔者在此将其作为马家窑文化在白龙江流域的代表性遗址。将上述各区典型遗址的马家窑文化遗存与营盘山作一比较：在陶系方面营盘遗址与东乡林家和天水师赵村第五期遗存区别较大，东乡林家遗址和天水师赵村第五期遗存泥质陶中灰色较少，而营盘山泥质灰陶占有一定数量，还有磨光黑皮陶，东乡林家的夹砂陶以红褐为主，灰褐较少，师赵村第五期的夹砂陶主要是红陶，基本不见灰陶，而营盘山遗址的夹砂陶中灰陶、黑陶和黑褐占有相当大的比例。在陶系方面营盘山遗址与白龙江流域的大李家坪第三期遗存最为相近，大李家坪遗址第三期遗存泥质陶以灰色为主，橙黄次之，夹砂陶以红褐为主，灰色次之。从绳纹风格来看，营盘山遗址与东乡林家遗址有所区别，与师赵村第五期遗存和大李家坪第三期遗存相近。营盘山遗址的绳纹以斜行为主，其次是交错，少量横行，天水师赵村第五期遗存也是斜行较多、交错较少，大李家坪第三期遗存也是以斜行为主，其次是交错，而东乡林家的绳纹是以斜行交错方格为主，斜行或横行较少。从器类来看营盘山与三个区都有小的差异，如东乡林家发现有陶甑，而营盘山目前没有发现，营盘山出土数量较多的喇叭口高领罐，而东乡林家几乎不见。师赵村第五期遗存中所见的折腹盆、盘、碟、尊等不见于营盘山，师赵村第五期遗存多喇叭口尖底瓶，而营盘山多喇叭口平底瓶。大李家坪第三期遗存中多浅重唇口尖底瓶，而营盘山几乎不见。另外营盘山见有少量圈足器，而甘青地区不见圈足器。营盘山遗址发现大量细石器，而甘青地区马家窑文化中发现的细石器很少。上述差异除地域上的原因外，可能也有时代早晚的因素，需要作更深入细致的分析。

总的来说，差异不是主要的，这种小的差异只是同一考古学文化在不同区域呈现出的差异，达不到不同文化间的差异程度，最多能达到同一考古学文化的不同区域类型的程度。而且甘青地区的马家窑文化也存在区域差异，因此应将岷江上游地区类似于营盘山的新石器文化遗存归入"马家窑文化"，岷江上游应属马家窑文化的分布区。

二、宝墩文化与岷江上游新石器文化的关系

关于宝墩文化的来源问题，由于在成都平原目前还没有发现早于宝墩文化的遗存，而成都平原周邻地区的考古工作开展也很少，因此目前要弄清这个问题很困难。笔者曾将宝墩文化与嘉陵江流域的广元中子铺、张家坡、邓家坪，涪江流域的绵阳边堆山新石

器遗存作比较，认为上述新石器文化遗存年代越晚就越与宝墩文化相近，推测可能是宝墩文化的来源[13]。但上述遗址发掘的规模较小，发表的资料不丰富，其遗址本身的面貌就不十分清楚。因此这种关系也只是隐隐约约的感觉，并不十分明确。而岷江上游地区以前没有材料，更不好说。营盘山遗址的发掘为我们提供了可比较的材料，就目前资料看，营盘山新石器文化遗存与宝墩文化区别是很明显的，但也能看出一些相似的特征，主要表现在以下几点。

（1）陶器制作主要为泥条盘筑和手制，高领器的颈、肩、腹黏接，在器内留有明显的黏接痕，夹砂陶器的器底为地包天二次套接。这些做法宝墩文化与营盘山马家窑文化遗存是一致的。

（2）夹砂陶器绳纹中的交错菱格风格，在夹砂陶器的器底多有绳纹装饰，口沿多绳压花边装饰和波浪口，这也是二者的共同特征。宝墩文化中偏早阶段所见的泥质陶罐腹部先拍绳纹然后再慢轮弦抹出数道弦纹的做法在营盘山很常见，宝墩文化偏早阶段所见的带瓦棱纹的黑皮陶在营盘山遗址中也发现有。

（3）都盛行小平底器，还有圈足器，没有圜底器。宝墩文化中的高领罐与营盘山的高领罐应该有关系，宝墩文化的夹砂陶的花边口沿罐与营盘山的花边口沿罐也应有关系。

（4）宝墩文化偏早阶段的圈足风格与营盘山遗址出的圈足非常接近（图三）。

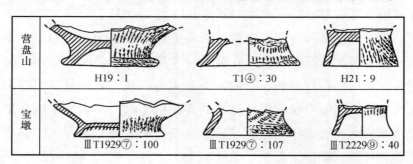

图三

从上述几点分析，宝墩文化很可能与岷江上游的马家窑文化有关系。从目前情况看，宝墩文化与马家窑文化之间还有较大的时间距离，马家窑文化大大早于宝墩文化，因此这种关系还十分模糊。如果将来的工作能将这个空缺补上，这种关系将更为清楚明白。

三、哨棚嘴文化的来源问题

笔者曾通过哨棚嘴文化与嘉陵江流域新石器文化的比较，发现它们有许多共同的特征，尤其是哨棚嘴文化的早期阶段，如夹砂陶口沿流行施绳纹或花边波浪风格，纹饰以绳纹和堆纹最普遍，口沿下流行附加堆纹的裙边装饰，泥质黑皮陶风格等。认为哨棚嘴文化很大可能源于川东北的原始文化，哨棚嘴文化与宝墩文化某些因素可能有着共源关系，因此形成了宝墩文化与哨棚嘴文化的一些相似因素[14]。凡是熟悉川东地区哨棚嘴文化的人，看了营盘山遗址新石器文化遗存的陶器，都会感觉到其间有某些相似因素，如瓦棱纹的黑皮陶，菱格绳纹，夹砂陶器多深腹和箍带纹风格等。哨棚嘴遗址的下层出有小口高领施绳纹的泥质罐与营盘山的高领罐比较相近，哨棚嘴遗址 T411 第 9 层还出有马家窑文化风格的陶钵[15]。如果说哨棚嘴文化与马家窑文化有联系的话，那么很可能是通过白龙江、嘉陵江流域发生的。

　　白龙江发源于甘南藏族自治州迭部县的郎木寺，流经甘南藏族自治州和武都地区的迭部、舟曲、武都、文县等，在四川昭化汇入嘉陵江。1974 年甘肃省长江流域规划办公室第二期考古训练班对这一流域进行了一次调查，发现有仰韶文化庙底沟类型、马家窑类型、齐家文化、寺洼文化安国类型等遗址。其中马家窑文化遗址比较多，从上游到中游及支流北峪河和白水江流域都有[16]。1987 年至 1988 年，甘肃省考古部门又调查了白龙江流域的大李家坪、寺背坪、任家坪、后村东坪等遗址，发现有庙底沟类型、石岭下类型、马家窑类型和寺洼文化等遗存[17]。1995 年春，北京大学考古学系、甘肃省文物考古研究所等单位对武都县境内的古文化遗存进了重点复查，并选择了北峪河流域的大李家坪遗址进行了发掘，获得了一批较为丰富的资料。前面述及大李家坪第三期遗存即为马家窑文化遗存。白龙江流域的古文化完全有可能影响到嘉陵江流域，嘉陵江流域的广元中子铺、张家坡和邓家坪遗址，曾在 1989～1991 年中国社会科学院考古研究所进行过小规模的发掘。中子铺遗址的早期遗存为细石器遗存，可能为一细石器制造场，先后出土和采集到 1 万多件各类细石器标本，晚期遗存为磨制石器与陶器共存，陶片以夹砂褐陶和灰褐陶居多，有的夹粗砂颗粒，有的夹有云母的砂质，有少量泥质红陶，色近似橙红。表饰绳纹为主，个别饰划纹和指甲印状的连续戳印纹，灰褐陶多附加堆纹，见若干方唇上施绳纹或饰齿状或绞索状花边装饰。张家坡遗址发现有砾石加工的小型石器，不见细石器，陶器有夹砂和泥质，手制，主要呈灰褐色，纹饰以绳纹和堆纹及划纹为基本形式，其中绳纹使用最广泛，口沿外施附加堆纹较有特点，个别口唇呈波状。邓家坪遗址以夹砂的灰褐陶为主，泥质灰陶较少，还有少量的黑皮陶和个别泥质红陶，纹饰以绳纹和堆纹最普遍，另有划纹、锥刺纹等，流行在口沿和唇部施绳纹或花边波纹的作风，与张家坡一样，都有许多裙边口沿。发掘者根据14C 测年将中子铺早期细石器遗存推定在距今 7000～6000 年，张家坡和中子铺晚期遗存推定在距今 6000～5500 年，邓家坪距今5500～5000 年[18]。除邓家坪遗址外，都早于马家窑文化，由于所做的工作太少，这些年代并不一定完全可靠。上述遗址最引人注意的是陶器流行绳纹和附加堆纹，流行口沿施绳纹、波浪花边和裙边装饰，黑皮陶特征等，这些均与包括岷江上游在内的马家窑文化的部分特征相似。加之中子铺大量细石器和营盘山大量细石器的存在，这些共性，很容易使人相信嘉陵江流域的古文化与甘青和岷江上游的马家窑文化有联系。果真如此的话，这一路线应是通过白龙江流域发生的。嘉陵江流域可能早在距今 7000 年左右就存在一支原始文化，这支文化在以后的发展过程中与白龙江流域和甘青地区的马家窑文化甚至更早就有联系。笔者曾经说川东长江沿岸的哨棚嘴文化可能是源于川东北嘉陵江流域的原始文化，那么哨棚嘴文化中有些因素与马家窑文化相似就比较好理解，因此我们看到营盘山新石器文化遗存有与哨棚嘴文化相似的因素。

四、结　　语

　　仅靠营盘山遗址一、二次发掘要建立岷江上游的新石器文化体系是不可能的，目前的资料主要集中在马家窑文化阶段。从 2000 年营盘山遗址发掘的资料看，个别彩陶似可早到石岭下类型时期，如彩陶片 H8∶4、H8∶17 的彩绘风格与石岭下的风格相近。2002 年在茂县波西村试掘，还发现有仰韶文化庙底沟类型风格特征的彩陶和重唇口尖底瓶等少量遗物。因此推测，岷江上游应该有比马家窑更早的新石器文化遗存，仅目前的情况反映，至少可到庙底沟时期。如果是这样的话，那么岷江上游至少在庙底沟时期开始就与甘肃地区的洮河、大夏河、湟水、大通河、庄浪河和白龙江诸流域的古文化几乎是同步发展的。另外，在岷江上游地区尚未发现明显晚于马家窑文化的遗存，如半山、马厂等类型。也就说马家窑文化以后的新石器文化面貌还不清楚，是否还是与甘肃地区一样沿着同样的路子发展，或是发生了分化，如果能对更晚的遗址进行调查和发掘将是非常重要的工作，也是最终解决岷江上游新石器文化与成都平原古文化关系的最关键的一环。

　　嘉陵江流域的考古工作也开展得太少，其新石器文化面貌不清楚，是否在距今 7000 年左右就存在一支以细石器为特征的原始文化，从目前资料看，这种可能性较大，那么往后的发展如何，又与白龙江流域的古文化发生着怎样的关系，有交流是可以肯定的，但要说得比较清楚需要做大量工作。川东长江沿岸的新石器文化很大部分可能是源于嘉陵江流域的原始文化，哨棚嘴文化中发现的与马家窑文化相似的因素当是通过白龙江与嘉陵江流域交流的结果。

　　至此宝墩文化与哨棚嘴文化某些因素的共源关系似乎有了一个初步的解释，一个是通过岷江流域，一个是通过白龙江和嘉陵江流域共同源于马家窑文化或者与马家窑文化有联系（川东长江沿岸的新石器文化与嘉陵江流域发生联系估计会更早），由于它们后来因不同的发展空间逐渐发生了分化，形成了不同的文化面貌。

　　上述仅是就营盘山新发现的几点思考，希望能对推动四川（包括重庆）地区新石器时代考古工作的进一步开展起到一定的作用，正是本文的目的，将来的考古工作如果证明笔者今天的想法是如何之幼稚和错误，那正是我们工作取得了进步的体现。

注　　释

[1]　　徐学书：《岷江上游新石器时代文化的初步研究》，《考古》1995 年 5 期。

[2]　　蒋成、陈剑：《岷江上游考古新发现述析》，《中华文化论坛》2001 年 3 期。

[3]　　成都市文物考古研究所：《四川茂县营盘山遗址试掘简报》，《2000 成都考古发现》，科学出版社，

2002 年。

[4]　谢端琚：《马家窑文化类型及其相关问题》，《考古与文物》1985 年 1 期。

[5]　同〔 3 〕。

[6]　谢端琚：《马家窑文化类型及其相关问题》，《考古与文物》1985 年 1 期；张学正、张朋川、郭德勇：《谈马家窑、半山、马厂类型的分期和相互关系》，《中国考古学会第一次年会论文集》，文物出版社，1980 年。

[7]　甘肃省文物考古工作队、临夏回族自治州文化局、东乡族自治县文化馆：《甘肃东乡林家遗址发掘报告》，《考古学集刊》第 4 集，中国社会科学出版社，1984 年。

[8]　中国社会科学院考古研究所：《师赵村与西山坪》，中国大百科全书出版社，1999 年。

[9]　北京大学考古学系、甘肃省文物考古研究所：《甘肃武都县大李家坪新石器时代遗址发掘报告》，《考古学集刊》第 13 集。

[10]　甘肃省博物馆：《甘肃兰州西坡遗址发掘简报》，《考古》1960 年 9 期。

[11]　张学正、张朋川、郭德勇：《谈马家窑、半山、马厂类型的分期和相互关系》，《中国考古学会第一次年会论文集》，文物出版社，1980 年。

[12]　张强禄：《马家窑文化与仰韶文化的关系》，《考古》2002 年 1 期。

[13]　江章华、李明斌：《古国寻踪——三星堆文化的兴起及其影响》，巴蜀书社，2002 年。

[14]　江章华：《再论川东长江沿岸的史前文化》，《四川文物》2002 年 5 期。

[15]　北京大学考古文博院三峡考古队、重庆市三峡库区田野考古培训班、忠县文物管理所：《忠县眢井沟遗址群哨棚嘴遗址发掘简报》，重庆市文化局、重庆市移民局：《重庆库区考古报告集》（1997 卷），科学出版社，2001 年。

[16]　长江流域规划办公室考古队甘肃分队：《白龙江流域考古调查简报》，《文物资料丛刊》第 2 集，文物出版社，1978 年。

[17]　赵雪野、司有为：《甘肃白龙江流域古文化遗址调查简报》，《考古与文物》1993 年 4 期。

[18]　王仁湘、叶茂林：《四川盆地北缘新石器时代考古新收获》，《三星堆与巴蜀文化》，巴蜀书社，1993 年。

（原载《四川文物》2004 年 3 期）

大渡河上游史前文化、环境与生业初析

陈 剑 何锟宇

大渡河发源于青海省班玛县巴颜喀拉山东端的果洛山，全长 1070 公里，流域面积 9.2 万平方公里，流至乐山注入岷江，为岷江的最大支流。脚木足河流至马尔康县与金川县交界的可尔因与绰斯甲河相汇后，称为大金川。大金川河谷宽阔，一路奔腾而去，与小金川河在甘孜州丹巴县城汇合后，始称大渡河。大渡河在四川境内先后流经阿坝藏族羌族自治州的阿坝县、壤塘县、马尔康县、金川县、小金县，甘孜藏族自治州的丹巴县、康定县、泸定县，雅安市的石棉县、汉源县，凉山彝族自治州的甘洛县，乐山市的金口河区、峨边县、峨嵋市、沙湾区等地。地理特征上，大渡河在泸定县以上为上游，石棉县、汉源县、甘洛县、金口河区境内为中游，金口河区以下为下游。本文拟对大渡河上游地区史前考古学文化的分期与年代，遗址出土的动物骨骼遗存和浮选植物标本所反映的史前地理环境和生业，史前遗址分布与地理特征的关系等作简要分析，希望得到方家赐教。

一、大渡河上游史前文化的分期与年代

大渡河上游史前考古工作起步较早，在 20 世纪初至 30 年代，个别外国传教士、考察队先后在大渡河上游及其附近地区采集到打制石器，发现零星的史前遗址[1]。1987 年夏，甘孜藏族自治州文物普查队、四川省文物普查队办公室调查、发现了丹巴县罕额依遗址，1989 年 10 月至 1990 年 12 月，进行了发掘，发掘面积 123 平方米[2]。1989 年，阿坝州文管所人员与四川大学考古专业教师选择学生实习地点时，对马尔康县孔龙村遗址进行过调查[3]。2000 年，四川省文物考古研究所、丹巴县文管所为配合《四川省文物地图集》的编写工作对丹巴县蒲角顶等遗址进行了调查。2005 年 6 月，四川省文物考古研究院、阿坝州文管所对双江口水电站库区进行地下文物调查，确认了多处史前遗址（图一）[4]。

为实施四川省文物管理局组织开展的区域性古文化遗址调查，阿坝州文物管理所、成都文物考古研究所、马尔康县文体局联合组成大渡河上游考古队，先后于 2000 年 8 月、2003 年 4 月、2005 年 12 月先后对大渡河上游脚木足河及其支流茶堡河两岸地区进行了全面调查，发现和确认了 10 余处新石器时代至秦汉时期的古文化遗址。2006 年 3 月，

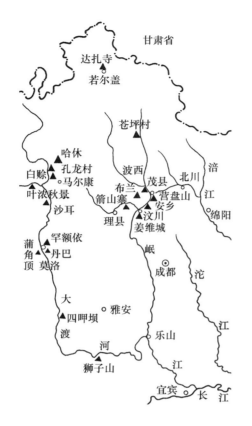

图一　大渡河上游及周边地区史前遗址分布示意图

又在调查基础上选择哈休遗址进行了考古试掘。揭露面积 87 平方米，发现灰坑等遗迹 10 余处，出土了玉石器、陶器、骨角器、蚌器、兽骨等类遗物上千件[5]。2006 年 4 月，成都文物考古研究所、甘孜州文物局又在丹巴县梭坡乡调查确认了蒲角顶遗址，采集到丰富的陶片及磨制石斧、穿孔石刀等遗物。同时在莫洛村、左比村采集到少量磨制石器、夹砂陶片等史前遗物[6]。

哈休遗址 2006 年的试掘地点选择在遗址中心北部的台地边缘，其文化层堆积如下：第一层为农耕土；第二层可分为 A、B 两个亚层，为秦汉以后堆积；第三层至第五层为新石器时代堆积，第三层和第四层之下均发现有灰坑等遗迹。灰坑的开口平面形状包括圆形、椭圆形、不规则形等。多数为口小底大的袋状坑，个别坑口及坑底铺放石板。坑内填土多为灰黑色。灰坑 H10 近底部还发现较硬的烧结面。灰坑 H2 出土有涂抹朱砂的双孔石钺、泥质灰陶双唇式小口尖底瓶等遗物，人工埋藏痕迹较为明显，值得特别注意。出土石器包括打制石器、磨制石器、细石器等类。打制石器包括砍砸器、石片切割器、刮削器、石杵等；磨制石器包括穿孔刀、单孔凹背玉刀、锛刀斧形器、锛、环、镯、穿孔珠、砺石等，个别环镯表面有穿孔；细石器包括水晶石片、玛瑙石核、燧石刻划器等。一些石器表面涂抹红色颜料。出土陶器包括泥质灰陶、泥质红陶、泥质褐陶、泥质黑皮陶、夹砂灰陶、夹砂褐陶等。纹饰包括线纹、粗细绳纹、泥条附加堆纹、戳印纹、凹弦纹、绳纹花边口沿等，还有少量彩陶器。彩陶均为黑彩，图案题材包括弧边三角纹、圆点纹、网格纹、水波纹、粗细线条纹、长条叶片纹、圆圈纹等，底色有红褐、灰褐色之分。器型以平底器为主，还有少量的尖底器，包括侈口罐、小口尖底瓶、卷沿盆、敛口盆、折腹钵、敛口钵、碗、杯、纺轮、环、丸、哨等。部分陶器壁上有穿孔。骨角器包括锥、笄、簇等，骨质细腻、坚硬，部分鹿角表面有切割痕。灰坑 H7 还出土了一件骨梗石刃刀的骨梗，通体磨光，有镶嵌细石叶的纵向缺槽，背后切割出三道装饰性的凹槽，制作非常精细。

哈休遗址新石器遗存初步可分两期，早期以灰坑 H2、第⑤层等单位为代表；晚期以第③层、灰坑 H8 等为代表。早期陶器种类包括双唇口及平唇口式小口尖底瓶、细泥陶尖唇敛口钵、夹砂灰陶绳纹侈口罐等，彩陶纹饰包括圆点纹、变体鸟纹等（图二）；晚期陶

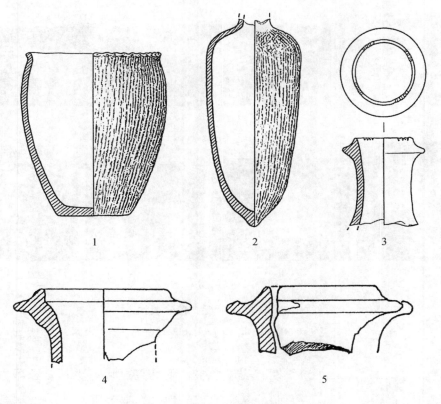

图二　第一期（第1段）陶器

1~3. 哈休遗址 2006H2 出土　4、5. 孔龙村遗址采集

器新出现了喇叭口式小口瓶、宽沿彩陶盆等（图三）。

　　罕额依遗址位于四川省丹巴县东北约3公里的中路乡罕额依村，地处大渡河上游支流小金河左岸的半山上，高出河面约600米，海拔2400米。遗址面积约2万平方米，遗址中及其外围有大量战国至汉代的石棺墓分布，几乎遍及整个中路乡，发掘者将遗址分为三期，其中第一、第二期文化为史前时期遗存。第一期，陶器均系手制，火候较高，陶质以夹砂陶为主，泥质陶较少；纹饰以细绳纹为大宗，其次为附加堆纹，另有少量戳印纹，刻划纹，有少量细泥红陶线条纹黑彩陶片，素面陶片占总数的三分之一，个别器物上见有钻孔；器类以瓶、罐、钵为大宗，有少量缸，均为平底器，带耳器很少，有桥形耳与鸡冠状横錾耳两种。石器数量较少，有打制石器和磨制石器两大类，打制石器有盘状砍砸器、刮削器、砸击器等种类；细石器数量很少，种类有石核、刮削器、雕刻器等；磨制石器有不少为局部磨制而成的形态不一的石刀，通体磨光的有斧、锛、凿、穿孔石刀等。骨器有锥、穿孔骨饰等。第二期，陶器均系手制，火候很高，陶质以泥质陶略居多，夹砂陶次之；磨光陶片占有相当大的比例，素面陶片占绝大多数，纹饰有细绳纹、附加堆纹、戳印纹、刻划纹等；器类以各种罐类为大宗，另有瓶、钵、杯等，平底器占绝大多数，只有极个别的杯类有浅圈足。带耳器较第一

图三　第二期（第2段）遗物

1～3. 哈休遗址出土　　4～7. 白赊村遗址采集

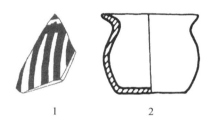

图四　第三期（第3段）A组陶器

1、2. 罕额依遗址出土

期有明显增多，不见鸡冠状横錾耳。石器方面，有打制和磨制两种，种类和数量则均比第一期有较多的增加，其制作也更精良，细石器数量仍较少；主要器类有斧、锛、凿、刀、杵、璧、网坠、刮削器、砍砸器等，另见有部分圆形石饼。骨器种类有锥、矛、纺轮等。

罕额依遗址第一期文化遗存的陶器可以划分为2组：A组包括细泥陶黑色线条纹彩陶片、夹砂灰褐陶敞口素面小罐等（图四）。文化面貌与哈休遗址晚期遗存相似，如出土的细泥陶黑彩线条纹彩陶片均属马家窑类型的文化遗物。

B组包括数量较多的夹砂红褐陶喇叭口敞口瓶、泥质红褐陶带錾钵等（图五）。

根据与岷江上游史前遗址、大渡河上游其他史前遗址出土陶器面貌的比较，不难发现A组陶器的年代应早于B组陶器。

鉴于罕额依遗址所开的4个探方中仅有T1发掘至底，另3个探方因发现完整的石砌建筑而做了保护性回填，且发掘者所分的第一期遗存中有个别年代偏早的因素（即A组陶器），因此，不排除遗址范围内还存在年代更早的原生地层堆积的可能性。

已有^{14}C年代测试数据表明罕额依遗址的年代上限为5000 a B. P. 左右，应与哈休遗址晚期遗存的年代下限相当；但二者的陶器形制、种类上存在一定的差异，罕额依遗址第一期文化遗存应较哈休遗址晚期略晚。

罕额依遗址第二期文化遗存也可以细分为2组：A组以T1第⑨层、第⑧层出土的泥

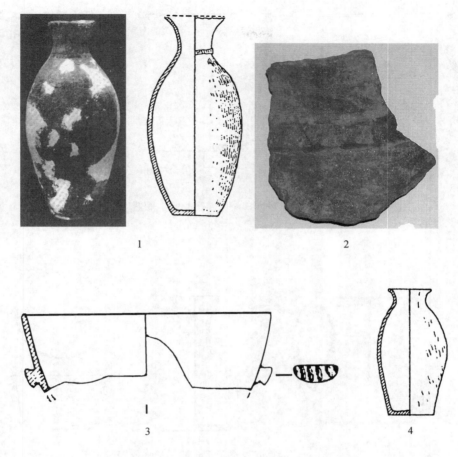

图五　第三期（第 3 段）B 组陶器

1、3、4. 罕额依遗址出土　2. 蒲角顶遗址采集

质灰陶带錾罐、夹细砂红褐陶腹部饰交接泥条附加堆纹的鼓腹罐等为代表，而第⑥层出土的夹砂红褐陶颈部饰剔刺纹的深腹罐也应划入此组（图六）。

B 组以 T1 第⑥层出土的陶器为代表，器表纹饰有细绳纹、附加雉纹、戳印纹、刻划纹等，发掘简报称较晚的地层单位（应以第⑥层为代表）中有极少量的粗绳纹，器身钻孔的陶片较第一期略有增多，特别是在较晚的地层单位中这种现象更为明显。器类以各种罐为大宗，另有瓶、钵、杯等，平底器占绝对多数，只有极个别的杯有矮圈足，带耳器较第一期有明显增多（图七）。

从地层叠压关系和出土陶器面貌分析来看，A 组陶器的年代应早于 B 组陶器。

孔龙村遗址采集遗物包括泥质灰陶双唇式口（退化重唇口）瓶、平唇口瓶、尖唇钵、盆，泥质褐陶短颈罐，泥质红陶碗，夹砂褐陶绳纹鼓腹罐、侈口罐，少量黄褐底色线条纹彩陶片，盘状打制石砍砸器、砾石、磨光穿孔石刀等。其总体文化面貌与哈休遗址早期遗存的相似，年代也当相近。

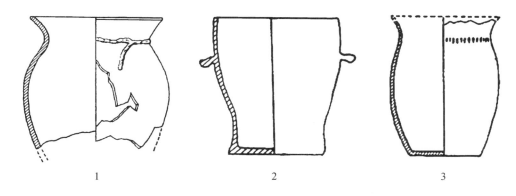

图六　第四期前段（第 4 段）陶器
1～3. 罕额依遗址出土

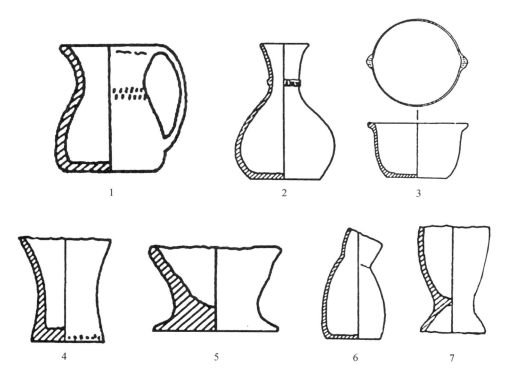

图七　第四期后段（第 5 段）陶器
1～7. 罕额依遗址出土

　　白赊遗址采集遗物包括粗细平行线条纹、弧线纹、网格纹彩陶片（底色分为红褐色、黄褐色、灰褐色三种，陶质均为泥质陶），泥质灰陶翻沿纹唇大口罐，泥质灰陶绳纹敛口钵，泥质磨光灰陶盆、钵，泥质灰陶折沿平唇口瓶，饰绳纹、横向及斜向泥条附加堆纹的泥质灰陶片，泥质红陶碗，夹砂褐陶侈口绳纹罐，以及穿孔近背部的磨制石刀等，与哈休遗址晚期遗存的文化面貌、年代基本相同[7]。

　　叶浓秋景遗址采集陶片的陶质、陶色包括泥质褐陶、夹砂褐陶、泥质灰陶、红衣黑绘线条纹彩陶等，纹饰有附加堆纹、泥条捏塑器耳等，器形有敛口钵等，与哈休遗址晚期遗存的文化面貌、年代也基本相同。

蒲角顶遗址采集大量陶片和磨制石斧、弯月形石刀，陶片包括夹砂褐陶、泥质灰陶、泥质黑陶、泥质红陶等，纹饰包括绳纹、附加堆纹、划纹等，器形包括罐、壶、钵等，还有带耳器。其时代延续较长，从新石器时代至战国秦汉时代，相当于罕额依遗址的第一期、第二期及第三期（战国秦汉时代）遗存。四呷坝遗址采集的细绳纹灰褐陶片、夹细砂长颈瓶形器、陶宽状桥形耳等与罕额依遗址第二期遗存的陶片基本一致，年代也应相似[8]。

在对各遗址文化面貌总结的基础上，通过与甘青地区史前文化因素的对比分析，以及参考^{14}C测年的数据，我们将大渡河上游的史前文化初步划分为4期5段。

第一期（第1段）以哈休遗址早期遗存为代表，孔龙村遗址的大部分遗存属于这一段。陶器中的双唇口及平唇口式小口尖底瓶、敛口尖唇内突棱的细泥陶钵、弧边三角纹彩陶片等与大地湾遗址第四期文化早段的同类陶器相似，年代也应与大地湾四期早段为代表的仰韶晚期文化前段相当，略早于营盘山遗址的主体遗存，但晚于茂县波西遗址下层遗存。大地湾四期的^{14}C年代为5500～4900a B.P.，营盘山遗址的^{14}C年代为5300～4800a B.P.，因此推断第一期的年代为5500～5300a B.P.，与大地湾第四期文化早段、天水师赵村第四期文化、陕西宝鸡福临堡遗址三期前段文化等的年代大体相当。

第二期（第2段）以哈休遗址晚期遗存为代表，白赊村、叶浓秋景遗址的主体遗存均属于这一段，罕额依遗址第一期文化遗存的A组因素也可划入此段。陶器中的宽沿彩陶盆、带耳彩陶瓶、细泥红褐陶浅腹碗、内外彩带穿孔的直口钵，以及磨制双孔石刀、两侧带缺槽的打制石刀等，均与马家窑文化马家窑类型的同类器物相似。这类遗存在川西高原分布的范围较广，岷江上游、大渡河上游及中游均有发现，川西高原史前文化在这一段进入繁荣时期。年代为5300～5000a B.P.。第二期遗存的年代上限则与师赵村遗址第五期文化、福临堡三期后段文化等的年代相当。

第三期（第3段）以罕额依遗址第一期文化遗存的B组因素为代表，蒲角顶遗址的部分史前遗存属于这一阶段。其年代晚于哈休、白赊村等含彩陶因素的遗址，年代在距今5000年以内。

第四期以罕额依遗址第二期遗存为代表，蒲角顶遗址的部分史前遗存、四呷坝遗址及莫洛村采集的史前遗物均属于这一阶段。

又可分为前后2段，即第4段和第5段：第4段以罕额依遗址第二期遗存的A组文化因素为代表。第四期（第5段）以罕额依遗址第二期遗存的B组文化因素为代表，陶器风貌与第4段遗存有一定差异，而明显增多的带耳器、矮圈足杯等因素与后来大渡河上游的石棺葬文化之间有渊源关系。

第四期遗存主要分布于大渡河上游大小金川交汇以下的流域地带，地方土著文化色彩浓厚，陶器与晚期石棺葬文化的随葬陶器联系较多，年代晚于哈休等出土彩陶的史前遗址。但仍然继承了第二期文化的某些因素，如罕额依遗址第二期的陶罐上腹加贴相交的泥条附加堆纹的风格（图五，1），而白赊村遗址也采集有相似的泥质灰陶绳纹陶片（图三，7）。根据罕额依遗址第一期、第二期遗存的 ^{14}C 年代测试数据，并结合茂县营盘山遗址的年代下限，判定第四期史前文化的年代为距今 4800～4000 年。

基于上述文化面貌的异同概述和分期结果（表一），我们认为大渡河上游史前文化包括两种不同的文化谱系。

第一种文化谱系为第一期（第 1 段）文化遗存——第二期（第 2 段）文化遗存；

第二种文化谱系为第三期（第 3 段）文化遗存——第四期前段（第 4 段）——后段（第 5 段）文化遗存。

在大渡河上游史前文化的发展序列之中，第一、二期文化之间的关系非常密切，陶器的演化序列明晰，也有准确的地层叠压关系，它们是同一文化的不同发展阶段。而第二期、第三期之间却存在较大的差异，陶器面貌的不同表明文化性质发生了变化，居住形态也由木骨泥墙地面建筑形式转变为石结构建筑形式，其具体情况及原因何在还有待深入研究。

表一　大渡河上游史前遗址分期表

期段 遗址	第一期 1 段	第二期 2 段	第三期 3 段	第四期 4 段	第四期 5 段
哈休	√	√			
孔龙村	√				
白赊村		√			
叶浓秋景		√			
罕额依		√（?） 第一期 A 组	√ 第一期 B 组	√	√
蒲角顶			√	√	√
莫洛村					√
四呷坝					√

二、大渡河上游的史前环境与生业

从目前的发现来看，大渡河上游的遗址多位于河岸二级、三级阶地之上，主要是各支流两岸，干流两岸由于地势落差大，遗址相对少且小。不管是干流还是支流两岸，这些遗址距离河床的高度在 80 米以内，哈休、孔龙村、白赊、叶浓秋景等遗址即是。这些遗址均出土仰韶晚期文化和马家窑类型文化风格的彩陶，其主体遗存的时代在距今 5500～5000 年，未见年代更晚的史前遗存。也有少量例外，如罕额依、蒲角顶遗址，距河床 600 米，这可能与大渡河上游地形复杂，相同地理单元内环境差异较大有关。遗址的分布有规律可循，这也启发我们在研究出土陶器、石器和骨器等文化遗物的同时，通过对各遗址所处地域的地貌特征、气候环境、动植物资源等方面来观察先民的生业方式。

大渡河上游以前发现的史前遗址多是调查或小规模发掘所获，可直接观察食物结构的资料相对缺乏，基于此，我们在哈休遗址发掘过程中对出土的动物骨骼做了很细致地收集，也对部分灰坑进行了浮选，获得了一批非常重要的古动植物标本（图八），

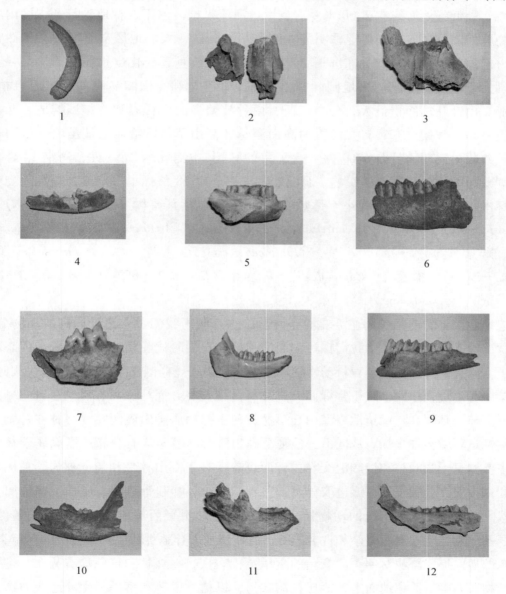

图八　哈休遗址出土动物骨骼标本

1. 水鹿角　2、3. 斑羚角　4. 狗右下颌　5. 豪猪右下颌　6. 斑羚左下颌　7. 豹左下颌　8. 小鹿右下颌　9. 水鹿右下颌　10. 黑熊左下　11. 猪獾右下　12. 野猪右下

为探讨大渡河上游史前文化的第一期和第二期（5500～5000 a B. P. ）的野生动植物资源、史前生态环境、家畜的驯养和农作物的栽培等方面提供了重要资料，对我们探讨大渡河上游史前先民的生业方式大有裨益。野生动物群的分布与地貌特征、气候环境密切相关，哈休遗址位于大渡河上游的马尔康县，马尔康位于青藏高原东部，邛崃山脉的北端，也是北东走向的龙门山、北西走向的鲜水河断裂带及松潘地块交汇地区，属高原峡谷区，山岭连绵，沟谷陡峻，具有典型的高山峡谷和高原高山地貌特征。该地区地质构造复杂，地层多为三叠系砂岩、板岩和变质岩等，境内最高峰海拔达5000米左右，最低谷地海拔在2300米左右，境内河流纵横。由于这种地貌特征，区内为典型的高原大陆季风气候，干湿季明显，四季不大分明，大部地区夏季短促，虽然日照充沛，但温差较大，垂直分布显著，与此相应，植被垂直变化也很明显。从河谷到山顶分别为干旱河谷灌丛、山地阔叶林、亚高山针叶林和高山灌丛草甸与流石滩植被；其中亚高山针叶林面积最大，分布广泛，由种类繁多的云杉属和冷杉属构成，北部高原海拔更高，气候严寒，有大面积的高山灌丛和高山草甸。哈休遗址虽然发掘面积虽小，但共收集到动物骨骼2769件（含采集的），其中哺乳纲2755件，鸟纲14件。由于在埋藏过程中各种因素的影响，骨骼非常破碎，有68件标本有烧痕，哺乳动物中可鉴定标本仅407件，代表最小个体数59个，属种包括藏酋猴（*Macaca thibetana*）、狗（*Canis familiaris*）、黑熊（*Selenarctos thibetanus*）、猪獾（*Arctonyx collaris*）、豹（*Panthera* sp. ）、野猪（*Sus scrofa*）、小麂（*Muntiacus reevesi*）、水鹿（*Cervus unicolor*）、斑鹿（*Cervus nippon*）、狍属（? *Capreiolus* sp. ）、黄牛（*Bos* sp. ）、斑羚（*Naemorhedus caudatus*）、豪猪（*Hystrix* sp. ）等。

遗址中出土的动物骨骼主要是野生动物，这有利于我们考察遗址周围的动物分布、植被状况等生态环境，也为我们探讨大渡河上游新石器时代晚期的动物资源和生态环境提供了宝贵材料。哈休遗址鹿科动物发现最多，其中水鹿群栖息于针阔混交林、阔叶林、稀林草原等生境；小麂栖息于常绿阔叶林和针阔混交林，灌丛和河谷灌丛；斑鹿栖息于针阔混交林的林间和林缘草地以及山丘草丛；狍主要栖居于山麓阔叶混交林或针阔混交林。豹栖息环境多种多样，从低山、丘陵至高山森林、灌丛均有分布；黑熊属于林栖动物，主要栖息于阔叶林和针阔混交林中。而斑羚栖息于高山林带和峭壁裸岩，独栖或成队晨昏在山坡、林中草地、溪边取食灌、乔木的嫩枝、叶和青草等，反映了遗址周围地貌起伏大的特征。遗址出土的动物骨骼体现出在（四川）西部地区特殊的地貌条件下，动物区系的种类组成具有复杂和古老的特殊点外，善于奔驰跳跃或登崖履险的有蹄类多，也和东部地区形成鲜明对照[9]。豪猪的生境范围较广，在森林和草原均有分布，是一种夜行动物，大多生活在地面上，栖居在洞穴里，以植物根茎和落果为生。这些动物的存在说明遗址周围的植被有较多的阔叶林、针阔混交林，浓郁的灌丛和草丛，体现出明显的垂直分布差异。在哈休遗址中我们尚未发现龟鳖、鱼等淡水类动物，暂时也没有发现网坠等捕鱼工具，这反映附近没有水塘和小河之类的小型水域，也有可能与发掘面积小或与食物禁忌习惯等方面有关。总的看来，哈休遗址所处的大渡河上游地表起伏比较大，从而导致气候、植被类型的多样化和垂直分布较明显，对于动物资源的种属构成、数量和分布地域影响很大，也与出土的动物骨骼呈现出当时动物种属的多样性吻合。综上，我们可以看到哈休遗址的先民生活在一个林草茂密的自然环境中，也有一定的灌丛和草丛，植被垂直变化比较明显，动物群和植被的多样性为先民提供了广阔的采集和狩猎空间。

哈休遗址出土的动物骨骼主要出自灰坑，这些骨骼应该为先民肉食消耗所剩的，从出土的动物骨骼，我们可以管窥哈休先民在食物结构和生业方式等方面的一些特点。在考察生业方式前，我们首先要弄清楚各种动物所占的比重，以及哪些动物是已经驯养的，哪些是野生的，这样我们才能较准确的探讨到先民的经济形态。从可鉴定标本数（NISP）来看，鹿科动物无疑是居主导的，鹿科四种动物骨骼即占可鉴定标本数的90.42%，目前能确定为家畜的只有狗一种，仅占1.72%（表二）；再从最小个体数（MNI）来看，鹿科四种动物一样是最多的，占78.22%，狗占1.72%（表三）。从狩猎获得的野生动物属种构成来看，鹿科四种动物占绝大多数，体现出鹿科动物是先民狩猎的优先选择范围。这一方面说明遗址周围鹿科动物分布密集，资源丰富，另一方面也可能因为鹿性情温顺，虽然警觉但防御性差，先民狩猎捕杀的危险性小。在遗址中也发现了象豹、黑熊、野猪这样凶猛的野生动物，但数量很少，而且象豹都是幼年的，这也说明先民狩猎的选择性。

表二 哺乳动物骨骼可鉴定标本（NISP 总数为 407 件）

动物属种	小鹿	水鹿	斑鹿	狍？	斑羚	猪	狗	藏酋猴	豹	黄牛	豪猪	狗獾	黑熊
NISP	195	108	39	26	11	4	7	1	4	2	2	3	5
百分比（%）	47.91	26.54	9.58	6.39	2.70	0.98	1.72	0.25	0.98	0.49	0.49	0.74	1.23

表三 出土动物骨骼的最小个体数数据（MNI 总数为 58 个）

动物属种	小鹿	水鹿	斑鹿	狍？	斑羚	猪	狗	藏酋猴	豹	黄牛	豪猪	狗獾	黑熊
NISP	29	7	4	5	3	1	1	1	2	1	1	2	1
百分比（%）	50.00%	12.07	6.90	8.62	5.17	1.72	1.72	1.72	3.45	1.72	1.72	3.45	1.72

此前，关于如何确定考古遗址中的家畜动物，祁国琴先生认为一般从两方面入手：一方面是寻找骨骼学的证据，另一方面要看遗址动物群中是否有一定年龄类群的存在；除此之外，还要注意文化和环境以及艺术品形象的证据[10]。袁靖先生近年在前人研究的基础上又总结了关于如何判别家猪的五项标准[11]。哈休遗址出土猪和黄牛的数量均很少，从骨骼形态上我们没有办法分辨它们是否已经被驯养，出土的文物中也没有发现仿生艺术品以及用猪和黄牛等随葬的文化现象，但从它们在所有出土动物骨骼中的比重来看，我们倾向其是野生的。这样看来，在哈休遗址出土的动物中，只有狗是家养的，其他都应该是先民狩猎获得的，在日常的经济生活中，狩猎无疑是获取肉食的主要方式。

虽然家养动物的种类仅有狗，但从我们收集的骨骼状况来看，哈休遗址的骨骼分布很密集，破碎程度也高，骨骼上保留有不少的砍切痕迹，而且还发现了很多的骨坯和制作骨器剩余的废料，这些都是聚落内动物骨骼遗存的特征。

从遗址出土的其他遗迹和遗物来看，哈休遗址发现的灰坑以圆形为主，也有个别袋状灰坑，且有一定的深度，如 H5、H8、H10 等，坑内填土呈黑色粉状，包含大量陶片、兽骨、植物炭化灰烬，H8 的坑口及底部各有意放置了两块石板，H10 近底部还发现了经过焚烧的硬面。根据形状、结构以及填土遗留物，判定这些灰坑应为贮存粮食及其他物品的窖穴。遗址除发现大量的陶器外，还有少量细石器和骨梗刀，这些是常用的与狩猎有关的工具。另外，哈休遗址试掘同时对灰坑填土进行了浮选，收集的植物标本经过初步鉴定，可以确认发现了栗等作物品种[12]，说明哈休先民也栽培旱作谷物，但采集、狩猎、农业三者在经济结构中所占的比重目前难以准确估算，但可以肯定的是，日常生活的肉食资源以狩猎为主，没有对淡水资源动物进行捕捞，家畜占的比例很低。

前文我们提到大渡河上游第三期和第四期史前文化分别以罕额依遗址第一期和第二期为代表，出土文化遗物有陶器、石器和骨器等，也有一些动物骨骼，但由于目前尚未公布动物种类，故我们只能通过陶器、石器和骨器等文化遗物来管窥这一时期的生业方式。

从罕额依遗址第一期出土的遗物来看，陶器为大宗，以夹砂陶居多，有些器物底部还可见烟炱痕迹；打制石器数量较少，另有少量细石器，磨制石器可见少量石斧、石锛和石凿等砍伐农具，少量用于农业收割或采集活动的穿孔石刀；骨器主要为骨锥和装饰品。从出土的器物来看，用于农业、狩猎和采集的工具均有，但由于采集的动物骨骼没有公布，也没有经过浮选获取植物标本，对这一时期（5000～4800a B. P. ）的经济结构中农业、狩猎、采集或家畜的比例并不清楚。

罕额依遗址第二期出土的器物继承了第一期的一些特点，但也有新的文化因素。陶器方面泥质陶较夹砂陶略多，器身穿孔的现象增多，出现了纺轮等新器型；石器方面，以磨制石器为主，打制石器少，石器种类中除有第一期的石斧、石锛、石凿和刮削器外，新出现了网坠、石杵、石璧等，不见第一期的盘状砍砸器、砸击器等重型工具；骨角器中新增加了矛和纺轮。从出土石杵等加工农具来看，农业可能比前期稍发达。最重要的是网坠不见于大渡河上游史前文化的前三期，说明从第四期开始先民们拓广了食物资源，这也可能与文化的发展有关，随着文化的发展，人口密度的增加，从而导致食物的缺乏，人们必将寻找新的食物资源。也有可能文化发展到第四期的时候，由于气温的下降[13]，生态环境可能遭受一定的恶化，从而导致野生动物的迁徙或繁衍规律的改变，在这种情况下，先民们也只有通过发展农业、驯养动物或拓广渔猎和采集对象来获取食物。这一时期罕额依出土有用牛角和牛骨制作的矛和纺轮，结合大渡河上游的地理环境和文化的发展程度来看，这一时期的牛可能为驯养的黄牛（此前在岷江上游的营盘山遗址我们就发现有驯养的黄牛[14]），说明大渡河上游史前文化发展到第四期（4800～4000a B. P.）的时候，家畜驯养的对象比前两期增多。总的看来，这一时期，农业可能有所发展，家畜种类在增多，驯养家畜和渔猎技术都较前三期有所发展，但要获取更多的生业形态方面的信息还有赖于发掘工作的继续开展和对动植物标本收集的更加重视。

综上，我们认为以哈休遗址为代表的大渡河上游史前文化在第一期和第二期（5500～5000a B. P.），先民平时农耕，基本不饲养家畜，而是以狩猎获取肉食为主，唯一的家畜狗可能是作为先民狩猎的伴侣。遗址周围除有丰富的动物资源外，植被浓郁，采集业也应该是经济生活中不可或缺的补充形式。在哈休先民的经济结构中，狩猎经济所占的比例很高，经济结构单一性也突出，一方面意味着有众多的野生动物资源而且相对稳定，足以提供丰富的食物资源；另一方面，先民通过狩猎采集活动，对他赖以生存的动植物群施加影响，同时又受动物繁衍和迁移、植物的季节性生长等的规律所限制，对后续文化的发展将产生一定的制约或透支。哈休先民这一生业方式说明遗址地处川西高原高山，人口密度相对较小，食物资源压力也相对要小，人口压力和食物资源这一矛盾体没有造成人地关系的紧张，平时狩猎就可以满足日常肉食需要。至于第三期至第四期（5000～4000a B. P.），由于目前材料还不够充分，特别是缺少古动植物标本，对生业方式的探讨主要只能以出土的陶器、石器和骨器等文化遗物来推断，应该说这一时期农业在逐步发展，渔猎和驯养对象的种类在增多，家畜驯养和渔猎技术有所提高，导致这一倾向的出现可能与文化的发展和人口的增加有关，也可能与气候环境恶化，狩猎和采集的空间和对象缩小有关。

江章华先生对本文的撰写进行了悉心指导，谨致谢忱！

注　释

[1]　郑德坤：《四川古代文化史》（巴蜀文化书系，华西研究丛书），四川出版集团巴蜀书社，2004 年。

[2]　四川省文物考古研究所、甘孜藏族自治州文化局：《丹巴县中路乡罕额依遗址发掘简报》，《四川考古报告集》，文物出版社，1998 年。

[3]　四川联合大学历史系考古教研室编：《四川大学考古专业三十五年·大事记》；成都文物考古研究所、阿坝藏族羌族自治州文管所：《四川马尔康县孔龙村遗址调查简报》，待刊。

[4]　四川省文物考古研究院、阿坝藏族羌族自治州文管所：《大渡河双江口水电站地下文物遗存调查》，《四川文物》2005 年 6 期。

[5]　阿坝藏族羌族自治州文管所、成都文物考古研究所、马尔康县文体局：《四川马尔康县哈休遗址试掘简报》，待刊。

[6]　成都文物考古研究所、甘孜藏族自治州文物局：《四川丹巴县蒲角顶遗址调查简报》，待刊。

[7]　阿坝藏族羌族自治州文管所、成都文物考古研究所、马尔康县文体局：《四川马尔康县孔龙村遗址调查简报》，待刊。

［ 8 ］　资料现存甘孜州博物馆。

［ 9 ］　《四川资源动物志》编辑委员会主编：《四川资源动物志》（第一卷 总论）第 15、16 页，四川人民出版社，1982 年。

［10］　祁国琴：《动物考古学所要研究和解决的问题》，《人类学学报》第 2 卷 3 期。

［11］　袁靖：《古代家猪的判断标准》，《中国文物报》2003 年 8 月 1 日第 7 版。

［12］　陈剑、陈学志：《大渡河上游史前文化寻踪》，《中华文化论坛》2006 年 3 期。

［13］　竺可桢：《中国近五千年来气象变迁的初步研究》，《考古学报》1972 年 1 期。

［14］　何锟宇：《营盘山遗址出土动物骨骼研究》，北京大学硕士研究生学位论文，2006 年 6 月。

（原载《四川文物》2007 年 5 期）

川西彩陶的发现与初步研究

陈　剑

　　彩陶的加工与制作是中国新石器时代最杰出的成就之一，黄河中、上游地区不仅是中国彩陶的诞生地，而且是彩陶最为发达的地区，大地湾文化、仰韶文化和马家窑文化的彩陶在中国彩陶发展史上占有极其重要的地位。四川西部地区本无制作彩陶的渊源和传统，川西彩陶是受外来文化因素影响的产物，能够较为敏感地体现周边文化尤其是黄河上游地区史前文化对四川西部同期文化的辐射影响力度（图一）。石兴邦、邓少琴、严文明、谢端琚、张朋川等前辈学者对早期发现的川西彩陶的文化属性及其历史内涵进行了相关研究[1]。笔者拟对川西地区历年来所发掘出土和采集的彩陶资料尽可能予以全面收集，并采用题材分类、文化因素分析等方法进行初步梳理，从而对川西彩陶的年代、文化属性、时空分布特征以及仰韶文化、马家窑文化的南传等问题得出粗浅的认识，希望得到方家的不吝赐教。

一、川西彩陶的发现

1. 岷江上游地区

　　该地区彩陶的发现时间较早且数量较为丰富。早在 20 世纪 20 年代及 30 年代，法国地质学家叶长青牧师、华西大学林铭钧就已在汶川县威州镇发现了彩陶[2]。

　　1964 年，四川大学考古系在理县箭山寨遗址进行了调查和小规模试掘，并调查了汶川县姜维城遗址，均采集和出土了彩陶[3]。

　　1979 年秋，西南师范学院历史系唐昌朴在汶川县龙溪沟内的兰布村采集到彩陶碎片若干件[4]。

　　阿坝州文管所等地方文博单位的陆续调查，在汶川县姜维城遗址等采集有彩陶[5]。

　　2000 年以来，岷江上游地区的彩陶有较多发现，尤其是获得了大批经过科学发掘的实物资料。

　　波西遗址：位于茂县凤仪镇平头村波西组，地处岷江西岸二级台地之上，高出岷江河床约 100 米，西距沙乌都遗址约 500 米，西南与营盘山遗址相距约 1500 米，东与县城隔江相望。该遗址于 2000 年 7 月由成都市文物考古研究所调查发现，遗址表面为

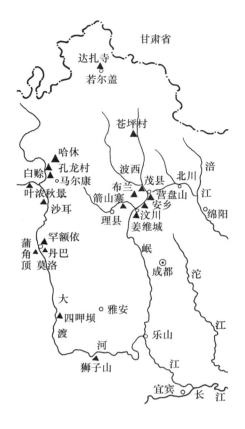

图一　川西彩陶分布图

不规则形，地势略呈西高东低状，东西宽约 100 米，南北长约 300 米，总面积近 30000 平方米，中部一条东西流向的自然冲沟将遗址分为南北两部分（调查时分别命名为波西槽南和波西槽北遗址）。地表常年种植苹果、梨等果树及玉米、小麦、蔬菜等作物，表土沙性较重。2002 年 9 月和 2003 年 10 月，成都文物考古研究所、阿坝藏族羌族自治州文物保管所、茂县羌族博物馆联合开展了进一步的调查并选点进行了两次试掘。遗址下层的灰沟内出土遗物包括细泥红陶双唇式小口瓶、弧边三角纹彩陶钵、泥质灰陶斜向线纹及绳纹陶片、细泥红陶敛口钵、细泥红陶斜向线纹及绳纹陶片、夹砂褐陶斜向绳纹陶片、磨制石锛、石环、打制石网坠等[6]。

营盘山遗址：位于茂县凤仪镇所在的河谷冲积扇平原，地处岷江东南岸三级台地上，平面约呈梯形，东西宽 120～200 米，南北长约 1000 米，总面积近 15 万平方米。遗址东面临深谷阳午沟，东北面、北面、西面均为岷江所环绕，东距茂县县城约 2.5 公里，海拔高度 1650～1710 米，高出岷江河谷约 160 米，表面地势略呈缓坡状。营盘山遗址东、西、北三面均为陡坡，背靠九顶山，并临近岷江河道，易守难攻，为岷江上游地区得天独厚的风水宝地，是人类长期定居的理想之所。成都文物考古研究所、阿坝州文管所、茂县羌族博物馆于 2000 年调查发现，2000 年、2002 年进行试掘，2003 年、2004 年正式发掘，发现了非常丰富的彩陶实物。营盘山遗址的文化堆积较为丰富，文化层最厚处可达 2.2 米，其上层为春秋战国时期的石棺葬遗存，下层为内涵丰富的新石器时代遗存。遗址的新石器时代遗迹包括房屋基址 11 座、人祭坑 9 座、灰坑 120 余座、窑址 4 座及灶坑 13 座等。营盘山遗址出土的陶器、玉器、石器、细石器、骨器、蚌器等类遗物总数近万件。陶器从陶质陶色来看，以夹砂褐陶、泥质褐陶、夹砂灰陶、泥质红陶、泥质灰陶、泥质黑皮陶为主。其中夹砂陶可分为夹粗砂和夹细砂两种，以陶胎夹有颗粒粗大的片岩砂粒的陶片最具特色。泥质陶的火候均较高，尤其是彩陶片和表面打磨光亮的细泥红陶、褐陶片的硬度更大。陶片的纹饰种类丰富，包括粗细绳纹（包括交错绳纹形成的网格纹）、线纹、附加堆纹、彩陶、绳纹或锯齿状花边口沿装饰、弦纹、瓦棱纹、划纹、复合纹饰（绳纹与附加堆纹组合成的箍带形装饰、绳纹之上饰凹弦纹）、戳印纹、捏塑与刻划相结合的人面像等。一些陶片上还有明显的切割痕迹。陶器以平底器和小平底器为主，有少量矮圈足器，器形包括侈口罐、深腹罐、碗、钵、高领罐、盆、瓮、带嘴锅、缸、宽折沿器、瓶、甑、纺轮、陶球、穿孔器等。其中彩陶器的器形有盆、钵、罐、瓶等，器表打磨光亮，少量表面还施有白色陶衣，除黑彩外，还有少量的彩绘陶，图案题材有草卉纹、各种形式的线条纹、变体鸟纹、弧边三角形纹、网格纹、蛙纹等，多在器物的口部、颈部、腹部施彩，有一定数量的内彩。石器可分为打制和磨制两种，打制石器包括由大型剥离石片稍作加工而成的切割器、砍砸器、杵、石球（弹丸）、网坠等，还有少量个体甚小的燧石片；磨制石器包括斧、锛、长方形穿孔石刀、凿、有肩锛形器、砺石、石刻人面像等。玉器包括环镯形器等装饰品、璧形器、仿工具及武器类的斧、锛、凿、穿孔刀、箭镞等。细石器工艺较为发达，器形包括大量的石叶、石核，质地以燧石及水晶为主，以长条形且下端多呈弯曲状的石叶最具特色，石核包括锥状、柱状、船底状等。骨器包括笄、簪、锥、针、削、箭镞等。蚌器仅见穿孔的装饰品[7]。

姜维城遗址：位于汶川县威州镇南部岷江与杂谷脑河交汇处南岸的二级台地上，2000 年四川省文物考古研究所进行正式发掘，对该遗址文化内涵有了较为清晰的认识。2003 年四川省文物考古研究所、阿坝藏族自治州文管所、汶川县文体局又进行发掘，揭露面积 300 余平方米，共发现新石器时期的房屋居住面遗迹 4 处、灰坑 30 多个，汉代夯土城墙墙基 1 处，宋代房屋基址 1 处，出土可复原陶器约 30 余件、彩陶片 50 余件、石器（含打、磨制石器、细石器、玉器）30 余件、骨器 6 件。彩陶图案的题材种类比较丰富，有条形纹、弧形纹、网格纹、草卉纹、瓜棱纹等[8]。

苍坪村遗址：位于松潘县进安乡苍坪村，地处位于岷江西岸二级台地上，高出河床约 50 米，背靠将军岭，南为窑沟（自然冲沟），台地南北长 500、东西宽 400 米。台地西南为松潘古城墙（主要为夯土结构，该段墙分布有小西门、西门两座城门），向上延伸至将军岭，向下连接松州古南门附近城墙。成都文物考古研究所、阿坝州文管所于 2000 年进行调查，从城墙下层夯土中采集了大量夹砂红褐陶片和少量弧线条暗纹彩陶片[9]。

2. 大渡河上游地区

罕额依遗址：位于丹巴县东北约 3 公里的中路乡罕额依村，地处大渡河上游支流小金河左岸的半山上，高出河面约 600 米，海拔 2300 米，遗址面积 2 万平方米。1989 年 10 月至 1990 年 12 月，四川省文物考古研究所、甘孜藏族自治州文化局联合进行发掘，发掘面积 123 平方米，共发现灰坑 8 个，房屋遗址两处，出土有大量石器、骨器、陶器以及装饰品，出土的石器有打制和磨制的石斧、石刀、石锄、石锤和水晶石磨制的细碎石器。出土的骨器多为磨制而成，有骨梳、骨针。出土的陶器有黑色和红棕色，陶器纹饰以绳纹为主，陶杯、钵、罐等器皿上还有简单的花纹。古遗址、石棺墓葬群分别属于新石器时代和春秋战国时代。发掘者将其文化遗存分为三期，其中第一期出土一件泥质红陶彩陶片，器表施红色陶衣，饰单线条黑彩[10]。

　　孔龙村遗址：位于马尔康县脚木足乡孔龙村、脚木足河北岸一级台地，北距孔龙村寨子约 50 米。东西长 500、南北宽 200 米，地表种植蔬菜、荞麦等作物。1989 年，阿坝州文管所人员与四川大学考古专业教师选择学生实习地点时，到此进行过调查。2000 年，成都市文物考古研究所、阿坝州文管所又进行了调查。从临河边取土处凹坑四壁观察，文化层堆积厚约 50 厘米。遗址中部堆积或许更厚，适宜进行大规模发掘。采集遗物包括泥质灰陶双唇式口（有轨式口）瓶、喇叭口瓶、尖唇钵、盆，泥质褐陶短颈罐，泥质红陶碗，夹砂褐陶绳纹鼓腹罐、侈口罐，少量黄褐底色线条纹彩陶片，盘状打制石砍砸器、砾石、磨光穿孔石刀等[11]。

　　白赊遗址：白赊，藏语义为"跳舞的寨子"。遗址位于马尔康县脚木足乡白赊村白赊庙，地处乡政府东南 3.5 公里，脚木足河东岸二级缓坡台地，相对高差 30 米，距河床高 40 米，南临白赊沟。台地东西长 180 米，南北宽 500 米，总面积约 90000 平方米，黄土发育良好。2003 年，阿坝州文管所进行了调查，采集遗物包括粗细平行线条纹、弧线纹、网格纹彩陶片（底色分为红褐色、黄褐色、灰褐色三种，陶质均为泥质陶），泥质灰陶翻沿纹唇大口罐，泥质灰陶绳纹敛口钵，泥质磨光灰陶盆、钵，泥质灰陶折沿平唇口瓶，饰绳纹、横向及斜向泥条附加堆纹的泥质灰陶片，泥质红陶碗，夹砂褐陶侈口绳纹罐，以及穿孔近背部的磨制石刀等[12]。

　　哈休遗址：哈休，藏语义为"神力"。遗址位于马尔康县沙尔宗乡政府驻地东北一公里处的哈休村，茶堡河二级台地。台地呈缓坡状，北高南低，距河床高约 25 米，相对高差 30 米。东西长 220 米，南北宽 160 米，总面积 35200 平方米。2003 年，阿坝州文管所进行了调查。遗址北部断面发现文化堆积，距地表深 1 ~ 2 米，长约 30 米，厚 0.5 米，宽不详，内含大量早期陶片、炭屑、烧土块、兽骨等。在断层中部有一灰坑，长 1.8 米，厚 0.2 ~ 0.6 米，内含大量早期陶片、兽骨、彩陶等。遗址中部有一长期雨水冲刷形成的冲沟，将遗址分为东、西两部分，西部台地面积占遗址面积的 2/3。整个台地黄土发育较发达，厚达十余米。从采集遗物的分布来看，遗址应以西部为中心。采集遗物包括泥质陶线条纹彩陶瓶（黄褐底色）、粗细弧线条纹折沿敛口彩陶盆（灰褐底色，腹表及沿面施彩），泥质灰陶折沿平唇口瓶、带鋬盆，夹砂褐陶敛口鼓腹罐（沿面、唇面及腹表施绳纹，上腹装饰横向鸡冠状鋬），上腹带穿孔的泥质磨光黑皮陶钵，施绳纹及箍带状附加堆纹的夹砂褐陶片和泥质灰陶片，打制石刀等[13]。

3. 大渡河中游地区

　　狮子山遗址：位于汉源县大树乡西南 200 米处，最高点海拔 952 米，遗址地处山岗中上部高程约 900 米的山坡上，20 世纪 70 年代初发现。1988 年，中国社会科学院考古研究所四川工作队曾进行了考古调查，采集有石器、陶器等遗物。1990 年 5 ~

6 月，四川大学历史系考古专业对狮子山遗址发掘 321 平方米，发现遗迹包括灰坑 16 个、残房址 9 个及石片砌成的瓢形建筑 1 处，出土遗物有磨制石器、打制石器、细石器、陶器、骨器等。其中发现有 10 余片红底黑彩的彩陶片，纹样多为平行或交错线条纹[14]。

此外，黄河上游支流的黑河流域的若尔盖县县城附近的达杂寺遗址也采集过彩陶[15]。

二、川西彩陶的初步研究

1. 川西彩陶的分组

川西彩陶均为黑色颜料绘制而成，底色包括为红褐色、灰褐色和少量黄褐色等类。图案的题材较为丰富，主要包括几何图案类、植物类和动物写实类三种。器类以容器为主，包括瓶、罐、盆、钵等。

以茂县营盘山遗址为例，通过与周边地区（尤其是黄河上游地区）同时代遗址出土彩陶的比较，依据彩陶装饰图案的风格特征，可将四川西部的彩陶划分为三组。

A 组彩陶数量不多，但制作较为精细，底色以红褐色为主，表面打磨光亮，图案题材包括弧边三角纹、变体鸟纹、弧线纹、圆圈纹、蛙目纹、网格纹等，器形有小口直腹瓶、口沿较厚的尖唇敛口钵、宽折沿曲腹盆等，有少量内彩（图二、图三）。目前在茂县波西、营盘山、汶川姜维城等遗址有发现。

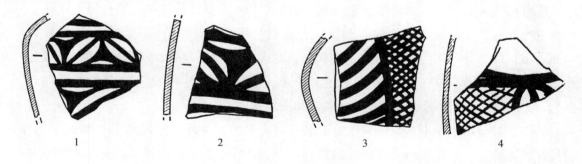

图二　A 组彩陶

1~3. 营盘山遗址（00H8:4、00H8:17、T8④:102）　4. 姜维城遗址（03IT0105⑲B:8）

B 组彩陶数量最为丰富，底色包括为红褐色、灰褐色和少量黄褐色等，多数表面打磨光亮，题材包括平行复线条纹、水波纹、垂帐纹、圆圈纹、网格纹、圆点纹、长弧叶状纹、鸟目纹、草卉纹及其复合纹饰等，几乎在川西地区所有发现彩陶的遗址中均有出土。

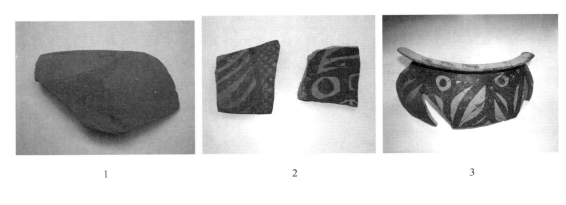

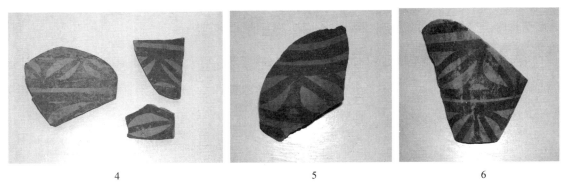

图三　A 组彩陶

1. 波西遗址出土　2～6. 营盘山遗址出土

B 组彩陶又可分为两个亚组：BⅠ组彩陶所占比例最多，题材包括平行复线条纹、水波纹、垂帐纹、圆圈纹、网格纹、圆点纹、长弧叶状纹、弧线条纹等。器形包括带耳彩陶瓶、敞口浅腹钵、窄卷沿浅腹盆、细长颈直腹瓶、卷沿小口罐、带角状錾的敛口罐等，钵、盆类器物多有内彩。底色以红褐色、灰褐色最多，同时有少量黄褐色（图四、图五）。川西地区凡出土彩陶的遗址几乎均有 BⅠ组彩陶。

而 BⅡ组彩陶数量不多，除包括 BⅠ组彩陶的图案题材外，还包括了 C 组的草卉纹、鸟目纹等类题材，即 B 组和 C 组彩陶题材相结合的产物。如营盘山遗址出土标本 2000H8：1 大口罐和 2000H12：5 细长颈瓶的整体风格为 BⅠ组彩陶题材，但肩部一周圆圈纹内增加了两两一组的草卉纹装饰，而营盘山遗址出土标本 2002H44：219 图案题材则为 BⅠ组的网格纹与 C 组的鸟目纹的组合。器形有大口罐、细长颈瓶、小口长颈罐等，底色主要为红褐色和灰褐色（图六、图七）。

C 组彩陶数量最少，图案题材仅有草卉纹、鸟目纹、弧线太阳纹等个别种类（图八、图九）。底色多为灰褐色和红褐色。目前在川西以外地区很少发现同类题材彩陶，C 组彩陶为川西地区的地域特色产品。

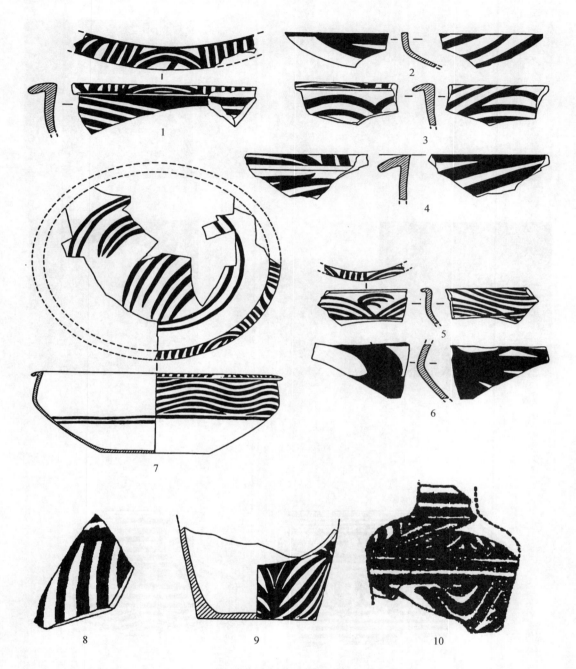

图四　B I 组彩陶

1~7. 营盘山遗址（00H14：3、T15⑤：41、T14③：11、H18：11、H24：30、采：20、H8：2）　8. 罕额依遗址（T1⑩：173）

9. 姜维城遗址（03IT0106⑲B：2）　10. 箭山寨遗址采集

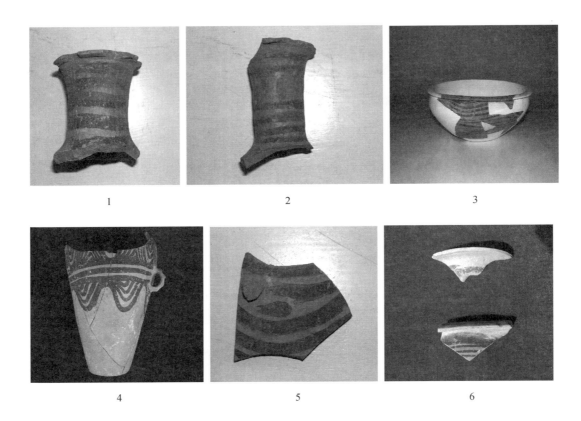

图五　BⅠ组彩陶

1～5. 营盘山遗址　6. 哈休遗址

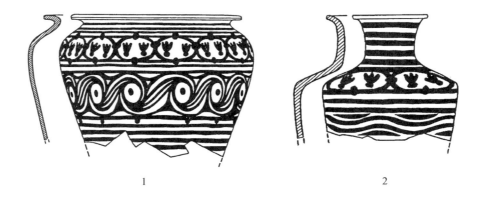

图六　营盘山遗址出土 BⅡ组彩陶

1. 00H8：1　2. 00H12：5

图七 营盘山遗址出土 BⅡ 组彩陶

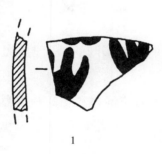
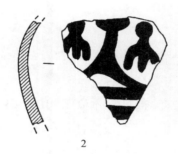

1 2 3

图八 C 组彩陶

1、2. 营盘山遗址（00T15④：39、00 采：9） 3. 姜维城遗址（03IT0106⑪：10）

图九 营盘山遗址出土 C 组彩陶

2. 川西彩陶的年代和文化因素分析

A 组彩陶中的细泥红陶弧边三角纹彩陶敛口曲腹钵（如波西遗址 02G1：4）与河南陕县庙底沟遗址仰韶文化的 A3 碗（H10：128）、A10g 盆（H47：42）等的风格相似[16]，且共存的双唇式小口瓶、尖唇敛口钵等其他陶器（图一〇），以及细泥红陶及线纹所占比例

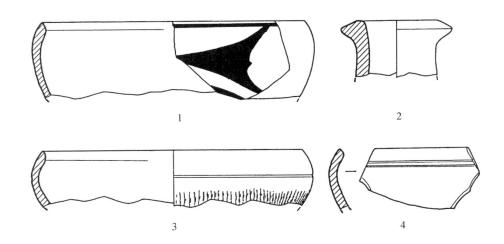

图一〇　波西遗址 2002G1 出土陶器

1. 彩陶钵（2002G1:4）　　2. 双唇式小口瓶（2002G1:5）　　3. 尖唇敛口钵（2002G1:6）　　4. 方唇敛口钵（2002G1:7）

最多的特征均属于仰韶文化庙底沟类型晚期的情况判定[17]，A 组彩陶的年代上限也相差不远，即可达仰韶文化庙底沟类型晚期。

此外，A 组彩陶中的姜维城遗址标本 03IT0105⑲B:8 表面施网格纹与正中竖线对分的圆圈纹共同组合而成的纹饰，同大地湾遗址九区 H842 出土的折沿曲腹盆[18]、武山傅家门遗址石岭下类型的 B 型彩陶瓮[19]、天水师赵村遗址四期（石岭下类型）的 C 型盆的纹饰相似[20]；A 组彩陶中的蛙目纹也和大地湾九区、西山坪遗址四期出土的蛙目纹近似。大地湾遗址九区堆积以大地湾遗址第四期遗存为代表的仰韶文化晚期类型遗存为主，即传统意义上的马家窑文化石岭下类型。据此判定 A 组彩陶的年代下限与仰韶文化晚期类型（石岭下类型）相当。

A 组彩陶的年代应早于 B 组、C 组彩陶。

B I 组彩陶中的平行复线条纹、水波纹、垂帐纹、网格纹、圆点纹、弧线条纹、长弧叶状纹等纹饰题材，双耳彩陶瓶、带内彩的盆、钵、敛口罐、颈部施平行复线条纹即圆点纹的小口瓶等器形，均可在东乡林家遗址[21]、师赵村遗址和西山坪遗址五期等马家窑文化马家窑类型遗存中找到相同的遗物。其年代也与马家窑文化马家窑类型相当。

C 组彩陶数量较少，图案题材包括草卉纹、鸟目纹、弧线太阳纹等少数几类，为川西地区的本土化产物。B II 组彩陶除 B I 组的图案题材外，还增加了草卉纹等类题材，即 B I 组彩陶和 C 组彩陶的复合产物。它们的年代可能较 B I 组彩陶略晚。但 B II 组彩陶和 C 组彩陶中均未见马家窑文化半山类型的纹饰和器物，且整个甘肃南部和川西高原均未发现半山类型遗址，B II 组彩陶和 C 组彩陶也往往与 B I 组彩陶共出，年代差异不会太大，其年代应早于半山类型，仍然处于马家窑类型文化的年代范围之内。

3. 川西彩陶的产地及其文化属性

根据陶泥、底色和纹饰题材等彩陶的自身特征，以及遗址内发现的陶窑的形制、结构等情况综合分析，可以对川西彩陶的产地作出判定。一般情况下，如果窑内处于氧化气氛，烧制而成的陶器表面多呈红色或黄色；而在还原气氛下烧制而成的陶器表面多呈灰色或灰褐色。而川西彩陶的底色除了红褐色及少量黄褐色外，还较多地出现了灰褐色，尤其是 B 组和 C 组彩陶中灰褐色底色的比例较大（图一一，1），足见当时的陶器烧制技术还不成熟，对窑室内的温度控制不熟练，难以准确地在窑内制造出氧化或还原的气氛。同时，一些彩陶表面的彩绘打磨压印不够紧密，颜料未能真正地渗入陶器表层，烧制过程中成品的黑彩极易脱落。因此，川西彩陶的烧制技术较黄河上游地区同时期彩陶相对落后。个别彩陶的陶泥中夹杂有细小的白色石英颗粒，而川西高原即出产此类白石，至今本地的藏、羌等民族还盛行对此类白石的崇拜习俗。营盘山遗址发现的横穴式陶窑（编号 2003SMYY1），窑算可达 12 孔，直径在 1 米以上，窑内有较厚的烧结物，经取样测试，烧制温度在 1000℃ 以上，足以烧造出精美的彩陶。种种特征表明这些彩陶器多是川西地区本地生产的产品。

但 A 组彩陶中的弧边三角纹尖唇敛口钵（波西遗址标本 2002G1：4，图三，1）、变体鸟纹折沿曲腹盆（营盘山遗址标本 03H57：1，图三，3）等彩陶，表面施红色陶衣并打磨光亮；B I 组彩陶中的变体鸟纹器（营盘山遗址标本 03H52：4，图一一，2），表面施黄色陶衣并打磨光亮，均色泽鲜艳，与遗址同出的其他彩陶器差异明显，而前者与黄河上游仰韶文化庙底沟类型晚期和大地湾四期为代表的仰韶文化晚期（石岭下类型），后者与马家窑文化马家窑类型的同类彩陶器如出一辙。可见，少量川西彩陶为黄河上游地区直接输入的产品。

川西彩陶以本地生产为主，少量彩陶不排除为黄河上游输入产品。A 组和 B I 组彩陶为川西地区外来文化因素的具体表现，C 组和 B II 组彩陶则是本土化的产物，具有浓郁的

1　　　　　　　　　　　　　　　　2

图一一　营盘山遗址出土彩陶

1. 02H44：216、217、230、179　2. 03H52：4

地域特色。川西彩陶虽然多数分别与黄河上游不同文化类型的同类器物风格相似，属于外来文化影响的产物，但它们本身的数量并不丰富，在遗址的多数同一地层单位出土陶器中所占的比例仅为百分之二三。川西彩陶与共存的细泥红陶碗钵类器物、双唇式及喇叭口小口瓶等因素一样，已成为川西地区新石器文化内涵的组成部分。

4. 川西彩陶分布的时空特征

岷江上游干流及其支流的彩陶出土地点分布密集，且彩陶的类型和数量均较丰富，A组彩陶的时代也较早，A组、BⅡ组和C组目前也仅在此地区有发现。

大渡河上游地区的彩陶出土地点也较密集，就目前的考古材料来看，均为BⅠ组彩陶，年代晚于岷江上游的A组彩陶。

地处大渡河中游的汉源县狮子山遗址为迄今四川地区出土彩陶的最西南地点，也多为BⅠ组彩陶。有学者认为彩陶沿横断山再往南传，便不再保留烂漫的色彩，陶器上的装饰已变为以刻划压印为主的表现形式，但图案结构仍然保留着彩陶的样式，许多纹饰表现有衬花的特点[22]。

四川盆地腹心及其北缘地带迄今均未发现彩陶实物，茂县营盘山遗址、汶川县姜维城遗址等彩陶遗址距成都平原直线距离不过数十公里，但在成都平原至今尚未发现彩陶，有可能彩陶的影响是由川西山地南下进入横断山区。

5. 关于仰韶文化、马家窑文化的南传

川西彩陶的时空分布特征比较明显地反映了仰韶文化、马家窑文化的南传情况。

大地湾遗址、师赵村和西山坪遗址的发掘材料基本建立起渭河上游地区新石器文化较为完备的发展序列，概言之，第一期为前仰韶时期的大地湾一期文化，第二期为仰韶文化半坡类型，第三期为仰韶文化庙底沟类型，第四期为仰韶文化晚期类型（或马家窑文化石岭下类型），第五期为马家窑文化马家窑类型（东部为常山下层遗存）[23]，其南面的西汉水流域、白龙江下游地区也大体为这一文化发展序列[24]。岷江上游地区北面毗邻白龙江下游地区，再北面依次为西汉水流域、渭河上游地区，仰韶文化因素向南由此进入岷江上游地区也符合文化传播的一般规律。

关于仰韶文化进入川西高原的时间，就目前的考古发现表明，至迟在仰韶文化中期即庙底沟类型文化时期，黄河上游新石器文化因素已进入川西高原。茂县波西、营盘山遗址还出土有个别前仰韶文化风格的陶器。

地处岷江上游以西的大渡河上游北临白龙江上游和甘南高原，再北面为马家窑文化分布的中心河湟地区，史前文化序列基本为：仰韶文化庙底沟类型—马家窑文化石岭下类型—马家窑类型—半山类型—马厂类型。河湟地区马家窑文化马家窑类型对大渡河上游、中游地区新石器文化的影响更为明显。

岷江上游及其北面的白龙江下游、西汉水流域和渭河上游地区的彩陶文化，因地处

文化交汇地带，分别受到了仰韶晚期文化和马家窑文化马家窑类型的影响。而大渡河上游、中游地区新石器文化则更多地受到了马家窑类型的影响。

三、余　论

仰韶文化庙底沟类型晚期的年代约为距今6000年前，马家窑文化马家窑类型的年代下限约为距今4700年。据此推算，川西彩陶的存在时间前后跨度近1000年之久。

川西彩陶系外来文化影响的产物，前期题材以外来因素（A组彩陶及其后续的BⅠ组彩陶）为主，后期出现了本土特色题材的C组彩陶，以及外来题材与本土特色题材相结合的BⅡ组彩陶，是川西地区新石器文化本土化历程的具体表现形式之一。

注　释

［1］　石兴邦：《有关马家窑文化的一些问题》，《考古》1962年6期；邓少琴遗稿：《古代巴蜀与中原黄河流域彩陶南流的有关问题》，《中华文化论坛》1999年2期；严文明：《甘肃彩陶的源流》，《文物》1978年10期；张朋川：《中国彩陶图谱》，文物出版社，1990年；谢端琚、叶万松：《简论我国中西部地区彩陶》，《考古与文物》1998年1期。

［2］　林铭均：《威州彩陶发现记》，《说文月刊·巴蜀专号》四卷，1944年；郑德坤：《四川石器时代文化》，秦学圣译，四川省文物管理委员会编印《四川石器时代译文资料》，1983年。

［3］　四川大学历史系考古教研组：《四川理县汶川县考古调查简报》，《考古》1965年12期；阿坝藏族羌族自治州文管所编《阿坝文物览胜》，四川民族出版社，2002年。

［4］　邓少琴：《巴蜀之先旧称人皇为氏族部落之君》，《邓少琴西南民族史地论集》，巴蜀书社，2001年；唐昌朴：《从龙溪考古调查看石棺葬文化的兴起与羌族的关系》。

［5］　阿坝藏族羌族自治州文管所编《阿坝文物览胜》，四川民族出版社，2002年。

［6］　成都文物考古研究所、阿坝藏族羌族自治州文管所、茂县羌族博物馆：《四川茂县波西遗址调查与试掘》，《成都考古发现2004》，科学出版社，2006年。

［7］　成都文物考古研究所、阿坝藏族羌族自治州文管所、茂县羌族博物馆：《四川茂县营盘山遗址试掘报告》，《成都考古发现2000》，科学出版社，2002年；蒋成、陈剑：《岷江上游考古新发现述析》，《中华文化论坛》2001年3期；蒋成、陈剑：《2002年岷江上游考古的发现与探索》，《中华文化论坛》2003年4期；成都文物考古研究所、阿坝藏族羌族自治州文管所、茂县羌族博物馆：《四川茂县营盘山遗址发掘报告》，待版。

［8］　四川大学历史系考古教研室：《四川理县汶川县考古调查简报》，《考古》1965年12期；王鲁茂、黄家祥：《汶川姜维城发现五千年前文化遗存》，《中国文物报》2000年11月26日第一版；黄家祥：《汶川县姜维城新石器时代遗址及汉明城墙》，《中国考古学年鉴》（2001年），文物出版社，2002年；黄家祥：《汶川姜维城遗址发掘的初步收获》，《四川文物》2004年3期；四川省文物考古研究所、阿坝藏族羌族自治州文管所、汶川县文管所：《四川汶川县姜维城新石器时代遗址发掘报告》，《四川文物》2004年增刊；四川省文物考古研究所、阿坝藏族羌族自治州文管所、汶川县文管所：《四川汶川县姜维城新石器时代遗址发掘简报》，《考古》2006年11期。

［9］ 成都文物考古研究所、阿坝藏族羌族自治州文管所：《岷江上游考古调查报告》，待刊。

［10］ 四川省文物考古研究所、甘孜藏族自治州文化局：《丹巴县中路乡罕额依遗址发掘简报》，《四川考古报告集》，文物出版社，1998 年。

［11］ 四川联合大学历史系考古教研室编：《四川大学考古专业三十五年·大事记》；成都文物考古研究所、阿坝藏族羌族自治州文管所、马尔康县文化体育局：《四川马尔康县孔龙村遗址调查简报》，《成都考古发现 2005》，科学出版社，2007 年。

［12］ 四川省文物考古研究所、阿坝藏族羌族自治州文管所、成都文物考古研究所、马尔康县文化体育局：《四川马尔康县白赊村遗址调查简报》，《成都考古发现 2005》，科学出版社，2007 年。

［13］ 阿坝藏族羌族自治州文管所、成都文物考古研究所、马尔康县文化体育局：《四川马尔康县哈休遗址调查简报》，《四川文物》2007 年 4 期；阿坝藏族羌族自治州文管所、成都文物考古研究所、马尔康县文化体育局：《四川马尔康县哈休遗址试掘简报》，待刊。

［14］ 刘磐石、魏达议：《四川省汉源县大树公社狮子山发现新石器时代遗址》，《文物》1974 年 5 期；王瑞琼：《汉源县瀑布沟水库淹没区文物古迹调查简况》，《四川文物》1990 年 3 期；中国社会科学院考古研究所四川工作队：《四川汉源县大树乡两处古遗址调查》，《考古》1991 年 5 期；马继贤：《汉源县狮子山新石器时代遗址》，《中国考古学年鉴》（1991），文物出版社，1992 年。

［15］ 资料现存若尔盖县文管所。

［16］ 中国科学院考古研究所编著：《庙底沟与三里桥》（黄河水库考古报告之二）（中国田野考古报告集考古学专刊丁种第九号），科学出版社，1959 年。

［17］ 陈剑：《波西、营盘山及沙乌都——浅析岷江上游新石器文化演变的阶段性》，《考古与文物》2007 年 5 期。

［18］ 甘肃省博物馆文物工作队：《甘肃秦安大地湾第九区发掘简报》，《文物》1983 年 11 期。

［19］ 中国社会科学院考古研究所甘青工作队：《甘肃武山傅家门史前文化遗址发掘简报》，《考古》1995 年 4 期。

［20］ 中国社会科学院考古研究所：《师赵村与西山坪》，中国大百科全书出版社，1999 年。

［21］ 甘肃省文物工作队、临夏回族自治州文化局、东乡族自治县文化馆：《甘肃东乡林家遗址发掘报告》，《考古学集刊》第 4 集，中国社会科学出版社，1984 年。

［22］ 王仁湘：《黄河上游彩陶南传之路探索》，《中国社会科学院古代文明研究中心通讯》，总第 8 期，2004 年。

［23］ 甘肃省博物馆文物工作队：《甘肃秦安大地湾遗址 1978 年至 1982 年发掘的主要收获》，《文物》1983 年 11 期；郎树德、许永杰、水涛：《试论大地湾仰韶晚期遗存》，《文物》1983 年 11 期；谢端琚：《甘青地区的史前文化》，文物出版社，2002 年。

［24］ 北京大学考古学系、甘肃省文物考古研究所：《甘肃武都县大李家坪新石器时代遗址发掘报告》，《考古学集刊》第 13 集，大百科全书出版社，2000 年；张强禄：《试论白龙江流域新石器文化与川北川西地区新石器文化的关系》，《四川大学考古专业创建三十五周年纪念文集》，四川大学出版社，1998 年；张强禄：《马家窑文化与仰韶文化的关系》，《考古》2002 年 1 期；张强禄：《白龙江流域新石器时代文化谱系的初步研究》，《考古》2005 年 2 期。

附表一 川西彩陶一览表

编号	遗址名称	地址	考古工作情况	彩陶数量	彩陶形制	彩陶类别	资料出处
1	波西	岷江上游茂县	调查并发掘	少量	弧边三角纹等	A组	《四川茂县波西遗址调查与试掘》，《成都考古发现2004》，科学出版社，2006年
2	营盘山	岷江上游茂县	调查并大规模发掘	数量丰富	草卉纹、各种形式的线条纹、变体鸟纹、弧边三角形纹、垂帐纹、网格纹、蛙纹等	A组，B I、B II组，C组	《四川茂县营盘山遗址试掘报告》，《成都考古发现2000》，科学出版社，2002年；《四川茂县营盘山遗址发掘报告》，待刊
3	姜维城	岷江上游汶川县	调查并较大规模发掘	数量较为丰富	草卉纹、线条纹、变体鸟纹、网格纹、太阳纹等	A组，B I、B II组，C组	《四川理县汶川县考古调查简报》，《考古》1965年12期；《汶川姜维城发现五千年前文化遗存》，《中国文物报》2000年11月26日第一版；《四川汶川县姜维城新石器时代遗址发掘报告》，《四川文物》2004年增刊
4	建山寨	岷江上游理县	调查并小规模发掘	少量	线条纹、垂帐纹等	B I组	《四川理县汶川县考古调查简报》，《考古》1965年12期；《四川理县箭山寨遗址2000年的调查》，《成都考古发现2005》，科学出版社，2007年
5	龙溪兰布村	岷江上游汶川县龙溪乡兰布村	调查	少量	线条纹等	B I组	《巴蜀之先旧称人皇为氏族部落之君》，《邓少琴西南民族史地论集》，巴蜀书社，2001年；《从龙溪考古调查看石棺葬文化的兴起与羌族的关系》
6	苍坪村	岷江上游松潘县进安	调查	个别	线条纹	B I组	《岷江上游考古调查报告》，待刊
7	孔龙村	大渡河上游马尔康县	调查	个别	线条纹	B I组	《四川马尔康县孔龙村遗址调查简报》，《成都考古发现2005》，科学出版社，2007年
8	白赊村	大渡河上游马尔康县	调查	少量	平行线条纹、弧线纹、网格纹等	B I组	《四川马尔康县白赊村遗址调查简报》，《成都考古发现2005》，科学出版社，2007年

续表

编号	遗址名称	地址	考古工作情况	彩陶数量	彩陶形制	彩陶类别	资料出处
9	沙尔宗哈休村	大渡河上游马尔康县沙尔宗乡哈休村	调查	少量	平行线条纹、弧线纹	BⅠ组	《四川马尔康县哈休遗址调查简报》，《四川文物》2007年4期；《四川马尔康县哈休遗址试掘简报》，待刊
10	罕额依	大渡河上游丹巴县	调查并发掘	个别	线条纹	BⅠ组	《丹巴县中路乡罕额依遗址发掘简报》，《四川考古报告集》，文物出版社，1998年
11	狮子山	大渡河中游汉源县	调查并较大规模发掘	少量	线条纹	BⅠ组	马继贤：《汉源狮子山新石器时代遗址》，《中国考古学年鉴》（1991年），文物出版社，1992年
12	达扎寺	黄河支流黑河若尔盖县达扎寺镇	调查	个别	不详	不详	资料现存若尔盖县文管所

附表二　川西彩陶时代对照表

组别　＼　时代	庙底沟类型文化晚期	仰韶文化晚期类型	马家窑文化马家窑类型
A组	——————————————		
BⅠ组		————————————	
BⅡ组			————————
C组			————————

（原载《古代文明》第五卷，文物出版社，2006年）

浅议澜沧江流域的新石器时代文化类型[1]

周志清

澜沧江是横断山区重要的河流，是中国最长的南北向河流，全长 2354 公里，流域面积 16.5 公里，河谷落差大，约 4600 米。流域位于北纬 21°30′~32°40′，东经 94°~101°50′。至南腊河口流出中国国境，出境后称湄公河，在越南胡志明市入南海[2]。

澜沧江源于青藏高原，有二源，东源扎曲，西源昂曲，都出自唐古拉山青海省境内的岗果日山，二曲至昌都汇流后称澜沧江。类乌齐河口以上称为上游，山势一般较平缓，河谷平浅。中游为峡谷区，河床坡降大，谷形紧窄。下游两岸山势降低，窄谷与宽谷相间出现，河谷流经峡谷和平坝，形成串珠状的河谷。这些河谷地带肥沃的土壤，适宜的气候条件为早期人类的生存与发展提供了理想的条件，同时南北向的河谷为早期人类的迁移以及文化传播提供了便利的通道。这些早期人群在澜沧江流域的活动遗留下了许多丰富的文化遗迹及遗物，在文献记载缺位记述的情形之下，这些遗迹与遗物对于该流域早期文化的历史研究提供了重要的实物资料，由于自然与历史的原因，该流域作为一条国际性河流的历史与文化研究长期以来一直未得到足够的注意或重视，随着该流域 20 世纪 50 年代以后一批田野考古调查与发掘新资料的出现（图一），为该流域的古代历史研究提供了重要的实物资料，正逐步改变该流域过去由于历史文献资料的缺失而造成的历史盲区的状况。本文试图通过该流域目前发表的考古材料对澜沧江流域新石器时代的文化面貌进行初步的梳理，以引发关注该流域的学者同仁们的关注与批评，并以此希望能够推动澜沧江流域古代文化与历史的研究尽上绵薄之力。

一、澜沧江上游地区

澜沧江上游地区目前发现最为重要的遗址是位于西藏东部昌都的卡若遗址[3]，该遗址位于澜沧江东岸的二级台地之上，海拔 3100 米，面积约 10000 平方米。卡若遗址内发现了密集的建筑遗存，达 28 座。其早期建筑形式为挖柱洞的木构建筑，其建筑形式有圜底形、草拌泥墙半地穴式建筑和地面建筑，平面形状有方形和圆形，另外，还出现了双室房屋。建筑遗迹仅残存红烧土遗迹，建筑面积大小不一。建筑内一般都有柱洞和柱础石，出现了木板墙和"井杆"式结构，室内都发现有居住面和烧灶，一般都发现有门道

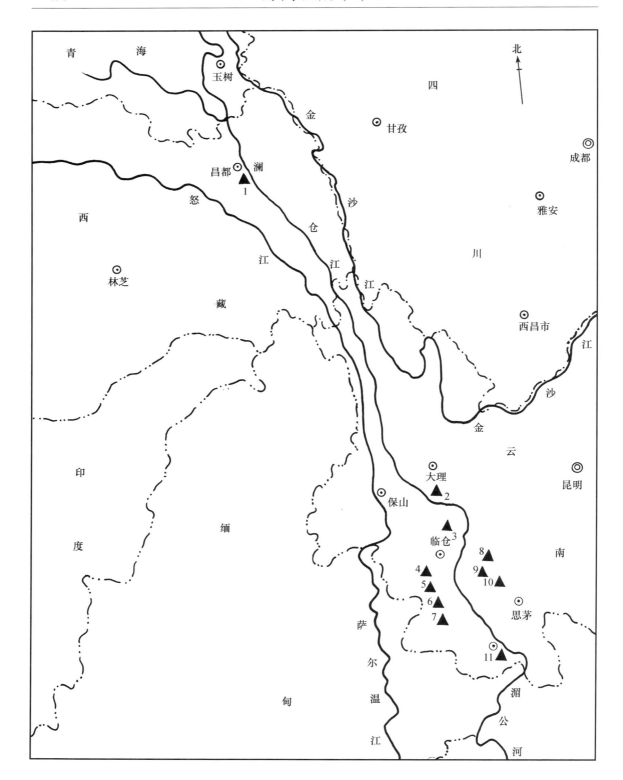

图一　澜沧江流域新石器文化类型分布图

1. 卡若遗址　2. 新光遗址　3. 忙怀遗址　4. 石佛洞遗址　5. 南碧桥遗址　6. 丁来遗址　7. 南金章遗址　8. 营盘地遗址

9. 大丙屯遗址　10. 大凹子遗址　11. 曼蚌囡遗址

遗留。而晚期建筑形式则有了较大的变化，为石砌建筑，建筑材料普遍以砾石为主，建筑形式有半地穴房屋、道路、石墙、圆石台、石围圈等，其平面形状呈长方形或方形，面积大多一致，约30平方米，建筑内居住面的柱洞一般都经过细致的修整。除建筑遗迹外，还发现了4个灰坑，但未发现墓葬。

卡若遗址出土了大量具有鲜明地域文化特色的遗物，有石器、骨、角器、陶器和饰品等。石器是其出土物中最多且种类亦最为复杂的器物，这些石器的质料来源为就地取材，石器可分为打制石器、细石器、磨制石器3类，其中打制石器占全部石器的85.6%。打制石器基本上取材于砾石，这些石器有一个共同的特点是大都具有柄部。打制石器数量早晚有着明显的变化，早期少，晚期增多。器类主要有石核、石片、铲状器、切割器、斧、砍砸器、刮削器、矛、镞、尖状器、锄状器、敲砸器等15类。细石器形制较小，数量呈现从早到晚逐渐增多的趋势。其类别可分为细石核、细石叶和细石器3类，细石器主要器形有镞、尖状器、雕刻器、刮削器和石片刮器等。磨制石器磨制精致，器形规整，数量从早到晚呈现逐渐减少的趋势。主要器形有斧、锛、镞、凿、刀、切割器、研磨器（研杵、磨棒、磨盘等）、菱形或有孔重石、石球等。骨、角器中除角锥为动物的角制成之外，其余均为动物的支骨或肋骨加工而成，其器形主要为锥、笄、针、斧、抿子、骨刀梗、带锯齿骨片、印模骨具等。装饰品有石或骨璜、环、珠、项饰、镯、贝饰、牌饰等。陶器质地均为夹砂陶，手制，以泥条盘筑为主，陶器制作中有一个较大的特点是在器物腹部最大径的接合处外壁附加一圈泥条，既装饰又加固；陶器烧制火候普遍不高，颜色不纯。大多数陶器表面经过磨光处理，发现有少量的彩陶，纹饰丰富，最常见的是刻划纹、锥刺纹和附加堆纹。器形有罐、盆、碗、纺轮、陶饼等，均为平底器，不见三足器和圈足器，偶见少量的带耳器和带流器。其中小口鼓腹罐和垂腹罐、高领罐、长颈短唇罐、单耳罐、双体兽形罐、带流罐、折腹或曲腹盆等具有明显的地方特色。早晚期陶器的器形和纹饰有所差异，早期器形丰富，有带耳和带流的器物，陶器多折沿或直口，体矮小、小平底、最大径处多饰有附加堆纹，腹身多扁体；纹饰复杂，以刻划纹为主；晚期器形简单，卷沿、体高、底大，纹饰简单，以锥刺纹和附加堆纹组合为主，不见绳纹（图二）。根据放射性碳素标本测定，卡若遗址早期年代距今4955年±100年（树轮校正5555年±125年）和4280年±100年（树轮校正4750年±145年），晚期距今3930年±80年（树轮校正4315年±135年），其绝对年代的数据在距今5000～4000年[4]。卡若类型出土的器物与黄河上游地区同时代的文化之间有着紧密的联系，它们之间可能有着渊源上的关系。同时具有明显北方草原民族风格细石器较多地出现，对于探讨古代西藏东部居民的族属问题，提供了重要的线索。但该类型也具有明显的南方传统的特征，这或许是黄河上游地区新石器文化的影响在该地区异质化和地域化的原因。

依据卡若遗址出土的动物骨骼和孢粉分析[5]，当时该地区气候温暖湿润，属于高山气候，它有利于植物的生长，尤其是盆地或谷地中草木茂盛，雨量充沛，水源丰富，遗址附近遍布沼泽，这一切有利于动物的生存与繁衍，肥沃的土地和适宜的气候为早期人

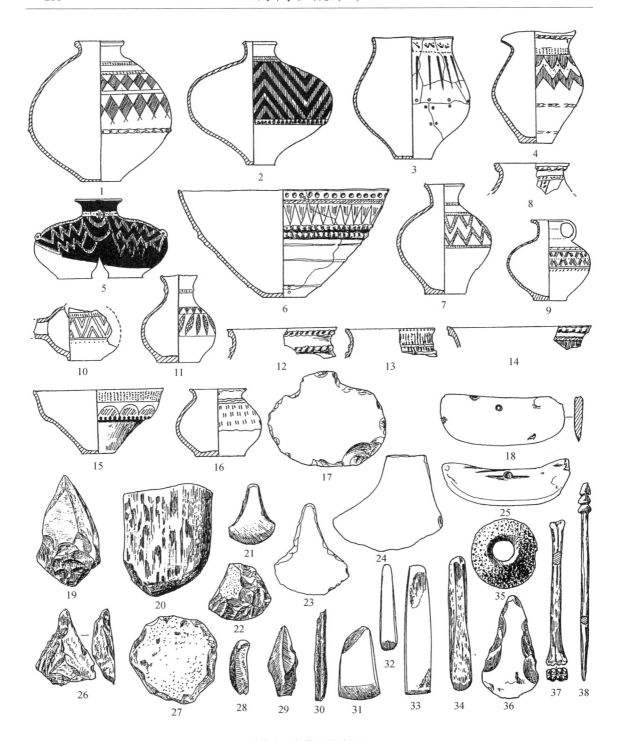

图二　卡若文化类型

1～3. 陶罐　4. 带流罐　5. 双联罐　6. 陶盆　7、11. 壶　8、12～14. 花边口沿罐　9. 带耳罐　10. 带流壶　15. 陶碗　16. 小口罐　17. 有肩打制石铲　18、25. 石刀　19、26. 尖状器　20. 铲状器　21、23. 有肩石钺　22. 切割器　24. 不对称石钺　27. 砍砸器　28～30. 细石叶　31、33. 磨制石锛　32、34. 磨制石凿　35. 穿孔重石　36. 打制石斧　37. 印模骨器　38. 骨笄类的生存与发展提供了重要自然条件。大量狩猎动物如狐、马鹿、藏原羊、青羊等和镞、矛、石球等狩猎工具的出土，则进一步证明当时社会活动中狩猎经济的重要性，它是当时居民动物蛋白获取的主要来源。而遗址内出土的粟米遗骸[6]和大量的收割工具、切割器、研磨工具的出土以及密集的建筑遗存，可推测农业生产是其当时重要的经济生产形式，稳定农业的形成，促使定居社会的出现，定居聚落的出现也促进了农业的进一步发展，这表明该社会已经是一个定居的成熟社会，但目前的考古资料尚未发现该文化社会结构已经出现社会分层的证据。复杂的工具系统反映出其生产力发展已达到相当的水平，农产品有了一定的剩余，已经开始饲养家畜，猪是目前所知的一种。织物、纺轮以及骨针等纺织工具和纺织物的出土，说明其社会成员已经掌握了初步的纺织技术，社会成员之间已经出现了初步的分工合作。而海贝的出现，则反映出该地区与外界已经有了远程贸易与文化交流的存在。尽管该遗址濒临澜沧江，有着丰富的渔猎资源，但渔猎工具和鱼类遗骸却并未发现，这体现其特有风俗习惯，值得进一步的关注，这也是该遗址与澜沧江流域其他遗址间经济生活形态较大差别所在。目前澜沧江上游地区仅卡若遗址经过正式有规模的发掘，但其文化面貌时代特征明显，遗物风格具有强烈的地方文化色彩，其有别于其他地区的古代文化，可称为"卡若类型"。由于考虑到该区域考古发掘工作薄弱，同类遗址数量目前较少发现或内涵不明朗，"卡若类型"的内涵的界定与外延的扩展还需要进一步发掘与研究。

二、澜沧江中游地区

澜沧江中游地区目前发现的新石器遗址以云南大理州永平新光遗址[7]、临沧地区云县忙怀遗址[8]代表了两种不同的地方文化类型。新光文化类型包括新光遗址、苏屯村石刀采集点[9]等地点。该类型遗迹发现较少，建筑遗迹有半地穴式房屋、地面起建的干栏式建筑，平面形状有圆角方形和长方形，另外，还发现有灰坑、火塘、灰沟等。遗物出土丰富，主要是石器和陶器，另见少量的动物遗骸如马、鹿等出土[10]。

出土石器数量巨大，全部为磨制石器，制作石器的质料均为就地取材，石器普遍磨制规整精细，尤其是锛、凿、矛、镞等小型石器。石器主要器形有锛、斧、镞、矛、刀、镰、凿、锥、纺轮、切割器、砺石等，其中小型锛、树叶形截尖形镞、柳叶形矛比较具有地方特点。石器中锛、矛、镞的数量最多，而斧、刀、锥、磨盘和磨棒等的数量较少发现。这些石器的表面均不同程度地遗留有制作或使用的痕迹，大多数为实用器。

陶器全部为手制，但制作精美，火候较高，有相当数量的磨光陶，少量的陶器表面还饰以红彩和白彩。器形单一，主要为平底器，另有少量的圈足器，不见三足器和圜底器。器形主要有罐、壶、钵、盆、缸、杯、纺轮、支脚、勺、器盖、豆等，其中侈口罐和侈口花边罐、直口罐、伞盖形器盖、烟斗形勺、角形杯、直口鼓腹小壶等最具特点。纹饰繁缛精美，主要制作方法有刻划、压印、戳印、上彩，刻划纹最为常见，上彩是在细密刻划纹部位烧制完毕后加上红彩和白彩。附加堆纹、网格纹、水波纹、斜线三角纹和直口罐、敛口罐口部的细密刻划纹组成的带纹和花边口沿较具区域特色（图三）。

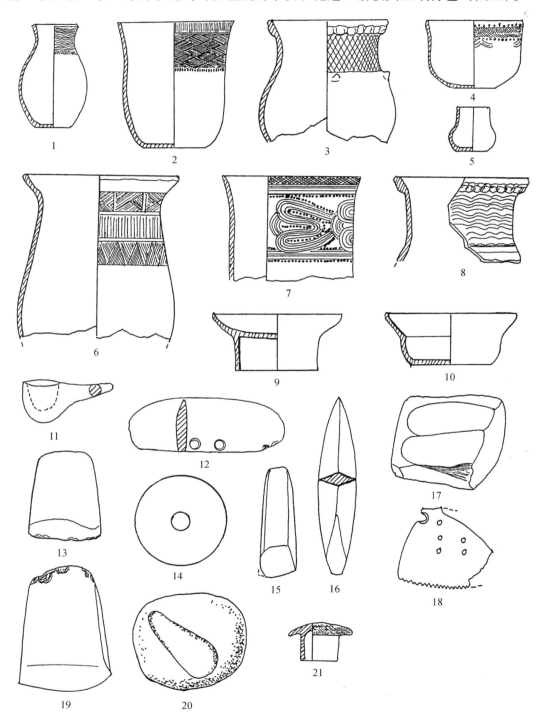

图三　新光文化类型

1、2、6、7. 侈口罐　3、8. 花边口罐　4. 钵　5. 壶　9. 圈足盘　10. 盆　11. 陶勺形器　12. 石刀　13. 石锛　14. 纺轮
15. 石凿　16. 石矛　17. 砺石　18. 石镰　19. 石斧　20. 磨盘和磨棒　21. 陶玩具

^{14}C 测定 "新光类型" 年代距今 4000 ~ 3700 年[11]，而根据新光遗址出土的孢粉分析，可知遗址当时所处的气候条件为温暖湿润的亚热带气候[12]，适宜的气候有利于动植物的生长发育，良好的自然条件也为早起人类的繁衍发展提供了必需的物质基础。尽管从新光遗址灰沟底部出土了经鉴定为粳形稻的稻谷遗骸以及出土了少量的石刀、石镰、磨盘、磨棒等收割或加工的工具，并不能推测农业生产或栽培作物是其主要的经济活动，它或许是其社会在动物蛋白资源不充足时的补充，相反遗址中石矛、石镞及小型锛形切割工具等大量的出土，则反映出狩猎采集性经济很可能才是其居民主要的日常经济活动，动物蛋白是其获取热能的最主要方式，而如网坠等渔猎工具的匮乏，则或许反映出渔猎经济在其经济活动中的缺失。建筑遗迹和排水沟的存在，反映其主人已过着定居生活，并有了完善的排水体系，大量磨制石器的砾石的存在，则反映了这不仅是一个居住中心，同时也是一个重要石器加工场地。

新光类型的遗址目前在澜沧江流域发现较少，相反在怒江流域的保山市的将台寺、蒲缥的二台坡、孔家山、潞江旧城、澡堂村等遗址均有发现[13]。关于澜沧江中游地区该文化类型的遗址分布状况目前尚需进一步的考古调查与发掘，同时继续加强关注怒江流域的同类遗存的文化面貌的研究，以求获取更加丰富的田野资料，指导下一步的研究工作。

忙怀文化类型的遗址点有云县忙怀、临沧老邦东遗址、昔归遗址[14]、景东丙况遗址[15]，类似的地点还有云县曼干[16]、景东下排沙等[17]，目前发现的忙怀类型的遗址普遍文化堆积保存状况不佳，遗址普遍分布于澜沧江与其支流交汇的二级台地和坡地上。经过正式发掘仅有景东丙况和云县曼干遗址，该类型遗址文化层堆积薄，遗迹发现较少，仅见无规律柱洞、沟槽、灰沟以及少量不明用途的灰坑[18]。出土的遗物以石制品最多见，以打制石器为最多，这些石制品质料来源均来自当地河流或山坡上，系就地取材。石器制作粗犷原始，多数为石片石器，均系将砾石直接打下石片，再于两侧敲出缺口即成忙怀文化类型最具代表性的有肩石斧。由于取材于砾石，多数石斧一面保持原来的砾石面，另一面为破裂面。石斧的刃部一般都有使用痕迹。石器的主要器形有有肩石斧、无肩石斧、石片、球、锤、饼形器，另有网坠、印模、石砧、磨制长条形石锛和斧等。陶片出土数量较少，并且较为残碎，多不可辨认其器形，有罐、钵、圜底釜、弹丸等，纹饰以绳纹为主，另有部分刻划平行线纹、平行波浪纹以及乳钉装饰等。此外，还在丙况遗址地层中出土了 1 件铜器残片（图四）。

忙怀类型的遗址揭露的遗迹现象有限，对其居住生活面貌不明。目前出土的遗物不仅数量少，而且种类单一，陶器的缺乏致使无法对其文化面貌有一个清晰的认识。而其独具特色的有肩石斧则反映出其与众不同的文化风格，陶器少而石器多是否反映出其特别的经济形式？网坠的出土很可能说明渔猎活动可能是当时的主要生产活动和动物蛋白的主要来源，尽管陶器出土较少，但印模的出土则是其能制作陶器的有利证据。简易的建筑形式也反映出这些居民属于流动性很强的人群，他们随着渔猎和动物资源的移动

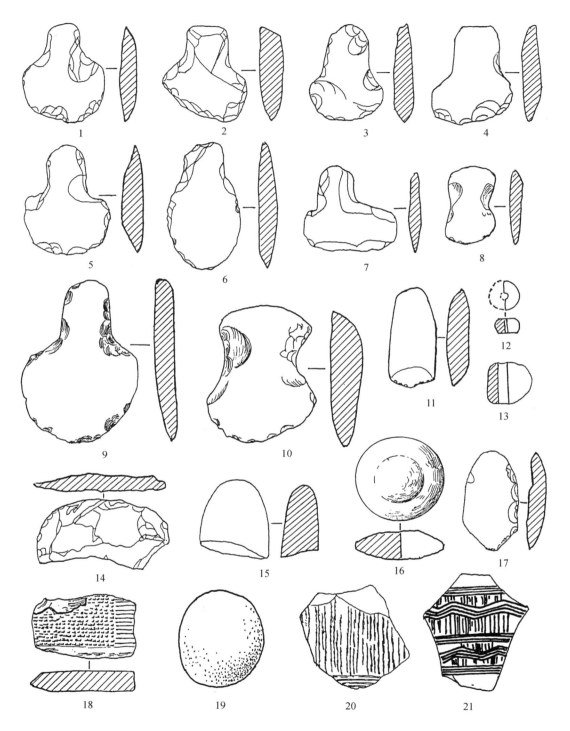

图四　忙怀文化类型

1、3、5、9. 对称有肩打制石斧　2、4、7. 靴形石钺　6. 无肩石斧　8、10. 石网坠　11. 石斧　12、13. 陶纺轮
14. 切割器　15. 石器半成品　16. 石砧　17. 刮削器　18. 石印模　19. 石球　20、21. 带纹饰陶片

而迁徙，这也使得其社会规模一般都比较小，很难形成大型的聚落。由于缺乏直接考古学证据，其时代目前只能通过相关的材料进行推测，该文化类型出土的靴形石斧与该区域青铜时代的铜钺非常相似，铜片的出土也从一个侧面反映出该文化类型的时代与该区域青铜时代的古代文化有着渊源关系以及时代上的连接。从出土器物的整体面貌观察，其社会阶段应属于新石器时代晚期，从文化面貌特点推测，时代应早于剑川海门口遗址[19]，推测忙怀类型的时代距今 3000 年左右。由于目前该文化类型典型遗址尚未发现，对于该文化类型的内涵认识还需进一步的深化，加强遗址点的调查与典型遗址的发掘属当务之急。相反怒江流域中上游地区同类型文化的遗址则有大量发现，如昌宁德斯里遗址[20]、福贡城郊[21]、龙陵船口坝遗址[22]等，这些遗址的发现与研究将有利于忙怀类型的分布范围和来源以及发展提供了新的研究方向。

三、澜沧江下游地区

澜沧江下游地区目前发现的新石器遗址一类以耿马石佛洞遗址[23]为代表，为"石佛洞文化类型"，包括耿马县南碧桥遗址[24]、下邦耐硝洞遗址[25]、南金章遗址、挡帕山岩厦遗址[26]、景东县的南北渡遗址[27]。该文化类型的遗址多分布于洞穴和岩厦内。石佛洞遗址目前发现 8 座建筑遗迹，建筑形式都为在地面挖柱洞起建的干栏式建筑或系地面建筑，建筑遗迹的平面形状呈长方形和圆形，以长方形居多，圆形次之。从柱洞内残留的炭化的竹子和木头遗迹，推测柱洞内的支撑物为竹子和木头，而从地面上残留的炭化的竹篾残骸及不见红烧土，推测当时的建筑系用不拌泥的竹篾或其他植物作墙。在建筑遗迹的"地面"上往往可以发现较硬的居住面，厚度一般为 5 ~ 10 厘米，地面上常发现磨盘、磨棒、砺石、石锛、石斧等石器遗物遗留。而此类建筑遗迹"地面"一般是用谷糠或蚌壳和泥土踩踏而成，结构紧密，非常坚硬。石佛洞遗址发现的遗迹现象较为单一，建筑遗迹是该遗址中最常见的遗迹，灰坑和墓葬各发现一座。

石佛洞新石器洞穴遗址出土的石器数量较多，器类丰富。石器有磨制和打制两种，以磨制石器为主，此类石器均为通体磨光，磨制精细，器类复杂多样，多为砍伐树木、开劈耕地的斧、锛，另有凿、镞、铲、六边形星状石器、砺石、穿孔石球、臼、杵等，以锛形器最常见（刃部两侧均不同程度的磨制，只是一侧弧度较为明显）；生活用具有磨盘、磨棒、臼、杵，其中磨盘、磨棒出土数量较多，大小不一，形状较为接近，磨盘多为椭圆形，磨棒呈圆长条形。制陶工具有石印模、陶印模；狩猎工具有陶弹丸、石球，渔猎工具则有大量的网坠（为扁平小砾石两侧稍加打制而成），纺织工具有陶或石纺轮，以陶纺轮居多；另有相当数量的石器半成品等（图五）。打制石器出土数量较少，一般为身部打制，刃部为磨制，从目前石佛洞出土的打制石器看仅有石斧一类。数量众多且磨制精美的石器和大量砺石的伴随出土是否说明石器的制作和维护是当时居民日常生产和生活中一项重要的活动或产业？

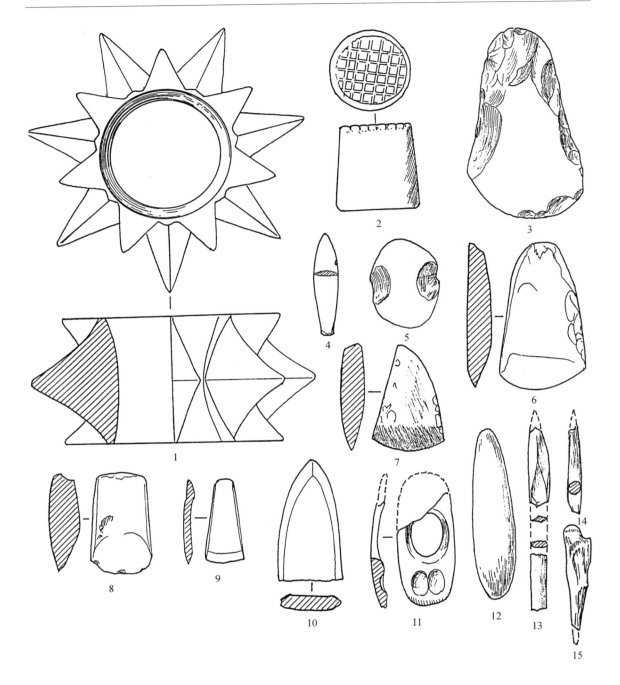

图五　石佛洞文化类型

1. 星状器　2. 石拍　3. 打制石斧　4. 石镞　5. 石网坠　6. 磨制石斧　7、8. 磨制石锛　9. 石凿　10. 石矛

11. 穿孔石器　12. 石杵　13. 骨笄　14. 骨针　15. 骨锥

　　骨器多制作粗糙，多在刃部稍加磨制而成，也有个别骨匕磨制较精。石佛洞出土的骨器类型较少，大致有锥、抿、凿、镞、耳玦、鱼钩几种；牙器有穿孔牙齿、牙饰。大量骨锥可能是作为制陶工具使用的。

在 2003T12 西南第⑦层出土了一件青铜器,这件铜器呈半圆形,因锈蚀严重,其器形已不可辨,出土时周身遍布青铜绿锈和砂眼。这个发现对于我们认识该洞穴遗址的时代及其性质都将产生重要的意义。

陶器的胎土均用本地黏土做原料,视其类型和用途而掺分量不等的砂粒,炊具夹粗砂,小型器物则夹细砂。陶质以夹砂灰褐陶为主,少有泥质陶;肩部以上抹光,而其下装饰以绳纹为主的折腹釜是石佛洞遗址一大特色。陶器烧制较精,火候较高;质地坚硬,胎壁较厚。制作方法多属手制,少数轮制。出土的陶器基本上都装饰有纹饰,这些纹饰种类繁多,常见的有绳纹、篮纹、附加堆纹、水波纹、旋纹、网纹、划纹、篦点纹、四叶花瓣纹等,在器物抹光后形成的光面上再装饰压印的附加堆纹是该遗址陶器装饰一大特点。陶器有平底器、圜底器和圈足器,不见三足器,器物类型多样,以釜、器盖、钵、罐为主,另有豆、盘、钵、缸、支座、碗、纺轮、圆形陶片、印模等,其中侈口长颈罐、圈足盘、单耳罐、器盖、圜底折腹釜、圈足折肩豆、折肩钵别具一格,具有较强的地域性特征(图六)。

石佛洞洞穴遗址和南碧桥遗址出土了大量的谷糠堆积及相当数量的炭化稻,这些出土的炭化稻经鉴定以粳稻为主,另有少量的籼稻,可能还有光壳稻生态类型[28],它的发现与出土为探讨该地区稻作栽培和生产形态提供了重要的信息;而大量石磨盘和石磨棒的出土则可能昭示遗址主人生产和消耗的谷物数量已达到了相当惊人的程度。农业经济或许是石佛洞先民们日常生产活动的主要形式。另外,石佛洞遗址中各文化层中发现了大量的动物骨骼(特别是牛、猪的骨骼较多发现)和蚌壳、蟹壳、螺壳以及炭化果核,其中以蚌壳出土数量最多。筛选出土了许多鸟、鱼、老鼠等小型动物的骨骼,数量相当惊人。他们不仅食用大量的稻谷作为其主食,而且能从种类繁多、数量惊人的动物中获取足够的动物蛋白,可见其饮食结构之合理和食物贮备之充裕,生活之悠闲。地层中大量蚌壳和少量螺壳及兽骨、鱼骨、鸟骨等动物遗骸和大量网坠的出土则说明渔猎和狩猎经济是其经济生活中必不可少的经济成分,这也反映出当时该区域自然环境之优越。

在小黑江流域的中上游、勐省坝子周围区域内目前发现近 16 处岩画点,这些岩画的主人的身世之谜,一直困扰人们。石佛洞遗址的地层中发现了许多赤铁矿粉末和颜料遗迹以及在出土的石磨盘、石磨棒、砺石上和陶器的内侧均发现赭红色颜料的信息,为我们寻找其与岩画作者之间的联系提供了重要的线索。石佛洞遗址 4D 层木炭标本[14]C 数据为 2977 年 ±59 年、2998 年 ±47 年[29],南碧桥遗址出土的炭化稻谷[14]C 年代距今 2930 年 ±110 年[30],因此可以推测石佛洞文化类型的绝对年代为 3100 年左右。

另一类则是主要集中分布于今西双版纳境内的"曼蚌囡文化类型",包括有曼蚌囡[31]、曼雅新寨[32]、曼听[33],思茅市境内的孟连老鹰山[34]等新石器遗址。这些遗址多分布于江河旁的台地上,靠近水源,文化堆积厚;而洞穴、岩厦类遗址不仅发现数量少,文化堆积也较薄。遗址堆积中经常发现有红烧土面、木炭、红烧土等生活遗迹的遗留。该文化类型的文化特征打制石器和磨制石器共存,磨制石器有斧、锛、矛、环、有孔石

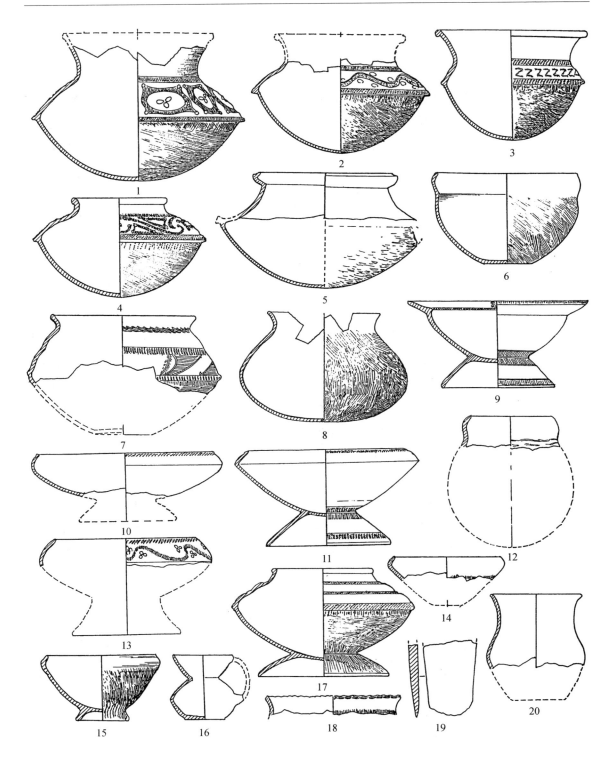

图六　石佛洞文化类型

1~5、8. 陶釜　6. 钵　7. 折腹罐　9. 圈足盘　10、11、13. 圈足豆　12. 圜底罐　14. 折腹钵　15. 圈足钵　16. 单耳罐
17. 簋形器　18. 花边口沿罐　19. 残青铜器　20. 侈口罐

板、盘状器等，打制石器均为石核石器，有砍砸器、尖状器、敲砸器、石片、刀、网坠等，其中用扁平砾石打制成亚腰状的大型网坠最具有地方特色，另有磨盘、磨棒、杵、砺石等。石器以磨制的梯形和长条形的斧或锛、平双肩的斧或锛、打制的网坠为主，而磨制的长三角形矛为其他区域不见。陶器质地为夹砂陶，颜色有灰、褐、红，手制，火候较高，质地坚硬。纹饰少见，仅见划纹、波浪纹和绳纹。由于出土陶片普遍较为残碎，器形多不可辨，主要有罐、敞口碗、钵、盘、管状网坠、纺轮、器盖、弹丸等。此外还发现有骨锥、骨凿、穿孔蚌、海贝等骨器和贝饰（图七）。

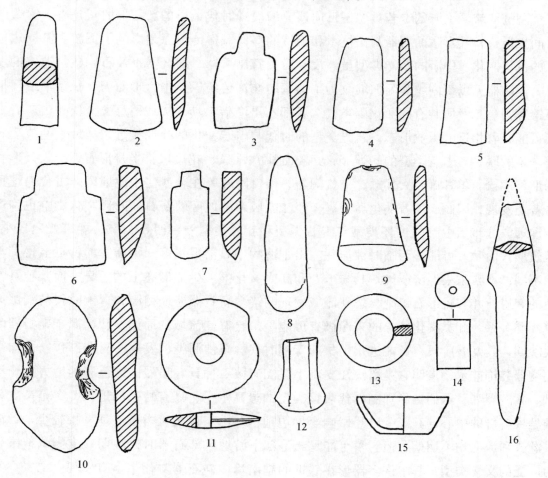

图七　曼蚌囡文化类型

1. 石杵　2、4、5. 石锛　3、6、7. 有肩石斧　8. 舌状器　9. 石斧　10. 石网坠　11. 石璧　12. 红铜器　13. 石环
14. 陶网坠　15. 陶碗　16. 石矛

　　从遗址中出土和采集到的大量石网坠推测，渔猎采集经济活动估计曼蚌囡类型的居民主要的食物来源，而此类文化类型的时代由于缺乏^{14}C年代数据及相关材料论证，其时代目前缺乏直接地考古学年代依据，但从其出土物中平肩石器与滇东南的小河洞遗址出土的部分石器接近以及龙川江流域出土的同类器物非常相似，这些遗址目前推测的时代

大致在 4000 ~ 3000 年左右[35]，推测曼蚌囡文化类型的时代可能在 3000 年左右。由于目前该文化类型的遗址缺乏可靠的田野考古资料，给我们的讨论与研究的深化带来了极大困难，针对这种情形，加强该区域同类文化遗存的调查与发掘将成为今后田野工作的重点。

四、结　　语

澜沧江流域上游的卡若类型是目前该流域发现时代最早的新石器时代遗存，沿袭的时间也最长，其发达的石器制作技术和独特的陶器风格传统深刻影响了下游和其周边地区的古代文化。中游的新光类型虽然没有出土打制石器、细石器以及石砌建筑遗迹的发现，但陶器上以刻划纹和附加堆纹为主的繁缛装饰传统以及半月形石刀、长条形或梯形石锛等则是二者所共有的文化因素，二者都不出渔猎工具，从某种意义上反映出二者之间可能有着相近的生业形态，新光类型的时代与卡若文化的晚期接近，二者之间应当有着一定的联系。卡若类型的陶器装饰风格如附加堆纹、花边口，半月形石刀、长条形和梯形斧或锛、单耳罐、大耳罐、带流陶器、侈口陶罐等在金沙江中游地区的古代遗址里可普遍发现，因此，卡若文化类型对金沙江流域中游地区的新石器时代文化影响也许更为深远。分布于中游的忙怀类型与卡若类型和新光类型差别明显，聚落规模普遍较小，建筑形式简陋，可能多为临时性居住。出土遗物中石器数量多、陶器少的特点显得其与众不同，渔猎采集经济或许是其与卡若和新光文化类型生业形态上的差异，而其独具特色的有肩石斧和靴形石钺则与怒江流域发现的诸多新石器遗址相同和青铜时代的铜钺有着渊源关系，此类文化遗存的来源极有可能是来自怒江流域的原始文化，属于新石器时代晚期，其发展阶段有可能进入了早期青铜时代。石佛洞类型发达的石器制作技术与高超陶器装饰艺术，表明它是澜沧江支流小黑江流域一种具有强烈区域色彩的地方文化类型，其陶器和石器的器形和制作代表该类型的最高水平，具有特殊的地位，它是该文化类型聚落群的中心，其影响已经影响至周边地区。由于该文化类型遗址发掘较少，目前其源头和流向均不明朗，但它很可能是澜沧江下游地区新石器时代晚期一支影响范围较为广泛的文化类型，其中许多器形在邻近的越南境内新石器文化中多有发现，二者之间可能有着某种联系？但它与卡若类型的陶器制作有一个共同的特点，即在罐或釜最大径处用附加堆纹既加固又美观，陶器装饰图案有一些共同题材，如刻划纹、附加堆纹、折线纹等，穿孔重石、微型石锛、砾石石斧等，但石佛洞类型大量网坠和蚌壳以及炭化稻的发现，则反映出其渔猎经济和采集农业生产活动相结合的生业形态。曼蚌囡类型主要分布于澜沧江下游的西双版纳地区，这些遗址均未经过正式发掘，其文化内涵与时代均不明晰，从采集和试掘得到的遗物分析，这些遗物所代表的文化遗存有着其区域性特征和时代特点，打制和磨制石器共存，陶器发现极少，大量网坠和研磨器的伴出，显示其社会生业形态可能为渔猎采集经济。磨制的条形和梯形石斧和锛与该流域其他文化类型出土的同类器物相近，但磨制的平肩石斧和石锛则不是澜沧江其他新石器文化类型所常见之物，而与属于怒江流域的支流的龙川江流域出土的有肩石斧和锛非常接近，二者之间可能有着某种联系？它可能是受怒江流域古代居民活动的边缘地区影响所致。该文化类型的文化的内涵目前尚无法理清其间的关系，暂且将其命名为一个地方文化类型，以方便描述。

澜沧江流域的新石器文化类型主要呈现出两种不同的生业形态，一种是以卡若、新光、石佛洞文化类型为代表的以农业经济为主（辅之狩猎和渔猎经济），一种是以忙怀、曼蚌囡文化类型为代表的以渔猎采集经济为主，二者之间无论是聚落规模、生产力发展水平、技术传统等均呈现出天壤之别。该流域新石器时代遗址的时代跨度大，从 5000 年至 3000 年之间，总体而言，中上游地区新石器文化类型的时代较中下游地区早，早期文化影响的呈现出由北向南的总趋势，而晚期则是由南北向发展的互动趋势，同时也不排除其他多种方式或途径的影响的存在，这种传统深刻影响了该流域新石器时代文化类型，致使这些文化类型之间的文化因素随着地域性的变化而呈现出多元文化因素共存的文化景观。这些文化类型之间由于河流的天然通道作用，一些共同的文化因素或传统在不同文化类型之间有不同程度的体现，但从整体文化面貌和时代特征观察，该流域新石器文化的区域性和时代性特点非常显著，各自形成不同的文化类型，并因此共同构成了澜沧江流域新石器时代文化面貌的多样性，对这些新石器文化类型的初步分析将有利于推动澜沧江流域古代历史文化的进一步研究。由于澜沧江流域许多地点地处高山峡谷地区和河流冲积扇，遗址点发现较为困难和零散，典型遗址的发掘不够，时代的缺环和空白点多，给该流域新石器时代文化的研究工作带来了极大的困难。因此在研究该流域古代文化时需要将其置于一个宏大的叙事背景中予以思考，流域内"流域性[36]"的开放与"区域"封闭性特征交互响应，互相影响发展，这是需要特别注意的！各文化类型的独特性与其文化因素中多元性的形成与发展有其特定的发展轨迹，它是一个复杂的文化系统。

目前该流域呈现出的新石器时代的文化面貌仍是粗线条的，提供的信息是残缺不全的，存在的疑问也很多，如澜沧江流域各新石器文化类型之间差异性存在的原因及文化发展的动力？在中下游地区发现的打制有肩石斧和磨制有肩石斧，有肩石锛的来源和流向？为何在遗址中未发现墓葬？这些居民死后的归宿所在？卡若类型分布地域及其与金沙江流域新石器文化类型之间的关系？石佛洞类型和忙怀类型出土的铜器与当地青铜时代铜器之间的联系等一系列问题的解决，有待于今后考古发掘与研究工作的深入和细化。

注　　释

[1]　新石器时代所指的是其社会阶段和发展生产发展阶段处于新石器时代，它与中原地区的新石器时代相比，时间上存在着明显的滞后性，就云南境内的大多数新石器时代遗址而言，其时代除少量的大

致相当于中原地区新石器时代晚期外，大多数的时代仅相当于中原地区的夏商时期。

[2]　汤奇成：《中国大百科全书·中国地理》光盘（1.1 版），中国大百科全书出版社。

[3]　西藏自治区文物管理委员会等：《昌都卡若》，文物出版社，1985 年；西藏自治文物管理委员会：《西藏昌都卡若遗址试掘简报》，《文物》，1979 年 9 期。

[4]　黄万波：《西藏昌都卡若新石器时代遗址动物群》，《古脊椎动物与古人类》第 18 卷 2 期，1980 年，163 ~ 167 页；黄万波等：《卡若遗址兽骨鉴定与高原气候的研究》，《昌都卡若》，167 ~ 169 页，文物出版社，1985 年；吴玉书等：《卡若遗址的孢粉分析与栽培作物的研究》，《昌都卡若》，文物出版社，1985 年；陈石勇：《西藏林芝盆地新生代晚期的自然环境》，《古脊椎动物与古人类》第 18 卷 1 期，1980 年，52 ~ 58 页。

[5]　同［ 4 ］。

[6]　同［ 4 ］。

[7]　云南省文物考古研究所等：《云南永平新光遗址发掘报告》，《考古学报》2002 年 2 期；云南省文物考古研究所等：《永平新光遗址第二次发掘报告》，《云南文物》2004 年 1 期。

[8]　云南省文物工作队：《云南云县忙怀新石器时代遗址调查》，《考古》1977 年 3 期。

[9]　张松：《永平县苏屯村发现新石器时代石刀》，《云南文物》1997 年 2 期。

[10]　同［ 7 ］。

[11]　同［ 7 ］。

[12]　同［ 7 ］。

[13]　云南省博物馆古人类研究室等：《保山史前考古》，云南科技出版社，1992 年。

[14]　周剑平：《澜沧江文物考古调查》，《云南文物》2003 年 1 期。

[15]　云南省文物考古研究所等：《景东丙况遗址发掘简报》，《云南文物》2002 年 1 期。

[16]　戴宗品：《云南云县曼干遗址的发掘》，《考古》2004 年 8 期。

[17]　同［15］。

[18]　同［16］。

[19]　肖明华：《云南剑川海门口青铜时代早期遗址》，《云南考古文集》，云南民族出版社，1998 年。

[20]　李枝彩等：《德斯里新石器遗址》，《保山史前考古》，云南科技出版社，1992 年。

[21]　同［20］。

[22]　耿德铭等：《龙陵龙川江流域新石器时代文化遗存》，《保山史前考古》，云南科技出版社，1992 年。

[23]　周志清：《云南耿马石佛洞新石器遗址发掘记略》，《成都文物》2004 年 2 期；资料现存云南省文物考古研究所。

[24]　云南省博物馆文物工作队：《南碧桥新石器时代洞穴遗址》，《云南文物》16 期。

[25]　《云南省地图册·临沧分册》。

[26]　同［25］。

[27]　南北渡遗址位于云南省思茅市景东县，为云南文物考古研究所 2006 年发掘，其出土的夹砂陶片多数为灰褐，陶片上普遍装饰纹饰，这些纹饰与石佛洞出土陶器上装饰几乎一模一样，而在陶釜形器腹部结合部二次对接的风格也一致，它们应当属于同一文化类型系统，该遗址的发现促进了该文化类型文化内涵外延的延伸。资料现存云南省文物考古研究所。

[28]　阚勇：《云南耿马石佛洞遗址出土的炭化古稻》，《农业考古》1983 年 2 期。

[29]　中国社会科学院考古研究所考古科技实验中心[14]C 实验室：《放射性碳素测定年代报告（三一）》，

《考古》2004 年 7 期。

[30] 文物保护技术研究所碳十四实验室:《碳十四年代测定报告（五）》,《文物》1984 年 4 期。

[31] 宋兆麟:《云南景洪附近的新石器时代遗址》,《考古》1965 年 11 期;杨玠:《云南西双版纳勐腊发现石器》,《考古》1963 年 3 期。

[32] 同［31］。

[33] 马长舟:《基诺山新石器遗址调查记》,《云南文物》,1989 年 26 期。

[34] 马长舟:《云南孟连老鹰山的新石器时代岩穴遗址》,《考古》1963 年 10 期。

[35] 王大道:《再论云南新石器时代文化类型》,《云南考古文集》,云南民族出版社,1998 年;耿德铭等:《龙陵龙川江流域新石器时代文化遗存》,《保山史前考古》,云南科技出版社,1992 年。

[36] 笔者认为"流域性文化"在这里主要是指西南地区境内各大河流（包括各支流）的流域内的各新石器文化类型的文化因素之间往往有着这样或那样的关系,在同一个流域内居民的文化传统往往接近,并且这种联系随着流域延伸的变化而变化,上游地区的文化传统往往接近其本源,而越往下游走其差异越大,时代也相对较晚,但这些文化类型之间总是若隐若现地显示其之间有着某种源头上的亲缘关系,它是一种文化开放与流动。大江大河这种天然的走廊为这些新石器时代居民的迁徙和文化互动提供便捷的通道,在流域内其总体文化特征显示出继承与发展的特点,这个特点在西南地区特别突出。目前笔者对这个认识的理解仍然显得较为粗浅,仅只是为了表述的方便而使用,相信随着时间的推移,其概念和内涵将更完备、更加严密。这也是边缘地区特定地理环境与独特的族群发展模式决定的,它需要我们注意边缘地区考古材料的阐释有着其特定生态与文化语境。

浅析安宁河流域的新石器文化类型

周志清

安宁河（Anning He）是雅砻江下游最长的支流，属于长江上游水系。又名长河、白沙河；取名河水"安宁"之意。发源于冕宁县小相岭，南流至大桥始称安宁河。以大桥、德昌为界，可划分为上、中、下游三段。至小得石附近注入雅砻江，全长531公里，支流59条，流域面积1.1万平方公里。河口流量234立方米/秒，最大与最小流量差达百倍，水力资源136万千瓦。安宁河谷地带属宽阔地堑谷，谷底海拔1000～1900米。阶地发育，宽4～10公里，坡度平缓。由于谷地宽展，气候温暖，灌溉便利，土壤肥沃，耕地连片，农业发达，是川西南主要的产粮区[1]。安宁河中游地区地势平坦，气候温暖湿润，谷地宽广，是川西地区第二大盆地。安宁河流域适宜的自然条件为早期人类的生存、繁衍和发展提供了极为优越的条件，早期人类在此留下了许多丰富多样的遗迹和遗物。该区域古遗址的分布地貌特征大致有三种情况：①河谷阶地遗址，此类遗址一般位于河谷冲积阶地上，往往傍临支流或时令河与主流的汇合口，如冕宁三坟屯、西昌三和等；②山间坡地遗址，位于高山伸向河谷冲积而成的扇形坡地，如西昌的巴河堡子、山头、钟家山咀等；③丘陵山地遗址，位于背风面河的丘陵或半山，如西昌的团山包、德昌的石锁山等遗址[2]。在秦汉时期，该区域是西南夷中的"邛都"的主要活动区域，在西南夷历史研究中具有重要的地位。由于文献记载的缺位，致使安宁河流域的早期历史一直被掩埋于历史的尘埃与瓦砾之中，特别是其先秦时期的历史风貌长期以来一直是一个空白，考古学方法与材料成为了解该区域先秦历史的钥匙与关键所在，安宁河流域近年来先秦时期的考古发掘与研究，使该区域的先秦时期的历史脉络逐渐清晰起来。本文试图以最近发现的以横栏山遗址为代表的文化类型来阐释安宁河中游地区新石器文化的内涵以及时代特点，并对其生业形态进行初步的分析，不妥之处，敬请指正。

安宁河流域的新石器文化长期以来一直把礼州遗址[3]作为代表文化类型，并且大约30年以来这个认识一直未有新的突破，这主要囿于田野考古资料积累的缺陷，致使该区域新石器时代文化的研究与认识长期停滞不前。随着近年该流域一系列的考古新发现以及研究的不断推进，新材料和新方法不断涌现，区域系统调查方法在安宁河流域推行，极大地改变我们对过去该区域先秦时期的历史认识，它极大地丰富了该区域新石器时代的文化面貌，同时它也促使学人们不断地进行思考。近年横栏山遗址的发掘，让人耳目一新，其别具一格的文化面貌与过去安宁河流域发现的新石器时代的文化内涵有着迥然的差异，并且同类的遗存在安宁河流域特别是中游地区的河谷地带有着许多点上的发现，它可能代表了一种新的文化形态，我们暂且命名它为"横栏山文化类型"。

横栏山遗址最早于1987年发现，但此后该遗址一直未曾进行过科学的考古发掘，对其文化面貌和年代一直认识不足，研究者过去认为它的时代是介于礼州遗址和大石墓之间，属于礼州文化类型[4]。2004年该遗址经过详细地调查试掘[5]，发现其文化内涵丰富，其独具风格的文化面貌显示其为安宁河流域一种新的文化类型。该遗址出土了丰富的陶、石器，石器主要为磨制石器；另有少量的为器体打制，而刃部为磨制的石器（主要是石斧），其主要特征为器身多残留有明显的崩疤痕迹，体量较大；器类有斧、锛、镰、凿、砺石、刀、网坠等（图一），这些石器除石斧外，大都形体较小，磨制精细、形制规整，刃部大都有显著的使用痕迹。陶器以夹砂灰褐陶为主，其次是夹砂灰陶和夹砂红褐陶，胎土常见石英或粗砂粒；另有极少量的泥质灰陶。素面陶为大宗，纹饰常见的有戳印纹、划纹、绳纹、乳丁纹、附加堆纹、弦纹等，其中以戳印纹和附加堆纹最为常见。陶器制法为手制，以泥条盘筑为主，大多经过慢轮修整，个别器物外表经过刮磨处理。由于陶器烧制时火候技术掌握的缺陷，致使陶器表面氧化不均，致使器表里外、上下颜色斑驳杂离。器形主要有泥条附加堆纹口沿罐、长颈罐、束颈罐、尊、宽沿罐、钵、壶、流、喇叭口高领罐、宽沿盆、器盖、碗等（图二）。其中形体较大的石斧、长方形石锛、长条形石凿、新月形石刀、柳叶形石镞等，泥条附加堆纹口沿罐（此类器物最大特点是沿部和颈部交界处装饰有一条捺窝点状附加堆纹）、钵（敞口和敛口，口部多有锥刺纹和附加堆纹）、喇叭口高领罐、卷沿罐（颈部和肩部遍饰戳印坑点纹或细点纹）、带流壶（流的位置与口沿相比较高或与其相平）、侈口束颈罐等器物则显示出其与之前安宁河流域发现的其他先秦考古学文化有着显著的差别，它代表了一种新的文化面貌。该遗址[14]C和陶片的热释光年代数据显示，该遗址的时代距今4000年～3700年[6]，其文化发展阶段处于新石器时代。这个年代数据是目前安宁河流域中游地区新石器时代年代最早的数据，它表明早在4000年前，安宁河中游地区就已经出现了发达的新石器文化。目前此类文化遗存在安宁河中游地区的许多地点都有发现，如安宁河南岸的楼木沟遗址[7]、营盘山遗址[8]，安宁河北岸的马鞍山遗址[9]等，这进一步证实了该文化类型在该区域空间上有着广泛的分布，虽然它符合了考古学命名的部分基本原则[10]，但由于目前此类遗址揭露的面积有限，对其聚落的结构、社会组织、丧葬习俗等方面揭示的信息有着诸多缺憾，其文化内涵和特征有待于进一步的深化与认识，因此我们把以横栏山遗址为代表的新石器文化暂且命名为安宁河中游地区"横栏山文化类型"，它与礼州文化类型发布的以土坑墓为代表的器物群有着迥然的差异。

礼州文化类型以礼州遗址为代表，礼州类型遗址出土的石器均有明显的使用痕迹，均出土于地层之中，除砍砸器为打制外，其余皆磨制，钻孔技术较高。器形有刀、砍砸器、斧、锛、凿、环状器、网坠、石镞、石臼、磨石、球等，半月形石刀、梯形和圆柱

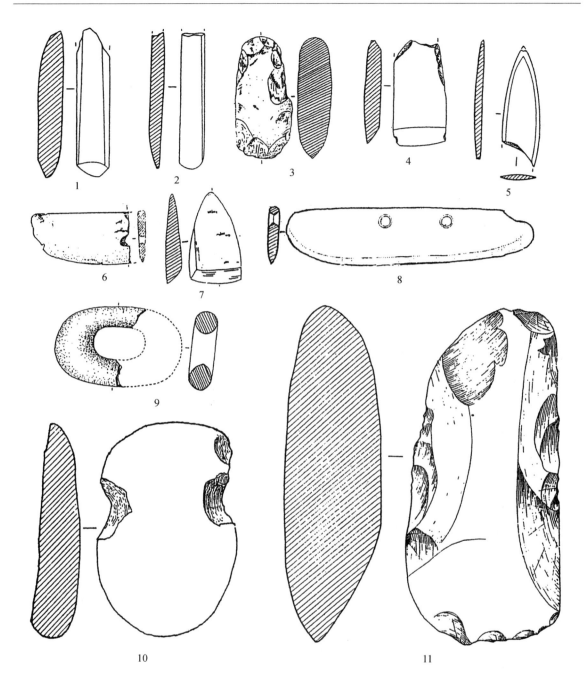

图一　横栏山文化类型石器

1、2. 凿　3、11. 斧　4、7. 锛　5. 镞　6、8. 刀　9. 环　10. 网坠

形石斧、梯形石锛、石凿、刮削器和盘状砍砸器为该文化类型石器的代表性器物，其中
砍砸器、梯形石斧、半月形石刀出土数量最多（图三）。石器磨制精细，钻孔技术较高。
该类型遗物中骨器、蚌器少见，器类仅见骨镞、骨环、蚌耳珏等少数几种。陶器大都为
夹砂红陶，次为少量的夹砂灰褐陶，部分陶器表面施有黑色陶衣。陶器烧制火候较低，

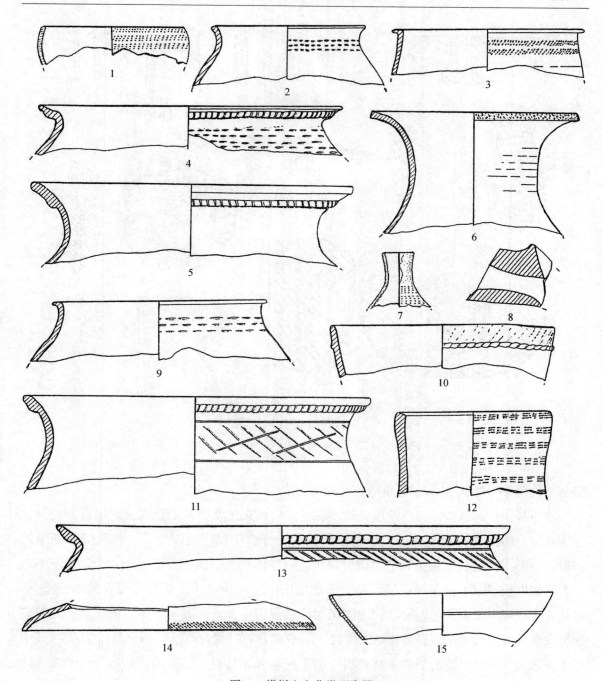

图二 横栏山文化类型陶器

1、10. 钵 2、9. 敞口罐 3. 侈口罐 4、5、11、13. 附加堆纹口沿罐 6. 喇叭口高领罐 7、12. 壶 8. 器流
14. 器盖 15. 碗

制作方法全系手制，有泥条盘筑法和捏塑法；纹饰以划纹为主，有弦纹、篦纹，另有锥刺纹、附加堆纹等；器形以平底深腹器和喇叭状小口瓶、管状壶为代表，带流壶、桶形器、带把罐、双联罐、镂空高圈足豆等最具特色，有相当一部分带耳罐（双耳罐、单耳罐），耳为较小的竖桥形耳，陶器中仅见镂孔豆一种圈足器，不见三足器和圜底器，在普

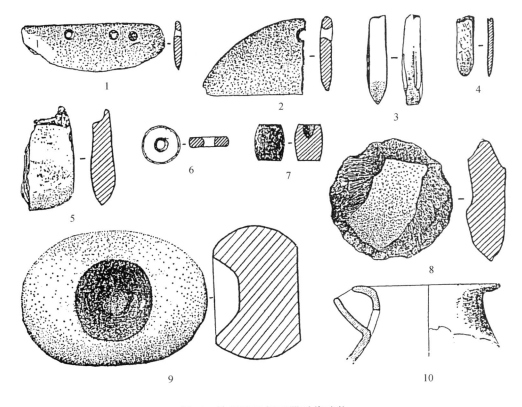

图三　礼州遗址新石器时代遗物

1、2. 石刀　3. 石凿　4. 刮削器　5. 石斧　6. 陶纺轮　7. 石网坠　8. 砍砸器　9. 石臼　10. 带流壶

格县境内的多处遗址多发现带角形把手的陶器[11]。

　　透过其报告的解读，可以发现显示所谓的"礼州文化类型"乃是以礼州遗址所发现的土坑墓出土的器物组合为代表，这些土坑墓均为开口于汉代地层之下，打破其早期地层（即第三层），从层位关系上我们可以发现土坑墓的时代的下限为西汉时期，上限晚于第三层形成的堆积时间，它与地层堆积出土的器物的所属单位属于不同行为过程的堆积概念。因此，土坑墓出土器物与地层堆积中的遗物不能混为一谈，二者属于不同的概念；礼州该遗址发现部分汉代土坑墓打破遗址的情况，这些墓葬的时代为西汉晚期至东汉初[12]，其中有4号墓出土的带把罐与早期土坑墓出土的带把罐非常接近，估计为当地被"涵化"[13]的夷人墓葬，这反映出当地居民在该区域居住的长期延续性，礼州类型土坑墓的下限也可能与这批汉墓有着某种程度上的联系，它早于西汉晚期，过去认为礼州遗址的时代可能为商周之际[14]？目前看来这个年代数据可能偏早，礼州遗址土坑墓出土的陶器如壶、罐、单耳罐等与会理粪箕湾土坑墓所出土的同类器物非常接近，该墓地时代推测为战国早期至晚期[15]，礼州晚段的遗存虽然相对较早，但二者之间的时代应相差不远，其时代下限可能为春秋时期。而被打破的地层出土的陶器仅公布了一件带流壶，这件壶与土坑墓出土的流低于口沿的壶有着显著的差异，其风格与横栏山遗址出土的壶的流所装饰位置的风格相近；

并且地层中出土的石器的组合和形制与横栏山文化类型出土的同类器物非常接近；陶器表面的装饰纹饰也非常相似，都流行戳印纹、附加堆纹、划纹、弦纹、锥刺纹等。而土坑墓的出土遗物所反映出的文化面貌与安宁河流域大石墓的文化因素有着许多相同的文化因素，如二者都有着大量带流壶的存在，单耳罐、杯、双耳罐等也是二者共同的文化因素，因此笔者认为礼州遗址以土坑墓为代表的文化遗存和以地层为代表的遗存分为不同时代的文化类型。礼州遗址晚段以土坑墓为其主要葬俗，带流壶、带耳罐、带把罐、深腹杯、深腹罐等为代表的文化面貌（图四）则可能代表了大石墓的早期文化形态，这种文化类型在普格县境内的小兴场、田坝、中场[16]、瓦打洛[17]等遗址都有许多分布，这些遗址出土有大量带把的陶器以及瓶、杯、碗等与礼州遗址土坑墓出土的同类器物非常相似。而礼州遗址中以地层出土遗物反映出的文化面貌则极有可能与横栏山文化类型有着紧密的联系？横栏山文化类型中目前尚未发现带桥形耳陶器，有少量的带鋬耳的陶器，带管状流的陶器是其当地土著居民的文化传统，这种传统深刻影响该区域青铜时代的文化遗存，该流域青铜时代的文化中带流陶器一直盛行，直至西汉晚期被纳入中原王朝体系后，才不见这种文化因素的遗留。从目前西南地区先秦考古材料分析，可以发现带桥形耳的陶器是来自西北方向族群文化的传统，它并非安宁河流域新石器时代文化本身固有的文化传统，这种文化因素在该区域的传播与扩散可能是随着外来族群的迁徙或移动而发生的，安宁河谷宽敞的交通孔道为古代文化和人群的迁徙与移动提供了便利的条件，大石墓的出现可能正是这些人群互动交往与发展的结果或产物。"一个重大的文化变迁现象，如文化的取代、消亡等，其原因往往是相当复杂的，在很多情况下，是不能用本地区环境的变化或社会内部机制的转变所能解释得了的，这种时候应该注意是否有新的人群的侵入，而这种侵入现象在考古学材料中应该是能有所反映的，可以从五个方面来判断考古学材料中的人群侵入现象：一个移民遗址或文化，其文化特征应该与该地区同时代的遗址或文化有较大的差异；一个移民遗址或文化与该地区前一个时期的文化应该没有任何渊源关系；该移民文化的母文化应该能够在其他地区找到，但由于创始效应的影响，母文化与其分支文化不可能百分百相同，但在总体上其渊源关系应该是明显的；一个移民文化在年代上应该总是比其发源的母文化要晚；如果一个移民文化在一个较大的范围内取代了原来的文化，那么其必有相当强的优势，这些优势可能是生产方式、军事技术、社会结构或意识形态，并应该在考古学材料中有不同程度地反映。"[18]礼州遗址所反映出的文化因素可能代表了该区域前后两种不同时段的文化类型，一为新石器时代"横栏山文化类型"，另一则可能为青铜时代的"大石墓文化类型"[19]的前身？

从横栏山文化类型目前的考古学材料分析，发现它可能存在着不同发展阶段，限于目前考古材料积累与研究的局限，目前还暂时无法展开讨论，但一些新的信息已经逐渐凸显出来，其中在安宁河流域支流地区的山前阶地遗址的时代相对于河谷地带山前坡地遗址较早，规模较之河谷地带的要小，遗迹现象简单，出土的遗物也不够丰富。二者之间的生业形态也表现出些许的差异，如横栏山遗址发现的简易柱洞干栏式建筑、小型

图四　礼州遗址土坑墓出土陶器

1. 盆　2、11. 钵　3、10. 杯　4. 盏　5. 桶形器　6. 小口罐　7. 瓶　8. 带把罐　9. 碗　12. 带耳罐　13、16. 壶　14. 瓮　15. 双耳罐　17、18. 带流壶

而简易的灰坑，揭示了该遗址是一个小型的临时性或季节性的山地聚落，其出土遗物带有浓厚的山地文化因素，具体表现为遗址面积小，堆积较薄，建筑简易，出土遗物单纯，它反映这些遗址居住使用时间较短，粗放的攫取性经济形态占有相当的比例；石镞的数量出土较多，反映其狩猎活动非常频繁；石镞、锛、凿、网坠、刀等石器则反映出狩猎或渔猎经济是其重要的生业形态；陶印模的出现则反映出这些陶器的制作为本地制造，该类型的居民已经出现了制陶活动，它与安宁河谷地带分布的遗址所反映出的定居的生业形态有着些许的差异，如遗址规模较河谷地带的同类遗址点的规模要小，遗迹现象较河谷地带简单，出土遗物也有着一定的差异。礼州遗址遗迹发现有烧火坑、陶窑，棲木沟遗址发现的浅穴式建筑[20]、马鞍山遗址的灰坑等反映出这些遗址的居民已经过着定居的生活，但其聚落结构依然较为简单，社会分化不严重，不出土金属器，其社会发展阶段仍然为新石器时代。石刀、大型石斧、砍砸器、锛、镞、凿、锥、网坠等生产和生活工具的出现则表明了渔猎经济仍然是其社会生活中主要的经济形态，而礼州遗址在前后三次的发掘过程中，均发现不少的炭化谷物，结合遗址中出土的石刀、石臼、石杵等生产和加工工具的出土，我们可以推测当时该类型遗存主人的经济生活中已经出现农业形态，营盘山遗址出土的大量大型网坠则表明捕鱼活动在当时社会中的重要与发达。但农业是否为当时居民日常生活中主要的经济形态？目前的考古材料所揭露的信息尚不能妄言断定，但农业经济和渔猎经济则很显然是已经成为其主要的生业经济；纺轮的出现则表明其已经出现了初步的纺织加工活动；陶窑的发现也表明了制陶活动是其居民日常生活的重要组成部分。总体而言，这些差异是在同一文化类型在不同的发展过程中形成的，山前阶地与河谷台地遗址反映出的生业形态方面的差异可能与其不同的生态环境和社会发展时段有着紧密的关系，这还需要更多的考古学材料来证实。由于目前该区域横栏山文化类型重要遗址发掘规模较小，考古资料的积累与研究尚处于初步阶段，其中的许多认识还有待于进一步的深化与消化。目前在安宁河谷发现的横栏山文化类型的遗址既有典型横栏山文化因素的传统，如带附加堆纹的罐、敛口钵、器盖、戳印纹小口罐等，但也出现了一些新的文化因素和变化，如马鞍山遗址和营盘山遗址下层出土的陶器，高领喇叭口罐、戳印纹束颈罐、小口壶不见或少见，敛口钵的口部敛口明显，腹部变浅，与礼州遗址晚段出土的同类器物有着相似之处，但由于目前这方面可供比较与分析的材料有限，考虑到现阶段信息揭露与认识上的局限，横栏山文化类型的分区与分期还需要进一步的细化分析和扩展性的研究。

"横栏山文化类型"的文化因素在大渡河流域也有发现，如汉源县麦坪村遗址[21]，该遗址出土的新石器时代陶器的器形与装饰风格与横栏山文化类型有着诸多相近之处，但也有着明显的差异，如麦坪村遗址出土的陶器绳纹发达，而此类纹饰在横栏山文化类型则很少见，而横栏山文化类型中陶器的戳印纹则较为发达；麦坪村遗址细石器的出土则是大渡河流域早期古代文化传统的遗留[22]，横栏山文化类型则不见细石器；带管状流的陶壶是安宁河流域早期文化的特色，很显然麦坪村遗址缺乏这种文化因素的遗留。有学者认为麦坪村遗址新石器时代的陶器与大渡河上游和岷江上游地区的古代文化有着紧密的联系[23]，而笔者则认为该文化类型很可能与澜沧江上游地区的卡若文化类型有着更为密切的关系[24]。麦坪村遗址出现与横栏山文化类型这些共同的文化因素究竟是如何形成的？其发生的途径与动力如何？目前的考古材料尚不能回答，但它对于我们提供了思考横栏山文化类型的文化源流与发展的方向与途径。

"横栏山文化类型"的遗址在安宁河中游地区有着广泛的分布，它是该流域新石器时代一支具有显著区域特色的地方文化类型，与金沙江中游地区的元谋大墩子类型[25]有着显著的差别，二者可能代表了金沙江中游地区南、北两岸新石器时代不同的文化类型和传统，它们共同影响了金沙江下游地区南岸的滇东北与黔西地区的青铜文化[26]。横栏山文化类型与礼州文化类型有着时代和文化属性上的差异，它在时代上早于礼州类型的土坑墓阶段（商周时期），而其与地层堆积出土遗物可能属于同一文化类型，属于新石器阶段，而礼州文化类型的土坑墓阶段可能代表了当地青铜时代大石墓前身的文化形态，其社会发展阶段极有可能已经处于青铜社会？它也不同于以带桥形耳陶器为主要特征的"大洋堆文化类型"[27]，大洋堆文化类型早期与横栏山文化类型的结合以及创新发展或许构成了安宁河流域青铜文化的主体，当地以大石墓为代表的青铜文化类型则可能是在横栏山文化类型的基础上发展起来的，或者说它是其源泉之一？横栏山文化类型目前的研究中存在着许多的局限和先天性的缺憾，这主要是因为目前考古学材料积累的有限性和现阶段相关田野考古发掘工作的缺乏以及对其重要性认识的不够等诸多方面的因素造成的，它需要时间和过程的积累，区域系统调查法或许是现阶段了解该区域早期历史一个较为有效的方法。对横栏山文化类型的关注与研究有助于我们对安宁河流域新石器时代的文化有个全新的认识，它揭示了安宁河流域新石器时代新的文化内涵与时代特征，同时它也对于该流域早期历史面貌的复原提供了重要的考古学材料和想象历史的方法。本文对横栏山文化类型的描述以及初步的解读主要是为了引起人们对安宁河流域新石器时代文化的重新认识与构建，对于安宁河流域古代文化的发展模式和途径进行多方面的思考，以期待有更多的学人参与讨论和研究，共同推进安宁河流域新石器文化类型的研究。

注　　释

[1]　郑霖：《中国大百科全书·中国地理》光盘 1.1 版，中国大百科全书出版社。

[2]　四川省金沙江渡口、西昌段（安宁河流域）联合考古调查队：《四川省金沙江安宁河流域考古调查简报》（油印稿），1975 年 5 月。

[3]　礼州遗址联合考古发掘队：《四川西昌礼州新石器时代遗址》，《考古学报》1980 年 4 期。

[4]　西昌市文物管理所：《四川西昌市横栏山新石器时代遗址调查》，《考古》1998 年 2 期。

[5]　成都文物考古研究所等：《四川西昌市大兴横栏山遗址调查试掘简报》，《成都考古发现 2004》，科学出版社，2006 年。

[6]　《北京大学加速器质谱（AMS）碳—14 测试报告》，木炭标本为 BAO5441—2004XDHT102③：3710 年 ± 40 年，BAO5442—2004XDHT102④：4020 年 ± 40 年；陶片标本 BAO5448—2004XDHT202③：

4390 年±40 年，BAO5449—2004XDHT202④：3810 年±40 年；北京大学速器质谱实验室第四纪年代测定实验室，2006 年 3 月 30 日。

[7]　四川省文物考古研究院等：《凉山州西昌市棲木沟遗址试掘简报》，《四川文物》2006 年 1 期。

[8]　成都文物考古研究所等：《四川西昌市营盘山遗址调查试掘简报》，《成都考古发现 2005》，科学出版社，待刊；资料现存凉山彝族自治州博物馆。

[9]　成都文物考古研究所等：《四川西昌市马鞍山遗址调查试掘简报》，《成都考古发现 2005》，科学出版社，待刊；资料现存凉山彝族自治州博物馆。

[10]　"所谓考古学文化是指具有共同特征的一群遗存，在一定的时间和空间内经常出现。"栾丰实等：《考古学理论·方法·技术》，文物出版社，2002 年。考古学文化命名的标准为"其必须有区别于其他文化的一系列特征，这些具有一定特征的器物不只一次共存出现；具有同样的遗址不只一处；人们对这一有共同特征文化的内容有了相当充分的理解。"夏鼐：《关于考古学文化上的定名问题》，《考古》1959 年 4 期。

[11]　凉山彝族自治州博物馆等：《四川普格县新石器时代遗址调查简报》，《考古与文物》1982 年 5 期。

[12]　礼州遗址联合考古发掘队：《四川西昌礼州发现的汉墓》，《考古》1980 年 5 期。

[13]　"涵化"指的是"一个群体采用另一个群体的文化，尤其是那种占统治地位或控制地位的群体的文化，或者上统治群体的文化"。肯·达柯：《理论考古学》221 页，岳麓书社，2005 年。

[14]　周志清：《浅析金沙江流域的新石器文化类型》，《中华文化论坛》2002 年 4 期。

[15]　会理县文物管理所等：《四川会理县粪箕湾墓群发掘简报》，《考古》2004 年 10 期。

[16]　同〔11〕。

[17]　凉山彝族自治州博物馆等：《四川普格县瓦打洛遗址调查》，《考古》1983 年 6 期。

[18]　焦天龙：《人群移动与考古学文化的变迁》，《中国文物报》2005 年 2 月 25 日。

[19]　礼州遗址发现的土坑墓时代下限在西汉以前，而其上限则晚于横栏山文化类型的年代，过去参照大墩子的时代为距今 3000 年左右，相当于中原地区的殷商晚期。而与目前发现的大石墓相比，二者之间葬俗不同，但出土的器物却有着明显的延续性，礼州遗址不出金属器，且目前认为大石墓早期为春秋早期（刘世旭：《试论川西南大石墓的起源与分期》，《考古》1985 年 6 期），从出土的遗物反映出二者在时代上有着显著的"断裂"，笔者认为该类型文化遗存流行的时间可能在商周之际，它代表了早期大石墓的文化形态。

[20]　同〔7〕。

[21]　中国社会科学院考古研究所等：《四川汉源县麦坪村、麻家山遗址试掘简报》，《四川文物》2006 年 2 期。

[22]　陈剑：《大渡河中游先秦考古学文化的分期及相关问题》，《中华文化论坛》2005 年 4 期。

[23]　陈剑：《大渡河中游先秦文化探析》，《中华文化论坛》2003 年 1 期。

[24]　周志清：《澜沧江流域的新石器时代文化类型》，待刊。

[25]　云南省博物馆：《元谋大墩子新石器时代遗址》，《考古学报》1977 年 1 期；周志清：《浅析金沙江流域的新石器文化类型》，《中华文化论坛》2002 年 4 期。

[26]　周志清：《滇东黔西青铜时代的居民》，四川大学博士论文，2006 年。

[27]　西昌市文物管理所等：《四川经久大洋堆遗址的发掘》，《考古》2004 年 10 期。

（《四川文物》待刊）

三星堆文化研究

王 毅 张 擎

三星堆遗址位于广汉市西约 10 公里的南兴镇三星村，是一处规模较大的遗址。自 1929 年发现以来[1]，经过多次的调查和大规模发掘[2]，已知其分布面积达 12 平方公里左右[3]，这在四川先秦遗址中是绝无仅有的，因而在四川先秦考古学文化的研究中占有极其重要的地位。尤其是 1986 年两个器物坑的发现[4]，出土了大量的金、铜、玉、石、象牙、骨质器物，在考古学界引起了极大的轰动，吸引了很多学者去研究它。但忽略了对三星堆遗址陶器群的研究，使得近十多年来，学者们对"三星堆文化"与"三星堆遗址"两个完全不同的概念纠缠不清，因而滞误了对三星堆文化及其相关文化的研究，使得四川先秦考古学文化的年代序列处在一片迷雾之中。可喜的是，近来已有学者注意到了这一问题[5]，笔者不揣冒昧，拟在前人研究的基础上，对三星堆遗址和其他一些遗址进行剖析，进而对三星堆文化的特征、分期、分布范围、源流和发展去向做一些初步探讨，以期对推动四川先秦考古学文化的研究有所贡献。

一、典型遗址的分析

1. 三星堆遗址

自 1980 年以来，四川省文管会和四川省文物考古研究所等单位对三星堆遗址进行了多次发掘，其中已发表或见于论文的有以下几批资料：一是 1980 ~ 1981 年发掘的三星堆Ⅲ区[6]；二是 1982 年发掘的三星堆Ⅰ区；三是 1984 年发掘的西泉坎；四是 1986 年发掘的三星堆Ⅰ、Ⅱ、Ⅲ区[7]；再加上 1963 年发掘的月亮湾[8]，共有五批资料。综合这些资料，我们将三星堆遗址分为六段（表一）。

Ⅰ段以 63 月亮湾第 3 层、86Ⅲ区 T1415H19、84 西泉坎第 4 层为代表，还包括 80Ⅲ区第 8、6 层。其主要特征是泥质陶占了绝大多数，比例达 86%，其中泥质灰陶又占陶片总数的 70% 以上。纹饰发达，比例在 40% 以上，以弦纹等几何形纹为主，还有少量的绳纹、戳印纹、附加堆纹和镂孔等。器类简单，以宽沿平底尊、镂孔矮圈足豆、宽沿盆、绳纹花边口罐、喇叭口高领罐、钵、器盖等为代表。

表一　三星堆文化分期对照表

| | | 三星堆 | | | | | 桂林乡 | 水观音 | 鱼凫村 |
		分段	80Ⅲ	82Ⅰ	84西泉坎	86Ⅲ	63月亮湾			
宝墩文化		Ⅰ	8, 6		4	13, H19	3			1, Ⅱ
三星堆文化	一	Ⅱ	4					1	5, H16	Ⅲ
	二	Ⅲ	3	G2		12, 11		Ⅱ	H5, H23	
	三	Ⅳ	2		3	9	2	Ⅲ	4, H2	
	四	Ⅴ				8			早期墓	
十二桥文化	一	Ⅵ		3	2					4
	二								晚期墓	

Ⅱ段以 80Ⅲ区第 4 层为代表。该段泥质陶的数量骤减，夹砂陶猛增，夹砂褐陶成为最主要的陶系，约占总数的 38%。素面陶猛增，纹饰所占比例急剧下降，仅占 18%。以绳纹为主，次为弦纹、划纹、网纹等。主要器形发生了根本性的变化，以小平底罐、敞口深腹罐、矮圈足豆、细颈壶、平顶和杯形纽器盖等为代表。Ⅰ段有代表性的宽沿器和喇叭口高领罐等不见了。

Ⅲ段以 80Ⅲ区第 3 层和 86Ⅲ区第 12、11 层为代表，还包括 82Ⅰ区 G2。该段泥质陶的比例继续下降，夹砂陶的数量进一步增多。素面陶继续增多，纹饰所占比例下降。主要器形发生了较大的变化，新出现有矮圈足盘、鸟头把勺、瓶、盉、鬲形器等；小平底罐的数量增多，敞口深腹罐的数量减少。

Ⅳ段以 80Ⅲ区第 2 层、86Ⅲ区第 9 层和 63 月亮湾第 2 层为代表，还包括 84 西泉坎第 3 层。该段仍以夹砂褐陶为主，泥质灰陶的比例进一步下降。素面陶继续增多，纹饰所占比例进一步下降。新出现折肩小平底罐、小口高领罐、豆形器、长颈壶、瓢、"8"字形纽器盖和尖顶器盖等；同时一些器物，如平顶器盖、矮圈足豆等基本不见了，圈足盘的数量减少。相同的器物在形制上也发生了变化，如小平底罐的腹由斜直深腹变为内弧浅腹；敛口深腹罐的腹变浅；瓶的腹部由直腹变为弧腹；鸟头把勺的喙部变短且刻划精细；盉由瘦变胖；鬲形器的袋足变瘦；圈足盘由圈足外撇到变直；杯形纽器盖纽部沿外折。

Ⅴ段以 86Ⅲ区第 8A、8B、8C 层为代表。夹砂陶继续增多，泥质陶极少。纹饰很少。主要器类与Ⅳ段基本相同，但器形上发生了一些变化，如鸟头把勺的喙部刻划得更为精细；盉变得更胖，足腹相连，界线不明显；鬲形器变得更瘦；豆形器更加发达。新出现有假腹豆，同时一些器物，如敛口深腹罐、敞口深腹罐、喇叭口罐、圈足盘、平底盘等消失了。

Ⅵ段以 82Ⅰ区第 3 层和 84 西泉坎第 2 层为代表。泥质陶的比例有所回升。纹饰极少发现，仅见个别有绳纹。主要器形与Ⅴ段相比发生了很大变化。鬲形器、鸟头把勺、瓢等在此段已不存在；而前面延续下来的器类，在该段也发生了明显的变化：小平底罐加上了斜侈的直领；封口盉的三足外撇，且有实足根。该段的最大特点是出现了以尖底罐、尖底盏为代表的尖底器。

2. 桂林乡遗址

桂林乡遗址位于新都县城南桂林乡五四村，1992～1993 年进行了两次发掘，揭露面积为 325 平方米[9]。该遗址的第 5、4 层为三星堆文化堆积。经分析，可将之分为三段（表一）。

Ⅰ段以第 5 层和其下的灰坑（以 H16 为代表）为代表。其主要特征是以夹砂陶为主，约占 73%，其中夹砂褐陶是最主要的陶系，约占总数的 44%；次为夹砂灰陶和泥质灰陶，分别占 21% 和 19%。纹饰较发达，约占 21%。以绳纹为主，次为弦纹、方格纹、刻划纹、凸弦纹和戳印纹等。器形以小平底罐、绳纹花边口罐、矮圈足豆、杯形纽器盖等为代表。无论从陶质、陶色、纹饰、器形上看，该段都与三星堆遗址Ⅱ段相当或略早。

Ⅱ段以第 4 层下的 92H5、H23 为代表，包括 92H11、H21、H13 和 93H5、H9 等。该段中夹砂陶略有增多，总体上看，陶质、陶色和纹饰比例、种类与Ⅰ段基本相同。新出现高柄豆、敛口瓮等，绳纹花边口罐极少见，一些器物，如小平底罐、杯形纽器盖等的形制也发生了变化。该段的小平底罐、高柄豆、矮圈足豆和杯形纽器盖等与三星堆遗址Ⅲ段的同类器基本相近，时代约略相当。

Ⅲ段以第 4 层和其下的 92H2、H3、H8 为代表，还包括 92H4、H6、H7、H9、H10、H12、H18、H20、H21 和 93H4、H6～H8 等。该段夹砂陶进一步增多，夹砂褐陶占了绝对主要地位，占 56%。纹饰仍较发达。器形以小平底罐、绳纹花边束颈罐、敛口瓮、喇叭口鼓肩壶、高柄豆、杯形纽和"8"字形纽器盖等为代表。这些器物除绳纹花边口罐外，其余的器物都与三星堆Ⅳ段的同类器基本相同或相近，时代约略相当。

二、三星堆文化的分期、特征及其年代

通过以上分析，我们可以看出三星堆遗址包含着三种不同的文化遗存。第一种是以Ⅰ段为代表，其主要特征是以泥质灰陶为主要陶系，纹饰发达，以宽沿平底尊、绳纹花边口罐、喇叭口高领罐、宽沿盆、镂孔矮圈足豆等为基本组合，这些特点与宝墩文化[10]是一致的，因此应属宝墩文化的范畴。第二种是以Ⅵ段为代表，其主要特征是以夹砂陶为主，纹饰极少发现，以小平底罐、尖底罐、尖底盏为基本组合；十二桥文化[11]就是以尖底罐、尖底盏为典型器，因而Ⅵ段应属十二桥文化。第三种是以Ⅱ～Ⅴ段为代表，这才是三星堆文化，它是三星堆遗址的主体文化。

三星堆文化是一支独具特色的文化，其突出特征是：陶器中夹砂陶占了绝大多数，所占比例在 80% 左右；泥质陶很少。其中夹砂褐陶是最主要的陶系，几乎占陶器总数的一半。纹饰不发达，以绳纹为主，次为弦纹、网纹、划纹、篦纹等，大多数纹饰都施于器物的特定部位。制法以手制为主，少数经慢轮修整，轮制的很少。高柄豆之柄是先以泥条盘筑法成形，再经刮削打磨；盉的袋足似先分部模制，然后黏接而成；至于鸟头把勺的头部则是雕塑。器物造型多转折变化，突棱发达，陶器的附件如耳、鼻、錾、把、足、纽等，不仅装置得当，使用方便，而且形象多样，富有装饰性和艺术性。典型陶器有小平底罐、高柄豆、壶、瓶、圈足盘、盉、鬲形器、鸟头把勺、觚、杯形纽器盖等（图一、图二）。石器磨制精细，棱角分明，多通体磨光，以小型的斧、锛、凿为代表。

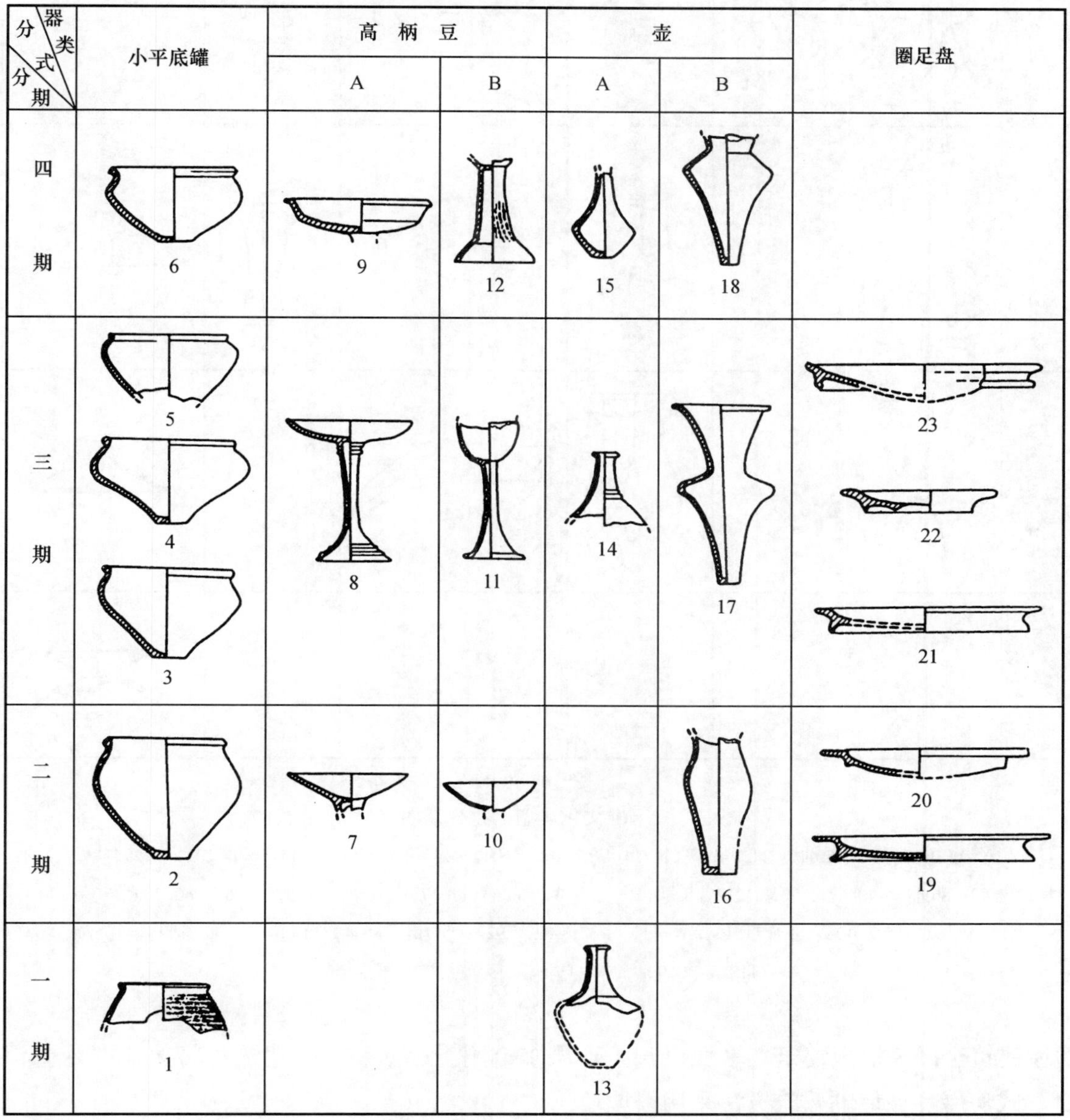

图一　三星堆文化典型器物分期图（一）

1～6.（96T9H73、86ⅢT1516⑫：12、86ⅢT1415⑨：104、86ⅢT1415⑨：175、92T6④：39、86ⅢT1516⑧A：148）　7～12.（86ⅢT1517⑫：26、86ⅢT1517⑨：22、86ⅢT1113⑧A：14、82G2④：13、86ⅢT1415⑨：153、86ⅢT1313⑧C：2）　13～18.（80ⅢDaT2④：56、86ⅢT1415⑨：9、86ⅢT1516⑧B：24、80ⅢDbT2③：25、86ⅢT1414⑨：4、86ⅢT1516⑧B：100）　19～23.（80ⅢDcT1⑧：2、82G2④：3、80ⅢDaT1②：11、63T108②：8、80ⅢDbT2②：10）（1出自鱼凫村，5出自桂林，余皆为三星堆出土）

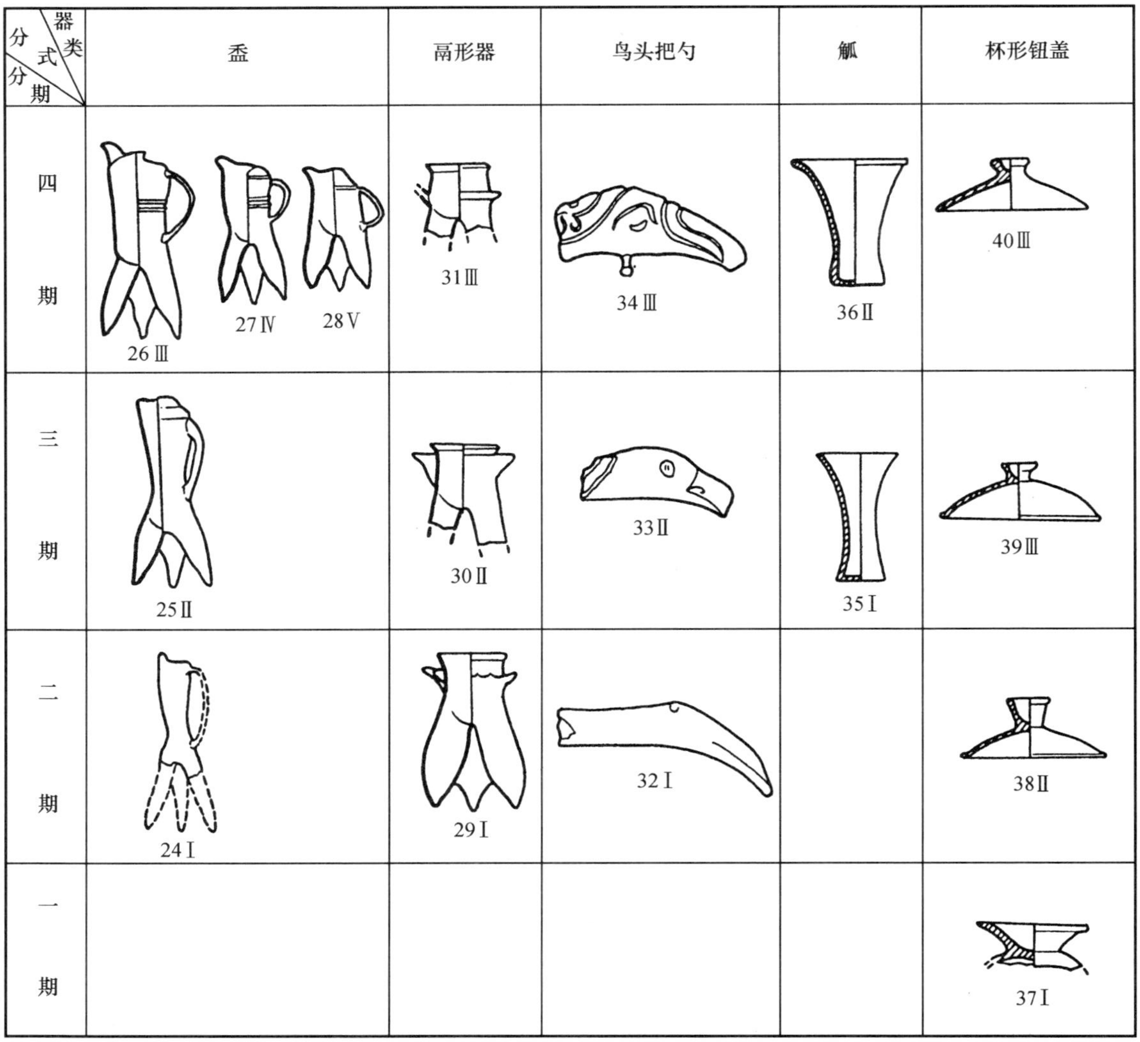

器类
分式
分期
盉
鬲形器
鸟头把勺
觚
杯形钮盖
四期
26Ⅲ
27Ⅳ
28Ⅴ
31Ⅲ
34Ⅲ
36Ⅱ
40Ⅲ
三期
25Ⅱ
30Ⅱ
33Ⅱ
35Ⅰ
39Ⅲ
二期
24Ⅰ
29Ⅰ
32Ⅰ
38Ⅱ
一期
37Ⅰ

图二　三星堆文化典型器物分期图（二）

24～28.（80ⅢDaT1③:42、80ⅢCbT6②:41、86ⅢT1414⑧B:48、86ⅢT1414⑧B:55、86ⅢT1516⑧B:102）　29～31.（86ⅢT1415⑫:72、86ⅢT1414⑨:71、86ⅢT1517⑧B:301）　32～34.（86ⅢT1617⑫:6、86ⅢT1515⑨:67、86ⅢT1517⑧A:139）　35、36.（86ⅢT1415⑨:138、86ⅢT1516⑧A:141）　37～40.（92T9⑤:104、86ⅢT1514⑪:14、86ⅢT1517⑨:77、86ⅢT1313⑧C:9）（37出自桂林，余皆为三星堆出土）

房屋建筑全部为地面建筑，平面以长方形居多，用土、木、竹等建筑材料建成“木骨泥墙”式房屋。城墙的建筑方法采用斜坡堆筑法。

（一）三星堆文化的分期及特征

根据前面我们对三星堆和桂林乡遗址的分析，可将三星堆文化分为四期。

一期：以桂林乡Ⅰ段和三星堆遗址Ⅱ段为代表。该期的主要特征是：陶系以夹砂陶为主，约占总数的 72% 。其中夹砂褐陶是最主要的陶系，约占总数的 41%；次为夹砂灰陶、夹砂橙黄陶和泥质灰陶，分别占 15% 左右。纹饰较发达，所占比例为 19% 左右。以绳纹为主，次为弦纹，还有方格纹、刻划纹、凸弦纹和戳印纹等。典型器物有 AⅠ式小平底罐、AⅠ式壶、Ⅰ式矮圈足豆、Ⅰ式杯形纽器盖和平顶器盖等；还有绳纹花边口罐、曲沿罐、敞口深腹罐、敛口瓮、敛口深腹罐、假圈足瓶等（图一～图三）。这是三星堆文化的形成期。

二期：以三星堆遗址Ⅲ段和桂林乡Ⅱ段为代表。该期的主要特征是：夹砂陶有所增加，占总数的 82% 左右；泥质陶的数量减少。夹砂褐陶仍是最主要的陶系，约占总数的 45%；次为夹砂灰陶和夹砂橙黄陶，分别约占 18%；泥质灰陶的比例下降，仅占 8% 。素面陶进一步增多，纹饰所占比例下降，仅占 12% 左右；仍以绳纹为主，次为弦纹、划纹、网纹、蓖纹等。典型器物有 AⅡ式小平底罐，AⅠ、BⅠ式高柄豆，Ⅱ式矮圈足豆，BⅠ式壶，Ⅰ式鸟头把勺，Ⅰ式盉，Ⅰ式鬲形器，AⅠ、BⅠ式圈足盘，Ⅱ式杯形纽和平顶纽器盖等；还有Ⅰ式敛口深腹罐，C、D、E 型高柄豆，A、B 型瓶，敛口瓮，C 型圈足盘，A 型平底盘等（图一～图三）。一期中的曲沿罐不见了，绳纹花边口罐也极少见。三星堆文化的典型器物除了瓿外，在该期中都已出现。这是三星堆文化的发展期。

三期：以三星堆遗址Ⅳ段和桂林乡Ⅲ段为代表。该期的夹砂陶略有增加；泥质陶进一步减少。夹砂褐陶仍然是最主要的陶系，且有所增加，约占总数的 50%；次为夹砂橙黄陶和夹砂灰陶，分别约占 20% 和 13%；泥质灰陶继续减少，比例仅为 6% 。素面陶增多，纹饰比例进一步降低，约占 10%；绳纹减少，但仍以绳纹为主，次为弦纹、方格纹、戳印纹、刻划纹、凸棱纹和指甲纹等。典型器物有 AⅢ、Ⅳ、BⅠ式小平底罐，AⅡ、BⅡ式高柄豆，AⅡ、BⅡ式壶，Ⅱ式盉，Ⅱ式鬲形器，AⅡ、Ⅲ、BⅡ式圈足盘，Ⅱ式鸟头把勺，Ⅲ式杯形纽器盖等；还有Ⅱ式敛口深腹罐，敛口瓮，C、D、E 型高柄豆，各种瓶、C 型圈足盘等。新出现有瓿、小口高领罐、浅盘高圈足豆、豆形器、B 型平底盘、"8"字形纽器盖和尖顶器盖等（图一～图三）。一、二期比较典型的平顶器盖消失了，矮圈足豆很少发现。三星堆文化在此时发展到它的鼎盛时期。

四期：以三星堆遗址Ⅴ段为代表。夹砂陶继续增多，比例高达 89%；泥质陶进一步减少。夹砂褐陶仍是最主要的陶系。纹饰很少，以绳纹为主。主要器类与三期基本相同，但器形上发生了一些变化，如鸟头把勺的喙部刻划得更为精细；盉变得更胖，足腹相连，界线不明显；鬲形器变得更瘦。新出现有假腹豆；豆形器更加发达。典型器物有 BⅡ式小平底罐，AⅢ、BⅢ式高柄豆，AⅢ、BⅢ式壶，Ⅲ～Ⅴ式盉，Ⅲ式鬲形器，Ⅲ式鸟头把勺，Ⅱ式瓿，Ⅲ式杯形纽器盖等；前几期比较盛行的一些器物，如敛口深腹罐、敞口深腹罐、喇叭口罐、圈足盘、平底盘等则消失了（图一～图三）。这是三星堆文化的衰落期。

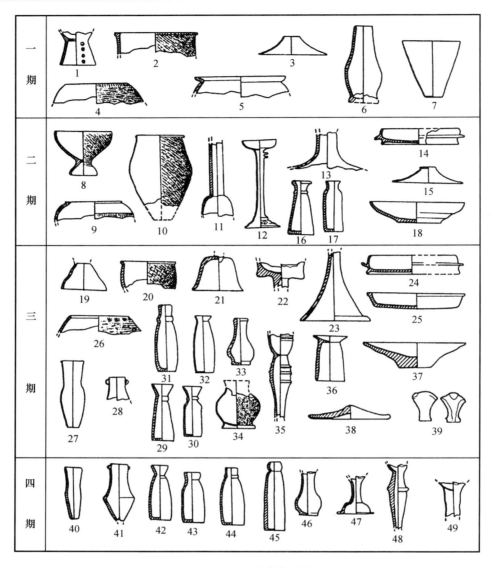

图三　三星堆文化各期器物图

1、8、19. Ⅰ、Ⅱ、Ⅲ式矮圈足豆（鱼凫村96H73、80ⅢDaT2③：34、桂林92H3：30）　　2. 绳纹花边口罐（桂林92T3⑤：6）

3、15. 平顶器盖（80ⅠDbT2④：34、80ⅢDbT1③：8）　　4、9、26. 敛口瓮（鱼凫村96H73、桂林92H23：22、63T108②：413）

5. 曲沿罐（鱼凫村96H73）　　6、33、46. 假圈足瓶（80ⅢDaT2④：50、86ⅢT1313⑨：16、86ⅢT1214⑧C：51）　　7. 敞口

深腹罐（80ⅢDaT2④：44）　　10、20. Ⅰ、Ⅱ式敛口深腹罐（80ⅢCaT1③：55、63T104②：46）　　11、21、47. C型高柄豆

（桂林92H23：122、86ⅢT1415⑨：200、86ⅢT1517⑧B：11）　　12、22. E型高柄豆（80ⅢDaT2③：34、63T105②：311）　　13、

23. D型高柄豆（桂林92H23：107、86ⅢT1516⑨：68）　　14、24. C型圈足盘（80ⅢDaT2③：3、80ⅢDcT1②：4）　　16、29、

42. A型瓶（86ⅢT1517⑫：46、86ⅢT1516⑨：60、86ⅢT1516⑧A：138）　　17、30、43. B型瓶（86ⅢT1617⑫：92、86Ⅲ

T1516⑨：32、86ⅢT1515⑧B：44）　　18、37. AⅠ、AⅡ式平底盘（80ⅢDcT1③：5、80ⅢCcT1②：6）　　25. B型平底盘（63T104

②：1）　　27、40. CⅠ、CⅡ式壶（86ⅢT1515⑨：43、86ⅢT1515⑧A：46）　　28、41. DⅠ、DⅡ式壶（86ⅢT1516⑨：86、86Ⅲ

T1516⑧B：126）　　31、44. C型瓶（86ⅢT1414⑨：17、86ⅢT1515⑧A：44）　　32、45. D型瓶（86ⅢT1416⑨：81、86Ⅲ

T1415⑧A：33）　　34. 圈足壶（80ⅢBbT5②：22）　　35、48. 豆形器（80Ⅲ②、86ⅢT1415⑦：124）　　36. 浅盘高圈足豆

（63M1：2）　　38. 尖顶器盖（63T105②：187）　　39. "8"字形纽器盖（63T104②：109）　　49. 假腹豆（86ⅢT1517⑧B：10）

（未注明者皆为三星堆出土）

（二）三星堆文化各期年代的推断

前面我们已将三星堆文化分为四期，对于各期年代，我们主要是通过与其他地区已知年代因素的器物类比来推断。在鄂西地区，如湖北江陵荆南寺[12]、秭归朝天嘴[13]、宜昌中堡岛[14]等遗址中都发现有大量的三星堆文化因素，如小平底罐、高柄豆、豆形器、鸟头把勺和杯形纽器盖等（图四），这就为我们推定三星堆文化的年代提供了依据。

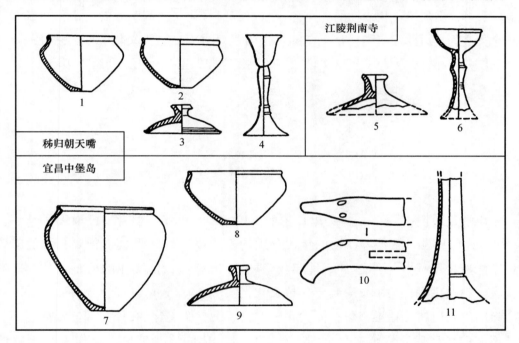

图四　鄂西地区三星堆文化因素

1～4.（85ZCT6⑥A: 27、85ZCT7⑥B: 16、85ZCT6⑥A: 8、85ZCT6⑥B: 21）　5、6.（T5④C: 52、T2④C: 32）

7～11.（T0704⑥: 20、T0704⑥: 33、T0503⑥: 501、T5③B: 2、T5③A: 3）

荆南寺遗址中的高柄豆和杯形纽器盖（图四）分别与三星堆文化三期 B Ⅱ 式高柄豆（84 西泉坎 BbT1③: 2）、Ⅲ式杯形纽器盖（86Ⅲ11517⑨: 77）（图二，39）基本相同，时代应相当。"而荆南寺遗址中与这两种器物共存的中原商文化陶器有二里岗上层期的敛口罍，根据这件敛口罍，并参照同层中及上下层中的其他商文化陶器（如鬲、大口尊等），可以确知该层的年代应属于二里岗上层期偏早"[15]阶段。朝天嘴遗址[16]第 6 层中的三星堆文化因素（图四）约当三星堆文化三期，与之共存的中原地区陶器有大口尊、盉、盆等，大口尊与二里头文化四期或二里岗上层期早段的大口尊很相近；而盉、盆则约当二里头文化四期或略晚。中堡岛遗址[17]中的小平底罐、鸟头把勺（图四）等与三星堆文化二期的同类器相近，而杯形纽器盖、高柄豆（图四）等则与三星堆文化三期的同类器相似；该遗址中与这些文化因素共存的敞口圆腹罐、长袋形鬲足、盆、"S"形纹等与二里

头文化四期的同类器相似；中宝岛遗址中还有一件侈口垂腹釜[18]与荆南寺遗址夏商遗存
二期中的 A 型釜[19]相似，而荆南寺遗址二期约当二里岗下层期早段。有学者认为二里头
文化四期与二里岗下层期早段相当[20]，因此，我们认为三星堆文化三期的年代与中原地
区的二里头文化四期或二里岗下层期早段至二里岗上层期早段相当。

　　三星堆文化二期中的盉（80DaT1③：42）（图二），根据杜金鹏先生的研究，其时代约
当二里头文化三期[21]；三星堆文化二期中的"臣"字纹（80BaT1③：36）在二里头文化二
期的一件小口尊上和荆南寺的一件罍上就有发现（图五）。二里头二期的"臣"字纹很生
动，像鸟头形；三星堆文化二期的"臣"字纹已经符号化；而荆南寺的"臣"字纹介于象
形与符号化之间，因此三星堆文化三期的年代当不会早于二里头文化二期。并且三星堆文
化二、三期紧密相连，因此三星堆文化二期的年代应与二里头文化三期约略相当。

图五　三星堆文化二期中的"臣"字纹
1. 三星堆（80ⅢBaT1③：36）　　2. 荆南寺　　3. 二里头（81YLⅢT22⑤：2）

　　三星堆遗址Ⅵ段（属十二桥文化）中的 K1、K2 的年代，学者们已取得了共识，认
为 K1、K2 中的铜器、玉器等器物的年代分别约当殷墟一、二期[22]。但是，我们应该注
意到坑中的器物年代并不等于其下埋年代。K1 中出有十二桥文化的典型器物——尖底
盏；从层位学的角度，两个坑应属十二桥文化；实际上 K1、K2 中的金、铜、象牙、玉、
石等质料的器物应属三星堆文化；而尖底盏才属于十二桥文化的范畴。这个道理很简单，
即十二桥文化在替代三星堆文化之时，把三星堆文化的这些王室重器作为"厌胜性埋
藏"[23]，这也是一种祭祀，不过进行祭祀的主人已不是三星堆文化的人们，而是十二桥
文化的主人。在三星堆遗址曾先后发现过四个玉石坑[24]，这些坑中除 1986 年玉石坑出土
少量青铜器残片外，其余的坑皆只出玉石器，种类有璋、琮、圭、斧、瑗、璧等。并且
1929 年燕家院子玉石坑[25]和 1988 年玉石坑中器物都是成套出土，"叠置如笋"[26]。这似
乎说明了三星堆文化是以玉石器进行祭祀，而不是以青铜礼器进行祭祀，也印证了我们
上面的推测。既然 K1、K2 不是三星堆文化的人们，而是十二桥文化的主人进行祭祀活动
所留下的遗迹，那么包含着三星堆文化高、精、尖器物的 K1、K2 的下埋年代应该是同时
的，不会早于殷墟二期，大概在殷墟二期之末。两个器物坑的下埋年代或许就是三星堆
文化的下限和十二桥文化的上限。三星堆文化四期紧接在三期之后，因此其年代当在二
里岗上层期晚段至殷墟二期。

　　至于三星堆文化一期的年代，由于出土的器物较少，缺乏可对比的资料。不过一期与
二期之间没有明显的缺环，发展演变关系比较清楚。因此一期的年代当在二里头文化二期
左右。这样我们就将三星堆文化的年代大体推定在二里头文化二期——殷墟二期之时。

关于三星堆文化的绝对年代，三星堆遗址中有六个[14]C数据，除个别数据明显偏早外，大都在距今3850年±100～4030年±120年（经树轮较正）[27]之间。这6个数据存在着两个问题：一是碳测数据和文化分期存在着早晚颠倒的现象；二是碳测数据的校正年代明显偏早。因此这些碳测数据不宜采用。

三、三星堆文化的分布范围及其对外交往

三星堆文化是以广汉市三星堆遗址为代表的青铜时代早期文化，同类遗存发现不多，多是些调查资料。经过正式发掘的遗址有广汉三星堆、新都桂林乡、新繁水观音[28]、温江鱼凫村[29]等；前两个遗址已有分析，水观音的早期墓相当于三星堆文化四期（表一），温江鱼凫村的晚段相当于三星堆文化一期（表一）。采集点有广汉烟堆子、新安，什邡水碾河、农科、泉固，彭县三包等[30]。这些遗存都集中分布在成都平原上。此外阆中县城边的打耙场、汉源县的背后山、麻家山等地都发现有三星堆文化的典型器物——小平底罐和高柄豆[31]，这些地方都应是三星堆文化的分布范围。目前就这些资料来看，三星堆文化的中心地区是在成都平原，同时在川中地区也有分布，只不过由于工作做得不够，发现的遗址很少而已。三星堆遗址规模巨大，面积达12平方公里；有好几个时期的宽大城垣；出土了大量铜器、玉器等精美器物，这些无疑都说明了三星堆遗址是整个三星堆文化的中心所在地，同时也说明了三星堆文化是一支高度发达的青铜文化。

三星堆文化是一支相当发达的文化，自身特色十分突出，影响较广。在长江中游的鄂西地区的夏商时期遗存[32]中普遍发现有三星堆文化因素，如小平底罐、高柄豆、豆形器、圈足盘、鸟头把勺等（图四），据初步统计，这类包含有三星堆文化因素的以罐、釜为代表的文化遗存共有20余处，其中比较典型的遗址有江陵荆南寺、秭归朝天嘴、宜昌中堡岛等。正是由于这类遗存在鄂西地区的广泛存在，有人将之称为"三斗坪类型"[33]或"中宝岛三期类型"[34]。由此可见三星堆文化在鄂西地区的影响是相当深远的，同时也证明了三星堆文化的强盛。这支发达的文化无疑也受到了外来文化的影响。前文已经提到，三星堆文化二期中的陶盉与二里头文化三期的盉很相似；三星堆文化四期中的铜罍、尊、盘、器盖及其一些纹饰，如云雷纹、饕餮纹等与殷墟一、二期的十分接近。笔者曾参观过三星堆文化的铜器，铜尊有两种：一种制作精致，纹饰清晰；一种制作粗糙，纹样模糊。前者可能是中原铸造的，通过交流而传入三星堆文化中；后者可能是仿铸的。果真如此，铜尊这种王室重器当表明三星堆文化和殷商文化统治阶层有着某种联系。

四、三星堆文化的渊源和发展去向

1996年成都市文物考古工作队在成都平原开展了大规模的田野考古工作，取得了丰

硕的成果。发掘了四座相当于中原龙山时期至夏代时期的古城[35]，确立了一种新的考古学文化——"宝墩文化"[36]。其中新津宝墩、都江堰芒城、郫县古城三个遗址属宝墩文化[37]。温江鱼凫村遗址的Ⅰ、Ⅱ段亦属宝墩文化；Ⅲ段则属三星堆文化一期。宝墩文化最晚一阶段是以郫县古城晚段为代表，其文化特征是"夹砂陶的数量大增，占据了主导地位，夹砂陶中的褐陶剧增，外褐内灰陶剧减……泥质陶以灰陶为主……泥质陶仍以素面为主，夹砂陶以绳纹为主，此外还见有平行线、弧线、交叉、网状等划纹；偶见水波划纹；戳印纹有新月形纹、三角形坑点纹等；其他有少量的附加堆纹和凹凸弦纹。绳纹花边口罐已很少见；新出现曲沿罐、窄沿罐、钵等；敞口圈足尊、宽沿平底尊和喇叭口高领罐仍然存在"[38]。从上面的叙述中可以看出，宝墩文化的典型因素，如大量的泥质陶、发达的纹饰（以划纹、戳印纹、附加堆纹等为代表）、以绳纹花边口罐、敞口圈足尊、盘口圈足尊、喇叭口高领罐、宽沿平底尊等为代表的典型器，正在日趋减少；而一种新的文化因素，如曲沿罐、窄沿盆等，正在孕育和发展之中。到了三星堆文化一期之时，绳纹花边口罐、喇叭口高领罐等宝墩文化的典型因素极少见；延续了宝墩文化最晚一阶段出现的曲沿罐、窄沿盆等；且新出现了敛口瓮、小平底罐、敛口深腹罐、折腹钵、杯形纽器盖等三星堆文化的一些典型因素。到了三星堆文化二期之时，三星堆文化的典型因素除了瓿外全都出现了。由此我们看见了一个宝墩文化的典型因素日趋消失，三星堆文化典型因素逐渐孕育、形成和发展的过程。也就是说三星堆文化是从宝墩发展而来的。这在地层学上也能得到证明，在鱼凫村、三星堆遗址中都有层位学的依据，就是三星堆文化堆积叠压在宝墩文化堆积之上。

　　关于三星堆文化的发展去向，学者们一般都认为是十二桥文化。这主要表现在以下四个方面：一是层位关系上，在1984年发掘的西泉坎中，第3层为三星堆文化三期的堆积，第2层为十二桥文化一期堆积（表一）；新繁水观音遗址可分为三段（表一），早期墓相当于三星堆文化四期，第4层和晚期墓分别相当于十二桥文化一、二期，即十二桥文化层叠压在三星堆文化层之上。二是在三星堆文化四期之时，三星堆文化的典型因素正在日趋消失，如夹砂褐陶的数量减少，夹砂灰陶的数量增多，泥质陶的比例有所回升；一些器物，如敛口深腹罐、敞口深腹罐、喇叭口罐、圈足盘、平底盘等基本绝迹；同时新出现有假腹豆等。三是在十二桥文化一期中，还残留有许多三星堆文化因素，如小平底罐、高柄豆、壶、瓶、盉等都是三星堆文化的典型器物。四是在K1中发现有十二桥文化的典型器物——尖底盏和高领罐等。前文已述及，两个器物坑中的金、铜、象牙、玉石器等应属三星堆文化，即三星堆文化中的贵重器物与十二桥文化的典型陶器同在一个遗迹单位中，且两个遗址相距这么近，彼此不过40公里。唯一合理的解释是十二桥文化在替代三星堆文化之时，把代表三星堆文化的这些贵重器物也掩埋了起来，因此，两个器物坑的下埋年代就是三星堆文化年代的下限和十二桥文化的上限。也就是说十二桥文化是三星堆文化的替代者。

附记：本文在写作过程中曾得到江章华先生的指证和帮助，插图由曹桂梅同志绘制，在此谨表感谢。

注　释

［1］　林名均：《广汉古代遗物的发现与发掘》，《说文月刊》第3卷7期。

［2］　A. 四川省文物管理委员会等：《广汉三星堆遗址》，《考古学报》1987年2期；B. 陈显丹：《广汉三星堆遗址发掘概况、初步分期》，《南方民族考古》第2辑；C. 马继贤：《广汉月亮湾遗址发掘追记》，《南方民族考古》第5辑（1992年）。

［3］　同［2］B。

［4］　A. 四川省文物管理委员会等：《广汉三星堆遗址一号祭祀坑发掘简报》，《文物》1987年10期；B. 四川省文物管理委员会等：《广汉三星堆遗址二号祭祀坑发掘简报》，《文物》1989年5期。

［5］　孙华：《试论广汉三星堆遗址的分期》，《南方民族考古》第5辑（1992年）。

［6］　同［2］A。

［7］　同［2］B。

［8］　同［2］C。

［9］　成都市文物考古工作队等：《四川新都县桂林乡商代遗址发掘简报》，《文物》1997年3期。

［10］　江章华等：《宝墩文化初论》，《中华文化论坛》1997年4期。

［11］　江章华：《成都十二桥遗址的文化性质及分期研究》，《四川大学考古专业建立三十五周年纪念文集》1998年。

［12］　荆州地区博物馆等：《湖北荆南寺遗址第一、二次发掘》，《考古》1989年8期。

［13］　国家文物局三峡考古队：《湖北秭归朝天嘴遗址发掘简报》，《文物》1989年2期。

［14］　A. 湖北省宜昌地区博物馆等：《宜昌中宝岛新石器时代遗址》，《考古学报》1987年1期。B. 国家文物局三峡考古队：《湖北宜昌中宝岛遗址发掘简报》，《文物》1989年2期。

［15］　同［5］。

［16］　同［13］。

［17］　同［14］。

［18］　同［14］B图一四，4。

［19］　同［12］图十一，8。

［20］　A. 郑光：《二里头遗址的性质与年代》，《考古与文物》1988年1期；B. 张良仁：《论二里头文化分期与性质》，中国社会科学院研究生院1996年硕士研究生毕业论文。

［21］　杜金鹏：《封顶盉研究》，《考古学报》1992年1期。

［22］　同［2］A图一三，10。

［23］　林向：《蜀酒探源——巴、蜀的"萨蛮式文化"研究之一》，《南方民族考古》第1辑（1987年）。

［24］　A. 陈显丹：《广汉三星堆遗址一、二号坑的时代、性质的再讨论》，《成都文物》1997年2期；B. 同［1］；C. 冯汉骥、童思正：《记广汉出土的玉石器》，《文物》1979年2期。

［25］　同［24］。

［26］　同［24］。

［27］　中国社会科学院考古研究所编著：《中国考古学中的碳十四年代数据集》（1965～1991年），文物出

版社，1991 年出版。

［28］　四川省博物馆：《四川新繁水观音遗址试掘简报》，《考古》1959 年 8 期。

［29］　成都市文物考古工作队等：《四川省温江县鱼凫村遗址调查、试掘》，《文物》待刊。

［30］　四川省文物考古研究所三星堆工作站等：《四川广汉、什邡商周遗址调查报告》，《南方民族考古》第 5 辑（1992 年）。

［31］　同［2］A。

［32］　A. 林春：《宜昌地区长江沿岸夏商时期的一支新文化类型》，《江汉考古》1984 年 2 期；B. 卢德佩：《鄂西发现的古文化遗存》，《考古》1986 年 1 期；C. 罗二虎：《论鄂西地区的夏商时期文化》，《东南文化》1994 年 1 期。

［33］　同［32］A。

［34］　同［32］C。

［35］　成都市文物考古工作队：《成都平原史前城址发掘又获重大收获》，《中国文物报》1997 年 1 月 19 日。

［36］　A. 成都市文物考古工作队等：《新津宝墩遗址 1996 年发掘简报》，《考古》1998 年 1 期；B. 同［10］。

［37］　同［10］。

［38］　同［10］。

（原载《四川文物》1999 年 3 期）

三星堆系青铜容器产地问题

江章华

三星堆两座器物坑[1]出土的青铜器当中，除青铜人像、神树、神坛等独具特征外，其中的青铜尊、罍以其显示的商文化青铜器的时代特征和自身的个性特征，尤其是三星堆尊、罍与湖南华容[2]、岳阳[3]，湖北江陵[4]、沙市[5]、枣阳[6]，安徽六安[7]，陕西城固[8]，重庆巫山大昌[9]等地出土的尊、罍从形态到纹饰都有着惊人的相似之处，引起了学术界普遍的关注。本文所要探讨的三星堆系青铜容器便是特指上述地区出土的具有三星堆风格的青铜兽面纹尊、罍。

关于三星堆系青铜容器已有不少学者做了研究，这些研究主要集中在通过三星堆青铜尊、罍与长江中下游和城固地区同类器物形制与纹饰的比较，探讨三星堆青铜容器的渊源、与中原商文化的关系，以及商文化的入川路线。综观学者们的研究，主要有两种观点：一种观点认为"以中原为中心的商文化先向南推进，经淮至江，越过洞庭湖，又溯江穿入蜀地。这很可能是商文化通往成都平原的一条主要途径"。"三星堆两座器物坑中与中原所出近似的青铜礼器，是当地文化接受中原影响的证据。不过，这种影响不是直接传入当地的，其媒介应该是今湖北、湖南地区当时的文化"[10]。"南方商代大口尊的流传应是从安徽阜南向西到两湖，再向西到重庆大昌和四川广汉三星堆，最后又折向东北到陕西城固一带。这种交流并不只限于大口尊，在三星堆与两湖地区的罍上亦同样可以体现"[11]。第二种观点认为"由关中平原经过周南下，越秦岭经汉中、城固到川西平原，可能仍是当时一条商文化入川的重要路线"。而湖北、湖南出土与三星堆相似因素的青铜器，表明"当时江南和西南各地有一种共同的有别于中原地区的礼仪信仰，而且表明至少在商代晚期，川西平原和湘、鄂地区的联系加强。商代蜀文化除继续通过汉中、秦岭一线和商文化交流外，还顺江而下，穿过三峡，越过洞庭湖与湘、鄂地区的商方国文化互为交流"[12]。

尽管过去已有上述学者的研究，但笔者觉得有关三星堆系青铜容器仍有进一步研究与深入阐释的余地：首先这批青铜器所透露的信息不仅对揭示商文化入川的路线很重要，同时有关这批青铜器铸造地的问题也是值得深入观察与分析的。有着如此相近风格的青铜器是不同区域各自铸造的，还是同一批工匠在同一地点铸造的？三星堆出土的这种青铜容器是直接模仿，甚至是从某地直接传入，还是三星堆社会在商式铜器的基础上自行设计铸造的？这对理解三星堆文化以及三星堆文化与这些区域间的关系至关重要。笔者在参观湖南省博物馆时，特别注意华容出土的青铜尊和岳阳鲂鱼山出土的那件青铜罍，它们的器形和纹饰风格，表面锈蚀的颜色等与三星堆出土的青铜尊与罍有着惊人的相似，相反与湖南出土的其他商代铜器完全不相类，当时就感觉到这些青铜器与三星堆的青铜器很可能是在同一种观念支配下设计出来，由同一批工匠用同一种技术铸造的作品，而铸造这些青铜器的必然是青铜文化较发达的某个区域文明中心才有这个能力。

　　三星堆青铜容器确实与商式铜器有密不可分的联系，因为它们都具有商文化同时期青铜器的基本特征：尊均为高领大口，口径略大于肩径，折肩，圈足较高，为殷墟二期前后青铜尊的特征。纹饰以雷纹衬地，兽面纹有连体和分解兽面纹，身多曲折，多扉棱装饰。也是殷墟二期前后青铜器的纹饰特征。但三星堆系青铜容器不是一成不变地完全模仿商文化青铜器，而是按照自己的信仰与需要进行重新设计铸造。如三星堆系青铜容器中的尊颈部全饰凸弦纹，而同时期商式铜尊颈部多蕉叶纹，三星堆系青铜容器肩部多扁身立鸟饰，而商式铜器中没有。其兽面纹的口有横贯式，如 K2∶79 号尊的腹部兽面纹（图一），K2∶70、K2∶88 号圆罍腹部的兽面纹，K2∶205 号方罍腹部兽面纹，K2∶146 号尊圈足上的兽面纹等，这种横贯口的兽面纹在商式青铜器中不见，这应是三星堆的独特设计，三星堆二号坑出土的青铜兽面具，其横贯口的风格与青铜容器上横贯口兽面纹颇为近似。三星堆系青铜容器的圈足较商文化中的同类器要高，尤其是圆尊，许多足壁外鼓。从纹饰的整体风格来看，商文化的同类青铜器明显要细致规范得多，而三星堆系青铜容器的纹饰总的来说显得粗犷。

　　三星堆青铜容器中属完全模仿的器物只有一号坑出土的龙虎尊（图二），该尊是按照安徽阜南月牙河出土的那类龙虎尊[13]的样式铸造的，这是许多专家早已注意到了的，三

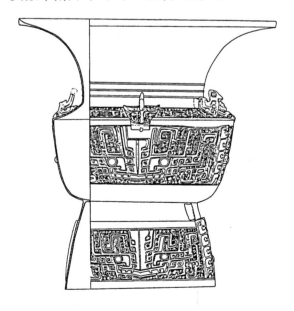

图一　三星祭祀坑 K2∶79 号尊

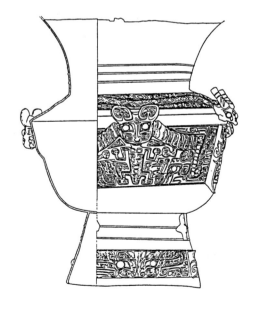

图二　三星堆龙虎尊

星堆一号坑的龙虎尊与月牙河龙虎尊的区别是十分明显的。月牙河龙虎尊的腹较三星堆龙虎尊的腹稍深，圈足上也没有三星堆龙虎尊那样的扉棱装饰，还带有二里冈时期的某些风格，三星堆龙虎尊明显晚于月牙河龙虎尊。月牙河出土的龙虎尊铸造精美，其上的纹饰精细，线条流畅自然生动，龙虎栩栩如生，而相比之下，三星堆出土的龙虎尊明显质地显粗糙，纹饰线条僵直，转折生硬，纹饰略显简化呆板，纹饰布局也有不合理之处；月牙河尊肩部龙身为半浮雕状，而三星堆的为阴线，月牙河尊腹部的虎身胖瘦得中，线条流畅，尾部转折圆润，而三星堆的龙虎尊腹部的虎身干瘦，线条僵直，尾部转折生硬；月牙河的虎足生动有力，虎只占去腹部的一半，其下的兽面也清楚，兽面的角作卷云状，身尾端上内卷，线条清晰流畅，而三星堆龙虎尊腹部的虎尾已垂至纹饰带的下缘，其下已再无更多的空间，其下的兽面纹模糊不清。在当时没有像我们今天这样方便的图像资料的情况下，三星堆人能模仿这样的青铜器，要么是有铸造过同类青铜器的工匠，要么是拥有这类青铜器的样品。笔者觉得后一种可能性更大，三星堆当时应该拥有阜南那样的龙虎尊样品。

　　如果三星堆模仿铸造了龙虎尊，那么三星堆出土数量较多的兽面纹尊也完全有可能是三星堆自己铸造的。二号坑出土的一件112号兽面纹尊值得注意（图三），该尊从器形风格、纹饰特征及表面锈蚀特征均与其他尊有明显的区别，与其他三星堆青铜尊相比，该尊整个器物显低矮，不像其他尊那么瘦高；其领部和圈足都没有其他尊高，肩部没有立鸟，扉棱装饰为一条细小的凸棱，不像其他尊多作卷云或立羽状；该尊的兽面纹与其他尊也有明显区别，其兽面纹线条精细而规整，腹部兽面纹双角竖立而内卷，"臣"字眼，直鼻，

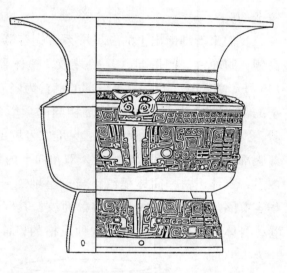

图三　三星堆祭祀坑 K2:112

阔觜，身体曲折，尾下卷，与陈公柔、张长寿在《殷周青铜容器上兽面纹的断代研究》一文[14]中分的Ⅲ型7式兽面纹有较多相似之处，为殷墟一期的风格。依据该尊所显示的特征，我们有理由认为该件青铜圆尊不是三星堆人所铸造，而是一件流传至三星堆的商式铜器，其年代明显早于三星堆出土的其他青铜容器，三星堆拥有的类似商式铜器应该不止这一件。该件青铜兽面纹尊至少证明有商式铜器传入三星堆，那么有没有可能三星堆出土的兽面纹尊是三星堆人以商式铜器为样本，按照自身的信仰与器物的功用重新加以设计铸造的呢？三星堆另两件特殊的器物可以给我们很好的启发。一件是二号坑出土的顶尊跪坐人像，该人像跪在一喇叭状圈足座上，头顶一圆尊，双手上举捧着尊，尊口上覆有一喇叭状座，上部残断，似为一树座，该人像反映的信息应是

三星堆社会特有的某种祭祀行为。第二件是二号坑出土的神坛，该神坛带翼神兽之上有站立的四人头顶一件器物，器物上部未复原，孙华先生对神坛作了复原研究[15]，比较明显地看出，站立人所顶的当是一件尊或罍，在尊（罍）的肩部有扁身立鸟和鸟身人面像，这与三星堆出土的尊、罍颇为类似，该神坛反映的信息应是三星堆社会非常重要的宗教内容。上述两件器物至少给我们提供了两个方面的重要信息：一是三星堆的尊、罍是非常重要的宗教祭器，非一般的生活用器。二是尊、罍肩部的立鸟装饰有其特定的宗教象征意义，不仅仅是起简单的装饰效果。在三星堆社会的宗教信仰当中，鸟崇拜是非常突出的内容，大量鸟的造型文物出土便是明证，如陶器中的鸟头勺柄，各种青铜鸟，神树和神坛上的鸟身人面像，还有人身鸟足像等。如果我们说三星堆出土的青铜容器是三星堆人在商式铜器的基础之上，按照三星堆社会独有的宗教信仰及其在宗教活动中发挥的重要功能进行设计铸造的，应该是没有多大问题的。三星堆人既然能铸造青铜人像、神树、神坛那样复杂的器型，自然也能铸造青铜容器。那么出土在其他与三星堆社会信仰完全不相同的区域的三星堆系青铜容器会不会也是三星堆铸造的呢？

　　我们来看湖南出土的三星堆系青铜容器，华容出土的那件圆尊（图四，1），喇叭口高领，腹较浅，高圈足，足壁外鼓，整体器形与三星堆二号坑出土的 151 号（图五）、146 号等尊非常一致，只是肩部的牺首为竖立附着在肩外侧，这种形式与三星堆二号坑出土的 70 号和 159 号罍的牺首是相同的。华容这件尊的牺首双角下卷，角尖外折如羊角状，"臣"字目，整体风格与三星堆二号坑出土的 159 号罍肩部的牺首非常一致。华容圆尊腹部兽面纹为分解式兽面纹，双角向下内卷呈卷云纹状，身体曲折如"S"形，尾向下内卷，身体下衬一简体夔纹，与三星堆二号坑出土的 146 号尊腹部的兽面纹完全一致。华容尊圈足上的兽面纹为连体兽面纹，其双角竖长呈"几"字形，身体曲折，尾向下内卷，身体下衬一简体夔纹，这种风格的兽面纹是三星堆青铜尊圈足上典型的常见纹饰，

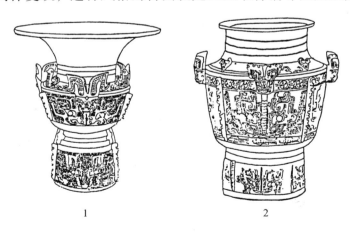

1　　　　　　　　2

图四

1. 湖南华容出土尊　2. 岳阳鲂鱼山出土罍

与三星堆二号坑出土的 79 号、129 号、151 号
尊圈足上的兽面纹完全一致。岳阳鲂鱼山出土
的那件罍（图四，2）整体风格与三星堆二号
坑出土的 159 号罍相近，其肩部的牺首却与二
号坑出土的 70 号罍肩部的牺首一致，其腹部
兽面纹的嘴是横贯的，为三星堆特有的形式，
与三星堆二号坑 70 号罍腹部的兽面纹相近，
兽面纹上有一周涡纹装饰，又与二号坑 159 号
罍相似。从湖南华容出土的尊和岳阳鲂鱼山出
土的罍的器物形态和纹饰，甚至表面的锈蚀色
泽都与三星堆青铜容器非常一致，尤其是肩部
的立鸟装饰，说它们是在三星堆社会特有的宗
教信仰支配下设计铸造的，在器物风格特征上
是没有矛盾之处的。

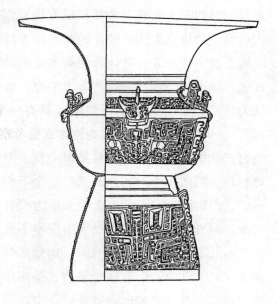

图五　三星堆祭祀坑 K2: 151

　　下面我们再将其放在湖南地区出土的商代青铜器当中去作整体考察。根据湖南学者
的研究，可以将湖南出土的商代青铜器分为"中原型"、"混合型"、"地方型"，或者将
"混合型"归入"地方型"中。所谓中原型，就是从器物的造型、纹饰风格都与中原地
区商式青铜器完全一致，器类包括有：鼎、瓿、鬲、瓯、爵、方尊、觯、簋、卣、戈、
矛、刀、镞等，此类铜器不仅在中原地区能找到相同器型，纹饰风格也完全一致，而且
不少铜器上还有铭文和族徽，从铭文的字体风格，铸造部位及族徽的考释等能证明它们
来源于中原地区的商文化。将华容出土的圆尊，岳阳出土的罍，宁乡出土的虎食人卣、
四羊方尊，长沙、湘潭、醴陵、衡阳等地出土的各种动物形尊等划归为混合型。将铜铙
归为地方型。中原型青铜器在湖南的分布是沿洞庭湖东岸进入湘江下游地区，再沿湘江
支流——涟水进入资水上游（夫夷水）直达广西。资水上游乃至涟水流域出土的商代铜
器均属中原型，不见混合型和地方型青铜器。湖南有学者认为，湖南资水上游及广西兴
安、武鸣等地出土的商式铜器以及湘江下游出土的部分商式铜器，是因为商贸的原因，
商王朝使者沿途过关卡所行礼节、馈赠给当地酋首的礼物。而以宁乡黄材及周围地区出
土的中原型、混合型和地方型铜器为商人所有，其中中原型铜器为商人在中原铸造，混
合型和地方型铜器为商人在包括湖南的南方铸造。其历史背景是商末周初，中原商王朝
已为周人所灭，周人继续南下，追击商人残余，原停留在江汉平原东部及鄂东南、赣北
等地的商人溯江进入湖南湘江流域，再沿湘江流域西部边缘到达湘江支流沩水流域。沿
途留下了从原居地带来的大量青铜器，包括华容、岳阳出土的兽面纹尊和罍，浏阳出土
的提梁卣、瓯以及望城、长沙出土的大批青铜器。而且还有一部分继续溯江而上，进入
四川盆地（三星堆出土的与华容、岳阳相似的青铜容器可能就是这样带入的）[16]。言下
之意，华容、岳阳出土的尊和罍是商人在江汉平原东部及鄂东南、赣北的某地铸造的。

最近向桃初先生又在《湘江流域商周青铜文明研究的重要突破》一文中，进一步强调以大口尊、折肩罍为代表的青铜器原产于江汉平原地区，它们是跟随殷遗民南下的江汉平原地方势力带来的。并认为湖南出土的动物类铜器同样不是本地铸造，也是随殷遗民南迁进入湖南，当然不一定铸造于中原，也有可能铸造于江汉平原或鄂东南地区。向先生认为：“如果商代晚期两湖地区只有一个青铜文明中心的话，可以肯定其必在江汉平原。”[17]从湖南出土青铜器的整体面貌考察，给我们提供了几点信息是值得注意的：①湖南出土的中原型青铜器的器类很丰富，但其中不见有圆尊和罍；②华容和岳阳出土的圆尊和罍与湖南出土的其他青铜器完全不相类，尽管湖南有学者将其分在混合型或地方型当中，但实际上与其他混合型和地方型青铜器区别太大，如果除开华容与岳阳出土的尊与罍，混合型或地方型青铜器中根本不见这两类器型；③三星堆风格的尊、罍集中出土在湖南北部一个较小的范围内，均是单独出土，不与其他中原型、混合型和地方型青铜器共出；④湖南有学者认为华容、岳阳出土的尊、罍非湖南本地铸造。那么从湖南出土的中原型、混合型和地方型青铜器中均不见圆尊和罍的情况看，这两类器物在湖南地区并不像三星堆社会那么看重。值得注意的是，在其东边的江西新干大墓出土的大量青铜器中，除一件青铜罍外也不见青铜圆尊[18]。湖南青铜器当中，也没有像三星堆青铜容器重鸟形装饰的习惯，如混合型或地方型青铜器中有各类动物造型，其中没有鸟，更没有像三星堆青铜容器那样的扁身立鸟饰作法，新干商墓出土的青铜器中也不见这类风格的器物。因此湖南出土的三星堆系青铜容器与其他类型青铜器完全不相类同，应非同一铸造地。如果说华容、岳阳出土的三星堆系青铜容器是江汉平原铸造的，随殷遗民南迁的江汉平原地方势力带来的，如果是这样的话，这类尊和罍应该有与其他中原型或动物类造型的青铜器共出的现象，尤其是在江汉平原一带应有较多的发现才对，而恰恰相反，在江汉平原、鄂东南等地很少有这类青铜尊、罍和动物类青铜器的发现，在湖南也不与其他中原型和动物类青铜器共出。商代晚期江汉平原存在一个能铸造青铜器的区域文明中心的说法，目前还找不到确切的考古证据，仅仅是一种推测而已。因此这类青铜器是江汉平原铸造的说法缺乏可靠的证据。

湖北枣阳新店村出土的1件尊，江陵八姑台出土的2件尊，沙市郊区东岳村出土的1件罍（图六），从整体器形和纹饰风格来看都与三星堆出土的青铜容器一致（这里不再作细致的比较），将其纳入三星堆系青铜容器当没有什么问题。不过湖北出土的这几件与三星堆和湖南出土的三星堆系青铜器容器相比，略显粗糙，纹饰也略显粗疏，包括巫山大昌的那件（图七）。有学者将沙市和江陵出土的青铜器归入周梁玉桥文化，并认为这些青铜器可能是本地铸造[19]。其实从这些青铜器的出土情况看，很难将其归入某个文化，江陵八姑台2件尊是埋在一个椭圆形的土坑内，周围未发现任何遗迹、遗物。沙市东岳村铜罍出土的位置，地势低洼，临近古河道，附近未发现其他遗迹和遗物。这些青铜器没有与周梁玉桥文化遗物共存的依据，也没有发现其他与周梁玉桥文化有共存关系的相似

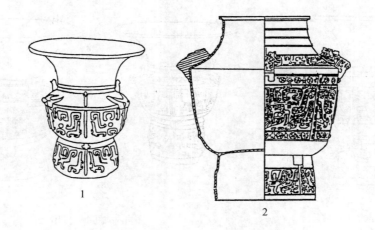

图六
1. 江陵八姑台出土尊　2. 沙市东岳村出土罍

青铜器，因此将其归入周梁玉桥文化就显得毫无根据，更不用说是周梁玉桥文化本地铸造的了。目前的资料显示，殷商时期湖北似乎没有自成体系的青铜冶铸业，二里冈时期的湖北黄陂盘龙城青铜器均属中原商式铜器[20]，1977年随县出土的一批二里冈时期的青铜器，有觚、爵、斝等，属商式铜器[21]。湖北枝城1979年征集到的1件二里冈时期风格的瓿也基本上属商式风格的青铜器[22]。1987年在湖北安陆出土的1件觚、1件瓿也是商式铜器[23]。从发表资料看，包括江汉平原在内的湖北地区出土的殷墟时期的青铜器很少，如果排除沙市、江陵、枣阳出土的青铜尊、罍外，

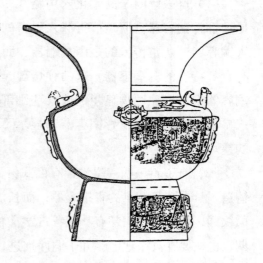

图七　巫山大昌出土尊

明显属本地铸造的具有地方特征的青铜器几乎没有，而湖北地区也没有像三星堆文化那样有重视尊、罍的礼制传统，更重要的是，盘龙城之后，在湖北地区到目前为止尚未找到像三星堆那样青铜文化比较发达，能够得上区域文明的中心遗址，如果说这些青铜器是在湖北本地铸造的，目前还找不到文化的归属。

安徽六安出土的那件（图八），根据其伴出陶器，埋藏年代早不过西周。由于该区域出土该类青铜器数量较少，难以确认其为本地铸造。

城固出土三星堆系青铜容器（图九）并不奇怪，城固铜器群本身就与蜀文化有较为密切的联系，甚至有可能就属于蜀文化[24]。有学者还提出了城固、洋县铜器群主人是三星堆王国解体后，北上陕南的三星堆王国的氏族，他们在汉中盆地的中心营建了自己的邑聚[25]。

图八　安徽六安出土尊　　　　　　　　　　图九　城固苏村出土尊

上面我们通过围绕三星堆系青铜容器产地的分析，可以得出如下三点认识。

（1）过去倾向于商文化入川路线是从长江中游，主要依据就是湖南、湖北出土的三星堆系青铜容器。但是值得深入思考的是三星堆青铜容器是直接模仿湖南、湖北的同类青铜容器，还是传入的是商式铜器，而三星堆是在商式铜器的基础上自行设计铸造了具有自身特点的青铜容器，这两种情况是需要仔细分析的。如果是直接模仿，那三星堆青铜容器很可能比原物显粗糙或某些细部会有所差异，像龙虎尊就属直接模仿的效果，而三星堆出土的兽面纹青铜容器却显示不出有这种模仿的迹象，其水平并不比湖北、湖南的差。

（2）有资料证明三星堆拥有商式铜器，如果说三星堆是在商式铜器的基础上自行设计铸造了具有自身特点的青铜容器，而长江中游地区盘龙城之后几乎没有发现商式风格的兽面纹尊，而陕西城固却有。从考古学文化来看，就是在商文化向南发展最强大的二里冈时期，也主要在汉东地区，并未向西推进，鄂西地区就很少有商文化的遗物[26]，而城固地区却出土大量商式铜器。那么三星堆的商式铜器从陕西城固一带传入的可能性更大。

（3）就目前的资料显示，在三星堆系青铜容器分布的范围内，能与设计这种风格青铜器的观念相符的、具有比较发达的青铜冶铸业的、够得上区域青铜文明中心的只有三星堆，如果说三星堆出土的青铜容器是三星堆社会在商式铜器的基础上，按照自己的观念与需要进行重新设计铸造的，能找到比较充分的依据。而长江中游的湖南、湖北地区没有像三星堆那样的观念传统，该区域出土的三星堆风格的青铜容器目前还找不到文化归属，还无法确认其可靠的铸造地。江汉平原商代晚期有一个文明中心，该中心铸造了三星堆风格的青铜器的推测目前没有任何考古证据。如果说江汉平原是铸造这类青铜器的中心，从这类青铜器出土情况看，铸造的中心区基本不见这类青铜器，而处于以外甚至更远的三星堆却大量出土的现象，在考古上是很难解释的。尤其是三星堆系青铜容器与湖北、湖南出土的其他类青铜器完全不相类同，很可能非同一铸造地。因此目前还无法排除长江中游地区出土的三星堆风格的青铜容器是三星堆铸造的可能性。

注　释

［ 1 ］　四川省文物考古研究所编：《三星堆祭祀坑》，文物出版社，1999 年。

［ 2 ］　湖南省博物馆编：《湖南商周青铜器陈列》第 8 页。

［ 3 ］　岳阳市文物管理所：《岳阳市新出土的商周青铜器》，《湖南考古集刊》第 2 辑，1984 年；熊传新：《湖南新发现的青铜器》，《文物资料丛刊》（5），1981 年。

［ 4 ］　荆州地区博物馆：《记江陵岑河庙兴八姑台出土商代铜尊》，《文物》1993 年 8 期。

［ 5 ］　彭锦华：《沙市郊区出土的大型铜尊》，《江汉考古》1987 年 4 期。

［ 6 ］　徐正国：《湖北枣阳发现一件商代铜尊》，《文物》1990 年 6 期。

［ 7 ］　安徽省皖西博物馆：《安徽六安出土一件大型商代铜尊》，《文物》2000 年 12 期。

［ 8 ］　唐金裕等：《陕西城固县出土殷商青铜器整理简报》，《考古》1980 年 3 期。

［ 9 ］　四川省文物管理委员会、四川省文物考古研究所、巫山县文化馆：《巫山境内长江、大宁河流域古遗址调查简报》，四川省文物考古研究所编《四川考古报告集》，文物出版社，1998 年。

［10］　李学勤：《商文化是怎样传入四川》，《中国文物报》1989 年 7 月 21 日；李学勤：《三星堆饕餮纹分析》，载《三星堆与巴蜀文化》，巴蜀书社，1993 年。

［11］　施劲松：《论我国南方出土的商代青铜大口尊》，《文物》1998 年 10 期。

［12］　张玉石：《川西平原的蜀文化与商文化入川路线》，《华夏考古》1995 年 1 期。

［13］　葛介屏：《安徽阜南发现殷商时代的青铜器》，《文物》1959 年 1 期。

［14］　陈公柔、张长寿：《殷周青铜容器上兽面纹的断代研究》，《考古学报》1990 年 2 期。

［15］　孙华：《神秘的王国》，巴蜀书社，2003 年。

［16］　向桃初：《湖南商代铜器初探》，四川大学考古专业编《四川大学考古专业创建三十五周年纪念文集》，四川大学出版社，1998 年。

［17］　向桃初：《湘江流域商周青铜文明研究的重要突破》，《南方文物》2006 年 2 期。

［18］　江西省文物考古研究所等：《新干商代大墓》，文物出版社，1997 年。

［19］　王宏：《论周梁玉桥文化》，《江汉考古》1996 年 3 期。

［20］　湖北文物考古研究所：《盘龙城》，文物出版社，2001 年。

［21］　随州市博物馆：《湖北随县发现商代青铜器》，《文物》1981 年 8 期。

［22］　黎泽高、赵平：《枝城市博物馆藏青铜器》，《考古》1989 年 9 期。

［23］　余从新：《湖北安陆发现商代青铜器》，《考古》1994 年 1 期。

［24］　李伯谦：《城固铜器群与早期蜀文化》，《考古与文物》1983 年 2 期。

［25］　同［15］。

［26］　江章华：《试论鄂西地区商周时期考古学文化的变迁——兼谈早期巴文化》，《考古》2004 年 11 期。

（原载《四川文物》2006 年 6 期）

羊子山土台再考

李明斌

四川盆地西部地区的成都平原，由岷江和沱江冲积而成。这里地势平坦，气候湿润，土壤肥沃，物产丰富，自然条件十分优越，自古以来就是人类聚居之地。这里不但发现了旧石器时代人类在此活动的遗物，到了新石器时代晚期，成都平原远古文化的发展更是达到了相当高的水平，出现了中国西南地区密集程度最高的史前古城址群，形成长江流域发生文明的三个中心之一，构成了四川盆地包括三星堆文化、十二桥文化以及商业街蜀王墓葬遗存在内的长达两千余年灿烂、辉煌的历史画卷。

古蜀先民在给我们留下丰富多彩的物质遗存的同时，还给我们展示了他们深邃而奥妙的精神世界，三星堆遗址两座器物坑及其出土遗物可以说是这方面的典型代表，如果说这两座器物坑更多体现的是宗教礼仪活动的结果的话，那么 20 世纪 50 年代发现于成都平原腹心地区的羊子山土台则是反映了当时蜀人进行宗教礼仪活动的场所，其重要性不亚于三星堆器物坑。它们都是古蜀先民在不同阶段取得的文明成就。

一、羊子山土台的层位关系及形制

羊子山土台遗址位于成都市北郊，是一座大土丘。1953 年经清理发掘，证实是一座人工修筑的土台建筑[1]。

（一）土台的层位

据发掘报告，羊子山土台遗址上有许多墓葬，其中最早的为战国时期的第 172 号墓，该墓打破了土台。整个遗址实际上有 4 个堆积层序：最晚的是墓葬；土台为第 2 个堆积层次；土台下叠压着灰土层及灰坑，包含有陶片、残石璧等，是为第 3 个堆积层次；其下叠压着含沙黄土层，出有成都平原时代最早的打制石器，是为第 4 层堆积，第 4 层下为含钙结核的黄土层即生土层[2]。

清理报告在"台址的建筑方法及形制"中有一段关于土台修筑前后的描述，这对于我们判断土台的层位关系价值甚大。这段描述是这样的：

这块基地，原先已是人们居住、活动的场所，筑台时把它平整作了台址。所以在第一道墙南角底下，还保存有筑台前一个灰坑。灰坑东北角的不平处，还补铺了一层黄色砂壤土；又在整个台址面上铺上了一层3～4.5厘米厚的灰土，以完成了平台址的工作。

由于时代和学科发展的原因，在今天看来，上面对土台层位的描述与现在的要求多有不同之处，但这段较为翔实的文字，还是为我们的分析提供了珍贵的材料。

首先，我们可看出，土台是建于文化堆积之上，而非建于生土层上。

其次，根据叠压关系，我们还可以复原土台叠压着的文化堆积中可区分为几个小的堆积层次（表一）。

表一

堆 积 层 次		堆 积 单 位
台 身	土 台	土 台
台 址	2	灰 土
	3	黄色砂壤土
	4	灰 坑

根据上面的分析，我们可以从层位上知道土台建筑的上限，即早不过平整台址的时间。那么，土台建筑的下限该从何处来界定呢？应该是叠压或打破土台本身的文化遗存中时代最早者，"台废弃以后葬入的墓葬，清理共211座。时代为上起战国末叶，下至汉晋唐宋，最晚者为明代"。这其中所谓战国末叶者，就是治四川古史者耳熟能详的羊子山第172号墓[3]，它是打破土台的诸遗存中时代最早者，是土台建筑的下限。可将第172号墓列入表一，成为第1层堆积层次。另在距第一道郭墙南角转折处台址下1～1.2米深腐殖土层中和墙内台址中部相同深度黄土层中，均发现有打制石器。据此分析，我们可以列出羊子山土台遗址的层位关系：

M172→土台→台址（灰土→黄色砂壤土→灰坑）┬→腐殖土┬→生土
　　　　　　　　　　　　　　　　　　　　　└→黄土　┘

下面就清理报告中有关层位关系的一些叙述进行分析，相信对于判断土台的年代会有帮助。

报告中"遗物中的陶片、兽骨、石璧残块等，散乱混杂，这些遗物本来就是台址上灰坑内的，因平地时随着灰土而铺上了台址的表面"的描述，表明铺于台址面上的灰土来自于灰坑之中，两堆积的文化遗物应为同一时期，在年代判断上就可将它们视为一个整体考虑。灰坑东北角不平处"补铺"的黄色砂壤土，其来源存在着两种可能：一是黄色砂壤土为灰坑内中部的局部堆积，"显然在平整台址时已挖去它（灰坑——笔者注）的上部"，平掉灰坑上部的灰土后，便露出了黄色砂壤土；另一种情况就是黄色砂壤土从他处运来，专门用以填充灰坑内取掉灰土后形成的"不平"，"取出过坑内的灰土，又将黄土填平"，由于灰坑内尚存有灰土，质地疏松，故在此处施以密夯。复原操作程序即：从灰坑内取灰土→向灰坑"不平处"填黄色砂壤土→施夯→在包括灰坑平面在内的台址面上铺灰土。根据报告的文字：筑台前"这里一带是成都平原中的黄土冲积地层（即广汉类黏土——笔者注）"、"台址的上层，是属自然冲积层，上层为含少量砂质的黄色土"、台身夯土"就在近处取土"，以后一种可能性较大，即黄色砂壤土从附近而来。由于报告中没有黄色砂壤土有出土物的字样，且黄色砂壤土的层位位于灰土和灰坑之间，因此在具体分析中，可权将黄色砂壤土视为跟灰土及灰坑同一个时期的遗存。

报告"第一道墙的南角外壁两侧和墙南北部，有三处小树枝的灰烬和陶片（炊器破片）共存：东南边墙外还与石璧残块、白色石块共存；西南墙外又与一块圆石片、小兽骨共存。这些灰烬与陶片均在台址表面，其上即紧接着台的最底层"的记述，或许是台址平整的最后一道工序，即焚烧台址表面的树枝等杂物，至于与树枝所谓"共存"的遗物，应是从灰坑取出的用以平铺台址不平处的灰土中包含的，加之灰土中有与灰坑"相同的陶片、灰黑色的石璧残块、石块、兽齿及细小的兽趾骨"等物，所以它们都是灰坑所出。但并不可以从中推知土台的建筑时间就是紧接着平过台址后焚烧树枝等活动的时间，也不宜将台址表面的遗物与现象，视作筑台当时的遗迹，因为没有直接的证据证明平整台址和筑台间没有间隔。那么我们换个角度思考呢？假设小树枝是在平整台址以前原来生长的灌木[4]，或小树枝是平整台址以后长出的话，或者说小树枝灰烬不是从灰坑中带来，而是平整台址后或筑台前焚烧而形成的，这倒也印证了平整台址与筑台间有间隔的推测，进而自然得出台址内遗物所代表年代与筑台时间有间隔的推论。当然这种推测尚不宜作为定论，但至少可引起我们从多角度而非单向地思考和分析问题。同样，根据层位学原理的逻辑推论，我们认为不仅不能将台址的平整时间视为与台址所出遗物代表的时间相一致，而是台址平整的时间肯定要晚于台址所出遗物代表的时间。

至少木板坑，其底部深度距台址表面，也即土台底部 1.2 米深，从层位上看不但早于建台之时，而且可能还要早于台址堆积形成的时间，其废弃的时间当早于建台之时，出有两块"与台址上粗质陶片的质地一样"的陶片。

（二）土台的形制

土台为方形，方向 305°。土台现存 3 级，高度不低于 10 米。每级台的外侧用土坯砖垒砌成墙（郭墙），墙内填土夯实，夯层厚而不匀。墙基槽深 0.12、宽 6 米，夯实。郭墙与郭墙间的空间，仍以夯土填实。筑墙用土坯砖内掺茅草，草叶均经过选择，泥、草掺和均匀。三级土台逐次递高，复原推测每层有登台土阶（图一）。夯具为圆木棒或石锤。土台在夯土层间铺灰层的做法，当源于成都平原宝墩文化城址的夯筑方法[5]，目的是为了防止筑墙时黏连夯具。用土坯砖垒砌郭墙的技术跟三星堆遗址的城墙建造方法相似。推算整个土台的土方量达 7 万余立方米。

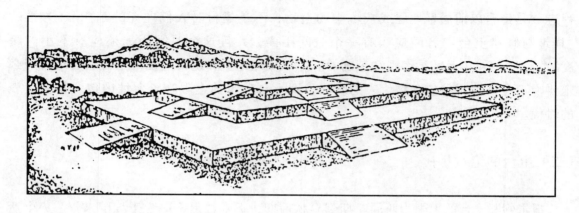

图一　羊子山土台复原示意图

（摹自《考古学报》1957 年 4 期，第 20 页，图三）

二、羊子山土台年代分析

关于羊子山土台的年代，尤其是它的始建年代，发掘报告执笔者和后来不同的研究者们得出了不尽相同的结论，至于土台的废弃年代，研究者们的判断则较为接近（表二）。

表二

论点持有者	上限/始建年代	下限/废弃年代
清理报告	西周晚期到春秋前期	不晚于战国末年
宋治民	西周前期	秦代
林向	商代，至少在殷末周初前	战国晚期或更早
孙华	开明氏建都成都时（战国早期）	秦代以前（公元前 316 年或其后不久）

（一）土台的相对年代

从上面的分析，我们不难判断，土台的相对年代分别是：上限不早于台址内包含物所代表的年代，加之筑台和平整台址间的间隔、平整台址与台址所出遗物的时间间隔，土台的上限当晚于台址所出遗物代表的时间；由于要将土台作为墓地，必为其废弃之后，故土台的下限必早于第 172 号墓下葬的时代。

虽然由于材料所限，根据层位学原理，我们只能将这些紧贴土台最底层的文化遗物视为土台建筑的时间上限。但并不是说我们可以忽视下面的客观存在，即土台晚于台址，也即晚于叠压于其下的灰土、灰坑，而灰土、灰坑的形成又必然要晚于其中所包含的文化遗物，这几者之间均存在着时间间隔。孙华先生也认为那些出土物包括陶片应"是建台以前居址地层或灰坑中的遗物，不是建台时人们抛弃的东西"，并推断"居址与修建土台二者间应当有一个时间距离，并且这个时间距离还应有不小的跨度"[6]。这一判断无疑是客观和正确的。所以从理论上和逻辑上说，土台的建筑时间必定要晚于台址中所出包含物代表的时间，即土台建筑的上限晚于台址内包含物所代表的时代。

（二）土台的绝对年代

报告判断土台的上限为西周晚期到春秋前期，下限最迟不能晚于战国末年。一个遗存绝对年代的判断，在没有或没有更多的 ^{14}C 测年数据可用的情况下，主要依靠相关堆积单位中的出土遗物，尤其是陶器来进行。

紧贴土台底部的台址堆积（灰土、灰坑等）出土文化遗物有陶片、兽骨、兽齿、石璧残块、石凿、残石斧等。陶片分夹砂和泥质两类，陶色以灰、黑为主，但火候不匀，而致陶片深浅有别。有的陶片进行打磨处理后而呈黑色，有的则施黑色陶衣。陶器轮制。纹饰有绳纹、凹弦纹、圆圈纹和鸟形纹等。器类有小平底罐、高柄豆、盆、盘、绳纹花边口罐、器盖、器圈足、深腹罐和敞口器等。

让我们先来分析一下灰坑内出土的石制品和兽骨等遗物的性质。8件残石璧"出土于第一道墙外的灰土层内"。既然它们出自台址的灰土层中，也即"本来就是台址上灰坑内的"，我们认为这是解决8件残石璧性质的关键所在。既然它们出自灰坑中，那么它们不仅要早于台址灰坑形成的时间，而且更要早于土台的建筑时间。虽石璧非实用之器，但并无直接证据表明这些石璧就与土台修筑时的奠基有关。石璧功用的发挥是和其所处的位置密切相关的，尽管石璧可为礼器，但那是当它在祭祀的场所时才被赋予的性质，而它在石器加工场地，只不过是一件石制品而已。我们不能因它可为礼器，而就想当然地将其放之四海而皆准地认为它总是礼器，同一件器物在不同的地点是具有不同的身份和性质的，这或许是我们分析某些重要遗迹现象应有的思辨态度。具体地说，灰土层中不但出了8件"大小不一，但形制一样"（这一点倒很符合石器加工场石制品的特征）的残石璧，还出了一支"钻小形石璧的钻针"；与石璧伴出的还有长条形白石块、残石凿和残石斧等物，它们均出自一个坑内，只是由于平整台址的活动才把它们从灰坑内翻出而分别位于台址的不同地点，在这种随意而为的情况下，不同地点的遗物并不具有特殊的含义。根据这些现象判断，该灰坑是一个石器加工场的废弃坑的可能性最大，而不大可能与土台建筑前的奠基活动有关联。那么，这些石器与土台的修筑间有较之陶器与土台的修筑间更大的时间间隔。同时，坑内所出的兽骨，则有可能是该坑作为石器加工废弃坑后又被当作了垃圾坑，故而还出土了残破的日用陶容器和炊器。那么兽骨则当是人们食用后所弃，也并非与奠基活动中的祭祀有关。至于筑台前是否进行过奠基仪式，从报告所提供的材料中尚不能得出肯定的结论。

　　台址出土陶器的组合具有成都平原早期蜀文化的特征，与以十二桥遗址命名的十二桥文化的陶器相似。那么就陶器体现的属性来说，台址包括土台的文化性质应属十二桥文化，该文化是主要分布于四川盆地内，相当于中原商周时期的地方性考古学文化，它以土著文化为主的陶器、部分青铜工具、武器和商周文化因素很浓的青铜礼（容）器作为其文化组成要件，它是早期蜀文化发展的一个重要阶段。十二桥文化可分为三期，第一期中的小平底罐、高柄豆等具有三星堆文化因素的器物，在台址中也多有出土，而台址所出陶片上的鸟形纹也是十二桥文化第一期中的特征纹饰。因此可初步认为台址的年代跟十二桥文化第一期的年代相近。

　　我们认为，十二桥文化第一期与年代稍早的三星堆文化联系紧密。三星堆遗址可分四期，其第四期已被多数研究者归属于十二桥文化之中。宋治民先生认为三星堆遗址第四期的文化特征跟十二桥遗址有较大的共性[7]，而十二桥遗址正是十二桥文化第一期典型代表，也就是说，十二桥文化第一期和三星堆遗址第四期更为接近，那么，三星堆遗址第四期的年代应大致就是十二桥文化第一期的年代。三星堆遗址第三期陶片上精美而富于变化的云雷纹同殷商铜器上的纹样很相近，发掘报告将第三期定为商代是正确的[8]，那么紧接其后发展而来的第四期的年代就应在殷墟至西周前期间，即十二桥文化第一期和羊子山土台台址的年代范围，由于考古年代学研究手段的尚不完善和测年方法的有待改进，我们在具体操作中不得不将台址内所出遗物的年代视为土台修筑的时间上限，因而土台的始建年代也应大致在殷墟至西周前期这一范围内。

　　关于羊子山土台的下限，即废弃年代，当然要早于打破土台的诸墓葬中最早的第172号的下葬年代。我们认为宋治民先生根据出土器物将第172号定为秦代墓葬是正确的[9]，这一判断已为学术界所认可和接受。那么土台当废弃于秦代之前，结合秦灭巴蜀的史实，以废弃于公元前316年后似乎更接近历史的真实。秦灭蜀后，为巩固其政治统治，一方面在数处战略要地驻军，包括在成都东大门龙泉山驻军，另一方面对故蜀上层的反叛进行镇压，并摧毁占领地意识形态的载体，而羊子山作为故蜀国的祭祀场所，具有和宫殿、庙宇同等重要的地位，对它们进行毁灭，是强秦在统一战争过程中的一贯做法。虽然羊子山第172号墓"出土的许多器物都具有'巴蜀文化'的色彩，应属于'巴蜀文化'的系统"，是蜀人的墓葬[10]，林向先生也认为此墓"不是秦墓而是蜀墓"[11]，但其时，巴、蜀之地纳入秦国版图，在秦郡县制的直接统治之下已近百年，历数世，蜀国故人也多亡去，受秦统治的蜀人后裔，恐也无法顾及许多，而被废弃的土台当作了死者理想的安息之地，这也是并不矛盾的。倒是这种根据出土器物判定墓葬文化性质和墓主人意识形态间可能存在的不一致性，值得我们在今后的研究中进行思考。

　　至于土台的使用年代，我们从上、下限可知当在公元前1300～前1000年间到公元前316年略后这样的年代范围内。由于出土材料的局限，对土台使用年代进行相对准确的定位，需要结合文献材料的分析来做判断（详后）。

三、羊子山土台出现的背景及其功用

（一）土台出现的背景

羊子山土台的出现，是古蜀文明发展的需要和结果。

最近 20 余年，四川盆地尤其是成都平原的考古工作，取得了令人瞩目的成绩，考古发现证实，至少从新石器时代晚期开始，富庶的成都平原先后经历了宝墩文化、三星堆文化、十二桥文化和晚期巴蜀文化等考古学文化，主要分布于四川盆地西部地区的这些独具特色的古代文化保持了与黄河和长江流域其他地区大致相近的发展水平，在长江上游和西南地区独树一帜，保持了数千年的区域文化中心地位。而公元前 1400～前 900 年前后，长江流域的青铜文化普遍走向繁荣[12]。十二桥文化第一期正值四川盆地青铜文化最为发达的时期之一，它是继三星堆文化之后，四川盆地青铜文化发展的又一个高峰。与此同时，在成都平原的中心地区出现了多处高规格的有关精神领域的考古遗存——十二桥大型木结构建筑，以及黄忠村、岷江小区的大面积、多开间地面式建筑等。羊子山土台是发达的十二桥文化的重要组成部分。由于在古蜀社会和历史进程中的特殊地位和作用，土台完全有可能被古蜀史中创造十二桥文化的杜宇族和创造晚期巴蜀文化的开明氏（鳖灵）先后作为国之祀典场所。也就是说，土台的使用历时两个时期，即杜宇时代和开明时代。开明氏（晚期巴蜀文化）对杜宇族（十二桥文化）的替代，据《蜀王本纪》载，成都平原时遭"若尧之洪水"，望帝（杜宇）不能治，而"鳖灵决玉山，民得安处"，望帝"自以为德薄不如鳖灵，乃委国受之而去，如尧之禅让。鳖灵即位，号曰开明帝"。在我国大多数地区的上古时期，都存在过洪水时代，当洪水危及族群生存时，能治水者也往往就是治国者，开明氏来自长江中游流域的荆楚之地，熟悉水性，善于治水，治水英雄鳖灵入主蜀地亦在情理之中，这种政权的更迭，不像杜宇族取代鱼凫氏（三星堆文化）那样是"犁庭扫穴"式，并"人夷其宗庙，而火焚其彝器"[13]。开明氏在取得蜀地统治地位后，其统治的绝大多数还是原蜀地人民。这一文化的整体，应该说是在先前的基础上产生的，他们的各种习俗也不会有太大的变化。存在于春秋晚期到战国中期的开明氏蜀国继续沿用羊子山土台作为人神沟通的圣地，至少在外在形式上还具有蜀地正统的色彩，但其祭祀的对象是否为其本族先祖或其信奉的神灵，我们已是不得而知了。

羊子山土台在修筑过程中所体现出的技术与智慧，无一不是汲取了本土已有的成就，如宝墩文化城址群、三星堆商代城址修筑中需要的组织与管理体系，用土坯砖垒砌郭墙、夯层间铺灰层的技术等。从羊子山土台建筑观之，商周时期蜀的土台建筑技术具有明显的自身特色。十二桥文化时期的蜀国是中原商周王朝的重要方国之一，无疑深受商周文明的影响，这种影响不仅仅在生产领域，更重要的是在礼制方面，如羊子山土台的修建及其作用等，在精神领域里所受到的深刻影响，更是我们将十二桥文化时期的蜀国定性为此时中原王朝之方国的一个充分的证据。从整体上看，十二桥文化是我国商周文明中一支带有强烈个性色彩的地方考古学文化，它是我国商周文明的有机组成部分。那么，随着文明的发展与需要，十二桥文化借鉴中原地区有关宗教礼仪方面的成就就成了必然。尽管"蜀人进入文明是其本身生产力发展的结果"，但交流与借鉴却也伴随着每一种文化发展的始终，因而"蜀人生产的发展，社会结构的变化，中原商周文明有着促进和刺激的作用"[14]，正是这种不间断的作用，客观上推动了古蜀文明的进步。

（二）土台的性质和功用

成都平原的三星堆文化和十二桥文化，正值商周时期，和中原地区一样，这里的宗法制统治秩序已完全形成和确立，"原始的全民性的巫术礼仪变为部分统治者所垄断的社会统治的等级法规，原始社会末期的专职巫师变为统治者阶级的宗教政治宰辅。"掌握龟筮以进行占卜的僧侣中的"一部分人实际成了掌管国事的政权操纵者"[15]，宗教本身则成了统治集团巩固其政权的一种手段。考古发现证实，三星堆文化和十二桥文化中的宗教祭祀活动盛行，沟通人神的祭祀遗存在平原频频发现，表明这一种活动在商周时期的成都平原的社会政治生活中占有十分突出的地位。东周以降，这种重天道的传统逐渐弱化，日渐兴起的是更合乎历史潮流的人文、人本和理性的精神，宗教祭祀活动在维系统治方面的功能被推置于高高的庙堂之上，具有的是更强的象征意义。

羊子山清理报告认为该土台的用途是"观望，或者为集会、祀典之所"。林向先生则指出"羊子山的祭坛，是又一处古代蜀国用于宗教祀典的神圣场所"[16]。明确了羊子山土台的性质是一祭坛。那么，土台的具体功用是什么呢？我们认为将羊子山土台视作带祭祀成分的盟誓遗存更为妥帖，主要是用于盟誓活动。

中国西南地区历来是一个多民族聚居之地，据《史记·西南夷列传》等载，在古蜀国范围和邻近地区就有僰、邛都、笮、徙、冉駹等族[17]，他们各自有主要聚居区，但杂居于一地的现象也不鲜见。地处成都平原古蜀国由于手工业技术的发展、优越的地理环境以及社会内部自我调整的顺利完成，在社会发展进程中较之周边民族居于相对领先的阶段，对先进文化的向往与借鉴，也就构成了这些民族文化中的一项重要组成部分。这一推断在时代更早的三星堆文化中就有了体现。三星堆器物坑中各种青铜人像由于发式的不同，被认为是不同族属的西南诸夷，同一坑中的青铜人像所显示的族属并不是单一的蜀人，这种现象只可能在盟誓时才会出现，是一种多部族的联盟活动[18]。比三星堆文化略晚的十二桥文化时期的蜀国，其境内和相邻周边地区族群众多的现象依然存在，为保持成都平原的文化中心地位和满足"雄张百僚"的政治需求，这种国之大事还会不时地在成都平原举行。由于这种盟会有诸夷加入，盟誓活动中就可能会有一定的祭祀成分在内，拜祭诸夷神灵，方合盟会氛围。

四、羊子山土台与三星堆遗址器物坑关系的思考

三星堆遗址两座器物坑就"坑本身的年代以及出土陶器的年代"来说，属于遗址的第四期[19]，也即相当于十二桥文化第一期。王毅认为十二桥文化在替代三星堆文化之时，前者的人们把代表三星堆文化的贵重器物厌胜性掩埋了起来，因而，两个器物坑的下埋年代就是三星堆文化的下限和十二桥文化的上限[20]。换言之，此时的成都平原正处在文化与政治、经济中心发生剧烈变革和重大转移的重要时期。伴随这一文化、政治、经济中心由成都平原北部向南的转移，在今成都市区的北部、中部、西部和南部几乎同时，或略有先后地出现了羊子山土台、十二桥大型宫殿性木结构建筑、黄忠村大房址、金沙村祭祀遗存（出土数以千计的玉器、青铜器和金器）和岷江小区大房址、青铜尊等重要遗存，已初步具有一个大中心聚落的雏形和网络体系。历史表明，这一转变可以说是具有决定性意义的，3000余年来，这里一直是四川盆地一个最具活力和最富创造力的区域就是明证。但这种相对狭小区域内的中心转移，并没有改变四川盆地青铜文化精进式的演变传统和特点，也"没有发生过传统的中断和转移"[21]。

当三星堆将惊世骇俗、美轮美奂的重器向两个坑内倾覆的同时，羊子山土台却在平原的中心位置高高耸立了起来。这极具象征意义的一破一立，昭示着成都平原两支考古学文化的更替，一支盛极而衰，一支欣欣向荣，给波澜壮阔的古蜀历史留下了浓墨重彩的华丽篇章。

如果说，三星堆文化用城墙维系并保存着已经取得的成就，具有保守的一面的话，那么十二桥文化将重要如盟誓祀典场所的土台筑于远离宫殿（十二桥遗址大型木结构建筑遗存）的地方，并在不同的地点布置各种重要建筑；而且到目前为止，还没有发现十二桥文化城址的线索，这或许从另一侧面反映出十二桥文化较之三星堆文化具有更强的开放性和扩张性。一支可以替代辉煌如三星堆文化的考古学文化，创造这支文化的人们必定有深邃的思索、宽广的胸襟和无坚不摧的气概，他们也才有能力在取代三星堆文化后，在成都平原开创出一个全新的局面，将长江上游流域的青铜文化推向一个新的发展高峰。

注　释

[1]　　四川文物管理委员会：《成都羊子山土台遗址清理报告》，《考古学报》1957 年 4 期。

[2]　　叶茂林：《羊子山土台遗址出土打制石器的性质与年代浅析》，《四川文物》1988 年 5 期；宋治民：《蜀文化与巴文化》58 页，四川大学出版社，1998 年。

[3]　　四川省文物管理委员会：《成都羊子山第 172 号墓发掘报告》，《考古学报》1956 年 4 期。

[4]　　孙华：《羊子山土台考》，《四川文物》1993 年 1 期。

[5]　　成都市文物考古工作队等：《四川新津县宝墩遗址调查与试掘》，《考古》1997 年 1 期。

［6］　同［4］。

［7］　宋治民：《蜀文化与巴文化》108 页，四川大学出版社，1998 年。

［8］　四川省文物管理委员会等：《广汉三星堆遗址》，《考古学报》1987 年 2 期。

［9］　宋治民：《略论四川战国秦墓葬的分期》，《中国考古学会第一次年会论文集（1979）》271 页，文物出版社，1980 年。

［10］　同［9］，272、269 页。

［11］　林向：《羊子山建筑遗址新考》，《四川文物》1988 年 5 期。

［12］　孙华：《长江流域的青铜文化》，《古代文明研究通讯》总第八期，2001 年 3 月。

［13］　《国语·周语》。

［14］　宋治民：《早期蜀文化与商周文明》，《四川文物》1997 年 1 期。

［15］　李泽厚：《美的历程》37～38 页，广西师范大学出版社，2001 年。

［16］　同［11］。

［17］　童恩正：《古代的巴蜀》88 页，四川人民出版社，1979 年。

［18］　王仁湘：《从月亮湾到三星堆——葬物坑为盟誓遗迹说》，《文物天地》1994 年 6 期。

［19］　同［7］，116 页。

［20］　王毅：《三星堆文化研究》，《四川文物》1999 年 3 期。

［21］　同［12］。

（原载《古代文明》第二卷，文物出版社，2003 年）

彭县竹瓦街青铜器窖藏考辨

李明斌

四川盆地的青铜文化主要指三星堆文化、十二桥文化以及晚期巴蜀文化。三星堆文化已经有了高度发达的青铜工艺和青铜技术，而跟进的十二桥文化更是将四川盆地青铜文化推到了一个新的发展高度，呈现出更为丰富多彩的青铜文化特质，其中以彭县竹瓦街的窖藏青铜器为这方面的典型代表。对它们进行分析，可以揭示并阐释许多有关古蜀文明发展的重要问题。

一、青铜器窖藏的出土情况

彭县（今彭州市）东 20 公里的竹瓦街镇位于成都平原北部青白江与蒙阳河之间的冲积扇上，南距成都市区约 30 公里，距新繁水观音遗址 6 公里，东北离广汉三星堆遗址约 10 公里。已有的考古发现证实，这一地区为古蜀人活动的中心区域，这里也"应是以三星堆为中心的蜀文化遗址的一部分"[1]。20 世纪 50 年代和 80 年代在此先后出土了两批共 40 件窖藏青铜器。

（1）1959 年冬，兴建成汶铁路工程中，在竹瓦街北约 1 公里的五显庙旁铁路南侧，发现了 21 件青铜器[2]。它们均放置于一个大陶缸内。从路基下沟壁断面观察，表土层已被去掉，盛铜器的大陶缸底部印出的痕迹距路基地表深约 2 米，路基沟壁、陶缸附近及上部全部填充着细黄沙土，陶缸残片的内壁和青铜器表面都有细若黑粉的水渍土。青铜戈上有下埋时有意涂抹的白膏泥。盛铜器的大陶缸残缺，为夹砂陶质，器表为红褐色，胎呈灰黑色，素面。从陶缸留下的痕迹推测，其为小平底。底径 27 厘米，残高 44 厘米处腹径为 76 厘米，陶缸上部情况不明了。但根据陶缸能放置 21 件铜器，缸口可放两耳间距约 50 厘米大铜罍的情况分析，陶缸应为大口，高度可能有 1 米。

出土铜器计有：容（礼）器 8 件，其中大罍 1 件、小罍 4 件、尊 1 件、觯 2 件；兵器 13 件，其中戈 8 件、戟 1 件、钺 2 件、矛和镈各 1 件。

（2）1980 年 2 月，当地村民在取砖瓦土时发现 19 件青铜器，出土于竹瓦街北约 1 公里的成灌铁路北侧 11.5 米处，东南距 1959 年发现的窖藏地点约 25 米[3]。铜器出土时亦装在一大陶缸内，埋藏于一条 3~4 米宽的灰色土沟中，灰色土周围为黄褐色黏土。陶缸底部距现存地表约 2.5 米深。陶缸上部填土中杂有细小卵石，陶缸被取土时挖成了碎片，为夹砂灰褐陶，圆唇，鼓腹，小平底，上半部饰有雷纹（重菱形纹）。口径 75、腹径 85、底径 30、通高 120 厘米。

出土铜器有：容（礼）器 4 件，均为罍，即羊头饰大罍 1 件、兽面饰象头罍 2 件、兽面小罍 1 件；兵器 15 件，其中戈 10 件、戟 2 件、钺 3 件，兵器出土时分别装在兽面饰象头罍中。

两次共出觯 2、尊 1、罍 9、戈 18、矛 1、钺 5、戟 3、锛 1，计 40 件。

二、窖藏铜器的来源和性质

1. 窖藏铜器的来源

1959 年清理的窖藏所出两件铜觯器形相同，器身扁圆，侈口，束颈，腹下垂，接圈足。内底均有铭文，一为"覃父癸"，一为"牧正父己"，经徐中舒先生考证，该两器物为晚殷时期两个家族之器[4]。同样铭文内容的青铜器曾分别在陕西省关中平原西部的宝鸡竹园沟 7 号墓商代晚期的铜爵和陇县韦家庄 1 号墓商代晚期的铜尊、铜盉、铜卣上有发现。它们应各为一家之器[5]。徐中舒先生认为竹瓦街出土的这两件铜觯系蜀人参加武王伐纣时的战利品或是周王颁赐的掳获物。

我们认为这两批青铜器的来源和铸造之地应具体分析，不宜混为一谈。有铭铜觯诚如徐中舒先生考证，应为蜀人参加伐纣战争所获赏赐品。而青铜尊、罍以及兵器和工具则应是蜀地本土所（仿）铸。三星堆高度发达的青铜文明和高超的青铜冶铸、加工工艺，给跟进的十二桥文化青铜礼（容）器、兵器和工具的出现，提供了必要的技术支持和保障。将仿自中原的重器和来自中原的重器藏于一处，也是合乎情理的。

2. 窖藏铜器体现的文化性质

以土著文化为主的陶器、部分青铜工具、武器和商周文化因素很浓的青铜礼（容）器，共同构成了四川盆地商周时期的青铜文化——十二桥文化。

竹瓦街的两处青铜器窖藏所在地为青龙村，两窖藏是青龙村遗址的组成部分。20 世纪 80 年代，中国社会科学院考古研究所和成都市博物馆对该遗址、在距铜器出土地点约 1000 米处进行了发掘，发现了属于十二桥文化时期的地层堆积（第 4、5 层），出土陶器绝大多数为夹砂陶，泥质陶甚少。陶器多素面，有纹陶片纹饰种类主要有重菱形纹、方格纹和绳纹等。器类以小平底罐、敛口罐、敛口瓮和尖底杯为常见组合，另有少量尖底罐、尖底盏和高领罐等。它们体现出的文化面貌跟十二桥遗址的第 10 层及第 11 层接近。结合窖藏青铜器所在遗址整体情况分析，这两批窖藏青铜器的形制与花纹虽接近于中原地区商代晚期和西周早期的器物，但因其为蜀地本土所铸，又具有十分独特的地方风格，因而构成了十二桥文化的重要组成部分，表明了四川盆地青铜时代在十二桥文化时期达到了新的发展阶段。

这些窖藏铜器还和羊子出土台、成都所出卜甲共同构成了十二桥文化上层建筑领域的三个要件。窖藏铜罍完全是中原的风格。冯汉骥教授认为竹瓦街窖藏铜器是蜀地仿制中原商周风格的铜器，并指出它们是西周青铜器在边缘地区的发展[6]。因此，我们有理由认为，十二桥文化和三星堆文化一样，其青铜礼（容）器"无论从形制或花纹，都属中原地区商周青铜器的范畴，即使为蜀地所仿铸，亦应属商周文化系统"[7]。另一方面，以竹瓦街铜器为主体的十二桥文化青铜礼器在花纹纹样与组合、礼器制度方面，又有自己的特色，如竹瓦街饕餮纹罍蟠龙盖上的立体蟠龙，不像中原同时期青铜器中将浅浮雕的蟠龙置于器底内侧，而是高踞于器盖之顶，俨然一个器盖把手[8]。成都市岷江小区遗址出土的商末周初青铜尊纹样也颇具特点，在腹部以雷纹作地，再在其上装饰变体夔纹，亦是蜀人仿制中原器之变异。十二桥文化青铜礼器的组合为罍、尊，尤其是列罍制度极具特色[9]，有别于中原鼎、爵、觚、斝礼器组合制度。这些都是古蜀文明对商周文明吸收与变而化之的结果。十二桥文化在吸收、引进中原文明中的礼器时，更主要的是接受了它们具有的祭祀、盟会等宗教、礼仪功能，罍、尊组合和列罍制度客观地反映出了十二桥文化的宗教、礼仪制度。竹瓦街青铜器是十二桥文化青铜礼器的重要组成部分，从一个侧面体现了十二桥文化的礼制特征。

商周时期的蜀国是臣服于中原王朝的统治的，是当时中原王朝的方国之一。它们间的这种关系，表现为周王赏赐蜀人青铜觯，以彰其伐纣之功[10]；蜀人仿制中原青铜礼器；蜀人仿中原礼制而进行的祭祀活动等。四川大学宋治民教授以三星堆文化为典型代表进行分析，得出早期蜀文化受到中原地区商周文明的强烈影响和刺激的结论[11]，由于盆地各支先秦考古学文化间渐进式演进的特点，这种分析同样可以用来解释十二桥文化与中原商周文明的关系。

总之，从竹瓦街窖藏铜器上我们可以看出，十二桥文化无疑深受中原商周文明的影响，这种影响不仅仅在生产领域，更重要的是在礼制方面，而意识形态所受到的深刻影响，更是我们将十二桥文化时期的蜀国定性为此时中原王朝之国的一个充分的证据。因而，从整体上看，十二桥文化是我国商周文明中带有个性色彩的一支地方考古学文化，它是我国商周文明的有机组成部分。

三、窖藏与铜器的年代

由于窖藏铜器，特别是铜礼器的使用时间长，其铸造与使用的年代必定早于其下埋的年代，也即窖藏的年代。而窖藏年代更能从时间上准确地反映出当时的客观情况，便于我们做出更接近历史真实的判断。

1. 窖藏的年代

1980 年清理简报认为"两批铜器出土地点仅相距 25 米，结合其他情况判断，它们的下埋时间可能同时都在西周末期或春秋初期"，四川大学宋治民教授也认为这两座窖藏应是同一时期的[12]。我们认为这个意见是正确的。由于两处窖藏均为偶然发现，没有层位关系可以利用，那么窖藏年代，即下埋的年代就当以装盛铜器的陶缸的年代为判断依据。根据1980年窖藏清理简报发表的陶缸饰拓片[13]观察，该重菱形纹规整平实，布局严谨，为十二桥文化第二期重菱形纹的风格。而十二桥遗址第二期与第一期间有直接的地层层位关系和器物类型学的演变系列，表明两期间有着相对紧密的关系，那么，分别以十二桥遗址这两期为代表的十二桥文化两期从年代关系上说，也不会有太大的差距，后一期应在前一期的基础上逐渐发展而来。因此，窖藏的下埋年代，也即在十二桥文化第二期的年代范围内——西周后期，下限或可至春秋初期。

2. 铜器的年代

对于1959年出土的铜器，在清理简报中王家祐先生认为它们的制作大概在殷末周初，但其下埋的时间要更晚一些。冯汉骥先生对这批铜器做了分别的研究，认为它们的时代早晚并不一致，戈最晚不能晚于西周末期，矛、戟从形制和花纹分析，不会晚于春秋初期，它们大概是四川本地所铸。容器中的1件尊和2件觯是晚殷时期的器物，5件罍的形制、花纹比较接近于商代晚期和西周早期的器物，但因其具有十分独特的地方风格，可视为蜀地本土所铸，铸造时间在西周末期或东周初期。那么，这些铜器的下埋时间也在西周末期或东周初期[14]。

对于1980年出土的铜器，简报认为它们的器形和纹饰都跟1959年窖藏铜器相类似，其时间上限不早于商末周初，并推断两批铜器的下埋时间可能同时都在西周末期或春秋初期。

北京大学李伯谦教授注意到这两批窖藏铜器与陕西南部汉中盆地城固县铜器群有较为密切的联系，对它们也分别进行了时代的界定，认为其中尊和觯的造型以及罍的铭文、花纹具有商末周初风格，罍的造型和某些罍上装饰的回旋转尾夔纹为西周早期的典型形制与花纹，有的长援直内戈时代可早到商代，而三角形援直内戈形制略晚，属西周早期，有的甚至可能晚到西周中期[15]。

竹瓦街铜罍极具特色，马承源先生将辽宁喀左北洞村出土的这种形制的龙纹罍年代定在西周早期[16]。

我们根据这批铜器的来源、产生和埋藏情况（窖藏）进行年代判断，既然它们中有的源于蜀人参加武王伐纣所获赏赐，有的又为蜀地本土仿制，那么，结合器物形制特点分析，它们中的大多数铸于西周早期应是合乎历史逻辑的。即这两批窖藏铜器铸于西周早期，下埋于西周后期，下限可至春秋初期。它们的出现、使用与埋藏，基本上对应着整个西周一代。成都平原发现的西周至春秋时期的考古材料相对于本区域先秦其他时期要少得多，至今仍是考古材料较为匮乏的阶段，竹瓦街铜器年代的确定在相当程度上弥补了这一不足。

四、窖藏与三星堆文化的关系

四川大学宋治民教授认为这两座窖藏和三星堆遗址的关系密切[17]。这一意见对于全面分析竹瓦街窖藏铜器所包涵的内容，无疑具有指导性意义。

竹瓦街窖藏铜器下埋于十二桥文化第二期，但其铸造于西周早期，却属于十二桥文化第一期的年代范围，其铸造后即进入它们的使用期，也就是说，这两批铜器从西周早期就开始为蜀人使用了，而这时，也正是十二桥文化最为蓬勃兴盛的时期。它们的出现，是十二桥文化的人们在取代三星堆文化之后，对礼制的需要应运而生的。它们是作为三星堆遗址两个器物坑所出重器的对立物和替代物而登上古蜀历史舞台的。

三星堆遗址两座器物坑就坑本身的年代及出土陶器的年代，属于十二桥文化第一期，而十二桥文化在替代三星堆文化之时，前者的人们把代表三星堆文化的贵重器物厌胜性掩埋了起来，两个器物坑的下埋年代就是三星堆文化的下限和十二桥文化的上限[18]。换言之，此时的成都平原正处在文化与政治、经济中心发生剧烈变革和重大转移的时期，与三星堆文化不同族属的十二桥文化亟须全面构筑属于自己的、或有自身特色的、能满足其统治需要的政治体系，这里面就必然性地包含着对上层建筑的组建。十二桥文化在取代三星堆文化后不长的时间里，在与中原的文化交往中，就探索出了罍、尊组合和列罍制度作为自己的礼制载体，这一礼制相当程度上摒弃了三星堆文化中过分突出的"神秘"和"巫"的色彩以及对青铜尊、玉璧、玉璋、玉戈的尊崇[19]，以极具特色的列罍制度从意识形态上与三星堆文化区别开来，同时保持了礼器"神圣"的内核，并与羊子山土台、成都所出卜甲一起共同构成了具有十二桥文化特色的礼制体系。

五、窖藏与北方彊国墓地遗存关系的透视

这两批窖藏铜器与彊国墓地体现出的考古学文化遗存关系密切。

十二桥文化的对外关系，主要是与四川盆地的北方和东方进行着十分频繁的交往，盖因它们和四川盆地通往中原商周文明的途径有关。四川盆地往北沿嘉陵江可直达汉中盆地的汉水上游和关中平原西部的宝鸡地区，这是四川盆地通往中原文化中心分布区的重要通道之一。由关中平原南下，越秦岭经汉中、城固到成都平原，应是当时一条商文化入川的重要路线。同时，商代蜀文化除继续通过汉中、秦岭一线和商文化交流外，还穿过三峡，与鄂、湘等地的商王朝方国互相交流[20]。这些途径既已开通，必为后世各代所优选，历史证明，有商以降，这些线路一直都是中原文化与南方蜀国保持联系的重要通道。

　　由盆地北上，首先进入关中南大门——汉中盆地。汉中盆地与四川盆地山水相连，毗邻接壤，以秦岭为北界，可将两者视为一个大的地理单元。李伯谦先生注意到这里城固出土的铜器群与竹瓦街窖藏青铜器关系密切。由汉中盆地再往北，越过秦岭，即为关中平原——中原文明的中心之一。对彭县窖藏青铜器的时代，不同的研究者虽有各自的判断，但大体上在西周，个别器物可能更早或更晚，这也符合重器窖藏的特点。竹瓦街出土的"覃父癸"觯与关中平原西缘宝鸡竹园沟的同铭爵（BZM13：6）的铭文风格和内容完全一致[21]，"覃"族青铜器在关中平原西部的武功县淳沱村也曾出现过[22]。竹瓦街另一件有铭青铜觯"牧正父己"，关中平原以西，陕甘交界处的陇县韦家庄周墓中亦出有一件"牧正"铭尊[23]，两者铭文风格相近似。竹瓦街窖藏所出罍、觯、三角援戈跟宝鸡弓国墓地的同类器形制相近，巴蜀文化中盛行的柳叶形青铜剑源于弓国墓地的同类剑[24]，无胡蜀式戈起源于盆地的北方。以上分析表明，十二桥文化时期的四川盆地与北方进行的交流是多方面的，尽管有学者认为西周文化对四川土著文化影响的程度有限[25]，但蜀文化中许多重要的因素均直接吸收于北方，这种对中原先进文明的向往和吸纳一直贯穿着古蜀文明的始终。

注　　释

［ 1 ］　宋治民：《蜀文化与巴文化》第 54 页，四川大学出版社，1998 年。

［ 2 ］　王家祐：《记四川彭县竹瓦街出土的铜器》，《文物》1961 年 11 期。

［ 3 ］　四川省博物馆、彭县文化馆：《四川彭县西周窖藏铜器》，《考古》1981 年 6 期。

［ 4 ］　徐中舒：《四川彭县濛阳镇出土的殷代二觯》，《文物》1962 年 6 期。

［ 5 ］　尹盛平：《巴文化与巴族的迁徙》，《巴蜀历史·民族·考古·文化》第 265、266 页，巴蜀书社，1991 年。

［ 6 ］　冯汉骥：《四川彭县出土的铜器》，《冯汉骥考古学论文集》第 26 页，文物出版社，1985 年。

［ 7 ］　宋治民：《广汉三星堆一号、二号祭祀坑几个问题的探讨》，《南方民族考古》第三辑，第 77～78 页，四川科学技术出版社，1991 年。

［ 8 ］　冯汉骥：《四川彭县出土的铜器》，《冯汉骥考古学论文集》第 24 页，文物出版社，1985 年。

［ 9 ］　冯汉骥：《四川彭县出土的铜器》，《冯汉骥考古学论文集》第 23 页，文物出版社，1985 年。

［10］　徐中舒：《四川彭县濛阳镇出土的殷代二觯》，《文物》1962 年 6 期。

［11］　宋治民：《早期蜀文化与商周文明》，《四川文物》1997 年 1 期。

［12］　宋治民：《蜀文化与巴文化》第 54 页，四川大学出版社，1998 年。

［13］　四川省博物馆、彭县文化馆：《四川彭县西周窖藏铜器》，《考古》1981 年 6 期，图三之 5。

［14］　冯汉骥：《四川彭县出土的铜器》，《冯汉骥考古学论文集》第 19～26 页，文物出版社，1985 年。

［15］　李伯谦：《城固铜器群与早期蜀文化》，《中国青铜文化结构体系研究》第 262 页，科学出版社，1998 年。

［16］　马承源主编：《中国青铜器》第 237 页及 239 页之罍 3，上海古籍出版社，1988 年。

［17］　宋治民：《蜀文化与巴文化》第 55 页，四川大学出版社，1998 年。

［18］　王毅：《三星堆文化研究》，《四川文物》1999 年 3 期。

［19］ 高大伦、李映福：《广汉三星堆遗址出土玉石器的初步考察》，《考古与文物》1994 年 2 期。

［20］ 张玉石：《川西平原的蜀文化与商文化入川路线》，《华夏考古》1995 年 1 期。

［21］ 卢连成、胡智生：《宝鸡强国墓地》（上册）第 69 页图五七之 5，文物出版社，1988 年。

［22］ 徐中舒：《殷周金文集录》第 77 页，四川人民出版社，1984 年。

［23］ 徐中舒：《殷周金文集录》第 267 页，四川人民出版社，1984 年。

［24］ 宋治民：《蜀文化与巴文化》第 162 页，四川大学出版社，1998 年。

［25］ 许倬云：《西周史》（增订本）第 196 页，生活·读书·新知三联书店，1994 年。

（原载《南方文物》2002 年 1 期）

成都金沙遗址的发现、发掘与意义

朱章义　张　擎　王　方

金沙遗址从 2001 年 2 月发现以来，现已出土了金器、铜器、玉器、石器、象牙等珍贵文物 2000 余件，其中不少器物与广汉三星堆一、二号坑的出土文物极为相似；同时还发现了很多极为重要的遗迹现象，出土了数以万计的陶器、陶片，引起了学术界的广泛关注，本文拟对该遗址迄今的主要发现与认识作简单介绍，以飨学道同仁。

一、位置、环境

四川省位于中国的西南，地跨青藏高原东缘及四川盆地，面积 48.5 万平方公里。成都平原位于四川盆地的西部，西面是龙门山、邛崃山，东面是龙泉山，面积约 9500平方公里；整个平原呈东北—西南向的狭长形，地势西北高，东南低，海拔 400～750米，坡降为千分之三至四；为岷江、湔江、石亭江、绵远河等河流出山口冲积的扇形地连接而成，形成一个相对独立的地理区域。该区域属亚热带季风气候，温暖、湿润，适于人类的生存繁衍。成都市区就坐落于成都平原的东部，以三环路为界，东西长约17 公里，南北宽约 14 公里，面积约 200 平方公里。市区内河网密布，均呈西北—东南流向，由东向西有沙河、府河、摸底河、清水河——南河；郫江故道介于府河与摸底河之间。

金沙遗址就位于成都市区西部的二环路与三环路之间，东距市中心仅 5 公里；地处青羊区苏坡乡金沙村和金牛区黄忠村。现已探明的分布面积约 5 平方公里，北达羊西线，东临同和路和青羊大道，西至三环路，南接清江中路和西路。处于成都平原的腹心地带，分布范围内地势平坦，相对高差不过 5 米。遗址内及周围河流较多，遗址的南面 1.5 公里处是清水河；遗址的北侧是郫江故道；摸底河由西向东蜿蜒曲折地横穿遗址中部，把金沙遗址分为南北两半，北为黄忠村，南为金沙村。经考古发掘证实，在遗址内至少有四条古河道由西北流向东南。摸底河、故郫江流出金沙遗址后，向东南流经成都市区西部，在青羊宫附近汇入清水河成为南河；南河再向东南，经成都市区南部，在九眼桥附近注入府河；府河再向南，流出成都市区。在成都市区西部、南部的故郫江及今南河沿河地带，历年已发现了很多商周时期的遗址，由西向东有抚琴小区[1]、十二桥[2]、方池街[3]、君平街、指挥街[4]、盐道街、岷山饭店、岷江小区[5]等，绵延十余公里，其中以十二桥遗址发掘面积大，出土的器物多，最具典型性，因此学术界有将上述遗址统称为十二桥遗址群[6]。金沙遗址东南距最近的抚琴小区遗址约 3 公里，距最远的岷江小区遗址约 9 公里。东北相去约 8 公里便是 1954 年发现的羊子山土台遗址[7]，广汉三星堆遗址北去金沙遗址约 38 公里。

二、发现与发掘情况

2001 年 2 月 8 日下午，中房集团成都房地产开发总公司在成都市西郊的青羊区金沙村修建"蜀风花园城"大街，在开挖下水沟时发现了大量的玉石器、铜器和象牙。我所闻讯后立即派员赶赴现场，根据文物法的有关规定，责令施工单位立即停工，落实工地安全保卫措施，并于次日组织工作人员进场开展考古发掘工作，现发掘工作仍在进行中。

实际上，金沙遗址早在 1995 年就已经发现了，并已在三个地点进行了不同程度的考古发掘，这三处均位于金牛区黄忠村。

1995 年 12 月～1996 年 4 月，我所对金牛区黄忠村的黄忠小区进行了文物勘探和考古发掘，发掘面积约 700 平方米。黄忠小区位于黄忠村的东部；东邻同和路。该次发掘出土了大量的陶器，代表性的有尖底杯、尖底盏、圈足罐、高领罐、器盖等，时代约当商代晚期至西周早期，是一处典型的商周时期古蜀文化遗址[8]。

1999 年 6 月～2000 年 4 月，我所又对金牛区黄忠村的"三合花园"进行了大规模的考古发掘，发掘面积达 2026 平方米。"三合花园"位于黄忠村的东北部，东邻同和路，北抵羊西线，南面是黄忠小区。该区域文化堆积较厚，遗迹现象极为丰富。共发现房址17 座、窑址 17 座、300 余个灰坑、13 座墓葬等。开口于 5A 层下的 5 座房址，均为大型排房建筑，长度在 20 米以上；最大的一座 F6 宽近 8 米，长度在 54.8 米以上，至少有五个开间，面积在 430 平方米以上。这 5 座房址的布局有规律，可能为一组建筑。窑址均为小型馒头窑。墓葬分一次仰身直肢葬和二次葬，除一座墓葬随葬一件铜剑外，均没有随葬品。灰坑以圆形为主。出土了大量的陶器，主要有尖底盏、尖底杯、圈足罐、中高柄豆等。考古发掘还证实，该发掘地点的西北部被一条西北—东南向的古河道冲毁，时间大约是在战国至汉初。"三合花园"的考古发掘是在金沙遗址确认之前对该遗址最大规模的一次考古发掘[9]。

2000 年 7～9 月，我所又对金牛区黄忠村的"金都花园"进行了考古发掘，发掘面积约 500 平方米。"金都花园"位于黄忠村的北部，北抵羊西线，东距"三合花园"约 500米。"金都花园"的文化堆积较薄，发现了少量的窑址、灰坑、墓葬等遗迹，出土了一定数量的陶器，时代约当商代晚期至西周早期。

经过这三次发掘，认识到黄忠村遗址是一处典型的古蜀文化遗址，分布面积约 1 平方公里，时代约当商代晚期至西周早期，但并未意识到它竟是一处古蜀中心遗址。

为配合基本建设，自 2 月 9 日以来，我所对中房集团成都总公司蜀风花园城范围内的"梅苑"、"兰苑"、"体育公园"和成都置信房产开发区进行了全面的文物勘探。这些区域均位于摸底河以南的青羊区金沙村。文物勘探面积达 1 平方公里，共布勘探探沟 800 余条，确认了四处重点发掘区，其中三处正在进行考古发掘。文物勘探面积约 1 平方公里，发掘面积共计约 16000 平方米，初步了解了金沙遗址的分布情况及性质。

1. "梅苑"东北部的考古发掘

"梅苑"位于摸底河南侧，青羊大道西侧；征地范围呈长方形，面积约 22 万平方米。经文物勘探确认该区域内文化堆积分布面积约 80000 平方米，分布在"梅苑"的中北部。出土玉石器、铜器、金器、象牙等珍贵文物的地点位于"梅苑"东北部。为了解该区域的性质，2001 年 2～6 月，我所对"梅苑"东北部区域进行了考古发掘，共布探方 145 个，发掘面积为 3625 平方米，现已发掘至第 8 层。此后，由于地层土质较硬，十分干燥板结，不利于考古发掘工作的顺利进行，加之雨季即将来临，不利于全面提取考古发掘资料，至 6 月底，暂停对该区域的考古发掘工作。由于该区域出土遗物特别珍贵，考古发掘尤为仔细，所有探方全部同时向下发掘，以便全面探析地层的成因、遗物的分布规律，了解每一处遗迹的全貌、剖析遗迹间的相互关系。从地层中出土的遗物来看，第 5 层为春秋时期，第 6、7 层为西周时期。从机械开挖的地层剖面上看，该区域地层堆积较厚，约 4.5 米，文化堆积至少可分 16 层。玉器、铜器、金器、卜甲等重要文物 700 余件均出土于西周时期的地层中，并主要分布在一个约 1000 平方米的范围内。此外还出土了大量的象牙、陶器。同时，在该区域发现了三个极为重要的遗迹现象：一是象牙堆积坑，坑内堆积有大量象牙（图一），伴出有玉器和铜器；二是面积约 300 平方米的石璧、石璋半成品分布区；三是成片的野猪獠牙、鹿角（图二）、美石、象牙集中分布区，面积约 300 平方米。这三处遗迹现象可能都与宗教仪式活动有关。

图一　成都金沙遗址象牙坑　　　　　　图二　成都金沙遗址獠牙、鹿角堆积

2. "兰苑"的考古发掘

"兰苑"位于"梅苑"的西侧，两者相距约 30 米；征地范围呈长方形，面积约 16 万平方米。经文物勘探确认该区域内的文化堆积分布面积约 20000 平方米，分布在"兰苑"中部。为配合基本建设，2001 年 7 月至 2002 年 1 月，我所又对该区域进行了大规模的考古发掘，现共布探方 512 个，发掘面积达 12800 平方米（图三）。发现有大量的房屋建筑遗迹和红烧土、成排的窖穴、400 余个灰坑、80 余座墓葬、1 座陶窑等遗迹现象，出土了数以万计的陶器（图四）、陶片和少量的玉石器、铜器、金器等。时代约当商代晚期。房屋建筑遗迹主要分布在"兰苑"文化堆积分布区的中北部，墓葬主要分布在西部和南部。各种迹象表明，"兰苑"文化堆积分布区可能是居住、生活区和一小片墓地。

图三　成都金沙遗址"兰苑"发掘全景　　　　　图四　成都金沙遗址出土陶器坑

3. "体育公园"的考古发掘

"体育公园"北抵摸底河，南邻"兰苑"，东邻"梅苑"的北部；征地面积约 9 万平方米。该区域内的文化堆积分布面积约 36000 平方米。为了进一步摸清该区域的情况，2001 年 10 ~ 11 月，我所对该区域的两个地点进行了试掘，发掘面积 162 平方米。发现有房屋建筑遗迹、红烧土和 15 座墓葬。15 座墓葬集中分布在 81 平方米的范围内，初步认定这批墓葬多数为二次葬。其中 3 座墓葬有随葬品，出土少量玉石器和陶器。从墓葬中随葬的陶器看，这批墓葬的年代约当西周早期。从墓葬打破文化层和房址看，该区域原可能是一居住、生活区，废弃后成为墓地。

三、已发现的重要遗存

1. 遗迹

（1）房址主要发现在"兰苑"和黄忠"三合花园"。均是挖基槽的木（竹）骨泥墙式建筑。木骨泥墙有两种方式：第一种是基槽内仅有密集的小柱洞，此种房址面积一般较小；第二种是基槽内不仅有密集的小柱洞，同时间隔一定距离（约1米）有一大柱洞，此种房址面积较大。房址的方向也基本为西北—东南向。

（2）陶窑发现于"兰苑"、黄忠"三合花园"和"金都花园"。均是小型馒头窑，面积约6平方米；由工作面、窑门、火膛、窑室组成，窑室多前低后高的斜坡状，是四川省目前发现的时代最早的窑址。

（3）墓葬主要发现于"兰苑"、"体育公园"内。分一次葬和二次葬，一次葬均为仰身直肢。墓坑均为西北—东南向，头朝西北或东南，以东南方向为主；约半数的墓葬无随葬品；有随葬品的也不多，主要是陶器；另有5座墓葬随葬器较丰富，不仅有陶器，还有一定数量的铜器、玉器等。

（4）窖穴、灰坑。窖穴主要发现于"兰苑"。全部呈圆形，有成排分布的现象。其中一座窖穴出土了较多无实用价值的特殊陶器，是一个值得注意和研究的内容。灰坑多为圆形灰坑。

（5）象牙堆积坑位于"梅苑"的东北部发掘区的东部。该坑在机械施工中已遭到严重破坏。开口于第7层下。现存部分平面为三角形，残长160厘米、宽60厘米。坑内有两层填土：第一层填土为褐色土，厚约60厘米；第二层填土为沙土，沙土中有规律的平行放置了大量的象牙，象牙最长者近150厘米。象牙经过初步鉴定系亚洲象。从断面观察象牙共分8层；在坑内还有大量的玉器和铜器。由于象牙的保护还处在实验阶段，该坑未继续发掘，详细情况尚不十分清楚。

（6）石璧、石璋半成品分布区位于"梅苑"的东北部发掘区的南部。分布面积约300平方米。石璧、石璋分布密集，均西北高、东南低，倾斜堆积，层层叠压，器物之间多有黄土相隔。在该区域未发现房址和制作石器的残渣等剩料，发掘工作尚未结束，其性质还有待发掘与研究。

（7）野猪獠牙、鹿角、玉器、美石分布区位于"梅苑"的东北部发掘区的北部。从机械开挖的断面观察，该分布区的面积约在300平方米以上。从已清理的情况看，上述遗物堆积较为零乱，似无规律，但仔细观察，野猪獠牙多在鹿角之上。野猪獠牙经过初步鉴定全系野猪下犬齿，说明这些遗物是经过专门挑选的，不是随意所为。

2. 遗物

金沙遗址清理和发掘出土的重要文物共2000余件，包括金器40余件、玉器900余件、铜器700余件、石器近300件、象牙骨器40余件等，此外还出土了数量众多的象牙和数以万计的陶器、陶片等。

金器的器类主要有金面具、金王冠带、太阳神鸟金箔、蛙形金箔、鸟首鱼身金箔饰、金喇叭形器、金盒形器、金球拍形器、金鱼形器及大量金器残片等。金冠带上的鸟、鱼、箭和人头的组合图案与广汉三星堆一号坑出土金杖上的图案几乎完全相同；太阳神鸟金箔造型生动，设计极富现代气息，是商周时期同类器物中的精品。

金沙遗址出土的铜器器形较小，主要有铜立人像、铜牛首形饰、铜戈、铜璧形器、铜方孔形器、铜眼形器、铜铃、铜贝饰等。铜立人像高约 20 厘米，立于座上，双手握于胸前，其造型风格与三星堆一号坑青铜立人像的造型风格十分相近。铜器均为小型器物，大多不能独立成器，应是大型铜器的附件。同时也发现有少量的铜尊圈足残片和大型铜异形器残片，暗示着今后极有可能出土大型青铜器。

玉器是金沙遗址出土数量最多、器类最丰富的一类器物，主要有玉琮、玉璧形器、玉斧形器、玉钺、玉戈、玉凿、玉矛、玉人面、玉镯、玉环、玉贝等。大部分长条形玉斧形器阑部的阴刻弦纹上都涂有朱砂。

石器主要有石跪坐人像、石虎、石蛇、石龟、石钺、石璋、石璧、石斧、石锛、石凿等。其中石跪坐人像、石虎、石蛇的眼、耳、口部都涂有朱砂。

金沙遗址出土的金器、铜器、玉器、石器等的总体风格与三星堆一、二号坑出土的器物相一致，如金面具、金王冠带、铜立人像、铜璧形器、铜方孔形器、玉斧形器、玉璧形器、玉戈、玉凿、石蛇等与三星堆一、二号坑中出土的同类器物不论是在造型风格，还是图案纹样上基本相同，表明该遗址与三星堆有着较为密切的渊源关系。但是金沙遗址也有着较强的自身特色：①金器数量大，形制多样化；②玉器不仅数量多，品种齐全，几乎包括了中国古代玉器的主要种类，不但十分精美，且器形的大型化和微型化并存；③金沙遗址出土了众多的圆雕石像，种类有跪坐人像、石虎、石蛇等，在国内遗址中还是极其少见的；④数以吨计的象牙更是罕见。

陶器主要有小平底罐、高柄豆、瓶、盉、尖底盏、尖底杯、高领罐、圈足罐、圈足杯及高柄杯形器座、束腰形器座等。其中小平底罐、高柄豆、瓶、盉等反映了金沙遗址与三星堆文化的承袭关系。尖底盏、尖底杯、高领罐、圈足罐、圈足杯等则是十二桥文化的典型器物。十二桥文化上接三星堆文化，下连战国时期的上汪家拐遗存，约当商代晚期至春秋时期。

四、遗址的时代与性质

1. 年代与文化性质

要想说清金沙遗址的时代和文化性质，必须将其放在整个成都平原先秦考古学文化序列当中来考察。成都平原的考古工作是四川地区开展得最多的，也是最早的。早在 20 世纪 20 年代末至 30 年代初，华西协和大学就对成都平原的广汉三星堆遗址 1929 年出土玉石器的燕家院子进行了调查和发掘，这便是四川考古工作的开端。其后，新的遗址在成都平原不断发现，特别是近 20 年来，考古发掘取得了辉煌的成果，发现和发掘的先秦遗址、墓葬上百处，其中重要的考古发现有广汉三星堆遗址一、二号坑[10]，彭州竹瓦街铜器窖藏[11]，成都市十二桥遗址[12]，黄忠村遗址[13]（金沙遗址的一部分），商业街船棺墓地[14]，新都马家公社木椁墓[15]及成都平原史前城址群[16]等。同时考古学研究也不断深入，初步建立起了成都平原先秦考古学文化序列[17]：宝墩文化（公元前4700～前3700年）—三星堆文化（公元前3700～前3150年）—十二桥文化（公元前3150～前2600年）—上汪家拐遗存（公元前2500～前2100年）。

宝墩文化以成都平原6座史前城址群为代表，宝墩文化的房屋建筑以长方形的木（竹）骨泥墙为主；还发现少量的干栏式建筑。6座史前城址均有长方形的高大城垣，有的还有宽大的壕沟。墓葬均为长方形竖穴土坑墓，随葬品的有无在不同遗址中有所不同，成都火车南站的十街坊遗址的19座墓葬中有7座只随葬骨器；三星堆遗址仁胜墓地主要随葬玉石器；其他遗址发现的零星墓葬没有随葬品。生产工具主要是石器，多为通体磨制，偏于小型化，以梯形石斧、梯形锛、两端有刃的凿为主。陶器制作是泥条盘筑加慢轮修整；陶质陶色以夹砂灰陶、外褐内黑陶、泥质灰白陶、灰黄陶为主；纹饰发达，以绳纹、划纹、戳印纹、附加堆纹为主；以绳纹花边口罐、敞口圈足尊、盘口圈足尊、喇叭口高领罐、宽沿平底尊、壶等为典型陶器群。时代约当中原地区的龙山时代至夏代前期，绝对年代距今4700～3700年。宝墩文化可分为四期六段，是目前成都平原能追溯到的最早的考古学文化。

三星堆文化以广汉三星堆遗址为代表，包括新都桂林乡[18]、郫县清江村[19]等遗址的部分遗存。这一时期的房屋建筑仍以长方形的木骨泥墙为主。生产工具多为通体磨制的小型石器，有平面呈梯形的石斧、锛、长条形的石凿、半月形的弧背石刀等。石纺轮通常利用石璧钻下的石心再穿孔加工而成，穿孔有琢钻和管钻两种方法。陶质生产工具有纺轮和网坠。陶器中夹砂陶占绝大多数，夹砂褐陶是最主要的陶系；纹饰不发达，以绳纹、弦纹、压印纹、附加堆纹、划纹、几何形纹等为主；典型陶器群有小平底罐、高柄豆、盂、壶、瓶、圈足盘等。小平底罐在宝墩文化四期（鱼凫城遗址）中就已经出现；三星堆文化中的镂孔圈足豆与宝墩文化中的镂孔圈足器也应有一定的关系。不过三星堆文化的最终形成，与中原二里头文化和长江中游同时期文化的强烈影响有关。

十二桥文化以十二桥遗址为典型代表，这一时期的房屋建筑有十二桥的干栏式木构建筑和黄忠村遗址的木骨泥墙式建筑，房址面积均较大，可能是大型的宫殿式建筑。石质生产工具仍然以通体磨制的小型斧、锛、凿为主；另外还存在大量的不知用途的石盘状器。骨器很多，有笄、针、锥、镞等，均磨制。铜器发现有细长条形的凿和有方锥状的铤、带脊、两翼倒刺的镞以及最原始的柳叶形剑。卜甲的多见是这一时期比较突出的特征，明显是受中原商周文化的影响，一般多龟腹甲，有圆钻无凿和圆钻方凿并存的两种。陶制生产工具中纺轮数量较多，网坠较少。这一时期的陶器以夹砂褐陶、灰陶为主；纹饰少见，以绳纹为主，还有少量的重菱纹、鸟纹、弦纹、附加堆纹和圆圈纹等。典型陶器群有尖底杯、尖底罐、尖底盏、盆、圈足罐、高领罐、喇叭口罐、瓮、釜、纽呈

"8"字形和三花瓣形的器盖等。时代约当商代晚期至春秋前期，绝对年代为距今3150～2600年。

十二桥文化则完全是从三星堆文化中脱胎发展而来。十二桥文化一期承袭了大量的三星堆文化因素，如盉、鸟头把勺、壶、瓶、小平底罐、高柄杯形器座等。只因这一阶段大量出现尖底杯、尖底罐、尖底盏，才使得其与三星堆文化相区别，同时出现的喇叭口罐、盆、敛口瓮、波浪花边口罐、瓮等也是三星堆文化中不见的新器形。尖底杯则成了十二桥文化一期所特有的器物。到了十二桥文化二期，原从三星堆文化继承来的一套器物都消失了，代之以新的面貌，这一时期与三星堆文化相比，文化面貌区别较大，基本不见三星堆文化因素的遗物；同时又继承了一期新出现的喇叭口罐、尖底盏、尖底罐、瓮、釜、盆等，而且大量出现绳纹罐，釜和瓮的数量增多。

从目前情况看，金沙遗址的陶器主要有尖底杯、尖底盏、圈足罐、高领罐、瓮、高柄杯形器座、喇叭口罐等，这些器物都是十二桥文化的典型器，其时代应在商代晚期至春秋前期。

"梅苑"东北部发掘区的第7层出土的尖底杯和圈足罐、高领罐等与十二桥文化一期晚段的相同或相近，其时代当在西周早期。第6层出土遗物较少，总体风格和第7层遗物接近，时代不会相差太远。第5层出土的喇叭口罐、直口尖底盏等为十二桥文化二期晚段的典型器物，时代约为春秋前期。由此看来，该区域的文化堆积延续时间较长，约从商代晚期至春秋前期。该区域出土的玉石器、铜器、金器的时代为商代晚期至西周早期，主要依据两点：第一是该区域的玉石器、铜器、金器在西周早期的地层中才开始出现；第二是这些器物与三星堆一、二号坑的同类器物相同或相似，其时代与一、二号坑的时代接近，至少不会相差太远。

"兰苑"文化堆积的时代较"梅苑"文化堆积的时代略早。出土陶器以小平底罐、敛口尖底盏、尖底杯、高柄豆、高柄杯形器座、陶盉等为主，与十二桥文化一期早段和晚段偏早的陶器群相类，"兰苑"文化堆积的时代当在商代晚期至周初。

"体育公园"墓葬中出土的尖底杯，形制与十二桥文化一期晚段的尖底杯相近，时代约在西周早期。

综上所述，根据目前发掘的资料，我们初步认为金沙遗址的年代上限当在商代晚期，其下限可至春秋时期，主体文化遗存的时代当在商代晚期至西周，属十二桥文化阶段。

2. 遗址的性质

金沙遗址现已探明的分布面积约5平方公里，是一处大型的商周时期古蜀文化中心遗址，可能是古蜀国的又一都邑所在。现有的文物勘探和考古发掘的阶段性成果表明，金沙遗址是有着一定布局结构的。

"三合花园"发现了大量的房屋建筑，其中开口于5A层下的5座房址，均为大型排房建筑，长度在20米以上；最大的一座F6宽近8米，长度在54.8米以上，至少有五个开间，面积在430平方米以上。房屋的修建相当考究，墙体是挖基槽埋柱子的木骨泥墙式结构；基槽宽约0.5米，槽内大、小柱洞排列规整；小柱洞较密集，大柱洞间相距1.4～1.5米。"5座房址的布局有规律，可能为一组建筑"。这种成组的大型排房建筑不是一般平民所能拥有的，只有古蜀国最高统治阶层才有能力组织人力、物力来修建。因此初步推测黄忠村"三合花园"一带当是金沙遗址的宫殿区所在地。

"梅苑"东北部区域是一个较为特殊的区域，表现在两个方面：①出土了大量的金器、铜器、玉器、石器等礼仪性用器，还出土了大量的象牙；②发现了一些极其特殊的遗迹现象。这两个方面都是其他区域所没有发现的，也是其他区域所不能比拟的。"梅苑"东北部区域现已出土了金器、铜器、玉器、石器等2000余件礼仪性用器，还发现了大量的象牙、卜甲等，这些器物不是一般平民百姓所能拥有的，只有古蜀国的最高统治阶层才会拥有如此众多的礼器。出土这些器物的地方，其性质有三种可能性：①宗教祭祀活动区；②作坊；③王室墓葬。经考古发掘证实，这些器物很多是出自地层中，也有一些出自坑内，没有发现墓葬的迹象，因而基本可以排除王室墓葬的可能性。"梅苑"东北角区域还发现了三个极为特殊的遗迹现象：①象牙堆积坑，坑内堆积有大量象牙，伴出有玉器和铜器；②面积约300平方米的石璧、石璋半成品分布区，该分布区只有石璧、石璋，分布密集，均西北高、东南低，倾斜堆积，层层叠压。尤其值得注意的一个现象是器物之间多有黄土相隔；③成片的野猪獠牙、鹿角、美石、象牙集中分布区，面积约300平方米。值得注意的是野猪獠牙均为下犬齿，说明是经过仔细挑选的。这三处遗迹与出土金器、铜器、玉石器的地点均有各自的分布区，互不相连。也就是说，"梅苑"东北部区域是有一定布局结构和功能分区的，这种功能分区很像作坊的形式，但是，如果长期在一个区域内的不同地点用某些固定的器物举行固定的宗教祭祀活动，也会产生这种情况。在"梅苑"东北部区域的西部还发现了大量的只有圆钻的卜甲，卜甲一般认为都与宗教祭祀活动有关。因此，我们认为"梅苑"东北部区域为宗教仪式活动区的可能性要大一些。该区域与黄忠村"三合花园"的宫殿区一南一北，隔摸底河遥相对应，两者相距约800米。

"兰苑"发掘区内发现有大量的房屋建筑、窖穴、灰坑、墓葬等遗迹现象，出土了数以万计的日常生活用器——陶器；并有一定的布局结构。初步推测"兰苑"文化堆积分布区是一居住生活区和一小片墓葬区。

"体育公园"的试掘反映了两个情况：①墓葬均开口于同一层位，分布密集，且多为二次葬；②墓葬打破文化层，文化层内发现有房址、红烧土、灰坑等。这说明"体育公园"文化堆积分布区曾是一居住生活区，废弃后成为墓地。

总之，金沙遗址面积大，分布面积在5平方公里以上；遗址内是有一定布局结构的，每一文化堆积区内也是有一定布局结构的；出土了大量的礼仪性用器和一些与宗教有关的特殊遗迹现象，这些都是一般聚落所无法比拟的。初步认为是一处大型古蜀文化中心遗址，可能为古蜀国在商代晚期至西周时期的都邑。

五、金沙遗址发现的意义

金沙遗址是四川省继三星堆遗址之后最为重大的考古发现，极有可能是三星堆文明衰落后在成都地区兴起的一个政治、经济、文化中心——古蜀国在商代晚期至西周时期的都邑所在，它的发现、发掘与研究具有重要意义。

古蜀文化是中国青铜文化有机的和重要的组成部分，也是我国青铜时代较发达和最具特色的区域文化，是近十多年来的中国青铜文化研究的热点之一。商周时期古蜀都邑——金沙遗址的发现，极大地丰富了巴蜀文化的内涵，为探索古蜀文明史提供了大量的难得的实物资料。首先，金沙遗址和三星堆遗址同处成都平原，都为商周时期古蜀国的中心遗址，两遗址相距仅 38 公里。金沙遗址出土遗物的总体风格与三星堆两个器物坑出土的器物相一致，同时也有着较强的自身特色。通过对金沙遗址的发掘与研究，可以揭示两遗址之间的关系，并有助于加深对三星堆两个器物坑的认识，解决很多古蜀文化的未解之谜。其次，金沙遗址的延续时间较长，主体文化遗存的时代在商代晚期至西周早期，一直延续到西周中晚期至春秋时期。出土的陶器十分丰富、完整，上接三星堆文化，下连战国时期的上汪家拐遗存。通过对金沙遗址的发掘和资料的整理，对商周时期成都平原考古学文化序列的建立和完善以及三星堆文化的继承与发展等问题的深入研究提供了不可多得的实物资料，具有重要意义。

商周时期，成都平原的古蜀国和中原地区的关系十分密切。周武王伐纣王时，蜀是周的盟国之一；殷墟出土的甲骨文中也有征蜀、伐蜀的记载。金沙遗址出土的玉钺、玉戈等与中原地区的二里头、殷墟等地出土的同类器物相似。一件兽面纹斧形器上阴刻的连体兽面纹，就与中原地区西周早期铜鼎上的兽面纹基本一致；铜容器圈足上的纹样是以云雷纹为地，饰以夔纹，这些都是受中原商文化和周文化影响的结果。金沙遗址出土的实物资料证明了商周时期成都平原和中原地区的关系十分密切。

金沙遗址出土的多节玉琮，特别是人面纹玉琮，鼻上还有细如发丝的阴刻线纹，不论形制、制作工艺还是雕刻技术均与良渚文化出土的玉琮完全相同。这件玉琮的制作年代应在距今 4000 年以前的良渚文化中晚期。金沙遗址出土条状玉凿、玉箍形器等遗物与良渚文化的同类器物也有相似之处。这些器物的出土，再一次证明了长江上游地区和下游地区在三四千年以前就已经有了文化交流。

商周时期成都平原和东南亚地区的交往较为频繁，据《史记·西南夷列传》记载："及元狩元年，博望侯张骞使大夏来，言居大夏时见蜀布、邛竹杖，使问所从来，曰：从东南身毒国，可数千里，得蜀贾人市。"可见，当时古蜀地区的商品已远销到孟加拉地区。在《水经注》卷 37 叶榆河条引《交州外域记》中记载了公元三世纪蜀王的后代在越南称安阳王。金沙遗址出土部分玉器和越南出土的同时期玉器[20]有较多的相似之处，凹刃凿形器、玉斧形器、有领玉璧形器等与越南青铜时代出土的同类器物非常相似，特别是一件玉斧形器的两侧有二道阴刻线纹的制作方法仅见于金沙遗址和越南的长晴遗址中，另一件玉斧形器的阑部装饰也几乎完全相同，这对于研究商周时期成都平原与东南亚地区青铜文化的关系具有重要意义。

虽然金沙遗址发现和发掘时间不长，现已基本上探明了遗址的功能分区，即宫殿区、宗教礼仪活动区、一般居住区和墓地等，通过对金沙遗址的不断发掘与研究，对于研究商周时期都城遗址的布局结构以及与同时期中原地区都城遗址的比较等具有重要意义。

金沙遗址已出土玉器 900 余件，是到目前为止我国出土玉器最多的遗址之一。玉器种类极为丰富，几乎包含了商周时期常见的玉器种类，还有很多玉器是第一次出土，是研究古代玉器极为难得的一批材料。出土的玉器中有成品、半成品和玉料，玉器上保留了大量的玉器制作遗痕，对研究玉器的制作工艺、流程和制玉工具等也有重要意义。

注　释

［1］　　王毅：《成都市巴蜀文化遗址的新发现》，《巴蜀历史·民族·考古·文化》，巴蜀书社，1991 年。

［2］　　四川省文物管理委员会等：《成都十二桥商代建筑遗址第一期发掘简报》，《文物》1987 年 12 期。

［3］　　王毅：《成都市巴蜀文化遗址的新发现》，《巴蜀历史·民族·考古·文化》，巴蜀书社，1991 年。

［4］　　四川大学博物馆、成都市博物馆：《成都指挥街周代遗址发掘报告》，《南方民族考古》第 1 辑，四川大学出版社，1987 年。

［5］　　资料存成都市文物考古研究所和成都市博物馆。

［6］　　孙华：《成都十二桥遗址群分期初论》，《四川盆地青铜时代》，科学出版社，2000 年。

［7］　　四川省文物管理委员会：《成都羊子山土台遗址清理简报》，《考古学报》1957 年 4 期。

［8］　　成都市文物考古研究所：《成都市黄忠村遗址 1999 年度发掘的主要收获》，《成都考古发现 1999》第 164～181 页，科学出版社，2001 年。

［9］　　资料现存成都市文物考古研究所。

［10］　四川省文物考古研究所编：《三星堆祭祀坑》，文物出版社，1999 年。

［11］　王家祐：《记四川彭县竹瓦街出土的铜器》，《文物》1961 年 11 期；四川省博物馆、彭县文化馆：《四川彭县西周窖藏铜器》，《考古》1981 年 6 期。

［12］　四川省文物管理委员会等：《成都十二桥商代建筑遗址第一期发掘简报》，《文物》1987 年 12 期。

［13］　成都市文物考古研究所：《成都市黄忠村遗址 1999 年度发掘的主要收获》，《成都考古发现 1999》第 164～181 页，科学出版社，2001 年。

［14］　成都市文物考古研究所：《成都市商业街船棺墓地发掘简报》，《成都考古发现 2000》，科学出版社待出版。

［15］　四川省博物馆、新都县文管所：《四川新都战国木椁墓》，《文物》1981 年 6 期。

［16］　江章华、王毅、张擎：《成都平原早期城址及其考古学文化研究》，《苏秉琦与当代中国考古学》第
　　　　　699～721 页，科学出版社，2001 年。

［17］　江章华、王毅、张擎：《成都平原先秦文化初论》，《考古学报》2002 年 1 期。

［18］　成都市文物考古工作队、新都县文物管理所：《四川新都县桂林乡商代遗址发掘简报》，《文物》
　　　　　1997 年 3 期。

［19］　成都市文物考古研究所：《四川省郫县清江村遗址调查发掘收获》，《成都考古发现 1999》第 164～
　　　　　181 页，科学出版社，2001 年。

［20］　参见邓聪主编的《东亚玉器》第三册，越南冯源文化出土玉器。

（原载《四川文物》2002 年 2 期）

金沙遗址出土青铜器的初步研究

王　方

发现于 2001 年初的成都金沙遗址位于成都市市区的西北部，面积在 5 平方公里以上。已发现的重要遗迹有大型建筑基址、祭祀区、一般居住址、大型墓地等，现已出土金器、铜器、玉器、石器、象牙器、漆器等珍贵文物 5000 余件，还有数以万计的陶片、数以吨计的象牙以及数以千计的野猪獠牙和鹿角。目前可以确认金沙遗址主体文化遗存的时代约当商代晚期至西周时期，绝对年代为公元前 1200 ～前 600 年，极有可能是继三星堆之后的又一个古蜀国的政治、经济、文化中心。

金沙遗址内现已出土青铜器 1200 余件，这些铜器主要出土于金沙遗址"梅苑"东北部地点，遗址内其他地点则发现较少。近年来，在一边发掘一边整理的情况下对这批出土的青铜器铸造与装饰工艺、青铜器材质分析与矿源探寻、金沙遗址出土青铜器的文化内涵等多个方面进行了一些初步的探讨。

一、金沙青铜器的铸造与装饰工艺

金沙遗址出土的完整铜器都属小件，大件铜器仅有残片，因此仅根据这些铜器并不能对金沙遗址铸铜工业和铸铜技术做出全面的判断，这里只能通过对金沙遗址部分铜器的初步观察，并对照三星堆遗址青铜器铸造工艺研究的初步结果，来对金沙遗址铜器的铸造和装饰工艺做一些初步的探讨。

1. 铸造工艺

现已出土的铜器大多为小型器物，大型铜器仅存部分残片。初步观察，金沙铜器铸造工艺技术仍沿袭三星堆时期的传统技法，大多为一次性浑铸，有的器物可能为分段铸造，然后浑铸为一体，或采用附件、主体分铸之法，然后再将附件插入主体焊铆固定而成形。铜器多双面合范而成。铜器的铸后加工手段较为先进，许多范缝都经过打磨，很难寻觅，有的器物表面还经过抛光处理。

金沙遗址绝大部分小件铜器应是一次性铸造而成。由于绝大部分器物都不能独立成器，应是别的器物的附件或立体的装饰，这些附件要与其他器物黏合在一起，还要通过铸接、焊接、预铸等技术与主体结合为一体来完成。

　　有学者考察和分析了三星堆器物坑的铜器后指出，三星堆铜器没有发现失蜡法铸造的例子，也没有发现石范的迹象，所有铜器都是采用块范法铸造成形。块范法在中国黄河流域自青铜冶铸工艺发生开始，就被广为应用。三星堆青铜器的铸造方法与中原地区和长江中游商代青铜器也基本相同。青铜器铸造的"主导思想是以当时铸造工艺的现实性为原则，尽可能地浑铸成形，若必须分铸成形的，尽可能减少分铸的件数，而无论是浑铸成形，还是分铸部件，也都尽可能减少泥范数量。循着这一原则，三星堆祭祀坑青铜器中的绝大多数人首像和人面像、兽面像、眼泡、眼形器和眼形饰、戈、瑗、贝形饰等，都是浑铸成形的……分铸成形的，主要是结构复杂的器物……不但器物的主体是分铸或分段铸造的，主体与附饰也是分铸后结合一体的……上述青铜器的附饰，或者铸接在器物上，或者铸焊在器物上。在三星堆祭祀坑青铜器中，还有一种特别的连接工艺是铸铆，神树 K2②:194 的底座，三部分的连接就采用了铸铆和铸接两种工艺"[1]。金沙遗址铜器的铸造工艺应当与三星堆遗址相似。

　　金沙遗址中出土的铜立人是目前出土铜器中铸造工艺较为复杂的一件。该器由上下相连的立人和插件两部分组成。器形虽然不大，制作却相当复杂。由于铜像铸造完毕后通体曾做过打磨抛光处理，上面又附着一些铜锈，器表上已经看不出铸造披缝的痕迹，仅在颈部下还能看到一些泥芯范土，不过可以推测该造像一次性铸造不易脱模，可能采用了二次铸接或焊铸等手段。它的旋涡状帽子、伸出的双手、弯曲的手腕，都使脱范成为问题，可以推测，该像除双手可能另行分铸外，其余部分则能够一次浑铸成形。铸形的外范由几块组成还不好确定，为了脱范方便，人像头顶包括帽圈的一半作为一块底范，另一半帽圈在身范上。浇口则应当设置在人像足下的插件底前端，足上头下倒浇成形，这也与中原青铜容器传统的浇铸方法相吻合。

　　铜牛首的铸造工艺也较为精良。从牛角、耳及嘴部正中留有范铸产生的范缝，可观察其分型面为两部分：牛头正面范和夹柱状铸芯的牛颈、角、耳及嘴的后部范。铸品为合范加工而成，颈中空，从颈内残留的褐色土，推测颈内的柱状芯为泥芯。

　　金沙遗址出土的铜铃体型较小，形制简单。这种形制的铜铃最早出现于中原地区夏文化的偃师二里头遗址中，金沙铜铃更多地保留了铜铃的早期特征。器均为合瓦形，铸造由两块范浑铸而成，在器物两侧可清楚地看到一道铸造披缝，在铜铃两侧边各有长条形的扉棱。中原地区出土的铜铃浇口一般都在这个扉棱处，因此可以推测金沙铜铃的浇口也应大致与之相同。

　　金沙遗址其他铜器相对比较简单，除了鸟、牛首等附件外，独立的器物主要以有领璧形器、圆角方孔形器、A 型铜戈为大宗。A 型铜戈是一种非实用性的礼仪用器，它一般采用了对开分型的铸型来铸造，两面范分别具有戈的型腔。戈的铸型系由两对范和一泥芯组成。三星堆器物坑中，还有一些戈的分型面在戈的一侧，两块范中一块具有戈的型腔，另一块为平板状，穿的泥芯由面范自带。金沙遗址的铜戈尚未经过全面观察，不能排除其中也有采用这种铸型的可能。

金沙遗址还出土了大量的薄片形铜器和铜器残片。运用金相显微镜、扫描电镜等仪器，对薄片青铜器残片的成分和结构进行剖析，结果表明青铜薄片基体是铜锡二元合金，经过了锻制和结晶再退火处理，因此薄而有韧性；在铜片表面通常还有一层特殊的保护层，其成分、结构与基体完全不同，为含量很高的锡铅合金薄层，有很好的耐蚀性，因此这些薄片铜器的表面颜色为铜黄色，表面显得非常光洁，另一面则比较粗糙，无保护层。

薄片铜器的铸造方法首先是依选定的合金成分，浇铸出铜器坯材；然后使用锤锻方式将坯材加工成型，而且加工主要在高温下进行；再结晶退火，改善薄片的塑性，降低硬脆性；然后进行外镀锡铅，以获得光洁表面，而且也起到了保护青铜基体的作用；最后进行磨光处理。从大量的考古实物的科学考察来看，我国古代早期青铜器的成型工艺可分为铸造与锻造两种，在商周时期绝大多数青铜器都是铸造的，锻造却很少见。锻造主要见于春秋战国时期。金沙遗址铜器锻造工艺的发现，显示了商末周初时期的古蜀青铜文明的高度发达。

在金沙遗址中发现的一些青铜容器的残片，具有典型中原青铜器的特征，因此其铸造方法也应当与中原地区基本相同，使用了块范法铸造而成。

金沙遗址出土铜器铸后加工工艺中还发现有补铸的技术。补铸是为了弥补铜器铸造时产生的孔洞，工匠对于影响器物功能的（如器物的腹部）和器物美观的（如容器器盖盖面等）的缺陷，都进行了修补。三星堆遗址和金沙遗址铜器都采用这种方法。修补的方法和商周其他区域出土的青铜器一样，无一例外是用铸造的方式完成的。如金沙出土的一件大型铜圈足残件，器上除花纹装饰非常特殊外，在圈足内圈发现有多处铸后补铸的现象。

2. 装饰工艺

金沙遗址出土铜器上的装饰技法主要有素面、墨绘、穿孔、立体装饰、铸纹、镶嵌等。

（1）素面 金沙铜器有许多本来就属像生形，如铜立人像、人头、人形、兽面、牛首、龙形器、鱼形器、圆形挂器、圆角方形挂器等，还有有领璧形器、无领璧形器、铜圆角方孔形器、铜铃、喇叭形器等，这类器物造型简单，只注重造型而不再另外添加其他纹饰，因此多为素面，无装饰。

（2）墨绘或彩绘 在铜器表面用墨（或彩）描绘需要表现的对象。金沙遗址铜器上我们发现有的器物使用了墨绘的技法。如铜眼形器上就有墨绘的瞳孔，有的还描绘出眼睛各部位的细部，用笔相当纯熟流畅。如 A、B 型铜眼睛器都在瞳孔、眼角及眼形器的周缘施以墨绘。还有铜人面形器也残留有彩绘的痕迹。类似的这种技法还见于金沙出土的石雕人物和动物等，邻近的三星堆遗址出土的青铜器也有多件采用了墨绘的技法。

（3）镂空和穿孔　　在金沙遗址出土铜器中发现有的薄片形铜器上有穿孔，还有的运用了镂空的技法。如 C 型铜眼睛形器、镂空饰件、不规则形板等。

（4）立体装饰　　在金沙铜器中像生形器较多，如铜立人、铜人头、铜人形、铜人面、铜眼睛、铜牛首、铜鸟、铜龙形器、铜虎、铜鱼形器、铜螺形器、铜兽头等。这些器物少量的为独立使用，如铜立人、铜人形。但大多作为大型铜器上的立体附饰，多装点于器物的顶部、肩部或腹部或其他部位。如铜人面形器周沿就发现有一边沿，龙形器原可能是镶嵌于某种柱状器上面的饰件，铜鸟则可能是立于柱（或神树）上，牛首、兽头可能是装饰于大型铜容器尊或罍肩部的立体装饰。

像生形器物的装饰技法丰富多彩。如铜牛头的纹饰和眼眶用阴线表现，突出了眼睛和牛角，使牛头栩栩如生，有极强的装饰性。龙形器则是在一个平面上所做的浅浮雕作品。所有纹饰均双线刻划。眼睛虽已做镂空处理，但外眼眶微突出于器表，从而用夸张的手法表现了龙眼凸出的特征。龙头上用双线装饰的技法常在商代的青铜器上见到。此外在平面上表现出的立体透视效果，在其他器物上较少发现。

（5）铸纹　　在铜器铸前或铸后进行纹样装饰是商周铜器常用的装饰技法。金沙遗址出土的大型器物残件上的纹饰大多为铸前铸纹，即在做范时完成。目前发现的一些大型铜器残件，如铜尊、罍的圈足残片上有云雷纹、夔龙纹等装饰纹样，这是商周时期中原铜器的主要装饰花纹，而金沙遗址出土的 Ab 型铜带柄有领璧形器（C：588），其环面铸造的纹样两面相同且对称。环面近边缘处有两道同心弦纹，在弦纹与孔壁间铸有三只相同的首尾相接的凤鸟。凤鸟圆眼、勾喙、长冠；长颈向前伸、短身、长尾，身上有一翅膀，向前勾卷，翅膀正作展开状。脚的大腿、小腿刻画刚健有力，充满动感，刻画得栩栩如生，极为逼真。经过观察这三只鸟纹是在器物铸造完成之后刻划上去的，线纹曲线十分优美、流畅，显示出了金沙铸铜工艺的高超技术水平。

（6）镶嵌　　金沙遗址现已发现了与三星堆遗址造型相同的铜虎，其器上留有凹槽。过去在三星堆出土铜虎的凹槽内残留有绿松石片，说明当时已出现用玉石片镶嵌铜器的技法。金沙遗址中也发现了大量小方形的磨制规整的细碎玉片、绿松石片，推测这些玉片可能正是作为镶嵌他器所用的。金沙遗址中还发现了在漆木器上镶嵌玉片的做法。说明此时镶嵌工艺已在广泛应用于器物的装饰上，该技法的运用增加了器物的色彩美，器物在色彩的对比中艺术效果更为突出，表明金沙人的审美观点已达到相当的高度。

二、青铜器材质分析与矿源初探

金沙遗址的部分铜器经过了合金成分和铅同位素的分析[2]，结果表明，铅锡青铜是金沙铜器中的主要材质类型，铅作为主要合金成分在金沙遗址中使用较多。从已测试的铜器看，存在两种成分，一种为密西西比型异常铅，一种为普通铅。密西西比异常铅属于地球化学上十分罕见的高放射成因铅。"金沙铜器中绝大部分具有地方青铜文明特色的戈形器、圆角方孔形器、璧形器以及一半以上的像生类和装饰类器物含有与三星堆青铜器铅同位素组成完全一致的高放射成因铅"[3]。金沙遗址中还出现了部分含普通铅的器物，而在三星堆遗址出土器物中则完全没有出现普通铅的铅同位素数据，这一结果表明金沙时期一方面虽然仍主要延续利用三星堆时期的矿产源区，但同时也开始多方探求新的矿产源区。此外在已测试的金沙遗址四件铜容器中有3件合金成分与铅同位素组成都与殷墟四期至西周早期的中原青铜礼器一致，而这种组成特征在三星堆铜器中并未发现，表明其来历可能与三星堆青铜礼器的情形有别，从以上情况可以看出金沙铜器金属产地源区具有的多源性。

三、金沙遗址出土青铜器的文化内涵

1986年广汉三星堆遗址发现两个大型器物坑，坑中出土了大量独具特色的精美铜器，在中国青铜文化中独树一帜。器形种类计有尊、罍、瓶、戈、有领璧形器[4]、戚形方孔璧、立人像、人头像、面具、人面像、跪坐人像、神树、神坛、铜铃、挂饰、兽面、眼形饰、眼泡、立鸟、龙形器、虎形器、龙形饰、太阳形器等类型，这里面既有典型的商代中原系的铜容器，又有大量中原地区不见的青铜像和铜兵器及一些铜饰件。三星堆铜器表现出极其强烈的地域特色，其中尤以大型的青铜人像、青铜人头像、青铜立人、青铜人面具、青铜神树、青铜神坛和一些饰件最为瞩目。三星堆遗址的青铜器成为四川盆地青铜文化的代表，体现出古蜀青铜文化的灿烂与辉煌。

金沙遗址目前发现的铜器数量多，但器形均较小，现在还没有发现完整的大型像生形器和铜容器。金沙铜器其数量宏大，种类丰富。从器形学、金属材料学和铸造工艺等多个角度可以看出，金沙铜器应是在三星堆铜器基础上发展、演变而来的，金沙铜器清楚地体现出对三星堆青铜文化的继承与发展。

金沙器物种类与三星堆器物坑中出土的铜器种类大致相似，金沙铜器的造型风格也与三星堆保持着较多的一致性。如铜立人从造型特点与人物形象看与三星堆二号器物坑出土的大型铜立人像非常相似。他们均被塑造成为具有三维空间感的高高站立的人物，脸形类似，耳垂均有穿孔，都有着相同的手势，手中都持握着从双手间穿插而过的器物。不同的只是三星堆大铜立人体态高大，身躯稍显瘦长，发型为笄发，脑后无辫子，头戴复杂的兽面冠，衣着华丽的多层长服（有学者认为这是一种古老的祭服[5]），腰不束带，腰间无装饰物；金沙铜立人体态矮小，发型为辫发，脑后拖着三股一体的长辫子，头戴简单的圆涡形冠，衣服是比较简易的单层中长服，腰系带，腰带上还多出了一柄短杖。就人物的面部造型而言，三星堆大铜立人像及三星堆器物坑出土的其他铜人头像脸都为方颐，眼睛排列呈倒八字，眼睛形态为中有横棱线的豆荚形，大立人眼睛下垂，阔嘴紧闭，衣饰华丽；金沙小铜立人像脸为方颐，眼睛横向排列，眼睛形态为中无横棱线，呈对称的橄榄形。金沙小铜立人像与三星堆大铜立人像的帽子、发式、衣服的不同，还可以用其他原因来解释，但二者的脸形、眼睛和嘴巴的不同，这只能解释为艺术风格的变化。金沙小铜立人像与三星堆大铜立人像尽管大小有别，但所表现的内容则是一致的。三星堆大铜立人像所表现人物的身份，研究者有不同的说法[6]。无论是哪一种说法，这些铜人像所代表的都不会是当时成都平原一个政治单位的下层人物，而应当是执掌了宗教权力或行政权力的古族或古国的上层贵族。小铜立人头上戴的插有旋转装饰物的帽圈，应当象征着光芒四射的太阳。金沙遗址出土的四鸟绕日金饰件，其中心的太阳就是用顺时针旋转的獠牙形来表示光芒。所不同的只是，四鸟绕日金饰件的太阳为十二芒，顺时针旋转；而小铜立人的帽圈为十三芒，反时针旋转。太阳的光芒是不可数的，金沙上述两件太阳象征物的光芒数量可能并没有更深层的含义。小铜立人张开的双臂和空拳状的双手，说明他手中应当持有某种物品，由于他两手间的空洞并不上下对应，铜人手持的物品恐怕也不是直直的，要么左、右手各持一件，要么两手抱握着的就像是三星堆二号器物坑"铜神坛"中层铜人所持是弯曲的树枝，或者是珍贵而又神圣的象牙（金沙遗址出土玉璋中发现有肩膀扛象牙的跪人）。他口中念着的是祈福或献祭之词。光环罩在他的头上，使他俨如一光明的使者，神祇的化身。金沙小铜立人的发现，从一个侧面揭示了广汉市三星堆遗址与成都市金沙遗址的密切关系，反映出了两地都有着共同的原始宗教信仰和类似的仪式规范。从艺术的角度来看，这件青铜圆雕作品人物表情丰富，造型上静中有动，虚实结合。充分表现了古蜀青铜雕塑工艺技术已逐渐地成熟与发展。因而对于中国雕塑史的研究具有重要的价值。

金沙遗址中出土了一些眼睛形器，三星堆二号器物坑中也出土了71件铜眼形器和5件眼形饰[7]。金沙的A型眼形器与二号坑中的A型的造型风格一致，B型眼形器与二号坑中的铜眼形饰的风格一致，但表现眼睛的方式不同，二号坑中的眼形器和眼形饰都是用凹凸的方式表现眼睛，具体地说，就是中间的圆圈、两侧边的三角形都是向上凸起，而金沙则是用墨绘或穿孔（C型铜眼睛形器）来表现瞳孔、眼眶、眼角。

在金沙遗址中出土了一些铜鸟，还有的在器物上刻画出鸟形图案。三星堆两个器物坑中也出土了较多的鸟形饰件，形象相类，总体特征都是勾喙、长颈、短身、长尾，曲线十分优美。金沙铜璧形器上的凤鸟纹与金沙遗址同时出土的"太阳神鸟金箔"上所镂刻出的凤鸟纹基本相同，铜璧形器上的鸟纹造型也与三星堆K2③:4—1镂孔鸟形饰[8]上的鸟纹非常接近。陕西清涧张家坬出土的一件铜尊上兽面纹的两侧各有一个小鸟纹，该小鸟纹的最大特点就是曲体，铜璧形器上的凤鸟纹与之类似。三星堆二号祭祀坑出土了很多铜鸟或铜鸟形饰件，其中的A型铜鸟（K2③:193—1）[9]的风格也与之相类。该件铜鸟与陈公柔、张长寿先生所分的I6式成康时期的小鸟纹的风格[10]相近。尤其值得注意的是，在三星堆K1中出土的金杖和金沙遗址出土的金王冠上都刻有鸟形图案，这两件器物初步推测应是王权的象征。与鸟有关的器物在这两个遗址中如此众多的发现，这说明鸟在古蜀文化中占据了十分重要的地位。

铜牛首的造型在商周铜器上也曾发现较多。圆雕石牛见于殷墟，标本 HPKM1500 石牛，同龙虎排列，器为圆雕，伏卧尖耳，双角后伏。妇好墓 M5：315 的石牛，伏卧昂首，张口露齿方目细眉大鼻，双角后伏，短尾下垂[11]。宝鸡强国墓地玉牛首（BZM9：13）其造型完全不同于金沙的牛首，但额上饰圈点纹则类似[12]。竹园沟十三号墓的玉牛泡 BZM13：218，牛头额中心饰有双线菱形纹也相似[13]。三门峡虢国墓地 M200：553 虢季墓的牛首形玉佩，外形相似于金沙牛首；还有梁姬墓（M2012）玉佩饰上牛角上的螺旋纹也与金沙牛首相类似[14]。这几件标本虽从形制上不宜类比，但从装饰的纹饰看应有一定的联系。宝鸡强国墓地出土除牛首泡外，青铜器上的牛饰亦较多。其中纸坊头一号墓葬强伯青铜双耳方座簋 BZFM1：7 饰的虎衔牛首，其牛头的眼眶形态同金沙铜牛首类似，但角的形状不同。纸坊头一号墓葬强伯青铜四耳簋 BZFM1：9 的兽头也作浮雕状牛首，牛首的额中心饰纹有重菱形主体纹饰，与金沙牛首头额纹饰相近。竹园沟七号墓青铜大口尊 BZM7：326 的肩部饰对称三牛头，额中心饰纹有菱形纹[15]。宝鸡强国墓地出土青铜器上的牛头形象同金沙牛首也似有紧密的联系。在三星堆器物坑出土的青铜容器 I 式尊（K2②：135）的肩外补铸三个牛头，额中饰横菱纹。另一件 III 式铜圆尊（K2②：112），肩外缘浑铸三个牛头，额中饰菱纹同，角尖形状类[16]。四川彭县西周窖藏铜器中的 1 号羊头饰大铜罍，双耳为立体牛头形牛跪于肩上，盖饰相向两跪牛，两牛之间饰变形牛头。

三星堆二号坑中出土了 43 件铜铃，其 A、B 型分别与金沙出土的 A、B 型铜铃相近。铜铃形体较小，A 型铜铃两侧无翼，B 型铜铃两侧有翼，翼多呈窄长方形。出土的铜铃中仅 C：44 一件，内腔发现有一横梁，上系铃舌，其余的铜铃均无舌。与三星堆遗址出土铜铃形制的丰富多彩相比较，金沙遗址目前出土的铜铃，形制均较为简单，体型也较小。金沙 A 型铜铃与三星堆二号坑出土的 Ba 型铜铃相近，B 型铜铃与三星堆二号坑的 Bb 型较为接近。三星堆二号坑出土的铜铃有的是直接悬挂在铃架上，因此推测这种小型的铜铃应是与三星堆铜铃一样悬挂在铃架上使用的。

金沙遗址出土的许多铜器，如铜立人像、立鸟、Aa 型戈、Ab 型璧环形器、圆角方孔形器、菱形器、眼形器、眼泡、铃、蝉、鱼形器和各类挂器等[17]，都与三星堆遗址两个器物坑的同类器物造型风格相同或相似，但体量却较三星堆小。金沙遗址中出土的大量铜有领璧形器和铜圆角方孔形器两类器物，目前只在三星堆两个器物坑和金沙遗址中有所发现，数量均较多，而不见于国内其他区域。带锯齿形刃的青铜戈也是只见于三星堆和金沙遗址中。两个遗址中出土的虎形器造型相同，只是体量大小不同。还有金沙遗址出土的圆角长方形板与三星堆的青铜人像头顶盖极其相似。又如金沙出土的青铜立人像虽然体量比三星堆青铜大立人小巧得多，但所表现的内容则是一致的，他们都是神情肃然站在高高的地方，似乎正在主持着一个神圣而重要的仪式。他们均被塑造成为具有三维空间感的高高站立的人物，脸形大致类似，都为方颐，耳垂都有穿孔，手势相同，手中都似持握着从双手间穿插而过的物品。只是金沙小铜立人像的帽式、发式、衣服、眼睛和嘴巴等细节发生了变化。应该说金沙小铜立人像是沿袭三星堆大铜立人像风格铸造的，因其年代晚于三星堆大铜立人像，所以它的艺术风格发生了变化。

金沙遗址中还出现了一些铜器的新品种，如螺形器、龙形器、喇叭形器、带柄有领璧形器等。这些器物中螺形器与二里头文化第二期出土的斗笠状白陶器[18]、三星堆遗址仁胜村墓葬中出土的"蜗旋状器"[19]有一些相似性，但造型仍很独特。喇叭形铜器与金沙遗址同出的金喇叭形器形制相同，这类器物不见于其他区域文化中，是金沙遗址中特有的器形。龙形器也区别于三星堆和其他区域出土的龙的造型。过去在商周玉、铜器中常能见到一些龙形装饰品。这些物件有的单独存在，有的附着于其他铜器上做装饰。如三星堆一号祭祀坑中发现的三件龙形饰，其中有龙柱形器，其形象为"龙口大张，露齿，两前爪趴于柱顶上……龙头上有镰形大耳一对，耳内侧有犄角一对"[20]。这是一个较完整龙头的形象。二号坑中出有28件龙形饰，发掘者将其分作八式，大都张口露齿。体作各种不同的变化。其中B型龙形饰，"龙张口，口中铸出六圆珠笔孔分上下两排，上吻向后勾卷。"[21]。在安阳殷墟妇好墓中也出土了大量的龙形饰。有玉雕的蟠龙，龙形玦等，也都是张着大口，露出獠牙，身体作卷曲状。而蟠龙纹、夔龙纹也是常装饰于铜器上的主要纹饰。总之龙的造型千变万化，金沙的这件龙形饰，造型特别，雕刻简练，形象细腻而又夸张，不同于其他地方所出，具有自身鲜明的特点。

带柄有领铜璧形器其环体两面铸出的相同纹饰，表明此器当是竖起来插于其他器物上，这样才能使两面的纹饰同时被看到，多出的短小柄部可能就是插入某个基座上的榫头。如果把器物中间的好孔看做是太阳，其环面上首尾相接，展翅飞翔的三只神鸟装饰则与金沙遗址同地出土的"四鸟绕日金箔饰"一样，表现了古蜀人对太阳和鸟的强烈崇拜。这种对太阳和鸟的信仰与崇拜在三星堆文化中也是表现得非常突出与强烈。如青铜神树及神树上的神鸟，还有青铜神坛上呈旋转状的圆涡纹、象征太阳的巨大的轮形器等。总之金沙遗址一部分铜器具有与三星堆文化一样的审美观念或宗教信仰，但器形上出现的变化却明显地说明金沙铜器在三星堆铜器的基础上进行的创新与发展。

迄今为止金沙遗址尚未出土完整的大型铜器，但遗址内已出土了多件大型铜尊、铜罍或其他大型器物的圈足或圈足残片。已发现的大量圆角长方形板也与三星堆出土青铜人头像的头盖板形制相似，喻示着金沙有出大型青铜人头像的可能。各类挂器极可能是青铜神树上的挂饰，也许金沙遗址中也有大型青铜神树的存在。牛首、龙形器、立体怪兽等可能都是一些大型器物，如尊或罍肩部或腹部上的立体附件。金沙遗址中发现的圈足残片，以云雷纹衬底，上饰夔龙纹，这种花纹组成方式是典型中原系青铜器的花纹特点。还发现了一件典型的中原铜器提梁卣的貘头装饰。另外从已测试的几件铜容器残片的合金成分与铅同位素组成看，金沙遗址中有一部分青铜礼器与中原地区西周早期的金属原材料源区具有同一性，种种现象表明金沙遗址青铜铸造业可能与中原地区存在着紧密的联系。

金沙铜器的出土还为我们传递出一些重要的信息，金沙遗址与三星堆遗址之间有着极强的传承性与紧密联系。从金沙遗址与三星堆遗址的年代来看，金沙遗址的兴起紧接着三星堆遗址的衰落之后，金沙铜器中包含着太多的三星堆青铜文化因素，可能还不仅仅是器物种类的重复和风格的简单模仿，金沙遗址的青铜制造工艺传统也许是由于三星堆遗址中那些工匠的迁移沿袭而来的。金沙铜器中存在与中原商周王朝青铜礼器合金成分相同的青铜礼器，反映出了当时古蜀王国与中原王朝之间保持着的频繁交流与往来。但从器物组合情况看，与三星堆遗址相同，又与中原系青铜器组合有别，如对尊、罍的推崇，却不见鼎、簋、爵、斝等中原典型铜礼器，说明成都平原的青铜文化与中原商周王朝的青铜礼器制度是有较大差异的。

目前金沙遗址的发掘工作还在进行之中，我们相信随着发掘不断地深入，可能还会有更多、更精彩的青铜器展现在我们面前，金沙青铜文明一定与三星堆青铜文明一样耀眼，它们都是古蜀青铜文明重要而灿烂的篇章。

注 释

[1] 孙华、苏荣誉：《神秘的王国——三星堆文明的初步理解和解释》附录《三星堆祭祀坑青铜器铸造工艺的初步考察》，巴蜀书社，2003 年。

[2] 参见金正耀等：《成都金沙遗址出土铜器研究》，《文物》2004 年 7 期。

[3] 同 [2]。

[4] 四川省文物考古研究所编：《三星堆祭祀坑》中称为瑗类的器物。

[5] 参看王矛、王亚蓉：《广汉出土青铜立人像服饰管见》，《文物》1993 年 9 期。

[6] 关于立人身份，学术界讨论较多。有大巫师、王者、或大巫师兼王者等几种说法。参看孙华《关于三星堆器物坑的若干问题》，《四川盆地的青铜时代》第 188 页，科学出版社，2000 年。

[7] 四川省考古研究所编：《三星堆祭祀坑》第 201、207 页，图一一四，图一一五，图版七五，彩图 61，文物出版社，1999 年。

[8] 四川省文物考古研究所编：《三星堆祭祀坑》第 334 页，图一八六，3；图版一二九，3，文物出版社，1999 年。

[9] 四川省文物考古研究所编：《三星堆祭祀坑》第 332 页，图一八四，图版一二七，3，文物出版社，1999 年 4 月。

[10] 陈公柔、张长寿：《殷周青铜容器上鸟纹断代研究》，《西周青铜器分期断代研究》第 199 页，图谱：165，文物出版社，1999 年。

[11] 中国社会科学院考古研究所编著：《殷墟的发现与研究》370 ~ 371 页，科学出版社，1994 年。

[12] 宝鸡市博物馆编：《宝鸡強国墓地》240 页，图一七二，11，玉牛首 BZM9：13，文物出版社，1988 年。

[13] 见 [2] 85 页，图六七 4，玉牛泡 BZM13：218。

[14] 河南省文物考古研究所、三门峡市文物工作队：《三门峡虢国墓》第一卷，162 页，图一二六，M200：553，286 页，图二〇七 M2012 玉佩 3，文物出版社，1999 年。

[15] 见 [1] 27 页、32 页。一号墓葬见強伯青铜四耳簋 BZFM1：9，103 页，青铜大口尊 BZM7：326。

[16] 四川省文物考古研究所编：《三星堆祭祀坑》239 页：图一三五，（K2②：135）Ⅰ式尊，241 页：图一三七，（K2②：112）Ⅲ式铜圆尊，文物出版社，1999 年。

［17］ 参见《成都金沙遗址Ⅰ区"梅苑"地点发掘一期简报》铜器部分介绍，《文物》2004 年 4 期。

［18］ 许宏、陈国梁、赵海涛：《二里头遗址聚落形态的初步考察》，《考古》2004 年 11 期，第 28 页，图版八，1、2。

［19］ 四川省文物考古研究所三星堆工作站：《四川广汉市三星堆遗址仁胜村土坑墓》，《考古》2004 年 10 期。

［20］ 四川省文物考古研究所编：《三星堆祭祀坑》第 33 页，图二〇，图版六，3、4，彩图七，文物出版社，1999 年。

［21］ 四川省文物考古研究所编：《三星堆祭祀坑》，图一八二，1 - 7，图版一二五，3、4，文物出版社，1999 年。

（原载于《四川文物》2006 年 6 期）

对成都金沙遗址出土石雕作品的几点认识

王 方

成都金沙遗址位于四川省成都市市区西北部的二环路与三环路之间，距市中心约 5 公里。2001 年 2 月 8 日，在房地产公司机械开挖下水管道时被发现。经过大面积的勘探与发掘，现已经基本确定金沙遗址的分布面积大约有 4 平方公里。遗址内分布着大型的建筑基地区、大型的祭祀活动区、大型的生活居址区、墓地等，清晰的表明出其社会组织结构严密、功能完备、设施齐全，金沙遗址应是三星堆文明衰落之后在成都平原上崛起的又一个政治、经济、文化中心，极有可能是一处规模宏大的古蜀王国的都邑所在。金沙遗址延续的年代从商代晚期一直到春秋时期，主体的遗存在西周前后。绝对年代为公元前 1200 ~ 前 500 年。金沙遗址是四川地区继三星堆遗址之后最为重大的考古发现。

金沙遗址现已清理和发掘出土精美文物 3000 余件，此外还有数以万计的陶片及数以吨计象牙。其中 1400 余件器物是从当时机械挖出的散土中清理出来，由于均已失去了出土的具体层位和分布位置，因此我们将其全部编为采集品，其种类有金器、玉器、铜器、石器、陶器、木器、象牙、骨器等。在这批璀璨夺目、令人称奇的精美器物中，有一批雕刻精美、制作细腻的石雕艺术品，不仅展示了金沙遗址丰富多彩的艺术魅力，同时也为我国古代社会史、雕塑艺术史提供了一批崭新而又重要的实物材料。本文拟就这批材料做一些具体的介绍，并尝试谈一些粗浅的认识。由于时间较短，遗址的发掘工作目前仍在进行中，因此可能尚有许多不准确之处，还望得到各位专家及同仁的指教。

一、石雕的种类

金沙遗址的石雕艺术品从其题材上可分为人物和动物两大类型。

（一）人物类

共计出土 12 件。根据体形的不同可分为三种形制。

A 型　体形适中，上身微前倾，人体比例适中，高 21 厘米左右。标本 2001CQJC：717，人像高 21.5 厘米。由整块蛇纹石化橄榄岩雕刻而成。人像裸体，赤足，双膝屈跪，双手被绳索反缚。国字形脸，眉弓突起，颧骨高凸，脸部深凹，高鼻梁，大鼻头，阔嘴，嘴上涂有鲜艳的朱砂。大立耳上也残存有朱砂，耳垂穿孔。其头顶发式中分，四角高翘，似为断发所致。双脚趾着地，臀部置于脚后跟上。身体上部挺直前倾，脑后有辫发两束，两束并为一股，直垂于后背的双手之间。双手并列，用夸张的手法各凿出四个粗壮的手指，掌心向外，不见大拇指，均以浅浮雕手法雕凿而成[1]（图一）。

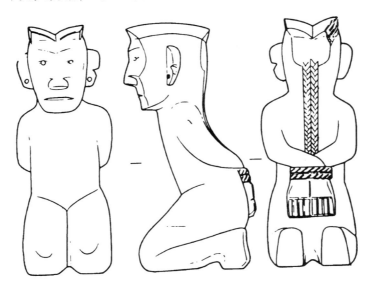

图一　A 型石跪坐人像（2001CQJC:717）

B 型　体型偏高，上身较直，脸部宽扁，肩部较宽，人体比例不太协调，高 21～27 厘米。标本 2001CQJC:212，高 25 厘米。由蛇纹石化岩雕成，风化较严重。人像田字形脸，身躯长而挺直，颈部粗短，肩膀厚实，手掌肥大，臀部偏瘦，双腿粗壮，脚掌宽厚。人物的眼部、耳部、嘴部均以鲜艳的朱砂填涂。大耳上有单面钻孔。在大而厚的鼻翼与阔嘴之间另有一道长约 4.5、宽约 0.2 厘米的浅槽，可能系雕刻过程中位置出错所致。整体造型风格同于 A 型人像，呈跪坐姿态，双手用绳反缚于后，头发从头上向两侧分开，脑后三股辫子直垂在手间（图二）。

C 型　体形瘦小，上身前倾，五官雕刻粗糙草率，人体比例不协调，高约 17 厘米左右。标本 2001CQJC:166，通高 17.4 厘米。由整块蛇纹石化大理岩雕刻而成。人像申字形脸，体形偏短，脸形瘦削，高鼻梁，鼻翼较短，颧骨高耸，下颚凹下，耳朵肥大，头发从头顶向两侧分开并微微上翘，至前额和脑后又微微内束，无辫发。脚趾着地，身体跪坐其上，身微微前倾。面部雕刻较为粗糙，左眼已模糊不清，右眼仅残存一部分阴线，用朱砂涂目。嘴仅用一条阴线表示，也以朱砂填涂。双手于背部交叉下垂，交叉处未刻划出绳索，仅手指与掌间阴刻一条凹线，似为未完工之作。两手掌间也未分出界线，仅凿出了粗壮的 7 个指头[2]（图三）。

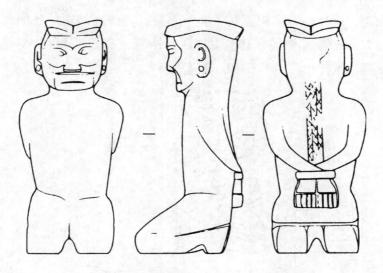

图二　B 型石跪坐人像（2001CQJC：212）

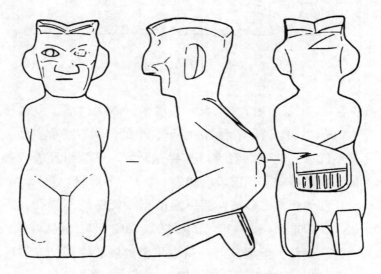

图三　C 型石跪坐人像（2001CQJC：166）

（二）动物类

金沙出土的动物类石雕有石虎、石蛇、石鳖等。

（1）石虎

共计出土 10 件。从其形制大体可分成两类。

A 型　一般身长在 28 厘米左右，高 19～21 厘米。标本 2001CQJC：211，整器呈灰黑色，石料上有大量的灰白色条状斑纹，石料的自然斑纹近似老虎的虎斑纹。虎呈卧姿，直颈昂首，虎头及颈较虎身大，虎口大张。从正面看虎口呈方形，四角各雕一硕大的三角形犬齿，上、下颌各雕四颗门齿。虎口的后壁保存两个大小基本相等的管钻痕。从侧面看虎口呈三角形，虎口的后部两侧又各有一小钻孔。虎额的两侧各阴刻五道胡须，其后阴刻两个"目"字形眼和橄榄形耳。虎口内管钻面、眼睛、耳部、胡须上都涂有鲜艳的朱砂。虎臀部有一圆形小孔[3]（图四、图五）。

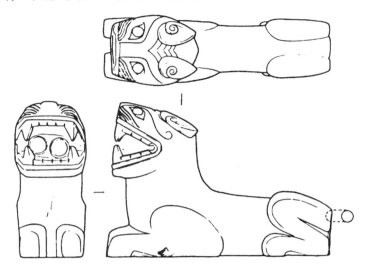

图四　A 型石虎（2001CQJC: 211）

B 型　一般身长在 19 厘米左右，高 15～18 厘米，体形稍小。多选择蛇纹石化岩雕成，石质较差。标本 2001CQJC: 3，虎呈伏卧姿态，头部偏大，身躯稍短。嘴部张合较 A 型更大，虎口仍为管钻而成，从侧面看虎口呈半椭圆形，其边沿还曾有打磨，在其四角凿出四个三角形犬齿，只是右侧下部一齿已缺失。"目"字形眼，卷云耳。胡须雕琢不明显。虎口内、眼睛、耳部均涂有朱砂。臀部后面也有一管钻的小圆孔，圆孔边沿涂抹有胶状物质。高 17、长 18.5 厘米（图六）。标本 2001CQJC: 187，虎伏卧，头大体短。虎口右侧上下四角凿两犬齿已残缺，但残缺处残留下黑色的胶状物质，其右后腿也有黏接痕迹，说明该器曾被多次使用。高 15.5、长 18 厘米（图七）。

图五　A 型石虎（2001CQJC: 211）

图六　B 型石虎（2001CQJC: 3）

（2）石蛇

出土6件。可分为两种不同的造型。

A型　蛇身盘绕作"S"形。标本2001CQJC：719，蛇首呈三角形，头微昂，圆眼向上，黑色眼眶，眼珠涂朱砂，黑色瞳孔，眼珠与瞳孔间有一圈白色的过渡。扁嘴大张，吻部呈尖状略弧，口内涂朱砂，触须（蛇信）上卷。眼后与颈之间涂一似螺纹的朱色弧线，似为耳[4]。整体造型简洁凝练，充满动感，眼睛生动传神。身长41.8、通高5.4厘米（图八、图九）。

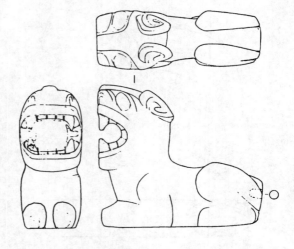

图七　B型石虎（2001CQJC：187）

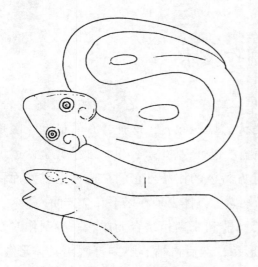

图八　A型石蛇（2001CQJC：187）

图九　A型石蛇（2001CQJC：719）

B型　蛇身作"L"形。由于石质风化严重，其头部具体情况不明，仍有张开的三角形嘴，内涂艳丽的朱砂。这一类型整体处理较粗糙，不如A型石蛇造型饱满，形象生动（图一〇）。

（3）石鳖

仅发现1件（标本2001CQJC：642）。石质为砂岩。身体呈卵形，体肥硕，三角形头部前伸，四肢短小后缩，腹部扁平，全身打磨。具有强烈的写意色彩（图一一）。

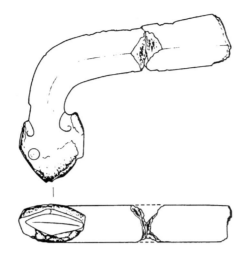

图一〇　B 型石蛇（2001CQJC: 457）

图一一　石鳖（2001CQJC: 642）

二、石雕的制作技术

　　金沙遗址出土的石器质地据矿物学鉴定结果，其石质有蛇纹石化橄榄岩、蛇纹岩、蛇纹石大理岩、砂岩、板岩等。石虎、石蛇、石人等属蛇绿岩，这种岩石的最近产区是成都平原西北边缘的彭州山区的龙门山一带，距金沙遗址仅 40 余公里[5]。因此金沙遗址的石刻雕塑品是就近取材制作而成的富有强烈地方特色的作品。它们在造型上成熟而稳重，在形象上丰满而传神，在雕刻技艺上简练而娴熟。具体表现在以下几个方面：

　　（1）精心选材，依料施工。这些作品通常为圆雕和线刻相结合而成。一般制作时是首先在一块整石上打出人物（或动物）的基本形态，然后再精心雕刻打磨出具体形象。人物形象在其瞳孔的处理上非常巧妙地利用了石质本身的纹理及色差来表现其特征，因此层次分明，从而使人物充满了感情色彩，他们的个性和丰富的内心世界从五官的不同处理中反映出来：或悲怆、或惊恐、或平静、或苦涩、或茫然。石虎的制作也是充分利用石料本身的纹理与天然色泽。如出土的 C: 211 为一块天然蛇纹石化橄榄岩，其黑色的石料上遍布的白色纹理正好利用来表现老虎身上的斑纹。石蛇仍是利用一块石料，剔除其边沿余料，中部起脊，下部磨成一个平面，以使横截面成为一个半圆形。

　　（2）雕刻时均以对称法处理构图。如石刻人像是以头顶发际、眉弓、鼻梁、双腿之间为构图的中轴线，这样使整个石雕显得匀称；人物面部肌肉凹凸明显，突起的眉弓、颧骨与凹陷的面部之间自然的连接，增强了立体感。石蛇从头至尾从中部起脊，形成流畅的线条，蛇后颚亦用朱砂对称地画出两道翻卷至头顶的纹饰，这样就使整个形象富有了立体感和动感。

　　（3）充分利用色彩对比。人物眼睛多用彩绘形式描绘，外眼眶的黑彩线条，实为利用石质本身的肌理效果，眼睑涂上红彩（现色彩变淡），眼仁为白色，以达到传神的目的。石虎嘴部满涂朱砂，胡须间、头顶耳间也涂之以朱砂，色泽艳丽，充分表现了虎的威严与凶猛。石蛇仍是在嘴部涂着鲜艳的朱砂，以红黑两种色彩勾勒出眼睛，中间眼仁部分间之以白色颜料，头顶还描绘出红色上卷的蛇信，整个五官被渲染得层次分明。

　　（4）突出重点，刻划细腻，手法简练。人物身后的发辫以细线刻划，凿出凹槽以表现绳索。人像身躯雕刻简练，省略了肌肉骨骼的细部，但肩膀、双臂、双腿、臀部转折圆润光滑，无明显的块面感，所以仍充分显示出人物体魄的健壮和饱满。人物类作品雕刻过程中的重点是细腻刻划人物头顶上奇异的发式、脑后的发辫、绑手的绳索；渲染的是人像的跪姿及被反缚着的双手。其目的在于要交代这个可能来自于异族人物身份，突出的是其臣服与卑贱低下和受奴役虐待的地位。动物类雕刻重点也是放在了头部的表现上。如2001CQJC：211石虎张开的方状大嘴，在其嘴部先从其侧面用一管径约1厘米的工具钻出一块空间，在嘴的底部再用径约2.5厘米的管状物钻出一个或两个平行的面，以表现其喉部。管状的喉部涂满了鲜艳的朱砂，表现出老虎的狰狞与残忍。虎头部分凿出胡须、牙齿、眼睛，以线刻和彩绘相结合的方法细腻地表现其细部。石虎整体雕刻细腻，造型完美，特别是腿部的肌肉表现生动，充满力量，神态宁静而威严。是商周时期不可多得的石雕艺术精品。石蛇是三角形头，圆眼睛，长卷的蛇身，盘曲的身躯，雕塑者正是抓住了毒蛇的基本特征，表现了它正要吐出置人于死地的毒汁的一瞬间，从而刻划出其阴险而恐怖。

　　此次金沙遗址出土的石雕作品从雕刻技法看已经显得非常成熟，审美意识也具有较高水平。人物或动物往往在五官上涂有朱砂，其造型比例协调，虚实的处理详略得当。人物的侧面或动物的整体形态都呈现出"S"形造型风格，这样就使表现对象在静止状态下呈现出了一种强烈的动感和韵律感。人物和动物的身体结构交代清楚，表现概括、凝练、传神，简与繁、粗与细、凸与凹处理恰当，体、面、线有机并用。雕塑者的写实技巧与形象塑造能力已达到了较高水平。他们在进行艺术创作时，紧紧抓住事物的主要特征（五官、中分发式、辫发、绳索、喉部、蛇身），从而表现了人物的族属、身份地位，动物的威猛与狰狞。至于无关紧要处，则简化省略，不做具体刻划。雕塑者正是通过对五官的重点刻划，才在不经意之间传递出了自己对现实人物与动物的感受。这种情绪与感受的传达是在不知不觉中自然流露出来的，而不是工匠刻意而为之的。

三、石雕作品的比较和几点认识

　　玉石雕刻人物或动物的形象早在新石器时代晚期就有发现，如红山文化、大溪文化、石家河文化、山东滕县大汶口遗址、安徽含山凌家滩遗址中都相继出土有玉龙、玉猪、玉人面、人头像等。1999年在三峡湖北库区柳林溪遗址还发现了坐式人像，说明我国雕塑工艺发展源远流长。与金沙遗址这批石雕作品最为相似的材料，过去在河南安阳殷墟、四川广汉三星堆遗址、成都市区内都有发现。殷墟妇好墓出土的玉雕人像，大多作跪坐形，均双手抚膝，表情各有特点，衣冠、发式也各不相同，有的可能属于不同社会阶层，同时也有性别和年龄的差异[5]。侯家庄大墓 HPKM1550 翻葬坑中出土石虎一件，"作伏卧状，方形头，'目'字形眼，细眉歧出，两耳向上，身短而肥，尾下垂，尾尖上卷，短尾上翘，背部雕云纹，尾为节状纹。主纹均为双线阴刻"[6]。HPKM1500 南墓道还出土一对大小相若、两两相对的石虎，其造型仍是"作伏卧状，方头，'目'字形眼，大鼻粗眉，臀部略拱起，短尾上翘。腹下有一条竖直浅槽"[7]。小屯 F11 出土的一件石虎"昂首张口，石料呈红褐色，有条状纹，恰似虎背上的花纹"[8]。其雕塑手法与金沙石虎有几分相似之处。1984 年成都广汉三星堆附近西泉坎一建筑基址内和三星堆遗址中发现了两件石像，石质均较差，其头部已损坏，但从躯干的轮廓可看出其造型与金沙遗址的石人像非常相近。三星堆博物馆 2001 年底调整展览厅后，展出了 1999 年三星堆月亮湾遗址出土的一件石虎照片，从其造型看与金沙所出的 2001CIQJC：187 形态、大小相同。此外展厅内还陈列了一件定名为"蛇鹰阴阳形器"，其造型特征与金沙的 A 型石蛇如出一辙[9]。1983 年在成都方池街四川省总工会建筑工地中出土一件高约 50 厘米的青石质石雕像，其"面部粗犷，颧高额突，双耳直立，瘦长的脸上横着一张大嘴，头发由中间分开向左右披下……赤身裸体，双手被紧紧地捆缚在身后，双腿弯曲，双脚下跪于地"[10]。现美国芝加哥艺术学院收藏有一件用黑色的玉石材料雕刻而成的高 20 厘米的人像，其通体磨光，正面也是"跪座的姿势，双手像是用一根粗绳捆于背后。头顶的头发从中间分开，像一本打开的书，每边都是一组平行线纹，脑后的辫子刻成辫索状直垂到手腕，两只特大的扇风耳，内刻螺旋线，而且两个耳垂上有穿孔"[11]。

　　根据以上这些材料，我们对金沙遗址出土的石雕作品有了以下几点初步认识。

1. 关于金沙石雕作品的年代

　　金沙这批石雕作品都出自于遗址东南部的"梅苑"地点东北部。"梅苑"地点进行的考古发掘，共布 5 米 × 5 米的探方 145 个，发掘面积 3625 平方米。机挖的三条沟主要位于考古发掘的探方ⅠT8203、ⅠT8204、ⅠT8103、ⅠT8104、ⅠT8303、ⅠT8304、ⅠT8105内，面积约 200 平方米。"梅苑"地点的发掘，在 2002 年以后因为遗址保护等原因陆续停止，所有探方均未发掘至生土。从机械挖掘沟的剖面分析，该区域内文化堆积厚度近 5 米，文化层至少可分为 16 层。目前大部分探方仅发掘至第 8 文化层，发掘深度约 1.2 米，个别探方发掘到 12 层。地层堆积及包含物情况主要为：1～4 层为汉以后堆积；第 5 层出土有喇叭口平底罐、直口尖底盏等器物，与成都市新一村遗址第 8 层出土的同类器物基本相同，时代约当春秋前期[12]，该文化层在"梅苑"区域仅有局部分布，该层下遗迹单位开始有少量玉器出土；第 6 层出土遗物较少，以敞口平底罐、尖底杯为主，和十二桥二期文化出土的同类器物相似，其时代当在西周后期至春秋前期，该层下叠压的遗迹单位出土玉器数量开始增多。第 7 层出土的陶器以夹砂陶为主，也有少量的泥质陶，器类有敛口尖底杯、敛口尖底盏、圈足罐、高领罐等，这类器物与十二桥文化一期晚段的同类器物相同或相近，其时代当在西周早期[13]，该层下的遗迹单位中出土了大量的玉器、金器、铜器、石器和象牙器，在该层的遗迹单位中发现有少量石虎残件与玉器一起埋葬。已发掘的第 8 层至第 12 层出土的陶器极少，以夹砂陶为主，泥质陶尖底杯数量较少，与十二桥文化一期的器物组合及器物特征相似，时代约当商代晚期。8~12层下叠压的遗迹单位中出土了大量的玉器、金器、铜器、石器。尚未发掘的地层及其下的遗迹从机挖的剖面分析，器物仍以玉器、铜器、象牙为主，时代当略早于第 12 文化层，但早不过商代晚期。在编号为 L19 的遗迹单位中发现石跪坐人像、石虎、石蛇、石璧摆放在一起祭祀的现象，该遗迹单位位于第 12 层之下，年代约当商代晚期之际。从机挖沟中采集了石跪坐人像 10 件、石虎 8 件、石蛇 9 件，因此可以确定石刻圆雕作品的年代上限应在商代晚期，下限可能不超过西周。

2. 关于金沙石雕作品的性质

三星堆西泉坎遗址石人所出地层里，有大片的红烧土堆积，方池街出土的人像旁有凿孔和烧痕的人头盖骨，说明石人像与祭祀礼仪活动有关。目前在"梅苑"北部这一区域内发现了多处与祭祀活动有关的遗迹。①以出土金器、铜器、玉器为主的遗迹。其中金器有射鱼纹王冠带、面具、金箔太阳神鸟饰、鸟首鱼身纹带等。铜器有立人、人头、鸟、牛首、璧、戈、铃、挂饰、眼形器等。玉器有琮、璧、璋、圭、钺、戈、矛、贝、人面、镯、环等。这些器物规格极高，制作极精细，大多鲜艳如新，完全看不出使用过的痕迹，应都是与祭祀礼仪活动密切关联的神器或礼器；②出土大量象牙遗迹，长达1.2~1.8米弯曲而巨大的象牙极有规律地放置在一起，重重叠叠，有的象牙还被整齐地切割过，方向一致的置放着；③出土数以千计的野猪獠牙和鹿角的遗迹，獠牙无一例外都是选择的野猪的下犬齿，在獠牙与鹿角中还伴存着一些玉器、美石和象牙；④出土大量石璧、石璋为主的遗迹，这些石器都倾斜摆放着，层层叠压，器物之间用黄土相隔，周围没有发现房址和与制作有关的残料，所以推测它仍与祭祀活动有关；⑤出土大量卜甲的遗迹，卜甲都为龟腹甲，上有密集的烧灼而成的圆孔。在这一区域内的探方地层中发现了石跪坐人像与石蛇放置于一个遗迹单位中，人像和石蛇、石虎都是在头部涂朱。而在 12 层下的遗迹单位 19 号遗存内又发现石跪坐人像、石虎、石蛇、石璧组合并很有规律地放置在一起的现象，特别是石跪坐人像与石虎出土时并置一处，虎口正对人的胸膛，其特殊的摆放形式具有强烈的宗教含义，更是充分表明了人像、石虎、石蛇应都是作为特殊的祭祀物品，以用于古国古族的宗教祭祀礼仪活动中。

艺术来源于生活。"从古至今任何形式的造型艺术作品，都是受到人的生活和自然界的启发。是美术家个人的感受、情绪和各以自己独具的形象方式创作出来的，作品的内涵和形式是一致的"[14]。

首先，石跪坐人像应是商代以来人祭（人牲）现象的真实反映。人祭就是将人像牛羊猪等牲畜一样供奉给祖先、天地和山川神灵[15]。商代在祭祀与墓葬中盛行人祭活动。

甲骨卜辞与考古上都有这方面的材料。人祭现象最早发现于属商代早期的二里头晚期遗存中，以商代晚期最为盛行。在河南安阳后岗、大司空村和西北岗都发现了大量的人祭坑[16]。这些人牲大多是战俘，其中部分是奴隶。据甲骨卜辞中的记载，每次祭祀所用人数不等，最多的达三四百之众。1959 年在江苏省铜山县丘湾发现的商代晚期杀人祭社遗迹中，"其中心竖立 4 块天然大石块，中间一块最大，略呈方柱形。周围有人骨 20 具，人头骨 2 个和狗骨 12 具，均头向中心大石块。人骨无墓圹，无葬具和随葬品，葬式均为俯身屈肢，双手反缚于背后，死者皆为中青年。这种情况表明这是一处祭祀社神的场所，中间大石块是祭祀的中心，象征'社神'即土地神，所埋人骨是祭祀的牺牲者。有人认为是商代东夷的祭祀遗存"[17]。可见人祭是商代晚期祭祀遗存中的重要组成部分。在古文献中也有许多这方面的材料。《墨子·节葬》中记"天子杀殉，众者数百，寡者数十；将军大夫杀殉，众者数十，寡者数人"。人祭这种现象一直延续到西周，乃至东周还有零星发现。金沙石跪坐人像的造型与丘湾的人骨特点极其相似。但它却是以石刻的人像代替了过去的活人祭祀，无疑这是一种社会进步的表现，同时也是对以往文献和考古材料的修正。"象人而用之"，模拟真人形貌的偶人俑，在以前的考古资料及文献材料中都表明至少是在春秋晚期才出现的。目前金沙遗址出土的这一批形象相似、造型相同的石人，说明四川盆地至少在西周早期就出现了人祭的替代品，并且可能已有专门部门在大批量的生产和制作这种雕像，其目的是用于方国频繁的祭祀活动。

其次虎、蛇的形象应是古人动物崇拜、神灵崇拜思想的一种反映。到目前为止，考古发掘出土的各类老虎造型众多。虎的造型，早在新石器时代中期的仰韶文化遗址中就有出现。1987 年在河南濮阳西水坡距今 6000 多年的第 45 号墓中，发现墓主人身体左侧用蚌壳铺塑了一只虎的图案。以后在距今 5000 多年前的安徽凌家滩遗址里出土了的虎首玉璜，在湖北的石家河文化中发现了玉质虎。在河南安阳的侯家庄西北冈及小屯的商代大墓还出土了玉石雕刻虎，许多大型青铜礼器上也铸造出虎的形象。在四川广汉三星堆遗址里有造型笨拙的石虎，两个器物坑中内又出土了金虎和铜虎。这些虎的形象林林总总，大都采用的是平面雕刻的手法。而这种凶猛中有温顺，宁静中有动感，造型完美的圆雕石虎目前则仅见于金沙遗址，这是我国商周时期圆雕艺术品的杰作。殷墟玉虎的方头造型与金沙石虎头形相似，这应是一个大时代艺术风格相互影响的产物。金沙遗址发现的石虎一般都有四齿，可个别石虎只存三齿或二齿，但在残缺处均发现有某种胶状物质，似乎曾对此处做过黏接处理，这一方面说明时人对这件器物的珍惜，另一方面也说明石虎可能曾被反复的利用于频繁的祭祀活动中。

在《后汉书·南蛮西南夷列传》中引《世本》记："巴郡南郡蛮，本有五姓：巴氏、樊氏、覃氏、相氏、郑氏……巴氏子务相……是为廪君……廪君死，魂魄世为白虎。巴氏以虎饮人血，遂以人祠焉。"因此过去研究巴蜀历史的学者们常把虎与巴人联系起来，认为巴人崇虎，虎可能是巴人的图腾。但从目前的考古材料看，虎的形象最迟在商代晚期就出现在川西地区古蜀国的统治范围内，而巴地发现的这类材料却没有早于战国晚期的[18]。此外在其他一些史书上还记载着当时西南地区的"賨人"、"夷人"等也是崇虎的部族。在广汉三星堆遗址及两个特殊的器物坑内，金沙遗址的祭祀区中相继出现题材相同、表现手法不一、质地不同的虎的造型（金沙遗址现已发现有石虎、漆虎、铜虎等），充分显示出古蜀人也是崇虎的部族之一。虎的造型在三星堆和金沙遗址内大量的出现，也表明两地在宗教祭祀活动以及意识形态方面存在较强的共同性。

在以往的考古资料中在陶器、铜器上见到蛇的形象较多。1978～1980年考古学家们在山西襄汾陶寺新石器时代晚期墓地中，发现了距今约5000年前的一件彩绘陶盘（M3072:6），其内壁上精心地用红、黑两色绘出一条蟠龙的图案[19]，它的口中长满利齿，身躯上自中脊两侧遍体覆盖朱墨相间的大片鳞甲，环曲蟠蜷的身体，构成神秘而庄严的氛围[20]。该图案实际上绘的是一蛇首蛇躯、口中吐信的动物，应为龙山文化时期蛇的写实作品。在河南驻马店杨庄出土的二里头时期的陶鼎残片上，"鼎的腰部饰一条绕鼎一周的陶蛇，蛇身由一根泥条盘成，蛇首贴住蛇尾"[21]。蛇纹在偃师二里头二～四期的陶器中也较为流行，多为"S"形，头作扁圆状、双目竖立、身躯卷曲的造型[22]。商周两代陶器上仍有蛇纹出现，同时在青铜器上蛇纹也成为一种常见的装饰纹样。在殷墟二期铜器上蛇纹有时被设计成盖纽或提梁，有时又出现在鸟的双翅上，作蟠卷状[23]。殷墟晚期至西周初期的铜器上见有独体的蛇，双眼突出，身躯粗壮，中部向下弯折，身上有鳞，尾上卷，每一条蛇就组成一个纹饰单元，以数个头尾相接横向组成带头纹饰[24]。在三星堆二号坑中亦出土10件铜蛇形器，蛇形器身躯大多为"S"形，呈蟠曲状，头微上昂，头上有耳、长眼，眼球呈圆形凸起，尾上卷，蛇身上还装饰有菱形云纹、羽翅纹、卷云纹，有的腹部还饰有鳞甲[25]。春秋中晚期至战国早期之时在青铜器上出现两条或两条以上的蛇，相互蟠绕构成一个纹饰单元，再重复出现，布满器表的蟠虺纹。最常见的蟠虺纹图案通常是由两条小蛇按斜角方向纠结成双"8"字形，又有一条小蛇按另一斜角自弯成"S"形（或两条小蛇以尾相连构成"S"形），被叠压于双"8"字形下。战国早期还有由一条小蛇自身弯曲成"S"形，并且向上下左右延展重复出现，密布于器物表面的纹饰，通常也被称为蟠虺纹[26]。在安徽巢湖大城墩西周墓地M1中发现一件陶蛇，摆放在死者身旁，造型逼真，但身躯不全[27]。石质雕刻的蛇考古材料中少有发现，殷墟出土大量石雕动物形象，独不见蛇的造型[28]。广汉三星堆遗址中至今也仅见一件石蛇形器，金沙遗址祭祀区里出土的10余件石雕蛇应是目前我们见到的数量最多、雕刻最精美的圆雕石蛇的形象。

在三星堆遗址和金沙遗址中相继发现石蛇形象不是偶然的。古史中早有"巴蛇吞象"的传说，说明四川地区由于气候的湿润，可能常有巨蛇出没。在中国最早的神话传说《山海经》里，蛇的形象则多数常与"神"、"神人"或英雄结合在一起。如作为远古神人代表的女娲伏羲以及"盘古"、"共工"、"共工之臣"等都是"人首蛇身"的形象。《山海经·大荒西经·郭璞注》记"女娲，古神女而帝者，人面蛇身，一日中七十变"；《帝王世纪》"燧人之世，……生伏羲……人首蛇身"。《山海经》中甚至还有"烛龙"、

"烛阴"的怪异形象。《大荒北经》记"西北海之外，赤水之北，有章尾山，有神，人面蛇身而赤，……是谓烛龙"。《海外北经》记"钟山之神，名曰烛阴，……其为物，人面蛇身而赤色"。这些记载都说明蛇同神、人有着某种特殊的联系。闻一多先生在《伏羲考》中认为作为中华民族象征的"龙"的形象，就是蛇加上其他各种动物而形成的，它是以蛇身为主体，"接受了兽类的四脚，马的毛、鬣的尾，鹿的脚，狗的爪，鱼的鳞和须"。著名美学家李泽厚先生则进一步认为这些所谓的"其神皆人面蛇身"，实即指这些众多的远古氏族的图腾、符号和标志，众多的龙蛇可能意味着以蛇图腾为主的远古华夏氏族、部落不断战胜、融合其他氏族部落，即蛇图腾不断合并其他图腾逐渐演变而为龙。因此蛇的形象其实是与龙的崇拜紧密相连的[29]。

　　《山海经·海外北经》记："西海诸中，有神，人面鸟身，珥两青蛇，践两赤蛇，名曰逼兹。"《海外西经》记"开明西有凤皇、鸾鸟、皆戴蛇、践蛇、膺有赤蛇"，还记有"巫咸国在女丑北，右手操青蛇，左手操赤蛇，在登堡山，群巫所从上下也"。说明蛇在古代祭祀活动中可能起着较重要的作用。远古时期人民的生产力水平低下，人在同大自然较量的过程中，常常被各种凶禽猛兽所威胁。《韩非子·五蠹》中曾记叙"上古之世，人民少而禽兽众，人民不胜禽兽虫蛇"。殷墟甲骨文中的"攺"字，作以杖击蛇形（它即是蛇），表明常常毒伤人类的蛇在当时可能被认为是不可战胜的神秘与邪恶之物，为人所畏惧。或许《山海经》中的这些神就是当时的巫师，他们正是借助人们对蛇的崇拜与畏惧，操蛇玩蛇从而成为时人心目中的英雄——神。于是蛇便成为巫师的工具、神的助手，作为原始宗教巫术活动中的重要道具之一，在祭祀活动中，为巫师所利用，以达到震撼和掌控人心的效果。金沙石蛇出土时有的和石虎、石人、玉璧伴存，有的与玉质礼器、金器等一起埋藏，说明石蛇可能是古蜀国巫术活动中的重要道具之一，在古代宗教祭祀活动中起着较为重要的作用。三星堆出土的石蛇虽无明确的出土地点，但其性质也应与金沙石蛇相同。石刻圆雕蛇在三星堆遗址与金沙遗址祭祀区中的相继出现，一方面反映出蛇在古蜀先民的祭祀活动中的重要作用，另一方面还体现出古蜀石雕工艺技术的发展与演变。

3. 关于跪坐石人形象的种属

　　首先我们认为它是一种战争的俘虏或奴隶的形象，在族属上它与统治成都平原的古蜀族可能有本质的区别。过去曾有学者将它作为蜀族先民——氐羌的形象，认为它的形体"正面看上去很像甲骨文的羌字"[30]。但据《后汉书·西羌传》记载"披发覆面，羌人因以为俗"。童恩正先生曾在《古代的巴蜀》中指出："在远古时代，有着这样的氏族从川西高原进入成都平原的边缘地带，这支就是以后蜀族的祖先了。"作为蜀族祖先的氐羌族在古蜀部落联盟中应是居于主导地位。从三星堆祭祀坑中出土的那些各式各样的青铜人面像、人头像所体现出来不同的服式、冠式以及发式，二号坑中所出土的青铜大立人的形象来看，三星堆社会应是"一个以蜀王为核心的，有着众多族类君长拥戴的统治集结构"[31]。金沙石人像头顶的发式和背后的发辫不同于三星堆铜人的发式，也不同于金沙遗址出土的青铜立人，它们的姿态大相径庭，这可能与其在祭祀活动中各自所扮演角色性质的不同有关。三星堆青铜大立人及金沙的小铜立人都站立于高高的方（插）座之上，威严高贵，与双膝下跪、双手反缚的石人形象成了鲜明的对比。两者之间应有着迥然不同的身份与地位。它们一尊一卑，一贵一贱，等级是这样的悬殊，反差是如此的强烈。如果说青铜大立人是大王或大巫师，是统治者和征服者的代表，跪坐的石人就是处于从属地位的被征服者和被统治者形象的真实写照。因此把蜀族先民——氐羌族认作石人的种属，显然不太妥当。那么这种头顶"像一本翻开的书"似的中分发式，而两侧头发又被削掉，后面又留着长长辫发的人物究竟来自于何处呢？我们在历史文献及考古发掘中或许能寻到一点蛛丝马迹。《史记·西南夷列传》里记载有"西南夷君长以什数，夜郎最大；其西，靡莫之属以什数，滇最大；自滇以北君长以什数，邛都最大。此皆魋结，耕田，有邑聚。其外，西自同师以东，北至楪榆，名为嶲昆明，皆编发，随畜迁徙，毋常处，毋君长，地方可数千里"。在四川茂县牟托一号石棺墓中出土一件牛头纽盖的漆绘罐上所绘人头像发式为辫发三根，表明岷江上游石棺葬人可能为编发之民。在三星堆遗址和金沙遗址中都发现了产于印度洋的白色的齿贝以及大量的亚洲象牙。此外这两处遗址中发现的一种重要的玉器——凹刀凿形器[32]，目前在云南东南部、广西西部及越南冯源文化等青铜文化遗址中有所见，而金沙遗址中出土的一件带边栏的玉璋与越南长睛遗址中一件玉璋形制几乎相同[33]。另一方面三星堆青铜器所含铅、锡以及所表现出来的合金特征，与中原所出铜器不同，而与云南出土的青铜器却极为相似。这可能与云南具有极丰富的铜矿资源相关。以上这些现象充分说明古蜀国在较早时期就与南部地区有了紧密联系与文化交流。对外来物质的控制与对其文化施加的影响反映出古蜀国可能在商代晚期至西周时期已经控制了南中地区。而这种控制的途径段渝先生认为有两种："一是通过观念和技术的直接传播来影响南中各族，一是通过直接或间接的强权来统治南中各族，至少也是以强权作为强大的后盾和暴力制裁的威慑力量的。"[34]虽然目前尚未发现古蜀国对西南地区征服活动的遗迹现象，但我们注意到在三星堆一、二号祭祀坑及金沙遗址中都出土了大量的锯齿状青铜戈，这种兵器显然是来源于现实生活中，这从一个侧面反映了当时军事征服与扩张斗争的激烈程度。古国的统治者把这种有效的兵器大量的用于宗教祭祀活动中，这既是一种对胜利的讴歌，对强权的礼赞，也是其征服其他民族军事活动的间接证据。因此我们有理由认为这些石人的种属可能是来自于西南夷，是那些被征服的西南地区的少数民族形象，而并非是氐羌族人。

4. 金沙石雕作品与殷墟玉石雕刻品的比较

曾经有学者将殷墟玉人像与成都所出石跪坐人像相比较，认为可能是同出一地的作品[35]。但殷墟玉人其头上发式不同，双手多抚于膝上，而且身上总是刻划出当时较流行的蛇形纹和云纹图案，往往有衣饰的交代，人物的身体比例不太协调，头部显得过大，两眼距离太近。而金沙石跪坐人像都为裸体，通体无衣饰的交代，人像身体比例基本协调，尤其突出而又生动描绘的是人物的五官。山土于三星堆、方池街、金沙遗址和传世在美国芝加哥艺术博物馆的石雕跪坐人像具有强烈的共性，不见于中国其他同时期的考古遗存中，说明该类器物具有鲜明地地域性色彩。

还有殷墟出土的玉石虎，多方首卷尾，都对虎尾进行夸张，着重强调的是虎尾的强劲有力，同时虎身如人身，其上雕刻出了繁复的纹饰，身体从头到尾呈一条直线，体显得肥大，而毫无曲线之美。金沙遗址石虎的造型则非常优美，重视虎嘴的刻划，充分利用当地玉器加工技术中成熟的管钻技术，刻划出吃人的血盆大口。虎的造型整体轮廓为一曲线，体态健美，体形匀称。而在每只虎的腿骨之间都留有一圆孔，虎尾则另作一个外接的物件，在使用时用木榫卯接[36]，造型上显得神采奕奕。可见无论是造型风格还是雕塑技法上殷墟的玉石雕刻品与金沙都存在有较大的差别。

5. 金沙石雕作品与三星堆遗址的关系

在三星堆祭祀坑里发现的大量青铜人像雕塑品，如青铜立人，执璋跪姿小铜人、跪坐铜人物，那是"目前所知中国古代最早的青铜人物立体雕塑"[37]。三星堆遗址中也曾发现的那些石跪人像、石虎或石蛇，其造型都相当粗陋、简单，雕刻技法还较为粗糙。而到金沙遗址时期，继承和沿袭了三星堆遗址石人、石虎、石蛇的象征意义、艺术风格和造型特征，但制作却更加精细。这时的石雕作品大多生动写实，形象饱满，刀法娴熟，说明金沙时期当地的石雕造型艺术已经进一步走向了成熟，并已形成了鲜明的地域特点和艺术个性。

总之金沙遗址这批石雕作品的发现，是研究商周社会形态发展以及雕塑工艺水平极为重要的实物依据，也是研究古蜀社会历史及手工业生产的极其重要的材料。同时，这批材料亦是目前我国所见时代最早、发现数量最多、雕刻最成熟的一批石刻立体圆雕艺术作品，因此它对于中国雕塑史的研究有着极其重要的意义。

注　释

[1]　　参见成都市文物考古研究所、北京大学考古文博院：《金沙淘珍》第 179 页，文物出版社，2002 年。

[2]　　同 [1]。

[3]　　同 [1]。

[4]　　同 [1]。

[5]　　中国社会科学院考古研究所：《殷墟的考古发现与研究》第 339 ~ 371 页，科学出版社，1994 年。

[6]　　同 [5]。

[7]　　同 [5]。

[8]　　同 [5]。

[9]　　目前这几件器物均存于四川三星堆博物馆展览厅内。同时也得到三星堆遗址发掘者之一阵显丹先生的证实。

[10] 吴怡：《成都方池街石人初探》，《成都文物》1985 年 1 期，第 49 页。

[11] 巫鸿：《关于眼睛——三星堆文化的两组雕像》，原载《东方（Orientations）》28.8（1997），58～66 页。

[12] 江章华、李明斌：《三星堆文化的兴起及其影响——古国寻踪》第 183 页，巴蜀书社，2002 年。

[13] 江章华、王毅、张擎：《成都平原先秦文化初论》，《考古学报》2002 年 1 期。

[14] 同 [13]。

[15] 张之恒、周裕兴：《夏商周考古》第 123～129 页，南开大学出版社，1997 年。

[16] 同 [15]。

[17] 《中国大百科全书·考古学卷》第 402 页，"丘湾社祭遗址"条目，中国大百科全书出版社，1986 年。

[18] 孙华：《巴蜀文化杂识》，《四川盆地的青铜时代》，科学出版社，2000 年。

[19] 中国社会科学院考古研究所山西工作队等：《1978—1980 年山西襄汾陶寺墓地发掘简报》，《考古》1983 年 1 期。

[20] 杨泓：《中国美术考古发现史——美术考古半世纪》第 45 页，文物出版社，1997 年。

[21] 北京大学考古学系、河南省驻马店市文物保护管理所：《驻马店杨庄——全新世中期的文化遗存与环境信息》，科学出版社，1997 年。

[22] 中国社会科学院考古研究所：《偃师二里头（1959 年～1978 年考古发掘报告）》第 94 页、第 197 页，第 302 页，图 52，11，图 125，4，图 200，1，中国大百科全书出版社，1999 年。

[23] 参见中国社科院考古研究所：《殷墟的发现与研究》第 290 页，科学出版社，2001 年。

[24] 朱凤瀚：《古代中国青铜器》第 391 页，南开大学出版社，1995 年。

[25] 参见四川省文物考古研究所：《三星堆祭祀坑》第 325 页，文物出版社，1999 年。

[26] 同 [24]。

[27] 安徽省文物考古研究所：《安徽含山大城墩遗址发掘报告》第 93 页，《考古学集刊》第 6 集，中国社会科学出版社，1989 年。

[28] 同 [23] 第 369 页。

[29] 李泽厚：《李泽厚十年集——美的历程》，安徽文艺出版社，1994 年。

[30] 吴怡：《成都方池街石人初探》，《成都文物》1985 年 1 期，第 49 页。

[31] 段渝：《古代的蜀国——玉垒浮云变古今》第 131 页，四川人民出版社，2001 年。

[32] 参见成都市文物考古研究所、北京大学考古文博院：《金沙淘珍》第 126～134 页，文物出版社，2002 年。

[33] 2001 年香港中文大学邓聪教授参观金沙遗址文物库房时见告。

[34] 段渝：《古代的蜀国——玉垒浮云变古今》第 114 页，四川人民出版社，2001 年。

[35] 吴怡：《成都方池街石人初探》，《成都文物》1985 年 1 期，第 49 页。

[36] 参见成都文物考古研究所：《金沙——21 世纪中国考古新发现》第 111 页，五洲传播出版社，2005 年。

[37] 杨鸿：《中国美术考古发现史——美术考古半世纪》第 71 页，文物出版社，1997 年。

（原载《考古与文物》2004 年 3 期，本次略有修改）

成都地区战国考古学遗存初步研究

李明斌

四川战国时期考古学文化，一般称为晚期巴、蜀文化[1]。就以成都为中心的川西地区的晚期蜀文化来说，它是相对于约当商至春秋时期的早期蜀文化[2]而言的。它们都是以族称命名的考古学文化。

成都地区的战国考古遗存发现较早[3]，独特的器物组合构成了一个特征鲜明的区域考古学文化。有学者进行了多方面的研究[4]，本文运用考古材料，并结合文献记载，就成都地区战国考古学文化的基本面貌与内涵、文化期别、年代及与周邻关系探讨等问题略抒管见。

一、典型遗存分析与研究

本地区战国考古遗存分遗址和墓葬两类形式，其中以墓葬发现的数量较多。

（一）遗址

发表有两处：上汪家拐街遗址[5]和青羊宫遗址[6]，以前者较为典型。

关于上汪家拐街遗址第4B层，报告将其定为西汉前期，而有学者认为其属"战国晚期及秦代"的堆积[7]。报告在地层堆积介绍中说"东部较薄，第4层以下即为原生堆积"。报告编撰者已经注意到，第4层的包含物有早、晚混杂的现象，这在我国软遗址堆积形成中是常见和普遍的，对它形成年代的判断，当以其所出包含物中年代最晚者为年代依据，而其中较早遗物的出现，一是堆积形成时对早期堆积翻动带入后世堆积，二是早期遗物一直延续使用至后期堆积形成的时期，但堆积形成的年代仍应以晚者为凭。根据报告发表材料，可将第4B层包含物分成两组（图一）：A组，鼎、豆、釜；B组，瓮、缸、平底罐；B组器物组合不同于A组，为新出现的器类，与四川西汉前期器物组合相符[8]。因此，第4B层年代应为西汉前期，与原报告判断一致。这样，第4B层就不在本文探讨的年代范围之内。

A组
T11④B:50
T11④B:3
T11④B:63
T8④B:2
B组
T11④B:55
T8④B:55
T8④B:52
T11④B:64

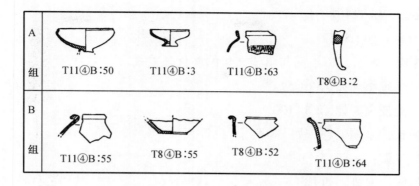

图一　上汪家拐街遗址第4B层陶器分组图

上汪家拐街遗址早于汉的地层单位有H6～H8和第5、6层。它们间的层位关系，可用如下联络图表示：

H6→H8 ⎤
　　　　⎬→⑤→⑥
H7　　 ⎦

下面对出土典型器物做类型学分析（图二）。

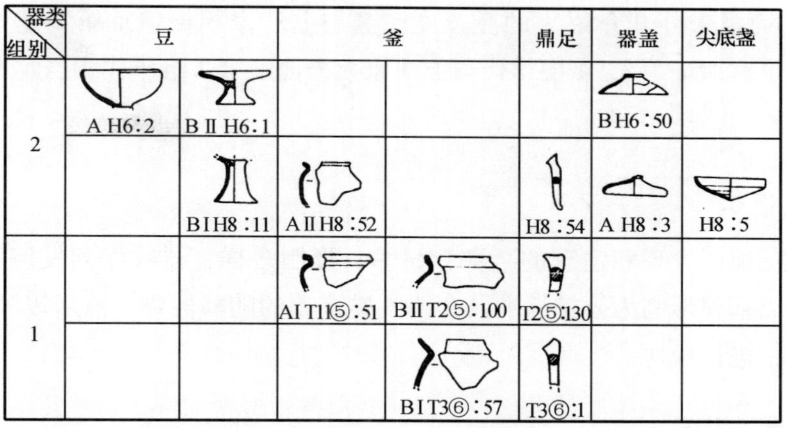

器类
组别
豆
釜
鼎足
器盖
尖底盏
2
A H6:2
B Ⅱ H6:1
B H6:50
B I H8:11
A Ⅱ H8:52
H8:54
A H8:3
H8:5
1
A I T11⑤:51
B Ⅱ T2⑤:100
T2⑤:130
B I T3⑥:57
T3⑥:1

图二　上汪家拐街遗址陶器分组图

豆　据盘的深、浅分二型。

A型　盘深。如H6:2。

B型　盘浅。依豆柄变化分二式。

Ⅰ式　柄较高。如H8:11。

Ⅱ式　柄变矮。如H6:1。

釜　根据腹的深度分二型：

A型　浅腹。以肩部变化分二式。

Ⅰ式　耸肩。如 T11⑤:51。

Ⅱ式　溜肩。如 H8:52。

B 型　深腹，宽沿。以沿面与口线夹角的变化分二式。

Ⅰ式　夹角较小。如 T3⑥:57。

Ⅱ式　夹角变大。如 T2⑤:100。

鼎足　瘦长，末端上卷。如 H8:54。

器盖　分二型：

A 型　弧壁，尖纽。如 H8:3。

B 型　斜直壁。如 H6:50。

尖底盏直口，斜壁内收呈尖底。如 H8:5。

综上，上汪家拐街遗址汉以前遗存可分 2 组。1 组：第 5、6 层，陶器以釜、鼎为组合[9]；2 组：以 H6、H8 为代表，陶器组合为豆、釜、鼎、尖底盏和器盖。两组陶器组合基本一致，两组陶器的形态特征表明它们前后依序发展，年代紧密相连，均属同一个时间刻度。

1958 年发掘的青羊宫遗址，发表器物较少，第 2 层出四铢半两，为汉代堆积；而第 3、4 层所出（简报未分开介绍）的豆、尖底盏与上汪家拐街遗址第 2 组同类器形制相近。因此，青羊宫遗址第 3、4 层年代与上汪家拐街遗址第 2 组年代相当。

（二）墓葬

本时期成都地区发现和清理的墓葬数量多，形制多样，器物序列发展清楚，组合时代特征明显。以墓葬形制为分类标准，介绍各类墓葬的随葬器物，然后以随葬器物为纬，串联各种墓葬，进行探讨。

1. 墓葬形制的分类系统

根据历年公布材料和最新研究成果[10]，可将成都战国墓葬形制分为三类：甲类，竖穴土坑墓；乙类，独木棺墓；丙类，木椁墓。

2. 随葬器物的类型学考察

以墓葬形制分类的标准，分别从分析典型墓葬入手，对其进行分组和随葬器物的类型学考察。

（1）甲类墓：竖穴土坑墓

该类墓发现较多，有：中医学院[11]、金鱼村[12]、无机校[13]、三洞桥[14]、西郊医院大楼[15]、金牛区圣灯公社[16]、枣子巷[17]、京川饭店[18]、金沙巷[19]、汽配厂[20]、罗家碾[21]以及大邑五龙[22]等，其中以中医学院、金鱼村、无机校、三洞桥、西郊医院大楼、金沙巷、汽配厂和大邑五龙的材料较为典型。根据随葬器物特点将它们分成三组。如表一。

表一

墓葬 分类 分组	甲 类	乙 类	丙 类
			大邑五龙1、2号墓
C 组	金鱼村7、14、18号墓 大邑五龙3号墓 金沙巷 汽配厂 京川饭店 枣子巷 金牛区圣灯公社	蒲江东北公社 彭县太平公社	
B 组	无机校 三桥洞 西郊医院 大楼	新都马家公社	
A 组	中医学院罗家碾 金鱼村1号墓		
		百花潭中学10号墓 大邑五龙4号墓	

A组：以中医学院和金鱼村1号墓为代表。都出土了形制相近的陶尖底盏，盘较深，直口，斜腹内收。铜戈的形制、组合近似，推断它们年代相当。A组典型器物有：陶尖底盏、釜、铜戈、剑、钺以及敦、鍪等。

B组：以无机校、三洞桥和西郊医院大楼为代表。无机校陶尖底盏，直口，浅腹。三洞桥出陶盒、釜。三洞桥铜剑及剑鞘与医院大楼者形制相近。三者间的铜戈、钺、矛等器物大多形制相近，三者年代应大体相近。B组代表性器物：陶尖底盏、盒、釜、铜戈、剑、钺、矛、鍪，本组新增铜鼎、罍、盒、壶、缶、匜等器类。

C组：以金鱼村7号、14号墓、金沙巷、汽配厂和大邑五龙3号墓为代表。陶器组合为：鼎、豆、釜，新出现大口瓮、釜甑、缶、圜底钵、器盖等，尖底盏还有零星出现（金鱼村14号墓出1件）；铜器组合有：戈、钺、剑、矛、鍪以及盘、盆、鼎、敦、壶、豆等。

对甲类三组墓葬主要器物进行类型学考察。

陶尖底盏　盘较深，直口，斜腹内收。如金鱼M1:9。

釜　根据腹的深度可分浅扁腹，口大，鼓腹，圜底近平者，如中:1；深腹，口较小，外侈，有颈，折肩明显者，如汽M4:2。

鼎（釜形鼎）　身为圜底釜，足瘦长，末端上卷，如汽 M3：7。

豆　盘均较浅，柄有高、中、矮三种。如大 M3：9。

缶　直口，双唇，直颈，溜肩，鼓腹，圜底下接圈足，上腹装四耳。如汽 M3：9（图三）。

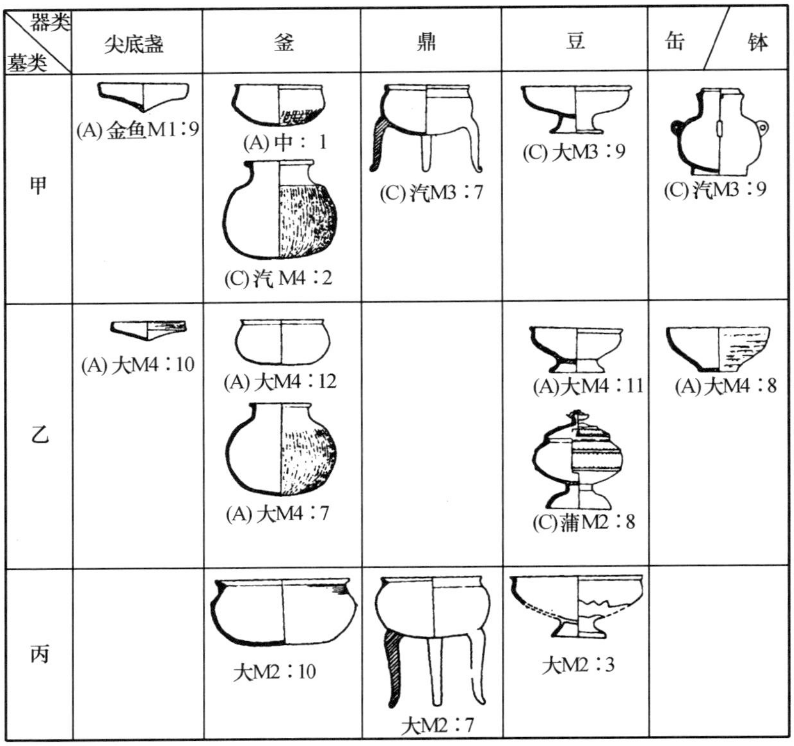

器类\墓类	尖底盏	釜	鼎	豆	缶 / 钵
甲	(A)金鱼M1：9	(A)中：1 (C)汽 M4：2	(C)汽M3：7	(C)大M3：9	(C)汽M3：9
乙	(A)大M4：10	(A)大M4：12 (A)大M4：7		(A)大M4：11 (C)蒲M2：8	(A)大M4：8
丙		大M2：10	大M2：7	大M2：3	

图三　成都战国墓葬陶器组合举例（说明：表中括号内字母为墓葬分组）

青铜戈　均直内。根据援、胡的形制特征可分五型。

A 型　援狭长且直，援末近阑处上、下斜张状如双翼。如金鱼 M1：2 等。

B 型　三角形援，无胡。依援部外形特征分二亚型。

Ba 型　援宽，呈宽底边等腰三角形。如中：12 等。

Bb 型　援窄，呈窄底边近似等腰三角形。如西：19。

C 型　似 A 型戈，唯下侧延长且末端有牙。如中：14。

D 型　中胡。依有、无牙分二亚型。

Da 型　胡末端向后突出一牙。如金鱼 M1：3。

Db 型　胡端无牙。如罗 M1：2。

E 型　援略呈梯形，顶部内折收成锋。如金牛 M1：7。

剑　依形制特征分三型。

A 型　柳叶形。根据柄部穿孔特点可分三亚型。

Aa 型　柄部上、下穿孔与中脊在同一直线上。如中：17 等。

Ab 型　柄部之上穿孔不在中脊线上。如中：16。

Ac 型　柄部仅 1 个穿孔。如罗 M2∶2。

B 型　中原式剑，有格。如无。

C 型　剑身呈斜长等腰三角形，有格。如金牛 M1∶4。

矛　根据锋刃（前锋、两翼）和骹之间的比例，并结合其他类型的墓葬出土器物，可分二型。

A 型　锋刃与骹之比为 1∶1。又依有、无系分为二亚型。

Aa 型　有系。刃有狭叶形、阔叶形。甲类墓葬仅有本亚型矛出土。如罗 M1∶7 等。

B 型　锋刃与骹之比约为 2∶1。依刃之宽度分二亚型。

Ba 型　窄刃。如三。

Bb 型　宽刃。如西∶28。

钺　长方形"烟荷包式"。分三型。

A 型　弧腰内收，弧刃。如中∶18。

B 型　内斜腰。又依刃部特征分二亚型。

Ba 型　圆刃。如西∶27。

Bb 型　弧刃。如金鱼 M14∶6。

C 型　直腰，弧刃。如罗 M1∶8。

鍪　侈口，束颈，鼓腹，圜底。有环形耳。根据耳的特征分二型。

A 型　大耳。如中∶7。

B 型　小耳。又依其腹部特征分二亚型。

Ba 型　鼓腹下垂，腹最大径偏下。如西∶4。

Bb 型　鼓腹最大径居中。如金牛 M2∶8。

鼎　附耳，兽蹄足，带盖，如三；立耳，足外撇，如金沙 M2∶17，该件器物的形制应为越式鼎[23]。

（2）乙类墓：独木棺墓

公布的材料有：大邑五龙 4 号墓[24]、成都百花潭中学 10 号墓[25]和新都马家公社[26]、彭县太平公社[27]、蒲江东北公社[28]等地的墓葬。新都马家公社墓既为独木棺，又有椁，可视为是带椁的独木棺，且其规格较高，并有较多非本地（蜀地）文化因素，本文将其归入独木棺这一大分类系统中。依随葬器物特征可分成 3 组（见表一）：

A 组：包括大邑五龙 4 号、百花潭中学 10 号墓。随葬陶器组合为尖底盏、釜、豆、器盖和钵等；青铜戈、剑、矛、钺、鍪、鼎、盒、釜甑等。

B 组：新都马家公社墓。器物组合为陶釜、豆；青铜戈、剑、矛、钺、鍪以及敦、鼎、壶、豆、缶、盥缶、罍、匜、甗等。

C 组：彭县太平公社和蒲江东北公社墓。陶器为釜、豆、器盖；青铜器则仅有戈、钺两类。

陶尖底盏　与甲类墓的形制相近。如大 M4∶10。

釜　有浅腹大口，如大 M4：12 等；深腹小口外侈，如大 M4：7。

豆　有矮柄、中柄两种，不见高柄者。如大 M4：11。新出带盖豆，如蒲 M2：8。

钵　直口，曲腹内收，假圈足小平底。如大 M4：8（图三）。

青铜戈　有 A、Ba、Bb、Da、Db 型。

剑　有 Ab、B 型。

矛　有 Aa、Ab、Ba 型。

钺　有 Ba、Bb 型。

鍪　有 A、Bb 型。

鼎　为附耳，兽蹄足，带盖。

（3）丙类墓：木椁墓

仅在大邑五龙[29]发现两座（1、2 号），文化面貌较一致。随葬陶器为鼎、豆、釜组合（图三）。青铜器有戈、剑、钺、矛、鍪和釜甑等。陶器、青铜器的形制分别与甲类 C 组墓、甲类墓同类器相近。

3. 墓葬期、段、组的划分

（1）文化分组

甲类墓，由于各墓地间没有直接的地层层位关系，根据随葬器物组合特征及型别变化，将甲类墓葬分为三个文化组，它们的代表单位分别是：

1 组：A 组墓葬；2 组：B 组墓葬；3 组：C 组墓葬。

乙类墓，乙类墓可分成三个文化组，它们的代表单位分别是：

1 组：A 组墓葬；2 组：B 组墓葬；3 组：C 组墓葬。

丙类墓，因材料较少，目前暂将两墓划归为同一文化组别。

以上各类墓葬各文化组的器物组合均见表二。

表二

墓类	组	尖底盏	盒	釜	鼎	豆	缶	圜底钵	器盖	大口瓮	釜甑	钵	戈A	戈B-a	戈B-b	戈C	戈D-a	戈D-b	戈E	剑A-a	剑A-b	剑A-c	剑B	剑C
甲类	3			√	√	√	√	√	√	√	√		√	√			√	√	√	√	√	√	√	√
甲类	2	√	√	√									√	√				√		√		√		
甲类	1	√		√									√	√		√	√	√		√	√			
乙类	3					√			√		√													
乙类	2			√	√								√	√	√			√		√			√	
乙类	1	√		√								√						√		√				
丙类	1			√	√	√								√				√		√	√			

矛				钺				鉴			敦	鼎	壶	釜甑	盒	缶	匜	罍	豆	盘	盆	圈足盘	盥缶	三足盘	鉴	瓿
A		B		A	B		C	A	B																	
a	b	a	b		a	b			a	b																
√		√	√	√	√	√		√	√	√	√	√	√						√	√	√					
√		√	√		√					√		√		√		√	√	√	√							
√					√			√	√		√			√												
			√																							
√				√	√						√	√	√	√			√	√	√	√	√	√	√	√	√	√
			√		√					√				√												

(2) 文化分段

从表二中反映的情况，综合各类器物新出、消失型别以及新增加的器类和各类组别间器物形制的近似性等，将这三类墓葬分成五段（表三），分别称之为Ⅰ—Ⅴ段。这五段的代表组别分别是：

Ⅰ段：乙类1组。

Ⅱ段：甲类1组。

Ⅲ段：甲类2组、乙类2组。

Ⅳ段：甲类3组、乙类3组。

Ⅴ段：丙类1组。

这样，综合得出各段代表性器物：

Ⅰ段：陶尖底盏，釜，豆，器盖，钵；铜Bb、Da型戈，Ab型剑，Aa、Ab、Ba型矛，C型钺，A、Bb型鉴，鼎，盒，釜甑。

Ⅱ段：陶尖底盏，釜；铜A、Ba、C、Da、Db型戈，Aa、Ab、Ac型剑，Aa型矛，A、C型钺，A型鉴，敦，釜甑。

Ⅲ段：陶尖底盏，盒，釜，豆；铜A、Ba、Bb、Db型戈，Aa、Ab、B型剑，Aa、Ba、Bb型矛，Ba、Bb型钺，Ba、Bb型鉴，鼎，敦，壶，盒，缶，匜，罍，豆，盆，圈足盘，盥缶，三足盘，鉴，瓿。

Ⅳ段：陶鼎，豆，釜，缶，圜底钵，器盖，大口瓮，釜甑；铜A、Ba、Da、Db、E型戈，Aa、Ab、Ac、B、C型剑，Aa、Ba、Bb型矛，A、Ba、Bb、C型钺，A、Ba、Bb型鉴，鼎，敦，壶，豆，盘，盆。

Ⅴ段：陶鼎，豆，釜；铜Bb、Db型戈，Ab、Ac型剑，Bb型矛，Ba型钺，Bb型鉴，釜甑。

(3) 文化分期及各期特征

根据各段器物类、型组合变化，结合器物形制特征及墓葬其他要素，可将成都战国时期墓葬分成三期五段（见表三）。各期特征如下。

表三

分期 分段 分组 分类	甲 类	乙 类	丙 类
三　V			1
三　IV	3	3	
二　III	2	2	
一　II	1		
一　I		1	

第一期：包括 I 、II 段。本期陶器组合为尖底盏、豆、釜，铜器以中胡端有牙戈、柄孔不在中脊线上之柳叶形剑、锋刃与骹比例相当且有系的矛、大耳鍪和釜甑等常见。本期独有的器型有：假圈足小平底陶钵、铜双翼下端有牙戈、无系矛。

第二期：III 段文化内涵。陶器以尖底盏、豆、釜、盒为组合，铜器有形制多样的戈、剑、矛、钺等兵器及鍪、鼎、敦、壶、缶、罍、甗等容器。第二期特有的器物类型有：陶盒和铜盒、缶、匜、罍、圈足盘、三足盘、盥缶、鉴、甗。

第三期：包括 IV 、V 段。陶器组合为鼎、豆、釜，铜器以中胡端无牙戈、穿孔不在中脊线及仅一穿孔之柳叶形剑、宽刃矛、内斜腰圆刃钺、腹大径居中小耳鍪为常见组合。本期新出的器型有：陶缶、圜底钵、弧壁立钮器盖、大口瓮、釜甑和铜梯形援戈、身呈等腰三角形有格剑。

4. 各期墓葬的年代学分析

三期的文化内涵在考古学文化发展上的阶段性与延续性特征明显，三期间是一种直接承袭发展、演进的关系，在年代上前后衔接，共同成为本地区战国考古学文化重要组成部分。根据各期内的典型墓葬材料及其典型器物组合变化特征，结合各报告、简报断代，进行年代学分析，从而得知各期的绝对年代。

第一期的代表性陶器有尖底盏、豆、釜。尖底盏在成都平原出现早，流行时间长，是蜀文化的代表性陶器之一。大邑五龙 4 号墓之 M4:10 （原简报称为 I 式器盖）、成都百花潭中学 10 号墓和成都中医学院尖底盏，与早期蜀文化出土的同类器，如水观音 T15③:1 和十二桥 II T30⑩:2 形制相近。尖底盏在成都平原早期蜀文化第三组陶器中常见[30]。豆之盘与早期蜀文化的同类器相似。战国早期墓葬陶器的陶质、陶色、纹饰与水观音遗址晚期、十二桥遗址晚期和指挥街遗址晚期的相同或相近，从陶系上说明成都战国早期墓葬陶器特征是直接承袭于早期蜀文化后期阶段发展而来的[31]，那么，从陶器的分析可以初步推断第一期的绝对年代约为战国早期。根据宋治民先生对本期百花潭中学 10 号墓、大邑五龙 4 号墓出土随葬器物的分析[32]，它们（ I 段）为战国早期的蜀墓。而中医学院、罗家碫及金鱼村 1 号墓随葬陶、铜器的组合及形制特征与百花潭中学 10 号墓、大邑五龙 4 号墓基本一致,又略有差异,推测 Ⅱ 段的年代在战国早期后段或早、中期之际。因此,第一期墓葬年代为战国早期或略晚。

墓葬第二期反映出高度发展的考古学文化面貌,陶器以尖底盏、豆、釜、盒为组合,铜器除有种类齐全、形制多样的兵器外,还有一定量的容器及带礼器性质的容器等。本期仍然还有少量的尖底盏出土,所出陶盒亦为两尖底盏相扣而成,从陶器组合表明第二期与第一期关系密切。第二期新出较多的非本地文化因素,主要是铜器,如鼎、盖豆、敦、壶、缶、罍、瓶、盥缶等,表明蜀地本时期与外界的接触逐渐增多。根据各发掘报告、简报的年代判断并结合研究成果[33],战国中期为第二期墓葬的绝对年代是可从的。

陶尖底盏在第三期墓葬中仅有零星出土。本期陶器组合为鼎、豆、釜。鼎为大口圜底釜下接三足而成,流行于战国晚期至西汉早期[34]。大邑五龙 2 号墓铜甑为上甑下釜分铸合用,釜为小平底下接三矮足,是这类器物发展的最晚阶段,见于秦至汉初的墓葬中[35]。结合墓葬其他因素,推测大邑五龙 1、2 号墓(Ⅴ段)年代应为战国末至秦统一。五龙 3 号墓陶釜形鼎、蒲江东北公社 2 号墓陶器盖与五龙秦代墓(19 号墓)同类器形制相近,那么以它们为代表的 Ⅳ 段年代当为战国晚期。故第三期的年代为战国晚期至秦统一。

根据上面的分析,对成都地区战国墓葬的年代可得出以下的认识:

第一期:战国早期或略晚。

第二期:战国中期。

第三期:战国晚期至秦统一。其中第一、三期又分别分为前、后两段。

5. 墓葬文化性质及文化因素分析

(1)文化性质

战国时期的成都为蜀国之地,当时是巴人鳖灵部统治川西建立的蜀国,但鳖灵部只是巴人的一支,在蜀国人口中是少数,大多数还是以蜀族为主的原蜀国居民,因此,在蜀国地区就留下了这些大量的蜀文化墓葬。

(2)文化因素

战国时期的成都已是对外交往十分发达的地区[36],蜀文化墓葬除了本身的文化因素外,还新出现了一些其他地区的文化因素,现简析如下。

秦文化因素。蒲江东北公社 Ⅰ 式罐 M2:26 和大邑五龙 3 号墓 Ⅰ 式釜 M3:16 的肩部都上耸,这种特征在关中 B 型釜[37]中表现明显,如战国晚期蓝田泄湖 M14:4[38]、大荔朝邑 M103:1[39]等。蒲江东北公社敞口罐 M2:17 与临潼战国末期至秦代上焦村[40]同类器 M11:6 形制相近。

楚文化因素。釜形鼎足细长,弯曲内收,足末端上卷。这类器形为复合式,鼎身为蜀文化因素,足则在楚墓中多有出土,如春秋中期江陵陕家湾 2 号墓鼎、葛陂寺 6 号墓鼎、雨台山春秋战国之际89号墓鼎[41]、当阳何家山春秋晚期D型鼎M17:4[42]、江陵九店战国晚期M482:3号鼎[43]等。缶，战国中晚期蜀墓出土，为楚器，如见于当阳何家山M17:3、江陵溪峨山M16:17、M17:4[44]、江陵太晖观50号墓Ⅰ式壶[45]、18号墓Ⅳ式壶[46]及江陵藤店1号墓Ⅰ式壶[47]等。大邑五龙3号墓浅盘、细把、无盖豆，为楚式豆的特点，如湖北当阳季家湖东周城址[48]细把豆（杨T6〔2E〕:2）、江陵朱家台6号楚墓豆[49]M6:7、湖南桑植朱家台CⅠ式豆[50]M17:2、益阳楚墓Ⅳ式豆[51]等出土较多。铜敦为战国楚墓中所常见。

中原文化因素。蒲江陶盖豆，显然系外来之物，陶盏豆是中原地区春秋晚期到战国中期流行的仿铜陶礼器，如洛阳中州路[52]东周墓葬暗纹豆M107:2、彩绘豆M2211:5、ⅣB式豆M1702:3等。还有铜器中的鼎、壶、盖豆、罍、匜、盥缶甗等也是中原文化的器物造型。

越文化因素。如金沙巷的鼎M2:17，立耳，腹较浅，鼎身底近平，足外撇。具有较明显的越式鼎特征。

（三）遗址与墓葬的年代学关系

如前文分析，上汪家拐街遗址分两组，器物演变反映出两组年代联系紧密；青羊宫遗址第3、4层年代与上汪家拐街遗址第2组的年代相当。它们均属同一个时间段落。

遗址陶器为鼎、尖底盏、豆、釜组合。鼎见于墓葬第三期陶器组合，而尖底盏则为墓葬第一、二期的陶器组合，那么，这种兼有尖底盏和鼎的组合，正好体现出墓葬第二期向第三期的过渡。综合遗址和墓葬的整体情况，得出成都地区战国遗存的文化分期和年代：

第一期：百花潭中学—中医学院期，战国早期或略晚。前段：战国早期；后段：战国早期末年前后。

第二期：新都马家期，战国中期。

第三期：上汪家拐街期，战国中、晚期之际。

第四期：蒲江东北—大邑五龙（1、2号墓）期，战国晚期至秦统一。前段：战国晚期；后段：秦统一前后。

二、战国时期成都与周边地区的关系

早在商代后期，以成都为中心建立起的蜀国就有了与外界的不断接触和交往。当时的“方国”[53]蜀臣服于商王朝的统治，向其提供各种劳役和义务，而商王朝也曾向蜀遣使和镇压反抗，这在出土的甲骨文中有记载[54]。殷末，蜀人还参加了武王伐纣的战争（《尚书·牧誓》）。周立朝后，蜀周保持友好关系，如《竹书纪年》：“夷王二年，蜀人、吕人来献琼玉。”春秋时蜀王杜宇曾“以褒斜为前门”（《华阳国志·蜀志》）。

　　蜀地与外界的这种长期交往到战国时期在考古学上表现得更为突出，如陶耸肩釜、敞口罐（蒲 M2：17）、釜形鼎、缶、浅盘细把无盖豆、陶盖豆（蒲 M2：8）和铜鼎、敦、壶、罍、盥缶、瓵、匜盖豆等的出现。

　　成都在战国时期进入了开明（鳖灵）时代。开明二世卢帝曾进入关中平原西部，《华阳国志·蜀志》载："卢帝攻秦，至雍。"雍，今陕西凤翔县南。《史记·六国年表》："蜀取我南郑。"《华阳国志》中还有蜀王猎谷中遇秦惠王、蜀遣五丁迎石牛的记载，蜀与关中秦的接触就更直接、频繁。尤其是战国中期末叶秦灭蜀、镇压反叛的军事行动（《华阳国志·蜀志》、《史记·秦本纪》）和"诸嫪毐舍人皆没其家迁之蜀"的移民活动，也使得蜀地出土有较多秦文化（因素）遗物。

　　巴人鳖灵来自川东，王蜀，必带入巴文化。而巴、楚间的文化交往，亦是由来已久[55]。战国时期的巴文化中已有不少的楚文化因素[56]，楚文化因素就由鳖灵部的入蜀而带进蜀地。蒙文通先生研究认为："屈原所称道的王乔、彭祖皆巴蜀之人，《楚辞》中的巫山、高唐，皆巴蜀之地，巴蜀文化和楚文化，应有一种深厚的关系。"[57]这也从另一方面说明蜀、巴、楚三地间的文化交往。

　　中原文化因素经过西之秦、南之楚（巴）两条通道传入蜀地，它们是在战国这个大大的历史背景，各地间交往空前活跃的情况下，以不同方式进入成都地区的，给该地区原来的考古学文化带来较大冲击和新的文化因素，逐渐融入并改变着当地原来的考古学文化，使其面貌发生了较大变化。汉武帝以后，蜀文化和秦、楚文化一样，逐渐融入以中原文化为主体而形成的汉文化——华夏文明系统之中，这也是中国古代社会多元一体结构形成的生动写照。

三、相关两个问题的认识

1. 成都战国考古学文化源流

　　纵观成都战国考古学文化，其大致经历了三个大的发展阶段：

　　第一阶段：形成、发展期。成都战国时期的考古学文化——晚期蜀文化的主体部分，直接承袭早期蜀文化后段而来。晚期蜀文化陶尖底盏为早期蜀文化第三组陶器中常见[58]，而且本阶段出土陶器的要素与早期蜀文化相同或相近。与此同时，第一阶段又较大地丰富和发展了其文化内涵，出现了陶小口圜底罐、假圈足小平底钵、大口瓮和铜无系矛、双翼下端有牙戈等器类。这个阶段的文化内涵还是以蜀文化系统占主导地位。

　　第二阶段：鼎盛、融合期。至本阶段，成都战国考古学文化发展至高峰，出现大量的兵器及礼、容器等，这是蜀国战事不断、对外交往频繁的物化体现，在这些交往中，蜀国上层开始使用中原的青铜礼器，这种以上层对外来文化接受为特征的融合加快了本地土著考古学文化的异化，但下层的接受程度却是十分有限的，依然保留着较多的本地文化特色。

第三阶段：衰弱、消失期。随着蜀地为秦所据，大量的外来文化涌入该地，加速了其土著文化的衰退。西汉以降，中原文化（汉文化）因素在成都墓葬中常常出现，如卷沿鼓腹平底罐、敞口深腹平底盆（甑）、壶（钟）等，而且逐渐占据主要地位，相反，蜀文化因素退居次要。武帝大力开发西南夷后，土著文化逐渐湮没，蜀文化完全融入汉文化之中，不再以一种单独的考古学文化出现。

2. 关于成都战国考古学文化命名

成都战国考古遗存以墓葬材料为主，遗址少且出土器物不丰富，尚不能建立起文化分期的标尺，而墓葬以单个发现、清理为主，成片墓地少，亦不具备分期的典型性。因此，根据考古学文化的命名原则[59]，成都的战国考古学文化目前不宜以发现地命名，而以发现地命名本时期文化的期别是一种可取的方法。我们认为，文化称谓仍用"晚期蜀文化"是恰当的。待条件成熟后，再以发现地命名这种文化。

成都的战国考古学文化在成都、四川古代史中占有重要的地位，它对于建立成都、四川的考古学文化发展序列，对于中国古代史的研究都有十分重要的作用和意义。随着新的考古材料的发现与公布，其文化内涵将会得到不断的充实和丰富，关于它的研究也将会不断地深入下去。

注　释

［1］　宋治民：《关于蜀文化的几个问题》，《考古与文物》1983 年 2 期。

［2］　宋治民：《早期蜀文化与商周文明》，《四川文物》1997 年 1 期。

［3］　卫聚贤：《巴蜀文化》，《说文月刊》三卷四期，1941 年；三卷七期，1942 年。

［4］　A. 宋治民：《略论四川战国秦墓葬的分期》，《中国考古学会第一次年会论文集》，文物出版社，1980 年；B. 宋治民：《四川战国墓葬试析》，《四川文物》1990 年 5 期；C. 毛求学：《试论川西地区战国墓葬分期》，《华西考古研究》（一），成都出版社，1991 年；D. 刘雨茂：《试论川西发现的战国船棺葬》，《华西考古研究》（一），成都出版社，1991；E. 孙华：《成都十二桥遗址群分期初论》，《四川考古论文集》，文物出版社，1996 年。

［5］　成都市文物考古队、四川大学历史系：《成都市上汪家拐街遗址发掘报告》，《南方民族考古》第五辑，四川科学技术出版社，1993 年。

［6］　四川省博物馆：《成都青羊宫遗址试掘简报》，《考古》1959 年 8 期。

［7］　同［4］E。

［8］　A. 宋治民：《战国秦汉考古》，四川大学出版社，1993 年；B. 李明斌：《四川巴蜀文化时期陶器及相关问题的初步研究》，四川联合大学（四川大学、成都科技大学）硕士学位论文，1994 年。

［9］　结合其他墓葬出土相类材料，这两类器物可能都为釜形鼎的残片。

［10］　同［4］B。根据宋治民先生对本时期成都墓葬形制的分类研究，成都目前已公布的材料中，没有典型的船棺葬，本文暂予阙如。待资料充实后，再行探讨。

［11］　成都市博物馆考古队：《成都中医学院战国土坑墓》，《文物》1992 年 1 期。

［12］　成都市文物考古工作队：《成都西郊金鱼村发现的战国土坑墓》，《文物》1997 年 3 期。

［13］　四川省文物管理委员会：《成都战国土坑墓发掘简报》，《文物》1982 年 1 期。

［14］　成都市文物管理处：《成都三洞桥青羊小区战国墓》，《文物》1989 年 5 期。

［15］　四川省博物馆：《成都西郊战国墓》，《考古》1983 年 7 期。

［16］　成都市文物管理处：《成都市金牛区发现两座战国墓葬》，《文物》1985 年 5 期。

［17］　四川省文物管理委员会：《成都市出土的一批战国铜兵器》，《文物》1982 年 8 期。

［18］　成都市博物馆考古队：《成都京川饭店战国墓》，《文物》1989 年 2 期。

［19］　成都市文物考古工作队：《成都市金沙巷战国墓清理简报》，《文物》1997 年 3 期。

［20］　成都市文物考古工作队：《成都市汽车配件总厂战国汉宋代墓葬发掘报告》，《考古》待刊。

［21］　罗开玉、周尔泰：《成都罗家碾发现二座蜀文化墓葬》，《考古》1993 年 2 期。

［22］　四川省文管会、大邑县文化馆：《四川大邑五龙战国巴蜀墓葬》，《文物》1985 年 5 期。

［23］　广东省文物考古研究所、广宁县博物馆：《广东广宁县龙嘴岗战国墓》，《考古》1998 年 7 期。成都金沙巷 M2：17 与龙嘴岗 M5：37 形制相近。另见《中国考古学会第四次年会论文集》有关越式鼎的论述。

［24］　同［22］。

［25］　四川省博物馆：《成都百花潭中学十号墓发掘记》，《文物》1976 年 3 期。

［26］　四川省博物馆、新都县文物管理所：《四川新都战国木椁墓》，《文物》1981 年 6 期。

［27］　赵殿增、胡昌钰：《四川彭县发现船棺葬》，《文物》1985 年 5 期。

［28］　四川省文物管理委员会、蒲江县文物管理所：《蒲江县战国土坑墓》，《文物》1985 年 5 期。

［29］　同［22］。

［30］　A. 宋治民：《早期蜀文化分期的再探讨》，《考古》1990 年 5 期；B. 宋治民：《蜀文化尖底陶器初论》，《考古与文物》1998 年 2 期。

［31］　李明斌：《晚期巴蜀文化陶器试析》，《四川巴蜀文化时期陶器及相关问题的初步研究》，四川联合大学（四川大学、成都科技大学）硕士学位论文，1994 年。

［32］　同［4］A、［4］B。

［33］　李学勤：《论新都出土的蜀国青铜器》，《巴蜀考古论文集》，文物出版社，1987 年。

［34］　青羊宫遗址汉代文化层中这种形制的陶鼎与四铢半两共存。

［35］　同［4］B。

［36］　童恩正：《试谈古代四川与东南亚文明的关系》，《中国西南民族考古论文集》，文物出版社，1990 年。

［37］　滕铭予：《关中秦墓研究》，《考古学报》1992 年 3 期。

［38］　中国社会科学院考古研究所陕西六队：《陕西蓝田泄湖战国墓发掘简报》，《考古》1988 年 12 期。

［39］　陕西省文管会等：《朝邑战国墓葬发掘简报》，《文物资料丛刊》(2)，文物出版社，1978 年。

［40］　秦俑考古队：《临潼上焦村秦墓清理简报》，《考古与文物》1980 年 2 期。

［41］　郭德维：《江陵楚墓论述》，《考古学报》1982 年 2 期。

［42］　宜昌地区博物馆：《当阳何家山楚墓发掘简报》，《江汉考古》1991 年 1 期。

［43］　湖北省文物考古研究所：《江陵九店东周墓》，科学出版社，1995 年。

［44］　江陵县博物馆：《江陵溪峨山楚墓》，《江汉考古》1992 年 4 期。

［45］　湖北省博物馆等：《湖北江陵太晖观 50 号楚墓》，《考古》1977 年 1 期。

［46］　湖北省博物馆：《湖北江陵太晖观楚墓清理简报》，《考古》1973 年 6 期。

［47］　荆州博物馆：《湖北江陵藤店一号楚墓发掘简报》，《文物》1973 年 9 期。

［48］　湖北省博物馆：《当阳季家湖楚城遗址》，《文物》1980 年 10 期。

［49］　湖北省文物考古研究所：《江陵朱家台两座战国楚墓发掘简报》，《江汉考古》1992 年 3 期。

［50］　桑植县文物管理所：《湖南桑植县朱家台战国墓》，《江汉考古》1991 年 3 期。

［51］　湖南省益阳地区文物工作队：《益阳楚墓》，《考古学报》1985 年 1 期。

［52］　中国科学院考古研究所：《洛阳中州路》（西工段），科学出版社，1959 年。

［53］　邵望平、汪遵国：《迎接中国考古学的新世纪——中国考古学会理事长苏秉琦教授访谈录》，《东南
　　　　文化》1993 年 1 期。

［54］　童恩正：《古代的巴蜀》，四川人民出版社，1979 年。

［55］　李明斌：《巴文化的探讨》，《四川巴蜀文化时期陶器及相关问题的初步研究》，四川联合大学（四川
　　　　大学、成都科技大学）硕士学位论文，1994 年。

［56］　宋治民：《蜀文化与巴文化》，四川大学出版社，1998 年。

［57］　蒙文通：《巴蜀古史论述》，四川人民出版社，1981 年。

［58］　同［30］A。

［59］　夏鼐：《关于考古学上文化的定名问题》，《考古》1959 年 4 期。

（原载《四川文物》1999 年 3 期）

成都市商业街船棺墓葬初析

颜劲松

成都市商业街船棺墓葬位于成都市区一环路内的商业街58号，2000年7月至2001年初由成都市文物考古研究所经过近半年时间的发掘，确定它是一座大型的多棺合葬墓。由于其重要性，该墓葬被评为2000年的全国十大考古新发现，且已于2001年7月被国务院批准公布为第五批全国重点文物保护单位。早在该墓葬发现之前，船棺墓葬作为春秋战国至西汉前期古代巴蜀地区所特有的一种丧葬习俗，最先是在川东的巴县冬笋坝[1]、广元昭化宝轮院[2]以及涪陵小田溪[3]大量发现，后来在地处川西的成都[4]、新都[5]、大邑[6]、蒲江[7]、彭县[8]、绵竹[9]、郫县[10]、什邡[11]、荥经[12]等地陆续也有了很多的发现。可贵的是，20世纪八九十年代随着成都市的建设发展，成都市文物考古研究所在成都，尤其在其西郊配合基建做了大量的工作，也发掘了多处船棺墓葬，获得了大量的资料[13]。已有很多人据此对巴蜀墓葬进行了一些研究。这些都为我们对商业街船棺墓葬进行分析研究打下了良好的基础，本文拟通过商业街船棺墓葬的形制、随葬器物等特征对其年代、性质及其他几个相关的问题做初步的分析与探讨，以求正方家。

一、关于墓葬形制

该墓葬是一座大型长方形土坑竖穴多棺合葬墓，从现有发掘情况来看，该墓葬没有墓道，其上也没有发现封土，其规模宏大，墓葬形制也较为独特，整个墓葬可分为墓坑和地面建筑两部分（图一）。

1. 墓坑

墓坑长约30.5米，宽约20.3米，残深约2.5米，面积约620平方米，墓向为240°，为直壁平底。墓坑内的填土从上往下可分为三层，处于墓坑底部的第3层填土为青膏泥，略含沙，但土质硬实，并发现有夯层，其层表较为平整，枕木就放置在该层填土之上，然后在枕木上面再直接放置大型的棺木，大型棺木两侧一般都有立柱，以固定棺身，有的棺木前也有类似的立柱，但直径要小得多。小型棺木是在将第2层填土填到一定高度之后再放置上去的，目的主要是为了让所有棺木的高度基本保持一致。在放置好小型棺木之后才开始填第1层土。第1、2层填土均为较纯净的青膏泥，土质紧密，黏性大，各

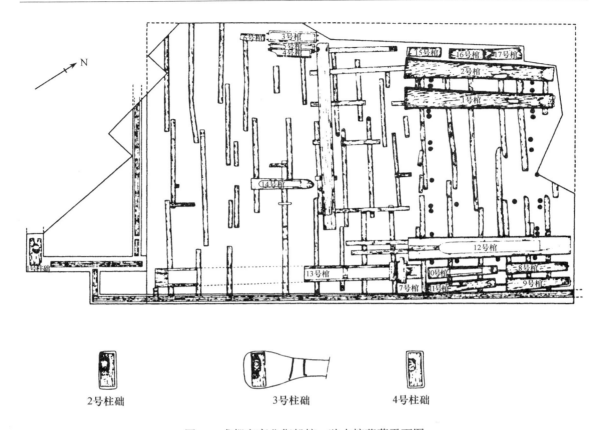

图一　成都市商业街船棺、独木棺墓葬平面图

棺木周围都满填这种青膏泥，因此棺木及棺中随葬的漆木器等均保存较好。棺下的枕木排列得相当整齐，约有 15 排，其直径大小基本一致，但长度不一。在许多枕木的一端都被加工成船头上翘状，并凿有一孔或双孔，应为系绳下葬之用。

墓葬曾多次遭到严重的盗掘和破坏，其时间下限至少在汉代，推测整个墓坑若不遭破坏，葬具总量应超过 35 具以上，在墓坑中现存船棺、独木棺等葬具 17 具，其中大型棺木 4 具，小型棺木 13 具，所有葬具的方向都和墓坑一致，平行排列放置于墓坑之中，从填土的情况表明所有的棺木都是一次性有序放置于墓坑内的。另外在墓坑中部偏南有一大型的长方形方木，基本上以此方木为界，将墓坑分成了前后两部分。在墓坑后半部分，即方木以北棺木的放置情况比较清楚，主要放置大型棺木，其中包括第 1、2、12 号三具棺木（此外根据墓坑内棺木两侧残留的立柱判断在 1 号棺和 12 号棺之间还另有 4 具大型棺木，但已被破坏掉）；但在大型棺木的两侧还是放置有小型棺木。在墓坑的前半部分，即方木以南，由于破坏较严重，只保存有几具小型棺木，从现存情况来看，在这一部分并没放置有大型的棺木，只有一例除外，即第 13 号棺，它分布在墓坑的东侧，方木以东。在墓坑中部，方木与大型棺木之间，枕木之上又放置有 8 根条形的小型方木，这些方木大多前压在大型方木之下，后正好抵住棺木，且排列整齐，间距有规律，估计也与墓葬的结构有关，但其中多被砍断。

2. 地面建筑

商业街墓葬的地面建筑现总长约38.5米，宽约20.5米，可分为前后两部分，它应是在墓坑填完土之后，再行开挖基槽，铺设地栿后开始起建的。该建筑主要在墓坑周围残存了一些具有一定分布形状和规律的基槽和木质构件，如中空的柱础、上带榫头的条形地栿等（这些地栿应当属于建筑的墙基部分）。

该建筑的前部处于墓坑的正南边，基槽及地栿呈长方形分布，东西长约15米，南北宽约7.5米，在其东西两侧还另有各长约3.5、宽约2.5米的两室，即建筑的边厢（由于场地有限，西部未能发掘出来）；地栿放置于事先挖好的基槽底部。在建筑的南部还发现一木质柱础，编号为1号柱础，其由一圆木四周经过简单的加工，中部凿一圆孔而成，其下再放置一木板用以承重。

建筑的后部正好位于整个墓坑的上部，范围与之也基本一致，其条形地栿分布在墓坑的周边，但只在沿东侧一线有发现，而在墓坑的北、西两侧由于发掘场地有限以及墓葬遭到破坏，没有发现地栿；在墓坑东侧发现的地栿与建筑前部分最东侧的地栿连为一体，也是事先挖好基槽，再放置进去的，其北端还继续往前延伸，同样也因为场地有限，尚无法发掘。

另外在墓坑外东侧还发现2～4号柱础，与1号柱础相似，但规格要大一些，基本呈直线分布于墓坑的东侧，应该还是属于建筑的柱础。其中只有3号柱础保存较为完好，2号柱础在建筑施工过程中已被挖掉（该柱础尚保存在发掘工地），4号柱础也已在汉代以前遭到破坏，但还残留有基础坑和垫板，垫板上仍能见到柱础的压痕。

二、葬具及随葬器物

墓中共出土葬具17具，其树种经过鉴定均是桢楠，都由棺盖和棺身两部分组成。其中第1、2、8～14号等9具棺木为船棺，即"船形棺"，其作法是将一根楠木去掉三分之一，在剩余的三分之二挖空中心部分，刳凿而成，形似独木舟；船舱即为棺室，内壁加工极为规整，但棺的外侧大都只是稍作加工，在棺的前端由底部向上斜削，略为上翘，有如船头，在其两侧各凿有一个半圆形的孔，孔身斜穿至棺面上；棺盖也以同样的方法制成，形制与棺身一样，棺盖与棺身上下两部分对扣在一起，成为一个完整的船棺。船棺中有5具为小型船棺，4具为大型船棺，两者形制相同。

其余的8具均为匣形棺，其棺身和棺盖也分别由一块整木加工而成，但其形制与船棺大相径庭，体积也相对较小。其中的第3～7号棺体形稍大，其棺身系整木挖空制成，四角有把手且与棺连为一体，平底，棺的两侧稍有弧度；棺盖也系整木做成，四角仍有把手，盖背略弧，与棺身有子母榫相扣。另外的第15～17号棺体积更小，其制作极为简单，棺身也是由一块整木刳凿而成，只是棺两端另外各有两块挡板通过榫卯与棺身相接。

棺盖为一木板，平盖在棺身之上，大小与棺口一致。

所存 17 具葬具中多数均遭到了不同程度的破坏和被盗，但还是有多达 6 具以上的葬具保存相对较完好。船棺中除了第 9、11 号两棺专置随葬品，以及第 12、13 号两具棺因为破坏严重没有发现人骨外，其他的 5 具棺都发现有人骨，且都是一棺葬一人，其中第 1、10 号棺也因扰乱严重而使其葬式不详，剩下的第 8 号棺没有被盗过，可以明确为二次葬，还有第 2、14 号棺虽被盗过，但棺内并没有受到严重的扰动，仍能从骨骼上判断其葬式为二次葬。这几具棺中的骨骼都有不同程度的缺失，但头骨基本都有，也可称为捡骨葬。船棺中没有发现有一次葬，与此相反的是，在 8 具匣形棺中除了第 6、7、17 号棺因破坏严重也没有发现人骨外，其余的 5 具棺都是一次葬，均为仰身直肢葬。

9 具船棺中出土的随葬器物相当丰富，种类有陶、铜、漆、竹木器等。陶器类型有双耳瓮、平底罐、圜底釜、圈足豆、尖底盏、器盖等（图二），从出土的情况看，器盖和双耳瓮、平底罐是配套使用的，它们数量相对其他器物要多，在每个双耳瓮中还发现有不少的粮食遗骸和果核等；铜器则相对较少，器型有矛、戈、斤、削刀以及印章等（图三），有的铜器上发现有刻划符号。出土的随葬器物中还有大量精美的漆木器，器形有豆、盘、盒（图四）、奁、床、案（图五）、几、俎、器座、梳、篦以及众多的漆木器构件等。另外随葬器物中还常见有竹编器，如席、筐、篮、篓等。而在 8 具匣形棺中则只随葬陶、铜器，不出漆木器。陶器中也没有船棺中出土的双耳瓮和平底罐，且陶器数量也不多，器型有瓮、尖底盏、圜底釜、圈足豆、器盖等；铜器更少，仅有 1 件带钩和 1 件削刀（图六）。

出土的所有陶器均为夹细砂灰陶，陶器的制法为泥条盘筑再加上慢轮修整，在很多器物上尤其是双耳瓮、平底罐以及器盖的内外壁上都可以清楚地看到慢轮修整的痕迹。陶器纹饰很简单，有绳纹、篮纹和弦纹，其中绳纹主要分布在圜底釜上，篮纹主要在双耳瓮上。很多陶器像双耳瓮、器盖等器型比较特别，也没有明显使用过的痕迹，很有可能是专为这座墓葬烧制的。由于被盗和破坏的原因，墓中所出铜器相对其他随葬器物数量要少，种类也不多，也没有发现稍大型的铜器，其中有几件还是专作随葬明器使用的兵器，而非实用器，其制作稍显简单、粗糙。与陶器和铜器相比，出土的漆木器要精美许多，它们不仅数量多，而且保存好。漆器均为木胎漆器，黑漆底朱绘纹样，彩绘的方法均为漆绘，绘画方法多是单线勾勒再加填涂，但大部分器物只在器表外侧髹漆，很少也在器内侧髹漆的，纹饰也同样如此，其种类主要是成组的蟠螭纹和回首状龙纹两种，有的漆木器上还有许多刻划符号，这主要分布在一些器物的构件上。漆器按其用途可分为生活用器和乐器，但其中绝大部分都是生活用器。

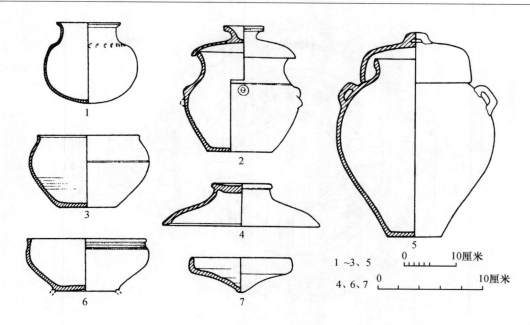

图二　商业街船棺出土陶器

1. 深腹圜底釜（11 号棺：17）　　2. 平底罐及器盖（1 号棺：3、8）　　3. 罐（1 号棺：19）　　4.（11 号棺：14）

5. 双耳瓮及器盖（2 号棺：87、44）　　6. 圈足豆（10 号棺：2）　　7. 尖底盏（1 号棺：10）

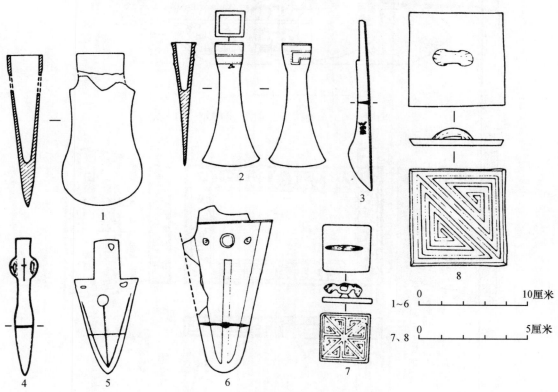

图三　商业街船棺出土铜器

1. 钺（1 号棺盗洞：2）　　2. 斤（1 号棺：27）　　3. 削刀（1 号棺：52）　　4. 矛（1 号棺：49）

5、6. 戈（1 号棺：50、1 号棺盗洞：1）　　7、8.（1 号棺：36、12 号棺：1）

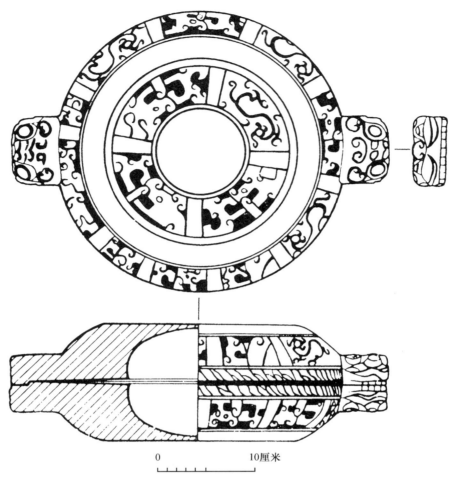

图四　商业街船棺出土漆盒（2 号棺: 28）

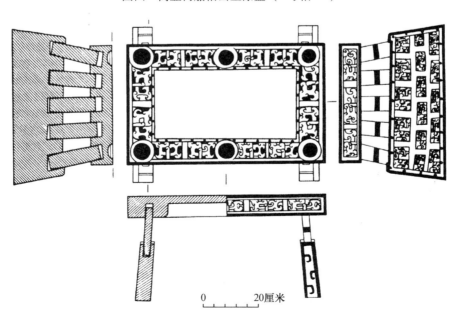

图五　商业街船棺出土漆案（案面: 2 号棺: 19；左案足: 9 号棺: 14）

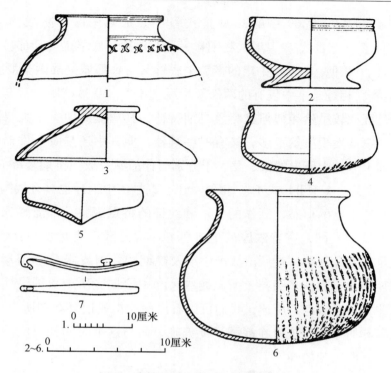

图六　商业街独木棺出土陶器及铜器

1. 陶瓮（5号棺:7）　2. 陶圈足豆（5号棺:2）　3. 陶器盖（3号棺:3）　4. 陶浅腹圜底釜（5号棺:9）

5. 陶尖底盏（4号棺:3）　6. 陶深腹圜底釜（5号棺:8）　7. 铜带钩（3号:1）

三、墓葬年代及性质

　　成都商业街船棺墓葬虽然曾经遭到严重的破坏和盗掘，但其墓坑及其地面建筑基础以及相关的遗迹现象大部还是保存了下来，墓坑中还保存有17具葬具，其中有多达6具以上的棺木保存相对完好，使我们至今仍能一窥其貌。同时在棺里也出土了大量丰富的陶、铜、漆木、竹器等随葬器物。其中很多陶器烧制火候较高，保存也较为完整，这在四川战国墓出土陶器中并不多见；铜器则由于墓葬被盗的原因，留存下来的很少；出土的漆木、竹器不仅数量多，而且保存完好，其中漆器器型精美，色彩亮丽，纹饰斑斓，显得较为耀眼，这更是在四川地区同期出土漆器中所罕见的。所有这些都为我们分析判断墓葬的年代、性质等提供了很好的材料。

　　在所出陶器中除了双耳瓮及器盖可能专为这座墓烧制，其器形特别，在现有出土器物中尚无可对比材料外，其他如平底罐、圜底釜、尖底盏、圈足豆等器物都是巴蜀文化的典型陶器。它们中有的如尖底盏延续时间较长，从商末周初到战国早中期的遗址和墓葬中均有发现，墓中所出的尖底盏均无沿，腹较浅，属尖底盏中的晚期形制，与什邡城关[14]、成都中医学院[15]、成都无机校[16]、成都三洞桥青羊小区[17]、大邑五龙4号墓[18]等战国早中期的船棺墓或土坑墓中的尖底盏形制相似。5号棺中所出的浅腹圜底釜与什邡城关战国早期墓葬 M25、M69 中的 C 型 Ⅲ 式釜[19]、成都中医学院战国土坑墓 1 号陶釜[20]，大邑五龙 4 号墓 Ⅲ 式釜[21] 形式相同，另还有深腹圜底釜也与什邡城关战国墓 M10 中的 A 型 Ⅱ 式釜[22] 相似。1 号棺中出的带盖平底罐又与什邡城关战国早期墓葬 M25 中所出的 A 型平底罐[23] 相近。墓中仅有的两件圈足豆（第 5、10 号棺所出）与战国中期大量出现的深腹圈足豆比较虽然相似但又略显早期特征，其豆盘更似一个大口的浅腹圜底釜下加一个圈足。铜器发现虽然不多，又有一些冥器，但其中还是有几件器物也有其明显的时代特征，如 1 号棺中所出的钺、戈、矛分别与什邡城关战国早期墓葬 M25 中出的 Aa 型 Ⅱ 式钺、Ⅰ b 式戈、A 型 Ⅱ b 式矛[24] 相似。还有 1 号棺中铜斤也具有战国早期的一些特点。另外从出土漆木器的形态、制作的技术和纹饰的特点观察，都能感觉到一些楚器的风格，但又有明显的不同，有着浓厚的地方色彩，应是成都本地所生产的。在时间上，这些漆器均应早于湖北江陵一带所出战国中期及晚期的楚国漆器[25]，但却相似于湖北当阳所出春秋晚期的漆器。许多漆器上所画龙纹，和中原地区所出战国早期错嵌红铜的铜器上的龙纹也非常接近。综上所述，我们可以看出商业街船棺墓葬中所出这些随葬器物，基本表明了该墓葬的年代应该是在战国早期偏晚，而与这个时间相对应的正是古蜀国最后一个王朝——开明王朝的晚期。

　　商业街船棺墓葬作为一个大型的土坑竖穴多棺合葬墓，其墓坑长达 30.5 米，宽 20.3 米，面积达 620 平方米，在现存葬具中除了两具为专置随葬品的木棺，以及另有 5 具棺因为破坏严重没有发现人骨外，其余的 10 具棺均是一棺葬一人，另外加上在扰坑（H1）的底部填土中采集到的人骨，通过对这些人骨的鉴定其至少个体人数总共为 20 个。据此推测，如果墓葬不遭到破坏，其墓坑中的葬具总量应超过 32 具以上。在大邑五龙也曾发现过一座三棺合葬的船棺墓葬[26]，但就其规模形制与之比较要远小得多。墓中出土的几具大型船棺长约 10.3 ~ 11.3、直径 1.6 ~ 1.7 米，带盖约 2 米高，最大的一具更是长达 18.8 米，其规模、体量之大，令人叹为观止，而且其加工精致、制作极为规整，也是以往所有出土船棺所不能比拟的。在出土的葬具中还伴出有多具匣形棺葬具，其随葬器物的种类以及数量相对船棺要少，甚至有的棺木中就没有随葬品，再加上其棺木本身也要比船棺简陋许多，可以看出其主人的地位要比船棺的低下，很有可能就是殉葬（或陪葬）之人。同样更为重要的是，在墓葬宏大的墓坑之上还建有地面建筑，从建筑的基础来看，其布局是相当规整的，呈长方形分布，现总长约 38.5 米，宽 20.5 米，并可分为前后两部分，其前部位于墓坑的南边，后部正好位于整个墓坑的上面，范围与之也基本一致。从保留下来的几个巨大的木质柱础可以看出该建筑的规模也是相当大的，推测该建筑的用途可能是供祭祀所用，这应该跟陵寝制度有关。总之，种种这些诸如规模宏大的墓坑及其地面建筑、出土的巨型船棺、多具殉葬的棺木，还有精美亮丽的大型漆器，都可以看出商业街墓葬主人生前的地位是何等的显赫，充分显示出了墓主在开明蜀国作为上层统治人物的崇高社会地位，该墓葬很有可能就是一处极为罕见的古蜀国开明王朝王族甚或蜀王本人的家族墓地。

四、相关问题的几点认识

　　成都市商业街船棺墓葬中所出的丰富材料，诸如独特的墓葬形制、布局规整的地面建筑、大量丰富的随葬器物、精美的漆器以及葬具和器物上众多彩绘或刻划的符号，都给我们在四川古代巴蜀文化的研究中平添了许多崭新的内容，同时也给我们带来一些新的启示和新的认识。

　　第一，有关开明时期蜀人，尤其是开明氏族的族源问题。据《华阳国志》和《水经注》等古文献记载，古蜀开明王本来就是荆楚之人，传说其名曰鳖灵，楚人，死，其尸随江而上，至蜀复生，杜宇遂以为相。《蜀王本纪》关于蜀国古史荆人"鳖灵即位，号曰开明帝"的传说，也道出了长于水性的开明氏族因治水有功，从而取代了杜宇的统治地位。而这些一直无考古材料印证，难以确信。商业街船棺墓葬作为战国早期偏晚开明蜀国上层人物甚或王族的家族墓地，从一方面印证了开明氏族的确是一个长于水性的民族，死后仍以船为棺，从而也使我们更明确了船棺葬应是古蜀开明氏族所特有的一种墓葬习俗。这些年在川西陆续发现的许多船棺墓葬，其所有墓葬的时间基本是在战国时期，其上限有可能到达春秋晚期，正好是处于开明王朝兴起到灭亡这个时间范围内，两者的时间基本是相吻合的，这也算是对上述认识的一个佐证。比商业街墓葬要晚的新都马家木椁墓中所用葬具也是整木挖凿而成的船棺，其时代为战国中期偏晚，也属开明时期，墓主人至少也是王侯一级的，其墓葬形制以及众多出土遗物都表现出较多的楚文化的因素，也说明了蜀、楚文化间密切的关系，以及开明蜀人的族属等问题，但商业街船棺墓葬中所体现的楚文化的因素并不是很多，这可能与之遭到严重的破坏和盗掘有着很大的关系。

　　第二，商业街船棺墓葬独特的形制以及其宏大的规模一方面体现了墓主在古蜀开明时期作为上层统治人物的崇高社会地位，从另一方面也显示出了开明时期古蜀国的宗教礼仪制度也达到了相当的高度。《华阳国志》记载："九世有开明帝，始立宗庙……"等一些记载也从一个侧面说明了这一点。与墓葬相得益彰的还有那布局规整的地面建筑，虽然我们已不能看到它的全貌，但仍能感觉到它宏伟、庄重的气势。考古发现中类似的墓上建筑材料不多，在商代安阳小屯的妇好墓[27]和大司空村311号墓[28]，都发现了用夯土筑成的房基及础石，一直到战国河北省平山中山王墓[29]以及河南省辉县固围村魏国墓地[30]也有发现，可以推测这种墓上建筑可能是供祭祀所用，应看做是战国继承商代以来的旧制，并作了进一步的发展，它应与陵寝制度的起源有关。最早讲到陵寝制度起源的是东汉的蔡邕《独断》："宗庙之制，古者以为人君之居，前有'朝'，后有'寝'，终则前制'庙'以（象）朝，后制'寝'以象寝。……古不墓祭，至秦始皇出寝，起之于墓侧，汉因而不改，故今陵上称寝殿。"[31]由于"庙"和"寝"的用途不同，建筑的结构也不一样，《尔语·释宫》说："室有东西厢曰庙，无东西厢有室曰寝。""庙"之所以必须在"室"的两侧有东西"厢"，因为"庙"是按照"朝"的式样建筑的，"朝"在"室"的两侧有东西厢。宗庙的建筑之所以模仿宫殿有"朝"有"寝"，是因为古人相信死人有灵魂，要如同活人一样，活着的时候有"朝"，死后也还要设"朝"，"朝"又称为"庙"；活着的时候有"寝"，死后也还要设"寝"。商业街船棺墓葬的地面建筑其布局与宗庙建筑中的寝庙是何等的相似：前有"朝"，后有"寝"，"朝"的东西两侧还有东西两厢。而这又是上述几个墓地的墓上建筑所没有的。据杨宽所著《中国古代陵寝制度史研究》一书中讲到陵寝制度的起源，可以追溯到商代，但它真正的创始时期即陵与宗庙建筑中寝、庙之结合是从战国中期到西汉，但是商业街船棺墓葬地面建筑的发现不仅将其创始时期提前到了战国早期，而且其陵寝制度中的"前朝（庙）后寝"的建筑形式也在考古材料上真正得到了印证。

第三，关于成都漆器工艺的问题。根据很多古文献的记载和大量的考古发现证实，至少到了汉代四川的漆器制造业是最兴盛的，成都的产品也源源不断地大量销往外地，甚至连远在东北的朝鲜半岛也有发现。70 年代在长沙马王堆汉墓中出土了大量西汉初年的漆器，根据上面的烙印文字，知道就是成都制造的。但成都的漆器究竟在何时才高度发展起来的，则并不很清楚。商业街船棺墓葬中所出的大量精美的漆器，不仅数量多，而且保存好，其种类繁多，器形精美，均为木胎漆器，髹黑漆再朱绘纹样，其绘画的技法基本是单线勾勒加填涂。它的发现表明最迟在战国早期，蜀人的漆器制作工艺已经是非常发达了，甚至可以和同时期楚国出土的漆器相媲美，这就意味着由于成都市商业街船棺墓葬中随葬漆器的发现，就把成都漆器工艺高度发展的时间提早了近两三百年。

第四，关于船棺墓葬中葬式的问题。在以往不管是在川东还是在川西发现的所有从早期到晚期的船棺墓葬材料中，我们可以看到，在可以明确葬式的材料中没有一例是属于二次葬（或称捡骨葬）的，均为一次葬，可知其葬俗中并没有二次葬的习惯。而葬式作为古代各族群中极为重要的一种风俗传统，一般是不会发生轻易改变的。但与此相反的是，在商业街墓葬的船棺中能明确葬式的却只有二次葬，而没有发现有一次葬，只有 8 具殉葬（或陪葬）的匣形棺是属于一次葬的。再加上商业街墓葬作为一大型合葬墓，其墓中葬具又皆是一次性葬入坑内的，这说明了商业街墓葬有可能属于一次大规模的迁葬，而该墓葬至少作为一个古蜀国开明王朝王族的家族墓地，这就意味着它的形成肯定有着它特殊的原因和背景。根据前面的论述，我们知道，商业街船棺墓葬准确的下葬年代估计是在战国早期偏晚阶段，而这也正好是古蜀国开明王朝的晚期。据《华阳国志·蜀志》记载："开明王自梦郭移，乃徙治成都"，《路史·余论》卷一云："开明子孙八代都郫，九世至开明尚，始去帝号称王，治成都"，此二文均记载了开明九世自郫邑徙治成都一事。虽然在《水经注·江水》："南安县（今乐山）……即蜀王开明故治也"，以及《寰宇记》卷七二引《蜀王本纪》："蜀王据有巴、蜀之地，本治广都樊乡（在今双流县境），徙治成都"文中关于开明故治有不同的说法，但也都提到了开明时期有迁都成都这么一回事。《华阳国志·蜀志》中还记载，开明王朝自建立到公元前 316 年被秦所灭，"凡王蜀十二世"。自此计算开明九世迁都的时间应该是在其后期，约当战国早期偏晚阶段，而这个时间正好与商业街船棺墓葬下葬的年代是相吻合的，再加上该墓葬其特殊的性质，这是否又意味着商业街船棺墓葬抑或与古蜀国开明王朝的迁都有着某种必然的联系。

注　释

［1］　四川省博物馆：《四川船棺葬发掘报告》，文物出版社，1960 年。

［2］　四川省文物考古研究所、广元市文物管理所：《广元市昭化宝轮院船棺葬发掘简报》，《四川考古报告集》，文物出版社，1998 年。

［3］　四川省博物馆、重庆市博物馆、涪陵县文化馆：《四川涪陵地区小田溪战国土坑墓清理简报》，《文物》1974 年 5 期。

［4］　四川省博物馆：《成都百花潭中学十号墓发掘记》，《文物》1976 年 3 期。

［5］　四川省博物馆等：《四川新都战国木椁墓》，《文物》1981 年 6 期。

［6］　四川省文管会等：《四川大邑五龙战国巴蜀墓葬》，《文物》1985 年 5 期。

［7］　四川省文管会等：《蒲江县战国土坑墓》，《文物》1985 年 5 期。

［8］　四川文管会赵殿增、胡昌钰：《四川彭县发现船棺葬》，《文物》1985 年 5 期。

［9］　四川省博物馆王有鹏：《四川绵竹县船棺葬》，《文物》1987 年 10 月。

［10］　郫县文化馆：《四川郫县发现战国船棺葬》，《考古》1980 年 6 期。

［11］　四川省文物考古研究所、什邡市文物保护管理所：《什邡市城关战国秦汉墓葬发掘报告》，《四川考古报告集》，文物出版社，1998 年。

［12］　四川省文物考古研究所、荥经严道古城博物馆：《荥经县同心村巴蜀船棺葬发掘报告》，《四川考古报告集》，文物出版社，1998 年。

［13］　刘雨茂：《试论川西发现的战国船棺葬》，《华西考古研究》，成都出版社，1991 年。

［14］　同 ［11］。

［15］　成都市博物馆考古队：《成都中医学院战国土坑墓》，《文物》1992 年 1 期。

［16］　四川省文物管理委员会：《成都战国土坑墓发掘简报》，《文物》1982 年 1 期。

［17］　成都市文物管理处：《成都三洞桥青羊小区战国墓》，《文物》1989 年 5 期。

［18］　同 ［6］。

［19］　同 ［11］。

［20］　同 ［15］。

［21］　同 ［6］。

［22］　同 ［11］。

［23］　同 ［11］。

［24］　同 ［11］。

［25］　荆州博物馆等：《江陵雨台山楚墓发掘简报》，《考古》1980 年 5 期。

［26］　同 ［6］。

［27］　中国社会科学院考古研究所安阳工作队：《安阳殷墟五号墓的发掘》，《考古学报》1977 年 2 期。

［28］　马得志、周永珍、张云鹏：《1953 年安阳大司空村发掘报告》，《考古学报》第 9 册，1955 年。

［29］　杨鸿勋：《战国中山王陵及兆域图研究》，《考古学报》1980 年 1 期。

［30］　中国科学院考古研究所：《辉县发掘报告》，科学出版社，1956 年。

［31］　据杨宽《中国古代陵寝制度史研究》，上海古籍出版社，1985 年。

（原载《四川文物》2002 年 3 期）

巴蜀柳叶形剑研究

江章华

柳叶形铜剑是巴蜀文化中最具代表性的器物之一，同时也散见于其他地区的古文化中，目前考古发现见诸报道的据不完全统计大约有 185 件。其中成都十二桥遗址 2 件[1]、广汉三星堆一号坑 1 件（玉质）[2]、宝鸡強国墓地 11 件[3]、岐山贺家村 2 件[4]、甘肃灵台白草坡 4 件[5]、长安张家坡 1 件[6]、北京房山琉璃河 2 件[7]、成都百花潭中学十号墓 1 件[8]、成都西郊战国墓 3 件[9]、新都马家公社木椁墓 5 件[10]、四川涪陵小田溪土坑墓 10 件[11]、四川郫县红光公社 2 件[12]、成都无线电机械工业学校 5 件[13]、四川绵竹西汉木板墓 1 件[14]、郫县战国船棺葬 1 件[15]、四川芦山县出土 4 件[16]、1977 年发掘的四川犍为巴蜀土坑墓 2 件[17]、1980 年发掘的四川犍为巴蜀墓 3 件[18]、1984 年发掘的四川犍为巴蜀墓 4 件[19]、1982~1983 年发掘的四川大邑五龙土坑墓 6 件[20]、1984 年发掘的大邑五龙土坑墓 4 件[21]、成都枣子巷 11 件[22]、成都金牛区战国墓 2 件[23]、成都三洞桥 5 件[24]、荥经同心村巴蜀墓 5 件[25]、四川绵竹船棺葬 17 件[26]、成都中医学院战国土坑墓 3 件[27]、成都京川饭店战国墓 1 件[28]、巴县冬笋坝和昭化宝轮院据所发表的报告表中所记统计有 39 件[29]、大渡河南岸 7 件[30]、四川简阳 2 件[31]、陕西凤翔高庄秦墓 1 件[32]、湖北宜昌、秭归、巴东、枝江、松滋、荆门、襄阳、江陵等地先后出土 18 件[33]。本文在对上述材料综合研究的基础上，对柳叶形剑的渊源、年代分期及其形制演变轨迹等问题略作分析，以就教于学术界。

一、柳叶形剑的型式与年代分期

目前所见的柳叶形剑略可分为六型。

A 型　铜质较差，器形短小，体扁薄，中脊呈一根凸棱，茎上无穿。此型目前所见有 2 件，均出自成都十二桥遗址的第 12 层中。其中一件出在 I 区，茎末稍残，残长 20.2 厘米。另一件出于十二桥遗址范围内的新一村，长 20.9 厘米。

B 型　又可分二式。

I 式：1 件。出于广汉三星堆一号坑。此剑为玉质，锋残。剑身一面外鼓，一面内凹，断面呈月牙形，扁茎，茎末有一圆穿。残长 28.2 厘米。

II 式：体较 I 式厚重，中脊隆起，本较宽，两从平斜，茎末有一穿。竹园沟 BZM8:13，茎上有两木板夹合痕，木板上并缠绕细麻绳，剑身有麻布痕，长 23.5 厘米。BZM19:59，长 22.8 厘米。

C 型　剑身较短，本较宽，体厚重，中脊隆起，茎上见两穿。可分四式。

Ⅰ式：茎上两穿居于正中，剑身断面与 BⅡ式同。竹园沟 BZM4:55，长 25.5 厘米。BZM20:35，长 27.8 厘米。成都中医学院所出 1 件，残长 19.9 厘米。成都西郊战国墓发现 2 件，长均为 30.1 厘米。

Ⅱ式：剑身断面呈菱形，器形与 CⅠ式接近。竹园沟 BZM4:55，长 25.5 厘米。成都无线电机械工业学校所出 1 件长 25 厘米。成都京川饭店所出 1 件长 24.2 厘米。茂县牟托一号石棺墓及陪葬坑出土 6 件，其中最短的 1 件长 23.4 厘米，最长的 2 件长 28.1 厘米，其余 3 件均在 25 厘米左右。成都枣子巷出土 2 件，长为 24.6 厘米。芦山县出土的 4 件，长均为 28.5 厘米。成都三洞桥出 2 件，分别长 28.4、27.8 厘米。

Ⅲ式：茎上两穿，接近本的一穿偏向一侧，断面呈菱形。成都无线电机械工业学校所出 1 件，长 27.5 厘米。

Ⅳ式：此式见于成都枣子巷，共出 9 件。剑身扁平，脊呈三根凸棱，茎很短，本特宽，茎末见一穿，器身长 14.4 厘米。此式较为特殊，仅一个地点见有出土。

D 型　该型的主要特征是剑身窄长，器体厚重，两从平斜或带血槽。可分三式。

Ⅰ式：茎较宽，茎上两穿居于正中，剑身两从平斜。此式主要见于宝鸡竹园沟、茹家庄和长安张家坡等地点。竹园沟 BZM11:11，长 28.1 厘米。BZM7:147，长 28.4 厘米。BZM18:38，长 25.4 厘米。茹家庄一号墓出土 2 件，长各为 26.8 和 30 厘米。

Ⅱ式：剑身更为窄长，茎部也较Ⅰ式窄，茎上有两穿，茎端一穿在正中，靠近本的一穿则偏向一侧，两从多带有血槽。成都百花潭中学十号墓出土 1 件，长 33 厘米。1973 年发掘的成都西郊战国墓见 1 件，残长 33.8 厘米。大邑五龙所出 2 件，1 件长 30.2 厘米，另 1 件长 24 厘米。绵竹船棺葬发现 17 件，其中 M1:61 长 43 厘米，M1:62 长 46 厘米。大渡河南岸出土 7 件，构成一组，长短有序，最长者 32 厘米，最短者 28.4 厘米。荥经同心村采集的 1 件长 31.8 厘米。犍为金井发现 3 件，分别长 32、31、14 厘米。成都中医学院土坑墓出土 2 件，分别长 32.4（残长）、26.2 厘米。简阳所出 2 件，分别长 31.5、34.1 厘米。绵竹西汉木板墓则见 1 件，长 35.4 厘米。此外，陕西凤翔高庄也出土 1 件，长 32 厘米。

Ⅲ式：剑身细长，断面呈菱形，本弧内收，茎细长。此式荥经同心村出有 1 件，编号 M5:17，长 36.2 厘米。

E 型　剑身宽薄，弧形刃，两从有明显的血槽，茎收分较甚，茎上两穿，末端一穿居于正中，靠近本的一穿偏向一侧。剑身多饰虎斑纹，本则多饰有巴蜀符号。新都马家公社木椁墓出土 5 件，长短有序，但具体长度报告中未加说明。成都三洞桥所出 3 件，均残，残长分别为 38、30、18 厘米。大邑五龙巴蜀墓先后出土 4 件，分别长 28.8、22.8（残）、37.2 和 48 厘米。荥经同心村见有 2 件，分别长 40.3 和 36.4 厘米。犍为巴蜀墓先后出土 5 件，其中 4 件分别长 24.5（残）、55、37、39 厘米，另 1 件长度不明。犍为金井见 3 件，分别长 30.7、46.6、42.4 厘米。四川涪陵小田溪一号墓发现 8 件，最长的为66.5 厘米，最短的为 39.5 厘米；二号墓发现 1 件，残长 43.3 厘米；三号墓发现 1 件，长50 厘米。此外郫县红光公社出土 2 件，郫县晨光公社战国船棺葬也出土 1 件。在巴县冬笋坝和昭化宝轮院的船棺葬中，狭长坑墓以及方坑墓出土的大多属此型剑。

F 型　属改装型，可分六式。

Ⅰ式：剑身与茎分界明显，茎上有一穿。在成都金牛区出土有 1 件，长 26.3 厘米。

Ⅱ式：成都金牛区巴蜀墓中出土了 1 件，剑身与 C 型较为接近，但其茎部特长，茎上有一穿。长 29.2 厘米。

Ⅲ式：大邑五龙出有 1 件，编号 M19∶6。茎上见两穿，有格，中脊有凹槽，并饰少量半圆形纹，剑身两面均饰一虎，呈回首咆哮之势。长 34.5 厘米。

Ⅳ式：昭化宝轮院 M15∶3，属在 D 型基础上的改装式。剑身狭长，剑身与茎分界明显，呈直角，茎上有一穿。

Ⅴ式：冬笋坝 M49∶9，属在 D 型基础上改装的。有格，并加一标首。

Ⅵ式：冬笋坝 M56∶9，亦属在 D 型基础上改装的。有格，茎上一穿。

关于各型柳叶形剑的年代，我们主要依据其所出的墓葬和遗址年代。宝鸡竹园沟和茹家庄以及长安张家坡墓葬，其时代在西周早期，这无多大异议。对成都百花潭中学十号墓，宋治民先生有专文论述，认为其时代在战国早期[34]，这也没有多大问题。成都西郊战国墓所出的铜壶、鍪、戈、尖底盒等均与百花潭中学十号墓所出同类器相同或接近，故它们的时代应基本接近，也在战国早期。成都京川饭店和成都中医学院土坑墓所出铜鍪均属早期形态，与百花潭中学十号墓出土的铜鍪很接近，所出铜钺也同于百花潭中学十号墓，所出铜戈三处地点都非常接近，故其时代应大致相当，属战国早期。成都无线电机械工业学校出土的铜戈及尖底盏的形制时代都较早，不见有晚于战国中期的遗物，其时代大致在战国早、中期之际。新都马家公社木椁墓，由于出土了大量的楚文化遗物，为其时代的判定提供了较为可靠的依据，一般认为应在战国中期。有学者更具体地推断其时代应晚于擂鼓墩一号墓，属战国中期晚段，比望山一号墓早，当在秦灭巴蜀以前[35]，此说较为恰当。1982～1983 年发掘的大邑五龙墓葬，所出 6 件柳叶形剑见于 M1、M2。这两座墓是该地最晚的，M2 所出的铜釜、甑上下分铸，是四川战国晚期墓葬中流行的形制；此外出有铜弩机，这在四川早期战国墓中也不见，因此该墓的时代当在战国晚期。荥经同心村并出土的鍪、釜常见于四川战国中、晚期的墓葬中，而铜泡和扣饰在战国晚期石棺葬中常见，故其时代在战国晚期较为合适。绵竹船棺葬中柳叶形铜剑均出自 M1，该墓出有上下分铸的铜釜、甑、单耳鍪、蟠兽纹方壶以及楚式器缶壶、鼎等具有晚期特征的器物。其中铜鼎足高且直，是楚文化中战国晚期流行的形制，标本 M1∶12 与寿县楚王墓出土的接近[36]；蟠兽纹方壶与羊子山 172 号墓出土的钫接近；缶壶则与涪陵小田溪 M1 出土的缶壶形制相同。因此该墓的年代晚于新都马家公社木椁墓，应在战国晚期。至于其他如郫县红光公社土坑墓出土有秦半两，其时代上限当不会超出秦灭巴蜀以后。犍为县巴蜀土坑墓，属秦灭巴蜀后蜀人南迁的墓葬，时代也较为明确。而1972年发掘的涪陵小田溪三座土坑墓的年代，宋治民先生认为属秦或秦汉之际也是正确的[37]。1984年发掘的大邑五龙墓葬时代为秦。巴县冬笋坝和昭化宝轮院的船棺葬中，狭长坑墓和方坑墓中均有柳叶形剑出土，原报告认为早期的船棺葬时代在秦灭巴蜀前后，而晚期船棺葬时代在秦灭巴蜀以后—汉初；宋治民先生则认为早期船棺葬时代在战国晚期，晚期船棺葬时代在秦[38]。笔者从后说。

根据上述墓葬的时代可知，B型柳叶形剑仅见于商末至西周早期，宝鸡強国墓地出土的两件时代明确，应在西周早期。三星堆一号坑出土的玉剑属此型，其同时也应有相应的青铜剑，时代与強国墓地大致相当，但強国墓地已开始出现C型剑，并结合一号坑所出铜器不晚于殷墟二期，因此后者的年代可能还稍早于強国墓地。目前有人认为三星堆器物坑时代很晚，可晚至春秋战国，但假使果真如此，其柳叶形剑的形制当不会如此原始。A型柳叶形剑从形制看，体较扁薄，器身短小，质地差，茎上无穿，明显较B型剑原始，应属柳叶形剑的最原始型，其时代应早于B型剑。A型剑出土于十二桥遗址的第12层，该层所出的尖底盏和器座与三星堆一号坑出土的同类器接近，将其时代断在商代晚期应无多大问题。CI式柳叶形剑最早出现在西周早期，下限到战国早期；CII式最早出现也在西周早期，下限到战国早、中期之际；CIII式则目前仅见于战国早、中期之际；CIV式形制特殊，仅见于成都枣子巷，同时伴出的还有CII式剑和三角形铜戈（戣），其时代应在战国早期。D型柳叶形剑出现也较早，使用时间较C型剑长。具体来说，DI式目前主要出于西周早期；DII式出现在战国早期，一直沿用到战国晚期，西汉早期目前仅见一例；DIII式数量较少，目前仅见于荥经同心村，时代属战国晚期。E型柳叶形剑最早出现在新都马家公社木椁墓，属战国中期，之后的巴蜀墓葬一直流行此型。尤其是战国晚期，以E型剑出土数量最多，D型剑数量明显减少，而C型剑从战国中期以后几乎绝迹。E型剑的时代下限要到秦。F型剑出现较晚，属秦灭巴蜀以后受中原式剑影响才出现的，时代在战国晚期到秦。

综上所述，我们可以将柳叶形剑大致分成四个大的时期（图一）。

第一期：商代晚期。该期是柳叶形剑的初始期，这一时期主要有A型剑，并开始出现BI式剑。

第二期：西周早期—战国早期。该期是柳叶形剑的发展期，主要流行C型剑和DI式剑，还有少量的BII式剑。

第三期：战国中期—战国晚期。该期是柳叶形剑的成熟期，主要流行E型剑，其次是DII、DIII式剑，并开始出现F型剑。

第四期：秦—西汉早期。该期是柳叶形剑的衰落期，仍存在少量D、E型剑，大量出现F型剑，总的来说柳叶形剑的数量较以前大大减少，并逐渐走向消亡。

以上分期还只是粗略的，有待新资料的出土作进一步的补充和修订，尤其是西周早期到春秋以及战国中期的资料还比较薄弱，但总的线索还是比较清楚的。

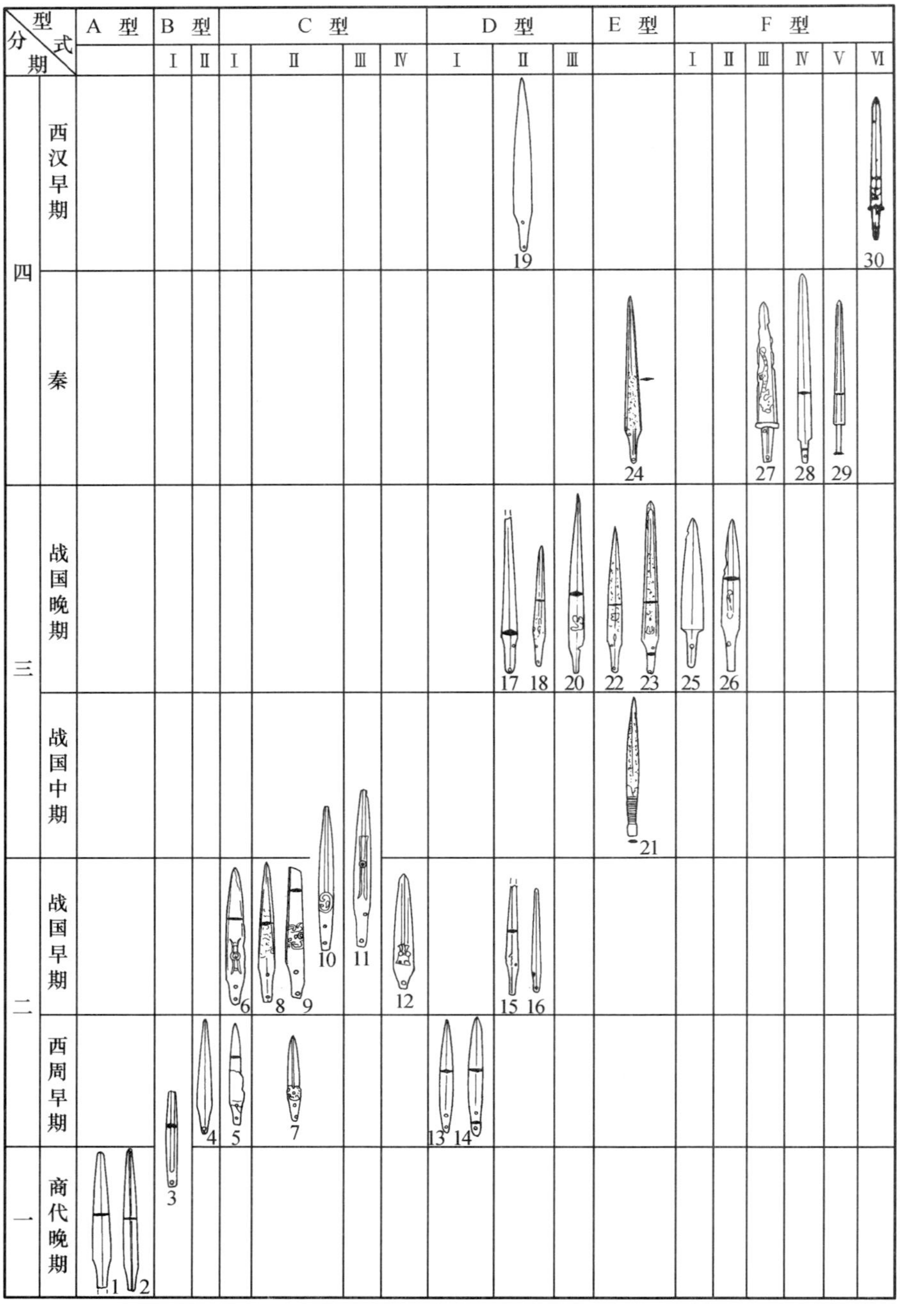

图一　柳叶形剑分期图

1、2. 成都十二桥遗址　3. 三星堆一号坑　4. 竹园沟 BZM8：13　5. 竹园沟 BZM21：24　6. 成都西郊战国墓　7. 竹园沟 BZM4：55　8. 成都京川饭店战国墓　9. 成都中医学院战国墓　10、11. 成都无线电机械工业学校　12. 成都枣子巷　13. 竹园沟 BZM18：38　14. 长安张家坡　15. 成都西郊战国墓　16. 成都百花潭中学十号墓　17. 荥经同心村　18. 绵竹船棺葬　19. 绵竹西汉木板墓　20. 荥经同心村　21. 新都战国木椁墓　22. 大邑五龙　23. 昭化宝轮院　24. 巴县冬笋坝 M50：11　25、26. 成都金牛区战国墓　27. 大邑五龙秦代墓　28. 昭化宝轮院 M15：3　29. 巴县冬笋坝 M49：9　30. 巴县冬笋坝 M56：9

　　以前有一种观点，认为 C、D 型柳叶形剑属蜀式剑，而 E 型剑属巴式剑，但据目前资料看，无论哪种型式的柳叶形剑其最早出现都在蜀地，而在巴人活动的范围内，目前所见资料都较晚，因此上述说法欠妥。

二、柳叶形剑的渊源及其演变

　　从上述对柳叶形剑的年代分期中可以看出，A 型剑年代最早，其形制也最为原始，是柳叶形剑最原始的形态，目前又只发现于蜀地，并在以后发展成为巴蜀地区唯一流行的青铜剑。故此可以肯定这种剑其最早应起源于蜀地，并且得到了独立的发展，其他地区仅是受其影响。宝鸡强国墓地、陕西岐山贺家村、长安张家坡所出的柳叶形剑时代均在西周早期，其形制属 B、C 两型，形态为茎末一穿或茎上两穿，形态已较 A 型进步。同时上述地区这类剑仅出现在西周早期，在其后并未得到流行。所以柳叶形剑起源于这些地区的可能性不大。中原地区流行剑的时间是东周时期，其流行的主要形制有三种。一种是圆茎中空或半空，窄格，无箍，有首剑；一种是实圆茎，茎上有二或三道凸箍，宽格，有首剑。另有一种剑身似柳叶，扁茎，剑身与茎分界明显，且多呈直角，无格，无首，无箍，有的茎上有圆孔。这种剑在中原出现的时间比典型的柳叶形剑晚，可能是在柳叶形剑基础上发展而来的，并且此种剑在中原地区时间越早数量越多，所占比例也越大，往后则逐渐减少，几乎被前两种剑所取代[39]。从上述分析可看出中原地区曾受到过柳叶形剑的影响。

　　从当时蜀地的自然环境及作战条件考察。商周时期川西平原河流、沼泽众多，气候温暖湿润，植物茂盛。近几年的考古发掘及对遗址的孢粉分析证实了这一点，成都十二桥遗址的孢粉分析结果表明，第 11 层至 13 层的植物类型反映出当时的气候温暖湿润，大量的水生植物及藻类植物存在，表明当时环境多浅水沼泽[40]。成都指挥街遗址第 5、6 层的孢粉组合反映当时的植被面貌是以阔叶树为主的阔叶林，也代表着温暖湿润的气候环境，并存在着湖沼凹地[41]。与此同时，在川西平原以外又多是山地丘陵。上述地理环境不利于车战，《六韬》说："凡车之死地有十，……陷之险阻而难出者，车之绝地也；圮下渐泽，黑土粘植者，车之劳地也；……殷草横放，犯历深泽者，车之拂地也；……日夜霖雨，旬日不止，道路溃陷，前不能进，后不能解者，车之陷地也。此十者，车之死地也。"商周时期四川的自然环境正属于这种所谓车之死地，不适于车战。由于巴蜀地区不适宜于战车，到目前为止，巴蜀地区尚未发现商周时期的车马器便是绝好的证明。所以当时战争主要靠步兵，短兵相接时剑是一种绝好的武器，故而在这里较早地使用青铜剑是很自然的事。

　　柳叶形剑不仅在蜀地最早起源，并在其后得到了独立的发展，其演变轨迹相当清楚。从最原始的形态即体扁薄、短小、质差，往后变得厚重，剑身变长，质地越晚越精良。A 型柳叶形剑长仅 20.9 厘米，到西周早期的 BⅠ式增加到 28.2 厘米，同时流行的 BⅡ、CⅠ、CⅡ式长度也多在 25 厘米左右，最短者也有 22.8 厘米。西周早期的 DⅠ式长多为 25~30 厘米，以 28 厘米左右者居多。到战国早期的 CⅢ式长度也在 27.5 厘米，DⅡ式则增加到 33 厘米以上，战国晚期的荥经同心村及犍为巴蜀墓出土的 D II 式长度都在 31 厘米左右，而绵竹船棺葬出土的 D II 式剑长度达 46 厘米。E 型剑一般都较长，新都马家公社木椁墓出土的未作报道，其他如荥经同心村出土的两件，一件长 36.4 厘米，另一件长 40.3 厘米；犍为巴蜀墓出土的 E 型剑大多在 37 厘米以上，最长者达 55 厘米；而涪陵小田溪土坑墓出土的 E 型剑长度更长，最长者可达 66.5 厘米。其次是茎部的变化也尤为明显，考古发现证实，这种扁茎剑茎部是用木板夹合，然后再在木柄上缠绕细绳，甚至还在其上髹漆。如茹家庄一号墓出土的两件柄部木板夹合痕十分清楚，木柄上还见到缠绕麻绳。新都马家公社战国墓出土的柳叶形剑亦是用两片柄形木板将茎部夹紧，并插入铜套内，套外再用细绳缠绕，并髹黑漆。这种装柄方式，像用于 A 型剑上，因茎部无穿，就易脱落或受力后向两侧偏移，不易牢固。以后发展到在茎上有穿，木片夹合后，用钉子于穿中钉合，再缠以细绳，较为牢固。但 B 型剑仅于茎末见一穿，牢固性还不很强，虽然脱落已可避免，但仍易受力后向两侧偏移。因此很快又出现了两穿的形制，这样上述弊病就可解决了，但两穿居于正中，处在同一线上，则木板就容易钉破。为了解决这一问题，后来又将靠近本部的一穿偏向一侧，并将这种形式固定下来，所以后来的柳叶形剑基本上全是采用这种形制。上述柳叶形剑递嬗演变的脉络相当清楚，弄清了这一点，对巴蜀文化的分期研究无疑是有参考价值的。另外，商代晚期至战国早期的柳叶形剑几乎不见巴蜀符号；最早出现巴蜀符号的是成都西郊战国墓出土的 D II 式剑，有虎纹、手纹；到战国中期以后巴蜀符号开始流行，尤其是战国晚期相当普遍，E 型剑上大多都有，常见的有虎纹、手纹、花蒂纹、草木纹、蛙纹、船纹以及许多符号似的纹样（图二）。

图二　柳叶形剑上的巴蜀符号

三、柳叶形剑的剑鞘

柳叶形剑的剑鞘最早见于西周早期的竹园沟墓地，共出土 3 件，其形制都比较接近，鞘身呈三角形，木质，外裹铜套，套上有装饰花纹，两侧有提系。茹家庄一号墓和竹园沟 14 号墓的剑鞘提系呈半环形，而竹园沟 19 号墓的剑鞘提系呈一卷体夔凤状，这一时期均为单剑剑鞘。而四川地区战国时期所出的铜质剑鞘多为双剑剑鞘，形制与強国墓地出土的近似，应有承袭关系。成都西郊战国墓出土的 1 件为袋形，侧附双耳，中以凹槽将其分为两个剑室以纳双剑，面饰卷云纹。刘瑛在《巴蜀兵器及其纹饰符号》中亦著录

1 件类似的剑鞘[42]。1974 年芦山县出土 2 件纳有双剑的剑鞘和成都三洞桥所出 1 件双剑剑鞘，形制也基本相同。绵竹船棺葬亦出土 1 件剑鞘，仅存半片，呈舌状，上饰四组错金饕餮纹，没有附耳，形体瘦长，似为单剑剑鞘。

　　值得注意的是，上述双剑剑鞘所装纳的柳叶形剑均为 C 型剑，并且两件铜剑规格、形制、纹饰均完全一样，一般都装饰有较特殊的纹饰，其剑鞘纹饰也较精细，推测这种剑除了实用，可能还具有特殊的意义。

　　E 型剑基本不见上述青铜剑鞘，新都马家公社木椁墓出土的 E 型剑剑鞘为薄皮缝合，外髹黑漆，仅存残片，可能该型剑的剑鞘多为有机物，且大多已腐朽不存。在成都地区战国墓中出土的许多剑常发现剑身上有丝织物残痕和漆皮，可能即为剑鞘残痕。

四、余　论

　　柳叶形剑曾一度传入中原，但典型的柳叶形剑主要只是在宝鸡古强国范围内一度使用，时间都较短。战国时期在关中秦墓中偶有发现，凤翔高庄 M18 出土 1 件属 D Ⅱ 式，时代在战国早期，湖北出土的柳叶形剑主要集中在鄂西地区，这些都与巴人的活动有关。柳叶形剑一方面对周围文化未产生过大的影响，甚至与巴蜀文化关系密切的石棺葬文化也很少有发现。唯一出土较多的是茂县牟托一号石棺墓[43]，所出器形属较早的形制，即 C Ⅱ 式，该墓所出的双剑剑鞘与柳叶形剑的双剑剑鞘同出一系。根据该墓共存遗物看，大多器物与柳叶形剑一样显得较早，而墓葬的年代据发掘者的观点却大大晚于这些器物。考虑到所出铜戈、铜鸟、编钟等在强国墓地也能找到相同的器形，因此这种影响是否直接来源于蜀还值得考虑。另一方面，柳叶形剑基本上未受到外来文化的冲击。尽管巴蜀文化在不同时期都不同程度地受到外来文化的影响，尤其是中原文化和楚文化的影响，但柳叶形剑一直顽固地保留了它最基本的形制，直到秦灭巴蜀以后才逐渐接受了中原式剑的影响，出现了改装式，秦统一后直到汉初柳叶形剑才逐渐被淘汰。

注　释

[1]　　笔者参加了该遗址的发掘与整理工作。
[2]　　四川省文物管理委员会、四川省文物考古研究所、四川省广汉县文化局：《广汉三星堆遗址一号祭祀坑发掘简报》，《文物》1987 年 10 期。
[3]　　卢连成、胡智生：《宝鸡强国墓地》，文物出版社，1988 年。
[4]　　陕西省博物馆、陕西省文物管理委员会：《陕西岐山贺家村西周墓》，《考古》1976 年 1 期。
[5]　　甘肃省博物馆文物队：《甘肃灵台白草坡西周墓》，《考古学报》1977 年 2 期。
[6]　　中国科学院考古研究所：《沣西发掘报告》，文物出版社，1962 年。
[7]　　中国科学院考古研究所等琉璃河考古工作队：《北京附近发现的西周奴隶殉葬墓》，《考古》1974 年 5 期。
[8]　　四川省博物馆：《成都百花潭中学十号墓发掘记》，《文物》1976 年 3 期。
[9]　　四川省博物馆：《成都西郊战国墓》，《考古》1983 年 7 期。

[10]　四川省博物馆、新都县文管所：《四川新都战国木椁墓》，《文物》1981 年 6 期。

[11]　重庆市博物馆、涪陵县文化馆：《四川涪陵地区小田溪战国土坑墓清理简报》，《文物》1974 年 5 期。

[12]　李复华：《四川郫县红光公社出土战国铜器》，《文物》1976 年 10 期。

[13]　四川省文物管理委员会：《成都战国土坑墓发掘简报》，《文物》1982 年 1 期。

[14]　四川省博物馆、绵竹县文化馆：《四川绵竹县西汉木板墓发掘简报》，《考古》1983 年 4 期。

[15]　郫县文化馆：《四川郫县发现战国船棺葬》，《考古》1980 年 6 期。

[16]　钟坚：《芦山出土青铜鞘短剑》，《四川文物》1990 年 1 期。

[17]　四川省博物馆：《四川犍为县巴蜀土坑墓》，《考古》1983 年 9 期。

[18]　四川省文物管理委员会：《四川犍为县巴蜀墓发掘简报》，《考古与文物》1984 年 3 期。

[19]　四川省文物管理委员会：《四川犍为金井乡巴蜀土坑墓清理简报》，《文物》1990 年 5 期。

[20]　四川省文管会、大邑县文化馆：《四川大邑五龙战国巴蜀墓葬》，《文物》1985 年 5 期。

[21]　四川省文管会、大邑县文化馆：《四川大邑县五龙乡土坑墓清理简报》，《考古》1987 年 7 期。

[22]　四川省文物管理委员会：《成都市出土的一批战国铜兵器》，《文物》1982 年 8 期。

[23]　成都市文物管理处：《成都市金牛区发现两座战国墓葬》，《文物》1985 年 5 期。

[24]　成都市文物管理处：《成都三洞桥青羊小区战国墓》，《文物》1989 年 5 期。

[25]　四川省文物管理委员会、荥经严道古城遗址博物馆：《四川荥经同心村巴蜀墓发掘简报》，《考古》
　　　1988 年 1 期。

[26]　四川省博物馆：《四川绵竹县船棺墓》，《文物》1987 年 10 期。

[27]　成都市博物馆考古队：《成都中医学院战国土坑墓》，《文物》1992 年 1 期。

[28]　成都市博物馆考古队：《成都京川饭店战国墓》，《文物》1989 年 2 期。

[29]　四川省博物馆：《四川船棺葬发掘报告》，文物出版社，1960 年。

[30]　宋治民：《大渡河南岸发现蜀式青铜剑》，《考古与文物》1985 年 6 期。

[31]　《四川简阳出土的战国青铜器》，《文物资料丛刊》第 3 辑。

[32]　吴镇烽、尚志儒：《陕西凤翔高庄秦墓地发掘简报》，《考古与文物》1981 年 1 期。

[33]　王晓宁：《湖北出土的巴式青铜器及相关问题》，《四川文物》1991 年 6 期。

[34]　宋治民：《略论四川战国、秦墓葬的分期》，《中国考古学会第一次年会论文集》，文物出版社，1980 年。

[35]　郭德维：《蜀楚关系新探——从考古发现看楚文化与巴蜀文化》，《考古与文物》1991 年 1 期。

[36]　高崇文：《东周楚式鼎形态分析》，《江汉考古》1983 年 1 期。

[37]　同 [34]。

[38]　同 [34]。

[39]　李伯谦：《中原地区东周铜剑渊源试探》，《文物》1982 年 1 期。

[40]　笔者参加了该遗址的整理工作，其分析结果尚待发表。

[41]　四川大学博物馆、成都市博物馆：《成都指挥街周代遗址发掘报告》附录，《南方民族考古》1987
　　　年第 1 辑。

[42]　见《文物资料丛刊》第 7 辑。

[43]　茂县羌族博物馆、阿坝藏族羌族自治州文物管理所：《四川茂县牟托一号石棺墓及陪葬坑清理简
　　　报》，《文物》1994 年 3 期。

（原载《考古》1996 年 9 期）

战国时期古蜀社会的变迁
——从墓葬分析入手

江章华

与三星堆文化、十二桥文化（金沙）时期相比，战国时期的古蜀社会有明显的变化，考古发掘的墓葬有明显反映。因此本文从墓葬分析入手，对战国时期的古蜀社会及其时代观念作一尝试性探讨。

一、成都地区战国墓葬分析

随葬器物的类别与多寡的不同能反映墓主的身份、社会角色以及社会对不同死者的态度与观念。首先我们将成都地区历年发掘较为完整的墓葬出土青铜器以兵器、工具、实用容器和奢侈品分类列为表一，其中将一般墓葬中经常出现的釜、鍪、甑等作为实用容器，将带有中原和楚文化风格，有较精美装饰的青铜器作为奢侈品。

表一　成都地区墓葬青铜器统计

	兵器	工具	实用容器	奢侈品	时代	备注
商业街船棺[1]	戈3、矛1、钺1共5件	削1、斤1共2件			战国早期偏晚	被盗，出土大量漆器
新都马家大墓[2]	戈30、矛5、剑10、钺10共55件	刀5、斧5、斤5、曲头斤5、锯5、削15、凿20、雕刀5共65件	釜5、鍪5、甑2共12件	鼎5、豆2、敦2、盘2、匜2、鉴2、缶2、瓶2、壘5、壶10、编钟5、三足盘形器5共39件	战国中期	墓室被盗，均为腰坑出土
绵竹船棺[3]	戈17、矛37、剑19、钺3共76件	斧5、刀2、凿11、斤3、削12、雕刀4、锯5共42件	釜1、尖底盏5、鍪1、甑1共8件	鼎4、豆2、圆壶3、方壶1、壘1、敦3共14件	战国早、中之际	非科学发掘
百花潭中学十号墓[4]	戈11、矛6、剑1、钺2共20件	刀2、削4、斧4、凿4共14件	鍪2、甑1、尖底盒2共5件	鼎1、壶1，共2件	战国早期	
成都西郊青羊宫侧墓葬[5]	戈7、矛4、剑3、钺2共16件	削3、刀1共3件	鍪4、尖底盒2共6件	鼎1、敦1、匜1、壶3共6件	战国早期	

续表

	兵器	工具	实用容器	奢侈品	时代	备注
成都金沙巷 M2[6]	戈1、钺1共2件	斧1、刀1、锯1共3件	鍪2共2件	鼎1、敦1、壶1、盘1、豆1共5件	战国中期偏早	
成都石人小区 M9[7]	戈5、矛6、钺1共12件	刀2、削1、凿5、斤1、锯1共10件	鍪3	鼎1、敦1共2件	战国早期	
成都石人小区 M8[8]	戈8、矛3、钺1共12件	刀4、削1、凿5、斧1、斤1共12件	尖底盒1	敦1	战国早期	
成都中医学院墓葬[9]	戈5、剑3、钺1、矛（残）至少10件	削（残）、凿3、锯1至少5件	鍪1	敦1	战国早期	非科学发掘
成都京川饭店墓葬[10]	戈5、矛5、剑1、钺1共12件	削1、斧1、斤1、凿2、锯1共6件	鍪2共2件	镜1	战国早期	非科学发掘
成都新一村墓葬[11]	戈1、矛3、剑2、钺1共7件	斧1、凿1共2件	釜1、鍪1共2件	瓿1、壶1共2件	战国中期	陶器数量多
成都金沙巷 M1[12]	戈4、剑2、钺1共7件	斧1、刀2共3件	鍪1		战国早期	
成都金鱼村 M14[13]	戈2、矛1、剑1、钺2共6件		鍪1、盆1共2件		战国中期偏早	
成都文庙西街 M2[14]	戈1、矛2、剑1共4件	削1	釜1、鍪1、瓿1共3件		战国中期	
大邑五龙 M2[15]	戈2、矛1、剑4、钺3、弩机1共11件	斤2	釜2、瓿1共3件		战国晚期	
大邑五龙 M3[16]	矛1、剑1、钺1共3件	斤1	鍪1		战国晚期	
大邑五龙 M18[17]	戈1、剑1共2件		鍪1、盘1共2件		战国晚期	出有铁斧、铁镰
成都圣灯公社 M1[18]	戈2、矛1、剑2、钺1共6件	锯				非科学发掘铁斧2
成都金鱼村 M7[19]	钺1	削1			战国中期偏早	
大邑五龙 M4[20]	矛1	刀1			战国晚期	
蒲江鹤山镇 M1[21]	剑1				战国晚期	
蒲江东北乡 M2[22]		削3			战国中期	
成都圣灯公社 M2[23]			鍪1		战国晚期	

从表一所统计的墓葬依据其青铜器的种类和多寡可以分为六类:

1类:以新都马家大墓为代表,随葬有大量奢侈品,相应的兵器、工具和实用容器也是成套随葬,数量亦大。新都马家大墓虽然墓室被盗,但腰坑中出土的青铜器仅表中统计的各类就达159件,其中奢侈品就有12类39件,兵器和工具也是成套,共120件。该墓在目前发现的战国古蜀墓葬中规格相当高,其墓葬规模也较大。商业街船棺由于早年被盗厉害,出土遗物较少,但其墓葬规模较大,是迄今发现的最大规模的船棺葬,地面有供祭祀用的礼仪建筑、大量属奢侈品的漆器随葬,从部分漆器的功能看,当时应随葬有编钟、编磬一类的乐器,大量盛装食物的陶罐都是专用特制的。从上述情况分析,商业街船棺的规格也相当高,因此也归入第1类。这一类墓葬的主人很可能是蜀的最高统治者或其家族的墓葬。

2类:以绵竹船棺为代表。这类墓亦随葬有相当数量的奢侈品,兵器、工具和实用青铜容器也是成套随葬。绵竹船棺随葬的奢侈品有7类14件,少于1类墓葬,兵器有76件,工具有42件,实用容器8件,表中统计的各类青铜器有140件,数量亦大。这类墓的墓主人社会地位当低于第1类墓,但亦有较高的社会地位。

3类:包括有百花潭中学十号墓和成都西郊青羊宫侧墓葬。这类墓随葬有2~5类奢侈品,尤其是有鼎、有成套的兵器和工具,实用容器成套或不成套,青铜器的总体数量远不如第2类墓葬。百花潭中学十号墓随葬的奢侈品有2类2件,兵器有20件,工具有14件,实用容器有5件,共计41件。青羊宫侧墓葬奢侈品有5类8件,兵器有16件、工具有3件,实用容器有4件,共计31件。可以看出,这一类墓随葬的奢侈品明显少于第2类墓,而兵器、工具和实用容器相应的也少于第2类墓。这类墓葬的主人也应具有一定的社会地位,但明显低于第2类墓。

4类:包括有成都金沙巷M2和成都石人小区M9。这类墓也随葬有2~5类奢侈品,但其中的鼎与前面几类明显有别,前面几类的鼎为中原式或楚式,而这类墓随葬的鼎为越式鼎。而且这类墓葬随葬的奢侈品多为素面,不如前几类墓的精美,如第3类中的百花潭中学十号墓的水陆攻战纹铜壶。推测这类墓葬的主人社会地位不会太高,明显次于第3类墓,但也不是一般的普通民众。

5类:包括有成都石人小区M8、中医学院墓葬、京川饭店墓葬和新一村墓葬。这类墓葬没有成套的奢侈品,只有1~2件,而且各墓的器类也不尽相同,大多素面无纹,不够精美。这类墓一般都有成套的兵器和成套的工具随葬,实用青铜容器不一定成套。统计的各类青铜器数量在10多件至20多件不等。推测这类墓葬的主人社会地位不如第4类墓葬的主人,或许仅略高于一般的普通民众。

6类:其他不随葬奢侈品的墓葬均属此类。这类墓葬统计的12座当中,有成套兵器和成套工具的1座,有成套兵器无成套工具的有6座,有单类兵器和单类工具的有2座,有单类兵器而无工具的1座,无兵器的2座。推测这类墓葬主人应是一般的普通民众,兵器的有无可能并不代表社会地位的高低,而仅是表明其社会角色的不同。可以看出,斧、斤一类的工具和实用容器多出在有兵器的墓中，尤其是有成套兵器的墓中，表现出这类墓葬相对更受到重视。

从上面的分析可以看出几点有意思的现象：一是墓葬中的随葬品中，奢侈品的数量与种类的多寡是区别墓主社会地位高低的表征物，奢侈品的种类与数量越多，代表墓主的社会地位越高，出成套奢侈品的墓主明显高于不出成套奢侈品的墓主。而且奢侈品基本为外来风格的青铜器，战国早期多为中原风格的青铜器，战国中期以后多为楚文化风格的青铜器。地位高的墓葬一般其他类青铜器数量也较多，墓葬规模一般也较大；二是实用青铜容器与墓主社会地位高低没有直接关联，因为第6类墓也有出成套实用青铜容器的，而第4、5类也有出单类实用青铜容器的。三是兵器的随葬是一个普遍的现象，从第1类墓至第6类墓都有成套兵器随葬，很明显兵器也不是社会地位高低的表征物，而是墓主社会角色的表征物，表明了一种自上而下的社会集体意识与时代风尚。

二、几处墓地分析

1. 什邡城关墓地[24]

该墓地1988年至2002年配合什邡城市建设先后进行了23次抢救性发掘，共清理墓葬98座，墓地分布于方亭镇与元石镇，面积约100万平方米。该墓地均为竖穴土坑墓，依据葬具又分为无葬具墓、船棺、木椁和木板墓。其年代从战国早期延至西汉中晚期。

（1）墓葬分布与变迁分析

从墓葬分布来看，该墓地明显是成组分布。我们将各组战国至秦代的墓葬列为表二。

表二　墓葬分组情况

	战国早期	战国中期	战国晚期	秦	时代不明	合计
A组	M7、70、71、72	M91、92（2棺）			M46	8
B组	M25、56	M55、58（2棺）			M56	6
C组	M11		M45		M12、42、43、44	6
D组		M29、30、31、32、27、33			M26、28	8
E组		M74A、74B、75、76、82、83	M79、81		M80	9
F组		M88、89、90（3棺）、101、15				7
G组		M4、5、1、2、3、10	M14			7
H组		M22、6、7	M16、17		M18、19、24	8
I组			M38、39		M37	3
J组		M96（2棺）	M97			3
K组		M35、36				2

续表

	战国早期	战国中期	战国晚期	秦	时代不明	合计
L组		M40、41				2
M组		M87	M62、63	M59、61、	M64、86	7
N组		M50	M49、51、52、54			5
O组			M93、94、95、98			4
P组				M99、100		2
Q组	M69	M68	M65			3
合计	8	43	20	4	15	90

上述分组当中的 E 组，与之集中在一起的西汉墓葬方向基本为南北向，与战国时期的基本为东西向的不同，M78 为南北向，又明显与其他西汉墓一起集中分布在该组墓的西侧，有可能也是西汉时期的墓葬。因此该组墓除去西汉的 4 座，战国时期的有 9 座。报告将 P 组中的 M100 定在战国中期晚段，M99 定在秦，这两座墓均遭到破坏，不完整，M99 出有"半两"钱，而 M100 没有，但从两座墓所见的铜戈、铜矛、陶豆形制均十分相近来看，其年代应相近，可能均在秦。

从上述各组墓的布局来看，Q 组与其他各组相距较远，其余各组明显集中在一个区域组成一群，可以看出 Q 组与其他各组关系较远，而其他各组关系很近。从墓葬年代分布规律来看，战国早期的墓主要集中在 A、B、C 组，只有 M69 在 Q 组，由此也可看出 Q 组与成群的各组关系较远，或许往西还有另一群墓地。因此我们分析时主要针对成群的共 16 组墓葬。该群墓葬有如下几个现象值得注意：

第一，从各组墓葬数量来看，如果将时代不明的墓葬按报告所定，除 M19 为西汉时期，其余均为战国，那么各组战国至秦时期的墓葬数量以 5 ~ 8 座的最多，有 10 组，其次是 2 座一组的有 3 组，3 座的有 2 组，4 座的有 1 组，此外还有 M23 和 M48 独立不成组。

第二，从各组墓跨越的年代来看，如果以战国早、中、晚、秦来划分的话，跨越 2 期的比较多，有 8 组，其中 M 组虽然从战国中期晚段到秦，因为秦的年代短，因此也相当于跨越两期。跨越一期的有 7 组，其中 2 座并排的就占 4 组，跨越三期的仅 1 组。

第三，从墓地变迁来看，战国早期时，墓葬有 7 座（以年代明确的计，后同），都集中在墓地中部靠北的 A、B、C 三组。到战国中期早段时期，墓葬数量增加到 20 座，其分布主要向南，增加了 D、E、F、G、H 五组，向西只有 J 组。战国中期晚段时，墓葬数量增加到 22 座，增加的墓葬主要还是在原战国早期和中期早段的墓组中，此外向西增加了 K 组，向北增加了 L、M、N 组。到战国晚期，墓葬有 19 座，主要向西和向北发展，如 O、N、Q 组，其中 O、Q 是新增加的组。到秦代墓葬数量很少，只有 4 座，除 P 组的 2 座是新增加的组外，另外有 2 座是在 M 组中。

从该墓群的分布格局与变迁现象可以作出这样的解释：从每组墓的数量与跨越

年代来看，墓主的身份可能是祖孙关系的扩大式家庭，那么整个墓群就应是一个家族墓地。该家族在战国早期的时候人口比较少，到战国中期人口繁衍较快，此时的家庭分化也较多。到战国晚期人口锐减，不到战国中期的一半。到秦代，更是家族衰落，人口凋敝。从每组墓跨越的时间分析，战国时期前后约250年，每期也在80年左右，跨越两期的时间也在100多年，按正常情况看，其人口数应是偏少，这可能与战争有关，推测有部分因死于战场而未能埋入家族墓地，从墓葬中普遍随葬兵器就是很好的证明。更好的证明是战国晚期与战国中期相比墓葬数锐减一半，反映出此时的战争更为频繁与惨烈。经过战国晚期秦灭蜀的战争，或战死，或迁徙，因此秦代的墓葬数量更少。

（2）从随葬器物方面分析

该墓地墓葬中随葬兵器是一个突出的现象，兵器应是墓主特殊社会角色很明显的表征物。我们从分组、年代方面对是否随葬有兵器作一个统计（表三），对出土遗物少、无法分期的15座墓葬作为不出兵器墓加入合计之中。

表三　墓葬随葬兵器统计

	战国早期		战国中期早段		战国中期晚段		战国晚期		合计	
	有兵器	无兵器	有兵器	无兵器	有兵器	无兵器	有兵器	无兵器	有兵器	无兵器
A 组	2	2			3				5	2 + 1
B 组	1	1		1		2			1	4 + 1
C 组		1					1		1	1 + 4
D 组			1	3	2				3	3 + 2
E 组			3	1	2		1	1	6	2 + 2
F 组			4	2					4	2
G 组			1	1	4		1		6	1
H 组			1		1	1	1	1	3	2 + 1
I 组							2		2	+ 1
J 组								1		1 + 2
K 组					1	1			1	1
L 组						2				2
M 组						1	1	1	1	2 + 2
N 组					1		4		5	
O 组							3	1	3	1
合计	3	4	10	8	14	7	14	5	41	40

统计的战国时期的 81 座墓中，随葬有兵器的有 41 座，没有兵器的 40 座，差不多对半，但是如果是考虑到部分墓葬残，可能随葬有兵器，那么有兵器的墓葬应略多于无兵器的墓葬。按照常理来讲，一般打仗主要是男人的事，那么随葬兵器的墓主人主要应是男性，相反没有兵器的墓主主要应是女性。遗憾的是由于这批墓葬人骨保存普遍较差，没有做人骨性别与年龄的鉴定。

如果说随葬兵器的墓主人主要是男性，没有兵器的墓主人主要是女性的前提成立的话，那么在此基础上我们再来观察明显并列埋葬的 13 对墓葬（少数 3 座成排的），包括同穴合葬墓的墓主的关系。其中有 5 对属于 1 座有兵器，1 座没有兵器，它们是战国早期的 M70 和 M71、M72 和 M73，战国中期早段的 M75 和 M76，战国中期晚段的 M35 和 M36，M62 和 M63，2 列 3 座墓的，其中 M29、M30、M31 一列位于中间的 M30 有兵器，其他 2 座没有兵器，M90 - 1 ~ 3 同穴合葬墓，M90 - 1、2 有兵器，M90 - 3 没有兵器。如果说上述情况属夫妻关系的话，但属战国中期晚段的 M85 和 M96 两座同穴双棺合葬墓都没有兵器，而同样属同穴双棺合葬墓的 M92 却是都有兵器，另外还有明显并列的 M2、M3，M82、M83 和 M38、M39 三对墓葬都随葬有兵器。可以推测并列埋葬的墓主关系很复杂，既有夫妻关系的，也有兄弟、姐妹关系的，甚至母子、父子关系。同穴合葬墓同时死的可能性还是较小，二次同时埋葬的可能性较大，因为从金沙遗址到商业街船棺都存在二次埋葬的现象。具体到每一组墓中，有兵器和没有兵器的墓葬所占比例并不完全那么平均。像 A、G、N 组有兵器的墓葬明显偏多，而 B、C 等组没有兵器的墓偏多。有兵器墓偏多的墓组有部分墓主可能属于青壮年婚配前即已战死，而无兵器墓偏多的墓组可能是未成年人的墓较多的缘故。

从随葬器物的类别、性质来看，该群墓除普遍随葬陶器外，青铜器包括有兵器、工具、实用容器，少数墓有饰物，除 M74B 出土 1 件铜敦外，几乎没有奢侈品随葬。兵器是墓主人社会角色的表征，工具也是墓主人社会角色的表征，并不代表拥有的财富与社会地位。青铜容器主要是一般的生活实用器，有釜、鍪、釜甑等，这也不能反映墓主生前或其家族具有特殊的身份或拥有较多的财富。可以看出，该家族在当时不具有特殊的身份与地位，也不拥有巨大的财富，与前面分析的成都地区第 6 类墓差不多，只是一般的普通民众。当时家族在埋葬死者的时候，一方面突出事死如事生的观念，将常用的生活用器随葬供死者在另一世界使用，另一方面比较强调死者特殊的社会角色。

我们再从随葬器物的组合分析。如果我们将出土有戈、矛、剑、钺当中 3 种兵器的作为出土成套兵器，有 23 座出土有成套兵器，我们将这些墓出土的其他青铜器共存的情况列为表四。

表四　出成套兵器的墓出土其他青铜器共存情况

	成套工具 （2 类以上）	单类工具	成套容器 （2 类以上）	单类容器
M25		√		
M72				√
M22				√
M74B	√			√
M76				
M90 – 1	√			√
M90 – 2				√
M88				
M101		√		
M7	√			√
M10	√		√	
M1	√		√	
M2				
M91	√			
M16			√	
M52			√	
M54		√	√	
M14	√			√
M93		√	√	
M38		√	√	
M49				
M50				√
M95		√	√	

　　这 23 座墓中，有 10 座既有工具，也有容器，占 43%，有 6 座只有容器，占 26%，有 3 座只有工具，占 13%，没有工具与容器的墓只有 4 座，占 17%。

　　出单类或两类兵器的墓，除开残墓以外有 13 座，我们将其与其他青铜器共存关系列为表五。

表五　出单类、两类兵器的墓与其他青铜器共存情况

	成套工具 （2 类以上）	单类工具	成套容器 （2 类以上）	单类容器
M70				
M30				
M4				
M74A				
M36				

续表

	成套工具 （2类以上）	单类工具	成套容器 （2类以上）	单类容器
M33		√		√
M27				
M83				
M92 - 2				
M100				√
M45				√
M79	√			√
M98			√	

13 座墓中既有工具也有容器的 2 座，占 15%，有容器的 5 座，占 38%，既无工具也无容器的 8 座，占 62%。而且出单类或两类兵器的墓，出土工具很少，不出成套工具，出工具的墓葬也只出单类工具，容器也较少，不像出成套兵器的墓多出有两类以上的成套工具，出成套容器的墓也相对较多。

只出工具不出兵器的墓有 7 座，全都是出单类工具，这类墓随葬的其他器物也较少，只有 1 座（M81）随葬有青铜容器（釜甑）。当然那些不见青铜器的墓葬其他随葬器物更少。从上面的统计分析可以看出，凡是有兵器的墓主明显受到重视，兵器多的墓其他随葬品也相应较多，尤其是有兵器的墓多有工具随葬，说明这些墓主除参与战争以外，重要的生产活动也是他们承担。这些工具均为手工工具，不是农具，主要用于制作农具或房屋修建等工程活动，这一类劳动也应多为男性，这与我们前面推测出兵器的墓主主要为男性是相吻合的。从当时人们对死者的不同处理中可以明显看出，人们对保家卫国的战士特别尊敬，尤其是对那些战死沙场的勇士。像出兵器墓偏多的 A、G、N 组，其中 A 组出兵器的 5 座墓中就有 3 座出成套兵器，C 组出兵器的 6 座墓中，就有 4 座出成套兵器，N 组出兵器的 5 座墓中，就有 4 座出成套兵器，尤其是 G 组当中有 3 座出有成套兵器与成套工具。不排除这些墓主有可能属战死的可能性，这些为国捐躯的勇士受到人们的特别尊敬与爱戴。

2. 荥经同心村墓地[25]

该墓地位于荥经县城北郊，北距荥河 500 米，西距严道古城遗址 1 公里。1985 年 11 月至 1986 年 5 月，四川省文物考古研究所等单位为配合荥经县第二汽车队队址和县政府宿舍的基建施工，对墓地进行了清理发掘，共清理墓葬 26 座，其中有 3 座基建施工已挖残。这批墓葬均为狭长形竖穴土坑墓，排列有序，方向均为南北向。发掘者根据墓坑内木质葬具腐朽痕迹推测大多数葬具为船形棺，只有 3 座为无葬具土坑墓。骨骼腐蚀严重，发掘者根据骨骼痕迹，既而根据器物摆放位置判断均为头北脚南，其中有 7 座墓可以看出为仰身直肢葬。墓葬的年代在战国晚期至秦。

该墓地排列有序，方向一致，从墓葬的年代看，首先是在墓地的东南埋葬，逐渐向北向西发展，推测该墓地亦为家族墓地。从随葬器物看，与什邡墓地的情况很相近，只有 M21A 随葬有一件精美的铜罍属奢侈品外，其他墓葬均没有奢侈品。而 M21A 也是所有墓葬中随葬器物最多的一座墓，青铜器就达 42 件之多，并有成套的兵器、工具和饰物。M21A 的墓主可能是家族中地位最高的人，即族长一类的人物。该家族也属于一般的普通民众，与什邡城关墓地主人的社会地位相同。

该墓地普遍随葬兵器的现象同于什邡墓地，在保存较好的 23 座墓中，有 13 座有兵器，10 座没有，有兵器的墓略多于无兵器的墓。出土有兵器的墓葬尤其是成套兵器的墓葬，其他青铜器一般也相应要多一些。不出兵器的墓随葬的陶器数量仍然较多。上述情况与什邡墓地十分相近，同样在处理死去的亲人上，该家族亦比较强调死者特殊的社会角色，对保家卫国的战士特别尊敬，反映出当时普遍存在的社会意识与风尚。

3. 荥经南罗坝墓地[26]

1988 年，荥经严道古城遗址博物馆在荥经县附城乡南罗坝村发掘了一处战国墓群，在约 200 平方米的范围清理墓葬 11 座，有部分墓葬已挖残。墓葬排列密集，方向一致，应是一处家族墓地，推测清理的部分不一定是墓地的全部。从 11 座墓的随葬品看，没有 1 件奢侈品，该家族的社会地位与什邡城关墓地和荥经同心村墓地主人相同，属一般的普通民众。其他情况也与什邡城关墓地和荥经同心村相同，随葬器物能明显反映死者的社会角色，人们在处理死去的亲人时，明显对具有战士身份的男性比较尊敬与重视。11 座墓中有 4 座随葬有兵器，而且其中兵器最多的 M1 和 M10，其他遗物也明显多于其他墓葬。没有兵器的墓在陶器方面并无明显差异，与有兵器的墓相比，并没有明显的社会地位高低之分。

三、结 语

通过上面的墓葬分析，对战国时期古蜀社会与观念意识可以得到如下几点初步的认识。

第一，战国时期的古蜀社会有着复杂的社会分层，处在不同阶层的人们死后墓葬规模，尤其是随葬器物上有着明显的区分，其中奢侈品的种类与多寡是区别不同等级身份的主要表征物。奢侈品以中原和楚文化风格的青铜器为主，只有统治阶层才有能力得到和制作这些东西，统治阶层借此来彰显与巩固他们特殊的社会荣誉与地位。

第二，应对战争是当时社会的头等大事，这个观念意识自上而下深入人心，这从等级最高的墓葬到最下层的普通民众的墓葬都随葬同样的成套兵器反映出来。为了适应这样一个新的形势，古蜀社会的政权体制作了大的调适，三星堆文化和十二桥文化（金沙）时期的神权政治已经衰微，代之的是至高无上的军政权。蜀王是最高军事首脑，下面各层官员都是大大小小的军事长官，他们统领着整个社会。在新的形势下，三星堆与金沙那种因神权政治的需要，耗费大量人力物力从事的各种宗教祭祀活动已无力顾及，无力生产那些华美的宗教神器，青铜原料主要用于制造实用的兵器。这一转变自然也引起了全社会整体观念的转变，保家卫国成为维系社会的精神纽带，是全社会的凝聚力所在，此时对人的重视程度明显高于神权政治时期。这种转变到底发生在什么时间，目前还不太清楚，从金沙遗址西周晚期出现大量船棺葬，以及大量墓葬开始随葬兵器分析，这种转变可能发生在西周晚期。这个问题有待金沙遗址的材料整理与研究。

第三，作为普通民众，他们平时为农，战时为兵。为保家卫国而战，是全社会所有民众所应承担的社会责任与义务，并以此为荣，像什邡城关墓地、荥经同心村和南罗坝墓地那样的家族。人们在埋葬死者的时候，明显地表现出对保家卫国的战士特别尊敬与爱戴。

注　释

[１]　成都文物考古研究所：《成都市商业街船棺、独木棺墓葬发掘报告》成都文物考古研究所编：《成都考古发现2000》，科学出版社，2002年。

[２]　四川省博物馆、新都县文管所：《四川新都战国木椁墓》，《文物》1981年6期。

[３]　四川省博物馆：《四川绵竹船棺墓》，《文物》1987年10期。

[４]　四川省博物馆：《成都百花潭中学十号墓发掘记》，《文物》1976年3期。

[５]　四川省博物馆：《成都西郊战国墓》，《考古》1983年7期。

[６]　成都市文物考古工作队：《成都市金沙巷战国墓清理简报》，《文物》1997年3期。

[７]　成都文物考古研究所：《成都西郊石人小区战国土坑墓发掘简报》，《文物》2002年4期。

[８]　同［７］。

[９]　成都市博物馆考古队：《成都中医学院战国土坑墓》，《文物》1992年1期。

[１０]　成都市博物馆考古队：《成都京川饭店战国墓》，《文物》1989年2期。

[１１]　成都文物考古研究所：《成都十二桥遗址新一村发掘简报》，《成都考古发现2002》，科学出版社，2004年。

[１２]　同［６］。

[１３]　成都市文物考古工作队：《成都西郊金鱼村发现的战国土坑墓》，《文物》1997年3期。

[１４]　成都文物考古研究所：《成都市文庙西街战国墓葬发掘简报》，《成都考古发现2003》，科学出版社，2005年。

[１５]　四川省文管会、大邑县文化馆：《四川大邑五龙战国巴蜀墓葬》，《文物》1985年5期。

[１６]　同［１５］。

[１７]　四川省文管会、大邑县文化馆：《四川大邑县五龙乡土坑墓清理简报》，《考古》1987年7期。

[１８]　成都市文物管理处：《成都市金牛区发现两座战国墓葬》，《文物》1985年5期。

[１９]　同［１３］。

[２０]　同［１５］。

[２１]　成都市文物考古工作队、蒲江县文物管理所：《成都市蒲江县船棺墓发掘简报》，《文物》2002年4期。

[２２]　四川省文物管理委员会、蒲江县文物管理所：《蒲江县战国土坑墓》，《文物》1985年5期。

［23］　同［18］。

［24］　四川省文物考古研究院、德阳市文物考古研究所、什邡市博物馆：《什邡城关战国秦汉墓地》，文物出版社，2006 年。

［25］　四川省文物考古研究所、荥经严道古城遗址博物馆：《荥经同心村巴蜀船棺葬发掘报告》，四川省文物考古研究所编：《四川考古报告集》，文物出版社，1998 年。

［26］　荥经严道古城遗址博物馆：《四川荥经南罗坝村战国墓》，《考古学报》1994 年 3 期。

（原载《四川文物》2008 年 2 期）

成都考古研究

（一）

下

成都文物考古研究所　编著

科学出版社

北京

内 容 简 介

本书是成都文物考古研究所编著的考古研究论文集，收录论文57篇，是成都文物考古研究所成立以来有代表性论文的一部分。时代从史前到历史时期，涉及地域主要是四川盆地，少数文章也涉及峡江、川西高原及云贵地区，其中大部分文章已在其他刊物上发表过，少数文章没有发表过。该文集在一定程度上反映了成都文物考古研究所历年所作过的考古工作与研究状况。

本书可供从事中国考古学、历史学研究的学者，以及大学考古专业的学生参考。

图书在版编目（CIP）数据

成都考古研究 .1/成都文物考古研究所编著. —北京：科学出版社，2009

ISBN 978-7-03-023831-3

Ⅰ. 成… Ⅱ. 成… Ⅲ. 文物–考古–四川省–文集 Ⅳ. K872.711-53

中国版本图书馆 CIP 数据核字（2008）第 210876 号

责任编辑：宋小军／责任校对：李奕萱
责任印制：赵德静／封面设计：黄华斌

科学出版社 出版
北京东黄城根北街16号
邮政编码：100717
http://www.sciencep.com
中国科学院印刷厂 印刷
科学出版社发行 各地新华书店经销

*

2009 年 1 月第 一 版 开本：889×1194 1/16
2009 年 1 月第一次印刷 印张：46
印数：1—1 600 字数：1 310 000
定价：360.00 元（上、下册）
（如有印装质量问题，我社负责调换〈科印〉）

目　录

上　册

下　　册

试论四川地区战国墓中的青铜工具

黄晓枫

四川地区战国墓葬所出土的青铜器中最具特色的是巴蜀风格的容器与兵器。此外，在这些墓葬中普遍随葬青铜工具的现象也是不可忽视的。四川地区的战国墓葬中一般均有青铜工具出土（详见表一）[1]。即使不出青铜工具，也会出土一些铁质工具。如大邑五龙乡土坑墓就出土有铁斧、铁环首刀等[2]。四川地区战国墓中出土的青铜工具，不仅数量多、分布广，而且种类丰富。现根据已有资料，对战国时期四川地区青铜工具的型式演变、年代分期、功用及相关问题谈一点初步认识，以求正于各位同仁。

一、青铜工具的型式

四川地区的战国墓中出土的青铜工具主要有斧、斤、凿、锯、锸（原报告多称为"刻刀"或"雕刀"）、锥刀、削、环首刀等。

斧　可分三型。

A 型　斧身与銎部有明显分界，斧身銎以下至刃渐宽。可分二式。

Ⅰ式：42 件。弧刃特宽，斧身两侧呈内弧线，大方銎口或矩形銎口，銎上多饰曲尺纹，有的斧身上部有巴蜀符号（图一，1）。

Ⅱ式：3 件。弧刃较Ⅰ式稍窄，斧身两侧线条较直，方銎口或矩形銎口，銎部饰曲尺纹或条纹（图一，2）。

B 型　斧身与銎部无明显分界线，弧刃。可分三式。

Ⅰ式：9 件。斧身上部较宽，基本不束腰，刃部撇开，刃口微弧，长方形銎口，长度多为 11 厘米~17 厘米（图一，3）。

Ⅱ式：3 件。斧身较宽，中部束腰，弧刃弧度较大，圆角长方形銎口或扁圆形銎口，长 11.4 厘米~12.2 厘米（图一，4）。

Ⅲ式：2 件。斧身中部束腰较细，呈两头大中间细，弧刃刃角上翘，长方形銎口，銎上饰曲尺纹，长 13.8 厘米~14 厘米（图一，5）。

C 型：形体较小，斧身短而较宽，銎部与斧身无分界。仅彭县致和乡出土 1 件，六边形銎口，弧刃，长 6 厘米，刃宽 3 厘米（图一，6）。

表一　四川地区战国墓葬出土青铜工具一览表

墓葬时代	出土地点	斧A型I	斧A型II	斧A型III	斧B型I	斧B型II	斧B型III	斧C型	斤A型	斤B型I	斤B型II	斤C型I	斤C型II	凿A型I	凿A型II	凿A型III	凿B型I	凿B型II	凿B型III	凿B型IV	凿C型I	凿C型II	锯I	锯II	锄I	锄II	锄III	锥刀I	锥刀II	削A型I	削A型II	削A型III	削B型I	削B型II	削B型III	削C型I	削C型II	削C型III	削D型I	削D型II	削D型III	削E型I	削E型II	削E型III	环首刀I	环首刀II	环首刀III	墓葬形式	资料出处
战国早期	成都京川饭店				1									2									1																									土坑	《文物》1989年2期
	成都运动创伤研究所								1					1																																		土坑	《成都文物》1993年3期
	芦山县思延乡				1									1																																		土坑	《四川文物》1994年5期
	成都中医学院																2						1	1																									土坑	《文物》1992年1期
	成都西郊青羊宫								2																1								1	2														土坑	《考古》1983年7期
	成都百花潭中学	2							1								4																			2	2								2			土坑	《文物》1976年3期
	成都无机校	1							1																					1			1			1										1	土坑	《文物》1982年1期
	成都罗家碾	1												1																																		土坑（有船棺痕）	《考古》1993年2期
战国中期	彭县太平乡	1										1																																			船棺	《文物》1985年5期
	成都新一村				2			1																																								土坑	资料存成都市文物考古工作队
	新都马家乡	5							5	5				10	10		1						6		5			4	3	5			10														5	船棺（木椁）	《文物》1981年6期
	蒲江　M1																																			1												船棺	《文物》1985年5期
	蒲江　M2																																															船棺	同上
	绵竹清道	3			2				3			4					7						4	1	4					2	2								8						2			船棺	《文物》1987年10期
	成都三洞桥	1												1																																		土坑	《考古》1989年5期
战国晚期	大邑五龙　M4																													1									1			1						船棺	《考古》1987年7期
	大邑五龙　M3				1												1								1																							木板	同上
	大邑五龙　M2								1																																							木板	同上
	大邑五龙　M1																																															木板	同上
	成都金牛区圣灯乡　M1	1																																															土坑	《文物》1985年5期
	崇庆大划乡											1											1													1												土坑	《成都文物》1987年4期
	成都光荣小区																								2	1														1								木板	《成都文物》1990年3期

续表

墓葬时代	墓葬出土地点	型式	斧A型I	斧A型II	斧B型I	斧B型II	斧B型III	斧C型	斤A型	斤B型I	斤B型II	斤C型I	斤C型II	凿A型I	凿A型II	凿A型III	凿B型I	凿B型II	凿B型III	凿B型IV	凿C型I	凿C型II	锯I	锯II	锯III	锄I	锄II	锄III	锥刀I	锥刀II	削A型I	削A型II	削B型I	削B型II	削C型I	削C型II	削C型III	削D型I	削D型II	削D型III	削E型	环首刀I	环首刀II	环首刀III	墓葬形式	资料出处
战国晚期	荥经烈太乡	M1																																						4	4					土坑	《考古》1984年7期
	荥经同心村	M2			1																																								土坑	《考古》1988年1期
	荥经同心村	M3		1																																									土坑	同上
	荥经同心村二社	M1																																											土坑	同上
	荥经同心村二社	M1																																	1										土坑	《考古》1996年7期
	1980年涪陵	M4																																	1										土坑	《考古》1985年1期
	1980年涪陵	M5																																	1										土坑	同上
	1980年涪陵	M7																																											土坑	同上
	1980年犍为金乡							1																					1											1			1		土坑	《考古与文物》1984年3期
	1980年犍为金井	M5				1																																							土坑	《文物》1990年5期
	1980年犍为金井	M6	1																																		2							1	土坑	同上
秦	1977年犍为五联	M1、6、7																							1															5					土坑	《考古》1983年9期
	成都红牌楼	M1																										1													1		1			土坑	资料存成都市文物考古工作队
	彭县致和乡											1																																	木板	《四川船棺葬发掘报告》1989年1期
	巴县冬笋坝、昭化宝轮院		2																				1																			√√				船棺、土坑	《四川船棺葬发掘报告》,文物出版社
	成都羊子山172号墓																						1																			√				木板	《考古学报》1956年4期
秦～汉初	1972年涪陵	M3			1											1					1																								木板	《文物》1974年5期
	1972年涪陵	M1			3																	1																							木板	同上
	1977年犍为五联	M5																																											土坑	《考古》1983年9期
	成都白果林小区																														1		2		1	1	1								船棺	《成都文物》1990年3期
	峨嵋符溪				24				4	1	1						6			1	1	1			1								3		3					3				8	不明	《四川文物》1990年6期；《考古》1986年11期

注："√"表示器物件数不明。

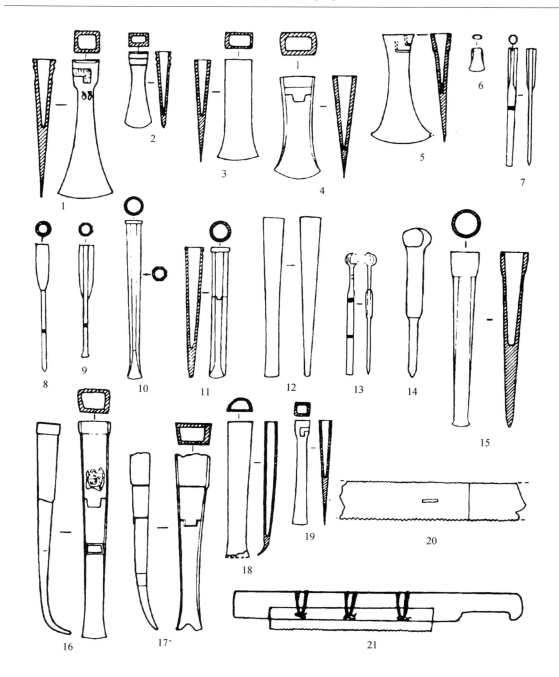

图一　四川战国墓出土的青铜工具

1. A I 式斧（绵竹清道）　2. A II 式斧（犍为金井）　3. B I 式斧（绵竹清道）　4. B II 式斧（犍为金井）　5. B III 式斧（犍为金井）　6. C 型斧（彭县致和）　7. A I 式凿（成都白果林）　8. A II 式凿（成都运动创伤研究所）　9. A III 式凿（荥经同心村）　10. B I 式凿（成都中医学院）　11. B II 式凿（成都白果林）　12. B IV 式凿（涪陵小田溪）　13. C I 式凿（成都白果林）　14. C II 式凿（涪陵小田溪）　15. B III 式凿（成都新一村）　16. B I 式斤（新都马家乡）　17. B II 式斤（成都光荣小区）　18. C 型斤（彭县太平）　19. A 型斤（成都京川饭店）　20. II 式锯（成都中医学院）　21. I 式锯（成都红牌楼）

斤 可分三型。

A 型 18 件。通体端直，长方形銎，銎部与斤身分界明显，銎口为长方形，銎上多饰曲尺纹、八字纹，有的斤身上饰有巴蜀符号，刃平或微弧，长 13 厘米~18 厘米（图一，19）。

B 型 曲头斤，斤身较长，銎口为长方形或梯形。可分二式。

Ⅰ式：6 件。銎口略呈梯形，銎部较短，斤身中部有一折棱，刃略弧，长 13.6 厘米~27 厘米（图一，16）。

Ⅱ式：2 件。长方形或梯形銎口，銎部较长，平刃弯曲，长 21 厘米左右（图一，17）。

C 型 5 件。曲头斤，銎口为半圆形，銎部与斤身无明显分界线，斤身较长作半圆柱状，平刃微弯，长 7.5 厘米~13 厘米（图一，18）。

凿 可分三型。

A 型 圆銎口或多边形内圆銎口，銎部较长，凿身窄而长，截面为长方形。可分三式。

Ⅰ式：2 件。多边形内圆銎口，正视銎部与凿身等宽，侧视则銎部大于凿身，平刃，长 12.6 厘米~15.8 厘米（图一，7）。

Ⅱ式：5 件。圆形銎口，銎部大而凿身窄小，平刃，长 12.6 厘米~14 厘米（图一，8）。

Ⅲ式：11 件。多边形内圆銎口，銎部大而凿身窄小，弧刃，刃部微外撇，长 11.8 厘米~15 厘米（图一，9）。

B 型 椭圆形銎口或圆形銎口，身较长，多为棱柱状，少数为圆柱状，刃宽 1.2 厘米以上。可分四式。

Ⅰ式：24 件。身作六、八、十、十四棱柱状，圆形或椭圆形銎口，銎部极短，弧刃，刃口微外撇，长 12 厘米~24 厘米（图一，10）。

Ⅱ式：7 件。身作六、八、九棱柱状，圆形銎口，銎部较短，弧刃较平，长 13.9 厘米~22.5 厘米（图一，11）。

Ⅲ式：1 件。身呈六棱柱状，銎部较宽，圆形銎口，弧刃略外撇，长 16 厘米（图一，15）。

Ⅳ式：2 件。圆柱状凿身，圆形銎口，刃宽平，长 15.1 厘米（图一，12）。

C 型 无銎，凿上端有銮铃形首。可分二式。

Ⅰ式：1 件。铃形首之下为圆柱柄，凿身上部为八棱实心柱，下部为条形（图一，13）。

Ⅱ式：2 件。铃形首有棱柱状柄，凿身呈扁条形，长 14 厘米（图一，14）。

锯 可分二式。

Ⅰ式：15 件。单边锯齿，锯片中部有长方形穿（图一，21）。

Ⅱ式：2 件。双边锯齿，锯片中部有长方形穿。其中成都中医学院出土的一件为一边细齿一边粗齿（图一，20）。

锸　可分三式。

Ⅰ式：4件。锋呈三角形，锋尖显尖利，身截面显扁平，仅中部略拱起，正面有脊，边折有棱，长13.2厘米（图二，3）。

Ⅱ式：13件。锋呈圆三角形，身微拱，断面呈月牙形，正面有脊，边折有棱，长15.2厘米～18.5厘米，宽2厘米～2.6厘米（图二，4）。

Ⅲ式：2件。锋呈倒"八"字形，身拱起，正面有脊，边折有棱，长15.2厘米～17.8厘米（图二，5）。

锥刀　可分二式。

Ⅰ式：4件。长柄，身作三棱形，长15厘米左右（图二，1）。

Ⅱ式：3件。长柄，身为四棱形，长16.5厘米左右（图二，2）。

削　可分五型。

A型　形体宽扁，前刃宽于器身，前刃宽度一般在5.5厘米以上，削背较直，长17厘米～24厘米。可分二式。

Ⅰ式：10件。削身较宽，弧形刃，刃端上翘（图二，7）。

Ⅱ式：2件。削身稍窄，斜直刃（图二，8）。

B型　削身窄长，前刃明显宽于器身，前刃宽3厘米左右，削背直，长16.6厘米～25厘米。可分二式。

Ⅰ式：15件。前刃呈弧形，刃端微上翘（图二，6）。

Ⅱ式：7件。前刃斜直（图二，11）。

C型　细长条身，前刃宽于器身，前刃宽2厘米左右，削背挺直，长25.5厘米～32厘米。可分二式。

Ⅰ式：1件。前刃呈弧形（图二，9）。

Ⅱ式：3件。前刃为短的斜直刃，器身特别细长（图二，14）。

D型　削柄下多接椭圆形环首，柄较细长。可分三式。

Ⅰ式：6件。较短小，通体长度在20厘米以下，削身较直且基本等宽（图二，10）。

Ⅱ式：24件。削身细长。向刃部方向弯曲，长20厘米～30厘米（图二，12）。

Ⅲ式：5件。削身狭长，削背较直，柄下多为椭圆形环首，有少数为卷云形环首（图二，13）。

E型　2件。异形环首削（图二，16、17）。

环首刀　可分三式。

Ⅰ式：6件。刀身较宽大，刃微弧，直背，锋端微上翘，柄较粗短，椭圆镂空式环首或斜孔式环首（图二，18）。

Ⅱ式：9件。刀身宽大而长，本长度在30厘米以上，刀身微向刃部方向弯曲，椭圆形或斜孔式环首（图二，15）。

Ⅲ式：6件。刀身宽大，长且直，柄粗短，斜孔式环首（图二，19）。

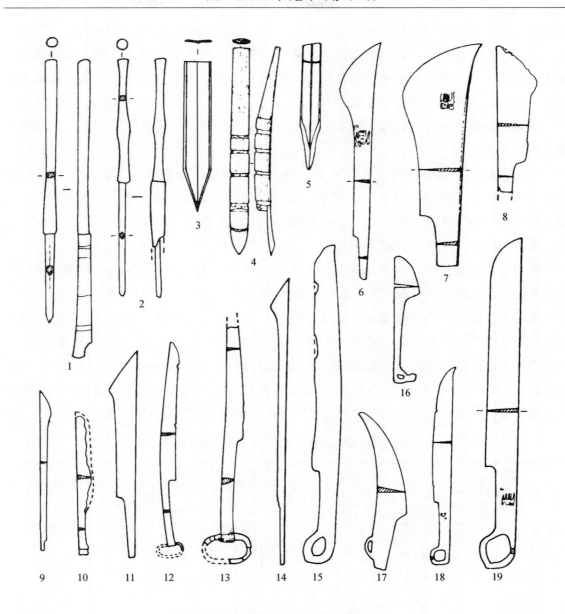

图二　四川战国墓出土的青铜工具

1. Ⅰ式锥刀（左为锥刀，右为竹套；新都马家乡）　2. Ⅱ式锥刀（新都马家乡）　3. Ⅰ式锸（成都红牌楼）　4. Ⅱ式锸（新都马家乡）　5. Ⅲ式锸（荥经同心村二社）　6. BⅠ式削（新都马家乡）　7. AⅠ式削（新都马家乡）　8. AⅡ式削（绵竹清道）　9. CⅠ式削（成都白果林）　10. DⅠ式削（犍为金井）　11. BⅡ式削（成都百花潭中学）　12. DⅡ式削（绵竹清道）　13. DⅢ式削（荥经烈太）　14. CⅡ式削（成都百花潭中学）　15. Ⅱ式环首刀（成都无机校）　16. E型削（广元冬笋坝）　17. E型削（昭化宝轮院）　18. Ⅰ式环首刀（绵竹清道）　19. Ⅲ式环刀（新都马家乡）

二、青铜工具的年代分期

各型式青铜工具年代的判定依据自然是所出墓葬的年代。据现有资料可知，有共存关系或年代较为清楚的墓葬可分为战国早期、中期、晚期和秦至汉初几个时期。

战国早期的墓葬有：成都百花潭中学 107 号墓、成都京川饭店土坑墓、成都西郊土坑木板墓、成都无机校土坑墓、成都罗家碾船棺、成都中医学院土坑墓、成都运动创伤研究所土坑墓及芦山思延乡土坑墓。

战国中期的墓葬有：新都马家乡木椁墓、蒲江船棺葬、成都新一村土坑墓、彭县太平乡船棺葬。

战国晚期的墓葬有：四川大邑五龙巴蜀墓、四川绵竹船棺葬、成都金牛区圣灯乡 M1、成都三洞桥土坑墓、成都红牌楼 M1、彭县致和乡土坑墓、荥经烈太乡土坑墓、荥经同心村及同心村二社巴蜀墓、犍为金井土坑墓、崇庆大划乡土坑墓、成都光荣小区木板墓、涪陵小田溪土坑墓（1980 年发掘）。

秦至汉初的墓葬有：犍为五联乡土坑墓（1977 年发掘）、巴县冬笋坝和昭化宝轮院船棺及土坑墓、成都羊子山 172 号墓、涪陵 M1 及 M3（1972 年发掘）。

峨嵋符溪出土的大批青铜器的层位和共存关系不明，成都白果林小区四号船棺出土器物明显早晚混杂，推测当不属同一墓葬所出，故在年代分期判定上只作辅助材料。

依据上述墓葬的年代可以看出，战国早期流行的青铜工具有 A I 式斧、A 型斤、A II 式凿和 B I 式凿、B II 式削，B I 式斧、I 式锄、A I 式削、B I 式削及 C II 式削、I 式环首刀也较常见，另外还有 A I 式凿、I 式和 II 式锯、II 式环首刀在少量使用（表二）。

表二　四川地区战国、秦～汉初青铜工具分期表

器名型式\时代	斧			斤			凿			锯	锄	锥刀	削					环首刀
	A型	B型	C型	A型	B型	C型	A型	B型	C型				A型	B型	C型	D型	E型	
	Ⅰ Ⅱ	Ⅰ Ⅱ Ⅲ		Ⅰ Ⅱ			Ⅰ Ⅱ Ⅲ	Ⅰ Ⅱ Ⅲ Ⅳ	Ⅰ Ⅱ	Ⅰ Ⅱ	Ⅰ Ⅱ Ⅲ	Ⅰ Ⅱ	Ⅰ Ⅱ Ⅲ	Ⅰ Ⅱ	Ⅰ Ⅱ Ⅲ	Ⅰ Ⅱ Ⅲ		Ⅰ Ⅱ Ⅲ
战国早期																		
战国中期																		
战国晚期																		
秦～汉初																		

注：虚线所在列器物仅出自成都白果林小区四号船棺或峨嵋符溪，其年代尚无法断定，在此也仅作参考。

战国中期，A I 式斧、A 型斤、B I 式凿继续流行，I 式锯、A I 式削、B I 式削开始流行，新出现并流行的青铜工具则有 B I 式斤、C 型斤、A III 式凿、B III 凿、II 式锄、I 式和 II 式锥刀、III 式环首刀，A I 式凿、B II 式削及 C II 式削在战国中期消失。而 B I 式

斧、A II 式凿、II 式锯、I 式锄及 I 式环首刀虽未出现在已发掘的战国中期墓葬中，但它们均在战国晚期墓中存在，所以这些青铜工具在战国中期也可能被使用（见表二）。

战国晚期青铜工具种类较早、中期更丰富。除继续流行 A I 式斧、B I 式斧、A 型式斤、C 型斤、B I 式凿、I 式锯、II 式锄、D I 式削、I 式环首刀外，A II 式凿、II 式锯、I 式锄、A I 式削、B I 式削、III 式环首刀也继续沿用，并新出现了 A II 式斧、B II 式斧、B III 式斧、C 型斧、B II 式斤、III 式锄、A II 式削、D II 式削、D III 式削等青铜工具。在战国晚期基本消失的仅有 A III 式凿、B III 式凿、I 式和 II 式锥刀（见表二）。

根据上述情况可知，在战国早期，斧、斤、凿、锯、削、锄、环首刀等青铜工具都已具备，共计 15 种型式，已相当成熟。由此不难推断，在此之前四川地区的青铜工具已有一个较长的发展过程。青铜工具到战国中期进一步发展，共计 20 种型式。战国晚期则是青铜工具种类最丰富的时期，达 26 种型式，分布地区也极广。到了秦至汉初，有 20 种器形已基本消失，仅 5 种器形沿用下来，新出现的 B IV 式凿、C II 式凿、E 型削三种器形，不仅数量少，而且仅出现于涪陵及巴县、昭化的墓葬中。

从表二不难看出，除锥刀以外，每种青铜工具都有 1~2 种器形始终流行于战国早、中、晚期，说明青铜工具在四川地区战国时期的使用是相当普遍的。另外，青铜工具的分布虽然广泛，但也有相对集中的地区，即成都地区。在这一区域，又以船棺葬或出现有木制葬具痕、朱漆痕的墓葬所出青铜工具较多。

三、青铜工具的功用及相关问题

四川地区战国时期的青铜工具种类丰富，有斧、斤、凿、锯、锄、环首刀、削及锥刀八大类，可以推知其在功用方面应有较明确的分工。从大的方面来看，可划分为木工工具和制篾工具两大类。

木工工具包括斧、斤、凿和锄。作为解木工具的框架锯在我国出现时代较晚，目前所见完整的框架锯最早出现在 12 世纪的《清明上河图》中，而《营造法式》中的记载方表明这一锯作技术的成熟。在此之前，斧是砍伐和解木的主要工具。以斧开裁木料是沿用楔的开裁方法，这样劈裂而成的木板往往有撕裂痕迹，而斤、锄就是用作平木的工具[3]。用斤（A 型斤）将木板大致砍平，再用锄加以刮削[4]。平木之后对木材更进一步的加工则是挖槽或穿卯孔，使之最终得以构搭成件，而凿、B 型斤、C 型斤则是挖槽、穿孔用的工具[5]。

制篾工具包括有锯、削、环首刀、锥刀等。巴蜀之地多竹，邛竹自古就闻名天下，所以四川地区古代居民对竹的利用是相当广泛的。虽然在古籍中难以查找制篾的记载，但考古发现为我们提供了一些线索。如信阳一号楚墓[6]工具箱中出土的一整套制简工具就为我们勾勒了加工竹条的大致方法和过程：锯断（锯）、削光（环首刀）、剃除茸毛（削）、钻孔（锥刀）。

　　除加工竹、木之外，青铜工具亦可作其他手工工具。例如平木的锛，在信阳楚墓中显然是作为制简的工具（原报告称为尖刻刀）。从两湖、两广特别是广西银山岭战国墓[7]出土的 74 件锛（原称为"刮刀"）看，它亦可加工麻。巴蜀之地向来物产丰富，麻、纻、扇、氂、耗、犀、象[8]等的加工也未必不用这些手工工具。

　　青铜工具的用途虽然并非简单化一，但其作为木工工具和制篾工具的主要用途是不容置疑的。巴蜀战国墓葬中大量出土青铜工具是与当时人们的生产生活紧密相连的。春秋战国时期，巴蜀地区气候温暖湿润，木本、草本及蕨类植物非常繁茂[9]，因而人们对木材、竹材及茅草大量而频繁的加工利用是必然的。许多遗址的发掘也表明其建筑多采用木材、竹材。例如 1980 年至 1981 年发掘的广汉三星堆遗址中共清理出 18 座房基，这些建筑遗迹均属地面木构建筑，其中"第二期文化的房址，平面均呈长方形，四周墙基挖槽，并在沟槽中掘洞立木柱，然后再编缀木（竹）棍（条），最后两面涂抹草拌泥而成'木骨泥墙'……顶似用竹、木构缀，其上再覆盖草的轻型结构"[10]。而 1986 年发掘的成都十二桥遗址更清楚、直接地反映了成都地区当时建筑采用的材料及构件的结合方法[11]。这些木构建筑是用圆木、方木、木板及圆竹、竹篾、茅草等建构而成，大型建筑的地梁基础"先把圆木加工成整齐的长方木，在上面凿出精确的卯孔，以立柱架梁。这些卯孔是用凿一类工具加工而成的"。小型建筑则"在木构件连接处，直接用竹篾绑扎或先凿出较浅的卯口，再用竹篾绑扎牢固"。总之，这一木结构建筑的基础、墙体、房顶均以圆木构件，用较原始的榫卯与绑扎相结合的方法连接成方格网状的骨架，屋内的居住面高于户外地面，属"干栏式"体系。史书也多有蜀人居"干兰"的记载[12]。构筑这种"干栏式"房屋，无论是修整方木，穿凿打孔，还是制作竹篾都需要大量的木工和制篾的手工工具。

　　再者，巴蜀地区河流众多，历来以造船闻名，"蜀艇"在当时与"越舲"齐名[13]，至汉代蜀地的造船技术已相当精良，规模也相当大："……大船积粟，起于汶山，浮江已下，至楚三千余里。舫船载卒，一舫载五十人与三月之食，下水而浮，一日行三百馀里……"[14]如果没有先进的木工工艺及大量的木工工具，造就这样的大船是不可能的。

　　同时，就巴蜀地区的墓葬材料来看，战国时期盛行船棺葬、木板墓，以成都为中心的川西平原地区尤其流行独木棺葬，这些棺木的加工同样需要木工工具。

　　综上所述，正因为商周时期巴蜀地区无论是居址建筑还是日常生活以及葬俗都与加工木材、竹材密切相关，所以随葬品中木工工具和制篾工具的大量出现也就不难解释了。另外我们也看到，四川地区战国墓葬中所出土的青铜工具种类多、数量大，特别是在成都及附近地区更为显著。这些青铜工具无论从数量、形制上还是种类上看都比较成熟，因而，战国时期已是四川地区青铜手工工具发展成熟的阶段了。四川地区春秋及以前的墓葬、遗址等考古资料较欠缺，使我们目前尚难以纵观四川地区青铜工具发生发展的全貌。但广汉三星堆遗址中出土的大量生产工具（小型磨制石器锛、斧、凿等）及三星堆一号祭祀坑玉凿、玉斧、玉斤、玉锛等的出土[15]，又从另一侧面证实了早在春秋战国以前，手工工具已在这一区域人们的生产活动中占有十分重要的地位。

四、与周邻文化的关系

战国时期四川周邻文化中与四川地区联系密切的当首数楚文化。特别是到了战国晚期，迫于秦的压力，蜀楚关系更为密切，有人认为或可达到"联盟"的地步[16]。从江汉地区出土的生产工具看，其种类主要有斧、锛、楔、凿、钻、锥、针、锤、刀、削刀、刮刀（即锄）等，用于砍伐、木工、竹工、缝纫、雕刻和竹简修刮等方面。在这些工具中，尤以锥刀、环首削、锄（亦名刻刀、刮刀）与巴蜀地区有惊人的相似。例如襄阳蔡坡 M4 出土的锥、刮刀[17]，江陵望山 M1 出土的刮刀、削刀[18]，以及江陵李家山 M4[19]、黄州国儿冲 M3[20] 出土的削刀等。其中环首削刀是楚地最为常见的一种小型工具，从春秋至战国晚期，无论遗址还是墓葬中都常见到。与之极为相似的是四川地区战国墓中出土的环首削（本文所述 DⅡ、DⅢ式削）。在四川地区，这种环首削是从战国晚期才开始出现并流行，多见于成都平原及其南部的峨嵋、犍为等地，在秦汉时的巴县冬笋坝、昭化宝轮院墓地也多有出土。这种环首削与四川地区自战国早期即有的环首刀在形制与尺寸上都有明显的区别，环首削应是蜀楚在战国晚期频繁的交往中由楚地传到蜀地的一种手工工具。另外，锄在长江以南的战国墓中出现较多，除四川的新都、成都、荥经，湖北襄阳蔡坡、江陵望山及信阳一号楚墓外，在湖南宁乡、长沙、湘乡、资兴、古丈白鹤湾，江西清江，浙江绍兴，广东德庆、肇庆、四会、广宁和香港、广西平乐银山岭等地均有出土，是一种用途较广（用于加工木、竹、麻等）、分布也极广的手工工具。从年代上而言，以湖南资兴 307 号春秋早期墓、江陵望山 1 号春秋后期墓、长沙龙洞坡 52 号、826 号春秋后期墓等时代较早。四川地区的锄则出现于战国早期的成都中医学院土坑墓、西郊土坑墓、战国中期的新都木椁墓及战国晚期的成都红牌楼土坑墓、荥经同心村二社巴蜀墓等墓葬中。其中战国晚期的成都光荣小区新村工地木椁墓中所出的 3 件锄，虽形制不同，但均铸有"王"字，字体与望山 1 号墓所出锄（原报告称"刮刀"）上的"王"字如出一辙，由此虽不能断言锄即是从楚地流传入四川地区的，至少能说明楚文化因素在战国晚期对四川地区的影响。而楚文化因素在四川地区战国晚期较为明显、频繁的出现，正好说明两地在这一时期的关系较以前更为密切。

注　　释

[1]　除表中所列墓葬外，在 1986 年成都抚琴小区市建三公司四处基建工地发掘清理的一座战国土坑墓、1987 年青羊小区成都教育学院船棺葬、1974 年芦山青源乡大同村、蒲江城东船棺葬、青川县沙洲地区永红乡都家坝墓地以及 1987 年成都青羊小区乙型十六栋工地发掘的青铜窖藏中，均有青铜工具出土，种类有凿、锯、削、斧及环首刀等，因所发表资料十分简略，故不列入表一。

[2]　四川省文管会、大邑县文化馆：《四川大邑县五龙乡土坑墓清理简报》，《考古》1987 年 7 期。

[3]　《释名·释用器》："斤，谨也。板广不可得削，又有节，则用此斤之，所以详谨令平灭斧跡也。"

“锄，锄解也，斤有高下之跡，以此锄弥其上而平之也。”

［ 4 ］ 孙机：《战国古代的平木具》，《文物》1987 年 10 期。

［ 5 ］ 《说文·金部》：“凿，所目穿木也。”段玉裁注：“穿木之器曰凿。”《释名·释用器》：“凿，有所穿凿也。”

［ 6 ］ 河南省文物研究所：《信阳楚墓》，文物出版社，1986 年。

［ 7 ］ 蒋延瑜：《从银山岭战国墓看西瓯》，《考古》1980 年 2 期。

［ 8 ］ 常璩：《华阳国志·巴志》“土植五谷……桑、蚕、麻、纻、鱼、盐、铜、铁、丹、漆、茶、蜜、灵龟、巨犀、山鸡、百雉、黄润、鲜粉皆纳贡之。”《华阳国志·蜀志》“……其宝则有璧玉、金、银、珠、碧、铜、铁、铅、锡、赭、垩、锦、绣、罽、氂、犀、象、毡、毦、丹黄、空青、桑、漆、麻、纻之饶……”

［ 9 ］ 罗二虎、陈放、刘智慧：《成都指挥街遗址孢粉分析研究》，《南方民族考古》第 2 辑。

［10］ 四川省文物管理委员会、四川省博物馆、广汉县文化馆：《广汉三星堆遗址》，《考古学报》1987 年 2 期。

［11］ 四川省文物管理委员会、四川省文物考古研究所、成都市博物馆考古队：《成都十二桥商周建筑遗址第一期发掘简报》，《文物》1987 年 12 期。

［12］ 《魏书·僚传》：“依树积木，以居其上，名曰干兰。”《旧唐书·南平僚》：“人并楼居，登楼而上，号为杆栏”。

［13］ 《淮南子·俶真训》。

［14］ 《史记·张仪列传》。

［15］ 四川省文物管理委员会、四川省文物考古研究所、四川省广汉县文化馆：《广汉三星堆遗址一号祭祀坑发掘简报》，《文物》1987 年 10 期。

［16］ 郭德维：《蜀楚关系新探——从考古发现看楚文化与巴蜀文化》，《考古与文物》1991 年 1 期。

［17］ 湖北省博物馆：《襄阳蔡坡战国墓发掘报告》，《江汉考古》1985 年 1 期。

［18］ 湖北省文物考古研究所：《江陵望山沙冢楚墓》，文物出版社，1996 年。

［19］ 荆州地区博物馆：《江陵李家台楚墓清理简报》，《江汉考古》1985 年 3 期。

［20］ 黄州古墓发掘队：《湖北黄州国儿冲楚墓发掘简报》，《江汉考古》1983 年 3 期。

（原载《华夏考古》2002 年 4 期）

四川雅安沙溪遗址陶器及相关问题的初步研究

李明斌

一

1985 年、1986 年发掘的雅安沙溪遗址是四川盆地西南边缘比较重要的一处古文化遗存[1]。该遗址位于青衣江北岸一级台地上，50 年代和 80 年代曾在此采集到一批有肩石器。尽管遗址曾遭严重破坏，但两次发掘及部分采集遗物基本揭示了这个遗址的文化内涵，进一步丰富了我们对早期蜀文化的认识。

整个沙溪遗址分东、西两区，东区地层堆积无第 2 层，西区地层堆积缺乏第 1A 层，两区的遗迹现象和文化遗物都主要出在较早的第 3、4 层，而且两区对应地层的土质、土色一致，包含物相同，说明东西两区为同一考古学文化遗存。报告将遗址的第 3 层与第 4 层，以及开口于第 3 层、第 4 层下的遗迹单位划归为同一文化期别，称之为沙溪遗址下文化层。下文化层又可细分为早晚两期，早期为第 4 层及 4 层下诸遗迹单位，晚期为第 3 层及 3 层下诸遗迹单位。早晚两期陶器诸要素无明显变化，说明两期时代衔接较紧密。

沙溪遗址下文化层（以下简称为沙溪下层）的陶器以夹砂陶为主，灰陶数量最多，次为褐陶。由于烧制技术的原因，部分陶器表面颜色不太一致，器表、器内壁与器胎的颜色也不尽相同。素面陶占绝大多数，少量的纹饰种类主要是绳纹和弦纹，另外还有划纹、附加堆纹、网格纹、压印纹等，个别陶器器表经打磨。制法以轮制为主，火候较高，器胎厚薄均匀。器类有罐、杯、盏、豆、盆、钵、缸、器盖、器座和纺轮等，其中小平底器和尖底器占总数的十分之九以上，圈足器、大平底器极少，不见三足器。陶器组合为小平底罐、尖底杯、尖底盏、器盖、器座、高柄豆等。

二

经过近半个世纪的考古工作，考古工作者在以成都为中心的川西平原发掘出一批具有典型意义的早期蜀文化（春秋及其以前者）遗址。

1949 年前在广汉太平场月亮湾一带发现早期蜀文化遗存，并进行了小规模发掘[2]，五六十年代在这里进行过考古调查[3]，并在 1963 年秋季进行了发掘[4]。50 年代在成都羊子山[5]、新繁水观音[6]发现与月亮湾类似的文化遗存。进入80年代以后，相继发现了一批内涵丰富的早期蜀文化遗址，如广汉三星堆遗址（1980～1981年发掘）[7]、成都十二桥遗址[8]、指挥街遗址[9]以及方池街、抚琴小区、岷山饭店工地等。这些都为探讨早期蜀文化提供了条件。

关于成都平原及附近诸遗址所体现的先秦文化（战国前）的分期、发展序列及其对应的绝对年代，可做如下叙述[10]。第一期：三星堆第一期、月亮湾下层，为新石器时代晚期至夏代初年；第二期：三星堆第二、三期，为商代；第三期：月亮湾上层、羊子山土台基址上层，为西周前期；第四期：十二桥早、中期，指挥街早期，水观音早期，三星堆一、二号祭祀坑，为西周后期；第五期：十二桥晚期、指挥街晚期、水观音晚期，为春秋时期。其中第一期或称之为先蜀文化，此点拟另文探讨。

上述六处川西平原先秦文化遗址（战国前）出土的陶器，经过类型学的排比研究，有三种不同的组合[11]。

第一组：圈足盘、镂孔圈足豆等。出这组陶器的遗址有三星堆第一期和月亮湾下层。

第二组：小平底罐、高柄豆、圈足盘、高柄豆形器座、圈足豆、盉、器盖等。出这组陶器的遗址有三星堆第二、第三期，月亮湾上层和羊子山土台基址上层。

第三组：各类尖底器、小平底罐、高柄豆、圈足豆、盉等。出这组陶器的遗址有十二桥、指挥街和水观音。

在这三组陶器组合中，以小平底罐、圈足盘、高柄豆、圈足豆、盉、器盖和各类尖底器最为常见，此外还有鸟头形把勺。圈足盘和尖底器不共出。它们构成了川西平原早期蜀文化最基本的陶器组合，也说明早期蜀文化是独立发展起来的。

三

上面对沙溪遗址和川西平原早期蜀文化诸遗址进行了简要的分析，下面可对两者作些对比研究。

（一）陶器制法

沙溪下层陶器的制法有轮制和手制两种，以轮制为主，器形规整，器胎均匀，火候较高。这与月亮湾遗址上层、羊子山土台基址上层、十二桥遗址晚期、指挥街遗址和水观音遗址的陶器制法相同。

（二）陶质与陶色

沙溪下层出土陶器以夹砂陶为主，灰陶数量最多，其次为褐陶。部分陶器表面颜色不太一致，器表、器内壁与器胎的颜色也不尽相同，这与月亮湾遗址上层、羊子山土台基址上层、十二桥遗址晚期、指挥街遗址和水观音遗址陶器的陶质、陶色相同。

（三）陶器纹饰

沙溪下层陶器素面者较多，纹饰种类主要是绳纹和弦纹，另外还有划纹、附加堆纹、网格纹、压印纹等，个别陶器器表经过打磨。这也与月亮湾遗址上层、羊子山土台基址上层、指挥街遗址、十二桥遗址晚期和水观音遗址陶器的纹饰相近。

（四）陶器器形

沙溪下层陶器组合为：小平底罐、尖底杯、尖底盏、器盖、器座、高柄豆、纺轮等。现择其要者试析如下。

小平底罐　沙溪下层主要器类之一。可分二型。其中 A 型侈口较大，方唇，卷沿，束颈，圆肩，急收腹，小平底。最大径在腹肩交界处。该型均出现于早期，又分为二式。A 型 I 式与水观音晚期灰陶罐（T7③:6）形制相近（图一，1、4）。A 型 II 式与水观音早期墓葬所出小平底钵（M4:1）和十二桥早期 1 式小平底罐（I T18⑬:1）形制相近（图一，2、5、7）。B 型为尖唇，直口，肩微折，直腹略弧，小平底。该型早晚两期均有出土，与水观音晚期墓所出 III 式罐（M1:23）形制相近（图一，3、6）。

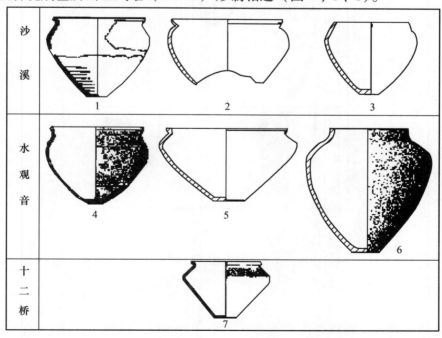

图一　陶小平底罐比较图

1～3. 沙溪 86YSH2:7、85YST1④:29、86YST5③:7　4～6. 水观音 T7③:6、M4:1、M1:23　7. 十二桥 I T18⑬:1

尖底杯　沙溪遗址的主要器类之一。可分二型。A 型又分二亚型，Aa 型杯体较瘦长，腹略弧，尖底。Ab 型为胖体，圆腹弧，尖底近圜。沙溪下层晚期的 Ab 型Ⅲ式，体略胖，底部近圜，形似炮弹头，和十二桥晚期的Ⅱ型 4 式尖底杯（ⅡT30⑪：1）、指挥街晚期的Ⅱ式尖底杯（T1⑤：94）及水观音晚期尖底器（T8③：1）形制相近，只是水观音所出尖底杯底部变得更圜（图二，1、4、6、8）。这也符合尖底尖者早、底近圜者晚的演变规律。B 型分二式。B 型Ⅰ式杯体较胖，折腹不太明显，尖底近平。沙溪下层早期的 B 型Ⅰ式尖底杯与指挥街早期的尖底杯（T4⑥：24，报告称Ⅱ式小平底钵）形制相近（图二，2、7）。沙溪下层晚期的 B 型Ⅱ式杯体瘦长，折腹明显，下腹斜直内，底近平（此式杯底残，此据腹部走向推测），这与十二桥中期的Ⅰ型 2 式尖底杯（ⅡT50⑫：5）及水观音Ⅰ式尖底器（T7③：6）形制相近（图二，3、5、9）。

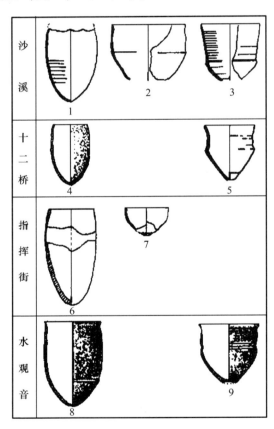

图二　陶尖底杯比较图

1~3. 沙溪 86YST1③：39、86YS 采：42、86YST5③：4　　4、5. 十二桥ⅡT30⑪：1、ⅡT50⑫：5

6、7. 指挥街 T1⑤：94、T4⑥：24　　8、9. 水观音 T8③：1、T7③：6

尖底盏　该类器在原报告中称为盏，其特点是大口，浅腹，尖底。原分三式。现依器形演变规律分为四式。Ⅰ式盏，同报告的Ⅰ式。直口，斜腹微曲，内收呈尖底。形制与十二桥晚期 4 式尖底盏（ⅡT40⑪：16）、指挥街晚期Ⅱ式尖底盏（T1⑤：160）相近

（图三，1、5、8）。Ⅱ式盏系采集所得，85YS 采：101，直口较长，腹呈弧形内收，乳突状底。同水观音晚期尖底钵（T15③：1）及十二桥晚期 5 式尖底盏（ⅡT30⑩：2）的形制相近（图三，2、6、9）。Ⅲ式盏，原报告称之为Ⅱ式，敛口，腹斜直，尖底，与十二桥晚期 6 式尖底盏（ⅡT43⑩：8）形制相近（图三，3、7）。Ⅳ式盏，原报告称之为Ⅲ式，口微敛，弧腹，尖底近圜（图三，4）。

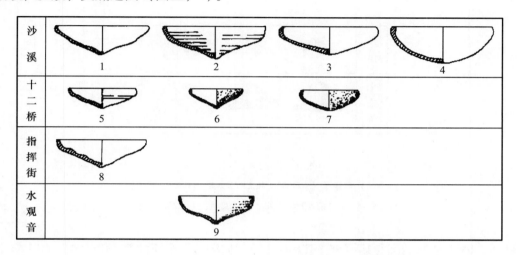

图三　陶尖底盏比较图

1～4. 沙溪 86YSH6：8、85YS 采：101、86YSH6：5、86YSH7：1　5～7. 十二桥ⅡT40⑪：16、ⅡT30⑩：2、

ⅡT43⑩：8　8. 指挥街 T1⑤：160　9. 水观音 T15③：1

器盖　在沙溪下层，该类器均出于晚期地层中。86YST3③：16 为圆唇，纽与盖身转折处近直角。它与十二桥中期的Ⅰ式器盖（ⅠT15⑮：8）、指挥街晚期的盖纽（T1⑤：88）形制相近（图四，1～3）。

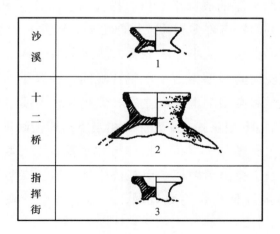

图四　陶器盖比较图

1. 沙溪 86YST3③：16　2. 十二桥ⅠT15⑫：8　3. 指挥街 T1⑤：88

纺轮　沙溪晚期的纺轮与十二桥中期的纺轮有许多共同之处。沙溪所出Ⅱ式（85YST1Z1：7）与十二桥1式（ⅡT40⑫：23）断面均呈梯形，两腰内弧（图五，1、4）；沙溪Ⅲ式（85YST2③：8）与十二桥2式（ⅠT8⑫：4），断面均呈梯形，腰部斜直（图五，2、5）；沙溪Ⅳ式（85YS采：96）与十二桥4式（ⅠT22⑫：3），断面皆略呈鼓形，两端大，中间小，两腰下部向内折（图五，3、6）。

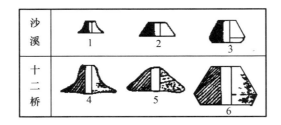

图五　陶纺轮比较图
1～3. 沙溪 85YST1Z1：7、85YST2③：8、85YS采：96
4～6. 十二桥 ⅡT40⑫：23、ⅠT8⑫：4、ⅠT22⑫：3

另外，沙溪早期的圆腹罐（86YST1④：11）与指挥街晚期的束颈厚沿罐（T5⑤：27）形制相近。沙溪所出圈足豆、高柄豆残甚，不便比较，但仍同早期蜀文化的同类器有相近之处。

沙溪下层出土器类的件数依次是：尖底杯（报告称为杯）31件、小平底罐12件、器盖8件、尖底盏6件、纺轮6件。沙溪下层出土为数众多的尖底器，这说明它属于早期蜀文化第三组陶器的范畴[12]，因而上限不会超过西周后期。

综合上述对比情况，我们可以得出如下结论，沙溪遗址下层的陶器在制法、陶质、陶色、纹饰上，都与川西平原的成都十二桥、指挥街、新繁水观音、月亮湾以及羊子山土台基址上层诸遗存的陶器有许多相同或相似之处，因此它们当属同一考古学文化，即早期蜀文化。关于器形类比，从小平底罐看，沙溪早期的A型Ⅱ式相当于十二桥早期及水观音早期，沙溪晚期的B型相当于水观音晚期。沙溪早期的A型Ⅰ式在水观音晚期有发现，这在层位学和类型学上是成立的。尖底杯，沙溪早期的B型Ⅰ式相当于指挥街早期，沙溪晚期的Ab型Ⅲ式、B型Ⅱ式相当于指挥街晚期、十二桥中晚期和水观音晚期。沙溪早期的尖底盏与十二桥、指挥街和水观音三者晚期的尖底盏同时。沙溪晚期的器盖、纺轮相当于指挥街晚期、十二桥中期，或更接近于十二桥晚期。沙溪晚期的Ⅳ式尖底盏（原报告Ⅲ式）尖底近圜，其形制特点较晚，可能晚到战国初年（表一）。

表一 沙溪与川西早蜀文化遗址出土陶器对照表

型式 期别 器类	小平底罐			尖底杯				尖底盏				器盖			纺轮	
	沙溪	十二桥	水观音	沙溪	十二桥	水观音	指挥街	沙溪	十二桥	水观音	指挥街	沙溪	十二桥	指挥街	沙溪	十二桥
晚期	B型		B型 A型 I式	B型 II式 Ab型 III式	Ab型 III式	B型 II式 Ab型 III式	Ab型 III式	III式 II式 I式	II式		I式	√		√	√	
中期					B型 II式								√			√
早期	A型 II式 A型 I式	A型 II式	A型 II式	B型 I式				III式 II式 I式			B型 I式					

说明：为便于比较，表中各遗址出土陶器的型式划分均为沙溪下层陶器为标准；表中"√"表示有该类器，但无型、式之分；除十二桥有早、中、晚三期外，其余遗址只有早、晚两期。

因此，我们认为沙溪遗址下层的绝对年代应是：早期相当于西周后期，晚期相当于春秋或更晚。

四

雅安沙溪遗址是一处比较重要的早期蜀文化遗存，其主要文化内涵体现了与川西平原早期蜀文化相当程度上的一致性，将其划为早期蜀文化这个比较大的范围，当大致不误。但我们也不难发现，沙溪遗址除了早期蜀文化因素较多以外，另外还有一些较独特的文化内涵。

沙溪下层最显著的特点就是陶器绝大多数不施纹饰，素面陶约占陶片总数的92%，除十二桥早期有部分素面陶外，这种高比例的素面陶在川西平原诸早期蜀文化遗址中极少见。另外，沙溪下层的个别陶器器表还经打磨。器形上，沙溪器座的形制为其独有，且形制多样，有瓢形、圆筒形等。Ab型I式杯（85YS采:43）为圆腰，小平底，亦不见于其他遗址。实心的高柄器（85YS采:98、85YS采:99等，原报告称为豆，均系采集所得），也不见于其他遗址。高柄豆、圈足豆、器盖等也与川西早期蜀文化遗址的同类器有细微差别。这些差异正好说明沙溪遗址既属于早期蜀文化这个大的文化系统，同时又具有一定的地方性。

前面提到，沙溪遗址下层的绝对年代为西周后期至春秋或更晚，在这一历史时期，古代四川处在杜宇氏的统治之下。据冯汉骥、童恩正先生研究[13]，此时的四川农业生产有了较大的发展。农业在古代社会中有举足轻重的地位，是立国之本。杜宇氏时蜀国农业得到较大发展，同时其统辖区域也空前拓展。据《华阳国志·蜀志》所载[14]，可以大致勾勒出杜宇氏统辖的区域：北起汉中，沿龙门山向南经都江堰西北抵宝兴、芦山大相岭以北，向东经峨眉、青神，东以涪江与巴为界[15]。这样一个狭长地界即为杜宇氏的直接统治区域，至于"以汶山为畜牧，南中为园苑"，则表明杜宇氏的势力影响所及范围广大。

沙溪遗址所在的雅安位于四川盆地西南边缘，东北距成都约 160 公里，海拔约 550 米，略高于盆地海拔平均值，属盆地周围山区中之平坝地带。青衣江穿越市区，四周为低山丘陵环抱，河谷台地相间，气候终年温暖湿润，地理环境优越，很适合人类生息。四川盆地内南北向的无数大小河流犹如在崇山峻岭中开辟的若干南北交通的天然走廊，自古以来就是南北民族迁徙来往的通道[16]，而且到了战国时代，已是"栈道千里，无所不通"[17]。四川古代栈道分布广泛，川东、川西、川南和川北都有栈道存在，在盆地内也有栈道连接交通[18]，这为始于成都的"南方丝绸之路"在战国时代初步开通[19]提供了必需条件。秦代官修的青衣路即始于雅安[20]，说明雅安地理位置重要，交通便利。因此，在这之前成都至雅安间交通必已相当畅通，杜宇时代蜀人在此繁衍生息是完全可能的，这种推测可从考古发掘出土遗物中得到证实。

杜宇时代农业生产得到较大发展，这在沙溪遗址中也可得到体现。遗址下层发掘所得石器共 187 件，打制者为 182 件，其中有肩石器 74 件；遗址中采集石器 148 件，打制者为135 件，其中有肩石器 45 件。有肩石器分别占各自总数的 39% 与 30%。这些情况与南方新石器的总体特点相符，即大量使用各种打制石器，盛行有段石锛和有肩石斧，并一直沿用至青铜时代[21]。沙溪下层的石器特征说明其为新石器文化的后继者，故保留了其部分的原始性。这种有肩石器与早期蜀文化陶器共存的情况，正是沙溪遗址作为早期蜀文化的一个地方类型的又一表现。笔者推测，有可能在杜宇氏统治青衣江流域前，该流域是另一部族的栖息地，其社会发展阶段或许在史前末期；杜宇氏统治该流域后，便形成了这种有肩石器与早期蜀文化陶器共存的独特的组合。如果这一推论不误，那么沙溪附近当还有类似遗存存在。因为有肩石器不见于川西平原早期蜀文化诸遗址，但在青衣江流域的雅安、芦山、天全、荥经、洪雅、夹江[22]以及峨眉等地却出土数量众多，并且石器的质地、制作方法及形制基本相同，这表明有肩石器是青衣江流域早期文化的一大特征。

关于有肩石器，王仁湘先生认为它是表明农业发展程度的一个标志，并指出"石器双肩的作用在于加固石器的附加柄，提高生产效率"[23]。因此有肩石器在沙溪（青衣江流域）的大量发现，说明西周后期至春秋时此地农耕经济有了相当程度的发展，这也从实物上印证了杜宇时代农业经济发达的推断。川西平原虽无有肩石器发现，但适应本地土壤耕作的工具一定是存在的，其农业经济亦应有相当规模。川西平原土壤为黑壤，土质疏松、湿润，易于耕作，这是农耕经济发展的良好条件。在广汉三星堆、成都十二桥和指挥街诸遗址出土的遗物中，石器有数百件之多，并多为磨制。十二桥有打制盘状器 51 件，水观音出土打制石器 30 余件。石器种类有斧、铲、锛、刀、杵、锄等，推测这类器物就是川西平原早期蜀民使用的农耕工具。成都平原优越的自然地理条件，加上统治者"教民务农"，杜宇时代农耕经济已有相当发展，相应的产生了高水平的手工业，这可从三星堆一、二号祭礼坑[24]中大量精美的青铜器和金、玉、石器得到体现。同时，农耕经济的发展，也为日后川西平原进一步的发展及南方丝绸之路的开辟提供了先决物质条件。

注　释

［1］　四川省文物管理委员会等：《雅安沙溪遗址发掘及调查报告》，《南方民族考古》第 3 辑，1991 年。

［2］　林名钧：《广汉古代遗物的发现与发掘》，《说文月刊》第 3 卷 7 期。

［3］　王家祐等：《四川新繁、广汉古遗址调查记》，《考古通讯》1958 年 8 期；四川大学历史系考古学教研组：《广汉中兴公社古遗址调查简报》，《文物》1961 年 11 期。

［4］　马继贤：《广汉月亮湾遗址发掘追记》，《南方民族考古》第 5 辑，1993 年。宋治民：《关于蜀文化的几个问题》，《考古与文物》1983 年 2 期；《从三星堆的新发现看早期蜀文化》，见《巴蜀历史·民族·考古·文化》，巴蜀书社，1991 年。

［5］　四川省文物管理委员会：《成都羊子山土台遗址清理报告》，《考古学报》1957 年 4 期。

［6］　四川省博物馆：《四川新繁县水观音遗址试掘简报》，《考古》1959 年 8 期。

［7］　四川省文物管理委员会等：《广汉三星堆遗址》，《考古学报》1987 年 2 期。

［8］　四川省文物管理委员会等：《成都十二桥商代建筑遗址第一期发掘简报》，《文物》1987 年 12 期。

［9］　四川大学博物馆等：《成都指挥街周代遗址发掘报告》，《南方民族考古》第 1 辑，1987 年。

［10］　宋治民：《早期蜀文化分期的再探讨》，《考古》1990 年 5 期；《广汉三星堆一号、二号祭祀坑几个问题的探讨》，《南方民族考古》第 3 辑，1991 年。

［11］　同［10］。

［12］　同［10］。

［13］　冯汉骥《四川彭县出土的铜器》，《文物》1980 年 12 期；童恩正：《古代的巴蜀》第 62、63 页，四川人民出版社，1979 年。

［14］　刘琳：《华阳国志校注》，巴蜀书社，1984 年。该书载"杜宇……乃以褒斜为前门，熊耳、灵关为后户，玉垒、峨眉为城郭，江、潜、绵、洛为池泽，以汶山为畜牧，南中为园苑。"

［15］　蒙文通：《巴蜀古史论述》第 23 页，四川人民出版社，1981 年。

［16］　童恩正：《试谈古代四川与东南亚文明的关系》，《文物》1983 年 9 期。

［17］　《史记·货殖列传》。

［18］　蓝勇：《四川古代栈道研究》，《四川文物》1988 年 1 期。

［19］　童恩正《略谈秦汉时代成都地区的对外贸易》，《成都文物》1984 年 2 期。

［20］　同［16］。

［21］　《中国大百科全书·考古学》第 708 页，中国大百科全书出版社，1986 年。

［22］　中国社会科学院考古研究所四川工作队：《四川乐山市考古调查简报》，《考古》1988 年 1 期。

［23］　王仁湘：《关于我国新石器时代双肩石器的几个问题》，《南方民族考古》第 1 辑，1987 年。

［24］　四川省文物管理委员会等：《广汉三星堆遗址一号祭祀坑发掘简报》，《文物》1987 年 10 期；《广汉三星堆遗址二号祭祀坑发掘简报》，《文物》1989 年 5 期。

（原载《考古》1999 年 2 期）

渝东地区商周时期考古学文化研究

江章华

渝东地区是长江中上游的文化孔道，也是四川盆地的重要区域。对该地商周时期考古学文化的分析与研究对解决四川盆地的一些重大考古学问题至关重要，如四川盆地商周时期考古学文化的变迁与动因、巴文化与蜀文化、巴蜀文化区的形成与整合过程、巴与楚的关系等。随着三峡库区考古工作的开展，发现大量商周时期的考古遗存。本文意在对考古材料梳理的基础上，揭示该区域各考古学文化的时空变化，对一些问题提出初步看法。

渝东地区商周时期各遗址，以奉节与云阳之间为界，以东和以西地区，文化面貌有明显差异。为便于分析，我们将云阳李家坝（含李家坝）以西作为西区，以东为东区，分别加以讨论。

一、西区的文化分期与性质分析

（一）西区典型遗址及其层位关系

1. 涪陵镇安遗址

1999 年发掘 T0604 的⑤→H7→⑥、⑤→H8→⑦（箭头代表叠压或打破关系，以下同），T0502 的⑤→G1→⑥，T0602 的⑤→⑥，T0407 的⑤→H6→⑥。其他还有 T0503、T0603 的第 6 层，T0209 的第 4 层等[1]。

2. 哨棚嘴遗址

1993 年发掘 T1 的⑤、H8→⑧→⑨→……⑫[2]；1997 年发掘 T401 的③→……⑫，T402 的④→⑤→⑥，T403 的④→⑤→⑥，T404 的⑦→……⑩→……⑫→H61，T431 的 5 层，T421 的 H34[3]；2001 年发掘 T1～T4 的⑥→……⑨→⑩→……⑫→⑬（省略的地层单位基本不出遗物）[4]。

3. 忠县瓦渣地遗址

1997 年发掘 T311 的 10 层，T322 和 T332 的 8 层[5]。

4. 忠县中坝遗址

　　1997 年发掘 I A 区 T0601 的⑰→⑱→⑲→⑳→㉑→㉒→㉓，I D 区 T0601 的⑰→M11→⑱→⑲→⑳→㉑→M28，I D 区 T0602 的⑰→⑱→⑲→⑳→㉑，I D 区 T0503 的⑰→⑱→⑲→⑳，I D 区 T0702 的⑱→⑲→⑳，I D 区 T0703 的⑰→⑱→⑲和 I D 区的M29[6]；1998 年发掘 Ⅱ 区 T0509 的⑧→⑨，Ⅱ 区 T0301 的⑫A→⑫B→⑫C[7]；2000 年发掘 I D 区 T0604 的 32 层[8]。

5. 忠县邓家沱遗址

　　2001 年发掘Ⅳ区 T1309 的⑤A 层，T1207 的 5 层，H35、H42、H50、H52。各地层单位均没有直接的层位关系[9]。

6. 万州中坝子遗址

　　1998 年发掘 Ⅱ 区 T0804 的 M7→④、T0702 的 H4→④[10]。

7. 万州塘房坪遗址

　　1998 年发掘，发现丰富的商周时期文化遗存[11]。1999 年，第二次发掘，发现的商周时期堆积远不如第一次发掘丰富，出土遗物亦较少[12]。第一次发掘，简报发表了大量陶器。这些陶器主要出自西区的 H1、H5、H7～H9、H17、H19，东区的 H15、H16，其中知道层位关系的有西区 T10 的③→H8→H9→H19，T15 的 H5→③→H1、③→H7。张天恩先生在《万州塘房坪夏代文化遗存简析》一文中，介绍了三组关系：T7 的③→H14→H8→H1→H7→H17；T10 的③→H14→H8→H9→H18→H19；T08 的③→H31→H21→H23→③→H33[13]。但张先生文章中所使用的陶器标本主要还是出自简报发表过的地层单位中。

8. 万州麻柳沱遗址

　　1998 年发掘 B 区 T1 的④→⑤→⑥，T2 的 F1，T6 的 H4→H13→③→④→⑤，T7 的H15→③、H16→③[14]；1999 年发掘 A1 小区 T1～T3 的②→H8→③→④→⑤、H9→③[15]。

9. 云阳李家坝遗址

　　1997 年发掘的IB 区的㉓→㉔→㉕→M12→㉖（无探方号者，为全区统一划分地层，下同），H33→H38，㉔A→Y2，还有 G4、G6、H16、H18、H30、H32 等层位关系不明，其中H16、H30、H33、H38 只发表了 1 件陶器。ⅡB 区的⑤→⑥[16]；1998 年发掘IB 区的⑮→⑯→⑰→⑱→⑲、⑮→H48→⑱，ID 区的⑥→⑦→⑧→⑨→⑩→⑪、⑨→H33→F6、H28→H33、H55→H33，ⅡB 区的⑤→⑥→⑦→⑧→⑨、⑥→H1→⑧。还有Ⅱ区的 H4、H30 层位不明[17]。

（二）典型陶器的类型学分析

部分陶器年代跨度短，如鸟头勺柄、鬹、盉、钵、矮圈足豆、甗、花边口缸、尖底缸等，还有部分陶器多残破，如小平底罐、高柄豆、高领罐、簋形器等，以及个别陶器如羊角杯早晚形态没有明显变化，不具有类型学分析的意义。能够进行类型学分析的陶器主要有以下器物。

敛口罐　根据器形大小、口沿和肩部特征，可分三型。

A 型　器形较大，无沿，斜腹。肩部或口外饰绳纹。据肩部的变化，可分二式。

Ⅰ式：口微敛，圆肩。中坝子Ⅱ T0703④：92，夹砂灰陶。肩饰交错绳纹。口径 46 厘米（图一，2）。

Ⅱ式：口较Ⅰ式敛收更甚，圆折肩。哨棚嘴 01T1⑬：218，夹砂灰陶。口外饰绳纹。口径 30 厘米（图一，9）。

B 型　器形较 A 型小，敛口，有外侈短沿。依口部与肩部特征，可分二式。

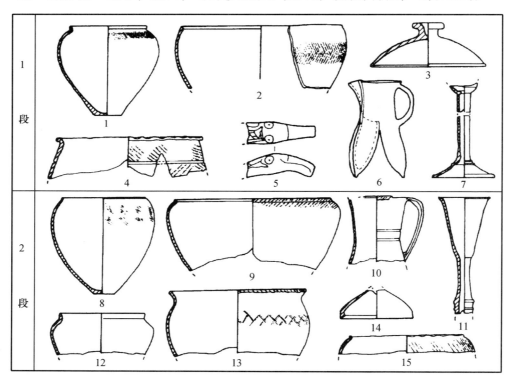

图一　西区一期 1、2 段陶器

1. B 型Ⅰ式敛口罐（H4：4）　2. A 型Ⅰ式敛口罐（Ⅱ T0703④：92）　3. A 型Ⅰ式器盖（H4：3）　4. Ⅰ式波浪口罐（Ⅱ T0803④：175）　5. 鸟头勺柄（Ⅱ T0704④：110）　6. 鬹（Ⅱ T0704④：81）　7、11. 高柄豆（Ⅱ T0803④：149、01T2⑩：36）　8. B 型Ⅱ式敛口罐（93T1⑧：5）　9. A 型Ⅱ式敛口罐（01T1⑬：218）　10. 盉（93T1⑫：7）　12. 小平底罐（97H61：22）　13. A 型Ⅰ式盆（01T2⑨：1）　14. D 型器盖（01T2⑩：35）　15. Ⅱ式波浪口罐（01T1⑫：146）（2、4 ～ 7. 中坝子 1 组，1、3. 中坝子 2 组，8 ～ 15. 哨棚嘴 1 组）

Ⅰ式：沿稍长，鼓肩，下腹内收。中坝子 H4：4，夹砂灰陶。肩饰交错细绳纹。口径
20.4、底径8、高26厘米（图一，1）。

Ⅱ式：沿较短，溜户，下腹弧内收。哨棚嘴93T1⑧：5，夹砂红褐陶。肩饰成组绳纹
（图一，8）。哨棚嘴01T1⑥：72，夹砂褐陶。肩饰成组绳纹。口径24厘米（图二，2）。

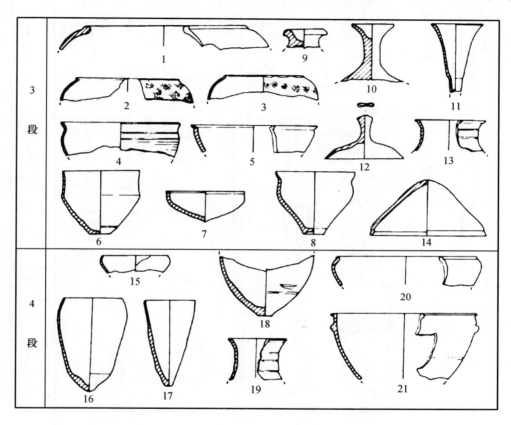

图二　西区二期3、4段陶器

1. C 型Ⅰ式敛口罐（H8：52）　2. B 型Ⅱ式敛口罐（01T1⑥：72）　3. Ⅱ式波浪口罐（01T1⑥：73）　4. A 型Ⅱ式盆（01T1⑥：48）
5. A 型Ⅲ式盆（H8：53）　6. Ⅰ式尖底杯（H8：6）　7. Ⅰ式尖底盏（01T1⑥：227）　8. 小平底罐（H8：38）　9. A 型Ⅱ式器盖
（01T1⑥：93）　10. B 型器盖（H8：11）　11. 灯形器（01T1⑥：96）　12. C 型器盖（H8：4）　13、19. 高领罐（H8：30、
G1：14）　14. D 型器盖（01T1⑥：90）　15. Ⅱ式尖底盏（T0503⑥：5）　16. Ⅲ式尖底杯（G1：11）　17. 羊角杯
（97T403⑥：4）　18. Ⅱ式尖底杯（G1：12）　20、21. A 型Ⅳ式盆（G1：5、T0503⑥：1）（1、5、6、8、10、12、13. 镇
安1组，15、16、18～21. 镇安2组，2～4、7～9、11、14. 哨棚嘴2组，17. 哨棚嘴3组）

C 型　敛口，短沿。素面。据成都平原类似器分析，可能为圈足罐。依肩部变化，
分二式。

Ⅰ式：肩较鼓。镇安 H8：52，夹砂红褐陶。口径32厘米（图二，1）。

Ⅱ式：溜肩。塘房坪 H9：4，夹砂灰陶。腹有轮制旋痕和乳突装饰。口径18厘米
（图三，6）。塘房坪 H8：16，夹砂灰陶。腹有轮制旋痕。口径16厘米（图三，11）。

波浪口罐　口沿作成波浪花边形。依肩部的变化，可分二式。

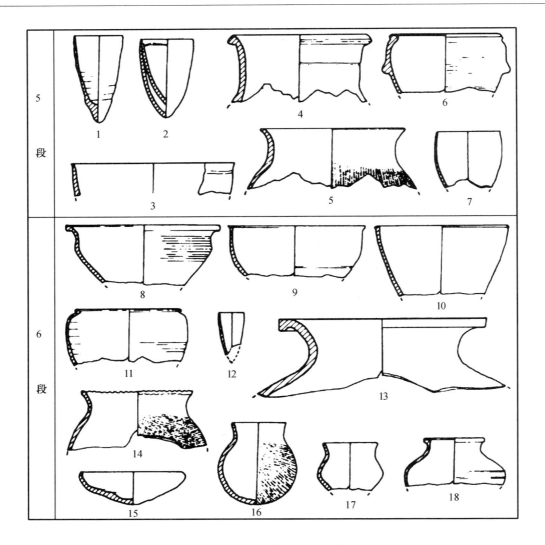

图三　西区三期 5、6 段陶器

1、2、12. 羊角杯（97T402⑤：9、97T404⑩：3、T311⑩：5）　　3、10. 簋形器（H19：4、H8：11）　　4. 高领罐
（H50：1）　　5、16. A 型 I 式平口圜底罐（Ⅳ T1309⑤A：8、H8：13）　　6、11. C 型 Ⅱ 式敛口罐（H9：4、H8：16）
7. Ⅳ式尖底杯（H9：9）　　8. B 型 I 式盆（H8：38）　　9. A 型 Ⅴ 式盆（H8：32）　　13. A 型 I 式瓮（H1：54）
14. A 型 I 式花边口圜底罐（H8：37）　　15. Ⅲ式尖底盏（H8：21）　　17. 尖底罐（H8：20）　　18. I 式喇叭口罐
（H1：3）（1、2. 哨棚嘴 4 组，4、5. 邓家沱 2 组，12. 瓦渣地 1 组，3、6、7. 塘房坪 1 组，8 ～ 11、13 ～ 18. 塘房
坪 2 组）

　　I 式：溜肩。中坝子 Ⅱ T0803④：175，夹砂灰陶。肩饰一道凹弦纹，颈以下饰成组的
斜绳纹。口径 20 厘米（图一，4）。

　　Ⅱ式：鼓肩，肩或饰绳纹，或素面。哨棚嘴 01T1⑫：146，夹砂灰陶。肩饰成组绳纹。
口径 22 厘米（图一，15）。哨棚嘴 01T1⑥：73，夹砂褐陶。肩饰成组绳纹。口径 18 厘米
（图二，3）。

　　瓮　高领，喇叭口。依口沿的差异，可分二型。

A 型　唇缘下垂。可分二式。

Ⅰ式：唇缘略下垂。塘房坪 H1：54，夹砂褐陶。口径 32.6 厘米（图三，13）。

Ⅱ式：唇缘宽大，下垂较甚。哨棚嘴 97T403④：8，夹砂灰褐陶。口径 33 厘米（图四，9）。

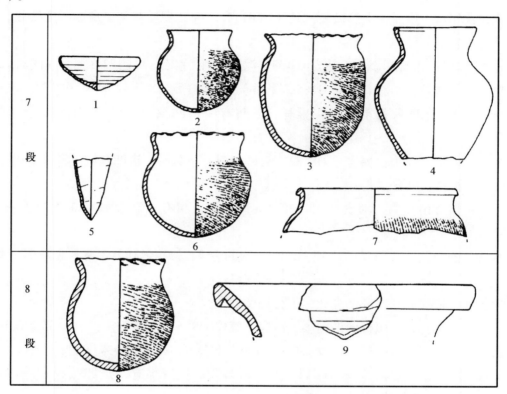

图四　西区三期 7、8 段陶器

1. Ⅳ式尖底盏（T322⑧：17）　　2. A 型Ⅰ式平口圜底罐（T322⑧：72）　　3. A 型Ⅱ式花边口圜底罐（T322⑧：14）　　4. Ⅱ式喇叭口罐（97T401③：19）　　5. 羊角杯（97T431⑤：9）　　6. A 型Ⅲ式花边口圜底罐（97T401③：4）　　7. B 型Ⅰ式平口圜底罐（97T404⑦：4）　　8. A 型Ⅲ式花边口圜底罐（H34：20）　　9. A 型Ⅱ式瓮（97T403④：8）　（1—3. 瓦渣地 2 组，4—7. 哨棚嘴 5 组，8、9. 哨棚嘴 6 组）

B 型　唇缘不下垂。可分二式。

Ⅰ式：略带外叠唇。中坝 DT0601⑲：10，泥质褐陶。领饰波浪纹和纵向暗纹。口径 24.8 厘米（图五，5）。

Ⅱ式：大敞口，宽大外叠唇。中坝 DT0503⑱：32，夹砂灰黑陶。沿外饰弦纹，颈有按捺竖条纹。口径 38.4 厘米（图五，18）。

喇叭口罐　依肩部与领部的变化，可分二式。

Ⅰ式：领部较低，鼓肩。塘房坪 H1：3，夹砂褐陶。浅盘口。肩有两道凹弦纹。口径 9.6 厘米（图三，18）。

Ⅱ式：领较高，溜肩。哨棚嘴 97T401③：19，夹砂灰黑陶。口径 10.4 厘米（图四，4）。

盆　依据腹部的变化，可分二型。

A 型　弧腹。可分五式。

Ⅰ式：侈口，束颈，鼓腹。哨棚嘴 01T2⑨：1，夹砂灰陶。唇部压成齿状，腹饰阴线连续波折纹。口径 30 厘米（图一，13）。

Ⅱ式：侈口，束颈，上腹微鼓。哨棚嘴 01T1⑥：48，泥质灰陶。肩饰两道凹弦纹。口径 28 厘米（图二，4）。

Ⅲ式：敞口，折沿，斜腹。镇安 H8：53，泥质黑陶。素面。口径 28.8 厘米（图二，5）。

Ⅳ式：口微敛，斜腹。镇安 G1：5，泥质灰陶。素面。口径 42 厘米（图二，20）。镇安 T0503⑥：1，夹砂灰褐陶。肩有鋬耳，下腹有一道凹弦纹。口径 29.4 厘米（图二，21）。

Ⅴ式：敞口，斜腹。塘房坪 H8：32，夹砂褐陶。下腹有一道凹弦纹（图三，9）。

B 型　折腹。可分二式。

Ⅰ式：器身稍瘦高。塘房坪 H8：38，夹砂灰陶。腹有轮制旋痕。口径 24 厘米（图三，8）。

Ⅱ式：器身较 Ⅰ 式低矮。中坝 M23：1，夹砂黑陶。口径 21.6、高 8.8 厘米（图五，17）。

尖底杯　依腹部与底部的变化，可分四式。

Ⅰ式：上腹直，中腹折而下内收，小底。镇安 H8：6，泥质陶。口、颈部呈青灰，以下呈黑灰色。近底部有一道凹弦纹。口径 11.6、底径 3、高 9.6 厘米（图二，6）。

Ⅱ式：弧腹，小底。镇安 G1：12，夹砂黄褐陶。近底部有一道凹弦纹和六道划痕。底径 1.8、残高 6.2 厘米（图二，18）。

Ⅲ式：敛口，中腹略内收，近底处内折，尖底。镇安 G1：11，泥质灰陶。上半部灰色，下半部呈黑灰色。口径 8.8、高 13.9 厘米（图二，16）。

Ⅳ式：弧腹，呈子弹头状，器身较前各式低矮。塘房坪 H9：9，泥质灰陶。薄胎。口径 9.5 厘米（图三，7）。

尖底盏　依口沿及腹部的变化，可分五式。

Ⅰ式：敞口平沿，弧腹较深。哨棚嘴 01T1⑥：227，夹砂褐陶。口径 16、高 6 厘米（图二，7）。

Ⅱ式：敛口圆唇，鼓肩，弧腹较深。镇安 T0503⑥：5，泥质灰陶。口径 10 厘米（图二，15）。

Ⅲ式：敛口圆唇，圆折肩，腹较 Ⅱ 式稍浅。塘房坪 H8：21，夹砂褐陶。口径 16、高 4.6 厘米（图三，15）。

Ⅳ式：敛口圆唇，折肩，器型稍大。瓦渣地 T322⑧：17，夹砂灰黑陶。口径 21、高 10 厘米（图四，1）。

Ⅴ式：敞口圆唇，折肩，腹较浅。中坝 DT0601⑳：2，夹砂红陶。口径 12、高 4.4 厘米（图五，4）。麻柳沱 H15：15，夹砂灰陶。口径10.8、高3.8厘米（图五，9）。

平口圜底罐（釜） 平口，圜底。腹饰绳纹。该器在同一地层单位也有小的差异，与制作的随意性有关，而且在相当长的时期变化并不明显。主要依据领部和腹部的不同，可分三型。

A 型 小口高领。依领部的变化，可分三式。

Ⅰ式：口微侈，领稍低。邓家沱ⅣT1309⑤A：8，夹砂褐陶（图三，5）。塘房坪 H8：13，夹砂褐陶。口径10.6、腹径15.6、高16.8厘米（图三，16）。瓦渣地 T322⑧：72，夹砂褐陶（图四，2）。

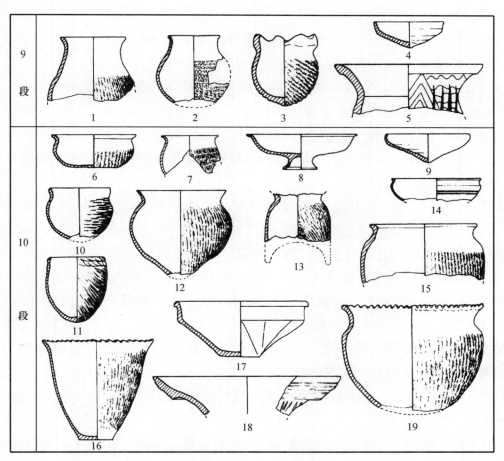

图五 西区三期9、10段陶器

1、2. A 型Ⅱ式平口圜底罐（DT0601⑳：10、M29：10） 3. A 型Ⅳ式花边口圜底罐（M29：3） 4、9. Ⅴ式尖底盏（DT0601⑳：2、H15：15） 5. B 型Ⅰ式瓮（DT0601⑲：10） 6. C 型平口圜底罐（BT7③：27） 7. A 型Ⅲ式平口圜底罐（DT0503⑱：37） 8. 矮圈足豆（BT7③：24） 10. A 型Ⅴ式花边口圜底罐（H9：1） 11. A 型Ⅵ式花边口圜底罐（AT1扩④：20） 12. 尖底缸（AT3 扩④：19） 13. 甑（AT2 扩④：6） 14. 钵（BT1⑤：14） 15. B 型Ⅱ式平口圜底罐（DT0602⑱：9） 16. 花边口缸（AT1 扩④：2） 17. B 型Ⅱ式盆（M23：1） 18. B 型Ⅱ式瓮（DT0503⑱：32） 19. B 型花边口圜底罐（H15：76）（1～5. 中坝4组，7、15、17、18. 中坝5组，余为麻柳沱2组）

Ⅱ式：侈口，领部较高。中坝 DT0601 ⑳：10，夹砂红陶。口径 10.4 厘米（图五，1）。中坝 M29：10，夹砂灰褐陶。口径 8.4 厘米（图五，2）。

Ⅲ式：侈口较甚，短颈。中坝 DT0503 ⑱：37，夹砂红褐陶。口径 10.4 厘米（图五，7）。

B 型　矮领有沿型。依领部和沿部的变化，可分二式。

Ⅰ式：直口，外折沿，领稍高。哨棚嘴 97T404 ⑦：4，夹砂灰陶。口径 20 厘米（图四，7）。

Ⅱ式：敛口，外折沿，短颈。中坝 DT0602 ⑱：9，夹砂黑褐陶。口径 8.4 厘米（图五，15）。

C 型：大口浅腹型。侈口，束颈，圜底近平。麻柳沱 BT7 ③：27，夹砂褐陶。口径 13、高 5.2 厘米（图五，6）。

花边口圜底罐（釜）　数量较多，口呈波浪形花边，圜底。腹部饰绳纹。同一地层单位也有许多小的差异，因此不宜做过细的划分。主要依据口部大小，可分二型。

A 型　小口高领。主要依领部、腹部与口部花边的风格，可分六式。

Ⅰ式：喇叭状侈口，领较高。口部花边较细密。塘房坪 H8：37，夹砂褐陶。口径 22 厘米（图三，14）。

Ⅱ式：侈口，束颈，领较高。花边较Ⅰ式粗。瓦渣地 T322 ⑧：14，夹砂褐陶（图四，3）。

Ⅲ式：器形变小。花边更粗大，绳纹渐粗。哨棚嘴 97T401 ③：4，夹砂红陶。口径 11.6 厘米（图四，6）。哨棚嘴 H34：20，夹砂红褐陶。口径 11 厘米（图四，8）。

Ⅳ式：器形更小，颈变短而微束。花边特别粗大，绳纹变粗。中坝 M29：3，夹砂红褐陶。口径 9.8、高 12 厘米（图五，3）。

Ⅴ式：侈口，颈微束，尖圜底，器形较小。绳纹较粗，花边较浅。麻柳沱 H9：1，夹砂红褐陶。口径 15.1 厘米（图五，10）。

Ⅵ式：直口，尖底。绳纹很粗，花边几乎消失。麻柳沱 AT1 ④：20，夹砂红褐陶。口径 9.8 厘米（图五，11）。

B 型　数量较少，大口，束颈，腹稍浅。花边较粗。麻柳沱 H15：76，夹砂红褐陶。口径 16 厘米（图五，19）。

器盖　依据纽部和底部的不同，可分四型。

A 型　喇叭状纽。可分二式。

Ⅰ式：纽稍细高。中坝子 H4：3，夹砂灰陶。素面。口径 16.6、纽径 4.7 厘米（图一，3）。

Ⅱ式：纽稍粗矮。哨棚嘴 01T1 ⑥：93，夹砂灰陶。纽径 6.4、纽高 2.4 厘米（图二，9）。

B 型　细高纽。镇安 H8：11，泥质黄褐陶。纽径 4.2、纽高 5.8 厘米（图二，10）。

C 型　细高纽与 B 型同，唯纽口捏成"8"字形。镇安 H8：4，泥质灰黑陶。覆钵状，口径 11.8、高 6.2 厘米（图二，12）。

D 型　倒尖底钵状，子母口。哨棚嘴 01T2⑩：35，夹砂褐陶。口径 14 厘米（图一，14）。哨棚嘴 01T1⑥：90，夹砂褐陶。口径 16、高 6 厘米（图二，14）。

（三）各遗址诸地层单位的文化特征与分组

依据各遗址诸地层单位的层位关系和典型陶器的形态特征，参照器物群的变化，对各遗址诸地层单位进行如下分组。

1. 镇安遗址

较常见的陶器有小平底罐、高领罐、敛口罐、平口圜底罐（釜）、盆、尖底杯、羊角杯、尖底盏、器盖、花边口圜底罐等。根据各地层单位陶器的变化可分三组。

1 组：包括 T0502 的 6 层和 H8，主要以 H8 为代表。典型陶器有小平底罐、Ⅰ 式尖底杯、高领罐、C 型 Ⅰ 式敛口罐、A 型 Ⅱ 式和 A 型 Ⅲ 式盆、B 型和 C 型器盖等。

2 组：包括 T0503、T0603 的 6 层和 G1 等。典型陶器有高领罐、Ⅱ 式和 Ⅲ 式尖底杯、A 型 Ⅳ 式盆、Ⅱ 式尖底盏等。

3 组：包括 T0502、T0602 的 5 层，T0209 的 4 层和 H6 等。典型陶器有 A 型 Ⅰ 式平口圜底罐、A 型 Ⅰ 式花边口圜底罐、Ⅲ 式尖底盏、Ⅳ 式尖底杯、羊角杯等。

根据层位关系，1 组早于 2 组，2 组早于 3 组。

2. 哨棚嘴遗址

典型陶器有敛口罐、小平底罐、波浪口罐、盆、高柄豆、盉、高领罐、喇叭口罐、瓮、尖底杯、羊角杯、尖底盏、平口圜底罐、花边口圜底罐、器盖等。可分六组。

1 组：包括 93T1 的 8、9、12 层，97T401 的 12 层，97T404 的 12 层和 H61，2001T1～T4 的 9～13 层。典型陶器有 A 型 Ⅱ 式和 B 型 Ⅱ 式敛口罐、Ⅱ 式波浪口罐、小平底罐、盉、高柄豆、A 型 Ⅰ 式盆、高领罐、D 型器盖等。

2 组：包括 2001T1～T4 的 6 层。典型陶器有 B 型 Ⅱ 式敛口罐、Ⅱ 式波浪口罐、小平底罐、A 型 Ⅱ 式盆、高柄豆、高领罐、A 型 Ⅱ 式与 B 型和 D 型器盖、Ⅰ 式尖底盏、羊角杯等。

3 组：包括 93T1H8、97T403 的 6 层。出土陶器较少，典型的有 Ⅲ 式尖底杯、羊角杯等。

4 组：包括 97T402 的 5、6 层，97T404 的 10 层。出土陶器较少，主要有羊角杯。

5 组：包括 93T1 的 5 层、97T401 的 3 层、97T404 的 7 层、97T431 的 5 层。出土陶器较丰富，有高领罐、Ⅳ 式尖底盏、Ⅱ 式喇叭口罐、羊角杯、A 型 Ⅰ 式和 B 型 Ⅰ 式平口圜底罐、A 型Ⅲ式花边口圜底罐等。

6 组：包括 97T402 的 4 层、97T403 的 4 层、97T421 的 H34。主要陶器有 A 型Ⅲ式花边口圜底罐、A 型Ⅱ式瓮等。

关于各组年代，2001 年发现 2 组地层叠压在 1 组地层单位之上，因此 1 组当早于 2 组。3 组地层，1993 年发掘的 H8 叠压在 1 组地层之上，但没有直接叠压 2 组地层。从 1、2 组陶器的变化可以看出，2 组还出 1 组所见的部分陶器，而 3 组已不见，因此可推知 3 组当晚于 2 组，4 组也没有与 3 组发生直接的层位关系。从两组羊角杯相近看，年代可能很接近。而且 T402、T403 相邻，地层不会有太大的出入。T403 的 6 层出土 3 组的陶器，T402 的 5、6 层出土 4 组的陶器。由此也可推知，4 组与 3 组的年代相距不远，或略晚于 3 组。5 组 T404 的 7 层叠压在 4 组的 10 层之上，而且该组出有 5 组以后大量流行的花边口圜底罐。因此 5 组当晚于 4 组。6 组有直接叠压 4 组地层的层位关系，没有直接叠压 5 组的层位关系。从该组大量流行花边口圜底罐，出现数量较多的之前少见的大翻沿、唇下垂的 A 型Ⅱ式瓮的情况分析，6 组当晚于 5 组。

3. 瓦渣地遗址

发掘简报将其分成了 2 段，合理的分法应将其分为二组。

1 组：T311 的 10 层。典型器有羊角杯、A 型Ⅰ式平口圜底罐、A 型Ⅰ式花边口圜底罐等。

2 组：T322 和 T332 的 8 层。典型陶器有Ⅳ式尖底盏、Ⅳ式尖底杯、羊角杯、A 型Ⅰ式平口圜底罐、A 型Ⅱ式花边口圜底罐等。

两组的陶器变化不大，主要反映在器物形态上的差异，时代应紧密衔接。

4. 中坝遗址

该遗址商周时期遗存所见陶器与哨棚嘴遗址基本一致，唯尖底小杯、簋形器、折腹盆、钵、豆等在哨棚嘴遗址基本不见，花边口圜底罐形制也有更多的变化。依据陶器群及典型器物的形态特征，可将该遗址诸地层单位分为五组（因陶片太碎、太少，面貌不清楚的地层单位暂不归组）。

1 组：2000 年ⅠDT0604 的 32 层。该组地层见有哨棚嘴遗址 1 组的 A 型Ⅱ式和 B 型Ⅱ式敛口罐、小平底罐、鬶、盉、高领罐、Ⅱ式波浪口罐、高柄豆等，另外还有带耳罐、壶等。

2 组：包括 98ⅡT0509 的 8、9 层。典型陶器有 B 型Ⅱ式敛口罐、Ⅱ式波浪口罐、高柄豆、小平底罐、羊角杯、尖底小杯、高领罐、A 型Ⅰ式器盖、簋形器圈足等。

3 组：包括 98ⅡT0301 的⑫A、⑫B、⑫C 层。典型陶器有 B 型Ⅱ式敛口罐、Ⅱ式波浪口罐、羊角杯、高领罐、A 型Ⅲ式花边口圜底罐。

4 组：包括 97ⅠAT0601 的 17～23 层，97ⅠDT0601 的 18～20 层和 M28，97ⅠDT0703

的 18、19 层和 M29 等单位。典型陶器有 A 型 Ⅱ 式平口圜底罐、A 型 Ⅳ 式花边口圜底罐、Ⅴ 式尖底盏、B 型 Ⅰ 式瓮等。

5 组：包括 97 Ⅰ DT0601 的 17 层和 M11，97 Ⅰ DT0503 和 Ⅰ DT0602 的 17、18 层，97 Ⅰ DT0703 的 17 层等。典型陶器有 A 型 Ⅲ 式与 B 型 Ⅱ 式和 C 型平口圜底罐、A 型 Ⅵ 式花边口圜底罐、Ⅴ 式尖底盏、B 型 Ⅱ 式盆、B 型 Ⅱ 式瓮、钵等。

上述 5 组的年代关系，孙智彬先生将 2000 年 Ⅰ DT0604 的 32 层推定为夏代，将 1998 年 Ⅱ T0301 的 ⑫A、⑫B、⑫C，Ⅱ T0509 的 8、9 层推定为商代[18]。很显然，在层位上 2000 年 Ⅰ DT0604 的 32 层要早于 1998 年 Ⅱ T0301 的 ⑫A、⑫B、⑫C 层和 Ⅱ T0509 的 8、9 层。1997 年发掘的诸地层陶器群比较一致，报告定为东周地层。从陶器特征看明显晚于 1998 年发掘的诸地层单位。也就是说 1 组早于 2、3 组，2、3 组早于 4、5 组，至于 2、3 组的早晚，从 3 组见有花边口圜底罐，而 2 组没有，参照哨棚嘴遗址可推定 3 组晚于 2 组。5 组的地层均叠压在 4 组地层之上，5 组当晚于 4 组。从陶器变化程度看，1、2 组之间以及 4、5 组之间连接较紧密。而 3 组所见的敛口罐、波浪口罐、羊角杯、高领罐等均与 2 组接近。但该组见有形制较晚的 A 型 Ⅲ 式花边口圜底罐，参照其他遗址情况判断，不应与前述陶器共存。推测该组地层为晚期次生堆积，其形成年代当与 4 组接近。4 组与 2 组之间区别较大，有较大的时间缺环。

5. 邓家沱遗址

发掘者将该遗址分为二期 3 段：H42、H52 作为一期 1 段，H35、H50、Ⅳ T1309 的 ⑤A 层作为一期 2 段，Ⅳ T1207 的 5 层为二期 3 段。但无论从器物群还是从陶器形态特征看，一期 2 段的 Ⅳ T1309 的 ⑤A 更接近于一期 1 段的 H42，而一期 1 段的 H52 更接近于一期 2 段的 H35 与 H50。因此调整为以下三组。

1 组：包括 H42、Ⅳ T1309 的 ⑤A 层。典型陶器以小平底罐、高柄豆、高领罐、D 型器盖、羊角杯为主，少量 A 型 Ⅰ 式平口圜底罐等。

2 组：包括 H35、H50、H52。典型陶器有高领罐、A 型 Ⅰ 式平口圜底罐、羊角杯等。

3 组：Ⅳ T1207 的 5 层。典型陶器有高领罐、羊角杯、A 型 Ⅰ 式平口圜底罐、A 型 Ⅰ 式花边口圜底罐等。

6. 中坝子遗址

该遗址 M7 随葬有磨制的斧、锛、凿各 1 件，3 件小平底罐。H4 出土有 A 型 Ⅰ 式器盖、B 型 Ⅰ 式敛口罐和灯形器。4 层出有鬶、高柄豆、鸟头勺柄、A 型 Ⅰ 式敛口罐、Ⅰ 式波浪口罐等。根据上述地层单位的陶器群看，第 4 层与 M7 和 H4 有区别，作为该遗址的第 1 组。H4 出土的 A 型 Ⅰ 式器盖和高柄豆与 M7 出土的小平底罐曾在三星堆遗址 1986 年发掘的第 9 层中共存，据此将其归并为一组，作为该遗址的第 2 组。依据层位关系，1 组早于 2 组。

7. 塘房坪遗址

典型陶器有尖底杯、羊角杯、尖底盏、尖底罐、喇叭口罐、盆、敛口罐、瓮、钵、平口圜底罐、花边口圜底罐、簋形器等。遗址分为二组。

1 组：包括 H9、H19。典型陶器有 Ⅳ 式尖底杯、C 型 Ⅱ 式敛口罐、圜底钵、簋形器、A 型 Ⅰ 式平口圜底罐等。

2 组：包括 H1、H5、H7、H8、H15、H16、H17。典型陶器有 Ⅲ 式尖底盏、尖底罐、Ⅰ 式喇叭口罐、A 型 Ⅴ 式盆、圜底钵、平底钵、簋形器、A 型 Ⅰ 式瓮、A 型 Ⅰ 式平口圜底罐、A 型 Ⅰ 式花边口圜底罐、筒形器等。

1、2 组之间陶器一脉相承，连接紧密。

8. 麻柳沱遗址

出土陶器与其他遗址相比，风格有些特殊，部分器物为其他遗址所不见。典型的陶器有敛口罐、尖底杯、高柄豆、圜底钵、尖底盏、花边口圜底罐、平口圜底罐、甗、尖底缸、花边口平底缸、盆、豆等。根据上述典型陶器的共存关系看，1999 年发掘的 A1 小区的第 5 层与其他地层单位区别较大，除此之外的各地层单位都比较接近，基本上都是 Ⅴ 式尖底盏、A 型 Ⅳ 式与 A 型 Ⅴ 式和 A 型 Ⅵ 式花边口圜底罐、B 型 Ⅱ 式和 C 型平口圜底罐、甗等交互共存。由此可将麻柳沱遗址各地层单位分成两组。

1 组：99A1 区第 5 层。代表陶器有 B 型 Ⅱ 式敛口罐、高柄豆、Ⅲ 式尖底杯、深腹圜底钵等。

2 组：包括 98BT1 的 4～6 层，BT2 的 F1，BT6 的 H4、H13 和 3～5 层，BT7 的 H15、H16 和 3 层。99A1 小区的 2～4 层和 H8、H9 等。典型陶器有 Ⅴ 式尖底盏、浅腹圜底钵、A 型 Ⅳ 式与 A 型 Ⅴ 式和 A 型 Ⅵ 式花边口圜底罐、A 型 Ⅲ 式与 B 型 Ⅱ 式和 C 型平口圜底罐、甗、尖底缸、花边口平底罐、豆等。

上述两组器物区别太大，中间有较大的时间缺环。

9. 李家坝遗址

陶器较碎，完整器极少。从器物群看，有两个时段的遗存，区别明显。

第一个时段有 1997 年发掘 Ⅰ 区的 25、26 层，Ⅱ 区的 5、6 层，1998 年发掘 Ⅱ 型 B 区的诸地层单位。出土陶器主要有尖底杯、尖底小杯、尖底盏、高柄豆、小平底罐、高领罐、高领壶、敛口罐、簋形器、喇叭口罐、瓮、花边口圜底罐、器盖等。地层单位可分二组。

1 组：包括 97 Ⅰ B 区的 26 层和 M12，98 Ⅱ B 区的 7～9 层等。典型陶器有 Ⅰ 式尖底杯、B 型 Ⅱ 式和 C 型敛口罐、高领罐、小平底罐、A 型 Ⅰ 式花边口圜底罐、簋形器、高柄豆、B 型器盖等。

2 组：包括 97 Ⅰ B 区的 25 层、Ⅱ B 区的 5 层，98 Ⅱ B 区的 6 层、H1、H4、H30 等。典型陶器有高领罐、A 型 Ⅰ 式瓮、高领壶、Ⅲ 式尖底杯、Ⅲ 式尖底盏、尖底小杯等。

另外，1997 年发掘的 Ⅱ B 区 6 层只有 2 件圈足器，1998 年发掘的 Ⅱ B 区的 5 层只有 1 件残陶器，特征不突出，因此不好归并。

第二个时段有 1997 年发掘 Ⅰ B 区的 23、㉔A 层、G4、G6、Y2、H16、H18、H30、H32、H33、H38 等，1998 年发掘 Ⅰ B 区的 15 层和 H48，Ⅰ D 区的 6~10 层、H28、H33、H55、F6 等单位。出土陶器较碎，许多单位陶器数量较少，有些灰坑仅 1 件陶器。分组时只能抓住出土陶器较多的单位，结合特征比较突出的鼎、豆、盂、甗等器物进行。1998 年发掘 Ⅰ B 区的 15 层和 H48 出土陶器最为丰富，因此最典型。这两个单位陶器特征有所差别，如 15 层出土的盂领部内收较短，而 H48 出土的盂领部内收较长。15 层的豆柄普遍较高，盘较浅，而 H48 的豆柄普遍较低，盘较深。15 层的鬲的领部也比 H48 鬲的领部低。因此我们可将这两个单位各作为一组，其余地层单位均不出这两组的范围。该时段所分两组作为该遗址的 3、4 组。

3 组：以 98 Ⅰ B 区的 H48 为代表。其他包括有 97 Ⅰ B 区的 G6 和㉔A 层，98 Ⅰ D 区的 9 层、F6 等。该组陶器有 A、B 两群：A 群陶器主要有 A 型 Ⅳ 式花边口圜底罐、Ⅴ 式尖底盏等。B 群陶器主要有鬲、盂、豆、甗、鼎、罐等。以 B 群陶器为主，A 群陶器较少。

4 组：以 98 Ⅰ B 区的 15 层为代表。其他包括有 97 Ⅰ B 区的 H18、H33、G4 等。该组陶器主要有鬲、盂、豆、甗、鼎、罐等，为 3 组的 B 群陶器，基本不见 A 群陶器。

其余地层单位特征不明显的暂不归组。

（四）文化分期、性质与年代

首先依据诸遗址各组地层单位典型陶器的特征及其共存关系，可以将渝东西区商周时期考古学文化归并为以下 11 段。

1 段：包括中坝子 1、2 组。中坝子 1 组的陶器有 A 型 Ⅰ 式敛口罐、Ⅰ 式波浪口罐、浅腹罐、高柄豆、鸟头勺柄、鬶等，与其他遗址各组地层单位的陶器区别十分明显。该组地层单位是目前所见年代最早的，作为第 1 段的代表。中坝子 2 组所见有 A 型 Ⅰ 式器盖、B 型 Ⅰ 式敛口罐、高柄豆等。除 A 型 Ⅰ 式器盖与中坝 1 组的相近外，其他陶器均不见于其他单位。因此时代应早于其他遗址的诸地层单位。参照 A 型 Ⅰ 式器盖和 1 组的鸟头勺柄在三星堆 1986 年发掘的第 9 层[19] 中有共存关系，推测与 1 组年代相距不远，因此归入 1 段（图一）。

2 段：包括哨棚嘴 1 组、中坝 1 组。均出 A 型 Ⅱ 式敛口罐、B 型 Ⅱ 式敛口罐、Ⅱ 式波浪口罐、小平底罐和高领罐等。另外哨棚嘴 1 组还见 A 型 Ⅰ 式盆、盂、高柄豆、D 型器盖。中坝 1 组还有 A 型 Ⅰ 式器盖和带耳罐等。均不见尖底器和圜底罐，与其他各组有所区别（图一）。

3 段：包括有镇安 1 组，哨棚嘴 2 组，中坝 2 组，邓家沱 1 组。镇安 1 组与哨棚嘴 2 组均见有 B 型器盖、A 型 Ⅱ 式盆和形制相近的高领罐，而且镇安 1 组的 Ⅰ 式尖底杯与哨棚嘴 2 组的 Ⅰ 式尖底盏在成都十二桥遗址的 12 层共存[20]，因此上述两组应基本同时。中坝 2 组见有 B 型 Ⅱ 式敛口罐和 Ⅱ 式波浪口罐，与哨棚嘴 2 组相同，因此也归入该段。邓家沱 1 组见有与哨棚嘴 2 组相近的 D 型器盖、羊角杯、高柄豆和高领罐等，因此归入该段。该段的典型陶器有 B 型 Ⅱ 式和 C 型 Ⅰ 式敛口罐、Ⅱ 式波浪口罐、A 型 Ⅱ 式和 A 型 Ⅲ 式盆、Ⅰ 式尖底杯、Ⅰ 式尖底盏、A 型 Ⅱ 式与 B 型与 C 型和 D 型器盖、小平底罐、高领罐、高柄豆等（图二）。

另外中坝 3 组见有 B 型 Ⅱ 式敛口罐和 Ⅱ 式波浪口罐，但该组见有大量 A 型 Ⅲ 式花边口圜底罐，与其他遗址各组地层单位区别太大。推测该组地层单位的共存关系靠不住，有可能是晚期次生堆积。李家坝 1 组也见有与此组同时的 Ⅰ 式小底杯、B 型 Ⅱ 式敛口罐、B 型器盖等，但该组地层单位也见有花边口圜底罐，与其他遗址的共存关系不符。花边口圜底罐的出现不会早于平口圜底罐。推测该组地层单位也有可能是晚期次生堆积。

4 段：包括镇安 2 组、哨棚嘴 3 组。以镇安 2 组最有代表性，出有 A 型 Ⅳ 式盆、Ⅱ 式和 Ⅲ 式尖底杯、Ⅱ 式尖底盏、高领罐等。哨棚嘴 3 组主要有 Ⅲ 式尖底杯和羊角杯（图二）。

5 段：包括邓家沱 2 组、哨棚嘴 4 组、塘房坪 1 组。邓家沱 2 组保留 D 型器盖、高领罐、羊角杯等，新出 A 型 Ⅰ 式平口圜底罐，未出现花边口圜底罐。邓家沱 3 组始见花边口圜底罐。哨棚嘴 4 组只见羊角杯，与邓家沱 2 组相近，之后的 5 组始见花边口圜底罐。塘房坪 1 组也开始出现 A 型 Ⅰ 式平口圜底罐，没有花边口圜底罐，与邓家沱的情况相同，因此也归入该段。该段代表性陶器有羊角杯、高领罐、簋形器、C 型 Ⅱ 式敛口罐、A 型 Ⅰ 式平口圜底罐、Ⅳ 式尖底杯等（图三）。

6 段：以塘房坪 2 组为代表，其他包括镇安 3 组、瓦渣地 1 组、邓家沱 3 组。以塘房坪 2 组的共存关系最理想。典型陶器有 A 型 Ⅰ 式平口圜底罐、A 型 Ⅰ 式花边口圜底罐、A 型 Ⅰ 式瓮、C 型 Ⅱ 式敛口罐、Ⅰ 式喇叭口罐、A 型 Ⅴ 式和 B 型 Ⅰ 式盆、Ⅲ 式尖底盏，其他还有簋形器、圜底钵、筒形器、尖底罐等（图三）。

7 段：以哨棚嘴 5 组和瓦渣地 2 组为代表。A 型 Ⅰ 式平口圜底罐和羊角杯仍然存在，新出现 B 型 Ⅰ 式平口圜底罐、A 型 Ⅱ 和 Ⅲ 式花边口圜底罐、Ⅳ 式尖底盏、Ⅱ 式喇叭口罐等（图四）。

8 段：以哨棚嘴 6 组为代表。该时段目前资料较少，主要见有 A 型 Ⅱ 式瓮、A 型 Ⅲ 式花边口圜底罐等（图四）。

9 段：以中坝 4 组为代表。代表性陶器有 A 型 Ⅱ 式平口圜底罐、A 型 Ⅳ 式花边口圜底罐、Ⅴ 式尖底盏、B 型 Ⅰ 式瓮等（图五）。

10 段：以麻柳沱 2 组和中坝 5 组为代表。代表性陶器有 A 型 Ⅲ 式与 B 型 Ⅱ 式和 C 型平口圜底罐、A 型 Ⅳ 式与 A 型 Ⅴ 式与 A 型 Ⅵ 式和 B 型花边口圜底罐、Ⅴ 式尖底盏、尖底缸、花边口缸、矮圈足豆、甗、B型Ⅱ式瓮、平底钵、B型Ⅱ式盆等。另外李家坝3组出有Ⅴ式尖底盏、甗，与麻柳沱2组的相近，应属该时间段。但李家坝3组出有鬲、盂、鼎、带柄豆等与麻柳沱和中坝区别明显，与东区有联系（图五）。

11段：以李家坝4组为代表。该组文化面貌与西区其他遗址区别较大，与东区有联系。主要见有豆、盆、盂、罐等。

为了更清楚地反映诸遗址各组地层单位的年代对应关系，以及诸遗址各组地层单位之间年代衔接与缺环的情况，将上述分段情况列为表一。

表一　诸遗址考古学文化分段对应表

遗址 \ 分组	1段	2段	3段	4段	5段	6段	7段	8段	9段	10段	11段
中坝子	1、2组										
哨棚嘴		1组	2组	3组	4组		5组	6组			
中坝		1组	2组						4组	5组	
镇安		1组		2组		3组					
邓家沱		1组			2组						
塘房坪						1组	2组				
瓦渣地							1组	2组			
麻柳沱			1组							2组	
李家坝			1组部分陶器				2组			3组	4组

从表一可以清楚地看出，各遗址年代靠前的地层单位相对依次靠前，没有混乱的情况，因此上述分段反映的是从1段到11段的依次早晚关系。

为了更清楚地反映部分典型陶器在时间上的变化，我们将其共存关系列为表二。

表二　典型陶器共存关系

分段 \ 器形	敛口罐 A	B	C	波浪口罐	盆 A	B	瓮 A	B	喇叭口罐	尖底杯	尖底盏	平口圜底罐 A	B	C	花边口圜底罐 A
1段	Ⅰ	Ⅰ		Ⅰ											
2段	Ⅱ	Ⅱ		Ⅱ	Ⅰ										
3段		Ⅱ	Ⅰ	Ⅱ	Ⅱ、Ⅲ					Ⅰ	Ⅰ				
4段					Ⅳ					Ⅱ、Ⅲ	Ⅱ				
5段			Ⅱ							Ⅳ		Ⅰ			
6段			Ⅱ		Ⅴ	Ⅰ	Ⅰ		Ⅰ	Ⅳ	Ⅲ	Ⅰ			Ⅰ
7段									Ⅱ	Ⅳ	Ⅳ	Ⅰ	Ⅰ		Ⅱ、Ⅲ
8段							Ⅱ								Ⅲ
9段								Ⅰ			Ⅴ		Ⅱ		Ⅳ
10段						Ⅱ	Ⅱ				Ⅴ	Ⅲ	Ⅱ	√	Ⅳ、Ⅴ、Ⅵ

　　从表二可以看出，1、2段陶器群比较接近，可作为一期文化。3段虽然仍保留有1、2段的小平底罐、高柄豆、B型Ⅱ式敛口罐、Ⅱ式波浪口罐等，但出现了新因素的陶器，有Ⅰ式尖底杯、Ⅰ式尖底盏等，因此我们将其与前面分开。到4段时期，3段保留的1、2段因素的那些陶器已基本消失。但其主要陶器Ⅱ式和Ⅲ式尖底杯、Ⅱ式尖底盏、高领罐、A型Ⅳ式盆等均是从3段继承发展而来，与5段区别相对更大。5段明显的变化是开始出现圜底器。因此将3、4段合并为二期文化。从5段到10段的文化面貌一脉相承，大量圜底罐的存在是其贯穿始终的主要特征，其他还有尖底盏、瓮、羊角杯等也基本上一直存在。因此我们将5～10段作为第三期文化。这样就将渝东西区商周时期考古学文化分为三期10段。至于11段由于只存在于李家坝遗址，因此不纳入统一的文化分期当中。

　　一期文化与成都平原的三星堆文化面貌较为接近，如A型敛口罐、高柄豆、盉、鸟头柄勺、小平底罐、A型器盖等均是三星堆文化典型的陶器，仅呈现同一考古学文化内的小区域差异，因此该期的文化属性当属三星堆文化。1段所见的A型Ⅰ式器盖与三星堆1986年发掘的第9层出土的器盖相近。鸟头柄勺的鸟头风格与三星堆1986年发掘的⑧A层出土的鸟头相近。高柄豆与1980年三星堆发掘的2层出土部分高柄豆相近[21]。按三星堆文化三期分法，三星堆1980年发掘的第2层和1986年发掘的第9层属三星堆文化二期。1986年发掘的8层属三星堆文化三期[22]。因此可以推断一期1段的年代约当三星堆文化的二、三期之际。2段从陶器变化看，是从1段直接发展而来。其所见的小平底罐为三星堆文化末期的特征。高柄豆大量见于三星堆文化末期与十二桥文化的初期阶段。此时尚未出现成都十二桥文化典型陶器尖底器。因此推断其时代当在三星堆文化的末期。三星堆文化的年代按笔者的研究约当二里头文化的四期至殷墟文化二期左右[23]。据此推测一期文化的年代约当殷墟文化一、二期左右。这仅是目前渝东西区发表的材料情况，推测该区域应该还存在更早时期的三星堆文化遗存。

　　二期文化与成都平原的十二桥文化十分相近。十二桥文化的陶器群以尖底杯、尖底盏、尖底罐、喇叭口罐、圈足罐、簋形器、高领罐、盆、瓮、敛口罐、釜（平口圜底罐）等为代表。二期文化所见的尖底杯、尖底盏、C型敛口罐、A型与B型和C型器盖、高领罐、盆等均是十二桥文化的典型陶器，因此其文化属性可归入十二桥文化。能反映地方特征的D型器盖、B型敛口罐、羊角杯等在成都平原基本不见。二期3段的情况与十二桥文化初期阶段的情况十分相近，即残存大量三星堆文化的因素，如小平底罐、鸟头柄勺等，但出现了十二桥文化典型的尖底器等，成都十二桥遗址的12、13层以及金沙遗址的初期均是这种情况。考虑到考古学文化的变化当滞后于政治与社会的变化，我们将这一时期划归十二桥文化阶段。3段所见的Ⅰ式尖底盏、Ⅰ式尖底杯、A型与B型和C型器盖等与成都十二桥遗址12、13层出土的十分相近[24]，年代应相当，约当商代晚期。4段已不见三星堆文化因素的陶器，这与成都十二桥遗址的11、10层以及金沙村遗址黄忠村地点[25]的情况相近。其所见的Ⅱ式和Ⅲ式尖底杯、Ⅱ式尖底盏与黄忠村H158等单位出土的同类器相近，A 型 IV 式盆与黄忠村 H128 出土的圈足盆相近。黄忠村 H158、H128 等主体遗存属十二桥文化二期或十二桥文化一期晚段，时代约当西周早期。因此渝东西区的二期 4 段的年代也当在西周早期左右。

三期文化是紧接二期文化发展而来，其间的变化不如一期与二期之间的变化那么大。三期与二期相比，最大的变化是出现大量圜底器。其他主要陶器均是从二期直接承袭发展而来，如羊角杯、C 型敛口罐、高领罐、盆、尖底盏等，此外应该还有其他陶器。由于二期遗存目前在渝东地区发现还不十分丰富，陶器群还不够完善，这种承袭关系还反映得不够明显。二、三期文化的变迁情况大体与成都平原相似，如成都新一村与十二桥原发掘的 I、II 区相比，也出现了一定数量的圜底器，数量没有渝东地区这么大，也没有花边口圜底罐。但其主要的陶器群仍是承袭十二桥文化的陶器群。因此我们将其归入十二桥文化的范畴[26]。三期的 5～10 段之间也是一脉相承，如圜底罐始终都是文化中的主流因素。其他像 C 型敛口罐、簋形器、尖底盏、喇叭口罐、羊角杯、瓮、盆等都是前后承袭变迁，一脉相承，没有突变的情况发生。但是三期与成都平原同一时期的文化的差异要比二期与成都平原同时期文化的差异大，这主要表现在大量圜底罐的出现。因此我们将其与二期分开单独作为一期，目的就是突出这一变化的情况。

三期 6～8 段的许多陶器与成都新一村的同类陶器十分接近。如 6 段的 C 型 II 式敛口罐、III 式尖底盏、A 型 I 式瓮、I 式喇叭口罐、尖底罐、簋形器等均与新一村第 8 层出土的同类器相近。7 段所见的 II 式喇叭口罐和 IV 式尖底盏在新一村第 7 层能找到相近的器形。8 段所见 A 型 II 式瓮与新一村第 7、6 层所见同类瓮相同。因此我们可以推断三期 6～8 段的年代应与成都新一村的年代相当。我们曾将新一村第 8 层年代推定在西周晚期，第 7 层的年代约当春秋早期，第 6 层的年代约当春秋中期。参照成都新一村的情况，我们可将三期 5～8 段的年代作如下推定：5 段约当西周中期，6 段约当西周晚期，7 段约当春秋早期，8 段约当春秋中、晚期左右。

三期 9 段与 8 段相比，好像陶器的变化稍微大了一点，感觉中间还有小的缺环。9 段目前所见陶器还比较少，其中的 A 型 II 式平口圜底罐、V 式尖底盏与成都平原战国早期墓葬出土的同类器相近[27]。10 段能比较的陶器较多。属该段的中坝 5 组见有子母口浅腹豆（DT0503⑱：14），这种豆普遍见于战国晚期的巴蜀墓葬中，与什邡城关战国晚期的 M19 出土的豆相近[28]。该种形制的豆最晚可到西汉。麻柳沱 2 组出土的矮圈足豆（BT7③：24）也是战国晚期墓中常见的豆，与冬笋坝 M50 出土的豆相同[29]。C 型平口圜底罐（釜）也在战国晚期墓葬中常见，与冬笋坝 M50 和什邡 M14 出土的相近。中坝 M23 出土的折腹盆（M23：1）是巴蜀墓葬中战国晚期至秦才出现的，与荥经同心村秦代 M15 出土的折腹盆相近[30]。中坝 5 组所见的钵（DT0702⑱：5）与什邡城关战国晚期墓出土的 1 件钵（M49：4）相近。根据上述比较，可以推定 10 段的年代当在战国晚期，9 段约当战国早、中期。

二、东区的文化分期与性质分析

（一）东区典型遗址及其层位关系

1. 奉节新铺遗址

1997 年发掘 T329 的③→⑤→⑥→⑦，T301 的⑤→⑥→⑦，T311、T321 的 5 层；1998 年发掘 T342 的③→④→⑤，T346 的③→④，T339 和 T340 的 4 层，T343 的③→④→⑥，T337、T345 的 3 层[31]。

2. 巫山双堰塘遗址

1997～1998 年发掘北区第 4 层，南区 T110～T113 组第 2 层[32]；1999 年发掘北区 T324、T328、T339 第④A、5 层，④B 层出土遗物较少，南区 T702 第 2 层[33]。

3. 巫山蓝家寨遗址

1999 年发掘 T21～T23 的 H2→③→G4[34]。

4. 巫山跳石遗址

1997～1998 年发掘 A 区第 6 层和叠压于 6 层下的 G1、H6、H5[35]；1999 年发掘 B 区 BT8 的⑥→H28、BT10 第 6 层，BT7 第 5 层下的 H22，其中 H28 又划分为 5 个文化堆积层[36]。

（二）各遗址诸地层单位文化特征与分组

1. 新铺遗址

该遗址商周遗存主要集中在两个时期，即报告分的上、下层，文化面貌区别较大，而各地层单位特征比较一致，因此我们将该遗址分成两组。

1 组：主要有 97T329 的 5～7 层，T301 的 6、7 层。98T342 的 4、5 层，T346 的 3、4 层，T339 和 T340 的 4 层，T343 的 3、4、6 层。其余地层出土遗物较少。该组地层陶器主要有尖底杯、高柄豆、高领壶、高领罐、平口圜底罐等。

2 组：主要有 97T329 的 3 层，T301、T311、T321 的 5 层。98T337、T342、T345 的 3 层，T346 的 3、4 层等。陶器有两群：A 群有平口圜底罐、花边口圜底罐，另外还有盘、钵等。B 群有鬲、盆、豆、罐等。

1、2组之间区别较大，有较大时间缺环。

2. 巫山双堰塘遗址

从双堰塘两次发掘的情况看，商周遗存堆积简单，早晚间文化特征变化不大，有可能是晚期破坏所致。从陶器特征看，有二组共存的陶器。

1组：花边口圜底罐、平口圜底罐、尖底杯、羊角杯、尖底盏、簋形器、高领罐等，其中以花边口圜底罐、平口圜底罐的数量最多，其他器物较少。

2组：鬲、盆、豆等，其中鬲、豆数量较多，盆的数量相对较少。

3. 蓝家寨遗址

该遗址 G4 出土的陶器最丰富，有鬲、盂、豆、罐。3 层没完整器，从鬲口沿和豆柄看，与 G4 的接近，因此将 G4 和第 3 层归为该遗址的 1 组；H2 所见的鬲和豆与 G4 的略有差异，作为该遗址的 2 组。1、2 组陶器差异不是太大，时间应衔接紧密。

4. 巫山跳石遗址

1999 年发掘 BT10 第 6 层出土陶器有尖底罐、高领罐、敛口罐、瓮、平口圜底罐、器盖等，为偏早阶段（商代）的遗物，与 H28 的 1～4 层陶器区别较大。BT8 的第 6 层所见的敛口罐、平口圜底罐等与 BT10 第 6 层的相近。尖底缸也是商代遗物，与 H28 第 5 层的尖底缸相近，明显早于 H28 的 1～4 层年代。但 BT8 第 6 层出有鬲、壶等东周时期陶器，很可能该地层还可划分。而 H28 的开口有问题，推测第 6 层当分成 6、7 两层，H28 开口于 6 层下，打破第 7 层，那些偏早的遗物当出自探方的第 7 层。

依据两次发掘各地层单位陶器的比较，可将该遗址商周时期陶器分成两组。

1组：包括 1999 年发掘的 H28 第 5 层，BT10 第 6 层以及 BT8 第 6 层出土的早期（或 7 层）遗物。该组陶器有尖底缸、敛口罐、高领罐、瓮、平口圜底罐、尖底罐等。

2组：包括 1997～1998 年发掘 A 区第 6 层和叠压于 6 层下的 G1、H5、H6，1999 年发掘 H22 和 H28 的 1～4 层。陶器区别不大，时间跨度不长。第一次发掘出土的鬲、豆、罐等形制基本一致，第二次发掘的 H28 第 4 层的豆与第一次发掘的 G1 的接近，H28 第 3 层出土的鬲、豆均与 G1 的相近，H28 第 1 层的罐与 G1 的罐也相近。该组典型陶器有鬲、盆、豆、罐等。

（三）文化因素与年代分析

东区的材料目前还不是很丰富，就发表的材料看，该区的陶器明显可分为甲、乙、丙三群。

1. 甲群陶器

以尖底杯、平口圜底罐、高领壶、尖底缸为代表（图六）。属该群的有奉节新铺 1 组和巫山跳石 1 组。该群陶器与西区文化相比，可与二期文化相联系。尖底杯与西区有所区别，与鄂西地区香炉石文化的尖底杯相近；平口圜底罐也与西区最早的同类器有所区别，而大量发现于香炉石文化。更重要的是其中的高领壶在西区根本不见。该群陶器的文化特征更接近鄂西地区以清江香炉石[37]、宜昌路家河[38]、杨家嘴[39]、秭归长府沱[40]等为代表的香炉石文化。

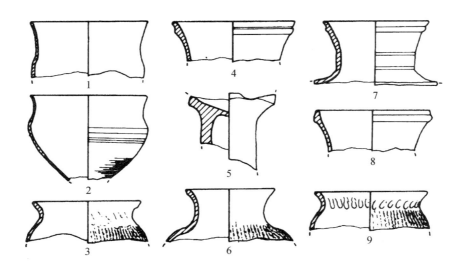

图六　东区甲群陶器（新铺 1 组）

1、2. 尖底杯（T329⑤: 24、T329⑤: 25）　3、6、9. 平口圜底罐（T343③: 6、T339④: 11、T341④: 3）

4、7、8. 高领壶（T342④: 8、T346④: 3、T345③: 9）　5. 豆（T342⑤: 8）

与新铺 1 组所见形制相近的尖底杯在路家河遗址也有出土，而高领壶在鄂西地区出土也不十分普遍，与新铺 1 组最接近的高领壶在秭归长府沱的 H9 有发现，由此我们可以推断，新铺 1 组的年代可能与秭归长府沱 H9 的年代接近。秭归长府沱 H9 出有假腹豆和尖底缸，尖底缸的形制接近于荆南寺遗址四、五期[41]和盘龙城遗址第五期的尖底缸[42]，为二里冈上层偏早的特征。假腹豆与盘龙城遗址第七期的假腹豆相近，为二里冈上层偏晚的特征。因此 H9 的年代当在二里冈上层时期。那么奉节新铺 1 组的年代可能也在二里冈上层时期。

与跳石 1 组所见的形制相近的尖底杯见于路家河 T7 第 5 层（T7⑤: 31），路家河 T7 第 5 层出土的尖底缸与跳石 1 组的尖底缸也接近。同样形制的尖底缸也见于盘龙城五、六期，时代约当二里冈上层时期。推测巫山跳石 1 组的年代也差不多在这个时期。

2. 乙群陶器

有尖底杯、平口圜底罐、花边口圜底罐、簋形器、羊角杯等（图七）。以巫山双堰塘1组陶器为代表，其特征与西区的二、三期文化十分相近，应属同一性质的考古学文化。

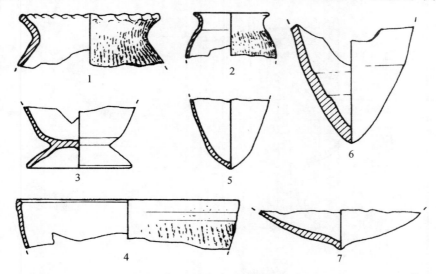

图七　东区乙群陶器（双堰塘1组）

1. 花边口圜底罐（T365④:021）　2. 平口圜底罐（T111②:06）　3、4. 簋形器（T340④:09、T340④:039）
5. 尖底杯（T328④A:7）　6. 羊角杯（T375④:023）　7. 尖底盏（T110②:023）

双堰塘1组所见的尖底杯与西区二期5段的Ⅳ式尖底杯相近，为西周中期的形制。簋形器（报告中的Ⅰ、Ⅱ式缸）在成都平原的新一村、金沙村遗址中有完整器，形制与新一村第8层的相近，为西周晚期特征。南区所见的1件盆（T113③:9，报告中的Ⅲ式瓮）也与成都新一村遗址属西周晚期的第8层出土的盆相近。花边口圜底罐应是西区发展起来的一种典型陶器。其开始出现主要是在西周晚期，流行于春秋战国时期。而该群所见的花边口圜底罐不是最早的形制，与西区7、8段的A型Ⅱ式、A型Ⅲ式花边口圜底罐相近，为春秋早、中期的形制。双堰塘遗址与乙群陶器共存的有鬲、盂、豆等楚文化遗物（即双堰塘2组陶器）。典型楚文化形成的年代上限大约在西周晚期，而鄂西地区西周晚期的楚文化遗存发现不多，到春秋时期才增多，春秋中期前后占绝对优势[43]，所以渝东东区楚文化的出现当早不过鄂西地区。具体来看，该组的盂、豆与当阳赵家湖楚墓三期（春秋中期）的盂和豆较为接近[44]。鬲没有完整器，不好比较，不过鬲大量出现，其年代上限应不出西周晚期。综合分析，乙群陶器的年代范围可大致推定在西周中期至春秋早、中期之际。而双堰塘出乙群陶器的地层形成年代当在春秋早、中期之际。

3. 丙群陶器

以鬲、盂、豆、罐为代表（图八）。属该群的有双堰塘2组，跳石2组，蓝家寨1、2组，新铺2组的B群。丙群陶器为典型的楚文化遗物。

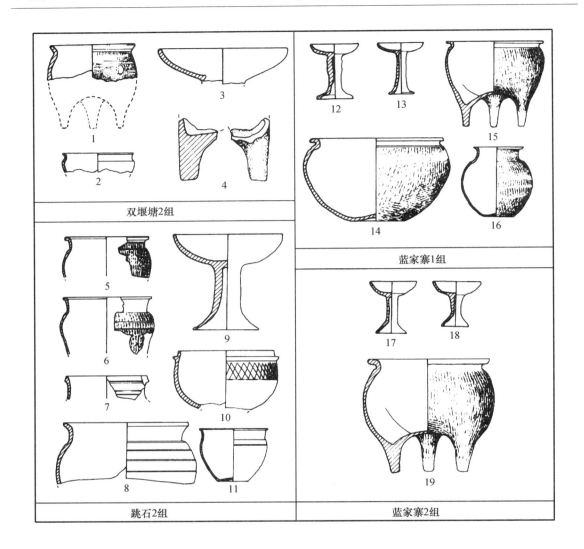

图八　东区丙群陶器

1、4～6、15、19. 鬲（T112②：05、T326④：04、G1：2、G1：3、G4：7、H2：1）　2、14. 盂（T342④：018、G4：14）3、

9、10、12、13、17、18. 豆（T365④：019、H28：2、G4：18、G4：19、H2：3、H2：2）　7. 壶（G1：15）　8. 罐（G1：16）

11. 盆（G1：6）　16. 长颈罐（G4：12）

　　双堰塘2组陶器的年代可能在春秋早、中期之际。跳石2组G1所见的鬲为柱状足，高领，圆肩下收，与赵家湖丙类三期四、五段墓的D型Ⅰ、Ⅱ式鬲相近。豆的风格也与赵家湖甲类三期四、五段墓的豆相近。因此G1的年代与赵家湖三期四、五段楚墓的年代相当，约在春秋中期。跳石2组H28第3层的盖豆与雨台山二期M24盖豆相近。报告推定雨台山二期的年代在春秋晚期[45]，那么跳石遗址丙群陶器的年代可以推定在春秋中期至晚期。蓝家寨1组的鬲为折沿、连裆、横长方体，比跳石的鬲要晚，与赵家湖丙类四期六段墓出土的D型Ⅳ式鬲相近。长颈罐与赵家湖丙类三期五段墓出土的D型Ⅱ式罐相近。盂、豆均与赵家湖丙类四期六段墓出土的同类器接近。据此可以推断蓝家寨1组的

年代与赵家湖四期六段楚墓的年代相当，约当春秋晚期早段前后。蓝家寨 2 组出土的鬲和豆与 1 组的形制差异不大，时代应相距不远，可以推定在春秋晚期晚段左右。综合上述分析，丙群楚文化陶器在渝东东区目前所见的材料其年代约在春秋早、中期之际至春秋晚期，目前还没见到更晚材料的发表。

三、关于文化变迁与互动的几点认识

通过分析，我们对渝东地区商周时期考古学文化在时空上的变化有了一个基本的把握，从中可对文化的变迁与互动关系形成如下几点初步认识。

第一，渝东西区商周时期考古学文化大体可以分为两个大的阶段。一期文化为第一阶段，二、三期文化为第二阶段。第一阶段的文化为三星堆文化，与成都平原的三星堆文化基本一致。此时文化不够繁荣，发现的遗存不多；第二阶段当中的二期文化，在商代晚期至西周早期，与成都平原十二桥文化的同阶段文化面貌相一致。从第三期文化开始、即西周中期以后，出现大量圜底器，尤其是大量花边口圜底罐的出现，使得这一时期的文化与成都平原的同时期文化呈现出一定的差异。如果除开花边口圜底罐，其他因素与成都平原同时期文化是基本一致的。成都平原在西周中、晚期开始也出现一定数量的平口圜底罐（釜），但量没渝东地区大，绝不见花边口圜底罐。渝东西区的古文化在第二阶段尤其是三期显得较为繁盛与发达。

第二，渝东西区考古学文化从史前到商周有过两次变化的高潮时期。第一次是哨棚嘴文化到三星堆文化的变迁。其整体文化面貌发生了根本性的变化，可以说是一次突变。这次变化牵涉到整个四川盆地。发生这种突变的根本原因是外来文化的侵入，表现比较明显的是中原二里头文化，其次可能还包括长江中下游的文化因素。笔者在三星堆遗址未发表的材料中见到过石家河因素的陶器和良渚文化因素的遗物，甚至到成都金沙村遗址还继承了良渚因素的玉琮。第二次变化是三星堆文化向十二桥文化的变迁，其陶器群发生了根本性的变化。这次变化的根本原因是鄂西地区以清江香炉石、宜昌路家河等遗址为代表的香炉石文化的西迁。笔者曾在分析鄂西地区商周时期考古学文化变迁时发现，香炉石文化在鄂西地区于二里冈下层时期开始孕育，至二里冈上层时期发展壮大，直到殷墟文化一期。殷墟一期以后，香炉石文化在鄂西地区突然消失。与此同时在四川盆地发现了其踪迹[46]。渝东西区第二阶段二、三期文化以及成都平原十二桥文化的许多因素明显是从香炉石文化继承而来，如尖底杯、尖底罐、圜底器、圈足盆、豆、占卜习俗等。正是由于香炉石文化的西迁，才使四川盆地的三星堆文化与香炉石文化融合形成十二桥文化。进入第二阶段，即商代晚期至战国，包括渝东西区在内的整个四川盆地的考古学文化再没受到过像前两次那样来自外来文化的冲击（虽然与周邻文化也有过不同程度的交流）。由于巴、蜀、楚的势力格局逐渐形成，这一格局的打破要到秦灭巴、蜀之后，其间再未发生过大的人群移动现象，考古学文化进入了一个相对稳定的发展时期，文化变迁呈现出一种渐变演进的过程，以至于我们作文化阶段的划分，竟不知从何处划断。

第三，据文献记载，可知春秋战国时期活动在渝东三峡地区的为古代巴人，那么渝东三峡地区的一脉相承的二、三期文化当为巴文化，其前身香炉石文化当为早期巴文化。如果说三星堆文化为蜀文化，那么在三星堆文化阶段，四川盆地均属蜀文化的分布范围，东边曾达鄂西地区。当巴人壮大后，逐渐将三星堆文化挤出了鄂西地区，并有向西推进之势。巫山跳石1组和奉节新铺下层反映出在二里冈上层时期曾西达这一区域。此时以三星堆文化和香炉石文化分别代表的蜀文化与巴文化，面貌完全不同。当商代晚期巴人西迁至四川盆地后，巴文化与蜀文化便很快融合，并同步发展。"巴蜀文化"区的形成时间应在香炉石文化西迁后的商代晚期。

第四，巴文化中最引人注目的特征是大量圜底罐的存在，从香炉石文化到渝东西区三期文化都非常突出。成都平原的十二桥文化虽然从西周中、晚期也出现一定数量的平口圜底罐（釜），但数量远不如渝东地区，而且绝不见花边口圜底罐。这也是渝东西区三期以后巴文化与蜀文化最显著的区别所在。除花边口圜底罐外，其他文化因素与成都平原同时期文化基本一致。考虑到这种同一性与差异程度，可以将渝东三峡地区西区的二、三期文化命名为"十二桥文化渝东类型"。许多研究者都认为，大量圜底罐为专业性生产用器，即盐业生产用器。无论文献记载还是考古材料，都显示盐业生产是巴人的传统产业。但值得注意的是，渝东西区的二期基本不见圜底罐，大量出现是在三期，即西周中期以后。看来巴人从鄂西举族西迁后，已大伤元气。到一个新的生存环境中，还需要一个适应和对资源的认识开发过程，无条件马上恢复其传统的盐业生产。到了西周中期才又慢慢恢复发展其传统的盐业生产，并重新壮大起来，这从考古学文化的繁荣程度也清楚地反映出来。

第五，关于巴、楚关系问题。从渝东东区的情况可以看出，楚文化一经壮大，便向西推进。春秋早、中期之际的巫山双堰塘和奉节新铺的上层还是巴文化与楚文化因素共存，说明此时楚在此的势力还不是很强。到春秋中期以后，巫山跳石和蓝家寨遗址反映出楚文化已完全占据了这一区域，巴的势力已退出了这一地区。于是奉节与云阳之间成了巴、楚争夺的分界线，云阳李家坝一带成了巴人与楚交锋的前沿。从李家坝四组基本为楚文化遗物分析，战国末期楚有可能曾一度占领这一地区，甚至可能曾深入到巴的腹心地区。不过巴和楚很快被强秦所灭。

第六，通过对渝东地区商周时期考古学文化的变迁与互动关系的研究，可以得出这样一个认识，四川盆地古代文化发生大的变化与演进的高潮时期，往往与人群的移动有关。而文化系统内部的创新以及与周邻文化之间的相互交流、影响不会引起考古学文化在短时期内的巨大变异，而呈现出一种渐进的变迁过程。

注　　释

［1］　北京市文物研究所三峡考古队、重庆市涪陵区博物馆：《涪陵镇安遗址发掘报告》，《重庆库区考古

报告集 1998 卷》，科学出版社，2003 年。

[2]　王鑫：《忠县瓒井沟遗址群哨棚嘴遗址分析——兼论川东地区新石器文化及早期青铜文化》，《四川考古论文集》，文物出版社，1996 年。

[3]　北京大学考古文博院三峡考古队、重庆市三峡库区田野考古培训班、忠县文物管理所：《忠县瓒井沟遗址群哨棚嘴遗址发掘简报》，《重庆库区考古报告集 1997 卷》，科学出版社，2001 年。

[4]　北京大学考古文博院三峡考古队、成都市文物考古研究所、忠县文物管理所：《忠县哨棚嘴遗址 2001 年发掘简报》，《成都考古发现 2001》，科学出版社，2003 年。

[5]　北京大学考古学系三峡考古队、忠县文物保护管理所：《忠县瓦渣地遗址发掘简报》，《重庆库区考古报告集 1998 卷》，科学出版社，2003 年。

[6]　四川省文物考古研究所、忠县文物保护管理所：《忠县中坝遗址发掘报告》，《重庆库区考古报告集 1997 卷》，科学出版社，2001 年。

[7]　四川省文物考古研究所、重庆市文物局三峡办、忠县文物保护管理所：《忠县中坝遗址 II 区发掘简报》，《重庆库区考古报告集 1998 卷》，科学出版社，2003 年。

[8]　孙智彬：《中坝遗址夏商陶器初论》，《2003 三峡文物保护与考古学研究学术研讨会论文集》，科学出版社，2003 年。

[9]　李锋：《忠县邓家沱遗址西周时期文化遗存的初步分析》，《重庆 2001 三峡文物保护学术研讨会论文集》，科学出版社，2003 年。

[10]　西北大学考古队、万州区文物管理所：《万州中坝子遗址发掘报告》，《重庆库区考古报告集 1997 卷》，科学出版社，2001 年。

[11]　陕西省考古研究所、万州区文物管理所：《万州塘房坪遗址发掘报告》，《重庆库区考古报告集 1997 卷》，科学出版社，2001 年。

[12]　重庆市文化局三峡办、陕西省考古研究所三峡考古队：《万州塘坊坪遗址发掘报告》，《重庆库区考古报告集 1998 卷》，科学出版社，2003 年。

[13]　张天恩、刘呆运：《万州塘坊坪遗址夏代文化遗存简析》，《重庆 2001 三峡文物保护学术研讨会论文集》，科学出版社，2003 年。

[14]　上海大学文物考古研究中心、万州区文物管理所：《万州麻柳沱遗址发掘报告》，《重庆库区考古报告集 1997 卷》，科学出版社，2001 年。

[15]　重庆市博物馆、万州区文管所、复旦大学文博系：《万州麻柳沱遗址发掘报告》，《重庆库区考古报告集 1998 卷》，科学出版社，2003 年。

[16]　四川大学历史文化学院考古系、云阳县文物管理所：《云阳李家坝遗址发掘报告》，《重庆库区考古报告集 1997 卷》，科学出版社，2001 年。

[17]　四川大学历史文化学院考古系、云阳县文物管理所：《云阳李家坝遗址发掘报告》，《重庆库区考古报告集 1998 卷》，科学出版社，2003 年。

[18]　同 [8]。

[19]　陈显丹：《广汉三星堆遗址的发掘概况、初步分期——兼论"早蜀文化"的特征及其发展》，《南方民族考古》1990 年 2 辑。

[20]　四川省文物管理委员会、四川省文物考古研究所、成都市博物馆：《成都十二桥商代建筑遗址第一期发掘简报》，《文物》1987 年 12 期。

[21]　四川省文物管理委员会、四川省博物馆、广汉县文化馆：《广汉三星堆遗址》，《考古学报》1987 年

2 期。

[22]　江章华、王毅、张擎：《成都平原先秦文化初论》，《考古学报》2002 年 1 期。

[23]　同［22］。

[24]　同［19］。

[25]　成都市文物考古研究所：《成都市黄忠村遗址 1999 年度发掘的主要收获》，《成都考古发现 1999》，
　　　科学出版社，2001 年。

[26]　成都市文物考古研究所：《成都十二桥遗址新一村发掘简报》，《成都考古发现 2002》，科学出版社，
　　　2004 年。

[27]　江章华、张擎：《巴蜀墓葬的分区与分期初论》，《四川文物》1999 年 3 期。

[28]　四川省文物考古研究所、什邡市文管所：《什邡市城关战国秦汉墓葬发掘》，《四川考古报告集》，文
　　　物出版社，1998 年。

[29]　四川省博物馆：《四川船棺葬发掘报告》，文物出版社，1960 年。

[30]　四川省文物考古研究所、荥经严道古城博物馆：《荥经同心村巴蜀船棺葬发掘报告》，《四川考古报
　　　告集》，文物出版社，1998 年。

[31]　吉林大学考古学系、奉节县白帝城文物管理所：《奉节新铺遗址发掘报告》，《重庆库区考古报告集
　　　1997 卷》，科学出版社，2001 年。

[32]　中国社会科学院考古研究所长江三峡工作队、巫山县文物管理所：《巫山双堰塘遗址发掘报告》，
　　　《重庆库区考古报告集 1997 卷》，科学出版社，2001 年。

[33]　中国社会科学院考古研究所长江三峡工作队、巫山县文物管理所：《巫山双堰塘遗址发掘报告》，
　　　《重庆库区考古报告集 1998 卷》，科学出版社，2003 年。

[34]　重庆市博物馆、湖南益阳市文物工作队、重庆巫山县文物管理所：《巫山蓝家寨遗址发掘报告》，
　　　《重庆库区考古报告集 1998 卷》，科学出版社，2003 年。

[35]　南京博物院考古研究所、巫山县文物管理所：《巫山跳石遗址发掘报告》，《重庆库区考古报告集
　　　1997 卷》，科学出版社，2001 年。

[36]　南京博物院考古研究所、巫山县文物管理所：《巫山跳石遗址第二次发掘报告》，《重庆库区考古报
　　　告集 1998 卷》，科学出版社，2003 年。

[37]　湖北省清江隔河岩考古队：《湖北清江香炉石遗址的发掘》，《文物》1995 年 9 期。

[38]　长江水利委员会编著：《宜昌路家河》，科学出版社，2002 年。

[39]　三峡考古队第三小组：《湖北宜昌杨家嘴遗址发掘》，《江汉考古》1994 年 1 期。

[40]　宜昌市博物馆：《三峡库区秭归长府沱商代遗址发掘》，《江汉考古》1995 年 4 期。

[41]　何驽：《荆南寺遗址夏商时期遗存分析》，《考古学研究（二)》，北京大学出版社，1994 年。

[42]　湖北省文物考古研究所：《盘龙城》，文物出版社，2001 年。

[43]　江章华：《试论鄂西地区商周时期考古学文化的变迁——兼谈早期巴文化》，《考古》2004 年 11 期。

[44]　湖北省宜昌地区博物馆、北京大学考古系：《当阳赵家湖楚墓》，文物出版社，1992 年。

[45]　湖北省荆州地区博物馆：《江陵雨台山楚墓》，文物出版社，1984 年。

[46]　同［43］。

（原载《考古学报》2007 年 4 期）

试论鄂西地区商周时期考古学文化的变迁

——兼谈早期巴文化

江章华

鄂西地区是沟通长江中游和长江上游的文化通道，许多文化因素曾在此交汇。新石器时代，城背溪文化、大溪文化、屈家岭文化、石家河文化先后在此承继发展；商周时期，几种文化势力在此角逐，此消彼长。笔者试图通过对文化因素和年代的梳理，来揭示商周时期鄂西地区古文化发展变迁的过程，并希望能够从中获得一些有益的历史信息。

一、典型遗址与文化分期

鄂西地区是文化交流传播的走廊，同时期的周邻地区文化都对其产生过不同程度的影响。鉴于本文研究的目的，分析时主要关注的是占主导地位的主流文化，在文化分期时也主要根据陶器群的变化来划分大的文化阶段，对各文化阶段不作更细致的分期。目前所见材料比较典型的遗址有宜昌路家河[1]、三斗坪[2]、杨家嘴[3]、中堡岛[4]，秭归朝天嘴[5]、长府沱[6]，巴东黎家沱[7]，清江香炉石[8]等遗址，其中宜昌路家河遗址年代跨度大，层位关系清楚。而其他遗址大多年代跨度不大，只涵盖某一阶段的文化遗存。因此，我们首先从分析宜昌路家河遗址入手。

1984 年发掘的宜昌路家河遗址有以下几组典型的层位关系：T3②B→③，T4⑤→⑥→⑦→⑧→⑨→⑩，T5②→③→④→⑤，T7④→⑤，T8③→④→⑤，T9H3→⑥→H4→⑦，T10③→④A→④B→⑤（箭头代表叠压或打破关系）。

依据上述层位关系及诸地层单位陶器群的比较，可将其分成四组。

第一组：只有 T8 第 5 层，所出陶器主要有小平底罐、高柄豆、深腹罐、圆腹罐、花边口罐等。该组地层单位少，遗物不甚丰富，文化面貌不是十分典型。而其中的绳纹花边口罐可能是峡江地区新石器时代遗物，属晚期地层出早期遗物。

第二组：包括 T3 第 3 层、T4 第 8～10 层、T5 第 2～5 层、T7 第 5 层、T8 第 4 层、T9 第 7 层和 T10 第 4B、5 层，陶器主要有釜、尖底杯、豆、灯座形器、缸、高领罐等。属该组的地层单位较多，还有 T1、T2 的第 3、4 层和 T6 第 5 层。出土遗物很丰富，是该遗址商周时期的主体遗存。

　　第三组：包括 T3 第②B 层，T4 第 5、6 层，T7 第 4 层，T9 第 6 层，H4 和 T10 第④A 层，陶器主要有鼎、鬲、罐、豆等，其中以粗红陶鼎最具代表性。该组地层单位出土遗物不丰富，陶器也较碎，文化面貌不太清晰。

　　第四组：包括 H3 和 T10 第 3 层。陶器主要有鬲、盆、豆、罐、缶等。属该组的地层单位较少，出土遗物不丰富。

　　上述四组有层位关系为依据，其早晚关系为：第一组→第二组→第三组→第四组（箭头代表早于关系）。依据路家河四组地层单位的陶器群的特征，可将鄂西地区商周时期的诸遗址地层单位纳入其中。

　　1979 年发掘的中堡岛遗址第③A、③B 层，出土陶器有圆腹罐、瓮、缸、高柄豆、鸟头把勺、盉等。1985～1986 年发掘的中区商时期遗存，以第 5、6 层最有代表性，所出陶器以小平底罐、高柄豆、鬶、器盖为主，还有少量缸、釜、绳纹罐等。从其陶器群看，当属路家河一组，并比路家河一组的陶器更典型、更具有代表性。

　　1985～1986 年发掘的朝天嘴遗址 B 区第 6 层，出土陶器主要有小平底罐、高柄豆、器盖、鬶、盉、罐等，当属路家河一组。

　　宜都县毛家套遗址[9]出有高柄豆、小平底罐、盉，红花套遗址[10]出有小平底罐、高柄豆等，均属路家河一组。

　　1985～1986 年发掘的三斗坪遗址，其商周时期文化遗存主要是第④A、④C 层，④B 层出土遗物较少。第④C 层出土陶器以釜、尖底杯、豆为主，还有少量小平底罐，当归入路家河二组；第④A 层所出陶器主要有釜、尖底杯、豆、缸，具有典型的路家河二组的特征。

　　1985 年发掘的杨家嘴遗址，均为商周时期的文化遗存，地层单位有第 3～5 层。第 4 层出土遗物最丰富，陶器以釜、豆、尖底杯为主，还有少量器盖和罐等。具有典型的路家河二组的特征。

　　1997 年发掘的秭归长府沱遗址，均为商周时期遗存，主要的地层单位是第 6 层和第 6 层下的灰坑。以第 6 层和 H9 出土遗物最丰富，G3 也出有少量陶器。其中 G3 出有盉足和鬲，遗物太少，文化面貌不清，不便归组。第 6 层和 H9 所出陶器主要有釜、豆、尖底杯、罐等，具有路家河二组的特征。

　　1997 年发掘的巴东黎家沱遗址，报告将其商周时期的文化遗存分为早、晚两期。早期有 T0405、T0404、T0407 等探方的第④C 层和 H1，晚期有 T0405 第④A、④B 层和 T0407 第④A 层。早期所出陶器主要有釜、罐、豆、尖底杯等，具有路家河二组的特征。晚期与早期的文化面貌差别较大，所出陶器主要有鬲、鼎、罐、豆、钵等，具有路家河四组的特征。

　　1988 年和 1989 年发掘的清江香炉石遗址第 4～6 层文化面貌一致，陶器以釜、罐、豆、钵、尖底杯为主，属路家河二组。第 3 层与第 4 层以下的文化区别较大，看不出有任何继承关系。陶器有鬲、盆、豆、罐、瓮等，应属路家河四组。

秭归柳林溪 T3 第 3 层属再生堆积，其地层年代应为东周时期[11]。所出大部分陶器为楚文化陶器，但其中的釜形鼎和鼎足具有路家河三组的特征。宜昌小溪口遗址[12]T5 第 5、6 层和 T1 第 3、4 层出土的釜形鼎也当归入路家河三组。

此外，发现有第四组遗存的遗址还有秭归官庄坪[13]、柳林溪、曲溪口[14]，宜昌白庙[15]、朱其沱[16]等遗址（表一）。

表一　鄂西地区商周时期典型遗址地层单位分组表

分组 遗址	一组	二组	三组	四组
路家河	T8 第 5 层	T3 第 3 层、T4 第 8~10 层、T5 第 2~5 层、T7 第 5 层、T8 第 4 层、T9 第 7 层和 T10 第④B、5 层	T3 第②B 层、T4 第 5~6 层、T7 第 4 层、T9 第 6 层、H4 和 T10 第④A 层	H3、T10 第 3 层
中堡岛	第 3A、3B、5、6 层			
朝天嘴	B 区第 6 层			
毛家套	√			
红花套	√			
三斗坪		第④A、④C 层		
柳家嘴		第 3~5 层		
长府沱		第 6 层、H9		
黎家沱		T0405、T0404、T0407 第④C 层，H1		T0405 第④A、④B 层，T0407 第④A 层
香炉石		第 4~6 层		第 3 层
柳林溪			T3 第 3 层部分陶器	
小溪口			T5 第 5、6 层，T1 第 3、4 层部分陶器	

我们将上述四组地层单位作为四期，代表鄂西地区商周时期前后发展变迁的四期文化。

二、各期年代与文化因素

商周时期的鄂西地区前后主要存在过如下四类占主导地位的考古学文化遗存。

A 类：以小平底罐、高柄豆、盃、器盖、鸟头把勺为核心的器物群（图一），该类文化具有成都平原典型的三星堆文化[17]特征。虽然盃为二里头文化的典型器，但在三星堆文化中常见，已成为三星堆文化的有机组成部分，因此也归入三星堆文化的范畴。

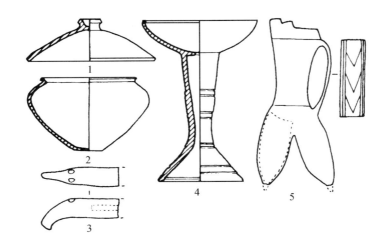

图一　A 类遗存陶器（一期）

1. 器盖（中堡岛 T0703⑥∶186）　　2. 小平底罐（中堡岛 T0702⑤∶15）　　3. 鸟头勺把

（中堡岛 T5③B∶2）　　4. 高柄豆（中堡岛 T0405⑤∶27）　　5. 盉（毛家套）

B 类：以釜、尖底杯、豆、灯座形器、缸为核心的器物群（图二），尤以釜的大量存在为其突出特征。该类文化普遍分布在鄂西地区，为本地土著文化，与周邻地区文化区别明显。关于这一文化的命名，笔者认为目前发现的遗址当中以清江香炉石遗址文化面貌最单纯、最有代表性，因此用香炉石遗址来命名这一文化即"香炉石文化"[18]是合理的。

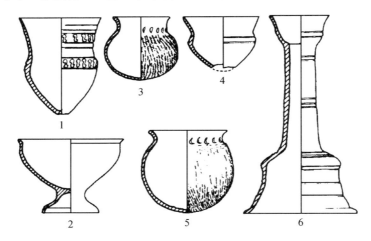

图二　B 类遗存陶器（二期）

1、4. 尖底杯（路家河 T5⑤∶43、T7⑤∶15）　　2. 豆（路家河 T5③B∶1）　　3、5. 釜（路家河

T5③B∶5、T5④∶9）　　6. 灯座形器（路家河 T3③∶1）

C 类：以鼎、罐为核心的器物群（图三）。由于该类遗存发现较少，文化面貌不够清楚。《宜昌路家河》作者认为主要属周梁玉桥类型文化遗存，其中最具特征的釜形鼎可能是从 B 类遗存中的釜演变而来。

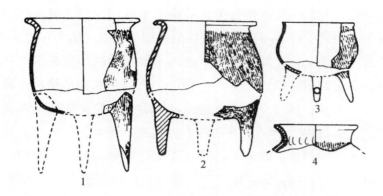

图三　C类遗存陶器（三期）

1～3. 鼎（路家河 H4：1、柳林溪 T3③：2、小溪口采：22）　4. 罐（路家河 H4：2）

D 类：以鬲、盆、豆、罐、盂为核心的器物群（图四），为典型的楚文化遗存。

除上述四类主要的文化遗存外，对鄂西地区产生过影响的文化还有二里头文化，如陶盉、绳纹圆腹罐、深腹罐等，主要存在于一期的偏早阶段（如中堡岛遗址第 6、7 层）。二期还有少量商文化因素的陶器，如秭归长府沱遗址 G3 所出的鬲，H9 所见的假腹豆等。还有少量陶器如路家河遗址所见的罍（T1③：3）、部分豆、高领罐等与湖南石门皂市商代遗存[19]的同类器相似，主要也存在于二期。但这些陶器都很少，不占主导地位。

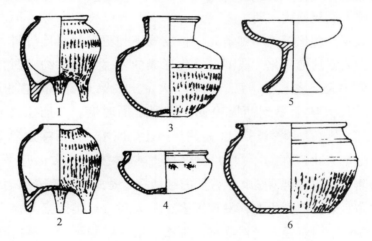

图四　D类遗存陶器（四期）

1、2. 鬲（柳林溪 H1：2、3）　3. 罐（柳林溪 T2③：5）　4. 盂（柳林溪 T2③：1）

5. 豆（柳林溪 H1：5）　6. 盆（柳林溪 H1：7）

第一期以 A 类文化因素为主，只有少量 B 类文化因素的釜，如中堡岛遗址第 7、5 层和 H17 所出的釜。第二期以 B 类文化因素为主，只在其初期阶段残存有少量 A 类因素的陶器，如三斗坪第④C 层和路家河 T9 第 7 层出土的小平底罐，路家河 T8 第 5 层出土的小平底罐和盂。第三期主要是 C 类文化因素。第四期则主要是 D 类文化因素。

　　关于各期的年代，我们主要依据各类文化因素本身的年代、包含已知年代的文化因素的陶器，以及土著因素的陶器与周邻地区其他已知年代的文化共存关系来加以推断。

　　第一期主要是三星堆文化，其年代当不出三星堆文化的年代范围。三星堆文化的年代约相当于二里头文化四期至殷墟二期[20]。第一期陶器的总体风格与三星堆文化一、二期的接近，年代应差不多。另外，中堡岛遗址第7层出土的尖圜底深腹罐和侈口深腹罐与二里头文化四期的深腹罐[21]相近。有研究者将荆南寺遗址分为六期，其中一至三期见有小平底罐，而一、二期的小平底罐与鄂西商周文化一期的接近。荆南寺遗址一、二期的年代相当于二里头文化四期，即二里冈下层偏早至偏晚阶段[22]。中堡岛遗址第6层所出1件高柄杯（T108⑥: 5）与荆南寺遗址二期的1件高柄杯（T48④D: 17）相近。因此，可将第一期的年代推定为约当二里冈下层时期。

　　第二期出土的缸在盘龙城遗址[23]和荆南寺遗址中也大量发现。路家河遗址T7第5层属二期偏早的地层，还有少量三星堆文化因素。而其中所见的缸与盘龙城遗址五期的缸相近，年代在二里冈上层一期偏晚。路家河遗址T4第8层和T3第3层所出的缸与盘龙城遗址六期的缸相近，年代在二里冈上层二期偏早。路家河遗址H1和T5第5层所出的缸为长尖底形，是这类缸偏晚的形制，与盘龙城遗址七期的缸相比，尖底更长，接近于荆南寺遗址六期的缸，年代当晚于盘龙城遗址七期。盘龙城七期的年代在二里冈上层二期偏晚，荆南寺遗址六期的年代有人推定为殷墟一期。综合以上分析，可将二期的年代推定为约当二里冈上层至殷墟一期。

　　第三期材料太少，文化面貌不够清楚，目前找不到更多的对比材料。不过第四期的面貌比较清楚，为典型的楚文化。典型楚文化形成的年代上限大约在西周晚期。官庄坪遗址的楚文化遗存有鬲、盆、豆、盂、罐等，大量出在第6层。该遗址发掘报告认为，遗址主要堆积的时代大体上早到西周晚期，晚到东周时期。白庙遗址发掘报告认为，T41③: 2鬲的形态似乎比官庄坪T1⑥: 11鬲的形态还要原始，这对探索楚文化的起源具有特殊意义。长底沱楚文化遗存的年代为春秋中期，柳林溪的楚文化遗存可早到春秋早、中期，黎家沱遗址出土的有典型楚文化特征的细柄豆、楚式鬲具有春秋时期器物的特征。总之，西周晚期鄂西地区楚文化遗存发现不多，并大多与C类因素共存，到春秋时期楚文化遗存增多，春秋中期前后占绝对优势。那么，第三期的年代当不出殷墟二期至西周晚期的范围。

　　从上述四期文化的变迁可以得出这样一个认识：三星堆文化盛行于二里冈下层时期，到二里冈上层时已很微弱，只是在偏早阶段残存少量陶器；土著的香炉石文化在二里冈下层时期开始孕育，至二里冈上层时期发展壮大，直到殷墟文化一期；殷墟一期以后香炉石文化突然消失，鄂西地区处于一个相对低落的时期，代之而来的第三期遗存非常稀少，直到西周晚期以后楚文化逐渐占据这个地区。

　　上述认识告诉我们，三星堆文化的分布范围曾一度到达了鄂西地区，但势力很弱。三星堆文化的形成与二里头文化的影响有较大的关系，并且二里头文化的入川路线是经鄂西地区沿江西进，三星堆文化中还保留了部分二里头文化的因素。在二里头文化之后，强大的商文化就接踵而至，江陵以东的江汉平原地区成了商王朝直接统治的地区，"汉东商文化不但分布面积大，遗址密集，而且文化面貌典型。黄陂盘龙城既有与中原类似的城垣、宫殿和墓葬，又有系统而占优势的商式铜器、陶器和玉器，明显是商王朝统治的重要据点"。"汉东所有的商代遗址都普遍出土以'商式鬲'为代表的陶器群，表明商文化已深入到当时汉东人们的日常生活中"[24]。但是商王朝的势力并没到达鄂西地区，商文化对鄂西地区的影响十分微弱，甚至可以说基本没产生影响。在这种情况下，三星堆文化和商文化在此均没有较强的势力，这就给土著文化以较大的发展空间。因此，以釜、罐、豆、尖底杯为特征的香炉石文化发展壮大起来，并逐渐将三星堆文化挤出了鄂西地区。但是不知何故，正当香炉石文化的鼎盛时期，却在殷墟一期以后突然消失在鄂西地区。

三、香炉石文化的去向及相关问题

香炉石文化在鄂西地区消失后，在四川盆地找到了其踪迹。由三星堆文化发展而来的十二桥文化有一最大的特点，就是出现了大量的尖底杯，也有圜底釜。属十二桥文化早期的十二桥遗址第13、12层出土的尖底杯和釜[25]与香炉石文化的尖底杯和釜完全一致，而尖底器和圜底器在此之前不是四川盆地的文化传统，显系外来因素，这在川东地区（主要是现在的渝东地区）表现最为明显。忠县哨棚嘴遗址从商代晚期就开始出现圜底釜和尖底杯[26]，西周至春秋时期出土数量最多；万州塘房坪遗址西周遗存最大的特点就是存在大量的圜底釜，还有尖底杯、豆等[27]；忠县中坝遗址战国遗存[28]和瓦渣地遗址出土的陶器中大部分为圜底釜，与香炉石遗址情况十分相近。"香炉石遗址的中心区，在出土遗物较多的209平方米面积里出土的近4000件各种陶质生活用具中，就有陶釜近3000件"[29]。可以说川东地区从商代晚期至战国时期的文化一脉相承，最大的特点就是大量圜底釜的存在，其文化直接源于香炉石文化。另一个值得注意的现象是，香炉石遗址出土了大量的卜甲、卜骨。三星堆文化中至今未发现占卜遗物，但是在十二桥文化中出土有大量卜甲。上述情况显示，香炉石文化向西迁入四川盆地在考古上有明显证据。十二桥文化的年代上限为殷墟三期，与香炉石文化在鄂西地区消失于约当殷墟二期，在时间上也是吻合的。正是香炉石文化的西迁，对三星堆文化造成了强有力的冲击，使得三星堆文化发生了比较大的变异，并可能成为十二桥文化形成的一个很重要的一个动因。

如果说春秋战国时期川东长江沿岸的考古学文化为巴文化的话，那么香炉石文化就可能是早期的巴文化，香炉石文化的主人可能是早期的巴人。据童恩正先生考证，巴人最早活动在清江流域，后来才自东而西进入川东地区[30]，这与香炉石文化迁徙的路线是一致的。如果上述推论不误的话，那么或许可以认为早期巴人在鄂西地区主要活动在夏代末期至商代中晚期之际，商代晚期迁入四川盆地，其主体占据了川东地区，而且其中有一支可能进入成都平原，与三星堆古蜀发生过冲突，并最终与当地居民融合在一起。

注　释

［1］　长江水利委员会：《宜昌路家河》，科学出版社，2002 年。

［2］　湖北省文物考古研究所：《1985～1986 年三峡坝区三斗坪遗址发掘简报》，《江汉考古》1999 年 2 期。

［3］　三峡考古队第三小组：《湖北宜昌杨家嘴遗址发掘》，《江汉考古》1994 年 1 期。

［4］　a. 湖北省宜昌地区博物馆、四川大学历史系：《宜昌中堡岛新石器时代遗址》，《考古学报》1987 年 1 期；b. 国家文物局三峡考古队：《朝天嘴与中堡岛》，文物出版社，2001 年。

［5］　同［4］b。

［6］　宜昌市博物馆：《三峡库区秭归长府沱商代遗址发掘》，《江汉考古》1995 年 4 期。

［7］　山东大学考古系：《湖北省巴东黎家沱遗址发掘报告》，《三峡考古之发现（二）》，湖北科学技术出版社，2000 年。

［8］　湖北省清江隔河岩考古队：《湖北清江香炉石遗址的发掘》，《文物》1995 年 9 期。

［9］　林春：《宜昌地区夏商时期一支新文化类型》，《江汉考古》1984 年 2 期。

［10］　同［9］。

［11］　湖北省博物馆江陵考古工作站：《一九八一年湖北省秭归县柳林溪遗址的发掘》，《考古与文物》1986 年 6 期。

［12］　湖北省文物考古研究所：《宜昌小溪口遗址发掘简报》，《江汉考古》1994 年 1 期。

［13］　湖北省博物馆：《秭归官庄坪遗址试掘简报》，《江汉考古》1984 年 3 期。

［14］　湖北省宜昌市博物馆：《三峡库区秭归曲溪口遗址发掘简报》，《江汉考古》1999 年 2 期。

［15］　三峡考古队：《湖北宜昌白庙遗址 1993 年发掘简报》，《江汉考古》1994 年 1 期。

［16］　三峡考古队：《宜昌朱其沱遗址发掘简报》，《江汉考古》1994 年 1 期。

［17］　四川省文物管理委员会、四川省博物馆、广汉县文化馆：《广汉三星堆遗址》，《考古学报》1987 年 2 期。

［18］　同［8］。

［19］　湖南省文物考古研究所：《湖南石门皂市商代遗存》，《考古学报》1992 年 2 期。

［20］　江章华、王毅、张擎：《成都平原先秦文化初论》，《考古学报》2002 年 1 期。

［21］　a. 中国社会科学院考古研究所：《二里头陶器集粹》，中国社会科学出版社，1995 年；b. 河南省文化局文物工作队：《郑州二里冈》，科学出版社，1959 年。

［22］　何驽：《荆南寺遗址夏商时期遗存分析》，《考古学研究（二）》，北京大学出版社，1994 年。

［23］　湖北省文物考古研究所：《盘龙城》，文物出版社，2001 年。

［24］　杨权喜：《湖北商文化与商朝南土》，《中国商文化国际学术讨论会论文集》，中国大百科全书出版社，1998 年。

［25］　四川省文物管理委员会、四川省文物考古研究所、成都市博物馆：《成都十二桥商代建筑遗址第一期发掘简报》，《文物》1987 年 12 期。

［26］　北京大学考古文博学院三峡考古队、成都市文物考古研究所：《重庆忠县哨棚嘴遗址 2001 年发掘简报》，《成都考古发现 2001》，科学出版社，2003 年。

［27］　陕西省考古研究所、万州区文物管理所：《万州塘房坪遗址发掘报告》，《重庆库区考古报告集 1997

卷》，科学出版社，2001 年。

[28] 四川省文物考古研究所、忠县文物保护管理所：《忠县中坝遗址发掘报告》，《重庆库区考古报告集 1997 卷》，科学出版社，2001 年。

[29] 王善才：《香炉石遗址与香炉石文化》，《四川文物》2001 年 2 期。

[30] 童恩正：《古代的巴蜀》，重庆出版社，1998 年。

（原载《考古》2004 年 11 期）

对盐源盆地青铜文化的几点认识

江章华

　　盐源盆地位于四川省西南部，处在青藏高原东南缘，雅砻江的下游。盆地面积 1049 平方公里，盆底面积 444 平方公里，属山间断陷盆地，海拔 700～2300 米。盆地内有雅砻江支流盐源河。盆地西去不远便是云南的宁蒗县。

　　从 20 世纪 80 年代以来，农民因种植苹果树，挖出许多青铜器，进而导致了猖獗的盗墓活动。为此，凉山州博物馆等单位多次对盐源县境内的文物进行了考古调查，共发现古墓葬群十余处。1987 年、1999 年和 2001 年凉山州博物馆组织人员对破坏十分严重的盐源毛家坝老龙头墓葬群进行过三次抢救性发掘，并从民间征集了大量的出土文物。经调查和试掘，初步认识到这些墓群主要分布在盐源盆地中部梅雨河两岸的一些顶部平缓的山坡上，也有部分分布在梅雨河两岸的一级阶地上，墓葬群一般距河不远。这些墓群的墓葬分布十分密集，每群数十座至数百座不等。墓葬开口距地表都不深，所以极易被盗掘[1]。

　　尽管目前正式考古发掘的材料不是很多，但从已发掘的墓葬和征集的文物来看，文化面貌比较一致，基本上集中在一个大的时期，与西南夷考古中的滇、滇西、夜郎等青铜文化相比，具有很突出的区域特征，为西南夷考古研究提供了非常重要的新线索。笔者想就现有的材料谈几点粗浅的认识，意在推动在这一区域的考古调查与研究。

一、文 化 特 征

　　从 1999 年和 2001 年发掘的老龙头 7 座墓来看，其墓葬形制很有特点。基本为竖穴土坑、大石盖顶的墓葬。大型墓的坑口长超过 6 米，宽为 2.5～3.8 米，中型墓长在 3.6 米左右，宽在 1.2 米左右，一般小型墓长在 2 米左右，宽在 1 米左右。坑口所盖大石从 3 块至 5 块不等，大石长为 1.5 米～2.5 米，宽为 1～2 米，厚为 10～30 厘米。大型墓葬多有椁，并有分为两室者，甚至还发现有留生土二层的现象。葬具一般为木棺，大型墓中也有用石棺者。大型墓有多人合葬的现象，其中的双室墓 M6 共发现 4 具人骨。墓葬中均随葬有陶器、石器、青铜器和铜铁合制品，大型墓中多发现有马头骨和马肢骨，其中用青铜戈的内部随葬（M6、M9）是一个有趣的现象。

　　将征集文物与墓葬中出土文物相比，特征是一致的，可以判断这些文物当出自同一性质的墓葬。因此从已发掘的几座墓结合征集的文物，基本可以了解到盐源盆地这一时期青铜文化的面貌。

陶器以双耳罐为主，少量的单耳罐和无耳敞口深腹罐。双耳罐又有平底双耳罐和圈足双耳罐之分。平底双耳罐根据其颈部和耳的不同可以分为几种主要的型式：一种是颈肩分界明显，耳较小，耳外廓线与器腹不在同一弧线上；二种是颈肩分界明显，耳较大，耳外廓线与器腹在同一弧线上；三种是颈肩分界不明显，耳较大，耳外廓线与器腹有同一弧线上。平底双耳罐中有少量马鞍口者，器身瘦高的较少，矮胖的居多。圈足双耳罐基本上属于耳外廓线与器腹在同一弧线上的型式。单耳罐、平底双耳罐和圈足双耳罐中均有少量腹部饰凸旋涡纹者，许多器物的肩部有水波划纹和戳印纹，少量有附加堆纹。

出土遗物当中以青铜器数量最多，还有少量的铜铁合制品。器物种类有兵器、工具、饰物、乐器、马具等。

兵器是出土青铜器中数量最多的一类器物，有戈、矛、剑、钺、镞、甲、臂鞲等。

戈有四种主要的型式：以瘦长三角形援无胡戈为主，个别曲援、折援和有胡戈。内有方形、内端呈叉形和"山"字形等，部分三角形援无胡戈的本部饰有蝉纹、云雷纹、圆点纹、圆圈纹等，少数内部也饰有一些回旋纹和几何纹组成的图案。

剑的数量较多，其中以山字格剑的数量最多，少量一字格和无格剑。山字格剑的格有山字较长和山字较短两种。其中扁圆茎者基本为覃形首，茎部以装饰缠缑状螺旋纹的较多，还有饰缠缑状螺旋纹间以米点纹者，饰米点纹、交叉纹和凹弦纹者，饰交叉纹和凸弦纹者，饰凸弦纹者以及饰缠缑状螺旋纹间以竖线者等几种。山字格剑中的扁长方条形茎者，均为双圆饼首，这类剑的数量也较多，是目前所见这类剑出土数量最多的区域。山字格剑中还有少量作扁圆茎、平首、辫索状茎，茎上饰斜线纹和圆点纹。一字格剑主要是曲柄剑和扁圆茎、平首、茎上饰螺旋纹的短剑。曲柄剑为弯曲状实心茎、茎上有节，其首端分为平首和双角状首两种形式。无格剑数量很少，主要是一种扁圆茎、蛇首状首，茎上有长条形和三角形镂孔的短剑。除青铜剑外，还有一定数量的铜柄铁剑，以扁圆茎、覃形首、三叉状格的形式最多，还有山字格和少量蛇首形首铜柄铁剑，与青铜剑的形制相近。

青铜矛以柳叶形长骹矛为主，少量叶稍宽、粗骹、整器较短小的矛，还有一定数量的菱形叶、实心脊的矛，这一类的大多可能为明器。柳叶形长骹矛中部分矛的骹部一直延至锋尖，形成空心脊，部分为实心脊，后部有一外轮廓呈叶形的装饰，轮廓内填以米点纹或三角形纹，少量刃缘后部内曲，柳叶形长骹矛近骹端多有对称的双耳，也有无耳而有对称穿孔者。菱形叶的明器矛，有许多既无耳，也无穿孔。还有少量铜骹铁矛。

青铜钺以舌形刃、束腰钺数量最多，其次是圆弧刃，长直身束腰钺，少量铲形钺、靴形钺和圆刃、长直身钺。

青铜工具主要有刀和斧。刀基本为弧背，依其首部特征则以环首刀和双圆饼首刀为主，少量銎首刀和平首刀，双圆饼首刀的柄部多镂空，其上多饰有点状纹和线纹。青铜斧的数量较多，主要有两种形制：一种是圆弧刃，刃明显向外张开、束腰；另一种呈銎窄刃宽的梯形，两侧边较直。

青铜乐器有鼓、钟和铃。已发现的 3 面铜鼓均出自老龙头 M4，其中 1 件（M4：11）面径与腰径相若，胸外鼓，最大胸径在中部，腰和足较高，鼓面饰有太阳纹、翔鹭纹、圆点纹和波折纹，腰部分格纹中饰斜线纹，分格下饰有圆点纹和波折纹。该铜鼓的形制与纹饰特征均与石寨山型中期铜鼓相近[2]。另 2 件（M4：10、M4：13）腰很短，仅为一"V"字形凹缺，足较高，面小近圜，素面无纹，既不同于万家坝型铜鼓，也不同于石寨型，从器身上大量的烟灰痕迹看，推测可能主要是作为炊器釜使用。目前发现的唯一 1件铜钟也出自老龙头 M4（M4：12），整器为两瓦相扣形，平口，上宽下窄，顶部有一半环形钮，近顶部饰两个重圈纹。该钟与石寨山 M6 出土的编钟形制很相近[3]。发现的铜铃数量较多，其形制多样，从口部特征看以平口和弧口常见，个别花瓣口。器身主要为上小下大的钟形，之中有瘦高与矮胖之别。另有瘦长呈管状形者，少量器身镂空。这些铜铃推测可能主要是马铃。

马具主要有马衔、马镳、马头饰和马节约。马衔有两种形式：一种是直棍式，中间 2环相套，两端为环状；一种是绳索式，中间 2 环相套，两端为环状。马镳发现较少，有 1件为弧条状，中间 2 孔，两端呈环状。马节约只发现在 M4，有三通和两通者。

青铜饰物较多，有带饰、扣饰、镯、耳环、镜形牌饰、铜泡、挂饰等。其中部分铜泡和挂饰可能为马饰。

盐源出土的青铜器当中的各型杖和杖首饰很具特点。背水人物杖饰，其杖首为 3 个身穿筒裙相向而立的背水妇女。"干"字出头形杖首，其首端为双环形或单环偏向一侧形，横向两枝干的端首为回首状兽头，枝杆上站立两个相对或相背回首状的兽，主杆和枝杆上装饰云雷纹或波折纹；树枝圆饼形杖首，两侧枝条和圆饼作对称设计，有 8 个、4个、2 个圆饼的区别，以 4 个圆饼者居多。树枝形双马人物形杖首，其树枝、圆饼与 4 个圆饼形杖相近，唯其顶端有 2 个相向而立的马，中间有一人物腰挎短剑，作牵马状，有的马上还骑有人物；还有杖端为鸡形或鸟形的杖首。前三种是目前仅发现于盐源的独特形式。

二、年　代　推　断

关于盐源青铜文化的年代，由于目前经考古发掘的墓葬不多，大部分器物是征集所得，对盐源青铜文化的年代推断有一定的困难，只能据一些与周邻其他文化有相似特征的器物推断其大致年代范围。首先老龙头 M4 是一座经科学发掘，出土遗物较多的墓葬，典型器物有双耳罐、单耳罐、铜鼓、铜钟、山字格剑、三角援无胡戈、环首刀、铁矛、马衔和马节约等。其中的旋涡纹双耳罐应与岷江上游的旋涡纹双耳罐有关系，这种双耳罐在岷江上游主要出在西汉时期的石棺墓中。该墓出土铜鼓的形制与纹饰特征均与石寨山型中期铜鼓相近，时代在战国晚期至西汉中期。铜钟与石寨山 M6 出土的编钟形制很相近，石寨山 M6 的年代在西汉初至武帝时期[4]。该墓出现有铁器，这与昆明羊甫头第四期墓的情况相近，昆明羊甫头第四期即西汉中期至西汉末期的墓葬大量出现铜铁合制器和铁器[5]。盐源 M4 也应与这一大的历史背景基本一致。综合分析，可以将老龙头 M4 的年代推定在西汉时期。老龙头 M4 出土的另 2 件双耳罐属前面我们分的平底双耳罐第三种型式，征集的陶器有许多属这种型式，单耳罐也与征集的单耳罐相近。征集的遗物当中有许多戈、环首刀、山字格剑、铁矛、马具等与老龙头 M4 出土的同类器形制相近，这些遗物的年代大致也应在西汉时期。老龙头 M11 出土有曲柄剑、三角援铜戈、銎首刀、柳叶形长骹带耳矛、铁矛等。由于该墓出土有铁矛，因此年代不会太早。其中与之相近的曲柄剑曾经也出在宝兴地区西汉时期的石棺墓中[6]，因此其年代推测可能也在西汉时期。盐源青铜器当中的三叉格铜柄铁剑和蛇首无格铜柄铁剑与昆明羊甫头第四期出土的同类型铜柄铁剑形制相同。盐源出土的许多三叉格铜柄铁剑与茂县城关石棺墓出土的铜柄铁剑很相近，而茂县城关的铜柄铁剑多出在西汉早期的墓葬中，少量出在西汉中晚期的墓葬当中[7]，因此盐源的这类器物年代也应在西汉时期。老龙头 M6 和 M9 出土大量带饰、扣饰和其他一些青铜饰物以及玉饰等，青铜兵器和工具相对于 M4 和 M11 少。两墓均有用戈内随葬的现象，其戈内端呈山字形，征集的铜戈有许多属此种形制。这两座墓出土的双耳陶罐属前面所说的平底双耳罐中的第一种型式，颈肩分界明显，耳较小，耳外廓线与器腹不在同一弧线上。这两座墓各出土 1 件铜铁合制器，没有发现铁器。综合分析看，这两座墓当早于老龙头 M4 和 M11，如果参照昆明羊甫头第三期开始出现铜铁合制器的情况，其年代约在西汉初期至西汉中期。根据上面的分析，盐源青铜文化遗存的年代有相当部分是在西汉时期当不会有大的问题。同时也必须注意到，征集文物当中还有部分遗物不见于目前已发掘的墓葬当中，如双圆饼首的剑、辫索茎的剑、双圆饼首刀、棱形叶矛、属平底双耳罐第一种型式而器身瘦高的双耳罐，圈足双耳罐等。这些器物中可能有部分不与上述老龙头发掘的几座墓同时，有可能会早一些，推测年代上限可能会早到战国时期。

三、与云南地区青铜文化的比较

为便于比较，我们将盐源青铜文化典型遗物分为如下三群：

A 群：主要有双圆饼首刀、菱形无耳矛、树枝形杖饰、树枝双马纹和出头"干"字形杖饰、三角援无胡戈等（图一）。

B 群：主要有双耳罐、单耳罐、山字格剑、双圆饼首剑、辫索状茎剑、曲柄剑、柳叶形长骹带耳矛、斧、环首刀、镜形铜饰牌等（图二）。

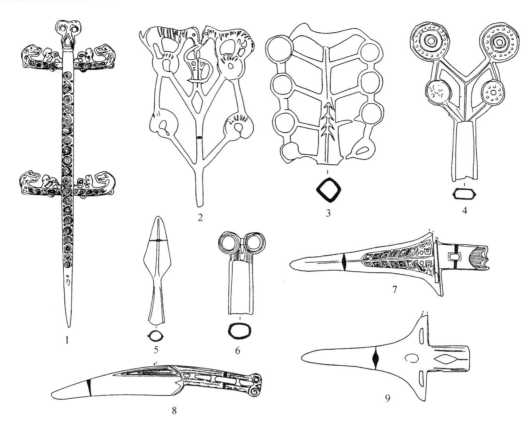

图一　盐源青铜文化 A 群遗物

1. 铜杖饰　2. 双马纹铜杖饰　3、4、6. 枝形铜杖饰　5. 铜矛　7、9. 铜戈　8. 双圆饼首铜刀

C 群：主要有曲援戈、鞋形钺、蛇首无格剑、铜鼓、铜钟等（图三）。

盐源地区青铜文化与滇、滇西（洱海）、滇西北地区战国至汉代的青铜文化有着不同程度的相似因素或相同特征。相比之下与其最为接近的是滇西北青铜文化，代表性的是宁蒗、德钦、中甸等地的青铜文化遗存。

宁蒗地区与盐源相距较近，1979 年宁蒗发掘的土坑墓[8]，其出土遗物的文物特征与盐源青铜文化非常相近。宁蒗土坑墓出土陶器主要是双耳罐、单耳罐、敞口深腹无耳罐，这与盐源青铜文化 B 群中的陶器是一致的，部分陶器的形制也相近；宁蒗出土的青铜山字格剑、双圆饼首辫索状茎剑、柳叶形长骹带耳矛、斧、环首刀、镜形铜饰牌等都与盐源 B 群遗物中的同类器几乎相同。

德钦县位于云南省的西北角，横断山脉的中段。曾先后在该县的永芝、纳古、石底发现过三批古墓葬。1974 年在永芝清理了 3 座古墓（2 座石棺墓、1 座土坑墓），并采集了部分遗物[9]。墓葬所在地位于怒江与澜沧江分水岭的四莽大雪山尾端，该墓地出土陶器主要有单耳罐、三耳罐、无耳罐、旋涡纹双耳罐等（图四）。其单耳罐、旋涡纹双耳罐与盐源 B 群遗物中的同类陶器相近。其出土的青铜器也与盐源 B 群遗物中的青铜器基

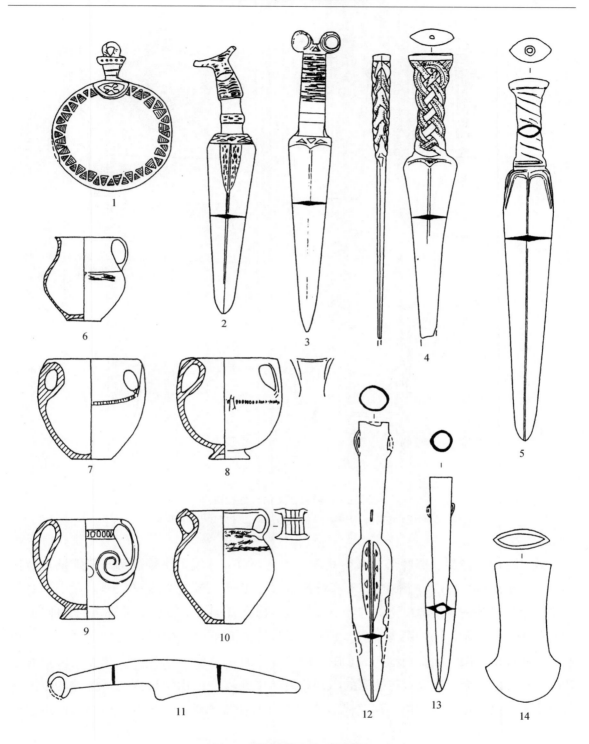

图二 盐源青铜文化 B 群遗物

1. 镜形铜饰牌 2. 曲柄铜剑 3. 双圆饼首铜剑 4. 辫索状茎铜剑 5. "山"字格铜剑

6. 单耳陶罐 7~10. 双耳陶罐 11. 环首铜刀 12、13. 铜矛 14. 铜斧

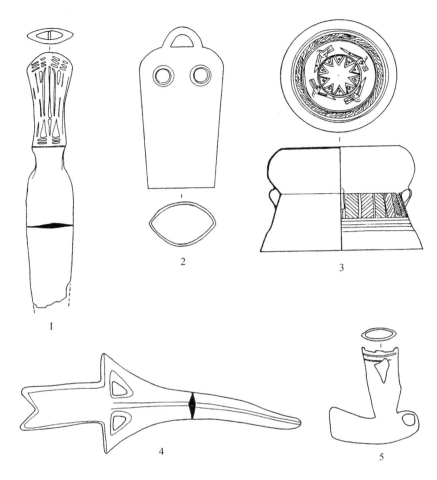

图三　盐源青铜文化 C 群遗物

1. 蛇首无格铜剑　2. 铜钟　3. 铜鼓　4. 曲援铜戈　5. 鞋形铜钺

本一致，有山字格剑、柳叶形长骹带耳矛、斧、环首刀、镜形铜饰牌等。德钦纳古位于澜沧江上游东岸，1977 年清理的 23 座石棺墓[10]。出土陶器主要有平底双耳罐、圈足双耳罐、单耳罐等，与盐源出土的陶器十分相近。出土青铜器主要有双圆饼首剑、曲柄剑、柳叶形长骹带耳矛、镯、圆牌饰等（图四），与盐源 B 群遗物中的同类青铜器也十分相近。石底位于县城南面，澜沧江的东岸，1977 年清理的 2 座土坑墓[11]。出土的陶器有单耳罐、双耳罐、无耳罐等，与盐源的陶器相近，青铜器中的山字格剑与盐源的相近。该墓地出土有滇文化风格的矛，其鹿首形杖首饰目前在盐源尚未发现有，但都有使用杖饰的习俗是一致的。

中甸县位于横断山区，金沙江的东岸。1988 年，在该县的克乡村、奔东村清理石棺墓 43 座，出土遗物不多，只有 13 座墓出土随葬品 20 件[12]。陶器主要是双耳罐和单耳罐，与盐源青铜文化 B 群遗物中的陶器相近。青铜剑 2 件，1 件出土，1 件采集，均为脊后分叉的无格剑，与永胜金官龙潭和剑川鳌凤山出土的同类剑相近。

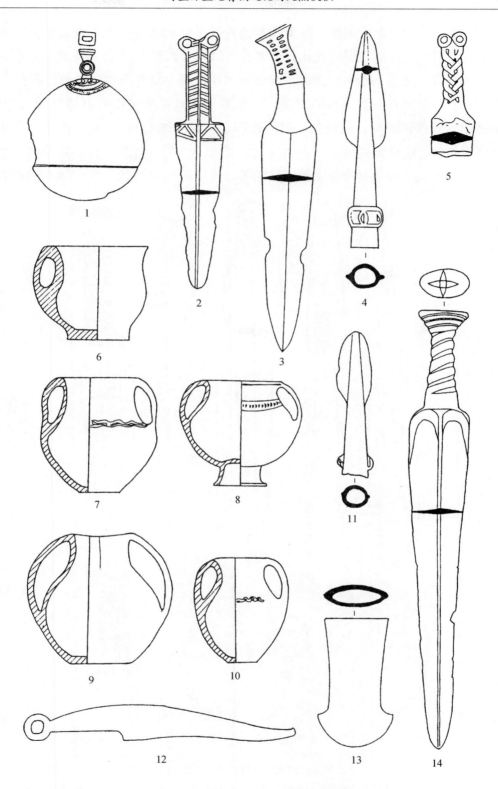

图四　宁蒗、德钦墓葬出土遗物

1. 镜形铜饰牌　2. 双圆饼首铜剑　3. 曲柄铜剑　4、11. 铜矛　5. 辫索状茎铜剑　6. 单耳陶罐　7～10. 双耳陶罐　12. 环
首铜刀　13. 铜斧　14. "山"字格铜剑（5～7、10～13. 宁蒗大兴镇，1、14. 德钦永芝，2～4、8、9. 德钦纳古）

　　宁蒗以南、洱海以北的永胜、剑川发现的青铜文化仍然与盐源青铜文化有较多相似之处，但与滇西北的宁蒗、德钦相比，滇文化、滇西（洱海）和自身特点的因素相对要多一些。1956年，永胜县金官区龙潭乡在修筑水库发现一批青铜器，应出自墓葬[13]。从这批青铜器看，主要有三类风格的器物。一类是与盐源青铜文化B群遗物相近的器物，有山字格剑、双圆饼首剑、曲柄剑、铜柄铁剑、矛等（图五）；二类是滇文化风格的器物，有一字格剑、蛇首无格剑、矛、曲援戈、斧等；三类是自身特点的青铜器，主要有圆刃"几"字纹钺、靠茎处脊分叉的无格剑等，其中的圆刃"几"字纹钺在滇西青铜文

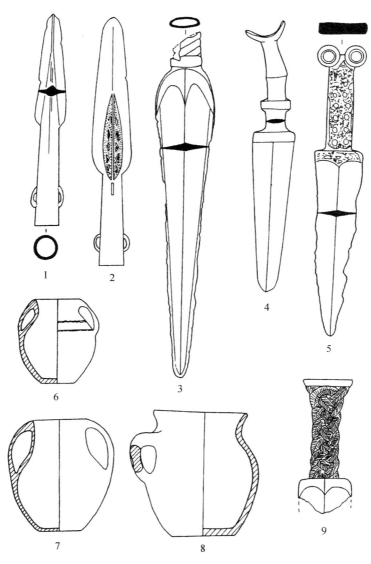

图五　剑川、永胜墓葬出土遗物

1、2. 铜矛　3. "山"字格铜剑　4. 曲柄铜剑　5. 双圆饼首铜剑　6、7. 双耳陶罐　8. 单耳陶罐

9. 辫索状茎铜剑（1、5～8. 剑川鳌凤山，2～4、9. 永胜金官龙潭）

化中也有发现。以第一类因素的器物为主导，其次是第二类因素的器物，第三类因素的器物较少。1980 年发掘的剑川鳌凤山墓葬群[14]，其出土遗物主要有三类：一类与盐源青铜文化 B 群遗物十分相近，有双耳罐、单耳罐、山字格剑、双圆饼首剑、柳叶形长骹带耳矛、条状砺石等（图五）；二类是滇文化风格的器物，主要有戈。三类是自身特点的器物，主要有束腰耸肩钺、削、靠茎处脊分叉的无格剑等（图六）。以第一类因素的器物为主，其次是第三类因素的器物，第二类滇文化因素的器物较少。剑川海门口遗址[15]，从其出土的圆刃"几"字纹钺范、两肩倒刺的青铜钺、带耳陶器等特征来看，与鳌凤山的同类器具有相似的特征，说明它们属同一性质的考古学文化，只不过一处是墓葬，一处是遗址。或许海门口早一些，但相距不会太远。从上述分析可以看出，永胜与剑川地区的青铜文化与盐源和滇西北的青铜文化较为相近，所不同的是滇文化、滇西青铜文化和自身特征的因素较多一些。

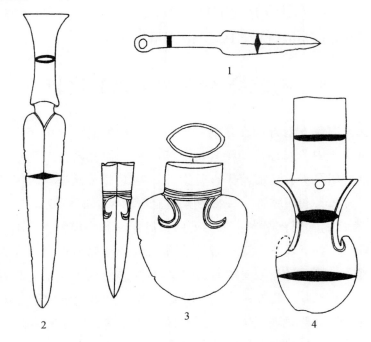

图六　剑川、永胜墓葬出土遗物

1. 环首铜刀　2. 无格铜剑　3、4. 铜钺（2、3. 永胜金官龙潭，1、4. 剑川鳌凤山）

　　滇西（洱海）地区的青铜文化与盐源、滇西北青铜文化相比，区别十分明显。首先滇西地区的陶器主要是无耳罐、豆等，基本不见双耳和单耳陶器，有时偶有发现，明显是受滇西北的影响。其青铜心形镯、凹孔长条形锄、曲刃式矛、鞋形钺等均是有别于盐源与滇西北青铜文化的器物。滇西青铜文化中的双耳罐、山字格剑、环首刀等可能是受盐源、滇西北青铜文化的影响。二者在杖饰和各类青铜饰（如镜形饰）方面也表现出一定的相似特征。

　　盐源青铜文化与滇文化区别较大，但是盐源青铜文化中发现有明显属滇文化风格的器物，如曲援戈、鞋形钺、蛇首无格剑、铜鼓、铜钟等。同时滇文化中发现的山字格剑属盐源青铜器文化的典型器物。

　　根据上面的分析可以看出，盐源青铜文化的 A 群遗物目前只发现于盐源地区，B 群遗物的分布南可到滇西北的永胜、剑川等地，个别器物如山字格剑等在滇西地区、滇文化中也有发现，C 群遗物在滇文化中是比较典型的器物，有些器物在滇西洱海地区也有发现。盐源青铜文化的发现对认识西南夷青铜文化的分区具有新的启发意义。根据上面的比较，可以将永胜、剑川一线及其以北的滇西北地区与川西南的盐源盆地划为一个大的文化区。该区的文化明显区别于以滇池区域为中心的滇文化（或石寨山文化）和以洱海区域为中心的滇西青铜文化。该文化区内根据它们之间的异同程度，还可进一步分为盐源盆地区（或可称为老龙头类型区）、滇西北 A 区（主要有德钦、中甸、宁蒗等，或可简称宁蒗类型区）和滇西北 B 区（永胜、剑川等，或可称为剑川类型区）三个亚区，与盐源青铜文化最接近的是滇西北 A 区，其次是滇西北 B 区。

四、与北方系青铜文化的比较

　　盐源青铜文化具有北方系青铜文化的一些特征。首先是墓葬中用马头、马蹄随葬的现象与北方系青铜文化中普遍存在的殉牲现象相一致。如甘肃、宁夏地区的北方系青铜文化的墓葬一般都有用马头、马蹄随葬的现象[16]；河北怀来北辛堡战国墓杀殉的牲畜有马、牛、羊，都只有头骨和四肢骨，头骨皆劈成上下两半，堆叠放置[17]；河北宣化小白阳墓地 48 座墓中有 9 座发现有用牛、马的头骨和腿骨殉葬的现象，其中头骨都放在死者头向的部位，腿骨往往置于墓主小腿一侧[18]；北京延庆军都山东周墓发现的殉牲也是将头、身和四肢肢解后，然后将头和腿随葬的[19]。部分器物也表现出与北方系青铜文化相似的特征。从大的方面来看，北方系青铜文化的马具、兵器和野兽纹三大要素中的马具和兵器在盐源青铜文化中都表现很突出，野兽纹虽然不多，但也有发现。盐源青铜文化中常见的菱形叶、长骹、骹端有钉孔的矛普遍出土于宁夏固原地区的北方系青铜文化的墓葬中，北方系青铜文化中发现铜矛的除固原地区之外，仅有靠近固原的甘肃秦安一例，而在鄂尔多斯广大地区则没有类似的发现[20]。盐源青铜文化中数量较多的弧背刀与北方系青铜文化中的弧背刀特征非常相近。其中的环首刀广见于甘宁、内蒙等地北方系青铜文化当中[21]。而双圆饼首刀与北方系青铜器中的双环首刀接近，如冀北的滦平县苘子沟 M18[22]和河北宣化小白阳 M18 就出土有双环首刀。盐源青铜文化当中的曲柄式剑与河北、内蒙、山西等地的北方系青铜文化中的曲柄兽首或铃首剑有近似的风格，它们之间应该有关系。铜柄铁剑与宁夏固原地区出土的铜柄铁剑形制也相近。双圆饼首剑应该与北方系青铜文化中的双环首剑有关系，双环首剑普遍发现于内蒙、河北等地的北方系青铜文化遗存中。如内蒙和林格尔范家窑子[23]、乌兰察布盟凉城县毛庆沟 M60[24]、宁城小黑石沟[25]以及鄂尔多斯地区[26]，河北的怀来北辛堡 M1[27]、怀来甘子堡[28]，北京延庆军都山墓地[29]等均发现有双环首剑。盐源青铜文化中的双圆饼首剑与这些双环首剑的形制很相近，应是从双环首剑发展演变而来（图七）。

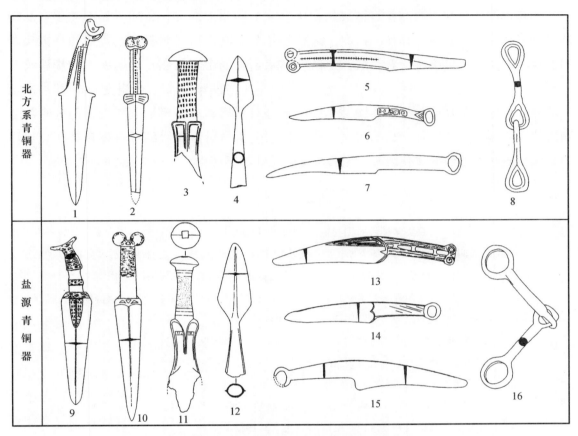

图七　盐源青铜文化与北方系青铜文化比较

1. 河北青龙抄道沟　2. 河北宣化小白阳 M12:4　3. 宁夏固原西吉新营陈阳川村　4. 宁夏固原彭堡撒门村 M3　5. 鄂尔多斯　6. 宁夏固原彭阳古城乡古城村　7. 宁夏固原彭阳孟塬乡　8. 宁夏固原　9～16. 盐源

关于盐源出土的双马纹铜饰，可能与流行于欧亚草原游牧民族当中的双马神像有关。双马神是雅利安人、伊朗人、斯基泰人、塞人等印欧人原始宗教系统中最古老的神祇之一，古代印欧人崇祀双马神的习俗后来为欧亚草原游牧人所传承，斯基泰人、萨尔马提亚人和塞人等印欧语系游牧人都在各自艺术品中创作了大量双马神像。目前双马神像在西亚、新疆、内蒙等地有较多的发现，林梅村先生在分析吐火罗人神祇时已作过比较充分的介绍[30]，如阿富汗西北边境席巴尔甘大月氏墓地出土的双马神像，就有与盐源双马神近似的表现形式；天山和阴山岩画中也发现有双马神像；在商代的青铜器族徽上也出现有双马神的形象，林梅村先生引自《金文篇》的父辛鼎、作从簋、屯簋、作父辛尊、作父丁尊等青铜器上的族徽与盐源双马铜饰十分相近。由此结合盐源青铜文化葬俗以及许多青铜器与北方系青铜文化相近的情况，可以推测盐源青铜文化的主人可能与北方草原游牧民族有很大的关联，值得注意。

五、与川西高原石棺墓文化的比较

　　盐源青铜文化与川西高原石棺墓的文化也有某些相似的文化特质，如都使用双耳陶器，都普遍存在铜手镯、耳环、扣饰、铜泡等各类青铜饰物，都有不同数量的青铜兵器的发现等。从器物风格特征看，岷江上游石棺墓出土的山字格剑、铜柄铁剑和旋涡纹双耳罐与盐源青铜文化中的同类器相一致。雅砻江中上游的雅江[31]、吉里龙石棺墓[32]出土的部分双耳罐和单耳罐与盐源青铜文化中的部分双耳罐和单耳罐形制相近，但也有部分陶器的风格有明显的区别。总的来说，盐源青铜文化与川西高原的石棺墓有某些相近似的文化特质和相近似的文化因素，但其文化的总体特征区别是十分明显的。

注　　释

[1]　刘弘：《凉山地区古墓葬多样性原因初探》，《四川文物》1992 年 4 期；刘世旭：《凉山的考古发现与民族》，《四川文物》1992 年 4 期；凉山州博物馆等：《盐源近年出土的战国西汉文物》，《四川文物》1999 年 4 期；姜先杰、唐翔、刘弘：《凉山地区近年考古新发现简述》，《中华文化论坛》2002 年 4 期；钟娅莉：《盐源青铜艺术初探》，《中华文化论坛》2002 年 4 期；凉山州博物馆、成都文物考古研究所：《老龙头墓地与盐源青铜器》（待刊）。

[2]　中国古代铜鼓研究会：《中国古代铜鼓》，文物出版社，1988 年。

[3]　云南省博物馆：《晋宁石寨山发掘报告》，科学出版社，1959 年。

[4]　蒋志龙：《滇国探秘》，云南教育出版社，2002 年。

[5]　云南省文物考古研究所等：《昆明羊甫头墓地》，科学出版社，2005 年。

[6]　宝兴县文化馆：《四川宝兴县汉代石棺墓》，《考古》1982 年 4 期。

[7]　四川省文管会、茂汶县文化馆：《四川茂汶羌族自治县石棺葬发掘报告》，《文物资料丛书》7 辑，文物出版社，1983 年。

[8]　云南省博物馆文物工作队：《云南省宁蒗县大兴镇古墓葬》，《考古》1983 年 3 期。

[9]　云南省文物工作队：《云南德钦永芝发现的古墓葬》，《考古》1975 年 4 期。

[10]　云南省文物工作队：《云南德钦县纳古石棺墓》，《考古》1983 年 3 月。

[11]　云南省文物工作队：《云南德钦石底古墓》，《考古》1983 年 3 期。

[12]　云南省文物考古研究所：《云南中甸县的石棺墓》，《考古》2005 年 4 期。

[13]　馆保管部：《云南永胜金官龙潭出土青铜器》，《云南文物》总第 19 期，1986 年。

[14]　云南省文物考古研究所：《剑川鳌凤山古墓发掘报告》，《考古学报》1990 年 2 期。

[15]　云南省博物馆：《剑川海门口古文化遗址清理简报》，《考古通讯》1958 年 6 期。

[16]　杨建华：《春秋战国时期中国北方文化带的形成》第 35 页，文物出版社，2004 年。

[17]　河北省文物局文物工作队：《河北怀来北辛堡战国墓》，《考古》1966 年 5 期。

[18]　张家口市文管所、宣化县文化馆：《河北宣化小白阳墓地掘报告》，《文物》1987 年 5 期。

[19]　北京市文物研究所：《北京延庆军都山东周山戎墓地发掘纪略》，《文物》1989 年 8 期。

[20]　罗丰：《固原青铜文化初论》，《考古》1990 年 8 期。

［21］ 李海荣：《北方地区出土夏商时期青铜器研究》，文物出版社，2003 年；田广金、郭素新：《鄂尔多斯青铜器》，文物出版社，1986 年。

［22］ 杨建华：《春秋战国时期中国北方文化带的形成》第 65 页图 45，文物出版社，2004 年。

［23］ 李逸友：《内蒙古和林格尔县出土的铜器》，《文物》1959 年 6 期。

［24］ 内蒙古文物工作队：《毛庆沟墓地》，田广金、郭素新：《鄂尔多斯青铜器》，文物出版社，1986 年。

［25］ 项春松：《宁城小黑石沟石椁墓调查清理简报》，《文物》1995 年 5 期。

［26］ 田广金、郭素新：《鄂尔多斯青铜器》，文物出版社，1986 年。

［27］ 河北省文物局文物工作队：《河北怀来北辛堡战国墓》，《考古》1966 年 5 期。

［28］ 贺勇：《北京怀来甘子堡发现春秋墓群》，《文物春秋》1993 年 2 期。

［29］ 北京市文物研究所：《北京延庆军都山东周山戎墓地发掘纪略》，《文物》1989 年 8 期。

［30］ 林梅村：《吐火罗神祇考》，《古道西风》，生活、读书、新知三联书店，2000 年。

［31］ 四川省文物管理委员会、甘孜藏族自治州文化馆：《四川甘孜县吉里龙古墓葬》，《考古》1986 年 1 期。

［32］ 甘孜藏族自治州文化馆、雅江县文化馆：《四川雅江呷拉石棺葬清理简报》，《考古与文物》1983 年 4 期。

（原载《三星堆研究》第二辑，文物出版社，2007 年）

成都市郫县外南战国秦汉墓地分析

颜劲松

郫县地处川西平原腹心，距离成都市区西北约22公里，古称"郫"，曾为古蜀都邑，公元前314年，秦灭蜀之后二年在成都设蜀郡，郫作为该郡属县始称"郫县"。1992至1993年，成都市文物考古研究所与郫县博物馆分别在郫县"西部民族风情园"及"花园别墅"基建工地发掘了27座战国至西汉时期的土坑墓[1]，两个地点均位于郫县城区外南，望丛祠的东西两侧，两地相距一百多米，所发掘墓葬出土了丰富的随葬器物，且具有明显的时代特征，其时代从战国晚期一直延续到西汉中期，说明郫县外南的这片区域应是一处重要的战国秦汉时期墓地。本文意从其墓葬形制、随葬器物分析入手，旨在对该墓地的年代、性质及分期作一初步探讨。

一

27座土坑墓的方向基本呈东北—西南向或西北—东南向，其中墓向为22°~70°的墓葬有20座，为275°~330°的有7座，因此很多墓葬都呈平行排列，其中只有一组打破关系：HM6→HM9（箭头表示打破或叠压，以下同）。据原报告称由于在考古发掘之前遗址已遭基建方破坏，大多数墓葬的开口层位都不清楚，能明确层位关系的墓葬只有6座：②→FM12→③→FM1→④，③→HM2、HM5、HM6、HM13→④。

墓穴均为长方形竖穴土坑，其长度为2.45~4.65米，宽度为1.06~2.7米，最深的达1.34米。根据墓穴的规模，可将这些墓葬大体上分为大、中、小三型。大型墓的长度一般在4.5米以上、宽度一般在2.3米以上（FM1、FM2、FM11、FM22）。中型墓的长度一般为3.2~4.5米，宽度一般为1.4~2.3米（FM3、FM5、FM12、FM16、FM18~FM21、HM1、HM2、HM5、HM6、HM9~HM11、HM13）。小型墓的长度一般在3.2米以下，宽度一般在1.4米以下（FM13、FM23~FM25、HM4）。从有无二层台又可将这些墓葬分为两大类：A类墓葬为有二层台者，共有13座（FM1~FM3、FM5、FM12、FM16、FM18、FM19、FM22、FM25、HM2、HM5、HM6），其中HM2只在墓坑一侧有二层台，其他墓葬则在墓坑四周都有，均为熟土二层台，一般宽0.2~0.5米，现高0.24~0.74米；B类墓葬为无二层台者，共有14座（FM11、FM13、FM20、FM21、FM23、FM24、HM1、HM3、HM4、HM8~HM11、HM13）（表一）。

表一　郫县外南战国秦汉墓地墓葬形制一览表

墓葬 分期	大型墓		中型墓		小型墓	
	A类	B类	A类	B类	A类	B类
一期	FM1 FM2 FM22	FM11				
二期			FM5 FM18	FM20 FM21 HM10 HM13		
三期			FM16 FM19 HM2 HM5 HM6	HM1 HM9 HM11	FM25	FM23 FM24
四期			FM12			

注：余下墓葬中，FM3 为中型 A 类墓葬，FM13、HM4 为小型 B 类墓葬，HM3、HM8 为 B 类残墓。

墓葬中葬具大多早已腐朽，从板灰痕迹及随葬器物的摆放位置看，这些墓葬中没有木椁，可能只有木板或木棺。尸骨也都已不存，因此其葬式、性别等均不详。多数墓葬其随葬器物大部都放置在墓坑一端，也有个别墓（FM12、FM16、HM5）除了在墓坑一端外，在墓坑一侧也放置有随葬器物。

二

在 27 座墓葬中除 FM3、FM13、FM22、HM3、HM4 等 5 座因破坏严重未发现随葬器物外，其他墓葬都出土有丰富的钱币以及随葬器物，其中绝大多数为陶器，另有少量的铜器和铁器，这些都为我们更加清楚地认识这批墓葬提供了重要的实物资料。

1. 陶器

所出陶器可分为日用生活陶器、仿铜陶礼器等，前者主要有釜形鼎、圈足豆、圜底釜、大口瓮、平底罐、折腹钵以及盆、甗、盘、器盖等；后者器型主要有壶、钫、盒和耳杯。其他类型的陶器还有纺轮、井模型等。许多器物的早晚承袭关系及形制的发展变化特征非常明显，可将一些出现频率相对较高的典型陶器的型式变化进行如下分析。

釜形鼎　器身似釜，下接三柱形细长足。依足部的特征可分为二式。

Ⅰ式：三足弯曲略内收，足下端向外翻卷。标本 FM11∶1（图一，1）。

Ⅱ式：三足弯曲外撇较甚。标本 FM1∶20、FM21∶9、HM9∶18（图一，2～4）。

圈足豆　盘身似尖底盏，浅盘下接一矮圈足。依器腹的变化可分为二式。

Ⅰ式：腹略折。标本 FM11:12（图一，5）。

Ⅱ式：斜弧腹。标本 HM10:4、FM23:8、FM16:14（图一，6~8）。

圜底釜　根据器物的形态特征又可分为四型。

A 型：器形较大，口近直，且口径小于腹最大径，高颈，扁鼓腹。依肩、腹部的变化可分为二式。

Ⅰ式：肩较窄，腹最大径在下部。标本 FM2:27（图一，9）。

Ⅱ式：肩较前式宽，腹最大径上移。标本 FM5:17、HM9:13（图一，10、11）。

B 型：器形略小，侈口，口径也小于腹最大径，束颈，扁鼓腹。依肩、腹部的变化可分为二式。

Ⅰ式：肩较窄，腹最大径在下部。标本 FM5:22（图一，12）。

Ⅱ式：肩较宽，腹最大径略上移。标本 HM2:2（图一，13）。

C 型　器形较小，侈口，口径与腹最大径相当，束颈，扁腹较浅。依器形主要是口及肩部的变化可分为四式。

Ⅰ式：斜折沿，肩略鼓。标本 FM1:36（图一，14）。

Ⅱ式：微折沿，肩微鼓。标本 FM5:9（图一，15）。

Ⅲ式：折沿近平，溜肩。标本 FM23:6（图一，16）。

Ⅳ式：翻沿，溜肩。标本 HM5:10（图一，17）。

D 型　侈口，高颈，鼓肩，鼓腹，圜底下接三小乳丁足。依器形变化可分为二式。

Ⅰ式：鼓腹较圆，肩部有 2 个竖环耳。标本 HM8:1（图一，18）。

Ⅱ式：略扁鼓腹。标本 FM16:21（图一，19）。

大口瓮　器形较大，口径大于底径，高颈，平底。根据口及领部的特征可分为三式。

Ⅰ式：口近直，直领。标本 FM2:5（图一，20）。

Ⅱ式：敛口，斜领。标本 HM5:24、FM12:11（图一，21、22）。

Ⅲ式：敛口，领较斜。标本 FM12:2（图一，23）。

折腹钵　敞口，折腹，平底。依折腹处的位置及腹部的变化可分为三式。

Ⅰ式：腹转折处在腹中部靠上。标本 FM5:24（图二，1）。

Ⅱ式：腹转折处在腹中部靠上，上腹较前一式略斜。标本 FM16:34（图二，2）。

Ⅲ式：腹转折处在腹中部略靠下，下腹较坦。标本 HM5:12、FM12:30（图二，3、4）。

盆　折沿，直口或敛口，深腹，平底。根据腹部的变化可分为三式。

Ⅰ式：折腹。标本 FM5:10（图二，5）。

Ⅱ式：腹略折，转折处有一凸棱。标本 HM1:23（图二，6）。

Ⅲ式：鼓腹。标本 HM8:5（图二，7）。

平底罐　均为汉式平底罐，根据器形的不同可分为三型。

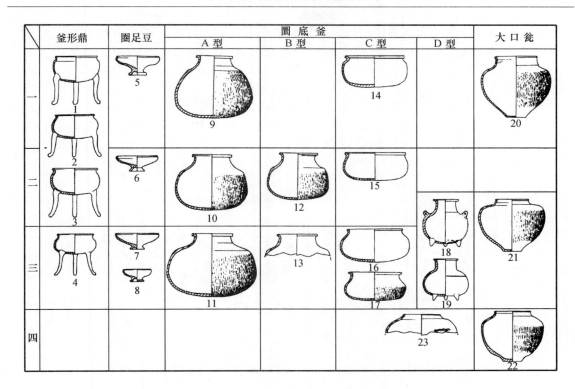

图一　成都郫县外南战国秦汉墓地典型陶器分期图（一）

A 型　敛口，矮领，鼓腹。依肩、腹部的变化可分为四式。

Ⅰ式：溜肩，鼓腹下内收成平底。标本 HM5：16（图二，8）。

Ⅱ式：鼓肩，鼓腹下内收成平底。标本 HM1：24（图二，9）。

Ⅲ式：鼓肩，鼓腹下内收成大平底。标本 FM12：1（图二，10）。

Ⅳ式：鼓肩，鼓腹下斜收成大平底。标本 FM12：7（图二，11）。

B 型　侈口，矮较领，束颈，领与肩部的交接处有一周凹槽。依器形的变化可分为三式。

Ⅰ式：领与肩部之间的凹槽不明显。标本 HM2：11（图二，12）。

Ⅱ式：凹槽略深。标本 FM16：8、FM12：47（图二，13、14）。

Ⅲ式：凹槽较深。标本 FM12：9（图二，15）。

C 型　侈口，矮领，束颈，鼓肩，鼓腹。依器形的变化可分为三式。

Ⅰ式：器形显矮胖。标本 HM5：12（图二，16）。

Ⅱ式：器身变高。标本 FM12：40（图二，17）。

Ⅲ式：器体较大。标本 FM12：4（图二，18）。

壶　高领，鼓肩，扁鼓腹，圈足。腹饰有对称兽面铺首。依其口部的变化可分为二式。

Ⅰ式：敞口。标本 FM16：9（图二，19）。

Ⅱ式：盘口。标本 HM5∶15（图二，20）。

井　井身呈圆筒状，圆形井栏，栏中夹有圆形井口。依井身口径与底径的变化可分为二式。

Ⅰ式：口微敛，折沿，平底，底径大于口径。标本 FM16∶22（图二，21）。

Ⅱ式：井口近直，折沿，平底口径与底径相当。标本 HM5∶14（图二，22）。

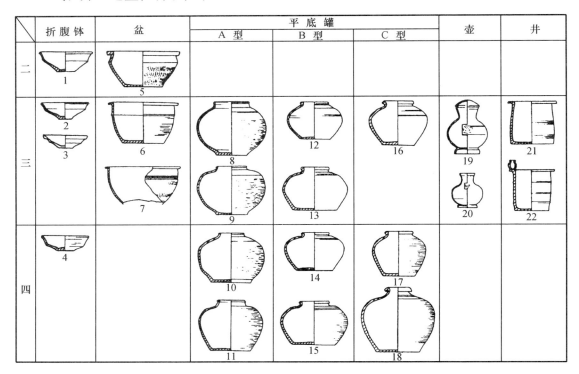

| | 折腹钵 | 盆 | 平 底 罐 | | | 壶 | 井 |
			A 型	B 型	C 型		
二	1	5					
三	2 3	6 7	8 9	12 13	16	19 20	21 22
四	4		10 11	14 15	17 18		

图二　成都郫县外南战国秦汉墓地典型陶器分期图（二）

2. 铜、铁器

在所有墓葬中，除钱币外，出土铜器的仅有 7 座墓，种类有鍪、釜甑、钺、剑、环、镜、扣、铜条、饰件、耳环等。铁器以农具为多，种类有釜、斧、镰、锸、环柄削刀、凿等。这些器物数量较少，且锈蚀严重，大多保存不好。相比之下，钱币则较丰富，共有 14 座墓出土，数量多达 851 枚，其中有 1 座墓出土"五铢"钱，余皆为"半两"钱。所出钱币变化明显，具有较强的时代特征，依其钱径、质地及字迹笔划等演变规律可将"半两"钱分为八式。

Ⅰ式：钱币较厚重，周边不甚规整。字体为大篆，高凸，古朴，"两"字上平划较短或无上平划。直径为 3～3.6 厘米。

Ⅱ式：钱币铸造较精致。字体为小篆，略方，不含隶意，"两"字上平划较长，中间两个"人"字上部竖笔较Ⅰ式短。直径为 2.6～3 厘米。

Ⅲ式：钱币铸造不如Ⅱ式精致，钱体较厚。字体为小篆，较凸，无隶意。直径为2.7~2.8厘米。

Ⅳ式：钱、文同于Ⅲ式，唯钱质太薄，内掺铅、锌、铁等杂质较多。直径为2.7~3厘米。

Ⅴ式：钱体较Ⅰ、Ⅱ式薄，铸字较平，有的几乎不见。字体方折，笔划中已含隶意，且过于简化，甚至缺笔，"两"字的"双人"连山式较普遍，有的竟连成横笔，或仅为两点。直径为2.7~2.8厘米，其中以2.3、2.4厘米者居多。

Ⅵ式：铸字笔划同于Ⅴ式，仅大小重量较前式略小。直径为2.1~2.2厘米。

Ⅶ式：钱文铸字略同于Ⅵ式，但其字体笔划不齐，更为简化。直径为1.5~2.3厘米。

Ⅷ式：与Ⅴ式大致相同，但其钱币上出现了部分内廓或外廓。直径为2.2~2.5厘米，以2.4厘米为多。

三

从随葬器物在各墓葬中的共存关系可以看出，主要是陶器，其基本组合大致可分为鼎、豆、釜、瓮；鼎、豆、釜、瓮、钵、盆以及鼎、豆、釜、瓮、钵、盆、平底罐等三大类，其中各器物的形制演变特征，尤其是式别组合也存在着比较明显的差别。将17座典型墓葬的陶器与钱币的对应关系列成下表（表二），依照表中随葬器物组合关系的变化，再结合墓葬形制可把这些墓葬分成4组。另外的5座墓因其随葬器物特征均与第3组的器物相一致，所以将这5座墓葬也划分到该组中：

第1组：FM1、FM2、FM11；

第2组：FM5、FM18、FM20、FM21、HM10、HM13；

第3组：FM16、FM19、FM23~FM25；HM1、HM2、HM5、HM6、HM8、HM9、HM11；

第4组：FM12。

表二亦反映出各组随葬器物的种类及型式组合关系既有承袭也有差别，呈现出一种渐进式的发展变化过程，出土钱币的变化以及仅有的几组层位关系说明组别差异也是阶段性的差异，即是期别差异，据此我们可将郫县外南的这批墓葬分为四期。

第一期：即第1组墓葬，三座墓葬均为大型墓，其长度在4.5米以上、宽度在2.3米以上，其墓向均为东北—西南向，分别为45°和50°。2座墓有二层台，其中FM2二层台的形制较为特别，其四周没有挨着墓壁，只在墓坑中形成一圈土埂，分段夯筑而成，每段的长短不一，用两块高约20厘米的夹板纵向夯筑，而非上下夯筑，其夯层厚约10厘米。推测这种特殊的墓葬形制有点接近于棺椁形制，墓中的二层台为椁，确切地说应为熟土椁，用熟土椁来代替木椁，从而起到一种仿效的作用。

表二　郫县外南战国秦汉墓地典型墓葬随葬器物组合关系表

墓葬组别	型式器类	鼎	釜				豆	瓮	钵	盆	罐			壶	井	钱币
			A	B	C	D					A	B	C			
1	FM11	Ⅰ	√			Ⅰ	√									Ⅰ式半两
	FM2	Ⅰ Ⅱ	Ⅰ		√		Ⅰ	√								
	FM1	Ⅰ Ⅱ	√	√	Ⅰ		Ⅰ	Ⅰ								Ⅰ式半两
2	FM5	Ⅱ	Ⅱ	Ⅰ	Ⅱ		Ⅰ Ⅱ		Ⅰ	Ⅰ						Ⅰ、Ⅱ式半两
	FM18	√	√						Ⅰ							Ⅰ式半两
	FM20	Ⅱ	√				Ⅰ		√							Ⅰ式半两
	FM21	Ⅱ		√			Ⅰ		√							
	HM10	Ⅱ	√	Ⅰ	Ⅱ		Ⅰ Ⅱ									
	HM13	Ⅱ	√	Ⅰ	Ⅱ		Ⅰ Ⅱ									
3	HM16			Ⅱ	Ⅱ	Ⅱ	√	Ⅱ	Ⅲ	Ⅱ	Ⅱ	Ⅰ	Ⅰ	Ⅰ		V、VII式半两
	HM1		√	√			√	Ⅱ	Ⅱ	Ⅱ			√	√		V式半两
	HM2		√	Ⅱ		Ⅱ	Ⅱ	Ⅱ	Ⅲ	√				Ⅰ		V、VII、VIII式半两
	HM9	Ⅱ	Ⅱ		Ⅱ	√	√		Ⅱ		Ⅱ		√		√	Ⅲ、V式半两
	HM6		Ⅱ		Ⅲ		Ⅱ			Ⅰ				Ⅱ		V、VII、VIII式半两
	HM8		Ⅰ					Ⅲ	Ⅲ	√						
	HM5		Ⅱ		Ⅳ		Ⅱ	Ⅲ		Ⅰ Ⅱ		Ⅰ	Ⅱ	Ⅱ		Ⅱ-VIII式半两
4	FM12						Ⅱ Ⅲ	Ⅲ			Ⅲ Ⅳ	Ⅱ Ⅲ	Ⅱ Ⅲ			五铢

注：表中的"√"为因未能修复而不辨式别者。

　　本期墓葬的陶器有Ⅰ、Ⅱ式釜形鼎，Ⅰ式圈足豆，AⅠ式、B型、CⅠ式圜底釜，Ⅰ式大口瓮等。铜器有鍪、釜甑、钺、剑、环以及Ⅰ式"半两"钱等。铁器则少见，只有镰、凿两件。该时期的陶器种类并不多，其基本组合主要为釜形鼎、浅盘矮圈足豆、圜底釜、大口瓮（图一），这些亦为巴蜀地区战国晚期墓葬中常见的典型器物，都具有较明显的时代特征，如釜形鼎、大口瓮在战国早、中期的墓葬中是绝不见的。其中的Ⅰ式釜形鼎三足弯曲略内收；Ⅰ式大口瓮为直领、器形显瘦高；AⅠ式圜底釜为窄肩，腹最大径在下部；还有CⅠ式圜底釜、Ⅰ式圈足豆等都与什邡城关 M50、M52、M54[2] 以及大邑五龙 M3[3] 等战国晚期墓中所出的同类器物相同或相近。另外在 FM2 中出有 1 件陶釜甑虽未能修复，但从残片看其器形与大邑五龙 M3[4] 出土的釜甑十分接近。铜器中的釜甑与大邑五龙战国晚期墓 M2[5] 出的釜甑相同，还有束腰式钺与什邡城关 M25[6] 所出的钺相近，也具有战国中、晚期的特征。此外钱币中所出的Ⅰ式"半两"钱体厚重，且字体高凸，古朴，"两"字上平划较短或无上平划，均为典型的战国半两。综上所述，第一期墓葬的年代应在战国晚期。

　　第二期：即第 2 组墓葬，6 座墓葬均为中型墓，其长度为 3.2～4.5 米，宽度为 1.4～

2.3 米，其中只有 1 座有二层台。其墓向多为东北—西南向，为 35°~70°。本期墓葬的陶器主要有 Ⅱ 式釜形鼎，Ⅰ、Ⅱ 式圈足豆，AⅡ、BⅠ、CⅡ 式圜底釜，Ⅰ 式折腹钵，Ⅰ 式盆等。铜器只出有钱币，为 Ⅰ、Ⅱ 式"半两"钱。铁器也不多，计有刀、锸、斧等。该时期陶器的基本组合变化不大，仍为釜形鼎、浅盘矮圈足豆、圜底釜、大口瓮，另外新出现有折腹钵、折腹盆等，器物的形制也发生了一些变化，如 Ⅱ 式釜形鼎三足外撇较甚，Ⅱ 式圈足豆变成斜弧腹，AⅡ 圜底釜的最大径上移、肩变宽等。这时的折腹钵上腹略直，其腹部转折处在腹中部靠上；盆均为折腹且较明显。这些器物都与属于秦代墓葬的什邡城关 M20、M24[7]，大邑五龙 M19[8] 所出的同类器物相近或相似。钱币中的 Ⅱ 式"半两"铸造精致，字体为小篆，略方，不含隶意，"两"字上平划较长，中间两个"人"字上部竖笔较 Ⅰ 式短，应为秦半两。据此推断，第二期墓葬的年代当在秦代。

第三期：即第 3 组墓葬，其中有 8 座中型墓，另有 3 座小型墓，其墓向有东北—西南向和西北—东南向两种，但以前者为多，基本为 30°~60°。在第一期出现的熟土椁的墓葬形制在该期亦有出现，如 FM16。本期墓葬的陶器主要有 Ⅱ 式釜形鼎，Ⅱ 式圈足豆，AⅡ、BⅡ、CⅡ、CⅢ、CⅣ、DⅠ、DⅡ 式圜底釜，Ⅱ 式大口瓮，Ⅱ、Ⅲ 式折腹钵，AⅠ、AⅡ、AⅢ、BⅠ、BⅡ、CⅠ 式平底罐，Ⅱ、Ⅲ 式盆，Ⅰ、Ⅱ 式壶，Ⅰ、Ⅱ 式井等。本期铜器也不多，种类有镜和饰件，钱币则出有 Ⅲ~Ⅷ 式"半两"钱。铁器数量则相应增多，包括釜、斧、削刀、镰、锸等。至该时期陶器种类增多，其基本组合变化也相应有了一些变化，汉式的平底罐、井模型等开始出现，但釜形鼎、浅盘矮圈足豆、圜底釜、大口瓮、折腹钵等仍占据主体，并与第二期同类器物有着紧密的发展演变关系（图一、图二），如 Ⅲ 式圈足豆器形变小，Ⅲ 式折腹钵下腹较坦、其腹部转折处在腹中部靠下，Ⅲ 式盆由折腹变为鼓腹，Ⅱ 式大口瓮为直领、器形变矮胖等，这些都与属于西汉早期的成都龙泉驿区北干道 M10、M14、M17[9] 以及什邡城关 M67[10] 等墓出土的同类器物相近或相似。重要的是，该期墓葬所出的钱币均为 Ⅲ~Ⅷ 式"半两"，都是西汉早期所铸钱币，其中有汉初"半两"、吕后"八铢半两"、"四铢半两"、荚钱以及有廓"半两"等。因此第三期墓葬的年代应为西汉早期。

第四期：即是第 4 组墓葬，只有一座，为中型墓，有二层台。墓向 297°，为西北—东南向。该座墓葬的陶器主要有 AⅢ、AⅣ、BⅡ、BⅢ、CⅡ、CⅢ 式平底罐，Ⅲ 式折腹钵，Ⅱ、Ⅲ 式大口瓮等。铜器只有 1 件扣饰和 1 件饰件，所出钱币为"五铢"钱。到了该期，陶器基本组合中汉式平底罐已占据绝对主导地位、另外还有折腹钵、大口瓮等，其他许多器物如釜形鼎、浅盘矮圈足豆等巴蜀文化的典型器物消失。所出"五铢"钱"五"字交股两笔稍有弯曲并略向外撇，或为交叉两直笔，"朱"字头方折，"金"字头小且四点较短，应为武帝元狩五年所铸。所以这座墓葬的年代当在西汉中期。

以上是对出有随葬器物的 22 座墓葬的分期及年代分析，余下的 5 座空墓只能参照上述四期墓葬形制的演变规律对其年代作大致的推断。其中 FM22 为大型墓，FM3 为中型墓，FM13、HM4 为小型墓（另外 HM3 因破坏太严重已不辨形制），根据大型墓只出于第一期，中型墓出于第二、三期，小型墓不见于第一、二期的规律，可将 FM22 的年代定在战国晚期，FM3 的年代定为秦代或西汉早、中期，FM13、HM4 的年代则定为西汉早、中期。

四

郫县外南战国秦汉墓地发现的这批墓葬均为竖穴土坑墓，规模都不大，墓葬中也没有木椁墓，而只有形制较为简单的木板墓或木棺墓，说明这些墓应为当时的平民墓葬，即便是其中用熟土椁代替木椁的墓葬形制也具有典型的平民化特征。四期墓葬所出随葬器物特征及组合关系变化明显，都有着各自不同的时代特点，其中的文化因素因时代的不同而各异。

战国晚期的墓葬均为大型墓，随葬器物中陶器种类不多，其基本组合主要为釜形鼎、浅盘矮圈足豆、圜底釜、大口瓮等，这些亦为巴蜀地区战国晚期墓葬中常见器物。所出铜器也是典型的巴蜀式铜容器及兵器，如鍪、釜甑、钺、剑等。所出钱币为战国"半两"，说明这些墓葬应是公元前 316 年秦灭巴蜀之后至秦统一这段时期的墓葬，但随葬器物表明这时秦文化的影响并不明显，巴蜀文化因素仍占据着主导地位。

至秦代，这时的墓葬均为中型墓，随葬器物中陶器的基本组合变化不大，新出现有折腹钵、折腹盆等，器物形制也相应发生了一些变化，但仍是晚期巴蜀文化的典型器物。该时期铜器数量减少，铁器开始增多。所出钱币均为典型的秦"半两"。这些说明虽然到了秦代，但这时期的墓葬其随葬器物仍保持着浓厚的晚期巴蜀文化的主要特征，秦文化的影响还不是很大。

到西汉早期时，墓葬除了中型墓外，还出现了小型墓。随葬器物中铜器出有镜和饰件，但不见有巴蜀式铜器，铁器种类、数量等大大增加。陶器种类及其基本组合也有了一些明显的变化，其中汉式的平底罐、井模型等开始出现且数量较多，这说明巴蜀文化因素相应减退，汉文化因素在稳步增加，但釜形鼎、浅盘矮圈足豆、圜底釜、大口瓮、折腹钵等晚期巴蜀文化的典型陶器仍占主体。所出钱币都是西汉早期所铸钱币，但几乎所有墓葬都出有西汉早期偏晚阶段所铸的"四铢半两"、荚钱或有廓"半两"等，说明这些墓葬的确切年代应在西汉早期的偏晚阶段。到了西汉中期，陶器基本组合中汉式平底罐已占据绝对主导地位，另外还有折腹钵、大口瓮等，其他许多器物如釜形鼎、浅盘矮圈足豆等晚期巴蜀文化的典型器物消失。墓葬所出的"五铢"钱为武帝元狩五年"罢半两钱，行五铢钱"时所铸，属于该时期的偏早阶段。

从上可以看出，这批墓葬中器物基本组合及其形制的演变特征，包括墓葬形制从早到晚都一直保持着其文化发展的连续性和一致性，尤其是几件代表性器物如釜形鼎、大口瓮、圜底釜、浅盘矮圈足豆等，而这些均是晚期巴蜀文化的典型器物。从战国晚期至秦，一直到西汉早期，墓中随葬器物尤其是陶器都还保持着强烈的巴蜀文化的自身特点，直至西汉中期，随着成都地区置郡日久，这时的墓葬中汉文化因素才逐渐占据了主导地位，巴蜀文化也逐渐地告别历史舞台，融入汉文化圈中。《汉书·地理志》记载"巴、蜀、广汉本南夷，秦并以为郡"，说明先秦时期巴蜀地区尚被视为西南夷地，而《史记·货殖列传》记载西汉时期的西南夷已经不包括巴蜀之地了，我们对郫县外南战国秦汉墓葬材料的考古学文化分析正与这一历史文化背景相吻合。

注　释

[1]　成都市文物考古研究所、郫县博物馆：《郫县风情园及花园别墅战国至西汉墓群发掘报告》，《成都考古发现 2002》，科学出版社，2004 年。

[2]　四川省文物考古研究所、什邡市文物保护管理所：《什邡市城关战国秦汉墓葬发掘报告》，《四川考古报告集》，文物出版社，1998 年。

[3]　四川省文管会、大邑县文化馆：《四川大邑五龙战国巴蜀墓葬》，《文物》1985 年 5 期。

[4]　同 [3]。

[5]　同 [3]。

[6]　同 [2]。

[7]　同 [2]。

[8]　同 [3]。

[9]　成都市文物考古研究所、龙泉驿区文物管理所：《成都龙泉驿区北干道木椁墓群发掘简报》，《文物》2000 年 8 期。

[10]　同 [2]。

（原载《四川文物》2005 年 1 期）

西南夷地区 A 型曲柄短剑的功能、使用方式及命名

苏　奎

　　新中国成立以来，秦汉时期的西南夷地区曾间断的出土过或采集有一种形制非常独特的青铜剑——"曲柄短剑"，这种剑因其柄部弯曲而得名。又因其形制与北方地区商周时期的曲柄短剑相似，而被大多数学者们认为是从北方草原地区传来的，或是受北方草原文化因素影响所产生的。迄今为止，笔者初步统计西南夷地区发现的曲柄短剑仅有十余件。然而，在这些为数不多的曲柄短剑之中，有一种被笔者暂时名为"A 型曲柄短剑"[1]者，更为独特。目前，学术界对这种"A 型曲柄短剑"的认识尚且模糊，以至于对其命名、功能及使用方式的看法存在一定的差异。笔者拟就这一问题作深入分析，并提出个人观点，就教于方家。

一、A 型曲柄短剑的出土资料

1. 四川宝兴瓦西沟石棺墓[2]

　　80 年前后，四川宝兴县瓦西沟石棺墓出土 3 件，分别发现于 M2、M3 和 M4 中。3 座墓均残，长方形竖穴，墓壁两侧各用三块大小不一的石板嵌成，墓门用石板一块，墓盖用石板四块。3 件短剑在墓葬中的位置及与伴出器物的关系较为明确。

　　在 M2 的尸骨颈部下面横置一把 A 型曲柄短剑，臀部处放置有一把"竹节"状曲柄短剑和小铜刀残件。在 M3 的尸骨颈部下也横置一把 A 型曲柄短剑，尸骨右侧放置一把短铜剑和五根骨锥。M4 被破坏严重，根据现场调查，与前三墓情况基本一致，出土有长、短青铜剑三把（图一）。

　　该墓地出土的 3 件 A 型曲柄短剑，形制相同，大小近似，身长 23～23.5 厘米，柄长 7～7.5 厘米，柄厚 0.5～0.8 厘米。柄首为椭圆形，柄部中空，剑格宽而薄。近格处有横排的四个小铜柱，剑脊隆起。两侧刃锋利，两刃长度不一，外刃略短。剑刃略成弧形，外侧与柄弧线相连，形成一个大弧，内侧剑柄、剑身形成两个小弧（图二，1～3）。

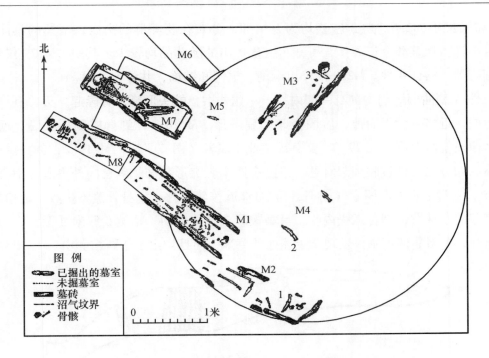

图一　宝兴石棺葬 M2、M3 和 M4 布局图

图二　宝兴石棺葬 M2、M3、M4 出土

2. 四川炉霍县卡莎湖石棺葬[3]

1984 年，四川炉霍县卡莎湖石棺葬墓群出土 2 件，采集 1 件。分别出土于 M128、

M219 和采集于 M236。这 3 座墓均为石棺葬，分布在墓葬群的南区，墓葬的具体形制，原报告不详。从墓葬登记表中，可知 3 座墓伴出的随葬品均较少。其中，M128 仅伴出链饰和细石器，共计 4 件。M219 仅伴出铜削、铜镯和链饰，共计 5 件。

三件 A 型曲柄短剑均剑身一侧内弧，一侧外拱，蛇头形锋；脊隆起，刃锋利；有格；剑柄弯曲，近格一段平而薄，后段突起呈扁圆形。M128：1，剑身拱侧折收已，近格处，柄之平薄段绕绳七周。长 29.7、剑身最宽处 4 厘米（图三，1）。M219：2，剑身拱侧，由锋至格约四分之三处折收到起脊处，格侧有四个乳突形装饰。剑首向外突起，中有突棱。长 33.6、剑身最宽处 5 厘米（图三，2）。M236 采集那件，剑身外侧不折收，近格处饰十二个突起的联珠纹，剑首弧线内收，呈马鞍形。通长 32.4、格宽 5 厘米（图三，3）。

目前，A 型曲柄短剑仅发现于上述两处墓地，而且均出土于石棺葬中。

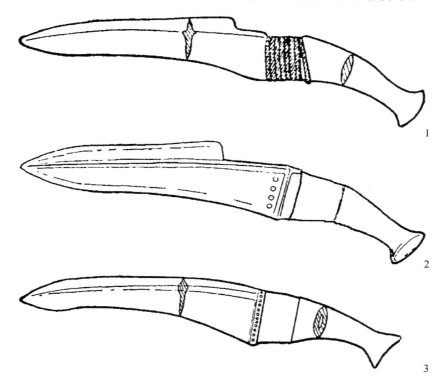

图三　卡莎湖石棺葬 M128、M219、M236 出土

二、A 型曲柄短剑的功能、使用方式及命名

宝兴瓦西沟石棺葬和炉霍卡莎湖石棺葬出土的 A 型曲柄短剑，与其他类型的曲柄短剑相比，有十分独特的特征，即 A 型曲柄短剑的剑脊倾向一侧或上侧，另一侧或下侧的剑刃较宽，剑刃较宽一侧的刃部有明显的使用痕迹。

四川宝兴瓦西沟石棺葬中发现的 3 件 A 型曲柄短剑，被原简报归为"A 型 I 式铜剑"。在此之前，仅在云南永胜县金官区[4]和云南德钦县纳古石棺葬[5]中发现过其他类型的曲柄短剑，而没有发现与 A 型曲柄短剑完全相似的器物。于是，原简报依据形制而将其归入"剑"类。而日本学者三宅俊彦在探讨初期曲柄短剑的用途时，也将宝兴石棺葬的 A 型曲柄短剑作为具有刀子功能的短剑来看待[6]。

后来，在四川炉霍卡莎湖石棺葬中也发现 3 件 A 型曲柄短剑。出土时，其中两件还保存有木柄和缠绕的皮绳。尤其，炉霍 M219 出土那件带柄者（编号为：M219：2），木柄夹缚的情形非常清楚（图四）。据此，发掘者认为可确定其为"戈"，即原简报的 Ⅱ 式戈。宋治民先生和卢丁先生则称之为"曲内戈"[7]。

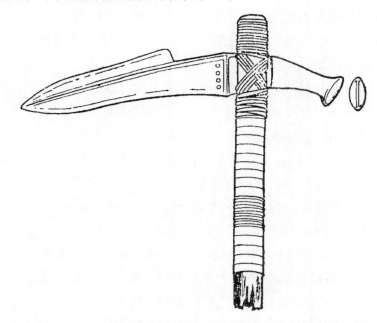

图四　卡莎湖石棺葬 M219：2 出土时

由此看来，目前学术界在 A 型曲柄短剑的功能、使用方式及其命名等看法上有所差异。因此，有必要进一步认识 A 型曲柄短剑的功能和使用方式，以便确定其命名。

实际上，仅从发现时器物的保存形态来观察认识事物本身是有局限的，这只是可以表明它此时的使用方式而已。而要对器物本身的全面认识，还是要从它本身的形制进行细致考察。

首先，从形制上观察 A 型曲柄短剑，它具有北方系青铜文化曲柄短剑的基本特征：微曲的柄部，凸起的剑脊，明显是由其他曲柄短剑演变而来的。尤其是后段剑柄中空，柄首呈椭圆形，十分适合用手把握。因此，笔者将其纳入"剑"的范畴，应该大致不误。但其特殊的格部和近格处的平薄部分，显然是使用者为了便于安装木柄而特意设计制作的。倾向一侧的剑脊，内曲的剑刃，明显具有切割使用的痕迹。综合 A 型曲柄短剑几个方面的特征，笔者认为它是作为剑的复合型器物，即具有剑、戈、刀等多种功能和使用方式。

作为护身的短剑，具有短剑的防卫功能，也是最初、最基本的功用。《尔雅·释剑》："剑者，检也，所以防检非常也"，又《说文》："剑，人所带兵也。从刀，佥声。"意指它是一种随身佩带用于近距离格斗防身的兵器。就本文讨论的 A 型曲柄短剑而言，它具有剑的基本形态，凸起的剑脊，弯曲的剑柄，柄首呈椭圆形，后段柄部中空，易于把握；长度一般在 30 厘米左右，与其他类型曲柄短剑的长度接近，易于携带。因此，它作为短剑来使用是十分合理的。

作为战争的铜戈，在西南夷地区主要用于步战。它特殊的格部和近格处的平薄部分，显然是为了便于安装木柄而特意制作的。炉霍 M219 出土那件，出土时尚存一节木柄，剑柄近格处的平薄部分插入木柄上端的槽口里，皮绳捆扎，捆法是：柄身上、下段皆用皮绳按顺时针方向绕缠，柄与戈夹接部分用皮绳十字交叉捆扎，非常牢固（图三）。这表明它也可以作为铜戈来使用。

作为生活的刀子，具有刀子的切割功能，即作为进餐的食具。它与游牧人的日常生活息息相关。内曲的剑刃有明显使用过的痕迹，表明它确实曾被当作刀子来使用。剑脊倾向背侧，显然是使用者根据实际需要而特意制作的。日本学者三宅俊彦在《关于初期曲柄短剑的用途》[8]一文中从另一个角度观察分析后，也认为："初期曲柄短剑的弯曲柄部是依据上述（作为刀子）的需要而有意制作的。即初期曲柄短剑不仅是作为武器使用，而且具有和铜刀相同的功能，为了这种两用的目的，才将柄部制成弯曲状。"由此看来，它作为刀子来使用也是出于生活的需要。

作为生产的工具，具有收割农作物的功能。炉霍 M219 出土那件，出土时残存木柄长约 32.6 厘米。假如原木柄也仅有 30 余厘米长的话，那么它很有可能是安装在生产工具的木柄。有学者认为："戈最早由农业生产工具镰刀演化而来。"[9]卢丁先生也认为："曲内戈[10]应是农耕文化影响的产物。"[11]因此，它完全有作为生产工具使用的可能，也基本属于上述刀子的使用范畴。

其次，再根据出土时它在墓葬中的位置、状态以及与其他随葬品的关系分析，推测它可能是作为戈随葬的。M2 和 M3 两座墓虽残，但从简报的叙述和墓葬分布图可以看出，M2 的尸骨颈部下面横置一把 A 型曲柄短剑，臀部放置一把 B 型 II 式曲柄短剑和小铜刀残件。M3 的尸骨颈部下面也横放一把 A 型曲柄短剑，尸骨腰部右侧放置短铜剑一把和骨锥五根。M4 被破坏，但根据发掘者的现场调查，出土一把 A 型曲柄短剑和一把短铜剑。从这两把剑在墓葬分布图中的位置分析，A 型曲柄短剑也应当是被置于颈部。宝兴石棺葬的 3 件 A 型曲柄短剑均被横置在死者颈部的下方，而同墓中的剑则被竖置在死者的腰际，表明 A 型曲柄短剑很有可能是被作为戈而随葬的。而卡莎湖石棺葬的 A 型曲柄短剑在墓葬中的位置及其与其他随葬品的相互关系，原报告不详。但是炉霍 M219 出土那件，出土时保存较好的木柄和缠绕的皮绳，确实表明此时它是作为戈或收获工具而随葬的。因此，发掘者和研究者认为 A 型曲柄短剑不应该是"剑"而是"戈"，也是有一定道理的。

从上述分析可以看出：从形制上观察，它应属于"剑"；而从出土时的状态分析，它应属于"戈"或"收获工具"。于是，摆在大家面前的问题是：A 型曲柄短剑到底是剑？还是戈？抑或其他？为了厘清这一疑惑，笔者进一步将 A 型曲柄短剑与铜戈进行比较。

首先，A 型曲柄短剑作为戈使用与西南夷系统的青铜戈有着十分明显的区别。根据童恩正先生在《我国西南地区青铜戈的研究》[12]一文中的研究成果和新近的考古资料，表明 A 型曲柄短剑可以作为戈使用，但不完全具备戈的基本形态特征。将其与形制相近的云南永胜出土的铜戈[13]相比较，可以看出：援身近栏处没有方穿，仅有几个装饰性的小铜柱；内身也没有圆穿或方穿。这表明它不能像戈一样完全固定木柄，不能作为长时间的、具有完全意义的铜戈使用。炉霍 M219 出土那件，是用皮绳十字交叉捆扎木柄的，尽管十分牢固，但木柄可以随时卸掉，表明它是作为临时性需要才安装木柄的戈。

再者，A 型曲柄短剑作为戈使用与中原系统的铜戈也有着十分明显的区别。尽管它与形制相近的中原商周时期的曲内戈有着相似的特征，即内部弯曲，但将其与以郑州人民公园一期出土的商代长援曲内夔纹戈（C7M9∶2）[14]为代表的曲内戈相比较，就可以清楚地发现二者之间的差异甚远：A 型曲柄短剑除了援和内没有穿孔外，其独特之处在于柄部较长，后端中空，呈椭圆形，易于用手把握，显然是使用者特意设计制作的。而曲内戈弯曲的内部扁平，且较短，仅具有装饰性。因此，原简报认为炉霍这种戈（A 型曲柄短剑）形部分源于中原商周时期的曲内戈的观点[15]，值得再考虑。

通过比较分析，我们有理由认为 A 型曲柄短剑并不具备"戈"的基本形态，因此不应该是"戈"。

再根据炉霍 A 型曲柄短剑出土时的情形分析，其中一件出土时就是作为剑来使用的。炉霍 M128 出土那件，出土时剑柄近格处的平薄部分尚存七周绕绳。其绕绳缠绕方式与炉霍 M219 出土那件安装木柄的绕绳方式有明显的不同：前者皮绳按顺时针方向绕缠；后者皮绳按十字交叉捆扎。由此可以看出，二者在使用方式上有着明显的不同。炉霍 M219 出土那件被认为是"戈"的话，则炉霍 M128 出土那件明显是剑。同一墓地 M236 出土的铜削[16]柄部也缠绕有与炉霍 M128 那件 A 型曲柄短剑柄部相同的绕绳。据此，可以进一步确定炉霍 M128 出土那件应该是"剑"。

一种器物可以有多种功能和使用方式，但不应有性质不同的命名。而器物的命名应该根据器物的形制及其主要功能来确定。虽然 A 型曲柄短剑有剑、戈、刀和收获工具等四种使用方式的可能，但它的形制表明其主要功能还是作为护身之用的短剑，因此应该确定为"剑"，而其他三种使用方式只是作为临时性的借用。在宝兴瓦西沟石棺葬和炉霍卡莎湖石棺墓发现的名为"曲内戈"的铜戈，也应该是由 A 型曲柄短剑临时改装的使用方式。这就为卡莎湖石棺葬 M128 与 M219 出土两种不同使用方式的 A 型曲柄短剑提供了合理的解释。

注　释

[1]　苏奎：《西南夷地区三种含北方系青铜文化因素短剑的研究》，四川大学硕士学位论文，2005 年。

［2］　宝兴县文化馆：《四川宝兴县汉代石棺墓》，《考古》1982 年 4 期，图二。

［3］　四川省文物考古研究所等：《四川炉霍卡莎湖石棺墓》，《考古学报》1991 年 2 期，图十九：11、12、17。

［4］　云南省博物馆保管部：《云南永胜金官龙潭出土青铜器》，《云南文物》（总第 19 期），1986 年 6 月。

［5］　云南省博物馆文物工作队：《云南德钦县纳古石棺葬》，《考古》1983 年 3 期。

［6］　三宅俊彦：《关于初期曲柄短剑的用途》，吉林大学边疆考古研究中心编：《边疆考古研究》（第 1 辑），科学出版社，2002 年。

［7］　宋治民著：《战国秦汉考古》，四川大学出版社，1993 年，250 页；卢丁：《谈中国西部南北游牧民族走廊的形成及相关问题》，卢丁、工腾元男主编：《羌族历史文化研究》，四川大学出版社，2000 年，288 页。

［8］　三宅俊彦：《关于初期曲柄短剑的用途》，吉林大学边疆考古研究中心编：《边疆考古研究》（第 1 辑），科学出版社，2002 年。

［9］　向楠：《秦戈和秦戟》，《中国文物报》1988 年 1 月 15 日，第 3 版。

［10］　卢文指的是川、滇西部及藏东石棺葬中出土的“曲内戈”，即为本文所探讨的“A 型曲柄短剑”。

［11］　卢丁：《谈中国西部南北游牧民族走廊的形成及相关问题》，卢丁、工腾元男主编：《羌族历史文化研究》，四川大学出版社，2000 年，288 页。

［12］　童恩正：《我国西南地区青铜戈的研究》，《考古学报》1979 年 4 期。

［13］　童恩正：《我国西南地区青铜戈的研究》，《考古学报》1979 年 4 期，图六，2。

［14］　河南省文物考古研究所编著：《郑州商城》（下册），文物出版社，2001 年，彩版四五，2。

［15］　四川省文物考古研究所等：《四川炉霍卡莎湖石棺墓》，《考古学报》1991 年 2 期，229 页。

［16］　四川省文物考古研究所等：《四川炉霍卡莎湖石棺墓》，《考古学报》1991 年 2 期，219 页，图十九，13。

（原载《四川文物》2007 年 2 期）

滇东与黔西早期青铜时代的居民

周志清

云南东部与贵州西部位于云、贵、川三省的交界之处，地处云贵高原的东麓，是云南和贵州北进四川的门户，它与四川省的凉山州、宜宾市隔金沙江而望。该区域自古以来就是南来北往的交通要道，同时也是古代族群迁徙和文化互动频繁的区域，"滇"及位于其东北的同姓"劳浸、靡莫"和"夜郎"、"邛都"等西南夷同川西平原"巴蜀"文化的势力在此犬牙交错，留下了许多具有鲜明区域特点丰富的物质遗存。由于文献资料的缺位记载与描述，致使我们对该区域的早期历史了解甚少，形成了一个历史盲区。近几十年的田野考古资料为该区域的历史研究与复原打开一扇想象的大门（图一）。随着近几年云南和贵州两省田野考古工作的进展，该区域早期青铜时代的文化脉络逐渐清晰，本文试以滇东与黔西[1]早期青铜时代[2]遗存为切入点，探讨这地区早期青铜时代的文化面貌及早期居民的生业形态和生态环境，并试图以此为契机讨论"夜郎"的渊源关系。

一、滇东早期青铜遗存

滇东早期青铜遗存以马厂遗址和闸心场遗址最具有代表性，马厂遗址位于鲁甸县文屏公社马厂村周围[3]，村子建在丘陵之上，四周地势低洼，形成一片天然沼泽，属于湖滨遗址。该遗址未经过正式考古发掘，出土的石器有梯形石斧、有段或有肩石锛。陶器质地有泥质黑陶、红陶和夹砂黑陶，部分陶器饰有黑色陶衣；火候较高，陶器表面颜色斑驳不一，推测其烧制方法为露天烧制。陶器以素面为主，另有少量的划纹、弦纹、点纹，以平行划纹最为常见；纹饰一般多饰于器物的肩部和口沿之上。陶器制作以泥条盘筑为主，轮制技术已经广泛应用于陶器生产，并显示出较高的水平，这在该遗址出土的细颈瓶上最为典型。陶器体形普遍较小，非生产或生活用具，是否另有它用，其功能尚需进一步讨论。器类有碗、单耳侈口鼓腹小罐、细长颈小瓶、单耳细颈瓶、敛口罐、勺形器、三耳瓶、瓠等。此外，在该遗址还出土了4件铜器，器形有斧、剑、矛、残铜器等。该遗址原报告认为新石器时代，后来有学者认为其所处时代应为青铜时代，时间大致相当于商周时期[4]？笔者倾向于后者。野石山遗址位于鲁甸县桃园乡普芝噜村上野石，该遗址分布面积约1平方公里，发现1座半地穴建筑[5]。

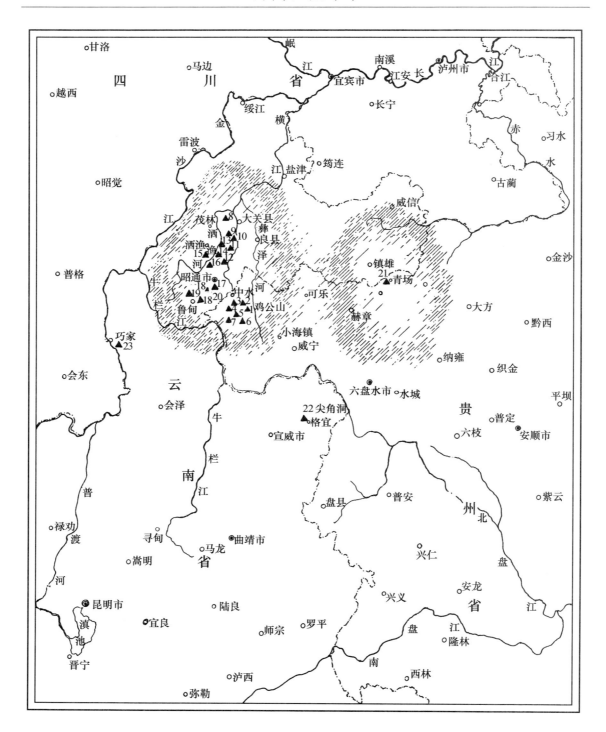

图一　滇东黔西早期青铜时代遗址分布示意图

1. 鸡公山遗址　2. 金鸡梁子遗址　3. 水果站墓地　4. 吴家大坪遗址　5. 营盘山遗址　6. 大冲沟遗址　7. 窄沟遗址

8. 双龙井遗址　9. 过山洞遗址　10. 闸心场遗址　11. 小米寨遗址　12. 白坡塘遗址　13. 野猪洞遗址　14. 巡龙遗址

15. 营盘遗址　16. 小湾子遗址　17. 腊鸡寨遗址　18. 黑泥地遗址　19. 马厂遗址　20. 野石遗址

21. 青场遗址　22. 尖角洞遗址　23. 龙潭石棺墓

闸心场遗址位于昭通城北约 12 公里的丘陵之上，面积约 200000 米。该遗址出土的石器均为磨制石器，制作较为精致。器形有斧、梯形锛、扁圆石器、石刀。陶器质地有泥质橙黄和灰陶，其中泥质橙黄陶最为常见。陶片表面颜色较杂，少见纯色器物，烧制技术略显粗糙。陶器素面为主，另有少量的平行划纹、粗弦纹、点纹，多饰于器物肩部和口沿之上。器形相对较少，有单耳长颈小瓶、侈口罐、单耳平底小瓶等[6]。这几类器物与马厂遗址出土的同类器物非常接近，推测二者之间的时代应当相近。由于该遗址出土遗物较为贫乏，缺乏相关的 14C 年代数据，其性质和时代需要进一步的田野考古资料的积累。黑泥地遗址位于太平乡黑泥地村，遗址现存面积为 50 平方米，文化层堆积厚约 1.2米。采集了大量的陶器和石器，陶质和陶色以及器形与闸心场遗址出土的同类器物相同，此外，在该地点发现了建筑房基遗迹[7]。另外在昭通市还发现一些洞穴遗址如过山洞遗址，位于昭通市北闸镇大过山洞村后，现存面积 10 余平方米，堆积厚约 1 米。采集器物有肩石锛，泥质红、灰陶片，泥质红陶器为素面磨光。陶器有长颈单耳瓶、单耳平底罐、单耳圈足罐、杯、钵等[8]。野猫洞遗址为洒渔河旁的洞穴遗址，洞深 5 米，宽 3.5 米，高 2~5 米。洞口已坍塌，现存文化层堆积面积约 10 平方米，厚 1.2 米。出土遗物有石锛、石斧、石网坠、陶瓶、陶罐、人下颌骨、炭化谷粒和牛、狗等动物遗骸[9]。邀集块遗址，位于洒渔河旁岩壁之下，洞因修路被毁。采集到的遗物有骨针、石斧、石网坠和泥质红、灰陶罐残片[10]。

前人研究认为此类型文化遗址还有大关县的瓦厂坝石器采集点、天堂坝石器采集点[11]，绥江县的中城镇遗址、黄龙树遗址[12]、巧家县的龙潭墓群[13]等。这些遗址基本上分布于金沙江下游及其支流牛栏江两岸，遗址地理生态环境以湖滨遗址居多，洞穴遗址次之，他们的海拔相对较低，为 1500~2000 米，而巧家和绥江等地的遗址分布海拔高度则为 2000~2500 米。该类型遗址主要分布于昭通市、鲁甸县境内，遗址单体面积也较为广大，遗迹与遗物相对其他区域遗址较为丰富。这些遗址除了巧家外，均全部分布于牛栏江东岸。巧家县的龙潭墓群遗存形式为石棺墓，其出土遗物有夹砂黑陶侈口罐、壶、平底侈口罐、杯、单耳罐等与马厂、闸心场遗址出土器物有着迥然有别的差异，二者并非同一种文化类型，而巧家石棺墓出土的器物与隔江相望凉山州境内安宁河谷广泛分布大石墓内的遗物有着非常亲近的关系，具有浓烈的"邛都夷"因素。因此笔者认为巧家发现的石棺墓的主人并非与今昭通市境内马厂类型为同一文化，从大石墓目前研究成果看，可知巧家石棺墓的时代并非早至新石器时代，青铜时代或许是较为理想的认识。绥江县的中城镇遗址、黄龙树遗址均位于金沙江畔，两遗址未经过正式的考古发掘，从采集的遗物观察，长条形石斧，夹砂红、黑陶片与马厂为代表的泥制红、灰陶片，梯形石斧有着较大的差异，与金沙江中游地区新石器文化非常接近。二地遗址地处的生态环境也不尽相同，马厂的为湖滨遗址居多，另有少量的洞穴遗址；而中城镇遗址和黄龙树遗址则为江边台地遗址。二者之间距离相距较远，非本文探讨的范围。马厂类型的遗址大多数位于东北高原断陷的山间盆地之内，昭通坝子是该区域最大的盆地，低海拔的大河平原，平坦的地势，受气候变化影响程度相对较小，聚落、人口密度相对较大，聚落位置比较稳定。由于其在地理、环境、气候、资源配置等诸多方面的优势，很早起就发展出较高水平的农业文明。对周边地区的古代文化产生强大的吸附力，增大了文化的兼容性，导致文化的辐集与人口聚集，长此以往的文化碰撞与融合，必将会在某些条件适宜区形成较大规模的聚落中心[14]。其优越的地理生态环境为早期人类的繁衍生息提供了理想的条件，同时也使它具有形成较大中心聚落的地缘和环境优势。

二、黔西早期青铜遗存

中水镇位于贵州省威宁县，东距威宁县城100公里，西北距昭通市22公里，地处乌蒙山西缘，海拔高度1800～2000米。地貌上它属于云贵高原北部的山间盆地。该地点是目前贵州西部早期青铜时代遗存发现较多的地点。鸡公山遗址的山顶海拔为1939.5米，遗址现存面积约4000平方米，主要分布于山顶上[15]。文化层堆积非常薄，众多的遗迹现象就开口于表土之下，主要的遗迹有"祭祀坑"、墓葬、灰坑、建筑等。"祭祀坑"是该遗址数量最多，同时也是最具特色的遗迹现象，整个遗址均有分布，其中以北部最为集中，坑口平面形状呈长方形、圆形、椭圆形、不规则状等，体量大小差异较大。坑壁普遍涂抹一层青膏泥，有的坑壁烧土结较厚，多数有用火痕迹遗留。"祭祀坑"普遍埋有数量不等的陶器，器形主要有瓶、壶和罐。坑内的填土中多数包含有炭屑、红烧土和石头等，另有少量坑内残留有人骨遗骸，其保存情形或为人体残部，或为躯体扭曲变形。可能为祭祀用人。建筑遗存体量较小，其建筑形式为挖柱洞式的木骨泥墙建筑。墓葬全部竖穴土坑墓，部分墓坑上部、底部或墓旁有一小坑，土坑周壁抹有一层青膏泥。墓葬多无随葬品，随葬品一般为一至数件，多为陶器。个别墓葬出土有铜丝耳饰、骨镞、石镞。该遗址出土的石器种类有弧壁穿孔石刀、小石锛和有肩石器等。陶质以夹砂红褐陶为主，次为夹砂黑褐、黄褐陶。制作以泥条盘筑为主，轮制技术已广泛使用，瓶类陶器表面经过磨光处理。素面陶最为常见，纹饰主要是弦纹和戳印纹。陶器基本为平底，以小平底最多见，鲜有圈足器，不见寰底器和三足器。器类主要有罐、瓶、壶、杯、盆和器盖等，其中细耳长颈小平底瓶、单耳壶、折沿深腹罐、单耳敛口深腹罐、小平底喇叭口杯、单耳钵、带耳盆等是鸡公山遗址最具地域特色的器物。该遗址的时代初步推测为中原的商周时期。鸡公山遗址是黔西北和滇东北第一次正式的大规模田野考古发掘，它的发掘将有利于该区域早期青铜时代考古学文化和编年体系的初步建立，同时为该区域新石器时代和青铜时代及至夜郎考古提供了全新的研究视野，并将深化夜郎考古与研究内涵与外延。

吴家大坪遗址[16]位于威宁县中水区花桥附近中河与后河之间一条平缓的土梁子上，东距威昭公路约1公里。遗址主要分布在大河湾的吴家大坪的顶部，高出河床40多米，现存面积大约有10000平方米。由于河水长期冲刷形成多处沟槽，随处可见陶片、灰烬、红烧土颗粒以及动物遗骸和螺蛳壳等。石器均为磨制石器，器形有砺石、有段石锛、梯形石锛、梯形石斧和刮削器等；陶器陶质以夹砂红陶为主，次为泥制灰陶、黑陶、橙黄陶等，器形有长颈单耳瓶、单耳罐、杯、双耳罐、纺轮、波纹大敛口罐等。此外，在1995 年发掘中，该遗址在发现了 2 处埋藏有大量炭化水稻的坑。出土的炭化水稻经 ^{14}C 测年，距今 3100 年 ±50 年（未经树轮校正）[17]。

瓦窑遗址位于贵州省毕节县青场区青场镇瓦窑村，地处滇黔两省交界处，乌江上游六冲河的支流吴家屯河由南向北流过，遗址分布在河西的三级阶地上，总面积约 10 万平方米[18]。1978 年的调查采集到磨制石器 63 件，器形有斧、锛、网坠等。1984 年贵州省博物馆考古队对该遗址进行发掘，发现早期建筑遗存 2 座，其建筑形式一座为半地穴式建筑，另一座为挖柱洞的木构干栏式建筑。陶窑 1 座，圆形单孔露天小窑，规模较小。同时出土了丰富的遗物，石器全部为磨制石器，器形有锛、斧、刀、锤、研磨器、范、砺石、网坠、支座等。陶器主要为生活用具，质地以夹砂红或红褐为主，次为夹砂黑陶，再次为泥质陶。纹饰以绳纹居多，另有方格纹、叶脉纹、涡纹、几何纹、圆点、乳钉、镂空，部分器物经过磨光处理。陶器以平底为主，最常见的是小平底，另外有少量的圈足，不见三足器和寰底器。器形有磨光黑陶长颈壶、碗、罐、钵、豆、直腹罐、小口罐、纺轮等。其他还有骨笄、牙饰、铜镯、铜片、铜条等。虽然早期地层堆积可以分为④A和④B 层，其中出土的遗物几乎相同，二者的时代应大体相近。陶窑木炭 ^{14}C 测年为 2950 年 ±125 年，树轮校正为 3210 年 ±175 年。时代可能相当于中原地区的商末周初。从该遗址出土的铜条、铜镯、铜片及石范观察，我们认为该遗址所处的社会发展阶段应是青铜时代。

黔西地区发现的早期青铜时代的遗址多位于贵州西北部毕节市与云南昭通市接壤的地方，二者之间不仅有着相似的地理生态环境，从地理单元上二者同属于一个地理区域。在这一地区（如威宁东山[19]、石门坎[20]、大定、织金、纳雍、水城[21]等）还发现大量的石器采集点，采集的有肩或有段石锛、梯形石斧、弧壁穿孔石刀等与鸡公山遗址为代表的文化出土的同类石器非常相似，时代也可能相近。其中威宁中水不仅是黔西地区早期青铜时代遗存发现最为集中的地区，同时该区域战国至西汉时期的遗存也非常的丰富，中水地区田野考古工作的进展将为该区域青铜时代考古学年代系列的建立提供理想的切入点。

三、滇东与黔西地区早期青铜时代文化因素与时代

从目前滇东与黔西早期青铜时代的考古材料观察，滇东地区主要集中于昭通坝子，该区域早期青铜时代的考古资料以马厂和闸心场遗址最具代表性，遗址形态有湖滨和洞穴遗址两种，以湖滨遗址最为多见。这些遗址大多未经过正式的田野考古发掘，其材料的获取主要来自地面调查或征集，其材料本身尚多无准确详细的记录和表述。遗迹现象

发现较少，有灰坑和建筑遗迹。出土的遗物有石器、陶器和铜器。石器均为磨制石器，制作精致，器形普遍较小，主要器类有斧、锛、刀、网坠、扁圆石器等，其中以梯形石斧或石锛、有肩或有段石锛、穿孔石刀等最具代表性。铜器数量发现比较少，器形有剑、斧、矛、残铜器等。陶器是该区域发现最多的遗物，陶器质地以泥质黑陶、红陶、橙黄陶和夹砂黑陶最为多见，部分陶器饰有黑色陶衣或经过磨光处理；从陶器表面颜色斑驳不一，少见纯色器物，推测虽然其烧制陶器时火候较高，但烧制技术显得较为粗糙，可能为露天烧制。陶器以素面为主，另有少量的划纹、弦纹、点纹，以平行划纹最为常见；纹饰一般多饰于器物肩部和口沿之上。陶器制作以泥条盘筑为主，轮制技术已经广泛应用于陶器生产，并显示出较高的水平，这在该遗址出土的细颈瓶和壶上最为典型。器类有罐、瓶、壶、杯、碗等。长颈单耳小平底瓶、单耳壶、波纹侈口罐、单耳侈口鼓腹罐、单耳或双耳小口罐、钵、杯、宽鋬单耳罐、三耳瓶、勺形陶器等是昭通坝子早期青铜时代最具有区域特色的陶器（图二）。

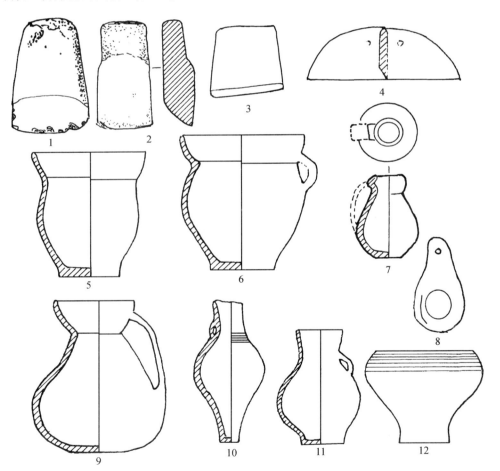

图二　闸心场遗址遗物

1. 石斧　2. 有段石锛　3. 石锛　4. 刀　5、6 侈口波纹罐　7. 单耳小口罐瓶　8. 勺形陶器

9. 宽鋬单耳罐　10. 长颈单耳小平底瓶　11. 单耳壶　12. 钵

　　而黔西地区目前早期青铜时代的材料主要集中于威宁县的中水地区，其次为毕节市的青场地区，二者之间的文化面貌有着一定的差异性，可粗分为鸡公山类型与瓦窑类型。鸡公山类型以威宁中水地区的鸡公山和吴家大坪遗址最具有代表性，此类型遗址形态为山顶或坡地遗址，一般多是位于盆地内河流两侧的坡地或山梁之上。鸡公山类型的遗迹现象有大量的"祭祀坑"、墓葬、灰坑、建筑等；遗物主要是石器、铜器、陶器等，石器均为磨制石器，磨制精细，体量一般较小，器形有锛、斧、砺石、镞等，其中弧壁穿孔石刀、小石锛、有肩或有段石锛、梯形石斧和刮削器较具有地方特色。铜器数量发现较少，为有段青铜实心铜锛、青铜细丝耳饰。陶器质地以夹砂红褐陶为主，次为夹砂黑褐陶，泥质陶有橙黄、灰陶以及磨光黑陶。制作以泥条盘筑为主，轮制技术已广泛使用，瓶类陶器表面经过磨光处理。素面陶最为常见，纹饰主要是弦纹和戳印纹。陶器基本为平底器，以小平底最为多见，少见圈足器，不见圜底器和三足器。器类主要有罐、瓶、壶、杯、盆、器盖、纺轮等，单耳细长颈小平底瓶、单耳壶、单耳侈口鼓腹罐、三耳小平底瓶、小平底喇叭口杯、单耳钵、带耳盆、折沿深腹罐、单耳深腹波纹敛口罐、圆饼形纺轮、双或单大耳罐是以鸡公山遗址为代表的文化类型最具有地方特征的陶器群（图三、图四）。

　　从上文闸心场类型和鸡公山类型陶器描述中，我们可以清晰地发现它们之间不仅有着相同的陶器器物群，其装饰风格也几乎雷同。石器形制非常接近，流行折角比较明显的有肩有段石器。二者之间的不仅文化面貌非常接近，而且时代也相近。滇东地区闸心场类型与黔西地区鸡公山类型之间地理上为同一个单元，直线距离在 20 公里以内。虽然有着些许的差异，但其主体文化因素和分布区域特征却是一致的。因此，笔者认为它们应为同一文化类型。虽然闸心场遗址和马厂遗址较早发现，但都未曾进行过正式的田野考古发掘，资料缺乏特定的时空位置，故笔者以为将其置于经过正式发掘的鸡公山文化类型较为妥当，为了描述的方便下文简称的鸡公山文化类型，均包括滇东北地区遗址。

　　瓦窑文化类型的遗址目前经过正式发掘的材料是毕节市青场区瓦窑村遗址，该类型遗址位于河流两侧阶地之上。遗迹现象发现有建筑遗迹、陶窑等。该文化类型的遗物石器全部为磨制石器，器形有锛、斧、刀、锤、研磨器、范、砺石、网坠、支座等；另外还出土了少量的铜器（铜镯、铜片、铜粒、铜条）、骨牙器（骨笄、牙饰）。陶器主要为生活用具，质地以夹砂红或红褐为主，次为夹砂黑陶，再次为泥质陶。纹饰以绳纹居多，另有方格纹、叶脉纹、涡纹、几何纹、圆点、乳钉、镂空，部分器物经过磨光处理。陶器以平底器为主，最常见的是小平底，部分为小凹底。从报告中观察笔者认为陶器中有相当数量的圈足器，从出土的支座和类似圜底钵的器物推测有圜底器的存在？而非原报告所称无圜底器和仅有少量的圈足器的存在。器形有磨光黑陶长颈壶、碗、罐、钵、豆、直腹罐、小口罐、纺轮等。其他还有骨笄、牙饰、铜镯、铜片、铜条等。长颈壶、侈口鼓腹罐、圈足碗、豆、圜底钵（？）、小口罐等较具特点（图五）。

图三　鸡公山类型

1. 侈口波纹罐　2. 双大耳罐　3. 单耳侈口鼓腹罐　4. 直口罐　5. 单耳折沿罐　6. 带流罐　7. 单耳壶
8. 单耳罐　9. 单耳细长颈小平底瓶　10. 小平底喇叭口杯　11. 瓮　12. 长颈壶

　　鸡公山文化类型与瓦窑文化类型二者之间的文化面貌有着较大的差异，他们是黔西地区两个各具区域特色的地方文化类型。带耳器是鸡公山文化类型最具特征的器物，而瓦窑类型则不见此类形态的器物，瓦窑类型中圈足器占有相当的比重，鸡公山类型中则鲜有发现圈足器的存在，陶器装饰风格也有着较大的差异，鸡公山类型以素面为主，另见少量的划纹、弦纹、点纹，以平行划纹最为常见；纹饰一般多饰于器物肩部和口沿之上。陶器制作以泥条盘筑为主，轮制技术已经广泛应用于陶器制作，这在细颈瓶和壶上最为典型。瓦窑类型有纹饰的陶片占52.1%，磨光黑陶有7.6%，以绳纹为最多见，占有四成之多，另有各种刻划纹、方格纹、叶脉纹、涡纹、几何纹、圆点、乳钉、镂空装饰，部分器物经过磨光处理。陶质上鸡公山类型泥质陶占有相当的比例，而瓦窑类型则是夹砂陶占有绝对的优势。由于有着相近的地域因素，二者之间有着少量相似的文化因素，

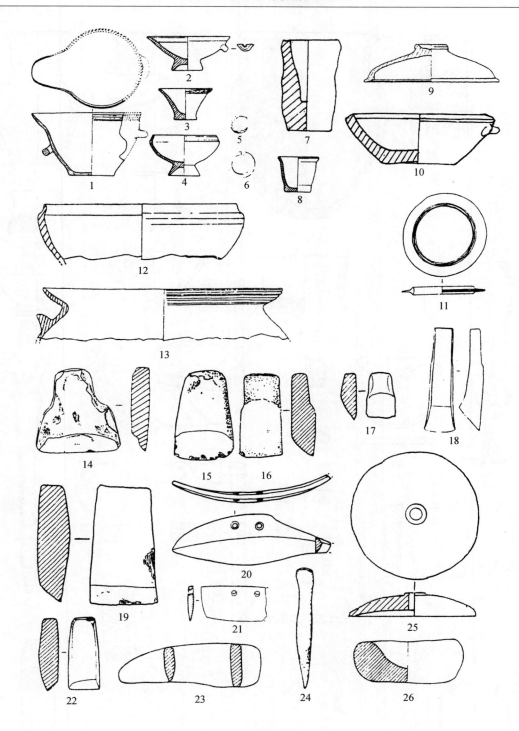

图四 鸡公山类型

1. 带流盆 2. 带耳豆 3、7、8. 陶杯 4. 豆 5. 铜镯 6. 耳玦 9. 器盖 10. 带耳盆 11. 有领玉璧 12. 钵
13. 大侈口罐 14. 有肩石斧 15. 石斧 16. 有段石钵 17、19、22. 石锛 18. 有段实心铜锛其中 20、21 穿孔石刀
23. 石镰 24. 骨笄 25. 陶方纺 26. 石臼

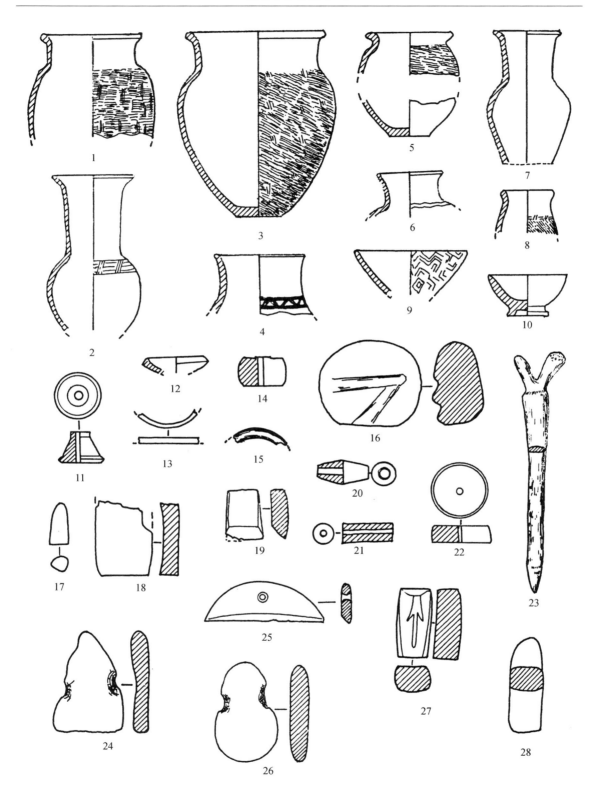

图五　瓦窑类型

1、3～5. 陶罐　2、6、7. 陶壶　8. 小口罐　9. 陶钵　10. 陶碗　11、14、22. 陶纺轮　12. 陶豆　13. 铜镯　15. 牙饰

16、18. 砺石　17. 研磨器　19. 石锛　20、21. 陶管　23. 骨笄　24、26. 石网坠　25. 石刀　27. 石范　28. 石锛

小平底器、小口罐是两地常见的器类，磨光黑陶是两地共有的传统，这种共有的因素不仅是因地域上的接近，笔者更倾向于认为是由于相近的地缘生态环境和不同族群文化之间的互动传播，他们并非同一族群的文化遗留物。同时由于二者^{14}C测定年代相近，考古学年代上并无直接的先后关系，地域上也非常接近，因此，笔者认为这些有着不同的器物群形态和装饰风格，在年代上相近的物质遗存应该是不同族群活动的遗留。在这里，我们之所以未进行考古学文化的命名是考虑到该区域目前田野考古资料积累的滞后与匮乏，不能将如此复杂多样考古遗存作简单化的处理。"坝子"相对封闭的地理空间和复杂特殊的环境，致使分布于此的早期族群的文化形态复杂多样。

鸡公山文化类型^{14}C年代距今为3100年±50年（未经树轮校正），瓦窑文化类型^{14}C测年为2950年±125年，树轮校正为3210年±175年。二者^{14}C年代数据相近，均为距今3000年左右，相当于中原地区的商末西周时期。虽然石器和陶器仍然广泛使用于生产与生活之中，但本地铸造的青铜器已经出现，这两种文化类型居民所处的社会阶段已非新石器时代，而是进入了青铜时代。由于青铜器在这些遗址之中出土数量相对比较少，多是装饰品和兵器，青铜器在当时社会中并非具有物化象征的意义，它属于当地的早期青铜时代。

四、滇东与黔西早期青铜时代居民生态环境与生业形态

滇东与黔西地区早期青铜时代的遗存主要分布在昭通坝子及周边地区。这些遗址多分布于牛栏江的北岸或东岸，西岸和南岸目前尚未发现同一类型的遗址。鸡公山文化类型和瓦窑类型虽然文化面貌有着较大的差异，为不同的文化类型，但由于其在自然地理上为同一单元，历史上过去和现在的自然环境应该非常相似，故在讨论这一区域生业形态和自然环境时将其置于同一时空环境中予以表述。该区域早期青铜时代的遗址形态主要有滨湖遗址、盆地山顶或坡地遗址、河流阶地遗址以及洞穴遗址，滨湖遗址和洞穴遗址一般规模较小，而山顶、山前坡地、阶地遗址普遍规模较大，如鲁甸野石山遗址面积达1平方公里、瓦窑遗址10万平方米、闸心场遗址20万平方米。从上述考古材料透露出的信息，可推测鸡公山类型的居民当时在以昭通坝子为中心的滨湖地区和盆地河流两侧的山顶或坡地上已经散布定居，并形成了较大规模的中心性聚落。这些聚落内居民的建筑形式有地面柱洞式干栏建筑、半地穴建筑，目前发现的建筑一般体量较小。鸡公山遗址大量发现的形制特殊"祭祀坑"充分显示该遗址功能上的特殊地位，并非一般的遗址形态，它极有可能是当时该区域专门的"祭祀"场所。这里的居民流行的丧葬习俗是实行长方形竖穴土坑葬，一般不使用葬具，葬式多为一次仰身直肢葬，墓葬中多无随葬品，少数墓葬随葬陶器1~3件，另有个别墓葬出土青铜丝、骨镞和石镞。大量炭化水稻和穿孔石刀的发现，可推测当时居民从事的是定居农业生产，稻谷是其饮食的主要来源，而遗址中出土的动物骨骼遗骸和石镞、骨镞以及大量的螺蛳壳和石网坠的遗留则表明当时

居民获取的主要动物蛋白来自于渔猎经济提供的产品，这也充分说明渔猎经济在当时经济生活中的重要地位，是农业经济一个必要的组成部分。大量陶器的遗留以及陶窑的发现反映出其陶器制作和烧制技术水平，铜器及石范的出土则反映该区域的铜器系本地铸造而非舶来品。瓦窑遗址地层中"孢粉组合反映出当时该遗址为亚大西洋期的晚全新世气候，表明该地区主要是温带和亚热带的山地植被……植被中以灌木和草本植物为主，木本植物中针叶林的松、柏则占优势，其次是阔叶的桦、栲木等……[22]"它反映出滇东黔西地区在商周时期湖沼密布，气候温暖湿润自然环境，它与今天该地域的生态环境迥然有别。正是有着如此优越的生态环境，才在商周时期孕育出如此独特的区域文化。

五、问题与契机

考古学文化是指在一定时间和空间内经常出现的一组或多组有代表性特征的器物组合和行为组合。透过上述比较，我们可以发现鸡公山类型与瓦窑类型主体文化面貌有着明显的差异，当属不同的文化类型。主体文化的差异性表现在二者陶器的质地、色泽、纹饰，墓葬及建筑遗迹等方面得到了充分的反映。这些高度发达的早期青铜时代的居民从何而来？其前身的文化面貌如何？具有特殊功能的遗址出土的文化遗物由于其特定的用途，其反映出的文化面貌是否具有普适的意义？他们与战国秦汉时期的夜郎[23]文化有着何种关联？西周晚期至战国前期滇该地区考古学文化面貌是什么？滇东黔西目前发现的早期青铜时代考古资料还需要进一步的梳理和细化研究，该地区青铜时代一个比较可靠的考古年代学序列的建立已刻不容缓。

鸡公山文化类型与瓦窑文化类型是滇东黔西地区早期青铜时代两支具有明显地域特色的古代文化，它们之间由于相近的地理单元和相似的生态环境，二者之间发生着紧密的联系，穿孔弧壁石刀，梯形石斧，小平底、磨光黑陶是其共有的文化因素。鸡公山类型该类型遗址出土的石器多为折角明显的磨制梯形斧、锛，另外还出土有长方形和半圆形双孔石刀。也有不少夹砂陶；制法均为手制，纹饰简单，主要是平行弦纹，偶见点纹，部分陶器表面施黑衣。器形一般形体较小，几乎都是平底器，陶器多单耳，细颈单耳小平底瓶、单耳侈口罐、曲腹钵、单耳小口罐及部分表面打磨极其光亮的黑陶器、敛口或侈口鼓腹罐、喇叭口杯等与瓦窑类型的圈足器、豆、壶等文化因素的结合是战国西汉时期夜郎文化陶器形态的主要渊源。战国—秦汉时期的古夜郎文化中许多陶器的原始形态在滇东北与黔西北地区早期青铜时代文化中可以找到其祖形或相似的形态，如单耳侈口罐、碗、豆、杯、瓿等，他们之间有着明显的亲缘关系，这些早期青铜文化应该是古夜郎文化形成的主要因素之一。滇东黔西地区青铜时代以往的考古材料之间往往存在着明显的断裂，致使我们在探讨"古夜郎"文化渊源和年代时往往缺乏有说服力的证据。该区域商周时期的青铜文化与战国至西汉中期的"夜郎"文化之间缺乏可对比的考古资料。古夜郎文化应该是具有特定的时空意义、在不同的时间段里，其中心聚落和文化分布范围都呈动态的发展，从目前滇东北与黔西地区大量战国至西汉遗存的发现，我们可发现以鸡公山文化类型与瓦窑文化类型为代表的早期青铜文化势力呈现东退西进，向南扩张的态势，这与当时活跃于此的滇、巴蜀、邛都、夜郎等势力消长密切相关，对此笔者有专文论述，在此不再赘述[24]。随着 2004 年中水地区考古新发现的营盘山遗址以及银子坛墓地、红营盘墓地[25]加上之前发掘的昭通营盘墓地[26]、赫章可乐墓地[27]、普安铜鼓山遗址[28]、威宁中水汉墓[29]等晚期青铜时代的考古材料，它有利于我们初步构建该区域青铜时代的考古学年代框架，并有助于厘清"古夜郎"文化的中心聚落、分布范围、族属与文化特征的认定。

六、结　　语

受制于发掘面积及研究水平的限制，目前该区域早期时代遗存所提供的文化信息是极其有限的，它遮蔽了我们认识的视野。但目前该类型物质遗存也提供一些重要的信息，建筑遗迹及大量农业生产工具和陶器的出土，推测其主人可能已过着定居生活，定居的农业生产是其主体经济形式，另有渔猎经济作为其辅助经济。该类型文化遗存的流行时代在公元前 14 世纪左右[30]，商末西周时期。

滇东黔西地区自古以来就是南北交通要道，自远古时代以来，南来北往的族群就通过这条文化走廊实现着持续的民族迁徙、文化交流与传播，各族群间的文化互动发展，最终形成了具有浓厚的地域特色并且多元复杂的文化类型。目前该地区呈现出的早期青铜时代的文化面貌仍是粗线条的，提供的信息是残缺不全的，存在的疑问也很多，滇东与黔西早期青铜时代的文化面貌和古夜郎文化之间的关系，有待于今后考古发掘与研究工作的深入和细化。

注　释

[1]　　本文所指的滇东与黔西具有特定的地理坐标意义，并非包括整个云南东部与贵州西部，它具体是指云南东北部与贵州西北部这一特定地理区域的，主要是金沙江下游云南东北的昭通市（以昭通市、鲁甸县为主）和贵州省西北部的毕节市（以赫章县、毕节市、威宁为主），它位于云、贵、川三省交界之处，是北进四川，东入贵州的门户。本文讨论的滇东与黔西均是在这范围展开的。

[2]　　这里的早期青铜时代指的是青铜器出土非常少，过去人们认为的一些"新石器时代"的遗址，其时代大致相当于中原地区商末西周时期。

[3]　　陈万煜：《昭通县发现古文化遗址》，《文物》1959 年 9 期；云南省文物工作队：《云南昭通文物调查简报》，《文物》1960 年 6 期；云南省文物工作队：《云南昭通马厂和闸心场遗址调查简报》，《考古》1962 年 10 期。

[4] [30]　丁长芬：《昭通青铜文化初论》，《云南文物》2002 年 1 期，总第 55 期。

[5]　　游有山：《鲁甸野石新石器时代遗址调查报告》，《云南文物》总 18 期，1985 年。

[6]　　国家文物局主编、云南省文化厅编著：《中国文物地图集·云南分册》，第 55～56 页、59 页、60 页、

63 页、66 页，云南科技出版社，2003 年。

[7] 同［ 6 ］。

[8] 同［ 6 ］。

[9] 同［ 6 ］。

[10] 同［ 6 ］。

[11] 同［ 6 ］。

[12] 同［ 6 ］。

[13] 游有山：《巧家县发掘新石器晚期墓葬》，《中国文物报》1992 年 8 月 2 日。

[14] 李水城：《区域对比：环境与聚落的演进》，《考古与文物》2002 年 6 期。

[15] 贵州威宁中水联合考古队：《贵州威宁中水考古发掘取得重要收获》，《中国文物报》2005 年 1 月 5 日 1 版。

[16] 贵州省博物馆：《贵州威宁中河发现新石器时代遗物》，《文物》1973 年 1 期；晏祖伦：《威宁吴家大坪新石器时代遗址的调查》，《贵州文物》1983 年 1 期。

[17] 同［15］。

[18] 贵州省博物馆考古队：《贵州毕节瓦窑遗址发掘简报》，《考古》1987 年 4 期；何凤桐：《毕节青场新石器》，《贵州文物》1982 年 1 期。

[19] 晏祖伦：《威宁东山新石器》，《贵州文物》1984 年 1 期；宋先世、王燕子：《贵州发现的磨制石器及其形制》，《贵州田野考古四十年》，贵州民族出版社，1993 年。中央民族学院研究部：《贵州毕节专区发现新石器》，《考古》1956 年 3 期。

[20] 同［19］。

[21] 同［19］。

[22] 同［18］。

[23] 本文所指的夜郎文化具有特定时间段意义，它主要是指战国至西汉中晚期滇东与黔西地区活跃着的古夜郎及旁小邑的族群的概称。

[24] 可见笔者论文：《滇东黔西晚期青铜文化——兼谈古夜郎文化》，待刊。

[25] 同［15］。

[26] 营盘发掘队：《云南昭通营盘古墓群发掘简报》，《云南文物》总 41 期，1985 年。

[27] 贵州省博物馆考古组等：《赫章可乐发掘报告》，《考古学报》1986 年 2 期。

[28] 刘恩元、熊水富：《普安铜鼓山遗址发掘报告》，《贵州田野考古四十年》贵州民族出版社，1993 年。

[29] 贵州省博物馆考古组等：《威宁中水汉墓》，《考古学报》1981 年 2 期；贵州省博物馆考古组：《威宁中水汉墓第二次发掘》，《文物资料丛刊》1987 年 10 期。

滇东黔西地区青铜时代族群刍议

周志清

云南东部与贵州西部位于云、贵、川三省的交界之处，是云南和贵州北进四川的重要门户，它与四川省的凉山州、宜宾市隔金沙江而望。滇东黔西地区是西南地区一个特殊的地理单元，地处云贵高原东麓，它是四川南部、云南东北部和贵州西部"三省鸡鸣"之地。本文所讨论的区域主要是指云南东北部、贵州西部、广西西北部的个别地区，东部属于乌蒙山系，西部则属于横断山区凉山山脉的五莲峰，在地理单元上呈立体分布，属于西南地区第二阶梯与第三阶梯之间，多高山和高原，属于典型的山地高原构造。该区域属于亚热带湿润季风气候，冬无严寒，夏无酷暑，喀斯特地貌发育良好。由于受地形地势的影响，该区域的气候在垂直方向的特点差异突出，"一山有四季，十里不同天"正是其独特情景的形象写照。在高山和峡谷之间散落着许多西南地区独特的地貌特征"盆地"，这些盆地适宜的自然生态环境，肥沃的土地，为早期人类的繁衍、生存、发展提供理想的舞台。滇东黔西地区地跨长江和珠江两大水系，境内河网密布，其中黔西北地区属于长江水系较大的河流有乌江及其支流，滇东北地区在金沙江下游则有横江、牛栏江等；黔西南地区的珠江水系则有南、北盘江及其支流等，这些河流宽敞的河道形成天然的通道，致使该区域自古以来就成为南来北往的交通孔道，同时也成为古代族群迁徙和文化互动最为频繁的区域，文献记载中的"滇"及位于其东北的同姓"劳浸、靡莫"和"夜郎"、"邛都"等西南夷同川西平原"巴蜀"文化的势力在此犬牙交错，留下了许多具有鲜明区域特点的物质遗存。

滇东黔西地区青铜时代的居民是在该区域新石器时代晚期居民的基础上发展起来，在商周之际他们就已经在滇东北和黔西北地区形成了较大规模的聚落，滇东北地区甚至出现了具有特殊功能的聚落中心，该地区的社会结构已经出现了社会分层[1]，但社会成员之间的分化并不十分明显，他们已经进入了初期的"分层社会"①，而非"阶等社

---

① "分层社会是指这样一种社会，在那里，相同性别与相同年龄的成员，并不拥有相同的权利来平等地占有维持生活的基本资源（the basic resources that sustain life）。""他是先于国家而出现的一种社会。"Morton H. Fried, The Evolution of Political Society：An Essay in Political Anthropology, p. 186。参见周志清博士论文：《滇东黔西青铜时代居民的社会组织形态》。《滇东黔西青铜时代的居民》，四川大学博士论文，2006 年。

会"①，聚落内的成员和聚落之间维持着较为平等的社会关系，农业经济是其主要的经济形式，渔猎经济是其重要的补充经济形式，属于定居农业社会；已经出现了以兵器、工具和装饰品为主要内容的青铜器，初步的青铜冶炼和制造业可能已经发生，它表明该社会的发展阶段已经进入了青铜时代。在春秋时期，滇东北地区青铜文化则进入一个过渡的时期，聚落点发现较少，空间的空白和时间缺环较多，其生业形态不清晰，巴蜀文化的因素在这个时期可能已经影响至该区域，墓葬中的随葬器物有了初步的分化，但不甚显著。而在战国时期，在整个滇东黔西地区出现了三个区域性中心，这些区域中心的社会成员之间已经出现了严重社会分层，聚落之间有了初步的分野，其社会发展阶段已经进入"酋邦"，兼营农业和渔猎的"混合性经济"是其主要的经济形式，他们可能已经出现了初步的游牧业，它与巴蜀地区以农业为主的定居农业有着显著的差异。农业的发展促进了社会的进一步分工，青铜冶炼和铸造、纺织、制陶等已经从农业中分离出来，极大地推进了其社会的发展与贸易的扩张，西汉中期后，西汉政府对西南夷的经略打断这个发展进程。在该区域青铜时代近 1000 年的发展历程中，该区域的居民随着时间和空间变化，其族群成分一直呈现动态的变化与发展，它们的族属和来源是如何的？它与古夜郎的族属有着什么样的关系？这些都值得我们进一步研究。

滇东黔西地区目前发现了大量的旧石器时代的遗址，时代从更新世中期至更新世末期（距今 100 万年至 1 万年之间），这表明该地区很早就是人类活动较为集中的区域。滇东黔西地区在进入青铜时代后（商末至西周时期），其考古资料近年逐渐丰富，这对于我们研究其早期青铜时代的居民生活、生产、丧葬习俗、生业形态、社会组织形态等提供了可靠的实物资料，同时它有助于该区域早期青铜时代考古学编年体系的建立，可使我们逐步地厘清战国至汉代活跃于此的夜郎、滇、且兰、句町、漏卧等"族群"② 的文化承袭[2]、发展演变或突变的过程。透过该区域目前的考古学材料分析，可以发现在当地新石器时代晚期，滇东北地区的晚期新石器文化与早期青铜时代的滇东北"鸡公山文化类型"和黔西北的"瓦窑文化类型"有着许多共同的文化因素，而有段和有肩或有肩有段石器是新石器晚期和青铜时代早期共有的文化因素，相同的生产工具和相似的陶器风

---

① "阶等社会是介于平等社会与分层社会之间的一个发展阶段，其典型聚落形式为村落，分工主要建立在性别和年龄基础之上，亲族关系是其社会中最重要的关系，再分配活动是阶等社会的主要经济整合方式，它不存在着强制性的权力结构。……"易建平：《阶等社会》，《部落联盟与酋邦—民主·专制·国家：起源问题与比较研究》216～225 页，社会科学文献出版社，2004 年。

② "族群"是由它本身组成分子认定的范畴，造成族群最主要的是它的"边界"，而非包括语言、文化、血统等的"内涵"。一个族群的边界，不一定指的是地理的边界，而主要是"社会边界"。在生态性资源竞争中，一个人群强调特定的文化特征，来限定我族的"边界"以排除他人。巴斯：《族群及其边界》，1969 年。王明珂：《当代社会人类学的族群理论》，《华夏边缘——历史记忆与族群认同》，社会科学出版社，2006 年。

格①，反映出这些人群之间有着相同或相近的生活与生产习俗，这种相近性则暗示了这些人群之间应当有着某种紧密的联系；从另一个方面说，该区域早期青铜文化是在当地新石器时代晚期文化的基础上发展起来，当地新石器晚期文化是其早期青铜文化形成的源泉之一[3]。不容忽视的是二者之间虽然有着许多共性的因素，但差异性也是非常显著的，这反映出该区域早期青铜文化类型在发展过程中有着显著"断裂"现象②，我们可以发现鸡公山文化类型出土的陶器具有显著来自西北"横断山区"③ 文化因素的器物，如双大耳罐、单耳罐、小口细颈瓶、带流罐等具有明显西北地区文化因素的遗留，这些器物乃是这种文化因素进入该区域与当地原著民结合复制或创新的产物，但所出土的石器风格与当地新石器晚期文化一致[4]。因此，我们可以推测该区域最早的居民乃是具有"百越"文化因素的族群。在商周之际，即该区域早期青铜时代，可以发现滇东北地区的鸡公山文化类型中已经出现了新的文化因素④，并形成了其自身的风格与特色，其分布区域广泛，形成了一个特定的文化叙事圈（环昭通坝子）。鸡公山文化类型的居民已经具有浓厚西北地区的文化因素，它与当地晚期新石器时代的居民陶器传统有着显著的差异和变化，这种差异性和变化的存在，说明该地区这个时期有外来人群的移动和外来文化因素的介入，这些来自西北方向的人群（一般认为其属于氐羌体系⑤）与当地原土著居民的结合与互动形成了鸡公山文化类型，它是距今 3000 年左右滇东北地区的主体居民的写照。它既有当地自新石器晚期以来"百越"风格的遗民，同时也吸收了来自西北方向氐羌系统的人群，从而混合形成了鸡公山文化类型的土著居民。而在黔西北地区，瓦窑文化类型居民的文化传统未呈现较大的变化，文化因素承袭的因素较为浓厚，它还保留着当地新石器时代晚期的特征，因此该区域的主体人群可能仍是当地具有"百越"遗风的原土著居民的持续发展。滇东黔西地区早期青铜时代居民应是生活于当地的"原土著居民"，这些具有百越遗风的原土著居民与北下的"羌人"在此交汇与融合[5]，逐步在滇东北地区形成一种具有鲜明的区域性特征的地方文化族群，即鸡公山文化类型居民；而

---

① 周志清：《滇东黔西青铜时代的居民》，四川大学博士论文，2006 年。

② "过去一向作为研究对象的线性连续已被一种深层上脱离连续的手法所取代。从政治的多变性到'物质文明'特有的缓慢性，分析的层次变得多种多样：每一个层次都有自己独特的断裂，每一个都蕴含着自己特有的分割；人们越是接近最深的层次，断裂也就随之越来越大。"米歇尔·福柯：《知识考古学》1～2 页，生活、读书、新知三联书店，1998 年。

③ 横断山脉地带是一个地理学概念，它是中国最长、最宽、最典型的南北向山系，唯一兼有太平洋和印度洋水系的地区。位于青藏高原东南部，通常为川、滇两省西部和西藏自治区东部南北向山脉的总称。因"横断"东西交通故名。《中国大百科全书·中国地理》光盘 1.1 版，中国大百科全书出版社。从文化地理上而言，"横断山脉"又称"藏彝走廊"，是中国西南地区一个独具价值的民族区域。石硕：《"藏彝走廊"：一个独具价值的民族区域——谈费孝通先生提出的"藏彝走廊"的概念与区域》，《藏彝走廊：历史与文化》，四川人民出版社，2005 年。

④ 周志清：《滇东黔西青铜时代的居民》，四川大学博士论文，2006 年。

⑤ 何光岳：《氐羌源流考》，江西出版社，2000 年。

黔西北的瓦窑文化类型的居民则是在其当地新石器晚期居民基础上的继续发展。

滇东黔西地区在进入晚期青铜时代以后（春秋至西汉末期），分布范围较之以前有了较大扩展，考古材料也更加丰富，大范围文化因素的均质性与文化特征更加显著，一个特定的文化叙事圈已经悄然形成。特别是在战国至西汉晚期这个时段里，该区域成为夜郎、滇、且兰、句町、漏卧、楚、巴蜀等族群势力竞相角逐之地，各种文化因素在此犬牙交错，留下许多丰富的文化遗迹和遗物。夜郎成为该区域最强大的部落群体，逐步形成以黔西北和滇东北为其政治中心地区，辐射黔西南的古代部落群体。

该区域晚期青铜文化的第一期目前仅在滇东北地区予以发现与确认，滇东北晚期青铜文化一期，即红营盘文化类型，它与其早期青铜文化（鸡公山文化类型）有着紧密的联系，同时也与银子坛文化类型也有着一定的关系，它与二者之间具有联系，又存在着明显地缺环，这种差异与联系存在的原因，究竟是时代上的因素抑或是文化类型上的差异，目前的考古材料尚不能清晰的揭示，还需要进一步的田野考古材料的丰富，但笔者倾向于时代上的差异，该类型较为典型的器物如带流器、直腹杯、圈足碗等，其中单耳折沿小罐、有段铜锛、有领玉镯等与鸡公山遗址出土的同类器物相近，带流的盆和杯以及带流鼓腹高领罐是鸡公山传统的延续，红营盘类型可能是在鸡公山文化类型的基础上发展起来的，它与创造鸡公山文化类型的居民极有可能有着族属上的亲缘关系，该区域人群百越风格的孑遗在这个时期已经呈现衰落的趋势，传统文化因素已经基本消失殆尽，而来自西北方向的文化因素占主导地位的红营盘类型成为这个时期代表，它可能代表了鸡公山文化类型的过渡形态。滇东北地区自商周时期就已经受到来自安宁河流域古代文化的影响，距今 4000 ~ 3700 年的 "横栏山文化类型"① 就已经出现了带流器，带流的器物是安宁河流域古代文化的传统风格[6]，鸡公山文化类型中带流器物也占有相当的比重，也是其自身传统的显现，二地之间距离较近，有着便利的交通孔道和交流途径，在昭通市的巧家魁阁青铜墓地中出土的带流壶、直腹杯、柳叶形铜剑、玉玦、弓背铜刀等与红营盘出土的同类器相同或相近，这也从侧面反映出来自西北方向的古代文化对滇东黔西地区的长期影响的存在。红营盘文化类型与银子坛文化类型之间有着明显的 "断裂"，陶器的组合与风格迥异，但陶器中的折沿罐、杯、碗以及乳钉纹的装饰风格以及带芒的青铜剑、长骹双系铜矛和有领玉镯、玦等在银子坛类型中多有发现，这种情形的发生，笔者认为虽然从目前的考古材料分析尚不能进行充分而直接的论证，但认为它可能是文化上的突变，银子坛类型的陶器整体风格与组合仍然与其早期青铜文化有着一定的联系，这种表层的 "断裂" 正是其文化深层次的继承的发展，它可能是滇东北地区自商周以来一直进行的文化 "异化" 的最终结果；同时银子坛文化类型与红营盘文化类型之间应当有着紧密的关系，这种关系的呈现需要更多这个时段田野考古资料的积累。

银子坛文化类型主要分布于滇东北的昭鲁坝子，流行时间大致为战国早期至西汉中

---

① 周志清：《浅析安宁河流域的新石器文化类型》，《四川文物》，待刊。

晚期。该文化类型出土的遗物区域色彩显著，它与该区域早期青铜文化鸡公山文化类型有着紧密的联系，尽管同红营盘文化类型比较其差异性大于共性，但我们可以发现二者之间仍然有着相当紧密的关系，时代上呈先后关系，器物形态上有着共同的过渡形态，只是这种关系紧密度有待于考古新材料与研究的加强与深入，方可清晰。在银子坛文化类型第一期中，即战国中期前后，滇文化的因素已经开始影响至该区域，但主要局限于青铜兵器和装饰品，这反映出该区域人群在历经鸡公山文化类型的发展和红营盘文化类型的过渡，最终突变形成的银子坛文化类型，它从一开始就与西南的滇人发生了接触，这种接触随着时间推进，影响日趋加深，他们影响和参与了银子坛文化类型居民社会与文化的构建。由于二者之间有着相同的装饰风格和生活习俗以及相近的地缘关系，它说明滇人在这个时期已经进入滇东北地区，并成为该区域族群的一个组成部分。滇人的扩张在银子坛第二期（即战国晚期至西汉中期）更加激烈，典型滇文化因素在这个时期更加突出（主要表现在青铜兵器、农具、装饰品、乐器等），生产与生活习俗传统也受到强烈影响。笔者认为这种情形的发生仅靠文化交流是不可能完成的，因为一种风格或传统的一旦形成，就反映了一种习惯定式思维的形成，这种情形的发生应当是人群的移动才可导致。"一个重大的文化变迁现象，如文化的取代、消亡等，其原因往往是相当复杂的，在很多情况下，是不能用本地区环境的变化或社会内部机制的转变所能解释得了的，这种时候应该注意是否有新的人群的侵入，而这种侵入现象在考古学材料中应该是能有所反映的，可以从五个方面来判断考古学材料中的人群侵入现象：一个移民遗址或文化，其文化特征应该与该地区同时代的遗址或文化有较大的差异；一个移民遗址或文化与该地区前一个时期的文化应该没有任何渊源关系；该移民文化的母文化应该能够在其他地区找到，但由于创始效应的影响，母文化与其分支文化不可能百分百相同，但在总体上其渊源关系应该是明显的；一个移民文化在年代上应该总是比其发源的母文化要晚；如果一个移民文化在一个较大的范围内取代了原来的文化，那么其必有相当强的优势，这些优势可能是生产方式、军事技术、社会结构或意识形态，并应该在考古学材料中有不同程度地反映。"① 这反映了这个时期对该区域影响最深的乃是来自西南方向的滇人，他们与银子坛文化类型的人群在滇东地区相互交融，并成为其中一个组成部分，并发展与创新了银子坛文化类型，将其文化内涵与外延发展到最高峰，这个时期的该区域的人群中即有原来的土著居民，亦有来自西南方向的滇人，他们共同构成了银子坛类型的主体居民，即夜郎系族群的主体居民。在战国晚期至西汉早期，我们也可以发现中原的汉式器物开始进入了该区域，只是其输入数量相对西汉中期以后较少，这反映了从战国晚期至西汉早期，北边的汉人已经在窥视该地区，并通过贸易或其他途径来获取该区域的各个方面的信息，为今后政治和军事经略提供必需的情报信息。大致在银子坛文化类型的第三期（西汉前期），我们可以发现来自东部的滇文化的因素突然骤减，来自北边的汉文

---

① 焦天龙：《人群移动与考古学文化的变迁》，《中国文物报》2005 年 2 月 25 日。

化因素开始日趋凸现，它主要表现为这个时期汉式舶来品大量出现和充斥于该区域居民的上层乃至民间，如铜钱、铁刀、铁剑等广泛出现于这个时期各个阶层的墓葬之中，不同身份或地位社会成员之间的差别可能往往是体现于随葬器物质料的差异和数量的多寡上，这个时期居民们说使用的陶器组合和风格虽然没有发生太大的变化，但大量来自北方典型汉文化色彩器物的出现，反映出在这个时期滇人对该区域影响已经大大减弱，滇人的势力受到了汉人的挤压，被迫分化或融合与当地土著居民之中，汉人可能已经渗透进入了该区域的腹心地区，该区域古代居民的文化学习对象主要是来自北方的中原文化。而在银子坛文化类型第四期前段（西汉中晚期），汉式器物基本上取代了银子坛文化类型的器物，仅有少量银子坛文化类型器物如带把豆、单耳罐等还可见，但呈明器化趋势，小而简略。大量的钱币、弩机、带钩、铜洗和印章等典型中原汉式器物出土成为这个时期的特点，这反映出在这个时期里该区域涌入大量来自北方的汉人，原来生活于当地的族群大多与之融合或分化于他族，该区域最终被纳入中原一体化之中，土著居民成为被汉文化所涵化的居民。黔西北的可乐文化类型大致经历与银子坛文化类型大致相同的过程，只是该区域的土著居民既与银子坛文化类型土著居民有着紧密的关系，也有着些许的差异，二者陶器风格上有着许多共同之处，但出土数量较少；青铜器上二者有着显著的差别，丧葬习俗上亦有着特殊之处（如"套头葬"的盛行），它反映出其与银子坛文化类型居民的族属身份可能有着一定差异，但从总体风格而言，这些居民之间的主体的族群差异可能很小，这种差异的产生可能是由于地区差异所造成，这些居民同样也受到滇文化因素的影响与熏陶，但影响与效果不如银子坛类型明显，推测这种情形的发生影响可能是经过了银子坛类型居民的中转，滇文化因素的影响相对较弱。这个时期也可能有部分滇人进入了黔西北地区，但它未构成该区域的主体居民，自西汉中期以后该区域首先被纳入中原一体化，其境内除了当地的土著居民成为被汉文化涵化的族群，还有大量来自巴蜀地区的汉人移民，它也受到了来自峡江地区青铜文化的影响[7]。黔西南地区的铜鼓山类型的居民集中生活于西汉早期至中期这一时段，自身特色非常显著，亦有少量滇文化因素和汉式器物，这个时期该区域居民使用的陶器具有浓烈的南方土著特色，百越族群的文化因素相对较为浓厚，随着汉文化将滇东北和黔西北地区纳入中原王朝体系之中，其对该区域的影响也日趋突出，因此这个时期该区域的主体族群为百越族群，同时其境内可能还有少量滇人与汉人在活动[8]；而在西汉晚期至东汉初，该区域的主要表现为大量汉文化因素的存在，说明被汉人所涵化的当地土著居民成为这一阶段的主体族群，同时还有一定数量的来自北方的汉人移民的存在。

滇东黔西地区自旧石器时代就已经有古人类在此繁衍、生息，留下了许多丰富遗迹与遗物，并创造了多样性的文化，他们是该区域最为原始的土著居民，他们是该区域新石器时代和青铜时代居民的源泉。目前人类学的研究显示，族群的形成与人群间的资源竞争有着密切的关系①，而新的资源竞争关系，又常由自然环境变迁与人群前夕所造成②。推动文明化发展的机制是通过物我之间的久留即内外力量的变化而完成的。在合宜的条件下，民族的生存机制往往保持原态。生态环境的改变和外在压力的增加，引起内部求生机制的变化及应力的增加。当这种内部机制的转化适应了外在环境的变化而与应力一致时，就引起民族向适应发展的方向转化，当应力不能适应协调外在压力时，则导致民族的危亡③。发生于公元前2000～前1000年气候变迁以及西北地区游牧化，迫使原先居住于西北地区居民向南移和东进，这个影响一直波及滇东黔西地区。在新石器时代晚期，生活于此地的居民具有浓烈的南方百越文化的风格，即该区域新石器时期的居民族属为南方"百越"族群④，这些居民与该区域早期青铜时代居民有着密切的关系。而在早期青铜时代，该区域的居民成分开始发生了变化，来自西北方向具有"氐羌"⑤ 文化色彩的人群通过横断山区进入滇东北地区，他们与当地原土著居民一道共同创造了新的文化类型，形成"鸡公山文化类型"的居民，这个时期居民的族属为南方越人与西北氐羌结合物；而黔西北地区的瓦窑类型居民的族属则未发生较大变化，仍为南方越人的延续。滇东北的红营盘文化类型处于该区域早期青铜时代的居民与晚期青铜时代居民的过渡阶段，这个时段里的居民已经难觅南方越人特点，但它也不同于典型的氐羌族，因此这个时期的居民已经形成了新的族群，其族属成分里氐羌文化因素相对较浓，可能是鸡公山类型居民与银子坛类型居民之间的过渡人群形态。战国至西汉晚期，滇东北地区的银子坛类型、黔西北的可乐类型的族群已经基本定型，这些居民基本上都为"椎髻束发"、"耕田、有邑聚"的族群，这些都与西南夷地区的"滇"、"邛都"有着许多共同之

① Gunnar Haaland, "Ecomomic Determinants in Ethnic Process," in Ethnic Groups and Boundaries, 58 ~ 73; Leo A. Despress ed., Ethnicity and Resource Competition in Plural Societies (Paris: Mouton Publishers, 1975).

② S. R. Charsley, "The Formation of Ethnic Groups," in Urban Ethnicity, ed. by A. Cohen (London: Tavistock, 1974); Michael Banton, "The Direction and Speed of Ethnic Change," in Ethnic Change, 32 ~ 52; G. Cater Bently, "Migration, Ethnic Identity, and State Building in the Philippines: The Sulu Case," In Ethnic Change, 118 ~ 153; Nancie L. Gonzalez&Carlyn S. McCommon ed., Conflict, Migration, and the Expression of Ethnicity (Boulder: Westview Press, 1989).

③ 李禹阶、黄晓东：《巴族社会组织的一般性与特殊性》174页，《巴渝文化（第三辑）》，重庆出版社，1994年。

④ "百越"是分布于南中国地区一支古老的族群，传统上认为有肩和有段石器、靴形铜钺或斧、铜鼓、铜箭、椎髻、猎头、跣足、文身、祭柱、干栏式建筑、操舟等是中国南方百越的特色。张增祺：《滇国与滇文化》38～48页，云南美术出版社，1997年。

⑤ 这里氐羌泛指华夏对西方异族的概念，它随着时间的变化，其概念也随之变化，在商代，羌是商人异族的概念；秦汉时期的氐羌用来指西方的民族，是汉人异族的概念，它们在这个时期概念延伸至青藏高原东麓的西南夷地区，截至如今，这些生活于青藏高原边缘地区的人群仍然维持着华夏与非华夏的族群边界。相关问题可参考王明珂：《华夏边缘的漂移：谁是羌人》，《华夏边缘——历史记忆与族群认同》，社会科学出版社，2006年。

处，它反映出这些族群之间有着相近的族属亲缘关系，在形成与发展中可能有着共同族属来源，它们都极有可能与来自西北方向具有氐羌文化色彩的族群对西南夷地区长期的移动与融合有着密切地关系。黔西南铜鼓山类型的主体居民则保留较多南方越人的特点，但其居民成分仍然包含有许多外来人群成分，如银子坛居民、可乐居民、滇人、汉人在该区域仍占有相当地影响。该区域青铜时代的考古资料告诉我们，滇东黔西青铜时代的居民族属最早是南方越人，在进入青铜时代后，在与来自西北方向氐羌文化因素族群的影响下逐步形成了新的族群（如鸡公山类型居民），在经历了商代晚期至春秋长时期的融合与发展，战国时期形成了新的族群，这些居民与文献记载中的"滇"、"邛都"、"夜郎"等族群有着相似的生产与生活风俗，其族属成分可能相同或相近。由于在这个时段里，该区域与古夜郎活动的空间范围与时间段相同，因此许多学者认为这些族群与文献中的"夜郎"可能有着不可分割的关系；从另外一个角度观察，即"夜郎"的族属与银子坛类居民和可乐类型居民以及铜鼓山类型的居民都可能发生关系，而这些居民都是在当地晚期新石器时代居民的基础上发展起来的，在商周之际，它融合了西北氐羌族，在战国时期形成了新的族群——"夜郎"，也就是说夜郎是南方越人与西北氐羌结合"异化"的产物，它随着时间的变化而有着不同的含义，"夜郎系"族群是滇东黔西地区战国早期至西汉晚期的主体族群，并与滇、邛都成为西南夷中的望族。

滇东黔西地区青铜时代居民的族属有着特定时间和空间界定，在商周之际，在滇东北和黔西北地区的居民则有越人、羌人以及越羌融合的族群（鸡公山类型和瓦窑类型），其主体居民为鸡公山类型居民（越羌混合物）；而在春秋时期，在滇东北地区生活的居民则是商周之际越羌融合的红营盘类型和北边的少数巴蜀移民，其主体居民为红营盘类型居民。进入战国至西汉时期，即文献记载中的夜郎时期，滇东北的族属为银子坛类型，黔西北为可乐类型，黔西南为铜鼓山类型，滇东北和黔西北类型主体居民的先民为鸡公山居民延续下来的越羌融合的土著居民和瓦窑百越系居民，此外还有部分滇人、"邛都"、南越人、汉人（巴人和蜀人、僰人、楚人）等。黔西南铜鼓山类型的主体居民则为越人，另有银子坛类型和可乐类型的部分移民以及滇人、"邛都"、南越人、汉人（巴人和蜀人、楚人）等。这些具有不同称谓和不同族系的族群，经过长期的经济交流、文化变迁与涵化以及社会发展，逐渐演变形成了今天分布于云南东北部和贵州西部的彝族、仡佬族、布依族、汉族的先民。

滇东黔西地区青铜时代主体居民的来源为当地土著与来自西北的羌人的融合发展所形成，其内涵与成分随着时间和空间的变化而变化，其居民来源呈现多元化的趋势，在不同的时期都有新的族群融合或分化，即使如此，该区域的青铜时代的主体居民仍然是在当地新石器晚期文化（具有显著的南方越人色彩）的基础上结合氐羌系族群发展起来的，在夜郎时期，来自滇、邛都、巴蜀、楚、南越的文化的族群的进入与当地土著居民的融合与发展，银子坛类型的居民构成了该区域夜郎时期的主体族群。因此，该区域青铜时代的居民在不同的时段和空间形态中，其居民的构成中始终都有外来族群的血液不断补充与发展，其族属成分并非一成不变。

自新石器时代晚期起，氐羌和濮越两大族群就交汇于中国的西南端，西南夷地区一直保持着汉藏语系氐羌与濮越两大族群交错杂居的局面①。《华阳国志·南中志》："南中，在昔盖夷越之地。"正是此情形的反映。大体而言，西南夷地区的东部和南部，以濮越为主；西部和北部则以氐羌族为主，滇东黔西地区刚好位于氐羌沿西北而下、濮越自东南而上的交汇地带[9]，故该区域的族群关系长期以来一直呈现错综复杂的局面，并一直影响至今。该区域可能是目前中国境内"氐羌系"族群向南移最东的地区，其文化因素也呈现出"边缘化"的趋势，经过商周时期发展演变以及人群长距离的跋涉，这些来自西北异族的自身的文化特色因环境和时间的变化，与其母体文化的差异越来越大，以至于已辨不清其原始的身份。这些来自西北方向的人群与滇东黔西地区的原土著居民长期融合形成新的族群——"夜郎"的先民，战国至西汉时期，"夜郎"系居民成为该区域的主体居民，它与滇、邛都一样都流淌着氐羌族群的血液，这可能也是这些西南夷各族群长期以来一直都有着某种共性的因素的缘由之一？我们知道滇人由于出土的大量青铜人物形象而使研究者们所熟知，而夜郎人的外貌特征由于缺乏直接人物图像资料，长期以来一直致使其族群研究的深入乏善可陈。但目前该区域汉代遗存出土的一些人物形象对于我们讨论该区域居民的外貌特征提供了想象的空间。如昭通县鸡窝院子汉墓出土的一件人形器腿，形象保留了当地某种族群居民的特征，跪坐、跣足、头顶器底，两手折臂下托于大腿。头顶之物，已残。人首既长且宽，高鼻梁、巨目、大嘴、长胡须延至耳际。面部按不同部分阴刻细纹。发后束，长及膝。身着束腰长袍。腰饰带状方格纹一圈，以下饰圆涡纹和水波纹。衣长着膝，后有三条羽形尾饰。短袖仅及上臂。披鱼尾形肩坎②。它与滇文化青铜器图像中的纳贡场面中的残铜戈上骑马者、背物牵牛来献者（石 M13:2）上的人物形象非常接近，这些人物形象可能为外来人群，此外在昭通东汉墓中还出土了一件胡人跪俑，其形态和神情别有特点③。长头、高鼻、巨（深）目、长胡须、大嘴等是中国西北人群的重要体质特征之一[10]，公元前 2000~前 1000 年北方地区的干旱而引起的人群大移动，对中国西南地区的族群构成与发展有着深刻的影响，来自西北地区古代族群的文化与人群成为西南地区主角，这个影响直至汉代才有所改观，西南地区的夷人文化被中原强势汉文化所涵化，这种影响一直延续至今。《汉书·西羌传》云秦献公时"忍季父卯畏秦之威，将其种人附落而南，出赐支河曲西数千里，与众羌绝远，不复交通"。这些南下的羌人在不同区域环境中或农耕、或游牧、或农耕与畜牧结合的山地经济，它们或与当地土著、或与汉人同化和结合形成西南地区的夷人和最初的汉

---

① 祁庆富：《西南夷族系浅论》，《贵州社会科学》1983 年第 3 期。
② 游有山：《昭通县鸡窝院子汉墓清理简报》，《云南文物》13 期，1983 年。
③ 资料现存昭通市文管所。

人①。《三国志·蜀志·李恢传》载：诸葛亮平定南中后，"赋出叟、濮"。有学者认为"叟为氐羌系统民族"②，任乃强先生则认为"叟为汉民加于羌戎之称，有渠叟之义，而无蜀国之义"，"周人所谓渠叟"，"为西戎、北狄和月氏三部族的中介部落"。[11]《华阳国志·南中志》说"夷人大种曰昆，小种曰叟，皆曲头木耳，环铁裹结，无大侯王"。它反映出该区域这些夷人的社会组织尚未进入国家形态阶段。据《新纂云南通志》载，1936年在昭通洒渔汉墓出土了一枚东汉时期的"汉叟邑长"铜印③，1953年在昭通东汉墓中出土的一件残铜铸人像，该人像作跪坐式，双手托于腿部，头顶上有似高冠的尖状物，身穿窄长衣裤，蓄长须，须长至前胸④，和晋宁石寨山贮贝器上 A 组的人物形象十分接近，结合"汉叟邑长"铜印的出土，它反映出滇东北地区居民的族群意象，也从一个侧面反映出汉王朝该区域居民采取"以故俗治"的羁縻政策[12]。这些记载与描述反映了汉晋时期生活于当地居民的风俗习惯，同时该区域墓葬中考古材料也可以促进认识。这虽然并不能直接提供夜郎人等同的形象，但它对于我们了解该区域当时滇东北和黔西北地区居民的外貌和装饰以及族属等方面有着积极的意义。

在滇东黔西地区青铜时代的晚期，"楚"、"滇"、"邛都"、"巴蜀"之民就已经深入该区域，他们中的一部分融入当地居民之中，而另一部分则发展成为该区域最早一批汉族居民，而滇东北和黔西北地区自商周以来越人与羌人结合而来的当地原土著居民成为夜郎境内的主体族群，黔西南的居民则与东南边的南越有着更为紧密的联系。两汉时期中原王朝开始对该区域在不同时期进行着持续的影响，特别西汉中央政府对该地区的经略，迫使其政治中心向南逐渐发生位移，在汉武帝建元六年（公元前135年），犍为郡的设立，黔西北和滇东北地区正式被纳入西汉王朝郡县体制内，由于该区域开发较早，汉文化的影响较大，同时该区域也是汉制郡县较为集中的地区，这表现为当地大量汉人墓葬集中发现和当地夷人墓中随葬大量汉式器物的出现。在这种情形之下，随着时间的推移，夜郎的政治中心逐渐向西南移动，西汉中晚期其政治中心可能在南北盘江之间？《汉书·西南夷传》曰："成帝河平中，夜郎王兴与句町王禹、漏卧侯俞更举兵相攻。"句町的政治中心在西林驮娘江上游，而漏卧则主要分布于今贵州兴义、安龙地区，三地之间的距离应较近，因此西汉晚期"夜郎"的政治中心可能已经移至黔西南的南北盘江流域。随着成帝河平（公元前28～前25年）中，夜郎王兴被牂牁太守陈立斩杀，至此夜郎国除。该区域整个"夜郎系"族群独立发展的进程被强制打断，原来生活与当地的居民不

①　汪宁生：《晋宁石寨山青铜器图像所见古代民族考》，《考古学报》1979年4期。

②　何光岳：《氐羌源流考》201～203页，江西出版社，2000年；冉光荣等：《羌族史》48、49页，四川人民出版社，1980年。

③　游有山：《昭通县鸡窝院子汉墓清理简报》57页，《云南文物》13期，1983年。

④　有学者认为此类人物为来自北方草原地区的"塞人"，对此笔者认为目前的考古材料还不具备回答的条件，但我们可清晰地认识到这些人群与西北地区的古代族群有着非常紧密的关系。张增祺：《嶲人——云南古代的斯基泰民族》38、43页，《中国西南民族考古》，云南人民出版社，1990年。

得不接受西汉王朝政府的控制。汉文化在西汉末期代替"夜郎系青铜文化"成为该区域的主导文化形态。战国中期至西汉晚期在"夜郎文化圈"影响范围之内生活着诸多的族群，他们的文化与文献中古夜郎文化之间彼此有着许多联系，滇文化、巴蜀文化、邛都文化、楚文化等在此交相辉映，呈现一片复杂的文化面貌，这表现在考古材料上是这些区域古代文化总有着某些共同的文化因素，但在讨论具体的文化遗留时又经常可以发现其自身保留着的浓厚而特有的文化传统，而且在不同的时期这些文化因素影响和遗留的程度不一，从而造成该区域丰富多彩的族群文化生态景观。这可能与西南夷地区特殊的地缘生存形态有着直接的关系，即"大杂居、小聚居"的特色，对外来文化的包容与创新，从而保持了西南夷地区文化生态的多样性，当时这里活跃着"夜郎"、"滇"、"邛都"、"蜀人"等夷人和少量"汉人"移民，正是这一文化景观的形象体现。

"夜郎"是指滇东黔西地区青铜时代居民一个特定的发展阶段，从目前的考古资料而言，它主要指战国中期至西汉末期这一时段生活于该区域的居民所创造的青铜文化，即夜郎系统的青铜文化。古夜郎是西南夷地区一支重要的族群，它与滇、邛都一样有着相近的生产与生活习俗，在西南夷地区有着举足轻重的地位，其族属和来源问题的讨论长期以来一直是夜郎研究的焦点之一。古夜郎是民族融合的实体，它不是一个单一的民族，而是多个族群聚合体，夜郎的族群主要是指其主体民族或王族[①]。

古夜郎有着其独特的发展轨迹，他们与周边的族群有着许多共性的地方，但它不是历史文献记载中某族群的直接承袭或加减，它是一个不断发展与变化的概念。考古材料揭示了越人可能是该区域最早的居民，羌人在商周时期或更早进入该区域，该区域也许是目前西北地区古代居民所到达最东南的区域，羌人与当地居民一道构成了鸡公山类型的居民，经过春秋时期的发展与过渡，越人和羌人以及与其他族群的不断融合，在战国至西汉时期形成了"夜郎"系居民，鸡公山类型和瓦窑类型以及红营盘类型的居民是"夜郎"系居民的重要来源。滇东北的银子坛类型（包括黔西北的可乐类型）的居民是"夜郎"系居民的主体族群，其政治中心在战国早期至西汉早期位于滇东北的昭鲁盆地，次中心为黔西北的以赫章可乐为中心的毕节地区，西汉中期至晚期，"夜郎"系居民的政治中心可能已经南移至南、北盘江之间的黔西南地区（六盘水市和黔西南布依族、苗族自治州交汇的地带），黔西南的铜鼓山类型的居民是"夜郎"系居民西南边缘地区的一个地方中心，它代表了"夜郎"系居民在该区域最后的绝唱。因此，可以认为滇东黔西地区自战国至西汉这一时段内主体居民的就是"夜郎"族群，其族属也就是"夜郎"系族群，这如同西南夷中的滇池区域滇人、安宁河流域西昌为中心的邛都等族群。"夜郎"系族群的族属来源主要有南方"越人"和西北"羌人"，除此之外，还有当时生活于"夜郎"境内的居民，如滇人及同姓"劳浸、靡莫"、邛都、巴人和蜀人、汉人、句町、漏

---

① 熊宗仁：《贵州研究夜郎五十年述评》，《贵州民族研究》2000 年 1 期。"夜郎王族是土著族"。周春元：《略论古夜郎的族属问题》，《夜郎考（讨论文集二）》，贵州人民出版社，1979 年。

卧、南越人等。

　　滇东黔西地区的青铜文化从其青铜时代早期开始便呈现出复杂性与多元化的特征，早在商周时期该地区的古代居民便可分为两支主要的族群，一支主要分布于昭通和中水地区为代表的具有浓厚西北文化风格（在与当地传统文化风格结合的产物）的混合性居民，即鸡公山类型居民；而另一支为分布于黔西北的当地传统文化风格的继承与发展的南方土著居民，为南方越人。随着时间的推移，滇东黔西地区的居民历经了春秋时期人群的分化与融合，至迟在春秋晚期至战国早期，来自西北的人群与当地居民已经完全融合形成了一个新的族群——"夜郎"，战国时期它们已经控制整个黔西北地区，原来的南方族群融合或分化于来自北边的人群之中，夜郎成为滇东北和黔西北地区的主体文化势力或主导居民，掌握着该区域的话语权，原土著南方越人在该社会中并未占据主导话语权，它们在黔西南地区构成夜郎文化圈的边缘居民。而自西汉中期以后，随着西汉中央政府对该区域的大规模经略，滇东北和黔西北地区逐渐被汉政府控制，夜郎王族的势力被迫退缩至黔西南地区的南、北盘江这一狭小的区域内，并与屯聚于此的以南方越人为主的句町、漏卧等地方势力发生了冲突与交融，夜郎的势力在这一冲突过程中遭到了进一步的削弱，势力急剧下降，其对滇东黔西地区控制力与影响力急剧下降；与此同时在这个时期滇东黔西地区则涌入了大批的汉人，他们改变了当地居民的族群构成和文化传统，将该区域纳入西汉王朝中央政治体系之中。战国至西汉时期，当时夜郎境内的居民以银子坛类型（包括可乐类型）居民为其境内的主体居民，其族属来源主要有南方越人和西北氐羌系统；铜鼓山类型的居民是夜郎西南的边缘居民，它同属于"夜郎"系居民，其来源主要为南方越人，部分滇人也成为其一部分。夜郎系居民与今天分布于当地的仡佬族、彝族和布依族等有着密切的关系。当时夜郎境内除了夜郎系居民的银子坛和可乐以及铜鼓山类型居民外，还有着大量的滇人、句町、漏卧、巴人、蜀人、南越等族群生活于此，他们构成了夜郎系族群的一部分。

　　任何一个现代族群都不是古代族群的直接沿袭与继承，而现代民族也不是几支古代族群的简单结合，族群的形成与产生有着复杂的历史背景和历史环境，它深刻影响了任何一支现存族群。民族的界说有着其天生的局限性，它是民族国家概念下的产物，并不能体现古代族群在历史长河之中的复杂性与多元性，"族群"或许是我们理解该区域青铜时代居民族群研究一个有效的理念。

注　　释

［1］　易建平：《阶等社会》，《部落联盟与酋邦——民主·专制·国家：起源问题与比较研究》社会科学文献出版社，2004年。

［2］　巴斯：《族群及其边界》，1969年；王明珂：《当代社会人类学的族群理论》，《华夏边缘——历史记忆与族群认同》，社会科学出版社，2006年。

［3］　周志清：《滇东黔西青铜时代居民》，四川大学博士论文，2006年。

［ 4 ］　石硕：《"藏彝走廊"：一个独具价值的民族区域——谈费孝通先生提出的"藏彝走廊"的概念与区域》，《藏彝走廊：历史与文化》，四川人民出版社，2005 年。

［ 5 ］　何光岳：《氐羌源流考》，江西出版社，2000 年。

［ 6 ］　周志清：《浅析安宁河流域的新石器文化类型》，《四川文物》，待刊。

［ 7 ］　李禹阶、黄晓东：《巴族社会组织的一般性与特殊性》，《巴渝文化（第三辑）》，重庆出版社，1994 年。

［ 8 ］　张增祺：《滇国与滇文化》，云南美术出版社，1997 年。

［ 9 ］　冉光荣等：《羌族史》，四川人民出版社，1980 年；王明珂：《华夏边缘的漂移：谁是羌人》，《华夏边缘——历史记忆与族群认同》，社会科学出版社，2006 年。

［10］　汪宁生：《晋宁石寨山青铜器图像所见古代民族考》，《考古学报》1979 年 4 期。

［11］　任乃强：《羌族源流探索》，重庆出版社，1984 年。

［12］　张增祺：《僰人——云南古代的斯基泰民族》，《中国西南民族考古》，云南人民出版社，1990 年。

浅析云南元江流域的青铜文化

周志清

元江是地处中国西南边疆云南省境内的大河，俗有红河之称，古称"仆水"或"濮水"。其源头有两源：东源来自大理白族自治州祥云县西部山地；西源源于巍山彝族、回族自治县北部山地——茅草哨。流经大理州南部、楚雄州西南部、玉溪市西部和红河州中部，至红河州南部的河口县出国境进入越南，出境后称红河。中国境内干流长 692 公里，较大的支流有绿叶江、小河江、李仙江、藤条江、南溪河、盘龙江和普梅江等，受季风气候影响水位洪枯变化较大，洪水位约出现在 8 月，最小量约 5 月[1]。

元江流域大部分河段切割较深，河谷内气候干热，宜于种植甘蔗、剑麻等喜温耐旱的热带和南亚热带经济作物。元江流域内地貌呈现两种不同发育地貌特征，大致以元江为界，其东北部基本属滇东高原，高原上石灰岩广布，喀斯特地貌发育典型；西南部为西北—东南走向的哀牢山，山区地形复杂，大部分属热带季风气候，气候垂直变化十分显著，高山寒冷，半山温暖，河谷坝区气候炎热，生物资源丰富。元江流域得天独厚的自然条件，为早期人类的繁衍和生息提供了优裕的物质条件，气候和生物的多样性形成了该流域早期人类不同的生业形态和文化面貌，流域内的河谷和坝区是稻谷和经济作物主要产区，也是古人类活动最为活跃的地区。

元江流域的古代文化在 20 世纪 80 年代以前基本是一片空白，随着云南省 1982 年文物普查工作的展开和紧随其后的基础建设，一大批古代文化遗址被陆续发现，在元江两岸发现了旧石器时代晚期的洞穴遗址，10 多个新石器遗址和采集点[2]，而大量青铜时代的文化遗址或遗存在近年的考古发现为我们认识元江流域古代文化提供了必需的考古材料，它也使得该流域古代历史文化慢慢拭去其神秘的面纱，渐渐浮出水面，令世人叹为观止。对元江流域青铜时代文化的研究，早在 1985 年便有前人关注[3]，但在此之前元江流域尚未进行过一次正式的考古发掘。随着 80 年代中后期和 90 年代该流域一批新遗址的考古发掘和新材料的涌现，我们需要对该流域的青铜文化重新进行梳理和进一步的研究，并对这一阶段的考古工作进行简单的回顾。

一、元江流域青铜文化的发现

元江流域青铜时代[4]文化的发现最早可追溯到 1974 年红河州金平县发现的铜鼓、铜钺和铜镞，其余的均是在 1982 年全省文物普查后发现的。截至目前该流域发现的青铜时代遗存共计有 67 处[5]（图一），其中主要的有玉溪市元江县的洼垤地青铜墓地[6]，

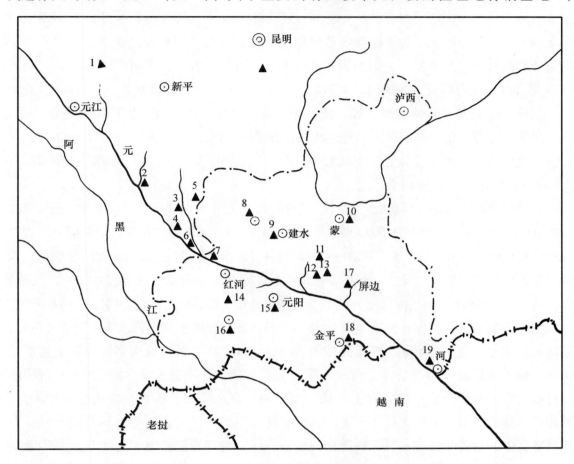

图一　元江流域青铜文化遗存

1. 漠洒　2. 白堵克　3. 洼垤地　4. 大蒿地　5. 干坝　6. 龙树旦　7. 阿底坡　8. 白显村墓地　9. 建水铜器采集点
10. 鸣鹭墓地　11. 石榴坝墓地　12. 冲子坡冶炼遗址　13. 黑玛井墓地　14. 龙勃河冶炼遗址　15. 元阳铜器采集点
16. 绿春铜器采集点　17. 屏边铜器采集点　18. 金平铜器采集点　19. 新河遗址

洼垤村位于元江县城东 58 公里的群山中，系六诏支脉罗马山间的一个小盆地，海拔 1388 米，为元江支流小河底河谷，面积 1 平方公里。该村历史上属于彝族居住地。洼垤地青铜墓地在洼垤村北约 15 公里处，位于罗马山支脉他非龙山南麓，高于盆地 50 米。墓地西北高，东南低，山势平缓。1989 年 9 月，云南省文物考古研究所等对该墓地发掘了 1350 平方米，清理青铜时代墓葬共计 73 座。墓葬均为长方形竖穴土坑墓，墓葬基本排列成行，以大墓为中心，顺坡而下呈扇形展开。墓向基本呈东西向。墓坑上均不见封土或其他标志，墓葬结构简单，墓壁较直，除 8 座稍大的墓葬有二层台和腰坑及墓壁经拍打处理外，不见其他人为加工处理之痕迹。墓葬均未发现葬具痕迹遗留，故其葬具不明。墓葬中的人骨保存状况较差，大多数墓葬中人骨荡然无存，只有极少数墓中残留有骨骼

痕迹，其葬式和葬法均不明。墓葬中的随葬品多寡不一，多数墓葬中有随葬品，一般为1~4件，陶器多置于墓坑东西两端，青铜器则随葬于墓主人生前佩带的位置或足端。大型墓葬随葬品较为丰富，亦有少量的空墓；随葬品因墓主人的身份和性别的不同而呈现明显的差异。此外在元江县树味垤、龙树田发现一处铜石并用遗址，在该遗址中所出土的石斧和铜斧形状非常相似，铜斧为实心、无銎、有段、素面，含铜量95%[7]；1988~1989年在元江县白堵克、龙树田、大篙地、干坝等遗址和墓地中采集到20个种类的青铜器，总计400余件，兵器有矛、钺、戚、斧、剑、箭镞、臂甲等；生产工具有锄、镢、凿、鱼钩、锥等；乐器有铜鼓，另外还出土有炼铜块、铜饰牌残件[8]。1991年3月，元江县罗垤白堵克墓地，发掘竖穴土坑墓14座，出土青铜器（矛、钺、箭镞）、陶器、石器（镞）、牛牙等随葬物60件[9]。

红河州蒙自县鸣鹫青铜墓地[10]，位于蒙自县城东北约40公里的静灵山东麓，扬柳河东岸的缓坡地上，墓地总面积约5000平方米。1989年7月，云南省文物考古研究所等对该墓地进行抢救性发掘468平方米，共清理青铜时代墓葬8座。墓葬均为长方形竖穴土坑墓，人骨保存情况较差，头向、葬式、葬具等不清。除1座墓出土青铜器（铜矛、扣饰、箭镞）外，其余7座墓仅出土少量陶器，组合仅为罐的有6座，罐、纺轮的组合则仅有1座。

个旧市倘甸区石榴坝青铜墓地[11]，位于个旧市倘甸区石榴坝村西北方向约2公里处，墓地北高南低，为一缓坡地，其北面是老云山脉。1987年7月，云南省博物馆文物工作队等发掘了该墓地1000平方米，清理墓葬24座，墓葬分布不甚密集，相互间未发现叠压或打破关系。墓葬全系小型竖穴土坑墓，头向坝子，足朝山。墓葬人骨均已荡然无存，其葬式、葬法不明，未见葬具之痕迹。除2座墓为空墓外，其余墓葬中均有随葬品，大多数墓葬中的随葬品仅有一、二件陶器或铜器一、二件，青铜器通常置于足部，陶器一般置于墓坑两侧。视随葬品的种类和多寡可分两类：一类是青铜器、陶器和装饰品为主；另一类则仅见陶器和装饰品。器物有三种基本组合：一组为青铜器戈、锛或凿、装饰附件，陶器是盘、釜或罐，砺石，装饰品如珠、玦、镯、管；二组为戈、刀，盘、罐，或刀、盘、纺轮、装饰品；三组为盘、罐，盘、釜、罐、纺轮及装饰品。1982年10月，云南省文物普查队在建水县坡头乡白显村抢救清理2座墓葬，采集和出土青铜器20余件，有锄、剑、矛等，陶器有碗、罐等，初步调查认为战国时期的墓葬[12]。此外在玉溪市的新平县漠沙[13]、红河州的红河县调查了阿底坡古战场遗址[14]，出土了丰富的青铜兵器；在石屏县、屏边县、河口县[15]等地也发现数量不一的青铜器。

元江流域发现的汉代墓葬主要发现于个旧、建水、蒙自等地，其中经过正式发掘的仅有个旧市黑玛井汉代墓地[16]，位于个旧市卡房镇黑玛井村东南的老硐坡，老硐坡海拔1045米，山坡呈馒头状，地势北面高，南面低，墓地现存面积约2000平方米。1989年和1994年云南省文物考古研究所和个旧市等单位对该墓地进行了发掘，共清理墓葬5座[17]。墓葬形式均为长方形竖穴土坑墓，未发现封土堆，大型墓葬有长条斜坡墓道和二层台。墓坑坑壁相当规整，多数墓葬的坑壁经过拍打，墓葬规模按其大小可分为大、中、小三种。葬具为木棺，葬式因人骨保存情况较差，不可辨认，故其葬式不明。墓葬中的随葬品随墓葬规模大小而呈现不同的差异，大型墓葬随葬品丰富，以青铜器为大宗，另有陶器、铁器、漆器、银器等，青铜器主要有鼎、博山炉、洗、带钩、甑、三足盘、壶、铜镜、矛、箭镞、铜柄铁剑、五铢钱、铜炼渣等；陶器以罐为主，可分为双耳圈足陶罐、几何印纹硬陶罐、釉陶罐，另有壶和钵。铁器有环首刀、剑、矛、铁条等，仅见于大、中型墓。中型墓葬的随葬品以陶器为主，陶器最多见，以夹砂黑或红陶单耳和双耳罐为主以及少量釉陶罐等；另有少量铁器（环首铁刀）和铜器（五铢钱）。小型墓葬中的随葬品仅见少量陶器，有夹砂陶和几何印纹硬陶，以罐常见，另有壶。该流域汉墓中出土的随葬品具有明显的中原汉文化色彩，其自身原有的文化因素几乎不见或少见。

元江流域汉代的遗存一大特色是青铜冶炼遗址有较多发现，时代为东汉时期。在个旧、建水、金平等地均发现了古冶炼遗址，出土了大量的冶炼残渣[18]，经过正式考古发掘仅个旧市冲子坡古冶炼遗址[19]，位于个旧市卡房镇陡牛坡村西 600 米处，遗址周围的地理环境为喀斯特地貌，多为裸露的石灰岩山峰，遗址地处两山对峙的沟谷坡地上，坡度约 30°，海拔 1800 米。该遗址现存面积比较集中的有 2000 平方米，在遗址周围 2 平方公里范围冶炼遗迹均有所分布。1993 年 5 月，云南省文物考古研究所等对该遗址进行了小规模的发掘，计发掘面积 100 平方米，发现了柱洞（17），冶炼炉（1），烧炭窑（1）等重要遗迹现象，遗物则出土了印纹陶罐、陶弹丸，原始瓷器，东汉五铢钱、青铜釜或泡，银镯、银环及铁器和铅器等。

从目前发现的元江流域青铜时代遗址看，我们可以发现该流域青铜时代遗存以墓葬为主要形态，其次为古冶炼遗址，其生活遗址未曾发现。遗址主要分布在元江干流及其支流的坝区和河谷沿岸坡地上，规模不大。目前该流域考古工作以墓地发掘较多，墓地间的墓葬排列整齐，墓葬间鲜有叠压或打破关系，墓葬基本是顺山势而建。目前各墓地中发现的墓葬形态以小型墓居多，但在同一墓地中也有少量的大型墓，大型墓居于墓地的最高处，从二者之间墓葬规模大小和出土的随葬品的质料和数量差异，可以看出墓地主人的社会有着明显的分层。墓葬均为长方形竖穴土坑墓，除大型墓葬有二层台或腰坑（洼垤地打篙陡墓地 5 座），结构稍显复杂外，大多数小型墓葬结构单一。墓葬均未发现葬具痕迹遗留，故其葬具不明。墓葬中的人骨保存状况较差，大多数墓葬中人骨荡然无存，只有极少数墓中残留有骨骼痕迹，其葬式和葬法均不明。墓葬中的随葬品多寡不一，多数墓葬中有随葬品，一般为 1～4 件，大型墓葬随葬品较为丰富，亦有少量的空墓；随葬品因墓主人的身份和性别的不同而呈现明显的差异。

二、元江流域青铜文化的面貌

元江流域青铜时代的遗址出土的丰富文化遗物，凸显了其青铜文化具有鲜明的民族和区域特点，它与"滇文化"、滇西青铜文化、哀牢文化等云南其他区域的青铜文化有着显著的差异。虽然元江流域在中国境内长达 700 公里，但各地青铜时代文化出土的遗物地域性差别不大。青铜器和陶器构成了我们认识该流域青铜文化的基础。铜器中以铜钺、铜戈、铜矛、铜斧、扣饰最为常见，数量和种类亦较为丰富，另有斧、凿、刻刀、剑、镞、锄等。青铜器中兵器数量最多，次为手工工具、装饰饰件和农具。铜钺中主要有两类铜钺：不对称铜钺和对称铜钺，其中不对称铜钺最多见。铜钺的銎口断面多呈椭圆形，不对称形铜钺多装饰有繁缛的纹饰，而对称形铜钺较少发现纹饰（图二）。铜戈可分为长胡带翼戈和无胡三角直援戈，长胡带翼戈基本形态是直援，锋圆钝，长胡三穿或无穿。

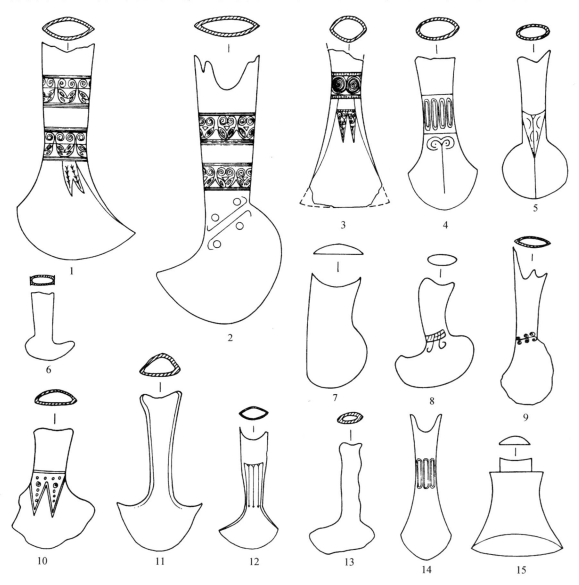

图二　元江流域的青铜器

1、2、6～10、12、13. 不对称铜钺　3. 铜斧　4、5、11、14. 对称铜钺　15. 铜锄（1～3、8、9、14. 元江洼地，
4、5、7、10～13. 红河阿底坡，6. 蒙自鸣鹫，15. 建水采集）

胡、内及翼上的纹饰常见旋涡纹、草叶纹及点线纹。无胡三角直援戈的特点是无胡，长援，无阑，援末正中起双翼，尖锋。翼上装饰有四勾连云纹或穿口（图三）。铜矛可分三类有曲刃形铜矛（刃部长于銎柄，曲刃，前锋尖锐，中脊起棱，扁圆銎）、阔叶形铜矛

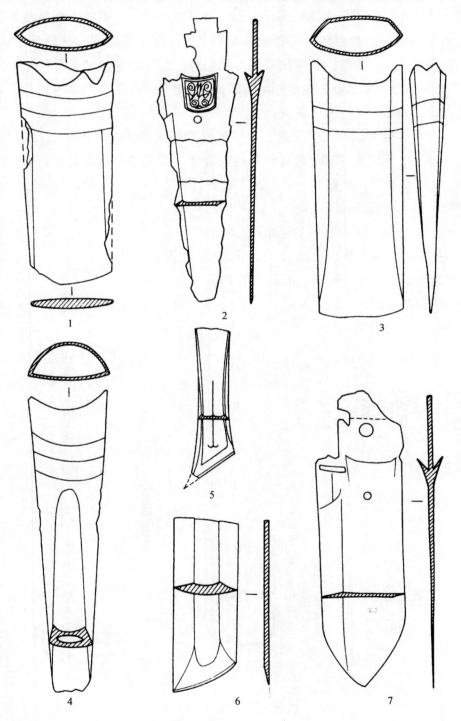

图三　元江流域的青铜器

1、5. 铜锛　2、7. 铜戈　4. 铜凿　5、6. 铜刻刀（除5出自元江洼坦地外，其余出自个旧石榴坝）

（此类铜矛的刃部多长于骹部，叶面较宽，叶平面多近呈长条三角形，扁圆骹，中脊起棱，有耳，叶上装饰有短线纹及孔雀翅纹）、柳叶形铜矛（柳叶形叶，上两侧各铸一乳突）、菱形叶铜矛（圆桶形，叶平面呈菱形，中脊起棱，有双耳，装饰有短线纹）。铜斧，椭圆形或半圆形骹，弧刃，通体短粗，骹部一般装饰有弦纹、点线、旋涡和云雷纹。铜凿，骹口呈半圆形，器身瘦长，刃部较窄，平刃，器身少见纹饰。铜刻刀，器表光滑，呈黑色。器身扁平，长条形，斜单面刃，正面起脊，无柄。铜剑有一字格和蛇头剑（图四）。铜锄，骹口呈椭圆形、三角形和半圆形，骹部有钉孔，刃部形状有弧刃、尖叶形刃和叉形凹刃，另外还有异形锄（图五；图二，15）。

陶器均为生活用具，器形以平底器、圜底器和圈足器多见，不见三足器和尖底器，其中圜底器是元江流域青铜时代最具代表性的器物。常见器类主要是盘、釜、圈足或平底罐、钵、瓶、纺轮等。平底盘、釜、罐（圜底、平底和圈足）是墓葬中最常见的器类。圜底器有圜底釜、圜底罐和圜底盘。

釜　　依据腹部和口部的形态差异可分三型。

A 型　　圆唇、高领、侈口、折沿、束颈、圆球形腹。

B 型　　大侈口、长颈、折沿、束颈、圆腹。

C 型，侈口、卷沿、短颈、斜肩、折腹。

圜底罐　　主要可分为二型。

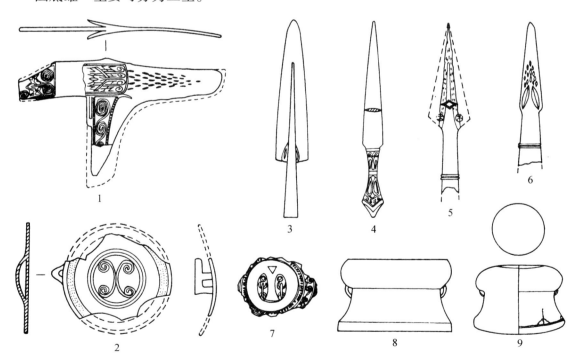

图四　元江流域的青铜器

1. 铜戈　2、7. 扣饰　3、5、6. 铜矛　4. 铜剑　8、9. 铜鼓（1～6. 元江洼地，7、9. 蒙自鸣鹫，8. 金平）

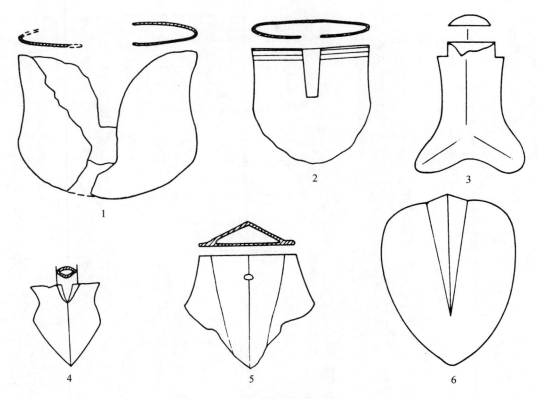

图五　元江流域出土的铜锄

1~3. 元江洼地　4. 蒙自鸣鹫　5. 泸西　6. 文山卡作

A 型　直口、高龄或矮领、斜肩、折腹。

B 型　侈口、束颈、斜肩、折腹或圆折腹。

盘　依据底部形态差异分二型。

A 型　圜底盘，尖唇、口部微敛、折腹。

B 型　盘均为夹砂黑或黑灰陶，依据口部和和足部的差异可分为二亚型。

Ba 型　侈口、折腹、假圈足。

Bb 型　大侈口、斜壁、平底。

圈足罐　侈口、卷沿、圆鼓腹，矮圈足外撇。

平底罐　未见完整器，口部残，深鼓腹，平底。

纺轮　圆饼形，依据其厚薄可分二型。

A 型　器形扁薄，一面装饰有同心圆纹。

B 型　器形小而厚、边缘突起。

瓶　喇叭口、束颈、深腹微鼓、圜底。

钵　敛口、圆唇、鼓腹、圜底。

另外还发现了少量石器（斧、砺石、镞、穿孔刀、珠、锛等）和玉器（玦、镯、管、珠等）（图六）。

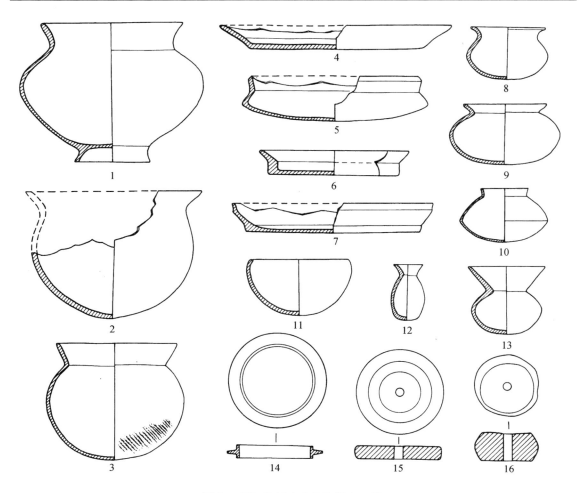

图六　元江流域出土的陶器和玉器

1. 圈足罐　2、8、9、B 型釜　3、13、A 型釜　4、6、Bb 型盘　5、A 型盘　7. Ba 型盘　10. 圈底罐　11. 钵　12. 瓶
14. 玉镯　15. A 型纺轮　16. B 型纺轮（1～7、14～16. 个旧石榴坝，8～10、12、13. 元江洼坪地，11. 蒙自鸣鹫）

　　目前元江流域青铜时代的墓葬出土的遗物尚未发现具有年代标识的遗物和相关的[14]C
数据，这给墓葬的断代，带来了较大的困难。特定时间和空间的建构是考古学研究的基
础，由于无法从墓葬中出土的遗物寻找到直接的年代学证据，我们对该流域青铜时代墓
葬年代的推测则只有从相邻古文化中间接的材料进行比较。这些墓葬中出土的青铜蛇首
剑、铜扣饰、矛、铜斧、陶釜、有领玉镯等与滇池区域青铜文化和滇西青铜文化中出土
的同类器物有许多相似之处，由此，我们可以大致勾勒出该流域青铜时代墓葬的年代框
架，尽管这些墓葬之间有着年代上的差别，但我们认为这样的探讨仍有其意义。元江县
洼坪地打篙陡墓地出土的蛇头剑 M70：3 和呈贡天子庙 M41、江川家山 M21、M24 出土的
同类剑相似，呈贡天子庙 M41 和江川李家山 M21 的时代大约在战国中期，因此我们推测
其上限可能为战国中期。文山壮族苗族自治州上卡作出土的尖叶形铜锄[20]与李家山出土
的尖叶铜锄（M68：328）相同[21]，该类铜锄在滇池区域多流行与西汉早、中期[22]，由于

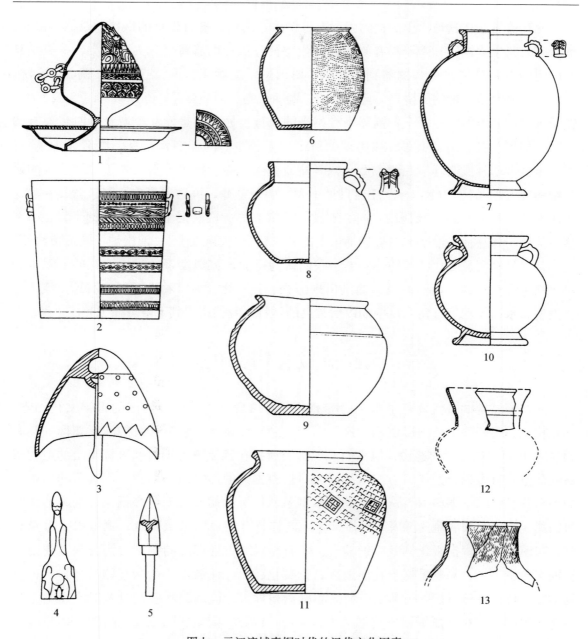

图七　元江流域青铜时代的汉代文化因素

1. 博山炉　2. 铜筲　3. 铜铃　4. 带钩　5. 铜镞　6. 几何纹硬纹陶罐　7、10. 双耳罐　8. 单耳直口罐　9. 原始瓷罐

11. 硬纹罐　12. 侈口罐　13. 高领罐　（除12、13 为当地青铜时代遗物外，其余为典型汉文化遗物；

1～10 出自个旧黑玛井，11 出自个旧冲子坡，12、13 出自红河阿底坡）

目前元江流域这些青铜时代遗址出土的遗物中尚未发现铁器或铜铁制品，目前大多数学者认为古代云南出现铁器或铁制品的时间大约为西汉中期，我们推测元江流域目前发掘的青铜墓葬时代的下限可能为西汉中期。由此我们认为这批墓葬的时代大致在战国中期至西汉中期以前。由于考古材料的有限和残缺，该流域墓葬时代跨度显得较大和笼统，但相信随着元江流域青铜时代时代考古的加强，这些疑难问题将会逐步褪去其神秘的面纱。

　　元江流域汉代遗址出土的遗物主要有青铜器、陶器、另有少量的铁器、铅器、银器、漆器等，其中青铜器和陶器具有鲜明的时代特征，从青铜器看可分为两大类，一类是具有鲜明的中原汉文化色彩的器物，如鼎、博山炉、提梁壶、盉、三羊盒、甑、奁、洗、釜、灯、清明镜、带钩、博具、量器、戟、铜柄铁剑、铜环首刀、五铢钱和"大泉五十"铜币等，这一类器物在出土青铜器中有相当的比重；另一类是元江流域青铜时代原有的器物，如剑、锄、箭、钺等，该类器物所占比重较少。陶器制作精良，器形较为单一，主要是夹砂单耳或双耳平底罐和圈足双耳罐及弹丸、壶、懋等，新出现了几何硬纹陶罐和釉陶罐（原始瓷）（图七）。漆器只见于大、中型墓葬，可辨器形有耳杯、盒，一般是黑底朱绘，其上装饰有双钱纹、同心圆纹、云雷纹等。铁器出土较少，仅见于大、中型墓。从黑玛井墓地和冲子坡冶炼遗址出土的五铢钱、"大泉五十"、博山炉、铜连弧纹镜、洗、釜等具有明显时代特征的器物看，我们认为目前该流域发现的汉代遗存的上限可能在西汉末至东汉初，由于该流域尚未出现陶仓、井、灶、小口卷沿圆唇鼓腹罐、甑、建筑模型、水田模型等云南东汉中期以后常见的器物，我们认为其下限可能为东汉中期。

三、元江流域青铜文化因素

　　元江流域青铜时代墓葬中出土的随葬品尽管出现一些其周边地区的青铜文化因素，如蛇首或一字格剑、三角形铜锄、弧刃铜斧、柳叶形铜矛、装饰有纹的圆形扣饰等具有明显"滇"文化色彩的遗物，但我们发现这类遗物在该流域青铜时代墓葬出土的遗物所占的数量是有限的，其风格与占数量巨大，且占主体的器物风格迥异。而其墓葬中出土的不对称青铜钺、铜刻刀、长阔叶或菱形铜矛、长援无胡或长胡三穿铜戈、椭圆形銎凹口铜锄、陶釜、圜底罐、圜底瓶、侈口盘等器物具有明显的区域特点，铜钺出土数量较多，与滇池区域青铜文化铜钺差别较大，表面经黑漆古处理过的铜刻刀为云南其他地方青铜文化中不见，陶釜虽见于其他地区青铜文化，元江流域出土的陶釜器形多样，种类均丰富，陶盘为侈口折腹与滇池区域同心圆盘差异大，圜底罐和圜底盘及圜底瓶则是其特有之器物。不对称形铜钺、菱形铜矛、铜箭、铜斧、陶釜、圜底罐、凸唇玉镯与越南北部的东山（图八）、泰国班清文化（图九）出土同类器物有许多相近之处，二者地域上相连，尤其是和越南北部的东山文化一衣带水同属于元江流域，越南北部红河三角洲的东山文化与以元江县洼坯地打篙陡和个旧市石榴坝青铜墓地为代表的元江流域的青铜文化时代接近，二者有着相近的文化因素，再加上相近的区域地理环境因素，我们认为元江流域青铜文化与越南北部红河三角洲的青铜文化有着更为紧密的关系。

　　元江流域的古代文化在西汉中期以后，中原汉文化的势力已深刻影响该流域的青铜文化，主要表现在元江流域青铜时代原有的文化因素的式微或消失，仅残留有少量的铜钺、铜箭、铜锄、铜剑。陶器变化更为剧烈，陶釜、圜底罐、侈口盘等消失殆尽，新出现了东南沿海和两广百越地区特有的几何印纹硬陶罐和釉陶（原始瓷）罐，圈足双耳罐

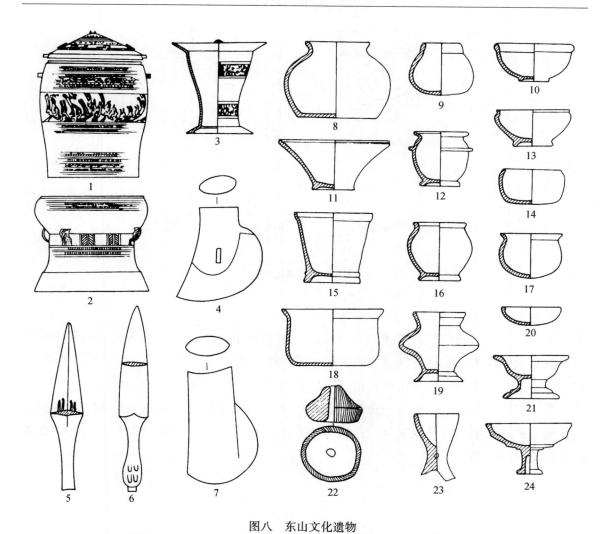

图八　东山文化遗物

1. 铜箭　2. 铜钟　3. 铜钟　4、7. 铜钺　5. 铜刀　6. 铜剑　8. 侈口陶罐　9. 小口罐　10. 陶碗　11. 陶盆
12、16. 圈足罐　13. 圈足碗　14、20. 陶钵　15. 陶杯　17. 陶釜　18. 陶盆　19. 陶壶　21、24. 圈足豆
22. 纺轮　23. 陶支座

和单耳罐是其汉代遗存中常见之器物，大批具有明显中原汉文化色彩的青铜器粉墨登场，鼎、博山炉、提梁壶、盉、三羊盒、甗、奁、洗、釜、灯、清明镜、带钩、博具、量器、戟、五铢钱和"大泉五十"等广泛出现于这一时期的文化遗存中，三足盘、博具、三羊盒上装饰有"青龙、白虎、朱雀、玄武"四神图像和"三羊开泰"吉祥寓意图像明显属于中原汉文化当时流行的装饰图案。元江流域汉代遗址出土的汉式青铜器部分来源于中原地区，部分则是汉式器物的仿制品，为当地铸造[23]。与中原地区相似的青铜器和漆器造型风格及大量钱币的出土反映当时商品经济的发展及商业活动的活跃，这暗含了西汉晚期以后，滇东南地区与中原王朝在经济和文化上已逐步融为一体。元江流域汉代文化遗存中青铜器无论造型或铸造工艺均非常精美和成熟，再结合个旧冲子坡冶炼遗址的发

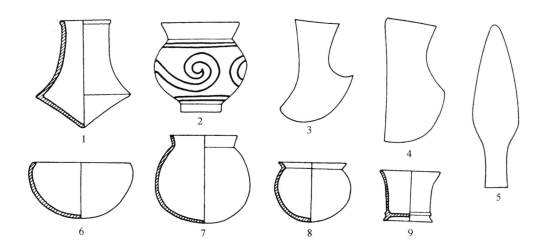

图九　班清文化遗物
1. 折腹罐　2. 圈足罐　3、4. 铜钺　5. 铜矛　6. 陶钵　7、8. 陶釜　9. 陶杯

掘和黑玛井墓葬中随葬有炼渣和带毛边的铜带钩和钱币分析，我们认为至迟在西汉晚期当地青铜冶炼技术已非常的发达，而该地也是全国著名的铅、锡矿区。《汉书·地理志》载"古，北采山出锡，西羊山出银铅，南乌山出锡"。后人考证古，即今蒙自、个旧、建水一带。汉文化在这时期作为一种强势文化迅速进入元江流域，并深刻影响当地青铜文化，驱逐或同化了当地青铜文化，这种影响并不是田园牧歌式的渗透过程，而是伴随着族群的流血与杀戮。

四、结　语

元江流域青铜时代的古代文化（公元前4世纪～公元1世纪）遗存具有鲜明的区域和时代特点，从地理单元和时代上看其南与越南北部红河三角洲地区的东山文化（公元前5世纪～公元1世纪）紧密相连，二者之间相近的地缘关系和环境因素，使两地青铜时代文化间呈现相近的文化因素。而该流域北面与滇池区域的青铜文化相邻，其青铜文化中有不少"滇"文化的因素。但从元江流域青铜时代文化遗存中我们可以发现"滇"文化的因素在其青铜文化无论数量或种类均是非常有限的，二者相似的文化因素估计更多的是源于文化之间的互动交流及其地理位置的接近，而非"滇"文化的地方类型。不对称铜钺、菱形叶铜矛、铜箭、陶釜、圜底罐、圜底钵、瓶等是元江流域青铜文化中的典型器物与东山文化之间所共有的文化因素，但元江流域青铜文化与东山文化之间仍有一些差别，如元江流域青铜文化中的圆刃铜钺、有肩弧刃或长条形铜锄、侈口折腹盘、圜底盘等则不见于东山文化。从目前元江流域青铜文化面貌所透露出的信息看，笔者倾向于认为元江流域青铜文化是属于东山文化、滇文化、班清文化等文化过渡带的一个地方文化类型。战国晚期至西汉中期以前，东山文化和班清文化的因素对该流域中下游地区影响较大，滇文化则对其上游影响较深。西汉晚期以后，则是来自中原的汉文化占有绝对的影响，并深刻影响和进入了东山文化和班清文化的腹心地区，而二者在这个时期已是衰微不堪。元江流域青铜文化在发展过程中，元江流域的宽广的河谷为其文化的吸收与传递提供了便利的通道，滇文化、东山文化、班清文化、汉文化等在此交融，使其青铜文化呈现出复杂多样性。它为我们思考云南古代青铜文化与东南亚青铜文化之间的人地互动关系提供了一个平台，并成为我们理解该流域的青铜文化互动交流的一把钥匙。局限于目前元江流域的考古资料较为零碎，经过正式考古发掘的材料单一，遮蔽我们对其文化面貌的认识。由于目前的考古材料仅局限于墓地和冶炼遗址，缺乏相关的年代标识物和准确的^{14}C 年代数据，使我们对该流域的青铜文化年代框架的建构较为笼统，墓葬之间的年代跨度较大，中间缺环较多，这需要通过进一步考古工作来完成的。由于遗址现象揭露的单一，其考古材料透露的信息有限，我们对其生业形态、居住习惯、聚落形态、社会构成等缺乏基本的认识。这对于我们认识和复原元江流域青铜时代的历史文化带来极大的障碍，使其蒙上了一层神秘的面纱。元江流域发达的冶炼遗址的发现与发掘对于我们探讨云南冶金史和东南亚地区古代金属冶炼业和青铜发展有着重要的意义。汉朝中央政府数朝对该流域的苦心经营，是元江流域成为汉文化影响东南亚青铜文化的一条非常重要的通道，特别是处于滇池与红河三角洲中间地带个旧与蒙自一带古冶炼遗址和墓地充分反映这一点。而汉代遗址中几何印纹硬陶和釉陶器（原始瓷）的出现与该流域青铜文化中的陶器显示出较大的差异，东汉时期居住于此的人群与西汉中期以前的族群二者间有着何种关系？……带着如此之多的疑惑我们慢慢沉入滚滚南去的元江水。

　　本文插图由李复秀女士描绘，特此致谢！

注　释

［1］　陈永森、王霞斐：《中国大百科全书·逐个地理》，光盘（1.1 版）。

［2］　熊中流：《浅谈元江流域青铜文化》，《玉溪文博》1990 年 1 期；师培研、伊天钰：《红河流域青铜文化初探》，《云南文物》18 期，1985 年；伊天钰：《红河流域的青铜文化》，《铜鼓和青铜文化研究》，贵州人民出版社，2001 年。

［3］　同［2］。

［4］　本文所指的"青铜时代"乃是有别于中原地区青铜时代的概念，它是仅特指西南"边缘"地区，时间上限一般为春秋晚期至战国初期，下限乃是指西汉晚期及至东汉初期，其青铜时代的古代文化与中原地区古代文化历史进程相比具有明显的"滞后性"特征。

［5］　师培研、伊天钰：《红河流域青铜文化初探》，《云南文物》18 期，1985 年。

［6］　王大道、杨帆、马勇昌：《云南元江县洼垤地打篱陡青铜时代墓地》，《文物》1992 年 7 期。

［7］　熊中流：《浅谈元江流域青铜文化》，《玉溪文博》1990 年 1 期。

［8］　同［7］。

［9］　李跃宾：《元江罗垤白堵克青铜墓地发掘简报》，《玉溪文博》1994 年 3 期。

［10］　闵锐：《鸣鹫发掘报告》，《云南文物》1992 年 2 期，总 4 期。

［11］ 云南省博物馆、个旧市群众艺术馆：《云南个旧石榴坝古墓葬发掘简报》，《云南文物》26 期，1989 年。

［12］ 王培安、王保明：《建水龙岔河下白显村古墓群》，《云南文物古迹大全》，363 页。

［13］ 师培研、伊天钰：《红河流域青铜文化初探》，《云南文物》18 期，1985 年；云南红河州文化局、文管所编：《红河文物》第 1 期，14 页；师培研：《泸西最近发现的几件青铜器》，《云南文物》11 期，1991 年。

［14］ 红河州文化局、红河州文管所：《云南红河阿底坡古战场遗址调查报告》，《云南文物》20 期，1986 年。

［15］ 同〔13〕。

［16］ 个旧市博物馆：《个旧黑玛井东汉墓清理简报》，《云南文物》39 期，1994 年；朱云生：《个旧黑蚂井古墓群》，《云南文物》42 期，1996 年；张金华：《个旧标杆坡发现东汉墓》，《云南文物》37 期，1994 年。

［17］ 云南省文物考古所、红河州文管所、个旧市博物馆：《个旧黑玛井古墓群》，《云南文物》，2000 年 1 期，总 50 期。

［18］ 戴宗品、张忠凯：《个旧冲子坡冶炼遗址发掘简报》，《云南文物》46 期，1998 年。

［19］ 同〔18〕。

［20］ 王大道：《云南青铜文化及其与越南东山文化、泰国班清文化的关系》，《云南考古文集》，云南民族出版社，1998 年；王大道：《云南青铜文化的陶器及其与越南东山文化、泰国班清文化陶器的关系》，《南方民族考古》第 3 辑，1991 年。

［21］ 云南省博物馆：《云南江川李家山古墓群发掘报告》，《考古学报》1975 年 2 期；张新宁等：《江川李家山古墓群第二次发掘简况》，《云南文物》，总 35 期，1993 年；昆明市文物管理委员会：《呈贡天子庙滇墓》，《考古学报》1985 年 4 期。

［22］ 张增祺：《滇国青铜文化的时代及特征》19 ~ 22 页，《滇国与滇文化》，云南美术出版社，1997 年；王大道：《云南滇池地区青铜时代的金属农业生产工具》，《考古》1977 年 2 期；王涵：《云南古代的青铜锄》，《云南省博物馆建馆三十周年纪念文集》，1981 年。

［23］ 朱云生：《个旧黑蚂井古墓群》，《云南文物》42 期，1996 年。

浅析广西西林县普驮铜鼓葬

周志清

西林县位于广西壮族自治区西部，地处云贵高原的边缘，峰峦叠嶂，驮娘江自西向东流过。1972 年 7 月，在驮娘江西南岸西林县八达公社普合大队普驮粮站的一处山坡上发现了一座形制特殊的墓葬[1]。墓坑平面形状略作圆形，制作不甚规整，直径 1.5～1.7米，深 2 米，在距地表之下 0.6 米处有一块圆形的石板盖住墓口，石板下面并列排放着12 块大小不等的石条，其下便是四个大小不一的铜鼓。石板和石块都是现已风化的石灰石，其上有的有加工之痕迹。这四件铜鼓是相互套合埋在地下的，铜鼓内盛放尸骨和随葬品（图一，1）。随葬品一部分散布在铜鼓四周，一部分置于铜鼓内。骨骸堆放于最内层的铜鼓内，经鉴定墓主人为男性。从骨骸堆放的情形分析，认为其葬俗是用铜鼓作为葬具的"二次葬"。该墓葬共出土器物 400 余件，主要是铜器和玉石玛瑙器，也有少量的铁器和小股金丝。

用铜鼓作为收敛尸骨的铜鼓葬是一种独特的埋葬习俗，属于"二次葬"。而风格各异、数量众多的随葬品则显示出墓主人特殊的身份。铃、山羊牌饰、钟（图一，2～4）、铜鼓、带扣、兽面牌饰、玉环、玛瑙扣和串珠、绿松石等遗物具有鲜明的区域文化特色，而铜耳杯、铜六博棋盘、铜洗、铜马饰、铜车饰及铁剑与中原地区出土的同类器物有着许多相近之处，具有浓厚的中原文化色彩。从该墓出土的铜鼓形制及装饰风格看与云南省晋宁石寨山和李家山为代表的"滇"文化中的石寨山类型的铜鼓非常相似，玛瑙环、扣、珠及铜扣饰、玉管等的制作技术和风格也相近。而同出的具有相当比例中原文化色彩的器物，表明汉文化在这个时期对其影响突出。原报告认为该墓的时代大致为战国晚期至西汉早期[2]。

该墓出土铜洗、铜六博棋盘、铜座俑（铜镇）、铁剑、耳杯等中原"汉式"器物与西南夷地区西汉后期至东汉初出土的同类遗物非常相似[3]，并在出土器物中占有相当的比重，它多为生活用品。它尚未发现出土有西南夷地区东汉中晚期墓葬中常见的铜釜、铜甑、水田模型等器物。从随葬品的时代特点初步观察我们认为该墓的时代应该在西汉晚期至东汉初。关于该墓的时代下文还将有论述，在此不再赘述。

由于古文献资料的缺失，该墓主人的族属与身份一直众说纷纭，无从断定。本文试图从墓葬埋藏情形及出土物进行尝试性的分析，依托考古资料讨论普驮铜鼓葬主人的身份与族属。考古材料的描述与阐释为我们了解该墓主人提供了基础的信息。

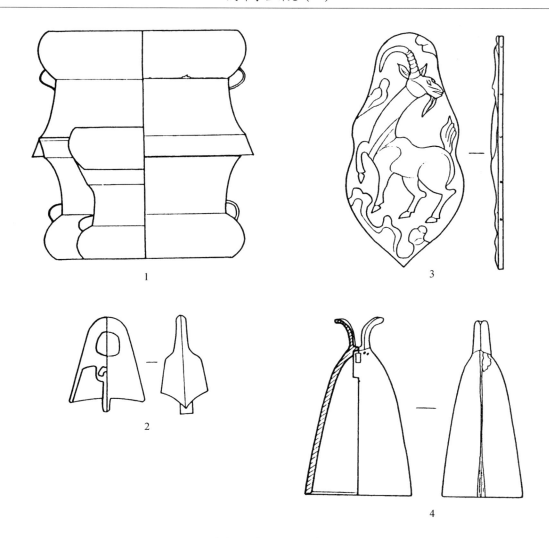

图一　广西西林铜鼓葬

1. 铜鼓葬　2. 铜铃　3. 山羊牌饰　4. 羊角纽钟

　　铜鼓是中国南方地区古代常见的一种打击乐器，特别在南中国的古代西南地区甚为流行，其用途随着时代的演进，发生着不同的变化，深刻影响了其社会结构，对研究其文化面貌和社会分层具有重要的意义，同时它也成为我们破译该墓主人身份的重要钥匙。

　　普驮铜鼓葬出土的Ⅰ式铜鼓（280号），鼓面直径78厘米，通高51厘米。鼓面中心有十六芒，芒间装饰有斜线三角纹；外有六晕，主晕为20只环绕鼓芒中心飞行的翔鹭。在鼓胸上装饰有人物叙事画（即以人物为中心的叙事图案），鼓胸中部饰有六组羽人划船纹，船身硕长呈弧形，首尾高翘，装饰华丽。中后部有一船台，台背树起一排羽旌，台下置一鼎形物。每船上有八、九、十一人不等，船上人物除个别外，皆戴羽冠、椎髻，后缀饰羽翼。其中高立于船台的一人头戴高耸的羽冠，别着宽袖及地长袍合掌垂袖，似为祭祀仪式的主持者。其中船上立者为上裸、腰系两羽翼，坐者全裸、划桨。船间有鸬鹬或鱼纹。鼓腰分为十二格，每格分为上下层，上饰鹿纹，有九组二鹿、三组三鹿；下饰头戴长羽冠、着羽吊，翩翩起舞的羽人纹十二组，每组两人。该鼓出土时覆盖在3件铜鼓的最上层，被锯断成两截，锯痕清晰，推测为埋藏时有意锯开的。而另一件保存相对完整，出土时仰放着，陈放着其他三面铜鼓，与280号铜鼓的形制和装饰风格非常接近，胸沿及腰部贴有孔雀羽毛，平添了几份神秘的气息。

Ⅱ式铜鼓一件，出土时仰放在大铜鼓内，盛放人骨。鼓面中心有十芒。芒间装饰斜线三角纹；八圈双弦晕圈，主纹为翔鹭纹。次为大方围形雷纹，另有勾连圆圈纹带一组，外边纹带则由勾连圆圈栉纹组成。鼓身纹饰锈蚀不清。四只绳纹耳，足边有六钻孔，嵌贴柿形花钉，出土时鼓面有精细的纺织品印痕和羽毛痕，并黏有小铜铃和大量排列整齐的细小串珠。鼓面直径52厘米，通高41厘米，足径56厘米。另一件被锯去下半部，仅剩鼓面和胸部，出土时覆盖在仰放的小铜鼓上。其形制和装饰风格与其上相近，胸部贴有孔雀羽毛，纹饰锈蚀不清。

在初民社会性中，巫术活动表达了人们对自然的崇拜和对神秘力量的畏惧之情，它是一种表现原始宗教情感的仪式活动。歌舞、音乐、竞渡等活动无不是这种宗教感情的宣泄。进入分层社会后，这种纯粹的宗教仪式活动则发生了深刻的变化。"国之大事，在祀与戎"。由于战争和祭祀都由部落、氏族公社的头人主持，随着世俗权力和神权的相结合，统治者通过主持祭祀仪式活动扮演祭司，以图神化自己，从而为其统治寻找天然合理的依据。为此，作为南方礼仪活动的重器——铜鼓的社会功能也发生了转化，铜鼓已成为占有者身份和地位的标志，铜鼓上的装饰纹饰也相应赋予了新的含义。《隋书·地理志》云："有鼓者，号为都老，群情推服。"春秋战国时期，铸造石寨山型铜鼓的"滇族"正处于严重的分层社会阶段，因鹭鸟飞翔时，小不逾大，遵守秩序，用鹭鸟装饰在铜鼓上乃是象征着分层的等级制度，《禽经》中"鸿仪鹭序"就表示此类意思。这样饰有翔鹭纹的铜鼓不但象征着权力和财富，而且可用来明尊卑、别贵贱。

铜鼓上的人物叙事画是其使用者宗教感情的流露和现实生活的反映。作为巫师的羽人是其画面的中心人物。这些叙事画是古代南方巫术文化的一部重要实物记录，同时，它与其物质载体——铜鼓紧密地融为一体，共生共灭。铜鼓上的纹饰各有特色，互有区别，但有一个共同点就是：铜鼓作为掌握在贵族手中的重器，与南方民族古代社会的等级制度和巫术文化的长期存在有着密切的关系。因此，通过深入研究铜鼓纹饰的艺术特色及其反映的社会内容，对于揭示中国南方民族长期铸造、使用铜鼓的奥秘和南方少数民族历史文化特点有着重要的意义，它极大地丰富了中国多元青铜文化的内容。普驮铜鼓葬还有一些非常奇特的现象，值得引起我们的注意，外层覆盖于上边的铜鼓被有意识地锯为两截，内层的铜鼓被锯断后只保留胸部以上的部分。内层两件铜鼓，覆盖的一件胸部贴有孔雀羽毛，仰放的一件鼓面贴有羽毛、小铜铃和小串珠等。这些现象透露出强烈的神秘气息。这种独特的埋藏形式，使该墓一直蒙上浓厚的神秘气息，让人颇费思量。而从大量制作精美、形态各异的青铜器、玉石器看，该墓主人生前不仅具有显赫的地位，而且在其社会中有着特殊的身份。

该墓主人"二次葬"与这一时期当地流行的"一次葬"不同，使用铜鼓作为其葬具，更是西南地区先秦墓葬中之罕见。这种有意识损毁的铜鼓则充分反映出墓主人特殊的身份。覆盖在铜鼓上的孔雀羽毛和置放于铜鼓内的羽毛、小铜铃（约200件）及串珠则与今天云南境内纳西族"桑尼"和"东巴"，彝族的"毕摩"，哈尼族"尼扒"等少数民族中巫师装束上的配饰相近。西南地区自古以来巫风盛行，《汉书·地理志》载："江南地广，信巫鬼，重祠祀。"巫师是沟通天与地、人与神之间的使者，在原始巫术礼仪活动中，它往往作为神的代言人被赋予超自然的力量，并得到了其部落成员的认同[4]。鸟的图腾与崇拜是中国古代南方地区普遍存在的动物崇拜，在古人的心目之中，鸟是太阳的化身，也就是中原地区古代传说中长见的"金乌"，它是巫师与神交通重要的助手[5]。羽冠和羽毛是鸟的象征，它是职业巫师必不可少的装饰物。该墓装饰着羽毛的铜鼓和铜鼓上的头戴高耸羽冠的羽人及翔鹭纹，则反映出这种崇拜的遗留。从上述的分析中我们认为，该墓主人极有可能是一个职业巫师，其独特的葬俗正是其特殊身份的物化反映。

而该墓中出土的随葬品，不仅数量巨大，并且制作精致，多无使用痕迹以及丰富精美的汉式舶来品的集中出现则体现了死者生前巨大的财富及显赫的社会地位。在古代社会中，巫师与政治的关系最为密切，随着社会结构分层的日愈严重与加剧，部落社会中的巫师往往逐渐演变成为氏族、部落社会中的首领阶层。"在早期社会，国王通常既是祭司又是巫师。确实，他经常被人们想象为精通某种法术，并以此获得权力。""在很多情况下，国王不只是被当作祭司，即作为人与神之间的联系人而受到尊崇，而是被当作神灵。"[6]如西藏珞巴族的巫师"细布"，在历史上也曾是氏族首领。《左传·成公十三年》："国之大事，在祀与戎。"祭祀和战争成为古代社会生活中头等大事，由于战争和祭祀活动往往被部落、氏族社会中的头人所垄断，他们通过这些仪式活动神化自己，为其统治寻找合法依据，在精神领域完成对其族人的思想和行为的控制。在中国古代历史文献中，经常可以见到少数民族首领称为"鬼主"，意即他们依靠巫术来统治族人。古代彝族："大部落则有大鬼主，百家二百家小部落亦有小鬼主，一切信使贵巫，用相制服。"[7]哈尼族巫师追玛（或称厄呵玛）往往也是大村寨精神和行政领袖，负责决策村寨生产、生活中的各项重大事情，调解族人矛盾和主持丧葬等集体宗教祭祀[8]。这些近现代少数民族中的头人、土酋在其部落社会中不仅是政治上的统治者，也是巫术礼仪活动中的祭司，是各部落社会中的精神领袖。普驮铜鼓葬出土的400余件随葬品中，青铜器有271件，其中约200件为小铜铃，次为玉石玛瑙器等装饰用品，这些出土遗物除"汉式"器物为舶来品外，大多应属于墓主人生前使用的器物。而铜鼓内尸骨用绿松石、玉管、玛瑙串珠等连缀而成"珠襦"裹殓。"珠襦"是中原王朝王室的丧服，在汉代尤其兴盛，因地位的差别而呈现不同质料的"珠襦"。特殊的葬俗和丰富的遗物以及高质料的舶来品，对于墓主人身份与地位的判定提供了重要的依据，铜鼓是古代南方族群首领权威和发号施令的工具，《隋书·地理志》云："有鼓者，号为都老，群情推服。""珠襦"是汉代帝王的丧服，为汉朝廷所赐，一般赐予对象为王室和地方诸侯（王）。在云南石寨山滇王墓（M6出土了"滇王之印"）中就曾出土了铜鼓和玉衣珠襦，这从一个侧面反映出墓主人的身份与滇王可能是相同的。因此，我们认为该墓主人不仅是其部落社会中巫术礼仪活动中的职业巫师，而且是其中的高级"祭司"，同时他很可能也是该社会结构中的最高统治者（王或侯）？该区域目前尚未发现高于此级别的墓葬形态，世俗权力与神权的结合是中国古代分层社会结构中的一种常态。

西林县位于云贵高原的东南边缘，今人大多研究认为它属于西汉时期的句町国的疆域[9]，《汉书·地理志》牂牁郡载："句町。文象水东至增食入郡。又有卢唯水、来细水、伐水。莽曰从化。"应邵曰："故句町国。"方国瑜考证："文象水即今之西洋江、盧唯水即西洋江之支流。而诸发源于句町，东流入郁，则今云南之广南、富宁，广西之西隆、西林、凌云、白色诸县，即句町故地也。"[10]《华阳国志·南中志》记兴古郡：句町县，故句町王国名也。其置自濮王，姓毋，汉时受封迄今。"珠襦"是汉代中原王朝统治者的丧服，该墓出土的"珠襦"乃中央王朝所赏赐，非本地土著原有之丧俗。而这种赏赐的发生最有可能的则是在句町内属之后之事。句町位于古夜郎的西南，《史记·西南夷传》载："夜郎侯始倚南越，南越已灭，會还诛反者，夜郎遂入朝。上以为夜郎王。"这一事件发生在元鼎六年（公元前111年），句町也在这一时期纳入牂牁郡[11]。西汉中晚期由于"句町侯亡波率其邑君长人民击反者，斩首捕虏有功"，被封为王[12]。自此句町的势力大涨，成帝河平中（公元前28～前25年）夜郎王兴与句町王禹、漏卧侯俞，更举兵相功。由于不听西汉政府的劝阻，成帝和平二年（公元前27年）夜郎王被诛，西汉中央政府完成对夜郎地区及周围句町、漏卧等族群的经略。由此我们可推测该墓时代的上限应在公元前111～前27年之间，即西汉中晚期。王莽时期因无故降句町王为侯，始建国元年（公元9年），王莽贬句町王为侯。并令牂牁太守周歆杀害句町王邯，邯弟承起兵杀歆，句町终因此叛，由此爆发长达数年的战争，自始建国四年（公元12年）开始，直至地皇二年（公元21年）先后三次发兵进攻句町都未平定[13]，但句町在与王莽的斗争中其势力也遭到了很大地削弱，东汉初期以后，它逐渐淡出中原王朝统治者的视野，最终消失于茫茫荒野之中。由此，我们可以推测该墓时代的下限应在东汉初。透过文献和考古资料（除铜鼓葬外，八达乡普驮屯1969年还发现一座铜棺葬[14]，出土一具长方形鎏金铜棺，棺盖上有铜铸人物活动场面造型，棺的两侧悬铜面具三个，棺内放置有玉石器），这种高规格特殊墓葬的集中出现于此地，为寻找其中心聚居区提供了重要的信息。

透过文献和考古资料我们推测汉代句町的政治中心在西林驮娘江上游[15]。墓主人的身份很有可能为西汉晚期的句町王。其主要控制区域在桂西北地区，部分疆域可能进入了黔西南地区。对于句町中心与分布区域的讨论有利于滇东黔西地区"夜郎系族群"[16]在黔西南地区的族群边界讨论，这可从黔西南铜鼓山类型具有浓烈的"越"文化因素可清晰昭示，如羊角纽钟、船形铜钺、环纽铜铃等是二者共有之物[17]，这些器物一般而言都是属于典型越文化的遗物，该区域属于北部越人的分布地区，二者之间的文化交流也将不可避免地发生，共有遗物的出土正是这种交流结果的体现。黔西南与句町交界的区域也构成了夜郎系族群的西南边缘地区。成帝和平二年（公元前 27 年）后，随着西南夷地区的古夜郎被西汉政府的诛灭，西汉后期中央政府已经完成了对西南夷地区"西夷"的决定性经略，东汉初年中央王朝在西南夷地区的实际控制，已经扩展至滇东南和广西西北部地区，在王莽时期对句町的战争后，句町逐渐淡出世人的历史视野。

注　释

［1］　广西壮族自治区文物工作队：《广西西林县普驮铜鼓墓葬》，《文物》1978 年 9 期。

［2］　同［1］。

［3］　张增祺：《绚丽多姿的滇国青铜文化》14～19 页，《滇国与滇文化》，云南美术出版社，1997 年 10 月；刘富良、范新生：《河南新安出土汉代铜镇》94～95 页，《文物》2005 年 8 期。

［4］　张光直：《商周青铜器上的动物纹样》，《中国青铜时代》，生活·读书·新知三联书店，1999 年；张光直：《考古学专题六讲》，文物出版社，1986 年；周志清：《羽人与羽人舞》，《江汉考古》2001 年 1 期。

［5］　同［4］。

［6］　弗雷泽：《金枝》，中国民间文艺出版社，1987 年，75-76 页。

［7］　（唐）樊绰《云南志·卷一》，云南人民出版社，1995 年。

［8］　罗开玉：《中国丧葬与文化》，海南人民出版社，1988 年。

［9］　张世铨：《汉句町四题》，《民族研究》1983 年 5 期；朱俊民：《句町王国考》，《贵州史学丛刊》1986 年 2 期；覃圣敏：《句町古史钩沉》，《广西民族研究》1988 年 3 期。

［10］　方国瑜：《中国西南历史地理考释》上册第 32 页，中华书局，1987 年。

［11］　（汉）司马迁：《史记·西南夷传》，中华书局；祁庆富：《西南夷》80～88 页，吉林教育出版社，1990 年。

［12］　（汉）司马迁：《史记·西南夷两粤朝鲜传》，中华书局。

［13］　（汉）班固：《汉书·王莽传》，中华书局。

［14］　广西壮族自治区文物工作队：《30 年来广西文物考古的主要收获》，《文物考古工作三十年（1949～1979）》，文物出版社，1979 年。

［15］　祁庆富：《西南夷》80～88 页，吉林教育出版社，1990 年。

［16］　战国至西汉末期分布于滇东黔西地区具有显著地域和族群文化特征的青铜文化与文献记载中的古夜郎在时空上有着密切的关系，我们将该地区同时期的青铜文化纳入"夜郎系青铜文化"这一文化圈。周志清：《滇东黔西青铜时代的居民》，四川大学博士论文，2008 年 3 月。

［17］　梁太鹤、曾令一：《贵州夜郎考古观察》，《考古学与民族学的探索与实践》，四川大学出版社，2005 年。

破 镜 考

索德浩

早在齐家文化时期铜镜已经作为一种随葬品[1]。随着近几十年田野发掘大规模展开，墓葬中出土了大量的铜镜材料，在这些材料中有一类现象特别引人注意，随葬时有意识地将铜镜破成两半，分别葬于死者附近。破镜的材料还有一类——碎镜，随葬时人为的将铜镜打成碎片，有人用"万物有灵"观来予以解释，人和自然万物都有灵魂，人死后灵魂会脱离人体而成为鬼魂，铜镜作为物质实体破碎后其灵魂也会继续存在，供人的灵魂驱使[2]。此观点有一定的参考价值，但所引用的一些材料还有商榷的余地[3]。关于这种碎镜现象的意义，可以参考何崝先生的《商代卜辞中所见碎物祭》，何先生认为在石器时代已经存在一种碎物祭祀，最初是一种对神祇实行邀福避祸的手段，秦汉之交对于一般死者也实行碎物祭，后来演变成民间的习俗[4]。根据此种解释，碎镜现象也属于碎物祭。但是这两种破镜现象不仅是在"破"的方式上存在着很大的差别，而且"破"的意义也有着本质的区别，本文主要论述前一类破镜现象，下文所出现"破镜"一词均指前者。目前关于破镜方面的文章，由于受到出土材料的限制，多属文学性的推测，缺乏系统性、专门性的论述研究。近几年破镜材料有所增多，本文通过对考古材料的初步分析，结合历史文献材料，希望能给予墓葬中所出破镜一个合理的解释。

一、出土的破镜材料

目前可以确定为破镜材料的主要有以下几例：

西汉昭明镜，圆形带纽，质薄而轻巧，直径8.5厘米，厚0.1厘米，圆纽座外用八根斜线连着一周凸弦纹，外为八内向连弧纹，根据其断面确定此镜入土前已经被工匠切割为两半[5]。由于此镜属于收藏品，不能确定出土地点和地层关系。

河南洛阳烧沟汉墓 M38 中出土可以重合的两枚半镜。M38 为同穴异室墓，于竖井墓道的两端分别凿成 M38A、M38B 两个墓室，其中 M38A 墓室内为双棺，M38B 为单棺，M38A 室左棺与 M38B 单棺前头各放半个铜镜，原是一个铜镜破开后分放的，由于骨殖已朽，"三者关系颇难分析"[6]。铜镜为四神规矩镜，四叶形纽座，座外有一方栏，栏外有四乳，在乳与乳之间有四神和"Γ"、"T"形符号，边缘为变形云纹，直径15厘米（图一）。M38 时代为王莽及其稍后。

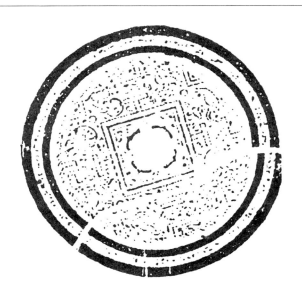

图一　洛阳烧沟 M38 出土破镜（复原）

　　广州龙生岗汉墓 M4013 为竖穴棺椁墓，"假双层分室"结构，椁室平面呈长方形，内分前室、器物室和左、右棺室四个部分。左、右棺室之间有板壁间隔，右棺室完好，棺内南端置长方形大漆盒一个，内盛有圆形和椭圆形漆套盒、半枚铜镜、陶盂、木梳、漆箧等；左棺室被盗，遗物具体情况不清，笔者猜测也应有一枚半镜，可以和右棺室的半镜重合。铜镜"原缺一半"，亦为四神规矩镜，圆形纽，四叶形纽座，座外为方框一栏，栏外以四个圆点为间隔分成四组，饰以青龙、白虎、朱雀、玄武四神，并配以规矩、羽人、涡点纹等，直径 15.8 厘米，边厚 0.45 厘米，形制和洛阳烧沟 M38 出土的破镜相似。M4013 为一座先后两次下葬的夫妻合葬墓，"右棺是女的，先葬；左棺是男的，后来合葬"，时代为东汉前期[7]。

　　安徽省怀宁县两座唐墓各出一枚半镜，两枚半镜可以重合，两墓相距 3 米，均为南北向。铜镜为圆形，龟纽，凸弦纹将镜面分成两区，内区浮雕四只栩栩如生的仙鹤，外区为浮雕篆书 32 铭文，直径 22.5 厘米（图二）[8]。

　　江西省玉山县一座唐墓出土半枚铜镜，未见另一半，考古人员分析认为，"半面铜镜系入葬前打破，由后代在死者夫妻双方墓穴中各置半枚"[9]。铜镜为荷花缠枝神兽镜，半圆纽，内饰对称麒麟、鸳鸯、缠枝莲花，间有弦纹一周，外部饰对称缠枝花卉与蝴蝶，外缘凸起较窄，八棱，直径 17 厘米[10]。

　　唐缠枝宝相花青铜镜，仅余半面，葵花形，高浮雕工艺，一周连珠纹将铜镜分为二区。内区为重瓣莲花纹，外区缠枝宝相花，直径约 25 厘米，厚 0.7 厘米。在其破裂面处有三个"⌒"形弧线，应为钻孔痕迹[11]。出土地点不详。

　　江西省星子北宋墓，系长方形竖穴石椁夫妻合葬墓，分男女墓室。根据出土的墓志记载，女性墓主葬于元祐七年（1092 年），男性墓主葬于建中靖国元年辛巳岁（1101

年）。随葬瓷器、陶器、铜镜等，铜镜出土时已为两半，男女棺各置一半，合成正方"亚"字形，小圆纽，素宽边，纽座铸凸纹朵花，主题纹饰是双线连钱纹相间星点纹，直径 14 厘米[12]。

图二　安徽怀宁出土铜镜

江西吉水县北宋末年墓 P·X·M45，为券顶单砖室墓，平面成等腰梯形，墓室长 220 厘米，宽 107～117 厘米，非常狭小，应该仅埋葬一人，有防腐措施，墓室内、棺木外用石灰、沙子、糯米混合而成的三合土包裹，厚约 10 厘米。出土有半面铜镜一枚，呈葵花状，镜缘凸起，最大径 18 厘米，缘厚 4 厘米，镜厚 2 厘米，镜残断处明显见三处呈"⌒"状（图三，1)[13]。

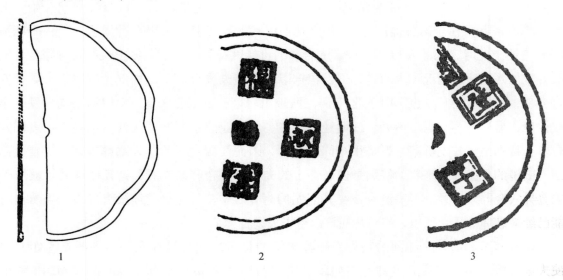

图三
1. 江西吉水西园 M45 出土铜镜　2. 江西樟树经楼 M1 出土铜镜　3. 江西樟树经楼 M4 出土铜镜

　　江西樟树经楼两座清墓中也出土有破镜。M1 为竖穴土坑墓，平面呈束腰梯形，墓穴狭小，葬一男性，故于康熙十五年，出土"福寿双全"铜镜半枚，人为去掉半边，残留有"福"、"寿"、"双"三字，半圆形纽，凸弦纹镜边，直径 16 厘米（图三，2）；M4 形制和 M1 相似，亦出土一枚半镜，铜镜为"五子登科"吉祥镜，人为去掉半边，残留"子"、"登"二字，圆形纽，凸弦纹镜边，直径 24 厘米（图三，3），时代为乾隆十四年[14]。遗憾的是，两枚破镜均未发现另一半。

　　从以上的材料可以知道，虽然西汉的昭明镜和唐缠枝宝相花镜不知道其出土地点，但是根据收藏者介绍情况和其他几枚破镜出土位置，这两枚也很有可能出土于墓葬之中。

　　目前出土的破镜材料虽然不多，但是分布范围广，河南、广东、安徽、江西等地均有出土，其中以江西的最多；时段较长，西汉、东汉、唐、宋、清代均发现有此类材料。因而很难用巧合来予以解释，或和某种习俗有关。

　　我们知道将铜镜打成碎片容易，但是做成均匀的两半面还是很困难的。唐代宝相花镜和江西吉水县北宋镜的破裂处可以看见"⌒"的钻孔痕迹，其他的破镜虽然没有说明加工方式，但想来也应该是费了一番工夫的，说明这些破镜确是有意而为之，同时也促使我们思考这种费时费力的加工背后究竟有何动机？

　　广州汉墓 M4013、江西星子县北宋墓为明确无疑义的夫妻合葬墓，星子宋墓的两枚半镜分别出于夫妻棺内，广州汉墓 M4013 的半镜也是置于女性墓主的右棺内南端，而洛阳烧沟汉墓 M38 的两枚半镜分别出土 M38A 室左棺与 M38B 单棺前头，其位置与以上夫妻合葬墓中的破镜位置相似。根据烧沟 M38 的墓葬平面图所残存的骨殖来看，似乎属于成年人合葬，不像是子女的祔葬，家庭（家族）多人合葬墓要到东汉才出现[15]，王莽时期并未兴起，所以烧沟 M38 为家庭（家族）合葬墓的可能性不大。自西汉中期开始，夫妻合葬习俗逐步在全国各地流行，"特别是西汉晚期至王莽，夫妻合葬大盛"[16]，而烧沟 M38 正处于此时，因此 M38 为一夫多妻合葬的可能性很大。由于未见正式的发掘报告，安徽怀宁的两座唐墓情况不太清楚，但是根据以上三座夫妻合葬墓的情况，应属于夫妻异穴合葬墓，发掘者的意见也倾向于此[17]。江西玉山唐墓、吉水北宋墓、樟树清墓均只发现半枚铜镜，另一半不知葬于何处。江西地处南方，属于亚热带湿润型气候，不利于夫妻同穴合葬，特别是竖穴土坑墓，更是很难同穴埋葬，因而江西发现的单人墓葬较多。根据上面出土破镜的几座墓葬来看，特别是安徽怀宁的夫妻异穴合葬墓来看，这几座墓葬可能属于夫妻异穴合葬墓，另一半铜镜应该在其配偶的墓葬之中，只是目前还没有发现，当然也可能已经被破坏掉了。所以，破镜均应该出土于夫妻合葬墓（同穴或异穴）之中。

　　这几座墓葬有一个相同的特点，随葬破镜的死者之间总是存在一定的时空差距，即使夫妻合葬墓也很难避开这种时空差距。烧沟 M38 的破镜分别葬于 M38A 和 M38B 两个墓室之中，虽然属于同一墓穴，但不是同一墓室，中间有一墓道相隔；广州汉墓 M4013 的男女棺主虽然同处于一个椁室之中，但是两棺之间有板壁间隔开；安徽怀宁两座唐墓属于异穴合葬，相隔三米之遥；江西星子宋墓为同穴合葬，但是男女墓主异室而葬；其他几座墓葬，其配偶更是不知葬于何处，所以拥有破镜的死者之间总是存在一定的空间距离。夫妻同时死亡非常少见，于是存在着先后下葬的问题，夫妻阴阳相隔，存在一定的时间差距，根据江西星子宋墓的墓志可以明确了解到，墓主夫妇下葬相隔九年之久。而破镜均出土于这些存在时空相差的墓葬之中，其用意为何？

二、破镜在阳世的意义

要了解破镜在墓葬中的意义，首先要了解破镜在阳世的作用。

铜镜在古代日常生活之中有着非常重要的作用，除了最基本的照容之外，还有消灾避邪、礼物赠送、进贡赏赐、感情信物甚至作为药物等用途[18]。至迟西汉，铜镜已经作为一种感情信物，相思铭文镜最能说明这点。相思铭文镜出现于西汉，然后迅速流行，整个汉代都比较常见，铜镜上的铭文多是非常直白地表达男女之间的感情，有些是夫妻或者情人之间的感情誓言，如“洁清白而事君，志行之合明，作玄锡而流泽，恐远而日忘美，□外承可说，永思而毋绝”[19]，“长毋相光，长毋相忘”[20]，“见日之光，长毋相忘”[21]，“长毋相忘，长乐未央”[22]，“愿长相思，久毋见忘”[23]，“愿毋相忘，长乐未央”[24]“长相思，毋相忘，常贵富，乐未央”[25]等；还有些表现妻子思念远行丈夫的铭文，“君行卒，予心悲，久不见，侍前稀”[26]，“君有远行，妾（敢）私喜，□自次□止，君征（旋）行来，何以为信，祝父母耳，何木毋庇（疵），何人毋友，相惠有常可长”[27]；还有将铜镜作为婚嫁的信物，江西南昌东汉墓出土一枚作为婚嫁信物的铜镜，“二姓合好，□如□□女贞男圣，子孙充实，姐妹百人，□□□□□夫妇相随，□□□□□□月吉日造此物”[28]，此铭文明确表示铜镜是一种信物。将这些寄托感情的相思铭文铸刻于铜镜之上，说明铜镜已经成为表达感情的常用之物。铜镜本是照容梳妆之物，属于夫妻卧室中基本生活用品，作为夫妻感情的信物也在情理之中，铜镜作为日常生活用品和夫妻感情的象征，丈夫出行很可能带一枚铜镜，铜镜上刻有妻子的嘱咐、思念，盼望丈夫早日归来，这也许是汉代相思铭文镜流行的重要原因。所以汉代铜镜已经成为爱情的信物当无问题。

既然汉代铜镜已经成为夫妻爱情的信物，再联系墓葬中出土的破镜材料，汉世很有可能存在这种现象：夫妻或者情人离别时，破镜两半，各执之，作为夫妻誓相思、再相见的信物。早在20世纪50年代，沈从文先生已经意识到这个问题，他根据一枚刻铸有“见日之光，长毋相忘”铭文的铜镜推断，“西汉初年的社会已经起始用镜子作男女间爱情的表记，生前相互赠送，作为纪念，死后埋入坟里，还有生死不忘的意思。‘破镜重圆’的传说，就是在这个历史阶段产生，比后来传述的乐昌公主故事早七八百年”[29]。所以笔者推测汉世已经存在夫妻情人之间分离时破镜各执之来表示爱情永在，誓“长相思，毋相忘”，期待着再相见。

从古文献上也可以了解到，古人很早就用破镜来作为夫妻感情的信物。《神异经》中有一段记载："昔有夫妻将别，破镜人执半以为信，其妻与人通，其镜化鹊飞至夫前，其夫乃知之，后人因铸镜为鹊安背上，自此始也。"[30]《神异经》原文已佚，今本乃辑录唐宋类书中所引而成，所载皆荒外之言，怪诞不经，传为西汉东方朔所作，但是"观其词华缛丽，格近齐梁，当由六朝文士影撰而成"[31]。此条记载摘自《太平预览》，《古今图书集成》亦载有[32]，《四库全书》虽然收辑《神异经》一书，但是未见此条。有人认为此条写作风格与《神异经》明显不同而推测为后人辑录转抄之误，将《神异记》误写为《神异经》[33]，即使确是《神异记》所载，也成书于西晋时期，所以此段材料至迟成文于六朝时期。虽然这段话带有神话色彩，但还是可以反映一些历史内容，正如袁珂先生所说："神话虽然不是历史，但却可能是历史的影子，'是历史上突出的片断的记录'，要把神话中的人物都当作一个个实有的故先帝王看，固然是荒谬绝伦，可是一概抹杀神话事迹所暗示的历史内容，也不妥当。"[34]上段话所暗示的历史内容就是六朝时期确实存在夫妻别离破镜各执之的历史现象，此种历史现象虽然在汉代已经存在，但时至六朝才为文人所关注，这是很正常的现象，因为文献记载本来就要晚于历史事件的发生时间，同时也表明了六朝时期此种历史现象影响已有所扩大。

《神异经》记载的破镜故事是为悲剧，最终破镜化鹊而飞，到了唐代破镜开始重圆，成为流传千古的喜剧故事。"陈太子舍人徐德言之妻，后主叔宝之妹，封乐昌公主，才色冠绝。时陈政方乱，德言知不相保，谓其妻曰'以君之才容，国亡必入权豪之家，斯永绝矣，倘情缘未断，犹冀相见，宜有以信之。'乃破一镜，人执其半，约曰：'他日必以正月望日卖于都市，我当在，即以是日访之。'及陈亡，其妻果入越公杨素之家，宠嬖殊厚。德言流离辛苦，仅能至京。遂以正月望日访于都市，有苍头卖半镜者，大高其价，人皆笑之，德言直引至其居，设食具言其故，出半镜以合之，仍题诗曰：镜与人俱去，镜归人不归，无复嫦娥影，空留明月辉。陈氏得诗，涕泣不食。素知之，怆然改容，即召德言，还其妻，仍厚遗之。闻者无不感叹，仍与德言、陈氏偕饮，令陈氏为诗，曰：今日何迁次，新官对旧官，笑啼俱不敢，方验作人难。遂与德言归江南，竟以终老"[35]。唐代李冗《独异志》和孟棨《本事诗》都有此事。《独异志》成书略早，大约在唐宣宗至僖宗乾符年间（846～874年）[36]，《本事诗》成书于光启二年（886年）。二书对"破镜重圆"故事叙述大致相同，只是《本事诗》的叙述较丰满一些，有可能《本事诗》以《独异志》为底本而进行加工，也有可能二书皆是根据民间传说故事整理而成，因为此故事发生的时代为南北朝末期和隋初，官方史书并无记载，仅在《北史》和《隋书》[37]中提到，"又赐（素）陈主妹、女妓十四人"，并未提到"破镜重圆"之事，所以此事应该是存在于民间的美好传说，后为唐代文人整理。唐代是一个爱情故事大量产生的时期，郭箴一先生在《中国小说史》中谈道，"在唐以前，中国向无专写恋爱的小说。有之，始自唐人传奇。就是唐人所作传奇，也要算这一类最为优秀"[38]。所以唐代文人整理出"破镜重圆"这样的爱情故事是很容易理解的。谁转抄谁并不重要，关键这些转抄说明了此故事在唐代已经广为流传，不仅存在于民间传说，而且更多的文人也接受夫妻别离之际，破镜各执之的做法。或许已经成为一种社会习俗。

两个故事虽然结局不同，但都反映了同一个问题：从汉代开始已经存在这种历史现象或可以称为社会风俗，夫妻离别，破半镜各执之，以作为再见的信物，到了魏晋南北朝以后，这种现象为文人所注意、记载，唐代以后破镜重圆的故事广为流传。破镜这种行为背后隐藏的含义，就是希望夫妻能和破镜一样重圆。

三、破镜在冥界的意义

破镜在阳世的意义为解释破镜在冥界的意义提供了一个参照。

一般认为原始社会已经存在万物有灵观念，旧石器时代末期山顶洞遗址的下室中发现三具尸骨，在三具尸骨的周围有许多赤铁矿粉粒和各种类型的装饰品[39]，说明此时可能已经存在灵魂观念。新石器时代的各种埋葬风俗表明灵魂观念已经流行了。商周时期鬼神的地位很高，出土甲骨文和其他各种文献多有鬼神的记载。至迟战国末期，中国人对死后世界已经有了具体的想法[40]。

到了汉代人们已经创造了一个完善的地下世界。出土的考古资料很能说明问题，不仅有仿造人间宫室建筑的各种墓室，墓葬中还出土有仓、灶、井、厕、罐等各种在人间的生活用品。墓券中还描述有各种地下机构，如"黄帝告丘丞、墓伯、地下两千石、墓左墓右，主墓狱史，墓门亭长"[41]，"光和二年十月辛未朔三日，告墓上墓下中央主土，敢告墓伯、魂门亭长、墓主、墓皇、墓㿟"[42]，"（汉熹平二年）天地使者，告张氏之家，三丘五墓、墓左墓右、中央墓主、塚丞塚令、主塚司令、魂门亭长、塚中游击等。敢告移丘丞墓伯。地下二千石、东塚侯，西塚伯、地下击植卿、耗里伍长等"[43]。这些地下官职名称很明显是模仿于人间，说明冥界的管理机构和方法与人间大同小异。如此看来冥界与人间极为相似，很多人间的生活现象，冥界一应俱全，汉世的冥界实际上是"人世生活的一种延续"[44]。东汉王充《论衡》论述得最为贴切，"是以世俗内持狐疑之议，外闻杜伯之类；又见病且终者，墓中死人，来与相见，故遂信是，谓死如生。闵死独葬，孤魂无副，丘墓闭藏，谷物乏匮，故作偶人以侍尸柩，多藏食物，以歆精魂"[45]。《中庸》也说："事死如事生，事亡如存，孝之至已。"[46]《荀子·礼论》也有论述，"丧礼者，以生者饰死者也。大象其生以送其死也，故如死如生，如亡如存，终始一也"[47]。

汉代完善的地下世界存在的根本原因是"事死如事生"观念的存在，此时佛教的地狱观念对于汉世冥界观影响较小，所以这个观念执行得最为彻底，在"事死如事生"观念的影响下，阳世存在的破镜现象也被带入了冥界。夫妻死亡有先后，一方死亡时，破镜分执之，待到另一方也死去之后，再在阴间相会，这既表达了夫妻生死不离，爱情永世长存，也可作为信物，凭破镜而在另一个未知世界找到自己的配偶。

所以破镜是夫妻感情的信物、证明，随葬于墓葬之中以增加夫妻间的联系，象征着夫妻生死不离，爱情永存。

四、破镜对于夫妻合葬墓的意义

关于夫妻合葬墓出现的时间认识不一，有人认为新石器时代已经出现夫妻合葬墓[48]，有人认为商代已有夫妻葬[49]，也有人认为合葬墓兴起于西周，但其源头或可追溯到殷商时期[50]。根据盘龙城两座墓葬[51]的材料，可以确定商代已经出现了夫妻异穴合葬墓。西周时期夫妻合葬墓兴起，东周流行，不过直到西汉早期以前主要采用夫妻异穴合葬墓。西汉中期以后逐渐流行夫妻同穴合葬[52]，以后贯穿于整个中国墓葬史，时至今日仍然是主要的墓葬形式。

夫妻同穴合葬墓的流行是和中国儒家思想文化紧密相关的。传统儒家对于夫妻间的要求是"夫妻一体，荣耻共之"[53]，当然在男尊女卑的社会里，其主要约束对象是女性，因而"一与齐之，终身不改"[54]，随着贞洁观念的逐步高涨，特别是西汉中期为贞洁观念变严的一个转折点[55]，不仅要求女性在阳间要永远忠于丈夫，而且到了阴间仍然要继续伺候于夫君的左右，这应是传统儒家极力推崇夫妻合葬的一个重要原因。《诗经·国风·王风》记载有"縠则异室，死则同穴"[56]，对于这句话的解释虽有不同，但是其基本的意思是有情男女死后应合葬于一穴。孔子提倡合葬，"卫人之袝也，离之；鲁人之袝也，合之，善夫！"[57]，而且身体力行，将自己的父母合葬于一起[58]。西汉中期，儒家代表董仲舒"罢黜百家，独尊儒术"，从此以后儒家思想文化广泛的渗透于中国社会的各个领域，而儒家所倡导的夫妻同穴合葬西汉中期以后也随之流行。

但是夫妻同穴合葬墓实行起来有诸多难度。首先来自于经济上的阻力，合葬墓出现的一个重要原因是横穴墓室的出现、流行。洞室墓并非适合于每个地区，而砖室墓造价过高，即使到了20世纪80年代以前，农村大部分地区砖筑房子依然不多，多是土墙加茅草房顶，南方的一些地区由于自然环境的原因，木质房子多些，其主要原因应该是砖筑房子造价太高。在生产力相对落后的封建社会，普通人家能温饱尚且不错，建造很大空间的砖室墓应该是一项不小的负担，所以简单的竖穴土坑墓依然很多，江西樟树出土破镜的两座墓葬都是很狭小的竖穴土坑墓，竖穴土坑墓在一定程度上阻碍了夫妻合葬墓的发展。

其次，合葬时打开逝者的坟墓，扰动先人，看见死者腐烂的尸骨，伤害死者后人的感情[59]。苏东坡在赞扬蜀人的墓葬时候说道，"东汉寿张樊宏侯，遗令棺椟一藏，不宜复见，如有腐败，伤孝子之心，使与夫人异藏"[60]。因为担心伤害孝子之心，最终没有采用汉代流行的夫妻同穴合葬，可见这也阻碍夫妻同穴合葬墓的实行。

再次，古人非常注意墓葬的防腐措施，特别是宋代以来，由于程朱等著名理学家的影响和倡导，整个社会都非常注重墓葬尸体防腐[61]。如江西吉水县北宋末年墓 P·X·M45 墓室内、棺木外用石灰、沙子、糯米混合而成的三合土包裹，很明显属于防腐措施，防腐一个重要手段是密闭，尽量减少尸体与空气的接触，而夫妻同穴二次合葬肯定不利于防腐，也是实施夫妻同穴合葬的一个障碍。

当然阻碍夫妻合葬还有其他方面的原因，与本文的关系不大，就不一一分析了，此处只是简单列举几例来说明夫妻合葬墓的发展并不是一帆风顺的，但是为了达到儒家理想的合葬墓葬制度，古人还是想出各种措施来解决这个问题，如上文所提到的苏轼非常推崇蜀人之葬，"同坟而异葬，其间为通道，高不及眉，广不能容人"[62]，或在不同的墓穴（室）之间开以孔洞相连。除了这些措施之外，笔者认为用破镜随葬也是为了解决夫妻合葬墓中所出现的问题。由于各种原因，夫妻经常很难合葬于同一墓室之中，上文已经提到，破镜在当时社会是感情的信物，象征夫妻再相聚，而破半镜，死去的夫妻各执之，即使是异穴、异室分葬，夫妻仍然仍可以通过破镜再相识、相聚，永续他们的爱情，虽然墓葬在形式上仍然是与儒家要求的理想葬制有一定的距离，但实质上已经满足了儒家对于夫妻之间的伦理要求。

所以破镜可以增加地下夫妻之间的联系，弥补夫妻合葬墓的不足，迎合儒家的丧葬礼俗。

五、小　　结

综上所述，汉世已经出现了夫妻将别，破镜分执之的做法，在"事死如事生"观念的影响下，这种情况在一些墓葬中也有所表现，表达的含义很有可能是夫妻在阴间再度"重圆"，永续爱情。由于夫妻合葬墓在发展中存在着种种障碍，而儒家所要求夫妻死后尽可能的同穴、同室存在着诸多困难，而破镜分别随葬于夫妻双方，可以增加夫妻之间的联系，在一定程度上弥补夫妻合葬墓的不足之处。

风俗是指人民群众在社会生活中世代传承、相沿成习的生活模式，它是一个社会群体在语言、行为和心理上的集体习惯[63]。破镜材料分布范围比较广，时段比较长，但是所发现的此方面的材料却不多，这可能有两种解释，一是破镜随葬确是个别现象，因而发现的此类材料较少；二是因为现今发现的墓葬大多受到过扰乱，即使发现了"破镜"也不敢贸然断定为本文意义上的破镜，或可能为盗墓者毁坏，或可能是自然灾害所致，或可能是考古工作者对此类材料关注不够。笔者比较倾向后一种看法，破镜随葬有可能是一种较为普遍的现象，只是由于各种原因，公布的破镜材料要远远少于应该发现的数量，当然这还只是推测，进一步的证明还需要更多的考古材料。

注　释

[1]　甘肃省博物馆：《甘肃省文物考古工作三十年》，《文物考古工作三十年》142 页，文物出版社，
　　　　1979 年；李虎：《齐家文化铜镜的非破坏鉴定》，《考古》1980 年 4 期。

[2]　王锋钧、杨宏毅：《中国古代墓葬中破镜的思想渊源》，《陕西历史博物馆》第 9 辑，三秦出版社，
　　　　2002 年。

［ 3 ］ 作者引用的大部分材料中，发掘者并没有说明这些材料是有意识的打破来随葬的，而且有些存在盗扰问题，因此很难判断那些碎镜究竟是何种原因被打破于墓葬之中。

［ 4 ］ 何崝：《商代卜辞中所见碎物祭》，《商文化管窥》211～231 页，四川大学出版社，1994 年。

［ 5 ］ 胡永庆：《觅破镜》，《中国文物报》2002 年 10 月 9 日。

［ 6 ］ 洛阳区考古发掘队：《洛阳烧沟汉墓》，科学出版社，1959 年。

［ 7 ］ 广州市文物管理委员会、广州市博物馆：《广州汉墓》297～304 页，文物出版社，1981 年。关于破镜的描述还可见冼乐、黄淼章：《谈广州汉墓出土的半镜》，《广州日报》1980 年 5 月 13 日第三版。

［ 8 ］ 江用虎、沈翀：《破镜，原来真的可以重圆》，《新华社每日电讯》2003 年 5 月 23 日。

［ 9 ］ 张敏、周伟：《半面唐朝铜镜印证"破镜重圆"》，《新华社每日电讯》2001 年 6 月 19 日。

［10］ 发掘报告还未正式发表，本文转引自张文江：《江西吉水园北宋墓的埋葬习俗》，《南方文物》2002 年 1 期。

［11］ 王辛余：《破镜重圆话沧桑》，《中国文物报》2001 年 7 月 18 日。

［12］ 彭适凡、唐昌朴：《江西发现几座北宋纪年墓》，《文物》1980 年 5 期。

［13］ 张文江：《江西吉水西园北宋墓的埋葬习俗》，《南方文物》2002 年 1 期。

［14］ 江西省文物考古研究所、江西省樟树市博物馆：《江西省樟树经楼南家明清墓群发掘简报》，《南方文物》2001 年 3 期。

［15］ 韩国河：《试论汉晋时期合葬礼俗的渊源及发展》，《考古》1999 年 10 期。

［16］ 黄伟：《试论汉代夫妻合葬墓的类型与演变》，《四川大学考古专业创建三十五周年纪年文集》280 页，四川大学出版社，1998 年。

［17］ 同 ［ 8 ］。

［18］ 详见《古今图书集成·经济汇编·考工典·镜部》97415 页，中有关于用镜作药的记载。

［19］ 河北省文物研究所：《河北定县 40 号汉墓简报》，《文物》1979 年 3 期。

［20］ 河北省文物研究所：《历代铜镜纹饰》36 页，河北美术出版社，1996 年。

［21］ 同 ［20］。

［22］ 引自孔祥星、刘一曼：《中国古代铜镜》，文物出版社，1984 年。

［23］ 同 ［22］。

［24］ 同 ［22］。

［25］ 同 ［22］。

［26］ 同 ［22］。

［27］ 郭永利：《汉代铜镜上的相思铭文赏析》，《丝绸之路》2000 年 1 期。

［28］ 孔祥星、刘一曼：《中国铜镜图典》365 页，文物出版社，1992 年。

［29］ 沈从文：《唐宋铜镜》1～2 页，中国古典艺术出版社，1958 年。

［30］ （宋）李昉等撰：《太平预览·服用部·镜》3179 页，中华书局，1960 年。

［31］ （清）永瑢等撰：《四库全书总目》，卷一四二，子部，小说家类三，中华书局，1965 年。

［32］ （清）陈梦雷编纂：《古今图书集成·经济汇编·考工典·镜部》，中华书局、巴蜀书社，1985 年。

［33］ 周次吉：《神异经研究》，台湾文津出版社，1986 年。

［34］ 袁珂：《中国古代神话》29 页，中华书局，1960 年。

［35］ （唐）孟棨：《本事诗》，《四库全书》，集部九，诗文评类。还可见孟启：《本事诗》，《丛书集成初编》，中华书局，1985 年。中华书局本有些改动，如"镜"称"照"，这是宋代为避讳而改称的，

孟棨的"棨"字作"啟"字，因此本文从《四库全书》本。

[36] （唐）李冗：《独异志》，中华书局，1983 年。

[37] （唐）魏征等：《隋书》1238 页，中华书局，1973 年；（唐）李延寿：《北史》1508 页，中华书局，1974 年。

[38] 郭箴一：《中国小说史》137 页，《中国文化史丛书》，上海书店，1984 年。

[39] 《中国大百科全书·考古学》432～433 页，中国大百科全书出版社，1986 年。

[40] 蒲慕州：《墓葬与生死：中国古代宗教之省思》，台湾联经出版事业公司，1993 年。

[41] 罗振玉：《贞松唐集古遗文》，北京图书馆出版社，2003 年。

[42] 洛阳博物馆：《洛阳东汉光和二年王当墓发掘简报》，《文物》1980 年 6 期。

[43] 郭沫若：《由王谢墓志的出土论到兰亭序的真伪》，《文物》1965 年 6 期。

[44] 萧登福：《先秦两汉冥界及神仙思想探源》1 页，台湾文津出版社，1990 年。

[45] （东汉）王充：《论衡》352 页，上海人民出版社，1974 年。

[46] （宋）朱熹：《四书集注》45 页，岳麓书社，1985 年。

[47] （清）王先谦：《荀子集解》366 页，中华书局，1988 年。

[48] 韩国河：《试论汉晋时期合葬礼俗的渊源及发展》，《考古》1999 年 10 期。

[49] 蒋廷瑜：《汉代同坟异穴夫妻合葬墓》，《南方文物》1983 年 1 期。

[50] 黄伟：《试论周秦两汉夫妻合葬礼俗的几个问题》，《四川大学考古专业创建四十周年暨冯汉骥教授百年诞辰文集》322～324 页，四川大学出版社，2001 年。

[51] 湖北省博物馆、北大考古专业盘龙城发掘队：《盘龙城 1974 年度田野考古纪要》，《文物》1976 年 2 期。

[52] 吴桂兵：《西汉中后期的夫妇同穴合葬墓》，《四川文物》1998 年 1 期。

[53] 《白虎通·论妻谏夫》，依陈立：《白虎通疏证》233 页，中华书局，1994 年。

[54] 《礼记·郊特性》，依孙希旦：《礼记集解》707 页，中华书局，1989 年。

[55] 季乃礼：《三纲六纪与社会整合——由〈白虎通〉，看汉代社会人伦关系》219 页，中国人民大学出版社，2004 年。

[56] 《诗经》，周振甫译注，中华书局，2002 年。

[57] 《礼记·檀弓》，依孙希旦：《礼记集解》308 页，中华书局，1989 年。

[58] 见《礼记·檀弓》："孔子少孤，不知其墓，殡于五父之衢。人之见之者，皆以为葬也。其慎也，盖殡也。问于郰曼父之母，然后得合葬于防。"

[59] 黄伟：《试论汉代夫妻合葬墓的类型与演变》，《四川大学考古专业创建三十五周年纪念文集》283 页，四川大学出版社，1998 年。

[60] 苏东坡：《书温公志文异圹之语》，《东坡先生志林》卷之七。舒大纲、曾枣庄主编：《三苏全书》233～234页，语文出版社，2001 年。

[61] 霍巍：《论宋、元、明时期尸体防腐技术发展的社会历史原因》，《四川大学学报》1990 年 1 期。

[62] 苏东坡：《书温公志文异圹之语》，《东坡先生志林》卷之七，舒大纲、曾枣庄主编：《三苏全书》233～234 页，语文出版社，2001 年。

[63] 钟敬文主编：《民俗学概论》第 3 页，上海文艺出版社，1998 年。

（原载《四川文物》2005 年 4 期）

邛崃文管所藏"三段式神仙镜"的图像研究[*]

苏 奎

一

邛崃市文物保护管理所收藏有一枚东汉晚期的"三段式神仙镜"（以下简称为"邛崃三段式神仙镜"）。据说是 1976 年邛崃羊安镇汉墓中出土。该镜保存完好，制作精美，表面有"黑漆古"，直径为 17.5 厘米，厚 0.5 厘米。镜面略呈弧形。镜背中央为半球形的纽，其中带穿，圆形纽座，纽径 3.1 厘米，高 1.4 厘米。镜背纹饰以铭文带为界，可分为内、外两区。外区从外至里分别由宽素缘、连续多边形卷云纹带与栉齿纹带组成。内区则由镜纽和由两条平行横线分割成上中下三段的浮雕图案组成。

此镜上段中央为一龟趺，其上立一伞状华盖。华盖右侧坐有一仙人，居于显要位置，头梳大髻，踞坐，双手笼袖放于膝上，肩生双翼；其后右侧有一人坐于兽背上；其后左侧有两人坐于凭几高台上，手捧笏状物。华盖的左侧有三人，一须髯老者手持节杖，面向右侧仙人躬腰而立；其后一人头戴高冠，拱手朝向右侧仙人作揖拜状；其后一人形体矮小，头顶有长辫，背后有长尾，作蹲踞状。中段镜纽两侧各正坐一仙人，左侧为东王公，头戴山字形冠，肩生双翼，双手笼袖，踞坐于双兽背上，双兽背向，一兽回首。右侧为西王母，头戴胜，肩生双翼，双手笼袖，踞坐于双兽座上。双兽座下均饰卷云纹。下段中央置一两相缠绕的神树，上部枝蔓向两侧延伸，树下两侧各坐两名仙人。树之右侧二人相向而坐，其中一羽人头戴山字形冠，肩生双翼，一手上举，掌心向外；另一人头戴高冠，双手捧笏状物，踞坐作揖拜状。树之左侧有二羽人，肩生双翼，双手笼袖，并排而坐。

铭文带上的铭文为阳文，书体为隶篆体，从三个圆形乳突开始呈顺时针刻写，较为清晰，共有 28 个字。铭文中多数为正刻，少数为反写，给释读增加了一定的难度。初步释读为："余造明镜，九子作，上刻神圣，西母东王，央赐妻元女，天下泰平，禾穀孰（熟）成。"（图一）。

这种由两条平行横线分割成上中下三段，重列分布着浮雕人物图像的铜镜，被中外多数学者命名为"三段式神仙镜"^[1]。迄今为止，三段式神仙镜曾在国内四川、陕西、浙

* 本文为教育部省属高校人文社会科学重点研究基地四川师范大学巴蜀文化研究中心 2006 年重点资助项目成果之一。

江等地出土过，北京故宫博物院、上海博物馆、日本和美国的博物馆也都有一些传世作品，金石著录等也有相关的记载，共计约20余枚。虽然这些铜镜在匠意设计上均有几分"形似"——内外分区的上中下三段式样大致相似，但是镜背纹饰差异较大，可以分为几种不同的型式。也许，能够看出它们之间其实"神不似"——不同型式的三段式神仙镜可能有不同的来源和用意[2]。

图一　邛崃三段式神仙镜

从目前发现的三段式神仙镜材料观察，在以铭文带为主要区别的三段式神仙镜当中，与邛崃三段式神仙镜相似者仅有3枚。其中，四川绵阳何家山一号崖墓出土1枚[3]。该镜表面有"黑漆古"，镜面略呈弧形，直径18.2厘米。以铭文带为界，分作内外两区。外区从外至里分别由宽素缘、连续多边形卷云纹带（每个多边形卷云纹的头、尾处有一小节齿纹）与栉齿纹带组成。内区中央置半球形纽，有穿，纽径2.9厘米，高1.4厘米。圆形纽座，纽座外重列上中下三段图案。上段中央立伞状华盖于龟趺之上，华盖右侧坐有一人，形体较大，居于显要位置，肩生羽翼；其前侧立一羽人，双手捧笏状物，踞坐作揭拜状；其后二人，站者穿右衽衣，坐者穿圆领衣，二人之间立一鸟。华盖左侧有三人，一羽人头戴山字形冠，面向华盖立柱躬腰而立；其后二人穿右衽长袍，站者肩生羽翼，右手上举一圆形物，坐者左手持笏状物。中段右侧为东王公，头戴山字形冠，踞坐于双兽脊背上，双兽背向；左侧为西王母，戴胜，踞坐于龙虎座之上。龙虎和双兽均卧于卷云纹座上。东王公、西王母均穿右衽衣，肩生"S"形羽翼。下段中央有神树，枝干呈"8"字形相互缠绕，上部枝蔓向两侧延伸。树下两侧各有二仙人。树之左侧二羽人相向而坐，其一头戴山字形冠，左手放于膝上，右手舒掌上举，掌心向外；另一人亦戴冠，双手持笏状物，下跪作揭拜状。树之右侧二羽人排坐，面向相对，作交谈状。铭文带上的铭文为阳文，书体为隶篆体，从圆形方孔钱纹图案开始呈顺时针书写，较为清晰，共有46字。初步考释为："余造明镜，九子作容，翠羽秘盖，灵鹅台杞，调（雕）刻神圣，西母东王，尧帝赐舜二女，天下泰平，风雨时节，五穀孰（熟）成，其师命长。"（图二）

图二　何家山三段式神仙镜

上海崇源国际 2006 秋季大型艺术品拍卖会上有一枚三段式神仙镜（拍卖品编号为 0016；名称为"余造明镜神人神兽画像镜"；时代为"东汉晚期"）[4]。该镜与何家山三段式神仙镜相比较，除了铜镜的形制略有差异外，其余大小、铭文和纹饰等几乎完全相同。该镜外缘有对称的分融线，若浅葵状，似隋唐葵花镜之雏形（图三）。

美国西雅图美术馆收藏有一枚三段式神仙镜[5]。该镜直径 18.8 厘米，外区纹饰由外至里，分别为宽素缘带、连续四边形卷云纹带和栉齿纹带。内区图案分为上中下三段，上段正中为龟趺，其上立有华盖，华盖右侧一神仙正坐，其左上方有两人侧坐，右侧有一人侧坐，作侍奉状。华盖的左侧有三人，均面朝正坐之神仙，或躬或坐。中段纽之两侧，为东王公与西王母之相对正坐像，东王公与西王母均坐于双兽座上。下段正中为两支相互缠绕的树木向两侧伸展开，树之右侧有两仙人排坐，面向相对，作交谈状；树之左侧有二仙人，其中右者踞坐，肩生羽翼，右手上举，掌心向外，左手置于膝上，左者面向右者，双手持笏状物，下跪作祭拜状。铭文带上的铭文为阳文，书体为隶篆体，从圆形方孔钱纹图案开始呈顺时针书写，较为清晰，共有 44 字。初步释读为："余作明竟大无伤，巧工刻之成文章，左龙右虎辟不羊（祥），朱鸟玄武顺阴阳，子孙备具居中央，长保二亲宜侯王，乐□。"（图四）

笔者在细致观察上述几面铜镜的基础之上，重点对邛崃三段式神仙镜的图像进行解析。

图三　崇源三段式神仙镜　　　　　　　图四　西雅图三段式神仙镜

二

1. 镜背画像内容的解读

对于该镜画像内容的解读，可参考相似铜镜的研究成果。学界对此有较多的论述，基本一致认为中段镜纽两边的画像分别为东王公与西王母。根据文献的记载和图像志的考察，我们知道西汉中期西王母信仰开始兴起，西王母图像也随之出现。并随着西王母信仰的兴盛，其图像也不断演变。但是不同区域之间的图像差异较大。在四川地区，西王母图像自始至终有其典型特征，就是头戴发髻（或"胜"），并坐于"龙虎座"之上。东汉中期章帝、和帝之间（公元 76~105 年）[6]，东王公作为西王母的镜像开始出现，并与西王母对置或并置，较多地出现在石刻、壁画和铜镜上，其典型的特征是头戴山字冠、下颌长须。因此，二者的特征十分明显，容易识别。况且有镜铭"西母东王"与之呼应，因而可以肯定中段镜纽两边的画像为东王公与西王母。

但是，对于铜镜上段与下段图像的认识，尚存分歧。上段中央为一龟趺，其上立一伞状"华盖"。巫鸿先生认为，以伞盖和龟座二图像组成老子的"华盖之座"，是为老子所设的在祭祀时接受供品和礼拜的"位"，是老子"真形"的视觉象征或隐喻表达[7]。华盖右侧显要位置踞坐有一肩生双翼的仙人。林巳奈夫认为伞旁那个有翼神人是以北极星为其象征的天皇大帝[8]。霍巍先生则将何家山三段式神仙镜上的图像与铭文联系起来解释，认为"原发掘简报推测，此镜上段中央华盖右侧正坐之神仙，当为帝尧，有一定道理，我认为表现的是尧或者舜均有可能，而以舜的可能性更大"[9]。下段中央为枝干呈"8"字形相互缠绕的神树。由于其形象与《山海经》所记载的一类神树有相似之处，因此学界基本一致认为它就是古代神话传说中位于大地中心具有通天功能的"建木"。对于树下两侧的主要人物，林巳奈夫先生认为应当是与天皇大帝有关系的神农和苍颉二神[10]。霍巍先生结合何家山三段式神仙镜的铭文观察，认为有可能考虑为帝尧赐舜之"二女"及其随从之类地位又低一级的神仙[11]。这些解释对于邛崃三段式神仙镜图像的认识有一定的参考价值。但是，囿于目前的考古材料和文献资料，尚无法对邛崃三段式神仙镜上下段的图像作更进一步的解读。

2. "三段式"构图的蕴意

邛崃三段式神仙镜的内区由两条平行横线分割成上中下三段，其构图应当不是随意的，而是与当时流行的思想观念有一定的联系。正如帛画、壁画、画像石中那些并非纯艺术而有实用意味的象征性图像里，包含了某些真实的想法。其中，最显著的是人们对于未知世界的想象[12]。

同样，有着上、中、下三层图案的"三段式神仙镜"更多的是表现神仙体系。就邛崃三段式神仙镜而言，其上段中央为庄严的伞状华盖，左侧的揭拜人群向右侧的端坐之神作鞠躬礼拜状，应当表现的是"天界"。中段凸显东王公与西王母，应当是表现的"仙界"。下段中央为"连理树"或"建木"，右侧为端坐的两羽人作交谈状，左侧为揭拜图，应当表现的是"人界"。无论是天界还是人界，都有羽翼仙人的出场，与中段的东王公与西王母一起构建了一个完整的神仙体系：人界的信徒祈求普通仙人，希望通过仙界的西王母上升至天界并拜见天神。

这样的构图在汉代画像中多有表现，其中比较典型的就是武梁祠画像。巫鸿先生在

《武梁祠》一书中谈及武梁祠的浮雕画像时指出，"这座小小的祠堂能够使我们形象化地理解东汉美术展现出的宇宙观。其画像的三个部分——屋顶、山墙和墙壁恰恰是表现了东汉人心目中宇宙的三个有机组成部分——天界、仙界和人界"[13]。

当然，"在以图形为主的考古资料中我们也能够体会到秦汉人的知识背景和思想水平，秦汉时代的人们基于经验，以为象征和象征所模拟的事物或现象之间有某种神秘的关系，于是那些画像图像类的东西可能并不只是一种单纯的艺术品，而有某种神秘的实用意"[14]。实际上，该镜的真实用意又正好反映在镜铭的几层意思里，因为作镜用镜之人始终相信铜镜上的铭文能够在现实生活当中得到应验。铭文"上仙神圣，西母东王"无疑是对神仙体系"仙界"的想象，而"央赐妻元女，天下泰平，禾穀孰（熟）成"。则是对现实社会生活"人界"的描绘。如果说镜上图像更多是对神仙体系的想象，那么镜铭则更多是对现实愿望的表达。自始至终，铭辞与图纹是紧密配合、呼应的。

3. 西王母图像的位置

虽然邛崃三段式神仙镜与何家山三段式神仙镜、崇源三段式神仙镜和西雅图三段式神仙镜极其相似，但是它们镜背铭文带内区的图案之间还是存在着细微的差别。

通过对比可以看出，镜背上段纹饰图案大致相似，而中段和下段图案内容相似，但其位置相左。中段，西王母与东王公的位置相反。崇源、何家山和西雅图三段式神仙镜的西王母在左，东王公在右；而邛崃三段式神仙镜则东王公在左，西王母在右。下段，"8"字形树下左右两侧人物图案的位置相反。崇源、何家山和西雅图三段式神仙镜的树下右侧为两仙人排坐，面向相对，作交谈状，左侧为二仙人，其中右者跽坐，肩生羽翼，右手上举，掌心向外，左手置于膝上，左者面向右者，双手持笏状物，下跪作祭拜状。而邛崃三段式神仙镜则刚好相反，右侧为二仙人，其中右者跽坐，肩生羽翼，右手上举，掌心向外，左手置于膝上，左者面向右者，双手持笏状物，下跪作祭拜状。左侧为两仙人排坐，面向相对，作交谈状。

两处图案位置的变化，涉及当时人们的方位观念问题。解读这两处图案的关键之处在于西王母图像的位置。两汉时期，受某种神秘因素的影响，使得神话传说中的西王母神话上升到哲学宗教性质上的西王母信仰，但它自始至终都与历史地理上的西王母有密切的联系[15]。根据文献典籍，与西王母所处方位相关的记载大致有以下几处：

《庄子·大宗师》记载："西王母得之，坐乎少广，莫知其始，莫知其终。"[16] 所谓"少广"，历来被认为可能是西方的某一地名。

《山海经·西山经》记载："又西三百五十里，曰玉山，是西王母所居也。"[17]

《山海经·大荒西经》记载："西海之南，流沙之滨，赤水之后，有大山，名曰昆仑之丘。……有人，戴胜，虎齿，有豹尾，穴处，名曰西王母。"[18]

《尔雅·释地》曰："孤竹在北，北户在南，西王母在西，日下在东，皆四方昏荒之国，次四极也。"[19]

《穆天子传》记载:"(周穆王)乃遂西征。□亥,至于西王母之邦。吉日甲子,天子宾于西王母。乃执白圭玄璧以见西王母。好献锦组百纯,□组三百纯,西王母再拜受之。"[20]

《竹书纪年》记载:"周穆王十七年,西征至昆仑丘,见西王母,王母止之。"[21]

《淮南子·坠形训》记载:"西王母于流沙之濒。"[22]

《史记·大宛列传》记载:"条枝在安息西数千里,临西海。暑湿。耕田,田稻。有大鸟,卵如瓮……国善眩。安息长老传闻条枝有弱水、西王母,而未尝见。"[23]

《论衡·恢国》记载:"西王母国在绝极之外,而汉属之,德执大,坏执广。"[24]

《汉书·地理志下》记载:金城郡临羌县,"西北至塞外,有西王母石室、仙海、盐池"[25]。

从这些文献记载看,"西王母"所处的方位均在西方。有时候,"西王母"也成了方位之西方的代名词,虚指西方极远之处,而有时也实指我国西北之某地。至于其具体的地理位置,应与当时中国人对西方的地理背景和认知水平有密切的联系,并随时代的不同而有所变化。可以肯定的是,学界基本一直认为西王母与西方有一定的联系。东汉及其以前,西王母居于西方的观念早已形成,并且相当固定,以至于流传至今。

然而,当人们将这种方位观念映射到器物上时,却产生了分歧。一般说来,左为西、右为东的方位观念在人们心中业已达成共识。但是,参照物的变化使得左右所指的方位也有所变化,甚至相反。有时以器物自身的角度来确定左右,有时又以观者的角度来确定左右,可以视情况而定的。在四川地区流行的西王母龙虎座上就可以见到此情形,青龙和白虎在西王母左右的位置是不完全确定的,即有些图像中龙在左虎在右,而另一些图像中又是虎左龙右。李淞先生认为:"与左右的定义有关,即可以以西王母自身的角度来确定左右,也可以以观者之左右来确定——二者恰好相反。前者为本意,后者为变义。"[26]笔者认为此说有一定道理。

但是,就本文所讨论的邛崃三段式神仙镜而言,它显得更为特殊。与西王母龙虎座可以从观者或西王母自身的角度来确定左右相异的是,铜镜背面图案为平面造型,因此以观者的角度来确定其左右的可能性更大。在目前发现的各式西王母神兽镜中,西王母图像绝大多数被置于镜纽的左侧。这表明当时人们的方位观念是相当明确的。然而,它出现错位或换位的原因,可能与制作者本身的知识水平或文化背景有关。加之,该镜铭文少数为反刻,似乎也反映出当时以民间工师为代表的少数普通知识阶层的知识水平和文化背景,即手工技艺知识主要是凭借自身经验的积累或通过口授心传而传承延续的,因而出现别误也在所难免。再如,汉镜铭文中的通假、错别、减笔、省偏旁和反写是经常有的,掉字漏句的现象更是屡见不鲜。尤其,东汉中晚期,私人铸镜更盛。民间刻工水准不一,故镜铭所见俗讹、简省和通假字极多,甚至难以确认,须通读全铭,并参照内容相近或相关的铭文,才能辨识。且时代愈晚,简讹程度愈大[27]。当然,在图像制作过程中,模制程序或粉本传写也可能使左右颠倒。

4. 对"龙虎座"的认识

邛崃三段式神仙镜上西王母所凭依的双兽座通常被国内学界大多数学者称之为"龙虎座"。西王母与龙虎座的结合是四川地区西王母造型中的独有图像，并成为四川地区西王母图像的最大特色或首要特征，龙虎座也就成了西王母王者之尊的身份象征。西王母在"龙虎座"的映衬下出场，往往是以单体像的形式出现，少有西王母与东王公的成对像。从目前的考古材料观察，在东汉中晚期的画像石、画像砖、画像石棺、摇钱树、钱树座、铜牌饰、漆盘和陶灯等不同载体上发现的西王母图像一般均为单体像，而且西王母在图像中的位置往往是位于构图的上部、中央或突出位置，图像比例也相对较大。这些都表明西王母在其中扮演着主要角色，在蜀地一直处于"独尊"地位。

但是，邛崃三段式神仙镜上却出现了西王母与东王公配对构图的式样，并且两者的身下均有双兽座，这一现象值得注意。研究表明，东汉中期东王公作为西王母的对偶镜像，与西王母同时出场。它的出现比较特殊，最先是以图像的形式出现在东汉中期的石刻、壁画和铜镜等器物之上，而东汉及其以前的文献中没有相关记载。东王公作为西王母配对构图的镜像，出现在四川地区发现的三段式神仙镜上，与蜀地西王母独尊构图主流有着明显的差异，打破了四川地区严格意义上的西王母独尊地位。并且，它的身下两侧也有与表征西王母独特身份之龙虎座相似的双兽座，显然是降低了西王母的独尊地位。在检索铜镜材料的过程中，笔者发现在西王母与东王公配对的图像中，二者均置于双兽座上的情形常见于同时期具有吴镜特色的同向式神兽镜和对置式神兽镜上，西王母与东王公总是处于相对位置。如"刘氏作神兽镜"，二神均为正面端坐，均有翼。西王母又有二兽夹侍，似青龙、白虎，实际上更像四川汉画像中的龙虎座；东王公头戴山字冠，左右为二朱雀夹侍[28]。上海博物馆藏"永康元年（公元167年）环状乳神人禽兽镜"上，西王母头戴上翘的弧形头饰，肩生双翼，左右为龙虎夹侍，东王公亦为龙虎夹侍[29]。1991年，九江出土的同向式重列神兽镜上，头戴胜、坐于龙虎双兽座上西王母位于镜纽的左侧，而头戴三字冠、坐于双兽座上的东王公位于镜纽的右侧[30]。类似的构图还比较多，且主要见于东汉中晚期长江中下游地区的吴镜之上。由此可以推断，邛崃三段式神仙镜的图像风格应该是受到了吴镜文化的影响。

三

邛崃三段式神仙镜发现的地点据说在邛崃羊安镇，是四川地区除绵阳发现三段式神仙镜以外又一地点。这对于进一步研究四川地区发现的三段式神仙镜提供了新的材料。尤其，通过对相似铜镜背面的图像内容和艺术风格的对比分析，可以看出该镜有着自身的独特之处。这对于研究同式三段式神仙镜的产地可能会有新的线索。

　　附记：本文在写作过程中得到邛崃文物局李子军副局长、绵阳博物馆唐光孝馆长的帮助，谨申致谢。

注　释

[1]　樋口隆康：《古镜》，新潮社，1980 年，225 页；霍巍：《四川何家山崖墓出土神兽镜及相关问题研究》，《考古》2000 年 5 期；巫鸿：《地域考古与对"五斗米道"美术传统的重构》，巫鸿编：《汉唐之间的宗教艺术和考古》，文物出版社，2000 年。

[2]　苏奎：《"三段式神仙镜"的发现与研究》（待刊）。

[3]　何志国：《四川绵阳何家山一号东汉崖墓发掘简报》，《文物》1991 年 3 期。

[4]　资料来源于《崇源国际 2006 秋季大型艺术品拍卖会图录》。

[5]　巫鸿：《无形之神——中国古代视觉文化中的"位"与对老子的非偶像表现》，巫鸿著：《礼仪中的美术》（下卷），生活·读书·新知三联书店，2005 年，518 页，图 23-9。

[6]　信立祥：《论汉代的墓上祠堂及其画像》，南阳汉代画像石学术讨论会编：《汉代画像石研究》，文物出版社，1987 年，198 页。

[7]　巫鸿：《地域考古与对"五斗米道"美术传统的重构》，巫鸿编：《汉唐之间的宗教艺术和考古》，文物出版社，2000 年；巫鸿：《无形之神——中国古代视觉文化中的"位"与对老子的非偶像表现》，巫鸿著：《礼仪中的美术》（下卷），生活·读书·新知三联书店，2005 年。

[8]　林巳奈夫：《漢鏡の圖柄二、三について》，（日本）《东方学报》第 44 册，1973 年 2 月，28 ~ 34 页。

[9]　霍巍：《四川何家山崖墓出土神兽镜及相关问题研究》，《考古》2000 年 5 期。

[10]　林巳奈夫：《漢鏡の圖柄二、三について》，（日本）《东方学报》第 44 册，1973 年 2 月，28 ~ 34 页。

[11]　霍巍：《四川何家山崖墓出土神兽镜及相关问题研究》，《考古》2000 年 5 期。

[12]　葛兆光：《秦汉时代的普遍知识背景与一般思想水平》，葛兆光著：《中国思想史》（第一卷），复旦大学出版社，2002 年，221 页。

[13]　巫鸿：《武梁祠——中国古代画像艺术的思想性》，生活·读书·新知三联书店，2006 年，92 页。

[14]　葛兆光：《秦汉时代的普遍知识背景与一般思想水平》，葛兆光著：《中国思想史》（第一卷），复旦大学出版社，2002 年，221 页。

[15]　这里涉及魏晋以前的西王母有三种不同的形象：一是神话传说中的西王母；二是哲学宗教上的西王母；三是历史地理上的西王母。参见王孝廉：《西王母与周穆王》，李亦园、王秋桂主编：《中国神话与传说学术研讨会论文集》，天恩出版社，1996 年，306 ~ 309 页。

[16]　曹础基：《庄子浅注》，中华书局，1982 年，96 页。

[17]　袁珂：《山海经校注》，巴蜀书社，1996 年，59 页。

[18]　袁珂：《山海经校注》，巴蜀书社，1996 年，466 页。

[19]　徐朝华注：《尔雅今注》，南开大学出版社，1994 年，226 页。

[20]　（晋）郭璞著：《穆天子传》，上海古籍出版社，1990 年影印本，卷三，10 页。

[21]　（唐）欧阳询撰：《艺文类聚》，上海古籍出版社，1982 年，卷七，130 页。

[22]　《诸子集成》，中华书局，1986 年重印版，63 页。

［23］（汉）司马迁撰：《史记》，中华书局，1982 年重印版，卷一二三，3163 页。

［24］《诸子集成》，中华书局，1986 年重印版，193 页。

［25］（东汉）班固撰：《汉书》，中州古籍出版社，2004 年重印版，卷二八，569 页。

［26］李淞：《论汉代艺术中的西王母图像》，湖南教育出版社，2000 年，213 页。

［27］林素清：《两汉镜铭初探》，（台）《历史语言研究所集刊》，1993 年，第 63 本，第 2 分。

［28］黄睿：《尊古斋古镜集景》，上海古籍出版社，1990 年，图 62。

［29］孔祥星、刘一曼：《中国铜镜图典》，文物出版社，1994 年，图 441。

［30］吴水存：《九江出土铜镜》，文物出版社，1993 年，图 17。

（原载《四川文物》2008 年 4 期）

关于北周文王碑的几个问题

荣远大

关于北周文王碑的文献记载最早见于南宋王象之《舆地碑记目》卷4《简州碑记》，但未录碑文。清人刘喜海《金石苑》始录今北周文王碑之全文。陆增祥《八琼室金石补正》、杨守敬《隋书地理志考证》、《楷法溯源》以及康有为《广艺舟双辑》均有著录。该碑于1961年被列为四川省重点文物保护单位。1986年6月，成都市文管会办公室会同龙泉驿区文管所对北周文王碑及其附近的几十龛石刻造像进行了考察[1]。还有学者对北周文王碑作了一些有益的探讨。成都市文物考古研究所于1999年4月，对龙泉驿区石佛寺北周文王碑及其石刻造像又作了较为全面、深入的整理研究，将其全部资料进行了绘图、照相以及拓片。由于历代学者均认同该碑系北周强独乐等人所立之原碑，且从未对其真伪提出过质疑，因此，该碑被广为引用，如中华书局1965年标点本《周书》等均引证了北周文王碑的内容。但是，笔者通过对北周文王碑文的研究及其与周围石刻造像的对比分析认为，此碑还有诸多问题有待学术界研究探讨。本文试将北周文王碑存在的几个问题进行考辨，旨在抛砖引玉，以求真知灼见。

一、北周文王碑之现状

北周文王碑位于成都龙泉驿区石佛寺后，古称"天落石"的岩壁上，此地界原属简阳县，1960年分简阳、华阳二县地，置成都市龙泉驿区。它距成都市区约为28.5公里，方向北纬30°32′34″、东纬109°19′30″，海拔930米。"天落石"长约14米，宽8米，高4.4米，正中为一龛佛道二尊坐像，龛高2.92米，宽2.69米，编号为CLSK34。在"天落石"正面还分布有其他50余龛石刻造像，从其造像风格和有关题刻考察，它们大多为晚唐五代至宋代时期的作品[2]，没有发现唐代以前的石刻造像。北周文王碑位于CLSK34之右侧，碑由螭首、碑身、龟趺三部分组成。碑身高1.28米、宽1米。碑额15行，行4字，共56字，均分布在棋格内，字径4厘米×5厘米，字体为魏碑体，碑额全文如下：

此周文王之碑大周使持节车骑大将军仪同三司大都督散骑常侍军都县开国伯强独乐为文王建立佛道二尊像树其碑元年岁次丁丑造

碑文也是先刻画棋格，全文均置于棋格内，共40行，行34格，1348字，字径2.5厘米左右。字体为正书，镌刻较浅，释文附后。碑文下方左右各有一尊浅刻的小佛像，并有题刻二则，一曰："弟子何周敬造释迦像，愿一切法界众生早得作佛"；一曰："为法界众生敬造"。佛像与题刻均表明，它们与北周文王碑无关，应为后世事佛之人所为。碑首有几龛佛像，也有明显的打破该碑的痕迹。

北周文王碑左方即 CLSK34 之左侧另有唐大历六年（公元 771 年）"资州刺史叱干公三教道场文"碑刻，再其左还有北宋诗人宋京的诗刻。"天落石"前方 2.1 米处就是现今石佛寺后墙壁。石佛寺古称周文王神祠或称周文王庙[3]，也就是今北周文王碑中所称"为王敬造佛二尊宝堂"中之"宝堂"。在石佛寺正殿内还有一尊弥勒佛坐像，通高 4.24 米，即是（唐）资州刺史叱干公三教道场文碑中所署"都料丈六弥勒佛匠雍慈敏"中之"丈六弥勒佛"，弥勒佛坐像左侧外沿亦有几则北宋题记。由此表明周文王庙在唐代大历年间新凿刻了丈六弥勒佛，至两宋时期仍是佛法圣地，香火未绝。

以上即是北周文王碑及其周围环境之概貌。

二、碑文与碑额之异同

北周文王碑的碑额与碑文从形式到内容均存在着一些矛盾，笔者以为，当系重新摹刻周文王庙碑时顾此失彼，留下的明显错误，它为我们证明该碑已非其原碑之论点，提供了有力的佐证。其论据如下：

（1）碑额所署"强独乐为文王建立佛道二尊像"是指此处唯一的佛道造像即中间 34 号龛内的佛道二尊坐像，但从龛内佛道造像和其他人物造型风格来看，它们应当是晚唐五代的作品[4]而非北朝造像，此其一。其二，西魏、北周的统治者宇文泰、宇文护等人都是极端佞佛之人，强独乐等人既然特意为宇文泰歌功颂德，建庙立碑，当然就只可能为之敬造佛像，而不会将佛道二尊神同时供奉。对此，已有学者论及[5]，此不赘言。第三，碑文清楚记载，"为王敬造佛二尊宝堂"，其中并未提及道教造像，而且"佛二尊宝堂"应是指立有佛像的殿宇，显然与碑额中"为文王建立佛道二尊像"之语意相去甚远。因此，笔者以为，该碑与 34 号龛中的佛道造像没有关系，它们是不同时代的产物。之所以出现这种情况是因为后人在摹刻碑额时张冠李戴，以为强独乐为文王敬造了 34 号龛中的佛道二尊像，此实属牵强附会，乃重刻之误。同时在摹刻碑额时也未顾及碑文的内容，造成碑额与碑文内容上的矛盾，进一步证明重新摹刻该碑的时代应晚于唐末五代时期的 34 号佛道造像龛。

（2）碑额称"树其碑"。金石学家叶昌炽总结曰："大凡唐以前均曰造；或言建；或曰立。自唐人始变文言树"[6]，因此该碑可能是唐及其以后的产物。且更有说服力的证据还在于王象之《舆地碑记目》简州条中记载周文王庙碑时，称"旧碑额题，'大周植其碑元年岁次丁丑造'元年即后周闵帝之初元也，今石刻存焉"，反映出王象之所见之石刻应为现今北周文王碑，而且在此之前还有一通周文王庙碑的原碑，所以才有"旧碑额"之说。并且，他根据南宋时期所掌握的材料，清楚地记载了北周文王碑原碑额的简要情况。我们以此推测，现今北周文王碑及碑额乃后人重新摹刻的周文王庙碑，而非其原碑。而且，重新摹刻周文王庙碑的时代上限应在开凿 34 号佛道造像龛即唐末五代之后，其时代下限则应在南宋王象之所见现今北周文王碑之前的这段时期。

（3）碑额棋格两端在碑中位置显得极不对称，其左端距碑沿尚有 4 厘米的空隙，而右端则直接碑沿，这就形成了偏头现象。强独乐为文王敬造佛像庙宇是极为严肃、庄重的大事，其所立之碑是不应该出现这种粗枝大叶的现象，显然不属原碑风貌。

（4）在"周文王之碑"5 字前还有一"此"字。过去有人释为"北"。笔者经实地考察后，认为应是"此"字，即"此周文王之碑"。从语意上讲，它无疑是起提示作用，以显示其历史价值。倘若是"北"字，亦不通，北周乃后朝称谓，当朝人称"大周"，而绝不会自称北周的。因此，不论是"此"字或是"北"字，都表明碑额不是原刻。这是重刻碑额时产生的又一矛盾。

三、碑文内容与碑的形制之间的矛盾

碑文记载它是北周强独乐等人为文王宇文泰建庙所立之碑，事在北周闵帝元年（公元 557 年），应为北朝作品。但碑的形制特点却是典型的唐碑风格，螭首与碑身明显分开，从而形成螭首、碑身、龟趺三部分构成碑的整体形式。螭首呈半圆状，在弧沿上雕饰二龙交股的浅浮雕，龙头低垂于碑首两侧，龙身较粗且有鳞；龟座雕刻简括，龟头上昂，龟足置于龟身两侧。总之，不论是螭首还是龟趺，其造型风格都与其相邻的唐大历六年"资州刺史叱干公三教道场文"碑极其相似，也与其他地区的唐碑风格一致，这是碑文内容与碑的形制风格在时间上的矛盾，可证重新摹刻该碑的时代不会早于唐代，所以它并非强独乐所立之原碑。

其次，碑面也不是一个水平面。从侧面观察，可明显地看出，碑面是凹凸不平的，并有改凿的痕迹。同时，碑身与其龟座联结处有呈弧形的凸棱，换言之，现今碑面凹进去约 2 厘米，若这一凸棱是造碑时有意为之，则显多余，是完全没有必要的。笔者推测，此凸棱在当初是不存在的，只是后人改凿后，碑面降低从而凹进去 2 厘米，使其形成弧形凸棱。

其三，再从北周文王碑石刻所处的位置来看，它与（唐）资州刺史三教道场文碑分别处于 CSLK34 石刻造像的左右两侧。假若现今北周文王碑是原碑，那么先入为主，强独乐等人就会选择正中突出的位置，而不是今 34 号龛的侧边。此乃又一旁证。

鉴于以上几点，笔者分析，今北周文王碑可能是宋人在原处一块唐碑的基础上，将其改凿，把周文王庙碑残本续补后重刻的，之所以称作是其残本的续补，是由于现碑刻内容所表现出来的，下文还将论及。

四、碑文书法之特点

碑文为楷书，但其书写风格却不具有北朝楷书的特点。楷书形成于南北朝，但又受汉隶的影响，所以南北朝时楷书笔法带有隶书的韵味。尤其是北周书体多参隶意，字体扁而多波折。通观北周文王碑，大多数字体都没有这个特点。通检北朝时期的墓碑、墓志或造像碑亦很难找到与之相似的材料，此其一。

其二，从通篇碑文的书写风貌来看，它不是一气呵成的。有些字下笔轻重不一，或者有添笔痕迹，或者字的大小不一。如第20行"南伐梁国"，第21行"君臣和穆、父义母慈"等均下笔很轻，笔画特别细，字体显得较小。第19行"手把长戈"中的"戈"字，第20行"六合来宾"的"六"字，第3行"存济苍生"的"生"字，第14行"百人不当"的"人"字等都像是填写过的，第7行末尾的"之"字笔画写得特别粗重，第19行"武"字的写法与碑文中其他几处"武"字书法风格亦相去甚远。这些现象使其碑文书法显得很不协调，不似原碑原貌。

其三，有些字的写法也不是北朝时期的特点。此时异体字虽多，但有些字的写法则不见于这一时期，应该是隋唐以后才有的。还有个别字明显的是写错了，如第4行"飞魂齐晋"的"飞"字写作"飜"，而"飜"并不是飞的异体字，唐麟德元年王君墓志中"飜"作"翻"的异体字[7]。第23行"如遭先妣之丧"中先字写作"先"，而"先"并不是"先"的异体字。在东魏武定元年王偃墓志中，老字就写作"先"[8]，所以，"先"字是"老"的异体字。倘若碑文作"如遭老妣之丧"显然就文理不通，因此，碑文中的"先"字应是重刻碑文的人弄巧成拙之误。第4行"文武英迈"中迈字写作"遯"，而"遯"并非"迈"的异体字，而是"邈"之异体字。如魏寇偘墓志、北魏熙平元年内司吴光墓志中邈均写作"遯"[9]。若碑文作英邈则文句不通，可视之为伪作。英写作"莫"，这种写法也仅见于唐处士张洛墓志中[10]。再如第33行"药王在其左，普贤在其方"，方字也有误，应当作"右"，上下文句才能对应。又如第8行"恩同子产，后比周邵"，有人将"后"字释为"德"，从语意上讲，确应为德字，但碑文却写作"後"，显然亦是重刻之误。加之全文有多达五六十字的别字，确有故意造作之嫌。

其四，碑文的书写格式亦不规范。自首行始即是正文内容而无标题，且通篇碑文既无干支纪年月序，又无书、篆者或镌刻者题款，似不合古碑之通例，甚为可疑。但据王象之《舆地碑记目》称，原周文王庙碑旧碑题额云："大周植其碑，元年岁次丁丑造"，并署"蔺融撰"数字。这说明原碑是有撰者、篆额者或镌刻人题款的。由此可进一步反证今北周文王碑乃系重刻周文王庙碑所致。

五、碑文内容之疑点

碑文主要叙述了宇文泰征讨侯莫陈悦的过程及其主要历史功绩。其历史内容基本上没有超出《周书》、《北史》等文献材料的范围。碑文中最大的疑点就是前后两自然段行文内容不协调，它似乎是将两块不同的碑文内容合刻在一起的结果。因为前段末尾即第35行曰："前立灵碑，文字书扬，龟龙交般，岩巍昂藏，刊石隐文，万代弥常，赞其功勋，永序延康。"应该说碑文就应该到此为止了，其后面的文字则应是另一块碑文的内容。倘若将之视为前段部分的铭文内容，则后段末尾即第40行又曰"故颂其德，刊文碑傍"一语就属多余。况且此处又明确说是刊文于周文王庙碑之旁，那么显然应是指另一块碑文，而不属于周文王庙碑的铭文内容。在王象之《舆地碑记目》简州条中亦说有二刻，一曰《周文王庙碑记》，一曰《后周宇文泰纪功碑》。因此，笔者以为今北周文王碑是后人将《周文王庙碑》和《后周宇文泰纪功碑》的残本合刻在一起的结果。

其次，第32、33行曰："故于分东之岭，显益之冈，天落石傍，为王敬造佛二尊宝堂。"第35行又曰："前立灵碑，文字书扬，龟龙交般，岩巍昂藏。刊石隐文，万代弥常。"这就明确无误地告诉我们，强独乐等人是在天落石旁为王敬造了佛二尊宝堂，也就是佛庙殿宇即周文王庙而非在天落石上刻石造像，并且说明周文王庙碑是立在庙前，而不是刊刻在天落石上。所以，现今北周文王碑不是北周闵帝元年强独乐等人所立之原碑。

第三，碑文中关于宇文泰寿年的记载，该碑第23行曰："昊天不吊，春秋五十，薨于长安。"而《周书·文帝纪下》卷一曰："冬十月乙亥，崩于云阳宫，还长安发丧。时年五十二。甲申，葬于成陵。"《周书》是唐初令狐德棻等人主持修撰的，令狐德棻以及唐初许多达官贵人都是宇文政权的后裔，虽然《周书》中有许多为其歌功颂德之词，但其史料较详，对于像宇文泰寿年之类的记载应当较为可靠。可是，北周文王碑的记载却与之不符而与《北史》的记载如出一辙。《北史·周本纪上》卷九："十月乙亥，帝薨于云阳宫，还长安发丧，时年五十。十二月甲申，葬于成陵。"《北史》是唐人李延寿编撰的，他将南北朝"八书"中的史料进行了大量的删节，因此《北史》中不免有"疏忽而造成的史实错误"[11]，但《北史》的编撰适应了唐朝大一统的需要，因而得到唐朝官方的认可而流传于世。中华书局1965年标点本则根据北周文王碑的内容去校补《周书》的记载，而笔者认为，虽应以实物资料校补文献，但今北周文王碑并不是地下出土的资料，且并非其原碑，故已失去了证史、补史的科学价值。相反的，其中涉及宇文泰的寿年情况倒还很可能是依据唐朝官方编撰的《北史》记载而补刻的。

六、结　语

综合以上分析，笔者推论，北周文王碑不是强独乐等人所立《周文王庙碑》的原碑，它是宋人根据《周文王庙碑》和《后周宇文泰纪功碑》残碑拓本经续补之后重刻的。

笔者之所以将其重刻的时代推定在两宋时期，是因为其时代上限不会早于晚唐五代的34号佛道造像龛，至迟在南宋时就已出现，因为王象之在《舆地碑记目》卷四中记载"周文王庙碑"时称，"在阳安县西北七十五里即后周高祖文帝之庙，旧碑题额云：'大周植其碑，元年岁次丁丑造'，元年即后周闵帝之初元也，今石刻存焉"，也就是说王象之不仅看到了现今北周文王碑，而且还对其原碑的情况作了进一步的说明。也正因为如此，可以说王象之是最早意识到北周文王碑不是其原碑的第一人，但他没有对此作进一步的深究，因而也未引起历代学者的注意。笔者认为，现在有必要对其真伪问题进行考辨，希冀引起学术界的重视，避免以讹传讹。但有一点尚需说明，现今北周文王碑作为宋代历史文化遗物，其历史文物价值是不能否定的。

注　　释

［ 1 ］　赵纯义、王家祐：《北周文王碑考查报告》，《成都文物》1987 年 3 期。

［ 2 ］　成都市文管会办公室、龙泉驿区文管所：《石佛寺石刻简目》，《成都文物》1987 年 3 期。

［ 3 ］　北宋政和二年宋京在天落石上刻诗曰："留题周文王庙诗。"唐大历六年"资州刺史叱干公三教道场文碑"署"其傍即周文王神祠"。

［ 4 ］　成都市文管会办公室、龙泉驿区文管所：《石佛寺石刻简目》，《成都文物》1987 年 3 期。

［ 5 ］　薛登：《北周文王碑及造像问题新探》，《成都文物》1987 年 3 期。

［ 6 ］　叶昌炽：《语石》卷三。

［ 7 ］　赵超：《中国古代石刻概论》，192 页，文物出版社，1997 年。

［ 8 ］　赵万里：《汉魏南北朝墓志集释》，299 页，新文丰出版公司印行。

［ 9 ］　秦公、刘大新：《广碑别字》，第 698 页，国际文化出版公司，1995 年；赵超：《中国古代石刻概论》，191 页，文物出版社，1997 年。

［10］　秦公、刘大新：《广碑别字》，第 164 页，国际文化出版公司，1995 年。

［11］　《北史》出版说明，中华书局，1965 年。

附录　《关于北周文王碑的几个问题》的释文

释文：

此周文王/之碑。/大周使持/节、车骑大/将军、仪同/三司、大都/督、散骑常/侍、军都县/开国伯强/独乐为文/王建立佛/道二尊像，/树其碑，/元年岁次/丁丑造。

夫功例当时而显扬千载者，非竹帛无以褒其训；非金石无以铭其德。是以汉颂李氏于/荫岑，前魏书邓于绵竹，姬姜 受 齐鲁之封，晋宋垂拱而取天位者，皆犹立身有滔天之功，/平暴理 乱，存 济 苍 生故耳。而我文王，处身成长，值国艰难。恒朔风起，连及鲁越，鲜于、葛荣/各拥十州之众，黰[1] 魂 齐晋。尔时王身，文武英■（辶＋狠，上下）[2]，策 量山海，坐算知天，谋无不决。平杜、葛二/军积年之冠，扫 荡 齐魏革化之民，京洛清晏，关东贴然，安置宰守，人民复业。唯有丑奴、莫/折，屯聚蚁 众，扰乱三秦。贺拔与王俱时受命，龚行天罚，各领虎将百千，（刚）（奋）（争）先。擒丑奴/於泾州长坑之原，戮莫折余烬在大秦之域。河凉息宁，关陇倏同，平泾定秦，王有阵敌之/功。重勋难彰，除原州刺史。在任清俭，与民水菜不交，合绝私觌，皎然冰镜。恩同子产，后[3]比/周邵。令名昭著，远近钦穆。寻转为夏州刺史。尔时，贺拔仆射为关西行台，侯莫陈（悦）为陇右/行台，各领所部拟伐凶逆。时有灵州刺史曹渥，圯黄河之难，不■（衤+互，左右）拉命，而贺拔仆射心欲/讨恶，志公无二。而侯莫陈（悦）阴生妒嫉，密怀徒害。王时在西夏，闻仆射薨于原州，即领所部/星赴平凉。尔时大军，见府公薨背，人怀异望，王自至泾，誓约六军，泣而言曰：“昔洪演纳肝，苞茅奠秦；解阳执楚，至死不二；纪信代君，焚烧其身；伍员报父兄之仇；孙武令而言之：‘一/人欲死，百人不当；万人欲死，横行天下’。遂能灭强楚于娘城之侧，破越军会稽之野，况我/等诸军，将同韩白，众如虎狼，今不为君雪耻，岂可立身於地上乎！”因即将士同心，扬威西/讨，时不逾朔，顿（荡）除凶虐，斩侯莫陈（悦）元恶党类，虏掠众军，悉恕不咎，遂总摄百万，志平国难。/至永熙年中，高贼倡狂，弄威并、相。主上嫌恨，遂迁京师，内外百宫，归还雍都。知王神机独/决，视彻九霄，负武逞文，镇越社稷，所领将帅者皆进有曹刿之机，退怀孙膑之策。指日光/回，吹流谷壑，其士卒也，手把长戈，雄毅跳山，蹴石成风，吸岳崩思。故武帝拜为都督中外/诸军事、大丞相。威振八极，六合来宾，北有茹茹，倾国归降，南伐梁国，君刑□□，交广请命，/□□□□、邓至，吐谷浑称蕃，贡献相寻，礼及中原。君臣和穆，父义母慈，兄□、弟恭、子孝，盗/□□□□诈不行，故能除挽枪[4]於九霄，扫尘于六莫，图圄无阿枉之囚，幽涧无屈滞之/□。□□□□□同慈父，昊天不吊，春秋五十，死于长安/百姓号墓，如遭■（先+厶，里外）[5]妣之丧，国王大/臣咸□世子代其父位，心在哀迷，未治军府，天鉴积善，必加余庆，善恶报应唯□上灵。是/以□王自烧，甘□降注，宋景思殃，荣或一宿，为之三徒，天道无亲，唯德是予，玄像垂曜，万/国□□。□主知天命去已，祚（归）于周，周畏天之命，即依恭受。而天王既临万国，寻思汉祖/□□□太上皇，魏文谥父为武帝。昔我周之绍隆，武王灭纣，谥先文王，今既天归周恒，应/□其故，遂依尊号文王，班告天下。乐等与大都督夫蒙携帅都督杨哲、都督吕璨、都督治/石岗县傅元绪、都督治阳安县史于仲、武康郡丞刘延、治怀远县刘开、都督王祥、都督□/□都督郑业等出自布素，蒙王采拔解褐入朝，位登三司，恢身殒命，无以上报。虽肚肠糜/烂/无过时之哀，唯上古非臣子不树碑铭，非其神而祭之者谄。乐等今从柱

国大 将 军、∕大都督、甘州诸军 事 、化政郡开国公宇文贵边戍岷蜀，因防武康，不胜悲切，故于 分 东之岭，显益之冈，天落石傍为王敬造佛二尊宝堂。药王在其左，普贤在其方；文殊师利，挟持两箱；飞天化生，在上驰翔；师子吒■（吡＋口，上下）；在下侏张；百神庄严，内外黄黄；鉴察愚真，济其道扬。∕前立灵碑，文字书扬；龟龙交般，岩巍昂藏；刊石隐文，万代弥常； 赞 其功勋，永序延康。∕

赫赫文王，才高少昌，扫除四凶，建节秦阳。总押百万，其锋难当。仪同督将，智齐三刚。文学∕儒士，态殊陈张。平弥燕赵，进师金方。克 捷 三秦，悬■（衤＋圭，左右）边疆。群奸 敛 平，众逆消亡。南定庸 蜀 ∕西及胡羌。北降茹茹，东南夷梁。六合清晏，济济康康。百官厘务， 佩 玉锵锵。各 总 □ 职 ，□道∕胜常。 百 民率午，男女显章。六畜满原， 粟 帛盈仓。汉称文景，周咏成康。论 比 德绩，上及三皇。∕抑强绥贵，采 擢 贤良。覆载之下。赞言明王。故颂其德，刊文碑旁。

校 勘 记

[1] 高文、高成刚：《四川历代碑刻》第 90 页，将"飜"释为飞。陆增祥《八琼室金石补正》、刘喜海《金石苑》亦作飞。但笔者据唐麟德元年王君墓志，"飜"是翻的异体字，而不是"飞"的异体字，见本文注释 [7]。

[2] "■（辶＋狼，上下）"在高文《四川历代碑刻》中均释为迈，今据魏寇品墓志、北魏熙平元年内司吴光墓志中邀写作"■（辶＋狼，上下）"故应为邈，参见本文注释 [9]。

[3] 高文、陆增祥、刘喜海均释作"德"。笔者经实地考察，此字虽应为"德"，但此处却刻作"后"字。

[4] 高文释作"■（扌＋鬼，左右）"，也有释为"槐"。笔者以为应为挽，参见秦公《碑别字新编》第 122 页，作"挽枪"，枪通强，即挽强。杜甫"前出塞"之六，有"挽弓当挽强，用箭当用长"诗句，挽强即拉硬弓之意，典故出自秦陇间，故此处应释为挽，文句才通顺。

[5] ■（先＋厶，里外）是"老"的异体字，如东魏武定元年王偃墓志（赵万里《汉南北墓志集释》第 299 页，新文丰出版公司印行）。

（原载《考古学民族学的探索与实践》，四川大学出版社，2005 年）

成都唐代爨守忠墓志考释

荣远大

1999 年 12 月，成都市文物考古研究所在其南郊桂溪乡桐梓林村七组"中国酒城"现场发现唐代砖室墓一座，其中出土墓志一合，系青石质。志盖为盝形顶，呈正方形，边长 49 厘米，厚 3 厘米。正中阴刻篆书"大唐故河东爨府君墓志之铭"。志亦呈正方形，边长 48.7 厘米，厚 6 厘米。志文首题"大唐故节度副使开府仪同三司兼太常卿南宁一十四州都督袭南宁郡王河东爨公墓志铭并序"。正文共 28 行，满行 30 字，全文共计 817 字。字体楷字，字迹清晰。考古发掘简报整理待刊。文物资料现存成都市文物考古研究所。墓志铭全文如下：

"大唐故节度副使开府仪同三司兼太常卿南宁一十四州都督袭南宁郡/王河东爨公墓志铭并序 前汉州司士参军常旨撰/

维天垂象众星环于北极君臣位焉 维地成形百川赴于东海忠勤继焉 其/有廿（世）济英毅保釐炎荒弘其永图作我藩翰则南宁郡王之素业也 王名/子华字守忠 其先河东汾阴人也赤精失驭谣属当涂黄旗遂兴禅止衔璧泊（据后文当作'洎'）钟会叛死邓艾忠姐十二代祖遐左迁是邦廿（世）豪南夏繁枝固本而一十四郡宗之若鳞爪之有龟龙羽毛之有麟凤灶犹比户歌杂南音盖不忘本也/曾祖荣宗 皇朝左监门卫大将军封南宁郡王谋犹闲（当为'间'）出德义全高为种落/之侯王作本朝之爪土锡赉山积渥恩海深功华邛苴影耀麟阁 大父/仁弘皇特进袭南宁郡王片玉浑金坚刚温润心悬象魏虎视昆明烈/考归王 皇左金吾卫大将军绍封长计远算动出人表深机宏略襄然不群/属阊凤冯凌保宁东落雪霜知松柏之操浊乱识忠良之心舛鹜伺边蜂蛮纵/毒奸我国宝皇上震惊畴其嗣之王即金吾之家子也太夫人守恭/姜之志多孟母之贤断甚金龙之妻礼逾石窃之妇痛缠家祸誓复夫仇锐旨/潜购英机密运凶渠授首天诱其衷宿憾获申幽魂雪愤古今之所未有载籍/之所罕闻美号崇封光暎寰寓（宇）不可得而名矣王幼乖庭训夙达义方忠/信城池勇裹矛盾至于擒纵之妙术营垒之深规雷公六甲之符风后九天之/秘靡不洞理穷微研精索要前节使张公屈魏绛以和戎征蒋钦以清俗顾/彼夷獠远镇犍为既式遏以怀柔仗辟田而播殖刑以肃堕悦以劳勤化榛莽/之乡成繁剧之邑憧憧宾旅远近如归贞元二年正月二日构暴疾薨于嘉州/之公廨春秋四十有八呜呼哀哉古人云天与我聪明不与我年寿斯言信夫/国捍隳矣军容悴矣元戎恸之列将痛之部伍号叫亲友增悲丹旐悠悠崩/湍为之鸣咽素惟寂寂韶阳为之惨凄以其年三月十七日葬于成都府广都/县政道乡相如里之源礼也嗣子冲蒌，哀备礼经夫人陇西李氏痛琴瑟之偏/亡泣梧桐

之半死抚孤鞠幼疾首糜心号天不天撰地无地乃假灵黄娟琢志/青乌（珉）庶日月之俱悬岂陵若之能易铭曰/

蒲城之阿　杞梓高柯　晋魏靡他　气象山河　其一　生我爨氏　为王爪士/旆转玉垒
魂凄泸水　其二　忠纯弈廿（世）英豪南裔　我军津济　我国捍蔽　其三/清川东急
白日西入　妻子号泣　百身不及　其四　天乎不仁　长夜何晨/　万岁千春　松柏是尊
其五"

志文记载了墓主人即爨归王之子爨守忠的生平事迹。其中所涉及的爨氏谱系以及唐代职官、地理沿革和历史事件，对于研究唐代边疆史乃至云南爨文化的考古研究都是非常重要的历史文物资料。无疑地，它是继二爨碑之后，目前所发现的最重要、最完整的爨氏墓志铭。

1. 爨归王世系谱

爨姓始见于《战国策·魏策》，其中有爨襄其人，寥寥数语，仅此而已。直至魏晋时期，爨氏则成为南中大姓之一，且屡见于历史文献。《华阳国志·南中志》建宁郡同乐县条载"大姓爨氏"，其他诸如新旧《唐书》、《通典》、《通鉴》等历史文献均有记载，刘宋时期爨龙颜碑亦载"乡望标于四姓，邈冠显于上京"。迨至唐天宝间，爨氏为南诏所灭，曾称霸南中达 400 多年。

关于爨氏族源系汉族抑或南中土著以及爨氏源流等诸多问题，学界议论纷纷，莫衷一是。由于文献史料的纷繁与乖舛而实证材料又极为稀奇，遂致爨文化的研究产生出各种歧意，然而，成都新近出土的爨守忠墓志铭则为我们解开这个历史疑团提供了无可辩驳的历史依据。志曰："其先河东汾阴人也。赤精失驭，谣属当涂，黄旗遂兴，禅止衔壁。洎钟会叛死，邓艾忠殂，十二代祖遐，左迁是邦，世豪南夏，繁枝固本而一十四郡宗之。……灶犹比户，歌杂南音，盖不忘本也。"它明确地记载了东汉末年黄巾起义后的蜀汉时期，其十二代祖爨遐迁入南中的史实。爨遐为何南迁？如志文所说，是由于某种政治上的原因被贬官或流放而"左迁是邦"。自常颁略通五尺道至云南曲靖一带后，南中地区就有汉族移民，尤其汉武帝以来此地就是死罪及奸豪之民发配之所，《华阳国志·南中志》"晋宁郡"："武帝元封二年……开为郡……。汉乃募徙死罪及奸豪实之。"至于爨氏不论是新旧《唐书》、《通典》、《唐会要》还是《通鉴》均曰："自云本河东安邑人。"显然与墓志的记载是吻合的。自魏晋迄隋唐，爨氏祖孙历代不绝于史，一脉相承。他们对自己的族源是清楚的，且代代相传，他们虽然"歌杂南音"，但始终未忘其汉族血统，故志云"不忘本也"。

我们根据唐代爨守忠墓志中的记载可以清楚地了解爨归王祖孙四代的直系亲属关系。志曰："十二代祖遐，左迁是邦，世豪南夏，繁枝固本而一十四郡宗之……。曾祖荣宗，皇朝左监门卫大将军封南宁郡王……。大父仁弘，皇特进袭南宁郡王……。烈考归王，皇左金吾卫大将军，绍封……。王即金吾之家子也。"不仅如此，我们还可以根据墓志的记载补证文献史料之不足，《新唐书·南蛮传》曰："爨宏达既死，以爨归王为南宁州都督"，修史者误以为爨宏达与爨归王是直接的传承关系，殊不知爨宏达生活在初唐，而爨归王主要的活动时间则是在唐玄宗开元、天宝年间。爨宏达死后，应该说是爨归王的祖辈即爨荣宗，经爨仁弘之辈才到爨归王一代，墓志材料填补了文献中对于爨宏达与爨归王之间这一时段的空白。由此，我们可以简单地罗列出爨归王祖孙世系谱如下：

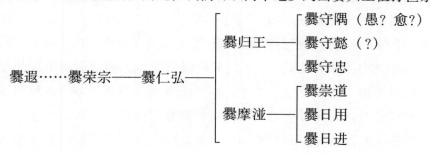

2. 关于"南宁一十四州"建置

志文首题"大唐故节度副使开府仪同三司兼太常卿南宁一十四州都督袭南宁郡王河东爨公墓志铭"，这是首次出现南宁一十四州之说。南宁州都督府在唐玄宗开元、天宝年间所领羁縻州县的名称和具体数目虽无从稽考，但有学者依据《旧唐书·地理志》所载戎州都督府"天宝元年依旧都督羁縻三十六州"作为开元末年南宁州都督府所属羁縻州之数[1]。即是说开元天宝年间南宁州都督府所属羁縻州是三十六个。但爨守忠墓志所载却是"南宁一十四州"，这一点不见于历史文献。这无疑地为我们学术界提供了一个非常重要的信息，南宁州都督府领属羁縻州县究竟是十四州还是十六州，抑或三十六州，这是值得我们深入研究的问题。从志文所见，唐德宗贞元年间爨守忠世袭南宁州都督时所领州数为十四州，而追溯其祖先事迹时亦曰"十二代祖遐，左迁是邦，世豪南夏，繁枝固本而一十四郡宗之"，前后两处均曰南宁一十四州（郡），显然这不是简单的雷同。我们有理由认为，爨氏在南宁州的统治区域自魏晋以降迨至唐贞元二年就只有一十四州，而非三十六州，也不是十六州。那么这十四个州具体是指哪些呢？有学者认为南宁一十四州应是距戎州都督府里程较远的南宁、武德、英、盘、麻、长、威、武恒、归武、声、品、从、严、奏龙州[2]，即志文所曰"南宁一十四州"。

3. 爨守忠为何安葬于成都

南宁州是爨氏在南中地区活动的主要区域，也是其魂归之地。正如《通典》卷187"西爨"所载，"大唐武德初，拜爨翫之子宏达为昆州刺史，令持其父尸归葬本乡"，因而在南宁州（今曲靖一带）留下了无数的爨氏遗迹，其中爨氏墓葬就难以数计。从历代方志中所见就有爨府君墓，而今又发现有不少称之为"梁堆"的爨人墓葬。爨守忠墓志曰："贞元二年正月二日构暴疾薨于嘉州公廨……以其年三月十七日葬于成都府广都县政道乡相如里之源。"他为什么叶落不归根而远葬成都呢？我们从墓志铭全文分析，其原因一是原南宁州大片区域在唐代宗永泰元年即《南诏德化碑》所载赞普钟十四年为南诏所占有。爨守忠继任南宁州都督时仅仅只是遥领，是名义上的世袭，而且此时南宁州都督府已寄治于嘉州，墓志云"薨于嘉州之公廨"就是其明证，同时，他还以剑南西川节度副使的身份带兵驻防犍为，如墓志所言"顾彼夷獠，远镇犍为"，显然归葬本乡亦属不可能。其二，爨守忠其时已落户成都。爨归王、爨守隅相继被灭，爨守忠世袭南宁郡王及南宁一十四州都督，同时还被唐王朝任用为"节度副使"并"远镇犍为"。犍为于唐肃宗"上元二年割属嘉州"[3]，故唐代嘉州亦称犍为郡，犍为隶属于剑南西川节度使。墓志曰"节度副使"显然是指剑南西川节度副使，"前节使张公"就是指前剑南节度使张延赏，吴廷燮《唐方镇年表》载，张延赏于大历十四年至贞元元年在任。剑南西川节度使理所就在成都府[4]。爨守忠的夫人陇西李氏也是隋唐时期移居成都的大姓，爨守忠远镇犍为，而李氏则留守成都持家育子。正因为爨守忠已落籍于成都，因而要将其灵柩运回成都安葬。

注　释

[1]　林超民：《唐前期云南羁縻州县述略》，《云南社会科学》1986 年 4 期，《中国历史地理考释》第 264-265 页。

[2]　郭声波：《唐代南宁州都督府建置沿革考》（待刊稿）。

[3]　李吉甫：《元和郡县图志》卷三十。

[4]　同［3］。

（原载《南中大姓与爨氏家族研究》，民族出版社，2002 年）

四川地区唐代砖室墓分期研究初论

刘雨茂　朱章义

引　言

　　四川地区过去发现的唐宋墓葬为数不少，但已整理发表的资料并不多，特别是见诸报道的唐墓更少，仅有大邑[1]、青神[2]、彭县[3]、成都[4]的几座墓葬，且因各种原因资料均不详细。因而，对其分期断代非常困难，往往不能分出唐、五代时期墓葬，甚至草率地将其归入了宋墓之中，给研究工作带来了极大的困难。因此，唐墓被认为是四川地区墓葬考古的一个空白。近年来，随着国家基本建设的飞速发展，成都市文物考古工作队先后在以成都为中心的川西地区发现了大批的唐宋砖室墓，虽然这些墓葬均遭不同程度的破坏和扰乱，但其墓葬形制、器物组合及时代特征均较为鲜明，且数量众多，数以千座。作系统研究的条件已经成熟，我们在积累了大量资料的前提下，拟就已发表的资料和已整理成文的成都化成小区、百花小区、梁家巷三个基建工地的唐墓材料，就四川地区唐代砖室墓的分期断代进行初步探讨，抛砖引玉，以此推动四川地区唐墓的甄别和研究。本文讨论范围，仅限唐代墓葬中数量最多，最为普遍且长度在5米以内的中小型砖室墓葬，大型砖室墓、土坑墓、崖墓及属于川西高原石棺葬系统的墓葬情况不在本文讨论之列。由于资料有限，不妥之处，敬请方家指正。

一、墓　葬　形　制

　　四川地区唐代墓葬以单室券拱砖墓为主，也有少量单室合葬墓，一般都由甬道和墓室组成。依据墓葬平面结构的不同，可分 A、B、C 三型，以下作详细探讨。

　　A 型　墓葬平面呈长方形，由于结构和长宽比的不同，分三式。

　　A I 式：墓葬平面呈窄长方形，长宽之比约 3∶1，由甬道和墓室组成。甬道较长，前窄后宽呈"凸"字形，底砖上层铺成"人"字形，其典型墓有蜀新 M16。该墓长 5、宽 1.72、残高 0.38 米，墓底距地表 1.35 米，墓向南偏西 74°。甬道长 1.73 米，低于墓室 0.3 米，可分前后两段，前段长 0.29、宽 0.97 米，后段长 1.05 米、宽 1.32 米。墓室长 2.88、宽 1.3 米。封门墙及墓壁均用条砖三平一丁砌成，其中丁砖都是断砖横砌。墓底砖砌，厚约 0.12 米，分上、下层。其下层砖横向平辅，上层砖斜铺成"人"字形，且在甬道与墓室交接处平铺一层长 0.97、宽 0.19 米的横向砖，其两端则砌至墓底。该墓使用 38 厘米×19 厘米×5.5 厘米及 38 厘米×19 厘米×6 厘米两种规格的素面砖。该墓仅在甬道内出土了瓷碗、盘口壶各 1 件[5]（图一，1）。

AⅡ式：墓葬平面呈长方形，长宽之比约 2:1，由甬道和墓室组成。成都梁家巷 M1、四川青神、大邑唐墓属该式。梁家巷 M1 由封门墙、甬道、墓室和壁龛组成，长 2.5、宽 1.2、残高 0.5 米，墓底距地表约 1 米，墓向 200°。甬道平面呈长方形，宽 1.2、进深 0.4 米，低于墓室 0.34 米。墓室平面呈长方形，长 2.1、宽 1.2 米，两侧直墙残高 0.48、厚 0.18 米，二平一丁相间砌成，其中丁砖均半截砖横砌，后壁砌法和墓壁直墙相同。甬道壁下部一丁四平，其上和墓壁砌法相同。墓底砖平铺一层，厚 3.5 厘米。甬道底砖斜铺一层，与墓向略呈 45°，和甬道相接处的墓室底砖纵向平铺，其后错缝横向平铺一层。在左直墙距墓门 0.64 米处有一"凸"字形壁龛，叠涩顶，长 0.32、宽 0.18、高 0.36 米，其下沿距墓底 0.08 米。该墓用砖单一，均为长方形青灰素面砖，规格是 36 厘米×18 厘米×3.5 厘米。该墓甬道内出土四系罐 2 件，开元通宝 2 枚及数枚棺钉。墓室内出土四系罐 3 件、盏、碗各 1 件及开元通宝、乾元重宝、隋五铢铜钱各 1 枚[6]（图一，2）。

AⅢ式：墓葬平面呈长方形，由甬道、墓室、后壁龛和肋拱等组成。该式墓葬有万间 M8[7]、乐民 M3[8] 等。万间 M8 是双室合葬墓，残长 5.3、宽 3.83、残高 0.5 米，墓底距地表 3.78 米，方向南偏东 30°。两室用墙相隔，其形制、大小、结构相同。封门墙没有贯通，各室单独封门。左室封门墙宽 1.14、高 0.48、厚 0.2～0.32 米，中段用断砖顺砌，厚 0.32 米，两端用砖横砌，厚 0.2 米。甬道长 0.58 米，分前、后两段，前段长 0.4、宽 1.14、后段长 0.19、宽 1.55 米。过道呈阶梯状，共二级，长 0.5、宽 1.14 米。墓室长方形，高于甬道 0.18、长 3.32、宽 1.55 米。后壁龛设于墓后端，残长 0.4、宽 0.93 米，下沿距墓底 0.52 米。墓壁均用条砖二平一丁相间砌成，残高 0.43、厚 0.2 米。南、北二壁内侧砌有五道肋拱，分别位于甬道前端、过道、墓室后端和墓室中部，宽 0.4～0.5、厚 0.2 米。其砌法和墓壁相同。墓室底砖平铺一层，厚约 0.05 米，其中甬道底砖斜铺，过道和墓室底砖顺铺。该墓均是青灰素面砖，规格是 40 厘米×20 厘米×6 厘米。在左室出土了瓷碗 1 件，四系罐、香炉各 2 件（图一，3）。

B 型　墓葬平面呈梯形，墓室壁在同一直线上，可分 a、b 二亚型。

Ba 型　由甬道和墓室等组成，甬道前窄后宽呈"凸"字形，甬道底砖上与邻壁处都置有一块平砖。分三式。

BaⅠ式：甬道前端平直。蜀新 M17 属该式。该墓通长 3.55 米，宽 0.9～1.8 米，残高 0.68 米，墓底距地表 1.2 米，方向南偏西 10°。甬道长 0.82 米，分前、后两段，前段平直，长 0.4、宽 1.3 米，后段呈梯形，长 0.42、宽 1.12～1.16 米。墓室呈梯形，长 2.39、宽 0.9～1.12 米，墓壁二平一丁相间砌成，墓底砖平铺一层，厚约 0.058 米，甬道底砖斜铺，在邻墓室底砖上再平铺一层，长 1.12、宽 0.195 米。墓室底砖错缝横铺。墓砖有两种，规格分别是 39 厘米×19.5 厘米×5.3 厘米和 37 厘米×17.5 厘米×5.8 厘米。

该墓仅在甬道内出土瓷盘口壶1件,青瓷碗2件[9](图一,4)。

BaⅡ式:墓室增砌有壁柱(肋拱),甬道底砖上的平铺砖邻壁一周呈"凸"字形。该式有万间 M5,该墓由甬道、过道、墓室和壁柱等组成,全长4.2、宽1.6~1.8、残高0.9米。甬道平面呈"凸"字形,前窄后宽,长1.16米,前段长0.34、宽1.1米,后段长0.82、宽1.4~1.46米。过道呈阶梯状,共4级,长0.37、宽1.03米。墓室高于甬道0.32米,长2.27、宽1.27~1.38米,残高0.74米。封门墙用砖平铺,宽1.78、厚0.16、残高0.38米。墓壁用砖二平一丁相间砌成,平铺砖用完整砖,丁砖均用残断砖。在墓壁内侧用砖砌有对称的三道壁柱,分别位于甬道前端、过道和墓室中部,宽0.36、厚0.18米,其砌法和墓壁相同。墓底砖均平铺一层,厚约0.04米,甬道底砖斜铺,在甬道底砖上的邻壁处均平铺一层砖,这些平铺砖相连,呈"凸"字形,墓室底砖和甬道相连处顺墓向平铺,其后均错缝横铺。该墓墓砖都是长方形青灰素面砖,规格是35厘米×16厘米×4厘米。该墓在甬道内出土陶扑满3件,瓷盏1件,开元通宝、乾元重宝铜钱数枚[10](图一,5)。

BaⅢ式:墓葬平面呈梯形,但在墓壁直墙上砌有龛,甬道和墓室底砖均斜铺。该式有筒车田 M1。该墓由封门墙、甬道、墓室和壁龛等组成,全长4.9米、宽1.97~2.66米。封门墙用厚、薄两种砖砌成,残高0.8、宽2.23米,厚0.1~0.18米,下部用薄砖,砌法为一丁二平,高0.24米,上部用厚砖,平铺顺砌,残存八层砖,高0.56米。甬道前窄后宽,前段长0.3、宽1.26米;后段呈梯形,长1.2、宽1.54~1.6米;墓室长2.33、宽1.4~1.54米,在墓室中部有一对称的小隔墙,将墓室象征性分为前室和后室,隔墙长0.2、宽0.155、高0.27米。在甬道、前室、后室的东、西两壁上各设有一壁龛,北壁设有一后龛。东、西壁的六个壁龛下沿距墓底均为0.36米,都在三平一丁二平处起龛。甬道壁龛宽0.6米,深0.38米,残高0.35米,距墓门0.6米。墓室壁龛宽0.2米,深0.15米,残高0.38米,距北壁0.86米和1.9米。后龛在三平一丁处起龛,宽0.78米、深0.36米、残高0.32米。东、西、北三壁也用厚薄两种砖砌成,下部用薄砖,砌法是三平一丁,高0.36米,上部平铺顺砌厚砖,残高0.2米。墓底用薄砖斜铺一层,厚0.035米,另外,在甬道邻墓门和两壁的地砖上都平铺一块薄砖[11]。此墓用砖是长方形青灰素面砖,分厚、薄两种,薄砖规格为30厘米×15.5厘米×3.5厘米,厚砖规格为39厘米×20厘米×6厘米。该墓出土瓷碗2件,瓷盏1件,陶扑满3件及开元通宝数枚(图一,6)。

Bb 型 墓葬平面呈梯形,墓室及甬道壁在同一直线上。分二式。

BbⅠ式:平面呈梯形,前宽后窄,无甬道。该式有蜀新 M11 和蜀新 M19。蜀新 M19 通长3.08、宽0.82~1.37米,残高仅0.52米。墓底距地表1.26米,方向南偏西48°。墓室长2.74、墓门处宽0.96、后宽0.52米。封门墙和左、右、后三壁均用条砖一平一丁或二平一丁砌成。墓底用条砖平铺一层,邻近墓门的底砖顺铺,其余底砖均横铺,厚0.04米。该墓有一特殊之处是墓室前部的南壁上丁砌了一块大砖,该砖规格是64厘米×42厘米×7.7厘米。其余墓砖有两种规格，分别是34厘米×16厘米×4厘米和36厘米×18厘米×4厘米[12]（图一，7）。

BbⅡ式：墓室前有甬道，由甬道和墓室组成。梁家巷M3封门墙是由圹各横向竖砌一批扇形砖，中间用土填实，再平砌纵砖而成，厚0.2、长0.8、残高0.54米。甬道位于墓室的前端，宽0.7、进深0.32米，低于墓底部0.08米，底砖为纵向单层不错缝平铺；填土为黄褐色粉土，出双耳罐1件，"开元通宝"2枚。墓室长2.26、宽0.44～0.68米，其左右两壁是在铺地砖上立砌长32、宽24～28、厚7厘米的扇形砖一周后再纵砖平铺砌成，残高0.54米。墓室底砖为横向单层错缝平铺，出土水盂和盏各1件，"开元通宝"1枚。该墓的墓砖规格多样，底砖为长36、宽18、厚3厘米的长条砖或长32～33.5、宽16、厚2.5～3厘米的扇形青砖，而四壁上则砌长40、宽20、厚7厘米的长方形素砖和长32、宽17～22、厚7厘米或长32、宽24～28、厚7厘米的扇形砖，后三者均为取用M4的墓砖[13]（图一，8）。

C型墓　平面长方形、梯形相结合成一端大一端小，或两梯形结合而成，墓室壁不在同一直线上，前宽后窄，墓室因宽窄的不同，可分2～4段，分三式。

CⅠ式：墓室整体略呈梯形，前段呈长方形，后段呈梯形。甬道底砖上有平铺砖，以金港M1、M2为代表[14]。金港M2全长4.16、宽1.15～1.78米，残高0.8米，墓底距地表1.45米。墓向南偏东5°。甬道低于墓室0.2米，长0.84米，分前、后两段，前段长0.34、宽1.12米，后段长0.5、宽1.44米。墓室长2.85、前宽1.16、后宽0.98米。壁柱位于墓室前端，宽0.34、厚约0.08米，墓壁除甬道前段四平一丁外，均用砖二平一丁砌成。壁厚约0.17米。后壁用砖横砌，厚0.34米。甬道底砖斜铺一层，和墓向约呈45°角。在甬道底砖上的邻壁处均平铺一层砖。墓室底砖横向平铺一层，厚约0.4米。在甬道内出土了陶扑满5件，盘口壶1件。该墓用砖较为统一，规格有32厘米×16厘米×3.5厘米和32厘米×16厘米×4厘米两种（图一，9）。

CⅡ式：形制和Ⅰ式相似，但墓室因宽窄的不同可分2～4段，甬道变得很短，甬道底砖顺铺，该式有干道M4、百花M4、乐民M6、川大唐墓[15]（图一，10）等为代表。干道M4由甬道和墓室组成，全长3.49、宽1.2～1.45米，墓底距地表0.4米，方向南偏西22°。甬道长0.68米，前窄后宽分前、后两段，前段长0.4、宽0.97米，后段长0.28、宽1.08米，甬道低于墓室0.22米，在甬道后壁上用砖砌有三个仰莲形壸门。墓室长2.73米，分前、后两段，前段呈长方形，长0.84、宽1.08米，后段呈梯形，长1.56、宽0.9～0.98米。封门墙残存一丁七平，宽1.35、厚0.18、残高0.41米。墓壁残存三平一丁，残高0.28米。封门墙和墓壁厚0.18米。墓底砖平铺一层，厚约0.04米。甬道底砖顺墓向平铺，墓室底砖邻甬道的第一排也顺墓向平铺，其余底砖横铺。该墓丁砖均为残断砖，平铺砖为完整砖，墓砖都是长方形青灰素面砖，规格分别是35厘米×18厘米×3.7厘米和35厘米×18厘米×4厘米。该墓出土器物不多，仅有碗3件，盘口罐、四系罐各1件。

CⅢ式：甬道、墓室均呈梯形，甬道虽前宽后窄，但不分段。墓室可分二段，均呈梯形。该型以干道 M3 为代表。干道 M3 长 3.37、宽 0.79~1.28 米，残高 0.45 米，甬道长 0.35、宽 1.05~1.08 米，低于墓室 0.2 米。墓室全长 2.62 米，分前、后两段，前段长 0.97、宽 0.98~1.05 米，后段长 1.65、宽 0.61~0.8 米。封门墙残存一丁四平，高 0.25 米，厚 0.19、宽 1.47 米。墓壁丁砖都是二横丁和一块顺丁砖相间砌成。墓底砖均平铺一层，厚约 0.04 米，其中甬道和墓室邻甬道的第一列墓室底砖顺墓向平铺，墓室其余底砖均横铺。该墓墓主人为仰身直肢葬，头向墓门。人头骨两侧各置瓷碗 1 件。该墓用砖均是长方形青灰素面砖，规格是 39 厘米×19 厘米×4 厘米[16]（图一，11）。

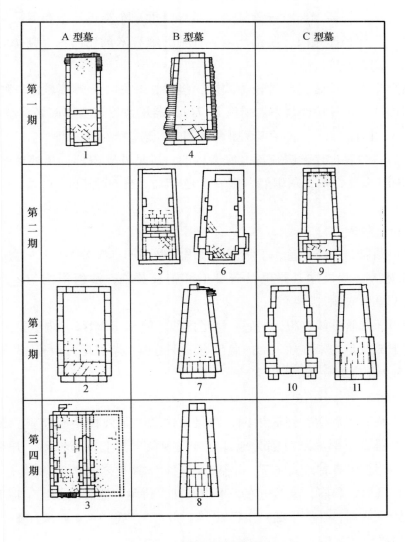

图一　墓葬形制分期图

1. A 型Ⅰ式（蜀新 M16）　2. A 型Ⅱ式（梁家巷 M1）　3. A 型Ⅲ式（万间 M8）　4. Ba 型Ⅰ式（罗新 M17）

5. Ba 型Ⅱ式（万间 M5）　6. BaⅢ式（筒车田 M1）　7. Bb 型Ⅰ式（蜀新 M19）　8. Bb 型Ⅱ式（梁家巷 M3）

9. C 型Ⅰ式（金港 M2）　10. C 型Ⅱ式（川大唐墓）　11. C 型Ⅲ式（干道 M3）

二、墓葬出土器物

四川地区唐墓随葬遗物均不多，其基本的器物组合是釉陶瓷碗、盘口壶、罐、盏、香炉、陶扑满及开元通宝铜钱，基本没有五代、宋墓中常见的各种俑类遗物随葬。其中釉陶瓷碗、盘口壶、带系罐的演变规律和时代特征最为鲜明。

碗　分五型。

A 型　深腹小饼足碗，分三式。

Ⅰ式：口微侈，尖圆唇，深直弧腹，平底微内凹，有不规则支钉痕。小饼足外撇内凹，足外棱经修整。蜀新 M16：1，紫红胎，器身厚重，除器底外壁和器足未施釉外，其余均施豆青釉，开细小冰裂纹，脱釉严重。青釉下施有米黄色陶衣。高 10.1、口径 13、底径 4.7 厘米（图二，1）。

Ⅱ式：器形和Ⅰ式接近，器身较Ⅰ式矮，侈口，圆唇，斜弧腹较深，底微内凹，小饼足外撇并略内凹，足外棱经修整。蜀新 M17：1，器里及器表上部施米黄釉。器身厚重，砖红胎。高 8.1、口径 12.8、底径 4.5 厘米（图二，2）。

Ⅲ式：侈口，圆唇，直弧腹较深，底微内凹，饼足外撇内凹，足外棱经修整。蜀新 M17：3，器底有五个支钉痕，灰黑胎，施青黄色半釉。高 66、口径 11.6、底径 4.4 厘米（图二，3）。

B 型　侈口直腹碗，分二式。

Ⅰ式：侈口圆唇，上腹近直，下腹圆曲，平底略内凹。抚琴 M1：1，器底有五个支钉痕，玉璧底较宽大。灰黑胎，器里及器身上部施灰黄釉，釉色不均匀。高 6.5、口径 15.6、底径 8.1 厘米（图二，4）。

Ⅱ式：侈口，圆唇，浅直腹，平底，饼足内凹。筒车田 M1：2，内壁及外壁的上部均施青釉，外壁下部及足均未施釉，器内底部有三支钉痕。紫红胎。口径 13.5 厘米、足径 7.8 厘米、高 5.2 厘米（图二，5）。

C 型　敞口饼足碗，分二式。

Ⅰ式：敞口圆唇，斜腹，器底内凹，饼足微内凹，足外棱略经修整。蜀新 M11：1，砖红胎，器里及器身上部施米黄釉为地，有流釉现象，其上再施青釉，开细小冰裂纹，脱釉严重，仅残存少量青釉。高 4.7、口径 13、底径 5.4 厘米（图二，7）。

Ⅱ式：敞口圆唇、斜腹，上腹近直，下腹圆曲，饼足，器底内凹。干道 M3：2，有五支钉痕，内施淡青全釉，外施半釉。口径 13.4、高 4.7、底径 6.4 厘米（图二，8）。

D 型　敞口平沿饼足碗，分三式。

Ⅰ式：敞口，窄平沿，圆唇，斜腹，平底，底较Ⅱ式大，饼足较矮微外撇，干道 M2：1，器内施淡青釉，器表半釉。口径 13.5、高 4.6、底径 5.2 厘米（图二，9）。

Ⅱ式：敞口，宽平沿，圆唇，斜面直腹，小平底，饼足。青神 M1 出土该式碗，器内施青釉，器表半釉。釉处开细小冰裂纹，器底有五支钉痕，口径13.3、底径6、高5厘米（图二，10）。

E型　敞口直腹碗。敞口，圆唇，斜腹，平底，大饼足外撇，足外沿经粗略修整，器身厚重。干道 M4：4，器里施白色陶衣，器表半釉。口径15.8、高5.3、底径8厘米（图二，11）。

F型　折腹碗，分二式。

Ⅰ式：圆唇，敞口，折腹，斜壁内收，平底，饼足。梁家巷 M1：5，紫红胎，折腹以上至口施酱黄釉。口径14.4、底径6、通高4厘米（图二，12）。

Ⅱ式：圆唇，敞口，腹微折，饼足。万间 M8：3，器内底有五支钉痕，器内施青黄釉，釉色不均匀，器表半釉，器身不甚规整。口径13、底径6.4、高4.6厘米（图二，13）。

盘口壶　可分四式。

Ⅰ式：敞口尖唇，中长颈上小下大，颈部饰四道凹弦纹，圆肩，颈、肩相交处有一周突棱，肩部塑四个桥形横耳，斜腹，腹上部饰一道凹弦纹，平底略内凹。蜀新 M16：2，器身上部施青釉，开细小冰裂缝，釉色不均匀，脱釉严重。高26.4、口径11.7、底径7.7厘米（图二，14）。

Ⅱ式：器身下部残缺。盘口较深，微敞，圆唇平沿，中长颈上小下大，颈中部饰五道凹弦纹，圆肩，肩近颈处塑四桥形横耳，斜腹。蜀新 M17：2，器身上部施青釉。脱釉严重。紫红胎。口径11.1、高21.8厘米（图二，15）。

Ⅲ式：盘口较深，圆唇平沿，中长颈，颈中部饰五道细小凹弦纹，圆肩，肩近颈处塑四个桥形横耳，斜腹，平底。金港 M2：6，紫红胎。器身上部施青釉，脱釉极为严重。口径15.5、底径10.5、高48.8厘米（图二，16）。

Ⅳ式：口微侈，尖唇，斜折沿，深直盘口，中长束颈，颈下部有三周凹弦纹，圆肩，斜腹，平底。器身最大径在肩部，肩上塑四对桥形横耳。干道 M4：1，紫红胎，器身上部施灰黑色陶衣为地，其上再施青釉，开细小冰裂纹，釉多已脱落。口径14.4、底径8.8、高32.4、盘口深3.5厘米（图二，17）。

盏　分四式。

Ⅰ式：口微侈，浅斜弧腹，小平底。厚胎。万间 M5：4，通身施浅灰色陶衣。口径9.4、高2.6、底径3.5厘米（图二，21）。筒车田 M1：1，外壁施米黄釉，有脱釉现象，口径9.5、底径4、高1.5厘米（图二，22）。

Ⅱ式：厚圆唇，敞口，弧壁较斜，浅腹，小平底，内底有烧制时的支痕。M3：2，口沿及内壁施黄釉。口径8.8、底径4.6、通高3厘米。

Ⅲ式：尖圆唇外翻，敞口、斜弧壁、小平底。梁家巷 M1：6，内底有支痕，内壁及口沿施酱釉。紫色胎。口径9.8、底径4.4、通高4厘米（图二，24）。

Ⅳ式：敛口，圆唇，浅曲腹，小平底，器口置一个三角形把。干道 M4：11，内施酱釉，开细小冰裂纹，釉多已剥落，器表未施釉。口径9.6、高3.2、底径4.1厘米。把长2.8厘米（图二，23）。

四系罐　分四型。

A型　罐身最大径在腹中部。侈口，斜折沿，尖圆唇，短颈，微束，溜肩，鼓腹，饼足外沿略经修整。肩上塑四个对称横耳。干道M4：5，砖红胎，器口及器表上部饰黄白釉，中部饰青褐色釉底，底未施釉，口径14.4、高36.5、底径14厘米。

B型　尖唇直颈罐，罐身最大径在近肩部。

Ⅰ式：直口，尖唇，斜折沿外翻，短直颈，圆肩，斜腹，平底。器身最大径在肩部，肩颈交接处塑四立耳。干道M4：2，器口及器表上部施酱色釉，开细小冰裂纹，釉多有脱落。口径13.4、高30.2、底径11.8厘米（图二，25）。

Ⅱ式：尖唇，宽沿，短颈，复形四耳，溜肩，深腹，斜壁内收，平底。梁家巷M1：1，腹以上及口沿施酱黄釉，而罐内壁和外壁腹以下部分无釉。通高18.8、口径7.4、底径9.5厘米（图二，29）。

Ⅲ式：直口，尖唇，斜折沿，短颈，斜折肩，斜直腹，器身下部饰一周深凹弦纹，饼足。万间M8：1，器身上部饰黄白色淡釉。口径8.6、高15、底径7.5厘米（图二，33）。

C型　四系鼓腹小罐，罐身最大径在腹上、中部。分三式。

Ⅰ式：大口微侈，尖唇、平沿外斜，高领，圆肩，斜直腹，平底，饼足外撇微内凹，肩部塑四个对称桥形横耳。青神M1出土4件，口径7～7.6、底径5～5.6、高11.1～11.4厘米，器身最大径在腹上部（图二，30）。

Ⅱ式：大直口，尖唇，斜折沿，高直领，斜肩，鼓腹，下腹斜直内收，平底，饼足比底略大。器身最大径在腹上部。肩部塑四个对称立耳，耳高耸。梁家巷M1，口径7.6、底径7、高12.6厘米（图二，26）。

Ⅲ式：大直口，微侈，尖唇，斜折沿，高领微斜，斜肩，鼓腹，下腹斜直内收，平底，饼足比器底稍大，器身最大径在腹中部。肩部塑四对称立耳，耳斜直。梁家巷M1，高13.4、口径8.4、底径7.1厘米（图二，27）。

D型　高领，颈中部有一周凸棱，直口，尖唇，斜折沿外翻，短颈，圆肩，斜腹，平底。器身最大径在肩部，肩颈相交处塑四立耳。万间M8：3，器口及器表上部施酱色釉，开细小冰裂纹，釉多有脱落。口径13.4、高30.2、底径11.8厘米。

双耳罐　分三型。

A型　侈口，中长颈，圆折肩，肩下内收至底，平底略内凹，饼足。肩部塑二个对称桥形横耳。大邑唐墓出土的双耳罐，器身施青灰色半釉。口径4.5、底径4、高8.5厘米。

B型　尖唇，卷沿，侈口，短颈微束，颈部距口沿下2厘米处有一周凸棱，溜肩，复形双竖耳，深腹、内壁斜弧内收，平底。梁家巷M3：1，外壁腹以上部分及内壁施酱黄釉。口径9.2、底径8.4、通高17厘米（图二，32）。

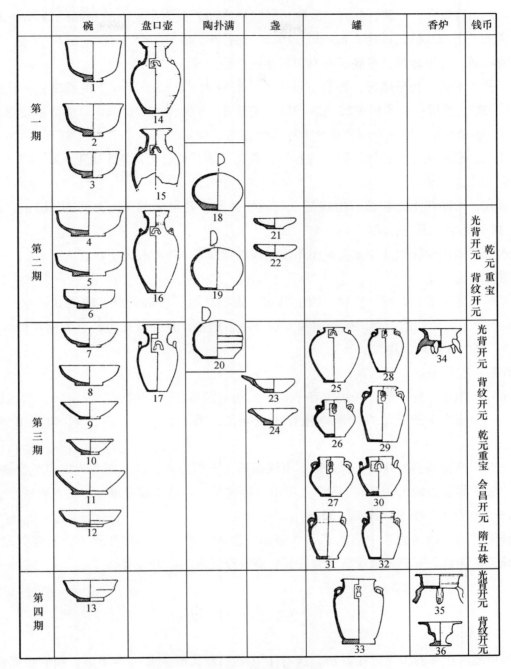

图二　器物分期图

1. A I 式（蜀新 M16:1）　2. A II 式（蜀新 M17:1）　3. A III 式（蜀新 M17:3）　4. B I 式（抚琴 M1:1）　5、6. B II 式（筒车田 M1）　7. C I 式（蜀新 M11:1）　8. C II 式（干道 M3:2）　9. D I 式（干道 M2:1）　10. D II 式（青神 M1）　11. E 型（干道 M4:4）　12. F I 式（梁家巷 M1:5）　13. F II 式（万间 M8:3）　14. I 式（蜀新 M16:2）　15. II 式（蜀新 M17:2）　16. III 式（金港 M2:6）　17. IV 式（干道 M4:1）　18. I 式（金港 M2:2）　19. II 式（万间 M5）　20. III 式（万间 M5）　21、22. I 式（万间 M5:4、筒车田 M1:1）　23. IV 式（干道 M4:11）　24. III 式（梁家巷 M1）　25. B I 式四系罐（干道 M4:2）　26. C II 式四系罐（梁家巷 M1）　27. C III 式四系罐（梁家巷 M1）　28. I 式（干道 M4）　29. B II 式四系罐（梁家巷 M1:1）　30. C I 式四系罐（青神 M1）　31. C 型（青神 M1）　32. B 型双耳罐（梁家巷 M3:1）　33. B III 式四系罐（万间 M8:1）　34. B I 式（大邑唐墓）　35. B II 式（万间 M8）　36. A 型（万间 M8）

　　C 型　口微侈，高领，溜肩，鼓腹，平底微内凹，假圈足。肩颈相间处塑对称立耳。青神唐墓出土双耳罐。口径 7.8、腹径 10.3、底径 6、高 13 厘米（图二，31）。

　　陶扑满　身呈球形，平底，器身顶有小孔。分三式。

　　Ⅰ式：平底，身呈球形，器身下部内收，底较大。孔位于器身正中或略偏。化成金港 M1、M2，土桥村筒车田 M2，万间 M5 均有出土。化成金港 M2:2，口似呈半圆形。孔径 2.5、底径 6.6、腹径 11.8、高 9.1 厘米（图二，18）。

　　Ⅱ式：形制和Ⅰ式相似，但器身有足，孔位于顶外侧，万间 M5 出土，底径 7.6、高 9 厘米（图二，19）。

　　Ⅲ式：形制和Ⅰ式相似，但腹部有三道凹弦纹，孔呈半圆形。万间 M5 出土，底径 7.1、高 9 厘米（图二，20）。

　　水盂　四川地区唐墓中水盂出土不多，仅在梁家巷 M3 中有出土。

　　香炉　分二型。

　　A 型　宽平沿，方唇，直腹，腹上部有一道凹弦纹，腹底内凹，喇叭状平底足。万间 M8 中出土，紫红胎，器内壁施满釉，器外壁未施釉，釉为黄褐色，有脱落。口径 10、底径 5、高 5.6 厘米（图二，36）。

　　B 型　五足香炉，分二式。

　　Ⅰ式：敞口，外折沿，深腹内底平直，外底呈圜底状。下接五个腿形足。大邑唐墓出土，一号墓出土的五足香炉通体施青灰色亮釉，釉下绘绿彩。高 5.9、口径 10 厘米（图二，34）。

　　Ⅱ式：口宽沿斜折外翻，深直腹，上腹倾斜，下腹近直，腹下部外表有一周突棱纹。平底，腹下附五兽面足。万间 M8 出土香炉，砖红胎，内外均施浅绿釉，釉色有脱落。口径 11.4、底径 7.5 厘米（图二，35）。

　　钱币　四川地区唐墓中出土了一些钱币，但种类单一，仅有开元通宝和乾元重宝、隋五铢三类铜钱。其开元通宝有光背开元，背纹开元及会昌开元等。

三、墓 葬 分 期

　　四川地区唐墓基本无纪年材料，这对于其分期断代研究有一定困难。我们根据四川地区隋以前砖室墓的墓砖基本上都是花边砖的这一特征，将素面砖砌建墓室作为隋以后墓葬的基本特征。而四川地区发现的纪年五代墓、北宋墓较多，墓葬形制，出土器物及其组合较为清楚，我们将几个典型五代墓的典型器物作为晚期唐墓下限的主要依据之一。

　　由于唐代墓葬中以釉陶瓷器为其最具特征器物，而成都地区隋唐、五代的几个主要窑址：成都青羊宫窑[17]、邛崃邛窑[18]、成都市外东琉璃场窑[19] 及灌县玉堂乡的罗家、何家、马家诸窑址[20]，都进行了发掘和整理，并有部分报告面世。加之成都市指挥街遗址[21]、上汪家拐唐宋遗址[22] 的发掘和整理，使得这一时期釉陶瓷器的演变规律已基本清楚，这为四川唐墓的分期提供了有力的依据。结合墓葬形制、出土器物及其组合的演变，我们将四川唐代中小型砖室墓分为四期。

第一期：以 A I、Ba I 式墓为代表，以 A 型碗，I、II 式盘口壶为基本器物组合。该期墓葬长方形、梯形单行，长方形墓呈窄长方形，甬道较长，墓底、甬道底砖上层均平铺成"人"字形，甬道邻墓室的底砖上开始平铺一层砖，墓室极规整，二平一丁砖砌壁，且丁砖均是残断砖。梯形墓的甬道也较长，甬道后段和墓室均呈梯形，甬道底砖斜铺，甬道邻墓室的底砖上也平铺一层砖，墓室底砖横铺。器物组合以侈口深直腹小饼足碗、敞口鼓腹盘口壶为基本组合。这一期的典型器物都是成都青羊宫窑、邛崃固驿窑的典型器物[23]，A I 式碗和青羊宫窑 II 式碗、固驿窑 I 式碗相同，A II、A III 式碗和固驿窑 II 式、岭南英德 M36[24] 唐代早期墓出土的碗相同或相近，在青羊宫窑第一层中也有出土。这种侈口深腹小饼足碗，是由隋代的敛口深腹碗发展而来的。I、II 式盘口壶在成都青羊宫窑，固驿窑中均有出土。A 型碗，I、II 式盘口壶在上汪家拐遗址、指挥街唐宋遗存中发现极少。因此，我们认为第一期墓葬的时代为唐代早期。

第二期：以 Ba II、Ba III、Ca I 式墓为代表，以 B 型碗、III 式盘口壶、陶扑满及背文开元通宝为基本器物组合。这一期墓葬流行梯形墓，甬道一般都呈长方形，墓壁内侧开始砌壁柱，这类壁柱的主要作用在于分隔墓室。甬道较第一期短，底砖流行斜铺，墓室底砖多横铺，但邻甬道的第一列铺地砖多顺铺。甬道邻壁的底砖上均平铺一层砖，这些平铺砖相连呈"凸"字形，仅比甬道小，有的墓砌有壁龛。这一期的出土器物以侈口浅直腹碗、深直盘口的盘口壶、陶扑满和背文开元通宝、乾元重宝为基本器物组合。陶扑满是这一期墓葬中随葬的新器形，也是这一期墓葬最典型的随葬器物之一。B I 式碗和上汪家拐街遗存的 Ab II 式碗、青羊宫窑 IV 式碗相同，B II 式碗和指挥街遗址 C I 式、上汪家拐街遗址 Aa III 式相同，III 式盘口壶和上汪家拐街遗址 I 式盘口壶、松潘松林坡唐墓[25] 出土盘口壶相同或相似，都具有唐代中期的特征。出土的钱币以"月"纹开元通宝、乾元重宝为主，没有出土会昌开元通宝，我们将第二期墓葬的年代定在唐代中期。

第三期：以 A II、Bb I、C II 式、C III 式墓葬为代表，以浅斜腹碗、带系罐、盏、盘口壶、开元通宝、乾元重宝铜钱为基本器物组合。在墓葬形制方面，虽然长方形墓仍在流行，但最流行的墓葬形制是梯形墓，且墓壁不在同一直线上，墓室因宽窄的不同可分 2～4 段。甬道比第二期还短，甬道底砖以顺铺为主，墓室底砖以横铺为主，但邻甬道的第一列砖仍然顺铺，这一期的墓葬形制和第二期墓有很大差异。在随葬器物方面，带系罐的随葬数量明显增加，陶扑满已基本不出，甚至绝迹，碗流行浅斜腹大饼足，钱币除前期钱币外，出土有少量的会昌开元通宝。斜腹碗在上汪家拐街遗址、指挥街遗址的唐代中晚期地层出土甚多，C 型碗和成都罗城 1、2 号门址出土的 I 式碗相似[26]、川大唐墓、青神唐墓都出土了背面铸有"益"、"荆"等地名的会昌开元通宝，可见，第三期唐墓的年代当在唐代中晚期。

第四期：以 A III、Bb II 式墓为代表，以 F II 式折腹碗、D II 式罐、香炉、开元通宝铜钱为基本器物组合。墓葬形制方面，长方形墓仍在流行，但墓室后壁多砌有壁龛，墓壁内侧的壁柱位置基本已固定，丁砖多用完整砖。梯形墓仍在流行，但墓壁多在同一直线上。随葬器物方面多沿用第三期流行器型，但盘口壶已消失，带系罐中尖唇大口鼓腹小罐也基本消失，但颈部有一周突棱的尖唇罐开始出现并流行，新出土的器型有香炉。本期出土的香炉在上汪家拐街遗址的晚唐地层中有出土，DⅡ式罐和前蜀王宗侃墓出土的罐基本相同[27]，折腹碗与第三期折腹碗基本相同。综上所述，我们将第四期墓葬的时代确定在唐末或可晚至五代。

四、结　语

四川地区的唐代中小型砖室墓，除边远少数民族地区外，就目前后发现情况看以成都为中心的川西地区最多，最为集中，其他区域的资料尚有待发现或发表。然而，由于资料的零碎，且绝大多数无文字纪年，也无一处前后顺序完整衔接的墓群。因此，以上对四川唐墓的分期只是一个粗略的勾画，其墓葬形制和器物组合还可细化，另外，该类墓葬是否有区域性的分类，这些需在以后的发现中进一步完善，也是我们今后研究工作中要特别注意的问题。

注　释

［1］　　大邑县文化馆：《大邑县出土唐代墓葬》，《四川文物》1985 年 2 期。

［2］　　李水成：《四川青神县唐墓清理记》，《考古与文物》1986 年 1 期。

［3］　　四川省文管会：《四川官渠埝唐、宋、明墓清理简报》，《考古通讯》1956 年 5 期。

［4］　　冯汉骥：《记唐印本陀罗尼经咒的发现》，《文物参考资料》1957 年 5 期。

［5］　　成都市文物考古工作队：《四川成都市西郊化成村唐墓的清理》，《考古》2000 年 3 期。

［6］　　成都市文物考古工作队：《成都市梁家巷唐宋墓葬发掘简报》，《四川文物》1999 年 3 期。

［7］　　成都市文物考古工作队：《成都市西郊百花小区唐、五代墓葬发掘简报》待刊稿。

［8］　　资料存成都市文物考古工作队。

［9］　　同［5］。

［10］　　同［7］。

［11］　　成都市文物考古工作队：《成都市西郊士桥村筒车田唐墓》，《四川文物》1999 年 3 期。

［12］　　同［5］。

［13］　　同［6］。

［14］　　同［5］。

［15］　　同［7］。

［16］　　同［7］。

［17］　　四川省文管会等：《成都青羊宫窑址发掘简报》，《四川古陶瓷研究》（二），四川省社会科学院出版社，1984 年。

［18］　　四川省文管会等：《邛窑发掘的初步收获》，《四川古陶瓷研究》（二），四川省社会科学院出版社，

1984 年。

[19]　丁祖春：《成都市胜利公社琉璃厂古窑》，《四川省陶瓷史资料》1979 年 1 辑。又，成都市文物考古工作队于 1997 年 9 月对其局部堆积进行了发掘，资料现存成都市文物考古工作队。发掘报告正在编写之中。

[20]　四川省文管会等：《灌县马家古瓷窑址试掘记》，《考古与文物》1984 年 6 期。

[21]　成都市博物馆等：《成都指挥街唐宋遗址发掘报告》，《南方民族考古》第二辑，四川省科学技术出版社，1989 年。

[22]　成都市文物考古工作队等：《成都上汪家拐街唐宋遗存发掘简报》，《南方民族考古》第 5 辑，四川省科学技术出版社，1993 年。

[23]　四川省文管会等：《四川邛崃县固驿窑瓦窑山古瓷窑遗址发掘简报》，《南方民族考古》第 3 辑，四川省科学技术出版社，1990 年。

[24]　徐恒彬：《广东英德浛洸镇南朝隋唐墓发掘》，《考古》1963 年 9 期。

[25]　中国社会科学院考古研究所等：《四川松潘县松林坡唐代墓葬的清理》，《考古》1998 年 1 期。

[26]　成都市博物馆考古队：《成都罗城 1、2 号门址发掘简报》，《南方民族考古》第 3 辑，四川省科学技术出版社，1990 年。

[27]　成都市文物考古研究所等：《五代前蜀王宗侃夫妇墓发掘简报》，《考古》待刊稿。

（原载《四川文物》1999 年 3 期）

青羊宫窑初探

刘雨茂

　　青羊宫窑发现于 50 年代，因其窑址集中于成都西城通惠门外青羊宫附近而得名。以前仅作调查，对其面貌、特点不甚了解，称为成都窑或蜀窑[1]。1955 年四川省博物馆对窑址进行了小规模的试掘，获得了一些资料。之后，1982 年 10 月和 1983 年 5 月四川省文管会、四川省博物馆和成都市文管处联合对窑址进行了全面的调查和发掘，发现了 8 座隋唐窑炉，找到了窑址的中心地带[2]。1985 年到 1986 年成都市博物馆考古队又在其东侧进行了揭露面积达 2200 平方米的勘探和发掘工作，找到了窑址的作坊区和废品堆积场。这些工作大体查清了窑址的分布范围和产品内容及其烧造时代，对青羊宫窑有了一个较为全面的了解。可以认为，青羊宫窑是以烧制青瓷产品为主，兼烧陶质产品的带有浓厚地方色彩的川西名窑。

　　笔者现正进行青羊宫窑作坊遗址和废品堆积场之发掘报告的编写及其研究工作，心思所得，准备就其瓷器的制造工艺和装饰技术，与长江中下游名窑的关系，兴旺和衰落的原因等谈几点粗浅的看法。然管窥蠡测，挂一漏万之处在所难免，敬请批评、指正。

一、制造工艺和装饰技术

　　从发现的遗迹看，窑址分窑炉区，作坊区和废品堆积区三个部分。其窑炉先后在窑址区域内共发现了 12 座[3]，按形制可分为三种，即直焰馒头窑、平焰馒头窑和龙窑，均由火膛、窑床、烟道三部分组成。时代上看，从秦汉到唐。又从其演变改造情况来看，直焰馒头窑最为原始，而龙窑则是一种比较先进的形制，它应该是沿长江流域进行的东西科技交流的结果，大约在隋代早期由长江下游传来四川的。青羊宫窑址发现的龙窑都较短，为短龙窑。其中以成都十二桥遗址文化层发掘出的窑炉为最大，该窑炉位于作坊的南边，残长约 10 米（其后段的烟道因距地面太近，已被现代房基所破坏，估计总长应在 15 米以上），宽 2.75 米，方向约 114°，窑床斜坡度为 10°，火膛长 2.44、宽 1.52 米，左右壁残高为 0.9 米，前壁残高 0.4、后壁残高 0.26 米。该窑炉南北壁及火膛均采用比较厚重的青砖砌成，砖长 0.35、宽 0.22、厚 0.13 米。窑床上面结有 0.29 米厚的一层高温烧结层，内包含有大量的窑具和青瓷器残片。窑床下砌有五道隔垛，采用长 0.33、宽0.17、厚 0.11 米的长方形青砖砌成，其底部建筑在夯打后的黄黏土层上，由于长时期的烧烤，底部已形成了厚约 10 厘米的烧结硬面[4]。除直烟馒头窑外，发现的窑炉中有一个共同的特点，即火膛都较大。特别是其隋唐时期的龙窑，由于结构较先进，加上大的火膛，使其火焰更旺，窑炉内达到上千度的高温，这就为烧制出高质量的瓷器创造了先决条件。

通过发掘清理工作找到了作坊的遗址，弄清了它的布局情况。作坊平面平坦，略呈正方形，其内分布有拌泥池、拉坯操作台、陶水缸、八角砖井以及砖砌水沟、水槽等。从作坊内出土遗物和其所处的地层位置来分析，该作坊遗址的年代应为隋至唐时期。用作烧瓷的原料经拌泥池拌和后即在拉坯台拉坯成形。该窑所用的原料都为一种，即岩石未经淘洗、沉淀后的石浆。此种岩石为四川各地普遍有的红色水层岩，含有铁成分。其主要器形分为生活用具，包括：碗、盘、壶、罐、杯、盅、钵、盆、炉、洗、瓮、盏托、器盖、粉盒、瓶等；另一类为文具，主要是各种形式的砚台和笔洗。大部分圆形器都采用拉坯成形的技术，少部分如砚台、香炉的足及罐之耳是先模制成形后再黏贴而成。多数器物胎壁厚薄一致，器形规整，从外观之，都具有较高的实用价值和美观效果。由于坯体原料比起江浙越窑所用瓷土化学成分差，所以在坯体成形而未上釉之前，通体先均匀地抹上一层白色的化妆土，使其比较粗糙的坯体表面，显得光滑整洁。

坯体成形后，上过化妆土，即可上釉。一般的，器形内上满釉，用荡釉法，器物外施半釉，用蘸釉法。其具体做法是抓住器物底部，口向下，在釉水中蘸釉。大件器物外壁则用刷釉法，如盘口壶、罐等。釉系用一种矿石在内壁下部呈辐射状、满戳"月"字形尖齿的研磨石（擂钵）内磨成粉，然后在一种胎体非常厚重的敞口大足夹砂罐中调配成的液体。待坯体上完釉稍干后，即可入窑烧制，据发掘资料看，青羊宫窑使用的是木柴和竹竿作燃料。经还原烧成的釉色有：豆青、青灰、青黄、青绿、黄灰、黄白、姜黄、酱黄、酱青等。器物胎色有灰、灰白、黄、黄白、砖红、紫红、淡红等。釉色较为均匀，釉面布满细微的冰裂纹，釉质呈玻璃状，有的易于剥落，有的则釉面素雅沉着，釉色晶莹光润，特别引人注目。

从大量的窑具及其与产品的黏接情况来看，青羊宫瓷器烧造时大多数产品是采用无匣钵的叠烧法，即用垫具支撑坯体，隔具间隔每件坯件进行焙烧，值得注意的是极少数小巧精细的器物，推测应为匣钵装烧，匣钵也为小型的圆筒状器物，因发现尚少，这里仅作一种推测。小件器物可十多件叠烧，中间以支钉相隔，根据器物的大小，支钉也有大小之分，其齿足三齿到七齿不等，烧出的器物底部釉面也有三至七个支钉疤痕。小型的杯、盅等器物，则不用支钉，而是窑工随手捏成一尖状小泥团，贴附在器底以作间隔。这样烧制，器物重叠不多，因而烧出的器物较为精致，其底部釉面疤痕较少，有的甚至不见疤痕。大型器物，如大盘口壶、四系罐等多两件叠烧。一般盘口壶在下，壶底部垫以环垫和圆筒形垫具，盘口上以一种大型齿足外撇的支钉相隔，其上再放较大型的四系罐等器物。从出土器物看，盘口壶的盘口内多留下了规整的支钉疤痕。装烧中炉与盘叠装，也已成为一般特点，早期炉似乎足仅 3 只，以后足增加到 5 只。由于采用叠烧法，使得许多器物，特别是碗、砚、盘、壶、盅、钵、罐、盆、瓮等生活实用器都显得胎骨厚重，足部多做成饼足，假圈足、玉璧底，圈足器少，多为一种宽沿的方圈足，整个器形缺乏一种轻巧的灵气，给人以硕大粗犷之感，这些器物是青羊宫窑瓷器的主要产品。

青羊宫窑瓷器的主要装饰有弦纹、竹节纹、朵花纹、莲瓣纹、草叶纹、圆圈连珠纹、卷叶纹、龙纹、佛教人物故事以及釉下斑彩、彩绘等。装饰工艺有刻划压印、模印、堆塑和模塑贴花装饰等，现分述如下。

弦纹使用最为普遍，多在器物口、腹上部，腹和底部，在使用上有凹凸之分。又有一种钵在黄白釉下，口、腹下部各施一道釉下绿彩弦纹，非常雅致，是为瓷器中的上品。

竹节纹主要装饰在高足杯的足柄上，突棱分明。

朵花纹和莲瓣纹装饰范围也较广，一般在器物的腹部。其中莲瓣纹使用尤广，有模印和刻划两种，皆为仰莲，莲叶肥厚，给人以富态之感。

草叶纹基本上是釉下彩绘，出现在杯的腹部，围绕一圈，颜色有绿色和赭色。这类杯中占多数的是一种造型为侈口，口以下内弧，下腹近底处有折棱，呈下折腹，有细小单环耳设于外壁中部，假圈足或小瓶足的小杯。其造型，因下腹外折，故显得玲珑稳重，配以鲜艳的彩绘，雅致优美，时代在晚唐到五代，为青羊宫窑后期的作品。

圆圈连珠纹多饰在敛口钵的腹部，釉下彩绘，颜色有绿色和褐色。

卷叶纹常常与龙纹组合在一起，同出现在一种直口微敛或斜直口，腹较浅，小平底的钵上，其底部圆心为一条盘卷着的龙，围一圈连珠纹，外围一圈卷叶纹，再外一圈莲瓣纹，再外一圈卷叶纹。这种小钵制作精美，胎色淡红，胎质致密细腻，瓷化程度高，釉色晶莹透亮，钵内无支烧痕迹，应是窑工们特别制作的精品。钵中龙纹造型生动，形态逼真，布局也合理，制作分两种，一种为模印，突起较浅；另一种为堆塑，突起较高，钵中一圈莲瓣纹系采用压印而成，可见当时窑工已具备丰富的经验和极高的雕刻技艺。

特别要介绍的是装饰工艺中出现的釉下彩绘和釉下斑彩。釉下彩绘是坯体上釉之前，用笔蘸上颜料在坯体上绘出图案，有草叶纹和朵花纹等，颜色有绿、黄、赭、褐色。釉下斑彩则由毛笔蘸颜料点于器物之口沿、上腹、底、盖等部位，形状有椭圆形、桃尖形、圆形等。在色彩上，一件器物有单彩、双彩和三彩。其中以三彩器最为有名，这种纹饰与邛崃什方堂窑的唐代釉下三彩纹饰相同，以往统称之为"邛三彩"。然而，根据两窑的出土产品的时间上分析，青羊宫窑产品似乎要早于"邛三彩"，个别器物似乎到了隋代。另外，二者还有一大不同，青羊宫窑是在黄白釉下施加三彩，而邛窑则是在青釉下施加三彩，二者在釉色、釉层上均有不同，因此，有人认为青羊宫窑的这种色调更具有四川特色[5]。综合分析，笔者认为这种看法是非常正确的。三彩器是我国陶瓷发展史釉色使用上的重大突破，是一次高温烧成的釉下三彩，比起北方的低温釉上唐三彩是一进步，它为后来的釉下高温彩即青花的出现打下了坚实的基础。

总的来讲，青羊宫窑瓷器的造型风格在厚重、粗大的主流下，同时也烧造一些胎骨轻薄灵巧釉色较好的产品，如碟、杯、洗等，特别是在一些杯、碗等少许器物，出现了白色微泛牙黄的釉色及黄白色胎的精品，这些显然是为少数人特制的。其杯为喇叭形高圈足，侈口，微束颈，腹微鼓，圈足柄上有竹节突棱。这种造型与同时期长江中游的青瓷名窑同类产品大致相仿，它构思轻灵，不落俗套，应为当时流行的新颖产品。

二、青羊宫窑与浙江越窑、长沙铜官窑之关系

青羊宫窑与越窑和长沙窑同属于南方青瓷系的瓷窑，它们既具有自身浓厚的地方特色，又互相联系。四川在中国的版图上处于十分特殊的地理位置，它恰好位于黄河流域文化和长江流域文化这两大文化的发源地。北之秦岭，构成了黄河、长江的天然界线。虽然这里山路崎岖，交通不便，但四川从古代开始就是南北交通要道、文化交汇的枢纽。这里有许多南北向河流，是古代民族交通的必经走廊。同样，东西向之长江又沟通了肥沃的洞庭湖和江南渔乡。宋以前四川与省外瓷器制作上的交流，主要就是沿着东西向的长江流域来进行的。

与越窑的关系。成熟瓷器首创于浙江的越窑，它在东汉时已出现了，经三国、两晋到南朝获得了迅速的发展。瓷窑遗址在绍兴、上虞、余姚、鄞、宁波、奉化、临海、萧山、余杭、湖州等县市都有发现，是我国最先形成的窑场众多、分布地区很广、产品风格一致的瓷窑体系。南北朝时期，我国出现了南北对峙的两个政权，南朝劳动人民经过长期的生产实践，社会经济得到了发展。长江两岸土地肥沃，交通便利，商业繁荣，文化交流显得更加频繁了。大约就在这时，长江下游的制瓷技术，通过洞庭湖地区传到了四川，与青羊宫窑原有的烧陶技术相结合烧出了青羊宫窑的青瓷产品。随后不久，灌县金马窑和邛窑先后建立起来了，构成了川西青瓷系诸窑的早期窑场。东晋晚期，越窑青瓷出现了普及的趋势，瓷器的造型趋向简朴，装饰大大减少，三国两晋时一度大量生产的明器基本上停烧，常见的产品有罐、盘口壶、盘、碗、钵、盆、洗、砚、香炉、水盂、唾盂、虎子等[6]。受其影响，青羊宫窑前期产品主要是盘口壶、四系罐、碗、钵、碟等。并且在以后也成为其产品的大宗。在烧造方法上，青羊宫窑也采用越窑用大量支具和垫具的叠烧。所不同的是，越窑在以后支、垫具越来越少且简化，直至后来，主要使用匣钵，而青羊宫窑则一直使用支、垫具，且这些器具分类越来越多，越来越细。在制造工艺上，早期青羊宫窑多采用圆形成器法，纹饰上多刻划的弦纹及花瓣纹，这些应是它自身的技术特点。龙窑炉在越窑使用较早，且最广泛。明以前南方各地主要产瓷区都广泛采用龙窑，它解决了古代盛产木材地区烧瓷的窑炉问题，青羊宫窑约在南朝稍晚时期，改进了窑炉，开创了龙窑的历史，并影响到川西诸窑。总之，青羊宫窑在其初期多受越窑影响，而向后发展区别就变大，到了唐代更是完全不一样了，值得注意的是，从窑址的发展系列来看，我们不能将青羊宫窑瓷器的出现单纯地看着是受越窑的影响所致，而是社会发展到一定时期的共同性之表现，只是越窑在这方面表现得更为突出。他们在早期表现出了许多共性，但也各具地方特色，有自身的体系。

与长沙铜官窑之关系。青羊宫窑与铜官窑均不见于文献记载，同属我国古代长江上游和中游的两大民窑。但二者在时代上有差别，从现有发掘资料看，铜官窑上限至唐，而下限在五代后[7]，时间上比青羊宫窑晚，与前者晚期并行。与越窑不同，两者之间在装饰工艺上具有密切的联系。根据出土器物，可看出两窑间具有共同的装饰特征，其青釉绿斑彩和釉下彩绘及圆珠纹构图的品种遗留下来的甚多。从这一点来看，两者是互相仿效，互相影响的，但细分起来，二者的工艺程序釉下彩的风格及繁简程度又有较大差别，如：青羊宫窑必使用化妆土，而铜官窑则少部分使用化妆土，这反映出各自地域的不同，及所受周围文化影响的差异。但有一点可以肯定，这个装饰工艺应是后来彩绘瓷的先驱。长沙铜官窑的瓷器式样多，在装饰工艺方面也有其特殊的成就，其模塑贴花艺术更堪称一绝，它色彩斑斓，华丽多姿，纹饰有人物、狮、葡萄、园林等，这种工艺对青羊宫窑有着很大的影响，其晚期的精品也采用了这种装饰艺术。

三、兴旺和衰落的原因

青羊宫窑自南朝初期创烧以来，一直到隋及唐代中期这几百年的时间里得到了很大的发展，呈现出兴旺的景象。据考古发掘的地下资料，窑址所在的区域里早在秦汉之际就已有工匠在此烧制陶器了。因此，有人推测该地在汉时就已能烧瓷了[8]。不过，还有待于地下的实物资料来加以证明。可以肯定的是大约在南朝初期开始，长江中、下游瓷窑烧制青瓷器的技术就已传到了成都平原，再加以经济的大发展，从而使青羊宫窑逐渐转为以烧制青瓷产品为主、兼烧陶质产品的大型民间窑场，从出土器物看，其烧制陶器的年代，上限在秦汉之际，下限一直延续到唐代晚期，其烧造青瓷器物的时代，上限应在南朝初期（或许早到东晋），下限一直延续到晚唐五代初期。

探究青羊宫窑兴旺的原因，主要有五个方面。首先，青羊宫窑在晋汉时（甚至早到战国）就已有工匠于此烧制陶器了，有了一定的装烧生产经验和其装饰特点，为以后的发展奠定了技术基础，当长江下游先进的青瓷技术传到这里后，很容易被消化吸收，从而立即进行大规模的生产。特别是窑工们在龙窑的修造基础上，成功地创造出了当时适合于平原地区的最佳窑炉——短龙窑，最大限度地提高了生产力，其次，四川作为地理位置比较特殊的地区，从晋以来社会相对稳定，战乱极少，人们安居乐业，社会发达，经济繁荣。农业生产由于铁制农具的普遍使用，生产提高了，人口也相应的得到了增加。隋时，"蜀郡（成都）水陆所凑，货殖所萃，为巴蜀一都之会。"三国以后，蜀中之民对美观别致、经久耐用、不会腐蚀的瓷器逐渐重视起来，富有之家，从产地买来使用，甚至死后用以陪葬，近几年在成都附近，晋代的墓葬里就发现有越窑生产的盘、壶和鸡首壶[9]。到了南朝，需求量大增，而仅靠外省运来远远不能满足市场需求了。第三，据《华阳国志·蜀民》载：秦初筑成都大、少城，大城在其东为军事政治中心，而少城在其西为经济重心。少城内设置商肆，以处商贾。又据《汉书·地理志》载：元始二年（公元2年）户口数，成都有七万六千余户，较长安仅少数千。当时，成都又为王都（大商业城市）之一。人口众多，经济的发展，促进商业的繁荣。少城西南外市桥南面，有内外二江环抱（即李冰所开之郫江和检江），交通便利，而原为商业互市之区、货物散集之所，因而逐渐发展成为更大集市——南市，它与外江两岸之锦官城、草官城隔江相望，地理位置十分优越。自此以后，经南北朝到唐，这里遂成为商业、手工业生产的重要地区[10]。从新中国成立后考古发掘、勘探的地下情况来看，南市即今西较场至青羊宫一带。优越的条件，对青羊宫窑场来讲是独一无二的，更由于它的产品多粗器，价格也较廉，销与一般市民大受欢迎。因此它能迅速将产品卖出，收回本钱，扩大再生产。另外，当时还实行买主预先订货、包销生产的办法。如出土的瓷器中常有"何"、"吉"等字样的就属于这类产品。第四，由于本地土质不好，化妆土技术的普遍采用，使得很劣质的原料变化为可用之材，从而为批量的生产提供了原料保证。第五，隋唐之际，饮茶之风的兴盛，茶具的需求度增加，也为青羊宫窑瓷器的大量生产起了推波助澜的作用。隋唐时期，随着农业的发展，进一步推进了茶叶生产的迅速发展，据《四川简史》记载，"茶树种植面积不断扩大"。其中绵州（今绵阳）、汉州（今广汉）、蜀州（今崇庆）、邛州（今邛崃）、眉州（今眉山）和雅州（今雅安），所形成的一条产茶地带，是当时全国主要的产茶区，蜀茶不仅产量大，而且质量也非常好，尤其是雅州的蒙山茶，品第为全国第一，是有名的贡茶。

然而，青羊宫窑在中唐以后逐渐衰落了，到了五代其主要的产品就基本停烧。分析起来，也有五方面的原因。第一，农业生产的发展，使成都附近多辟为良田，而竹树越来越少，导致原料和燃料的紧缺，使产品成本不断上升，并直接影响到销路。相比之下，农业生产获利就大得多，一部分窑工也就离开窑场，转向务农，或去他窑做工。第二，窑炉和烧制技术越显落后，产品质量得不到提高，废品较多。而受地理环境的影响，无法进行技术改革，成都平原地区无坡度之便，只能建造短龙窑，建造大型的龙窑和阶级窑极为困难，影响了温度的提高及装烧容量。第三，商品经济的发达，东西南北技术交流加强，各地名窑的产品大量涌入四川，如越窑、铜官窑和邛窑的产品在四川各地唐代墓葬中都有发现。第四，成都附近山区山地多，农业生产不发达，森林和瓷土资料取之不尽，加上交通便利，有技术的窑工流入后，许多便宜烧窑的地方大量发展窑场，并烧出了不少出色的产品。如华阳琉璃厂窑[11]，灌县玉堂窑[12]、郫县大坟包窑[13]等。第五，邛窑等川西烧制瓷器较早的窑场，积极进行改革，接受大量新技术，开发出一批新的产品，从而使自身具有强大的生命力。邛窑已采用较大型的龙窑。中唐以后，大量采用匣钵烧制技术[14]。其有名的新产品是省油灯，在晚唐至南宋占有了很大的市场。省油灯的出现，大大提高陶瓷产品的使用功能，为以后陶瓷产品用于农业生产开辟了新的途径。

总之，青羊宫窑从兴盛到衰落经历了从南朝到晚唐、五代这一相当长的历史时期，它作为四川地区较早烧制青瓷的窑场，带有浓厚的地方特性。过去，有先生认为：琉璃厂窑和邛窑之间有着极密切的类似之处，两处窑工所遵从的是一个共同的传统[15]。然而，两大中心相距较远，时代上亦有较大差异，似乎还有一大中心在地理上位于其间，笔者认为，这就是青羊宫窑场，是它浓厚的地方特色对两大中心产出了影响，使其基本上遵循着一个共同的传统。同时青羊宫窑这种浓厚的地方特性，对唐以后四川兴起的融会了南北制瓷技术的瓷窑产生了很深的影响，主要方面有：支具的继续使用，且变得更加精细灵巧。瓷器胎骨都较为厚重，饰有化妆土等，如：广元窑较为突出的三叉形支垫，广元窑和磁峰窑釉下均有化妆土，这些都是它们的产品与其仿烧的"建窑"和"定窑"产品的最大区别。可以说，青羊宫窑在四川各窑的竞争中逐渐衰落了，其生产技术为各窑继承，其衰落后造成的市场空缺为后来兴起的各窑所弥补。

四、结　　语

综上所述，青羊宫窑历史悠久，在陶瓷史上占有十分重要的地位。它自南朝创烧以来，至五代经历了相当长的历史时期。应该注意的是，其产品在晚唐时已大大减少了，到五代一般的粗品更是几乎停烧，代之以少量的精品。这反映在历史事件上，则是前蜀王建割据四川时，为维持其政治局面，就用本地生产的瓷器向实力强大的后唐、后晋等中原经济者进贡。据《唐代肆考》记载：唐末前蜀皇帝王建，报朱梁信物，有金棱碗，致语云："金棱含宝碗之光，秘色极青瓷之响。"可见王建进贡的是秘色青瓷碗。秘色瓷目前四川未有出土，仅重庆博物馆藏有一器，为青羊宫窑的产品[16]。由此，推断王建时青羊宫窑已具有官窑的性质了，至少是官搭民烧的形式，看来这时它正逐渐改变了以生产商品瓷为主，整个生产、销售受价值规律支配的宗旨，而代之以只追求质量，不惜工本的官窑性质。这一性质也决定它随着统治政权的垮台而彻底废弃了。

青羊宫窑自从 50 年代发现以来，做的工作不多，发表的材料极其有限，专门的研究，更是稀少。笔者有幸接触到一些新的资料，辗转反思，写成一文，作引玉之砖，以引起广大学者、同仁对这一窑址的重视。

注　　释

［1］　冯先铭：《故宫博物院院刊·三十年来我国陶瓷考古的收获》1980 年 1 期，文中谈到四川省古窑址时称"成都窑"。傅振伦：《四川古代的陶瓷器用》，一文称"蜀窑"，文载《又史杂志·四川专号》1945 年 5.6 期合订本。

［2］　四川省文管会、成都市文管处：《成都青羊宫窑址发掘简报》，《四川古陶瓷研究》（二），四川省社会科学院出版社，1984 年。

［3］　翁善良：《试论近年来青羊宫窑址的发现》，《成都文物》1988 年 4 期。

［4］　王黎明、冯先成：《成都新一村小区试掘简报》《成都文物》1988 年 4 期。

［5］　同［1］冯先铭文。

［6］　中国硅酸盐学会主编：《中国陶瓷史》，文物出版社，1987 年，第四章第一节。

［7］　肖湘：《唐代长沙铜官窑址调查》，《考古学报》1986 年 1 期。

[8]　陈丽琼：《试谈四川古代瓷器的发展及工艺》，《四川古陶瓷研究》（一），四川省社会科学院出版社，1984 年。

[9]　刘雨茂：《金堂县青白江区汉墓调查报告》，《成都文物》1988 年 1 期。

[10]　四川省文史馆：《成都城坊古迹考》，四川人民出版社，1987 年。

[11]　〔美〕葛维汉著，成思元译：《琉璃厂窑址》，原载《华西边疆研究学杂志》卷 11，1939 年版，译文载同〔8〕。又，郑德坤著，成思元译：《邛崃、琉璃厂窑遗址》，原文载《四川考古研究》，英国剑桥大学出版社，伦敦 1957 年版，译文载同上。又，丁祖春：《成都胜利公社琉璃厂古窑》，《四川陶瓷史资料》第 1 辑，1979 年。

[12]　四川省文管会，灌县文管所：《四川灌县古瓷窑遗址试掘简报》，《中国古代窑址调查发掘报告集》，文物出版社，1984 年。

[13]　陈丽琼：《灌县、郫县南朝至唐古窑群调查》，《四川陶瓷史资料》第 1 辑，1979 年。

[14]　丁祖春：《四川邛崃什方堂古窑》，《四川陶瓷史资料》第 1 辑，1979 年。又，四川省文管会，邛崃文管所《邛窑发掘的初步收获》，《四川古陶瓷研究》（二），四川省社会科学院出版社，1984 年。

[15]　同〔11〕郑德坤文。

[16]　陈丽琼：《邛窑新探》，《古陶瓷研究》1982 年第 1 辑。

（原载《文物考古研究》，成都出版社，1993 年）

论成都唐宋罗城 1、2 号门址

蒋　成

　　1990 年 3 月至 5 月发掘的成都唐宋罗城 1、2 号门址，位于成都市区西南部的外南人民路 135 号，地处西较场以南，青羊宫以东，是成都城市考古的首次发现，具有重要的意义。

　　遗址原被明清城墙叠压，均为单门道门址。1 号门址宽 6.6 ~ 6.7 米，复原后的进深约 10 米，走向为南偏西 30°。夯土门墩外砌包砖，包砖下置一列石条作为基础。门扉位于门道中部，向内开启，发现有门础石、门砧石、门框石，木质门扉钉以铁皮且饰以门泡。门道中间平铺一层砖作为路面，门道内出土大量红烧土块、碎砖、石灰片等。1 号门址毁于大火，封堵后另辟新门道，即其西北面的 2 号门址。2 号门址宽 6.7 ~ 6.9 米，进深残长 8.1 ~ 9 米，走向为南偏西 32°。门道两侧置石条，其上凿有长方形柱洞，间距 1.4 米左右，左右对称。为两侧立柱的过梁式门道。柱洞外侧砌包砖。门框石位于门道中部，门道为硬土路面，中部铺垫砖块、卵石，并发现车辙痕迹[1]。根据对遗址出土遗物、地层叠压关系以及建筑特点等方面的分析，发掘简报初步确定了其年代：1 号门址始建于唐代晚期，毁弃于北宋初期，其后修筑 2 号门址，修葺使用至南宋或更晚。

　　王徽在《创筑罗城记》中，对成都罗城的情况作了记述："南北东西凡二十五里，拥门却敌之制复八里，其高下盖二丈有六尺，其下广又如是"，"而甃碧涂垩，既丽且坚，则制磁饰颓"，"或因江以为堑，或凿地以成濠，则方城为城"[2]。这些都能与考古发现相符合。现场复原，1 号门址两侧的夯土门墩宽度为 8.8 米，加上包砖的厚度则为 10 米左右。以唐代 1 尺约 30 厘米计，二丈六尺约为 7.8 米，考虑到门墩的宽度应略大于城垣宽度，那么城垣的宽度应与记载相符。夯土为紫色黏土，纯净无杂物，这种土与成都城区内常见的黄黏土全不同，它不含沙质，遇水较疏软，干燥后坚硬结实，是较理想的夯筑用土，分布在东北面的近郊浅丘地区，而在市区内则没有发现。《资治通鉴·唐纪》僖宗乾符三年："蜀土疏恶，以甓甃之，环城十里内取土，皆划丘垤平之，无得为坎埳，以害耕种。"《新唐书》卷二二四下《高骈传》："蜀之土恶，成都城岁坏，骈易以砖甓，陴堞完新，负城丘陵悉垦平之，以便农桑。"可见当时筑城并非就地取材，而是选择适合于建筑需要的黏土，从而夯筑出质量较好的城垣。宋代修筑 2 号门址时在原夯土的内侧增筑了宽 0.7 ~ 1.3 米的夯土，为含沙较重的黄色土，内含碎砖瓦，夯土质量远不及前者。夯土外用青砖包砌，可以减少风雨对夯土的侵蚀，增强城垣的坚固程度。1 号门址东南侧残存的一处包砖，残长1.48、残高0.8、厚0.76米，砌法是在卵石基础上侧砖丁砌一层，其上平砖顺砌错缝，每层顺砌三列，逐层向上略有收分（0.2～0.5厘米），所使用的砖长32～37、宽16～18、厚4～5厘米，制作规整，边棱刚直，有别于宋砖。这段包砖属于初筑罗城时所建，较遗址内的其他时代稍晚的包砖砌置规整、美观。至此，成都城结束了"土城"的历史，进入了包砖夯土城垣的阶段。

何光远《鉴戒录》卷二载："骈版筑罗城日，遣诸指挥，分擘地界，开掘古墓，取砖甃城。"在1号门址门道内的堆积中，出土数块汉魏时期的墓砖，形体较唐宋砖厚大，边侧模印联壁纹、菱形纹等，另处，在1号门址西南端封堵门道的砖墙中及2号门址门道内外的包砖中，这类墓砖也屡有发现，但所占比例较小，数量上远少于唐宋时期的砖。当时唐末"环城十里内取土"时挖掘到汉魏时期砖室墓，选取尚能使用的墓砖作为城垣包砖之用。

在1号门址门道内的堆积中发现较多的石灰片，厚0.8～1.2厘米，有的在平滑一面上涂有红彩，部分石灰片直接叠压在路面上，显然应是门道两侧包砖外以及门道顶部的石灰抹面。因此，"甃碧涂墍"、"制磁饰频"的记载与实际情况相符（按，墍：垩色，白色；频：红色）。

在布局规划上，罗城"或因江以为堑，或凿地以成濠"。1号门址及城垣距今锦江河岸不远，仅20～30米，又据陆游《成都府江渎庙碑》："成都自唐有江渎庙，其南临江，及后节度使高骈大城成都，庙与江始隔[3]。"那么，江渎庙南面的罗城城垣距锦江也是很近的。因此，罗城南垣大致是沿锦江而修筑的，这样，在军事防御上就能充分利用江河的阻险作用。同时，还修筑"拥门"，"铁甕如坚"，以提高防御能力。限于发掘面积没有发现1号门址的瓮城遗址，但在其东南发现有2号门址的瓮城遗迹，系瓮城东南部城垣的始端，打破罗城垣并与其走向垂直，为黄色沙质土筑成，外包青砖。1号门址的木质门扉位于门道中部，外包铁皮并使用铁门钉和门泡，这样，就可以提高防火能力，为防御战争中火攻的一种措施。

上述几个方面，文献记载和考古发现都能相互印证，进一步证明了1号门址的性质，当属唐末高骈所筑成都罗城的一部分。城垣的走向为南偏东56°，成西北—东南向，与其西面的锦江流向大致相同，西北距罗城西濠与锦江汇合处（宝云庵附近）200余米，距罗城西垣应不远，所以门址当位于罗城南垣的西端，即罗城的西南隅。

唐代成都罗城的城门名称，见诸记载者有7座：大东门、小东门、万里桥门、笮桥门、大西门、小西门、北门（太玄门）。五代时王建称帝成都，于武成元年改罗城城门名称："万里桥门为光夏门，笮桥门为坤德门，大东门为万春门，小东门为瑞鼎门，大西门为乾正门，小西门为延秋门，北门依旧太玄门"[4]，以合京师名号，一改唐代以门方位、相对位置或临近的桥梁而命名的旧称。罗城南面的万里桥门、笮桥门二门，均以其南面检江（锦江）上的二桥命名，因而城门与桥的距离应是比较近的。据刘光祖《万里桥记》："今罗城南门外，笮桥之东，七星桥之一曰长星桥者"[5]，又陆游《夜闻浣花江声

甚壮》中有"浣花之东当笮桥"句[6]，笮桥的大体位置可以确定：万里桥以西，浣花之
东，即罗城的西南面。李新在《后溪记》中记有："高骈广罗城，徙内江绕浮笮，南之万
里桥，回内江自洛阳门至大东郭，俱汇于合水尾"[7]，仲昂有《题西门外笮桥下观音院》
诗[8]，据此，笮桥距罗城西濠及西垣是比较近的。又，四川省文史馆编《成都城坊古迹
考》第122页载："1983年扩建宝云庵东侧锦江时发现两岸均有大楠木桩，与古文献所记
笮桥结构同，当即笮桥遗址。"当然，此说尚需进一步证实，但笮桥的大体位置在其附
近，而且距1、2号门址也较近，这是确定无疑的。陆游《看梅归马上戏作》诗中有"平
明南出笮桥门"[9]句，费著《岁华纪丽谱》载："（正月）二十八日，俗传为保寿侯诞也，
出笮桥门，即侯祠奠拜"，"四月十九日，浣花佑圣夫人诞日也，太守出笮桥门，至梵安
寺，谒夫人祠"[10]。嘉靖《四川总志》："梵安寺，成都治西南五里，人呼为草堂寺。"这
就进一步证实了笮桥门的位置应在罗城的西南部。再将笮桥的位置联系起来考虑，那么，
1、2号门址和笮桥门的位置是相吻合的，换言之，该城门遗址即是唐宋时期成都罗城的
笮桥门遗址。

　　1号门址的毁弃应是战争的结果。据发掘现场观察，板门外的铁皮因高温的烧灼而呈
熔溶状态，门道上方及两侧垮塌下来的包砖、夯土，也在门扉的两侧被烧烤成红烧土块，
这种情况绝非一般的城门失火等意外事故所能形成，而是战争中使用火攻，借助于其他
易燃物烧毁城门后形成的遗迹。据记载，唐末至五代，仅王建与陈敬瑄交战于成都，最
后以陈敬瑄"开门迎建"而告终[11]。其后的前蜀王衍、后蜀孟昶皆是备亡国之礼而降。
而以1号门址出土遗物、包砖修葺情况及特点看，其下限确在北宋初期，不可能早到王
建攻取成都的唐代末年，因而可以排除1号门址毁弃于这次战争的可能性。北宋初期爆
发的王小波、李顺农民起义，发展异常迅猛，作为四川政治经济中心的成都，也受到强
烈的冲击（发掘简报中已有论述）。此后不久的咸平三年，成都又发生了王均之变。《宋
史》卷二七八《雷德骧传（附雷有终传）》载："十七日，怀忠率众入益州，焚城北
门，……，与贼将鲁麻胡阵于江渎庙前，自晨至晡，战数合"，"二月，再攻益州，……，
贼兵出通远门，与怀忠战数合，会暮，怀忠复退军笮桥，背水列阵，砦楮木桥南，以扞
邛、蜀之路"，"（四月）杨怀忠又分所部砦于合水尾、浣花等处"。当时罗城西南部的江
渎庙、笮桥、浣花等地，都是交战双方列阵相斗的战场，而笮桥门则自然是重要的攻防
目标。最后在四面合围、东西南三面攻城的情况下，王均率众"南出万里桥门突围而
遁"，宋军攻克成都。这两次战争中，双方动用了大量的兵力，为了攻克城池，制敌取
胜，火攻战术得到了应用，特别是攻击城门时，火攻的威力更是显而易见，战事异常激
烈。1号门址最终未能幸免而毁于战火兵燹。

　　唐代是我国封建社会的鼎盛时期，社会政治、经济、文化等方面都有较大的发展。
作为政治经济中心的城市，尤其是都城和地方重镇，也相应的得到发展。近几十年来的
考古工作中，发掘了一大批唐代城垣、城门遗址，取得了较大的收获，主要有：长安城
明德门[12]、长安皇城含光门[13]、大明宫玄武门、重玄门[14]、含耀门[15]、洛阳东都右掖

门[16]、崇庆门[17]、含嘉仓德猷门[18]、扬州罗城西门[19]、渤海上京龙泉府宫城 2、3、4 号门址[20] 等。

在建筑技术上，唐代继续沿用我国传统的夯土技术修建城墙，如长安城和洛阳城，首先是开挖地下基槽，槽内夯筑黏土逐层向上形成墙体，平夯为主，圆形夯窝直径 4.5~5 厘米，深 1.2~2 厘米，夯土较纯净，夯筑坚实，层次分明，每层的厚度多在 8 厘米左右，较薄的 6 厘米，个别厚的达 11 厘米（洛阳东城南墙略有不同，其下部的十五层夯土，每层面上均平铺一层卵石，而以墙基底部的一层卵石最密且平整，夯层厚 6~22 厘米，一般厚 12 厘米）[21]。成都罗城唐代夯土墙的部分夯层上平铺一层灰白色沙土，墙基是以厚 30~40 厘米的卵石为基础，夯层厚 5~30 厘米，大多数夯层为 8~12 厘米。这方面，二者有一定的相似之处。城门、城墙转角处砌置包砖，如明德门包砖厚 0.5 米，含光门包砖厚 0.35 米并外抹白灰墙皮，大明宫宫城及玄武门门墩外砌有 0.7 米厚的砖壁，洛阳崇庆门城墙里外侧分别砌有包边砖，底宽 0.65~0.7 米，上宽 0.5~0.65 米，洛阳宫西隔城南墙包边砖宽 0.8 米，包砖以外普遍铺置散水。在门道数量上，明德门为五门道，右掖门、含光门为三门道，含耀门较特别，为两门道门址，其余为单门道门址。钻探资料表明，唐代扬州城三门道门址有两座，位于东、西城墙的北端，可见地方城市也有使用三门道的情况。在结构上均采用门道两侧置柱础，立排柱上架过梁的建筑形式，这是对汉魏以来传统建筑形式的继承和发展，也是这一时期全国通行的作法。这种过梁式门道，一直沿用至宋、元时期，明代以后才完全让位于砖券城门。如钻探表明，元大都肃清门和光熙门可能仍为唐宋以来的"过梁式"木构门洞，而和义门瓮城门则是砖券城门[22]。成都罗城 2 号门址建于北宋；门道两侧置柱础（长方形柱洞），左右对称，也属于立柱过梁式门道。各城门的门扉均位于门道中间，木质门扉上多饰铁门泡，门道内用石灰抹面修饰也很常见。太明宫重玄门置三重门扉，渤海上京宫城 2 号门址置双重门扉，均是从提高防卫能力的角度上考虑的。总之，这一时期的城门遗址在诸多方面都显示出较多的相似性。

成都罗城 1 号门址在门道结构上还存在一些问题。首先，门道两侧的硬土路面与包砖下的基础条石相连接，未发现有柱础及其痕迹，也不见后期扰乱的迹象；其次，两侧包砖壁上无焚烧痕迹，红烧土主要集中在门扉两侧，说明包砖外侧并无立柱之类的木构件；再者，门道内的堆积中只有门道上部和两侧垮塌下来的包砖、夯土，而无木炭或灰烬痕迹。因此，该门址很可能不属于立柱过梁式门道，那么，有没有可能是砖砌券拱式门道呢？目前还不能作出结论，有待于进一步探讨。

有学者认为："京城外郭高一丈八，成都罗城不得过之，疑只一丈六，传本字误。"[23] 发掘资料证实了罗城城垣下宽当在二丈六尺左右，故《创筑罗城记》中"其高下盖二丈有六尺"的记载是可信的，罗城的高度当超过一丈八尺。又据卢熊《苏州府志》引《吴郡图经》："（唐）乾符三年，刺史张搏重筑，梁龙德二年四月砖甃，高二丈四尺，厚二丈五尺，里外有濠。"其城垣高度也超过了一丈八尺。

　　唐末成都罗城的修筑，是成都城市发展史上的一件大事，它承先启后，奠定了宋元明清成都城市的基本格局，具有里程碑的意义。秦灭巴蜀后修筑成都城，建大城、小城。汉承秦制，又另在西南面增筑车官、锦官二城。隋代杨秀增筑少城，城市面积略有扩大。发展到唐代，四川地区经济发达，百业兴旺，作为政治经济中心的成都更是空前的繁荣，故有"杨一益二"之称。但城市发展缓慢，仍旧沿用秦隋旧城，远不能适应于各方面发展的需要，同时，南诏数次扰掠蜀地，进逼成都，狭小的城市在防御上也不适应于形势。僖宗乾符三年，西川节度使高骈上书请筑罗城，"遂乃相度地形，揣摩物力，不思费耗，只系安危"[24]。确定城垣位置时充分利用了自然条件（以检江为护城的沟堑，同时也利于水运交通的发展），因而整个城市走向与河流方向大致平行，而不是正东西向。在城市规模上根据实际情况做到大小适中。在修筑过程中严格控制工程质量，以建成坚固的城垣，并在夯土墙外包砌青砖，以适应四川地区潮湿多雨的气候，有效地保护夯土城垣。还构筑瓮城，挖凿沟濠，设置敌楼角楼、女墙等，以提高防御能力。

　　五代时孟知祥于罗城外筑羊马城。两宋时期在罗城的基础上又有数次修筑，至元代，城市的格局均无大的变化。"大明洪武初，都指挥使赵清等因宋元旧城而增筑之"[25]，后又有数次修葺。清代重修成都城，城垣周长二十二里多，较明城稍大。冯汉骥先生在《元八思巴蒙文圣诣碑发现记》一书中记述到：抗战时期为疏散民众，开辟清城墙为缺口，"予曾察视现在所辟临时疏散等缺口，往往于版筑土中见有矮小之砖墙，此或系唐城也"。可见清城较唐宋城垣并无太大变化，基本格局是历代沿袭的。

注　释

［1］　《成都唐宋城门遗址清理简况》，《成都文物》1990 年 4 期；《成都罗城 1、2 号门址发掘简报》，《南方民族考古》第 3 辑。

［2］　《全蜀艺文志》卷三十三。

［3］　《渭南文集》卷十六。

［4］　张唐英《蜀梼杌》卷上。

［5］　同［2］。

［6］　《剑南诗稿校注》卷六。

［7］　同［2］。

［8］　《全蜀艺文志》卷十四。

［9］　《剑南诗稿校注》卷九。

［10］　《全蜀艺文志》卷五十八。

［11］　《新五代史》卷六十三。

［12］　《唐代长安城明德门遗北发掘简报》，《考古》1974 年 1 期。

［13］　《唐长安皇城含光遗址发掘简报》，《考古》1987 年 5 期。

［14］　《唐大明宫发掘简报》，《考古》1959 年 6 期。

［15］　《陕西唐大明宫含耀门遗址发掘记》，《考古》1988 年 11 期。

［16］ 《隋唐东都城址的勘查和发掘》，《考古》1961 年 3 期。

［17］ 《洛阳隋唐东都城 1982—1986 年考古工作纪要》，《考古》1989 年 3 期。

［18］ 《隋唐洛阳含嘉仓城德猷门遗址的发掘》，《中原文物》1981 年 2 期。

［19］ 《扬州城考古工作简报》，《考古》1990 年 1 期。

［20］ 《渤海上京宫城第 2、3、4 号门址发掘简报》，《文物》1985 年 11 期。

［21］ 《1987 年隋唐东都城发掘简报》，《考古》1989 年 5 期。

［22］ 《元大都的勘查和发掘》，《考古》1972 年 1 期。

［23］ 王文才：《成都城坊考》，巴蜀书社，1986 年。

［24］ 高骈：《请筑罗城表》，《全蜀艺文志》卷二十七。

［25］ 正德《四川志·城池》。

（原载《文物考古研究》，成都出版社，1993 年）

唐宋时期四川馒头窑及其装烧技术的探讨

颜劲松

四川地区的制瓷业最早可追溯至南北朝，也有可能始于东汉的末期[1]，在进入了制瓷工艺大发展的唐宋时代后，四川受到其他地区的影响，其制瓷业也有了长足的发展，尤其是两宋时期更有着显著的进步和提高，从而使得四川的制瓷业出现了群芳争妍、相互辉映的繁荣局面。在成都、邛州、双流、郫县、彭州、都江堰、广元等地都发现了多处的烧瓷窑址，这些发现不但丰富了四川陶瓷史的研究内容，同时也为中国陶瓷史的研究提供了更多的实物资料。

在目前发现的窑址中，其烧瓷窑炉的类型主要是龙窑和馒头窑，另外在川北广元[2]、江油等地也发现有阶级窑[3]，其中龙窑发现于成都的青羊宫窑[4]、邛州的十方堂窑[5]及都江堰的玉堂窑等[6]，但其窑炉数量较少，只有青羊宫窑和玉堂窑发掘清理了数座龙窑，其他多是调查材料。阶级窑数量也不多，亦不见发掘资料。相比之下，馒头窑的数量则相当丰富，其主要集中于彭州的磁峰窑[7]、都江堰的瓦岗坝窑[8]、金凤窑[9]等，此外青羊宫窑、广元的瓷窑铺窑[10]也发现有馒头窑。尤其是近些年来对瓦岗坝窑、金凤窑的全面发掘，获取了丰富的一手资料，对它们都有比较明确的分期及断代，这些都为我们分析四川地区馒头窑炉形制及其装烧技术提供了较清晰的发展序列关系。在目前所能见到的材料中，时代最早的能到唐代，但大部分都集中在两宋时期，不见宋以后的窑炉，这是因为许多窑址都停烧于南宋末年或元初，估计这与当时蒙古族曾多次在四川地区进行的战事对四川的经济破坏极为严重有关[11]，因此本文旨在探讨四川地区唐宋时期馒头窑炉及其装烧技术的发展，以及同其他地区的关系等问题，如有不妥之处，敬请匡正。

一、窑炉形制

（一）唐代窑炉

该时期的馒头窑炉数量不多，见诸报告并能加以确认的只有2座，均发现于青羊宫窑址，这也是目前在四川地区发现最早的馒头窑，其建造方法为在平地上先挖一个长方形竖穴土坑，夯实基础后在坑内再用砖砌而成。窑炉结构由窑门、火膛、窑床、烟囱四部分组成，窑顶无存，平面形状如一个弧形腰的等腰三角形，火膛位于三角形的顶角部分，烟室位于三角形的底部，前者为窑头，后者为窑尾。窑床较长，位于火膛与烟室之间。火膛面积不大，为一椭圆形圜底坑，其后部与窑床交接处未用砖砌。烟室平面为长方形，构造简单，仅在靠近窑炉后部砌一与后壁平行的挡火墙，其下部有几个烟道。这种窑炉应属于半倒焰窑，发掘情况表明窑炉是以木柴、竹竿为燃料。其中三号窑保存相对较好，方向为325°，窑炉长10、中宽3.76、底宽3.6、窑门宽1.1米，床壁残高0.88米，火膛长1.68、宽1.25、低于窑床面0.3米；烟室长3.68、宽0.62、残高0.56米，以4个烟道与窑床相通，每个烟道长0.26、宽0.22、残高0.18米（图一）。根据该窑的层位关系及其出土器物，推定其建造年代为唐代早期。

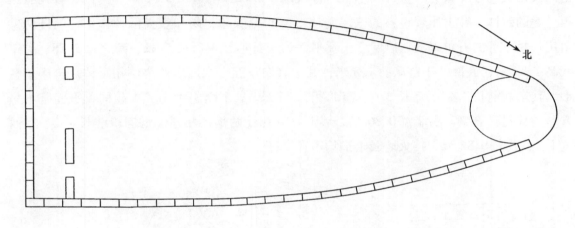

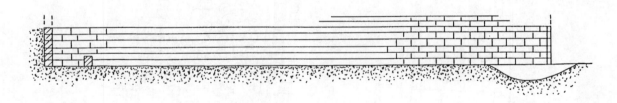

图一　成都市青羊宫窑 Y3 平、剖面图

（二）宋代窑炉

这时期的窑炉发现较多，主要集中在磁峰窑、瓦岗坝窑和金凤窑三处窑址，另在广元的瓷窑铺窑也发现有，共有53座。窑炉都是在坡地或台地的边缘先开挖一个与窑炉结构基本相同的坑，然后在坑内建窑，其周壁及烟囱均用砖砌而成。窑炉结构由窑门、火膛、窑床、烟囱四部分组成，窑顶无存，均属于典型的馒头窑，同时也是间歇式半倒焰窑。火膛为半月形或半圆形，其中大都发现有覆盖的排列整齐的匣钵柱，匣钵柱应起着炉桥的作用。窑床均为梯形，窑床面一般高于火膛底部1.1~1.3米，其后部通过挡火墙与烟囱以烟道相连，其面上多置有一层规整的匣钵并固定在窑床上，最多的有9排，其作用是便于装烧和固定匣钵。窑床均先用石块、砖头和黏土等砌成形，然后再在上面铺上黏土与沙子的混合物，匣钵置于其中，最后烧结成面。每个窑炉都有 2 个烟囱。从火膛的残渣判断均为烧煤窑。根据平面形状和结构的差别，可将这些窑炉分为四型。

A 型　窑炉的平面呈马蹄形，烟囱的平面为长（方）形，基本均以四个烟道与窑床相通；窑床和火膛的面积都较大，窑床外壁与烟囱外壁转角明显。比较典型的有磁峰窑 1978 年发掘的 Y2 以及 2000 年发掘的 Y1、Y4、Y5，瓦岗坝窑的 Y7～Y9，金凤窑的 Y11 等。以磁峰窑的 Y2 为例，方向 165°。窑炉南北长 8.32、东西最宽 5.76、残高 2.66 米，窑床及挡火墙破坏较为严重，其中窑门宽 0.62～0.72、门道长 0.96 米，内门口排列有三组重叠的匣钵，钵上压着整齐的三层砖块，目的可能起封闭和观火两种作用，门外两壁由用长短不等的石条砌成挡风墙。火膛平面为半月形，东西长 5.32、南北宽 2.16、膛壁残高 1.82 米，底部低于窑床面 1.8 米，其中有四至五行八至十八个倒扣匣钵。窑床呈梯形，其东西前长 4.64、后长 3.6、南北宽 2.86 米。2 个烟囱大小基本相同，平面基本呈方形，其间有隔墙，隔墙宽 0.86 米，墙上有方孔让两烟囱相通。烟囱南北长 1.2、东西宽 1.1、残高 0.86 米，挡火墙及烟道均不存（图二）。

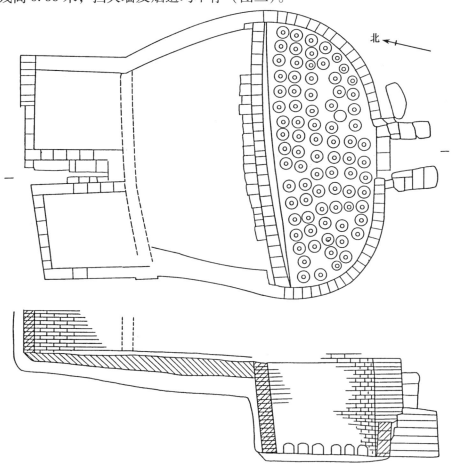

图二　彭州市磁峰窑 Y2 平、剖面图

　　B型　窑炉的平面呈苹果形；烟囱的平面不很规则，略呈梯形，而且面积变小，均以四个烟道与窑床相通；窑床和火膛的面积均较大，窑床外壁与烟囱外壁连成一线。代表性的窑炉有瓦岗坝窑的 Y4、Y5，金凤窑的 Y2、Y4 等。以瓦岗坝窑的 Y5 为例，方向197°。窑炉南北宽4.6、东西长4.76、残高1.78米，其中窑门宽0.56米，门外两侧的挡风墙均用石块砌成，残高1.1米。火膛平面为半月形，东西长4.3、南北宽1.04、膛壁残高1.3、底部低于窑床面1.32米，火膛内有三排匣钵柱。窑床平面呈梯形，其东西前长4.4、后长3.3、南北宽1.7米，窑床壁残高0.36米。窑床面布有9排锅底形匣钵，匣钵的口径，第一排至第二排的均为14.6～15.5厘米，第三排至第九排的均为11.8～13厘米。挡火墙残高0.46米，下部有8个烟道。烟囱平面略呈梯形，中间的隔墙宽0.52米，西侧烟囱东西最长1.25、南北宽0.62、残高0.41米，东侧烟囱东西最长1.27、南北宽0.61、残高0.45米，每个烟囱均以4个烟道与窑床相通，烟道宽0.14～0.28米（图三）。

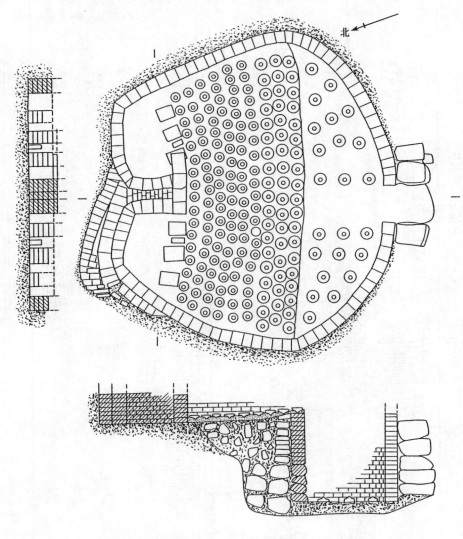

图三　都江堰市瓦岗坝窑 Y5 平、剖面图

C 型　窑炉的平面呈椭圆形，火膛的平面呈半圆形，其面积占整个窑炉面积的比例增大；窑床变窄，面积也相应的变小，窑床外壁与烟囱外壁基本连成一线；烟囱平面略呈梯形。典型的窑炉有瓷窑铺窑的 Y3 和瓦岗坝窑的 Y13。以瓷窑铺窑的 Y3 为例，方向340°。窑炉南北长 6.52、东西宽 4.38、残高 2.78 米，其中窑门宽 0.6 米。火膛东西长 4.04、南北宽 2.24、膛壁残高 2.78、底部低于窑床面 1.2 米。窑床平面略呈长方形，长 3.64 ~ 4.04、宽 2.24、窑床壁残高 1.74 米。挡火墙残高 0.5 米，下部有 8 个烟道。烟囱稍显特殊，共有三个，中间都有隔墙，其中两侧烟囱平面为梯形，东西最长 0.94、南北宽 0.82、残高 1.28 ~ 1.58 米，每个烟囱分别以三个烟道与窑床相通；中间的烟囱平面为长方形，长 0.82、宽 0.7、残高 1.55 米，以二个烟道与窑床相通，烟道宽 0.18 ~ 0.24、高 0.4 米（图四）。

D 型　窑炉的平面略呈椭圆形，形体较小；火膛的平面呈半圆形，其面积占整个窑炉面积的比例增大；窑床面积相应的变小，窑床外壁与烟囱外壁基本连成一线；烟囱平

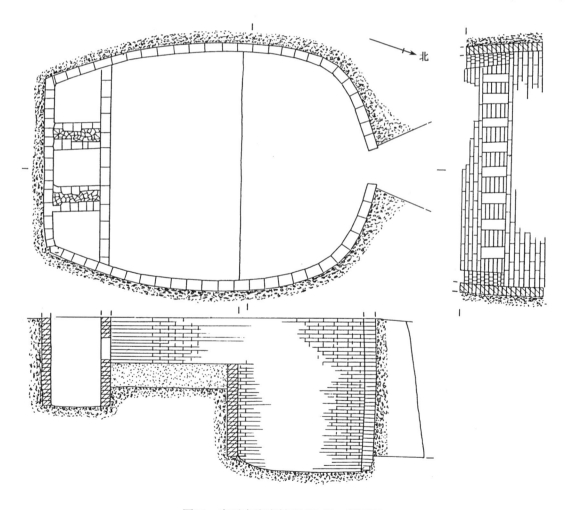

图四　广元市瓷窑铺窑 Y3 平、剖面图

面略呈半圆形，面积不大。其中瓦岗坝窑的 Y6、Y12，金凤窑的 Y28 等最为典型。以瓦岗坝窑的 Y6 为例，方向 175°。窑炉南北长 4.4、东西宽 3.2、残高 2.35 米，其中窑门宽 0.64 米，门外两侧的挡风墙系用石块砌成，残高 0.34 米。火膛东西长 2.8、南北宽 1.32、膛壁残高 1.3、底部低于窑床面 1.3 米。窑床平面略呈梯形，其东西前长 2.8、后长 2.62、南北宽 1.7 米，窑床壁残高 0.26 米，在靠近火膛一侧的窑床面上存有一排锅底形匣钵，匣钵口径 0.14～0.15 米。挡火墙残高 0.24 米，下部有 6 个烟道。2 个烟囱平面呈半圆形，中间的隔墙宽 0.62 米，西侧烟囱东西长 0.88、南北宽 0.64、残高 1.05 米，东侧烟囱东西长 0.97、南北宽 0.69、残高 1.03 米，每个烟囱均以三个烟道与窑床相通，烟道宽 0.2～0.22 米（图五）。

上述几个窑址的烧造年代大约都在两宋时期，从地层堆积及出土遗物可以看出，各窑址都有比较明确的分期和断代，都经历了由创烧到繁荣，规模由小到大的发展过程，

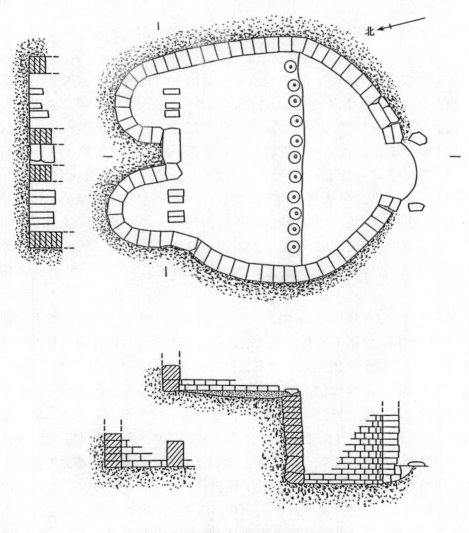

图五   都江堰市瓦岗坝窑 Y6 平、剖面图

与此对应的是，窑炉的层位关系以及出土遗物表明不同时期所建窑炉的形制也不尽一样，年代互有早晚，分别代表了不同的发展阶段，其中 A 型窑炉的建造年代最早，依次为 B 型、C 型窑炉，D 型窑炉的建造年代最晚。这一点在瓦岗坝窑表现得尤为突出，如 Y13（C 型窑）打破了属于 A 型窑的 Y7；在 Y4（B 型窑）的窑床底部发现建窑时有意放置的铜钱，其中最晚的为宋神宗赵顼元丰年间所铸的"元丰通宝"，因此 Y4 的建窑年代上限当为北宋晚期；Y6（D 型窑）打破了南宋早期的地层，其窑内废弃匣钵里出有属于南宋晚期的黑釉茶盏等[12]。总之，根据各窑址窑炉结构的发展变化，以及相对应的地层、遗迹单位的叠压打破关系、出土器物的演变规律，可将四种窑炉的建造年代分别定为北宋早、中期，北宋晚期，南宋早期，以及南宋中、晚期四个阶段。虽然建窑时间及形制有所不同，但从发掘情况来看，很多窑炉使用时间都较长，早期窑炉有的可沿用到较晚的时期。

（三）从窑炉形制的差异看各时期窑炉结构的特点和发展变化

唐代的窑炉以竹木为燃料，可分为火膛、窑床、烟囱三部分，其平面形状为一个等腰的三角形，火膛为一椭圆形圜底坑，面积较小，窑床呈窄长形，面积较大，烟囱只有一个，为一长方形烟室，以数个烟道与窑床相通。这时的窑体较长，有点像小型的龙窑，但形制却不一样，应为半倒焰窑，但属于不太成熟的窑炉，具有早期馒头窑的特征，同时期的窑炉可见于 1960 年在河北曲阳县涧滋村定窑遗址[13]、1985 年在陕西铜川耀州窑遗址[14]以及河南巩义市黄冶窑址[15]发掘的唐代烧瓷窑炉。这时的窑炉首先是窑体窄长，其次是火膛面积占整个窑体的比例不大，造成了其窑床与窑顶的高度不够，火焰在窑室的时间不长，不利于提高和保持窑内的温度。现已发现的唐代窑炉其年代为唐代早期，唐代中、晚期的窑炉暂无考古发掘资料，推测其形制应有所变化和发展。

到了两宋时期，窑炉则以煤为燃料，也可分为窑门、火膛、窑床、烟道和烟囱四部分，但与唐代窑炉相比形制上则有比较大的区别，其平面形状向比较规整的马蹄形、苹果形和椭圆形发展，整个窑体变短、变宽，使得窑床距窑顶的高度增加。火膛、窑床、烟囱等也都有了比较明显的变化，如火膛面积增大、加深，平面形状变成了半月形或半圆形，为平底深坑，出现了炉桥；窑床由窄长形变成了长宽相差不多的梯形；烟囱基本都分成两个，分别以二至四个烟道与窑床相通。这些窑炉与观台磁州窑[16]、陕西铜川耀州窑[17]、重庆的涂山窑小湾瓷窑[18]发现的同期窑炉一样，均属于典型的馒头窑，同时也是间歇式半倒焰窑，较之唐时的馒头窑有了比较大的发展，窑炉变高、变圆，增强了火流左右和上下的流通量，另外火膛面积大而深，温度高，升温也快，这样一方面使得火焰在窑室的时间加长，热流能充分笼罩装烧器物，另一方面也利于提高和保持窑内的温度。发掘情况表明，这时期的窑炉多是几座并连在一起，这种布局使窑炉能够进行连续性生产，弥补了间歇式半倒焰窑的缺陷。

两宋时期四个阶段的窑炉在平面形状及形制上比较接近，但也有所变化，其发展是循序渐进的，其中北宋早、中期所建窑炉其明显的特征是平面呈马蹄形，烟囱的平面为方形或长方形，基本均以四个烟道与窑床相通；窑床和火膛的面积都较大，窑床的外壁与烟囱外壁转角明显。而在北宋晚期建的窑炉其特征是平面呈苹果形；烟囱面积变小，平面不很规则，略呈梯形，均以四个烟道与窑床相通；窑床和火膛的面积均较大，窑床外壁与烟囱外壁连成一线。至南宋早期，所建窑炉的平面呈椭圆形，火膛的平面呈半圆形，其面积占整个窑炉面积的比例增大；窑床变窄，面积也相应的变小，窑床外壁与烟囱外壁基本连成一线；烟囱平面略呈梯形，面积不大，均以二至三个烟道与窑床相通。到了南宋中、晚期，所建窑炉的特点是其平面为椭圆形，整个窑的形体变小；火膛的平面呈半圆形，其面积占整个窑炉面积的比例进一步增大；窑床面积则相应的变小，窑床外壁与烟囱外壁基本连成一线；烟囱平面略呈半圆形，面积不大，均以三个烟道与窑床相通。总体来说，各期所建窑炉形制的变化，其趋势是由大变小，由宽到窄，具体体现在窑床变窄、面积缩小，而火膛则相应的由半月形发展为半圆形，其所占整个窑炉面积的比例增大，烟囱由长（方）形发展为梯形、半圆形，面积也相应的变小。

总之，四川地区唐宋时期各阶段馒头窑炉的发展变化和北方各地如山东[19]、陕西[20]等地的馒头窑炉的变化基本是一致的，如由烧柴窑发展到烧煤窑，窑体由早期的窄长向后来的圆形发展，烟囱也由早期的方形发展到南宋乃至金元时期的半圆形，火膛面积占整个窑体的比例也是逐渐的增大等，这些变化是随着瓷窑的发展，窑工们在制瓷工艺传播和各地制瓷工匠互相学习的过程中，不断地总结、摸索而逐渐形成的，究其原因一方面是使窑炉更便于建造，不易垮塌，另一方面更多的则主要是可以尽可能地增加和保持窑室的温度，提高整个窑炉的烧制环境，从而使产品的质量得到提高。

二、窑具类型与装烧技术

（一）唐代窑具类型及装烧技术

唐代窑具只有支、垫具两种，没有发现有匣钵。垫具的功用主要是把器物支撑在窑床上焙烧，种类颇多，主要有垫筒、垫环、垫圈、垫饼等。其中垫筒也是形式多样，有直筒状（图六，6）、弧形束腰状（图六，1）、秤砣状（图六，2、9）、铜鼓状（图六，3、4）、浅碟状（图六，7）等。相反，垫圈、垫饼、垫环则较为简单，多是随手捏成。支具的作用为把叠放在垫具上的每件器物支隔开，使其在焙烧时不至黏连在一起，其下部多有锯齿状足，因此也多称为支钉，有大小之分，其齿足从三齿到七齿不等，种类有漏斗形（图六，5）、圆形（图六，8）、筒形（图六，10）及圈形（图六，11）等。

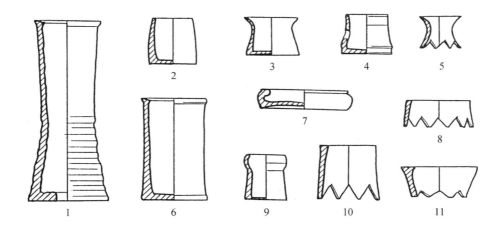

图六　唐代窑具

1~4、6、7、9　各式垫筒，5、8、10、11. 各式支具（均出于成都青羊窑）

从出土窑具及其与产品的黏连情况看，这时期瓷器装烧的方法主要为无匣钵的叠烧法，即用垫具支撑器物，支具间隔每件坯体进行焙烧。小件器物一般为十多件叠烧，因此器物的内底多有三至七个支钉疤痕，如碗、钵等，再小一点的器物如杯、盅等则不用支钉，而是窑工随手捏一尖状小泥团，贴附在器底以作间隔。大件器物如盘口壶、四系罐等则多是两件叠烧，一般盘口壶在下，壶底布置垫环或垫筒，盘口上以一种大型齿足外撇的支钉相隔，其上再放较大型的四系罐等器物，因此盘口壶的盘口内多有规整的支钉疤痕。由于采用叠烧法，使得大部分器物，特别是碗、钵、壶、盘、盆等都显得胎骨厚重，足部多做成饼足、假圈足或玉璧底，圈足器则较少，圈足也多为一种宽沿的方圈足。

（二）两宋时期窑具类型及装烧技术

两宋时期的窑具基本为装烧用具，如匣钵、支、垫具等，具体种类有各式匣钵、支托、垫圈、垫环、垫饼、垫柱等。另发现有少量的测试工具，也就是测温火标。匣钵可分为筒形匣钵（图七，1、4）、钵形匣钵（图七，3、9）和漏斗形匣钵（图七，2、8），其上均有盖子（图七，11、16、17）。支具基本为呈倒置的钵形支托（图七，6、7、10），另在瓷窑铺窑也发现有少量三叉形支钉（图七，5）。垫具基本都是手制而成，种类有垫板、垫柱、垫饼、垫圈、垫环等，其中垫板有方形和长方形两种（图七，14、15）；垫饼为扁圆形，也有用废瓷碗的器底加工成垫饼的；垫柱为圆筒形。垫圈、垫环大小不一，大多比较粗糙，有的经过慢轮修整（图七，12、13）。

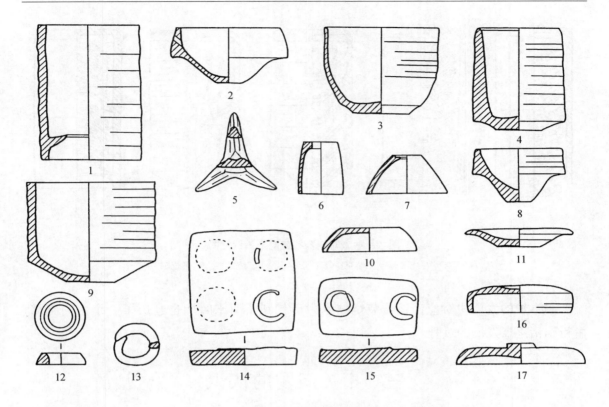

图七　两宋时期窑具

1、4. 筒形匣钵　2、8. 漏斗形匣钵　3、9. 钵形匣钵　5. 三叉形支钉　6、7、10. 钵形支托　11、16、17. 匣钵盖
12. 垫圈　13. 垫环　14、15. 垫板（1、2、6、7、9、17. 出于彭州磁峰窑；3、4、8、10. 出于都江堰瓦岗坝窑；5. 出
于广元瓷窑铺窑；11~16. 出于都江堰金凤窑）

　　从出土窑具及与器物黏连情况说明，到了两宋时期瓷器普遍采用了匣钵装烧方法，又可
细分为四种：一为叠烧，所用匣钵为有底筒形匣钵，用垫圈、石英砂粒等作介质，根据圈足
的大小，于上一坯件的内底放五至六堆石英砂粒和垫圈，然后把下个坯件置于其上，以此类
推，但大多数情况则只用石英砂作介质，而不用垫圈。此种方法用于烧造碗、盘等器物，因
此在这些器物的内底很多都有石英砂痕，但其口沿无芒口、涩圈和砂圈现象（图八，1、2）；
二为装匣正烧，所用匣钵为漏斗形匣钵，一匣一器，匣体与器体之间用石英砂粒作介质。这
种方法主要用于烧制碗、茶盏等，因此器物的内底无石英砂痕（图八，3）；三为大小套烧，
所用匣钵一般为钵形匣钵，也有用其他匣钵的，主要以垫柱、垫饼、垫圈、垫环或者石英砂
粒置于香炉、钵、盘等稍大一点的器物内套烧碟、钵、罐、瓶等小件器物（图八，4）；四为
覆烧，所用匣钵为无底筒形匣钵，将支托置于匣底，在支托沿上放五、六堆石英砂粒，再把
第一个坯件口沿向下，内底着支托砂堆上。然后在第一个坯件的圈足上放砂堆，再装第二个
坯件，以此类推。该种方法基本用于烧造白釉的碗、盘等器物（图八，5）。从出土瓷器的外
壁观察，绝大多数器物都有向器底流釉的现象，其内底的釉层也比较厚，因此前三种方法是
该时期主要的装烧方法，而最后一种方法则应用得比较少。

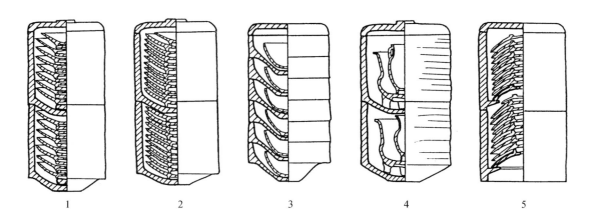

图八　两宋时期瓷器装烧工艺示意图
1、2. 叠烧工艺　3. 装匣正烧工艺　4. 大小套烧工艺　5. 覆烧工艺

　　和窑炉的发展相对应，瓷器装烧技术由唐代到了两宋时期也经历了一个由简到繁、由粗到精逐渐发展的过程。

三、相关问题的认识

　　纵观四川地区的古代制瓷业，它的发展和全国其他地区的制瓷业是息息相关的，在其发展的各个时期都受到了其他地区先进窑场的影响，并留下深深的烙印。至少在南朝初期，或许早到东晋，长江中下游瓷窑烧制青瓷的技术就已传到了成都平原，如青羊宫窑、邛窑在其发展初期多受到了浙江越窑的影响，用龙窑炉烧制青瓷器，采用了大量支具和垫具的无匣钵叠烧方法，这种装烧方法是我国各地早期陶瓷手工业发展的共性，这说明该时期四川的制瓷窑址也正处于发展之中。到了唐代，随着政权统一，南北对峙局面的消失，南北文化交流得到了保障，这时受到北方窑场的影响，在青羊宫窑开始有了砖砌馒头窑炉，但即便如此，青羊宫窑仍沿用了以前的无匣钵叠烧法，却没有像定窑、耀州窑一样用匣钵装烧瓷器。值得一提的是，此时在成都出现了烧制白瓷的大邑窑，杜甫有诗曰："大邑烧瓷轻且坚，扣如哀玉锦城传，君家白盌胜霜雪，急送茅斋也可怜"，虽然至今仍没找到窑址，其烧瓷窑炉及其装烧技术也无从确定，但可以肯定至少在唐代中期，四川已经在开始烧制白瓷，这可能和定窑一样受了邢窑的影响[21]。自此，四川地区制瓷业就有了青瓷和白瓷两大窑系并驾齐驱的局面，并沿着各自的道路继续发展。

　　到了两宋时期，在邛窑、玉堂窑等窑址，龙窑主要还是用来烧制青瓷。相比之下，馒头窑在南北文化交流进一步加强的背景下也得到了较大的发展，如磁峰窑、瓦岗坝窑、金凤窑、瓷窑铺窑等，尤其是前三个窑址均是采用馒头窑炉烧制瓷器，装烧技术均为两宋时期广为流行的匣钵装烧法。与其他窑场相比，瓦岗坝窑、金凤窑、磁峰窑也更为接近一些，因为它们均位于成都平原以西岷山支脉玉垒山的东麓，三者相距也不远，它们出产的白瓷具有杜甫所咏大邑窑的特点，因此，它们产生和发展的动因一个是该地区盛产黏土、釉药、石英、耐火土和原煤等丰富的原材料，另一个则可能是与大邑窑有密切的关系。在目前发现馒头窑的窑址中，烧造瓷器及其产品种类，磁峰窑主要是仿定窑的白釉瓷，广元窑从现有发掘情况看则基本是仿建窑的黑釉瓷，瓦岗坝窑和金凤窑早期也是烧造白瓷，到了北宋晚期至南宋时期则逐渐转向了以黑釉瓷为主，这是否与重庆涂山窑有关（该窑的烧瓷窑炉亦为馒头窑），还是与南方的建窑有直接的关系尚不清楚，但其中黑釉茶盏的流行与四川地区为当时全国重要的产茶地，以及斗茶之风的盛行是分不开的。这时的窑炉及其装烧技术较之唐代也有了较大的发展和改进，这些变化一方面跟四川地区制瓷业自身的发展有关，同时也和全国其他地区制瓷业的发展和影响有很大的关系，也正因如此，才使得四川地区制瓷业在两宋时期达到了一个新的高度。

注　释

［1］　《试谈四川古代瓷器的发展及工艺》，《四川古陶瓷研究》第一辑，四川省社会科学院出版社，1984 年。

［2］　重庆博物馆：《四川广元瓷窑的调查收获》，《四川古陶瓷研究》第一辑，四川省社会科学院出版社，1984 年。

［3］　据曾参加过调查、发掘工作的成都市文物考古研究所的唐飞介绍。

［4］　四川省文管会、成都市文管处：《成都青羊宫窑址发掘简报》，《四川古陶瓷研究》（二），四川省社会科学院出版社，1984 年。

［5］　丁祖春：《四川邛崃十方堂古窑》；陈丽琼：《邛窑新探》；徐鹏章：《川西古代瓷器调查记》，《四川古陶瓷研究》（一），四川省社会科学院出版社，1984 年。

［6］　四川省文物管理委员会、灌县文物管理所：《四川灌县古瓷窑遗址试掘简报》，《中国古代窑址调查发掘报告集》，文物出版社，1984 年。

［7］　陈丽琼、魏达议、丁祖春：《四川彭县瓷峰窑调查与试掘的收获》，《中国古代窑址调查发掘报告集》，文物出版社，1984 年；成都市文物考古研究所、彭州市博物馆：《年磁峰窑发掘报告 2000》，《成都考古发现 2000》，科学出版社，2002 年。

［8］　成都市文物考古研究所、都江堰市文物局：《都江堰市金凤乡瓦岗坝窑址发掘报告》，《成都考古发现 2001》，科学出版社，2003 年。

［9］　成都市文物考古研究所、都江堰市文物局：《都江堰市金凤窑址发掘简报》，《文物》2002 年 2 期；成都市文物考古研究所、都江堰市文物局：《都江堰市金凤窑发掘报告》，《成都考古发现 2000》，科学出版社，2002 年。

［10］　四川省文物考古研究所、广元市文物保护管理所：《广元市瓷窑铺窑址发掘简报》，《四川文物》2003 年 3 期。

［11］　据《四川彭县瓷峰窑调查与试掘的收获》所引《四川政治经济简史》（四川大学历史系 1958 年编），《中国古代窑址调查发掘报告集》，文物出版社，1984 年。

［12］　同［8］。

［13］　河北省文化局文物工作队：《河北曲阳县涧滋村定窑遗址调查与试掘》，《考古》1965 年 8 期。

［14］　　杜葆仁：《耀州窑的窑炉和烧成技术》，《文物》1987 年 3 期。

［15］　《中国文物报》2003 年 2 月 26 日。

［16］　北京大学考古学系、河北省文物研究所、邯郸地区文物保管所：《观台磁州窑址》，文物出版社，1997 年。

［17］　陕西省考古研究所、耀州窑博物馆：《宋代耀州窑址》，文物出版社，1998 年。

［18］　重庆市博物馆：《重庆涂山窑小湾瓷窑发掘报告》，《四川考古报告集》，文物出版社，1998 年。

［19］　刘凤君：《山东古代烧瓷窑炉结构和装烧技术发展序列初探》，《考古》1997 年 4 期。

［20］　同［14］。

［21］　李辉柄、毕南海：《论定窑烧瓷工艺的发展与历史时期》，《考古》1987 年 12 期。

（原载《考古与文物》2004 年增刊）

成都地区宋代墓葬出土陶俑服饰研究

颜劲松

近些年来由于大规模的基本建设，在成都地区发现了大量两宋时期的墓葬，其中很多墓葬都出有丰富的随葬器物以及明确的纪年和文字材料，这为研究成都宋墓提供了难得的一手资料，对此已有学者进行了多方面的研究[1]，如陈云洪《试论四川宋墓》一文对于四川宋墓基本有了明确的分期断代，但由于所发材料的限制，抑或目前认识的局限，现有墓葬年代主要还是集中在北宋中晚期至南宋后期这一阶段，而北宋早期的基本不见。成都宋墓随葬器物中有大量的人物陶俑，其基本组合有武士俑、文官俑、侍俑、文俑、仰观俑、伏听俑等，这些陶俑刻画逼真写实，服饰类型丰富多样，具有鲜明的时代特征。本文拟用考古出土资料[2]，并结合文献记载以及其他中国古代服饰研究成果，在已有分期基础上就成都地区从北宋中期至南宋晚期墓葬中所出陶俑服饰的发展以及各时期的服饰特征等问题略疏浅见，以求正方家。

一、武士俑与甲胄

中国古代的军服基本可分为甲胄和戎服，尤其是甲胄为主要的表现形式，多用于军人作战时防身护体的装备，有时也在一些重要典礼上使用。甲胄的出现最早始于商代晚期，经过历代的发展，一直到晚唐形成了基本固定的形制，在五代时其型式已规范化，至宋代形成定制，北宋晚期曾公亮所著《武经纪要》[3]中记载，铠甲为二件套装，胸背甲与腿裙连成一件，以甲身掩护胸背，用两根带子从肩上前后系联，腰部用带子从后向前束，腿裙掩至膝下。披膊包括护肩（掩膊）为另一件，套在身甲之下。兜鍪呈圆覆钵形，后缀防护颈部的顿项，上有一缨饰以示威严（图一），铠甲的甲片和兜鍪均为铁制。

武士俑是成都宋代墓葬所出陶俑中常见的类型，一般每个墓室中只出二件，分立于墓门、甬道的左右两侧，其着装均为甲胄的形式，而没有戎服，戎服一般只在一些石刻和塑像上有所表现。从各阶段武士俑的出土材料看，其身上所饰甲胄于每个时期的变化特征比较明显。

北宋中期的甲胄以成都市保和乡东桂村 M1∶1 武士俑为例，其头戴兜鍪顿项，上有缨饰，兜鍪后沿略向上翻卷，顿项下垂，身罩铠甲，胸束绦带，腰腹间束有"X"形袍肚，并系革带，其中胸甲上部呈两个大半圆形，背甲较长，下至臀部，并压在袍肚之上。铠甲均用甲片制成，甲片有长方形、山字形以及鱼鳞形，这时的甲胄与北宋晚期《武经纪要》中记载的稍有区别，而基本沿袭了五代时的形制[4]，但略有不同的是，五代甲胄常有的圆形护腹甲在此时就已不见，兜鍪的当额也没有伸出保护眉心的锐角等（图二，1）。

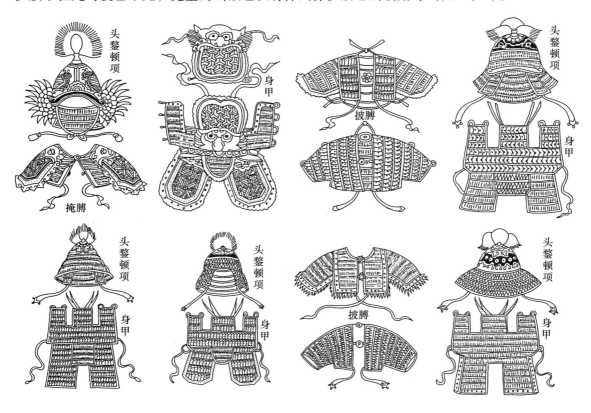

图一　《武经总要》甲胄插图

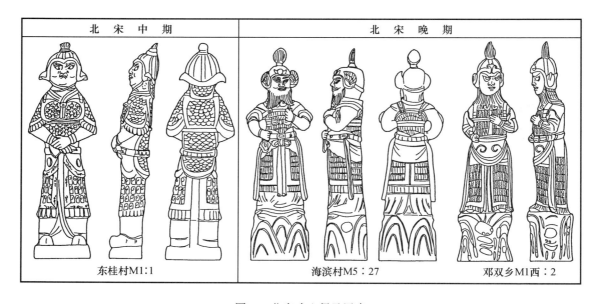

图二　北宋武士俑及甲胄

　　到了北宋晚期，甲胄就和《武经纪要》中记载的基本一样，其兜鍪的眉心处镶有装饰品，护耳呈凤翅形且向上卷，顿项或有或无，有顿项的又可分为二种，一种为有二片顿项，一片披垂于颈部，后面一片则向上翻卷；另一种为只有一片顿项，且向上翻卷。腰腹间的袍肚为半圆形或蝴蝶形，腰上除系革带外，有的还系有绦带，绦带在腹部打结后垂至膝前，另在身体两侧从革带处各有一长带垂至膝下。这时铠甲的胸背部分及腿裙均用长方形的甲片编制，而披膊则没有甲片，从质感上看其表现的应是皮革（图二，2、3）。

　　至南宋时期，甲胄还是保持了北宋晚期的形制，尤其是南宋早期和北宋晚期的基本一致，只是袍肚形状稍有不同，铠甲甲片除了长方形外，还有鱼鳞形，兜鍪的顿项也只有披垂的一种[5]（图三，1）。另外在南宋早期墓葬如成都市青羊区草堂小学[6]（图三，2）以及成都市西郊金鱼村 M3 等地出土的武士俑，其铠甲上均无甲片装饰，这也是南宋早期武士俑一个比较明显的特征，说明在当时也使用皮甲，而不完全是铁甲片。

　　南宋中晚期武士俑制作虽然稍显粗糙，但其服饰特征还是比较清楚，可以看出这时的铠甲除披膊以及多数背甲用革制外，其余均用鱼鳞形的甲片制成，袍肚大多是楔形，蝴蝶形的很少，且在腹前没有合拢，头上的兜鍪除缨饰外基本无任何装饰（图三，4、

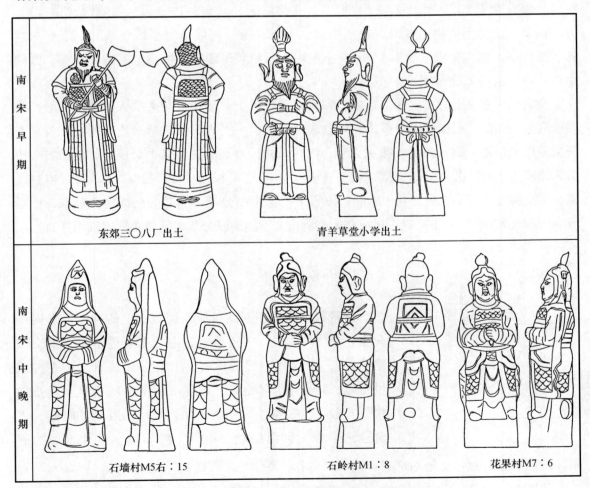

图三　南宋武士俑及甲胄

5）。此外南宋中晚期的武士俑还有头戴风帽的形象（图三，3），这种风帽资料较早能见于河北景县北朝封氏墓中出土的陶俑[7]，它应属于北方少数民族的服饰，即胡人所戴的风帽，到了宋代以后较为流行。

二、文官俑与冠服

衣冠制度是古代封建社会权力等级的象征，是统治阶级为维护其地位及权力的御用工具，按照儒家传统思想，把恪守祖先成法作为忠孝之本，强调衣冠制度必须遵循古法，得循而有章。东汉明帝永平二年（公元 59 年），下诏采用《周官》、《礼记》、《尚书·皋陶篇》，乘舆服从欧阳氏说，公卿以下从大小夏侯氏说，这是衣冠制度在中国全面贯彻执行的开端。唐代初年，高祖李渊颁布"武德令"，其中包括有关服装的律令，经过不断的修改完善，从而形成了完整的制度，对后世的冠服影响较大。

在宋代，聂崇义"恢尧舜之典，总夏商之礼"，"仿虞周汉唐之旧"的《三礼图》[8]经皇帝钦定，便成为后来朝廷官府礼服制度的蓝本，其规定冠服分祭服、通天冠服、朝服、公服（常服）、时服、戎服、丧服等。三为朝服，其头戴进贤冠、貂蝉冠或獬豸冠，方心曲领，由绯色罗袍裙衬以白花罗中单，束以大带，再以革带系绯罗蔽膝，下穿白绫袜、黑皮履。四为公服（常服），其头上戴幞头，曲领或圆领大袖袍，下裾加横襕，腰间束以革带，脚登靴或革履。

文官俑，有文也称文吏俑，是成都宋代墓葬中出土数量相对较多的人物俑，一般都随葬于墓室的两侧，根据其服饰可将它们分成两大类，一类为头戴进贤冠或貂蝉冠，身穿右衽交领广袖长袍，袍长过膝，腰束大带，内衬长裙，垂至脚背，双手交握于胸前；另一类为头戴幞头，身穿圆领宽袖长袍（也有少量交领和直领），袍长过膝，腰束革带，内衬长裙，垂至脚背，双手也是交握于胸前。按照宋代冠服的分类，前者的服饰应为朝服，而后者为公服（常服），从中可以看出成都宋墓所出文官俑的服饰基本是和文献记载相符的。

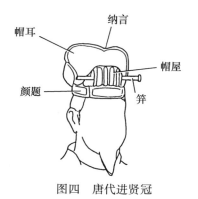

图四　唐代进贤冠

（一）朝服

进贤冠是宋代朝服的首服，相对身上的袍服其发展变化也是最为明显的。"进贤冠，古缁布遗像也，斯盖文儒之服"[9]，在汉代时已颇流行，上自公侯、下至小吏都戴进贤冠，魏晋南北朝继之，在唐、宋的法服中具有重要地位。其形式也在不断的变化之中，至唐、五代的时候，进贤冠已形成一种由颜题、帽屋、帽耳相互结合组成的冠帽，其前额上有冠饰，冠后部有一豁口，称作"纳言"（图四）。

从出土材料看，北宋中期文官俑的进贤冠帽耳与帽屋已融成一体而区分不出，纳言不存，冠顶前后高低大多差别不大，但有的还保持唐、五代时前低后高的特征，冠顶上的梁数非常清楚，冠饰较大，袍服衣领上都有曲领而无方心，这可能是在陶俑身上的一种简化形式，蔽膝可分为长方形和圆角长方形二种，蔽膝上均有纹饰图案（图五，1、2）。

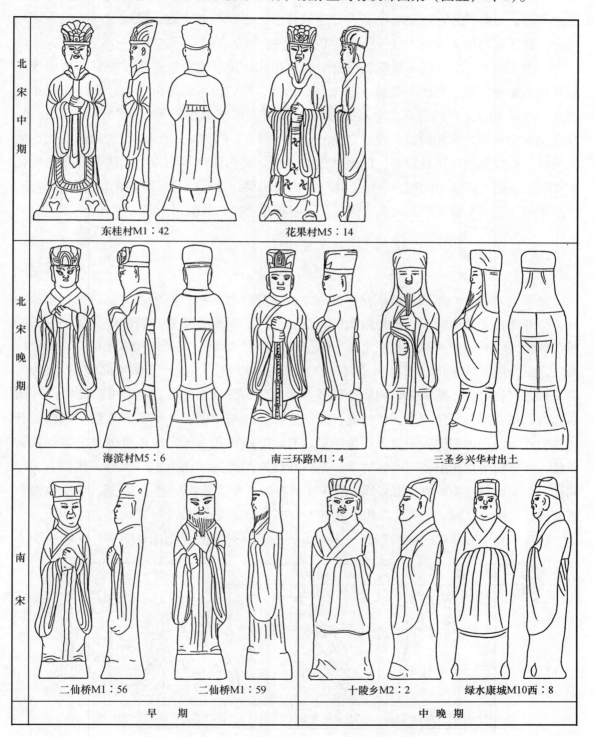

图五　宋代文官俑及朝服

到北宋晚期，文官俑的进贤冠顶上已较为平整且无梁，前额的冠饰由花饰变成了牌饰，袍服领上已无方心曲领，腿前均无蔽膝（图五，3、4）。在文官俑中戴貂蝉冠的很少，在北宋也仅见于晚期[11]（图五，5）。貂蝉冠也就是漆纱笼巾，它是由汉代的笼冠发展而来的，到唐代笼冠造型吸收了进贤冠的特点，逐渐与通天冠、梁冠中的某些装饰相结合，最后至宋代演变成了方顶形的笼巾，后垂披幅至肩部。

至南宋时期，文官俑所穿朝服形象与北宋相比变化较大，虽然还是身穿右衽交领广袖长袍，腰束革带，但前无蔽膝，上无方心曲领，袍、裙也已区分不出，服饰表现相对简单，除早期的文官俑与北宋一样还能见到双手交握于胸前且手执有物外（图五，6、7），南宋中晚期文官俑的双手均是合拢于袖内（图五，8、9）。此外，进贤冠的变化也最为突出，如冠顶虽然还是较平，但因其前额变低，又无任何冠饰，所以前低后高的特征相对明显，到了南宋中晚期，冠顶上甚至又出现了梁，且有的冠后沿显得比较宽。另外，在南宋早期也出有戴貂蝉冠的文官俑，其形制和北宋晚期的差别不大（图五，7）。

（二）公服（常服）

公服（常服）与朝服的区别除了前者主要身穿圆领长袍，而后者只穿右衽交领长袍外，另外还在于冠饰的不同，朝服戴的是进贤冠，公服则是幞头。幞头最早起源于秦汉时期的帻（一种用以束发的包头巾），到北周武帝作为常服对其戴法加以规范，并以皂纱为之，后发展至隋末出现了平头小样，在幞头内衬以巾子，这就是初期的幞头（图六，1），到了晚唐幞头已趋成熟，幞脚变圆或阔，成为一种无须紧裹，随时可戴的帽子（图六，2），这种幞头端庄丰满，使用方便，一直流行至明末清初才被满式冠帽所取代。五代时的幞头已用木骨把正面撑得楞角明显，有时在幞顶和巾子之间用带裹上小木棍紧紧压住，使幞顶垂直向上，但这时的带子是系在幞头的两侧（图六，3）。到宋代幞头又得到进一步的发展，类型也丰富多样，北宋沈括在其《梦溪笔谈》卷一中记载："本朝幞头有直脚、局脚、交脚、朝天、顺风，凡五等，唯直脚贵贱通服之。"

成都宋墓文官俑戴的幞头都属于无脚幞头，于各时期的变化比较明显，北宋中期文

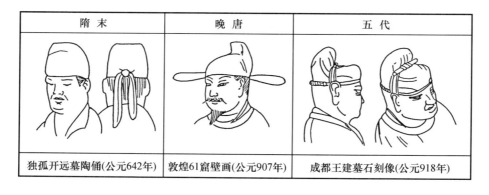

隋　末	晚　唐	五　代
独孤开远墓陶俑(公元642年)	敦煌61窟壁画(公元907年)	成都王建墓石刻像(公元918年)

图六　隋末至五代的幞头

官俑的幞头接近五代，幞顶从正面看上窄下宽呈梯形状，只是带子是反系在幞头后部，而非耳部的位置。所着长袍有圆领，也有右衽交领，衣领上和朝服一样也是有曲领而无方心，袍前有蔽膝，文官俑双手交握于胸前且手执有物（图七，1～3）。

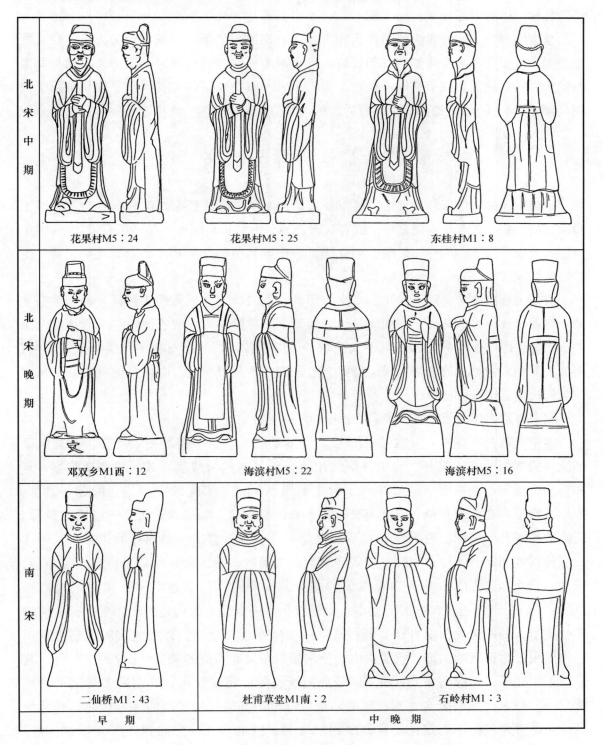

图七　宋代文官俑及公服

到了北宋晚期，幞头还有中期的形制（图七，4），但也有的幞头整体楞角变得非常明显，幞顶上下齐宽，无论从正面还是侧面看都是方方正正的，外观更加平整美观，原因应是其内专衬木骨所致（图七，5、6）。袍服基本为圆领，但有一件比较特殊，为直领对襟长袍，内衬右衽交领长裙（图七，5），袍服领上均无方心曲领。

至南宋时期，文官俑头戴的幞头均是北宋晚期出现的形制，幞顶较为方正，身上所饰公服及双手姿势的变化都和着朝服的文官俑基本一致，诸如南宋早期的文官俑与北宋时期的一样还能见到双手交握于胸前（图七，7），而中晚期的文官俑双手均是合拢于袖内（图七，8、9）。服饰的表现都较为简单，膝前无蔽膝，袍、裙也区分不开。

三、其他男俑与服饰

宋代男子的一般服装即平民百姓以及官员在赋闲或致仕还家时的外部着装主要是上身为短襦、袄、衫与长裤配套穿，或者只着长袍，内衬长裙或裤，其他还有褐衣、襕衫、直掇、道衣、背子、半臂、鹤氅、旋袄等，宋代服装种类及形式也是明显受到了唐、五代时的影响。

成都宋墓出土陶俑除了武士俑、文官俑外，也随葬有其他男性人物俑，种类包括文俑、侍俑、役俑、牵马俑、仰观俑、伏听俑等，其身份多为一般官吏、差役侍从以及文人杂士等，因此他们的服饰更具平民化特征。由于各时期所出材料的种类和数量不一，再加上受到人物类型的限制，因此男俑上的服饰并不是很全面，因此只能就现有材料大致对宋代的服饰有所认识。

北宋时期男俑的服饰有四褛衫、长袍和短袍三种。

四褛衫就是下摆左右开衩式的长衫，最早是唐时吸收了南北朝以来在华夏地区已经流行的胡服的某些成分，与华夏服装相结合而创制的服装新形式，唐名缺胯衫，它和幞头、革带、长靴配套是当时男子的主要服装形式。宋代四褛衫均为圆领、紧身、窄袖，腰带多在前面打结，下摆有长有短，长的至脚背，短的仅过臀，一般则在膝部。两侧的衣衩开到腰际，有的将前衣下摆提起塞入腰带，露出一截内衬的短衫，其形式和五代基本相同，下穿小口裤，有点像现代的直筒裤。着四褛衫的均是侍俑或牵马俑，所谓"庶人服之"[10]，其头饰有戴无脚幞头的（图八，1），也有宋代流行的裹巾子（图八，2），它接近于汉魏时的幅巾，但已有很大的变化，宋代是用巾包裹头顶，两脚多收拢于顶部并在发髻上打结，其样式不一，随意性较强。另外在北宋晚期还出现了一种使用较为普遍的头饰，它似由巾帻及宋式巾帽发展而成的幞头（图八，3~6），其前额正中破开，后有帽墙，明显不同于前面所见的纱帽型幞头，这在南宋萧照《中兴帧应图》以及元人绘宋《大驾卤簿图》道段部分中都能见到，说明在宋代还是较为常见，只是对其名称还无定论，有称曲翅幞头的，但也有人认为曲翅幞头并不是这样，在这里暂定为巾帽型幞头。

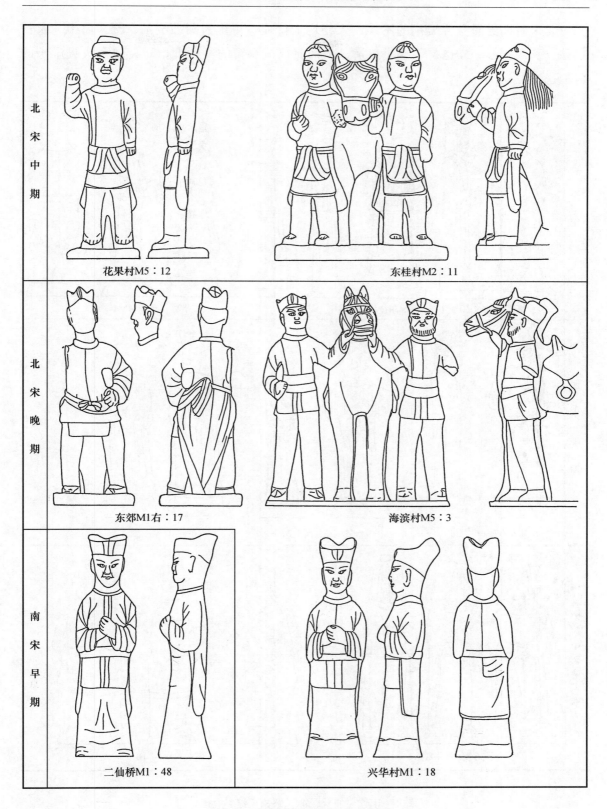

图八　宋代男俑及服饰（四褛衫）

　　北宋时期男俑身着短袍的不多，人物均为侍俑。短袍为圆领窄袖，腰系帛带，衣长过膝，和四襟衫一样也是下穿小口裤，头饰有仅梳双髻的（图九，3），也有头裹巾子的（图九，4）。

图九　宋代男俑及服饰（圆领长袍、短袍）

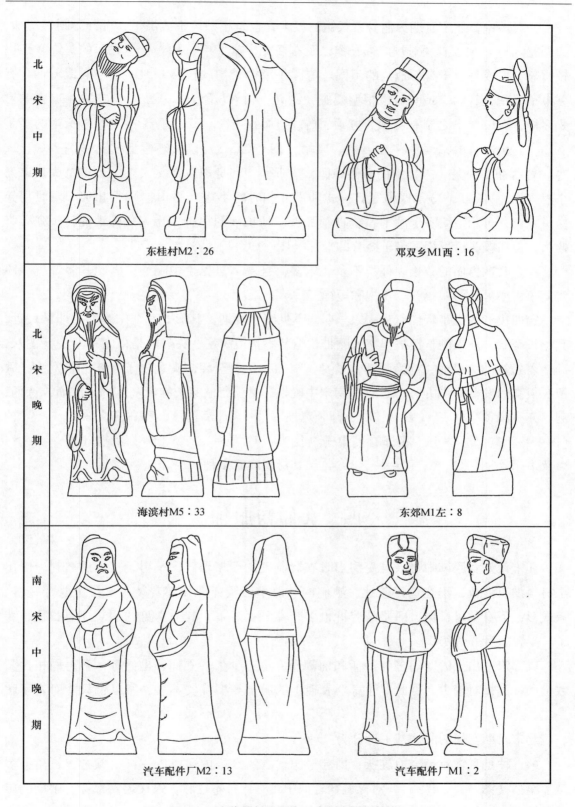

图一〇 宋代男俑及服饰（直领、圆领长袍）

相对短袍，北宋时期男俑身着长袍的较多，也是腰系革带或帛带，可分为圆领窄袖、圆领宽（广）袖、直领对襟广袖长袍以及右衽交领宽（广）袖。长袍之间的头饰区别也较明显，抑或是由于身份地位的不同。着圆领窄袖长袍的包括一般的官吏俑或侍俑，有裹巾子（图九，5），或头戴巾帽型幞头（图九，6）以及巾帽（图九，1、2），巾帽的形式多样，有曰"巾之制有圆顶、方顶、砖顶、琴顶"[12]。着圆领宽（广）袖长袍的多是文俑，其头饰有巾帽（图一〇，4）、风帽（图一〇，3）以及纱帽型幞头（图一〇，1、2）。着右衽交领宽（广）袖的有仰观俑、伏听俑，其身份应是文人杂士，多是头顶束发小冠（图一一，1、2），这种冠其样式和南北朝时的小冠（平巾帻）很相似，戴时用笄横贯发髻，再用冠缨系于颌下。着直领开襟广袖长袍的很少，为立式仰观俑，头戴无脚幞头，但在幞头后部缀一带子至背的上部（图一〇，1）。

南宋时期男俑的数量和种类不及北宋多，且基本只见于中晚期，因此其服饰类型相对简单，亦可分为四褛衫、长袍和短袍三种。

穿四褛衫的仍是侍俑，为南宋早期，不见于中晚期，其形式和北宋晚期的非常接近，其衫长至膝，前衣的下摆提起塞入腰带，下装不是很清楚，头戴的是巾帽型幞头（图八，1）。着短袍的为役俑，袍为圆领，紧身，窄袖，长也至膝，头裹巾子，其巾较宽大，并留有很高的发髻（图九，8），这在南宋中晚期非常流行。穿长袍者基本都是文俑或侍俑，袍衣亦有圆领窄袖[13]（图九，7）、圆领宽袖（图一〇，5、6）、和右衽交领宽（广）袖（图一一，3~5）之分，头饰有裹巾子（图九，7；图一〇，5、6），风帽（图一一，5）以及巾帽（图一〇，6；图一一，3、4），其形制亦有多种。

四、女俑与服饰

在宋代妇女服饰中冠服也受到当时衣冠制度的严格限定，是男子冠服的陪衬，因出土材料没有涉及，不在这里叙述。她们的一般生活服饰即外部着装主要是上身穿短襦、袄或衫，下身配以长裙，即便是着裤也多套在长裙之下，其他常见的服装还有长袍、背子、半臂、背心等等。

成都宋墓出土的女俑多为侍俑和匍匐俑，也有少量的立俑、坐俑等，和男俑相比其数量和种类相对较少，因此女俑身上表现出的服饰类型确实不多，所以也只能对其了解一二。

北宋时期女俑的服饰基本可分为三种。

第一种是直领对襟窄袖旋袄，内穿长裙，有的在裙内还衬以右衽交领衫，长裙大多是半露胸（图一二，1~3），对襟旋袄近似于短衫，长不过膝，宋代男女都穿，中期的旋袄都较短小，长度仅及臀部，而到了晚期其长能过臀，有的还至膝。第二种是左衽交领窄袖短衫，内穿长裙（图一三，1）。第三种是圆领广身宽袖长袍（图一四，1、2），有的

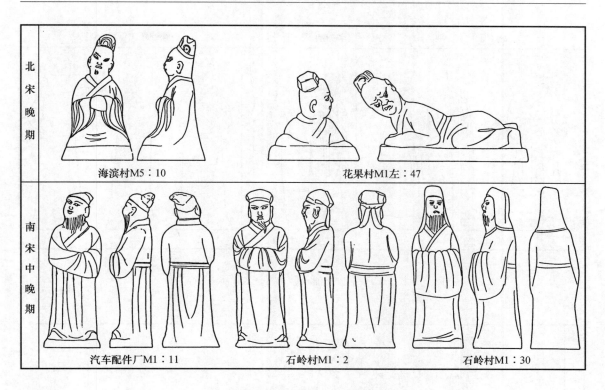

图一一　宋代男俑及服饰（交领长袍）

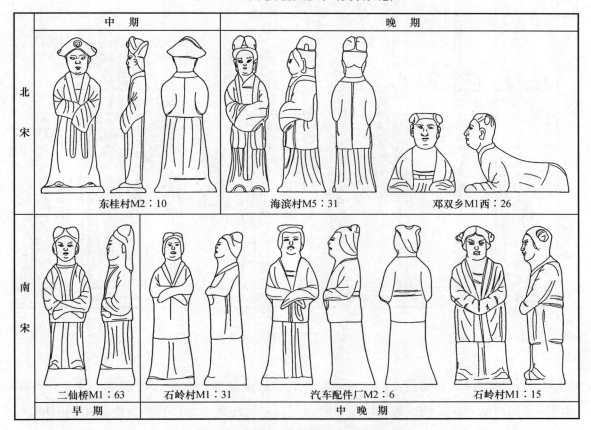

图一二　宋代女俑及服饰（对襟旋袄）

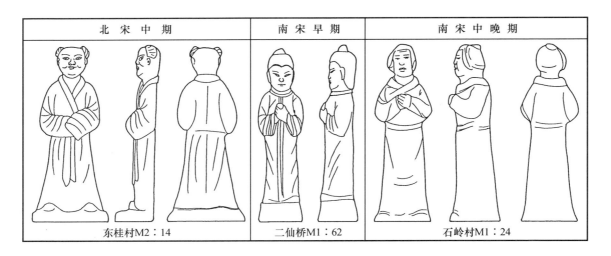

图一三　宋代女俑及服饰（短衫、长衫）

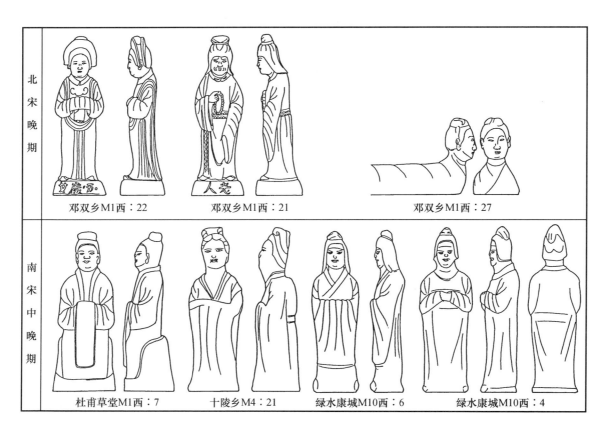

图一四　宋代女俑及服饰（长袍）

在肩背上还披着一条长长的围巾，即帔帛，它是通过丝绸之路传入中国的外来文化与中国服装相结合的一种服饰，最早能见于敦煌莫高窟的北魏壁画，到隋唐则运用到了极致，其花色和披戴的方式非常丰富，在唐代的诗文中关于帔帛的描写也很多。另外，有一件人首蛇身俑，其上面的女性形象身着的应是一件右衽交领的长衫或袍，但在其他的陶俑上暂时还未见到（图一四，3）。

北宋时期女俑的头饰有戴圆弧形窝帽的（图一二，1；图一四，1）、也有头裹巾子的（图一四，2）、最多的还是梳髻，髻有懒梳髻（图一二，3；图一三，1）、朝天髻（图一二，2）和高髻（图一四，3）之分。实际上，宋代妇女头饰中发髻的形式还很多，如大盘髻、盘福髻、包髻、螺髻、三髻丫等，当时主要流行在头发中添加收集的头发或装假髻从而使发髻显得高大，这也是承袭了隋唐时期妇女发型的特点。

南宋时期女俑所穿的服装大致也有旋袄、长衫以及长袍之分，其种类略比北宋稍微丰富一些。旋袄仍是直领对襟窄袖，内衬以长裙，长裙也多是半露胸的款式，其式样和北宋晚期基本一样（图一二，4~7）。长衫为紧身窄袖，衣长至脚背，有圆领的（图一三，2）和右衽交领的（图一三，3）。长袍均为广身，基本都束有腰带，又可分为直领对襟宽袖（图一四，4）、右衽交领广袖（图一四，5、6）和圆领窄袖（图一四，7）三种。妇女身穿广身长袍其实是一种女性男装化的表现，这种服装形式或者说是风尚最早始于唐代，是受到了外来的影响所至。这个时期女俑的头饰基本承袭了北宋时的特点，变化不大，除了裹巾子外（图一四，6、7），主要的还是梳髻，但由于这个时期尤其是南宋中晚期的陶俑制作稍显粗糙，其髻式的表现不是很清楚，从现有材料看除了大多数为高髻外（图一二，6；图一三，2、3；图一四，4、5）其他的还有懒梳髻（图一二，7）、双髻（图一二，4、5）。

陶俑服饰虽然受到表现技法、人物类型以及出土区域的限制，并不能代表当时服装的全貌，但它作为考古资料，和某些书画作品一样，毕竟是古代服饰艺术一种有机的表现形式，也具有鲜明的时代特征，我们从中可或多或少了解到古代衣冠制度的发展以及各时期主要的服饰特征。中国服饰源远流长，发展到唐代由于政治、经济的空前繁荣得到了巨大的发展，在华夏传统的基础上吸收兼容外来文化并推陈出新，形成了较为完整和成熟的衣冠制度，对后世产生了深远的影响。通过对成都地区宋代墓葬陶俑服饰的研究，可以看出，宋代服饰艺术多沿唐制，的确是对唐代服饰文化的一种传承和发展，当然也形成了自己独有的特色，并继而影响着后来者，这无论是在冠服、军戎服，还是在一般的生活着装上都能充分地体现出来。

注　释

[1]　陈云洪：《试论四川宋墓》，《四川文物》1999 年 3 期；刘雨茂、荣远大：《北宋宋构夫妇墓葬的发现与初步研究》，《四川文物》1999 年 3 期；雷玉华：《成都宋代小型墓葬初析》，《文物考古研究》，成都出版社，1993 年；刘志远等：《川西小型宋墓》，《文物》1956 年 9 期。

[2]　本文参考及所用报告资料来自成都市博物馆考古队翁善良、罗伟先：《成都东郊北宋张确夫妇墓》，《文物》1990 年 3 期；刘骏：《成都东郊北宋谢定夫妇墓清理简报》，《成都文物》1995 年 2 期；成都市文物考古工作队：《四川成都市西郊金鱼村南宋砖室火葬墓》，《考古》1997 年 10 期；成都市文

物考古研究所（成都市文物考古工作队）：《成都市二仙桥南宋墓发掘简报》、《成都市外环绕城高速路双流白家段发现宋墓》、《成都市南三环路发现北宋砖室墓》、《成都市外化成小区南宋墓发掘简报》、《成都市高新区石墙村宋墓发掘简报》，《成都考古发现1999》，科学出版社，2001年；成都市文物考古研究所（成都市文物考古工作队）：《成都西郊清江路唐宋墓葬发掘简报》，《成都考古发现2000》，科学出版社，2002年；成都市文物考古研究所、龙泉驿区文物管理所：《成都市龙泉驿区十陵宋墓发掘简报》、成都市文物考古研究所：《成都市成华区三圣乡花果村宋墓发掘简报》，《成都考古发现2001》，科学出版社，2003年；成都市文物考古研究所：《成都市保和乡东桂村宋墓发掘简报》、成都市文物考古研究所、新津县文物管理所：《新津县邓双乡北宋石室墓发掘简报》，《成都考古发现2002》，科学出版社，2004年；成都市文物考古研究所：《成都市青龙乡海滨村墓葬发掘简报》、《成都市青龙乡石岭村宋墓发掘简报》，成都市文物考古研究所、双流县文物管理所：《成都市双流县华阳镇绿水康城小区发现一批砖室墓》，《成都考古发现2003》，科学出版社，2005年。

[3]　《武经纪要》成书于北宋庆历四年（公元1044年），是我国一部记录有关军事组织、制度、战略战术和武器制造等情况的重要军事著作，其中刊录的五领铠甲的插图，是宋代铠甲的第一手资料。

[4]　五代甲胄形象可见于成都市双流县籍田乡竹林村五代后蜀双室合葬墓出土的武士俑（M1∶1、M1∶14），此资料发表于《成都双流籍田竹林村五代后蜀双室合葬墓》，《成都考古发现2004》，科学出版社，2006年。

[5]　成都东郊三〇八厂出土，资料现藏于成都市博物馆。

[6]　成都市青羊区草堂小学出土，资料现藏于成都市文物考古研究所。

[7]　张季：《河北景县封氏墓群调查记》，《考古》1957年3期。

[8]　《三礼图》本名《三礼图集注》，是流传至今解释中国古代礼制附有图像较早的一书。聂崇义于五代周显德（954～959年）中，奉命参定郊庙、祭玉等礼制，采取东汉以来郑玄、阮谌、夏侯伏朗、张镒、梁正和隋代开皇（581～600年）官撰的六种《三礼》旧图，重加考订，定为《集注》，加以图说。

[9]　《晋书·舆服志》。

[10]　成都市锦江区三圣乡兴华村出土，资料现藏于成都市文物考古研究所。

[11]　高承《事物纪原》（《惜阴轩丛书》本）卷三《衫》条："《舆服志》曰马周上议……开胯者名缺胯衫，庶人服之。即今四袴（褉）衫也。"

[12]　赵彦卫《云丽漫钞》卷四（北京大学图书馆藏明抄本）。

[13]　成都市汽车配件厂出土，资料现藏于成都市文物考古研究所。

（原载《四川文物》2006年1期）

试论四川宋墓

陈云洪

四川地处我国西南,其地形可分为川西高原和四川盆地两大部分;盆地被周围的高原和山地所环绕,形成一个封闭系统。由于境内拥有丰富的水源,加之良好的地力和适宜的气候条件,为发展地域经济,提供了优越的自然条件,因此,该地区的古文化一直都有其自身的传统和内涵。即使到了宋代,其地方性特征仍然很强。现就省内宋墓的分布状况、文化内涵及分期作一探索,是非与否?祈望指正。

有关四川宋墓的正式发掘研究,始于抗战时期,这可以中国营造学社对南溪李庄宋墓的发掘研究报告为例[1]。建国后,四川宋墓被大量发现和发掘。据不完全统计,截止1979年,已发掘的宋墓约有三四百座之多[2],特别近几年来,由于大规模基本建设,发掘的四川宋墓数量急剧上升,但公布的材料不多,给四川宋墓的研究带来一定的困难。本文拟在前人研究的基础上,尽可能利用现有材料,从墓葬类型入手,探讨四川宋墓的区域类型及其发展演变过程,并就相关问题,谈谈个人之管见(由于历史的原因,四川省和重庆市的古文化具有相似性,故本文也将重庆市的宋墓资料纳入一并讨论)。

一、墓 葬 形 制

四川宋墓,主要有砖室墓和石室墓两大类,另有少量的砖石混筑墓和崖墓,在西昌地区还发现一种形制特殊的火葬墓。

砖室墓均以长约36、宽约18、厚3.5~5厘米的青灰色素面砖建成,极个别以石材封门或铺底,有单室和双室两种。墓室平面为长方形,内有棺台、壁龛,底有腰坑,顶以券拱顶为主,平顶极为少见。砖室墓中偶有以砖砌柱,柱顶迭砖为斗拱状,或砌有窗棂、仿木壁龛等作法。

在砖室墓中,有一类墓,其室内放置着上百的骨灰罐,应别于一般的砖室墓。此类型墓在安县发现两座,均为长方形券顶,墓内整齐地放着数以百计的椭圆或圆角长方形骨灰盒[3]。此外,在绵竹、郫县等地也有这种墓的发现[4],此类墓应是北宋末年的漏泽园罐葬墓。

石室墓皆用石料建成,以红砂石为主,其形制与砖室墓相似,顶有券顶、平顶、藻井顶之分,其建筑特点是仿木结构多,在壁龛上用石材雕成柱梁、斗拱、门窗,顶部雕有藻井。龛内及壁上多雕刻有花纹图案、人物故事、武士像和四灵像等。

砖石混筑墓发现很少，在宜宾、丹棱等地有发现，墓以砖、石条、石板建成，其形制与砖墓、石墓基本相同，也有单双室之分，就目前所见材料看，均为平顶，结构简单。

崖墓亦不多见，发现地点有宜宾、永川及广元等地，其形制不一。永川发现有平面呈八边形，略带圆，完全为仿木宫殿形，还有仿木雕刻部件，其年代在开禧年间[5]。

此外，在西昌地区发现一种形制特殊的火葬墓，其墓室为土坑，葬具为骨灰罐，罐带盖，肩上有一圈荷叶边，外壁捏塑成两层莲花瓣纹，或在上肩部四周模印成直径约3厘米的十二生肖图，其下又模印五个头戴冠、褒衣宽带、拱手执笏的俑像[6]。

崖墓和西昌地区火葬墓，发现很少，且族属不定，砖石混筑墓数量不多，形制结构与砖墓、石墓大致相同，因此，本文对上述三种墓仅作一般表述。

四川宋墓中，砖室墓占有相当大比例，石室墓次之，其他类型则很少见。故对砖室墓、石室墓的型式划分对其分期具有十分重要的意义。

1. 砖室墓

根据墓葬形制特征，可分四型。

A 型　　其特点是墓室平面呈长方形，券顶、双室，两室间至少有一通道相连，或两室共用一壁。墓的两室结构相同，呈对称性，壁上有 2～6 个龛，后壁有凸出的后龛，极少的无龛。A 型墓根据墓室规模大小及其他结构的不同，可分为三式。

Ⅰ式：墓室较长，均在 3.5 米以上，宽度多在 1.5 米以上。券顶多为双层券，甚至多重券，单层券极少，券顶上有数目不等的压拱砖。Ⅰ式墓都有甬道，有的还带有八字形斜坡墓道或阶梯状墓道，如洪雅红星宋墓[7]和谢定夫妇墓[8]。多数墓以砖封门、铺底，但也有少数墓以砖、石封门，底铺石条，如张确夫妇墓[9]。由于Ⅰ式墓规模较大，故Ⅰ式墓多数砌有肋拱，以加固券顶，极个别的还砌有简单的仿木结构。Ⅰ式墓室内多设有长方形棺台，其两侧有排水沟。Ⅰ式墓另还发现有成都共和路宋墓 M1[10]、蒲江五星镇宋墓[11]，其中以张确夫妇墓、谢定夫妇墓最为典型。张确夫妇墓墓室长 4.06、宽 1.66 米，两室间有通道相连，带有甬道，总长 5.1 米，有 3 道肋拱。墓室内砌长方形棺台，墓底有腰坑，其下葬时间为元祐八年（1093 年）。

Ⅱ式：墓室一般长在 2 米左右，宽多在 1 米以下，多数为单层券，无墓道、甬道、肋拱结构较简单。Ⅱ式以双流白家宋墓[12]为典型代表。双流白家宋墓，长 2.25、宽 0.7 米，单层券，砖铺底，无壁龛、无腰坑。

Ⅲ式：墓室更小，长度仅为 1 米左右，宽度仅有几十厘米，单层券顶，无墓道、甬道和肋拱。Ⅲ式以成都西郊金鱼村宋墓 M9[13]、东山灌溉渠宋墓 M3、M4[14]为代表。东山灌溉渠 M3、M4，长 0.79、宽 0.45 米，单层券顶，砖铺底，墓室很小，结构极为简陋。

B 型　　其特点是墓室平面为长方形、券顶、单室，常有双墓并列现象，三墓并列罕见。墓壁仍有龛。以砖封门、铺底。B 型墓中有墓室分为上下层的现象，如成都龙潭宋京墓[15]。B 型墓根据规模和结构变化，也可分为三式。

Ⅰ式：与 AⅠ式墓相近，墓室较长，均在 3 米以上，但较 AⅠ式墓窄一些，仅有少数墓在 1.5 米以上，多在 1 米多一点，以双层券为主。均无墓道，但有甬道、肋拱等结构。Ⅰ式墓主要有成都共和路宋墓 M2[16]、邛崃南河乡李氏墓[17]、郫县崇兴乡赵容墓[18]、成都龙潭保平砖厂宋京夫妇墓[19]。如龙潭宋京之妻蒲氏墓，长 3.9、宽 1.2 米，双层券顶，底铺方砖，有 4 道肋拱，不带墓道，但有甬道，壁有 6 个侧龛和 1 个后龛，无腰坑，其下葬时间为绍兴二十年（1150 年）。

Ⅱ式：墓室长度多在 2 米以上，宽度为 1 米左右，甚或 60～70 厘米，顶有双层券和单层券，部分仍有肋拱，无墓道，少数带有甬道，室内设棺台。主要发现有华·圣·上 M2、M3[20]、东山灌溉渠 M1、M18[21]、官渠埝 M5[22]。以华·圣·上 M2 为代表，其长 2.48、宽 1.12 米，双层券顶，顺铺底砖，带甬道，下葬时间为熙宁二年（1069 年）。

Ⅲ式：墓室进一步变短、变窄，长度多为 1 米左右，宽不足 1 米，均为单层券，无墓道、甬道、肋拱，结构简单，主要发现有成都西郊金鱼村宋墓 M3[23]、成都沙河堡 M16[24]、成都跳蹬河 M1[25]、官渠埝 M20[26]。如跳蹬河 M1，长 1.38、宽 0.68 米，单层券顶，有侧龛、后龛，结构简单。

C 型　此型墓特征是墓室平面呈梯形，券顶，底铺砖，有较多的侧龛，长度多在 3 米以上，有甬道，但无墓道，室内设长方形棺台，有的带简单的仿木结构，有前后室之分的现象。该型墓主要发现有广汉雒城宋墓 87glgM1[27]、邛崃南河乡费得中墓[28]。如广汉雒城宋墓 87glgM1，平面为梯形，分为前后室，前室长 2.62、宽 1.1～0.76 米、后室长 0.46、宽 0.75～0.52 米，墓壁共有 6 个侧龛，砌有仿木壁柱，其年代在元祐年间。

D 型：其最大特征就是墓顶为平顶，有长方形、方形，无墓道、甬道、壁龛等结构，墓室极为简陋，如官渠埝 M23[29]，平面方形，长宽均为 0.31 米，墓中仅有一骨灰罐而已。

2. 石室墓

根据墓葬的形制结构，可分六型。

A 型　其特点是双室券顶，墓室平面呈长方形，长 3 米左右，以石条、石板建成，用楔形石条砌成券顶，或以弧形石作券拱，均带腰坑，根据结构和壁上有无石刻浮雕，分作二式。

Ⅰ式：以蒲江东北公社发现的宋墓（BDM1、M2）[30]为代表，结构简单，无墓道、甬道，也无壁龛、石刻浮雕，其长 2.94、东室宽 0.94、西室宽 0.63 米，底未铺石，其年代在元祐年间。

Ⅱ式：以广元杜光世夫妇墓为典型[31]，其长 2.8、宽 1.22 米，结构复杂，带有八字形阶梯墓道，两室形制结构均作仿木建筑，带有侧龛和八字形后龛，装有仿木的双扇石门，龛内有精美的石刻浮雕，内容有武士像、庖厨图、侍奉图及四灵像等，墓葬时间为庆元元年（1195 年）。

B 型　该型特征是券顶、单室，平面呈长方形，均无墓道，长度多为 4 米左右，宽 1.7 米左右，以石条、石板筑壁，墓顶以楔形石条砌成，或以拱形石梁放在石柱上构成，底铺石板，室内有棺台，棺台四周有排水沟，与砖室墓相似。根据结构和有无石刻浮雕，分为二式。

Ⅰ式：结构简单，其形制结构与B型砖室墓相似，以石条封门，室内不带石刻浮雕，均未发现腰坑。Ⅰ式墓发现有新津舒大湾宋墓[32]、邛崃城南宋墓[33]、金堂焦山尾宋墓[34]和雅安对岩宋墓[35]，其中以新津舒大湾宋墓最有代表性，长3.8、宽1.78米，有4个侧龛和1个后龛，其结构就是B型砖室墓的翻版，年代在元丰四年（1081年）。

Ⅱ式：以资中赵雄墓[36]为典型，结构复杂，以仿木的双扇石门封门，底有腰坑，墓门上方、四壁都有繁冗精美的石刻浮雕，内容为四灵像、武士像、八卦、仪仗、差役、护卫、座轿、墓僚等图，反映墓主人生前生活，年代在绍熙四年（1193年）。

C型 长方形平顶双室墓，墓室结构等繁简区别很大，以石条筑墓，以大石板盖成平顶，也可分为二式。

Ⅰ式：以资中谷田宋墓[37]为例，墓室结构极为简单，无仿木结构和石刻浮雕。

Ⅱ式：结构复杂，有的带有墓道、甬道，壁上有仿木结构的龛，墓门也多采用仿木结构，由立颊、门额、门楣、地栿等组成，以仿木双扇石门封门。龛内及四壁都有精致的石刻浮雕，题材有四灵像、孝悌故事、开芳宴、妇人启门图等，以彭山虞公著夫妇墓[38]为典型代表，墓长3.35、宽1.6米，其年代在宝庆二年（1226年）。

D型 长方形平顶单室墓，墓室结构较简单，长多为2.5米左右，宽1～1.5米，带有简单的石刻浮雕和仿木结构，主要发现有昭化迪回宋墓[39]、三台张心娘墓[40]、北川香泉宋墓[41]。昭化迪回宋墓最有代表性，年代在淳熙十年（1183年）。

E型 长方形藻井顶双室墓，结构复杂，带有仿木的石柱、梁、斗拱等；壁上、龛内有石刻图像，内容仍为四灵像、武士像、侍女图、妇人启门图等。此型墓有泸州灯杆山宋墓[42]、重庆井口宋墓[43]。以重庆井口宋墓为代表，其长3.6、宽1.28米，有墓道，两室间有通道相连。

F型 长方形藻井顶单室墓，多以大型石条、板石构筑，规模大，长3～6米，宽2～4米，整个墓室就是一个仿木结构，龛均为仿木壁龛，龛内、壁上充满石刻浮雕，内容仍为妇人启门图、四灵像、武士像等。该型墓有威远皇坟坝宋墓[44]、内江顺河大菩萨山宋墓[45]和荣昌沙坝子宋墓[46]。荣昌沙坝子宋墓最具代表性，其长5.14、宽2.78米，年代为淳熙十二年（1185年）。

二、随葬器物

四川宋墓出土的随葬品，仍以陶器为主，大部分施釉。陶器以四耳罐、双耳罐为最常见的组合形式，是四川宋墓中的典型器物；另有碗、高领四耳罐、执壶、双耳小陶杯、盏托、尖盖灰陶罐、提梁小罐等。

四耳罐 可分二式。

Ⅰ式：标本邛崃南河乡李氏墓出土。敛口，领较高，鼓腹、平底，最大径在中腹以上，器形较胖。

Ⅱ式：标本成都张确夫妇墓Ⅰ式罐。口微敛，领矮，鼓腹，平底，最大径在肩部。

双耳罐 可分二型。

A 型 竖耳，可分三式。

Ⅰ式：标本蒲江东北公社宋墓出土。敞口，矮领，鼓腹，平底，器型较胖。

Ⅱ式：标本广元杜光世夫妇墓Ⅰ式罐。敛口，鼓腹，平底，无领。

Ⅲ式：标本杜光世夫妇墓Ⅱ式罐。口微敛，短颈，直腹，底平有假圈足，器形瘦高。

B 型 横耳，可分四式。

Ⅰ式：标本金堂焦山尾宋墓出土。敛口，鼓腹，平底，器形胖。

Ⅱ式：标本洪雅红星宋墓出土。口微敛，鼓腹、平底，最大径下移。

Ⅲ式：标本成都金鱼村宋墓 M8：1。直口，鼓腹、平底，最大径在中腹以下。

Ⅳ式：标本成都金鱼村宋墓 M2：5。直口，鼓腹，平底，器型瘦高。

高领四耳罐 可分三式。

Ⅰ式：标本官渠埝 M19。敞口，高领，鼓腹，平底，器身较领长。

Ⅱ式：标本 87glgM1。敛口，领更高，鼓腹平底，器身较领短。

Ⅲ式：标本官渠埝 M20。口微敞，高领，鼓腹，平底，器身较领短，器身较瘦。

执壶 可分二式。

Ⅰ式：标本 87glgM1 Ⅰ式。敞口，鼓腹，平底，壶身较胖。

Ⅱ式：标本洪雅红星宋墓出土。直口，鼓腹，平底，壶身瘦高。

四川宋墓随葬品还有一特点就是流行随葬陶俑以及陶模型，无论砖室墓还是石室墓都有发现。陶俑以文俑、吏俑、武俑、侍俑为基本组合，陶模型则以床、桌、椅、屏风、房等为基本组合形式。

四川宋墓出土瓷器很少见，主要有碗、盂、粉盒等，没有明显的变化。铜器偶有发现，主要有铜镜、铜瓶两种器物。金银器也有发现，主要是头饰、发饰。钱币发现较多。

另外，四川宋墓还出有一种特殊镇墓石刻或砖刻，即敕告文和华盖宫文，这两种东西应是道教遗物。

三、分 期 讨 论

四川宋代砖室墓从年代上看，AⅠ式、BⅠ式墓年代在北宋晚期至南宋初期，如成都共和路宋墓 M1 的年代在治平三年（1066 年），张确夫妇墓、谢定夫妇墓均在元祐二年（1087 年），成都龙潭宋京墓在宣和六年（1124 年），其妻蒲氏墓在绍兴廿年（1150 年），郫县崇兴赵容墓最晚在淳熙六年（1179 年）；C 型墓都在北宋晚期，广汉雒城宋墓 87glgM1 在元祐年间，邛崃南河乡费得中墓在治平四年（1067 年）。AⅡ式、BⅡ式墓的年代大体与 AⅠ式、BⅠ式墓相当，如华·圣·上 M2 为熙宁二年（1069 年），双流白家宋墓则在南宋初年。AⅢ式、BⅢ式墓的年代在南宋中后期，成都西郊金鱼村宋墓 M9、M3 的年代在淳熙至嘉定年间。D 型墓的年代也多在南宋中后期。

再看石室墓的年代，AⅠ式、BⅠ式墓和 CⅠ式墓的年代多在北宋晚期，蒲江东北宋墓在元祐年间，新津舒大湾墓为元丰四年（1081 年），邛崃城南宋墓、雅安对岩宋墓分别为政和三年（1113 年）和宣和五年（1123 年）；AⅡ式、BⅡ式、CⅡ式墓及 D 型、E 型、F 型墓的年代多在南宋淳熙以后，如广元杜光世夫妇墓为庆元元年（1195 年），资中赵雄墓为绍熙四年（1193 年），彭山虞公著夫妇墓为宝庆二年（1226 年），昭化迪回宋墓为淳熙十年（1183 年），荣昌沙坝子宋墓为淳熙十二年（1185 年）。

最后分析一下随葬品的变化。Ⅰ式四耳罐与官渠埝唐墓 M9 所出的很相近，均为敛口，领较高，到后来领变得较矮，口微敛或成直口，其最大径从唐代在中腹到宋代逐渐上移，唐代肩部不明显，宋以后肩部明显，从总体上看，是从矮胖，逐渐变得瘦高。AⅠ式双耳罐与官渠埝唐墓 M1 出的相近，均为敞口，鼓腹，只是领口较官渠埝 M1 矮，进入南宋后，广元杜光世夫妇墓所出的Ⅱ式、Ⅲ式，变为敛口，领更低或无领，Ⅰ式肩部明显，Ⅱ式、Ⅲ式不明显。BⅠ式双耳罐为敛口，鼓腹，腹最大径在上部，Ⅱ式、Ⅲ式变为直口，鼓腹，最大径下移，Ⅳ式则变为直口，深腹微鼓，器形也是从矮胖向瘦高发展。Ⅰ式高领四耳罐与青神唐墓的相比，均为敞口，但器身变短，领变长，Ⅱ式口变为敛口，器身更短，领更长，Ⅲ更是如此。执壶的变化也是从矮胖向瘦高发展。另外，官渠埝 M12 中出土的一种尖盖灰陶罐，罐盖形如宝塔，器形与江南地区的堆塑瓶相似，这种罐在官渠埝 M27 唐墓中也有出土，但到南宋后则不见。在南宋火葬墓中还出现一种形制很小、制作简陋的双耳小陶杯。陶俑的形制变化不明显，但进入南宋淳熙后，陶模型基本消失了。

根据四川宋墓的类型式变化和年代序列，综合随葬品演变，就目前所见材料，我们可以把四川宋墓分为两段，即北宋治平年间至南宋淳熙年间为一段，南宋淳熙至南宋末年为一段，而北宋初年至北宋晚期治平年间以前的墓葬材料不见，推测北宋早中期的墓葬形制应与晚唐五代墓葬相近，继承五代墓葬形制。总的来说，北宋治平年间至南宋淳熙段的砖室墓规模较大，结构复杂，多带有墓道、甬道，少数墓砌有简单的仿木砖柱、斗拱等结构，墓室平面有长方形、梯形两种，以长方形为主。由于墓室规模大，该段墓多数带有肋拱，墓顶均为券顶，以双层券为主；南宋淳熙至南宋末段的砖室墓规模变小，墓室变短变窄，结构简单，均不带墓道、甬道，不见肋拱与仿木结构，出现少量简陋的方形墓，梯形墓消失，墓顶为单层券顶，不见双层券，出现极少的平顶墓。北宋治平至南宋淳熙段砖室墓以 AⅠ式、BⅠ式墓为主，同时也有 AⅡ式、BⅡ式墓及 C 型墓共存；南宋淳熙至南宋末段以 AⅢ式、BⅢ式为主，还有少量的 AⅡ式、BⅡ式存在，不见 AⅠ式、BⅠ式及 C 型墓。同时，北宋治平至南宋淳熙段的石室墓少，主要有 AⅠ式、BⅠ式及 CⅠ式墓，本段石室墓结构简单，不见仿木结构与人物故事石刻浮雕。淳熙至南宋末段石室墓大量增多，且结构复杂，多带有仿木结构石刻和精致的人物故事浮雕石刻。北宋治平至南宋淳熙段石室墓墓顶有券顶和平顶，淳熙至南宋末段新出现了藻井顶（图一、图二）。

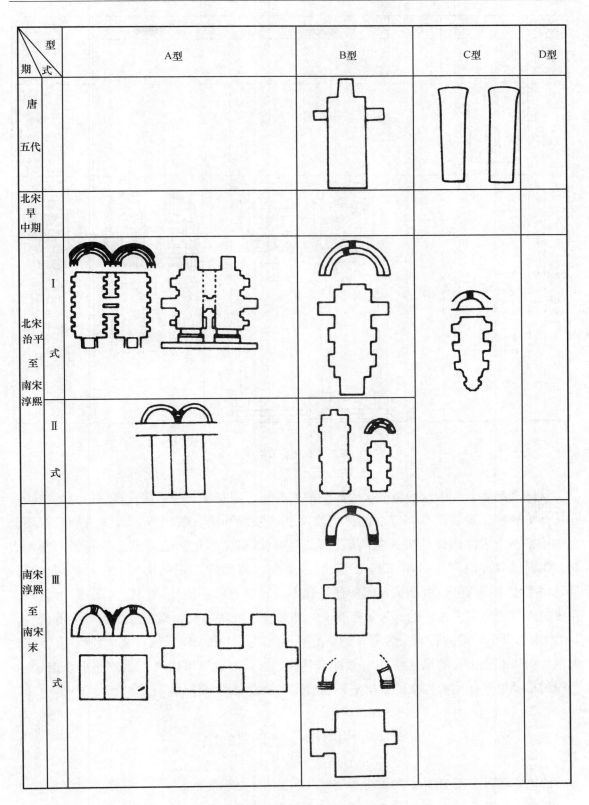

图一 砖室墓分期图

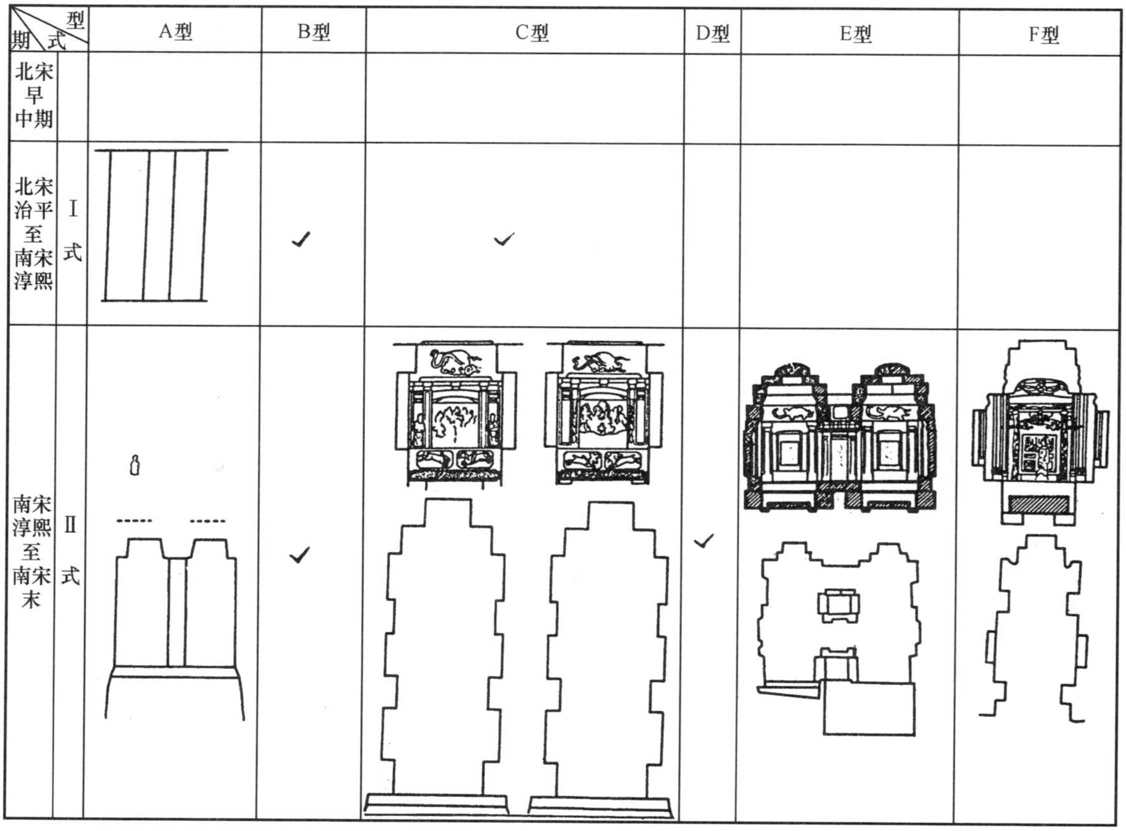

期\型式	A型	B型	C型	D型	E型	F型
北宋早中期						
北宋治平至南宋淳熙　Ⅰ式		✓	✓			
南宋淳熙至南宋末　Ⅱ式		✓		✓		

图二　石室墓分期图

从随葬品看，北宋治平至南宋淳熙段的四耳罐、双耳罐，带有唐代风格，总的来说，是从体形矮胖，发展到淳熙以后的体型瘦高；高领四耳罐从领短身长演变为领长身短。北宋治平至南宋淳熙段的尖盖灰陶罐，南宋淳熙以后则不见，但新出现一种器形很小、制作粗糙的双耳小陶杯（图三）。北宋治平至南宋淳熙段出现的陶房、床、屏风、桌、椅、轿等模型，淳熙以后不见，但陶俑变化不大，带有明显的地域特征（图四）。另外，在成都地区砖室墓中出土的一种镇墓真文，即敕告文和华盖文，根据张勋燎先生的研究，"川西宋墓出土的两种石刻，最早自英宗治平年间以至北宋末年，敕告文单独使用。自南宋绍兴初年开始，有的增入华盖宫文配套使用"[47]。因此，可以说，北宋治平至南宋淳熙段的早期单独使用敕告文，该段末开始增入华盖宫文配套使用。

四、四川宋墓的特点

四川宋墓带有明显的地方特点。

首先，从墓葬形制看。两宋时期，四川地区流行长方形券顶砖室墓和长方形石室墓，双室并列常见，两室间或有过道相连，不见土坑墓。砖室墓仿木雕砖简单，且很少见，

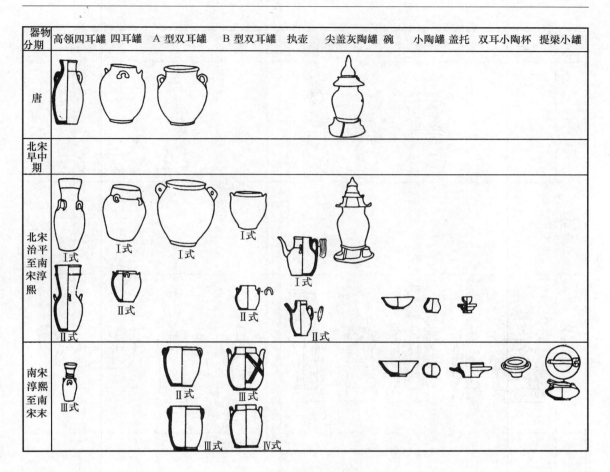

图三 陶器分期图

到目前为止，仍未发现壁画墓。而在同时代的其他地区则不同，长江中下游地区，如湖南、湖北，北宋流行竖穴土坑墓，南宋流行长方形砖室墓，但顶部却盖以石板，券顶很少[48]；中原和北方地区，早期流行竖穴式和横穴式土坑墓，后期流行砖室墓，但平面为方形、长方形、圆形、多角形，结构复杂的砖刻、壁画较多，顶部从简单的叠涩平顶发展为宝盖式盝顶或宝顶式六瓣截头攒尖顶[49]。这些都有别于四川地区。

从随葬品看，四川宋墓流行随葬陶俑，但在宋代，全国其他地区已基本不随葬陶俑。另外，从器物组合看，四川宋墓也有自己特点。中原北方地区前期随葬品多为常用小器物，有瓷碗、瓷罐、瓷灯及具有唐代风格的黄绿釉塔式罐，后期为瓷碗、瓷盘、托盘等实用器[50]。长江中下游地区以瓷器、漆器、铜镜为主[51]，湖南省宋墓则以随葬多角罐和堆塑坛为其特色[52]。但四川宋墓随葬品瓷器少见，仍以陶器为主，且多为明器，以四耳罐、双耳罐、高领四耳罐、碗等为最常见的组合。

四川宋墓的地方特点，是与其所处地理环境密切相关的。由于四川在地理上形成一个封闭系统，两宋时期未遭到北方少数民族入侵，受外部干扰不大，墓葬结构变化不明显，一直流行长方形券顶砖室墓和长方形石室墓。石室墓中的仿木石刻，为正八角形柱、

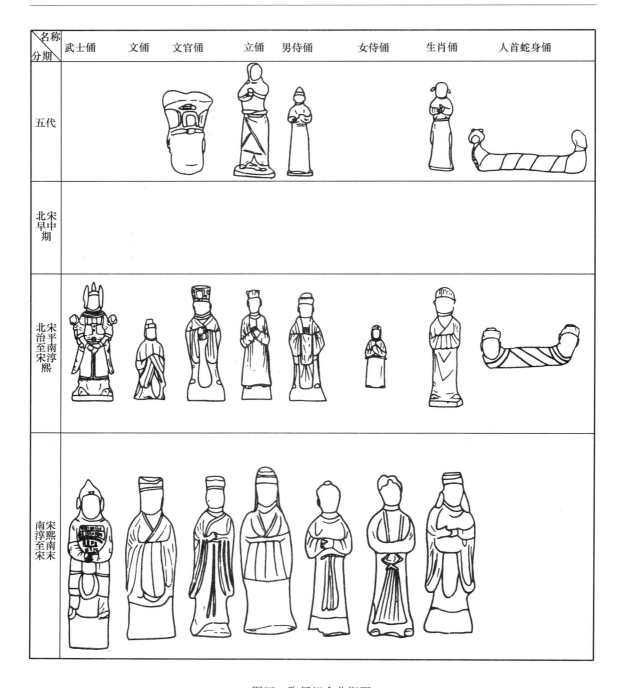

名称 分期	武士俑	文俑	文官俑	立俑	男侍俑	女侍俑	生肖俑	人首蛇身俑
五代								
北宋 早中 期								
北宋平南淳 治至宋熙								
宋熙南末 南淳至宋								

图四　陶俑组合分期图

　　阑额两头卷杀成月梁形、象头状雀替、荷叶驼峰等都有自己的特点。当然，也不排除其他地区对四川宋墓的影响，如中原壁画墓中的"妇人启门图"、"开芳宴"等故事题材在四川石室墓人物故事石刻浮雕也多有发现。砖室墓中流行的敕告文、华盖宫文，在中原北方地区，至迟在唐代即出现[53]，也应是受其影响发展而来的。

　　同时，四川宋墓在发展过程中，也影响着邻近地区，如陕南汉中石马坡发现的一座南宋墓，墓葬形制与汉中地区的其他宋墓差异很大，却与四川宋代砖室墓相似，为长方形券顶双室砖墓，中有通道相连，也出有与四川宋代砖室墓随葬的风格相同的神怪俑，如鸟首人身俑、人首蛇身俑等[54]。而在四川南面的贵州省乌江以北地区，如桐梓、遵义、绥阳、湄潭、赤水等地也流行一种石室墓，为长方形平顶墓，单双室均有，少数底部有腰坑，壁上雕有四灵像，近门处刻武士，随葬品多为瓷碗、瓷杯、陶碟、陶杯等[55]。这种墓无论从形制，还是从雕刻内容、风格及随葬品看，都与四川宋代石室墓中的 E 型、F 型相似，其时代也在南宋，应为同一类型。

五、结　　语

（1）四川宋墓主要分布在四川盆地及周围地区，砖室墓流行在以成都为中心的川西平原上，石室墓主要流行在盆地周围的丘陵山地，在川南一直延伸到贵州省乌江以北地区。而在川西高原上，则不见我们以上所述的四川宋墓，推测川西高原上相当于宋代的墓葬，应具有当地少数民族的风格。

（2）四川宋墓内部砖室墓与石室墓也有一个相互影响的过程。在成都平原周围或距平原较近的丘陵山地所分布的石室墓，其墓葬形制与随葬品都与川西平原的砖室墓相同，深受砖室墓的影响，如蒲江东北宋墓、广元杜光世夫妇墓、新津舒大湾宋墓、邛崃城南宋墓及雅安对岩宋墓，然而却与川南石室墓差异较大。近年来，在广元发现了砖雕砖室墓[56]，其平面呈长方形，以青砖建成，但却有砖雕的人物浮雕，这也是两系统的墓互相影响的结果。

（3）以成都为中心的川西平原区，流行长方形券顶砖室墓，承袭了川西地区晚唐五代的风格，在大邑[57]、官渠埝工程中[58]都发现有长方形券顶砖室墓，唐墓中流行的梯形券顶砖室墓[59]，在北宋治平至南宋淳熙段还有发现，淳熙以后消失。长方形券顶砖室墓更为流行[60]。

四川宋代砖室墓发展演变的总趋势是墓室由长变短、由宽变窄，结构变得越来越简单，其发展演变的原因有二：

首先，主要是道教的影响。道教在宋时的四川地区非常盛行，砖室墓中流行随葬敕告文、华盖文、神怪俑就是一个很好的证明。道教推崇火葬，致使火葬在成都平原地区从北宋末至南宋逐渐盛行。火葬的盛行，再修建规模很大墓室已无必要，故墓室逐渐变小，结构也相应简单。如成都西郊金鱼村宋墓 M9，从形制结构看，由封门墙、墓室、壁龛、棺台和腰坑组成，与 A I 式砖墓相似，而其长仅 1.01 米，宽仅 60 多厘米，随葬品亦十分丰富，但其规模却如此之小，并非因墓主财力有限，而与墓主信仰道教、采用火葬有关，正如墓中出土的镇墓券提到墓主为"奉道男弟子吕忠庆"，墓主显系道教信徒。

其次，是经济因素。宋灭后蜀，把四川当成财源基地，大肆劫掠，致使土地集中，当时的佃户占农村人口的比例，一般占 30% ～40%，有的占 70% ～80%[61]，成都平原土地兼并更为严重，广大贫民无立锥之地，加之平原地区人口集中，成都府每平方公里达57 人[62]，为解决人多地窄、无地的矛盾，正如徐平芳先生所说："所以火葬是解决问题的最好办法。"尽管北宋政府曾明令禁止火葬，但火葬还是逐渐盛行开来。火葬的盛行，也对四川宋墓的发展产生了较大的影响。

注　释

[1]　　莫宗江：《宜宾旧州坝白塔宋墓》，《中国营造学社汇刊》第七卷第一期（1944 年）。

[2]　　四川省博物馆：《四川省文物工作三十年》，《文物工作三十年》。

[3]　　刘光宝：《安县发现宋代骨灰盒丛葬墓》，《四川文物》1985 年 4 期。

[4]　　王家祐：《四川宋墓札记》，《考古》1959 年 8 期。

[5]　　王昌文：《永川发现宋代崖墓》．《四川文物》1989 年 6 期。

[6]　　黄承宗：《四川西昌三坡火葬墓调查记》，《考古》1983 年 3 期；凉山州博物馆：《四川西昌市郊小山火葬墓群发掘记》，《考古与文物》1981 年 4 期。

[7]　　四川省博物馆、洪雅县文化馆：《四川洪雅宋墓发掘简报》1982 年 1 期。

[8]　　刘骏：《成都东郊北宋谢定夫妇墓清理简报》，《成都文物》1995 年 2 期。

[9]　　翁善良、罗伟先：《成都市东郊北宋张确夫妇墓》，《文物》1990 年 3 期。

[10]　　待刊稿，此资料由翁善良老师提供。

[11]　　陈显双、廖启清：《四川蒲江县五星镇宋墓清理记》，《考古与文物》1986 年 3 期。

[12]　　李加锋：《双流县白家宋墓发掘简报》，《成都文物》1988 年 4 期。

[13]　　成都市文物考古工作队：《四川成都市西郊金鱼村南宋砖室火葬墓》，《考古》1997 年 10 期。

[14]　　四川省博物馆：《四川东山灌溉渠宋代遗址及古墓清理简报》，《考古》1959 年 8 期。

[15]　　待刊稿，由成都市文物考古工作队提供。

[16]　　同［10］。

[17]　　汪雄：《邛崃县南河乡宋墓清理小记》，《成都文物》1990 年 2 期。

[18]　　陈厉清：《郫县崇兴乡南宋墓》，《四川文物》1992 年 6 期。

[19]　　同［15］。

[20]　　四川省文物管理委员会：《四川华阳县北宋墓清理简报》，《文物参考资料》1956 年 12 期。

[21]　　同［14］。

[22]　　四川省文物管理委员会：《四川官渠埝唐、宋、明墓清理简报》，《考古通讯》1956 年 5 期。

[23]　　同［13］。

[24]　　四川省文物管理委员会：《成都外东沙河堡 16 号宋墓清理简报》，《文物参考资料》，1956 年 5 期。

[25]　　刘志远、坚石：《川西小型宋墓》，《文物参考资料》1955 年 9 期。

[26]　　同［22］。

[27]　　四川省文物考古研究所、广汉县文管所：《四川广汉县雒城宋墓》，《考古》1990 年 2 期。

[28]　　邛崃县文物保管所：《邛崃县发现一座北宋墓》，《成都文物》1987 年 4 期。

[29]　　同［22］。

[30]　　陈显双：《四川蒲江东北公社发现两座宋墓》，《考古与文物》1986 年 5 期。

[31]　　四川省博物馆、广元县文管所：《四川广元石刻宋墓清理简报》，《文物》1982 年 6 期。

［32］ 郑卫：《新津县发现宋代石室墓》，《成都文物》1989 年 3 期。

［33］ 邛崃县文管所：《邛崃北宋墓清理简报》，《四川文物》1985 年 3 期。

［34］ 陆德良：《四川金堂县的宋代石室墓》，《考古通讯》1957 年 6 期。

［35］ 赵彤：《雅安对岩宋墓》，《四川文物》1998 年 1 期。

［36］ 杨祖垲：《资中宋右丞相赵雄墓纪实》，《四川文物》1995 年 6 期。

［37］ 孙晓明：《资中发现宋代石室墓》，《四川文物》1992 年 1 期。

［38］ 四川省文管会、彭山县文管所：《南宋虞公著夫妇墓》，《考古学报》1985 年 3 期。

［39］ 沈仲常、陈建中：《四川昭化县迪回乡的宋墓石刻》，《文物参考资料》1957 年 12 期。

［40］ 三台县文化馆：《四川三台县发现一座宋墓》，《考古》1973 年 6 期。

［41］ 邓天富：《北川县香泉宋墓》，《四川文物》1991 年 5 期。

［42］ 谢荔、陈文：《泸州市发现南宋石室墓》，《四川文物》1995 年 2 期。

［43］ 重庆市博物馆：《重庆井口宋墓清理简报》，《考古》1959 年 1 期。

［44］ 威远县文管所、内江市文管所：《威远永利皇坟坝宋墓》，《四川文物》1993 年 2 期。

［45］ 雷建金、罗仁忠：《内江顺河大菩萨山宋代画像石墓》，《四川文物》1993 年 1 期。

［46］ 四川省博物馆：《四川荣昌县沙坝子宋墓》，《考古》1984 年 7 期。

［47］ 张勋燎：《川西宋墓和陕西、河南唐墓出土镇墓文石刻之研究》，《南方民族考古》，1992 年第 5 辑。

［48］ 《宋代墓葬和窖藏的发掘》，载《新中国考古发现与研究》，文物出版社，1984 年。

［49］ 同［48］。

［50］ 同［48］。

［51］ 同［48］。

［52］ 同［48］。

［53］ 同［47］。

［54］ 刘长源：《汉中市北郊石马坡南宋墓清理记》，《考古与文物》1984 年 5 期。

［55］ 贵州省博物馆考古队：《贵州桐梓宋明墓发掘简报》，《考古》1988 年 12 期；贵州省博物馆：《贵州遵义专区的两座宋墓简介》，《文物参考资料》1955 年 9 期；《贵州桐梓宋墓的清理》，《考古通讯》1958 年 2 期；《宋代墓葬和窖藏的发掘》，载《新中国考古发现与研究》，文物出版社，1984 年。

［56］ 唐志工：《四川广元张家沟北宋砖室墓》，《考古》1995 年 7 期。

［57］ 大邑县文化馆：《大邑出土唐代墓葬》，《四川文物》1985 年 2 期。

［58］ 同［22］。

［59］ 四川省博物馆：《四川古代墓葬清理简况》，《考古》1959 年 8 期；罗开玉：《成都地区历代古墓概说》，《四川文物》1990 年 3 期。

［60］ 同［59］。

［61］ 陈世松主编：《四川简史》，四川省社会科学院出版社。

［62］ 同［61］。

（原载《四川文物》1999 年 3 期）

四川地区宋代金银器研究

谢　涛

宋代金银器多出土于窖藏中，国内现发表资料的有 30 多处，出土金银器近千件。四川地区的宋代金银器窖藏有近十处，出土金银器加上各地方博物馆收藏的，总数约 500 件，占全国发现的宋代金银器总数的一半以上。这些金银器器形多样、造型精美、工艺复杂，代表了宋代金银器制造的最高水平，是对四川地区宋代繁荣的金银制造业最好的反映。这些窖藏出土的金银器无论在器形上还是在纹饰上均极为相似，有些器形与其他地区出土的宋代金银器有一定的区别，表明四川地区宋代金银器制造已形成自己独特的风格。

一、四川地区宋代金银器的发现情况

1. 彭州宋代金银器窖藏[1]

1993 年 11 月发现于彭州市区西大街。窖藏为一砖砌长方形，出土金银器约 350 件，按器物大小叠放于窖内，大器皿放最下，小器皿叠放于大器皿内，一些相同器物叠成一叠，外包一层纱布。出土金器共 27 件，有杯、碗、盏以及首饰金钗、金簪等。出土银器共 316 件，器形均为容器，有碗、盘、杯、梅瓶、壶、瓶、盏、熏炉、执壶与温碗、茶托、瓜棱壶、盖、唾盂、座器、钵、盆等。器物上有铭记的共有近 250 多件，近 480 款。

2. 绵阳宋代银器窖藏[2]

1991 年 4 月发现于绵阳市的黄家巷的基建中。窖藏为一不规则的方形土坑内置一陶罐，陶罐上下各放置一方砖。器物放置于罐内，有钱币和银器。钱币均为"崇宁通宝"。出土银器共 35 件，器形有茶托、盘、杯（原报告称盏）、碗、瓶、执壶、温碗（原报告称盆）、盒、鼎、钵（原报告称盆）等。

3. 德阳宋代银器窖藏[3]

1959 年 3 月发现于德阳的孝泉镇清真寺内。窖藏为一四耳陶罐，罐上用砖封盖，罐四周和砖上均有大量的"崇宁通宝"。银器共 117 件，器形有梅瓶、执壶、温碗（原报告称尊）、茶托、杯、盏（原报告称杯）、壶、熏炉、盒、钵、匜等。器物上铭记较多。

4. 平武宋代银器窖藏[4]

1980 年 1 月发现于平武县县城龙安镇内。窖藏为一铜罐，出土的 8 件银器均置于内，器形有盘、盏、冠等。

5. 绵阳魏城宋代银器窖藏[5]

1971 年 1 月发现于绵阳魏城。窖藏为一只铁锅所盖，共出土银盘 5 件，其形制大小一样，均为六曲葵口盘。

6. 什邡宋代银器窖藏[6]

1985 年 5 月发现于什邡县莹华乡。与银器伴出有瓷器，均碎。出土同样形制的银碗 10 件，均为素面。

7. 崇庆宋代银器窖藏[7]

1981 年 5 月发现于崇庆城南街。出土银器外还有玉器和铜器。共出土银碗 4 件。

8. 南江宋代银器窖藏[8]

1978 年发现于南江县玉泉乡欧家河。出土同样形制的银盏 10 件，从其铭记内内容可知其为官方在嘉定年间分为三次定做或改做的酒器，每次数十只到百只不等。

9. 蓬安宋代银器窖藏[9]

1996 年发现于蓬安县南燕乡龙滩子村出土。出土银器 8 件，器形有盘、梅瓶、碗、盒等。

二、器类与形态特征分析

有碗、盘、杯、盏、瓶、壶、茶托、盆、钵、唾盂、熏炉、梅瓶等多种形制，每类相同的器形有多种不同的造型，如碗有斗笠碗、菊花形碗、牡丹花形碗等，盘有三足圆盘、多曲盘、平底圆盘等。既有传统的形制，也出现新的造型，如夹层杯、梅瓶、执壶与温碗等。

（一）梅瓶

均为银梅瓶，见于绵阳、彭州、蓬安等地，形制区别不大，翻唇，直颈，溜肩，斜直腹微弧，小平底。最大腹位于近腹中部略靠上。少部分有盖。纹样装饰上分为素面和有纹样两种大类，多素面（图一，1），纹样有凤鸟云纹和如意云头纹两类（图一，2、3）。

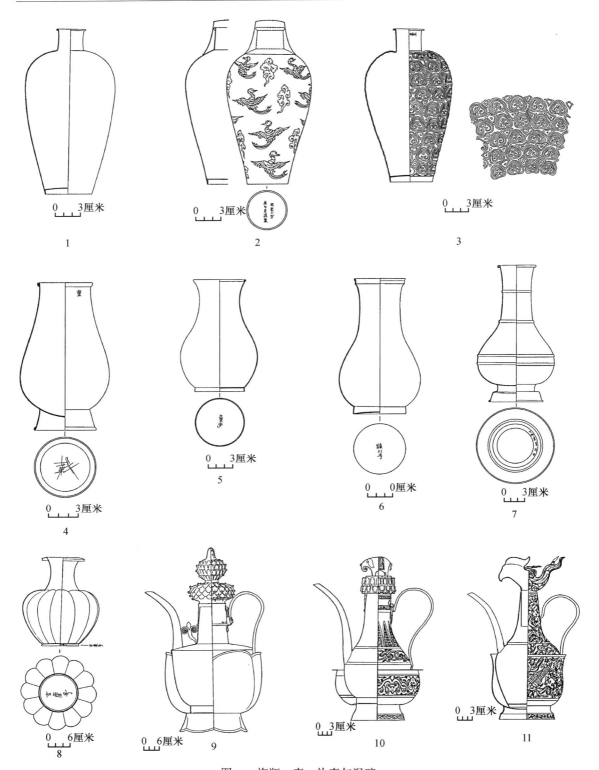

图一　梅瓶、壶、执壶与温碗

1. 彭州素面银梅瓶　2. 彭州凤鸟纹银梅瓶　3. 彭州如意云头纹银梅瓶　4. 彭州束口银壶　5. 彭州敞口银壶　6. 彭州直口银壶　7. 彭州弦纹银壶　8. 彭州瓜棱银壶　9. 彭州折肩银执壶与葵口银温碗　10. 彭州溜肩银执壶与圆口银温碗　11. 彭州凤鸟纹银执壶与凤鸟纹银温碗

（二）壶、执壶与温碗

壶有长颈壶、瓜棱壶和执壶等三大类，因温碗与执壶往往成套出土，故也放于此介绍。

1. 长颈壶

见于绵阳、彭州窖藏中。仅彭州就出土多达 46 件。与长颈瓶在器形上区别不大，均长颈、鼓腹、下收成小平底或加一圈足。长颈壶与长颈瓶的区别为壶的颈部较长，颈瓶的颈部粗短。根据其口部的变化分为束口、敞口和直口等几式（图一，4~6）。多为素面，纹样见于绵阳直口银壶在腹部饰变形兽面纹，彭州窖藏中出土有饰以简单的弦纹的长颈银壶（图一，7）。

2. 瓜棱壶

在彭州和德阳各出土 1 件，在形制上不尽相同，其腹部分均为多棱形。彭州的壶为翻唇，折沿，束颈，阔肩，球形大鼓腹，腹呈瓜棱状，下为圈足（图一，8）。德阳出土的壶更似一执壶，有流和柄，整体为一圆球形，其口部还有一叶形盖，但因其腹部亦为瓜棱形，与执壶均有配套的温碗这些区别，故将其归为瓜棱壶。

3. 执壶与温碗

这两种器物多配套同出。见于彭州、德阳、绵阳等地，是新出现的器形之一。通过其铭文内容可知这两类器物为配套器皿，其配套后多称为"注子"，器物自铭亦用这一名称。执壶的形制分为折肩执壶和溜肩执壶，一般与其相配套的温碗为六曲葵口温碗和圆口温碗。

折肩执壶　与其配套的为五或六曲葵口温碗，见于彭州和德阳，德阳的报告中误将温碗为"银尊"。盖纽多呈双层莲花形或双层圆球形，盖口为直筒，上有环与柄相套。器身直口，折平肩微斜，下腹略鼓，饼足。片形柄，流细长较弯，接与器身的折肩上，高于器口。这类壶均为素面。温碗，口呈五或六瓣葵口形，器口凹凸不平，直腹，呈六棱形，底平或呈圜形，喇叭形圈足，成葵形口，足唇也凹凸不平。多在器物的口部和足唇部饰有折枝花或雷纹等纹样（图一，9）。

溜肩执壶　与其配套的为圆口温碗。见于彭州和绵阳，绵阳的报告中将其温碗误认为"银盆"。这类执壶的器盖多制成仰莲，上立一大象，圆筒形盖口。壶身直口，直颈，溜肩，鼓腹，饼足。温碗，多仿成带耳的簋形，宽平折沿，弧腹，喇叭口形高圈足，足沿折成直口。执壶与温碗的纹样往往相同，均在其上饰以云雷纹、龙纹和蝉纹等相组合的仿古纹样（图一，10）。彭州凤鸟纹银执壶和凤鸟纹银温碗，执壶为凤头形盖，器身直口，束颈，肩处起一折棱，鼓腹，平底。片形柄，盖为内插式。器身通体满饰凤鸟、缠枝花纹，纹饰鎏金。温碗，方唇，口微侈，直腹，喇叭口形圈足，足沿折为直口。通身饰凤纹、缠枝花纹，与执壶纹样相同。这种凤头盖执壶的造型在宋代金银器中为首次发现，形制明显不是宋代的作风，与辽代金银器相近（图一，11）。

（三）瓶

长颈瓶　只见于彭州，但其数量多达 28 件。其形制为直口呈台阶状，颈略束，溜肩，鼓腹近于球形，圈足。均为素面（图二，1）。

（四）碗

分为斗笠碗、菊花形碗、牡丹形碗、弧腹碗等几类。

1. 斗笠碗

为宋代的典型器形之一，见于彭州、绵阳、德阳等地。其特点是侈口，斜直腹，小饼足内凹形成假圈足。多为素面（图二，2），个别用小圆形双鸟纹装饰。

2. 菊花形碗

造型仿菊花形，见于德阳、彭州、蓬安等地。器形圆唇微外侈，口呈多曲形，凹凸不平，弧腹，口部曲成菊花瓣形，喇叭口形高圈足，亦成凸瓣形，碗底内心以凸圆点纹饰成花蕊（图二，3）。

3. 牡丹花形碗

造型仿牡丹花形，有单独出土，也有与其造型相同的牡丹花形盘成套出土。在蓬安出土的为成套器，四川省博物馆藏有 2 件单独的金碗。其特点整器饰为牡丹花形，弧腹，圈足。腹部呈双层重瓣形，内底中心饰成圆形花蕊。

4. 弧腹碗

最为常见的一种器形，大小不等，但其造型和工艺相同。见于德阳、彭州、蓬安和什邡等地，其特点是，敞口，弧腹，圈足或饼足内凹形假圈足。整器显得较为矮胖。多为素面（图二，4），部分在底部饰纹样，多为在内底饰一小花朵或团花，也有部分在口部外壁和足部饰连续带状纹样，或缠枝花或云雷纹（图二，6）。

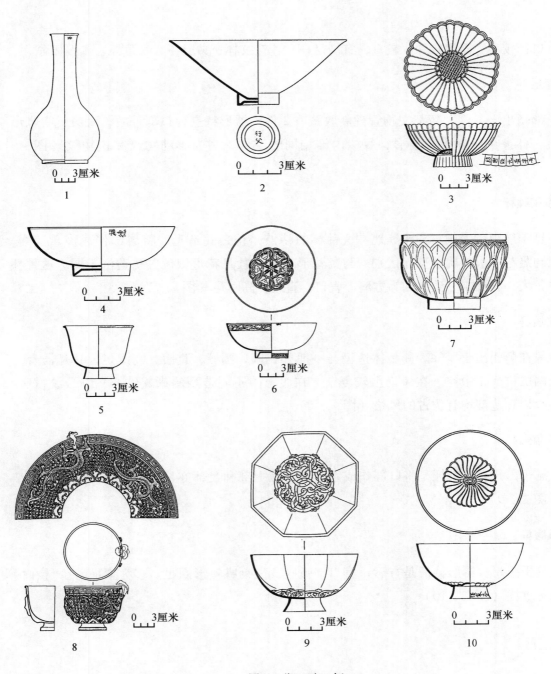

图二　瓶、碗、杯

1. 彭州长颈银瓶　2. 彭州斗笠银碗　3. 彭州菊花形银碗　4. 彭州素面弧腹银碗　5. 彭州高足金杯
6. 彭州石榴花结纹银碗　7. 彭州莲花纹银杯　8. 彭州蜥蜴纹夹层银杯　9. 彭州绶带纹八角银杯
10. 彭州荷叶龟纹银杯

（五）杯

口径较小，器腹较深、较直，有高足杯、莲花纹杯、夹层杯、八角杯、弧腹杯等。

1. 高足杯

彭州出土1件，新都文物管理新收藏有2件。器形特点为口部外敞，直腹，喇叭形高足，杯身往往分成多棱形，每棱内饰相同的纹样，多为小动物纹和植物纹（图二，5）。

2. 莲花纹杯

见于绵阳、崇庆、彭州等地。这种杯的特点是仿莲花造型，将腹部作成多重莲瓣，其口与足与一般的碗造型无区别，与菊花形金碗和牡丹花形银碗的仿造法不同。这种杯个体较大，其形制一致，均为方唇，直口，直腹，高圈足（图二，7）。

3. 夹层杯

只在彭州出土2件。其整体造型与一般杯相同，圆唇，直腹，高圈足，只是器身为内外两层构成，中空。在装饰上较复杂，在腹上附不同造型的蜥蜴纹样，以云纹衬底。这些纹样和造型均有仿古的风格（图二，8）。

4. 八角形杯

见于彭州。其特征是将口部作成八角形，腹上部和足部亦呈八棱形。内底点装花结纹（图二，9）。

5. 弧腹杯

见于彭州。器形特征是方唇，直口，弧腹，高喇叭口形圈足。多为素面，少量在内底饰有纹样（图二，10）。

（六）盏

盏与杯的区别不大，其腹较弧，介于杯与碗之间。盏的形制较多，有葵形盏、菱形盏、桃形盏、瓜形盏、圜底盏等。

1. 葵形盏

见于彭州。器形特征是六瓣葵形口，高低起伏不平，弧腹，喇叭口形高圈足。盏体与器口相对应分成六瓣，这类器物的分瓣线不只起分瓣的作用，目的是使其在造型上更与其仿制的原形接近，器口部亦起伏不平。往往在器底内饰一与造型相同的花蕊，有的花蕊还高凸，也是为使其更生动，接近原形。在装饰上除了整器象形外，还采用了植物花纹，以大量留白的技法进行装饰（图三，1）。

2. 菱形盏

见于彭州和德阳。器形特征是六瓣棱花形口，口部平齐，弧腹，喇叭形高圈足。器身分成六瓣菱花形，每瓣由凹线形成，中起凸棱。分瓣线条从口部直到腹底部。这种器形的分瓣线为直线，在宋代金银器的盏类中，这种分瓣线占多数。多为素面（图三，2）。

3. 桃形盏

见于彭州。在造型上采用弧线分瓣，形成双层莲瓣相叠压的造型，器口呈六瓣菱形，口部起伏不平，弧腹，喇叭口形高圈足，器身呈六瓣桃形，内外两层叠压。在装饰上往往只在内底饰一与外形相同的花纹（图三，4）。

4. 瓜形盏

见于彭州。在平武窖藏中有相似的造型。器形特征是直口，斜腹，圜底，整体仿生，呈长条五棱瓜形。圜底，不易放置，应不是实用器皿，为一种纯装饰性器皿（图三，5）。

5. 圜底盏

见于彭州和南江。器形特征是五或六瓣葵口形，口部平齐，腹分成五或六棱形，分棱线从口部向下渐无，下收成圜底，多为素面（图三，6）。

（七）盘

有曲口盘和圆口盘两大类。

1. 圆口盘

三足圆盘　仅见彭州的1件，三足仿生成树叶形，与唐代盘的足也多仿生为植物形有相似之处。但盘沿较唐代盘窄，为宋盘中常见的造型。纹饰也是宋代金银器最常用的蔓草纹。造型受唐三足盘影响，在宋代较少见（图三，7）。

平底圆盘　这类器形在其他报告中名称多样，较大的一般称为盘，器形较小的一般称为碟。见于彭州、绵阳、蓬安等地。器形特征是圆口，宽平折沿，弧腹或斜直腹，平底。多素面（图三，3）。在装饰上多在盘沿和底内饰纹饰，沿面上多饰缠枝纹，底内往往多饰不同的折枝花，也有少数饰动物纹样（图三，8）。蓬安出土的盘底部纹样高凸。

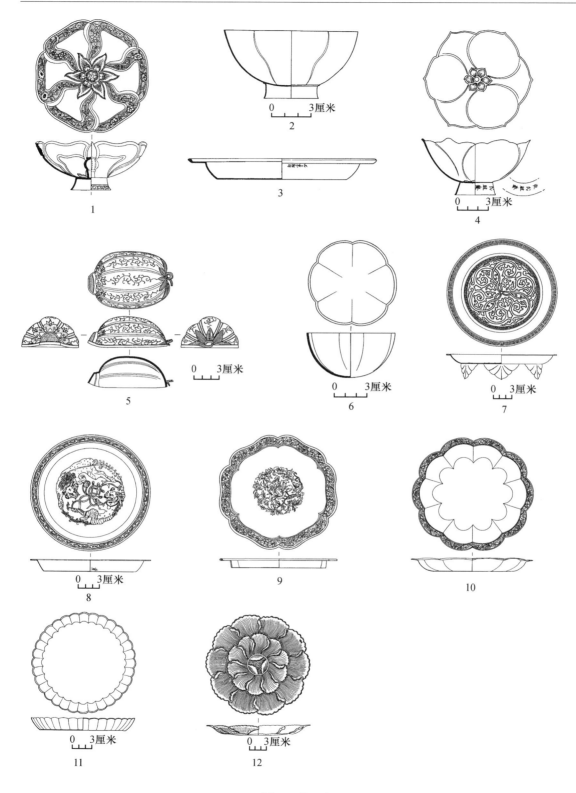

图三　盏、盘

1. 彭州葵形银盏　2. 彭州菱形银盏　3. 彭州素面银圆盘　4. 彭州桃形银盏　5. 彭州瓜形金盏　6. 彭州圜底金盂　7. 彭州三足
银圆盘　8. 彭州狮纹银圆盘　9. 彭州六曲葵口银盘　10. 彭州十曲口银盘　11. 彭州多曲口银盘　12. 彭州牡丹花形银盘

2. 曲口盘

分为像花形盘和多曲口形，多曲一般为双数，少见有五或七等单数曲口。

六曲口盘　见于彭州和绵阳魏城。其特点是口呈六曲形，平折沿，浅直腹，平底，腹按口部葵形分成六棱形。绵阳魏城的银盘其花瓣的圆弧为外弧，彭州盘为内弧。在装饰上折沿及底部一般均饰有纹饰，沿面上为各种花形成一周缠枝花，底部中心饰折枝花（图三，9）。

十曲盘　仅见于彭州。口呈十曲圆弧形，平折沿，弧腹，大平底。腹部分成十棱形，器底成十曲圆弧形，只在折沿面上饰缠枝花纹（图三，10）。

多曲盘　仅见于彭州。口呈三十二曲形，口部平齐，弧腹，大平底。腹部分成三十二棱形，底也成三十二曲形，素面（图三，11）。

牡丹花形盘　见于彭州和蓬安。整器饰为牡丹花形，呈双层花瓣重叠状，腹与底不分，盘底中心凸鼓，饰成圆形花蕊。往往与其造型相同的杯伴出（图三，12）。

（八）茶托

有葵形、圆形等规则的形状和树叶形、桃形等仿生形。

1. 葵形茶托

见于彭州。其造型上部如杯，口微敛，直腹微鼓。中部如盘，呈六瓣葵花形，用凸棱分瓣，下部为喇叭口形高圈足，器中空，无底。均为素面（图四，1）。

2. 菱形茶托

见于德阳。这类茶托与杯为成套器具。其造型与葵形茶托相近，只是其托盘呈六菱形，均为素面无装饰纹样。

3. 圆形茶托

见于彭州和德阳。在德阳的报告中误将器物反置。由上部承托、中盘、下部高圈足三部分组成，三部分分别成形，再由上部分内卷，将其锤揲为一体。上部呈圈足形托面，内凹。中盘呈圆形，喇叭口形高圈足。多为素面（图四，2），少数在中盘外圈和足外壁饰简单的连续纹样（图四，3）。

4. 树叶形茶托

只见于彭州。为四片树叶形，托面为椭圆饼形，内凹，托盘呈菱形，为四叶形，相互叠压（图四，4）。

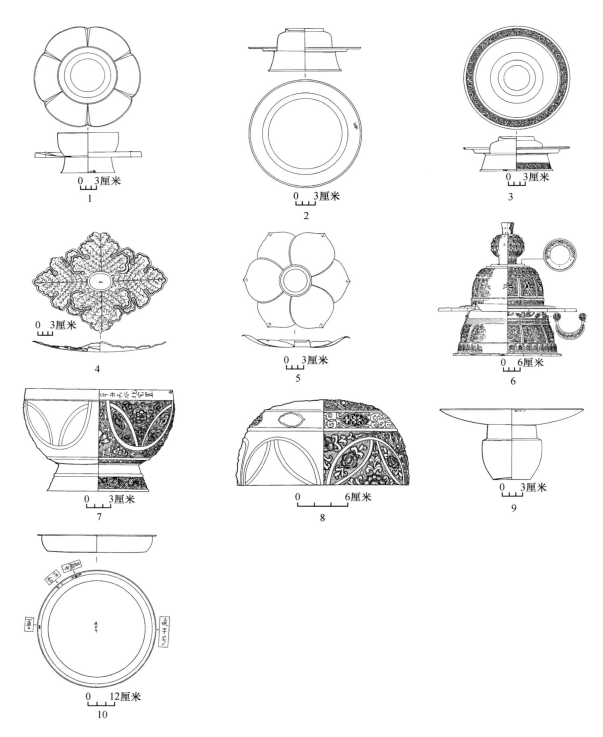

图四　茶托、熏炉、唾盂、盆

1. 彭州葵形银茶托　2. 彭州素面圆形银茶托　3. 彭州卷草纹圆形银茶托　4. 彭州树叶形银茶托　5. 彭州桃形银茶托
6. 彭州高圈足银熏炉　7. 彭州盒式银熏炉身　8. 彭州盒式银熏炉盖　9. 彭州唾盂　10. 彭州银盆

5. 桃形茶托

只见于彭州。仿生成双层桃花瓣形，每层三瓣，交错叠压，托面为圆饼形。与桃花形盏为成套器（图四，5）。

（九）熏炉

有高圈足炉和盒式炉两类，

1. 高圈足炉

只见于彭州。这种熏炉由三部分组成，即下部的筒形圈足，中部的盘形承盘，上部的带镂孔盖三部分，三部分可拆卸。在装饰均为满身通饰纹样，以莲花为主要纹样，盖的外形也饰为莲形（图四，6）。

2. 盒式熏炉

见于彭州和德阳。这种熏炉由上下两部分组成，呈盖豆形。盖为弧顶，溜肩，直腹，直口（图四，8）。器身为子母口，直口，弧腹，高喇叭形圈足（图四，7）。装饰均为满身通饰纹样，盖顶多饰双凤纹，身饰不同的以植物花卉为主的纹样。这类熏炉还有将其盖仿成汉代博山炉形的仿古器形。

（十）唾盂、盆、钵、匜

1. 唾盂

见于彭州。器形特征是敞口、束颈、鼓腹或扁圆腹造型。个体上区别不大，只在腹部略有不同。在装饰上均为素面（图四，9）。

2. 盆

见于彭州。器形特征是折沿，直口，弧腹，大平底。均为素面，直径50～60厘米，应是一种实用器物（图四，10）。

3. 钵

见于彭州和绵阳。口部微内敛，深腹略鼓，大平底。均为素面。

4. 鼎

只见于绵阳。与早期的青铜鼎在形制上区别不大，平折沿，束颈，鼓腹，圜底、下接三圆柱形足，颈腹部有双耳。在装饰上为云雷纹、蝉纹和变形龙纹组合的仿古纹样。

5. 匜

只见于德阳。深腹，有流，高提梁，素面。

（十一）盒

有圆形盒和花瓣形盒两大类，见于绵阳、德阳和蓬安。

1. 圆形盒

整器呈圆形，一般为平顶，直壁，平底。盖与身同大，以子母口相连。有的镂空，有的用极细的银丝焊接成。装饰上往往一般在盖顶上饰凤纹和缠枝花纹，器身饰简单的缠枝花等图样。

2. 花瓣形盒

器形特征是平顶，盒身呈多曲形。盖与器身以子母口相连，盖口和身口均呈多曲形。圈足也呈多曲形。装饰上与圆形盒相同，也多在盒顶饰凤纹。

三、器物的装饰特征

（一）纹样的种类

器物的纹样是其制作工艺水平的直接反映，是当时人们审美观和思想意识的反映。四川出土的金银器纹样包括动物纹、植物纹两大类，主要有龙纹、凤纹、龟纹、狮纹、折枝花纹、团花纹、雷纹、云纹、兽面纹、蝉纹等。根据其位置不同，分为主题纹样的附属纹样两种，两种纹样往往同时结合使用，以达到装饰的效果。

1. 主题纹样

所谓主题纹样，是指饰于器物的显著部位，十分醒目，为器物上装饰的主要纹饰。也有一些主题纹饰饰于器口、腹部，为器物的一种装饰风格。

动物纹　有龙、凤、乌龟、狮子、大象等纹样。龙纹，主要出现在彭州银执壶和彭州银温碗上。器物上的龙纹，基本上不是传统形象，亦不是平常宋代其他器物上多见的龙纹，而是仿汉代的龙纹，这种龙纹在汉代的玉器或石刻上多有出现。但并非完全的仿制，而是一种变形龙纹，将尾部变形为植物蔓草纹，这种将动物的尾部变形为植物蔓草纹还出现在彭州夹层银杯的蜥蜴纹的尾上。凤纹出现在彭州银熏炉盖、彭州银执壶、彭州银温碗、德阳银盒、蓬安银盒和彭州银梅瓶上。有双凤团绕飞翔、单飞凤、双凤相对奔跑等多种造型。乌龟只出现于彭州银杯上。狮子纹也只出现于彭州银盘上，作双狮戏球造型。大象的形象出现于彭州银执壶上。这些动物纹样均为较常见的瑞兽，寄予着当时人们的思想意识。如象与佛教的西方极乐世界的"净土"观念有联系，龟象征长寿等。

植物纹　植物纹样可分为折枝花、团花、花结、绶带纹以及卷草纹等。花卉有荷花、葵花、菊花、石榴花、牡丹花等多种。往往在一件器物上用多种不同的花卉来装饰。莲花纹，为使用最多的花纹，在彭州银熏炉、彭州银杯、彭州银执壶等器物上均以莲纹为其主题纹饰，不仅在平面上用莲纹作纹饰，而且还将其作成立雕、半浮雕等各种造型。缠枝纹亦是这批金银器中最常见的纹样，一般都以弯曲的主干配以茎、蔓、叶、花、实等，茎、蔓、叶、花、实等不一定同时具备，而往往干、叶相同，饰以不同种类的花。在盘、执壶、温碗等器物上均饰这种纹样。卷草纹与缠枝花相似，在弯曲的主干上饰有茎、叶、蔓，往往只有主干。这种纹样深受宋人喜爱，甚至将龙、蜥蜴等动物的尾部亦饰成这种卷草纹样。在熏炉上多见。折枝花形如一枝折下的花或植物，形态都比较写实，往往不确定其究竟属于那一种花。在一件器物上多饰以不同种类的折枝花，其花形不同，而其花四周的叶往往相同。在平底器如盘的底部和大型器物的腹部如熏炉腹部常用这一纹样。绶带纹，形如带状，系结在一起，其结上饰成石榴形，只在器底上出现。

2. 附属纹

作为主题纹样的附属纹样，饰于器物的口部、足部和拐角处等不显眼处，多呈环带状。有卷草纹、索纹、云纹、雷纹、兽面纹、蝉纹等。蝉纹，见于彭州银执壶上，为仿商周青铜器的纹饰。与商周青铜器上的蝉纹不同的是其在内加饰一些别的纹饰，如雷纹、云纹、兽面纹等。兽面纹，出现在彭州银温碗、彭州银熏炉座的铺首上，与彭州银执壶上的兽面纹基本相同。在铺首上的兽面纹呈高凸的圆形，为半浮雕式，是单独成形。云纹与雷纹，一般将两种纹饰合称为云雷纹。云纹呈圆圈形，雷纹呈方形，多出现于器口、足部、颈部外，在彭州夹层银杯上则作为器物的衬地纹样，满饰于杯壁上。卷草纹，形如主题纹样，在器物上饰于不显眼处，作为附属纹样。见于彭州银熏炉颈部。索纹，形似绳索，饰于器物上作为器物的边饰，也起分区的作用。

（二）装饰构图

四川的宋代金银器在构图上主要有点装、满地装、仿生形三种形式。

1. 点装

点装　以单纯的纹样在器物局部进行装饰，分为单点式构图和散点式构图两种。单点式是以一个纹样装饰器物的一点，纹样成一规范圆形，多饰于器底。这种手法多用于杯、盏、碗等器物底部，往往是在器底饰一小花，或是饰为一花结。如银杯底的龟伏荷叶纹。

散点式　指动物或植物纹样等距离反复出现于器物的装饰部位上，纹样间有较大的空白。这种装饰常用于器物的肩部和腹部，如在彭州银梅瓶上采用这种装饰手法，将鸟与云纹等距的饰在器身上，鸟和云纹基本就一种造型。银温碗的口部亦为这种成组的折枝花纹在器口饰一周，每组相同。

连续纹样构图　以二方连续的纹样作为主题纹样饰于器身，由缠枝卷叶的蔓草纹和动物纹组成，与居于附属地位的小花边不同，为器物主要部位的主体纹饰。这种纹样虽与附属纹样相似，但饰于器物的主要部位，此外无其他纹饰。如彭州银茶托的中部承盘面上所饰的一周卷草纹和盘沿上的一周卷草纹，均是用这种方式来装饰器物。

2. 满地装

满地装则是对器物通体进行装饰，使器物显得富丽堂皇。有适合纹样构图、单独纹样构图、连续纹样构图等。

适合纹样构图　根据装饰物的器形或装饰部位的基本形状而创造的适合构图。在金银器上，它指的主要是整个器物划分为许多装饰区间，并以该区间吻合的适合构图以填补，取得通体装饰效果的构图。这种手法在彭州银熏炉的装饰上有明显的特征，在器身上均将器身划分为多个区间，在每个区间内再饰以不同的纹样，而在每个区间相连的空隙处，则用同样的纹样装饰。

单独纹样构图　如彭州凤鸟纹银执壶，以凤为器物的主体纹样，使凤纹在器身上占据较大面积，在留下的空隙处，以各种不同的花卉纹样来装饰，使器身不留下空白处，达到满装的效果。

连续纹样构图　以二方连续的纹样作为主题纹样饰满器身，这种装饰手法见于彭州银梅瓶上的如意云头纹，在器身上用同样的如意云头纹满饰于器身。

一件满地装的器物，往往采用多种手法相结合，以达到满地装的效果。如彭州银熏炉，在器物腹部位划分区间，再用适合纹样的各种花卉来装饰各个区间，在器盖顶部采用单独纹样的双凤穿花图来装饰，再在这两种纹样装饰后留下的空隙处和其他如足部、肩部、下腹部等处用各种不同的纹样来填充，这些纹样有莲瓣纹、鸟云纹、索纹、卷草纹等，均为器物的附属纹样。

3. 仿生形

一般是将器物的形体制成花卉形，与满地装有同样的效果。如彭州菊花金碗将器底饰作花蕊，器壁饰作花瓣，将纹饰和器形有机地结合起来，使器物整体像一朵菊花。特别是彭州瓜形金盏，器体仿成多棱的长条瓜形，在器壁上还采用多种手法将瓜蒂、瓜脐装饰得栩栩如生，与器形有机的结合成一体。仿生形还多与点装结合，如彭州桃花形银盏，将器形仿成花卉形，在器内底中心采用单点式构图另饰一同样的花形，内壁饰花叶，使器底、器壁与器形取得和谐统一的效果。

四、年代与分期

四川地区出土的宋代金银器的标准器物和标准器物群主要是器物上铭文有明确纪年或是从铭记内容可考其年代的，共有两批，为彭州窖藏和南江窖藏。其中以彭州出土的器物最多最全面，其他窖藏出土的器形在彭州窖藏中基本都可见，因此彭州窖藏的年代和器物制作的年代尤为重要，是其他窖藏出土器物年代的一个标尺。

（一）窖藏的年代

窖藏的年代往往不是器物的制造年代，只能为其年代的下限。考古学中"窖藏"，有时为当时人们有意识的储藏，具有仓库的性质。有时指因突发事件埋藏的遗迹，后因种种缘故，被人们所遗忘，亦被称之为"窖藏"。前者在金银器窖藏中多为寺院塔基地宫，后者在金银器窖藏中则较为多见，四川地区现发现的窖藏其性质亦属于后者。各窖藏无论器物的多少，或装于罐中，或装于木盒中，或直接置于土坑中，均显得埋藏时仓促。金银器由于其质地金和银本就可作为货币的珍贵性，亦可回收再用的特殊性，故多不会长久的流传一种形制，往往随风气的改变而改变其型制和纹样。金银器的加工工艺为唐宋时期手工业的最高水平，由于其加工的不易和昂贵，在短时期内亦不会轻易地将其熔后重新再加工。虽然金银其本身就具有很高的价值，但用其加工成形的器物所具备的价值更远远大于其质地本身的价值，因此器物在下藏时尽可能地避免损坏其造型，因此在下藏时尽管仓促，还是多用器皿将其包裹后再入藏。由于入藏时的仓促，一般用瓮、罐、木盒等现成且较坚固的器皿为入藏时的放置器皿。其共同点是器物均集中放置，将如此贵重的金银器都不得不埋藏于地下，可见下藏时情况的仓促而不可能分散埋藏，更是因物主在埋藏这些金银器时不是想将其永远埋藏在地下，而是为要以后回来后取出重新使用，分散或多处放置会给以后在重新取出时带来不必要的麻烦。同时其埋藏地点对于物主而言应在地面有明显的特征。

彭州窖藏在埋藏时同样具备一般金银器窖藏的特点，同时，它也有一些不同于其他窖藏的特点。这批器物埋藏在一规整的砖室内，器物的放置整齐有序，一些器物在下藏前还进行进一步包裹处理，明显的显得较为从容。砖室建成很规整的长方形，四周及底部用砖起墙，顶部采用厚石板封顶，进一步保证其坚固性。砖窖的大小尺寸正好能容下所有的器物，既不留下大的空隙，也不会因为窖室小而需将器物挤压。表明在修建窖藏时对所需入藏的器物有充分的了解，按所需空间大小修建一适当的窖穴。器物在入藏时按先大后小的顺序依次放入，一些相同的器物重叠在一起后再在外包裹一层纱布，这些现象均表现出器物在入藏时与一般窖藏的仓促性不同的从容性。彭州菊花形金碗上有"绍熙"纪年，窖藏年代的上限不会早于"绍熙"（1190 年）年间。能拥有如此多的金银器，即使是在金银器泛滥、社会流行奢侈之风的宋代也不多见，其家族的庞大和富有由此可见一斑，家族的社会地位相应亦很高。一个富有而拥有较高社会地位的家族，一般的事件是不会对其有多大的影响。如此庞大而富有的家族都不得不将这些珍贵的器物入藏，表明所发生事件的巨大性。将如此多的器物埋藏于地下且需建坚固的砖窖，在短时间内不是个人所能轻易办得到的，需要多人的合作，而众多人都知道的一处金银器窖藏未被后来取出，表明知道这处窖藏的众人因各种原因未能再回到窖藏所在地，亦未能将这一信息传给其后人。这些均表明这次事件不但巨大而且在时间上有较长的延续性。四川地区在南宋"绍熙"年后，发生的"宋蒙战争"应是这次事件的最大可能性。

南江窖藏出土的器物上有准确的纪年南宋"嘉庆"年，故其下窖年代也应是南宋时期。其他较重要的窖藏如绵阳、德阳的窖藏，由于无准确纪年材料，从其出土的器形和器物组合等分析其下窖时间也应为南宋时期。

南宋端平三年（1236 年），蒙古西路军进军四川，并攻占了成都。虽后即退，但此后四川连年战乱，成都更是几易其手。当时的四川"无复统律，遗民咸不聊生。监司，戎帅各专其号，擅辟守军，荡无纪纲，蜀日益坏"[10]。其下窖时间可能就在南宋端平年间。

（二）器物的制作年代与分期（图五）

器物的制作年代可分为北宋和南宋两期。

1. 北宋时期

目前四川地区乃至全国发现的宋代金银器窖藏均无明确有北宋时期的，只在少量墓葬和塔基地宫中出土有北宋时期的金银器。由于无准确的北宋时期的窖藏，只能从其器物的形制和装饰上加以区别。彭州凤鸟纹银执壶与彭州凤鸟纹银温碗一套，其特征与南宋器物明显不同，显出强烈的非宋文化的因素。纹饰和造型如此精美的"金花银器"，不应是民作的产品，可能与北宋"后苑造所"生产的进供辽朝的器物应有一定联系。塔式三件套银熏炉，其造型与北宋塔地宫内出土的熏炉[11]基本完全一样，其纹饰与装饰构图与内蒙古自治区巴林右旗窖藏出土的执壶与温碗[12]上的纹饰与装饰构图基本相同，而

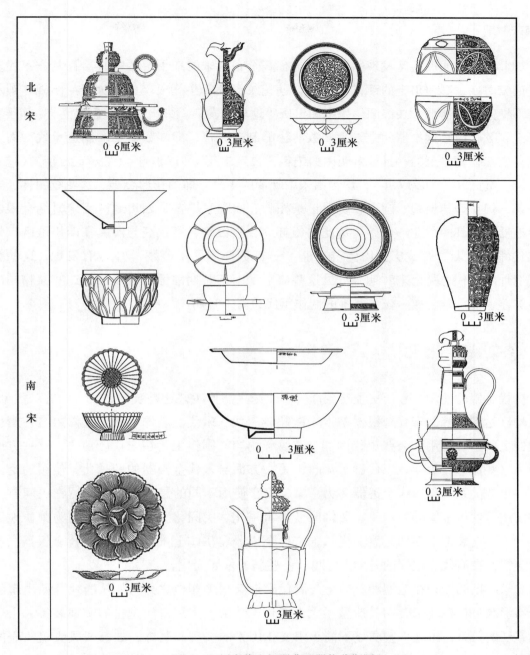

图五　四川宋代金银器典型器物分期图

这些执壶与温碗也显示出强烈的宋文化因素，如其八角形器身、竹节形流等，也应与北宋"后苑造作所"生产的供辽用器应有一定联系。即这些器物的制作年代应为北宋中晚期。德阳和绵阳窖藏中几件银盒与唐代晚期的银盒区别不大，盒这一器形在南宋时期的墓葬和窖藏中较为少见，应为北宋时期的产物。新都的两件高足金杯与唐代晚期的杯相似，其时代应是北宋早期，彭州出土的三足银盘与唐代三足盘有较多的相近之处，其制造年代应是北宋时期。这些器物较为特殊，只能将其与典型的南宋时期的器物区分开来，不能代表四川地区北宋时期金银器全貌。

2. 南宋时期

如前所述，四川地区发现的宋代金银窖藏全是南宋时期下窖的，其器物制作年代多应是南宋时期，彭州出土的菊花形金碗、莲花纹银杯、斗笠银碗、银执壶与温碗、圆形和葵形银茶托等器形，在绵阳、德阳和崇庆等地均有发现。彭州菊花形金碗上有"绍熙"明确纪年款，应是这批器物中绝大多数器物的制造时代，即多数器物的制造年代为南宋中期。南江窖藏出土的一批银盏明确的纪年"嘉定二年"（1209 年）、"嘉定三年"（1210年）、"嘉定丁丑"（1217 年），均为南宋中晚期的年号。即菊花形金碗、莲花纹银杯、斗笠银碗、银执壶与温碗、圆形和葵形银茶托、五曲圜底银盏是四川地区南宋时期金银器的标准器形。其中菊花形金碗、莲花纹银杯、斗笠银碗、银执壶与温碗在四川地区以外的福建邵武窖藏[13]、重庆涂山瓷窑遗址[14]、江苏溧阳平桥窖藏[15]中也有发现，这些窖藏或遗址的年代也是南宋时期，可见这些器形是南宋时期的标准器形。与这些器物同出的各类盏、盘、碗、瓶、壶、盆等的制作年代为南宋时期。

（三）各期特征与变化

唐代金银的使用，在历史上达到高峰，无论是制作工艺还是装饰手法、内容、数量、质量均已达到顶峰。宋代金银器基本未能超越唐代，宋代的装饰手法、纹样内容在唐代金银器上就多有使用。一些唐代的器型、纹样内容、制作工艺在宋代已消失，这一方面是因为这些器形、纹样在宋代已不流行，另一方面与宋代金银器的商品化、使用的泛滥化有一定的关系。与唐代金银器多为皇家、高官使用不同的是在宋代金银器在民间有大量的使用，使得金银器在加工、装饰时变得世俗化、民间化。或者就仅仅因为其质地而使用，不再在装饰上多加注意。当然，宋代金银器在整体上虽未能超越唐代金银器，但宋代金银器在唐代金银器的基础上，也有一些新的发展变化。

北宋时期的器物在造型和装饰上与唐代晚期有很多相似之处，如从唐代开始出现的外来器形高足杯在北宋时期其造型无太大变化，装饰上多用富丽堂皇的满地装等。由于与北方辽的关系，出现一些明显不同于宋文化因素的造型和装饰，如彭州凤头盖执壶的型制明显不是宋代的作风，北宋时多向辽、金两国进贡或商业交易，这种器形应为宋朝专门加工的特殊用器，在器形上虽为特殊加工，但在纹饰上为典型的宋代金银器上多见的纹样，在装饰上则与唐代金银器的装饰手法相近。

南宋时期的器物在造型和装饰上与北宋时期有明显的区别和不同。由于南宋时期社会高度商业化，体现在造型上简单化，数量上批量化，形体明显单薄，是这时金银器的最大特征。地纹装饰上小碎点纹已大量使用，这种小碎点纹在唐代晚期就已出现，但用于金银器装饰上极少。到南宋时，它代替了唐代典型的"鱼子纹"衬地，在需用地纹的地方均用这种小碎点纹来衬地。其作用和效果与唐代鱼子纹一样。其次是立雕和半浮雕工艺的运用，纹饰除平面装饰外，大量出现立雕和半浮雕的装饰手法。还有夹层技法的使用，这种技法制成的器物不但有隔热的功用，而使其在形制上显得更厚重，也是为更形象的表现仿古器形，仿古器仿的器形均为商周时期的青铜器。这种器形的出现与宋代"复古"思想有密切的联系。除器形仿古外，还出现仿古纹饰，如蝉纹、云纹、雷纹等，多饰于仿古器上，亦饰于一般器物上。正是这些变化，形成了宋代金银器独特的特征。

注　释

[1]　成都市文物考古研究所、彭州市博物馆：《四川彭州宋代金银器窖藏》，科学出版社，2003 年。

[2]　绵阳市博物馆：《绵阳市出土宋代窖藏银器、钱币》，《四川考古报告集》，文物出版社，1998 年。

[3]　沈仲常：《四川德阳出土的宋代金银器简介》，《文物》1961 年 11 期。

[4]　平武县文物管理所冯安贵：《四川平武发现两处宋代窖藏》，《文物》1991 年 4 期。

[5]　陈显双：《绵阳魏城公社出土的宋代窖藏银盘》，《文物》1974 年 4 期。

[6]　郑绪滔：《四川什邡出土宋代银碗》，《四川文物》，1986 年 2 期。

[7]　陈显双：《四川崇庆县出土宋代银碗》，《考古与文物》1983 年 1 期。

[8]　资料暂未发表，实物现藏于南江县文物管理所。

[9]　资料暂未发表，实物现藏于蓬安县文物管理所。

[10]　《宋史·余介传》卷 416。

[11]　林士民：《浙江宁波天封塔地宫发掘报告》，《文物》1996 年 6 期。

[12]　巴又文、成顺：《内蒙昭乌达盟巴林右旗发现辽代银器窖藏》，《文物》1980 年 5 期。

[13]　王振镛、何圣庠：《邵武故城发现一批宋代银器》，《福建文博》1982 年 1 期。

[14]　重庆市博物馆：《重庆市涂山宋代瓷窑试掘报告》，《考古》1986 年 10 期。

[15]　肖梦龙、汪青青：《江苏溧阳平桥出土宋代银器窖藏》，《文物》1986 年 5 期。

成都考古发现北宋诗人宋京家族墓

荣远大　刘雨茂

1998 年 4 月以来，成都文物考古研究所在成都东北郊龙潭乡先后发现两宋时期宋构、宋京父子及宋懋等宋氏家族墓葬。其中，宋构夫妇墓室已被损毁，仅清理出土两方墓志铭。宋构墓志铭为青石质，长 141、宽 146、厚 7.5 厘米，略呈正方形。志石两侧各有一个直耳，耳长 25 厘米，内孔径 6 厘米，可能是下葬时用于系绳或是在墓室中起固定作用。志文共 43 行，满行 50 字，全文 2000 余字，字体楷书。志文首题"有宋朝奉大夫、都大管勾成都府、利州、陕西等路茶事，兼提举买马司，兼权陕西路转运使宋公墓铭并序"。状元及第、承议郎、监察御史马涓作序以志其生平事迹：宝文阁待制、永兴军路安抚使、马步军都总管、兼知永兴军府事、陇西郡开国伯、上柱国李琮作墓铭。宋构夫人李氏墓志亦为青石质，长 143、宽 147、厚 8.5 厘米。亦略呈正方形。在其左侧亦有一耳，但已残断仅存断痕。志文由宋构侄子绵竹令宋良孺撰，全文 38 行，满行 41 字，共 1500 余字，字体楷书。这两方墓志铭是四川地区所发现的体量最大、石质最好、保存最完整的墓志。由于宋构经历了北宋仁宗、英宗、神宗、哲宗四朝，且身为朝廷五品官员，金部员外郎以及都大管句成都府、利州、陕西等路的茶事，兼提举买马司的勾当公事，并兼权陕西路转运使。因此，宋构墓志内容主要涉及了北宋神宗熙宁变法以来，到宋哲宗绍圣四年之间诸多历史事件和历史人物，内容丰富，具有相当重要的历史文物价值。

同年 7 月，又在清理出土宋构夫妇墓志铭的地点，发现了宋构次子即北宋诗人宋京与其夫人蒲氏的异穴异葬的夫妻合葬墓。其中，宋京墓葬的形制结构十分特殊，墓室分为上、下两部分。分别出土有宋京夫妇墓志铭两方，其中也涉及一些重要历史人物。宋京不仅是北宋后期著名的政治人物，也是当时有名的诗人，他在诗歌艺术领域颇有成就，并在陇、蜀两地为我们留下了许多诗篇。有关宋京的文献记载，《宋诗纪事》卷 37 载："京，成都人，崇宁进士。"《全宋文》、《全宋诗》亦有关于宋京的内容，《全宋诗》卷 1394 载："宋京，字宏父，自号迁翁，双流人，徽宗崇宁五年进士，曾任户部员外郎，后以太府少卿出知邠州"，并录诗 19 首。宋京的诗句曾被人们广为传诵，但对于其人则知之甚少，且《全宋诗》所收宋京的诗句也有遗漏。此次考古发现为我们全面了解、研究宋京这位历史文化名人提供了丰富的实物史料。

一、宋构、宋京父子生平事迹

兹将宋构夫妇（图一、图二）及宋京夫妇（图三、图四）墓志铭录文如下。

有宋朝奉大夫、都大管句成都府、利州、陕西等路茶事、兼提举买马司、兼权陕西路转运使宋公墓铭并序。宋氏，君之姓也。在周成王时，帝乙之子启，封于宋，因以国为氏。在秦末，武信君起兵，立楚王后，义为上将军。其后，有居广平者，遂/以广平为望。在魏时，弁为吏部尚书。七世孙璟，在唐为开元名相，皆君之谱系也。给事中旦，从僖宗狩蜀，遂家眉州。有五子，衣冠/甚盛，时人号五房宋家。其后有徙居成都二江者，即君主七世祖也。皇朝初，潜德不仕，称为隐君子，讳贻庆者，君之曾/大父也。幼孤，事母，乡党称其孝，重义好施，赠朝散大夫，讳文礼者，君之大父也。庆历五年，同右贤登进士弟，德性冲静，乐林泉，/资养甚厚，所在官皆有称，年方六十任朝奉大夫，浩然致其政以归，赠朝议大夫，讳右仁者，君之考也。以恩累封蓬莱县太君/孙氏者，君之妣也。构，君之名也；承之，君之字也。治平三年登进士弟，调利州司法参军。初，临案审罪，吏伏其能。太守喜儒，请/兼学校讲习，开谕益昌，士人方诜诜知学之为可爱。迁渝州军事判官，上皇帝《便国利民可行策》十二。适新役事，以嘉州军/事推官为夔州路常平管句官。推行有序，川峡多仿以为法，就改著作佐郎。天章阁待制熊公本察访梓夔路，经画蛮事，辟为随/军，计置粮草，实欲咨谋也。贼平，以功迁秘书丞。成都路经汶川伤残之后，蕃獠负险，气未能戢。转运使李公之纯荐君守威州，/君至，威惠相济。土人尚讹，言叛獠将至，君令开鹍门不关，獠终无敢动者，民赖以安。使者为奏，乞留再任，迁太常博士，加骑都尉。/朝廷新官制，换承议郎，加上骑都尉。以招降蕃部功，迁朝奉郎、成都府、利州、陕西等路茶事司，辟为句当公事。朝旨榷茶，豪商/沮法，议论汹汹。君疲心推行，民不为扰，而收息数百万，出于蕃商易马之利，提举官陆公师闵荐公为第一。神宗召对，奖/劳甚渥，除梓州路转运判官。舍人进谐，上特加，云：朕于此取材，十常得其七、八。还乡，士论荣之。时琮在东川为转运使，因以/年家敦契，尤相敬爱，故事事协济，一路便之。知泸州王光祖贪虐恣横，朝廷下转运司按实，乃同议尽发其恶，并奏劾其子五/人罪状。用哲宗即位，大赦，因得幸免，而父子六人皆充替，泸人乃安。以覃恩迁朝散郎，赐五品服赴阙。转朝请郎，加轻/车都尉。元祐元年，以亲乞便郡，除知洋州，再陈迎侍未便，改知彭州。喜而为诗云："朱轮五马人虽有，鹤发双亲世亦稀"，士多传以为/美事。归次剑门，闻朝议。讣，犇哀草土。服除，召还台，除知和州。朝廷以山东多盗，方有军贼王冲群党未殄，改知密州。既至，明/赏罚，募壮士，授以方略，不几月，捕获甚重，余皆遁散，就海上擒之，于是千里安静。安抚使曾公布、转运使王公同老交荐治状，除利/州路转运判官。行次青州，召为尚书金部员外郎。金部剧曹，凡是钱谷功赏，先由金部考实，故吏得以用情，隐格不举，有至数年未/定者。语群吏曰：朝廷设赏罚，所以考正天下官吏能否，岂虚为文具哉！且罚皁而不赏功，何以为惩劝邪？促吏关送吏部，由是/不越月，得推恩被赏者数十人。转朝奉大夫，加上轻车都尉。丁蓬莱县太君忧，服除，赴阙，权知陈州。未行，复除金部员外郎。/天下茶、盐、钱，人户有欠至数十年，监锢财尽家破，而督责未已者。奏言：自某年以前所负，终无可偿，徒伤朝廷恩德，乞一切蠲/除，得旨，从所请。由是穷民因而得活者，十有八、九。绍圣初，修复在京水磨茶场。前翰林学士丞旨蔡公京为户部尚书，荐/君以金部提举，人多便之。次年，朝廷委君同陆公师闵出陕西，议钱钞事，寻就，除都大管句成都府、利州、陕西等路茶事，兼/提举买马司。因论列钞重钱轻，铜钱铁钱利害不一，朝廷方开边讲武，众谋广筑，就差兼权秦凤路，经略安抚使、马步军都总/管、知秦州。因上言青唐阿里骨，世与西夏干顺为仇，今闻通好结婚，必有异谋，乞谨熙河边备。其后国乱，竟以有备请降，人多称其/有先见。朝旨欲岁额外，更买马一万疋，期督甚峻。而鬼章之子梗路不通，君自往熙河经画以术，边人相率入他蕃市马，即/时敷办，复权帅秦凤。久之，兼权陕西路转运使、提举解盐铸钱司公事。是时，五路出兵，使者分董漕事，羽檄旁午，日夜应接，案无留/牒，一年之间，身兼数职。四年闰二月二十有三日，终于秦州提举司。士民野叟闻其亡，皆哀嗟相吊，享年五十有八。君平生始终/所历之官任也，尤好学，以词赋收科弟，如取寄物。喜为歌诗，有《二江集》三十卷。天资忠义，才识过人，好立大节，不为龊龊细行。与人/游，重然诺，始终如一。见人之善，虽纤芥必称，喜动辞气：见人不善，必切齿白眼，面数无隐。故推挽后进，人多爱其勤。斥擿佞恶，人多/畏其直。立朝巍巍，不妄议论；居家雍雍，有如官府：周人之急，无所爱惜。初仕时，南平老胥兴讼，逮系甚众，君临其狱，止皋渠/首，余悉不问，人皆誉其明。为使时，行凤州河池间，道逢赵氏，诉其夫为供奉官、兴州巡检，与爱妾赴官，弃妻挈道傍，贫无所归。遂为/奏，劾其夫。悯其困苦，又同邑官赒以衣食，人皆爱其义。君平生所尚之志行也。阃门助君为善，有贤行，以封为荣德县君李氏/者，君之夫人也。一曰亮，先君二年卒：一曰京，新拟彭州司法参军；一曰齐，习进士业，君之三子也。一适进士冯元衡；一适雅/州军事推官费元度：一适承议郎监成都府粮料院詹权；一适宣义郎前□书扬州节度判官厅公事章佃；一早亡，君之五女也。/一曰衍：一曰衡，尚幼，君之二孙也。卜吉于建中靖国元年十一月一十五日，安宅于成都府华阳县星桥乡大公山之原，君之/兆也。状君平生行实者，君之门人，状元及弟、承议郎、监察御史马涓也；为序而作铭者，君之考同年，宝文阁待制、永兴/军路安抚使、马步军都总管，兼知永兴军府事、陇西郡开国伯、上柱国李琮也。铭曰：/天与其材而可以大，所处者卑。天与其时而可以任，所得者微。智汪不流，义子自持。/己所尚者，志不可见。人所誉者，善其已为。正行而柜，寿止于斯。呜呼！命也，奈何承之。/表侄刘钦填讳乡、侄张察篆盖、仲子京泣血书、石师蒲奇。

大宋荣德县君李氏墓志铭并序

荣德县君李氏，讳纯慧，字端敏。进士、举孝廉，讳申之女。归宋氏，为朝奉大夫致仕、赠朝议大夫，讳右/仁之家妇。朝奉大夫、尚书金部员外郎、奉使川陕诸路、都大管勾茶马事、兼权陕西路转运使，讳构之夫/人。元符三年六月五日，以疾终于成都府七星坊私第，享年六十。金部公先三年卒，未葬，卜以建中靖国/元年十一月二十五日，合窆于华阳县星桥乡天公山之原。知永兴军、宝文阁待制李公琮，考次金部/公谱系、出处、行治、官任、寿年，以为之铭。至是，其子京复以书告其堂兄奉议郎良孺曰：将以某月、日葬，而/夫人之铭有阙，敢以为请。良孺于时为绵竹令，奉书以报曰：良孺无似凤荷金部公与夫人之爱甚厚。/今弟以诚请，敢不诺而为铭。李氏本出陇西，后徙华阳，世为着姓。孝廉君博学，充广文生，丧父事母，皆以/孝闻。皇祐二年，季秋大飨，诏诸道举孝廉，石室诸生三百余人，状君之行，诣府上之前，后帅守/文公彦博、杨公察皆以君应诏，赐束帛。娶冯氏女，有贤德，是生夫人。夫人幼而聪悟，有智识。/既笄，习家法，不烦姆训，容德咸备。孝廉君爱之，誓为选佳婿，年二十四始归金部公。是年秋，成都荐士/二十人，金部公为第一，声动场屋，遂登明年乙科。凤夜之助，盖有赖云。孝廉君既老，无子，属以后事，手/植万松于先茔之侧，昇守之，曰："奉承烝尝，吾将赖汝"。孝廉君殁，夫人为办葬事，克尽哀戚。每上冢顾瞻，/踟蹰不忍去，乡邻闻之，相戒以勿犯，至今佳城郁然。世之言子道者，称夫人之孝。姑蓬莱县太君孙氏，/庄重严毅，治家有法度，夫人事之甚谨。初，朝议公游宦，不喜近乡，周旋秦晋之郊。而金部公自初仕，/累至郡守，尝在蜀间，与夫人往省，留不得久，以为恨。泊居，朝议公丧，蓬莱君在堂。子妇六人，而夫/人为之长，年且五十，进见侍侧，犹晨夕不懈，以为诸妇先，诸妇亦翕然从之。由是闺门之内，雍雍穆穆，下至/仆御无敢不虔。蓬莱君喜曰：吾今日寝加安，食加甘矣。世之言妇道者，称夫人之顺。金部公逮事/三朝，出入中外，所至以才称，为时闻人，而行义无一毫玷缺者，盖夫人辅导之力为多。尝语金部公曰：/"士以寒苦自奋，其后鲜不以利欲丧其节。公年少时，志气飘飘，讵肯出人下，先人以我从公者，正欲/助公为善尔。今公资适逢世，宜亶勉就，功名贫富有无，吾自顺之，不敢以为公累，愿公行止进退，/一槩于道而已"。故金部公居官，惟尽悴国事，不以家为恤者，由此故也。金部公好贤，乐善，重唯诺。当世/士大夫多与之游，后生晚进亦争趋附。所在冠盖满门，语必数刻。夫人尝从户屏间窃听之，既而与公/评当否，以为警劝。金部公尤嫉恶，为使时，遇部吏有犯法，必钩摘，不少容。夫人闻之，阴察其可恕者，徐/为解释，金部公亦加敬爱，多所咨纳。世之言妻道者，称夫人之贤。夫人嗜教，诸子自其幼时，口诵九/经以授之。既长，山从师友，犹日加训饬。长子亮，肄业太学，籍籍有俊誉，不幸早夭，有马御史涓志其墓。次子/即京也，授太庙斋郎，好学而文能世其家。元符二年，获荐梓州转运司，当就试礼部，不行，求彭州法掾，以便/养。幼子齐，方向学。诸孙皆竞爽，繄夫人之教也。夫人晚年治生事甚力，男女未昏媾者，亟成之。人问其/故，曰：人生如朝露尔，幸及强健时为之，使一旦有遗恨，吾何面目见金部公于地下。已而果卒，人始服其/有远虑。世之言母道者，称夫人之慈。夫人聪明爱敬，出于天姿，静专而能谋，勤俭而有度，临事能断，见/义必为，当众人犹豫之时，独毅然力行不顾，如烈烈丈夫，无所凝滞。故自金部公捐馆舍，家无壮子弟，而/门庭不衰，好观书史，通大义，与人谈论为亹亹可听，又尝学为诗，有幽闲平淡之思，其自奉养不务华饰，不求/丰厚，趣具而已。亲戚之贫者，必赒之。无德色，或为之备物，以成其昏姻。左右妾侍，一皆抚之，以恩故。其殁也，/哭者皆为之恸，属纩之夕，里巷间如闻空中有音乐声，传以为异。夫人初封华阳，进封今邑。子男三人，女/四人，余悉具金部公之志，此不复叙，特志夫人之始终云。铭曰：/天生哲人，必立之配。叶是柔刚，以经内外。维金部公蔼□风绩有来夫人德亦秀出，/为子为妇，为妻为母，道备行融，光昭泽厚，公先往矣，曷又从之。鹏抟风驶，龙遯云归。/表侄刘钦填讳、乡侄张察篆盖、仲子京泣血书、石师蒲奇。

炎宋陕西转运副使宋公大卿内志

先考讳京，字仲宏父，系出于隋谏臣宋远之后。远，长安人，以直言获罪，贬居眉之隆山，其徙/籍于成都双流者，今八世矣。曾祖文礼，终朝奉大夫。祖右仁，终朝散大夫，与曾祖皆赠/朝议大夫。父构，终朝奉大夫，都大提举川陕茶马，赠太中大夫。母李氏，封荣德县君，赠/太令人。先考初以太中荫入官，后镤厅，登崇宁丙戌进士第。推而上之，至祖考朝议/登第者联三世，人共荣焉。入仕凡三十一年，两任郡掾史，改宣教郎，八迁至朝散大夫。早以/文章受知故相张公天觉为最，而师相蔡鲁公、枢相邓莘公俱爱其有古作者之风/流，用是除宗子博士、编修西枢文字，三入文昌为郎，历少光禄，兼太府卿。以忤贵幸，出知邠州，就除陕西转运副使，权泾原帅所。至有劳绩可纪，终身无毫发瑕玷，孤峻卓立，耻为谀附。/刻意书史，佗无所好。翰墨之精，人所弗及。所著《读春秋》、歌诗、杂文共数十万言，集而传家。视/公才吏，用特余事尔。其德行为乡闾冠首，尝以八行举应/诏，里人无间言。中外士大夫日觊其视草持橐，从而大用。惜乎！所蕴设施，未尽万一。宣和六/年四月十一日戊午，以疾终于长安本司之正寝，享年四十有六，粤十一月丙申，冢嗣迪功/郎、都大提举川陕诸路买马监牧司句当公事茨，侍母氏蒲恭人护柩归葬于成都府/华阳县星桥乡大公山之原。北去先太中墓凡十步，寔明年乙巳十二月乙卯日也。将葬，/其迁友靖恭杨汇按古谥法，以出言有文，纯行不爽，谥之曰章定先生。三男子独茨存，而/炎、焱前不育。一孙曰愿，授致仕恩，补将仕郎，甫四岁。呜呼！茨罪大罚，酷当不自比于人，数尚/何忍言之，唯未即死，勉奉大事，衔哀茹苦。姑述大槩，刊而纳之圹中，以备千载之下，陵迁谷/移，俾有可以考见。若志其平生之详，则知夔州直龙图阁冯公澥铭而揭之墓道矣，兹不复/云。茨泣血谨书，/朝散大夫、致仕赐紫金鱼袋詹权填讳，宝历寺僧思定刊□。

宋故太令人蒲氏墓志铭

侄左宣教郎、知彭州九陇县事宋衍谬。甥右通直郎、知彭州蒙阳县丞詹廷硕书。眷右奉议郎知简州平泉县丞许自强篆额。

衍幼孤，乳于叔父母之侧室，拜官纳妇，从事州县。始请违以去，所以报叔父母。时者蔑然，而叔父母爱之犹／子也。叔父以朝散大夫、太府卿，出为陕府西路计度转运副使。弃其孤，叔母所恃者，特一子二孙尔。长孙／既不幸早亡，而叔母病后四年，其子卒于右奉议郎、前通判利州军州事。而叔母病益甚，幼孙茕然，方束／发。念生意之荒落，顾家门之凋悴，虽路人眷之，亦为出涕，况吾叔母乎？窃忧其不能久于世也，寸禄绝系，／省侍不时，绍兴二十年冬十一月二十日壬辰，终于成都府成都县清贤坊之里舍。讣闻，衍归，哭于殡，几／无以为生。呜呼？吾家奚罪天罚，若是酷耶？华阳县之北，星桥乡天公山之原，旧有□／，与叔父同穴，议以／二十一年三月五日丙子，开幕隧而纳其柩。幼孙扶杖哭拜云：非吾□为铭，以□□行，后其谁宜，□不获／避辍，泣而书之。叙曰：叔母姓蒲氏，阆州之新井人。自其伯宗孟起儒家，位政府。其父宗闵，■（纟＋走）为省郎，出知／遂州军州事，后累赠左太中大夫。由是门户益壮，锦屏称着姓，必曰二蒲云。母黎氏，都官郎中锝之女，赠／硕人。叔母幼，异禀芊，闲礼训。以季女，母氏尤钟爱之。选所宜归，而归吾叔父。衍记诸姑言，叔母入吾门，吾／祖母荣德李硕人，性严肃，叔母夙夜奉事惟谨，荣德喜其孝，见必祝之曰：吾家之贤妇。记□□□□，□母／高智卓识，处事若男子，家政之纤悉不以累吾，俾吾专意宜学，寘身朝右，心甚德之。曰：吾家□□□□吾／弟言，方／父／时踰冠，吾母勉以世业，冀励志／，怠既入仕，则安于贫妻，□教以清白，故□□□□□／人后，心常敬之。曰：吾家之贤母，至于生贵家而不骄，从显宦而不侈，随小官而不□。谨□□□□□□□。／予恤孤穷□，又衍目击而身尝之，非例为谀语，以实吾文也。叔母每盥□罢，炷□端□□□□□□言，／终日起居不离／席，闻虽未病前亦尔，其赋予冲澹，不事游观，率类此□。服澣□ 之 □□□ 食 □□□□□，／必甘处隘陋之室，必弈逮其病时犹呼妾媵而更治之不倦呜呼叔母□三从□（四）德□□□□□□□。叔／母讳洁，字修卿，享年七十一，累封太令人。叔父讳京，字宏父，累赠左中大夫。一□□□□□□□□□／懋，／将仕郎。衍曩寓玉津，有眇士挟术以访，自云能以人所置□年月□时，□□□□□□□□□□□□□／叔母之命试之，则曰：兹命富贵，虽全盛，然自十五六来丧父母□兄弟，又□其夫，□□□九□□□□数／尤可骇，迫而问之，则又曰：六十余当哭孙，七十余当哭子，数乃尽。今□皆验□术，□□□□□□□／之，不可逃如此。衍时闻而惧之，今尚忍属也。呜呼！铭曰：／妇人懿行，秘于家室。揭以示世，谁秉□□。顾□犹子，／目见耳闻。琢词缋石，用慰其孙。

通过这几方墓志铭的史料记载，使我们清楚地了解宋构、宋京父子的生平事迹及其在北宋时期的历史地位。

宋构，字承之，成都双流人。生于北宋仁宗康定元年（1040 年），卒于宋哲宗绍圣四年（1097 年），享年五十有八。他于北宋治平三年（1066 年）登进士第，生前曾都大管勾成都府、利州、陕西等路茶事，兼提举买马司，兼权陕西路转运使，可谓北宋后期川陕地区重要的地方官员。死后赠太中大夫。《宋史》无本传。

志文中记载了有关宋构的官任履历，如"以嘉州军事推官为夔州路常平管句官"；又曰"神宗召对，奖劳甚渥，除梓州路转运判官"等，在现存文献史料中可以搜寻到一些相应的记载，如李焘在《续资治通鉴长编》卷350"神宗元丰七年十一月辛未"中记载，宋构此时已为"夔州路转运判官"；同书卷377"哲宗元祐元年壬戌"亦载"梓州路转运判官宋构"之事。志文曰"迁渝州军事判官"，但未指明年代，而（明）曹学佺《蜀中广记》卷17载"（熙宁三年）权渝州（军）事都官宋构"事。另外，（南宋）施宿《苏诗补注》卷28有《送宋构朝散知彭州迎侍二亲》诗，施氏原注："宋彭州，名构，字成（承）之，成都人。绍圣间，为金部郎。是时，都大提举川茶事。陆师闵移漕陕西，谋代之者，曾子宣、李邦直佥曰：'宋某可'。遂使权都大管勾。"苏辙《栾城集》卷15、（北宋）冯山《安岳集》卷11有《次韵宋构朝请归守彭城》、《送宋构成（承）之运判赴阙》诗各一首。王昶《金石萃编》卷141收录有宋构于绍圣三年按部过陇山时所作《关山雪月诗》石刻以及宋构书、王森撰、吕大忠篆额的《王公仪碑铭》（清）嘉庆《四川通志·人物志》卷7亦有宋构条目，但语焉不详且有错漏。

志文称宋构"治平三年登进士第"。但（清）嘉庆《四川通志·选举志·进士》所列北宋治平年间进士榜却未提及。马涓云"先生天才绝人，结发称奇童，比游场屋，则隽誉日出，……闻先生充举首，则曰允当无异辞"（杨慎《全蜀艺文志》卷31马涓《二江先生文集序》）。宋构夫人李氏墓志也明确说"是年秋，成都荐士二十人，金部公为第一，声动场屋，遂登明年乙科"。（元）费著《氏族谱》亦载宋右仁、宋构、宋京、宋衍等祖孙"同登科第联四世"。综合以上考古材料和有关历史文献，宋构乃治平三年（1066年）进士及第应是事实。同时，志文也校补了《氏族谱》中的一些错误。进士榜中未列宋构之名，也是通志选举志的缺漏。而且，其《人物志》还把宋构与宋承之单列，视为两人，这也显系通志的舛误。

宋构之妻曰李纯慧，字端敏，封荣德县君，宋哲宗元符三年（1099年）终于成都府七星坊，享年60岁。宋构夫妇有子三人，长曰宋亮，"先君二年卒"，即死于绍圣二年（1095年）。次子宋京，季子宋齐。宋构夫妇另有女五人，其中四人分别嫁与进士冯元衡和雅州军事推官费元度、承议郎监成都府粮料院詹权、扬州节度判官厅公事章佃等。长子宋亮与季子宋齐的事迹不详，仅知宋亮有子二人，即宋衍、宋衡。因宋亮早卒，宋衍遂过继与宋京，宋衍在为宋京之妻蒲氏作墓志铭时亦自叙"衍幼孤，乳于叔父母之侧室"。苏过《斜川集》卷3曾收录有为蜀人宋衍送行诗一首，诗序曰："蜀人宋衍蚤孤母去，力学取科第，遂获见母。盖自蜀至许只千余里，声迹不至逾二十年。感叹兹事，作此诗以送其归。"根据以上材料综合分析，宋衍大致生于北宋绍圣初年，于宋徽宗宣和年间登进士第，他登进士第时年约二十七八岁。因为宋衍之父宋亮卒于绍圣二年，此时衍尚幼，其祖父宋构于绍圣四年卒，衍之母可能就是在宋构去世以后即绍圣四年（1097

图二　宋构夫人李氏墓志铭

年）改嫁他乡，所以苏过诗中说"四岁儿啼母不知"。叶昌炽《邠州石室录》[1]载"宋仲宏题诗"，就是宋京与其子宋炎以及侄宋衍游览邠州庆寿寺的诗刻，诗序曰："宣和三年，侄衍登第西归，因与子炎载游庆寿，历览石室，慨想文皇西征遗迹，……韵作一首，盖十月十有二日也。宋仲宏父。"从宋衍离别他母亲的时候即绍圣四年（1097 年），到他登进士第后即宣和三年（1121 车），去探望其母大致就是 24 年的光景，正如苏过所言"声迹不至逾二十年"。因此，我们可以确定宋衍就是在宋徽宗宣和三年（1121 年）登进士第。他与其先辈即宋右仁、宋构、宋京等"同登科第联四世"，可谓光耀一时。南宋绍兴年间，宋衍曾任彭州九陇县知事（《宋史·地理志》卷89 成都府路：彭州有三县，九陇县、崇宁县、蒙阳县。九陇县又是彭州的治所，即今彭州市）。南宋绍兴二十一年（1151

炎宋陝西轉運副使宋公大卿內誌

少考諱京字仲宏父系出於隋諫臣宋遠之後遠長安人以直言獲罪廷君眉之隆山其徙
籍于成都雙流者今八世矣曾祖之權 終朝奉大夫與曾祖皆贈
朝議大夫父攜於朝奉大夫母李民封紫德縣君贈
太令人 先考初以太中蔭入官後鑾廳登紫寧丙戌進士第推而上之至祖考朝議
登第者聯三世人共榮焉入仕凡三十一年兩任郡攝之陝宣慰郎八遷至朝散大夫以
文章受知故相張公大覺為最師相鄧莘公俱愛其有古作者之風
流用是除陝四轉運副使攝涇原帥 師 師 自無毫髮瑕峻卓立恥為諛附
州統除陝四轉運副使攝涇原帥至有勞顯可紀 以仟貴傳出知鄉
刻意書史怕無所好翰墨之精人呼莫及而 自古 作苟之風
公中吏閒將餘事樂其德行為鄉間電首嘗以心行舉應
 里人無間言中外士大夫日觀其視單將索從而太間惜乎可謚設施未盡其人也和六
年四月十一日戊午以疾終于長安官 享年四十有六于十一月丙申葬迪功
詔部太提舉川陝諸路賈兩監牧司句當公事茭侍 母氏蒲恭人護柩歸葬于成都府
郎都大提舉川陝諸路賈兩監牧司句當公事茭侍 母氏蒲恭人護柩歸葬于成都府
華陽縣墨倫鄉天公山之原北 先天中姜克十步蓬明年乙巳二千二月乙卯日也將葬
其延友將恭揭古謚法以出言有文純行不棄隸之曰 章盏先生三男子獨茭存而
炎氣百不一育一孫日愿校致仕恩補將仟郎用四歲鳴呼茭罪大罰酷當不自比於人數尚
何盡予之作本即死兔而本大事畏戾如若此述大祭刊而約六壤中心備千歲之下陵遷谷
餘墾有可以考見若 其先生之詳刪於夔州且龍圖閣馮公澗銘而楊之墓道矣然不復
 終之血道書 朝散大夫致仕賜紫金魚袋唐權填譔

朝散大夫致仕賜紫金魚袋唐權填譔

寶曆寺僧思宏刊

图三　炎宋陕西转运副使宋公大卿内志

图四　宋故太令人浦氏墓志铭

年），他为其叔母即宋京之妻蒲氏撰写墓志时即署"知彭州九陇县事"。

宋京乃宋构之次子，字宏父，故又曰宋仲宏父，他生于宋神宗元丰元年（1078 年），卒于宋徽宗宣和六年（1124 年）四月十一日，终年 46 岁。宋构于绍圣四年（1097 年）死于都大提举川陕茶马司任上，后封赠太中大夫。因此，宋京在 20 岁左右即荫庇入官，任"彭州司法参军"，并曾两任郡掾史。后于宋徽宗崇宁五年（1106 年）应试，故志云"荫入官，后锁厅，登崇宁丙戌进士"，与蔡嶷同榜，时年 28 岁。此后数年间，宋京都只不过历官幕职，在宋徽宗大观四年（1110 年）冬，他游资州北岩时所作的诗句中可以考见其仕履一斑，诗曰："利名付与百忙者，早晚自由无事身，红莲幕下青城客，五斗留人归未得。"直至宋徽宗政和初年，宋京的官运才渐至亨通，他拜谒北周文王庙时留题的诗刻上，有其子宋茨在绍兴九年（1139 年）所作的题跋，云："□□□□□中从事时过此后周文帝祠，留诗□□□□，今二十七年矣。"据此可推，此诗是宋京在政和二年（1112年）所作，并已官至某"从事"。其后又累迁至朝散大夫，宋徽宗宣和二年（1120 年）阆州香城宫建五百罗汉堂时，宋京题额即自署朝奉大夫、光禄少卿权太府卿。其墓志又曰："除宗子博士、编修西枢文字，三入文昌为郎"，编修西枢文字应是指枢密院的编修文字官，三入文昌为郎是指他曾经作过户部员外郎。《宋诗纪事补遗》卷 28 有赵鼎臣《送宋宏甫出守邠州》诗，诗云"前年谬入文昌里，……今年别我西入关"，其自注曰"宏甫家成都，尝为户部郎。余时官度支，相与同舍，后自太府少卿出守"，此说可为印证。

宋京自幼聪颖，文思敏捷且出身名门，其文采深受当朝显宦张商英、蔡京、邓洵武等人器重，"俱爱其有古作者之风流"。与之同时的赵鼎臣"自夸才高足余刃"，而面对宋京却自愧弗如，诗曰："屡以豪篇相折困，我衰哽噎喑安可当。"宋京一生刻意书史，它无所好，翰墨之精，人所弗及，所著《读春秋》、歌、诗、杂文共数十万言。他从一个秦亭小吏晋身为京朝官并参与机要，故"中外士大夫日觊其视草持橐"。他为人端庄，性格"孤峻卓立，耻为谀附"，曾自诩为迂翁。正是山于其性格使然，因而又得罪了一些朝中权贵。故在朝不得志，遂于宋徽宗宣和三年（1121 年）以太府少卿乞守邠州。（清）王昶《金石萃编》卷 147 收录了此间宋京在高陵太清阁留下的诗刻，"京请郡得豳，取道渭上。观为命□诗刻次韵奉呈□□奉议公"，诗云"乞守初来到渭滨"。此诗作于宣和三年四月三十日。在邠州任上不久，又"除陕西路转运副使，权泾原帅所"，此时大致在宣和五年（1123 年）。他在乾陵无字碑上的题刻曰"宋仲□□□□□守易使三秦，宣和五年正月十四日与□□器张子刚子□同诗古至此□□为书"。同年三月又在此题诗一首，其跋尾曰："宋京按部再至，宣和五年三月望，弟卞从行。"事隔一年有余即宣和六年四月十一日戊午死于长安任所。其妻蒲氏扶枢归葬于成都府华阳县星桥乡天公山之祖茔，即今成都市成华区龙潭乡保平六组。

宋京之妻曰蒲洁，字修卿，阆州新井人，封太令人。宋高宗绍兴二十年（1150 年）终于成都府成都县清贤坊，享年 71 岁。蒲氏墓志曰："蒲氏，阆州之新井人。自其伯宗孟，起儒家，位政府。其父宗闵，……出知遂州军州事，后累赠左太中大夫。由是门户益壮，锦屏称著姓，必曰二蒲。"阆州之蒲氏亦为川蜀著姓，尤其是蒲宗孟、蒲宗闵兄弟俩在北宋历史上曾显赫一时。伯父蒲宗孟，出身进士，曾任著作佐郎、尚书左丞和资政殿学士，《宋史》卷 328 中有传。蒲氏之父为蒲宗闵，宋仁宗皇祐年间进士（清·《四川通志》卷 122《选举志》），在北宋熙丰变法时期是有名的新派人物，曾受朝廷之命与李杞在川蜀主持榷茶（《文献通考》卷 62《职官》"都大提举茶马"以及《宋史·吕陶传》卷 346：均有记载）。

宋京夫妇有子三人，曰宋芨、宋炎、宋焱。长子宋芨曾任"都大提举川陕诸路买马监牧司句当公事"。次子宋炎、宋焱先于宋京而逝，故长子宋芨在宋京墓志中云"三男子独芨存"。但宣和三年十月十二日，宋京曾与其子宋炎和侄子宋衍同游邛州城西庆寿寺，因此宋炎卒年应在宣和三年（1121 年）十月至宣和六年（1124 年）四月之间。宋京夫人蒲氏墓志铭又载宋京夫妇有二孙，而宋京墓志则仅曰孙一人，即宋愿，授致仕恩，补将仕郎。故宋愿应为长孙，亦"不幸早亡"。幼孙为宋懋，曾为"将仕郎"（见蒲氏墓志铭）。1998 年 9 月在宋构、宋京父子墓附近也发现了宋懋之墓，但墓葬已残毁，出土的买地券仅有宋懋等数字而已，其卒年无考，考古资料现存成都文物考古研究所。

宋构夫人李氏墓志铭由绵竹令宋良孺撰。宋良孺乃宋构侄子，是宋构叔父宋右贤之孙，故李氏墓志中宋京称其为堂兄。这与《氏族谱》的记载是一致的（《氏族谱》曰："右贤孙良孺、曾孙德之，祖孙又相继登科"）。

据宋构、宋京父子墓志载，宋氏在周成王时，帝乙之子启封于宋，因以国为氏。在秦末，武信君起兵立楚王后，宋义为上将军。其后有居广平者，遂以广平为望。在魏时，宋弁为吏部尚书，七世孙宋璟，在唐为开元名相，给事中宋旦从僖宗狩蜀，遂家眉州。（元）费著《氏族谱》亦曰："宋氏望京兆，隋谏官远遂以直言得罪，流蜀隆山，……隆山后以玄宗讳改彭山。"宋京堂侄宋德之传亦曰"隋谏大夫远谪彭山，子孙散居于蜀，遂为蜀人"（《宋史》卷 400），因此，成都双流宋氏地望广平，隋唐时期移民入川，宋构之"七世祖"时始徙居成都双流，遂为两宋时期成都府的名门望族。

宋构之祖父为宋文礼，朝奉大夫。（清）嘉庆《四川通志·选举志·封荫》载："宋文礼以子右仁、右贤贵赠朝散大夫"；《氏族谱》亦曰："（文礼）以子右贤、右仁同登庆历第，后赠朝散大夫"，今据墓志的记载，宋文礼实应为朝奉大夫。宋构之父为宋右仁，"庆历五年，同右贤登进士弟"，宋右贤为宋构之伯父，赠朝议大夫。

宋构、宋京父子墓志的发现，校补了《氏族谱》以及《四川通志》等文献史料中的错误，并使我们进一步清楚了宋代成都双流宋氏的源流谱系，现排列如下：

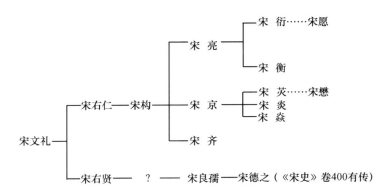

注："……"表示父子关系有疑问，但与宋亮、宋京的祖孙关系是肯定的。

二、志文所涉及的重要历史事件及历史人物

宋构、宋京父子墓志铭的史料价值在于它为我们提供了北宋后期所发生的一些重要历史事件，以及所涉及的许多重要历史人物。如李琮、马涓、熊本、李之纯、陆师闵、张商英、邓洵武、曾布、蔡京等人。他们都与宋构、宋京有着较为密切的关系，且大多在《宋史》中有传或散见于其他历史文献中。

志文曰"朝廷委君同陆公师闵出陕西议钱钞事"，此事在《宋史·陆诜传》卷332附《陆师闵传》以及李焘《续资治通鉴长编》绍圣二年和元丰六年三月中均有记载。当时，陆师闵任都大提举川茶事，不久陆师闵改陕西转运使，谋代之者，是曾布与李邦直荐举宋构都大管勾成都府、利州、陕西等路茶事。（南宋）施宿《苏诗补注》卷28有《送宋构朝散知彭州迎侍二亲》诗，施氏原注亦曰："宋彭州，名构，字成之，成都人。绍圣间，为金部郎。是时，都大提举川茶事。陆师闵移漕陕西，谋代之者，曾子宣、李邦直金曰：'宋某可'。遂使权都大管勾。"其墓志则明确说是在宋哲宗绍圣三年（1096年）出任"都大管勾成都府、利州、陕西等路茶事，兼提举买马司，兼权秦凤路经略安抚使、马步军都总管、知秦州"。可为印证的是王昶《金石萃编》卷141中收录了宋构"关山雪月诗"石刻，题曰"成都宋构，承之，绍圣丙子岁，按部过陇山隅题以补乐府之阙"。绍圣丙子岁即绍圣三年。王昶注引《潜研堂金石文》跋尾曰："考熙宁中设成都茶司，其后改名都大提举茶马司。凡市马于蕃夷以茶易之，此刻于绍圣间。构虽管勾川茶而市易于秦陇，故有按部过陇山语。"其实过去的金石学家并未考知绍圣三年宋构曾兼权秦凤路经略安抚使、马步军都总管、知秦州以及陕西路转运使的历史事实，因此宋构自题按部过陇山偶题"关山雪月诗"应是指他在兼权秦凤路、知秦州任上所作，这与墓志的记载是吻合的。

宋史李琮传中关于李琮的材料比较简略，对于李琮的官职仅载"擢利州路，江东转运判官，……（后）徙利州路。……以宝文阁待制知杭州、永兴军、河南、瀛州"（《宋史·李琮传》卷333）。而李琮为宋构作墓志铭时所署官职则较详细，即"宝文阁待制、

知永兴军路安抚使、马步军都总管兼知永兴军府事、陇西郡开国伯上柱国"。同时，传文称李琮"登进士第"，但未系年。志文则曰他与"君之考同年"，说明李琮与宋构之父宋右仁是同年进士，即庆历五年（1045 年）进士及第。志文又曰："琮在东川为转运使，因以年家敦契，尤相敬爱，故事事协济"，李琮时为东川转运使即梓州路转运使（《宋史·地理志五》卷 89 "潼川府，梓潼郡。剑南东川节度。本梓州，端拱二年为东川"）。宋神宗时，宋构为成都府利州陕西等路茶事司勾当公事，因政绩突出，"神宗召对，奖劳甚渥"，遂除梓州路转运判官。李琮在任梓州路转运副使时，因与殿中侍御史吕陶等人政见不一，而招致抨击，并累及时为梓州路转运判官的宋构，李焘在《续资治通鉴长编》卷 377 "哲宗元祐元年壬戌"载其事。

马涓乃宋构之门生，进士及第，且身为监察御史。（清）嘉庆《四川通志·选举志》宋哲宗元祐六年（1091 年）进士名录有马涓，但《宋史》中却无本传。在丁传靖《宋人轶事汇编》卷 10 中有其事迹，谓马涓在徽宗"崇宁以后遂废不用"，他在《宋史》中无传可能与此有关。马涓为宋构文集《二江先生文集》作序时称"元祐六年，先生为南省郎，涓以晚辈始预宾客之末"。

熊本在宋神宗熙宁六年（1073 年）时，因泸州罗、晏夷叛，"诏察访梓夔"（《宋史·熊本传》卷 334）。志文中亦载此事曰"天章阁待制熊公本，察访梓夔路，经划蛮事，辟为随军，计置粮草，实预咨谋也"，志与史是吻合的。宋构因参与此事有功而"迁秘书丞"。《宋史·职官志四》卷 164 "秘书省"："监、少监、丞各一人，丞参领之"。

志文曰"转运使李公之纯荐君守威州"，威州本维州，即今阿坝州茂、理、汶一带，宋构因功勋卓著而迁太常博士加骑都尉（《宋史·职官志四》卷 164 "太常寺"："卿、少卿、丞各一人，博士四人。博士掌讲定五礼仪式，有改革则据经审议，凡于法应谥者，考其行状，撰定谥文，有祠事，则监视仪物，掌凡赞导之事"）。这条材料事在何年何月，志文未说明，《宋史·李之纯传》卷 344 载，熙宁年间，李之纯为江西转运副使，后徙成都路转运使，此事当是李之纯在成都路转运使任上。

陆师闵与宋构关系较为密切，宋构的官职多次升迁都与陆师闵的举荐有关。《宋史·陆诜传》卷 332 附《陆师闵传》曰："进师闵都大提举成都、永兴路榷茶，位视转运使。……师闵遂请令蕃汉商人愿持马受券者，于熙、秦两路印验价给之，而请直于太仆，若此券盛行，则买马场可罢。既用其策。明年，太仆会纲马之籍，死者至什二，而券马所损才百分一。诏奖之，赐以金帛。"志史两相对照，可见宋构与陆师闵在榷茶与买马诸问题上观点是一致的，并且，宋构执行新法政策得力，因而政绩突出，"收息数百万出于蕃商易马之利"。故深得陆师闵的赏识和举荐，并受到神宗皇帝的召对而"除梓州路转运判官"。

苏轼、苏辙与宋构也非一般关系，志文曰："元祐元年，以亲乞便郡除知洋州，再陈迎侍未便，改知彭州。喜而为诗云：'朱轮五马人虽有，鹤发双亲世亦稀'，士多传以为美事。"其夫人李氏墓志也说"金部公好贤，乐善，重唯喏，当世士大夫多与之游"。宋构除知彭州时，苏轼、苏辙兄弟俩均贺诗送行，苏辙《栾城集》卷15有《次韵宋构朝请归守彭城》诗一首。时为中书舍人的苏轼也作"送宋构朝散知彭州迎侍二亲"诗，说明宋氏与苏氏有一定的交情。

关于蔡京，《宋史》卷472《奸臣传》中附有蔡京传，蔡京，字符长，兴化仙游人。登熙宁三年进士第，曾为龙图阁直学士知成都，绍圣初又为户部尚书。……政和二年，召还京师，复辅政，徙封鲁国，故又称之为蔡鲁公。宋构墓志曰："绍圣初，修复在京水磨茶场，前翰林学士承旨蔡公京为户部尚书，荐君以金部提举"，金部是户部属官（《宋史·职官志三》卷163载，户部，其属有三："曰度支，曰金部，曰仓部"）。此后不久即绍圣三年（1096年），宋构改任都大提举成都府、利州、陕西等路茶事兼权陕西路转运使。蔡京不仅对宋构很赏识，对宋构之子宋京的文才也很欣赏，宋京墓志载"以文章受之故相张公天觉为最，而师相蔡鲁公，枢相邓莘公俱爱其有古作者之风流"。

张公天觉即张商英；邓莘公即邓洵武，皆北宋名臣。张商英曾为北宋后期"中书侍郎"、"尚书右仆射"，据《宋史》卷351《张商英传》："张商英，字天觉，蜀州新津人。……崇宁初为吏部、刑部侍郎，翰林学士。蔡京拜相，商英雅与之善。……寻拜尚书右丞，转左丞。复与京议政不合，数诋京身为辅相志在逢君。御史以为非所宜言，且取商英所作《元祐嘉禾颂》及司马光祭文，斥其反复，罢知亳州，入元祐党籍。"

邓洵武，字子常，第进士，《宋史》卷329有传。绍圣中，哲宗召对，为秘书省正字校书郎、国史院编修官。宋徽宗崇宁三年拜尚书右丞，转左丞、中书侍郎。后封莘国公，故又被称为邓莘公。

我们从以上罗列的这些历史人物分析，他们都与宋构、宋京父子有一定程度的交往。他们当中有追随王安石变法的人物，如陆师闵、曾布、蔡京（曾布、蔡京在熙、丰年间都曾追随王安石，并执行过新法政策，元祐时，曾布曾被保守派视作王安石的亲党而归入奸党之列，后来他们又成为变法的反对者，但那是以后的事）。宋构的儿女亲家即宋京之岳父蒲宗闵也是有名的变法派人物。从墓志中记载的这些变法派人物与宋构、宋京父子的关系以及宋构、宋京所参与的一些历史活动，我们不难看出，宋构在北宋后期是属于变法派阵营的官员，志文中记载了元祐初年，保守派执政时，他郁郁不得志，因而借故侍亲未便，请求出知彭州，其目的就在于躲避朝廷党派之争，以免遭不测，到绍圣年间，变法派得势，宋构又官运亨通，"一年间身兼数职"。与此同时，他又与保守派官员如苏氏兄弟以及吕大防之兄吕大忠等人有一定的私交，所以他请求出知彭州时，苏轼和苏辙均赋诗送行。宋构在政治上采取中庸之道，且为人"重唯诺"，故"当世士大夫多与之游"。正因为这样，他在北宋后期变法派与保守派之间错综复杂的政治斗争中，基本上没有受到什么打击，这与曾布有些相似之处。正如曾布在写给其弟曾肇的信中所说："我从熙宁时立朝，以至今日，时事屡变。我不曾雷同熙、丰，所以得免元祐的贬斥。我不会附会元祐，所以又得免绍圣时的中伤。坐看两党之人，反复受祸，而我独泰然自若"（蔡美彪主编《中国通史》第五册，第197页）。曾布是善于见风使舵的投机者，他以追随变法派起家，但后来又反对变法，在这一点上宋构与曾布又有天壤之别。宋构至死都未反对变法，无论榷茶法还是熙河边备问题上，他始终忠心耿耿执行新法政策。直至绍圣四年死于秦州任上，可谓鞠躬尽瘁，死而后已。

宋构、宋京墓志所涉及的历史人物中，诸如张商英、曾布、蔡京等，他们在北宋历史上多有非议，而宋构、宋京又与他们有着一定的联系。尤其是宋京为人端庄，性格"孤峻卓立，耻为谀附"，曾自诩为迂翁。正是由于其性格使然，因而又得罪了一些朝中权贵，使他身处各种政治漩涡中。而当时的政治斗争又十分激烈，失败者不仅遭贬职流放，死后还会被毁墓焚尸。如《宋史》卷351《张商英传》记载，宋哲宗时期，张商英就曾上书皇帝，"乞追夺（司马）光、（吕）公著赠谥，仆碑毁家"。宋京及其后人也正是认识到这种政治斗争的残酷性，因而在营建宋京的墓葬时，就将其分为上、下两层墓室，其重要目的之一就是为了防止墓葬被毁。因而这种特殊的墓葬形制结构在四川地区宋墓中就显得十分独特。

三、宋构、宋京诗歌补遗

宋构、宋京父子不仅是北宋后期有名的地方官员，同时，也是北宋时期蜀中有名的诗人。宋构墓志云"喜为歌诗，有《二江集》三十卷"。其子宋京又加以编次，凡歌、诗及杂述总若干首，第为十六卷，并由马涓作序（见杨慎《全蜀艺文志》卷31马涓《二江先生文集序》）。他的文集现已不存，许肇鼎《宋代蜀人著作存佚录》亦曰"宋构，《二江先生文集》十六卷，佚"。但《全宋诗》卷1149中收录了两首宋构所作的诗，它是宋构于绍圣年间按部过陇山偶题，以补乐府之阙，诗存陇州大佛寺刻石。其一《关山月》，诗曰："关山月，关山月，千里寒光射冰雪。一声羌管裂青云，陇上行人肠断绝。肠断绝兮将奈何，为君把酒问嫦娥。冰轮桂魄圆时少，应似人间离别多。"其二《关山雪》，诗云："关山雪，关山雪，远接洮西千里白。试登陇首瞰八荒，表里高低都一色。日高融液流车辙，冻作坚冰敲不裂。早晚春风动地来，消尽寒威百花发。"

宋京所著则有《读春秋》、歌、诗、杂文共数十万言。随着岁月的流逝，其作品大多已佚。许肇鼎先生考曰："《艺圃》，佚，见《舆地纪胜》卷157。诗十九首、句二联，存，分别收入《宋诗纪事》卷37、《宋诗纪事补遗》卷33及（明）天启《成都府志》卷33。"（《宋代蜀人著作存佚录》第54页）《全宋诗》"宋京"部分从各种文献材料中收录了他的诗句共19首，是目前所见较为完备的宋京诗集。但过去的文献材料都没有把宋京的生平事迹搞清楚，因此，散见于各种旧金石学著作中有关宋京的诗句就未被收录。现在，我们从一些金石学著作中又辑录出宋京所作而又鲜为人知的两首诗以补《全宋诗》之缺。

其一，叶鞠常《邛州石室录》"宋仲宏题诗"。这里没有宋京名字的全称，故很难让人联想到它是宋京的作品。如前所述，宋京，字宏父。在家排行第二，故又称宋仲宏父。

因此。《邠州石室录》中宋京诗的全称应当是"宋仲宏父题诗"。这是《全宋诗》中未能收录的一首，此诗作于宣和三年十月十二日，当时他在邠州知州任上，又适值侄子宋衍登第西归而同游邠州城西庆寿寺，有感而发，诗曰："年华迫人老，王事无时休。及兹出西域，聊复写我忧。泾川□高原，木落万景搜。迢遥出俗子，架屋阴崖幽。巨伪□正观，阅世同波流。山禽自朝莫，庭树空春秋。石间纷题名，人物不可求。但能记秦王，昔也征西州。凯还戈甲明，战罢风云愁。青连虽出地，白骨等成丘。当时得萧瑀，憾悔释氏投。古来创业难，何不人鬼谋。"

其二，宋徽宗宣和五年，宋京出任陕西路转运副使，按部再至乾陵无字碑前，题诗曰："千山头角□，万木爪牙深，有客能占气，无人解换金，难名帝尧德，易小汉文心，慷慨松风外，停车聊一吟。"（见王昶《金石萃编》卷143）。

四、结　　语

宋构、宋京父子是北宋后期川陕等地重要的地方官员，特别是宋构亲身经历了北宋神宗、哲宗两朝变法派与保守派之间此起彼伏的尖锐的政治斗争，可以说是处于特殊背景下的历史人物。其墓志全文长达2000余字，不仅记载了他与许多重要历史人物的关系，还涉及他直接参与的一些重大历史事件。例如，宋神宗时，王安石变法期间，他在川蜀推行榷茶的政治活动，以及元祐年间他出知密州时，陕西军士王冲起义的余部在山东沿海一带被他镇压的历史内容。最后，还回顾了他在哲宗绍圣年间参与熙河边备的历史情况。宋京墓志也较为详细地介绍了他这样一位历史文化名人的谱系、出处、行治、官任、寿年等情况，而这些史事过去均不见于历史文献。凡此种种，为我们提供了重要的历史内容，具有非常重要的史料价值，有待于我们作进一步的深入研究。

（原载《宋代文化研究》第九辑，巴蜀书社，2000年。现有增补改动）

成都地区南朝佛教造像研究

雷玉华

一、引　　言

南北朝时期是我国佛教史上重要的发展阶段，这期间，佛教作为一种独立的宗教已广泛地被中国社会所接受，并得到了普及和发展，可以说是佛教传入后，作为一种独立的宗教形式，不依附于其他任何形式而发展的第一个高峰期。文献上反映，这期间南北均出现了大量的寺庙和造像，但由于南北朝双方政治上长期分裂，地域文化上的区别，以及与印度、西域等佛教原产地和传播中转站间的交通差别等诸多原因，使南北朝佛教产生了一些差异，佛教造像也有明显的不同。北朝造像发现较多，研究也很深入。南朝造像除成都外其他地方发现极少，研究也相对薄弱。成都地区自清光绪八年在西门外万佛寺遗址发掘出百余件佛教造像后，1937 年、1953 年和 1954 年又在该遗址出土了 200 余件，其中相当一部分属于南朝造像[1]。20 世纪 20 年代，在成都西部茂县出土了一件南朝齐永明元年佛教造像碑，引起了学术界的广泛关注，使人们对南朝造像有了一些新的了解和认识。但长期以来除了 1958 年刘志远等编著的《成都市万佛寺石刻艺术》一书刊布了其中部分资料外，绝大部分造像材料没有公开发表，且多有流失，使学术界对成都南朝造像的研究不得深入。1990 年，在成都市城西商业街经正式发掘出土了 9 件南朝石刻造像，其中两件有铭文和纪年，1995 年又在城西西安南路一窖藏中发现 9 件同期造像，其中 5 件有铭文和纪年。特别是《文物》1998 年 11 期发表了西安南路石刻造像材料后，不仅引起了学术界对南朝石刻造像的重新关注，更使人们注意到成都地区在南朝石刻造像研究中的重要地位。其实在成都历年基本建设中时有石刻造像出土，因资料零散，且多未发表，没有引起学术界的重视。因此，本文拟就成都市出土的南朝佛教造像做一些初步分析和研究，以期能抛砖引玉，使人们对以成都为中心的四川地区南朝佛教造像有一个较全面的认识。

二、成都地区南朝佛教造像发现基本情况

1. 成都市万佛寺石刻造像

新中国成立前后在成都西门外明代万佛寺旧址先后挖出石佛造像 200 多件，其中很

大部分为南朝作品，并有铭文和纪年[2]。现存造像主要有：

梁普通四年造释迦像：背屏式造像，上部残，正面一佛、四菩萨、四弟子、二力士。释迦佛立于覆连圆台上，头后饰莲瓣，着双领下垂式袈裟，衣服下摆微微向两侧飘起，呈迎风站立姿势。菩萨均头戴宝冠，悬饰缯带，身上挂饰宝珠璎珞，璎珞交叉于腹前，外侧二菩萨有圆形头光。佛座侧有二狮护卫，座前有六个供养小人。二力士立于覆莲圆台上，圆台下二地神匍伏承座。二天王有圆形头光，服饰和所持之物均不相同。背面上刻佛传故事，下刻造像铭文。

梁中大通五年释迦像：背屏式造像，上部残。正面一佛、四菩萨、四弟子、二力士，佛头残，着双领下垂式袈裟立于覆莲圆台上，袈裟在前面形成六道平行圆弧纹，下摆微向两侧飘起。四菩萨均头戴宝冠，悬饰缯带，肩腹部挂满璎珞，璎珞交叉于腹前。二力士立于像背上，有圆形头光，披帛在腹前交叉打结。佛座侧二狮护卫，二狮带项饰，傍边各靠一驯狮人。佛座及狮子前一地神托博山炉居中，两侧各立六个供养弟子。背面上部刻树下礼佛图，下刻造像铭文，铭文两侧各立一拄长棒的力士。

梁大同三年观音像：背屏式造像，上部残。正面观音两侧四菩萨、四弟子、二力士。观音头戴宝冠立于平地上，头光残。耳侧悬饰缯带，肩部璎珞长垂，颈及胯部均挂饰宝珠，宝珠交叉于腹前，交叉处饰一圆形物。两侧菩萨均头戴宝冠，背饰尖桃状项光，披帛于肘部下悬，戴项链，腹前有珠链相交。观音脚侧有二狮及二驯狮人。二狮外侧二力士立于像背上。二力士戴项圈，有圆形头光。披帛交叉于腹前，交叉处打结。观音脚下最前排高浮雕八个作吹奏状的伎乐供养小人。背面、上部刻树下礼佛图，下刻造像铭文。

梁中大通元年释迦像：大型圆雕立像，习称"鄱阳王世子造像"，高近2米，头部不存。释迦身着通肩圆领袈裟，赤脚立于方形座上，衣服褶纹偏于一侧，双手残。佛像脚背后靠一条状石，上刻造像铭文。

梁大同三年佛像：大型圆雕立佛像，头部及脚部无存，双手残。残高约128厘米。外着双领下垂式袈裟，右摆搭于左肘上，内着僧祇支，胸前系带打结，结带下垂于袈裟之外，打结处饰花，带端饰云纹。像背刻铭文。

释迦立像：背屏式造像，上部及左边残，正面一佛立于覆莲圆台上，磨光馒头状肉髻，头后饰莲花，外着双领下垂式袈裟长仅及膝，内着僧祇支长及脚踝，僧祇支胸前系带打结，结带下垂于袈裟之外。右侧侍立三菩萨、一弟子、一力士，左侧残，仅存一弟子、一菩萨。佛座前跪二供养小人，两侧二狮护卫。菩萨头戴宝冠，冠上悬饰缯带，肩饰璎珞，腹前披帛相交，相交处打结。右外侧菩萨有圆形头光。右侧力士头挽髻，圆形举身光，戴项圈，披帛在腹前交叉打结。背屏上饰浅雕的宝塔、涅槃图等[3]。

释迦坐佛龛：背屏式造像，正面一佛、四菩萨、二弟子，佛结跏趺坐于亚字形长方台座上，圆形头光，外着双领下垂式袈裟，内着僧祇支，胸前系带打结，结带下垂于胸前，袈裟下摆呈羊肠纹悬于座前。菩萨立于圆形平台上，头戴宝冠，两侧悬饰缯带，有圆形举身光，披帛呈"X"状交于腹前再绕至肘部下垂。佛座前有二供养僧人，两侧护卫二狮。背屏上饰七佛和十二伎乐天[4]。

中大通三年释迦像：背屏式造像，正面残留贴金痕迹，正面一佛、四菩萨、四弟子、二力士，佛结跏趺坐于亚字形长方台座上，座前悬垂衣纹呈对称的两个圆弧纹，露右脚掌，双领下垂式袈裟，斜肩，低平螺髻，力士分别立于狮背上。背面上部图案已残，存供养人四列，下部刻铭文和纪年。

普通六年释迦像：背屏式造像，上部和左侧残。正面一佛、四菩萨、二弟子、二力士，佛结跏趺坐于亚字形长方台座上，双领下垂式袈裟内胸前系带打结。背面有纪年和铭文。

万佛寺还出土了大量梁晚期及稍后的单体石像，多为立佛像，也有坐佛像和菩萨像。立像高大都在1.5米以上，但头部多数遗失，有着通肩袈裟和双领下垂式袈裟两种样式，通肩袈裟有圆领和鸡心领之分，有的衣纹繁杂，稍显臃肿，有的衣纹褶皱偏于一边。双领下垂式袈裟内胸前多系带打结，结带方法有多种，有的带上还饰有宝珠和花纹。也有双领下垂式袈裟外披偏衫者。着通肩袈裟者有大型单体阿育王，形象与西安路者相同或稍有差别，但是形体均较大，高多在1.5米以上，如北周保定年间造阿育王像（保定二年至五年造），着圆领通肩式袈裟，衣纹在胸前开成八道平行的圆弧，袈裟长已过膝，内着僧祇支长于袈裟，双手和头残[5]。同时万佛寺遗址还发现了大量佛头像，这些头均为螺髻，其中很大部分应与上述佛身相配。佛头中有涡纹状螺髻者，应属阿育王造像，因这种头像嘴角有八字胡，肉髻和脸颊与西安路太清年间的阿育王像和万佛寺有铭文的阿育王像完全一样。

据《成都万佛寺石刻艺术》一书统计，新中国成立前后万佛寺所发现的佛教石刻造像资料应在200多件以上，从本人调查的情况看，现已远远少于此数，许多已不知去向，有的还存有图片可供参考，有的图片都已不存。除以上所列造像已发表过稍详细资料外，万佛寺的大多数造像均无详尽情况发表。

2. 成都市西安南路石刻造像

共9件，其中8件为佛教石刻造像，均属南朝时期，1995年出于同一窖藏中，其中5件有铭文和纪年。出土时全部填彩贴金[6]。

永明八年弥勒像：背屏式造像，上部稍残，正面一佛二菩萨，主像弥勒佛结跏趺坐于亚字形长方台座上，外着双领下垂式袈裟，袈裟呈三瓣式下悬于座前，内着僧祇支系带打结。磨光馒头状肉髻，后饰莲花。佛座下一地神头顶一物，两侧各刻一狮。背屏左右二菩萨立于圆台上，头戴冠，舟形项光，披帛呈"X"状交于腹前，下着长裙。佛头后背屏上现存四个小化佛，背屏左上角饰一飞天。造像石后上部刻一交脚弥勒坐于房形龛中，左右胁侍二菩萨。菩萨两侧刻造像铭文（图一）。

图一　西安路永明八年造像

中大通二年释迦像：背屏式造像，正面为一佛、四菩萨、四弟子、二力士，主像释迦牟尼佛立于复瓣覆莲圆台上，磨光馒头状肉髻，桃形项光，双领下垂式袈裟。菩萨均头戴宝冠，悬饰宝缯，着圆领衫，披帛在腹前呈"W"交叉，交叉处打结。佛前一地神头顶香炉状物，两侧二狮护卫，背屏上部刻饰说法图、宝珠、飞天、宝塔等。背屏后上部刻两例礼佛人物，下面中部刻造像铭文，两侧各刻一僧禅坐于山中洞窟内（图二）。

太清五年阿育王像：圆雕立像，阿育王涡纹状肉髻，面部清瘦，有八字胡，着通肩袈裟，赤脚立于莲花中，通肩袈裟薄而贴体，长仅及膝。背光残，佛连座高48厘米，脚后立一条石，条石三面刻造像铭文（图三）。

图二　西安路中大通二年释迦像

　　大同十一年释迦多宝像：背屏式造像，正面为二佛、五菩萨、二弟子、二力士，二佛坐于二连茎仰莲座上，磨光馒头状肉髻，尖桃形背光，双领下垂式袈裟。菩萨均头戴宝冠，两侧悬饰缯带，其中二菩萨和二力士有圆形头光。菩萨和力士披帛在腹前交叉，交叉处打结。背屏上部饰礼佛图、宝珠、飞天、宝塔等。背屏后面中部一佛坐于树下，前有两例相对的供养人，后有礼佛弟子和二飞天。下部刻造像铭文（图四）。

图三　西安路太清五年阿育王像

天监三年无量寿像：背屏式造像，上部残，正面一佛二菩萨，佛头残，着双领下垂式袈裟立于覆莲台上，衣襟下摆呈尖角状高高飘起，似迎风站立状。两侧菩萨分别立于二地神托起的仰莲圆台上，莲台侧各跪一弟子。菩萨头戴宝冠，肩饰璎珞，披帛在腹前交叉处打结。背屏上饰变形莲枝作地。造像石后刻四个高大屐、宽袖长袍的供养人（图五）。

背屏式立佛像：正面为一佛、二菩萨、二弟子，佛立于覆莲圆台上，螺髻颈部有蚕节纹，双领下垂式袈裟，下襟向后飘起。菩萨尖桃状背光，披帛绕于肘部，胸前系带，薄裙贴于腿上形成圆弧纹。莲台前半跪四个供养人，两侧各有一狮护卫。造像石后刻礼佛图。

三佛造像：背屏式造像，上部残。正面三佛并坐于三连茎莲座上，二着双领下垂式袈裟，一着通肩袈裟，二磨光馒头状肉髻，一头残。后侍四弟子、二菩萨，菩萨残。莲座下二力士和二狮护卫。力士有圆形头光，肩饰璎珞，披帛在腹下交叉，交叉处打结。造像石后为维摩、文殊对论图。

圆雕立佛像：佛着双领下垂式袈裟立于覆莲圆台上，圆形头光，低平螺状肉髻，衣襟下摆向两边飘起，背光上饰缠枝纹、宝珠化佛等。佛座下正中一地神头顶博山炉，两侧各有四个乐舞供养人和二狮。座后为树下礼佛图。

图四 西安路大同十一年释迦多宝像

3. 成都市商业街省委办公厅工地石刻造像

共9件，1990年出土于一旧寺院遗址中，均属于南朝时期，其中2件有铭文和纪年。有的还残留填彩贴金的痕迹[7]。

齐建武二年观音成佛像（6号）：背屏式造像，正面一佛二菩萨，已成佛的观音结跏趺坐于亚字形长方台座上，磨光馒头状肉髻，双领下垂式袈裟悬于座前形成三层式悬裳座，内着僧祇支胸前系带打结，结带垂于袈裟外。头后饰莲花，项光残，项光上残存三尊浅刻的化佛。二菩萨赤脚立于圆台上，发髻双分，披帛于腹前呈"W"状交叉于腹前，百褶长裙上有一飘带自右向左斜飘于前。佛座两侧各雕一狮。背面座以上分两部分，上部刻一菩萨交脚坐于房形龛中，菩萨薄衣贴体，裙摆悬于座前。下部刻造像铭文（图六）。

图五　西安路天监三年无量寿像

　　天监十年释迦像（8 号）：背屏式造像，正面为一佛、四菩萨，佛立于台面呈"W"状的覆莲平台上，螺髻，有圆形项光，双领下垂于袈裟前形成五道平行的弧纹。内着僧祇支于胸前系带打结，结带外垂于袈裟之上。靠近佛两侧侍立的二菩萨，菩萨均头戴宝冠，冠侧悬带。颈部有蚕纹，戴桃形项圈，上着袒右衫，肩饰璎珞。下着长裙，披帛在腹前呈"X"状交叉打结，打结处饰宝珠。腹下一饰带打结垂于双腿间。外侧二菩萨，头戴莲花冠，两侧悬饰带，有圆形项光，上着袒右衫，下着短裙，披帛从双肩上自然垂于两侧。背屏上浅刻飞天、宝塔、礼佛等内容。背面上刻四个着高冠的供人和一坐于华盖下的佛，下刻造像铭文（图七）。

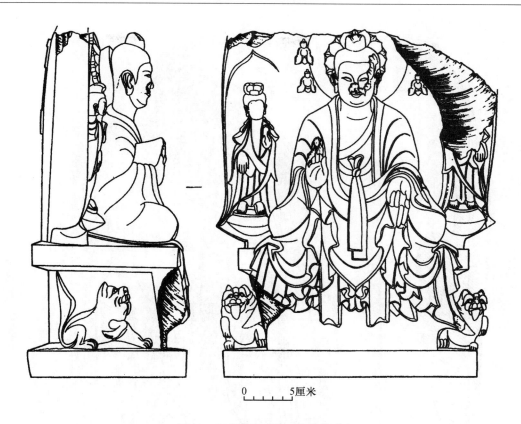

图六　商业街齐建武二年观音像

　　背屏式坐佛造像（2号）：正面一佛二菩萨，佛结跏趺坐于长方形台座上，磨光馒头状肉髻，双领下垂式袈裟在座前形成三层平行的褶纹，内着僧祇支，袈裟内系带打结于胸前，圆形项光残，项光周原饰有小龛一周，里面内容不清。二菩萨头戴宝冠，宝冠两侧缯带下垂及肩。两臂上似有飘带下垂，下着裙。造像石背面光洁无纹（图八）。

　　背屏式坐佛造像（3号）：正面一佛二菩萨，佛结跏趺坐于亚字形台座上，磨光馒头状肉髻，双领下垂式袈裟，袈裟紧贴腿部下悬于座前形成两道平行的波浪纹。佛头后饰莲花，有圆形项光，项光上方饰两朵莲花和三个飞天，飞天衣带飘起飞呈环状。右侧菩萨着交领广袖袍，磨光高发髻，左侧菩萨残。佛座侧二狮护卫。造像石光洁无纹（图九）。

　　造像残石（1号）：仅存底部，从残存脚部看，正面应为二佛及菩萨、力士等组合，佛像衣襟下摆向两边飘起，佛座前有一地神托一物，此物两侧各有供养人两个。造像石两侧各雕一神王，神王两腿间挂一长棒状物。

　　背屏式坐佛造像（5号）：上部残，正面一佛、二菩萨、二力士，佛结跏趺坐于亚字形台座上，胸以上残，双领下垂式袈裟，袈裟内系带打结，袈裟下摆在座前形成四层平行的波浪纹。二菩萨风化严重，衣纹不清。佛座侧二狮护卫，座前刻六个供养小人，二力士分别立于一像背上，力士胸前戴桃形项圈，肩饰璎珞，胸前肌肉发达。造像石两侧各刻一戴冠立像，腰束带，后有项光，衣纹风化已看不清。

图七　商业街天监十年释迦像

　　背屏式立佛像（7号）：背屏式立佛造像，正面一佛、四菩萨、二力士、四弟子，佛立于覆莲圆台上，磨光馒头状肉髻，双领下垂式袈裟下摆向两侧飘起，内着僧祇支于胸前系带打结，结带外垂于袈裟上。佛头后有项光，项光中心为盛开的莲花，外围饰飞天、宝塔、佛传故事等。菩萨均头戴宝冠，肩饰璎珞，披帛在腹前呈"X"状交叉，交叉处饰宝珠。力士肩饰璎珞，胸前戴桃形项圈，披帛与菩萨同。佛座侧刻二狮并二训狮人。造像石两侧各雕一神王，着短袍，双手拄一长棒状物。造像石后光洁无纹（图一〇）。

　　造像残石（9号）：造像残石，从残存的部分看，正面原为一佛、四菩萨（或五菩萨一弟子?）、二力士，佛立于覆莲圆台上，螺髻，双领下垂式袈裟，内着僧祇支胸前系带打结袈裟下摆向两边飘起，菩萨头戴宝冠，冠侧悬带，肩饰璎珞，披帛在腹前呈"X"

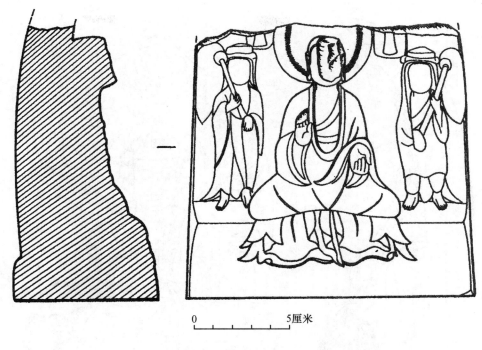

0　　　　　　　5厘米

图八　商业街 2 号造像

状交叉，交叉处饰珠。佛座侧护卫二狮，座前刻八个供养小人，造像石的两侧各有一像。像后有二着窄袖短袍的神王，双手拄一长棒状物。

　　背屏式造像（4 号）：正面一佛二菩萨，佛结跏趺坐于亚字形台座上，磨光馒头状肉髻，双领下垂式袈裟在座前形成三道平行的褶纹，内着袒右僧祇支，僧祇支外系带打结。头后项光残，佛头后项光的中心饰莲花，绕莲花有化佛一周。菩萨头戴宝冠，宝冠两侧宝缯下垂，披帛从肩部下垂呈"W"状交于腹前，交叉处饰宝珠，双臂飘带下垂，长裙贴于腿上。佛和菩萨贴金痕迹尚存。造像石背面光洁无纹（图一一）。

4. 四川茂县南齐永明元年造像

　　有铭文和纪年，20 世纪 20 年代出土。实为一无量寿佛与弥勒佛造像碑，碑正面上部雕千佛，下部弥勒坐于帐饰内，佛座下刻壸门，壸门内刻"比丘法爱"、"比丘法明"二供养像。背面无量寿佛立于帐下莲台上，帐左上方有山中坐禅像，下有"时镇主性庄丘□部亦值□福愿□同"铭文一行。左侧面上刻双佛，下刻山中坐禅，再下为永明元年造像铭，再下又为菩萨立像和山中禅僧。右侧上为双佛，下为山中禅僧，群山侧刻"诸行无常，是生灭法，生灭灭已，像灭为乐"铭文，禅僧侧刻菩萨立像[8]。

5. 成都彭州市龙兴寺造像

　　1994 年在拆除彭州市内龙兴古塔时，于塔内及地宫中发现了数十躯石刻造像，其中

图九　商业街 3 号造像

一件为梁中大通年间造释迦双身像（有人释为中通五年，即 533 年，实物现已看不清）。该像为背屏式，上部和左右两侧均有一些残损，正面二佛、三菩萨、二弟子、二力士，二佛并立于二覆莲圆台上，均着双领下垂式袈裟，内着僧祇支系带打结结带垂于袈裟内，袈裟在胸前形成六道平行的弧纹。头部稍残，后饰莲瓣，莲瓣外有尖桃形举身光。二佛间后侧立一菩萨，后有舟形举身光，头戴冠，冠侧悬饰带，饰项圈，颈部有蚕节纹，腹前璎珞相交。二佛左右侧靠后各侍立一弟子、一菩萨，此二菩萨头残，裸上身，戴项圈和臂饰，颈挂长串珠链及于膝下，胯部系布成裙。二力士均残，仅存双脚。背面上刻释迦涅槃、树下礼佛等故事。两侧刻骑马越城等佛本传故事[9]。

6. 四川省博物馆藏北周天和四年（569 年）

　　释迦造像：单体释迦坐像，通高 33.5 厘米，释迦结跏趺坐于亚字形须弥座上，低平肉髻，着双领下垂式袈裟，内着僧祇支于胸前系带打结。袈裟稍悬于座前。佛座下有一

图一〇　商业街 7 号造像

方形基座，基座前方刻二壶门，门内各雕一狮。基座另三面均刻造像铭文[10]。

以上造像有相当一部分没有详细资料发表，有的原始资料已经流散，给研究工作带来了很大的不便。最近成都西安路和商业街造像资料的整理和发表使研究工作得以深入。现存成都地区出土的南朝佛教造像有近百件，其中 24 件有铭文和纪年，分造像碑、圆雕单体造像和背屏式造像三种形式，内容主要有弥勒、无量寿、释迦、释迦多宝、释迦双身、阿育王、观音等，组合形式除单体外，有一辅三身、一辅五身等多种。质地以红砂石为主，也有部分青石。

此外本文对成都南朝佛教造像进行分期研究时可以参考比较的资料有：绵阳平阳府君阙梁代造像；重庆市博物馆藏成都南朝造像；四川大学博物馆藏梁中大通四年释迦像和梁太清三年释迦双身像；苏州鼾溪县莲池庵旧藏梁中大同元年慧影造小型释迦造像；宋元嘉十四年韩谦造铜像；宋元嘉二十八年刘国之造像等传世青铜造像。另有南京栖霞山千佛岩龛像、浙江省新昌宝相寺石窟造像，前者开凿时间在南朝齐梁间，后者开凿时间为梁代。在四川广元千佛崖发现有北魏的石窟寺造像；广元城区内也曾发现有北魏时期石刻造像，其中一件为北魏延昌三年释迦像。另外在成都宽巷子基建施工中曾发现有

0   5厘米

图一一　商业街4号造像

三件大型佛头像（此三件佛头像据鉴定为南朝作品，均螺髻，嘴角有胡须颈下有插孔，复原高度当在5米以上，实物现藏成都市文物考古研究所）。

三、成都南朝造像的特点和分期

从已发现的资料看，成都的南朝造像以当地山区所产的红砂石为主要原料，有部分青石。红砂石质地柔软，容易雕刻，所以这个地区的造像雕刻非常精细，衣纹细腻流畅。上述资料多涂彩贴金，齐以前的佛像还保留了部分少数民族人物特征，肩部宽厚，身材魁伟，齐以后佛、菩萨脸呈扁圆形，特别是菩萨，头戴宝冠，悬饰缯带，端庄秀丽，完全是当地少女的模样。齐末在成都以西的茂县出现了中国最早的汉族式佛装——褒衣博带的双领下垂式袈裟，随后这种袈裟在四川大量流行，并迅速风行全国，成为梁以后中国主要的佛像服式之一，这是佛教中国化的结果，这种汉族式的佛装首先出现在川西地区，说明以成都为中心的四川地区在佛教东传和其汉化的过程中有着非常重要的地位。造像石或碑两侧、背面或下部，常刻山中禅僧、挂长棒状物的神王、树下成佛等。造像的内容早期以无量寿、弥勒、观音为主，多一辅三身式组合，以后弥勒像渐少，观音、释迦像增多，风格和组合前后也有所变化。为研究方便，根据这些特点的变化并结合纪年，可将成都及其周围地区已出土的南朝石刻造像分为三期四段。

第一期从刘宋元嘉到齐建武年间，目前发现最早的是刘宋元嘉二年的净土变石刻，因资料流失已不太清楚其全貌（仅《成都万佛寺石刻艺术》一书中有其背面拓片），所以这一期现存实物主要以齐的纪年造像为依据。齐代造像有纪年的主要有：齐建武二年（495 年）荆州道人释法明造观世音像（观音着佛装，成都商业街出土）；齐永明元年（483 年）释慧嵩造弥勒佛、无量寿佛像（茂县出土）；齐永明八年（490 年）比丘法海造弥勒像（成都西安路出土）。另外成都商业街 3 号造像从风格和组合看应该属于第一期（图一、图六、图九）。

第二期可分为前后两个阶段，第一阶段从齐末到梁武帝天监年间，这是一个过渡阶段，有纪年的主要有天监三年（504 年）比丘释法海造无量寿像（成都西安路出土）；梁天监十年（511 年）佛弟子王□造释迦石像（成都商业街 8 号造像）；另外商业街 2 号和四号造像也应属于这一阶段（图五、图七、图八、图一〇）。

第二阶段为梁武帝普通年间到太清以前，这一阶段造像最多，有纪年的主要有：梁普通四年（522 年）康胜造释迦立像[11]；梁中大通五年（533 年）上官法光造释迦文石像[12]；梁中大通年间（529 ~ 534 年）尹文宣造释迦双身像[13]；梁中大同三年（548 年）比丘法爱造观音像[14]；梁大同三年（537 年）侯朗造立佛像[15]；梁大同十一年（545 年）佛弟子张元造释迦多宝像；梁中大通二年（530 年）比丘晃藏造释迦石像[16]；梁中大通元年（529 年）"鄱阳王世子造"释迦立像等[17]（图二、图四）。

第三期，梁末太清以后到西魏、北周时期，主要有梁太清五年（551 年）佛弟子柱僧逸造阿育王像[18]；北周保定二年至五年（562 ~ 565 年）益州总管柱国赵国公招造阿育王像[19]；北周天和二年（567 年）弥勒菩萨像[20]；北周天和四年造释迦像（569 年，实物现存四川省博物馆）（图三）。

以上多为有确切纪年的造像，另有一些可确知为梁代的遗物也一并进行了分析研究，从中我们可以看到从南朝宋齐到梁、北周时期，佛教造像的雕刻风格、题材内容、组合形式以及佛、菩萨的衣服、发式的变化均有一定的规律性。

第一期造像组合多为一佛二菩萨，主尊以弥勒像最普遍，也有观音。弥勒大都坐于"亚字"形台座上，与胁侍相比，主尊显得特别高大，磨光馒头状肉髻，有的后有莲瓣形头光，颈部光滑，内着僧祇支，胸前系带打结，外着褒衣博带式袈裟，衣纹下坠在座前形成三瓣式悬裳座。座侧常有二狮。佛左右两侧的菩萨显得特别小。菩萨立于圆形平台上，头上挽髻或戴冠，披帛在腹前呈"X"状交叉，下着羊肠裙。这一时期佛和菩萨的脸都较圆润，额头平而宽，佛像背后装饰较简单。从正面看佛像肩宽平，从侧面看厚而浑圆，身材显得较粗壮，衣服虽已完全汉化，体形却保存了早期青铜造像粗壮的风格，如齐建武二年商业街 6 号造像。同时有的佛像出现了秀骨清像的趋势，如西安路永明八年造像，佛像颈部光滑细长，额虽较宽，但脸已显瘦长。商业街 3 号造像脸圆额宽，肩也较平直，姿势和造型与早期青铜佛像极相近，身后两侧的菩萨也是头挽高髻，身着俗装，佛背后的三个飞天飞呈环状，座侧狮子鬃毛直而长，悬于座前的衣纹类羊肠纹，整个造型显得很古朴，表现了较早的特征，但从侧面看佛的身体却显单薄，已出现了清瘦的迹象。造像石背面有两例刻交脚弥勒坐于房形龛中（永明八年和建武二年造像），其余均为素面，部分下部刻铭文。齐建武二年造像正面的佛菩萨及背面交脚坐菩萨等与永明八年的弥勒像极相近，但铭文却记为"观世音"成佛像，这与第三期的观世音形象完全不同，而与这时期大量流行的弥勒像却如出一辙。

　　第二期第一阶段造像组合多为一佛二菩萨，出现了一佛四菩萨的组合，开始出现螺髻。这一阶段为典型的秀骨清像型，佛像分为立式和坐式两种，坐像如商业街 2 号和 4 号造像，均为磨光的馒头状肉髻，圆脸斜肩，手脚纤细，内着斜领衫，外披双领下垂式袈裟，悬裳座前衣纹形成三道平行的波状纹。与前期相比有了较大变化，看不到早期那种健壮的造像。佛像背后装饰仍然很简单，但较前期已显复杂。天监三年造像佛背后及两侧用变形莲花作装饰，天监十年造像佛背后已有简单佛传故事。立佛多立于覆莲莲台上。内着僧祇支于胸前系带打结，外披袈裟，衣纹下摆和袖口向两边呈尖角状飘起呈迎风站立状。菩萨或立于圆形平台上、或立于平地上、或立于仰莲圆台上，均头戴宝冠，肩饰璎珞，宝冠两侧缯带下悬。披帛在腹前呈"X"状交叉打结。立佛后的装饰稍复杂，除简单佛教故事，还出现了众多的飞天，飞天面向主尊，飘带向后飞起，形似主尊的尖桃状举身光，与上一期的飞天造型和衣饰都不相同，这种造型的飞天式样在一个阶段非常流行，部分佛和菩萨颈部出现了蚕节纹，显示了梁武帝初期张僧繇画风对成都造像的影响已经出现。造像石后面上部一般都刻有供养人，下部刻铭文，也有素面无纹者。

　　第二期第二阶段造像最丰富，可说是成都南朝造像的高峰期，造像组合正面多为一佛、四菩萨、四弟子、二力士，有的造像石的两侧面还各雕一神王像，也有一佛、二菩萨、二弟子或一佛五菩萨、一佛三菩萨，二佛、三菩萨、二弟子、二力士等多种组合。释迦双身像是这一期的新特点，同时出现了大量的单体造像，且许多单体造像与真人一样大小或比真人更大，单体造像中立像最多，也有坐像，内容有弥勒、释迦、观音、释迦双身、释迦多宝等，与前期相比发生了很大变化。佛像除了磨光馒头状肉髻外，还大量流行螺髻。造像衣纹和组合都很复杂。仍然流行通肩褒衣博带双领下垂式袈裟，袈裟内系带打结，打结方式多种。同时还大量流行通肩式袈裟，通肩式袈裟分圆领和鸡心领两种，通肩式袈裟有的如曹衣出水，紧贴身体，在前面形成几道平行的圆弧纹。有的衣纹繁密，折纹偏于一侧，稍显臃肿。与前一阶段相比，小型造像中的立佛多显得身长腿短，菩萨身上的璎珞增多。造像内容更加复杂化。佛的项光和造像石的背面一般都有浅刻佛传故事如树下成佛、涅槃、骑马越城或七佛等作装饰。且座前常刻一排供养小人，小人多着胡装。大型造像多为单体造像，头多佚失或遭破坏，从万佛寺出土的大量头像看，这些大像应是以螺髻为主，着双领下垂式袈裟或通肩式袈裟，其中一些坐像外披袒右偏衫（如《成都万佛寺石刻艺术》图十三）。

第三期，为上一期的延续，流行身着通肩袈裟的阿育王造像，造像比上一期明显减少。特别是多像成组的背屏式造像形式大大减少，单体的释迦佛像和菩萨像十分流行。菩萨满饰璎珞，身材优美，如天和二年弥勒菩萨像，倚坐于亚字形台座上，脚穿草鞋，分踏于莲花上，与前期胁侍菩萨相比，身上珠饰增多，腿上及腹部原垂披帛，这时已变为宝珠璎珞，以前菩萨身上仅见披帛和裙子，这尊菩萨满身的珠饰和璎珞却特别引人注目，身体曲线较突出，呈现出向隋唐时期菩萨形象过渡的趋势。北周天和四年释迦像，螺髻低平，这是北周造像的特征之一，悬于座前的双领下垂式袈裟褶纹已不像先前那样层层重叠，护卫的二狮已从佛座侧移到座前的壸门内，雕刻手法也较简练（表一、表二）。

表一　成都南朝造像分期简表（参见图片）

名称	代表造像	题材和组合	佛	菩萨
第一期	建武二年观音像，永明八年弥勒像，商业街3号造像，永明元年造像碑	观音、弥勒和无量寿，一佛二菩萨，背屏正面饰化佛和二到三个飞天，背后素面或坐交脚菩萨	结跏趺坐于亚字形或长方形台座上，磨光馒头状肉髻，双领下垂式袈裟，平肩浑圆	立于圆台上，头顶高髻，有的戴莲花冠，肩披宽大的披帛，下着百褶长裙，帛带呈X状交叉
第二期前段	天监三年无量寿像，天监十年释迦像，商业街2号和4号造像	无量寿、释迦，多一佛二菩萨，出现了一佛四菩萨，背屏上开始出现简单佛传故事	立于覆莲圆台上或坐于平台上，多磨光馒头状肉髻，双领下垂式袈裟，斜肩，身体单薄	头戴花冠，侧悬饰带，立于平地或仰莲圆台上，披帛在腹前呈W状交叉，交叉处挽结
第二期后段	中大通年间释迦双身像、大同十一年释迦多宝像、中大通二年释迦像、大同三年侯朗造像，普通四年释迦像，中大通五年释迦像，中大同三年观音像，中大通元年释迦像	释迦多宝、释迦双身、释迦、观音、三佛、阿育王、一佛四菩萨四弟子二力士、二佛五菩萨二弟子二力士及单体造像等多种形式	螺髻，斜肩，双领下垂式袈裟或通肩袈裟，颈部有蚕节纹，多为立像，有莲座，背屏前后均饰佛传故事和众多飞天	头戴宝冠，立于圆形莲台上，肩悬璎带，帛带呈W状挽结交叉，裙子紧贴腿部，形成弧状褶纹
第三期	太清五年阿育王像，宝定年间阿育王像，天和二年弥勒像，天和四年释迦像	阿育王、弥勒菩萨、释迦，多为单体造像	螺髻低平，双领下垂式袈裟或通肩袈裟，佛座前衣襟悬垂部分减少，座下有壸门	两侧垂带，弧状裙纹紧腿部，前面挂饰宝珠璎珞

表二　成都及其周围地区南朝纪年石刻造像及铭文统计表

名称	时间、地点	内　容	铭文内容
弥勒佛、无量寿佛《万佛寺石刻艺术》附图	齐永明元年，483 年（茂县）	造像碑，正面千佛和弥勒佛，背面无量寿与禅僧等	齐永明元年岁次癸亥七月十五日西凉曹比丘释玄嵩为帝主臣王累世师长父母兄弟六亲眷属及一切众生敬造"无量寿"、"当来弥勒成佛"二世尊像愿一切众生发弘旷心明信三宝瞿修十善遭遇慈氏龙华三会蠡豫其昌永去尘结法身满足广度一切共成佛道
弥勒像	齐永明八年，490 年（成都西安路）	正面一佛、二菩萨，背面座交脚菩萨	齐永明八年庚午岁十二月十九日比丘释法海与母为亡父造弥勒成佛石像一躯愿现在眷属七世父母龙华三会希（?）登初首一切众生普同斯愿
观音像	齐建武二年，495 年（成都商业街）	正面一佛、二菩萨，背面交脚菩萨坐像	齐建武二年岁次乙亥荆州道人释法明奉为七世父母师徒善友敬造观世音成佛像一躯愿生之处永离三途八难之苦面都诸佛弥勒三会原同初首有识群生咸将斯誓登果菩提广度一（?）切
无量寿像	梁天监三年，504 年（成都西安路）	正面立一佛、二菩萨，背面立四个供养人	天监三年甲申三月三日比丘释法海奉为亡母亡姊造无量寿（?）石像愿亡者乘此福去离危苦上升天堂与诸贤圣而为眷属广及一切众生等成无上正觉
释迦像	梁天监十年，511 年（成都商业街）	正面一佛、四菩萨，背面简刻礼佛图	梁天监十年佛弟子王　子妻李　女咸割身口获造释迦石像一躯愿过去有亡父母值悟诸佛面睹世尊普及三界五道众生普同斯愿
释迦像《万佛寺石刻艺术》图一、二	梁普通四年，522 年（成都万佛寺）	正面一佛、四菩萨、四弟子，背面佛传故事	梁普通四年三月八日弟子康胜发心敬造释迦文石像一躯愿现在眷属常安隐舍身受形常见佛闻法及七世父母合一切有形之类普同此愿早得成佛广度一切
释迦像《万佛寺石刻艺术》图四、五	梁中大通五年，533 年（成都万佛寺）	正面一佛、四菩萨、四弟子、二力士，背面礼佛图	中大通五年正月十五日上官法光为亡妹令玉尼敬造释迦文石像一丘愿令玉尼永在生处生西方无量寿国舍身□形常见诸佛同真出家及现在眷属六亲中（表?）一切仓生并同此愿
释迦双身像	梁中大通年间529－534 年，（彭州龙兴寺塔内出土）	正面二佛、三菩萨、二弟子、二力士，背面释迦涅盽图等	梁中大通□年正月廿三日弟子尹文宣为亡妇梁敬造释迦双身像一躯愿现在父母兄弟眷属及过去七世先祖值生西方面睹诸神普为六道四世咸同斯福
观音立像《万佛寺石刻艺术》图六	梁中大同三年，548 年（成都万佛寺）	正面五菩萨、四弟子、二力士，背面佛传故事	中大同三年二月七日比丘法爱奉为亡□兄及现在□□敬造官世（音?）菩萨一躯□□愿游神净土□□兜率供养□佛现有眷属□□所常□□□三□□□□切众生普同□□
圆雕立佛像（旧称侯朗造像）《万佛寺石刻艺术》图十	梁大同三年537年（成都万佛寺）	圆雕大立佛像	大同三年岁次丁巳八月甲子□□

名称	时间、地点	内容	铭文内容
释迦多宝并坐像	梁大同十一年，545 年（成都西安路）	正面释迦多宝二佛及五菩萨、二弟子、二力士，背面礼佛图	大同十一年十月八日佛弟子张元为亡父母敬造释迦多宝石像并借兹功德愿过去者早登瑶土奉睹诸佛现在夫妻男女一切眷属无诸障碍愿三宝（应）诸夫自（身）
释迦像	梁中大通二年，530 年（成都西安路）	正面一佛、四菩萨、四弟子、二力士，背面礼佛图	中大通二年七月八日比丘晃藏奉为亡父母敬造释迦石像一躯借此善因愿七祖先灵一切眷属皆得离苦现在安隐三界六道普同斯愿
圆雕释迦立像《万佛寺石刻艺术》图八	梁中大通元年，529 年（成都万佛寺）	圆雕大立像（旧说鄱阳王世子造像）	中大通元年太岁已西借莫姥安□郑□（兴）景光（太）景焕母子侍从都阳世子西止于安浦寺敬造释迦像一丘此功德（愿）六世（因缘）□□净土面睹贞（像）习□□得早成（员）智照现在景光母子及一切眷属百命延远善缘果遂三障永除八苦长灭生生世世母子同会与□□和□□广（修）□□与一切众生等成佛果
圆雕阿育王像	梁太清五年，551 年（成都西安路）	圆雕立像	太清五年九月三十日佛弟子柱僧逸为亡儿李佛施敬造阿育王像供养愿存亡眷属在所生□（值）佛闻法早悟无生亡□因缘及六道含令普同斯誓
阿育王像《万佛寺石刻艺术》图九	北周保定二年至五年，562 至 565 年	大立佛像（成都万佛寺）	益州总管柱国赵国公招敬造阿育王像一躯
菩萨像《万佛寺石刻艺术》图十七	北周天和二年，567 年（成都万佛寺）	圆雕菩萨坐像	铭文已看不清
释迦像	北周天和四年 569 年（四川省博物馆藏）	圆雕释迦坐像（佛坐左右及后面三方刻造像铭文）	征东将军右金紫光禄像主都督车元达妻韦凤皇息僧伽次息万岁次息千年 父佰猥散骑常侍黄门侍郎母相州平维郡君彭真珠亡弟显周 天和四年岁次乙丑六月巳未（朔）车元达造释迦像一区今崇（以）就又愿师僧父母兄亡神升现在长寿法界有形一时成佛
释迦《万佛寺石刻艺术》图版十六	普通六年，525 年（成都万佛寺）	正面一佛、四菩萨、二弟子、二力士	普通六年岁次乙巳□月八日佛弟子□宜□公姥为过去亡人□□敬造释迦石像一躯愿（女）永离三塗恒受乐公姥男女眷属值佛闻法宣□大乘一切众生咸同斯福
释迦？	中大通三年，531 年（成都万佛寺）	正面一佛、四菩萨、四弟子二力士，背面残，存供养人和比丘	中大通三年十二月八日弟子李项□敬造此像愿□在眷属诸烦惚离苦护安一切众生咸同此福

续表

名称	时间、地点	内　容	铭文内容
释迦像	中大通四年532年，（川大博物馆藏，成都出土）	正面一佛、四菩萨、四弟子、二力士，背面供人和比丘	中大通四年八月一日繁东乡齐建寺比丘释僧镇发心敬造释迦石像一躯愿生生世世（因真）出家离一切苦得一切乐过去者升天现在者安隐无诸障（碍）广及六道普同此愿为亡父母造
释迦双身像	太清三年，549年（川大博物馆藏，成都出土）	正面二佛、一梵王、二菩萨、四弟子、二力士	太清三年七月八日佛弟子丁文乱为亡妻苏氏敬造释迦双身尺六刑石像一丘愿亡妻并及七世永离幽苦常往西方净土现在儿□安隐□诸灾愿一切众生普同斯愿
	天监十六年，511年		陈庆之造铜观音像铭：大梁天监十六年岁在丁酉十二月初八日佛弟子陈庆之敬造观音铜像一区上为七世父母同生佛国一切眷属咸同斯福（原供于成都万佛寺，今不详）※
	大通元年，527年		敬猷母子造像残石：□□□□一切□□□成此功德□□身七世因缘□神净土一切眷属永除□苦母子同会共往西方早成佛果大通元年敬猷母子造（原出成都万佛寺，今不详）※
	梁大同七年，541年		萧纪造弥勒像铭：梁大同七年太岁辛酉六月乙未朔十三日庚辰武陵王萧纪为亡母敬造弥勒一躯供养兴国寺上为皇帝（陛）下国土康宁兵灾永息为（愿）七世父母乖出六尘道生（佛）国早登净境现存眷属常（与）善□一切众生咸同斯福※

注：表中有"※"符者均摘自四川大学出版社出版，高文、高成刚编《四川历代碑刻》。

四、关于成都地区南朝造像的渊源及其他

1. 成都地区造像的渊源

历史上，东汉以后，以成都为中心的四川地区，以长安、洛阳为中心的中原地区和以建康一带为中心的南朝地区分属不同的统治集团，形成三足鼎立之势。280 年西晋统一全国，16 年后，西北流民入川，大量集结四川，并于 302 年在成都建立了独立的成汉政权，成汉政权在成都统治几乎长达半个世纪，到 347 年东晋大将桓温灭成汉时，长江中下游地区的汉族政权东晋已立国近 30 年，北方中原地区则早已陷入五胡十六国分裂时期，其间北方连年争战，成汉政权在成都的统治却相对稳定。373 年，成都地区在归属东晋 25 年后，来自北方的少数民族政权前秦又攻取了蜀地，并占有了黄河流域和长江上游的广大地区，四川包括成都在内的大部分地区又由北方少数民族政权前秦所控制。383 年，前秦进攻东晋失败，前秦内部瓦解，不久成都又陷入割据者手中。413 年东晋大将刘裕在称帝前派部将从割据者谯纵手中收回成都，以后成都才又归属南朝的刘宋政权，此后成都一直属南朝，直到南北朝后期。548 年，梁朝发生侯景之乱，梁中央政权掌握在侯

景手中，各地的萧氏宗族并不执行其号令，其所立废的皇帝、年号等都得不到承认。当时萧纪在成都，一直使用旧的"太清"年号，并于551年在成都称帝，脱离了中央政权，553年（南朝梁承圣二年）西魏又夺取了蜀地，后来北周统一了北方，556年北周控制了成都，南朝政权从梁末以后再没收回过成都。直到581年隋统一。因此，从表三中我们可以看出，成都地区是在413年东晋汉族政权在长江中下游地区统治已达近百年后才真正归入其版图的，在东晋、南朝统治长江中下游地区的264年（317～581年）中，成都地区只有130多年的时间连续归属其版图（347～373年，413～551年），有将近一半的时间或属少数民族控制，或归北朝政权，或独立于南北政权之外，在归属南朝时也一直处于其边远地区，川西、川北一些地方并未划入南朝的版图，所以，四川地区的归属情况很复杂，与长安、洛阳为中心的中原地区和以建康为中心的南朝地区的历史背景完全不同。

地理上，成都位于西南的四川盆地中，它与洛阳、长安为中心的中原地区和以襄阳、建康为中心的长江中下游地区相比处于相对独立的区域，它比长江中下游地区更靠近佛教东传的必经之地西域和河西，与西域和河西的交通比长江中下游地区更便利、更直接。在北方陷入争战时，它甚至是中原与西域交往的通道。

因此，以成都为中心的四川地区佛教造像和全国各地一样在传来初期均是依样模仿，与其他地区造像并无多大差别，后来逐渐发展成熟并开始中国化、地方化，这时地域和文化的原因才使其形成了独具特色的造像，基于以上认识，我们可以清楚地找到四川南朝造像的渊源。四川从地域和文化上看与西北和长安都更接近，而与建康相对较远，在南朝宋齐以前受建康的影响也相对较小。从上面的分期中可以看到，现在已发现的成都南朝造像中早期佛像还比较粗壮，服饰、脸形虽已全部汉化，但体格却与北方太和改制以前的造像有些相像。这种粗壮的风格我们可以看到在云冈石窟、麦积山石窟、炳灵寺石窟、敦煌莫高窟等河西和中原地区的石窟寺造像中太和改制以前相当流行，如麦积山和云冈等石窟中的佛像早期肩部宽厚，显得非常健壮。李静杰先生的《早期金铜佛谱系研究》中也考证了早期南北造像没有区别，杨泓的《试论南北朝前期佛像服饰的主要变化》一文将后赵建武四年（338年）、南朝元嘉十四年（437年）、元嘉二十八年（451年）、北魏太平真君四年（443年）等南北各地有纪年的早期青铜造像进行比较研究，同时结合了同期一些无纪年的造像，也认为早期（十六国初期到北魏和平年间和南朝宋元嘉年间）我国佛教造像南北没有差别，造像特征彼此一致，是犍陀罗艺术和我国传统的汉代雕塑艺术相结合的产物。而我国犍陀罗风格的造像多是从西域传来的。因此成都南朝造像中这种粗壮的风格当来源于西北。同时，从造像内容和形式上我们可以看到，成都南朝造像第一期中的交脚弥勒菩萨在凉州地区5世纪上半叶的石塔中相当流行，佛像背后所饰的七佛题材也是最早出现于北凉石塔，且在北方石窟中一直很流行。我们不仅可以从西北的造像上直接找到成都地区南朝造像的渊源，同时从前述地理交通、历史背景和文化传统上也存在这种可能性。杨泓先生在研究北朝前期佛像服饰的变化中也强调了这一点，他说"在当时北魏各地造像中，例如敦煌、麦积山等，各地的石窟艺术里，这一阶段的造像都有着斜披式服饰的造像，但是由于它们位于不同地区，在作风上也呈现出各自不同的风格和特点。例如敦煌，由于处在东西交通的枢纽处，因此在接受外来影响方面，就有着与云冈等地不同的表现，在披通肩式服饰的塑像中，除了衣纹中垂的以外，也有向右侧偏垂的，如259窟的塑像就是如此。而麦积山，由于当时关陇地区和四川地区交往较密切，作通肩式服装的塑像，从面型到衣纹等方面就与南朝元嘉鎏金造像更为肖似"。因此总的来说，成都造像这个时期受到来自西北的影响更多，与中原和西北的交往比之于江南似乎更密切，特别是早期中国佛教往往是从西域东来的，四川的佛教也不应例外，在两晋和南朝初年与长江下游民族文化差异仍然存在的情况下，其佛教思想和形象所受的西来的影响不可能消除。即使到了南朝梁，其时建康来的佛教思想已大量影响四川，其早期的传统仍然可见。如成都西安路出土的阿育王像在永靖炳灵寺最早的169窟中就可找到与之极相似的塑像，类似成都阿育王像的八字胡和宽巷子佛头嘴角边的小胡子在西北的佛像中是很普遍的。因此在归属南朝后短期内其受西北的影响和本身的文化传统不可能立即消失，所以成都南朝早期造像中反映出一些西北的特征是很正常的。

以建康为中心的南朝自晋室南渡以后，已形成清谈玄学的中心，其审美观大受影响，崇尚飘逸清瘦，名士贵人都穿着宽袖大袍，四川在归属南朝后不久也受到了这种风气的影响，所以在成都南朝佛教造像的第一期稍晚即出现了趋于清秀的形象，这种风格来源于建康，是典型的南朝风格。到南朝齐梁间，南朝在建康的政权控制成都已久，成都接受其影响渐深，因而在这时出现南朝流行的风格是必然的。成都南朝造像的第二期第一阶段主要在齐末到梁武帝天监时期，这时四川受建康的影响而流行"秀骨清像"的风格，佛像均细颈宽衣，双肩下削，一副病弱清瘦的样子。天监以后情况发生了一些变化，由于梁王朝上下崇佛达到高峰，朝廷上下造像成风，朝廷与四川的联系更多，曾派诸王到各地做官，当时诸王有带着高僧随同前往的习惯，如梁武帝的第八子萧纪就曾到过成都，并带来僧人，对成都佛教产生了较大的影响，《续高僧传》卷六载："释僧韶，……梁武陵王出镇庸蜀，闻彼多参义学，必须硕解弘望，方可开宣，众议荐举皆不合意，王日忆往年法集有伧，僧韶法师者乃堪此选耳，若得同行，想能振起边服。便邀之至蜀，于诸寺讲论，开导如川，……于时成都法席恒并置三四，法鼓齐振，竞敞玄门，而韶听徒济济，莫斯为盛。"其实这时梁朝全国均受到来自建康的影响，各地均流行秀骨清像的南朝风格。此时北方正是太和改制以后，大量推行向南朝学习的政策，因此这种秀骨清像的风格也大量影响了北朝北方从炳灵寺到麦积山、龙门都流行这种风格。同时梁代海上的交通也增多了，梁武帝时从海上来的扶南波斯等国多次遣使献方物[21]，同时南来的僧人日益增多，从海上诸国带来了大量经像，在建康佛教经像都受到了这些影响，一些新的风格开始流行。这时人们的审美观又受了张僧繇画风的影响，造像也因而在纤瘦的形象上加上了"张得其肉"的感觉，因此到第二阶段后出现了大量的身着通肩袈裟，前面衣服褶纹偏于一边，体形稍显臃肿的新形象，同时前一阶段纤瘦的佛、菩萨到这一期变得脸圆而有肉，颈部出现了蚕纹，造像组合及题材内容都发生了较大变化，这些变化与建康的影响有关。

　　稍晚开始大量流行阿育王造像。阿育王像的传入应与西北有关，因在永靖炳灵寺169窟内发现有与成都551年造阿育王像一样的形象，如前所述，阿育王所着通肩袈裟紧贴身体，衣纹在胸前形成多道平行的褶纹，脸颊瘦削，嘴角有两撮小胡子，这在西北是很流行的做法，在从西北传来的犍陀罗式造像中这种衣纹也不鲜见。梁代晚期成都出现的那种身着通肩式袈裟褶纹偏于一边的佛像在炳灵寺等西北石窟的早期造像中也可看到，但成都的这种造像褶纹繁杂，稍显臃肿，可能受到来自建康风格的影响。因梁代海上交往已经很频繁了，从海上来的佛教经像和传教僧人很多，与四川联系密切，这时成都地区的佛教及其造像的风格受到多种因素的影响，渊源问题比较复杂，应该说是多元的，而非单是来自某一方面的因素，这与梁以前的情况不能同日而语。梁代四川虽远离海路，但梁王朝对四川的控制比前代更强，来自建康的影响应该说超过了西北和中原，随萧纪等官员入蜀的僧人对成都佛教的影响，使这里的造像从风格到内容都发生了一些变化。另外远在西北的于阗、河南诸国不断遣使向梁王朝献方物，说明武帝时国力强盛，不仅海上交通发达，其影响还远达于西域[22]，武帝之子萧纪在蜀十多年"……西通资陵、吐谷浑"，证明了梁王朝对成都控制的加强。梁王朝与西北诸国的交往当是由河南道经青海或河西、陇南入川，再顺襄阳而下达于建康的。因当时梁与北魏处于敌对当中，常年交战，在与西北的交通中四川显得特别重要，可说是建康通往西北的枢纽。第三期，大量流行前一期出现的身着通肩袈裟的阿育王造像，如西安路太清五年（551）年[23]造像与万佛寺北周保定年间所造阿育王造像[24]，这两尊像服饰完全相同，风格也几乎一致。另外这时还流行单身的菩萨造像和释迦造像，造像的内容和风格都发生了变化。这期造像为前一期的继续和发展，但北周统治四川后，成都的造像受到了更复杂因素的影响，与其他地方一样，产生了一些全国趋于一致的特征，如佛的螺髻低平、悬裳座式袈裟悬垂部分减少等。

表三　佛教传入之初中原、四川、长江中下游地区历史沿革表

时　间	中原地区，以长安洛阳为中心	四川地区，以成都为中心	长江中下游地区，以建康为中心
220~263 年	魏	蜀	吴
263~302 年	魏，西晋	魏，西晋	吴，280 年西晋灭吴
302~317 年	西晋	成汉	西晋
317~347 年	五胡十六国时期	成汉	东晋
347~373 年	五胡十六国时期	东晋	东晋
373~394 年	五胡十六国时期	前秦	东晋
394~413 年	五胡十六国时期	前秦瓦解，陷入混乱	东晋
413~420 年	五胡十六国，北魏	东晋	东晋
420~553 年	五胡十六国，东西魏	南朝宋、齐、梁	南朝宋、齐、梁
553~581 年	东西魏，北周	西魏，北周	南朝梁、陈

2. 造像所反映的信仰问题

从表一的铭文中我们可以看到，一期弥勒像特别多，其次是无量寿。观音以佛的形象出现。二期前段释迦像特别流行，也有无量寿，并开始有释迦涅槃等简单的佛传故事作装饰。后段则大量流行释迦和释迦多宝并坐像，其次是释迦双身像和观音像，并有文殊维摩对坐、涅槃、骑马越城、礼佛和树下成佛等佛传故事作装饰。第三期又以阿育王和菩萨像最多，同时流行释迦像。这种变化是当时信仰变化的一种反映。这与当时整个历史背景相符，在文献记载当中也得到了反映。

宋齐时四川主要流行弥勒、无量寿信仰，这种现象一直到梁初。梁武帝后逐渐变为观音、释迦、释迦双身、释迦多宝，梁后期又出现了阿育王。实物中梁代有一些弥勒像，如栖霞山弥勒大像、新昌弥勒像等，但均是始作于齐，到梁时完成，其思想基础在梁及以前。观世音和阿育王信仰是梁代佛教的特征之一。《无量寿经》从汉末安世高之初译至曹魏康僧会等人的再译、三译均出自中原。初译《弥勒成佛经》、《弥勒本愿经》的译经大师竺法护于泰始二年（266 年）至永嘉二年（308 年）在敦煌、长安、洛阳一线传译经文，后来鸠摩罗什在姚秦长安又再译《无量寿经》、《弥勒成佛经》、《弥勒下生经》等，当时姚秦地区弥勒和无量寿均流行，鸠摩罗什的门下就有信无量寿的[25]。鸠摩罗什对这些佛经的再译反映了姚秦所据的关陇地区对无量寿佛和弥勒下生崇拜的需要。至 418 年，赫连勃勃入长安实行灭佛政策，长安地区道安、鸠摩罗什等所聚名僧星散，许多流入西凉和南方，也有流入四川及与四川交往颇多的陇南麦积山者，如前面提到的释玄高[26]。在西凉的酒泉、武威、敦煌等地发现的北凉石塔多有弥勒形象[27]，实物远远早于四川和其他南方地区。目前发现最早的纪年弥勒菩萨形象就是酒泉发现的北凉承玄二年（428 年）高善穆造石塔上的弥勒菩萨龛像。现存最早有明确纪年的无量寿像是甘肃省永靖炳灵寺第 169 窟中第六龛之本尊像，像上方有"无量寿佛"榜题和西秦建弘元年（420 年）题记。它们均发现于甘陇地区。前面已叙述了关于甘陇地区造像对成都造像的影响，所以成都的弥勒和无量寿信仰当均来源于北方，与西凉和陇南关系密切。宋齐时南方其他地区大量流行无量寿和弥勒信仰也与长安等北方中原地区名僧大量南下有关。

南朝宋齐大量流行弥勒佛和无量寿的同时，北魏则正是兴安复法至迁洛以前，这时北方"佛重禅观，所需形象主要是释迦、三世佛和作证之七佛、决疑之弥勒，以及修法华三昧所思念之释迦、多宝对坐与劝法之普贤，决疑之弥勒末成佛，作菩萨装，交脚坐。弥勒佛则已于龙华树下成道作会，普度人天。南北对弥勒的要求有别，故北方所奉之形象和南方流行的与佛像无异的坐像或立像有显著差别。"[28]在前面的资料中我们已看到以上形象在成都地区几乎都有，而成都地区已发现的第一期造像中弥勒既有最早出现于北方的交脚菩萨形象，又有后来流行于南方的与佛无异的形象。可见成都对弥勒的要求南北兼容。成都造像中之骑马越城、七佛等题材在敦煌、河西炳灵寺等地早已流行。成都发现的维摩文殊对坐像最早在西北甘肃永靖炳灵寺西秦弘建年间的洞窟壁画中可以看到，麦积山西魏壁画上也有同样内容[29]。而据《历代名画记》载，早于麦积山和炳灵寺的东晋时期，南方的顾恺之所画维摩有"清羸示病之容，隐几忘言之状"，创造了当时人物画的新风尚，一时引为美谈。这些都表明成都是建康地区和西北地区文化交往的中转站，其佛教文化到梁代兼容了南北的特点。特别是梁代佛教造像的变化与建康关系尤其密切。

3. 关于"悬裳座"袈裟的探讨

　　佛像身着宽大的双领下垂式袈裟，袈裟悬于座前形成所谓的"悬裳座"的造型，目前许多学者认为最早的就是 483 年四川茂县那尊造像碑上的弥勒和无量寿，其出土地点正好处于四川通往西凉的要道上，许多学者都认为这种服饰首先出现在南朝，是南朝样式。但是，我认为它可能最先就出现在四川，其思想则溯源于北方而非南朝时的南方。

　　首先，如前所述，这种造型据目前的材料看最早出现在四川地区，而且在齐梁间就已大量流行于当地，时间上早于其他地区。目前最早的一例又是在川西，正好处于四川与凉州的交通要道——甘青道上。其次，北方后赵石勒、石虎时期，来自西域的高僧佛图澄对佛教的中国化作出了巨大贡献，他于 314～340 年在中原长安一带传教，深得后赵统治者石勒、石虎父子二人的信任，成了国师级人物，经常出入宫中，为石氏父子二人出谋划策，享受优厚的待遇。他深知中国的传统道术，并用之传教，使佛教在传播的过程中进一步中国化、世俗化。石虎曾下诏说："和尚国之大宝，荣爵不加，高禄不受，乐禄匪顾，何以旌德？从此以往，宜衣以绫锦，乘以雕辇。朝会之日，和尚升殿，常待以下，悉助舆，太子诸公扶翼而上，主者唱大和尚，众坐皆起，以彰其尊。又敕司空李农旦夕亲问，太子诸公五日一朝，表朕敬焉。"[30] 他受到了极高的崇敬。佛图澄的主要目的是借统治者的势力在中国弘扬佛法，他的这种做法和众多早期来华传教的佛教僧人一样，使佛教在进入中国的过程中其本身发生了很大的变化，以适应中国的国情、适应中国世俗，从而求得自身的发展。这样佛像开始穿上了中国的世俗服装。北魏的法果提出"能鸿道者人主也，我非拜天子，乃是礼佛耳"。与之思想相同，均是强调佛教世俗化的重要性。和佛图澄一样有影响的传教兼译经大师释道安也曾对弟子感叹说"不依国主，则法事难举"[31]。释道安及其弟子也主要活动在北方地区。继佛图澄和释道安之后的鸠摩罗什也是在中国佛教史上有着重要地位的佛教高僧，他来自西域，被吕光所获后成为后凉政权（4 世纪末到 5 世纪上半叶，建立于以今甘肃省武威为中心的河西一带）的军事顾问，在后凉居 16 年后来到长安，成为后秦王朝的国师，后秦王在长安给他提供了两个译经场所，在政府的译经场所中，译经活动不可能不受统治集团的影响。他在译《诸法无行经》时说"贪欲是涅槃，恚、痴亦如是，如此三事中，有无量佛道"，"虽有财宝，心不贪着，乐于圣道，以是之故，虽复富有七珍盈溢，心无希求，名为少欲。"[32] 由此证明了都邑僧侣深入城镇、聚居闹市、随世俗生活的必要性，并为富人们占有物质财富和道德精神进行了辩护和论证。他的行为和佛图澄一样，证明了佛教在传播的过程中入世的重要性。佛图澄、释道安、鸠摩罗什及后来的法果均主要活动于西北和北方地区，尤其是与川陇接近的长安地区。他们与世俗权贵相结合的思想在北方得到了充分的体现，北魏兴安复法之后统治集团大量祈求福田利益，沿袭道武建国之初视如来如当今天子的做法，"诏有司为石像，令如帝身"。北魏时从西北来的高僧昙曜在营建著名的云冈"昙曜五窟"时据说就模仿了当时皇帝的形象。以使传入中原的佛教进一步世俗化，佛像开始普遍穿上中国式的衣服。其实早在十六国后赵前后青铜造像就已着上了中国服装，如后赵建武四年青铜禅定像（338 年）、夏胜光二年佛像（429 年）等均着的是中国式的服装。佛图澄、释道安、鸠摩罗什及后来的法果等佛教大师与王侯相结合的思想对中国佛教，尤其是北方佛教产生了深远的影响。

这时成都地区如前所述，在地域、文化传统、交通条件等方成都更接近于西北和甘青地区，和佛图澄所处的长安地区也较近，从当时的条件看肯定要受其影响。而释道安、佛图澄、鸠摩罗什等佛教思想的领袖均来自西北，与凉土联系颇多，有许多思想直接来源于凉土。成都的佛教受其影响是必然的。既然佛教在传播中佛像已穿上了世俗服装，以成都为中心的四川地区又受到了这种世俗化思想的影响，给佛像穿上当地世俗贵族的服装当是情理之中的事。

比佛图澄稍晚的南方传教高僧慧远在南方也享有盛名，他主张远离尘俗，不敬王者，不着俗装，曾著《沙门不敬王者论》、《袒服论》等文，认为统治者应从礼的角度让步，并强调袈裟、钵盂等僧侣的服章法用是佛教的特殊名器，属于佛教的礼制，而只有这样的礼制才能保障佛教的独立弘法，制约众僧依法寻道。并说"佛出于世，因而为教，明所行不左，故应右袒"[33]。反对沙门与俗人同装，认为右袒是佛教信徒行为端正的标志，能与世俗人显著地区分开来。还说沙门超出"方内"，"遁世遗荣，反俗而动"，不受名教常礼所拘，故需袒右修行，袒右修行有助于达到解脱。并坚定地说沙门是"方外之宾"，不应敬王者。他把出家的世界抬得高于一切，与北方佛图澄、释道安的思想形成鲜明的对比。他的这种思想对南朝佛教影响极大，在南方形成了一个集团，响应的人很多。《弘明集》卷六《谢镇之与顾道士书》中言"修淳道者务在反俗，俗既可反，道则可淳，反俗之难，故宜祛其甚泰，祛其甚泰必先坠冠削发，方衣去食，坠冠无世饰之费，削发则无笄栉之烦，方衣则不假工于裁制，去食则绝情想于嗜味，此则为道者日损，岂夷俗之所制"。他们这种思想要远离俗世，与世俗划清界限，沙门都不准与俗装同，怎可能给佛像披上俗世流行的宽袖大袍？如前所述，成都地区在佛教思想传统和地理交通上与西北和中原更近，存在着给佛像穿上俗世贵族服装的思想基础，同时它在归属南朝版图后，褒衣博带式的南方贵族服饰在这里也应很流行，所以佛像的这种新样式首先在四川出现有它的必然性。

五、结　语

我国佛教最初来源于西域，佛像在传来之初各地无大的差别，到 5 世纪北方以鸠摩罗什为代表的佛教徒在北方进行大量的译经传道，并与北方统治集团相结合，使佛教逐渐中国化、世俗化。而南方自东晋南渡后，一直都盛行佛教初传期的清谈，以慧远为代表的佛教僧团坚持不改初衷，坚决反对僧人与俗世同流合污，主张出家人远离尘俗，不敬王者，使南北佛教产生了差异，佛教形象遂受其影响。5 世纪中叶，北方中原经历战乱和灭法后，佛教大受凉州的影响，始大兴开窟造像，重视禅观，因受凉州佛教的影响，所崇奉的内容和形式均有所改变。以建康为中心的南朝地区直到齐末梁初，佛教均重义理玄谈，梁武以后，因海路交通等诸多原因，佛教形象及内容才发生了较大的变化。而成都地区，从汉末佛教传来之初至南朝末年，情况非常特殊，行政区划上，它时而属北，时而属南，时而处于割据状态，南朝统治的 264 年中，它有一半的时间不在其控制范围内，在归属南朝的时期也一直处于其边远地区，且其西、其北的一些地方还常常属于西凉或北魏等政权，从未完全归属过南朝中央。在民族结构和文化传统上，它与甘陇地区的关系比与中原或南朝中心地区都更近。因此从地理位置和文化因素看，在南北朝及其以前，成都地区与中原和建康地区实际上是三个并立的文化区。从东晋至南朝，因北方战乱，由西域东来者常由凉州南经四川东下江陵，以达江东，而南朝之西去者亦有走此道者。甚至长安去江南也有绕道巴蜀者。因而在佛教东传过程中相当一段时期内，三个文化区中四川有着相当特殊的地位，情况非常特殊，在地理交通上是西北与建康间交通的枢纽，在佛教传播过程中又是凉州地区、长安地区、建康地区等佛教文化中心之外的另一个佛教中心，它的佛教思想及其造像形式兼容了南北佛教的一些特点，既不同于北方，也不同于南方，形成了自己的地方特色。早些时候，受西北的影响，造像渊源在西北，梁以后情况有所改变，受到了多方面的影响，造像渊源是多元的，历史背景和文化因素的改变在造像上均得到了反映，造像的第一期，因受西北文化的影响，造像仍然保持着古朴雄健的遗风；第二期前一阶段受南朝传统审美观的影响，流行一种病态瘦弱的风格；后一阶段因受到来自建康的诸多因素的影响，潇洒飘逸的形象又有了"张得其肉"的风格；第三期因受到来自北方的影响，佛和菩萨的形象又发生了较大的变化。所以研究南朝佛教及其造像成都是非常重要而特殊的地区，它与甘陇地区的关系尤为重要，希望通过对此问题的探讨，能引起学者们对南北朝时期成都地区和南朝其他地区的佛教及其造像的渊源、发展等问题进行深入的研究，以弄清四川乃至整个南方南朝造像的全貌。

注　释

[1]　刘志远等：《成都万佛寺石刻艺术》，中国古典艺术出版社，1958 年；冯汉骥：《成都万佛寺石刻造像》，《文物参考资料》1954 年 9 期；四川省文管会：《成都万佛寺继续发现石刻》，《文物参考资料》1955 年 2 期。

[2]　大部分资料现存四川省博物馆，参看刘志远等编《成都万佛寺石刻艺术》和《四川文物》1991 年 3 期，袁曙光《成都万佛寺出土的梁代石刻造像》。

[3]　刘志远等：《成都万佛寺石刻艺术》图三，中国古典艺术出版社，1958 年。

［ 4 ］　刘志远等：《成都万佛寺石刻艺术》图七，中国古典艺术出版社，1958 年。

［ 5 ］　刘志远等：《成都万佛寺石刻艺术》图十二，中国古典艺术出版社，1958 年。

［ 6 ］　成都市文物考古工作队：《成都市西安路南朝石刻造像清理简报》，《文物》1998 年 11 期。

［ 7 ］　资料现存成都市博物馆。

［ 8 ］　资料现存四川省博物馆。

［ 9 ］　此像现已佚失，仅存图片。

［10］　袁曙光：《北周天和释迦造像与题记》，《四川文物》1999 年 1 期。

［11］　刘志远等：《成都万佛寺石刻艺术》图一、图二，中国古典艺术出版社，1958 年。

［12］　《成都万佛寺石刻艺术》图四、图五。

［13］　彭县出土。

［14］　《成都万佛寺石刻艺术》图六。

［15］　《成都万佛寺石刻艺术》图十。

［16］　成都市文物考古工作队：《成都市西安南路石刻造像清理简报》，《文物》1998 年 11 期。

［17］　《成都万佛寺石刻艺术》图八。

［18］　同［6］。

［19］　《成都万佛寺石刻艺术》图九。

［20］　《成都万佛寺石刻艺术》图十七。

［21］　《梁书·武帝本纪》，中华书局。

［22］　《梁书·武帝本纪》，中华书局。

［23］　太清纪年只有三年，在成都却一直用到五年，参见《文物》1998 年月 11 期，《成都西安路石刻造像清理简报》注释。

［24］　刘志远等：《成都万佛寺石刻艺术》图九，中国古典艺术出版社，1958 年。

［25］　参看任继愈编《中国佛教史》第二卷，中国社会科学出版社，1958 年。

［26］　汤用彤：《魏晋南北朝佛教史》，北京大学出版社，1997 年；宿白：《南朝龛像遗迹初探》，《中国石窟史研究》，文物出版社，1996 年。

［27］　在敦煌市博物馆、武威博物馆都存有这种石塔。

［28］　宿白：《南朝龛像遗迹初探》，《中国石窟寺研究》，文物出版社，1996 年。

［29］　参看文物出版社出版《中国石窟·永靖炳灵寺》，人民美术出版社出版《中国美术全集·绘画编·麦积山等石窟壁画》。

［30］　《高僧传》卷九，《佛藏辑要》第 28 册，巴蜀书社。

［31］　《高僧传》卷五，《佛藏辑要》第 28 册，巴蜀书社。

［32］　转引自任继愈《中国佛教史》第二册。

［33］　《弘明集》，《佛藏辑要》第 29 册，巴蜀书社。

（原载《少林文化研究论文集》，宗教文化出版社，2001 年）

四川摩崖石刻中的阿弥陀佛与五十二菩萨

雷玉华

一、四川的净土造像

阿弥陀佛与五十二菩萨造像是唐代净土造像的一种。净土是佛教宣扬的一种理想投生境界，在那里有天宫楼阁，有各种美妙音乐相伴，佳果成林，粮食自然成熟，所有的生命均从莲花中化生，其主宰是阿弥陀佛，佛教宣称只要念诵阿弥陀佛名号就能除灭一切罪恶，并转生到西方净土中去。这种信仰的普及，使口称阿弥陀佛几乎成了人们日常生活中的习惯行为。净土信仰在我国出现很早，据文献记载，南朝前期在南方传习佛教的高僧释慧远就已在庐山结社，礼拜阿弥陀佛，希望死后往生西方净土。信仰西方净土有许多好处，最大的好处就是死后能往生西方极乐世界，而且死时根据你信仰和修行的程度，会有不同级别的接引仪式。在佛经中有许多相关记载，信徒们为了宣传其教义还编写了许多灵异故事，尤其是唐代，许多专门记载这种灵异故事的书都被收在佛教的《大藏经》中，如《弘赞法华传》、《往生西方净土瑞应传》、《净土往生传》（见《大正藏》第五十一册）等，书中以故事的形式叙述了信徒们因信仰西方净土而得到的大量好处[1]。故事数不胜数，总之是劝人弃恶向善，信仰西方极乐净土，死时由阿弥陀佛亲自接引去西方净土，或者由西方净土世界的菩萨、音乐来迎接，迎接时往往有美妙音乐和香烟相伴，有时还会看到天宫楼阁。

由于西方净土信仰的流行，其造像在石刻造像中也流行起来。

与西方净土信仰有关的佛教造像南朝就有。进入隋唐以后，由于《法华经》等宣扬净土信仰的经典在民间广泛流行，出现了许多反映净土信仰的故事，这些故事又常以经变画的形式表现出来，于是寺院壁画、雕塑及石窟和摩崖龛像中便出现了大量的反映西方净土信仰的内容。这些绘画和雕刻作品中不仅表现出西方极乐世界的主宰阿弥陀佛和其二胁侍菩萨，往往还要表现西方世界的种种美妙场景，如天宫楼阁、伎乐、香花、云烟、莲花化生等。

在四川唐代的摩崖龛像中反映西方净土思想的题材极多，主要有三种表现形式，第一种，单尊阿弥陀佛像或西方三圣造像，西方三圣像一般于龛中仅造出阿弥陀佛及二胁侍菩萨观世音和大势至，在龛窟中就表现为一佛二菩萨像，它们与普通的单尊佛像或一佛二菩萨造像没有什么区别，因此常见的唐代单尊佛像或一佛二菩萨造像若没有铭文，也很可能是反映西方净土思想的造像；还有一些一佛二弟子二菩萨二天王二力士组合的造像也可能属于阿弥陀佛造像[2]。第二种是龛中造出阿弥陀佛及观世音、大势至菩萨，并于龛内环壁雕刻众多小菩萨坐于有茎莲花上，一般有五十二尊，偶有五十三或五十四尊，少数仅雕四十余尊。第三种是龛内雕出阿弥陀佛及观世音、大势至菩萨，其前雕刻莲花化生，龛内左右侧雕出天宫楼阁和经幢，并浮雕祥云、飞天、伎乐、化佛等。为叙述方便，我们称第一种为 A 型，第二种为 B 型，第三种为 C 型，其中 C 型又可分为 C1和 C2 两式。各式主要特征、分布地点及流行时间如上表一所示[3]。

表一

型式		造像内容	龛型	流行时间	主要区域	典型龛像
A		单尊佛像，或一佛二菩萨立像，或一佛二弟子二菩萨二天王二力士等组合	外方内圆拱形双层龛	盛唐为主	四川各地	广元千佛崖 86 号窟
B		一佛二菩萨坐像或一坐佛二立菩萨，周围雕众多小菩萨像坐于有茎莲花中	外方内圆拱形双层龛	唐贞观至开元年间	巴中为主，通江、旺苍和梓潼有发现	巴中南龛 33、62 号，西龛 37 号
C	C1	一佛二菩萨坐像，左右侧雕天宫楼阁	外方内佛帐形龛	约 8 世纪中叶	巴中和通江	巴中西龛 53 号
	C2	一佛二菩萨坐像，三尊像后环壁雕出多幢三层以上的天宫楼阁和二经幢，各幢楼阁间有廊道相通，后有参天大树，前有莲花宝池，有的池中有摩羯鱼船，顶上有各种飞鸟和乐器，有多龛楣和龛柱上有十六观内容	双层方龛或外龛方形，内龛象征性佛帐形，有的内龛上方两角有斜撑	8 世纪中期以后至南宋	从西部的邛崃、蒲江到南部的乐山、东部安岳以及重庆的大足均有	邛崃石㼌山 4 号、大足北山佛湾 245 号，宝顶大佛湾 18 号

其中 A 型因与一般的佛、菩萨等像难以区别，而且对这类像的辨别又有争议，因而流行区域和时间难以完全确定。B 型在川北的巴中最为普遍，雕刻也最精致，尤其坐于莲花中各具形态的菩萨像最引人注目，这种形式在巴中以北的通江赵巧岩有 1 龛，但保存状况较差，在与巴中紧邻的旺苍佛子崖有 2 龛、梓潼的卧牛山有 1 龛，除此之外，在川西、川南和川东少有；其中通江赵巧岩和梓潼卧牛山均属唐代初期。C 型中的 C1 型实际上是一种过渡形式，目前只见于川北，数量并不多，只在巴中的西龛和通江的白乳溪各有 1 龛，但因西龛的第 54 号龛雕刻的天宫楼阁特别精美，为许多古代建筑研究者提供了难得的唐代建筑资料，因而备受人们的重视。同时由这种形式发展来的 C2 型在晚唐五代至南宋时期四川各地造像中成了净土造像的主要表现形式。到了中晚唐阶段有的还在这一基础上增加了十六观的内容，天宫楼阁更加复杂化，楼阁上雕出的人物也更复杂，这种形式一直发展到南宋大足宝顶山大佛湾的 18 号龛。同时唐代开元以后，C1 型造像，即阿弥陀佛与五十二菩萨的形式就基本消失了。

还有一种造像亦与净土宗法华经的流行有关，即释迦牟尼佛与多宝佛并坐说法，《大藏经》第51册唐惠详撰的《宏赞法华传》第一卷中有这样的描述：

案祇洹图云，前佛殿东楼上层，有白银像，像内有七宝楼观，楼观内有宝池宝花，花上有白玉像，池中莲花内有白银塔，于塔心中有真珠塔，塔内有释迦多宝二像，说法华经第七会者，……又云複殿四台五重，上层有吠摩尼珠，此珠过去诸佛曾于中说法华，三变净土，随经所有，于中具现。

可见龛像中有释迦多宝并坐和宝池、莲花、楼观等场景也与净土信仰的流行有关，释迦多宝并坐说法造像四川南朝时就有了，广元千佛崖多宝窟造像是唐代四川这种造像的代表，但这种内容在唐代的四川造像中并不多见。

二、四川阿弥陀佛与五十二菩萨像的来源及流变

四川的摩崖造像目前以广元千佛崖和皇泽寺为最早，始凿于北朝晚期，其造像形式以北朝风格为主，同时又反映出受到南朝，特别是南朝成都造像的强烈影响。至唐代时，广元这两处最早的造像都进入了最兴盛阶段，同时其东面的巴中也兴起了大规模的造像，形成了四川唐代最早、规模最大的两个造像区（图一）。这两个造像区分别位于中原入蜀的两条要道——金牛道和米仓道上，这两条道路联系着四川与长安和洛阳，学者们一般都认为广元和巴中的唐代造像是受长安和洛阳之影响形成的[4]，但哪些是长安的风格，哪些是洛阳的风格，并无人说清。有人对龙门石窟的隋唐纪年造像进行过统计，在有题记明确说明造像题材的造像中，阿弥陀佛和观世音菩萨共占71%以上[5]，这对我们辨识那些没有铭文说明造像题材的造像也是一种启示，使我们必须明白在隋唐时期，特别是唐代，西方净土信仰是最流行的题材，在龙门如此，在受其影响的四川也是如此。如前所述，西方净土题材在四川有多种表现形式，A型因图像辨识多有争议，在此暂不考虑。B型造像虽然以8世纪上半叶为主，但在通江和梓潼都是唐代初期，即7世纪中叶的造像，在8世纪中叶以后这种造像形式消失，也就是说在四川这种造像形式流行于7世纪中叶至8世纪中叶以前。洛阳龙门净土造像中也有一批阿弥陀佛与五十二菩萨造像，主要集中于唐高宗中期至高宗末期（660～683年），即7世纪末期，洛阳的五十一菩萨与四川的同类造像一样坐于莲茎引出的莲台上，不同的是主尊阿弥陀佛一般是坐于叠涩式八角束腰莲座上，这是早期束腰方座向莲座过渡的一种佛座，而且阿弥陀佛旁除了胁侍的观世音和大势至菩萨外，常常还有二弟子二天王二力士像，主尊阿弥陀佛早期以双领下垂式袈裟为主，或一手上举，一手置于膝上，或其他手式；到高宗中后期才出现通肩袈裟和双手举胸前，施转法轮印[6]。四川B型龛中阿弥陀佛与观世音、大势至二菩萨及五十二菩萨均坐于有茎莲花座上（观世音与大势至也有立于莲花座上者），一般没有弟子、天王、力士等造像护持，主尊阿弥陀佛均着通肩袈裟，双手于胸前施转法轮印。同时，在洛阳的龙门这种连梗莲花座流行于高宗后期至武后时期（即7世纪末至8世纪

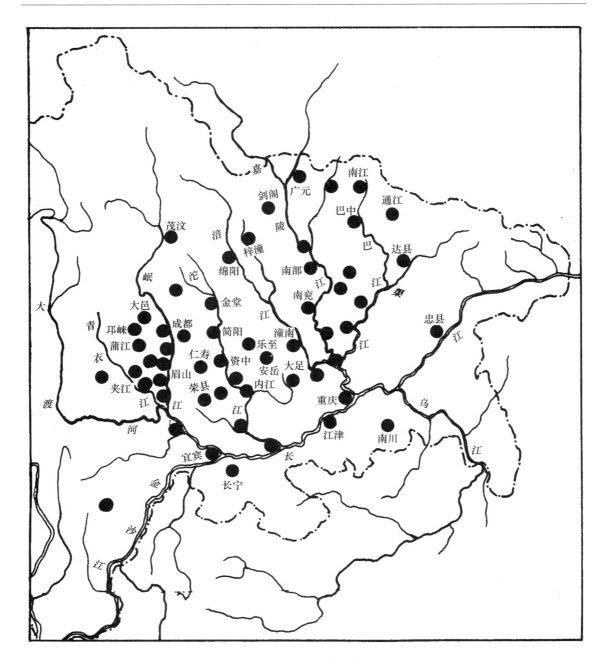

图一　四川石窟分布示意图

初），至开元年间被束腰仰覆莲圆座所取代[7]，而四川 B 型造像一开始就是这种座，阿弥陀佛也着通肩袈裟，施转法轮印。以上几点均显示了四川这类造像与龙门的不同，其中，有的特征如有茎莲座、着通肩袈裟施转法轮印坐于莲花座上的阿弥陀佛等在四川的 B 型造像中比洛阳还出现得早一些。而在长安附近的彬县大佛寺，完成于唐初的一些窟龛中阿弥陀佛三尊像大多坐于莲座上，莲座下有莲茎相连，这在同期的龙门造像中则很少见到[8]。同时四川的 B 型造像中阿弥陀佛的二胁侍菩萨观世音与大势至一般均头挽高发髻，面形丰满，帔帛绕腹前、腿上各一道，少有繁复璎珞。洛阳地区唐代的菩萨造像多沿袭北朝以来流行的繁杂的璎珞装饰，无璎珞装饰的菩萨极为少见；而长安地区至迟到唐初，菩萨造像已不再流行璎珞装饰。从这两点上看，四川的阿弥陀佛与五十二菩萨造像的表现形式更多的是受长安风格的影响。

　　四川的阿弥陀佛与五十二菩萨造像在开元以后就被 C 型造像所替代。从现存的造像看，C 型造像是根据当时流行的佛帐来雕刻的，它与成书于宋代的《营造法式·小木作》中的佛帐极相似，其天宫楼台和前面的踏道、栏杆等几乎完全一样，不同的只是龛中雕刻了许多人物和佛像等物而已。这是因为唐代开元以后，北方佛教的开窟造像渐衰，而寺院的壁画已经盛行，寺院壁画中天宫楼阁很容易表现，在现存的敦煌壁画中，有大量的观经变相壁画。同时四川的一些寺院中也有许多名家作画于院壁，如成都的大慈寺[9]，就有许多著名的壁画。当时四川的摩崖造像正方兴未艾，对这种来源于中央地区的反映当时信仰主流的东西进行模仿，使在北方以寺院壁画形式表现的净土变造像在四川摩崖造像中大量流行。

注　释

[1]　如《弘赞法华传》卷九（《大正藏》第五十一册）就记载了唐初武德年间（618～626 年）一个与巴中有关的女子因信奉《法华经》而遇水不死的故事："苏长，未测其居贯，武德中，任都水使者，出为巴州刺使，将家口赴任，渡嘉陵江，中流风起船没，男女六十余人，一舟溺死，唯有一妾，常读法华经，船中水入，既而船没，妾头戴经函，誓与俱没，妾犹不沉，随波泛滥，顷之著岸，遂载经函而出，开视其经，了无湿污，在扬州嫁人为妇，而愈笃信。"宋代士衡编的《天台九祖传》中则不但记录了天台宗第五祖章安大师因信仰法华，死时阿弥陀佛来迎，而且他还用此经给人医治不治之症："（天台宗）五祖章安尊者……贞观六年八月七日，终于国清寺房，……临终命弟子曰'密勒经说，佛入城日香烟若云，汝多烧香，吾将去矣'。因伸遗诫，词理妙切，门人众侣瞻仰涕零，忽自起合掌，如有所敬，发口三称阿弥陀佛，低身就卧，累手当心，色白欢愉，奄然而逝，举体柔软，顶暖经日。尝有同学智晞，大师亲度，清亮有名，先以贞观元年卒，临终云，吾生兜率矣，见师智者，宝座行列，皆悉有人，唯一座独空云，却后六年章安法师升此，说法焚香验旨，即慈尊降迎，计岁论期，审晞不谬矣，以其月九日，窆于寺之南山，远近奔号，喧震林谷。初师化流嚣俗，神用弘方，村人于法龙去山三十余里，染患将绝，众治不愈，其子奔驰，入山祈祷求救，师为转法华经，焚栴檀香，病者虽远，乃闻檀香，入鼻应时痊复。"《往生西方净土瑞应传》中说隋朝有个僧人道喻，因常念阿弥陀佛，死时阿弥陀佛亲自来迎接他去西方净土："隋朝道喻于开觉寺念阿弥陀佛，……阿弥陀佛告言：'汝且还彼国，忏悔众罪，香汤沐浴，明星出时，我来迎汝，汝造我像，因何太小'？喻白言：'心大即大，心小即小'，言讫，像遍于虚空，……明星出时，化佛来迎，光明众皆闻见，……时开皇八年矣。"（588 年）同书又载相州僧人道昂因信西方净土，死时西方伎乐来迎接的故事："僧道昂于相州讲法华经，忽见众音乐从空中来告，此兜率天，故下相迎，昂曰'天道生死根本，由来不愿，所念西方耳'，言讫，见西方伎乐旋转来迎，信至不得久驻，言毕香炉随手，于高座上端然奄化。"

[2]　李凇：《长安艺术与宗教文明》，51 页，中华书局，2002 年。

［3］ 关于这几种龛像的详细情况限于篇幅，这里不作描述，请参见雷玉华、王剑平：《广元石窟》，巴蜀书社，2002 年；雷玉华、程崇勋：《巴中石窟》，巴蜀书社，2003 年。

［4］ 罗世平：《四川唐代佛教造像与长安样式》，《文物》2000 年 4 期。

［5］ 同［2］，221 页。

［6］ 李娷恩：《龙门石窟唐代阿弥陀佛造像研究》，少林文化研究所编《少林文化研究论文集》，宗教文化出版社，2001 年。

［7］ 同［2］，223、263 页。

［8］ 李裕群、李钢：《天龙山石窟》，195 页，科学出版社，2003 年。

［9］ 唐·张彦远著，俞剑华注释：《历代名画记》，179 页，"卢棱伽善画佛，……乾元初，于（大圣慈寺）殿东西廊下画道行高僧数堵，颜真卿题，时称二绝"。

（原载《考古与文物》2005 年 2 期）

四川菩提瑞像研究

雷玉华　王剑平

本文所指的"菩提瑞像"，过去一些学者多称作宝冠佛、装饰佛、菩萨装佛等，其基本形象为：结跏趺坐，头戴宝冠（或螺髻），颈戴项圈，穿袒右肩袈裟，右臂上饰臂钏，左手仰掌横置腹前，右手抚膝，作降魔印。对于这种佛像的认识，目前，在国内学术界还没有形成比较一致的意见：一些学者称之为菩提瑞像，认为此像表现的是释迦牟尼降魔成道之像[1]；另一些学者认为是《陀罗尼集经》中所描述的佛顶佛[2]；还有一些学者认为是密教主尊大日如来，即摩诃毗卢遮那佛[3]。近年来我们在四川作石窟调查时发现了 16 龛此类造像，这些发现，有助于我们进一步还原此像的本来面目。本文拟就从这些发现入手就相关问题进行探讨，以求教于方家。

一、关于菩提瑞像的考古调查

在四川，此类造像分布广泛，从川北的广元、巴中，到川西的邛崃、蒲江再到川南的安岳、大足均有发现，并有多则造像题记。时间从武周时期延续至唐代晚期，现将有关内容简介如下：

1. 蒲江飞仙阁第 60 号龛（689 年，图一）

龛内造一佛二弟子二菩萨，龛口二胡装供养人。主尊结跏趺坐于束腰须弥座上，头戴高宝冠，冠中饰坐佛，宝缯垂肩，戴耳环，着袒右肩袈裟，右臂饰臂钏，左手仰掌置腹前，右手抚膝，指尖下垂，降魔印。

2. 蒲江飞仙阁第 9 号龛（武周，图二）

龛内造一佛二弟子二倚坐菩萨二天王二胡装供养人二力士，龛后壁浮雕菩提双树，双树间饰天龙八部像十身。主尊结跏趺坐于束腰须弥座上，椭圆形头光，戴高宝冠，宝缯垂肩，着袒右肩袈裟，颈戴项圈，胸前缀串珠；左手仰掌置腹前，右手残。身后有靠背，靠背两侧饰童子骑兽、摩羯鱼吞兽以及大鹏等六拿具图案。

3. 蒲江鸡公树山漏米石第 15 号龛（851 年，图三）

龛内造一佛二弟子二菩萨像，龛基前高浮雕四尊俗装人像，龛基左右侧雕二力士像

图一　　　　　　　　　　　　　　　　　　　图二

图三

立于山石上；主尊头后左右侧各浮雕飞天一身相对飞舞于祥云香花中。主尊有圆形头光，头光中心饰太阳纹，胸部残存项圈痕迹，着袒右肩袈裟，手经现代修补，结跏趺坐于束腰方座上；主尊身后雕靠背，靠背两侧饰童子骑兽、摩羯鱼吞兽以及大鹏等六拿具。14号龛位于15号龛左侧，两龛共一外室，已残破，龛中雕刻弥勒坐像一尊，左右侧立二尊弟子像。

4. 蒲江佛尔湾27号龛（图四，图五）

　　龛内造一佛二弟子二菩萨四魔众二力士像；环壁浅浮雕八尊天龙八部像和二尊天王像。主尊头残，头后有椭圆形头光，头光内镂雕锯齿状太阳纹，周饰莲瓣纹。主尊颈上

图四　　　　　　　　　　　　　　　　　图五

有两道蚕纹，戴项圈，项圈上坠串珠，右臂戴圆形宝珠状臂钏，着袒右肩袈裟，坐于束腰须弥座上，座上部及佛像下半身残破。主尊身后有方形靠背，靠背两侧饰童子骑兽、摩羯鱼吞兽以及大鹏等六拏具。

内龛左右壁设低台，台上分别立二身魔众像。左壁二身共立于一台上，内侧像仅雕出胚形，侧身向龛内，左手于身侧握物，举右手；外侧像，头残，穿窄袖衣，不出衣纹，双手置胸前，脚穿鞋。右壁二身像分别立于一低台上，内侧像头残，帔帛绕臂，裸上身，下裹裙，不出衣纹，侧身向外，左手抚臀部，右手持一镜状物上举，双脚交叉站立，作扭臀状，被称为裸体魔女。外侧像立于高台上，已风化不存。

5. 广元千佛崖莲花洞（第535号窟，690~697年，图六）

窟内右壁圆拱形大龛内雕一坐佛二菩萨三尊像，右侧菩萨不存。主佛结跏趺坐于方形座上，有圆形头光和桃形身光，螺发，发髻正中饰宝珠，着袒右肩袈裟，颈戴项圈，项圈上坠七道串珠。左手仰掌置腹前，右手抚膝，指尖下垂，为降魔印。窟内有武周万岁通天（696~697年）年间补凿的小龛，笔者曾考证此窟应开凿于690~697年之间[4]。

6. 广元菩提瑞像窟（第366号窟）（710~712年，图七）

敞口方形平顶窟，窟中央凿方坛，坛上设像。为一佛二弟子二菩萨二力士像，坛前二跪姿供养菩萨，环壁雕十二弟子及伎乐一铺。主尊结跏趺坐于束腰须弥座上，头戴高宝冠，着袒右肩袈裟，颈饰项圈，项圈上坠七道串珠，右壁饰臂钏，左手仰掌置腹前，右手抚膝，指尖下垂，为降魔印。身后有靠背，上饰童子骑兽、摩羯鱼以及回首之大鹏等六拏具。靠背两侧立二菩提树直通窟顶，树叶间刻出飞天、雷神、电神、风神等。其左侧的 365 号窟为中心坛式窟，坛上造一佛二弟子二菩萨二力士像，主尊为弥勒，此二窟为同时开凿的组窟。

图六

图七

菩提瑞像窟口右壁处刻造像碑，碑额篆书"菩提像颂"，碑文标题为"大唐利州刺史毕公柏堂寺菩提瑞像颂并序"，碑文的中间部分被五代时期的妆修题记破坏。

7. 巴中南龛第 37 号龛（盛唐）

龛内造一佛二弟子二菩萨二力士像，主尊头上方悬宝盖，结跏趺坐于束腰须弥座上，头戴高宝冠，着袒右肩袈裟，右臂戴臂钏、手镯，左手仰掌置腹前，手中托一物，右手抚膝，拇指食指相捻，余指下垂。主尊身后饰靠背及菩提双树，靠背上雕童子骑兽、大鹏等六拿具。

8. 巴中南龛第 103 号窟（877 年，图八）

龛内造一坐佛，龛口立二力士像，主尊结跏趺坐于后壁方形台上，方台正面浮雕莲瓣，有圆形头光，舟形大背光，头戴高宝冠，颈饰项圈，项圈下坠胸饰，着袒右肩袈裟，右臂饰臂钏，左手仰掌置腹前，右手抚膝，余指下垂。

9. 巴中西龛第 44 号龛（盛唐，图九）

龛中雕一佛二弟子二菩萨二力士像，龛两侧上方浮雕天龙八部，主尊头上方悬宝盖，结跏趺坐于束腰须弥座上，头戴花蔓冠，圆形头光上饰莲瓣纹一周，有桃形身光，身光上镂空花蔓，耳饰圆珰，颈戴项圈，坠串珠，着袒右肩袈裟，右臂上饰臂钏，左手仰掌置腹前，右手抚膝，指尖下垂。身后有靠背，靠背上饰摩竭鱼吞兽、童子骑兽、大鹏等六拿具图案，后壁浮雕菩提双树。

图八　　　　　　　　　　　　　　　　　图九

10. 巴中西龛第 73 号龛（盛唐，图一〇）

龛内雕二坐佛二弟子二菩萨二天王二力士像，后壁浮雕天龙八部，左侧主尊结跏趺坐于束腰须弥座上，有桃形头光，头上饰莲瓣纹一周，有圆形背光。头戴高宝冠，耳饰圆珰，颈戴项圈，右臂上饰臂钏，着袒右肩袈裟，左手仰掌置腹前，右臂残。右侧主尊为弥勒佛，有圆形背光和桃形头光，倚坐于须弥座上，外着双领下垂式袈裟，内衣系带，双手抚膝。

11. 巴中西龛第 87 号龛（盛唐，图一一）

龛内造一佛二菩萨二力士像，主尊结跏趺坐于束腰须弥座上，龛顶中部悬华盖，头顶上方二飞天双手抬佛之宝冠，螺髻，有圆形背光及桃形头光，头光上饰莲瓣纹、忍冬纹、火焰纹，戴项圈，坠七道串珠，着袒右肩袈裟，左手仰掌置腹前，右手抚膝，后壁饰菩提双树。龛右侧第 90 号龛内雕一佛二弟子二菩萨二力士像，主尊为倚坐的弥勒佛。

12. 巴中北龛第 12 号龛（盛唐）

龛内雕一坐佛二弟子二菩萨像，龛口立二力士像，主尊现已不存，残存圆形头光及须弥座下部，身后有靠背，靠背两侧饰摩羯鱼、童子骑兽、大鹏等表示六拿具的图案，后壁饰菩提树。据文管所原记录和照片，知主尊头残，着袒右肩袈裟，戴项圈，右臂上饰臂钏、手镯，左手仰掌置腹前，右手抚膝。

图一〇　　　　　　　　　　　　　　　　　图一一

13. 巴中石门第 12 号龛（盛唐，图一二）

图一二

　　龛内雕二坐佛二弟子二菩萨二力士像，右侧主尊头上方悬宝盖，头残，从残痕看，原戴宝冠，圆形头光上饰莲瓣，桃形身光上饰火焰纹，着袒右肩袈裟，右臂饰臂钏，戴手镯，左手仰掌置腹前，右手抚膝，结跏趺坐于束腰仰覆莲圆座上。左侧主佛为弥勒，倚坐于须弥座上，双足踏半圆形足踏。

14. 邛崃石笋山第 26 号龛（图一三）

龛内造一佛二弟子二坐菩萨二力士，主尊结跏趺坐于束腰须弥座上，头戴宝冠，颈饰项圈，着袒右肩袈裟，戴臂钏，身后有靠背，靠背上饰摩羯鱼等六拏具，龛后壁浮雕菩提树，树侧雕二身飞天，龛下方有大历年间的造像题记[5]。

图一三

15. 安岳玄妙观 63 号佛道合龛（盛唐）

龛内正壁雕一坐佛和一天尊，坐佛头残，着袒右肩袈裟，颈戴项圈，坠串珠，身后靠背饰六拏具，左手仰掌置腹前，右手抚膝，结跏趺坐于仰莲圆座上。

16. 大足北山 12 号龛（唐末）

圆拱形龛，龛内雕一坐佛二菩萨，主尊结跏趺坐于束腰须弥座上，螺髻，着袒右肩袈裟，戴项圈，项圈下坠串饰，双手残，身后雕靠背，靠背上饰大鹏、摩羯鱼、童子骑兽等六拏具，二菩萨骑狮、象，应为文殊、普贤。

从以上调查材料看，此像总的特征是相同的，只是在细部上有一些差异，这可能与图写流传中粉本的差异、时间早晚以及各地区工匠水平的高低有关。另外，调查材料中有五则造像题记，对我们的认识极为重要：

（1）蒲江飞仙阁第 60 号龛龛口外左侧刻："永昌元年五月为天皇天后敬／造瑞像壹龛王□□合家大小□通供养"。

（2）广元千佛崖菩提瑞像窟（第 366 号窟）窟内北壁近窟口处刻造像碑，碑额篆书"菩提像颂"，碑文题作"大唐利州刺史毕公柏堂寺菩提瑞像颂并序"。

（3）巴中南龛第 103 号窟左壁有乾符四年（公元 877 年）的造像题记："乾符四年四月十二日镌石人赵行同并□饭人辛目记"。

（4）蒲江漏米石第 15 号龛外龛右壁题刻"……／……／……弥勒……／……／……平安……／（唐？）大中五年五月癸酉　　□……　……／（永？）为供养□此□□"。

（5）邛崃石笋山第 26 号龛龛下方有大历年间的造像碑记，题作："石笋山菩提、释迦像龛铭"。

飞仙阁永昌元年的题记告诉我们这是一种瑞像；千佛崖菩提瑞像窟的碑记则清楚地告诉我们这种像应叫菩提瑞像，直到中唐时期，石笋山造像仍然称作菩提像。因此，根据造像题记，我们认为此类像应称作菩提瑞像为宜。

另外，在四川石窟中存在一种菩提瑞像与弥勒像同时开凿的现象，如广元千佛崖菩提瑞像窟左侧的第 365 号窟、巴中西龛第 87 号龛右侧的第 90 号龛、蒲江鸡公树山漏米石第 15 号龛左侧的第 14 号龛都雕出弥勒像等。有时菩提瑞像和弥勒像就雕刻在同一龛内，如西龛的第44号龛、73号龛、石门的第12号龛等。广元千佛崖莲花洞为三壁三龛式窟形，正壁大龛雕弥勒佛，则此窟组合应为过去、现在、未来三世佛造像。安岳玄妙观63号龛将菩提瑞像与道教天尊共造于一龛内，在国内石窟中是比较罕见的，大概只有在四川才能见到这种奇特的现象。

二、菩提瑞像的渊源

广元千佛崖菩提瑞像窟碑中间的文字虽然被五代时期的装彩题记破坏，但从碑文中残存的字句仍然可以推知此像的渊源："……因寺以兴号/假树以立名。初者天竺不（众）生，思睹象法，能殚众巧，所拟罕成。上界通士，感念……泥不满，备珍/饰。而相好周圜，灵哉！真颜今即遗制……"与这段碑文相似的记载见于唐代玄奘的《大唐西域记》卷八"摩揭陀国"条记摩诃菩提寺精舍[6]："精舍既成，招募工人，欲图如来初成佛像，旷以岁月无人应召，久之有婆罗门来告众曰，我善图写如来妙相，众曰'今将造像，夫何所须？'曰'香泥耳，宜置精舍之中，并一灯照，我入已坚闭其户，六月后乃可开门'。时诸僧众皆如其命，尚余四日未满六月，众咸骇异，开以观之，见精舍内佛像俨然，结跏趺坐，右足居上，左手敛，右手垂，东面而坐，肃然如在。座高四尺二寸，广丈二尺五寸，像高丈一尺五寸，两膝相去八尺八寸，两肩六尺二寸，相好具足，慈颜若真，唯右乳上图莹未周，既不见人，方验神鉴，众咸悲叹，殷勤请知。有一沙门宿心淳质，乃感梦见往婆罗门，而告曰：'我是慈氏菩萨，恐工人之思不测圣容，故我躬来图写佛像，垂右手者，昔如来之将证佛果，天魔来娆，地神告至，其一先出，助佛降魔。如来告曰：'汝勿忧怖，吾以忍力降彼必矣。'魔王曰：'谁为明证'？如来乃垂手指地言，'此有证'；是时第二地神踊出作证，故今像手仿昔下垂，众知灵鉴，莫不悲感，于是乳上未周，填厕众宝，珠缨宝冠，奇珍交饰……像今尚在，神工不亏。"此段文字与前述菩提瑞像窟中残存碑文两相对照，可知二者所记为同一种像，玄奘称之为"如来初成佛像"，表现的是释迦牟尼降魔成道时的情形。在蒲江佛尔湾27号龛内同时雕出魔女引诱佛祖的场面就更能说明这种造像所要表达的意思了，并且由于此像为弥勒菩萨化作婆罗门所造，所以在石窟造像中往往亦造出弥勒佛以此来表明二者之间的关系。

玄奘在印度看到了此像，并作了详细的记录，但并未带回，比玄奘稍后去印度的唐王朝使臣王玄策随从巧匠宋法智将之摹写回国，于是此像开始流布中土。据《法苑珠林》卷二九"摩揭陀国"条记载："依《王玄策行传》云，西国瑞像无穷，且录摩诃菩提树像云，……其像自弥勒造成以来，一切道俗，规模图写，圣变难定，未有写得。王使至彼，请诸僧众，及此诸使人，至诚殷请，累日行道忏悔，兼申来意，方得图画，仿佛周尽。直为此像出其经本，向有十卷，将传此地，其匠宋法智等，巧穷圣容，图写圣颜，来到京都，道俗竞模。"[7]

此像传入中土以后，先在两京地区流传，据张彦远《历代名画记》卷三记载："敬爱寺佛殿内菩提树下弥勒菩萨塑像，麟德二年（665年），自内出王玄策取到西域所图菩萨像为样（巧儿张寿、宋朝塑，王玄策指挥，李安贴金）。东间弥勒像（张智藏塑，即张寿之弟也，陈永承成），西间弥勒像（窦弘果塑，以上三处像光及化生并是刘爽刻）。"[8] 文中所说的"菩提树下弥勒菩萨塑像"即指弥勒菩萨所塑的菩提瑞像。看来，在寺庙中，塑菩提瑞像时，亦将弥勒像一并塑出。

三、国内同期遗存

目前除上述见于四川石窟中的菩提瑞像外，相同的造像还有洛阳龙门石窟、西京长安原光宅寺七宝台造像和敦煌莫高窟等地区，现分别介绍如下。

（一）洛阳龙门石窟[9]

1. 擂鼓台北洞主佛（武周）

结跏趺坐于束腰须弥座上，头戴宝冠，面相丰满，颈下饰项圈，着袒右肩袈裟，右臂戴臂钏，右小臂、左手及双腿已残。

2. 2093 号龛主尊（武周）

结跏趺坐于束腰仰覆莲圆座上，头部残，带项圈与臂钏，着袒右肩袈裟，左手仰置腹前施禅定印，右手似抚右膝施降魔印。

3. 高平郡王洞前壁西侧坐佛（武周）

结跏趺坐于仰莲圆座上，头部残，似为螺髻，着袒右肩袈裟，右臂饰臂钏，左手仰置腹前施禅定印，右手抚右膝施降魔印。

4. 古阳洞门券北侧小龛（武周）

龛内雕一佛二菩萨，主佛结跏趺坐于方台座上，头戴宝冠，着袒右肩袈裟，右臂饰臂钏，左手仰置腹前施禅定印，右手抚右膝施降魔印。

5. 东山擂鼓台南院三尊佛像（武周）

其中一尊已放置在擂鼓台南洞，结跏趺坐于束腰须弥座上，擂鼓台南洞主尊头戴宝冠，其余二像头部残，都颈戴装饰华丽的项圈，着袒右肩袈裟，右臂饰臂钏，左手仰置腹前施禅定印，右手抚右膝施降魔印。

（二）长安地区[10]

　　开凿于武则天长安年间的光宅寺七宝台造像，在国内外现收藏有9件菩提瑞像，圆拱形龛，造像为一佛二菩萨三尊或一佛二弟子二菩萨五尊，龛楣雕菩提双树或宝盖。主尊有些头戴宝冠，多数饰螺髻，着袒右肩袈裟，右臂饰臂钏，左手仰掌置腹前施禅定印，右手抚右膝施降魔印，结跏趺坐于束腰须弥座上，其中有两件主尊坐于莲茎托起的仰莲圆座上。

（三）敦煌莫高窟

　　237号窟龛顶东坡天开成四年（839年）阴嘉政所绘瑞像图中，有一像作结跏趺坐于束腰须弥座上，有圆形头光和背光，头戴束发宝冠，颈戴项圈，右臂饰钏，着袒右肩袈裟，左手仰掌置于腹前，右手抚膝施降魔印。

　　另外，斯坦因在敦煌藏经洞曾发现一幅表现众多佛和菩萨的绢画，其中有："一个人物画的极可能是释迦牟尼在成正觉之前受到魔王进攻的那一著名场面，因为此画中释迦牟尼手放在所坐的石头上（即成触地印），三个鬼怪的头形成一个冠状物放在头上，代表的是魔王的鬼怪大军。"[11]从发表的图片看，主尊结跏趺坐，有圆形头光和背光，颈部戴项圈，着袒右肩袈裟，左手仰掌置于腹前，右手抚膝施降魔印。

四、菩提瑞像的流行是唐代瑞像崇拜的反映

　　唐朝初年，由于玄奘和道宣等高僧的大力提倡，许多带有神奇传说和灵验故事的造像被作为一种瑞像得到人们特别的崇拜，在社会上广泛流传，并逐渐深入人心。玄奘在《大唐西域记》记录了西域诸国至印度的许多具有特异灵验和极受崇拜的瑞像。道宣亦在《续高僧传》、《广弘明集》、《三宝感通录》等书中列举了大量的瑞像和各种感应故事，龙门石窟高宗时期雕凿大量的优填王瑞像就是这种社会风气的反映。由于菩提瑞像是弥勒菩萨化作婆罗门所造，来历不同凡响，而且表现的又是释迦降魔时的情形，对信徒具有极大的震撼力；此像又特别灵验，设赏迦王曾命宰臣除此佛像，置大自在天，导致举身生疱，肌肤攫裂，居未久之，便丧没矣。后来，被作为一种瑞像由王玄策随行巧匠宋法智图写回国，《王玄策行传》称，西国瑞像无穷，且录摩诃菩提树像；摩诃菩提树像即菩提瑞像。在四川石刻题记中此像亦被称作"瑞像"、"菩提瑞像"、"菩提像"。在敦煌莫高窟237号窟顶绘有众多瑞像图，此像亦被作为一种瑞像绘于其中。由于菩提瑞像有如此的影响力，在社会上被人们广泛地崇拜和被大量地雕凿就不难理解了，特别是在四川地区，更是得到人们长久的重视。龙门、长安两地的造

像虽没有发现题记，但参照四川、敦煌两地的情况，它们当然反映的也是一种瑞像崇拜而不是其他的什么。

五、菩提瑞像、佛顶佛和大日如来像三者之间的关系

佛顶佛属于密教造像系统，见于早期杂密经典，永徽四、五年间（653～654年）天竺高僧阿地瞿多译出《陀罗尼集经》，其中卷一记载有佛顶佛造像仪轨："时佛世尊为诸会众说佛顶法，……其作像法，于七宝华上结跏趺坐，其华座底戴二狮子，其狮子坐莲花上，其佛右手者，伸臂仰掌，当右脚膝上，指头垂下到于花上，其左手者，屈臂仰掌，向脐下横着，其佛左右两手臂上，各著三个七宝璎珞，其佛颈中亦著七宝璎珞，其佛头顶上作七宝天冠，其佛身形作真金色，披赤袈裟。其佛右边作观自在菩萨（一本云十一面观世音像），右手曲臂向上把白拂，左手伸臂向下把澡罐，其罐口中置于莲花，其花端直，至菩萨顶，临于额前。其佛左边作金刚藏菩萨，右手曲臂把白拂，左手掌中立金刚杵，其一端者从臂上向外立着。咒师于佛前，在（左）右边胡跪，手执香炉。其佛光上作首陀会天，散花形。"[12]此佛顶像与菩提瑞像在特征上非常接近，而据罗世平先生在《广元千佛崖菩提瑞像考》一文中考证，认为"佛顶像的规则是依菩提树下降魔成道像而述作"。但在造像中，我们尚未发现有佛顶佛和观自在菩萨（或十一面观世音）、金刚藏菩萨这样的组合，至于是否有佛顶像的造作，目前尚难确定。

大日如来是密教的主尊，有关它的信仰是在"开元三大士"相继来华传译正纯密教经典之后方才兴起的，在此之前，应无大日如来之信仰。虽然有学者指出：北印度人佛陀波利于永淳二年（683年）在长安西明寺所译《佛顶尊胜陀罗尼经》中说大陀罗尼由"大日如来智印印之，为破一切众生秽恶道苦故，为一切地狱畜生阎罗王界众生得解脱故"，是有关密教大日如来名称的最早的经典，"它充分说明至迟在唐高宗末年，大日如来的信仰就已传入中国"[13]。中国社会科学院宗教研究所罗炤先生2002年在北大石窟寺考古研究生班讲课时，曾指出他调查了开元前国内现存最早的《佛顶尊胜陀罗尼经》的石刻，发现经文中所称皆不是"大日如来"，而是"大如来"，出现"大日如来"可能是后代雕刻大藏经时出现的错误。笔者检阅了唐代密教早期的中心——洛阳地区的有关碑记，在《龙门石窟碑刻题记汇录》下卷之1194条武周如意元年（692年）所刻之《佛顶尊胜陀罗尼经》中果然是"诸佛同共宣说随喜受持大如来智/印印之为破一切众生秽恶道苦故为一切地狱畜生"。因此，从经文流传的情况看，开元以前应无大日如来之信仰，当然也就不可能有大日如来像之雕刻，而两京地区此类佛像多流行于武周时期，四川地区的这类造像也是武周时期最早出现的，从时间上来说也不可能是大日如来。况且此像流行的时间久远，从武周时期开始，至盛唐一直延续到晚唐。而此时密教早已流传中土，大日如来之信仰已很普遍，而邛崃石笋山第26号龛仍作"菩提释迦像龛铭"，这就更说明问题了。1987年，在陕西法门寺出土的大唐咸通十二年，智英为懿宗皇帝盛放佛指舍

利而敬造的真身舍利宝函，其顶部之曼陀罗设坛五重，"第一重为中台主尊，主尊头戴宝冠，有头光、背光，额有白毫，帛巾斜披，双臂袒露，着臂钏，施曼荼印（即智拳印）结跏趺坐于莲台之上"[14]。此主尊即为大日如来，考虑到雕造者的身份和目的，把此尊像作为唐代大日如来之标准像应是没有问题的。以此作为参照，与菩提瑞像比较，两者之间还是有差距的，特别是在手印上。从图像学的关系上看，这三种像可能存在一种先后相续的关系，但从所要表达的宗教内涵上看，三者是截然不同的，应有严格的区别，不能够相互混淆。法门寺唐代造像之后，四川大足宋代石刻造像中亦有密教的大日如来像，虽也戴冠饰璎珞，其最重要的一点是手结智拳印，而之前所列四川及龙门、长安等地的瑞像无一例为智拳印。

六、结　　语

综上所述，我们得出以下几点结论：

此像在定名上应以发现的造像题记为准，称作菩提瑞像为宜；

它直接来源于摩揭陀国摩诃菩提寺精舍内弥勒菩萨化作婆罗门所造的释迦牟尼降魔成道之像；

是唐代众多瑞像中最流行的一类，反映出唐代瑞像崇拜特别盛行的情况；

它不是佛顶佛，也不是大日如来，它们三者之间有本质上的区别，不能混为一谈。

注　　释

[1] 　罗世平：《广元千佛崖菩提瑞像考》，《故宫学术季刊》第 9 卷第 2 期；《巴中石窟三题》，《文物》1996 年 3 期。

[2] 　吕建福：《中国密教史》，中国社会科学出版社，1995 年。

[3] 　邢军：《广元千佛崖初唐密教造像试析》，丁明夷：《川北石窟札记——从广元到巴中》，《文物》1990 年 6 期；常青：《试论龙门初唐密教雕刻》，《考古学报》2001 年 3 期；此前有许多学者认为这类像是大日如来，这种看法在过去相当一段时期内很流行，此不一一列举。

[4] 　广元皇泽寺博物馆、成都市考古所：《广元石窟》，巴蜀书社，2002 年。

[5] 　过去多将此题记录作"大历三年"（768 年），但"三"字实已不清，因只有一字风化，所以当在大历十年之内即 766～775 年。碑文题作"石笋山菩提　释迦像龛铭"，碑文内容已风化不清。"释迦像"指 26 号龛右侧 28 号龛内的造像，为一释迦、二弟子，文殊、普贤二菩萨以及二力士的组合。

[6] 　《大唐西域记校注》玄奘辩机原著，季羡林等校注，中华书局。

[7] 　《大正藏》第 53 册。

[8] 　《画史丛书》，上海人民美术出版社，1982 年。

[9] 　资料来源于常青：《试论龙门初唐密教雕刻》，《考古学报》2001 年 3 期。

[10] 　资料来源于颜娟英：《武则天与长安七宝台石雕佛相》，《艺术学》1987 年 3 期，文中将袒右肩，戴冠或饰臂钏于右臂，右手作降魔印的主尊称作装饰佛，并指出这些佛像与武周时期流行的"降魔

佛"或"金刚座真容像"都有直接的关系，并且可以与《华严经》的中心思想验证，是为七宝台佛教石刻佛像的重心。

［11］　〔英〕奥雷尔·斯坦因著，姜波、秦立彦译：《发现藏经洞》，广西师范大学出版社，2000 年。

［12］　《大正藏》第 18 册，第 785 页。

［13］　常青：《试论龙门初唐密教雕刻》，《考古学报》2001 年 3 期。

［14］　韩伟：《法门寺唐代金刚界大曼荼罗成身会造像宝涵考释》，《文物》1992 年 8 期。

（原载《2004 年龙门石窟国际学术研讨会文集》，河南人民出版社，2006 年）

阿育王像的初步考察

王剑平　雷玉华

阿育王像是阿育王造释迦牟尼佛像的略称。在中国东晋、南北朝至隋代的中国帝王、僧侣阶层和信众中有特别的信仰和崇奉。但长期以来由于出土实物的严重缺乏，不见有学者作系统、深入的研究，因此关于此像的来源、特征及流传演变尚有许多不清楚的地方。本文试图结合历史文献的记载和部分出土实物，探讨阿育王像的来源、基本特征以及在中国的流传经过和在石窟中的开凿情况。不足之处，请各位专家、学者指正。

一、文 献 记 载

据记载，在中国出现阿育王像的时间最早可以推溯到东晋时期[1]。慧皎《高僧传》卷十三《释慧达》记长干寺阿育王像："昔晋咸和中，丹阳尹高悝，于张侯桥浦里，掘得一金像，无有光趺，而制作甚工。前有梵书云是育王第四女所造。"卷五《释昙翼》记荆州长沙寺阿育王像："晋太元十九年（394年）甲午之岁二月八日，忽有一像现于城北，光相冲天，时白马寺僧众，先往迎接，不能令动。翼乃往祇礼，谓众人曰：'当是阿育王像，降我长沙寺焉。'即令弟子三人捧接，飘然而起，迎往本寺，道俗奔赴，车马□填。后罽宾禅师僧伽难陀从蜀下，入寺礼拜，见像光上有梵字，便曰：'是阿育王像，何时来此？'时人闻者方知翼之不谬。"卷六《释慧远》传记武昌寒溪寺阿育王像："昔浔阳陶侃经镇广州，有渔人于海中见神光，每夕艳发，经旬弥盛，怪以白侃，侃往详视，乃是阿育王像，即接归，以送武昌寒溪寺。"此后，道宣《续高僧传》卷二十九《释僧明》又续记前二像，并增益周静帝时，郿州山谷出阿育王大像，帝因此立大像寺，并改元大像元年（579年）。卷二十六《释明㥆》记隋仁寿中送舍利于济州崇梵寺，见寺中有阿育王瑞像。这些记载又散见于《集神州三宝感通录》、《广弘明集》等书中。在众多的阿育王像中，长干寺阿育王像最为著名，而且流传有绪，兹录道宣《集神州三宝感通录》的相关记载如下：

东晋成帝咸和中，丹阳尹高悝往还帝阙，每见张侯桥浦有异光现，乃使吏寻之，获金像一，西域古制，光趺并缺。悝下车载像，至长干巷口，牛不复行。悝止御者，任牛所往，遂径趣长干寺，因安置之。扬都翕然观拜，悟者甚众。像于中宵必放金光。岁余，临海县渔人张侯世于海上见铜莲花趺，丹光游泛，乃驰舟接取，具送上台，帝令试安悝足，恰然符合。久之，有西域五僧振锡诣悝云："昔游天竺，得阿育王像，至邺遭乱藏于河滨，王路既通，寻觅失所，近感梦云：'吾出江东，为高悝所得，在阿育王寺。'故远来相投，欲一礼拜。"悝引至寺，五僧见像，歔欷涕泣，像为之放光，照于堂内及绕僧形。僧云："本有圆光，今在远处，亦寻当至。"五僧即住供养。至咸安元年，南海交州合浦采珠人董宗之，每见海底有光浮于水上，寻之得佛光，以事上闻。简文帝敕施其像，孔穴悬同，光色无异。凡四十余年，东西祥感，光趺方具。此像花台有西域书，诸来者多不识，唯三藏法师求那跋摩曰："此古梵书也，是阿育王第四女所造。"时瓦官寺沙门慧邃，欲求摹写，寺主僧尚恐损金色。语邃曰："若能令佛放光回身西向者，非余所及。"邃至诚祈请，中宵闻有异声，开殿见像，大放光明，转坐面西。于是乃许模之，传写数十躯，所在流布。至梁武帝于光上加七乐天并二菩萨。至陈永定二年，王琳屯兵江浦，将向金陵，武帝命将沂流，军发之时，像身动摇不能自安，因以奏闻。帝检之有实，俄而锋刃未交，琳众解散，单骑奔北，遂上流大定，故动容表之。天嘉之中，东南兵起，帝于像前乞愿凶徒屏退，言讫光照阶宇，不久东阳、闽越皆平。沙门慧晓，长干领袖，行化所及，事若风移。乃建重阁，故使藻画穷奇，登临极目。至德之始，加造方趺。自晋迄陈，五代王臣，莫不归敬。亢旱之时，请像入宫，乘以帝辇，上加油覆，僧为雨调，中途滂注，常候不失。有陈运否，巫涉讹谣，祯明二年，像面自西，虽正还尔，以状上闻，帝延入太极，设斋行道。其像先有七宝冠，饰以珠玉，可重三斤，上加锦帽，至晓宝冠挂于像手，锦帽犹在头上。帝闻之烧香祝曰："若国有不祥，还脱宝冠，用示徵咎。"仍以冠在首，至明脱挂如昨。君臣失色。及隋灭陈，举国露首，面缚西迁，如所表焉。隋高闻之，敕送入京大内供养，常躬立侍。下敕曰："朕年老，不堪久立，可令有司造坐像，形相使同其立。"本像送大兴善寺，像既初达，殿大不可当阳，乃置北面，及明，乃处正阳。众虽异之，还移北面，至明还南如初。众咸愧谢轻略，今见在，图写殷矣。

　　从以上的记载中，我们从中剔除一些神秘和传奇的因素，可以还原一些历史的真实。文中记：西域五僧昔游天竺，得阿育王像，至邺遭乱藏于河滨。又记此像"西域古制"，因此我们可以推测阿育王像的传播路线是自天竺经西域进入中原，然后流传江东。通过后面的实例还可以进一步验证这条传播路线。从文中的记载，我们还可以知道阿育王像历代在不断的完善，先是加上铜莲花趺，咸安元年（371年）加上佛光，梁武帝又于佛光上加七乐天和二菩萨。至德（583～586年）年间，又加造方趺，像上有七宝冠并加锦帽。隋文帝时，又根据立像形象造坐像。虽然造像增加了佛座、头光、背光和胁侍，但阿育王像"西域古制"的特征却一直保留下来。

二、阿育王像的基本特征

　　目前，国内出土的阿育王像实例只发现于成都地区。从文献的记载看，成都地区出现阿育王像的时间似亦可推溯到东晋时期。《释氏蒙求》卷二云："昙翼学通三藏，为世推称，后游蜀郡，刺史毛剧依重之，忽获得阿育王瑞像一躯，日夕供养，其像每遇饥荒之时，辄见泪落如雨，似哭泣之状。"此昙翼和发现长沙寺阿育王像的昙翼是同一个人，显示出两地之间的密切联系。文献记载虽早，但实例已经到了南朝萧梁统治时期，其中西安路出土的一件时间为太清五年（551 年），造像者杜僧逸为亡儿李佛施敬造育王像供养（图一）[2]。另外在万佛寺出土阿育王像共计 7 件，其中头像 2 件（图二），无头立像 5 件。这批造像现在保存在四川省博物馆（图三）[3]。其余几件像的时代亦在南朝萧梁至北周这一阶段。这是

图一　成都西安路出土阿育王像（梁太清五年，551 年）

图二　成都万佛寺出土阿育王像头部　　图三　四川省博藏万佛寺阿育王像

国内目前发现的时代最早的有明确纪年的一批阿育王像，保留有许多古朴的特点：

（1）硕大的束发状肉髻；

（2）明显的八字形的胡须；

（3）杏仁状睁开的双眼；

（4）通肩袈裟，袈裟衣纹呈"U"字形；

（5）通过造像断痕，可以推断左手握袈裟一角，右手施无畏印。

三、阿育王像的流传经过

成都地区出土的形制古朴的阿育王像与同时期的其他佛像有着显著的不同，这些特征可以一直追溯到犍陀罗地区创始期的佛像，如献祇园浮雕、献草礼场景、佛陀和金刚力士浮雕、佛陀和苦行者婆罗门浮雕、单体佛陀雕像等，时间约在公元1世纪（图四）[4]。这些佛陀像有圆形头光，束发状肉髻，嘴唇上雕出胡须，通肩袈裟，一手握袈裟一角。在中国内地流传下来的早期金铜像中，也有表现相似的佛陀像，相传出自中国河北省石家庄现收藏在美国哈佛大学福格美术馆的鎏金佛陀像，束发状的大肉髻，八字形的胡须，通肩袈裟，肩出火焰纹，双手于腹前作禅定印，结跏趺坐于狮子座上[5]。另外一件金铜佛陀坐像[6]，有圆

图四　献草礼场景（约翰・马歇尔《犍陀罗佛教艺术》白沙瓦博物馆）

形头光，头顶为束发状大肉髻，八字形胡须，通肩袈裟，左手握袈裟一角，右手施无畏印，结跏趺坐于须弥座上。有研究者认为这两件金铜像属于十六国时期的作品，时间约在公元4世纪。在日本京都国立博物馆藏有一尊金铜佛立像，高15.8厘米，时代亦为十六国时期，束发状磨光大肉髻，嘴唇上雕出胡须，通肩袈裟，刻重叠的"U"形衣纹，右手施无畏印，左手持袈裟一角，跣足，立于覆莲圆座上，"整体造型尚可见犍陀罗立像框架，那覆钵形的圆莲座和素面无纹的大覆莲瓣，似乎有印度西北地区佛座的手法。台座上，刻'造佛九躯'数字，值得玩味的是大衣右侧衣褶分三组，底部褶皱做成三个菱弧形，这组衣褶明显是继承中亚地区佛像衣褶手法而来的。"（图五）[7]这三件金铜像束发状的大肉髻、八字形的胡须、通肩的袈裟、右手施无畏印、左手握袈裟一角等特征与成都地区出土的阿育王像有许多相似之处。特别是京都的这件金铜佛立像，与成都出土的阿育王像在形象上更为接近，显示出二者之间的承袭关系。有研究者已经指出，成都地区出土的阿育王像来源于建康，

图五　日本京都博物馆藏金铜佛像
（金申《佛教美术丛考》）

因此，我们有理由相信长干寺阿育王像和荆州长沙寺阿育王像与成都地区出土的阿育王像三者在形象上应该是大致相同的。通过图像学的比较，很明显，阿育王像继承了犍陀罗地区创始期佛陀像的特征。这些佛像经过中亚、西域传入中原地区，后来流传江东，并沿长江水路传入四川地区。隋文帝杨坚统一全国，又将长干寺阿育王像迎入长安大内供养，并根据立佛形象造坐像，而当时的大画家郑法士亦曾创作阿育王像[8]。从文献的记载看，唐初仍有阿育王像的雕刻。高宗显庆四年"敕使常侍王君德等送绢三千匹，令造朕等身阿育王像，余者修补故塔，仍以像在塔"[9]。阿育王像造得和皇帝一样的身高，可能在形象上也和皇帝相似吧？这和北魏时期法果提倡的皇帝即是当今如来、拜天子就是拜如来的思想一脉相承。这也是梁武帝、隋文帝等帝王崇奉阿育王像的原因——他们标榜以佛法治理国家，是现实世界中的阿育王，是现实世界中的佛。同时阿育王像的一些特征还见诸于当时文献的记载。义净《南海寄归内法传》卷二《著衣法式》："以角搭肩，衣便绕颈，双手下出，一角向前，阿育王像，正当其式。"说阿育王像为通肩袈裟，双手从袈裟下出，一手执袈裟一角向前。他翻译的另一部经《根本说一切有部百一羯磨》卷二说："衣总覆身，元不露骨（膊），双手下出，敛在胸前，同阿育王像。"一行撰《大毗卢遮那成佛经疏》卷五"于东方初门中，先置释迦牟尼，……坐白莲花作说法之床。谓以左手执袈裟角，如今之阿育王像"，说阿育王像是以左手执袈裟一角。从以上的记载看，在唐代，阿育王像着通肩袈裟，或手执袈裟一角，或手敛在胸前。张彦远《历代名画记》卷五中亦记阿育王像形制古朴，并且当时也有见存者。由于阿育王像是由阿育王造作的，时代久远，形制古朴，因此，后代的信仰者选择时代最古老的犍陀罗佛像的特征来表现阿育王像，并且代代流传，虽然随着时代的变化阿育王像也在发生一些变化，但形制古朴的特征一直没有变。

四、石窟造像情况

除以上文献中的记载和出土实物外，石窟中也有一些实例发现。在龙门石窟西山中段唐字洞西壁的上层，有唐代净福寺比丘尼净命造一龛阿育王像。龛为圆拱形，阿育王像面部残，高肉髻，通肩袈裟，U形重叠衣纹，右手抚于胸前，左手于腰部握袈裟一角，跣足，立于覆莲圆座上。在龛的左下方有宽10厘米，高11厘米的造像题记，内容为"景福寺尼／净命为亡／和上敬造／阿育王像记"[10]（图六）。这也是目前见于报道的唯一一

图六 龙门唐字洞西壁阿育王像
（《敦煌研究》2000 年 4 期）

图七-1 龙门西山惠简洞上方大龛

尊唐代阿育王像造像实例，可以和文献的记载相互印证。另外，在龙门西山惠简洞右上方的崖壁上，有一横长方形大龛，在正壁两侧各开一龛，龛各雕一立佛。左龛立佛头残，通肩袈裟，"U"形重叠衣纹，右手施无畏印，左手于腰间握袈裟一角；右龛立佛头部经过后代装修，已失去原有的风貌，亦着通肩袈裟，"U"形重叠衣纹，右手抚于胸前，左手于腰部握袈裟一角。此二像与前述比丘尼净命造阿育王像基本相同，亦应为阿育王像（图七）。

图七-2 龙门西山惠简洞上方大龛右侧佛像

图七-3 龙门西山惠简洞上方大龛左侧佛像

　　敦煌莫高窟 323 窟为初唐时期开凿的洞窟，在内室南壁有一组东晋杨都金像出渚的感应事迹壁画[11]。其中一个画面为：海中立一尊金佛像，放五色光。佛像束发状肉髻，面部特征不很清楚，穿祖右肩袈裟，腹部以下衣纹为重叠的 U 形，右手施无畏印，左手下放体侧，掌心向后。从榜题的内容可知，此像即为阿育王像（图八）。与内地的阿育王像不尽完全相同，可能敦煌地区有自己流行的粉本。

　　无独有偶，在四川巴中南龛摩崖造像中，亦有一尊相似的造像，位于现编号 83 号龛中。龛为帐形龛，龛内造三尊佛像，时代为唐开元时期，中尊佛像坐在须弥座上，雕出双头，为分身瑞像；左侧立佛立于仰莲圆座上，左手上举指天，右手下垂指地，有学者认为是指日月瑞像[12]；右侧立佛圆形头光，火焰纹身光，螺发，面容丰腴，双眼圆睁，嘴唇上雕出胡须，上身穿通肩袈裟，"U"形重叠衣纹，左手施无畏印，右手前伸握袈裟一角，跣足，立于仰莲圆座上。过去的研究将之定名为"于阗海眼寺瑞像"[13]，根据我们前面介绍的阿育王像特征，此像应定名为阿育王像似更为准确（图九）。

图八　敦煌莫高窟 323 窟内的阿育王像　　　　图九　巴中南龛 83 号龛

注　释

[1]　唐道宣：《集神州三宝感通录》卷二"吴建业金像从地出缘"记："吴时，于建业后园平地获金像一躯，讨其本缘，即周初育王所造，镇于江府也。"卷一："……今洛下齐城丹阳会稽，悉阿育王所造，可勤求礼忏，得免此苦。"将阿育王像在内地出现的时间上推至西周初年，应是道宣的附会，本文仍以阿育王像在内地出现的时间为东晋时期。这也与中国内地发现的早期金铜像时代在东晋、十六国时期相符。

[2]　成都文物考古研究所：《成都市西安路南朝石刻造像清理简报》，《文物》1998 年 11 期。

［3］　袁曙光：《四川省博物馆藏万佛寺石刻造像整理简报》，《文物》2001 年 10 期。

［4］　〔英〕约翰·马歇尔著，许建英译：《犍陀罗佛教艺术》图版 53、61、63、66、85 等，新疆美术出版社，1999 年。

［5］　村田靖子著，金申译：《佛像的系谱》，上海辞书出版社，2002 年。

［6］　季崇建：《佛像》图二，上海人民美术出版社，2002 年。

［7］　金申：《佛教美术丛考》，科学出版社，2004 年。

［8］　（唐）张彦远：范祥雍点校，《历代名画记》（卷八），《中国美术论著丛刊（修订本）》，人民美术出版社，2004 年。

［9］　（唐）道宣：《周岐州岐山南塔缘》《集神州三宝感通录》（卷上），《大正藏五十二册》。

［10］　张成渝等：《略论龙门石窟新发现的阿育王造像》，《敦煌研究》2000 年 4 期。

［11］　马世长：《中国佛教石窟考古文集》，觉风佛教艺术文化基金会，2001 年。

［12］　宁强《巴中摩崖造像中的佛教史籍故事初探》，《四川文物》1987 年 3 期。关于左侧立佛“指日月瑞像”的定名似亦不妥，图中并没有雕出日、月。因此，关于此像的定名仍需进一步研究。

［13］　同［12］。

（原载《西南民族大学学报》2007 年 9 期）

略论成都周边宋墓中的龙形俑

易 立

在以往的考古发现中，成都及附近一带宋墓中有时可见到一种呈蹲伏状的陶龙，龙的通体表现较抽象，大多系手捏制成形，龙身呈曲弓状，四肢和龙尾立于一平板形器座之上。现按头部特征划分作二型。

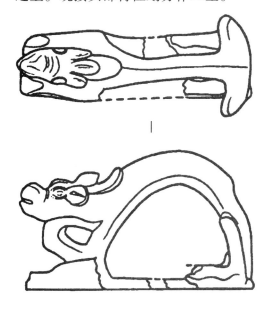

图一　成都西郊外化成小区宋墓
（99CHLM5 右：10）

A 型　龙头正对前方。以成都西郊外成化小区宋墓[1]（端平二年？1235 年）出土物（99CHLM5 右：10）为例，龙身扁平，面部轮廓较清晰，口、鼻、眼、耳、角均可分辨。泥质红陶胎，胎面有白色化妆土，龙头、身施绿釉。长11.6 厘米、高 7.1 厘米（图一）。

B 型　作扭头侧视状。以成都龙泉驿区十陵宋墓[2]、温江区"塞纳河畔"工地宋墓[3]（嘉定二年，1209 年）出土物为例，前者（M2：12）龙头偏向右侧一方，鳍角、鳞甲等细部均无刻画。泥质红陶，胎面无釉。长 12.2 厘米、高 7.8 厘米（图二）；后者（2006CWSM1：4）大体相似，唯头部扭向左侧，双耳直立，脊背部还做出锯齿状，以象征鬣毛。泥质红陶，胎面有化妆土，挂黄釉至器底座。长 26.6 厘米、高 18 厘米（图三）。

由于与外化成小区宋墓所出龙形俑共存的器物群中还包括鸡、虎、龟等陶质动物模型[4]，且该墓买地券上明文"……左青龙右白虎前朱雀后玄武……"等字样，故发掘者

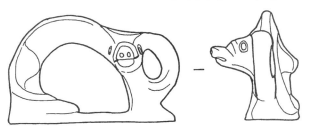

图二　成都龙泉驿区十陵宋墓（M2：12）

推测其应当是配套的四灵俑[5]，意即墓中龙形俑象征"左青龙"。此观点颇值商榷，理由如下。

（1）自唐末以来，墓中地券文字常书"东至青龙、西至白虎、南至朱雀、北至玄武"，然其所指并非随葬之明器，而是记墓地四界范围。如河南禹县白沙宋墓一号墓砖制地券上即朱书有"东西广十九步南北长二十二步东至青龙西至□□……"[6]。北宋仁宗时王洙等撰《地理新书》卷十四《斩草建旐》也提到"用铁为地券，文曰：……买地一段，东西若干步，南北若干步，东至青龙，西至白虎，南至朱雀，北至玄武，内方勾陈，分擘四域"[7]。这种在买地券上以青龙、白虎、朱雀、玄武四方之神作为墓域的四至，实际上是以四灵把守四方，使之安全可靠[8]。

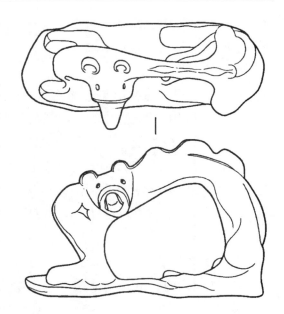

图三　成都温江区"塞纳河畔"工地宋墓
（2006CWSM1∶4）

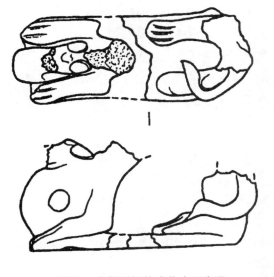

图四　成都西郊外成化小区宋墓
（99CHLM5 左∶20）

（2）外成化小区宋墓发掘简报称左侧墓室出土陶虎1件（99CHLM5 左∶20，图四），而从残存器物的形状看，其应当还是龙形俑的个体，只不过属于左墓室主人所有的随葬品。另一方面，简报比定作朱雀的陶鸡也常见于成都近郊其他宋墓，然当中多数不伴出龙、虎、龟，虽不排除有后世盗扰遗失之嫌，但前述"四灵俑说"殊难成立。事实上，根据《大汉原陵秘葬经》的记载，天子、士大夫及庶人墓中均要随葬入玉鸡、玉犬等明器[9]。此外，作为宋代道教雷法活动最为频繁的地区，川西一带宋墓中时常可以见到相关之文物，而如道书文献《道法会元》即提到过分别作鸠、牛、马、狗、神农相的五方之神[10]，故与龙形俑共出的陶鸡等应另有所指。

基于上面的分析，成都周边宋墓中的龙形俑当与"青龙"无涉，那么我们又该如何看待这类随葬品所蕴含的意义？

1981年，北京市文物工作队在对北京南郊唐史思明墓的发掘中出土铜龙一件，该龙"呈蹲坐状，头向左斜，张口，牙已残断。颈部有一火焰装饰，前腿直立，后腿曲据，尾穿过后腿裆向上卷至腰部。躯干有鳞片，前肢五爪，后肢三爪。通高16.4厘米”[11]。类似的蹲坐状龙形器物还见于西安市玉祥门外元代砖室墓所出陶俑中，龙身亦表现有鳞甲装饰[12]。

对于上述史思明墓出土的铜龙，黄正建先生曾在《唐代的“坐龙”与“伏龙”》[13]一文（以下简称“黄文”）中有比较详尽的考证，认为其可能与唐宋文献中所记载的“伏龙”有关。按“伏龙”本宅中之神，每年定期要在宅院各处行走，所到之处便伏下来。有“伏龙”在，则不宜动土。如黄文引法藏 P. 2615 号敦煌文书云：“伏龙法：正月二月八月在灶，四月五月在大门，六月七月在墙离，九月在房，十月在台，十一十二月在堂。又一法；伏龙年年之中移经八处，正月一日庭中起，周而复始：伏龙正月移在中庭，去堂六尺，六十日；三月一日移在堂门内，一百日；六月十一日移在东垣，六十日；八月十一日移在四隅，一百日；十一月廿一日移在灶内，卅日；周还正月一日在堂。”将“伏龙”放于墓内，可知墓是按墓主人生前住宅的形制布置的，而墓中安放“伏龙”或出于镇宅、镇墓的功用[14]。换句话说，建墓者们指望依靠它的神力来吓退盗墓之徒。

就成都一带宋墓中所见的龙形俑而言，其龙身前倾较甚，匍匐于地，更具“伏”的形象，似也同文献提及的“伏龙”存在一定之关联。现在的问题是，《大汉原陵秘葬经》还记有一种称作“墓龙”的明器，据说上自天子下至庶民墓均不可缺少，尺寸则随等级高低有差，安于辰地。上世纪六十年代，徐萍芳先生曾著文指出如江苏江宁南唐二陵中所出的人首蛇（龙）身俑可能即是所谓的“墓龙”[15]。近年白彬先生则在《雷神俑考》一文中详细论证了这种人首蛇（龙）身俑的原型很可能是道书文献所云作人首蛇（龙）身的“雷神”，而非“墓龙”[16]。如此，《秘葬经》提到的“墓龙”究竟所指何物？唐宋墓葬中所见的“伏龙”又是否可理解为“墓龙”[17]？笔者尚不敢妄下结论，这些都有待于今后进一步的研究予以明确。

注　释

[1]　成都市文物考古研究所：《成都市外成化小区南宋墓发掘简报》，载成都市文物考古研究所编著，《成都考古发现1999》，科学出版社，2001年。

[2]　成都市文物考古研究所、龙泉驿区文物管理所：《成都市龙泉驿区十陵宋墓发掘简报》，载成都市文物考古研究所编著，《成都考古发现2001》，科学出版社，2003年。

[3]　成都文物考古研究所、温江区文物保护管理所：《成都市温江区检察院办公楼、塞纳河畔工地五代及宋代墓葬发掘简报》，载成都文物考古研究所编著，《成都考古发现2005》，科学出版社，2007年。

[4]　四川广汉西外乡宋墓也出有类似的陶俑群，参见王家祐，《四川宋墓札记》，《考古》1959年8期。

[5]　同 [1]。

[6]　宿白：《白沙宋墓》，文物出版社，2002年，页61。

[7]　同 [6]，62、63页。

[8]　雷玉华：《成都宋代小型墓葬初析》，载成都市博物馆编，《文物考古研究》，成都出版社，1993年，

331 页。

［9］　徐萍芳：《唐宋墓葬中的"明器神煞"与"墓仪"制度——读〈大汉原陵秘葬经〉札记》，《考古》1963 年 2 期。

［10］　白彬：《雷神俑考》，《四川文物》2006 年 6 期。

［11］　北京市文物研究所：《北京丰台唐史思明墓》，《文物》1991 年 9 期。

［12］　陕西省文物管理委员会：《西安玉祥门外元代砖墓清理简报》，《文物参考资料》1956 年 1 期。

［13］　黄正建：《唐代的"坐龙"与"伏龙"》，《中国文物报》2001 年 11 月 23 日。

［14］　同［13］。

［15］　同［9］。

［16］　同［10］。

［17］　徐萍芳先生即认为西安玉祥门外元墓出土的陶龙应当就是《秘葬经》中所说的"墓龙"。参见［9］揭文。

水井街酒坊遗址的发现与探索

陈　剑

　　水井街酒坊遗址位于四川省成都市水井街15～23号，府河与南河（岷江锦江段）交汇处以东北，地理坐标为东经104°10′，北纬30°42′。原系四川省成都全兴酒厂的曲酒生产车间。1998年8月，全兴酒厂在此改建厂房时，发现地下埋有部分古代酿酒遗迹，遂报请省市文物主管部门进行考古调查与试掘。1999年3～4月，经国家文物局批准，成都文物考古研究所、四川省文物考古研究院在试掘基础之上，联合开展了全面考古发掘工作。本次发掘的目的在于确定水井街酒坊遗址的起始年代，了解酿酒设施的平面布局及"前店后坊"的格局形式，并为四川全兴酒文化博物馆的陈列建设以及相关学术研究提供更为丰富的实物资料。发掘工作历时约一个半月，基本达到了预期目的。

一、遗址的历史、地理背景

　　四川历代盛产佳酿，巴蜀美酒名扬四海，巴蜀酒文化源远流长。成都是一座拥有近4500年建城历史的古城，是国内城市文明起源最早的地区之一。早在1982年，国务院公布了首批24座国家级历史文化名城，成都即名列其中。成都又是全国公认的十大古都之一，历史上先后有十余个王朝、政权在此定都。自古蜀国开明王以来，2000多年成都名称不改、城址不迁，堪称中国城市发展史上的一大奇观。作为巴蜀中心都会的成都，传统酒文化的内涵及表现形式更有其独特的风格和无与类比的成就。

　　从成都平原史前古城遗址出土的罐、尊、簋等精美的陶质酒具，到广汉三星堆遗址、彭县竹瓦街窖藏、百花潭战国墓出土的罍、尊、壶等地方色彩浓厚的青铜酒具，到凤凰山西汉木椁墓出土的表面书写有"甘酒"字样的陶罐，到彭县、新都等地出土的汉代画像砖上的酿酒图和酒肆图，无不是巴蜀大地历来盛产美酒的实物例证。从《华阳国志》所载的开明王"以酒曰醴"，到汉晋时期的"酴醾酒"、"清醥酒"、"郫筒酒"等佳酿，到唐代"剑南之烧春"、宋代的"锦江春"名酒品牌以及《宋史·食货志》所载成都酒业课税数目甲天下，均是成都酒业兴盛的确凿记录。时至今日，川酒的六朵金花仍然誉满神州，市场销量雄踞全国白酒界的半壁河山。其中之一便是出产于省会城市成都的——全兴大曲（中国白酒界的老八大名酒之一）。成都的酒文化具有浓郁的都市文化特色，全兴大曲等成都佳酿所拥有的都市文化名酒特征，在全国白酒界堪称独一无二。

　　水井街酒坊的生成，除了有巴蜀酒文化根深叶茂这一浓厚的历史文化传统之外，更有其独具的人文地理背景和广阔的社会市场需求。

　　虽然自公元前311年张仪、张若筑龟城以来，历代统治者在成都修筑城池时，均未将水井街地区纳入城墙包围的范畴之内，但这一地区历来名胜众多、寺庙林立、风景秀丽，一直是成都传统的游乐胜地。根据文献记载，水井街地区历史上是成都"东门之胜"集中分布之地，其风景名胜及佛寺古刹主要有合江亭与合江园、锦官驿、回澜寺与回澜塔（白塔寺与白塔）、洪济桥（九眼桥）、薛涛井、望江楼、真武宫、普慈寺（净胜院）、海云山及海云寺等，是历代达官政要、文人骚客登临览胜、吟诗作赋，百姓民众休闲游乐、参神拜佛的理想之所。最迟至清代后期，水井街、水津街、金泉街、紫东楼街等成片街道已经形成。附近的莲花池畔，清代至民国初年曾为刑场所在[1]。

　　除却传统的游乐、休闲胜地，水井街地区还是唐宋以来成都最主要的水陆辐辏之地，在城市内外交通运输中发挥着至关重要的作用。

　　由于成都平原地势西北高、东南低，其河道多呈西北—东南流向，平原核心地带极易遭受洪水的侵袭。自远古以来，勤劳、智慧的成都人民就坚持不懈地进行着保卫家园的大规模治水活动。尤其是战国晚期李冰任蜀郡太守以来，"凿离堆，辟沫水之害"，修建了造福子孙万代的都江堰水利工程，并"穿二江成都之中"（《史记·河渠书》），使成都出现了二江从城南"双过郡下"的平面布局形式。唐僖守乾符二年（公元875年），西川节度使高骈动员10万之众，把原来经城西流至城南与流江（南河）平行的郫江（旧府河）改道，绕过城北、城东后至合江亭与流江汇合，成都形成"二江抱城"的新格局，历时千余年而无大变。古代的二江，水势丰满，河宽水深，"皆可行舟"，长期作为成都的交通要道。水井街地区正好处于抱城二江（今为府河、南河）交汇点以东，南近南河、西靠府河，毗邻二江航运的黄金水段，其地理位置的重要性不言而喻。在整个成都的内外水上航运系统之中，它既是城内水上交通路线的终点站，又是对外水运航线的始发站，在历史上的成都航运事业中发挥着至关重要的作用。古代成都与外地的交通，陆路因"蜀道难，难于上青天"，所以主要靠水路，府南河—岷江—长江航线，沟通了成都和长江中下游及沿海广大地区，商旅大众往来不断，物产上互通有无，文化上交流频繁，两地在经济、文化等多方面的联系均得到了加强。

　　水井街地区在成都陆路交通方面的枢纽作用也是极为明显的，这里是通向川中、川东、川南等地的始发站。合江亭在南宋末年毁于战火以后，明代于其旧地设立驿站，名为锦官驿（曹学佺《蜀中名胜记》），是过往官民商旅换文验牒、投宿歇息之所。清代沿袭设此驿站，并于此征收船舶税。时至今日附近还有街道名叫锦官驿。今德胜街一带，原为中、小旅店集中分布的地方，是往来东大路（即成都去简阳、资中、内江以至重庆的大道）行商、旅客的主要投宿点。无论是1936年建成的成渝公路（抗日战争期间是联系成都与陪都重庆之间的重要交通纽带），还是90年代的四川省内修建的第一条高速公路——成渝高速公路，在成都的出发点均位于水井街地区。

　　一个地区的经济和商业贸易的发展，与交通的发达程度关系极为密切。由于周围群山阻隔，陆路交通不畅，因此古代成都与外界的联系以水路为主。唐宋以来，成都与外省的水路贸易，主要是以岷江、沱江为依托，长江为主线的水上交通贸易航道。这条贸易线路，以成都的水井街地区为起点，以长江中下游各地区为贸易辐射区，形成了较为广泛的通商贸易关系。成都物产丰富，其商品通过长江航道顺流而下，与各地建立了密切的贸易联系。

　　作为成都历史上"东门之胜"集中分布之所的水井街地区，唐宋以来经常举行规模空前的游乐活动，从而带动了商业贸易的发展。更兼此地是水陆交通的枢纽之地，成都对外联系的首要水运码头及始发港口即位于此，车水马龙，人气旺盛，愈发刺激和促进了该地商业贸易的繁荣昌盛。水井街酒坊就生成于这样一个"水陆所辏、货殖所萃"的理想之所。

　　古人外出游乐、为远足的亲友送行甚至死刑囚徒临刑饯别等，都少不了用酒，这应是水井街及附近地区历来酒坊较多的原因之一。清末傅崇矩（1875～1917年，字樵村）编撰的《成都通览》记载，水井街地区有名可录的烧房、糟坊包括：外东星桥街的周义昌永糟坊及谢裕发新糟坊，水井街的胡庆丰隆糟坊，中东大街的杨义丰号糟坊和彭八百春糟坊外东大安街的傅聚川元糟坊，锦江桥的邓新泰源大曲烧房和陈大昌源糟坊。当时成都本地之酒最著名者有二，其一便是水井街地区东大街生产的八百春酒[2]。

二、遗址发掘的主要收获

　　水井街酒坊遗址已经发现的面积约 1700 平方米（图一），但可供发掘的面积有限。本次发掘根据现场具体地势情况采用探方（沟）发掘法，共布探方（沟）8 个（条），揭露面积近 280 平方米（其中含试掘面积 105 平方米）。发现有十余处不同时代的酒窖、晾堂、灶坑、蒸馏器基座、灰坑（沟）、路基（散水）、木柱及柱础、墙基等遗迹现象，并出土了大批瓷器、陶器残片、石器、兽骨及其他遗物。发掘工作取得了较为丰硕的成果[3]。

　　从遗址的地层堆积情况来看，除 T8 外，T1～T7 各探方（沟）的地层基本统一。第 1 层为现代炉灶 Z1、Z2、晾堂 L1 及混凝土路面。此层下有酒窖 J1、J2 及灰坑 H3。第 2 层为黑色土，结构疏松，包含大量的炭渣等杂质。其下有灰沟 G1、酒窖 J3、J4、J8。第 3 层为灰黑色土，结构较紧，包含有白灰泥块、瓦片、砖块、瓷片等物。此层下有晾堂 L2、酒窖 J5～J7、灶坑 Z3。第 4 层为灰黑色土，结构略疏松，包含有瓷片、白灰渣、瓦片等物。此层下发现有蒸馏器基座、红砂石条墙基、木柱等遗迹。第 5 层为灰白色土，夹杂大量炭渣，结构极疏松，包含有丰富的瓷片、陶片等物。第 6 层为深灰色土，结构较紧，略显黏性，包含有少量瓷片、陶片等物。晾堂 L3、路基（散水）、灰坑 H4 位于此层下。晾堂 L3 以下地层仅选点作部分解剖。第 7 层为浅灰色土，结构略紧，夹杂少量炭渣，包

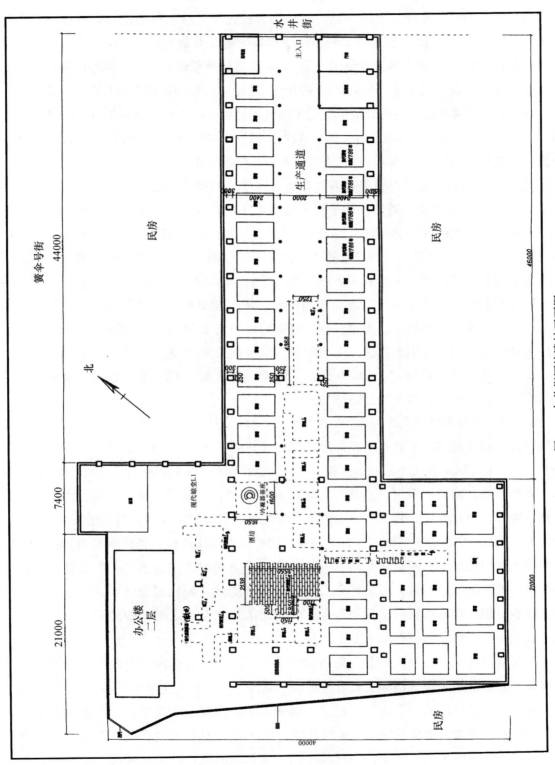

图一 水井街酒坊遗址平面图

含部分瓷片（不见青花瓷）、陶片等物。第 8 层为浅黄色土，结构较疏松，含砂性重，包含少量瓷片、陶片、瓦片、井圈等物。第 9 层为黄色土，结构紧密，略显砂性，包含少量瓷片、陶片等物。第 10 层为浅青色土，结构较紧密，夹杂大量白色渣土块，包含少量瓷片、瓦片等物。第 10 层以下暂未作发掘。T8 的地层堆积略有不同，但该探沟内发现的酿酒遗迹仅有开口于第 1 层下的灶 Z5，故 T8 的地层对遗址年代判定只有参考价值。

本次发掘揭露出的遗迹现象包括晾堂 3 座（编号为 L1～L3）、酒窖 8 口（编号为 J1～J8）、灶坑 5 座（编号为 Z1～Z5）、灰坑 4 个（编号为 H1～H4）、灰沟 1 条（编号 G1）、酿酒设备基座、路面（散水）、石条墙基、木柱及柱础等遗迹。

晾堂是酿酒生产过程中用于拌料、配料、堆积、发酵的场地，此次发掘揭露的 3 座晾堂（L1～L3）基本依次重叠，建造材料包括青灰色方砖和三合土两种。晾堂表面长期经受发酵酒糟中的酸性液体腐蚀，多呈现出凹凸不平的现象。晾堂 L2 分布于探沟 T1～T6 内（图二），位于第 3 层下，叠压于第 4 层之上。晾堂的西、北、南、东南部边界均已揭露，东北部边界尚不明。推测其平面形状为曲尺形，南北长 10～21.5 米，东西宽 10～13 米，已发现面积近 250 平方米，表面较为平整。依据建材质地可将晾堂分为两部分，东部系三合土结构，面积较小，揭露部分东西宽约 6.75 米，厚 10～12 厘米。西部采用青灰色砖夹红砂石板东西向顺砌而成，面积较大，东西宽约 9.25 米，厚约 6 厘米。青砖规格统一，长、宽、高分别为 24、12、6 厘米。晾堂西部表面上有一条东西向的缝隙，表明晾堂不是一次建成的，可能经过增修加宽。

晾堂 L3 的分布范围几乎与 L2 重合（图三），位于第 6 层下，叠压于第 7 层之上。晾堂周围边界均已揭露，平面略呈长方形，南北长 9～21.5 米，东西宽 12～14 米，总面积 230.3 平方米。晾堂表面中部高、周边低，略呈缓坡状，四面坡度为 3°～5°，以利于排水。除边界外，晾堂均系三合土结构，厚 11～15 厘米，从断面观察，三合土内夹杂少量瓦片、瓷片、陶片等物。其东、南面边界用青灰色砖纵向砌成（所用砖较晾堂 L2 用砖的规格大），北、西面边界采用红砂石条砌成，边界以外还用红砂石条砌成较高的护坎，防止酒糟渗水四处漫流。晾堂西北角有一处出水口，直通界外的盛水坑。西北转角处还有两两并列的 4 座红砂石墩，似为柱础，表明晾堂可能被建筑物遮盖。东北转角处为一半圆形红砂石板，其上可见人工刻划符号。晾堂北部发现有与之配套的砖石砌成的路面基础（或散水），未予全部揭露。

在蒸馏酒（又称白酒或烧酒）酿造的持续生产过程中，施加了曲药粉末的酒醅（又称母糟）进行前期发酵变酒和更长时间的后期发酵（使之脂化老熟）的场所即称为酒窖。四川地区一般是从地面向下挖圹并经加工而成，呈口大底小的斗状，窖口形状多系长方形，体积不宜过大。本次发掘出的 8 口酒窖（J1～J8），内壁及底部均采用纯净的黄泥土填抹而成，窖泥厚 8～25 厘米，用料很考究，多系精心挑选的天然纯黄泥土。部分酒窖内壁插有密集的竹片，用来加固涂抹的窖泥层。J3～J6 窖壁内部结构上下有别，上半部系用未经烧制的土坯砖砌成，下部则为土圹加工而成。从建造结构和相应配套设

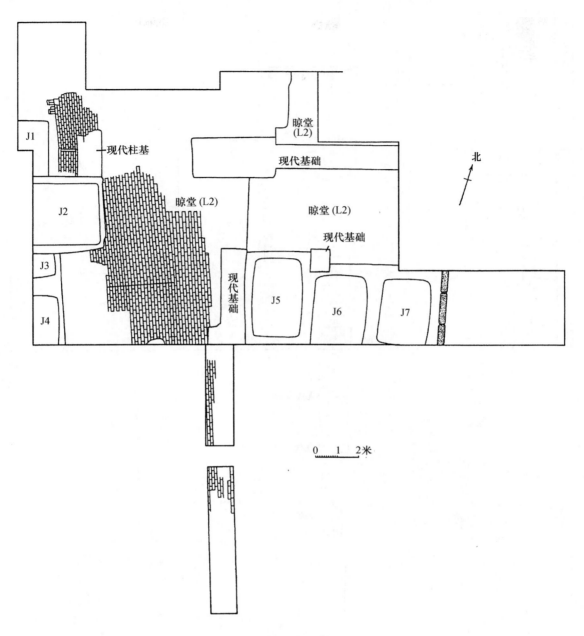

图二　晾堂 L2 分布图

施等情况分析，个别酒窖可能经过增修、改造后长期使用。

　　酒窖 J5 位于探沟 T4 的中部（图四、图五），开口于第 3 层下，方向为 340°。开口平面形状呈长方形，窖口内框面南北长 380、东西宽 220 厘米，窖底南北长 360、东西宽 200 厘米，窖深 165 厘米。窖内四壁略斜，底内收，均用纯净的黄泥填抹而成，泥层底厚壁薄。从内剖面观察，窖壁内部结构上下有别，下部为土圹加工而成，上半部则用土坯砖砌成（高约 35 厘米），其间结合处有一层灰白色的黏合类物质。窖内填土可分为三层：第 1 层为浅灰色土，结构疏松，包含瓦片、卵石、瓷片、砖块等物，厚 80 厘米；第 2 层

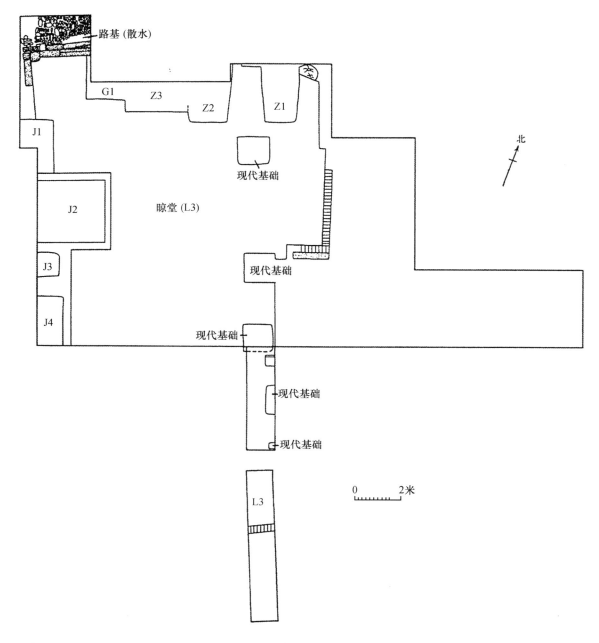

图三　晾堂 L3 分布图

灰黑色土，夹黄斑，结构较紧，包含少量瓦片、瓷片、砖块等物，厚 30 厘米；第 3 层为灰黑色土，结构紧密，包含瓷片、砖块、炭渣等物，厚 40 厘米。在窖底北壁内侧，发现一行与北壁平行的横砌红砖，共计 3 层，打破窖底所填黄泥，其目的可能是用来加固窖泥。

　　灶坑共发现 4 处（编号为 Z1～Z3、Z5），其中 Z1、Z2 平面为圆形，内用红砖垒砌，外敷水泥，共用一根烟囱。Z3、Z5 均用砖砌成。Z3 位于 T1 西部，开口于灰沟 G1 下，打

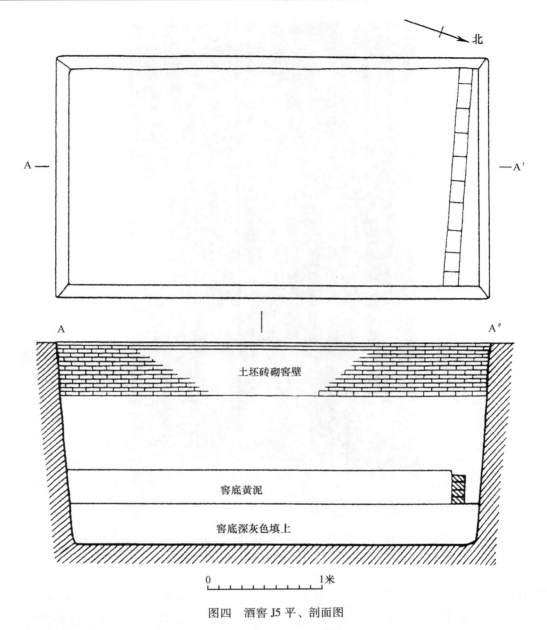

图四 酒窖 J5 平、剖面图

破晾堂 L3 及其以下地层。仅残存工作坑的底部，采用青灰色砖砌边，坑底则用砖及红砂石板铺成。残长 285、宽 150 厘米。Z5 位于 T8 东部，开口于第 1 层下，已揭露出工作坑、火塘及贮藏坑组成部分，火塘和贮藏坑平面为长方形，工作坑则呈椭圆形。灶坑系青砖砌成，炉箅为铁质，用砖形制大小不一，个别砖表面装饰有花纹。

在探沟 T3 东部发现一处酿酒设备基座遗迹（图六），开口于第 4 层之下，叠压于第 5 层之上。基座平面呈圆形，直径 225 厘米，上部已被破坏，残高约 40 厘米。底部平铺环形石盘（其上琢制有均匀的纵向渠槽，似为废弃的磨盘或碾盘），盘上起砌两圈砖石结构的立壁，外壁厚约 25、内壁厚约 30 厘米，壁间填以砖、石块及灰浆等物。立壁外表用白色灰浆抹光，基座内底平砌一圈呈向心状排列的青砖，直径约 90 厘米，砖与砖之间的缝

图五　酒窖 J5 底部局部解剖情况

隙填有白色灰浆。解剖结果可知，基座系在第 5 层表面平地起建而成，底部石盘以下未挖圹（从而排除了是水井遗迹的可能）。在基座的西部、南部各发现一列排放整齐的红砂石条基础，呈垂直状联结，南面石条上还发现有木柱，据其走向和形状推测为墙壁基础。

　　该基座做工精细，且为建筑物覆盖，表明该酿酒设备在生产过程中占据十分重要的地位。经窖池发酵老熟的酒醅，酒精浓度还非常低，需经进一步蒸馏和冷凝，才能得到较高酒精浓度的蒸馏酒。在传统的固态发酵法白酒生产中，采用俗称"天锅"的设备来完成蒸馏、冷凝任务（图七），一般是在炉灶上放一口"地锅"，安置甑桶和"天锅"冷凝器，再配以冷凝管道和盛接容器（遗址发掘出土有石盛酒器）。通常在甑桶内装入发酵成熟的酒醅，用灶火加热进行蒸馏。同时，在"天锅"内注入冷水，并不断更换，使汽化的酒精遇冷凝结成液体，从而达到提升酒精浓度和形成白酒香味的目的。北京"二锅头"酒即由此得名。

图六　蒸馏设备冷凝器基座

　　1975 年 12 月，河北省青龙县西山嘴村南新开河道中发现一套金代铜烧酒锅，附近是一处金代遗址，烧酒锅在金代文化层的一个竖式圆窖里发现。从地层和伴出器物判断，烧酒锅应是金代遗物。经定性、定量分析，确知烧酒锅是由黄铜制成。烧酒锅高 41.6 厘米，由上下两个分体套合组成。下分体是一个半球形甑锅，高 26、口径 28、最大腹径

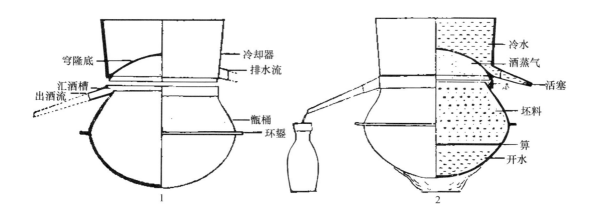

图七　蒸馏器结构及蒸酒流程示意图（采自《考古》1980 年 5 期）
1. 蒸馏器构造实测图　2. 蒸馏器复原蒸酒流程示意图

36 厘米。腹中部有环錾一周，宽 2、厚 0.5 厘米。口沿作双唇凹槽，宽 1.2、深 1 厘米，是为汇酒槽。从汇酒槽通出一个出酒流，一端是与锅体同范铸成的铜流，另一端是插入的铁流。出土时铁流部分已残，但从残迹仍可察知全流约长 20 厘米，铜流部分与铁流部分长度成一与四之比。上分体是一圆桶形冷却器，高 16、口径 31、底径 26 厘米。穹隆底，隆起最高 7 厘米，接近器的中部。底下成卷状壁。近底处通出一个排水流，从结构看，也是由铜流、铁流接合而成，出土时仅见与器身同铸的铜流部分，残长 2 厘米，全长不明。冷却器底沿作牡唇，当上下二分体套合时，牡唇与汇酒槽的外唇内壁正相紧贴。从形制看，上分体冷却器形似商周铜甗的上部，下分体甑锅有东汉带环经铜釜的风格，表现了对传统工艺的继承。烧酒锅的构造原理和使用方法：甑锅盛适量的水，水面以上近锅腹处安一箅子（用秫秸或其他材料），箅上装酿酒坯料。冷却器严密套合在甑锅上部，器内注满冷水，用活塞堵住排水流。蒸酒时，酒蒸气上升，在穹隆底被冷却成液体的酒，顺卷状壁由牡唇导入汇酒槽，通过出酒流即可注入盛酒器。为了保持冷却作用，要随时拔开排水流活塞，排出热水，换进凉水[4]。

　　现代民族学调查材料中有一些关于少数民族原始酿酒工艺流程的记载内容，也可以帮助我们了解传统蒸馏酒酿造工艺所采用的技术和设备。比如，云南省佤族酿造烧酒（白酒）的技术就能为认识"天锅"的结构提供参考材料。佤族酿制烧酒的程序是，将煮熟经发酵后的谷子、荞、玉米等置一铁锅上面的木桶里，容量为木桶的三分之二或二分之一。谷物上面（木桶的上半部，即发酵谷物的上面）安置一木瓢，连接一竹管，使之伸出桶外。在木桶上面放置一铜盆，内盛凉水，这时，锅底下用木柴燃料，与此同时，不断向铜盆里灌注凉水，木桶里已发酵的谷物经蒸发遇冷后便凝聚为酒，滴入桶内的木瓢中，再顺竹管流到桶外的坛子里，酿酒即告完成[5]。

　　从传统白酒酿造工艺流程来看，该圆形基座遗迹的性质也应与蒸馏冷凝设备相关。传统蒸馏酒酿造工艺大致包括蒸煮、发酵、蒸馏三大工序，在水井街酒坊遗址范围内业已发现的酿酒设施遗迹中，承担蒸煮工序的炉灶、承担发酵工序的晾堂及酒窖均得到了确认，唯有承担蒸馏工序的设备尚不明确。而该圆形基座遗迹已排除了作为水井、碾盘的可能，因此，它无疑应是传统白酒酿造工艺的蒸馏设备（即"天锅"）冷凝器的基座。

路基（散水）位于 T2 北部，开口于第 6 层下，紧靠晾堂 L3 的北部边界，与 L3 表面基本处于同一水平线。采用红砂石块夹青灰色砖铺设而成，仅作部分揭露，其表面较为平整，推测此遗迹可能为与晾堂 L3 相配套的路基。但根据 L3 西北角有红砂石柱础的情况，这处砖石结构的平面遗迹也可能为覆盖晾堂的建筑物檐下的散水。

发掘出土的遗物以瓷片、陶片为主，经过拼对可复原的器物逾百件，多数为地方民间窑场烧造的产品。器形包括碗、盘、钵、盆、杯、碟、勺、灯盏、罐、缸、壶、支钉及砖、瓦、瓦当等，以酒具最为丰富。其中瓷片又可分为青花瓷、白釉瓷、青釉瓷、酱釉瓷、褐釉瓷、黑釉瓷、粉彩瓷、蓝釉瓷等品种。陶片壁较厚，多为红胎，部分器物表面施釉。出土遗物还有少量石臼、石碾、石盛酒器、铁铲、兽骨、竹签、酒糟等。

青花瓷器的装饰图案题材种类繁多，以折枝和缠枝花卉纹、卷叶纹、"岁寒三友"（松、竹、梅）等植物类图案最为丰富，其他题材种类还有垂钓、婴戏图等人物类，山水风景类，鱼、龙、鸟、怪兽等动物类，梵文等。装饰图案一般位于器物腹表及内壁，部分瓷器口部有边饰。少数青花瓷器内底或外底还有题款，包括："永乐年制"、"永乐年造"、"成化年制"、"大明年造"、"同治年制"等年号内容（带有"永乐"、"成化"等年号题款的瓷器大多是后世民窑烧造的仿制品）；"锦（江）春"、"兴"、"刘"、"英"、"益"、"天号陈"等名号内容；"永保长寿"、"福"、"佳器"、"吉"、"古"、"富贵佳器"、"玉堂佳器"、"（状）元（及）第"等吉语内容。

三、遗址分期及编年初探

酿酒作坊中，酒窖、晾堂、灶等设备一经形成，多数会被长期使用。尤其是酒窖，因为酿造优质白酒讲究发酵，酒窖使用时间愈长、窖泥愈老、酒质则愈优。这种延续使用的特点，使得酒窖的始建年代、使用年代、废弃年代以及废弃后堆积形成的年代客观上存在一个差数，而本次工作所清理酒窖中的堆积均是废弃后形成的，而且从堆积层次上观察，并非一次就形成了发掘前的堆积厚度，也就是说酒窖废弃后的堆积亦是多次形成的，与酒窖的始建、使用年代应有一定的时间间隔。晾堂的情况也是如此。

遗址的酒窖 J5 四壁内部结构上下有别，下部为黄泥做成，上部则为土坯砖砌成（高度约 35 厘米），其间结合处有一层灰白色的黏合类物质。发掘后期又对 J5 底部进行了局部解剖，发现 J5 有两层窖底：第一层底系黄泥作成，厚约 25 厘米，其下有深灰色填土，厚 30～35 厘米，填土以下又有一层泥质窖底，表面呈灰白色，较为坚硬，用泥纯净、细腻（见图五）。

酒窖 J5 两层窖底之间的距离约为 35 厘米（窖底的抬升高度），J5 内壁上半部土坯砖砌成部分的高度也约为 35 厘米（窖口的抬升高度）。晾堂 L2 是在 L3 废弃以后另建而成，二者之间的距离同样约为 35 厘米（即晾堂的抬升高度）。并且 J5 的上下两道窖口分别与晾堂 L2、L3 的表面处在同一水平线上。可见，这不是偶然的巧合，表明酒窖与晾堂是同步抬升的。这应为酒窖增建加高和延续使用的实物例证。据此可以初步推测酒窖 J5 的始建和开始使用年代与第三层晾堂 L3 相近，两者应为配套设施，后 J5 延续使用与第二层晾堂 L2 配套直至废弃。

根据开口层位、平面布局及形制规模分析，酒窖 J6、J7 与 J5 的内部结构、始建和使用情况应基本相似。

按照地层叠压、打破关系和补充解剖发掘结果，可将遗址内发现的主要酿酒设备遗迹分成三组。

第一组：晾堂 L3 及其北部的路基（散水）遗迹，T1～T7 的地层第 7 层（应为修建晾堂 L3 的垫土堆积），酒窖 J5～J7 的下层；

第二组：晾堂 L2，T1～T7 的地层第 4～6 层（应为修建晾堂 L2 的垫土堆积），酒窖 J5～J7 上层，灶 Z3（Z3 虽开口于现代灰沟 G1 之下，但它直接打破 L3，且 Z3 所用青砖形制与 L2 相同，故判定其年代与 L2 相近），蒸馏设备冷凝器基座；

第三组：晾堂 L1，酒窖 J1～J4、J8，灶 Z1、Z2、Z5。

本次发掘揭露的三层晾堂保存较为完好，在位置上基本依次重叠，并且晾堂之间的各堆积层中出土有相当丰富的遗物，因此可以 L3、L2、L1 分别作为上述三组酿酒设备遗迹的代表来进行年代判定。初步分析不难发现，由于水井街酒坊遗址上的酿酒生产基本是在连续不断进行的，当晾堂 L3 长期使用后，出于多种原因将其废弃，在它的基础上很快修建起晾堂 L2；当 L2 使用多年废弃后，又修建了晾堂 L1。因此，晾堂 L3 与 L2 之间的第 4～6 层实际是建造 L2 的基础垫土，各层之间的年代相差并不大；晾堂 L2 与 L1 之间的第 2、3 层则是建造 L1 的基础垫土；建造 L3 的基础垫土应是其叠压的第 7 层等地层。

从地层关系来看，晾堂 L3 是本遗址已发现的年代最早的酿酒设备，其上的第 4～6 层文化层所包含遗物均有青花瓷片、瓷片、陶片等，时代风格上的差异不大，应是 L3 废弃以后在较短时间内形成的堆积，与 L3 的始建年代相去甚远。判定 L3 的始建年代应主要参照其叠压的第 7 层的形成年代，该层极有可能是修建 L3 的垫土层。据局部解剖结果来看，第 7 层出土遗物包括瓷片、陶片等，不见有青花瓷片，从其中的白釉高圈足碗、青釉罐及器底等遗物的造型、施釉特征看来，应属明代以前的器物，且不见时代更晚的遗物，表明第 7 层的年代应不晚于明代（宜作说明的是，出于保护的需要，晾堂 L3 仅进行了局部的解剖，获取的第 7 层的包含遗物数量有限，故其年代判定的证据略显不足）。因此，初步判断晾堂 L3 的始建年代也可能不晚于明代。L3 的使用时间较长，从第 4～6 层均包含有清代青花瓷片的情况看来，L3 直到清代仍在进行生产。

同理，可依据第 4 层文化层的出土遗物判断晾堂 L2 的始建年代为清代，依据第 2 层文化层的出土遗物判断晾堂 L1 的始建年代为近现代。晾堂 L2 延续使用到近现代才废弃，L1 则至今仍在生产。第一、二、三组遗迹的年代分别与晾堂 L3、L2、L1 的始建年代相同。

按照遗迹单位分组及年代判定情况，并结合酿酒工艺流程，可将水井街酒坊遗址划分为三期（表一）。

第一期遗存包括路基（散水）、晾堂 L3，T1 ~ T7 的地层第 7 层，酒窖 J5 ~ J7 的下层等遗迹；遗物包括瓷片、陶片等，不见青花瓷。其年代下限不晚于明代，上限还不清楚。

第二期遗存包括地层中的第 4 ~ 6 层、晾堂 L2、酒窖 J5 ~ J7 的上层、灶 Z3、蒸馏设备冷凝器基座及其外部的红砂石条墙基和木柱等遗迹；遗物包括瓷片、陶片及石碾、石臼、兽骨、酒糟等。本期年代主要为清代。

第三期遗存包括地层中的第 1 ~ 3 层、晾堂 L1、酒窖 J1 ~ J4、J8、灶 Z1、Z2、Z5 等遗迹；遗物包括瓷片、陶片及铁铲、竹签等。其年代为近现代。

各个时期的主要遗迹之间相互配套，基本展示了传统白酒酿造工艺的完整流程。

本次发掘出的最早晾堂遗迹为晾堂 L3，根据在 L3 的中间部位和北部边缘以下地层发掘出土的瓷片可知，现存晾堂 L3 边缘的形成年代晚于中部的形成年代。在探方 T1 内东部对 L3 的解剖中，发现晾堂建造材料与结构有不同之处。这一情况证实晾堂 L3 的现状并非一次建成，可能经过了多次增建、修补，究其原因推测与晾堂的使用损耗（发酵的酿酒原料所含酸性液体易对晾堂表面产生腐蚀作用）、生产规模的扩大等情况有关。晾堂同样存在始建、使用和废弃等年代刻度，而且晾堂 L3 现状规模宏大，修造工艺相当成熟，推测在此之前应有一定时期的发展历程作为其工艺基础，故晾堂 L3 的始建年代可能更早。第二层晾堂 L2 的增修补建痕迹则更为明确，其东部为三合土结构，西部则用青砖和红砂石铺砌而成，并有一条东西向的缝隙，说明 L2 并非一次建成，可能经过了两次以上的扩建。

另外，水井街酒坊遗址中的酒窖、晾堂等酿酒遗迹的修补、增建和废弃，同其临近的锦江水位、地下水位不断升高情况密切相关。传统浓香型白酒酿造工艺认为，酒窖、晾堂等酿酒设施开口的水平面高度不能低于地下水位的高度，否则所酿白酒的酒质将会受到极大的影响。

根据第三层晾堂 L3 的宏大规模和成熟工艺，也可以推测水井街酒坊遗址的起始年代可能早于晾堂 L3 的始建年代。遗址发掘出土物中有相当数量的明代前期和少量元代、宋代的瓷片，表明遗址可能还存在比已发现的酿酒遗存年代更早的遗存。需要说明的是，基于第三层晾堂保护的需要，对晾堂及其以下地层的解剖工作只是小范围和局部的，仅出土少量遗物，故其年代判定所依据实物材料数量不多。

表一　水井街酒坊遗址分期一览表

编号	地层单位	期别	年代
第一组	晾堂 L3 及其北部的路基（散水）遗迹，酒窖 J5～J7 的下层，T1～T7 的第 7 层等	第一期	明代
第二组	晾堂 L2，酒窖 J5～J7 上层，灶 Z3，T1～T7 的第 4～6 层，蒸馏设备冷凝器基座及其外部的红砂石条墙基和木柱等	第二期	清代
第三组	T1～T7 的第 1～3 层，晾堂 L1，酒窖 J1～J4、J8，灶 Z1、Z2、Z5 等	第三期	近现代

四、遗址复原探析

水井街酒坊遗址发掘揭露的各种与酿酒相关的遗迹现象及遗物，为我们认识中国传统蒸馏酒酿造工艺流程和技术水平的演变提供了宝贵的实物资料。在遗址所包括的明代、清代及现代三个时期的遗存中，除明代酿酒遗迹发现较少外，另两个时期的酿酒遗迹均十分丰富，由此可以大致复原当时蒸馏酒酿造生产的全部工艺流程。

现以保存酿酒遗迹较为齐备的清代遗存（第二期遗存）为例，来分析各类酿酒设施在生产过程中所起的作用及其相互之间的配套关系。

白酒习惯上是指以粮谷为原料，加入糖化发酵剂，经固态或半固态发酵的蒸馏酒。水井街酒坊作坊遗址已揭露的清代酿酒遗迹布局配套，完整齐全，几可再现从原料煮熟、拌曲发酵到蒸馏的白酒酿造三大工序的全过程。

第一道工序包括三个步骤。第一步用石臼把稻谷破碎成米和谷壳。大米用作制白酒的原料，谷壳用作制白酒的辅料。大米淀粉含量较高，结构疏松，利于糊化，有"高粱香、玉米甜、大麦冲、大米净"的说法。谷壳的作用是可利用它们的某些有效成分，调剂酒醅的淀粉浓度，冲淡或提高酸度，吸收酒精，保持浆水；使酒醅具有适当的疏松度和含氧量，并增加界面作用，使蒸馏和发酵顺利进行，有利于酒醅的正常升温。第二步用井水润料，为蒸煮糊化创造条件。第三步在炉灶上进行原料蒸煮，使淀粉颗粒进一步吸水、膨化、破裂、糊化，以利于淀粉酶的作用。同时，在高温下，原辅料也得以灭菌，并排除一些挥发性的不良成分。灶 Z3 是本期唯一的灶坑类遗迹，残损严重，但工作坑及火膛下部仍可辨认。

第二步发酵过程是技术性最强的一道工序，通常在晾堂和酒窖中完成。依据淀粉成糖，糖成酒的基本原理，发酵实际上就是糖化、酒化同时进行的过程，也是技术性最强的一道工序。可分为前期发酵和后期发酵两步，分别在晾堂和酒窖中完成。首先把蒸煮后的醅在晾堂上用竹垫摊晾、冷却、下曲，进行前期发酵。然后把摊晾下曲后的糟醅入窖进行后期发酵，又称主发酵。清代晾堂 L2 东西两部分的建造材料不同，东部用三合土、西部则用砖，这种差异可能与建造时间不同有关，也可能是功能、用途不同所致。但晾堂 L2 西部砖面可见明显的修补、扩建痕迹，例如其中部砖面凹凸不平、受侵蚀严重，而周围砖面则保存较好；西部砖面还有一条整齐的东西向缝隙。在白酒生产过程中，晾堂主要用作拌料、配料、堆积和初步发酵的场地，多安排于蒸馏车间附近。酿酒原料蒸煮后摊放于晾堂之上，将捣碎的曲药（发掘出土有石臼等捣制工具）均匀地拌入其中，进行晾堂堆积发酵。晾堂堆积发酵简称晾堂操作，是固态发酵工艺的预发酵或前发酵，以收集、繁殖酵母菌为主要目的[6]。发酵的主要过程是在酒窖内完成的，而浓香型白酒生产区别于其他类白酒生产的最重要特点就是采用泥窖固态发酵方法。经晾堂堆积发酵的酿酒原料接着被投入泥窖，并封闭严实让其发酵变酒和脂化老熟，这个周期所需时间较长（一般为 50~70 天）。本遗址发现的清代酒窖共三口（J5~J7），从层位上观察，同晾堂 L2 一致，均位于第 3 层下，并且 J5~J7 开口的水平高度也和 L2 表面相同，可见它们不仅是同一时期而且是相互配套的酿酒设施。前述清代酒灶 Z3 现仅存底部，其原来高度不会低于晾堂 L2 表面，Z3 用砖的规格与 L2 亦一致，因此 Z3、L2 及 J5~J7 都是相互配套的。

第三道工序蒸馏就是酒精浓度提纯，所需设施为蒸馏器。从固态发酵法所得酒醅，其中含有酒精成分及其他酒精发酵副产物，通过蒸馏工序，可以制得新酒。蒸馏是白酒生产中最重要的环节。可以说，没有蒸馏就没有白酒。具体过程是 8~15 天后，把发酵成熟的酒醅从酒窖内取出，在炉灶上用甑桶和"天锅"冷却器进行蒸馏，圆桶形砖座盛放蒸馏用冷水或放"天锅"。与此同时，进行"掐头去尾"、"看花摘酒"和接基酒等操作。"掐头"是指刚流出来的酒，由于含有较多低沸点的物质，需储存以作勾兑调味酒，又称酒头。"去尾"指尾酒需倒入底锅再蒸馏取酒。"看花摘酒"是在酒醅蒸馏过程中用小杯或碗盛接蒸馏液，当蒸馏液冲入小杯或碗中时，在酒液表面会形成一层泡沫，俗称酒花；根据酒花的形状、大小、持续时间可判断酒液酒精度的高低，从而把中、高浓度与低浓度酒精分离开的一种工艺操作过程。广西桂林三花酒和江西吉安堆花酒就是以酒花定质而得名，最后用陶瓷、坛、盆接基酒。

遗址发现的圆形砖石结构遗迹即是蒸馏设备"天锅"冷凝器的基座部分，从层位上来看，它位于第 4 层下，建造时间较晾堂 L2 现状略早。但 L2 延续使用时间甚长，其现状是经多次修补、扩建的结果，"天锅"的基座或许与 L2 始建部分遗存的年代相同，这有待进一步的解剖发掘工作来证实。大致说来，清代的酒灶、晾堂、酒窖、蒸馏器等遗迹均应是同一酿酒流水作业线上的配套设施。

江西省文物考古研究所与江西食品工业协会酒类专家曾共同对李渡烧酒作坊遗址的元代白酒生产工艺进行了模拟复原[7]，根据其工艺流程，并结合现代四川现代白酒酿制工艺技术，可以对水井街酒坊遗址清代酿酒遗迹和遗物对应的白酒酿造工艺流程进行如下表示：

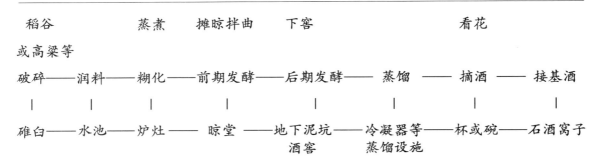

这与明末清初写成的《沈氏农书》中记载的一例大麦烧酒制作的工艺流程相印证：

大米→淋→蒸煮→摊冷→加曲拌料→下缸→加水，发酵→蒸馏→陈酿→包装

因年代久远，明代酿酒设施（第一期遗存）残留遗迹不多，晾堂 L3 及其北面的路基（散水）尚保存得较为完整。由于工艺水平演变不大，传统酿酒设施具有延续使用时间长的特点。一些晚期设施是在同类早期设施基础上增补、改建而成，如前文所述清代酒窖 J5 不仅上下部结构有别，而且其间的扩建痕迹清晰可见，J5 下部的开口正好与明代晾堂 L3 处在同一水平线上。因此，初步判定 J5 的始建年代可能早至明代，其下部应是与 L3 和路基（散水）相配套的酿酒设施。

佳酿必有美泉，蒸馏酒酿造工艺离不开水，而且对水质的要求较高，水井之类设施应是酒坊遗址的重要组成部分。为什么本次发掘工作尚未发现此类遗迹现象？究其原因有二：第一种情况是因为本次发掘工作受场地制约，所揭露面积有限，水井之类设施所处位置未被发掘；第二种情况，本遗址范围内并无水井之类设施，但遗址附近却有薛涛井等名井可提供优质泉水，传统酿酒工艺规模不大，所需水量亦不为多，依靠人力挑运即可满足用水。遗址所在街道以水井为名，附近还有一条金泉街（得名原因即是本街有井水质清冽味甘甜），说明此地应有名井佳泉存在。

根据遗址出土酒具、食具文物众多以及揭露有墙基、木柱、路基（散水）等遗迹的情况，推测遗址存在"前店后坊"的布局形式。如果是单纯的酿酒作坊遗址，不会有如此丰富的酒具、食具遗物出土。传统酿酒作坊常见"前店后坊"的布局形式，据四川大学的一位老教授回忆，建国前水井街"福升全"号烧房（即本遗址所在地）还保存着临街卖酒、后面酿酒的店坊合一布局方式。

五、遗址价值初识

本次发掘是目前国内首例对古代酒坊遗址进行全面揭露的专题性考古发掘工作，具有填补空白性的重要学术价值，是四川乃至全国酒坊遗址考古的重大发现。根据现有发掘材料及初步研究结果可知，水井街酒坊遗址历经明清，发展至今，基本连续不断，揭露出丰富的晾堂、酒窖、炉灶、路面等遗迹现象，出土的瓷器、陶器等遗物也多为各式酒具和与酿酒相关的器物，堪称中国浓香型白酒酿造工艺的一部无字史书，为研究中国蒸馏酒（又称白酒或烧酒）酿造工艺的发展历程提供了珍贵的第一手材料，丰富了中国传统酒文化的研究内容。

中国是世界三大酒系发源地之一。白酒和威士忌、白兰地并称为"世界三大蒸馏酒"。白酒由于乙醇含量在40°以上，遇火能够燃烧，又俗称烧酒和火酒。它和酿造酒的主要区别在于白酒是通过蒸馏得来的。关于白酒的酿造技术是中国人发明的，还是从周围国家传来的问题，目前还未形成定说。即便在"外来说"中也存在着不同见解，有人主张"北方传入说"，即白酒是北方游牧民族从中亚地区传入中国的；也有人主张"南方海路传入说"，即认为是阿拉伯商人从印度传入广州和泉州的，还有人主张"南方陆路传入说"，即认为是印度支那半岛的山地民族从暹罗（今泰国）和缅甸传入云南和贵州的。所以白酒一段时间又被称为阿剌吉酒和暹罗酒。阿剌吉源于阿拉伯语之"Arag"，暹罗即"Siam"的译音。阿剌吉酒在元代忽思慧的《饮膳正要》、朱德润的《扎赖机酒赋》、许有壬的《咏酒露次解恕斋韵·序》、熊梦详的《析津志》，明初叶子奇的《草木子》等文献中均有记载。暹罗酒的记载见于元末明初陶宗仪《说郛》中所收《曲本草》。总之，无论哪种说法都否认不了固态或半固态发酵蒸馏酒酿制技术是由中国人独创的事实。因为在世界范围内只有中国存在固态发酵，固态或半固态发酵的蒸馏酒是我国古老而独特的传统产品和工艺。固态发酵蒸馏酒是采用固态蒸料糊化，固态糖化与发酵及蒸馏的白酒。它比液态蒸煮糊化，液态糖化与发酵及蒸馏的白酒在手工操作上进了一大步，能节约厂房面积，减少劳动力，增加生产。半固态发酵蒸馏酒分先糖化后发酵和边糖化边发酵两种工艺。先糖化后发酵蒸馏酒采用固态培菌糖化，进行液态发酵蒸馏白酒；边糖化边发酵蒸馏酒采用固态蒸料糊化，在半固态状态下，经边糖化、边发酵后蒸馏白酒。在世界酿酒工艺发展历程中，固态或半固态发酵蒸馏酒堪称成就最高的发明之一，是宝贵的文化遗产，它所蕴涵的科技含量远高于早已出现的发酵原汁酒。

中国蒸馏酒起源于何时，是世界科技史界一直争论不休的问题。学术界观点甚多，有商代晚期说、东汉说、唐代说、宋代说、金代说、元代说等[8]。但所依据材料主要是古代史籍和诗赋中关于酒的记载和造酒方法的介绍以及考古出土或传世的类似蒸馏器的器物或设备等，证据尚显不足。水井街酒坊遗址发掘揭露了丰富的相互配套的蒸馏酒酿造设施，并出土了大批酒具以及与酿酒相关的文物，是目前所见年代最早的古代白酒形成规模化、批量生产酿造工艺的实物依据。这一发现无可辩驳地说明，最迟到明代，中国已有非常成熟的蒸馏酒酿造技术。

遗址也是首项荣获"全国十大考古新发现"（1999年度）表彰的中国传统工业遗产类型遗址，并是首个由国务院公布为全国重点文物保护单位的酒坊遗址（2001年）。2006年12月遗址与河北省徐水县刘伶醉烧锅遗址、江西省进贤县李渡烧酒作坊遗址、四川省泸州市泸州大曲老窖池群、四川省绵竹市剑南春天益老号酒坊遗址（总称中国白酒酿造古遗址）共同列入中国世界文化遗产预备名单重设目录。

遗址是国内目前经过科学发掘的揭露酿酒设备遗迹种类最为齐备、保存最为完好的古代白酒酿造作坊遗址，是酿造工艺研究领域十分难得的珍贵实物资料，根据遗址内揭露的种类丰富的酿酒遗迹现象、出土的众多饮食器具遗物，可以复原出传统白酒酿造工艺的全部流程，堪称中国白酒的一部无字史书，可誉为中国白酒第一坊。

水井街酒坊遗址对于中国饮食文化的研究具有极其重要的推进作用，它丰富了传统酒文化的研究内容。中国酒文化源远流长，独具特色。河南舞阳贾湖遗址考古发现表明，早在距今9000年左右，中国先民已开始酿酒。但长期以来，对于古代酒坊和传统酿酒工艺的研究却缺乏有力的实物证据，水井街酒坊遗址是中国"浓香型"白酒酿造技艺精华的物质载体，其丰富的遗存类型和出土文物为中国传统酿酒文化传统提供了证据。而且，现今的"浓香型"白酒在传统酿造技术的基础上，不断进行吸收和锻炼，延续和创新着中国一脉相承的酒文化之独有内涵。水井街酒坊遗址代表着一种独具风格、地域特征和文化价值的科技组合范例。以传统蒸馏酒酿制技艺为核心，遗址和其沿用了百年的古窖群，既是酿酒微生物的载体和宝库，也是研究酿酒微生物以及酿酒工艺变革难得的素材，是固体生物工程代表，具有重大的科学价值。另外，遗址展示了传统的白酒从制曲、酿酒、续糟配料到贮存、勾兑等完整工艺流程，代表着中国白酒酿造技术的科学性和合理性。中国白酒生产是一种微生物技术，它是将固态的粮食经发酵转变为糖，再转变为醇的过程，与国外葡萄酒生产的液体发酵制酒工艺有很大的差别。四川浓香型大曲白酒的固态泥窖发酵工艺是中国白酒产业的杰出代表，科技含量较高。全兴大曲（水井坊）是中国著名的白酒品牌，属于浓香型白酒中的清香型。水井街酒坊遗址在中国浓香型白酒作坊遗址中的保存状况最好，年代最早，最具代表性。

遗址的发现为中国传统酒文化提供了有利的实物证据。无酒不成礼，中国传统酒文化承载着中国传统礼制文化的重要内容。遗址同时也对研究四川地区的历史文化、古代到近代的社会经济状况和民风民俗具有重大意义。

水井街酒坊遗址是中国较晚历史时期考古的重大发现，也是专业门类考古的突破性成果，为考古学研究领域开辟了一个全新的课题，拓宽了学科的研究范围。

水井街酒坊遗址是近年来我国城市考古的重大成果之一，极大地丰富了成都城市考古的内容和研究课题，尤其是"前店后坊"的布局，对探讨明清时期的成都城市手工业分布区域、平面格局以及演变特征和规律，认识当时城市工商业与社会发展状况等都有非常重要的学术价值。

遗址出土的大量青花瓷片也为探讨成都地区明清时期民间窑场制瓷业的发展水平提供了科学的实物资料，可以弥补既往对于这一领域的研究相对薄弱的状况。

水井街酒坊遗址不仅是中国，也是世界上第一次经考古发现的保存较为完整的古代白酒酿造作坊遗址。遗址所揭露的遗迹、遗物现象为我们展示了一幅中国传统白酒酿造工艺演进历程的生动画卷，是全面研究白酒起源及发展的珍贵实物材料。对中国传统工业遗产——水井街酒坊遗址的有效保护及合理利用工作大有可为，在维持原貌的基础之上建立遗址博物馆，突出自己的特色，与旅游业相结合，恢复"前店后坊"平面布局形式进行仿古生产及经营活动，将会取得良好的社会效益和经济效益。

六、水井街酒坊遗址与酒文化考古

考古学可以对源远流长的中国传统酒文化作出独到的贡献。综观历年来的与酒文化有关的考古发现实例，可以初步划分为以下四大类。

第一类：酿酒相关活动图像类。

以成都平原的发现最为丰富，主要为大量的汉代画像砖，具体包括《酿酒图》、《酤酒图》、《宴饮图》、《酒肆图》等。如1954年四川省彭山县凤鸣乡出土有一幅"酿酒"画像砖：图案上方显露一单檐五脊顶粮仓，屋檐下摆放有两个酒瓿，其侧各置两罐。往下则有二人，右边一位头梳椎髻，着长服，两手各握一曲罐的口沿；左边的一位是个头梳双髻、阔袖长服的女子，袖子挽得高高的，左手扶着酿缸上的大圆锅，右手正在锅里搅动；缸的右边，一位男子在烧火为酿缸加温；酿缸前方是地槽，槽前有三个椭圆小口的管子，管口对着三只小酒坛，另一位男子正在观察掌握，以便及时启闭开关，将不同质量的酒引入不同的酒坛。

1975年在成都西郊曾家包发现了两座东汉大型砖室墓，墓内共出土13块画像石，质地为细红砂石，其技法是采用凸面浅浮雕。其中一号墓西后壁有一幅画像特别形象、生动，它表现了东汉成都的酿酒场面：一辆牛车满载粮食来到酒坊，妇女在井旁取水，巨大的烧锅前有人忙着烧火，五个大酒坛一字排开，有人正在用瓢掏酒，成群的家禽家畜在四周吃着酒糟。整个酒坊呈现出一派欣欣向荣的气象。

1986年在成都彭州市升平乡收集到一块"酒肆羊尊画像砖"，图案右侧是一座具有汉代风格的木构酒肆建筑，内部摆设着各种各样的盛酒器具。肆内一人当垆，盛酒的大坛置于案下，表面坛口与桌案齐平，以便用勺掏酒。外面两个宽袖长袍者正排队沽酒，店外两人，一人沽酒以毕，正用成都平原独有的一种独轮车推羊尊而去；另一人挑着两个酒瓮仿佛刚刚赶到。酒肆后侧还有一张高台木案，上置一方形酒器和两个盛酒的羊尊，以作储备。整个画面生动地反映了当时那种熙熙攘攘、应接不暇的繁忙情景。

成都市新都区文管所收藏新龙乡出土的两方东汉画像砖，较为客观地反映了当时的酿酒和酤酒场面。其中酿酒画像砖右部有一屋顶，表示酒肆在建筑物内。屋前垒土为垆，垆内安置三只酒瓮。瓮上有螺旋圆圈，形似一条管子。据此有学者推测可能是曲子发酵，淀粉溶化后输入瓮内的冷管。图左端上方一人推一独轮车，车上有一方形圆口器物，可能是往外送酒。左端下方一人担一只酒罐，罐口有套绳。其右有灶一座，灶上有釜，上边一人左手靠于釜边，右手在釜内操作，似乎在和曲。其右一人于一旁观看。垆侧一人亦作观者状。图的上端右边屋檐下有两个酒瓿，瓿的两旁有两个圆形盒子。另一方为酤酒画像砖，在四阿顶式建筑物内垒土为炉，炉内有两只酒瓮。壁上挂两只酒壶，屋内坐一人，正为门前一人作盛酒状，门外一人作接物状。其左一人手推辇，上装一盛酒物正回头观酤酒人。左上部有椎髻短裤者肩荷酒壶，正前来酤酒。

其他地区也有同类图像的发现，如1960年，河南密县打虎亭东汉墓出土的画像石上，有一幅图经有关专家考证是"酿酒备酒图"（但也有学者认为反映的是制作豆腐的场景）；1967年，山东诸城前凉台东汉墓画像石上也发现了类似的"酿酒图"；甘肃安西榆林窟西夏窟"千手千眼观音"壁画中对称地绘有两幅"酿酒图"。

第二类：酒品实物类。

包括液态酒及其残留物。如1970年代，河北平山战国中山王墓，一青铜卣发现重十多斤的翠绿色酒，一青铜壶内发现半壶约七八斤黛绿色酒，密封特别好；1986年，河南罗山天湖村商墓出土铜卣内发现密闭贮藏的液体，经化验证明是酒；1987年，河南镇平农民挖出一个西汉铜方壶，壶内盛有无色透明液体，重约5公斤，壶内液体手感有轻度黏性，经化验得知，内含乙醇脂和芽胎杆菌的成分，壶底有粟米壳和糟渣的碳化物。后经文物专家鉴定为粟米酒；1990年，山西平陆一座西汉空心砖墓内发现一件密封完好的青铜提梁卣，启封后发现自内尚存黄绿色浑浊液体320毫升，无臭无味，有关专家认为是随葬用的西汉酿造酒；1992年，山东临淄战国墓葬中，出土酒浆实物和壶、罍、耳杯、匜等众多酒具，在两件有盖密封的铜壶和铜罍中，出土时分盛青绿色和黑色液体，当为古酒，与其同出的还有用于汲取酒浆的汲酒器，应与墓中出土的盛酒器和饮酒器配套使用，是目前所见将大气压强原理明确用于器物制造最早的例子；1994年，滕州前掌大商周贵族墓地11号墓，在2件提梁卣、2件提梁壶和1件罍内封存有清澈透明的液体，出土时均有子母口盖密封。内装液体可能是当时的酒；1997年，河南淇县公安局收缴的一批文物中，包括一件汉代铜壶，内装大半壶液体，密封严实。被推测是酒。

2003年3~6月，西安市北郊文景路中段一西汉墓葬发现液态古酒。该墓葬原有封土，早年因平整土地现已无存。墓道现开口位于耕土和扰土层下0.2~0.5米。墓道水平全长38米，墓室上口南北长6.3米，东西长7.5米。墓室底部有大量积炭，厚2.6米。因盗扰严重，墓室内部结构和葬具不清，在填土内发现头骨1件。随葬器物主要出土于墓室和侧室，墓室内出土玉片101件，侧室内出土了2件铜锺和其余15件青铜器。其中一件青铜锺腹部破裂，里面空无一物；另一件青铜锺则有液体晃动，考古工作者开封查验后，从中导引出52斤西汉美酒[9]。

此外，中美学者联合对山东省日照两城镇遗址出土陶器残留物所进行了化学分析，第一次提供了中国史前时期生产和使用酒饮料的直接证据[10]。研究表明，在龙山文化中期，两城镇先民采用稻米、蜂蜜和水果等原料生产出一种混合型酒。人们不但在日常生活中饮酒，而且还将酒用于丧葬行为之中。2004年12月，中美学者联合对河南舞阳贾湖新石器时代遗址历次发掘的16个陶器皿碎片的残留沉淀物先后进行了气象色谱、液酱色谱等化学分析，得出最终的定论：这些陶器也曾经盛放过以稻米、蜂蜜和水果为原料混合发酵而成的酒饮料[11]。从而将人类酿酒史提前到了距今9000年前，也使贾湖遗址成为目前世界上发现最早酿造酒类的古人类遗址。

第三类：酿酒饮酒器具类。

除河北青龙县出土的金代铜蒸酒锅外，1993年，有人认为安阳殷墟妇好墓出土的汽柱铜甑作为炊器，也可用于蒸馏白酒；1979年山东莒县陵阳河大汶口墓葬中，发掘者认为发现了距今5000年的成套酿酒器具，包括煮料用的陶鼎，发酵用的大口尊，滤酒用的漏缸，贮酒用的陶瓮，同处还发现了饮酒器具单耳杯、脚形杯、高柄杯等；1983年7月4日，成都北郊凤凰山园艺场砖厂的工人发现一座西汉长方形的木椁墓，分上下两层，上层为棺室，下层为腰坑，发掘出土的19件红漆陶罐皆为小口，卷沿，广肩，大圆腹，罐内有的放有禽畜的骨头及碳化的植物，经鉴定分别为鸡、兔、猪、狗、牛及桃、杏、石榴、五味子、菌灵芝等，陶罐都有盖，盖上部分有刻字，部分有笔书，除少数能辨认外，大都已模糊不清，现能辨认的有"桃"、"酒"、"甘酒"等；1996年，河北迁安华亭庄金墓内发现三个大"千酒"瓶。酒瓶为鸡腿瓶，上面刻有"千酒"字样，《辞海》中称"千日酒"，"传说中一种极强烈的酒，饮后能使人久醉不醒"，墓主"李酒使"是酒税官；1999年，四川泸州营沟头窑址出土唐至元代的陶瓷酒具。有学者认为这是一个酒具窑。

第四类：酿酒作坊遗址类。

在水井街酒坊遗址发掘以前，关于酿酒作坊尤其是白酒作坊遗址的考古工作基本处于空白，仅发现有极个别的酿造酒作坊和榷酒遗址。如1974年和1985年，河北藁城台西商代遗址中发现了一处完整的商代中期酿酒作坊，应属于酿造酒（黄酒）作坊。1985年，河南省宝丰商酒务发现一处宋代榷酒遗址，发现有烧酒锅灶，古井一口，大量的北宋对子钱，钧瓷、白瓷酒器残片。此前遗址内还曾出土较完整的汝瓷、钧瓷器皿。

继水井街酒坊遗址发掘之后，中国传统白酒工业作坊遗址的又取得了系列重要考古发现。2002年6月，江西李渡酒业有限公司在改造老厂房时，发现地下有古代酿酒遗迹，李渡酒业有限公司立刻报请江西省文物考古研究所进行抢救性发掘，揭露和出土了一批重要的遗迹和遗物，获得重要成果。已发现面积约15000平方米，发掘面积约250平方米，发现元代酒窖，明代水井、晾堂、酒窖、炉灶、蒸馏设施、水沟、墙基等酿酒遗迹布局配套，完整齐全。李渡无形堂烧酒作坊遗址位于江西省南昌市进贤县李渡镇。它地处抚河东岸，赣抚平原腹地，西北距南昌市区约60公里。考古发现了一批元代采用地缸发酵生产蒸馏酒的酒窖、水井，以及明代的炉灶、晾堂、酒窖、蒸馏设施等种类丰富的酿酒遗迹现象，已发掘的部分出土南宋至清的遗物300余件，其中70多件是陶瓷酒器，这些发现与李渡酿造白酒历史的文献资料、传说以及地面上保留至今的老街、酒店等古代建筑相联系。该遗址曾荣获2002年度"全国十大考古新发现"表彰。

为配合四川绵竹剑南春"天益老号"酒坊的维修、整治工程，2003年4~8月，四川省文物考古研究院和德阳市文物考古研究所对剑南春"天益老号"酒坊遗址进行了考古勘探和发掘。2004 年 8～11 月，再次在"天益老号"酒坊西南侧进行了发掘[12]。"天益老号"酒坊遗址位于绵竹市棋盘街传统酿酒作坊区，其保存和延续了传统酿酒生产工具及其工艺流程，是一处较为全面体现剑南春传统酒文化的典型老作坊。共发掘面积 800 平方米，清理出土一大批和白酒酿造工艺密切相关的遗迹现象，包括水井、酒窖、炉灶、晾堂、水沟、池子、蒸馏设施、路基、粮仓、柱础和墙基等类，初步了解到酒坊群布局配套设施齐备、遗迹保存完整。揭示出遗迹表明从原料浸泡、蒸煮、拌曲发酵、蒸馏酿酒到废弃用水的排放等酿酒工艺全过程，工艺流程遗迹比较完整，是一处保存较好的酒坊街区遗址，遗址年代为清代至民国。该遗址也荣获了 2004 年度"全国十大考古新发现"表彰。

2007 年 6～7 月，四川省文物考古研究院和四川沱牌公司组织发掘了四川射洪泰安作坊遗址[13]。发掘面积逾 300 平方米。经过两个月的发掘，揭露出含有明、清时代文化遗物的堆积层，厚逾 2 米。清理出大量的酿酒遗迹、遗物。主要遗迹有：窖池 6 个、接酒坑 1 个、晾床 3 处、灰坑 3 个以及酒坊地面建筑的石柱础、踩踏面、石墙基、排水沟等。出土遗物均为日常生活用品，出土的酒具也很发达，有各式酒壶、酒杯、罐、缸。生活用品有：碗、盘、碟、灯盏、盆、钵以及建筑材料的砖、瓦、瓦当、石质工具、石井圈。以瓷器碎片数量最多，出土瓷片几乎全是青花瓷器，不见粉彩瓷器。青花瓷器残片中有江西景德镇的青花瓷器，还有大量属地方窑烧制的土青花瓷器。青花瓷器的装饰图案题材种类繁多，有山水风景类，鱼纹、凤纹、龙纹、杂宝纹、灵芝纹、虎纹、梵文、折枝和缠枝花卉纹，松、竹、梅"岁寒三友"等题材的纹饰图案。这些出土遗物俱与酿酒、饮酒、酒肆、酒坊有关，完整、基本完整以及可复原的器物逾 100 件。

目前与传统酒文化相关的各种类型的考古实践活动，可以为酒文化考古这门新型学科的建立提供较为坚实的基础。作为一门交叉性的边缘学科，酒文化考古简言之当是以考古学的研究方法、理论为基础，对传统酒文化相关的遗迹遗物进行科学发掘、整理和深入研讨的学科。诚然，一门新型学科的创建，既要有数量众多、类型丰富的资料积累和具体研究工作为基础，同时还应进行多层次理论体系的总结、提炼和搭建。酒文化考古的学科建设工作还处于前景光明、任重道远的状况。

如果说前三类发现尚属考古工作中偶然的附带性收获，可以为中国传统酒文化研究提供新的实物资料。那么，第四类酿酒作坊遗址，尤其是水井街酒坊遗址所开启，包括李渡无形堂烧酒作坊遗址、剑南春"天益老号"酒坊遗址和沱牌公司泰安作坊遗址在内的四例白酒酿造作坊遗址的考古发掘活动，均为主动性的正式田野考古发掘项目，经过了国家文物局的批准，是科学性、目的性特征明显的行为，将使中国传统酒文化研究，特别是世界科技史界的重大课题——中国蒸馏酒（白酒）的身世之谜的破解工作，推向一个崭新的阶段。这就是水井街酒坊遗址重要的学术史价值所在。

注　释

[1]　　四川省文史馆编：《成都城坊古迹考》，四川人民出版社，1987 年。

［2］　傅崇矩编：《成都通览》，巴蜀书社，1987 年。

［3］　成都市文物考古研究所、四川省文物考古研究所：《四川成都水井街酒坊遗址发掘简报》，《文物》
　　　　2000 年 3 期。

［4］　青龙县井丈子大队革委会、承德市避暑山庄管理处：《河北省青龙县出土金代铜烧酒锅》，《文物》
　　　　1976 年 9 期；承德避暑山庄博物馆：《金代蒸馏器考略》，《考古》1980 年 5 期。

［5］　中国社会科学院民族研究所：《云南佤族社会经济调查材料》（佤族调查材料之七），转引自李仰松
　　　　《我国谷物酿酒起源新论》，载于《民族考古学论文集》，科学出版社，1998 年。

［6］　秦含章、张远芬主编：《中国大酒典》，红旗出版社，1998 年。

［7］　江西省文物考古研究所：《江西进贤县李渡烧酒作坊遗址的发掘》，《考古》2003 年 7 期；杨军、樊
　　　　昌生：《破解白酒起源之谜——李渡无形堂元代烧酒作坊》，孙家骅、詹开逊主编《手铲下的文明
　　　　——江西重大考古发现》，江西人民出版社，2004 年。

［8］　杜金鹏、岳洪彬、张帆：《醉乡酒海——古代文物与酒文化》，四川教育出版社，1998 年。

［9］　孙福喜、杨军昌、孙武：《好酒的贵族——西安北郊区西汉墓出土美酒 26 公斤》，《文物天地》2003
　　　　年 8 期。

［10］　麦戈文、方辉、栾丰实、于海广、文德安、王辰珊、蔡凤书、格里辛·霍尔、加里·费曼、赵志军：
　　　　《山东日照市两城镇遗址龙山文化酒遗存的化学分析——兼谈酒在史前时期的文化意义》，《考古》
　　　　2005 年 3 期。

［11］　葛人：《最初的酒是怎样酿造的——台湾邹族酿酒的启示》，《中国文物报》2007 年 9 月 7 日第 7 版。

［12］　四川省文物考古研究院、德阳市文物考古研究所、绵竹市文物管理所、剑南春酒史博物馆：《2004
　　　　年绵竹剑南春酒坊遗址发掘简报》，《四川文物》2004 年增刊；四川省文物考古研究院、德阳市文物
　　　　考古研究所、绵竹市文物管理所、绵竹剑南春集团公司：《2004 年绵竹剑南春酒坊遗址发掘简报》，
　　　　《四川文物》2007 年 2 期。

［13］　四川省文物考古研究院黄家祥：《沱牌公司泰安作坊遗址发掘获重大成果》，《中国文物报》2008 年
　　　　1 月 2 日第 8 版。

（原载《中国考古学会第十次年会论文集》，文物出版社，2008 年）

关于细石器技法起源的一点看法

——以楔形石核的时空分布为中心

何锟宇

细石器（Microlith）从旧石器时代晚期在世界各地广泛分布，延续到新石器时代甚至历史时期。细石器是一种采用特殊的工艺技术而产生的小型细石核、细石叶和细石叶加工所成的石器，它们是作为装备骨、木等复合工具的石刃而专门制作的。严格地讲，细石器一词，应以此为限[1]。从其外形特征和分布来看，可以分为两个系统，即几何形细石器和细石叶细石器，前者主要分布于欧洲、北非、西南亚和澳大利亚等地区，而后者主要分布于亚洲东部、东北部和北美洲西北部，两者有相似之处，但差别是主要的，应该属于不同的石器工艺传统，本文要探讨的是后者。此前，中国一部分学者将细石器的内涵和外延扩大化，例如"细小石器"等称法，本文所说的细石器与以前的"典型细石器"对应，其工艺特点是用间接打击法从细石核生产细石叶，细石叶小而细长，两缘平行，长为宽的两倍以上（注：石片宽大于12毫米，长大于50毫米的为石叶；小于此长和宽的为细石叶）。细石核是生产细石叶的母体，为了便于生产细石叶而加工成各种形状，所以，通过对细石核的研究可以部分反映细石叶的生产过程。在细石叶细石器流行的亚洲东北部和北美洲西北部常见的细石核有楔形的、锥形的、船底形的、扇形的、柱状、漏斗状等，但从目前的观察研究来看，不同细石核上生产出来的细石叶并没有差别。

关于细石器的起源，20世纪30年代，国外学者多认为中国东北的细石器起源于西伯利亚，由蒙古高原传播至我国东北；20世纪40年代裴文中先生认为我国细石器起源于东西伯利亚[2]。新中国成立以后，随着材料的增多，对细石器的起源更多的学者认为是在中国华北起源的[3]，也有的认为是环境相似"趋同"的结果[4]。总体看来，华北起源说在相当长的时间内占据了主导，影响也最深远。但近年随着考古发掘的增多，资料的不断积累，特别是西伯利亚地区发掘材料的公布，给细石叶细石器起源和传播的研究提供了契机，单一的华北起源说也受到了一定程度的挑战[5]。西伯利亚地区的旧石器考古近年取得了重大进展，研究成果可以《西伯利亚的旧石器时代：新的发现与阐释》（The Paleolithic of Siberia—New Discoveries and Interpretations.）为代表，高星先生曾对该著作予以了中肯的评介[6]。我们认为，细石器的起源是个复杂的问题，笼统的讨论不能使问题清晰化，我们应该将目光转向产生细石叶的母体的各种石核来考察，复原其修理石核和剥取细石叶的方法。本文在分析中国华北的考古材料的基础上，结合朝鲜半岛和西伯利亚地区新出土的考古实物资料对产生细石叶的宽型楔形石核时空分布进行简略探讨，认为宽型楔形石核最早应该产生在西伯利亚地区，华北地区以宽型楔形石核剥取细石叶的工艺可能受到了来自西伯利亚地区的影响。

楔形石核主要是依据外观形态定义的，楔形细石核的最主要特征是对剥片无直接关系的楔状缘进行修理[7]。依据形态可以将楔形石核划分为宽型和窄型两种，本文探讨的主要是宽型楔形石核。关于其打制方法，有人认为是把一个从两面加工的椭圆形的石核，从一侧边截去一片，使它出现台面，然后再从一头沿着台面剥落石片[8]。贾兰坡先生称在华北地区的细石器文化组合中，常见有两面加工的舌形器物，并发现有很多这类石核是从舌形器物改制而成的，因为有许多楔形石核恰为舌形器物的二分之一，而扇形石核则为舌形器物的四分之一；并认为楔形石核系利用残舌形器物加工成的[9]。前面学者研究的结果来看，对楔形石核的修理方法大家基本取得了共识，这也是我们比较华北地区和西伯利亚地区宽型楔形石核的基础。

在华北地区，山西沁水县下川遗址是有地层有测年最早的含细石器工艺的遗址。下川遗址分上下两个文化层，其中含细石器的为上文化层，其中上层含细石器同层位的木炭的^{14}C 测年数据最早为 21700 ± 1000aB. P. ，最晚为 15940 ± 900aB. P. （另外 2 个数据为：21090 ± 1000a B. P. ，16400 ± 900a B. P. ）[10]。下川遗址发现的石核有锥状、楔状、柱状和漏斗状等，其中锥状 151 件，楔状 34 件，柱状 10 件，漏斗状 24 件，以锥状为主。典型器物有琢背小刀、雕刻器、尖状器、锥钻、石镞、刮削器和石锯等，其中石镞等器物使用了压制法加工。楔形石核分为两种，一种是宽型楔形石核，呈扇形（图一，2、3）；另一种为窄型楔形石核，核身较窄，横断面呈杏仁状（图一，1）。下川两面加工的石器数量极少，除石镞和少数几件尖状器外，所以下川的宽型楔形石核不是严格意义上定义的可能由残断的两面加工的舌状器或尖状器或刮削器加工而成的。发掘者王建先生等认为晚期的楔形石核往往利用两面加工的残断尖状器或刮削器作为楔状石核，而下川的楔状石核是直接打击而成的[11]。从图一，2 ~ 3 我们可以看到，下川遗址的宽型楔形石核台面多不加修理，呈长条形；纵剖面虽然呈楔形，但仅一面加工，然后从自然台面上往下剥落细小石片。

河北阳原县虎头梁出土的细石核只有楔形石核和柱状石核两种，其中楔型石核 236 件，柱状的 17 件，另有两极石核 10 件和盘状石核 16 件[12]。如果与下川的细石核比较，虎头梁的楔形石核均应为宽型，虎头梁的楔形石核形体上端宽下端窄前端宽后端窄，有的台面比较平坦，台面呈等腰三角形，有的台面向石核隆起的一面倾斜（图一，4 ~ 5）。另外，用间接打击法从楔状石核上剥离的细石叶约 300 件，剖面呈三角形或梯形，^{14}C 断代为 11000 ± 210aB. P. ，属更新世末期。与下川的宽型楔型石核不同，从图一，5 我们可以看到，虎头梁遗址的宽型楔形石核的台面经过简单修理，为素台面；纵剖面呈楔形，而且两面加工去薄，如同对一件器物做两面加工修理。总的看来，不管是对台面

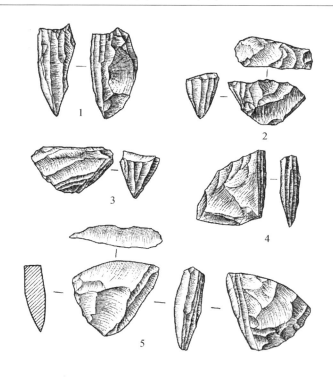

图一　华北地区出土楔形石核

1~3. 下川遗址　　4~5. 虎头梁遗址

还是楔状缘的加工修理，两者都有较大的区别，应该不属于同一技法系统。虎头梁遗址的楔形石核形制稳定，技术已经趋于成熟稳定，而且在石核中的比例也占优，这也是华北地区以前发现的细小石器遗址中不见的现象。

朝鲜半岛近年新发现的材料较多，例如韩国垂杨介遗址[13]。该遗址的上部旧石器文化层石器主要是用石锤从石核上直接打击而产生的，间接打击法、压制法等剥离石片的技术也在使用。发掘出土有手斧（？）、砍砸器、刮削器、刀形石器、石斧、有舌尖状器、细石核等一批非常典型的石器。细石核一共有195件，平均重量为32.5克，长度为51毫米。作者将其分为三种制作方法产生的，认为从石器制作的方法分析来看，采用了下川、虎头梁技法，同时同日本的甬别、荒尾、恃下等技法相似。该层的孢粉出现松科、莎草科、稻科这样几种植物，说明当时以温凉气候占主导，当属于玉木冰期的寒冷期。

索哈季诺（Sokhatino）遗址位于外贝加尔的赤塔州，分布在音国达河的左岸，其中以4号遗址出土遗物最为丰富，遗址位于第一级台地上，高出河面10~12米，共分12个文化层[14]。石制品有石核、修理石叶、尖状器、雕刻器、刀、穿孔石器等。石核以楔形石核为主，第11层3件，第7层17件，第6层2件，第3层15件，第2层188件，有从早到晚增加的趋势（图二，8、10）。8~10层有石头建筑遗迹和炉壁痕迹以及一些加工完整的工具，石器大部分较小，包括端底石核、细石叶、端刮器、尖状器、边刮器和修理石叶等，8层还发现勒瓦喽哇石核。7层包括一些分散的石制品和3个炉壁，周围有石制品和动物化石，包括有披毛犀、马、赤鹿、驯鹿、野牛、驼鹿和羊等。而在1号遗址出土的石核以勒瓦喽哇占绝大多数，其中第8层发现有石头居址和炉面痕迹，石制品以小型的为主，有细石叶、端刮器、尖状器、边刮器和琢背小刀等，另有1件勒瓦喽哇石核，还有一些骨器，如骨椎、骨针和带刻划图案的骨板等。动物化石有披毛犀、猛犸象、麋鹿、赤鹿、驼鹿、绵羊、盘角羚羊、野牛和牛等。关于遗址的年代，第二级台地形成的年代为30000～13000aB. P.，这可作为4号址断代的基础，上文化层的动物骨骼测年为11900±130aB. P.，第3层的^{14}C测年为26110±200a B. P.，这是两个数据（26260±300aB. P. 和25950±300aB. P.）的平均值，这和所出土动物化石的属种一致，属于最后冰期阶段，结合地质年代、动物化石属种分析以及^{14}C测年的结果，4号遗址含楔形石核的文化层的年代应在25000～22000a B. P. 之间。2号址仅发现1件勒瓦喽哇石核，柱形石核和楔形石核分别为11件和5件。3号址则未发现勒瓦喽哇石核，只有柱形和楔形石核，莫斯特尖状器基本不见，可以看出和4号址有时代差异。从图二，10我们可以看到，出自4号址的宽型楔形石核，台面经过较精心的修理，为修理台面，楔状缘两侧都经过了加工去薄，与虎头梁遗址的宽型楔形石核如出一辙。

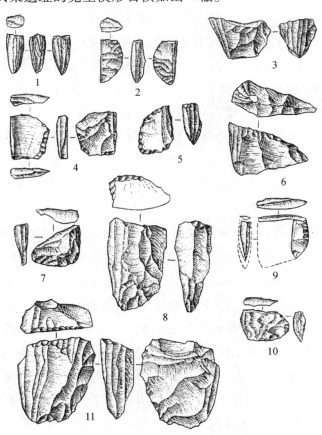

图二　西伯利亚地区出土楔形石核

1、7、11. Selemdzha 第一文化层　2、4、9. Kurla Ⅱ、Ⅲ早文化层　3、5、6. Krasnyy Yar I 第六层

8、10. Sokhatino 4 第7层

　　Krasnyy Yar I 遗址位于西伯利亚中南部安加拉河右岸，距离 Irkutsk 213 公里，遗址高出河面 16 ~ 20 米，文化堆积 2 米厚，分为 7 个文化层，各层文化面貌相差不大，8 ~ 10 层无文化遗存[15]。第Ⅶ ~ Ⅹ 层的年代相当于早期萨旦冰期堆积，第 6 层的骨骼测年为 19100 ± 100aB. P. Ⅶ 层有 369 件石制品，主要为石片和碎片，另有石核和一些修理的工具，有 9 件细石叶，系从楔形石核上剥离的，动物化石少。第Ⅵ 层有 2000 余件石制品，包括石片、石叶、修理石叶、尖状器、雕刻器、边刮器和楔形石核等。剥取细石叶的石核只有楔形石核一种（图二，3、5、6）。这两层缺少莫斯特时期的刮削器，属于同一文化，中间有小的间隔。这些地层文化遗存的分布反映了部分狩猎营地的特点，处于萨旦冰期的末期，距今大概 20000 ~ 18000 年。Krasnyy Yar 早期文化面貌是独特的，不但占据了安加拉河地区的特殊位置，而且在贝加尔湖西部或东部都没有类似的文化现象。其动物化石的种类，楔形石核的多种形式以及石叶加工的各种工具在该地区任何早于 20000 年的旧石器文化中都是不常见的。

　　Kurla 是多个地点的合称，Ⅰ ~ Ⅲ 地点发现于贝加尔湖西北湖滨，1975 年发现，这三个地点的早期文化代表了贝加尔湖和整个中南西伯利亚新的考古学文化面貌[16]。1975 ~ 1979 年发掘的可分为 4 个文化层，第 1 层从新石器时代到铁器时代，第 2 文化层为中石器时代遗存，第 3、4 层均为旧石器时代的遗存。第 3 层的 ^{14}C 测年为 14150 ± 960aB. P. 和 15200 ± 1250aB. P.，第 4 层的测年为 24060 ± 5700aB. P.，年代可能有些偏早。早文化层发掘出土了 3386 哺乳动物化石和 6888 件石制品，原料多为燧石和石英。石制品的种类包括楔形细石核、有嵴石片、雪橇板石片和大量细石叶，另有尖状器、边刮器和一些骨角器等。这些石制品与 Krasnyy Yar I 地点的第Ⅶ 层相似，特别是楔形细石核的细石器技术，有些特征基本是一样的（图二，2、4、9）。从目前的情况来看，将 Kurla 早期文化与贝加尔湖西部和东部归为同类文化比将南西伯利亚的北贝加尔旧石器文化归于久克泰文化的一个分布区更合适。

　　远东南部的瑟勒姆德扎（the Selemdzha type）类型由多个遗址群构成，该类型可以分为 4 期即 4 个文化层[17]，第 1 文化层以楔形石核为主，分宽型（图二，7、11）和窄型（图二，1）两种，另外有端底石核、单台面和多台面柱状石核、盘状石核等，工具组合有雕刻器、修理石叶（包括反向加工和两面加工）、刮削器和用石叶加工的刀等。在这个文化层中非常重要的一点是似滑雪板状和船形裂片的出现以及大型两面器的出现，他们可作为观察楔形石核和端低石核预制的过程。宽型楔形石核台面均为素台面，楔状缘两侧都经过修理；而且窄型楔形石核（图二，1）的楔状缘两侧也经过了加工修理，与 Kurla 出土的一致（图二，2）。依据台地的地质年代，推测这些石器的年代为 25000 ~ 23000aB. P.。第 2 文化层包括盘状石核、柱状石核和端底石核等，窄型楔形石核极少，而宽型楔形石核以及从其剥离下的细石叶有相当的数量；在石器组合中有很多两面器和石叶加工的工具。从该层的一个灶面中提取的炭的 ^{14}C 测年为 19360 ± 650aB. P.。第 3 文化层石器工业与第 2 文化层有很多的共同之处，第 2 层中的石核类型在第 3 层均有，而且还增加了一些新类型，工具组合有修理石叶、端刮器、雕刻器、石核边刮器、两面器等。这些废弃的楔形石核位于棕色土壤的顶部并打破第2层和第3层，该层的年代大为14000～13000aB. P. 。第4层石器的典型特征是含有大量的楔形石核、端底石核，还有一定比例的柱状石核和修理石叶等，勒瓦喽哇石核则完全消失。该层的^{14}C测年为12960±120aB. P. 。从这4个文化层我们可以看到该地区旧石器时代晚期石器工业的特点和文化传统，如端底石核、楔形石核、柱状石核和勒瓦喽哇石核的出现，以及与两面器、端刮器、边刮器、雕刻器、石叶技法和细石器技法共存到最后勒瓦喽哇石核的消失，而以石叶技法和细石叶技法为主，反映了石器工业和文化传统的变化，其年代大概从25000aB. P. 持续到12000aB. P. 。

从上面几个典型遗址来看，在贝加尔地区，石叶技法大致出现于24000～23000aB. P. ，石器工业主要表现为楔形石核、端底和柱状石核以及石叶和似石叶加工的雕刻器和端刮器、边刮器等共存，而在外贝加尔地区同样有楔形石核和端底石核，其共同年代大致在第四纪冰期的最后一个冰冻期萨旦冰期。同样，一系列的柱状石核、楔形石核和端底石核以及石叶工业发现于蒙古高原、中国、朝鲜半岛、日本群岛以及北美西北部等地，摆在我们前面的难题是什么时间、什么地点细石器工业首先产生和怎样传播的？形成和传播的动力机制是什么？是一个中心起源还是多中心起源的？诸多问题都有待于解决。从各地的发现情况比较来看，《西伯利亚的旧石器时代：新的发现与阐释》的作者认为瑟勒姆德扎类型是值得关注的焦点之一，其原因有三：其一，柱状石核、楔形石核和端底石核的预制以及剥取石叶在该地区出现的时间不晚于25000～24000aB. P. ，而且盘状石核、勒瓦喽哇石核和砾石石核技术共存。其二，在早期文化层，两面加工石片工具的工艺是瑟勒姆德扎类型工具组合中的一个鲜明特点. 其三，在这个遗址的文化层的石核和石器种类有一个清晰的发展连贯性，这些连续性说明至少在15000年前在瑟勒姆德扎类型形成了一种特殊的考古学文化[18]。除此之外，让我们必须关注瑟勒姆德扎类型还有一个重要原因，就是在以瑟勒姆德扎类型为代表的西伯利亚地区所出土的石核中，多以楔形和柱状石核为主，而少见锥状石核，而这一特点恰好也是虎头梁类型的特点而区别于下川类型。

下面我们从旧石器时代晚期东亚、东北亚和北美的石器技术传承、年代学证据和生态环境等几个方面来简单分析宽型楔形石核的起源和分布问题。

就宽型楔形石核本身来说，通过上面的比较我们可以看到，虎头梁遗址（图一，5）、瑟勒姆德扎类型（图二，7、11）、索哈季诺（图二，10）、Kurla遗址（图二，4）等的宽型楔形石核的台面多为素台面或修理台面，楔状缘两侧均经过修理，与下川遗址的宽型楔形石核差别明显。另外，瑟勒姆德扎类型（图二，1）、索哈季诺（图二，8）、Kurla遗址（图二，2、9）和Krasnyy遗址（图二，5）的窄型楔形石核也多在楔状缘两侧经过修理去薄，与下川遗址的窄型楔形石核也有差别。所以，下川遗址出土的楔形石核严格意义上与其他遗址的出土的修理方法不同，在加工技术上也有差别，他们的相似只是形态上的。

从旧石器晚期各地的石器技术传承来看，在中国一直以来就缺乏勒瓦喽哇技术，而且也少见真正的典型的两面器技术，这都不利于典型楔形石核的预制，这也是为什么中国最早的楔形石核——下川类型楔形石核缺乏预制过程，形态不规整的原因之一。另外，石叶技法也不发达，目前公布的材料仅宁夏临武水洞沟一处[19]，且其石核以近棱柱形石核为主，没有楔形石核。若宽形楔形石核是由两面加工的舌形器物改制而成，这种技法则似乎更接近石核的预制，从这个意义上来看，宽型楔形石核的预制和楔状缘两面加工去薄的特点在中国北方缺乏技术传统。相反，在西伯利亚地区，两面加工的手斧在该地区早中期流行甚至到晚期；勒瓦喽哇技术从旧石器时代中期出现一直延续到旧石器时代晚期甚至中石器时代，为以后石叶技法和细石叶技法打下了很好的基础，有利于各种形态石核的修理；而且，在东西伯利亚地区，石叶技法和细石叶技法经常在一个遗址同时出现。目前，关于石叶技法和细石叶技法两者的关系看法存在很大的差异。一种认为细石叶是石叶的细化，张森水先生认为细石器传统的起源与水洞沟文化有关[20]；而且认为无论从石器类型上或加工技术上看，细石器传统与长石片传统关系密切，可能存在渊源关系，而与小石器传统关系相当疏远，在技术上和类型上表现出显著的差异，而石叶工业是细石器工业的祖型[21]。而盖培先生认为石叶和细石叶的剥片技术明显不同，石叶和细石叶在石核修理技术上也很不同，石叶和细石叶间不存在传承关系，而认为细石器传统的代表的楔形石核已出现于晚更新世早期的一些工业中[22]。侯亚梅先生则认为东谷坨石制品已有楔形石核的雏形[23]。李炎贤先生认为在中国旧石器时代晚期两种工业是并行的[24]。但不管这三者的关系如何，在研究中均应该给予足够的关注。林圣龙先生在《中西方旧石器文化中的技术模式的比较》一文中引用 G. Clark 的五种技术模式认为，模式四的主要特征是石叶技术和石叶工业，也是直根于模式二和模式三技术的母体的，因为在勒瓦喽哇技术中就包含了生产石叶的技术[25]。另一个问题是前面已经谈到的多数学者认为楔形石核是在两面加工的舌形器等基础上加工而成的，但在中国东北和华北旧石器时代早期至晚期均缺乏或极少两面加工的传统，这也可以从下川的石制品中看出来。基于这两点（石核预制和石器的两面加去薄传统），我们认为从石器技术传承来看，宽型楔形石核的首先出现不应该在中国东北和华北，更可能在西伯利亚地区。

从年代学方面的证据来看，北美洲的细石器遗址明显晚于中国华北和西伯利亚地区，日本群岛的遗址也相对较晚，这两个地区都不会是细石器的起源地，应均为末次冰期海平面下降出现了大陆桥而传播进去的。大致在距今 10000 年前这个传统的细石器已度过白令海峡陆桥到达阿拉斯加的西北部；至少说占据亚北极美洲的西北部的费尔班克斯——海莱湖（Fairbanks—Healy Lake）地区大致是距今 11000 年，并且随着威斯康星冰川的退缩到达加拿大的不列颠哥伦比亚大约是在距今 9000 年[26]。而日本的细石器文化无疑是从亚洲大陆传播过去的，传播的途径可能有两条主要通路，一条是通过鞑靼海峡到达库页岛，然后向南分布；一条是从堪察加半岛经千岛群岛向南分布[27]；特别是日本与渤海湾周围地区细石叶文化的关系密切[28]。近年，在朝鲜半岛的两个遗址发现为细石器的起源和传播路线提供了很好的材料，公州石壮里遗址（^{14}C，20830 年）、垂杨介遗址（^{14}C，18630 ~ 16400 年）。前面我们看到下川文化的年代达到距今 21700 ~ 16400 年，虎头梁的年代更只有距今 1 万余年，而东西伯利亚地区的更早至 25000 ~ 24000 年甚至更早。再者，值得注意的是在华北地区虽然发现了很多细石器材料，但多为采集地点，没有可以直接测年的炭标本材料等，现有的年代学研究结果主要是依据石器本身的特点和地质埋藏学分析所得。虎头梁遗址的测年仅 1 万多年，明显晚于西伯利亚各地区，从年代学证据来看，典型楔形石核的起源也更支持西伯利亚地区，特别是外贝加尔湖地区和远东南部地区值得关注。

　　另外，从 25000 ~ 11000aB. P. ，在北、中、东亚气候环境发生了很大的变化，这反映在这些地区广泛使用石叶和细石叶加工的复合工具，虽然目前对这些复合工具的安装和功能不完全清楚。从细石器的空间分布来看，在旧石器时代和中石器时代，除了北美西北部、日本群岛外，细石器由东西伯利亚延伸及朝鲜半岛和中国东北、华北。另外，在新石器时代，由中国东北、华北以及延伸到西南的"半月形传播地带"，童恩正先生认为这一从东北绵延到西南的半月形地带的自然景观十分相近，它是一种基本上由高原灌丛与草原组成的地带；而国内西藏等地细石器的变异，主要应视为时代的差异，而非系统的不同[29]。而陈淳先生认为基于细石叶在我国分布于差异极大的生态环境中，看来没有理由认为这种工艺技术和工具是对相同环境的适应。同时，又认识到在更新世晚期，除了很少例外，华北大部、蒙古、东西伯利亚、日本和北美西北部的气候都以干冷为特点，这些地区的古环境以针叶林、干燥草原、旷原、苔原以及泰加型植被为特点，气候一直到全新世才有转暖的迹象。我们可以认为，当晚更新世细石叶技术在这些地区繁盛的时期中，很少植物资源适于人类生存的需要，细石叶很可能代表了一种人类开拓动物资源为主的工艺技术[30]。这些地区的石器工业有很多的相似之处，但也有一定的区别而形成各自的特色，细石器本身只是这些石器工业体系的一个组成部分，它的传播更可能是来自气候变冷、食物资源短缺的驱动。

　　通过上面的比较分析，我们认为宽型楔形石核可能起源于西伯利亚地区，华北地区以虎头梁遗址为代表的宽型楔形石核加工技术受到了来自前者的影响。至于整个细石器技法的起源是个十分复杂的问题，单中心和"趋同"仍然在争论之中，简单的拿各种剥取细石叶的细石核的年代做比较可能不能得到完满的答案。而且，不管从文化性质、石器技术和年代学等方面的证据要来比较柱状石核、锥状石核和楔形石核谁早晚都条件其实都不是很成熟。一是因为遗址数量相对较少，特别是在中国华北地区多为采集地点，能提供准确^{14}C 年代的也少；二是在中国发现含有细石器的遗址地层堆积多缺乏连续性，不能直观的观察上下文化层石器工艺方面的继承和变化情况，从而使得细石器技法与旧石器时代晚期共存的其他技法的关系问题尚不完全清楚；三是国内外学者间对石核形态和加工技术等描述的术语相差甚远，不利于研究的开展。

注　释

［ 1 ］　安志敏：《海拉尔的中石器遗存——兼论细石器的起源和传统》，《考古学报》1978 年 3 期。

［ 2 ］　裴文中：《中国细石器文化略说》，《燕京学报》第 33 卷，1948 年（《中国史前时期之研究》，商务印书馆，1948 年）。

［ 3 ］　安志敏：《海拉尔的中石器遗存——兼论细石器的起源和传统》，《考古学报》1978 年 3 期；贾兰坡：《中国细石器的特征和它的传统、起源与分布》，《古脊椎动物与古人类》第 16 卷 2 期；王建、王向前、陈哲英：《下川文化——山西下川遗址调查报告》，《考古学报》1978 年 2 期；盖培、卫奇：《虎头梁旧石器时代晚期遗址的发现》，《古脊椎动物与古人类》第 15 卷 4 期。

［ 4 ］　李永宪：《略论四川地区的细石器》，《四川考古论文集》，文物出版社，1996 年。

［ 5 ］　杜水生：《楔型石核的类型划分与细石器起源》，《人类学学报》第 23 卷增刊，2004 年 10 月。

［ 6 ］　高星：《评介 "西伯利亚的旧石器时代：新的发现与阐释"》，《人类学学报》第 19 卷第 2 期。

［ 7 ］　陈淳：《中国细石核类型和工艺初探——兼谈与东北亚、西北美的文化联系》，《人类学学报》第 2 卷 4 期。

［ 8 ］　Smith，jason W.，1974：The Northeast Asian—North-west Microblade Tradition. Journal of Field Archaeology，Vol. 1，No. 3/4. 转引至 4。

［ 9 ］　贾兰坡：《中国细石器的特征和它的传统、起源与分布》，《古脊椎动物与古人类》第 16 卷 2 期。

［10］　中国社会科学院考古研究所编著：《中国考古学中碳 - 14 年代数据集 1965—1981》第 18 页，文物出版社出版，1983 年。

［11］　王建、王向前、陈哲英：《下川文化——山西下川遗址调查报告》，《考古学报》1978 年 2 期。

［12］　盖培、卫奇：《虎头梁旧石器时代晚期遗址的发现》，《古脊椎动物与古人类》第 15 卷 4 期。

［13］　李隆助著，李占扬、李勇军译，赵志文校《朝鲜半岛的旧石器文化——主要记述秃鲁峰和水杨介遗址》，《华夏考石》1998 年 2 期。

［14］　The Paleolithic of Siberia—New Discoveries andInterpretations. p142 ~ 146，Edited and Compiled by Anatoliy P. Derev anko，Demitri B. Shimkin and W. roger Powers，American Editors；Translated by Inna P. Laricheva，University of Illinois Press Urbana and Chicago，1998.

［15］　The Paleolithic of Siberia—New Discoveries and Interpretations. p129 ~ 131，Edited and Compiled by Anatoliy P. Derev anko，Demitri B. Shimkin and W. roger Powers，American Editors；Translated by Inna P. Laricheva，University of Illinois Press Urbana and Chicago，1998.

［16］　The Paleolithic of Siberia—New Discoveries and Interpretations. p131 ~ 132，Edited and Compiled by Anatoliy P. Derev anko，Demitri B. Shimkin and W. roger Powers，American Editors；Translated by Inna P. Laricheva，University of Illinois Press Urbana and Chicago，1998.

［17］　The Paleolithic of Siberia—New Discoveries and Interpretations，p281 ~ 285，Edited and Compiled by Anatoliy P. Derev anko，Demitri B. Shimkin and W. roger Powers，American Editors；Translated by Inna P. Laricheva，University of Illinois Press Urbana and Chicago，1998.

［18］　The Paleolithic of Siberia—New Discoveries and Interpretations. p285 ~ 286，Edited and Compiled by Anatoliy P. Derev anko，Demitri B. Shimkin and W. roger Powers，American Editors；Translated by Inna P. Laricheva，University of Illinois Press Urbana and Chicago，1998.

[19] 汪宇平：《水洞沟的旧石器文化遗址》，《考古》1962 年 11 期；贾兰坡、盖培、李炎贤：《水洞沟旧石器时代遗址的新材料》，《古脊椎动物与古人类》第 8 卷 1 期。

[20] 张森水：《富林文化》，《古脊椎动物与古人类》第 15 卷第 1 期。

[21] 张森水：《中国北方旧石器工业的区域渐进与文化交流》，《人类学学报》第 9 卷第 4 期。

[22] 盖培、卫奇：《虎头梁旧石器时代晚期遗址的发现》，《古脊椎动物与古人类》第 15 卷第 4 期。

[23] 侯亚梅等：《泥河湾盆地东谷坨遗址的发掘》，《第四纪研究》1999 年第 2 期。

[24] 李炎贤：《中国旧石器时代晚期文化的划分》，《人类学学报》第 12 卷第 3 期。

[25] 林圣龙：《中西方旧石器文化中的技术模式比较》，《人类学学报》第 15 卷第 1 期。

[26] Smith，Jason W.，1974：The Northeast Asian-North-west Microblade Tradition，Journal of Field Archaeology，Vol. 1，No. 3 ~ 4.

[27] 贾兰坡：《中国细石器的特征和它的传统、起源与分布》，《古脊椎动物与古人类》第 16 卷第 2 期。

[28] 加藤真二，袁靖译：《对日本、渤海湾周围地区细石叶文化的几点认识》，《考古学文化论集》（4），文物出版社，1997 年。

[29] 童恩正：《试论我国从东北至西南的边地半月形文化传播带》，《文物与考古论集》，文物出版社，1987 年。

[30] 陈淳：《东亚与北美细石叶遗存的古环境》，《考古学的理论与研究》，学林出版社，2003 年。

（原载《四川文物》2008 年 2 期）

浅论中国家马的起源

何锟宇

关于中国家马的起源问题在前些年引起了一部分学者的高度重视，也围绕此展开了广泛的讨论。在 20 世纪 80 年代，周本雄认为中原地区目前仍以殷墟出土的家马是肯定无疑的，或许可以推测与殷墟文化联系密切的龙山文化的人们已经饲养了马，但还是缺乏发掘的证据[1]。主要有两种观点：一种认为中国北方是早期驯养马的中心之一，至迟在新石器时代（公元前 9000 ~ 前 6000 年），中国人已由容易支配、驯服马到驯养马[2]；另一种认为乌克兰或最东方的土耳其斯坦和中国之间的草原地区，是马向家畜进化的中心地之一[3]。进入 20 世纪 90 年代，新材料的发现和新方法的运用使讨论更加热闹，袁靖、安家瑗认为至少在黄河中下游地区，家马起源于商代晚期[4]；水涛认为中国商代晚期的马、马车……从更遥远的西方传入[5]；王宜涛认为在中国对马的驯养和利用明显始于龙山文化时期，盛行于商代晚期[6]；韩东认为，目前要说中国是另一个家马的起源中心，还不如说最初的家马是自中亚草原辗转而来更可靠些[7]。在众多观点中，无非也是分为两种，一种认为中国家马系从域外传入的，一种认为中国有一个独立的家马起源中心。

我们认为在研究中国家马起源的问题时，首先必须分清马的驯化与马车的起源是两个概念，不能混为一谈，也就是说人们驯养马的目的可能有作为食物来源、运输牵引和拉车等几方面。毫无疑问，马车遗存的发现即可确认此时的马已经被驯化，问题是当我们面对的仅是少量的马的残牙碎骨时该如何作出判断，而这恰恰是中国商代晚期之前考古遗址发掘中所经常遇到的情况。下面我们拟从中国考古发现的马遗骸资料、全新世的环境宏观变迁做一简略的分析，提出自己的看法。

一、国内马遗骸的发现情况

亚洲的马属动物现存两个种，即野马（*Equus przewalskii*）和野驴（*Equus hemionus*），两种动物均适合栖息于干旱荒漠低温的生境。野马和野驴虽然体形差异较大，但在历史文献中常有野马野驴混称，而在考古遗址中发现的多很破碎，更需要进行仔细的测量才能更准确区分马和驴，才谈得上再判断是否属于家马。据文焕然先生研究，在地质时代晚期至历史时代早期，野马、野驴曾广泛分布于四川盆地以西，秦岭、淮河以北的大片地区[8]。众所周知，在商末周初以前马的骨骼在考古中发现并不多，虽然前面有多位学者对于中国马的起源问题进行了广泛的讨论，但对国内出土马的资料收集都不甚完整，可能使他们的结论也受到一定的影响。

下面我们拟按时间先后顺序对考古遗址发现的马骨骼资料进行简单的梳理，以能清楚地观察到全新世前半段马在中国的地理空间分布情况。

目前，在新石器时代早期提到发现有少数马骨骼的遗址仅有河北徐水南庄头[9]。

1. 仰韶文化半坡类型时期（距今 7800 ~ 6000 年）

马骨骼在陕西西安半坡有少量发现，标本有第二前臼齿及门齿各一枚，第二趾（指）骨各一，但具体层位并不清楚，其中右下第二前臼齿与中国北部的野马很相似，长 25.1、宽 16.1 毫米。研究者认为材料太少，不能鉴定它们的种，也不足以说明是当时人类蓄养的，也无法证明是野生的[10]。在山西临汾高堆遗址的试掘中发现有牛牙、猪牙、马牙和兽骨等[11]。辽宁省大连市北吴屯遗址下层发现马门齿 1 枚，其年代为距今 6500 ~ 6000 年[12]。需要指出的是，半坡和临汾高堆出土的马骨具体层位不清楚，我们暂且将这三部分资料归属于仰韶文化半坡期或大体同时。

2. 仰韶文化庙底沟类型时期（距今 6000 ~ 5500 年）

在甘肃秦安大地湾遗址第三期文化层（庙底沟类型）发现了 1 件马的左侧股骨（T704③: 46），股骨近端和远端滑车内侧均破损，保留长度 300 毫米，远端宽 87.7 毫米，第三转子明显；另外在第一层采集一枚左侧 M3，长 27.1、宽 15 毫米，双叶为普通马型[13]。在青海民和县胡李家遗址也有出土马的报道[14]。

3. 马家窑文化时期[15]（距今 5300 ~ 4000 年）

马家窑文化马家窑类型阶段（年代为距今 5369 ~ 4882 年）发现的材料依然很少，标本主要集中在陇南地区。甘肃天水师赵村第二层马家窑类型的文化堆积同期的遗存，在 T208② 发现一颗马的上前臼齿；另外在西山坪遗址的马家窑文化堆积 T26③ 和 T4③ 中也发现了一颗马的上前臼齿[16]。在大李家坪遗址第三期的文化堆积中发现了一件马的右侧桡骨下端，关节尚未愈合，下端长 41.9、宽 67.2 毫米[17]。根据袁靖先生的文章介绍，在甘肃武山傅家门遗址也发现有一个马牙，但具体是属于石岭下类型还是马家窑类型则不得而知[18]，但在该文中说为距今 5000 年左右的文化层中发现，推测应为马家窑类型文化层里所出。宁夏海原菜园村林子梁 HCL1 发现的马骨骼，时代大致与半山类型年代相当（距今 4500 ~ 4300 年）[19]。另外，在四川省阿坝州茂县光明乡下关子发现马的门齿一颗，该遗址与马牙同出的陶片既有营盘山遗址的遗风，又与宝墩文化早期有很强的相似性，其年代大约间于马家窑类型和宝墩文化之间。在甘肃永靖马家湾遗址马厂类型（距今 4453 ~ 4032 年）的文化层中出有猪、狗、牛、马等骨骼[20]。

4. 龙山时代（距今 4500 ~ 4000 年）

龙山时代最早发现马骨的是山东章丘城子崖[21]，但材料记录简单。此外在河南汤阴白营河南龙山文化晚期中发现有马的骨骼[22]。据周本雄先生鉴定研究，该遗址出土的动物骨骼以猪为主，牛、狗、羊、鸡等很少，马和牛的标本都较少而且破碎，所以没有鉴定到种，估计是家畜[23]。陕西华县南沙村一圆形坑中出土的埋葬规则的两副完整马骨架，打破龙山文化墓葬，据王志俊和宋澎分析，所出马骨应属龙山晚期（或更晚）的地层，马骨架出土时未发现系牵或捆绑痕迹，马骨架无挣扎迹象，其埋藏动因还不好做结论[24]。若此从地层学上的断代不错的话，则为探讨家马的起源提供了重要材料，下一步应该对这两匹马骨进行详尽的测量，以提供科学对比数据。河南驻马店杨庄遗址 T11⑥地层中发现了 1 件马的股骨残段，大转子部分保存较完整，下残，在断口处有人工切割痕迹，时代为龙山时代晚期[25]。

5. 二里头文化时期（距今 4000 ~ 3400 年）

二里头文化时期中也发现有少量马的骨骼，如河南驻马店杨庄 T3④文化层发现有马的肢骨[26]。同时期更多的资料还是主要集中在甘青地区的齐家文化和四坝文化遗址中，在甘肃永靖大何庄遗址的文化层中发现有 3 块马下颌骨，"马除下颌骨外，H5 内还发现 2 枚下臼齿，经鉴定，与现代马无别。"[27]另外，在甘肃永靖秦魏家齐家文化墓地出土的动物骨骼中，经周本雄先生鉴定有猪、牛、马、羊、驴、狗和鼬 7 种，马的骨骼少且碎未做统计[28]。甘肃武威皇娘娘台遗址也有出土马的记录[29]。另外，在甘肃玉门火烧沟[30]、内蒙古包头转龙藏[31]等也有发现，特别是玉门火烧沟墓地，马同牛、羊、猪、狗等家畜用于随葬。

6. 商代至西周早期

二里头遗址早商文化层中（原作者指二里头遗址上层宫殿遗存）出土的"不少马、牛、羊、猪、狗等动物的遗骸，从一个侧面反映了当时饲养家畜的情况"[32]，可惜无详尽的报告。在早商时期的河南郑州二里冈[33]、郑州商代遗址[34]、河北藁城台西遗址[35]和河北大厂回族自治县大坨头遗址[36]的商代早期文化层或灰坑中均见有少量马的骨骼。

商代晚期发现马骨骼的材料较前增加很多，保存也相对完整，多见于马坑和车马坑，如殷墟发现多座车马坑[37]，商代晚期的陕西西安老牛坡遗址[38]和商末周初的山东滕州前掌大遗址[39]都发现有马坑或车马坑。除车马坑等特殊遗迹外，在一些商代晚期遗址的地层中也可见马的碎骨，如陕西清涧县李家崖古城址发现有马的骨骼，该城址年代上限相当于殷墟二期[40]。

以上都是集中发现在北方，而进入商代晚期后，在秦岭—淮河以南也发现有少量马的骨骼。在成都十二桥遗址第 12 层我们发现 6 件马的可鉴定标本，代表最小个体数 2 个，年代相当于殷墟四期到周初[41]。其中，下颌 2 件，左右各 1 件。ⅠT2⑫:14，右下颌，保存 P4—M3，M1 前下颌体高 81.65 毫米，M1—M3 长 85.79 毫米，M3 长 35.07、宽 17.25 毫米。掌骨 2 件，左右各 1 件。ⅠT9⑫:22，左侧第三掌骨，下端稍残，长 206.41 毫米，上端长 33.39、宽 47.55 毫米，下端长 35.76、宽 45.93 毫米；ⅠT9⑫:23，右侧第三掌骨，附带第四掌骨，保存完整，上端长 33.87、宽 49.62 毫米，下端长 36.15、宽 48.92 毫米。另有 1 枚上门齿和 1 枚末端趾骨[42]。在湖北长阳香炉石遗址第 4 层发现了 1 枚左下 M3 和 1 左上 M1，其中 CXT3④:1 为左下 M3，齿冠长 28、宽 13、高 70 毫米[43]。据研究，第 4 层的年代应为商末至西周时期[44]。在南京北阴阳营第三层商代晚期文化层中发现有马牙[45]，在新沂县三里墩西周地层中也有出土马的记录[46]。

二、家马的起源分析

从上面的考古出土资料我们可以看到，商代晚期以前马的骨骸资料均很残破（华县南沙村除外），多为零碎的肢骨和牙齿，且多没有进行测量，无法与确定的家马在骨骸形态上做详细地对比研究，这是研究中国家马起源最大的困难之一。正如韩东先生所言，即便是完整的马骨，也很难肯定是家马的遗骸[47]。在这种情况下，要研究家马的起源只能另寻他径，此前很多学者赞成家马在中国的起源定为殷墟时期，其主要证据就是马被用于拉车，马连同车一起从域外传入的，想必也许受中国发现的材料太少太残所影响。其实，不仅是马的驯化，绵羊、山羊、水牛、黄牛、鸡、鸭等在中国的驯化都是还没有完全解决的问题，就连早期家猪的驯化都还有分歧，如关于广西桂林甑皮岩、舞阳贾湖遗址的猪是否为家猪就还有争论。在这种情况下，笔者认为祁国琴先生当年所提的家畜判断方法至今仍有借鉴作用，关于"如何确定考古遗址中的家畜动物？一般从两方面入手：一方面是寻找骨骸学的证据，另一方面要看遗址动物群中是否有一定年龄类群的存在。除此之外，还要注意文化和环境的以及艺术品形象的证据"[48]。

纵观上面的考古材料，我们可以发现两点有意思的现象：一是在新石器时代早中期主要集中在纬度较北的区域，而新石器时代晚期至铜石并用时代，马的资料主要发现在甘青地区，秦岭—淮河一线以南不见；二是商代特别是商代晚期马的资料主要见于中原地区，而且多以马坑和车马坑的形式，而与此同时在秦岭—淮河甚至长江以南的一些商周遗址也可见到马的骨骸，但多为破碎的而无车马坑等现象，与甘青地区马骨骸的埋藏状态相近。

在新石器时代早期和仰韶文化半坡类型时期，虽然很多资料显示在此段时间中国北部环境比较温暖湿润，但在纬度较北的河北、陕西、山西和辽宁还是有少量马骨骸的发现，分布地点分散，说明在此环境下还是有适合马的栖息生境。半坡出土的右下前臼齿长 27.1、宽 16.1 毫米，与中国北部的野马的测量数据差不多，此时的马应该是野马。进入庙底沟类型时期，仰韶文化发展到空前的繁荣壮大，遗址发现的数目众多，但马的骨骸发现倒不如前段，这可能是因为这段时间气候环境的变迁，温度和湿度都较前段有较大的提升，适合马的生境缩窄至甘青等少数地区，目前发现的两处均位于陇南，在此阶段，内蒙古和新疆地区也应该有马的良好生境，相信以后定会有所发现。大地湾第三期采集的左 M3 长仅 27.1、宽 15 毫米，与十二桥发现的成年马差距大（长 35.07、宽 17.25 毫米），但我们不知道大地湾发现马牙的大概年龄，我们推测此时的马还应该是野生的，庙底沟类型时期，马的生境范围比半坡类型时期有所缩小，目前的发现仅限于陇南地区。

在马家窑类型时的陇南地区，是马骨骸发现最集中的区域，虽然很破碎，但比以往任何一个时期都集中，是个值得注意的现象。对于此可以有两种解释：一是在该地区马可能已经开始初步驯化；二是此时该地区有降温的趋势，野马获得了比以前更好的栖息环境，数量较前段有较大幅度的增加，它们依然是先民狩猎所获的残骸。虽然从骨骼形态学的证据来看，此时马是否驯化依然不能做出准确的判断，但我们倾向支持后者，即此阶段由于温度的降低和湿度的降低，为野马的生存繁衍提供了更好的生境，所以野马的数量也较前有所增长。根据王吨先生的研究，在全新世的 10000～4000 年间，在最初的 1300 年之间气候比现在还干旱少雨，中原地区普遍生长着草本植物。距今 8500～7700 年之间，为比较温暖降雨较现今为多的气候期。距今 7500～6300 年之间较前段降水较少，可称为冬季较暖的半干旱性气候期。距今 8500～4800 年之间前期和后期均较湿润降水较多，唯中间 600 年气候变得寒冷而干旱。距今 5100～4400 年之间，前 300 年为冷湿期，而后 400 年气候又变为干旱少雨期。纪元前 24～21 世纪的尧、舜及夏朝初期，是一个经常发生洪水的湿润多雨的气候期，而公元前 19 世纪有一个严重的干旱少雨期[49]。甘肃武都大李家坪遗址的孢粉资料的分析结果反映了大李家坪遗址距今 5200～4800 年之间植被的大致情况以及自 5200 年以来 500 年间的气温变化，结合中国全新世大暖期气候变化规律以及孢粉分析的气候冷暖、干湿波动事件，推测当时很可能有一个气温下降的过程[50]。或许正是这次降温使得陇南地区比以前要寒冷干燥些，从而野马数量增多。

马家窑类型彩陶发达，淹及川西北地区，在四川西北的阿坝州茂县营盘山遗址却未发现有马的骨骼，营盘山遗址出土的动物属种也显示在距今 5300～4800 年，该地区还是比较温暖湿润的[51]，故没有发现马的骨骼也是情理之中。另外，在海拔更高，位置更靠西的四川省阿坝州马尔康县哈休遗址第二期（与营盘山遗址同时）中发现了大量的动物骨骼[52]，以鹿科动物为主，另有少量野猪、斑羚、黑熊、豹等，明显可以看到肉食来源是以狩猎所获为主，家畜只有狗，该遗址也不含马的骨骼[53]。从川西北高原两个遗址发现的动物骨骼来看，在马家窑类型时期，虽然甘南地区适合野马生存，但野马的分布范围还是未到达稍南的川西北地区，说明川西北地区比陇南地区要温暖湿润些。这也从另一个侧面说明这阶段的马应该还是野马，因为这两个遗址都含有典型的马家窑类型文化因素或为川西北的马家窑类型代表，若马已经被马家窑的先民驯化，那么在川西北发现的几率应该很大。

而大体到半山类型时期，在离营盘山遗址仅几十公里的茂县光明乡下关遗址我们在一条试掘探沟中发现有马门齿一枚，陶片中不见半山类的彩陶和其他相似的文化因素，而此时在川西北发现马说明温度有可能较前段有所下降。关于距今 5000~4000 年间的降温事件在此前已被诸多学者提及，或许正是因为气候变得干冷，才使得龙山时代马的分布区域不断扩大，由甘青地区传播至黄河中下游。至龙山时代，不仅甘肃永靖马家湾有发现，在山东章丘城子崖、陕西华县南沙村、河南汤阴白营和驻马店杨庄均有发现，此时发现的分布状况分散，不同于马家窑类型阶段。而且在龙山时代晚期还出现了华县南沙村的马坑，则无疑是一种对马的特殊处理方式，在史前作为食物资源的哺乳动物一般不会轻易完整埋葬，当是作为祭祀的一种方式，是否可以作为马被驯化的一种倾向是可以考虑的。

进入二里头文化时期，在河南驻马店杨庄即龙山时代的地层中发现马骨骼后，又连续发现了马骨骼，这也是唯一一个在中原的遗址中在同一个遗址的不同地层中连续发现马骨骼的现象，值得重视，我们暂可将其视为野马在淮河上游地区时间上的连续分布。而与此同时，在甘肃武威、永靖和玉门都有马骨骼的发现，其中永靖大何庄齐家文化遗址发现的马下颌骨和臼齿经研究与现代马无别，在玉门火烧沟还有马同其他猪、狗、牛、羊等家畜同用于随葬，这是否可以看做是马已经被驯化的文化现象也是值得考虑的。从现有的材料来看，若是华县南沙村和玉门火烧沟的断代无误的话，在龙山时代和二里头时期出现的这一系列关于马特殊的埋藏方式是否可以看做是被初步驯化的标示是可以考虑的，因为此前的马均是狩猎来作为肉食的，数量少，但到龙山时代和二里头时期，这些文化现象至少已经这体现了先民已经把马作为一种特殊的动物处理，其直接原因可能源于马的稀少性。这些祭祀随葬现象也是此前有多位学者认为马在龙山时代已经被驯化的依据，但遗憾的是这些骨骼都没有提供任何骨骼学上的测量数据。

到二里冈时期，马在遗址中发现的不多，但进入到商代晚期则发生了巨大变化，马不仅仅是作为食物和简单的祭祀随葬，更在于用于拉车特别是战车。关于中国马车的研究前面已经有较多的研究，以孔令平[54]、水涛[55]、王巍[56]、杨宝成[57]和王海城[58]最具代表性，讨论马车的起源不是本文的范畴，但在关注考古出土材料的实物资料外，岩画方面的资料也有利于我们拓宽视野。如新疆阿勒泰县乌吐不拉岩画群中发现的一幅岩画，岩画中的一车辆，双轮，轮用整块圆板制成，无辐条，舆呈半圆形，位于轴前，前面有轭，轭两端各系一粗绳，往后系于车轴中部，在绳边套一牦牛，车后有赶车人，车左边是一群奔跑中的山羊[59]。在阴山岩画中，有一幅前面是骑者，后面有一匹马，马尾上连一椭圆形物，这应是车的最原始阶段，后世的车即滥觞于此。在阴山岩画中，有一幅前面是骑车，后面有匹马，马尾上连一椭圆形物[60]。在内蒙古、新疆等地发现的没有辐条的车轮图形，应是较原始的车形，在已发现的车辆岩画中，不仅可以看到整块木板做成的原始车轮，也可以看到多辐条车轮的车。盖山林认为，在内蒙古、新疆、青海发现岩画中具有辐条的单辕车，其时代大体来说相当于中原的殷周时期，而在内蒙古、新疆等车辆岩画中，那种只有车舆和单辕的车形，以及那种无辐圆木板车轮的车形，应早于有辐条的车，其时代有可能早到金（铜）石并用时代[61]。虽然岩画的断代比较困难，但我们可以得到两点启发，一是马在驯化用于拉车之前有可能直接用来托运物品，二是在中国境内岩画上发现的车辆也有一个从无辐圆木板车轮到有辐条的车轮，殷墟之前中国是否还存在有马车实物的发现还不能断然下结论，甚至将中国的家马也是随同车一同从域外传入更应该再度审视。

在探讨中国家马的起源时，持中国家马来源于西方传入观点的学者已经较多的列举了德瑞夫卡（Dereicka）和波泰（Botai）遗址的发现和研究情况，在此不再赘述。这两个遗址中出土的动物骨骼主要以牛和马占据主导，这也是很多人认为马从此驯化的开始的一个原因，但欧亚草原本身的自然动物资源与中国西北还是有很大的差别，欧亚草原野生动物资源中驰骋着众多的野马、野牛、狼和野羊等；而在中国的遗址出土的动物骨骼中出土的哺乳动物骨骼中猪和鹿科动物占据绝对优势，而牛、马、羊等三种食草动物的比例却很低，所以仅用动物在遗址中所占比例来考虑是否被驯化可能不合适，故我们认为不能简单的与欧亚草原环境的动物考古做对比研究。另外，这也可能因为国内现今发掘的遗址主要是农业经济的聚落遗址，猪作为主要的家畜来饲养，又是杂食动物，易于驯化喂养，而鹿科动物资源丰富，则作为主要的狩猎对象，这两点正好抑制了马的驯化。由于野生动物资源在种类、所占比例方面的差异以及生计方式的不同，使得两地在动物驯化方面也可能有一定的差异，特别在选择驯化种类时肯定有所区别，从而造成了各种家畜在不同地区被驯化的早晚不一样。

前面也提到，商末周初在中国南方发现了少量马的骨骼，但其埋藏方式与北方史前时期一致，应多作为食物消耗的，但居住遗址发现的马骨骼还是与南方的一样，多为少量破碎的骨骼，而在北方的墓葬区则多以马坑、车马坑等随葬祭祀的现象出现，这是商周时期中原地区与南方地区在丧葬文化中牲殉的重大差别。从考古材料来看，商周居住遗址中发现的那些马骨骼要判断是否驯化，如果无测量数据依然难以判断，仅从骨骼形态学方面观察我们一样束手无策，但在实际研究中已经很少人认为其是野马了，原因主要有三：一是车马坑的铁证事实；二是甲骨文中关于"马"的记载；三是先民驯化动物技术的发展。这种对待遗址中马骨骼材料态度上的差异正体现了当前研究家马驯化的困难，研究者更愿意相信最直接的证据，而对考古遗址中祭祀和随葬等文化现象难以取舍。这提醒我们以后在考古发掘中要更加细致地收集标本，并尽量进行骨骼形态学数据测量，以便提供对比数据和病理学方面的材料，另外DNA研究可能能够提供最直接的证据。

综上，我们认为在全新世中国的西部特别是甘青地区野马从未绝迹，在马家窑类型时期的陇南地区有适合野马生存繁衍的良好生境，到半山类型时期野马的分布范围扩大到川西北高原地区。至龙山时代，马的范围分布更扩大到淮河上游和黄河中下游地区，而马分布范围的扩大可能与气候变得干冷有关。龙山时代和二里头时期在陕甘青地区出现的祭祀随葬等文化现象显示马有可能被初步驯化，但需要更多直接的骨骼形态学方面的测量数据。进入商代晚期后，先民饲养马的功能较前有了重大的突破，在中原地区开始用于拉车，至商末周初在秦岭淮河以南地区也有较多家马的骨骼发现。

注　释

[1]　周本雄：《中国新石器时代的家畜》，《新中国的考古发现和研究》，文物出版社，1984 年。194 ～ 198 页。

[2]　斯坦利丁·奥尔森，殷志强译：《中国北方的早期驯养马》，《考古与文物》1986 年 1 期。

[3]　吉崎昌一、曹兵海、张秀萍译：《马和文化》，《农业考古》1987 年 2 期。

[4]　袁靖、安家瑗：《中国动物考古学研究的两个问题》，《中国文物报》1997 年 4 月 26 日。

[5]　水涛：《马车与骑马民族文化》，《中国文物报》1997 年 6 月 15 日。

[6]　王宜涛：《也谈中国马类动物历史及相关问题》，《中国文物报》1998 年 8 月 21 日。

[7]　韩东：《也谈家马的起源及其他》，《中国文物报》1999 年 6 月 23 日。

[8]　文焕然遗稿、文榕生整理：《历史时期中国野马、野驴的分布变迁》，《中国历史时期植物与动物变迁研究》，重庆出版社，2006 年。

[9]　李珺：《徐水南庄头遗址又有重要发现》，《中国文物报》1998 年 2 月 11 日。

[10]　李有恒、韩德芬：《半坡新石器时代遗址中之兽类骨骼》，《西安半坡》，文物出版社，1963 年。255 ～ 269 页。

[11]　山西省文物管理委员会：《晋南五县古代人类文化遗址初步调查简报》，《文物参考资料》1956 年 9 期。

[12]　辽宁省文物考古研究所等：《大连市北吴屯新石器时代遗址》，《考古学报》1994 年 3 期。

[13]　祁国琴等：《大地湾遗址动物遗存鉴定报告》，《秦安大地湾》，文物出版社，2006 年。861 ～ 910 页。

[14]　叶茂林、蔡林海等：《民和官亭盆地考古初步收获》，《中国文物报》2000 年 3 月 15 日。

[15]　本文所采用马家窑文化中马家窑类型、半山—马厂类型和齐家文化的^{14}C 测年数据来自于谢端琚：《甘青地区史前考古》，文物出版社，2002 年。

[16]　周本雄：《师赵村与西山坪遗址的动物遗存》，《师赵村与西山坪》，中国大百科全书出版社，1999 年。335 ～ 339 页。

[17]　北京大学考古学系、甘肃省文物考古研究所：《甘肃武都大李家坪新石器时代遗址发掘报告》，《考古学集刊》（第 13 集），中国大百科全书出版社，2000 年。资料现存北京大学旧石器研究室。

[18]　袁靖：《中国古代家马的研究》，《中国史前考古学研究——祝贺石兴邦先生考古半世纪暨八秩华诞文集》，三秦出版社，2003 年。436 ～ 443。

[19]　韩康信：《宁夏海原菜园村林子梁新石器时代动物骨骼鉴定》，《中国考古学论丛》，科学出版社，1993 年。

[20]　中国科学院考古研究所甘肃工作队：《甘肃永靖马家湾新石器时代遗址的发掘》，《考古》1975 年 2 期。

[21]　傅斯年等：《城子崖》，1934 年。

[22]　安阳地区文物管理委员会：《河南汤阴白营龙山文化遗址》，《考古》1980 年 3 期。

[23]　周本雄：《河南汤阴白营河南龙山文化遗址的动物遗骸》，《考古学集刊》（第 3 集），1983 年。48 ～ 50 页。

[24]　王志俊、宋澎：《中国北方家马起源问题的探讨》，《中石器文化及有关问题研讨会论文集》，广东人民出版社，1999 年。

［25］　北京大学考古学系、驻马店市文物保护管理所：《驻马店杨庄》，科学出版社，1998 年。85 页。

［26］　同注［25］。

［27］　中国科学院考古研究所甘肃工作队：《甘肃永靖大何庄遗址发掘报告》，《考古学报》1974 年 2 期。

［28］　中国科学院考古研究所甘肃工作队：《甘肃永靖秦魏家齐家文化墓地》，《考古学报》1975 年 2 期。

［29］　甘肃省博物馆：《武威皇娘娘台遗址第四次发掘》，《考古学报》1978 年 4 期。

［30］　文物编辑委员会：《文物考古工作三十年》，文物出版社，1979 年。143 页。

［31］　内蒙古自治区文化局文物工作组：《内蒙古自治区发现的细石器文化遗存》，《考古学报》1957 年
　　　　1 期。

［32］　殷玮璋：《偃师二里头的早商遗址》，《新中国考古发现与研究》，文物出版社，1984 年。218 页。

［33］　河南省文化局文物工作队：《郑州二里冈》，科学出版社，1959 年。

［34］　河南省文化局文物工作队第一队：《郑州商代遗址的发掘》，《考古学报》1957 年 1 期。

［35］　河北省文物研究所：《藁城台西商代遗址》，文物出版社，1985 年。

［36］　天津市文化局考古发掘队：《河北大厂回族自治县大坨头遗址试掘简报》，《考古》1966 年 1 期。

［37］　中国社会科学院考古研究所：《殷墟的发现与研究》，科学出版社，1994 年。

［38］　西北大学历史与考古专业：《西安老牛坡商代墓地的发掘》，《文物》1988 年 6 期。1 ~ 22 页；刘士
　　　　莪：《老牛坡》，陕西人民出版社，2001 年。

［39］　胡秉华：《腾州前掌大遗址有重要发现》，《中国文物报》1995 年 1 月 8 日。

［40］　张映文、吕智荣：《陕西清涧县李家崖古城址发掘简报》，《考古与文物》1988 年 1 期。

［41］　江章华：《成都十二桥遗址的文化性质及分期研究》，《四川大学考古专业创建三十五周年纪念文
　　　　集》，四川大学出版社，1998 年。

［42］　何锟宇：《十二桥遗址出土动物骨骼鉴定报告》，《成都考古发现 2006》，科学出版社，2007 年。

［43］　陈全家、王善才等：《清江流域古动物遗存研究》，科学出版社，2004 年。

［44］　湖北省文物考古研究所等：《清江考古》，科学出版社，2004 年。196 ~ 308 页。

［45］　南京博物院：《南京市北阴阳营第一、二次的发掘》，《考古学报》1958 年 1 期。

［46］　南京博物院：《江苏新沂县三里墩古文化遗址第二次发掘简介》，《考古》1960 年 7 期。

［47］　韩东：《也谈家马的起源及其他》，《中国文物报》1999 年 6 月 23 日。

［48］　祁国琴：《动物考古学要研究和解决的问题》，《人类学学报》1983 年 3 期。

［49］　王呧、王松梅：《近五千年来我国中原地区气候在年降水量方面的变迁》，《中国科学》（B 辑），
　　　　1987 年 1 期；王呧：《近万年来我国中原地区气候在年降水量方面的变迁和未来趋势》，《中原地区
　　　　历史旱涝气候研究和预测》，气象出版社，1992 年。

［50］　北京大学考古学系、甘肃省文物考古研究所：《甘肃武都大李家坪新石器时代遗址发掘报告》附录
　　　　2，《考古学集刊》（第 13 集），中国大百科全书出版社，2000 年。

［51］　何锟宇：《营盘山遗址出土动物骨骼研究》，北京大学硕士研究生学位论文，2006 年。

［52］　陈剑、陈学志：《大渡河上游史前文化寻踪》，《中华文化论坛》2006 年 3 期。

［53］　何锟宇：《马尔康哈休遗址出土动物骨骼报告》，待刊。

［54］　孔令平：《马车的起源和进化》，《中国文物报》1994 年 6 月 12 日。

［55］　水涛：《马车与骑马民族文化》，《中国文物报》1997 年 6 月 15 日。

［56］　王巍：《商代马车渊源蠡测》，《中国商文化国际学术讨论会论文集》，中国大百科全书出版社，
　　　　1998 年。

[57] 杨宝成：《殷代车子的起源》，《殷墟文化研究》，武汉大学出版社，2002 年。146~152 页。

[58] 王海城：《中国马车的起源》，《欧亚学刊》（第三辑），中华书局，2002 年。

[59] 张志尧：《阿勒泰的古代车辆岩画》，《丝绸之路造型艺术》，新疆人民出版社，1985 年。

[60] 盖山林：《中国岩画学》，书目文献出版社，1995 年。121 页。

[61] 同 [60]。123 页。

［原载《考古学研究（七）》科学出版社，2008 年］